8/24.–

DR. MED. VET. RICHARD BLASE · DIE JÄGERPRÜFUNG

Dr. med. vet. Richard Blase · Die Jägerprüfung

Dr. med. vet. Richard Blase

# DIE JÄGERPRÜFUNG

## IN FRAGE UND ANTWORT

## EIN HANDBUCH FÜR JÄGER

20. verbesserte und erweiterte Auflage
mit 1800 Fragen und Antworten
und 580 Abbildungen im Text
sowie 32 einfarbigen und 14 farbigen Bildtafeln
und allen
**Jägerprüfungsordnungen der Länder**

VERLAG J. NEUMANN-NEUDAMM · MELSUNGEN

1. Auflage: Juni 1936

301.—330. Tausend

Druck: F. L. Wagener, Lemgo
Buchbinderische Verarbeitung: Klemme & Bleimund, Bielefeld
ISBN 3-7888-0251-0

# Vorwort zur 20. Auflage

Das vorliegende Buch behandelt in Frage und Antwort den gesamten Stoff der „Jägerprüfung" nach den Prüfungsordnungen der Länder. Es ist für die vor der Prüfung stehenden Anwärter für den ersten Jagdschein sowie für die mit deren Ausbildung betrauten Lehrherren und die mit der Prüfung der Anwärter beauftragten Mitglieder der Prüfungskommissionen bestimmt.
Die Anforderungen, die die Prüfungskommissionen an das theoretische und praktische Wissen der Jungjäger stellen, sind in den letzten Jahren wesentlich gestiegen. Das Buch wurde deshalb von mir erneut gründlich überarbeitet, ohne Umfangsvermehrung wesentlich verbessert und mit weiteren einprägsamen Abbildungen versehen. Es bringt alles Wichtige und Wesentliche, besonders aber auch das Neueste aus allen Gebieten des Jagdwesens. Für die Ausbildung der Jungjäger sollte daher immer die *neueste Auflage* des Buches verwendet werden. Es eignet sich auch *für „alte" Jäger*, die sich über Neuerungen auf dem Gebiete des Jagdwesens schnell orientieren wollen. Der von Benutzern des Buches geäußerte Wunsch, die wichtigsten Prüfungsfragen durch einen schwarzen Randstrich besonders kenntlich zu machen, konnte nicht erfüllt werden, da bezüglich der Mindestanforderungen, die von den Prüfungskommissionen an den jagdlichen Nachwuchs gestellt werden, sehr unterschiedliche Auffassungen bestehen. Es wird also auch weiterhin Aufgabe des Kreisjäger- bzw. Kreisjagdmeisters und des jeweiligen Lehrherrn sein, dem Prüfungsanwärter anzugeben, was er in seinem Heimatkreise in der Prüfung wissen und beherrschen muß. Ich empfehle daher, die bei der praktischen Ausbildung *im „Lehrjahre"* behandelten Fragen im Buche durch Rotstift besonders kenntlich zu machen und das für weniger wichtig Gehaltene nur mitzulesen und beiläufig aufzunehmen. Wenn außerdem die innerhalb der Antworten gesperrt oder in *Kursivschrift* gedruckten Worte rot unterstrichen werden, wird das eine gute Gedächtnisstütze beim Lernen und Wiederholen sein. Das gilt auch für den Abschnitt *„Jagdgesetzeskunde"*, in dem neben dem neuen Bundesjagdgesetz vom 1. 4. 1977 auch die Verordnung über die Jagdzeiten und die wichtigsten Jagdgesetze aller Länder besprochen wurden. Von diesen landesrechtlichen Bestimmungen braucht der Prüfungsanwärter nur diejenigen des Landes kennen, in dem er die Jägerprüfung ablegen und in dem er jagen will. Es ist auch hier für ihn zweckmäßig, sich diese Bestimmungen rot zu unterstreichen und sich *nur diese* einzuprägen, damit er nicht überfordert wird (s. auch Fußnote zu S. 462).
Die *Erkennungsmerkmale* der ab 1. 4. 1977 dem Jagdrecht unterliegenden Tierarten sowie deren Hege und Bejagung wurden im Abschnitt *„Jagdtierkunde"* eingehend behandelt.
Im Abschnitt *„Jagdwaffenkunde"* wurden die neuen Einheiten im Meßwesen und die für den Jäger wichtige praktische Handhabung der Jagdwaffen besprochen. Das neue Waffengesetz wurde auf den Seiten 525 bis 534 gesondert behandelt.
Im Abschnitt *„Natur- und Umweltschutz, Landschaftspflege und Wildhege"* wurden die Aufgaben des Jägers im Umweltschutz und das neue Tierschutzgesetz besprochen und dabei darauf hingewie-

sen, daß jeder Jäger, der mit dem Gewehr ins Revier geht, der Heimat und Tierwelt gegenüber eine große Verantwortung und mehr Pflichten als Rechte übernimmt, um dem Waidwerk eine Zukunft zu erhalten.
Die erstmals von mir im Jahre 1936 gewählte Darstellungsweise des Prüfungsstoffes in Frage und Antwort, die sich bewährt und mein Buch so beliebt gemacht hat, wurde beibehalten.
Gelegentlich wurden Bedenken laut, mein Buch könne in seiner komprimierten Zusammenfassung dazu verführen, sich nur mit seinem Studium zu begnügen. Es wird deshalb hiermit klar gesagt, daß es ausführliche Lehr- und Standardbücher nicht ersetzen will und kann. Es will für die Prüfungsanwärter nur ein Leitseil sein, ihnen ein vielseitiges und unverlierbares Grundwissen vermitteln und ihnen das Hineinwachsen in die Jagd erleichtern.
Allen Mitarbeitern, insbesondere dem als Lehrprinz tätigen Waidgenossen, Herrn Kurt Behrens in 3102 Hermannsburg, Am Hasenberg 4, wird für die mir gewährte Beratung und Unterstützung und dem Verlage für die neuzeitliche und gute Ausstattung des Buches herzlich gedankt.

5438 Westerburg (Oberwesterwald), 18. März 1977

Dr. med. vet. Richard Blase
**Oberregierungsveterinärrat i. R.**

## Verzeichnis der Abkürzungen

| | | |
|---|---|---|
| AG | = | Amtsgericht |
| AusfVO | = | Ausführungsverordnung |
| BAnz | = | Bundesanzeiger |
| BGB | = | Bürgerliches Gesetzbuch |
| BGBl. | = | Bundesgesetzblatt |
| BJG | = | Bundesjagdgesetz |
| BMfELuF | = | Bundesminister für Ernährung, Landwirtschaft und Forsten |
| BNatSchG | = | Bundes-Naturschutzgesetz |
| BRD | = | Bundesrepublik Deutschland |
| DJV | = | Deutscher Jagdschutzverband |
| DVO | = | Durchführungsverordnung |
| EGStGB | = | Einführungsgesetz zum Strafgesetzbuch |
| GS | = | Gesetzsammlung |
| GVBl. | = | Gesetz- und Verordnungsblatt |
| LJG | = | Landesjagdgesetz |
| LJV | = | Landesjagdverband |
| LMG | = | Lebensmittelgesetz |
| LPflG | = | Landespflegegesetz |
| MfLWuU | = | Ministerium für Landwirtschaft, Weinbau und Umweltschutz |
| OWiG | = | Gesetz über Ordnungswidrigkeiten |
| RdErl | = | Runderlaß |
| RGBl. | = | Reichsgesetzblatt |
| RMBliV | = | Reichsministerialblatt f. d. innere Verwaltung |
| s. S. | = | siehe Seite |
| StGB | = | Strafgesetzbuch |
| StPO | = | Strafprozeßordnung |
| VA | = | Viehseuchenpolizeiliche Anordnung |
| VO | = | Verordnung |
| WaffG | = | Waffengesetz |
| ZPO | = | Zivilprozeßordnung |

INHALT

## Jagdwaffenkunde

**Jagdwaffen und Munition, Ballistik, Handhabung, Gebrauch und Pflege der Jagdwaffen, Sicherheitsbestimmungen im praktischen Jagdbetrieb, jagdliches Schießen und DJV-Schießvorschriften**



## Jagdtierkunde

**Waidmannssprache, Erkennungsmerkmale und Ansprechen (Beurteilen) der wichtigsten wildlebenden Tiere, deren Hege und Bejagung nach Auswahl**

**Jagdliches Brauchtum**

**Grundregeln der jagdlichen Praxis, Jagdarten**

## Grundlehren der Jagdhundhaltung und Jagdhundführung

### Jagdhundrassen, Abrichten und Abführen des Hundes und Verwenden des Hundes bei der Jagd



## Wildverwertung

### Versorgen und Verwerten des erlegten Wildes



## Natur- und Umweltschutz, Landschaftspflege, Wildhege

### Natur- und Umweltschutz, Tierschutz, Erhaltung der Wildbestände und deren Lebensräume, Wildfütterung, Aussetzen von Wild, Revierbeaufsichtigung, Hege mit der Falle, Hege mit der Flinte



## Wildkrankheiten

### ihre Erkennung, Bekämpfung und Beurteilung

## Grundzüge der Jagdgesetzeskunde und wichtige Einzelbestimmungen des Jagdrechts und seiner Nebengebiete

# JAGDWAFFENKUNDE

**Jagdwaffen und Munition, Ballistik, Handhabung, Gebrauch und Pflege der Jagdwaffen, Sicherheitsbestimmungen im praktischen Jagdbetrieb, jagdliches Schießen und DJV-Schießvorschriften**

## Allgemeines

**Welche besondere Bedeutung hat das Prüfungsfach „Jagdwaffenkunde" für den Jungjäger?**

Es ist das wichtigste Prüfungsfach, denn die Prüfung gilt, selbst bei hervorragenden Leistungen in den anderen Prüfungsfächern, als *„nicht bestanden"*, wenn die Kenntnisse in diesem Fach, die *Leistungen in der Handhabung der Jagdwaffen* und die Ergebnisse des jagdlichen Schießens nicht mindestens ausreichend sind. Hierzu ist die Prüfungsordnung des Landes nachzulesen, in dem die Jägerprüfung abgelegt werden soll (s. S. 535).
Weiter muß der Jungjäger die für ihn wichtigsten Bestimmungen des Waffengesetzes (WaffG) vom 8. 3. 1976 kennen (s. S. 525).

**Welche Mindestanforderungen werden im praktischen Teil des Prüfungsfaches „Jagdwaffenkunde" gestellt?**

Vorgelegte Munition (Schrot- und Büchsenpatronen sowie die gebräuchlichen Geschosse) müssen erkannt und in ihrer Wirkung beschrieben werden können (s. S. 32—46 u. 52/53).
Weiter sind gründliche Kenntnisse in der Handhabung von Jagdwaffen zu erbringen. Vorgelegt werden meist je eine Hahn- und eine Selbstspanner-Doppelflinte, eine Bockdoppelflinte mit Ejektor, ein Drilling mit Einstecklauf, zwei Repetierbüchsen sowie eine Pistole und ein Revolver.
Diese Jagdwaffen muß der Prüfling nach ihren Konstruktionsmerkmalen erkennen, beschreiben und praktisch bedienen können. Das kann er nur erlernen, wenn er regelmäßig an den Belehrungs- und Übungsschießen der Jägerschaft seines Landesjagdverbandes (s. S. 80) teilnimmt und dort auch die *Handhabung* der bei der Prüfung üblicherweise vorgelegten *Jagdwaffen bis zur Perfektion übt.* Der Schießleiter sollte dem Jungjäger dabei sagen, welche Munition und Jagdwaffen er kennen muß. Er sollte für diesen Teil des Prüfungsabschnittes „Jagdwaffenkunde" Lehrherr sein, da nicht alle Lehrherren über sämtliche gebräuchlichen Jagdwaffen verfügen.
Zeigt der Prüfling schwerwiegende Mängel bei der Handhabung der Jagdwaffe oder ungenügende Trefferergebnisse beim praktischen Schießen, *muß* er von der Fortsetzung der Prüfung ausgeschlossen werden, und die Prüfung gilt als nicht bestanden. An den jagdlichen Nachwuchs werden also in der „Jagdwaffenkunde" zum *Nachweis seiner Sachkunde* nach § 31 (1) WaffG (s. S. 531) besonders hohe Anforderungen gestellt, damit er später Unfälle sicher verhütet und dem Wild bei der Ausübung der Jagd unnötige Qualen erspart.

# Jagdwaffen und Munition

## Allgemeines

**Welche Schußwaffen unterscheidet man?**

1. Nach ihrer Handhabung:
   *Langwaffen* (Gewehre), mehr als 60 cm lang, zu deren Bedienung beide Hände gebraucht werden, und
   *Kurzwaffen* (Faustfeuerwaffen), weniger als 60 cm lang.
2. Nach ihrem Verwendungszweck:
   *Flinten* (Gewehre für den Schrotschuß),
   *Büchsen* (Gewehre für den Kugelschuß) und
   *kombinierte Gewehre* (für den Schrot- und Kugelschuß).
   („Kugel" ist die noch gebräuchliche Bezeichnung für das Büchsen-Einzelgeschoß. Es ist heute ein Langgeschoß. Man spricht deshalb besser von „*Büchsen*-Geschossen".)
3. Nach ihren Konstruktionsmerkmalen:
   Kipplaufgewehre und Gewehre mit feststehendem Lauf.

**Unter welchen Sammelbegriff fallen die heutigen Jagdgewehre?**

Unter den Begriff „*Hinterlader*". Den ersten Hinterlader erfand 1825 der Franzose Lefaucheux (sprich: Lefoschö).
Ihre Vorläufer waren die „Vorderlader" mit Lunten-, Rad- oder Feuersteinschloß sowie das Perkussionsgewehr, bei denen das Laden von der Laufmündung aus erfolgte.

**Darf man auf Wild mit der Kurzwaffe (Revolver, Pistole) schießen?**

Nein, auch nicht auf Niederwild, ausgenommen bei der Bau- und Fallenjagd sowie zur Abgabe von Fangschüssen. Für Fangschüsse muß die Mündungsenergie des Geschosses mindestens 200 Joule betragen (s. S. 485 und § 19/1d BJG). Hohlspitz- und Teilmantelgeschosse sind verboten!

## Blanke Waffen

**Welche blanken (kalten) Waffen finden Verwendung?**

Saufeder, Hirschfänger, Waidblatt und Nicker. Sie werden zum Abfangen und Abnicken von Schalenwild gebraucht.
Zum *Blattfang* nähert man sich dem kranken Stück vom Rücken her und stößt die Klinge hinter dem Blatt in den Brustkorb.
Zum *Kälberfang* wird von der Halsgrube (Stich) in Richtung Herz gestoßen.
Beim *Abnicken* wird die Klinge zwischen Hinterhauptbein und erstem Halswirbel ins Genick gestoßen und dadurch das Halsmark im Wirbelkanal durchtrennt. Das ist sofort tödlich.
Jagdnicker (auch „Knicker" genannt) und Jagd- oder Waidmesser finden zum Aufbrechen, Zerwirken und Zerlegen Verwendung.

**Was ist eine „Saufeder"?**

Eine blattförmige, zweischneidige Klinge mit Parierstange an einem zwei Meter langen Eschenholzschaft. Sie dient brauchgerecht zum Abfangen von Schwarzwild, das von Hunden gestellt (gedeckt) ist. Sie soll hinter dem Blatt bis zur Parierstange in den Wildkörper eindringen.

**Wann nur werden blanke Waffen noch verwendet?**

Nur, wenn sich ein Fangschuß nicht anbringen läßt (z. B. bei angefahrenem Wild auf einer Autostraße, bei von Hunden gedecktem Wild, bei Wildfolge ohne Gewehr). Wer blanke Waffen verwenden will, muß vorher ausreichende Übung an verendetem Wild erworben haben, sonst ist deren Verwendung abzulehnen (Tierschutz).

Universal-
Jagdnicker

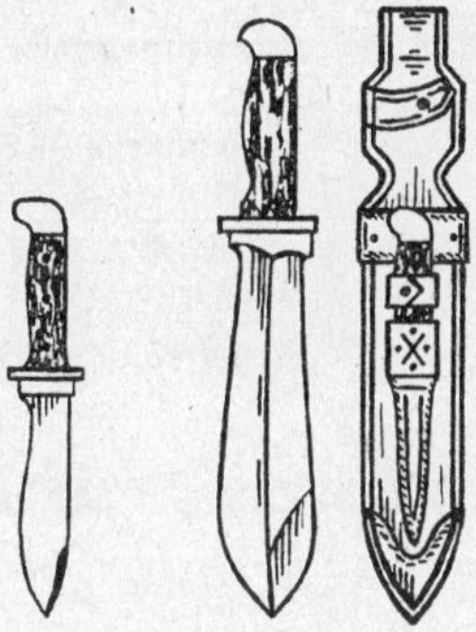

Nicker und Waidblatt
vom Waidbesteck

Hirschfänger
Paradewaffe

PUMA-
Zerlegbar
Das Jagd-
messer ist
auseinander-
nehmbar

Universaljagdmesser
Klinge, Säge, Auf-
bruchklinge, Aus-
ziehhaken, Korken-
zieher u. Kronen-
verschlußöffner

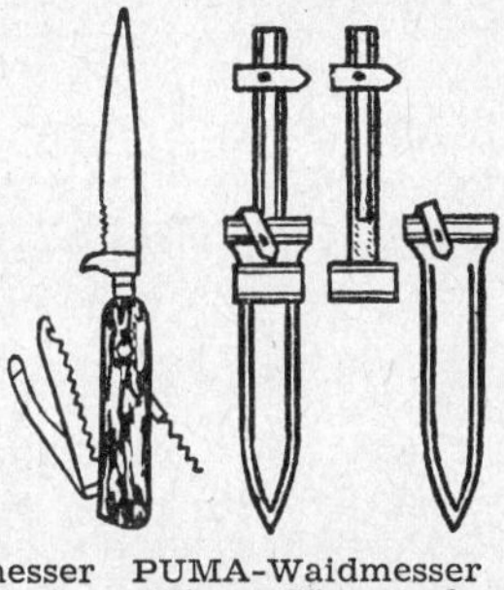

PUMA-Waidmesser
Klinge, Säge, Auf-
bruchklinge, Korken-
zieher, zweiteilige
Scheide f. Klingen-
schutz

**Sau-
feder**

## Gewehre oder Langwaffen

### Arten und Einrichtungen der Jagdgewehre

**Aus welchen Teilen besteht ein Gewehr?**

Es besteht in einfacher Form aus dem *Lauf* mit dem *Patronenlager* und dem *Verschluß* mit dem eingebauten Schloß. Weitere Teile sind die Visiereinrichtung und der Schaft.
Der Lauf dient zur Aufnahme der Patrone und gibt dem durch die Entwicklung der Pulvergase vorgetriebenen Geschoß oder der Schrotladung die Flugrichtung. Der Verschluß verschließt den Lauf hinter der Patrone (Verriegelung).
Das Schloß enthält den Mechanismus zur Entzündung des Zündhütchens der Patrone und die zur Sicherung der geladenen Waffe erforderlichen Elemente. Es wird mit dem Abzug betätigt (Abb. S. 23 und Tafel 1 nach S. 32).
Der Schaft gestattet das Anschlagen der Waffe an die Schulter.

**Aus welchem Material bestehen die Verschlußteile?**

Aus *Stahl.* Wird ein „leichtes" Gewehr gewünscht, fertigt man den Verschlußkasten (Basküle) bei Kipplaufwaffen oder das Gehäuse bei Selbstladeflinten aus Leichtmetall (s. auch S. 21).

**Welche „Beschläge" (Garnitur) gehören zum Gewehr?**

Riemenbügel, Pistolengriff- und Schaftkappe nebst Abzugsbügel (Abb. S. 16). Abzugsbügel, Pistolengriff- und Kolbenkappe fertigt man gern aus Horn oder Kunststoff.

**Welche Aufgabe hat das Patronenlager?**

Es soll die Patrone aufnehmen. Die Maße dürfen die im WaffG (3. WaffV vom 10. Mai 1973) angegebenen Mindestwerte nicht unterschreiten.

**Was ist am Verschluß von Kipplaufwaffen zu beachten?**

Lauf und Verschluß müssen genau aneinander passen. Nichtpassende Verschlüsse mit einem Verschlußabstand über dem Höchstwert von 0,1 bis 0,15 mm sind unzulässig und gefährden die Genauigkeit der Schußleistung, die Waffe, den Schützen und andere Personen.
(Probe: Vorderschaft abnehmen, Gewehr senkrecht halten und schütteln. Es zeigt sich sofort, ob der Verschluß in Ordnung ist!)

**Mit welchem Schaft erzielt man gute Treffergebnisse?**

Nur mit einem Schaft, der für den Schützen zum *Flüchtigschießen* genau passend ist (s. S. 16). *Weiter gehört zum Treffen: Üben, üben!*

**Woraus besteht der Gewehrschaft?**

Aus dem *Vorderschaft* und dem *Hinterschaft* oder Kolben. Der *Vorderschaft* liegt vor dem Abzugsbügel und hat bei Kipplaufwaffen einen Druckknopf-Verschluß oder Patentschnäpper. Er

dient bei hahnlosen Kipplaufgewehren zum *Spannen der Schlosse.* Zum Auseinandernehmen des Gewehrs muß er abgenommen werden. Beim *Schließen* des Gewehrs bedient der Vorderschaft den *Patronenauszieher und Ejektor.* Jäger, die ihr Gewehr nicht selbst beaufsichtigen können, nehmen gern den Vorderschaft ab oder das Schloß eines Repetiergewehres heraus. Es kann dann nicht mehr gespannt und benutzt werden (s. auch S. 533). Der *Hinterschaft* (Kolben) muß für den Schützen passend geschäftet sein!
Büchsen mit Ganzschaft bis zur Mündung nennt man „*Stutzen*“. Schäfte macht man meist aus Nußbaumholz (aus Stamm- oder dem wertvolleren Wurzelholz mit seiner schönen Maserung).
Die eingeschnittene Rauhung des Schaftes am Pistolengriff und am Vorderschaft, die den Händen des Schützen guten Halt gibt, bezeichnet man als „*Fischhaut*“ (Abb. S. 69).

**Welche Schaftformen werden unterschieden?**

Der *englische* Schaft o h n e Backe und Pistolengriff;
der *Normalschaft,* mit geradem Schaftrücken, Pistolengriff und mit oder ohne Backe (Abb. S. 16);
der *Buckel- oder Schweinsrücken*schaft, mit Krümmung des Schaftrückens, mit Backe und Pistolengriff und
der „*Monte-Carlo*-Schaft“ mit großer, abgerundeter und über den Schaftrücken hinausragender Backe und Pistolengriff.
Für die Normalfigur reicht meist der Normalschaft.

**Wann sagt man, „das Gewehr l i e g t mir“?**

Wenn Länge, Senkung und Schränkung des Schaftes den Körperformen des Schützen genau entsprechen und die Zieleinrichtung des Gewehrs beim schnellen Anschlag genau auf das Ziel zeigt.
Unterschiede, die sich aus dem Tragen leichter Sommer- und dicker Winterkleidung ergeben, lassen sich durch auswechselbare Schaftkappen aus *Gummi,* Horn, Kunststoff oder überstülpbare Lederkappen ausgleichen.
Schaftkappen aus *Gummi* verhindern Lärm und Wegrutschen des Gewehrs auf dem Hochsitz. Sie neigen aber, wenn die Rückseite nicht aus Leder oder Kunststoff besteht, zum Hängenbleiben an der Kleidung und behindern dann das Anschlagen des Gewehrs.

**Wie prüft man die passende Schaftlänge?**

Man setzt das Gewehr mit der Schaftkappe innen auf das rechtwinklig gebeugte Ellenbogengelenk (Abb. S. 16) und umfaßt den Kolbenhals wie beim Schießen. Kann man mit dem ersten Gelenk des Zeigefingers gerade noch den vorderen Abzug erreichen, so ist die Schaftlänge richtig (normale Schaftlänge 35 bis 36 cm).
Diese Überprüfung kann nur als grober Anhaltswert dienen.

**Was versteht man unter der Senkung des Schaftes?**

Den senkrechten Abstand der Schaftnase und der Schaftkappe von der gedachten rückwärtigen Verlängerung der Laufschiene.
Die *Senkung* beträgt bei normalen Schäften an der Nase 35 bis 42 mm und an der Kappe 50 bis 70 mm (s. S. 16).

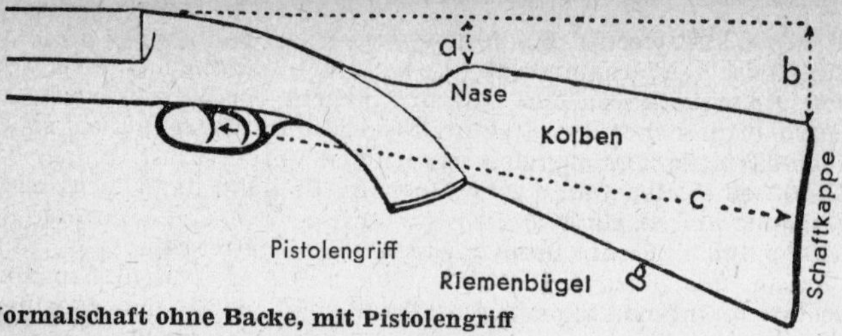


**Normalschaft ohne Backe, mit Pistolengriff**
a = Senkung an der Schaftnase (35—42 mm)
b = Senkung an der Schaftkappe (50—70 mm)
c = Abstand vom vorderen Abzug bis Mitte Kappe (normal 35—36 cm)

Maß für Schaftlänge abzüglich 2—4 cm

**Schaft mit Backe**

Änderung des Gewehrschaftes:

Gegen Hochschuß Keil ansetzen!

Gegen Tiefschuß Keil absägen!

Die gestrichelten Linien ergeben ungefähr die richtigen Schaftmaße.

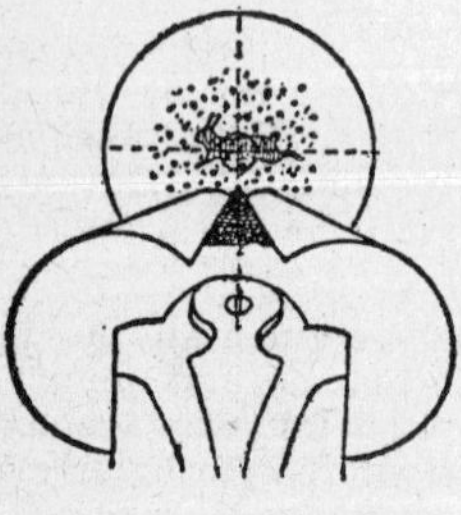

Passender Schaft!
Der Schütze sieht nur wenig von der Laufschiene. Das Wild bleibt beim Schuß in Sicht.

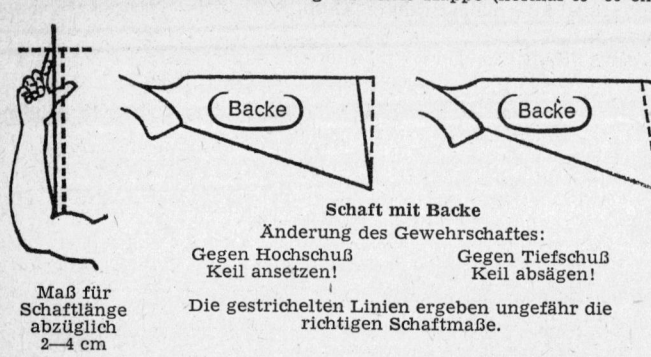

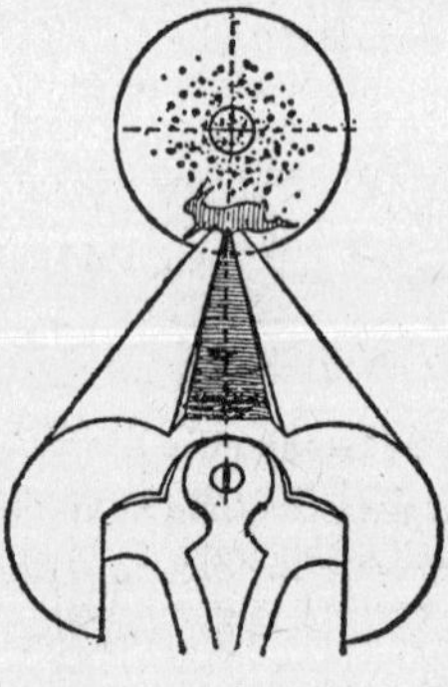

Schaft paßt nicht!
Die Senkung ist zu gering. Der Schütze sieht zuviel Laufschiene (das ergibt übermäßigen Hochschuß).

*Je mehr Laufschiene, desto mehr Hochschuß!*
Abhilfe: Mittelkorn s. S. 60

Die notwendigen Vorhaltemaße beim Flüchtigschießen sind in der Zeichnung nicht berücksichtigt.

Ist die Senkung des Schaftes für den Schützen zu gering, so sieht er zuviel von der Laufschiene und erhält übermäßigen Hochschuß (er überschießt das Wild). Ist der Schaft dagegen zu stark gesenkt, so sieht er nichts von der Laufschiene (s. Abb. S. 64), und es entsteht Tiefschuß (er unterschießt das Wild).
Kleinere Fehler dieser Art kann man in einfacher Weise beheben, indem man bei Hochschuß an der Schaftkappe einen Keil ansetzt (oben etwa 1,3 cm, unten etwa 0,3 cm) und beim Tiefschuß den Schaft keilig absägt (s. Abb.). Gröbere Fehler erfordern ein Erhöhen bzw. Erniedrigen (stärkere Senkung) des Schaftrückens.

**Welche Schützen brauchen eine stärkere Senkung des Schaftes?**

Die weniger behenden Schützen und solche mit langem Hals. Hier ist meist eine Senkung des Schaftes an der Schaftnase auf etwa 40 mm und an der Schaftkappe auf etwa 70 mm erforderlich. Am besten eignet sich für Schützen mit langem Hals ein *Buckelschaft*. Wem sein Gewehr „nicht gut liegt", der lasse sich vom Büchsenmacher (mit dem Gelenkgewehr) beraten.

**Was versteht man unter der Schränkung des Schaftes?**

Eine seitliche Ausbiegung des Schaftes aus der gedachten rückwärtigen Verlängerung der Laufschiene (siehe Abb.). Man bezeichnet sie auch als *„Schäftung aus dem Gesicht"*. Wohl alle modernen Schäfte weisen eine Schränkung von normal 4 mm auf, die den Anschlaggewohnheiten (durch Links- oder Rechtsschränkung) Rechnung trägt und ein schnelles und gleichmäßiges gutes Erfassen des Zieles ermöglicht.

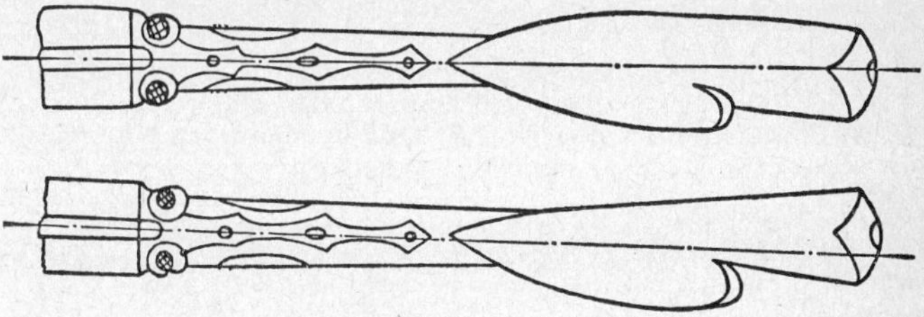

Oben: Schaft ohne Schränkung
Unten: Schaft mit Rechtsschränkung (Schäftung aus dem Gesicht)

**Wie gelangt man am einfachsten zu einer passenden Schäftung?**

Durch *Maßschäftung*. Hierzu werden die Körpermaße des Schützen von Hand gemessen oder durch ein sogenanntes *Gelenkgewehr* festgelegt. Bei Neuanschaffung einer Waffe oder Neuschäftung macht sich die Mehrausgabe immer bezahlt, denn:

*„Die Läufe schießen, der Schaft trifft!"*

**Welche Gewehre benutzt man für den jagdlichen Gebrauch?**

Einlader, Mehrlader oder Halbautomaten. Man benutzt:

1. Flinten (für den Schrotschuß):
   Ein- und mehrläufige Flinten als Hahn-, Selbstspanner-, Repetier- oder Selbstladeflinten;

2. Büchsen (für den Büchsenschuß):
Ein- und mehrläufige Büchsen als Hahn- und Selbstspanner-(Kipplauf-)Büchsen sowie Block-, Repetier- und Selbstladebüchsen *(Selbstladebüchsen gelten als nicht waidgerecht. Zu ihrem Erwerb ist ein Bedürfnis nachzuweisen [s. S. 531], wenn im Magazin mehr als zwei Patronen aufgenommen werden sollen).*
3. Kombinierte Waffen (für Büchsen- und Schrotschuß):
Büchsflinten, Drillinge und Vierlinge (Sammelbegriffe).

Die mehrläufigen Langwaffen werden als Waffen mit *neben*einanderliegenden Läufen *(Querwaffen)* oder mit *über*einanderliegenden Läufen *(Bockwaffen)* gebaut (Abb. S. 21/22).

**Welche Gewehre benutzt man für den Schrotschuß?**

Flinten, mit innen glatten Läufen (Schrot- oder Flintenläufen). Die Läufe werden durch Ausbohren massiver Flußstahlstangen gefertigt. Neuerdings werden auch Läufe aus tiefgezogenen Rohren gefertigt. Die Verengung im Mündungsbereich, der Choke (sprich: tschohk), wird eingezogen. Früher wurden Flintenläufe aus dünnen Eisenstangen hergestellt, die um einen Dorn gewickelt und verschweißt wurden (*Damastläufe*).
Als *„Schwesterflinten“* bezeichnet man zwei in allen Einzelheiten völlig gleiche Doppelflinten. Man benutzt sie zum wechselweisen Schießen auf wildreichen Jagden (s. auch S. 29) und bedient sich hierbei eines „Flintenspanners“, also einer Hilfsperson, die die jeweils abgeschossene Flinte neu spannt, lädt und bei Bedarf zureicht. Bei den Flinten werden drei Bohrungsarten an der Laufmündung unterschieden:
1. die Zylinderbohrung, 2. die Würge- oder Choke-Bohrung und 3. die Skeet-(sprich: Skiet)Bohrung.
Der Zweck der verschiedenen Bohrungen besteht in der Beeinflussung der Schrotgarbe und damit der Trefferleistung.
Unter einem Lauf mit Zylinderbohrung versteht man einen Lauf, der auf gleichmäßige Weite gebohrt ist und *stärker streut,* als ein Lauf mit Würgebohrung. Das kann manchmal erwünscht sein, z. B. bei der Jagd auf Kaninchen, für den Nahschuß im Walde und bei der Hühnerjagd.

**Was versteht man unter einem Lauf mit Würgebohrung?**

Einen Schrotlauf mit (1/4 bis 1 mm starker) Verengung über eine Länge von etwa 5 bis 10 cm im Mündungsbereich.
Je nach der Stärke der Laufeinengung wird zwischen Viertel-, Halb-, Dreiviertel- und Vollchoke unterschieden. Hierdurch erzielt man eine größere Verdichtung (ein besseres *Zusammenhalten*) der Schrote auf weitere Entfernungen (wichtig für kurze Schrotläufe, sog. Waldläufe). Würgebohrung haben fast alle Schrotläufe. Der für den weiten Schuß bestimmte linke oder obere Schrotlauf ist meist mehr „gechokt“ als der rechte bzw. untere Lauf (Anordnung s. S. 21, Chokeaufsätze s. S. 29/30).

**Woran erkennt man, ob die Läufe Würgebohrung haben?**

An dem auf der Unterseite der Läufe eingeprägten Wort „Voll“, „Dreiviertel“, „Halb“ oder „Viertel“ (s. Abb. S. 31).
Als Chokebezeichnung werden neuerdings bei einigen Waffen-

Typen auch Sternchen am Laufhaken oder Lauf (Patronenlager) angebracht. Es bedeutet * = Voll-, ** = Dreiviertel-, *** = Halb-, **** = Viertelchoke und ***** = Zylinderbohrung. Zur Nachprüfung nimmt man den Vorderschaft ab (s. Abb. S. 31).

**Mit welcher Laufbohrung wird der Streukreis der Schrote besonders stark vergrößert?**

Mit der Skeet-(sprich: Skiet)Bohrung, bei der im Gegensatz zur Choke-Bohrung eine schwache trichterförmige Erweiterung des Laufendes vorgenommen wird. Ein solcher Lauf wird zum *„Skeet“* benutzt (s. S. 83/84). Er ist zur Jagd nicht brauchbar. Fast den gleichen Effekt kann man mit der Gebrauchswaffe bei Verwendung von *Streupatronen* erreichen (Abb. S. 34).

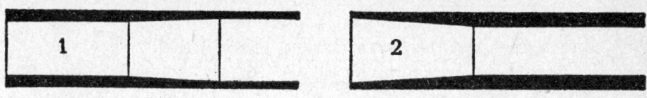

1 Laufmündung verengt

2 Laufmündung erweitert

Bei Doppelflinten sind Lauflängen von 65 bis 76 cm, bei kombinierten Waffen Lauflängen von 60 bis 65 cm üblich.

**Welche Läufe benutzt man für den Schuß mit Einzelgeschossen?**

Büchsenläufe. Sie sind im Gegensatz zum glatten Schrotlauf gezogen (sie haben einen *„Drall“*, d. h., sie besitzen spiralig gewundene Felder und Züge).

*Felder* sind die erhabenen (stehen gebliebenen), *Züge* die eingeschnittenen Teile im Innern der Büchsläufe. Das Maß für den Zug ist also weiter als das für das Feld. Beim 8-mm-S-Kaliber ist das Zugmaß 8,2 mm, das Feldmaß 7,89 mm (Näheres s. S. 45). Das Einarbeiten der Züge in den Büchsenlauf erfolgt im spanabhebenden Verfahren, auch durch Laufhämmern oder Eindrücken (Kaltverformung). Jagdbüchsen haben meist Rechtsdrall. Neuerdings finden wir in Militärwaffen (im Kal. 7,62 × 51 = .308 Win.) sowie in Jagd- und Sportwaffen (z. B. im Kal. .22 [.22 Win. Mag.], .30 [.308 Win. und .30-06] und 9 mm Para) die *polygonale* (= vieleckige) Zugform. Durch diese erhält das Geschoß den Drall durch Anpassung an ein Querschnittsprofil, das keine scharfen Ecken sowie keine Feldkanten aufweist. Der Gasschlupf ist verringert (weniger $V_0$-Verlust, s. S. 51), die Laufpflege erleichtert (weiche Profilkonturen) und die Gebrauchstüchtigkeit der Läufe erhöht. Herstellungstechnisch wird das Laufhämmern begünstigt.

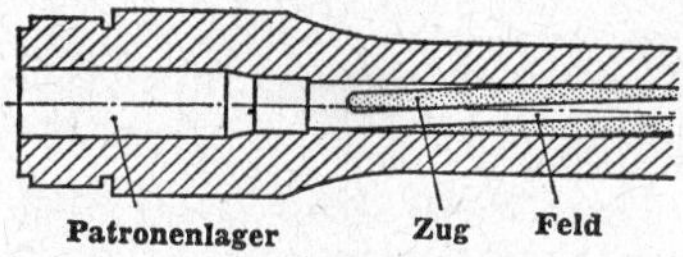


**Schnitt durch den gezogenen Lauf**

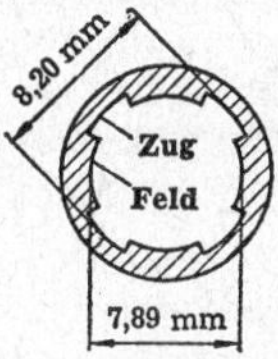


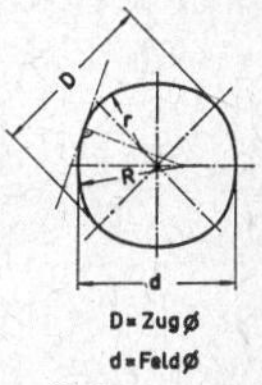


**Polygonprofil**

**Welche Aufgabe haben die Felder und Züge (der Drall)?**

Die Felder zwingen das Geschoß (wenn es in die Züge gepreßt wird, also den Büchslauf durcheilt) zu einer sehr schnellen *Drehung* um seine Längsachse. Sie verhindert *Querschläger* (ein Überschlagen des Geschosses während des Fluges). Die Zahl der Umdrehungen hängt von der Anfangsgeschwindigkeit des Geschosses und der Drall-Länge ab. Die Umdrehung beträgt bei modernen Geschossen etwa 3000 bis 3500 Umdrehungen in der Sekunde.

**Was versteht man unter der Drall-Länge?**

Die Laufstrecke, in der sich das Geschoß einmal um die eigene Achse dreht. Sie beträgt bei Kaliber 6,5 mm = 20–28 cm, bei Kaliber 7 mm = 22–30 cm und bei Kaliber 8 mm = 24–30 cm.

**Welche Gewehre mit Büchsläufen sind gebräuchlich?**

Repetierbüchsen (wie z. B. die Mauser Mod. 98 und 66 (S); Mannl.-Schönauer GK und M 72; Steyr-Mannlicher und Sauer 80 (s. auch S. 27). Außerdem gibt es noch Kipplauf-(Doppel)Büchsen, Block- und halbautomatische Büchsen und kombinierte Gewehre mit ein oder zwei Büchsläufen (Drilling, Doppelbüchsdrilling, Bockdoppelbüchsdrilling, Büchsflinte und Bockbüchsflinte).

**Was ist eine Doppelflinte bzw. Doppelbüchse?**

Ein Gewehr mit nebeneinanderliegenden Läufen *(Querwaffe)*. Die Doppelflinte hat zwei Schrot-, die Doppelbüchse zwei Büchsläufe.
Eine Doppelflinte mit einem in die Schiene eingebauten kleinkalibrigen Büchslauf war der Schienendrilling oder „Waldläufer“. Er hatte, wie jeder Drilling, drei Schlosse (Abb. S. 60).

**Was ist eine Büchsflinte?**

Ein Gewehr mit nebeneinanderliegendem Büchsen- und Schrotlauf.

**Was versteht man unter Bockgewehren?**

Gewehre mit übereinanderliegenden *(aufgebockten)* Läufen.
Man verwendet im allgemeinen:
Bockdoppelflinten (mit zwei Flintenläufen),
Bockbüchsflinten (mit einem Büchsen- und einem Schrotlauf, Anordnung verschieden) und
Bockdoppelbüchsen (mit zwei Büchsenläufen).
Diese „schnittigen“ Bockgewehre gibt es auch mit Wechselläufen. Außerdem gibt es auch Bockdoppelbüchsdrillinge (mit Schrot- und einem klein- und großkalibrigen Büchsenlauf (Abb. S. 22).
Büchsläufe können auch freischwingend angebracht werden. Dadurch wird die Treffpunktlageänderung der Schüsse (als Folge der Erwärmung des Büchslaufes) vermieden (s. S. 60).
Bei Bockgewehren bedient der vordere Abzug i. d. R. den unteren und der hintere den oberen Lauf. Bei der Bockbüchsflinte ist der vordere Abzug mit Stecher versehen (Einabzug s. S. 22).

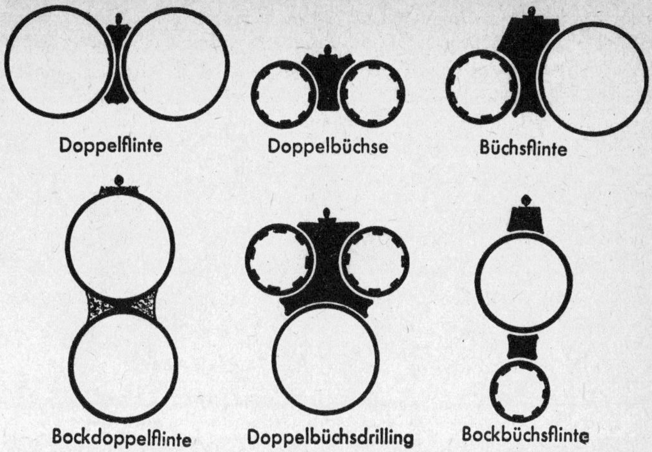


Anordnung der Läufe

**Was versteht man unter einem Drilling?**

Ein Gewehr mit drei Läufen, in der Regel mit zwei nebeneinanderliegenden Schrotläufen und darunterliegendem Büchsenlauf (s. Abb. S. 22). Hat der Drilling drei Schrotläufe, so bezeichnet man ihn als Flintendrilling (selten). Hat er zwei Büchsenläufe und einen Schrotlauf, so bezeichnet man ihn als Doppelbüchsdrilling.

Ein guter *Drilling* ersetzt einen ganzen Schrank voller Waffen. Er ist *das nützlichste Gewehr,* das den Jäger nie im Stich läßt, nicht in der Jagdzeit und nicht in der Schonzeit, nicht bei Treibjagden und nicht bei Drückjagden.

Die meisten Drillinge haben eine Abzugsicherung (s. S. 23). Sie liegt an der linken Seite des Systems, oberhalb der Abzüge (s. S. 24 u. Tafel 1 nach S. 32) oder, wie bei Krieghoff, neben der separaten „Büchsenlauf-Spannung“ (s. S. 24).

**Welche Aufgabe hat beim Drilling die „Kugelschaltung“?**

Sie befindet sich als Umschaltschieber auf dem Kolbenhals (s. Abb. S. 24) und steht mit dem vorderen Abzug in Verbindung. Wird sie auf S (Schrot) gestellt, bedient der vordere Abzug den rechten Schrotlauf, wird sie dagegen auf K (Kugel) geschaltet, so wird er auf den Büchsenlauf eingestellt. Gleichzeitig wird bei der Schaltung auf den Büchsenlauf die Visierstange nach vorne geschoben und damit das automatische Visier hochgestellt.

Das beim Drilling *hochgestellte Visier besagt* also immer, daß der vordere Abzug auf den *Büchsenlauf* geschaltet ist.

Drillinge mit separater Büchsenlauf-Spannung sind handhabungssicherer.

**Wodurch kann man das Gewicht eines Gewehres vermindern?**

Durch Fertigung des *Verschlußkastens aus Leichtmetall* (z. B. aus

Duralumin) und Verwendung dünnwandiger Läufe aus zähem Antinit- oder Böhler Blitzstahl. Leichte Gewehre „stoßen" aber mehr. Die Gewichtsminderung beträgt etwa 300 g.

**Was ist ein Vierling?**

Ein Gewehr mit vier Läufen, in der Regel mit zwei Schrotläufen, einem klein- und einem großkalibrigen Büchsenlauf.

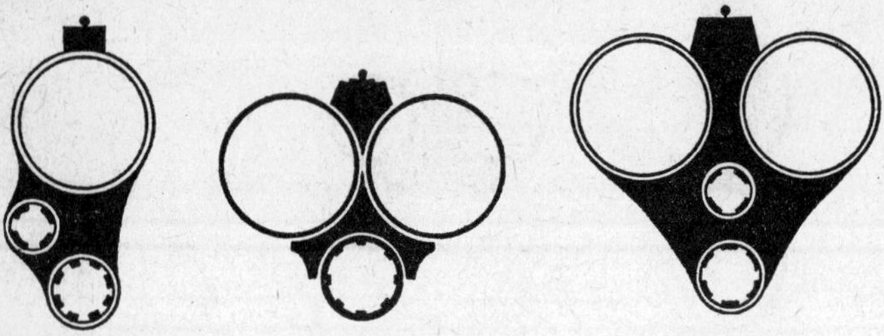

Bockdoppelbüchsdrilling — Drilling — Vierling

**Durch welchen Vorgang wird der Schuß gelöst?**

Durch *Fingerdruck gegen den Abzug* (das Züngel) wird die Schloßstange aus der Spannraste der Schlagstücke gehoben, und diese werden durch die Kraft der Schlagfeder auf den Schlagbolzen geschlagen (Abb.). Dadurch werden Zündhütchen und Pulverladung der im Patronenlager des Laufes befindlichen Patrone zur Entzündung gebracht.

**Wie hoch soll der Abzugswiderstand bei Flinten sein?**

Der Abzugswiderstand bei Flinten soll beim hinteren Abzug größer sein, nämlich vorn 18 N(ewton) = 1,8 kp, hinten 22 N = 2,2 kp (s. auch S. 49, *neue Maßeinheiten!*). Dadurch ist es möglich, den Finger beim Zielen und Mitfahren an den Abzug anzulehnen, ohne daß der Schuß losgeht. Härter stehende Abzüge sind unerwünscht, weil man mit ihnen den Schuß verreißt. Bei Gewehren mit Seitenschlossen und der Systeme Anson & Deeley kann der Abzugswiderstand ohne Gefahr des Doppelns (s. S. 57) bis auf 15 N = 1,5 kp eingestellt werden. Der Abzugswiderstand wird mit einem Gewicht festgestellt, das man an den Abzug hängt.

**Welche Abzugsvorrichtungen werden unterschieden?**

Der Doppelabzug und der Einabzug; der Druckpunktabzug (s. S. 27), der Flintenabzug und der Stecherabzug;
bei Pistolen und Revolvern der Spannabzug.

**Welche Vorteile hat die Einabzugsvorrichtung?**

Mit ihr kann man mit e i n e m Abzug, der sich nach Abgabe des ersten Schusses *selbsttätig* (durch Rückstoßwirkung oder mechanische Umschaltung) auf ein zweites Schloß umschaltet, zwei Schüsse aus einer Doppelflinte oder Bockdoppelflinte in schneller Folge hintereinander abgeben und die rechte Hand immer in der gleichen Lage am Schaftgriff lassen.

**Welche Sicherungen unterscheidet man bei Selbstspannern?**

Die *Abzugs*sicherung, *Stangen*sicherung *und Schlagstück*sicherung. Die Sicherungen werden mit einem Schieber oder Hebel betätigt, der bei Flinten auf dem Kolbenhals liegt. Wird der Schieber nach vorn (in Richtung Ziel) geschoben, so ist entsichert.

**Wie wirken diese Sicherungen?**

Die Abzugssicherung (stets bei automatischer Sicherung) stellt den *Abzug* fest. Die Stangensicherung verriegelt die Abzugs*stange*. Die Schlagstücksicherung verriegelt das *Schlagstück*.
Die automatische Sicherung hat den Nachteil, daß man beim Schießen oft das Entsichern vergißt! Merke:

*Sicherer als jede Sicherung ist das Entladen!*

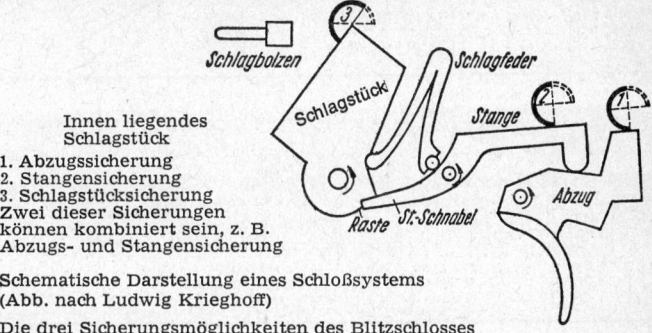

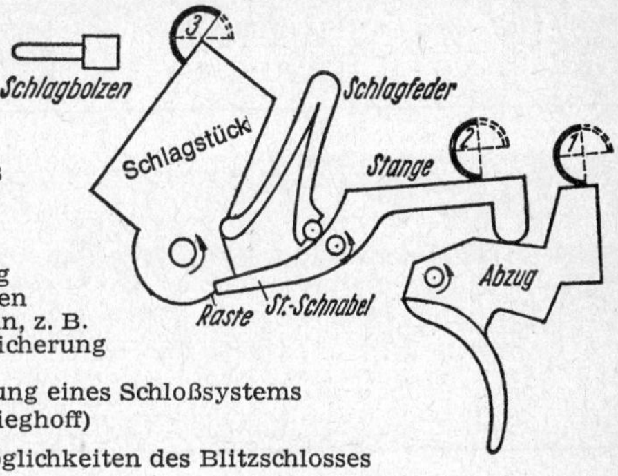


Innen liegendes Schlagstück
1. Abzugssicherung
2. Stangensicherung
3. Schlagstücksicherung
Zwei dieser Sicherungen können kombiniert sein, z. B. Abzugs- und Stangensicherung

Schematische Darstellung eines Schloßsystems (Abb. nach Ludwig Krieghoff)

Die drei Sicherungsmöglichkeiten des Blitzschlosses

**Was ist eine „Schiebe- bzw. Knopfdrucksicherung"?**

Nur eine Handhabe zur Bedienung der Sicherung. Sie liegt meist für den Daumen der rechten Hand griffbereit auf dem Kolbenhals oder seitlich davon. Erscheint beim Bedienen der Sicherung der Buchstabe „S", so ist gesichert (s. Abb. S. 24). Bei vielen Selbstspanner-Gewehren schaltet sie sich beim Aufkippen der Läufe von selber ein (= automatische Sicherung). Die Schiebe- bzw. Knopfdrucksicherung findet sich neuerdings auch bei Repetierbüchsen (s. Abb. S. 28).

**Ist die Sicherung eines geladenen Gewehres zuverlässig?**

Nein! Bei Schlag oder Stoß mit der Waffe oder bei einem Stoßen gegen sie besteht immer die Gefahr, daß sich der Schuß löst.
Die größte Sicherheit bieten die sogen. „Handspanner". Sie werden beim Abkippen der Läufe nicht „von selbst", sondern erst im Bedarfsfalle durch Schieber- oder Hebeldruck von Hand gespannt. Mit der Handspannung für den Büchsenlauf (s. S. 24) fällt das gefährliche „Doppeln" (s. S. 57) weg.

**Welche Sicherung herrscht bei Repetierbüchsen älterer Bauart (Mauser 98 und Mannlicher-Sch.) mit Zylinderverschluß vor?**

Die Flügelsicherung (s. Abb. Tafel 2 neben S. 33).
Sie sperrt die Schlagbolzenmutter und bewirkt, daß der Schlag-

bolzen nicht vorschnellen und der Verschluß sich nicht öffnen kann. Sie wird in Büchsen mit dem bewährten 98er Mausersystem durch einen Flügel am Schlößchen betätigt (Handhabung s. S. 28).

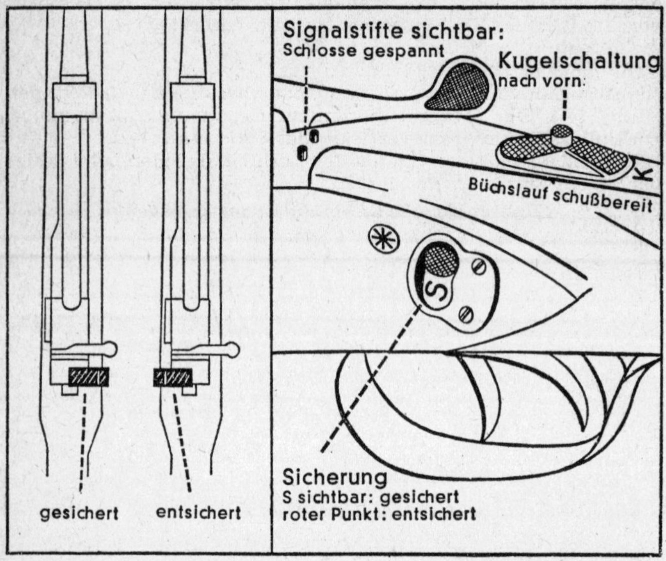


Flügelsicherung
beim Mauser Mod. 98

nach links: Schuß los!

Beim Drilling bedeutet:
S = gesichert, K = auf Kugel geschaltet
Der vordere Abzug bedient den rechten Schrot- und Büchsenlauf, der hintere Abzug den linken Schrotlauf.

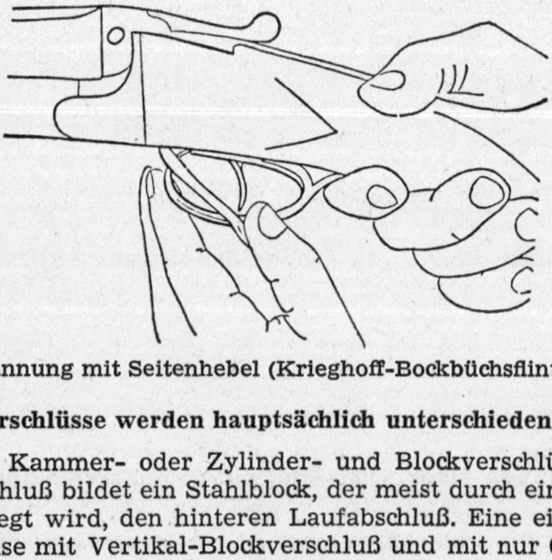

Handspannung mit Seitenhebel (Krieghoff-Bockbüchsflinte „Alb“)

**Welche Verschlüsse werden hauptsächlich unterschieden?**

Kipplauf-, Kammer- oder Zylinder- und Blockverschlüsse. Beim Blockverschluß bildet ein Stahlblock, der meist durch einen Unterhebel bewegt wird, den hinteren Laufabschluß. Eine einschüssige Pirschbüchse mit Vertikal-Blockverschluß und mit nur 60 cm langem Lauf ist die *Heerenbüchse.* Die ersten Kipplauf- oder Basküleverschlüsse erfand der Franzose Lefaucheux (sprich: Lefoschö).

**Was versteht man unter dem Laufhaken-, Greener-, Kersten-, Purdey- und Flankenverschluß?**

Der einfache *Laufhakenverschluß* findet sich bei einläufigen Flinten. Er wird durch einen Verschlußhebel betätigt (s. u.).
„*Greener*“ (sprich: Griener) ist der Name eines englischen Büchsenmachers. Nach ihm ist der bei normalen Kipplaufwaffen allgemein verwendete einfache Querriegelverschluß mit Laufhakenverriegelung benannt, bei dem eine Welle in eine entsprechende Bohrung des Laufzapfens eingreift (s. Abb.).
„*Kersten*“ hieß der Straßburger Büchsenmacher, der erstmals ein Kipplaufgewehr mit „*doppeltem* Greener-Querriegelverschluß“ baute, wie er heute bei Bockgewehren für starke Ladungen verwendet wird (s. Abb. Tafel 1 neben S. 32).
„*Purdey*“ (sprich: Pördee) war ein englischer Gewehrfabrikant, der zum Verschluß von Doppelflinten unterhalb der Laufschiene an der Stoßfläche der Läufe einen Fortsatz, die „*Purdey-Nase*“ anbrachte (s. Abb. S. 26), über die beim Schließen des Gewehrs der im Verschlußstück liegende Verschluß- oder Querriegel greift und damit das Abkippen des Laufbündels sicher verhütet und das Gewehr verriegelt. Bei Bockgewehren werden infolge der übereinanderliegenden Läufe z w e i Lauffortsätze angebracht, so daß diese einen Doppel-Purdeyverschluß haben (analog zum Doppelgreener- oder Kerstenverschluß; s. Tafel 1, S. 32). Beim

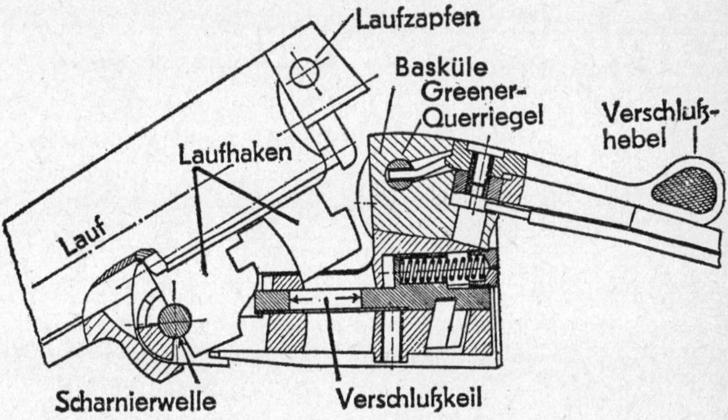


G r e e n e r -Verschluß (Kipplaufverschluß im Schnitt)
mit einfachem Querriegel und *doppelter Laufhakenverriegelung*

Der am Patronenlager-Ende der Läufe befindliche, mit einer runden Ausnehmung versehene Laufzapfen greift beim Schließen des Gewehrs in eine Ausnehmung der Basküle hinein. Durch Betätigung des Verschlußhebels werden die Läufe durch einen Querriegel (sowie durch einen Verschlußkeil, der in Ausnehmungen der Laufhaken eingreift) fest mit dem Verschlußgehäuse verbunden.
Beim „K e r s t e n“-Verschluß, dem doppelten Greener-Querriegelverschluß, werden zwei Zapfen, die beiderseits der äußeren Laufwandung angeschmiedet sind, durch in der Basküle quer verlaufende Doppelriegel miteinander verbunden (s. Abb. Tafel 1 nach S. 32).

*Flankenverschluß* kann die Verriegelung z. B. durch zwei vorne keglich zugespitzte Stifte erfolgen, die durch den Verschlußhebel (Oberhebel) betätigt werden und vom Stoßboden her in entsprechende Kegelbohrungen an den Flanken der hinteren Laufenden eingreifen (s. Abb. S. 26).

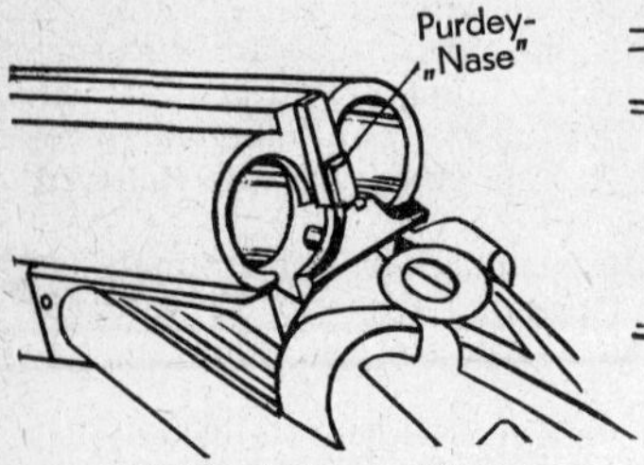


Geöffnete Doppelflinte mit „*Purdey-Verschluß*“

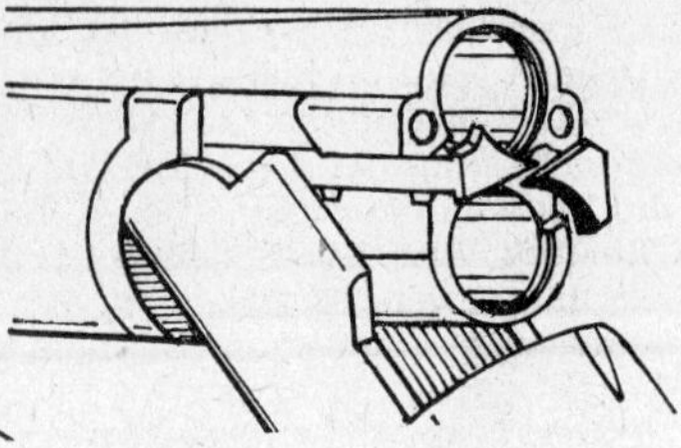

Bockdoppelflinte „Sauer Beretta“ mit „*Flankenverschluß*“ und getrennte Ejektoren

Bei beiden Verschlüssen k e i n e Laufschienenverlängerung mit Bohrung wie beim Greener-Verschluß (s. Tafel 1, S. 32)! Der äußerlich sichtbare Einschnitt im Systemkasten entfällt.

**Was versteht man unter „Basküle“ und was unter „Stoßboden“?**

Basküle ist die Bezeichnung für den Verschlußkasten, der zur Aufnahme von Verschluß- und Schloßbestandteilen dient.
Der Stoßboden ist diejenige Fläche der Basküle bei Kipplaufgewehren, an der die hintere Fläche der geschlossenen Läufe anliegt. Sie nimmt den rückwärts wirkenden Patronengasdruck auf.

**Welchen Zweck hat das Schloß bei Kipplaufgewehren?**

Es soll die zur Entzündung der Pulverladung und zur Sicherung der geladenen Waffe erforderlichen Schloßteile aufnehmen.
Man unterscheidet Schlosse mit äußeren Hähnen, die mit der Hand gespannt werden (bei *Hahngewehren*, die leicht zu reparieren sind), und Schlosse mit innen liegenden Schlagstücken, die beim Öffnen des Verschlusses und Abkippen der Läufe automatisch gespannt werden: „Selbstspanner“ oder hahn„lose“ Gewehre. Sie dürfen nicht mit dem „Handspanner“ verwechselt werden (s. S. 24).

**Welches sind die bekanntesten Schlosse bei Kipplaufgewehren?**

Das *Blitz-Schloß* (Unterschloß, Montage der Schloßteile auf dem Abzugsblech und nach Wunsch mit diesem herausnehmbar),
das *Kastenschloß nach Anson & Deeley* (Montage der Schloßteile in Aussparungen der Basküle),
das *Seiten(platten)schloß* nach Holland & Holland (Montage der Schloßteile auf Blechen beiderseits des Kolbenhalses) und
das leicht zugängliche *Schloß für Handspanner* (Krieghoff, Hübner, Heym). Die Schlosse nach Anson & Deeley (sprich: Änsen änd Dielee) und Holland & Holland sind englische Konstruktionen.

**Wozu dient der Stecher (oder „Tupfer") am Gewehr?**

Zur Feineinstellung des Abzugs für den Büchsenlauf. Der Stecher hat den Zweck, durch Verringerung des Abzugswiderstandes das „Verziehen" des Schusses zu verhindern und ermöglicht es, den Schuß im günstigsten Augenblick des Zielerfassens schnell und weich abgeben zu können.

**Wo liegt der Stecher am Gewehr?**

Bei einläufigen Büchsen ist meist hinter dem ersten Abzug ein *zweiter Abzug als Stecher* ausgebildet (= **d**eutscher oder **D**oppelzüngelstecher). Bei Drillingen und anderen kombinierten Waffen ist der *vordere Abzug als Rückstecher* eingerichtet (französischer oder **R**ückstecher). Weiteres hierzu s. S. 56.

**Woran erkennt man, ob ein Stechschloß angebracht ist?**

*Am Stecherschräubchen.* Es befindet sich *beim deutschen Stecher* zwischen den beiden Abzügen, *beim französischen oder Rückstecher* hinter dem vorderen Abzug. Durch Hineinschrauben (im Uhrzeigersinne) wird der Abzug weicher, durch Herausschrauben härter gestellt (Handhabung des Stechers s. S. 56).

**Welche Büchsen haben oft Druckpunkt- oder Flintenabzug?**

Militärähnliche Gewehre, Kleinkaliberbüchsen nach Mauserart und Luftgewehre.
Beim *Druckpunktabzug* wird der Abzug mit dem Zeigefinger erst etwas zurückgezogen, bis man einen Widerstand spürt, nach dessen Überwindung dann der Schuß bricht.
Der *Flintenabzug* läßt sich so weich auslösen, daß sich dem abziehenden Zeigefinger nur ein leichter Widerstand bietet.

**Welcher Verschluß ist bei Repetierbüchsen üblich?**

Der Kammer-(Drehkammer- oder Zylinder-)Verschluß. Seine auf rauhen Umgang eingestellte robuste Bauart wurde vom Militärgewehr Mauser Modell 98 übernommen. Eine wesentliche Verbesserung dieses weltweit bewährten Systems sind der Kurzverschluß der „Mauser 66 und 66 S" (Abb. S. 28), der Zylinderverschluß des „Mannlicher-Schönauer M 72", des „Steyr-Mannlicher" und der „Sauer 80" (s. S. 28).

**Wie unterscheiden sich alte und neue Mausersysteme?**

Das Mauser-System Modell 98 hat eine geschlossene, das alte Mannlicher-Schönauer Modell GK aber eine offene Hülsenbrücke, damit der Kammerstengel beim Repetieren durch sie hindurchgleiten kann (Abb. beider Systeme s. Tafel 2 vor S. 33). Die neuen Mannlicher (M 72 und M.-Steyr) haben modernere Schloßkonstruktionen und geschlossene Hülsenbrücken.

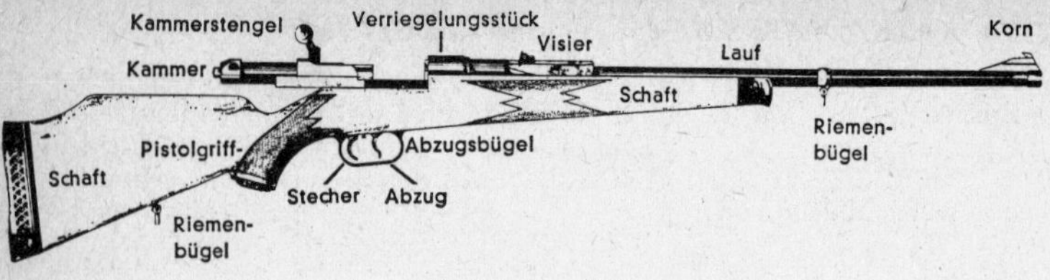


**Benennung der Teile der Mauser-Büchse Modell 66 mit Drehverschluß. Durch das Einführen der Kammer mit ihren am vorderen Ende befindlichen Verriegelungswarzen (s. Abb.) ins Verriegelungsstück und einer Verdrehung um 90° legen sich die Verschlußwarzen an den Gegenlagern des mit dem Lauf fest verschraubten Verriegelungsstückes an und bilden so eine kraftschlüssige sichere Verbindung unmittelbar hinter der Patrone im Lauf.**

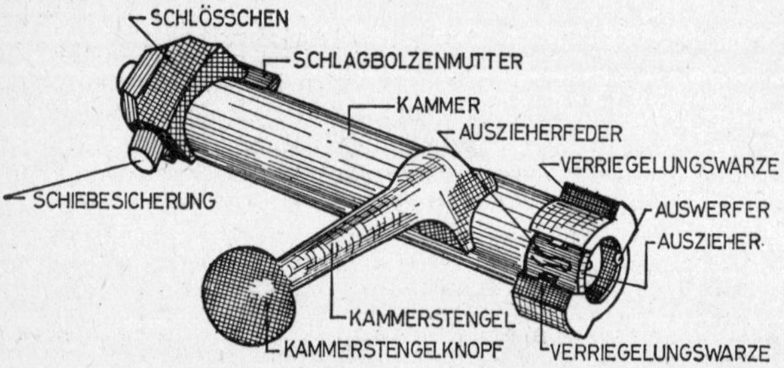


**Neuartiger Mauser-Kurzverschluß Modell 66 (9 cm kürzer als die bisherigen Mauser-Systeme), mit Schiebesicherung am Schlößchen**

**Welche Sicherung herrscht bei Repetierbüchsen mit Zylinderverschluß vor?**

Die Flügelsicherung (Abb. S. 24).
Sie hat beim *Mauser Modell 98* drei Stellungen:
Links ist das Gewehr entsichert, also schußbereit (beim Bedienen des Abzuges geht der Schuß los!)
nach oben gedreht sperrt sie die Schlagbolzenmutter und ermöglicht ein gefahrloses Entladen der im Lauf und Magazin befindlichen Patronen, ferner auch das Heraus- und Auseinandernehmen des Zylinders;
nach rechts gedreht sperrt sie die Schlagbolzenmutter und den Zylinder (die Kammer) gegen ungewolltes Öffnen.
Beim *alten Mannlicher-Sch.* hat die Flügelsicherung zwei Stellungen: Links ist das Gewehr entsichert, rechts sperrt sie die Schlagbolzenmutter und die Kammer gegen ungewolltes Öffnen.
Lästig ist, daß *Flügel*sicherungen oft *knacken.* Deshalb findet man jetzt öfter *Schiebesicherungen,* wie am Schloß der neuen Original-Mauser-Repetierbüchse, Mod. 66 (S) mit *Kurzschloß* und auswechselbaren Läufen (s. oben), der Steyr-Mannlicher und der neuen „Sauer 80“. Die Repetierbüchse „Sauer 80“ zeichnet sich aus durch: Einen weichen Schloßgang, optimale Sicherheitsfaktoren (Doppel-

funktion der Schiebesicherung, wahlweise Entriegelungsmöglichkeit der Kammer im gesicherten Zustand, Patronenanzeiger im Lauf), biegemomentfreien Stützklappenverschluß, ein Wechselmagazin (das durch Knopfdruck ein schnelles Auswechseln der Magazine ermöglicht), feinregulierbare Rückstechereinrichtung und optimale Patronenzuführung.
Die Sicherung der neuen Mannlicher-Schönauer M 72 ist eine auf den Schlagbolzen wirkende *Wippflügelsicherung*, die niedrigste Zielfernrohrmontagen ermöglicht.

**Welche Unterschiede bestehen zwischen Repetier- und Selbstladebüchsen?**

Bei der *Repetierbüchse* mit Kammerverschluß (Mauser, Mannlicher) und beim Unterhebel- und Vorderschaftrepetierer besorgt der Schütze das Auswerfen der abgeschossenen Hülse, das Wiedereinführen einer neuen Patrone aus dem Magazin in den Lauf und das Spannen von Schlagbolzen und Schlagfeder durch Betätigung des Verschlusses bzw. des Unterhebels oder Vorderschaftes (s. S. 57).
Bei der *Selbstladebüchse* übernimmt der Verschlußmechanismus, betätigt durch den Rückstoß bzw. Gasdruck der Patrone, diese Funktionen. Der Schütze braucht vor jedem Schuß nur noch den Abzug zu bedienen. *Selbstladebüchsen sind jagdlich unerwünscht. Vor ihrem Erwerb ist ein Bedürfnis nachzuweisen (s. S. 531), wenn im Magazin mehr als zwei Patronen aufgenommen werden sollen.*

**Was sind Selbstladeflinten?**

Halbautomatisch arbeitende *einläufige Jagdflinten*, die neuerdings (nach § 19/2c BJG — s. S. 483) außer einer Patrone im Lauf nicht mehr als zwei Patronen in das Magazin aufnehmen können. Es sind Spezialflinten („Gasdrucklader" und „Rückstoßlader"), die sich für große Feldtreib-, Fasanen- und Wasserjagden eignen.
Bei der Benutzung von Flintenlaufgeschossen können sie auch für Drückjagden auf Sauen verwandt werden. Für die Winchester gibt es auch Wechselläufe mit Visierung. Alle Selbstladewaffen sind jagdlich meist verpönt. Deshalb findet sich auf Jagdeinladungskarten manchmal der Vermerk: „Selbstladegewehre sind unerwünscht!"

**Mit welchen Einrichtungen lassen sich die Schußleistungen einläufiger Flinten beeinflussen?**

Durch Mündungsaufsätze, die als kurze Stahlröhren auf die Mündung aufgeschraubt werden (s. Abb. S. 30). Wir unterscheiden:
1. die Mündungs- oder Rückstoßbremse (starker Seitenknall). Sie beeinflußt nur den Rückstoß, nicht die Leistung!,
2. auswechselbare Einzelaufsätze mit *verschiedenem Choke* (Verengung) für den jeweiligen Verwendungszweck,
3. den Einzelaufsatz mit veränderlichem Choke (*Polychoke*), bei dem durch Drehen an einem Rändelring (s. Abb.) verschiedene Verengungen eingestellt werden können, und
4. Kombinationen von Mündungsbremse, konstantem oder veränderlichen Choke (es heißt „der" Choke!).

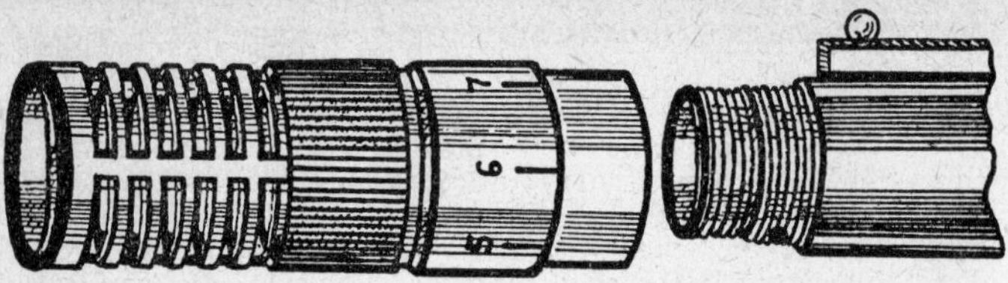

Mündungsbremse (Compensator) | variabler Choke | Ende des Laufes mit Gewinde und Kontergewinde
Kombination von Mündungsbremse und Polychoke

**Welche amtliche Maßnahme bietet eine weitgehende Sicherheit gegen Materialfehler bei Schußwaffen?**

Der *amtliche Beschuß* durch bestimmte *Prüfämter* (Beschußämter). Das gilt auch für Waffen, die aus dem Ausland eingeführt werden, und zwar für die Länder Belgien, Chile, DDR, England, Frankreich, Italien, Österreich, Spanien, die Tschechoslowakei und Ungarn, deren Beschußprüfungen gegenseitig anerkannt werden. Waffen aus anderen Ländern (wie Amerika und Rußland) müssen in Deutschland neu beschossen werden.

**Auf welche Weise erfolgt der amtliche Beschuß?**

Die in Frage kommenden Waffen werden einem Beschuß mit Patronen unterworfen, die den Gasdruck der Gebrauchsmunition um 30 % übersteigen. Wird an Stelle des Gasdrucks der Energiewert gemessen, so muß er den der Gebrauchsmunition um 10 % übersteigen.

**Wie wird die amtliche Kontrolle auf den Waffen sichtbar gemacht?**

Alle Waffen, die staatlich beschossen und geprüft worden sind, erhalten an sichtbarer oder leicht zugänglicher Stelle auf dem *Lauf* und den wesentlichen Teilen des Verschlusses, bei Repetiergewehren oben seitlich auf der *Verschlußhülse* (bei Revolvern auch auf Rahmen und Trommel), die Zeichen für die Beschußart (den Bundesadler und den jeweiligen Kennbuchstaben).

*Westdeutsche Beschußzeichen nach der 3. WaffV vom 10. 5. 1973* (s. auch S. 527)

Bundesadler + N bedeutet Nitro- oder Normalbeschuß für alle Waffen

+ J = Instandsetzungsbeschuß
+ V = Verstärkter Beschuß
+ SP = Beschuß mit Schwarzpulver

Zeichen für die Beschußstellen:

Berlin | Hannover | Kiel | Köln | München | Ulm

Beim Endbeschuß sind außerdem das *Ortszeichen des Prüfamtes* und das Jahreszeichen anzubringen. Die bisherigen Ortszeichen gelten weiter; nur Kiel erhielt ein neues Ortszeichen (statt eines Eichenblattes ein Nesselblatt aus dem Landeswappen Schleswig-Holstein).

Das Jahreszeichen besteht aus den beiden letzten Ziffern der *abgekürzten Jahreszahl;* ihr *kann* die Monatszahl vorgesetzt werden. Bei genehmigter Verschlüsselung treten an die Stelle der Ziffern 0 bis 9 die Buchstaben A bis K. Es bedeuten dann 5 73 oder 5 HD: Mai 1973. Beim verstärkten Beschuß erfolgt außerdem die Druckangabe in 100 bar oder 100 kp/cm² (s. S. 49).

**Erstreckt sich die staatliche Kontrolle auch auf die Schußleistung?**

Nein. Wer beim Neuerwerb einer Waffe sichergehen will, kann vor ihrer Abnahme gegen Gebühr Schußleistungsprüfungen durch die Deutsche Versuchs- und Prüfanstalt für Jagd- und Sportwaffen e. V. (DEVA) in 4791 Altenbeken, Am Hammer 16 (Ruf: 0 52 55/ 65 39) mit Schießplatz in Buke über Paderborn (Leiter: Ing. grad. Helmut Kinsky) vornehmen lassen (Einschießgeräte s. S. 61).

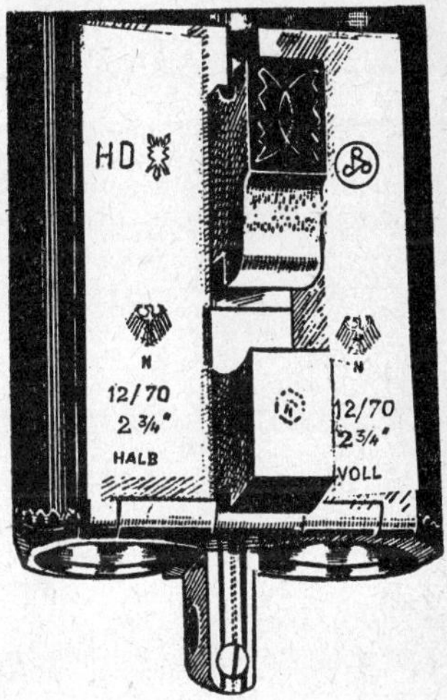


Jede Schußwaffe muß eine fortlaufende Nummer und das Warenzeichen oder den Namen des Herstellers tragen (hier oben rechts: Warenzeichen der Fa. Sauer & Sohn, Eckernförde)

Es bedeuten:
HD: verschlüsselte Jahreszahl 1973
Nesselblatt: Prüfamt Kiel
Adler+N: Nitro-Sicherheitsbeschuß
12/70 und 2³/₄": für Schrotpatronen Kal. 12 u. 70 mm oder 2³/₄ Zoll Länge
HALB *** : HALB-CHOKE
VOLL * : VOLL-CHOKE
(Schrotläufe haben Würgebohrung)

Unterseite eines Doppelflinten-Laufpaares mit Beschußzeichen

## Munition

**Welche Munition benutzt man für Jagdzwecke?**

Büchsenpatronen und Schrotpatronen.

**Welche Pulverarten werden für Jagdpatronen unterschieden?**

*Schwarzpulver,* das angeblich der Franziskanermönch Berthold Schwarz im 13. Jahrhundert „erfand", und
*rauchloses* oder Nitro-Pulver (Blättchen-, Kugel-, Korn-, Stäbchen-, Röhren- und Ringform).
Hierzu gehören auch die Pulver für den Schrotschuß und den Büchsenschuß.

**Dürfen mit rauchlosem Pulver geladene Patronen aus Läufen verschossen werden, die nicht den N-Stempel tragen?**

Nein! Der Gasdruck bei rauchlosen Patronen ist größer. Bei alten, mit Schwarzpulver beschossenen Waffen besteht immer höchste Gefahr einer Laufsprengung (Vorsicht bei Damastläufen! s. S. 18). Schwarzpulverpatronen liefert noch die Dynamit AG (s. S. 40). Rauchloses *Pulver aus Schrotpatronen darf nicht* für den Büchsenschuß verwendet werden, denn es ist viel *offensiver* als das *progressiv* (langsam) verbrennende Pulver für den Büchsenschuß. Es würde zur *Sprengung des Laufes* führen.

**Wie ist eine Schrotpatrone beschaffen?**

Der Aufbau einer Schrotpatrone ist je nach Qualität verschieden. Der wesentliche Teil ist eine Papp- oder Kunststoff(Plastik)-röhre, die in einer metallenen Bodenkappe befestigt ist, oder eine im ganzen aus Plastik hergestellte Hülse. In der Bodenkappe befindet sich die Zündung.
In den unteren Teil wird das Pulver eingebracht, darüber kommen das gasdichte Zwischenmittel (meist ein gefetteter Filz- oder ein Plastikpropfen) und die Hartschrote (im *Hartblei* sind etwa 1,3 % Arsen und 3 % Antimon enthalten). Die eingebrachte Schrotmenge nennt man die „*Vorlage*". Den Abschluß der Patrone bildet ein Schlußdeckel, über den das Hülsenende gebördelt ist, oder eine sternförmige Faltung des Hülsenmundes.

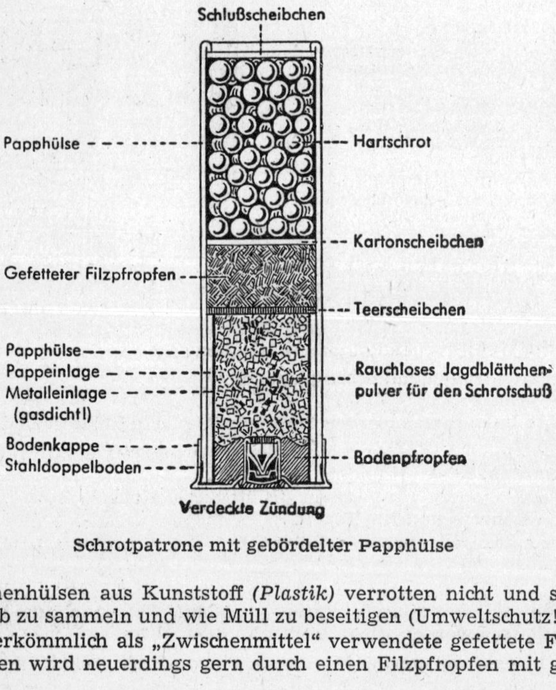


Schrotpatrone mit gebördelter Papphülse

Patronenhülsen aus Kunststoff *(Plastik)* verrotten nicht und sind deshalb zu sammeln und wie Müll zu beseitigen (Umweltschutz!).
Der herkömmlich als „Zwischenmittel" verwendete gefettete Filzpfropfen wird neuerdings gern durch einen Filzpfropfen mit gas-

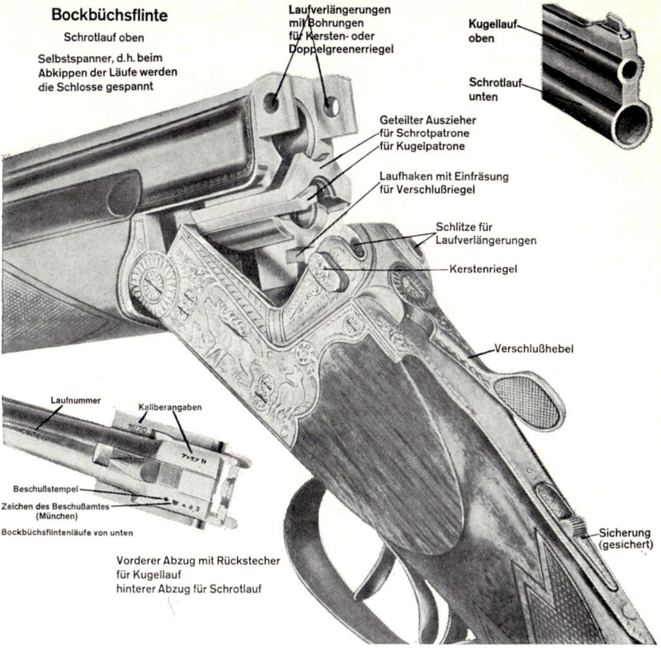


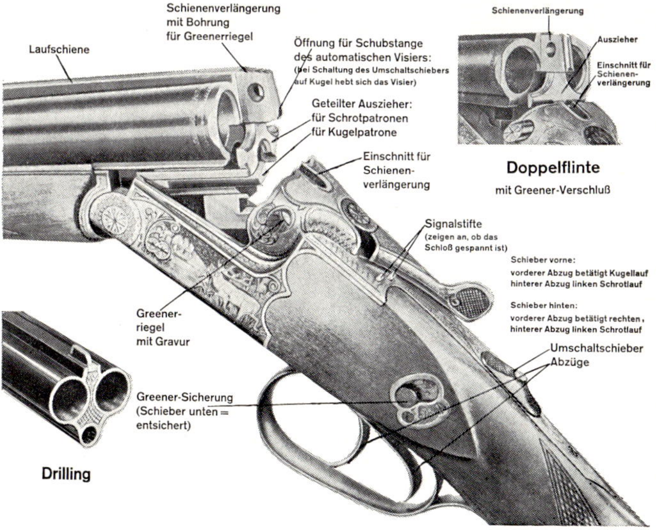


Jagdgewehre und Benennung ihrer Teile
(Tafel 1, 2 oben, 4 unten und Abb. S. 33 und 59 nach „Bildtafeln für die Jägerprüfung“ der Fa. Waffen-Frankonia, 87 Würzburg)

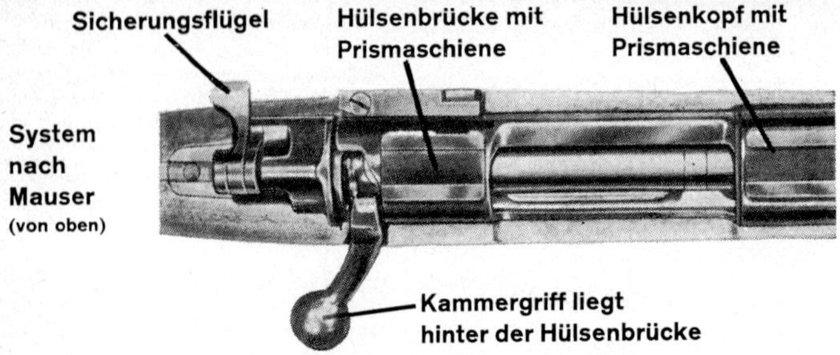


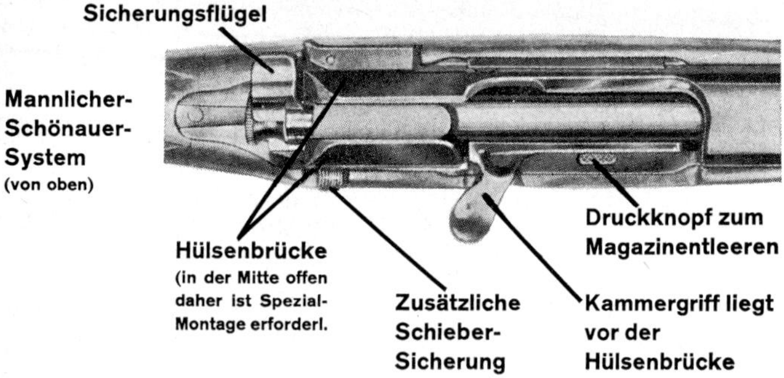


Ältere Repetierbüchsen mit Flügelsicherung:
Mauser Modell 98 und der alte Mannlicher-Schönauer (wurde 1972 durch den M 72 ersetzt!)

Die neue Mauser-Büchse Modell 66
Oben: Auswechselbarer Lauf von 60 cm Länge (Stutzen 53 cm)
Mitte: Schaft mit Stecherabzug (bzw. mit flintenmäßigem Einabzug)
Unten: Büchse mit Zielfernrohr (s. S. 69) 104 cm, Stutzen 97 cm lang

dichter Plastikscheibe (elastischer Lamelle) ersetzt. Hierdurch werden Pulvergase und Schrotladung noch besser gasdicht gegeneinander abgeschlossen, und die Treibgase gelangen während des Durchgangs durch den Gewehrlauf nicht in die Schrotladung.
Eine weitere Verbesserung bedeutet der Plastik-Schrotbeutel. Er bewirkt zusätzlich ein besseres Zusammenhalten der Schrotgarbe und damit größere Deckung, eine größere Geschwindigkeit und weniger Abrieb der Schrote sowie weniger Randschrote.

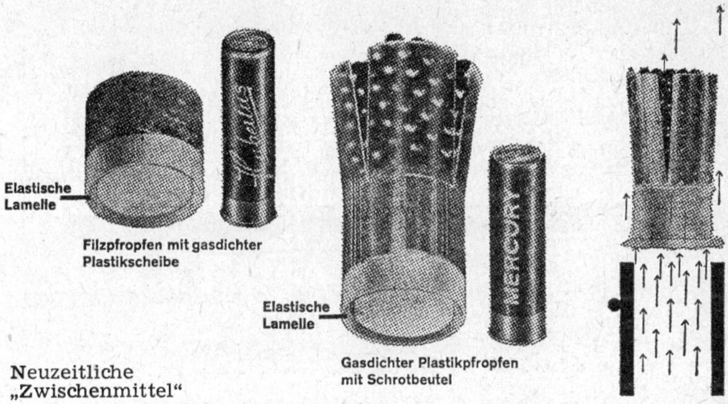


Neuzeitliche „Zwischenmittel"

Rechts: Plastikbeutel nach Verlassen der Laufmündung.
Er hält die Schrote zusammen; die Laufwand verbleit nicht!

Die bekanntesten deutschen Schrotpatronen für Jagd, Sport und Export sind:

| Art | Kaliber | Hülsen-Art | Länge | Zwischen-mittel | Ver-schluß | Schrote in mm | g |
|---|---|---|---|---|---|---|---|
| **Jagd** | | | | | | | |
| Waidmannsheil | 12, 16, 20 | Pappe | 70 | Filz | Falt- | 2,5—4 mm / | 36 g |
| Waidmannsheil | 12, 16, 20 | Plastik | 70 | Becher | Falt- | 2,5—4 mm / | 36 g |
| Rottweil Stern | 12, 16 | Pappe | 67,5 | Filz | Falt- | 2,5—3,5 | |
| Rottweil Tiger | 12, 16 | Pappe | 67,5 | Becher | Falt- | 2,5—3,5 | |
| Rottw. Stern/Streu | 12, 16 | Plastik | 67,5 | Filz/Kreuz | Falt- | 2,75 | |
| Rottw. Brenneke | 12, 16, 20 | Plastik | 67,5 | Filz | Falt- | Brennekegeschoß | |
| **Sport** | | | | | | | |
| Rottweil Supertrap | 12 | Plastik | 70 | Becher | Falt- | 2,41 mm / | 32 g |
| Rottweil Stern | 12, 16 | Plastik | 67,5 | Becher | Falt- | 2,41 mm / | 32 g |
| Rottweil sport | 12 | Plastik | 67,5 | Becher | Falt- | 2 u. 2,41 mm / | 32 g |
| „ Spez.Vollplastik | 12 | Plastik | 67,5 | Becher | Falt- | 2 u. 2,41 mm / | 29 g |
| „ Stern/Streu | 12, 16 | Plastik | 67,5 | Filz/Kreuz | Falt- | 2 mm / | 32 g |
| **Export** | | | | | | | |
| Rottweil Expreß | 12, 16 | Plastik | 67,5 | Filz | Börd.- | Posten 4,5—8,6 mm* | |
| „ Semi Magnum | 12 | Plastik | 70 | Becher | Falt- | 2,75—3,75 mm / | 40 g |

* Patronen mit Postenschrot werden in den USA von der Polizei verwendet und von Gangstern mehr gefürchtet als Kurzwaffenmunition.

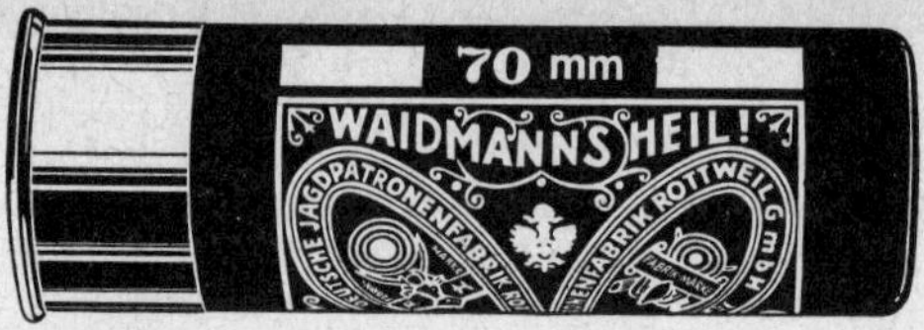


Rottweil „Waidmannsheil", Papphülse mit 70 mm Hülsenlänge und Bördelverschluß, mit farbigen Schlußdeckeln (s. S. 38), lieferbar in Kal. 12, 16 und 20 mit 2½, 3, 3½ und 4 mm Schroten. Sie ist auch mit 65 mm langer Papphülse sowie mit 70 mm langer Plastikhülse (mit Schrotbeutel und Faltverschluß) lieferbar (s. Übersicht S. 33).

Bei der *Faltverschluß*patrone wird die geladene Hülse einfach eingefaltet. Mit dieser Verschlußform ohne Deckel wird ein gleichmäßiger Flug der Schrotgarbe erreicht.

Fertige Patrone mit Sternfaltverschluß
Die Rottweil „Stern" wird nur in der neuen Hülsenlänge von 67,5 mm (s. S. 33 und 37) gefertigt. Sie darf unbedenklich aus Gewehren mit 65 bzw. 70 mm langen Patronenlagern verschossen werden (s. auch S. 33).

Für Skeet (s. S. 84) werden für normale Jagdwaffen mit Choke auch sog. „*Streupatronen*" benutzt, die auf kürzere Entfernung eine größere Streuung der Schrote bewirken. Das erreicht man mit einem kreuzförmigen Kunststoffeinsatz in der Schrotladung.

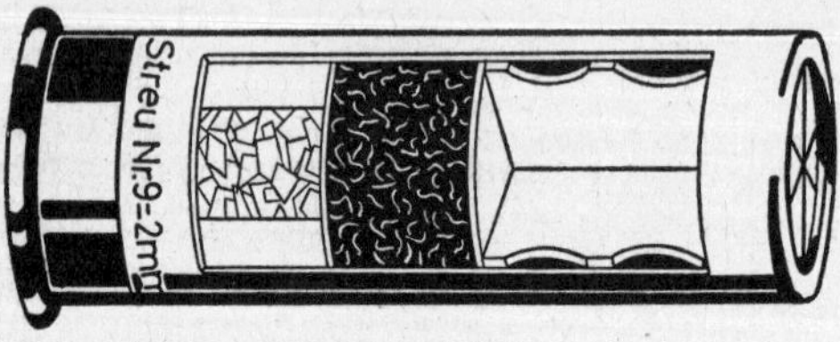


Rottweil-Stern-Skeet-Patrone mit Streukreuz (im Schnitt)
Oberhalb des Hülsenbodens steht: Streu Nr. 9 = 2 mm

(**Vorsicht**: Durch die Bördelung oder Faltung des Hülsenendes erhält die **fertige** Patrone, für die eine 70 mm lange Hülse verwendet ist, eine verkürzte Länge von etwa 63,5 mm. Derartige Patronen dürfen daher **nicht** mit Patronen mit 65 mm Hülsenlänge verwechselt werden (s. S. 36/37).

**Welche große Bedeutung hat die „Streupatrone" für die Jagd?**

Die „Streupatrone" mit Streukreuz (Abb.) wird für Flinten der Kal. 12 und 16 auch mit einer Schrotgröße von 2,75 mm (deutsche Nr. 6) in einer Hülsenlänge von 67,5 mm als Rottweil-Stern-Plastikpatrone gefertigt. Sie eignet sich vorzüglich für Jagden auf alles Niederwild bis auf 25 m Schußentfernung. Sie hat rasch einen großen Abnehmerkreis gefunden. Für das jagdliche Skeet (s. S. 84) steht sie zum Schießen mit normalen Flinten in den Kalibern 12 und 16 und der Hülsenlänge 67,5 mm mit 2 mm Schrot (= Nr. 9) zur Verfügung und ist hierfür vom DJV zugelassen.
Für das sportliche Schießen mit Skeetflinten dürfen nur normale Patronen mit 2 mm Schrot verwendet werden!

**Gibt es eine für alle Flinten beste Schrotpatrone?**

Nein! Bei der Durchsicht der Waffenkataloge steht man oft ratlos vor den zahlreichen Angeboten in- und ausländischer Schrotpatronenfabrikate mit den unterschiedlichsten Preisen nach deren Herstellungsverfahren (wie Bördel- oder Sternverschluß, Papp- oder Plastikhülse, Hülsenlänge, Art des Schlußdeckels, Filz- oder Plastikpfropfen, Schrotbeutel, vernickelte Schrote, extra hohe Bodenkappe usf.). Jeder Jäger muß deshalb ein Vergleichsschießen mit seiner Flinte vornehmen und selbst herausfinden, mit welchem Patronenfabrikat er die besten Schußleistungen erzielt (s. S. 33 u. 38 unten).

**Was versteht man unter dem Büchsen-Kaliber (calibre = Maß)?**

Einen gemittelten Wert aus Feldkaliber (Felddurchmesser), Zugkaliber (Zugdurchmesser) und Geschoßkaliber (Geschoßdurchmesser.
Bei *Büchsen und Faustfeuerwaffen* wird das Kaliber in den Ländern, die sich des metrischen Systems bedienen, in *Millimetern,* in den anderen Ländern in $^1/_{100}$ oder $^1/_{1000}$ *Zoll* angegeben.

*Merke: Ein Zoll oder inch ["] = 2,54 cm oder 25,4 mm.*

Kaliber .22 bedeutet z. B. 0,22 Zoll = 0,22 × 25,4 mm = 5,6 mm. Häufig tritt dazu noch der Name der Fabrik, die einen bestimmten Patronentyp zuerst herausgebracht hat, z. B. .270 Winchester.

**Erfolgt die Bestimmung der Flinten-Kaliber auch nach dem Innendurchmesser des Laufes?**

Ja, aber nicht nach Millimetern. Das Kaliber wird vielmehr, wie früher in England, international *nach der Anzahl der Rundkugeln* vom Laufbohrungsdurchmesser bestimmt, die man aus einem englischen Pfund (= 453,6 g) Blei gießen konnte. Kaliber 20 bedeutet also, daß ein Gewehr dieses Kalibers eine Rundkugel schoß, von denen 20 ein englisches Pfund wogen. Daraus ergibt sich, daß die *größere Kaliberzahl* den *kleineren Durchmesser* bezeichnet.

*Gängige Kaliber* sind die Kaliber 12, 16 und 20 (s. Abb. S. 36). Das Kaliber 20 ist kleiner, das Kaliber 12 ist größer als das Kaliber 16. Das Innere des Laufes nennt man *Laufseele*, die Mittellinie der Bohrung wird als Laufachse oder *Seelenachse* bezeichnet (s. Abb. S. 50).

Innendurchmesser der Flintenkaliber

**Wie viele Schrotkörner etwa enthalten nach Gewicht und Zahl die verschiedenen deutschen Schrotpatronen?**

Das Gewicht und die Zahl der in einer Schrotpatrone enthaltenen Schrotkörner ist vom Kaliber und der Hülsenlänge der jeweiligen Schrotpatrone abhängig. Das ergibt folgende Übersicht:

| Kaliber | Körnerzahl bei Schrotgröße von | | | | Gewicht der Schrotladung in g |
|---|---|---|---|---|---|
| | 2½ | 3 | 3½ | 4 mm | |
| 12/65 | 368 | 213 | 134 | 90 | 34,5 |
| 12/70 | 390 | 225 | 142 | 95 | 35,5 |
| 16/65 | 315 | 180 | 114 | 77 | 28,5 |
| 16/70 | 335 | 195 | 122 | 82 | 31 |
| 20/65 | 280 | 162 | 100 | 68 | 25,5 |
| 20/70 | 290 | 170 | 105 | 71 | 26,5 |

**Werden Abbrand und Gasentwicklung des Pulvers von Temperatur und Feuchtigkeit beeinflußt?**

Ja. Feucht gewordene, gequollene Schrotpatronen mit Papphülse lassen in der Leistung nach. Übermäßig warm gelagerte Patronen können durch Austrocknen des Pulvers bei der Schußentwicklung u. U. einen überhöhten Gasdruck erzeugen.
Der mittlere Gasdruck beträgt bei Patronen im Kaliber 12 etwa 450 bar (s. S. 49), im Kaliber 16 etwa 500 bar und im Kaliber 20 etwa 550 bar (1 bar = 1 kp/cm² oder 1 at).

**Welche Zündung wird heute bei Jagdpatronen angewendet?**

Die *Zentral*feuerzündung. Die Zündung ist hierbei in der Mitte des Patronenbodens (also zentral) angeordnet und wird durch einen Schlagbolzen (Zündstift) (s. Abb. S. 23 u. 32) der Waffe zur Entzündung gebracht.
*Rand*zündung findet sich bei den sog. Randfeuerpatronen. Sie werden am Rande der Hülse vom Schlagbolzen getroffen und gezündet.
Bei Schrotpatronen spricht man von „Zündungen" (z. B. Zündung VI oder Medium-Zündung),
bei Büchsenpatronen vom *Amboß*-(oder Berdan-)„*zündhütchen*".

**Welche Hülsenlängen (HL) sind für Schrotpatronen üblich?**

Hülsenlängen von 65, 70 und jetzt auch von 67,5 mm. Die Patrone mit 70 mm HL ist auf der Hülse durch einen *Längsstreifen* und den Aufdruck 70 mm besonders gekennzeichnet (Abb. S. 34). Auf allen Schrotpatronen müssen die Hülsenlänge und Schrotgröße angegeben sein.
Man darf keinesfalls Patronen mit 70 mm langen Hülsen aus Patronenlagern verfeuern, die für Patronen von 65 mm Hülsenlänge

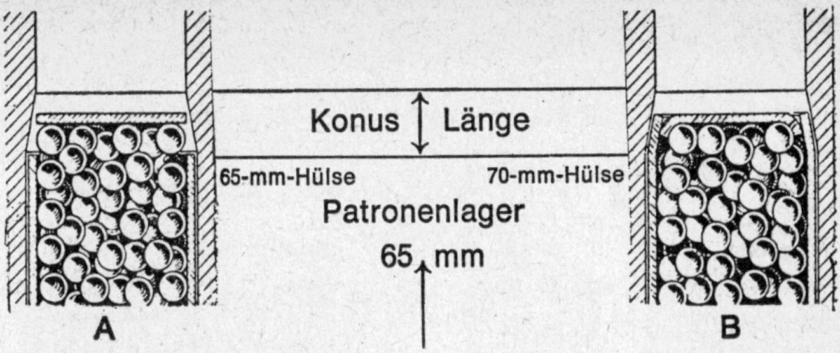


Verhalten von Patronen von 65 mm (A) und 70 mm (B) Hülsenlänge im Patronenlager von 65 mm Länge
A: Richtige Patrone mit 65 mm Hülsenlänge bei der Schußentwicklung. Beim Aufbördeln kommen Schlußdeckel und Schrote ohne Zwang in den Lauf. Die Hülsenlänge entspricht dem Übergangskegel.
B: Zu lange Patrone m. 70 mm Hülsenlänge bei der Schußentwicklung. Die Hülse kommt beim Aufbördeln in den konischen Übergangskegel hinein und verengt ihn, so daß ein hoher Gasdruck entsteht.

eingerichtet sind. Sonst können sich erhebliche Gasdrucksteigerungen und dadurch Laufaufbauchungen oder -sprengungen ergeben. Man sollte auch keine Patronen mit 65 mm HL aus Läufen verschießen, deren Patronenlager für 70 mm lange Hülsen eingerichtet sind, da hierdurch Störungen der Schußentwicklung bewirkt werden. Schrotpatronen von 67,5 mm HL lassen sich dagegen ohne Nachteile auf Gasdruck, Schrotgeschwindigkeit, Trefferleistung und Ablagerung von Rückständen aus Gewehren mit 65 bzw. 70 mm langen Patronenlagern verschießen (s. „Rottweil Stern", S. 34).

**Welche Schrotkorngrößen verwendet man im allgemeinen?**

Hauptsächlich Schrotkörnungen von 2–4 mm Durchmesser. Die Größe richtet sich nach dem Verwendungszweck. Je kleiner der Korndurchmesser ist, um so mehr Schrote faßt die Patrone und um so mehr Treffer erhält das Ziel. Jedoch verringern sich mit der Verkleinerung der Schrotgröße die Durchschlagskraft und wirksame Reichweite.

Man verwendet daher Schrote aus Hartblei (s. S. 32) von:

2 mm für Wiesel
2½ mm für Rebhühner, Schnepfen und Kaninchen
3 mm für Tauben, Enten, Fasane und Herbsthasen
3½ mm für Winterhasen und Hasen bei Regenwetter
4 mm für Füchse und großes Raubzeug.

Übergroße Schrote nennt man Posten (s. S. 483) oder „Hagel".
Man beachte, daß die Schrotnummern (s. S. 38) nicht international einheitlich sind und suche auf der Verpackung ausländischer Patronen stets nach der Millimeterangabe!

**Warum schießt man nicht mit gröberen Schroten als 4 mm?**

Weil die Zahl der in einer Patrone enthaltenen Schrote gering und die Deckung nicht dicht genug sind, um Wild wirksam zur Strecke zu bringen. Das Wild wird dadurch meist nur von zu wenigen Körnern getroffen, verursacht langwierige Nachsuchen oder kommt nicht zur Strecke und verludert.

**Wie sind die Jagdpatronen mit Bördelverschluß und verschiedenen Schrotkorngrößen äußerlich gekennzeichnet?**

Sie haben (wie z. B. die „Rottweil-Waidmannsheil") folgende *Farben, Nummern und mm-Angaben* auf den Schlußdeckeln:
grün für Nr. 7 = 2½ mm, blau für Nr. 5 = 3 mm,
rot für Nr. 3 = 3½ mm, gelb für Nr. 1 = 4 mm.

Grün Blau Rot Gelb

Farbe der Schlußdeckel für die einzelnen Schrotgrößen

*Gebördelte Plastik*patronen haben häufig Klarsichtdeckel.
Patronen mit *Faltverschluß* haben dicht über der Bodenkappe, ringsherum, die betreffenden Nummern und Millimeterangaben.
*Spezialpatronen für Wurftauben-Schießen* haben teils über der Bodenkappe, teils auf der Faltung des Hülsenmundes die Bezeichnung $\frac{T}{7}$ für Trap-Schießen und $\frac{S}{9}$ für Skeet (s. S. 34).

**Wovon ist die Wirkung des Schrotschusses abhängig?**

Vom *Kaliber* der Schrotpatrone, der *Schrotdicke* und der *Schußentfernung*. Von einer guten Schrotpatrone werden *kräftiger Durchschlag* der Schrote, *beste Deckung* des Trefferbildes und *Regelmäßigkeit* der Trefferzahl von Schuß zu Schuß verlangt. Die *Geschwindigkeit* (velocitas = v) wird bei Schroten i. d. R. 12,5 Meter vor der Laufmündung gemessen. Sie beträgt je nach Schrotdicke (2½ bis 4 mm) 300 bzw. 330 m/s, bei der üblichen Schußentfernung von 35 m ($V_{35}$) 190 bis 240 m/s (s. auch S. 74).

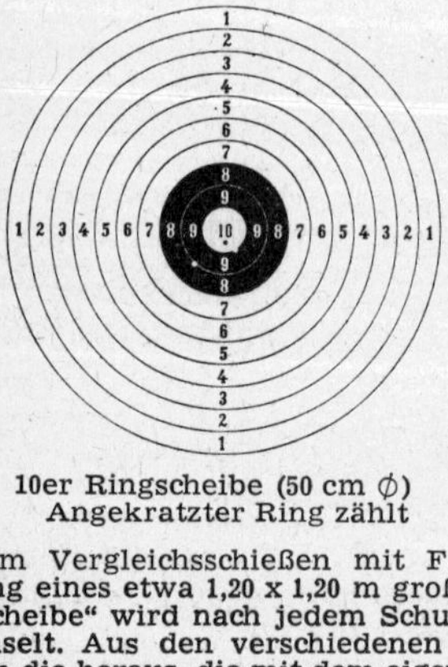

10er Ringscheibe (50 cm ⌀)
Angekratzter Ring zählt

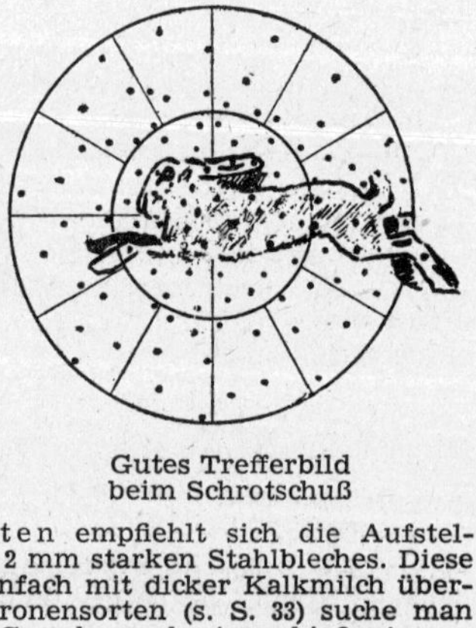

Gutes Trefferbild
beim Schrotschuß

Zum Vergleichsschießen mit Flinten empfiehlt sich die Aufstellung eines etwa 1,20 x 1,20 m großen, 2 mm starken Stahlbleches. Diese „Scheibe" wird nach jedem Schuß einfach mit dicker Kalkmilch überpinselt. Aus den verschiedenen Patronensorten (s. S. 33) suche man sich die heraus, die mit dem eigenen Gewehr am besten schießen!

**Welcher Unterschied besteht zwischen Büchsen- und Schrotschuß?**

Der *Büchsenschuß* soll mit e i n e m Geschoß (Einzelprojektil) im Wildkörper eine tödliche Wirkung herbeiführen.
Der *Schrotschuß* dagegen ist ein *Streuschuß*. Er tötet vornehmlich durch Schockwirkung (durch Treffen zahlreicher Nerven).

**Kann man aus Flintenläufen mit oder ohne Würgebohrung auch Patronen mit Einzelgeschossen verschießen?**

Ja. Man nennt solche Einzelgeschosse *Flintenlaufgeschosse*.
Versuchsreihen haben ergeben, daß die Treffterergebnisse mit stark gechokten Läufen besser sind als mit solchen, die nur einen geringen Choke besitzen oder zylindrisch gebohrt sind.

**Welches ist das heute gebräuchlichste Flintenlaufgeschoß?**

Das heute gebräuchlichste Flintenlaufgeschoß ist das Brennekegeschoß (in der „Rottweil"-Patrone).

Patrone mit Plastikhülse, Fabrikat „Rottweil"
*mit Brenneke-Flintenlaufgeschoß.*

Die Plastikhülse ist außen längsgerippt und wird in den Kalibern 12, 16 und 20 und in der Länge 67,5 mm gefertigt

**Wie ist eine Patrone mit Flintenlaufgeschoß kenntlich gemacht?**

Durch einen *weißen Ring* am *offenen* Hülsenmund. Man sollte diese Patronen s t e t s in einer besonderen Tasche tragen, um gefährliche Verwechslungen zu vermeiden!

**Kann das Flintenlaufgeschoß das Büchsengeschoß ersetzen?**

Nein, denn die Streuung dieser Geschosse ist relativ groß. Zum Ansitz und zur Pirsch auf Schalenwild gehört ein Büchsenlauf.
Bei *Drückjagden auf Schwarzwild* kann das Flintenlaufgeschoß gute Dienste leisten, wenn nur g e r i n g e Schußentfernungen in Frage kommen. Man schwingt nicht so stark vor wie beim Schrotschuß, da die Geschwindigkeit des Geschosses etwa 100 m/s höher liegt als die Schrotgeschwindigkeit. Die $V_{50}$ beträgt im Kal. 12 (16) 360 (335) m/s bei einer Auftreffwucht von $E_{50}$ von 2100 J (1580 J) oder 210 (158) kpm (s. S. 49 und 51). Der Treffpunkt dieser Geschosse weicht oft stark von dem ab, den ein Flintenlauf mit Schroten ergibt. Der Jäger muß daher bei jedem Lauf mit verschiedenen Patronen die *Treffpunktlage* genau ermitteln (s. S. 68).
Ein *aufsetzbares Visier* leistet oft gute Dienste (Abb. s. S. 60).
Auf 35 m eingeschossen, wird ein Streukreis bis 10 cm als hervorragend, bis 15 cm als gut und bis 20 cm noch als befriedigend angesehen. Das Flintenlaufgeschoß bleibt aber immer ein Notbehelf (s. S. 485). Das Flintenlaufgeschoß fliegt bis 1200 Meter weit.

**Wie ist eine Büchsenpatrone beschaffen?**

Sie besteht aus einer Messinghülse, in deren Boden das Zündhütchen eingesetzt ist. Der darüber liegende Teil dient zur Aufnahme des Pulvers. Am oberen offenen – meist verjüngten oder gekröpften – Teil ist das Geschoß eingesetzt. Wir unterscheiden:

1. Hülsen *mit Rand* für Kipplaufbüchsen und einläufige Büchsen mit Blockverschluß (wie die Heerenbüchse) und
2. *randlose* Hülsen (mit Rille) für Repetierbüchsen.

Die Kaliber .22 Hornet (s. S. 81) und 5,6 × 52 R Savage (s. S. 42) lassen sich auch aus Repetiergewehren verschießen.

3. randlose Hülsen mit Gürtel.

**Was bedeutet das Zeichen „⊕" in den Schußtafeln?**

Es bezeichnet den Fleckschuß auf eine bestimmte Entfernung. Er liegt über Kimme und Korn etwas anders als über das Zielfernrohr. Näheres hierzu und Schußtafeln bringt die Broschüre „Wissenswertes für den Jäger" der Dynamit Nobel AG, Verkaufsabteilung Munition, in 5210 Troisdorf-Oberlar, Haberstraße 2.

**Welche Büchsenpatronenkaliber werden unterschieden?**

Wir unterscheiden nach dem Geschoßdurchmesser die Kalibergruppen 5,6 (.22), 6,5, 7, 8 und 9,3 mm und hauptsächlich folgende *RWS-Jagdbüchsenpatronen mit Teil- und Vollmantelgeschossen:*

| Kaliber | Geschoß Gew. (g) | Geschoß Art | $V_{100}$ m/s | $E_{100}$ Joule | GEE (Fernrohr) |
|---|---|---|---|---|---|
| .22 Hornet | 3,0 | KTMS/VM | 560 | 471 | 135 |
| .222 Remington | 3,24 | TM/VM | 785 | 1001 | 185 |
| 5,6 × 50 (R) Mag. | 3,24 (3,24) | TMS/VM | 915 (890) | 1354 (1285) | 210 (205) |
| 5,6 × 52 R | 4,6 | TMS/VM | 740 | 1256 | 170 |
| 5,6 × 57 R | 4,8 | VM | 920 | 2031 | 215 |
| .243 Winchester | 6,5 | TMS | 850 | 2340 | 195 |
| 6,5 × 57 (R) | 6,0 | TMS/VM | 880 (860) | 2325 (2217) | 200 (190) |
| 6,5 × 68 (R) | 6,0 | VM/TMS | 1005 (960) | 3031 (2766) | 220 (210) |
| .270 Winchester | 8,4 | TMS | 860 | 3110 | 190 |
| 7 × 57 (R) | 9,0 | TMR | 665 | 1991 | 150 |
| 7 × 64 | 11,2 | TMR | 700 | 2747 | 155 |
| 7 × 65 (R) | 11,2 | TMR | 675 | 2551 | 150 |
| 7 mm Rem. Mag. | 9,4 (11,3) | TMS | 905 (850) | 3846 (4081) | 210 (195) |
| .308 (7,62 × 51) | 9,7 | TMS | 770 | 2874 | 175 |
| .308 | 12,3 | Match | 700 | 3012 | 155 |
| .30—06 (7,62 × 63) | 9,7 | TMS | 810 | 3178 | 180 |
| 8 × 57 JS (JRS) | 12,7 | TMR | 685 (625) | 2982 (2482) | 150 (140) |
| 8 × 68 S | 12,7 | VM | 800 | 4061 | 175 |
| 9,3 × 62 | 18,5 | TMR/VM | 605 | 3384 | 135 |
| 9,3 × 64 | 18,5 | TMR/VM | 695 | 4464 | 160 |
| 9,3 × 74 R | 18,5 | TMR/VM | 605 | 3384 | 135 |
| .375 H&H Mag. | 19,4 | VM | 685 | 4542 | 150 |
| 10,75 × 68 | 22,5 | VM | 580 | 3786 | 130 |
| 10,75 × 73 | 26,0 | VM | 600 | 4680 | 140 |

Für die Berechnung der $E_{100}$ von kpm in Joule (s. S. 49) wurde der Umrechnungsfaktor 9,81 benutzt! Näheres zur Geschoßart s. S. 44 u. 53, zur $V_{100}$ u. $E_{100}$ s. S. 50, GEE = günstigste Einschußentfernung.

Für besondere Fälle können randlose Hülsen von Büchsenpatronen auch für Kipplaufgewehre eingerichtet werden (z. B. für die Patrone .222 und für Hülsen mit Verstärkungs-„Gürtel“ (auch Magnumhülsen genannt).

RWS-Jagdbüchsenpatronen mit **TIG-** und **TUG-**Geschossen

| Kaliber | Geschoß-gew. (g) | $V_{100}$ m/sec | $E_{100}$ Joule | GEE (Zielfernrohr) m |
|---|---|---|---|---|
| 7 × 57 (R) | 10,5 | 705 (685) | 2609 (2462) | 155 |
| 7 × 64 | 10,5 | 770 | 3110 | 175 |
| 7 × 65 R | 10,5 | 760 | 3031 | 175 |
| 7 × 57 (R) | 11,5 | 720 (695) | 2982 (2776) | 165 (155) |
| 7 × 64 | 11,5 | 795 | 3630 | 180 |
| 7 × 65 R | 11,5 | 765 | 3365 | 175 |
| **8 × 57 JS (JRS)** | **12,8** | **700 (660)** | 3139 (2786) | **160 (150)** |
| 9,3 × 62 | 19,0 | 675 | 4326 | 155 |
| 9,3 × 64 | 19,0 | 720 | 4925 | 165 |
| 9,3 × 74 R | 19,0 | 630 | 3767 | 145 |
| .30—06 | 11,7 | 745 | 3267 | 165 |
| .308 | 11,7 | 690 | 2786 | 155 |

RWS-Jagdbüchsenpatronen mit **KS-**Geschossen

| | | | | |
|---|---|---|---|---|
| 5,6 × 57 (R) | 4,8 | 920 | 2031 | 215 |
| 6,5 × 57 (R) | 8,2 | 795 (770) | 2590 (2433) | 175 |
| 6,5 × 68 (R) | 8,2 | 875 (850) | 3139 (2963) | 200 (190) |
| 7 × 57 (R) | 7,5 | 765 | 2197 | 170 |
| 7 × 64 | 7,5 | 800 | 2405 | 180 |
| 7 × 65 R | 7,5 | 780 | 2286 | 175 |
| 7 × 57 (R) | 10,5 | 720 (700) | 2717 (2570) | 160 (155) |
| 7 × 64 | 10,5 | 795 | 3316 | 180 |
| 7 × 65 R | 10,5 | 775 | 3149 | 175 |
| 8 × 68 S | 11,7 | 890 | 4635 | 205 |
| 8 × 68 S | 14,5 | 780 | 4415 | 175 |
| .243 | 6,2 | 840 | 2195 | 190 |
| .375 H&H M | 19,4 | 710 | 4890 | 155 |

RWS-Jagdbüchsenpatronen mit **H-Mantel-**Geschossen

| | | | | |
|---|---|---|---|---|
| 6,5 × 57 (R) | 10,0 | 710 (680) | 2521 (2315) | 155 (150) |
| .270 Winch. | 8,4 | 835 | 2933 | 185 |
| 7 × 57 (R) | 11,2 | 695 (675) | 2708 (2551) | 155 |
| 7 × 64 | 11,2 | 765 | 3277 | 170 |
| 7 × 65 R | 11,2 | 750 | 3149 | 165 |
| .30—06 | 11,7 | 755 | 3335 | 170 |
| .308 Winch. | 11,7 | 700 | 2865 | 155 |
| 8 × 57 JS (JRS) | 12,1 | 730 (685) | 3227 (2835) | 160 (150) |
| 8 × 68 S | 12,1 | 870 | 4581 | 195 |
| 9,3 × 74 R | 16,7 | 675 | 3806 | 150 |

**Auslaufende Patronen**

sind folgende Patronen, die *nicht mehr hergestellt* werden: 5,6 × 35 R Vierl.; 6,5 × 52 R; 6,5 × 54 MSch; 6,5 × 58 R; 6,5 × 70 R; 7 × 72 R; 8 × 56 MSch; 8 × 57/360 R; 8 × 57 J (JR); 8 × 58 R; 8 × 60 (R); 8 × 60 S; 8,15 × 46 R; 9 × 57 (R); 9,3 × 72 R.

Beim Kauf einer Waffe dieser Kaliber ist Vorsicht geboten!

In Anlehnung an die Patronenvorschrift des BJG (§ 19 Abs. 1 Nr. 2) werden seit 1. 1. 1962 die Packungen der Büchsenpatronen entsprechend den Geschoßenergien mit den Aufschriften

Für Rehwild bzw.
Für alles Schalenwild

versehen und an die Büchsenpatronen folgende Mindestanforderungen je nach Wildart gestellt (s. auch S. 483):

**1. auf Rehwild und Seehunde**

muß die Auftreffwucht (Energie) des Büchsengeschosses bei einer Schußentfernung von 100 m ($E_{100}$) mindestens 1000 Joule betragen.

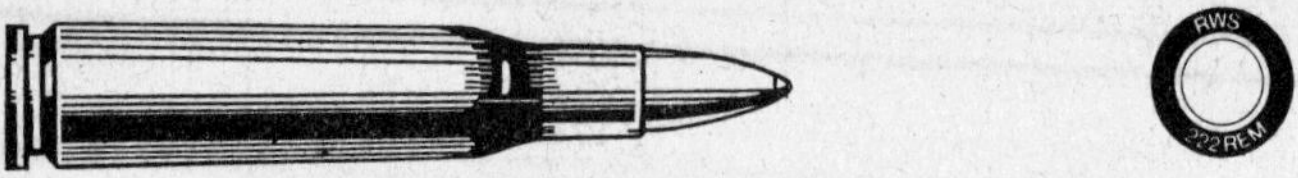


.222 Remington Teilmantel-Spitz-Geschoß (RWS)
(Geschoß 3,24 g, im 60-cm-Lauf: $V_{100}$ = 785 m/s, $E_{100}$ = **1001 J)**
Leistungsstärker ist die amerikanische .222 Remington Magnum

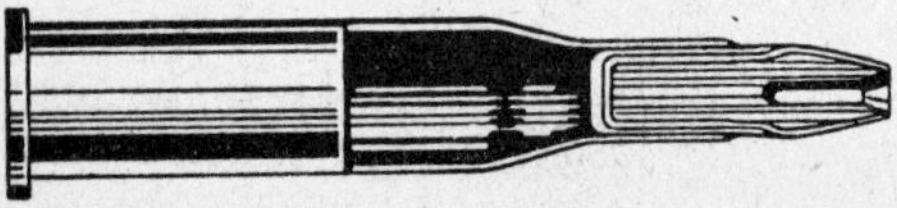

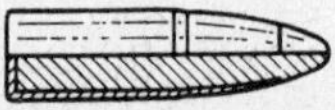

TMS-Geschoß

5,6 × 52 R (.22 Savage HP) D-Mantel (RWS)
Das D-Mantel-Geschoß wird nicht mehr hergestellt. Die Patrone wird nur noch mit dem TMS- oder VM-Geschoß geliefert!
(Geschoß 4,6 g, im 60-cm-Lauf: $V_{100}$ = 740 m/s, $E_{100}$ = **1256 J)**
GEE (günstigste Einschießentfernung) 170 m

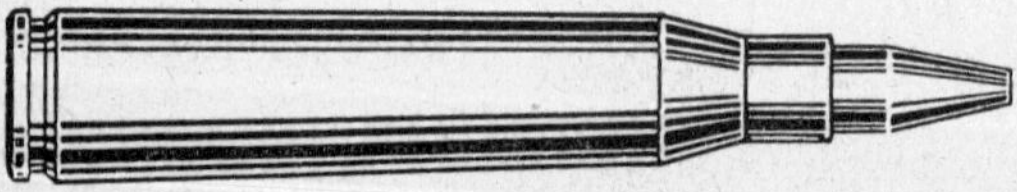

5,6 × 57 (R), Kegelspitz-Geschoß m. kl. Lochspitze; Hochleistungsgeschoß
(Geschoß 4,8 g, im 60-cm-Lauf: $V_{100}$ = 920 m/s, $E_{100}$ = **2031 J)**

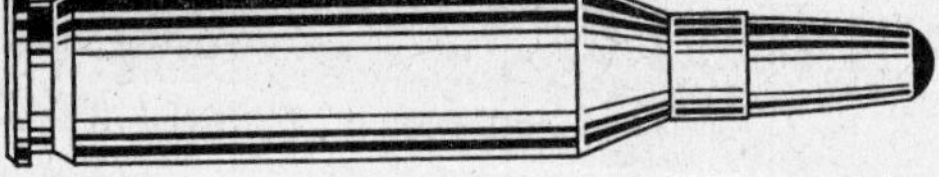

.243 Win. TR = 6,17 × 52
(Geschoß 6,5 g, $V_{100}$ = 850 m/s, $E_{100}$ = **2340 J)**

**2. auf alles übrige Schalenwild**

muß das Geschoß-Kaliber mindestens 6,5 mm betragen.

Im Kaliber 6,5 mm und darüber müssen die Büchsenpatronen eine Auftreffenergie auf 100 m ($E_{100}$) von mindestens 2000 Joule haben.

**Patronen für alles Schalenwild** (mit und ohne Rand)

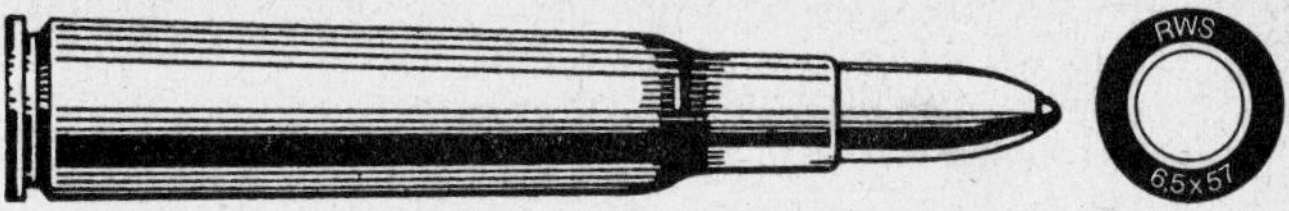


6,5 × 57 Teilmantel-Spitz-Geschoß (RWS)
(Geschoß 6 g, im 60-cm-Lauf: $V_{100}$ = 880 m/s, $E_{100}$ = 2325 J)

6,5 × 57 (R) H-Mantel offene Hohlspitze (RWS)
(Geschoß 10 g, im 60-cm-Lauf: $V_{100}$ = 710 m/s, $E_{100}$ = 2521 J)

Der Anforderung zu Ziff. 3 b entsprechen z. B. die Patronen:

7 × 57 (R) H-Mantel mit runder Kupferhohlspitze (RWS)
(Geschoß 11,2 g, im 60-cm-Lauf: $V_{100}$ = 695 m/s, $E_{100}$ = 2708 J)
ähnlich sind: 7 × 64 u. 7 × 65 (R)
(im 60-cm-Lauf: $V_{100}$ = 765 m/s, $E_{100}$ = 3277 J)

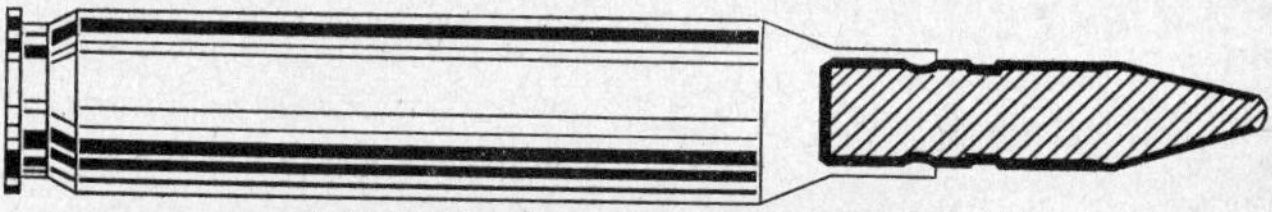

7 × 64 Kegelspitz-Geschoß (RWS)
(Geschoß 10,5 g, $V_{100}$ = 795 m/s, $E_{100}$ = 3316 J)

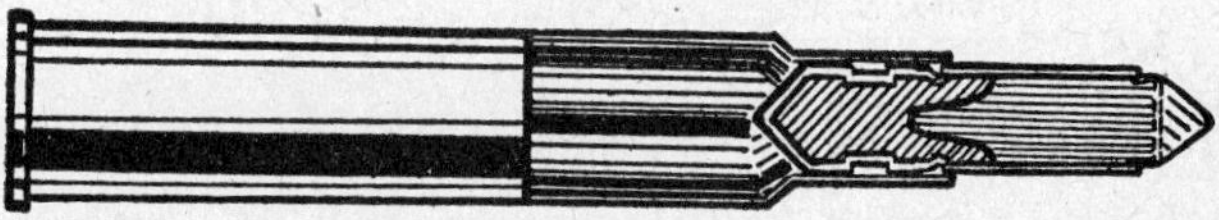

7 × 65 R Original Brennecke mit Brennecke-Torpedo-Ideal-Geschoß (TIG),
(Geschoß 10,5 g, $V_{100}$ = 760 m/s, $E_{100}$ = 3031 J)

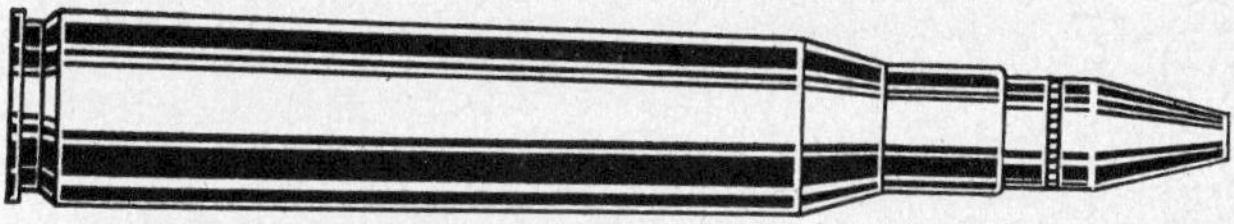

8 × 68 (S) mit Kegelspitzgeschoß RWS (Großwildpatrone)
(Geschoß 14,5 g, $V_{100}$ = 780 m/s, $E_{100}$ = 4415 J)

**Welche Arten von Geschossen (Geschoßtypen) kommen für den jagdlichen Gebrauch in Frage?**

Fast nur noch Mantelgeschosse, bei denen der Bleikern mit einem Mantel aus plattiertem Flußeisen, Kupfer oder Tombakblech umschlossen wird (Gilding- und Lubaloy-Mäntel sind, wie Tombak, Kupferlegierungen).
Man unterscheidet:
Vollmantel- und Teilmantel-Geschosse, die je nach dem Verwendungszweck sehr unterschiedliche Konstruktionsmerkmale aufweisen (s. S. 52/53).

**Was bedeuten die bei den Geschossen angegebenen Abkürzungen?**

| | | | |
|---|---|---|---|
| VM | = Vollmantelgeschoß | KTMS | = Kupfer-TM-Spitzgeschoß |
| VMS | = VM-Spitzgeschoß | KTMF | = Kupfer-TM-Flachkopfgeschoß |
| VMR | = VM-Rundkopfgeschoß | TMR | = TM-Rundkopfgeschoß |
| HM | = H-Mantelgeschoß | TIG | = Brenneke-Torpedo-Ideal-Geschoß |
| HMoH | = HM mit offener Hohlspitze | TUG | = Brenneke-Torpedo-Universal-Geschoß |
| HMK | = HM mit Kupfer-Hohlspitze | KS | = Kegelspitz-Geschoß |
| HMP | = HM mit Plastikspitze | | |
| TM | = Teilmantelgeschoß | | |

**Was bedeuten die Zahlen und Buchstaben bei der Bezeichnung einer Büchsenpatrone (auf Packung oder Hülsenboden)?**

Die erste Zahl gibt den ungefähren Geschoßdurchmesser, die zweite die Hülsenlänge in mm an. Das Zeichen *„R" bedeutet,* daß es sich um eine Patrone *mit Rand* handelt. Fehlt der Buchstabe „R", so hat man es mit einer randlosen Patrone für Repetiergewehre zu tun (Ausnahme: .22 Hornet und 5,6 × 52 R Savage). Das Zeichen „J" besagt, daß es sich um ein der **I**nfanteriepatrone entsprechendes Jagdmodell handelt.
Das Zeichen **„S"** ist von dem im Jahre 1903 für das Infanteriegewehr eingeführten Spitz-(**S**)-Geschoß abgeleitet. Das **S**-Geschoß ist gegenüber dem Geschoß 8 × 57 J und JR um über 1/10 *mm stärker* und darf daher nur aus **S**-Läufen verschossen werden.

**Woran kann man das Kaliber einer Büchsenpatrone erkennen?**

An den im Hülsenboden der Patrone eingeprägten Zahlen und Buchstaben (hierzu: Hülsenboden betrachten!).

In der Abbildung bedeuten:

6,5 = ungefährer Geschoßdurchmesser in mm
57 = Länge der Patronenhülse
R = Patrone mit Rand
RWS = Herstellerfirma

Hülsenboden

**Welche zwei Kaliber unterscheidet man beim Büchsenlauf?**

Das *Bohrungs- oder Felderkaliber* (den Laufdurchmesser der zwischen den Zügen stehengebliebenen erhabenen Teile des Laufinnern) und das *Zugkaliber* (den Laufdurchmesser zwischen den Zügen) (Näheres und Abb. s. S. 19).

**Welche zwei 8 × 57-mm-Büchsenpatronen müssen unbedingt auseinandergehalten werden?**

Die Patronen 8 × 57 J und JR für das e n g e Jagdkaliber und die Patronen 8 × 57 **JS** und **JRS** für das w e i t e r e **S-Kaliber.** Die „8" gibt den *mittleren* ∅ von Zug und Feld an. In Wirklichkeit betragen die Kalibermaße
für J = 7,80 mm Feld-∅/8,07 mm Zug-∅ und
für JS = 7,89 mm Feld-∅/8,20 mm Zug-∅.

*S-Geschosse sind also im Durchmesser etwa 1/10 mm dicker!*

**Dürfen die für das weite 8-mm-Kaliber bestimmten S-Patronen aus dem engeren Lauf (mit 7,80/8,07 mm ∅ für Feld und Zug) verschossen werden?**

Nein! Ein Jäger, der eine Waffe mit einem 8-mm-Büchsenlauf erwirbt, muß sich deshalb genau vergewissern, ob der Lauf das alte, enge oder das neue, weite Kaliber aufweist. *Auf Beschußzeichen, beigeschlagene Kaliberstärke und Hülsenlänge links am Lauf, bei Kipplaufgewehren unter dem Lauf, achten!* (s. S. 31).

**Wie sind die für S-Läufe bestimmten Patronen besonders gekennzeichnet?**

Sie erhalten auf der Packung und zu ihrer sonstigen Bezeichnung noch ein „S" (z. B. 8 × 57 JS bzw. 8 × 57 IRS (Abb. S. 46), 8 × 60 S, 8 × 64 S, 8 × 65 RS oder 8 × 68 S).
Die Z ü n d h ü t c h e n von verwechselbaren S-Patronen sind *schwarz gefärbt.* Ihre G e s c h o s s e haben eine sicht- und fühlbare Rändelung am Geschoßmantel (s. Abb. S. 46).
Unbedingt zu beachten ist (weil sehr gefährlich!), daß sich „S"-Patronen ohne weiteres in Lager für „J"-Patronen einführen lassen, weil das Geschoß hierbei noch keine Anlage im Zugsystem erhält. Da „S"-Geschosse gegenüber den „J"- und „JR"-Geschossen etwa 1/10 mm dicker sind, dürfen sie nur aus „S"-Läufen verschossen werden (sonst besteht Gefahr von Laufsprengungen!).

**Was versteht man unter dem „Freiflug" des Geschosses?**

Den nur wenige Millimeter kurzen Weg, den das Geschoß nach dem Verlassen des Hülsenmundes bis zum Erfassen durch die Felder zurücklegt.
Großer Freiflug ist stets ein Nachteil. Er läßt bei Kurzgeschossen Treibgase am Geschoß vorbeistreichen, denn das Patronenlager eines Gewehrs m u ß stets für Patronen mit dem l ä n g s t e n Geschoß eingerichtet werden. Es sind deshalb Geschosse mit *langer Führung* auszuwählen, da nicht von jedem Lauf erwartet werden kann, daß er kurze Geschosse seines Kalibers, die großen Freiflug haben, mit der gleich guten Treffgenauigkeit schießt, wie Geschosse mit langer Führung.

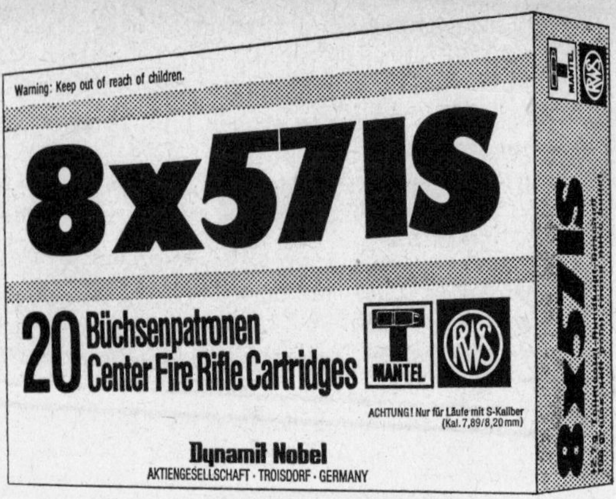


**Neue Verpackung (½ natürl. Größe)**

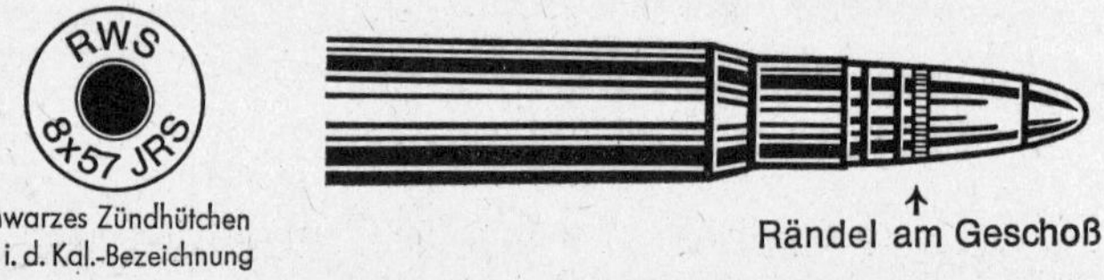


Patrone 8 × 57 **IS** (bzw. **IRS**), H-Mantel mit Kupferhohlspitzgeschoß (Geschoß 12,1 g, $V_{100} = 730$ m/s, $E_{100} = 3227$ J)

*Vier Kennzeichen:*
Schwarze Zündhütchen, „S" in der Kaliberbezeichnung, Rändel am Geschoß, Achtungsschild „Nur für Läufe mit S-Kaliber". Diese Patrone wird immer mehr von den 7-mm-Patronen verdrängt! Auf der Rückseite der Packung sind die wichtigsten technischen und ballistischen Daten aufgedruckt.
Auf dem Boden der Packung steht ein Fertigungszeichen (Fz).
Man kauft gern immer einen Jahresbedarf der gleichen Fertigung, um eine gleichbleibende Treffpunktlage der Geschosse zu haben.

**Was ist ein Einstecklauf?**

Ein k l e i n kalibriger Büchsenlauf, der in Schrot-, Büchsen- oder Pistolenläufe „eingesteckt" und zum Abschuß von Raubzeug und Raubwild, besonders aber auch zu Schießübungen mit der *eigenen* Waffe verwendet wird. Einsteckläufe gestatten das Verfeuern billiger, kleinkalibriger Munition und erfreuen sich allgemeiner Beliebtheit. Ein Einstecklauf nebst Munition kann leicht auch im Gewehrkolben untergebracht werden (s. Abb.). Nach Gebrauch muß der Einstecklauf herausgenommen werden, damit er und der Mutterlauf gereinigt werden können.
Einsteckläufe für Langwaffen werden entweder auf das Absehen des Zielfernrohres oder über Visier und Korn eingeschossen. Zum Schießen über beide Visierarten oder bei einer Doppelflinte muß ein besonderes Klappvisier aufgepaßt werden.
Beim Einpassen des Einstecklaufes in den *rechten* Schrotlauf des Drillings kann man auch *mit Stecher* schießen.

Das Krieghoff-Läufchen wird so in den Schrotlauf eingesetzt, daß die am Patronenauszieher angebrachte Stellnase (Abb.) in der am Schrotpatronenauszieher eingefrästen Nute rastet.

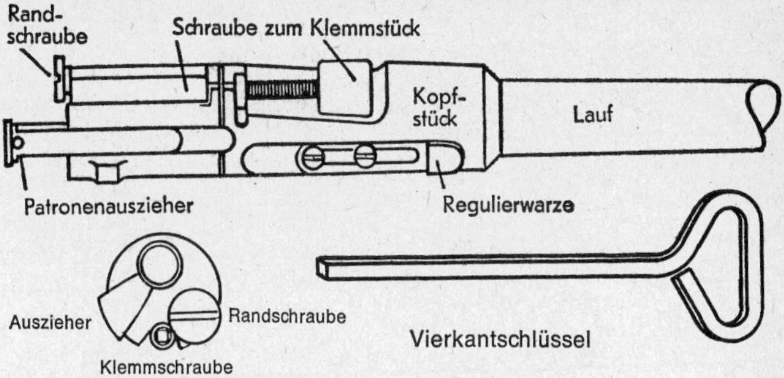


Das Krieghoff-Einstecklāufchen „Semper" für die Patronen .22 long rifle und .22 Winchester Magnum. Es ist 22 cm lang, für Kal. .22 Magnum auch in 44 cm lieferbar. (Das Läufchen von Lothar Walther ist 25 cm lang.)

Die Randschraube (Abb.) muß am Schrotpatronenlagerrand anliegen. Mit dem Vierkantschlüssel wird die Klemmschraube durch Drehungen nach rechts angezogen, bis man einen Widerstand (das Konterschräubchen) fühlt. Hierdurch ist der immer gleiche Sitz des Läufchens gewährleistet.

.22 lang HV (High Velocity) mit Rand; aus 650 mm langen Büchsenläufen $E_0 = 206$ J, $E_{100} = 108$ J

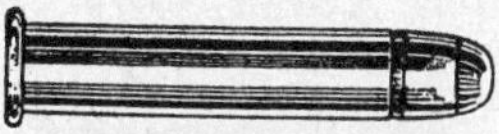

.22 Winchester Magnum
Geschoßgewicht
2,6 g = 40 grains
1 grain [greh'n] = 0,0648
$V_{100} = 430$ m/s, $E_{100} = 245$ J

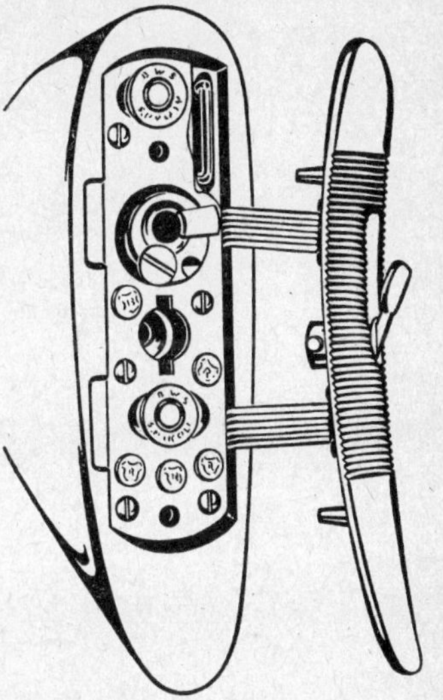

Einstecklauf und Munition im Gewehrkolben untergebracht

**Welche Einsteckläufe werden sonst noch verwendet?**

Für Büchsenläufe (ab Kal. .22 Hornet aufwärts):
Kurze *Einsteckpatronen* für die Übungspatrone Kal. 4 mm M 20.

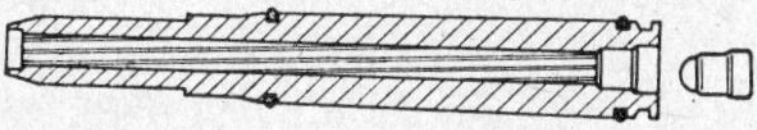

Einsteckpatrone Kal. 4 mm M 20 für .22 Hornet bis .458 Win.

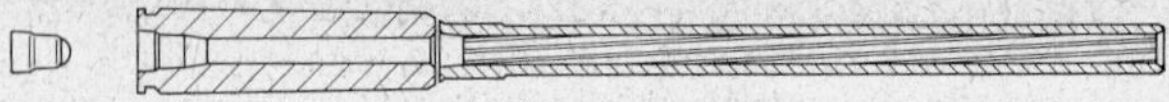

Einstecklauf Kal. 4 mm M 20 für Büchsläufe der Kaliber 7 × 57 (R), 7 × 64, 7 × 65 R, 8 × 57 JS, .308 Win. und .30—06

Weiter gibt es *Reduzierhülsen für Gewehre* zum Verschießen billiger Patronen kleinerer Hülsenform aus Waffen, deren Originalpatronen etwa dieselben Geschoßdurchmesser haben. Man verschießt damit die Patronen Kal. .22 l. r., .22 Winch.-Magnum, .22 Hornet, .30 Carabine und 7,65 aus einer Reihe von Kalibern.

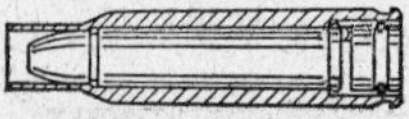

Reduzierhülse
.22 Win.-Magn./.222 Rem.

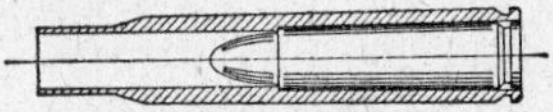

Reduzierhülse
.30 Carabine/.30—06

Für Pistolen und Revolver (Kal. 7,65 und darüber):
Lauflange Einsteckläufe für die Übungsmunition Kal. 4 mm M 20

für alle Pistolen ab
Kal. 7,65 mm

für alle Revolver
ab Kal. .32

Für die *Pistolen-Großkaliber* 9 mm Para und .45 ACP und die Revolver .357 Mag., .38, .44 Mag. und .45 Colt gibt es lauflange Einsteckläufe für die Patronen .22 lang und kurz.

Schnellwechselläufe vom Kal. .22 Magnum, 25 cm lang, gibt es für alle Jagdwaffen der Kal. 12 und 16, die sekundenschnell, wie eine

Patrone, ohne Werkzeug eingesetzt werden können (Lothar Walther, 7923 Königsbronn).
Für Flintenläufe der Kal. 12, 16 und 20 (mit Klappvisier) gibt es Einsteckläufe für die Büchsenpatronen .22 lang und .22 Magnum sowie für die Zimmermunition 4 mm M 20 und Einsteckläufe für die Schrotpatronen Kal. .410 (Kal. 36 = 10,4 mm) und .22 lang Schrot für Claybirding (s. S. 65).
Neuerdings gibt es für Flinten der Kal. 20, 16 und 12 auch *Schrot-Reduzierläufe* in der Form einer Schrotpatrone für die Schrot-

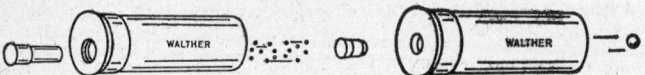

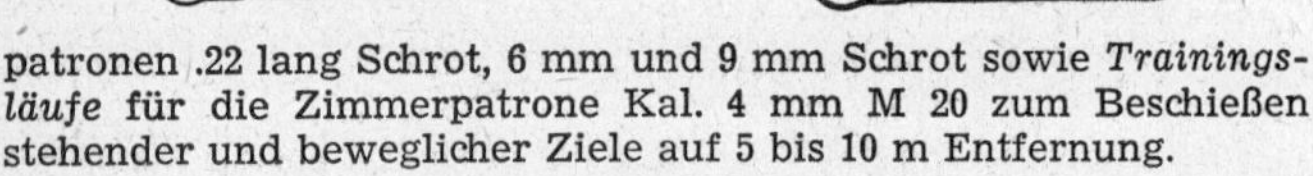


patronen .22 lang Schrot, 6 mm und 9 mm Schrot sowie *Trainingsläufe* für die Zimmerpatrone Kal. 4 mm M 20 zum Beschießen stehender und beweglicher Ziele auf 5 bis 10 m Entfernung.

**Welche „Schonzeitpatronen" werden bevorzugt?**

Die Patronen .22 lang für Büchsen, .22 Winchester Magnum (WMR), .22 Hornet (Abb. S. 81) und .222 Remington (Abb. S. 42). Die .222 Remington war bis jetzt die stärkste Patrone dieser Gruppe und ist zum Gebrauch beim jagdlichen Übungs- und Leistungsschießen und auf Raubwild und Raubzeug zugelassen. Auch auf Rehwild erfüllt sie aus Läufen von mindestens **60 cm** Länge auf eine Entfernung von 100 m das erforderliche Leistungssoll von mindestens **1000 J.** Sie wird als Rehwildpatrone von der .222 Remington Mag., der 5,6 × 52 R, der 5,6 × 50 (R), der .243 Winchester und der RWS-Patrone 5,6 × 57 (R) mit dem Kegelspitzgeschoß überholt (s. Abb. S. 42).

**Wie ist das private Wiederladen von Patronen geregelt?**

Benötigt wird neben der Ausrüstung ein *Sprengstofferlaubnisschein,* der durch das zuständige Staatliche Gewerbeaufsichtsamt ausgestellt wird, nachdem der Antragsteller einen *Lehrgang für Wiederlader* mitgemacht hat. Wiedergeladene Munition ist gesondert zu verpacken und zu kennzeichnen.

## Ballistik

**Was verstehen wir unter dem Begriff „Ballistik"?**

Die Lehre vom Schuß (von griechisch ballein = werfen).
Der Jäger muß wissen, daß
die *Temperatur* des Pulverabbrandes etwa 3000 Grad,
der *Gasdruck* beim Verfeuern von Schrotpatronen etwa 500 bis 600 bar (früher at) und von Büchsenpatronen je nach Laborierung 2600 bis 3900 bar (früher at) beträgt,
1 g Nitrozellulosepulver ein Liter Gas und bis 4000 J oder 400 kpm Energie entwickelt,
die *Rotation* des Geschosses um die eigene Achse 3500 Umdrehungen in der Sekunde, und
die *Geschwindigkeit* (velocitas) des Geschosses an der Laufmündung (= $V_0$) bei kleinkalibrigen Büchsenpatronen über 1000 m/s und die *Flugweite* der Geschosse bei Patronen mit rasanter Flugbahn je nach dem Schußwinkel (s. S. 74) bis 5 km beträgt.

**Welche Abkürzungen werden künftig in den Schußtafeln nach dem ab 1. 1. 1978 gültigen „Gesetz über (internationale) Einheiten des Meßwesens" (DIN 1301) verwendet?**

Für den Jäger ist zu merken: Die Einheit für das Gewicht und die Masse ist künftig das *Gramm (g).* Das neue Einheitszeichen für die Energie (z. B. für die Auftreffwucht) ist statt „kpm" das *Joule* („J", sprich dschuh-l). [1 kpm = 10 (genau 9,80665) Joule].
Das neue Einheitszeichen für den Gasdruck ist statt 1 kp/cm² oder einer technischen Atmosphäre (at) das *Bar* (1 bar = 1 at oder 1 kp/cm²). Damit bleiben die bisher gewohnten Zahlen für Druckangaben bestehen, und es ändert sich lediglich das Einheitszeichen.
Während bisher die Kraft mit „kp" (kg) bezeichnet wurde, wird künftig für die Kraft das *„Newton"* (sprich n-jut'n) mit dem Einheitszeichen „N" als Einheit zur Anwendung kommen (1 Newton = 0,1 kp, 10 N = 1 kp).
Die Geschwindigkeit wird in Meter je Sekunde (m/s) gemessen.

**Wie verläuft die Flugbahn des Geschosses nach dem Verlassen der Laufmündung?**

In einer Kurve (Abb.). Je kürzer bei gleicher Zielentfernung die Flugzeit des Geschosses ist, desto weniger gekrümmt (gestreckter, flachbahniger) ist die Flugbahn (und um so besser ist die *„Rasanz“*).

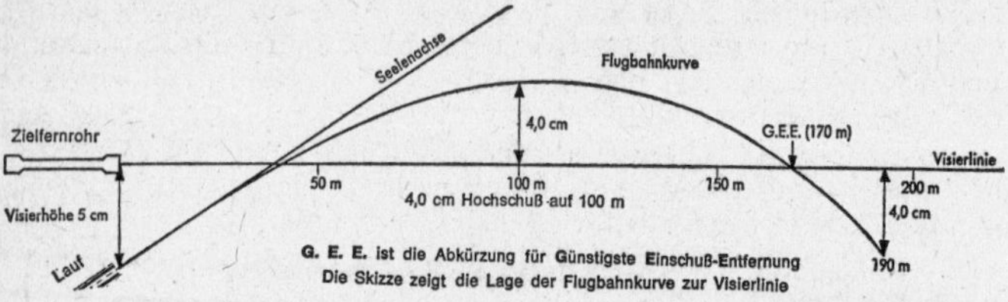


Beispiel: Die Patrone 7 × 64 mit rasanter Flugbahn, auf 100 m mit 4 cm Hochschuß eingeschossen, ergibt auf 170 m Entfernung Fleckschuß

Die Lage der Geschoßflugbahn zu der Visierlinie zeigt beim Schuß über Visier und Korn gegenüber dem Schuß mit dem Zielfernrohr geringe Abweichungen, weil die *Visierlinie des Fernrohrs höher liegt.*

Diese und andere ballistische Leistungen (wie Auftreffgeschwindigkeit und Auftreffenergie) muß jeder Jäger für die von ihm benutzte Patrone genau kennen. *Angaben hierzu* kann er auf der Rückseite der *Patronenpackung* ersehen (s. auch S. 46).

**Auf welche Entfernungen schießt man Waffen für Patronen mit rasanter (gestreckter) Flugbahn ein?**

Am besten auf 100 m mit etwa 3 bis 4 cm Hochschuß (da unsere Schießbahnen meistens nur auf 100 m eingerichtet sind!).

Zum Prüfungs- und Übungsschießen sind immer die Schießscheiben zu verwenden, nie das Wild als Versuchsobjekt! Man braucht mindestens fünf Patronen, um sich über Sitz und Gleichmäßigkeit der Schüsse klarzuwerden (s. auch Einschießgeräte S. 61).

Grundsätzlich wählt man ein brauchbares Gewehr und beste Patronen, nicht das teuerste Gewehr und billigste Patronen!

**Was soll ein modernes Büchsengeschoß leisten?**

Es soll beim Eindringen in den Wildkörper durch Stanzung *Schnitthaare* liefern, sich dann sofort pilzartig stauchen, nicht aufsplittern und Masse verlieren und lebenswichtige Organe ausreichend verletzen *(Breiten- und Tiefenwirkung)* sowie möglichst noch *Ausschuß für die Schweißfährte* geben.

Der Umfang dieser Verletzungen hängt im wesentlichen davon ab, w i e das Geschoß konstruiert ist (d. h. welcher Aufpilzungsgrad ihm anhaftet), wie groß die Masse (das Gewicht des Geschosses) ist und mit w e l c h e r G e s c h w i n d i g k e i t d i e s e M a s s e i n s Z i e l gebracht wird. Man bezeichnet den nach Masse und Fluggeschwindigkeit feststellbaren Begriff als *Auftreffenergie (abgekürzt:* „$E_z$“ = „$E_{Ziel}$“).

Ferner ist die Härte des Wildkörpers und *vor allen Dingen der Sitz des Schusses* (Weichschuß oder Knochenschuß) von ausschlaggebender Bedeutung.

**Wodurch werden bei den einzelnen Patronen Anfangsgeschwindigkeit ($V_0$), Auftreffgeschwindigkeit (z. B. $V_{100}$), Auftreffwucht (z. B. $E_{100}$) und Treffpunktlage beeinflußt?**

Durch die jeweilige Laborierung, d. h. durch die verwendete Pulversorte und -menge, sowie durch Form, Durchmesser und Gewicht (Masse) des Geschosses. Von Einfluß sind daneben auch die Lauflänge (s. S. 54) und die Innenmaße des Laufes (das Laufkaliber).

Die Laborierung ist für die jeweilige Wildart so zu wählen, daß mit dem Geschoß bei gut sitzendem Schuß das Wild möglichst schmerzlos und schnell zur Strecke kommt, ohne daß zu große (brutale) Zerstörungen des Wildkörpers auftreten. Merke:

*Knall und Fall sollen eins sein!*

**Was heißt z. B. „Auftreffwucht: 2060 J oder 206 kpm"?**

Daß das verwendete Geschoß auf den Wildkörper mit der gleichen Wucht oder Energie (E) auftrifft, wie sie vergleichsweise ein Gegenstand von 206 kg Gewicht beim Fall aus einem Meter Höhe auf eine Unterlage ergeben würde. *Die Auftreffenergie* ist der wichtigste Faktor für die Beurteilung der Geschoßwirkung.

Diese Auftreffwucht (E) wird nach der Formel $E = G \cdot \frac{V^2}{2g}$ berechnet und in Joule (s. S. 49) oder kpm ausgedrückt.

(Es bedeuten: G = das Geschoßgewicht in Gramm, g = die Erdbeschleunigung = 9,81 m/s², V = die Geschwindigkeit in m/s.)

Die *Geschoßwirkung* ist außerdem abhängig von

a) der unmittelbaren *Verletzung* (Sitz des Treffers, Art und Umfang der inneren Verletzung durch das Geschoß, seiner Verformung und vom Durchschuß (Ausschuß) und

b) einer ausreichenden Schockwirkung (hierzu soll das Geschoß am Ziel noch eine hohe Geschwindigkeit („V") haben.

**Welche Bedeutung hat die „Querschnittsbelastung (QB)?**

Sie wird errechnet aus dem Geschoßgewicht geteilt durch den maximalen Geschoßquerschnitt in cm². Dieses Verhältnis, die Mündungsgeschwindigkeit und der Widerstandsbeiwert beeinflussen die Gestrecktheit der Flugbahn und die Eindringungstiefe, d. h., je kleiner der Querschnitt des Geschosses (das Kaliber) ist, um so geringer ist die Abbremsung des Geschosses durch den Luftwiderstand und je größer ist seine Eindringtiefe.

**Welche Büchsengeschosse sind je nach Wirkung im Handel?**

Vollmantel-, einfache Teilmantel-, H-Mantel-, Brenneke-Torpedo-Ideal(TIG)- und Torpedo-Universal(TUG)- sowie Kegelspitz-Geschosse (s. S. 52/53). Sie bestehen aus einem Mantel aus nickelplattiertem Flußeisen, Tombak oder Kupfer und aus einem oder mehreren Bleikernen.

**Welchen Zweck hat die Ummantelung?**

Sie soll das Geschoß in den Zügen des Laufes führen, ohne daß darin übermäßige Rückstände des Geschoßäußeren hinterlassen werden. Von der Ausbildung der Geschoß*spitze*, des Geschoß*mantels* und des Geschoß*kernes* hängen Verformung, Zerlegung und damit *Wirkung des Geschosses* wesentlich ab.

**Wie wirken Vollmantelgeschosse?**

Sie *zerlegen sich nicht*, sondern schlagen meist *ohne* jede *Deformation* durch den Wildkörper hindurch und bringen nur Kleinwild bei guten Schüssen ohne Balgzerstörung und ohne Nachsuche zur Strecke. Sie dürfen daher bei der Jagd auf Schalenwild in keinem Falle verwendet werden. Nur für Großwild und Dickhäuter werden sie noch (im Kal. 9,3×62, 9,3×64, 9,3×74 R und .375 H&H Mag. (9,5×72 Holland & Holland Magnum) (s. S. 40) mit Vorteil benutzt.

**Welchen Aufbau und welche Wirkung hat das H-Mantel-Geschoß?**

Es sieht im *Längsschnitt ähnlich einem* **H** aus und ist durch eine ringförmige Einschnürung so in *zwei Teile* gepreßt, daß sich der *vordere* Teil im Wildkörper *aufpilzt und zerlegt (Zerlegungsgeschoß)*, während der hintere Teil, selbst bei Knochenschüssen, kompakt bleibt und dadurch den gewünschten *Ausschuß* und eine gut sichtbare Schweißfährte *liefert.*

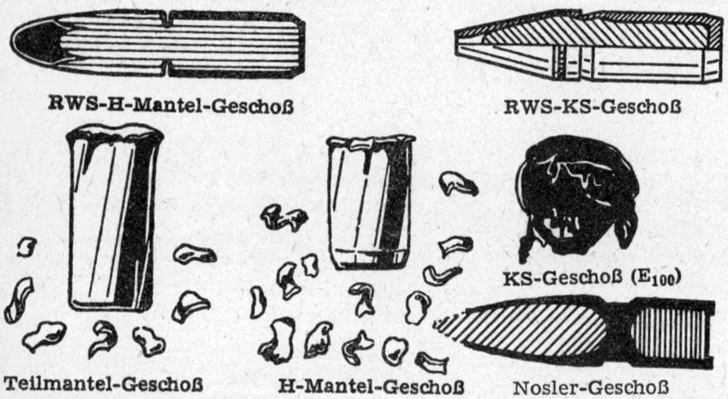


Wirkung der verschiedenen Geschosse bei Weichschüssen (beim Schuß auf Knochen sind Deformierung und Splitterwirkung größer)

**Was ist ein Kegelspitzgeschoß, und warum die KS-Form?**

Ein Geschoß mit zylindrischem Führungsteil, kegelförmiger Geschoß- oder Lochspitze und einer Deformationsstopprille.
Durch die große Führungslänge und die kegelförmige Spitze wird eine ausgezeichnete Schußpräzision erzielt, bei nur geringer Ablenkbarkeit durch Hindernisse. Die vorgegebene Geschoßlänge ermöglicht ein relativ großes Geschoßgewicht und dadurch eine hohe QB (Querschnittsbelastung). Durch die aerodynamisch günstige Form entsteht ein nur geringer Geschwindigkeitsabfall.
Die überlegte Wahl von Form und Material des Geschoßmantels in entsprechenden Kalibern führt zu einer optimalen Zielwirkung. Durch einen bestimmten Wandstärkenverlauf wird Aufpilzung im Wildkörper (Abb. oben) und bei Wildarten verschiedener Stärke auch Ausschuß sicher gewährleistet, bei einem Minimum an Wild-

bretzerstörung (Jagdbüchsenpatronen mit KS-Geschossen s. S. 41). Aufpilzung und Durchschuß erzielt man auch mit dem *Nosler-geschoß,* einem Tombakgeschoß aus den USA (Abb. S. 52), und mit den jetzt lieferbaren „Hirtenberger ABC-Geschossen“ (aus Österreich). Importeur ist Helmut Hofmann in 8744 Mellrichstadt.

**Wie unterscheiden sich das Brenneke-Torpedo-Ideal-Geschoß (TIG) und das Brenneke-Torpedo-Universal-Geschoß (TUG)?**

Beide haben einen Scharfrand, der Schnitthaar liefert, und einen *zweiteiligen Bleikern.* Der vordere weichere Bleikern staucht sich pilzartig beim Auftreffen auf den Wildkörper, der hintere härtere Kernteil bleibt als Durchschlagkörper erhalten. Er weist beim TIG eine Vertiefung auf, in die der vordere Bleikern eingreift, während beim TUG der hintere Bleikern in eine Vertiefung des vorderen eingreift und dadurch eine erhöhte Durchschlagskraft erreicht.

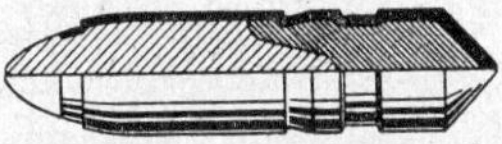

7 mm TIG 10,5 g

9,3 mm TUG 19 g

**Wer liefert noch Büchsenpatronen mit dem Nosler- und dem Starkmantelgeschoß?**

Die Fa. Klaus Mayer KG in 5760 Arnsberg 1 / Neheim-Hüsten. Ballistische Daten sind zu erfragen.

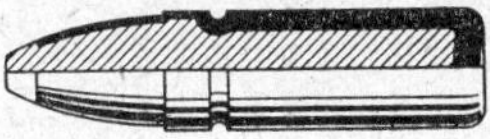

7 mm Sta 10 g

**Was ist bei Auswahl des Büchsenkalibers zu beachten?**

Daß es k e i n Universalkaliber gibt.
Wer ein *Rehwildrevier* bejagt, wird Wert darauf legen, eine Patrone mit kleinkalibrigem Geschoß und rasanter Flugbahn zu führen, mit dem das Wildbret nicht brutal zerstört und der sofortige Schocktod des Wildes bewirkt wird (Abb. s. S. 42). Zudem hat der Jäger den Vorteil, eine leichte Waffe führen zu können.
Für Reviere, in denen neben Rehwild auch Rot- oder Schwarzwild vorkommt, ist ein Büchsenkaliber zu wählen, dessen Patronen für a l l e s Schalenwild *geeignet* sind (s. S. 43).
Wer *hauptsächlich auf Rot- und Schwarzwild* jagt, wird sich für die starken Patronen (wie **7 × 64** und **7 × 65 R** H-Mantel-Bleispitze, KS oder Brenneke TIG, 8 × 57 J (R) S oder 8 × 68 S, 9,3 × 62, 9,3 × 64 und 9,3 × 74 R) entscheiden.
Als *Faustregel* gilt hier: der Schuß auf s t a r k e s Schalenwild erfordert eine Patrone, deren Geschoß auf 150 m Entfernung eine Auftreffwucht von mindestens *2500 J oder 250 kpm* leistet und am Ziel noch eine hohe Geschwindigkeit erreicht (s. Abb. S. 43).

**Welche Rolle spielt die Länge des Gewehrlaufes beim Schuß?**

Gewehre mit kurzen *Büchsenläufen* (50—55 cm) sind *„führig"*, besonders da, wo man in mehr oder weniger dichten Beständen schießen muß. Sie sind auch auf Leitern und bei Nachsuchen handlicher. Ihr Nachteil ist, daß bei ihnen *starkes Mündungsfeuer*, starker Knall und Rückstoß und eine *Verringerung* der Geschwindigkeit und *Energie* auftreten. Das ist aber für die Praxis bedeutungslos (V- und E-Abfall). Büchsen mit langen Läufen nutzen die progressive (fortschreitende) Pulververbrennung stark geladener Patronen besser aus und erreichen dadurch *bessere Leistungen.* Außerdem ist der Schuß über Visier und Korn sicherer, weil die Visierlinie länger ist.
Kurze *Büchsen mit Ganzschaft* nennt man *Stutzen.* Der *„Bergstutzen"* ist eine Bockdoppelbüchse mit groß- und kleinkalibrigem Büchslauf. Eine Repetierbüchse für mehrere Patronensorten haben die Mauserwerke als Modell 66 und als „Lautlose" Mod. 66 S herausgebracht (Tafel 2 vor S. 33). Sie ist trotz der Lauflänge von 60 cm durch ein neues Kurzschloß um 9 cm kürzer geworden. Außerdem kann man den Lauf ohne Schwierigkeiten mit einem Lauf eines anderen Kalibers samt besonderem Zielfernrohr austauschen.
Gewehre mit Schrotläufen werden meist in Längen von 60 bis 72 cm hergestellt. Lange Flintenläufe *(„Feldläufe")* eignen sich besonders für Feld- und Wasserjagden und zum Wurftauben-(Trap-)Schießen (weil sie besser mitschwingen als kurze). Für Waldjagden bevorzugt man die führigeren *kurzläufigen* Flinten *(„Waldläufe")* mit möglichst nur geringer Würgebohrung, weil man meist nur 15 bis 25 m weit schießt und die Läufe deshalb gut streuen sollen (s. auch „Streupatrone" S. 34 u. S. 84).

## Grundregeln für die Handhabung von Jagdwaffen

**Was muß man beim Umgang mit Waffen beachten?**

Die Waffe darf nie auf Menschen gerichtet sein, auch wenn man glaubt oder genau weiß, daß sie nicht geladen ist (Kinder s. S. 79).

**Wie wird das Laufinnere vor der Jagd behandelt?**

Der Ölfilm im Laufinnern muß durch ein trockenes Werg-, Watte- oder Dochtpolster entfernt werden, da er die Schußleistung ungünstig und unberechenbar beeinflussen kann (Ölschuß). Nach dem Trockenwischen ist stets durch den Lauf zu sehen (Wergreste)! Man reinigt, wenn möglich, immer vom Schloß aus.

**Wann nur darf das Gewehr geladen sein?**

Nur während der *tatsächlichen* Jagdausübung, z. B. erst *nach* dem Anblasen einer Such- oder Treibjagd (s. S. 277/278 und 284). Nach Beendigung der Jagdausübung oder nach dem Signal „Hahn in Ruh" ist das Gewehr sofort zu *entladen.* Keinesfalls darf es zu Hause geladen oder entladen werden oder in geladenem Zustande aufbewahrt oder in Fahrzeugen mitgeführt werden.

„Geladen" ist, wenn sich eine Patrone im Patronenlager, *im Magazin* oder in der Trommel eines Revolvers befindet, auch wenn die Waffen gesichert oder nicht gespannt sind (Verwaltungsvorschrift [VwV] zum WaffG vom 26. 7. 1976).

**Wie wird das Gewehr getragen?**

Immer so, daß es auch in geladenem Zustand kein Unglück anzurichten vermag. Bei Regenwetter oder Schneetreiben richtet man die Mündung zweckmäßig gegen den Erdboden. Niemals darf der Lauf in waagerechter oder ähnlicher Richtung ins Gelände zeigen (Abb. S. 76). Der Gewehrriemen soll nicht zu lang sein!
Das Abrutschen des Gewehrriemens von der Schulter läßt sich durch Annähen eines Knopfes oder einer Stoff- oder Lederrolle auf dem Schulterteil der Joppe oder durch Verwendung eines Gewehrriemens mit Gummigleitschutz verhindern.

**Wie wird ein Jagdgewehr oder eine Faustfeuerwaffe beim Öffnen, Spannen, Laden und Entladen gehalten?**

Man wendet sich von umherstehenden Personen ab und richtet die Laufmündung bei Kipplaufgewehren, Revolvern und Pistolen nach *unten*, bei Repetiergewehren dagegen fast senkrecht nach *oben* (Unfallverhütungsvorschrift der Berufsgenossenschaft s. S. 57 u. 481/482 und Schußwinkel S. 74).

*Nach dem Laden ist sofort zu sichern!*

**Was soll der Schütze vor dem Laden des Gewehres stets tun?**

Er soll stets vorher *durch die Läufe sehen* und sie auf das Freisein von Fremdkörpern (Wergpfropfen, Erde, Fichtennadeln, Schnee usf.) überprüfen.

**Wie macht man ein Hahngewehr schußfertig?**

Durch Öffnen des Verschlusses, Laden der Läufe, Schließen des Gewehres und Zurückziehen (Spannen) der Hähne (mit dem Daumen), bis sie einrasten. Das Hahngewehr hat keine Sicherung!

**Wie macht man ein Selbstspanner-Kipplauf-Gewehr schußfertig?**

Es wird zunächst gesichert (s. S. 23/24). Dann wird der Verschluß mit dem Verschlußhebel geöffnet und das Gewehr durch vollständiges Herunterkippen der Läufe (bis zum hörbaren Einrasten der Schlosse) gespannt. Das Spannen geschieht durch den (abnehmbaren) Vorderschaft, der beim Abkippen des Laufes das Schloß (und *beim Schließen die Ejektorfedern*) spannt. Das Gewehr wird dann geladen und geschlossen und ist damit schußfertig.
Der Verschlußhebel muß dabei genau in der Mitte stehen, da erst dann die gleitenden Verschlußteile völlig verriegelt sind. Andernfalls besteht die Gefahr der Schloßsprengung. Vor Abgabe eines Schusses muß entsichert werden.

**Was ist beim Schließen einer Waffe zu beachten?**

Sie muß langsam und ohne besonderen Kraftaufwand geschlossen werden. Dabei ist zu prüfen, ob sich Fremdkörper zwischen Laufmundstück und Stoßboden gesetzt haben.

**Wozu dient die Sicherung bei Selbstspanner-Kipplaufwaffen?**

Sie legt (je nach Konstruktion) die Abzüge, die Abzugstangen oder die Schlagstücke fest (s. Abb. S. 23), so daß sich kein Schuß lösen kann. Merke aber: *Sicherer ist das Entladen!*

**Wie wird ein Selbstspanner-Kipplaufgewehr entladen?**

Es ist zu sichern. Dann wird der Verschluß (mit dem Verschlußhebel) vollständig geöffnet, und die Patronen werden mit der Hand herausgenommen (s. auch Ejektor S. 59).

**Was ist beim Selbstspanner-Drilling zusätzlich zu beachten?**

Bei ihm sind mit zwei Abzügen (bei Krieghoff auch mit Einabzug) *drei* Schlosse zu bedienen. Es ist deshalb zur Bedienung des Schlosses für den Büchslauf eine Kugelschaltung angebracht, mit der man nach Wahl entweder auf das Schloß des rechten Schrotlaufes oder auf das des großalibrigen Büchslaufes schalten kann.

Der hintere Abzug des Drillings dient zum Abfeuern einer Schrotpatrone im linken Laufe.

**Hat der Drilling einen Stecher?**

Ja. Im vorderen Abzug ist ein Rückstecher (s. S. 27) eingebaut. Man kann deshalb mit dem vorderen Abzug auch mit dem rechten Schrotlauf „gestochen“ schießen (s. S. 71 und 212).

Durch Einlegen eines Einstecklaufes mit kleinkalibrigem Büchslauf (s. S. 46/47) in den rechten Schrotlauf kann man daher (über das Zielfernrohr oder mit Hilfe eines Klappvisiers) auch Kleinkalibermunition verschießen und hierzu den Stecher benutzen.

**Wie wird gestochen und entstochen?**

Das Stechen erfolgt bei kombinierten Waffen (wie beim Drilling) durch Drücken nach vorn auf den Rücken des vorderen Abzuges (französischer oder **R**ückstecher, s. auch S. 27), bei einläufigen Büchsen dagegen durch Anziehen des hinteren Abzuges bis zum hörbaren Einspringen (deutscher Stecher). Merke: Keinesfalls darf man zum Stechen einer geladenen und gespannten einläufigen Büchse irrtümlich auf den Rücken des hinteren Abzuges (des Doppelzüngelstechers) drücken, da sich dadurch der Schuß lösen kann. Vorsicht! Lebensgefahr! Ob diese Gefahr bei der eigenen Büchse besteht, ist an der gespannten und *un*geladenen Büchse auszuprobieren!

Zum *Entstechen* ist es der sicherste und deshalb stets anzuwendende Weg, die Waffe zu *sichern*, zu *öffnen* und dann den Stecher durch Zurückziehen des Abzuges abzuspannen.

**Wann erst darf das Einstechen erfolgen?**

*Erst wenn das Gewehr im Anschlag liegt* und entsichert auf das Ziel (Scheibe oder Wild) gerichtet ist. Kommt man mit dem gestochenen Abzug nicht zum Schusse, dann muß das Gewehr sofort *gesichert*, der Verschluß geöffnet und hiernach der *Stecher* durch Zurückziehen des Abzugs *entspannt* werden.

Auf dem Hochsitz darf nie ein gestochenes Gewehr stehen!

*Keinesfalls* darf ein gespanntes Gewehr mit gestochenem Abzug geschultert oder in den Händen getragen oder damit (z. B. bei der Drückjagd auf Sauen) *auf flüchtiges Wild* geschossen werden.

Hat man bei einer Büchsflinte oder einem Drilling den vorderen Abzug eingestochen, so darf mit dem hinteren Abzug *nicht der Schrotlauf* abgefeuert werden, da die Gefahr des Doppelns besteht!
Unter Doppeln verstehen wir das ungewollte Losgehen zweier Schüsse auf einmal bei mehrläufigen Gewehren. Es kann entstehen, wenn versehentlich bei gestochenem Büchslauf mit Schrot geschossen wird, *die Abzüge zu leicht* stehen, also einen zu *geringen Abzugswiderstand* haben (s. S. 22), oder wenn wichtige Schloßteile (wie Rast oder Stange) *abgenutzt* oder beschädigt sind (s. auch Handspanner S. 23/24).

**Wie wird ein Gewehr entspannt?**

Bei der *Hahndoppelflinte* wird (da sie keine Sicherung hat) zunächst der rechte Hahn (mit dem Daumen gehalten und durch Ziehen des vorderen Abzuges) heruntergelassen. Das ist vorher an der ungeladenen Hahnflinte zu üben! Dann wird der Verschluß geöffnet und nun auch der linke Hahn herabgelassen.
Bei *Selbstspannern* und bei *Repetiergewehren* erfolgt das Abspannen durch Öffnen, Entladen und folgendes Schließen des Verschlusses bei durchgezogenen Abzügen (bei *automatischer* Sicherung schiebt man bei geöffnetem Gewehr die Sicherung nach vorn, hält diese fest und schließt das Gewehr unter Durchziehen der Abzüge). Wo das nicht geht, muß zum Entspannen eine Pufferpatrone verwendet werden.
Bei *Drillingen* mit drei Schlossen, die sich gleichzeitig spannen, *schließt man das Gewehr* unter Durchziehen der beiden Abzüge *nur eine Kleinigkeit,* wodurch man zwei Schlosse entspannt. Dann stellt man auf „Kugel" um, zieht den vordern Abzug nochmals durch (wobei ein Knacken entsteht) und schließt das Gewehr. Für das Entspannen des dritten Schlosses beim Drilling kann auch eine Pufferpatrone (s. S. 65) verwendet werden.

**Wie macht man eine Repetierbüchse (Mauser 98) schußfertig?**

Man öffnet den Kammerverschluß, indem man den Verschlußhebel von seitlich nach oben und dann nach hinten führt. In die dadurch freigelegte Mehrladevorrichtung (Magazin) werden die Patronen *hineingedrückt.* Dann wird der Verschluß wieder nach vorn geschoben. Dadurch gleitet aus dem Magazin eine Patrone in das Patronenlager. Durch Herumlegen des *Sicherungsflügels* nach *rechts* wird die Schlagbolzenmutter gesichert und meistens die Kammer gegen ungewolltes Öffnen blockiert.
Durch Betätigen einer bei Repetiergewehren mit Zielfernrohr zusätzlich angebrachten lautlosen *Schiebe- oder Knopfdrucksicherung* (Abb. S. 28) wird der Abzug gesperrt (Abzugssicherung).
Man kann das Repetiergewehr auch *„unterladen"*, indem man die Patronen so tief in das Magazin hineindrückt und festhält, daß beim Schließen des Verschlußhebels keine Patrone in den Lauf gelangt. Es ist dabei fast senkrecht nach oben zu halten (s. S. 55). Will man dann schießen, muß die unterladene Patrone durch Bedienen des Kammerverschlusses in das Patronenlager eingeführt werden.

Nach dem Entsichern muß der Verschlußhebel fest angedrückt bleiben, um einen Versager zu vermeiden (s. S. 74).

**Was sind Selbstladegewehre?**

Es sind halbautomatische, mehrschüssige Flinten oder Büchsen *mit Patronenmagazinen*, bei denen nach Betätigung des Abzugs und die hierdurch ausgelöste Schußabgabe das Öffnen des Verschlusses, das Auswerfen der abgeschossenen Patronenhülse, das Spannen des Schlosses, das Einführen einer neuen Patrone in das Lager und das Schließen des Verschlusses entweder durch rückwärts geleitete Pulvergase oder durch den Rückstoß ausgeführt wird. Für die Abgabe eines jeden folgenden Schusses muß eine erneute Abzugsbetätigung von Hand erfolgen.
Es sind nur noch solche Selbstladegewehre zugelassen, die außer einer Patrone im Lauf nicht mehr als zwei Patronen im Magazin aufnehmen können (s. S. 529 u. 530).

**Wie macht man ein Selbstladegewehr schußfertig?**

Der Schütze darf nur drei Patronen zur Verfügung haben. Beim Angehen wird er deshalb zunächst zwei Patronen in das Magazin führen, darauf eine Patrone in den Lauf repetieren und anschließend die dritte Patrone ins Magazin bringen.
Beim Einführen der Patrone in den Lauf wird das Gewehr gespannt (Pistole s. S. 89). Das Sichern erfolgt durch Betätigen der Sicherungsvorrichtung.

**Was sind Pumpguns („Pampgans" oder Pumpgewehre)?**

Es sind in Amerika sehr populäre Gewehre (Flinten und Büchsen mit oder ohne Hahn), bei denen sich unter dem rückwärtigen Laufstück ein vom *beweglichen Vorderschaft* umkleidetes Rohr befindet, das zur Patronenaufnahme dient. Sie sind nach den Selbstladern die schnellsten mehrschüssigen Gewehre (Fabrikate: Remington, Winchester, Savage, Marlin).

Pumpgun-(Pampgang-)Repetierflinten
Zum Repetieren wird der bewegliche Vorderschaft im Anschlag mit der linken Hand zurückgezogen

**Was sind vollautomatische Büchsen?**

Bei ihnen (auch bei Maschinengewehren und Maschinenpistolen) folgen die Schüsse in schneller Reihenfolge aufeinander, bis das Magazin leergeschossen ist oder bis der Drückfinger den zurückgezogenen Abzug losläßt. Vollautomatische Selbstladewaffen sind nach § 37 Ziff. 1 d WaffG (s. S. 532) *verboten!*

**Wie unterscheiden sich die Magazine beim Mauser Modell 98 und beim alten Mannlicher-Schönauer?**

Beim Mauser Modell 98 besteht das Magazin aus dem Zubringer mit der Zubringerfeder. Die Patronen werden beim Laden nacheinander auf den Zubringer gelegt und von Hand nach unten in den Magazinkasten gedrückt. Sie liegen dann seitlich versetzt übereinander (s. Abb.).
Beim Mannlicher-Schönauer besteht das Magazin aus einer fest

eingebauten Trommel. Die Patronen werden beim Laden nacheinander in sie gedrückt und legen sich ringförmig um deren Achse.

**Wie werden die Magazine dieser Repetierbüchsen entladen?**

Das Magazin der Mauser Modell 98 wird durch wiederholtes Repetieren (durch Betätigen des Verschlußhebels von seitlich nach oben und dann nach hinten) entladen. Die hierbei jedesmal ausgeworfene Patrone wird mit der Hand, die die Büchse fast senkrecht nach oben hält, aufgefangen. Der Sicherungsflügel soll dabei hochgestellt sein (s. S. 28). Der nach oben gedrehte Sicherungsflügel blockiert den Schlagbolzen, und das Schloß läßt sich öffnen. Das Magazin der Mannlicher-Schönauer hat seitlich einen geriffelten Druckknopf zum Entleeren des Magazins (s. Abb. neben S. 33). Wird er nach unten gedrückt, gibt das Magazin sämtliche Patronen frei.

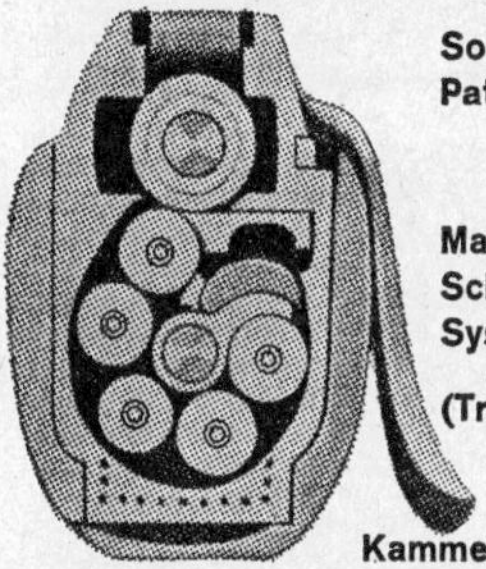


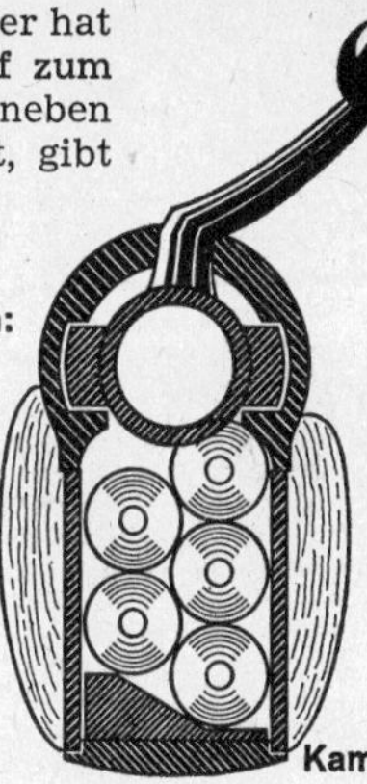


Der moderne „Steyr-Mannlicher“ wird serienmäßig mit *zwei* Magazinen aus dem Kunststoff Makrolon geliefert, die schnell gewechselt werden können. Er hat eine Schiebesicherung, der M.-Sch. M 72 eine Wippflügelsicherung. Beide haben geschlossene Hülsenbrücken. Auch Linkssysteme sind lieferbar.

**Was ist ein Ejektor?**

Ein automatischer Hülsenauswerfer.
Wir finden ihn bei manchen Selbstspannerdoppelflinten und bei Doppelbüchsen. Sein Vorhandensein erkennen wir beim Abkippen der Läufe am geteilten Patronenauszieher. Jeder Lauf besitzt also einen vom anderen Lauf unabhängigen Ejektor.
Die Ejektorfedern befinden sich im Vorderschaft. Sie werden beim *Schließen* des Gewehrs gespannt und nur durch Bedienen des Abzugs (und beim Vorschlagen des Schlagbolzens auf das Zündhütchen der Patrone) entriegelt. Deshalb werden beim Öffnen des Verschlusses nur Patronen*hülsen* und solche Patronen ausgeworfen, die beim Aufschlagen des Schlagbolzens auf das Zündhütchen versagten, andere Patronen nicht. Nicht abgefeuerte Patronen müssen also beim Öffnen des Verschlusses mit der Hand entfernt werden.
Ejektorgewehre darf man nicht durch Schließen mit durchgezogenen Abzügen entspannen. Sie dürfen nur mit Hilfe von *Pufferpatronen* (s. S. 65) *entspannt werden.*

**Woraus besteht die Visiereinrichtung bei Flinten?**

Gewöhnlich *nur aus dem Korn* in der Nähe der Laufmündung (Rundkorn, Silberperlkorn, Elfenbeinkorn). Es soll breit genug sein! Beim Zielen wird das Korn über die Mittellinie der Laufschiene hinweg auf das Ziel gerichtet. Ein Visier wird bei Flinten nicht angebracht, da beim Flintenschießen keine Zeit bleibt, Visier und Korn „zusammenzubringen".

Als Hilfsmittel für den gezielten Schrotschuß, für den Schuß mit Flintenlaufgeschossen oder mit *Einstecklaufchen* (s. S. 46) wird ein Mittelkorn oder ein *Klappvisier* verwendet, d. h. ein durch ein Scharnier umlegbares Visier, das in die Laufschiene versenkt ist. Zur Behebung des Tiefschusses und zum Schuß in der Dämmerung hat sich ein *aufsetzbares* Flintenvisier bewährt.

Das Fluchtvisier mit schräg aufwärts gestellten Lappen (Abb.) hat sich nicht bewährt, weil die Lappen die seitliche Sicht zum Erfassen beweglicher Ziele erschweren.

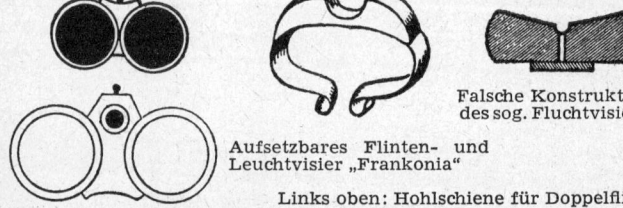

Falsche Konstruktion des sog. Fluchtvisiers

Aufsetzbares Flinten- und Leuchtvisier „Frankonia"

Links oben: Hohlschiene für Doppelflinten

Links unten: Flache Laufschiene, hier: beim „Schienendrilling" oder „Waldläufer"

**Was sind Laufschienen, und welches Profil ist für sie üblich?**

Lauf- oder Visierschienen dienen bei einläufigen Büchsen zur Aufnahme von Korn und Visier, bei mehrläufigen Gewehren außerdem noch zur Verbindung der Läufe miteinander.

Bei *Doppelflinten* ist das Laufschienenprofil meist *hohl*, am Patronenlager erhöht und nach der Mündung zu zwischen die Läufe versenkt. Bei *Büchsflinten, Bockflinten, Bockbüchsflinten und Drillingen* findet man durchweg ein *flaches* Profil. Bei Doppelflinten für lange Schußreihen verwendet man gern unterbrochene *(ventilierte) Laufschienen,* da sie bei heißgeschossenen Läufen das Flimmern verhüten. *Freiliegende Läufe,* die nur durch einige Stützen miteinander verbunden sind (Abb.), findet man bei Bock-Doppelbüchsen, -flinten, -büchsflinten und Drillingen. Hierdurch soll das Durchbiegen warmgeschossener Läufe verhütet werden, das entsteht, wenn vielmals mit einem Lauf geschossen wird, während der andere kalt bleibt.

Die Oberfläche der Laufschiene wird zur Verhinderung der Lichtspiegelung gerauht (guillochiert oder mattiert).

**Welche „offene" Visiereinrichtung haben Büchsen, kombinierte Waffen, Revolver und Pistolen?**

Sie haben außer dem Korn stets noch ein Visier. Das für Pistolen verwendete *Rechteckkorn*, besonders das mit b r e i t e m Kimmeneinschnitt (s. S. 90), kann mit Vorteil auch für weitsichtige (alterssichtige) Schützen verwendet werden.
In besonderen Fällen (z. B. für Scheiben- und Zimmerstutzen) verwendet man als Visierung ein Lochvisier (Diopter oder Gucker).

Visier- und Kornarten

Perlkorn halbrundes Visier (Jagdgewehre) — Dachkorn und Dreieckvisier (Militärgewehre) — Rechteckkorn und Rechteckvisier (Pistole)

**Was sind Einschießgeräte?**

Vorrichtungen zum festen Einlegen eines Gewehrs, mit denen man durch weitgehende Ausschaltung persönlicher Ziel- und Abkommenfehler die Schußleistung der Waffe genauestens feststellen und deren Einschießen mit außergewöhnlicher Präzision vornehmen kann.

**Worauf ist beim Zielen über Visier und Korn zu achten?**

Die Büchse ist so zu halten, daß Visier und Korn genau auf das Ziel gerichtet sind und der *Visierbalken waagerecht* steht. Das Korn muß genau in der Mitte der Visieraussparung sein und bei normalem Beschuß in der oberen Begrenzung genau mit der Oberkante des Visiers abschneiden (= *gestrichen Korn*). Werden diese Bedingungen nicht eingehalten, so entstehen sogenannte Zielfehler, die Fehlschüsse, mindestens aber schlecht sitzende Schüsse, zur Folge haben.
Bei Benutzung eines Zielfernrohrs (s. S. 69) wird das Zentrum des Absehens auf das Ziel gerichtet.
Je nachdem der Haltepunkt in das Ziel, an dessen unteren oder oberen Rand gehalten wird, spricht man von „in das Ziel gehen", „Ziel aufsitzen lassen" und „Ziel verschwinden lassen" (s. Abb.).

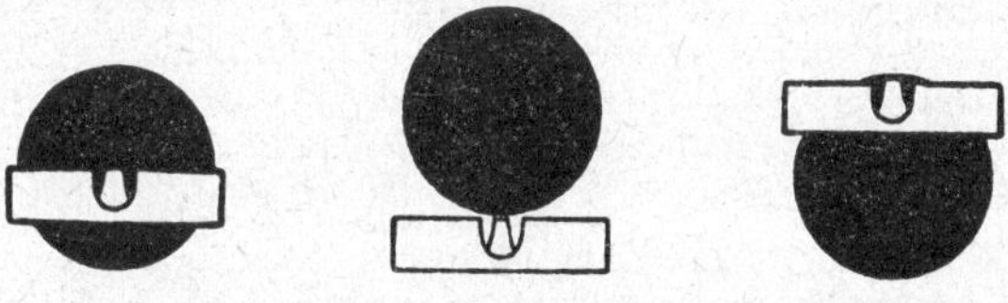

In das Ziel gehen — Ziel aufsitzen lassen — Ziel verschwinden lassen

**Wie beeinflussen Witterung und Beleuchtung den Schuß über Visier und Korn?**

Höhenlage, warme Luft, trübe Witterung und Dämmerung ergeben *Hochschuß*. Es muß also etwas tiefer gehalten werden. Kalte Luft, Schnee und grelle Beleuchtung ergeben in der Regel *Tiefschuß*, es muß also etwas höher gehalten werden. Starke seitliche Beleuchtung des Kornes ergibt bei Linksbeleuchtung eine Abweichung *nach rechts* und bei Rechtsbeleuchtung eine Abweichung *nach links*. Starker Seitenwind vermittelt dem Geschoß und den Schroten eine *Ablenkung in Windrichtung*. Regen und Schnee verstärken den vom fliegenden Geschoß zu überwindenden Widerstand, verringern dadurch die Fluggeschwindigkeit und verursachen somit geringen Geschoßfall und *Tiefschuß*.

**Worauf ist beim Schießen mit aufgelegtem Gewehr zu achten?**

Daß das Gewehr möglichst *nicht weiter als 15 cm vor dem Abzugsbügel* aufgelegt wird. Hierbei ergeben sich keine nennenswerten Unterschiede des Treffpunktes aus harter oder weicher Auflage. Es ist dabei gleichgültig, ob als Unterlage z. B. ein Wollsack, ein Sandsack (s. S. 81), ein Stein, eine federnde Holzstange oder auch ein federnder Draht verwendet wird. Andere Ansichten sind überholt.

Wird ein Gewehr in m e h r als 15 cm Abstand vom Abzugsbügel aufgelegt, ergibt sich bei a l l e n Unterlagen H o c h s c h u ß. Er nimmt in diesem Falle mit der Härte oder dem Federn der Unterlage zu (Abb. Tafel 3 nach S. 64).

**Was gilt für den Büchsenschuß im Hochgebirge?**

Für den Schuß steil bergauf und steil bergab gilt die Regel:

*Bergauf und bergunter, immer halt drunter!*

(Wegen der dort dünneren Luft und den durch den Winkelschuß geringeren Anteil der Erdanziehung auf die Flugrichtung des Geschosses oder dessen Längsachse entsteht *H o c h schuß!*)

**Was ist beim „Anstreichen“ des Gewehrs zu beachten?**

Auch das Anstreichen (seitliche Anlehnung des Gewehrs z. B. an einen Zielstock oder Baum) soll in nicht mehr als 15 cm Abstand vom Abzugsbügel erfolgen. Dabei muß die (linke) Hand dem Gewehr eine weiche Stütze zwischen Daumen und Zeigefinger geben und darf keinesfalls am Zielstock oder Baum anliegen, da sonst durch Laufprellung eine Ablenkung des Schusses (entgegengesetzt zur Anlegestelle) erfolgen würde (s. Tafel 3 nach S. 64).

**Durch welche Hilfe kann man beim freihändigen Schießen bessere Trefferergebnisse erzielen?**

Indem man den (nicht zu langen) Gewehrriemen einmal um die Hand wickelt. Dadurch erreicht man einen festen Sitz des Gewehrs in der Schulter und ein sicheres Abkommen. Man kann auch den Jagdstock mit der Krücke fest in die linke Rocktasche stecken und dann Stock und Lauf zusammenfassen. Mit Hilfe dieser *Jagdstockmethode* kann man auch ein starkes Jagdglas oder Spektiv lange „zitterfrei“ halten.

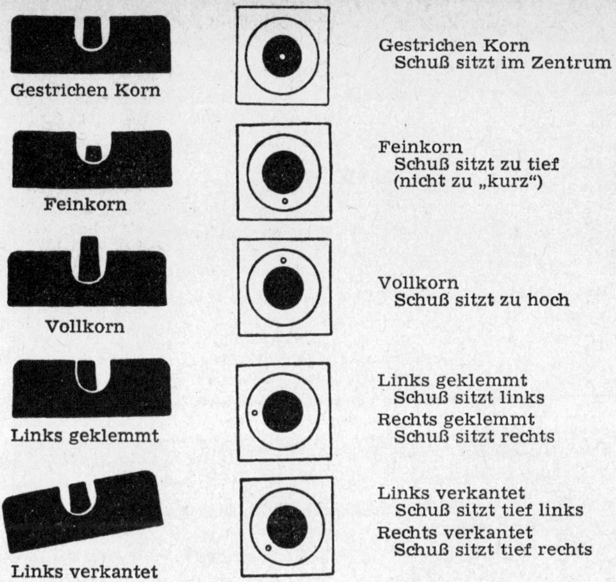


Zielarten und Einfluß auf Treffpunkt

**Welche Entfernungen sollten beim Schuß mit dem Büchsengeschoß nicht überschritten werden?**

Normalerweise sollten die Schüsse über Visier und Korn auf Rehwild nicht über 100 m, auf Rotwild nicht über 150 m angetragen werden. Auch bei Benutzung eines Zielfernrohres sollten diese Entfernungen nicht wesentlich überschritten werden. Nur hervorragende Schützen mit erstklassigen Waffen mit geringster Streuung und Patronen mit rasanter Flugbahn dürfen bei Verwendung stark vergrößernder Zielfernrohre auf weitere Entfernung schießen (z. B. im Hochgebirge).

**Wie weit kann man auf Wild wirksam mit Schrot schießen?**

Der Schrotschuß auf Wild ist bis etwa 35 m am wirksamsten. Versuche haben ergeben, daß Flintenläufe mit mittlerer Streuung mit 3 und 3½ mm starken Schroten auf 35 m den Hasen sicher verenden lassen, mit enger Streuung und 3½ mm Schroten auch noch auf 40 m (mit 4 mm auch den Fuchs auf 40 m). Auf weitere Entfernungen soll man, da der Schrotschuß Unregelmäßigkeiten unterliegt, nicht schießen! Die zulässige Schrotschußentfernung auf Wild darf nicht mit dem *Gefahrenbereich* des Schrotschusses verwechselt werden (s. S. 72).

**Wann erst soll der Jungjäger auf Wild schießen?**

Der Jungjäger soll erst auf Wild schießen, wenn er durch Anschlag-, Ziel- und Schießübungen mit seinem Gewehr die notwendige Fertigkeit erreicht hat.

Eine sehr gute Übung ist es, wenn der Jungjäger mit seiner Flinte und „beide Augen offen" einige Schüsse in die blaue Luft schießt, damit er lernt, „durchs Feuer" zu sehen und im Schuß weiterzuschwingen. Wer ein schußgerechter Jäger werden will, darf nicht mit Patronen sparen!

**Welcher Haltepunkt des Gewehrs ist beim Schrotschuß richtig?**

Der Schütze soll beim Anschlagen des Gewehrs etwas von der ganzen Laufschiene sehen (Abb.). Dann erzielt er den zum Beschießen flüchtigen Wildes *erwünschten Hochschuß* von 10 bis 15 cm (Hilfsmittel: Mittelkorn oder Flintenvisier; s. S. 60). Das Wild soll dabei auf dem gesehenen Bild der Laufschiene und des Korns aufsitzen, beim Zielen nicht verdeckt sein und vom Kern der Schrotgarbe getroffen werden. Sieht der Schütze dagegen mit angeschlagenem Gewehr nur das Korn und nichts von der Laufschiene, so entsteht Tiefschuß, und das Wild wird unterschossen (s. Abb. unten und S. 16).

**Wie erfolgt die Fleckschußkontrolle beim Schrotschuß?**

Das Gewehr wird geöffnet und auf einer festen Unterlage (oder dem Anschußtisch) aufgelegt. Dann wird auf 35 m Entfernung ein aufrecht *stehender Backstein durch das Laufinnere anvisiert* und dabei verglichen, wieviel man hierbei von der Laufschiene sieht. Dieses Abkommen auf dem Lauf muß man sich merken! Außerdem kann man auch auf eine *Einschußscheibe* oder auf Papier schießen und dabei feststellen, bei welchem Haltepunkt man Fleckschuß erzielt, also den *Kern* der Schrotgarbe ins Ziel bringt.

Gestrichen Korn mit der Büchse: Fleckschuß

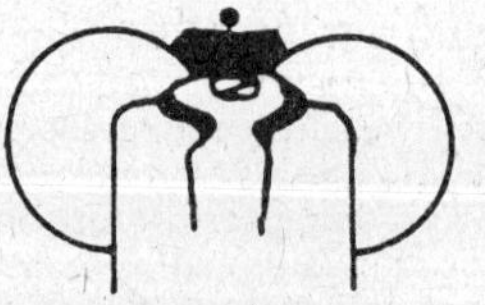

Gestrichen Korn mit der Flinte: Tiefschuß

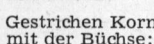

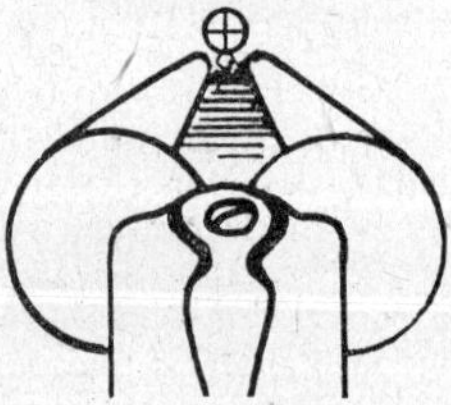

erwünschter Hochschuß von 10 bis 15 cm

**Wie erfolgt der richtige Anschlag des Gewehrs?**

Die jagdliche Gewehrhaltung vor dem Anschlag fordert, daß die untere Spitze der Schaftkappe an der Hüfte anliegt.

Beim Anschlag mit der Büchse „stehend freihändig" muß der Kolbenhals mit der ganzen Hand fest umspannt und der Kolben fest und *voll in die Schulter* eingesetzt werden. Die Beine sind mäßig zu spreizen und gleichmäßig zu belasten. Der Körper wird dabei dem Ziele mit etwa einer *Vierteldrehung* nach rechts (beim Linksanschlag nach links) zugekehrt. Dann wird, um ruhig zielen zu können, *tief eingeatmet* und beim Erfassen des Zieles langsam und

Richtig am Baum angestrichen: Das Gewehr liegt in der linken Hand zwischen Daumen und Zeigefinger und berührt den Baum nicht!

Falsch: Der Gewehrlauf liegt viel zu weit vorn auf, dazu noch auf einer federnden Unterlage. Das ergibt erheblichen Hochschuß!

Randlose PT-Patrone 7,65 mm Magazin

Walther-Selbstladepistole: Spannen des Hahns von Hand. Die Pistole ist entsichert, der rote Punkt ist sichtbar. Der Signalstift (s. Pfeil) ist herausgetreten. Er zeigt an, daß sich eine Patrone im Lauf befindet.

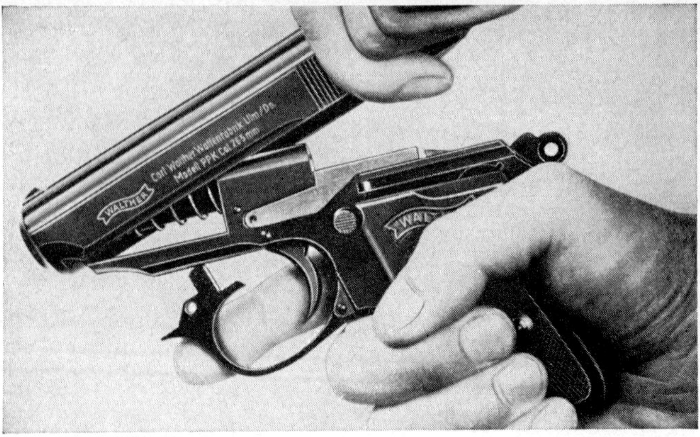


Zusammensetzen der Walther-Selbstladepistole
Pistole sichern, Magazin herausnehmen, Abzugsbügel herunterziehen, nach links drücken und mit der oberen Kante am Griffstück leicht aufsetzen. Verschlußstück schräg auf den Lauf aufsetzen, bis zum Anschlag zurückziehen, nach unten drücken und nach vorn gleiten lassen.

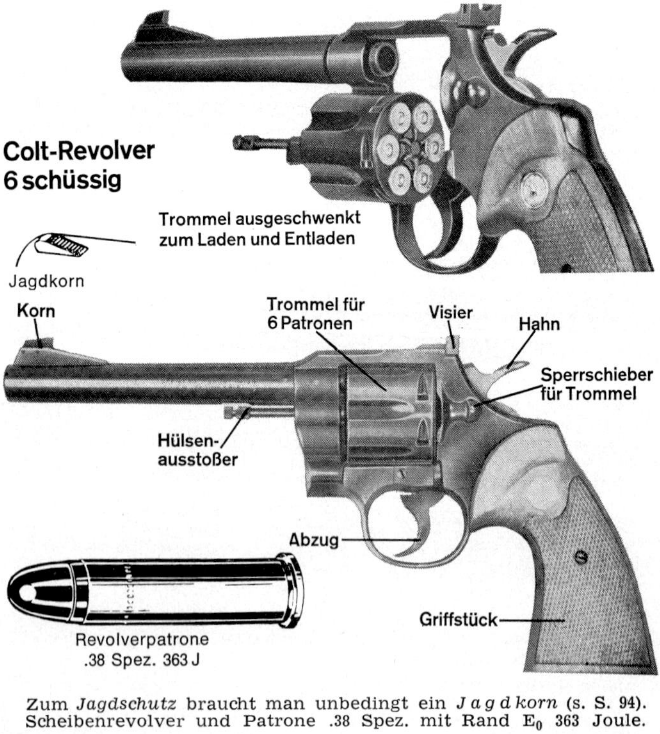


Zum *Jagdschutz* braucht man unbedingt ein *J a g d korn* (s. S. 94). Scheibenrevolver und Patrone .38 Spez. mit Rand $E_0$ 363 Joule.

*von vorn* (nicht seitlich!) der Abzug mit dem Zeigefinger durchgezogen („abgekrümmt"). Wer beim Abziehen die ganze Hand zurückzieht, verreißt den Schuß!

*Merke: Nur der Schießfinger schießt!*

Ist man während des Abkrümmens wegen zu harten Abzuges, wegen Schußscheue (Mucken) oder aus anderen Gründen „schlecht abgekommen", merke man sich, wohin im Augenblick des Abfeuerns die Visierlinie gerichtet war, damit man das *Abkommen ansagen* kann (hoch, tief, links oder rechts abgekommen).

Der Anschlag mit der Flinte soll frei und locker sein. Die Wange des Schützen darf nur lose mit dem Schaft Fühlung haben. Dafür muß die Waffe aber stets gleichmäßig und fest in der Schulter und der rechten Hand ruhen.

*Drehpunkt des Körpers ist stets nur die Hüfte.*

**Wie übt man das Erfassen des Zieles?**

Man wählt sich einen beliebigen Zielpunkt aus, faßt ihn scharf ins Auge und geht dann rasch auf ihn in Anschlag. Hiernach muß die Zieleinrichtung (bei der Büchse Korn und Visier) genau auf das Ziel zeigen, ohne daß das Gewehr zurechtgerückt werden muß. Später muß das auch möglich sein, *wenn man nach dem Fixieren des Zieles beide Augen schließt und auf das Ziel in Anschlag geht.* Wenn man beim Öffnen der Augen genau auf dem Ziele ist, dann liegt das Gewehr richtig und gut (s. S. 15).

Für Anschlagübungen im Zimmer hat es sich bewährt, auf einen Spiegel eine Briefmarke zu kleben und auf sie in Anschlag zu gehen. Dadurch kann man sich kontrollieren.

Kommt man mit dem Anschlagen des Gewehrs zurecht, dann übt man unter Benutzung einer Pufferpatrone (nicht aber mit abgeschossenen Hülsen, die nur schwer ins Lager gehen) *gleichzeitig auch das Abziehen des Abzuges im Weiterschwingen der Flinte* oder das Mitziehen der Büchse. *Man übe kurz, aber täglich!*

**Was ist eine Pufferpatrone aus Plastik oder Metall?**

Eine leere, leichte Hülse, die an Stelle des Zündhütchens einen federnden Puffer zum Auffangen des Schlagbolzens enthält. Sie wird vorteilhaft auch zum Abspannen des dritten Schlosses bei Drillingen, für automatisch gesicherte Flinten und stets bei *Bockgewehren mit Ejektor* (s. S. 59) verwendet. Sie sind für die Flintenkaliber 12 und 16 sowie für einige Büchsenkaliber erhältlich.

**Wie kann man das Schießen mit der Gebrauchswaffe erlernen?**

Durch *regelmäßige Teilnahme an Übungsschießen* (s. S. 80) auf stehende und laufende Wildscheiben und auf Wurftauben. Neuerdings gibt es auch verkleinerte Wildscheiben des DJV (s. S. 82), die man stehend und laufend – auch im Zimmer – mit dem Luftgewehr und $CO_2$-Gewehr, aber auch mit der Gebrauchswaffe unter Benutzung einer Einsteckpatrone und entsprechender RWS-Übungsmunition beschießen kann. Außerdem kann auf verkleinerte Wurftauben (Minitauben) bei Verwendung eines Claybirding-Einstecklaufes und der RWS-Randfeuerpatrone *„.22 long rifle Schrot"* geschossen werden (Abb. S. 48).

Sowohl der Übungsstand für laufende Scheiben (der Firma Waffen-Krauser, München 8) wie auch die Wurfmaschine für Minitauben sind leicht zu transportieren und können vom Schützen mittels Kabel und Auslöser betätigt werden.

**Was ist beim Schuß auf flüchtendes Wild zu beachten?**

Man muß mit dem Gewehr das Ziel erfassen, dann von hinten durch das Ziel hindurch- und aus dem Ziel *herausschwingen* (es „überholen") und dabei „mitschwingend" abdrücken. Damit ergibt sich automatisch das richtige „Vorhaltemaß"!

**Warum muß man aus dem Ziel heraus- und weiterschwingen?**

Weil Geschoß und Schrote für das Zurücklegen der Entfernung zwischen Schütze und Ziel eine bestimmte Flugzeit benötigen, in der sich das Wild inzwischen fortbewegt hat. (Die Flugzeit der Schrote beträgt auf 35 Meter etwa $^1/_8$ Sekunde, die der Büchsengeschossene nur etwa halb soviel (Flintenlaufgeschosse s. S. 39).

**Wie schießt man auf den quer vorbeiflüchtenden Hasen?**

Da die Geschwindigkeit eines flüchtenden Hasen etwa 44 km/Std. oder 12 Meter in der Sekunde beträgt, bewegt er sich in der Flugzeit der Schrote etwa $1^1/_2$ Meter weiter. Man muß daher vor der Schußabgabe den quer vorbeiflüchtenden Hasen *von hinten her* mit dem Gewehr (um etwa $1^1/_2$ Hasenlängen) *überholen* und dann weiterschwingend abdrücken, damit der Kern der Schrotgarbe Kopf, Hals und Blatt trifft und der Hase dadurch „roulliert" (Rad schlägt oder Kopf steht). Bei einer Entfernung des quer vorbeiflüchtenden Hasen von nur 20 Metern genügt das „Überholen" um etwa eine Hasenlänge (s. Abb.).

**Wohin muß man also bei flüchtigem Wild halten?**

Immer dorthin, wohin das Wild flüchtet, *keinesfalls aber dorthin, wo es gerade ist,* da man es sonst hinterschießen würde.
Man gewöhne sich an, flott, aber *nicht überhastet,* in Anschlag zu gehen und zu schießen. Vom Anschlag bis zum Lösen des Schusses soll man sich (außer bei hingeworfenen Schneisenschüssen) so viel Zeit lassen, daß man die Worte

*„überholen und abdrücken"*

vor sich hinsprechen kann. Dann soll der Schuß im Weiterschwingen fallen. Versierte Schützen schießen oft mit „beide Augen offen". Sie haben den linken Arm meist lang gestreckt.

**Wie zielt man auf den gerade fortflüchtenden Hasen?**

Man hält mitschwingend je nach der Entfernung zwischen oder gut *über die Löffel* und schießt wegen der sich darbietenden geringen Wirkungsfläche (Kopf, Genick, Rücken) nur bis auf höchstens 25 Meter. Hält man nicht genug „drüber", „flickt man ihn nur an", oder man zerschießt die Hinterläufe.

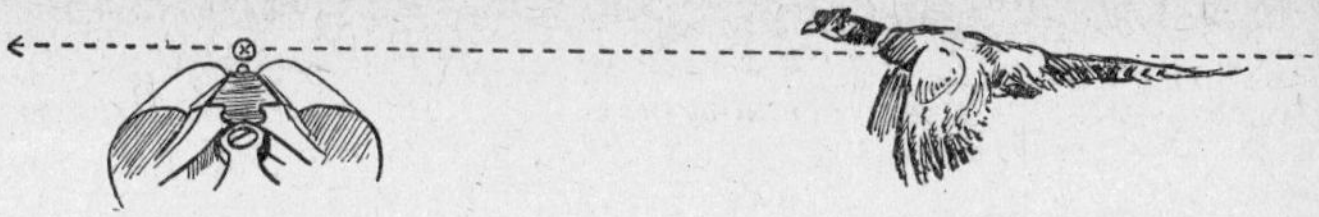

Quer vorbeistreichender Fasan (Querreiter). Bei schneller „Fahrt“ auf 40 Gänge mindestens zwei Meter aus dem Ziel in Fluchtrichtung herausschwingen und dann erst abdrücken

Oben rechts: Quer vorbeistreichende Ente
Oben links: Einfallende Ente
Rechts: Aufstehende Ente

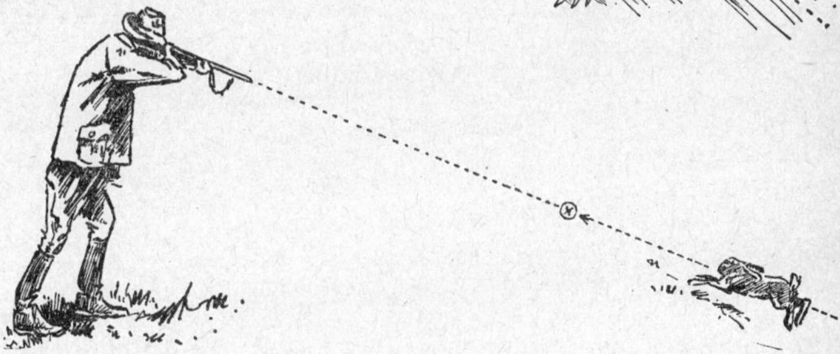

Schuß auf den breit vorbeiflüchtenden Hasen
(je nach Entfernung ein bis zwei Hasenlängen in Fluchtrichtung „überholen“ und dann erst abdrücken!)

**Schuß auf den anlaufenden und den gerade fortflüchtenden Hasen**

**Wie wird der Hase beschossen, der den Schützen anläuft?**
Man zielt mitziehend (durch Senken des Laufes) auf die Zehen der Vorderläufe oder besser *kurz vor den Hasen auf den Boden,* damit der Hase in den Streukreis der Schrote hineinläuft. Hier wird das „Überholen“ praktisch zum „Darunterhalten“.
Nahschüsse, die das Wildbret wertlos machen, sind in allen Fällen zu unterlassen. Man läßt das Wild erst genügend „ablaufen“ oder „abstreichen“.

**Wie schießt man auf den schräg fortflüchtenden Hasen?**
Man schießt in der Fluchtrichtung des Hasen mitschwingend und dann „überholend“ dorthin, wo der Hase (je nach Geschwindigkeit und Entfernung) beim Auftreffen der Schrotgarbe sein wird.

**Wie schießt man auf Flugwild?**
Streicht Flugwild (wie z. B. das Rebhuhn bei der Suchjagd) in gerader, unveränderter Richtung vom Schützen ab, nimmt man es (und zwar *immer nur* e i n *Stück*) aufs Korn und läßt es erst bis auf etwa *30 Gänge* fortstreichen, bevor man den Schuß löst. Beim Lösen des Schusses läßt man es knapp *„aufsitzen“*, damit es in den Kern der Schrotgarbe gerät. Beim Aufwärtsstreichen muß man (mit dem Korn nach oben schwingend) darüber, beim Abwärtsstreichen darunter halten.
Bei *langsam „aufstehendem“ Flugwild* genügt es, mit dem Korn in der Flugrichtung mitziehend, am Kopfe abzukommen.
Bei schräg fortstreichendem oder *quer vorbeistreichendem* Flugwild muß man nicht nur mitschwingen, sondern über das Flugwild herausschwingen und dann erst abdrücken. Man denke immer daran, daß aufsteigendes Flugwild, im Gegensatz zur Tontaube, immer schneller wird. Bei Flugwild in schneller Fahrt muß man deshalb besonders weit aus der Flugrichtung herausschwingen! Ein mit dem Wind vorbeistreichender *Fasan* z. B. erreicht eine Geschwindigkeit von 80 km/Std. Man muß ihn daher bei einer Entfernung von *35 Metern mindestens* 2 m „überholen“ und weiterschwingend beschießen. Das wird oft nicht beachtet, so daß ein solcher Fasan hinterschossen wird.

**Welche Zielfehler werden beim Schrotschuß am häufigsten gemacht?**
*Stehende Ziele* (z. B. sitzender Hase oder Ente auf dem Wasser) werden meist ü b e r schossen. Bei *flüchtigem* Wild sitzt der Schuß gewöhnlich zu tief und zu weit hinten (man muß deshalb in der richtigen Höhe *besser* zuviel als zuwenig herausschwingen („überholen“).

**Um wieviel muß beim Büchsenschuß auf flüchtendes Schalenwild vorgeschwungen werden?**
Nur etwa halb soviel wie beim Schrotschuß (wegen des schnelleren Fluges der modernen Büchsengeschosse). Man übt das Vorschwingen auf der laufenden Keilerscheibe mit verschiedenen Geschwindigkeiten. I. d. R. muß man beim l a u f e n d e n Keiler etwa in Höhe des Gebrechs und kurz dahinter weiterschwingend abdrücken.

## Das Zielfernrohr

**Welche Zielfernrohrtypen sind für die Jagd gebräuchlich?**

Es gibt unter anderem Zielfernrohre mit
*konstanter,* also unveränderlicher Vergrößerung ($2^1/_2$-, $2^3/_4$-, 4-, 6- und 8fach) und mit
veränderlicher (*variabler*) *Vergrößerung* (verstellbar von $1^1/_2$- bis 6-, $2^1/_2$- bis 8- und 9-, 3- bis 10- und 12fach). Die Befestigung auf dem Gewehr erfolgt mit (Suhler)-Einhak-, Schwenk- und Aufschubmontage.

**Welche optischen Grundelemente hat ein Zielfernrohr?**

Das *Okular,* das *Absehen,* das Umkehrsystem und das *Objektiv* (s. Abb.).
Die *Okularlinse* ist die dem Auge (lateinisch: oculus) am nächsten liegende Linse, die *Objektivlinse* ist die auf das Objekt (z. B. auf das Wild) gerichtete Linse. Zielfernrohre sind um so heller, je größer die Objektivlinse ist, und das im Fernrohr gesehene Bild erscheint desto heller, je stärker die Vergrößerung ist (s. a. S. 395).

**Welche Zielfernrohre sind gute Gebrauchsgläser?**

Die mit $2^1/_2$- (für das Flüchtigschießen) bis 4-(6-)facher Vergrößerung. Mit wachsender Vergrößerung wird das Verwackeln des Zieles größer und die Sehbreite kleiner, man kann dann nur noch aufgelegt oder angestrichen schießen.
Ein *Leichtmetall-Gehäuse* hat immer den Vorteil des geringeren Gewichts.

**Was verstehen wir unter „vergüteter" Optik?**

Durch den „*Blaubelag*" auf den Linsen wird eine Reflexminderung der einfallenden Lichtstrahlen und dadurch eine größere Helligkeit und Klarheit beim Fernrohr oder Fernglas erzielt.

**Welche Vorteile bietet das Zielfernrohr?**

Es ist ein großer Segen für ältere Jäger, die wegen Alterssichtigkeit Visier, Korn und Ziel nicht mehr „zusammenbringen". Es

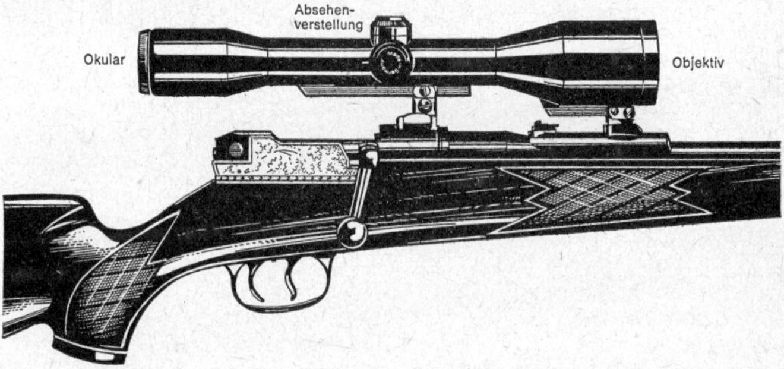


ZEISS-Zielfernrohr DIATAL-D 6 × 42
mit Höhen- und Seitenverstellung des Absehens
und „Suhler Einhakmontage" auf Mauser 66

erleichtert ihnen ein gutes Abkommen, da das Ziel näher herangebracht und wesentlich aufgehellt wird. Der optischen Leistung sind natürlich auch hier Grenzen gesetzt. Die Benutzung eines Zielfernrohres sollte nie zu Weitschüssen verleiten!
(Gegen Tiefschuß wird bei den meisten Fabrikaten die Stellschraube im oberen Turm nach rechts, gegen Rechtsschuß im seitlichen Turm ebenfalls nach rechts gedreht. Bei manchen Fabrikaten hat die Drehung umgekehrt zu erfolgen.)

**Wie kann man das Auge und seine Umgebung beim Benutzen eines Zielfernrohres vor Verletzungen beim Rückstoß schützen?**

Durch eine Gummiblende (s. Abb. S. 81), die man über das Okularende schiebt. Das ist vor allem beim *Liegendschießen* zu beachten! Die Gummiblende hat weiter den Vorteil, daß sie seitlich einfallende Lichtstrahlen abhält.

**Was ist bei der Benutzung des Zielfernrohrs vor Abgabe des Schusses zu beachten?**

Zunächst ist zu prüfen, ob das Zielfernrohr richtig festsitzt, ferner, ob in der Zielrichtung Gegenstände vorhanden sind (Draht, Äste, Zweige oder Gräser), die man wegen der höheren Lage des Fernrohres nicht sieht, die aber das Geschoß ablenken können.
Außerdem muß das Zielauge ganz exakt durch die *Mitte der Okularlinse* blicken, da sich sonst eine Verschiebung oder *Parallaxe* der Zieleinrichtung und Abweichung von der Treffpunktlage ergibt. Diese Parallaxe ist um so größer, je schräger das Auge durch das Zielfernrohr blickt. Sie führt dann zu einer erkennbaren Abschattung des Sehfeldes (d. h., im Blickfeld wird dann auf der Okularlinse ein grauer Rand sichtbar!). Die Zielfernrohre werden vom Hersteller auf eine Entfernung von 100 m parallaxefrei eingestellt.
Beim Schuß auf sehr nahe Ziele nimmt man das Zielfernrohr am besten ab und schießt über Visier und Korn, damit (durch den Unterschied zwischen Visierlinie und Geschoßbahn) kein Tiefschuß entsteht.

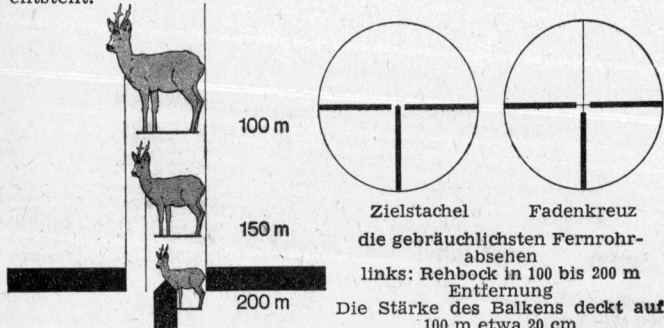

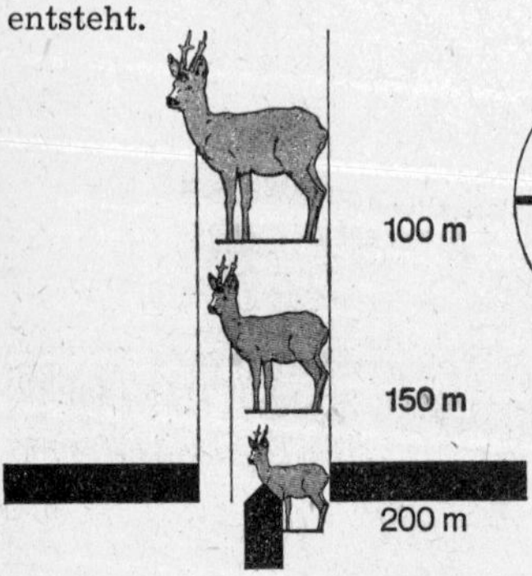


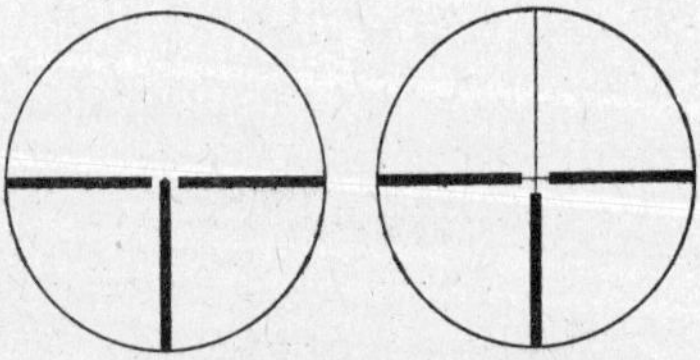

Zielstachel Fadenkreuz

die gebräuchlichsten Fernrohrabsehen
links: Rehbock in 100 bis 200 m Entfernung
Die Stärke des Balkens deckt auf 100 m etwa 20 cm

Der Abstand der horizontalen Balken läßt auf 100 m etwa 70 cm oder das Maß eines breitstehenden Rehbockes frei, auf 200 m etwa 1,40 m oder das Maß eines breitstehenden Rothirsches.

*Fernrohrabsehen als Entfernungsschätzer*

**Kann über das Zielfernrohr auch mit Schrot geschossen werden?**

Ja, z. B. mit dem Drilling oder der Büchsflinte bei der Jagd auf den Auer- und Birkhahn, beim Fuchspassen und beim Hasenansitz. Bei kombinierten Gewehren ist vorher der Treffpunkt der Schrotgarbe zu überprüfen, weil sich dieser infolge des auf das Gewehr aufgesetzten Zielfernrohres oft ändert. Die üblichen Schrotschußentfernungen dürfen nicht überschritten werden (Benutzung eines Stechers s. S. 56).

**Kann man das Zielfernrohr als Entfernungsschätzer verwenden?**

Ja. Bei den meisten Absehen entspricht der freie Raum zwischen den Querbalken auf 100 m einem Breitenmaß von 70 cm, also der ungefähren Länge eines breitstehenden Rehes vom Stich bis zum Spiegel. Füllt ein Stück Rehwild diesen Raum aus, so ist es etwa 100 m entfernt, füllt es nur die Hälfte aus, so beträgt die Entfernung etwa 200 m (s. Abb.). Zwischenentfernungen müssen geschätzt werden. Bei erwachsenem Rotwild beträgt die Länge vom Stich bis zum Spiegel etwa 140 cm.

## Vorsichtsmaßregeln im praktischen Jagdbetrieb

**Was ist vor Abgabe eines Schusses zu beachten?**

Man muß sich stets erst das Gelände ansehen und prüfen, ob in der Schußrichtung innerhalb der größten Reichweite der Geschosse oder Schrote Menschen sichtbar oder zu vermuten sind und ob das Hintergelände einen natürlichen Geschoßfang bildet.

*An die Sorgfaltspflicht des Jägers wird ein strenger Maßstab angelegt! Die Vermeidung von Unfällen ist wichtiger als der zwingendste jagdliche Anlaß!*

**Wann ist mit dem Abgellen (Abprallen) von Schroten und Geschossen zu rechnen?**

Schrote prallen ab vom Wasser bei Auftreffwinkeln bis zu 10°, von weichem Gelände (Wiesen, Äcker usw.) bei Auftreffwinkeln bis zu 20° und von festem und harten Gelände (gefrorener Erdboden, Wege und Straßen, Steine usw.) auch bei Auftreffwinkeln über 20°. Baumstämme, Baumwurzeln, Äste sowie die Kiele und Knochen der Flügel und Ständer von Federwild können Schrote ebenfalls abprallen lassen.

Aufschlag auf weiches Gelände lenkt Schrote bis 10° allseitig aus der Schußrichtung ab und vergrößert hierdurch die Gefährdungsbereiche nach Seiten und Höhe. Schräg zur Schußrichtung liegende Ackerfurchen und Böschungen, die gefroren sind, Steine, vereiste Hölzer, freiliegende Baumwurzeln lenken Schrote bis 45° und mehr aus der Schußrichtung ab. Abprallende Schrote können noch weit fliegen und, besonders wenn sie von Wasser absetzen, Flugstrecken erreichen, die sich je nach den Umständen den Reichweiten im freien Flug nähern.

Aus Büchsenläufen abgefeuerte Geschosse können bereits von weichem Gelände bei Auftreffen bis zu 10° abprallen. Durch ihren Aufschlag erhalten diese Geschosse allseitige Ablenkungen aus der Schußrichtung bis 10°.

Flintenlaufgeschosse setzen auch bei Auftreffwinkeln

bis zu 15° von weichem Gelände ab und werden durch den Aufschlag allseitig bis mindestens 15° aus der Schußrichtung abgelenkt. Flintenlaufgeschosse können eine Flugweite bis 1500 Meter erreichen.
Harter Aufschlag von Geschossen kann ein Abprallen begünstigen und das Ausmaß der Ablenkung vergrößern. Die Flugweiten solcher Abpraller können sich je nach Geschoßart 1000 m und weiter erstrecken (Wasserjagd s. S. 238).

Gefrorene Ackerfurchen und Böschungen, die schräg zur Schußrichtung liegen, sowie Steine, vereiste Hölzer und harzreiche Baumwurzeln lenken Schrote um 45° und mehr aus der Schußrichtung ab

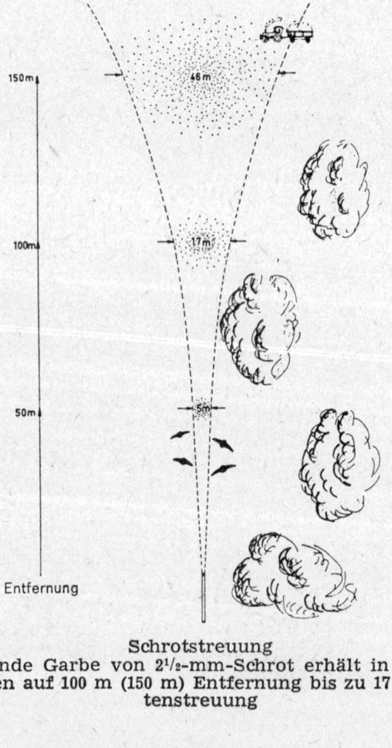


Schrotstreuung
Die frei fliegende Garbe von 2½-mm-Schrot erhält in der Höhe und nach den Seiten auf 100 m (150 m) Entfernung bis zu 17 m (46 m) Breitenstreuung

Schrote von 2½ mm fliegen bei einem Erhöhungswinkel des Schusses von 25° bis zu 200 m weit

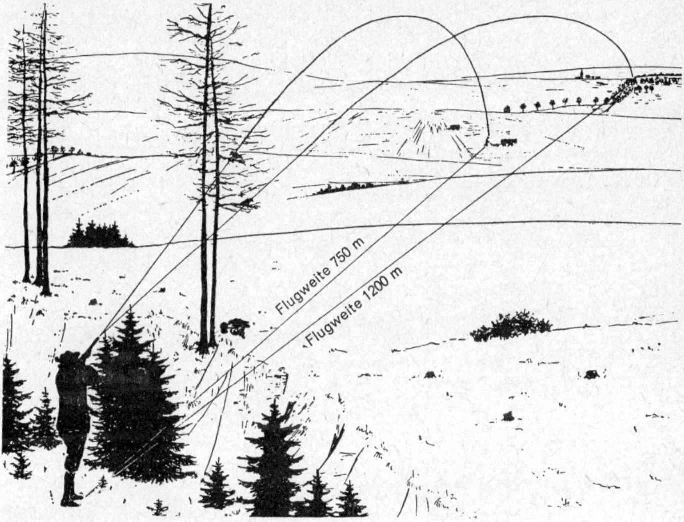


Geschosse der Randfeuerpatrone Kal. .22 l. f. B. fliegen bei einem Erhöhungswinkel von 30° (60°) bis 1200 m (750 m) weit

Büchsengeschosse (Flintenlaufgeschosse) prallen bereits von weichem Gelände ab, wenn sie hierauf im Einfallswinkel von weniger als 10° (Flintenlaufgeschosse von weniger als 15°) auftreffen

Durch ihren Aufschlag werden Büchsengeschosse allseitig bis 10°, Flintenlaufgeschosse bis mind. 15° aus der Schußrichtung abgelenkt. Der harte Aufschlag von Geschossen kann das Abprallen begünstigen und das Ausmaß der Ablenkung sämtlicher Geschosse vergrößern!

**Welche Geschwindigkeiten erreichen die Schrote einer Jagdpatrone?**

Die Fluggeschwindigkeit für Schrote von 3½ mm Körnung beträgt bei 12,5 m vor der Laufmündung etwa 320 m/s, bei 35 m vor der Laufmündung etwa 220 m/s. (s. auch S. 38).

**Wie weit gefährdet ein Schrotschuß auf Flugwild das hinter dem Ziel liegende Gelände?**

Es ist je nach Kornstärke bis etwa 350 m gefährdet. Bei einem Erhöhungswinkel des Schusses von 25°, der die größten Reichweiten von Schroten ergibt, fliegen Schrote von
4 mm Stärke bis etwa 350 m,
3½ mm Stärke bis etwa 300 m,
3 mm Stärke bis etwa 260 m,
2½ mm Stärke bis etwa 200 m *(Faustregel: Körnung × 100 m).*
*Je gröber die Schrote, desto größer ist ihr Gefahrenbereich!*
Hierbei ist zu beachten, daß die Ausdehnung der Schrotgarbe in der Breite und Höhe mit der Entfernung stark zunimmt. Die Ausdehnung beträgt auf Entfernungen von 50 m etwa 5 m, 75 m etwa 10 m, 100 m etwa 17 m, 150 m etwa 46 m (s. S. 72).

**Wie weit gefährdet ein Geschoß das hinter dem Ziel liegende Gelände?**

Büchsengeschosse gefährden je nach Kaliber und Ladung das Hintergelände auf Entfernungen bis zu fünf Kilometer. Das Geschoß .22 lang für Büchsen trägt 1500 m weit. In der Nähe von Ortschaften und Straßen (und in Revieren, in denen oberirdische Rohrleitungen verlegt sind) ist daher größte Vorsicht geboten (gefährlichster, größte Flugweite ergebender Schußwinkel ist für den *Büchsen*schuß ein Winkel von 33°, also z. B. ein Schuß in einen Baum [s. Abb. S. 73], und für den *Schrot*schuß auf Flugwild von 25°).

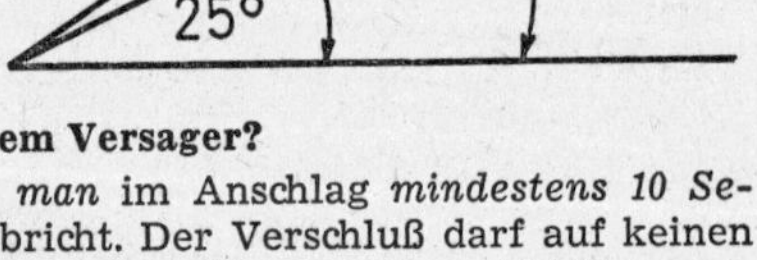

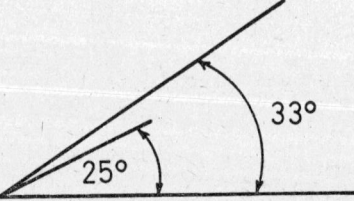

Gefährlichster Schußwinkel
für den Schrotschuß 25°
für den Büchsenschuß 33°

**Wie verhält man sich bei einem Versager?**

Bei einem Versager *wartet man* im Anschlag *mindestens 10 Sekunden,* ob der Schuß noch bricht. Der Verschluß darf auf keinen Fall früher geöffnet werden, da es sich um einen Nachbrenner handeln kann. Nach einem „*schlappen*" Büchsenschuß ist es möglich, daß das Geschoß im Laufe steckengeblieben ist. Nach einem „schlappen" Schrotschuß können die Schrotladung oder der Propfen im Lauf zurückgeblieben sein. Es *muß* in solchen Fällen vor dem Wiederladen *in jedem Falle* durch den Lauf gesehen werden! (s. auch S. 80).

**Was hat der Schütze mit dem Gewehr zu tun, wenn er Geländehindernisse (Gräben, Zäune) überschreitet oder einen Hochsitz bezieht (besteigt) oder verläßt?**

Er hat die Schußwaffe zu *entladen.* Das besagen auch die *„Hauptregeln für das Verhalten der Schützen"* auf der Rückseite des Jagdscheines (s. S. 284/285).

**Was ist beim Laden feucht gewordener Patronen mit Papphülse zu befürchten?**

Daß die Pappe gequollen ist und die Patrone nicht in den Lauf hinein- oder nicht aus dem Lauf herausgeht.

**Was hat zu geschehen, wenn die Patrone nicht mehr aus dem Lauf herausgeht?**

Es ist zu versuchen, sie mit einem Patronenzieher oder mit dem Rand einer Patrone herauszuziehen; gelingt das nicht, so ist die Patrone abzuschießen und die leere Hülse, wenn nötig, mit einem (Reinigungs-)Stock herauszustoßen.

**Was ist zu beachten, wenn Fremdkörper (Schnee, Erde) in den Lauf geraten sind?**

Sie müssen entfernt werden, da sonst beim Schießen Laufsprengungen oder -aufbauchungen entstehen können.
Während der Jagdausübung hat sich zum Entfernen von Fremdkörpern aus dem Lauf ein zusammenschraubbarer Putzstock in Stärke des Büchsenkalibers (nebst anschraubbaren Bürsten für den Büchsen- bzw. Schrotlauf) bewährt. Den Schrotlauf kann man auch mit einem Bleilot, an dem ein Bindfaden nebst Bürste oder Lappen befestigt ist, reinigen (leichtes Mitführen im Rucksack!). Ein Mündungsschoner schützt den Lauf gegen Regen und Fremdkörper (nicht vergessen, ihn vor dem Schuß abzunehmen!).

**Was muß man prüfen, bevor man ein Fahrzeug besteigt?**

Man muß durch die Läufe sehen und prüfen, ob das Gewehr wirklich entladen ist. (Das muß auch beim Frühstück im Revier, vor dem Abstellen, Ablegen oder Aufhängen des offenen Gewehrs geschehen!)

> „Besteigst du einen Wagen nach frischem, frohen Jagen,
> Entfern aus der Kanone schon vorher die Patrone!"

**Darf man auf etwas schießen, das man nicht genau angesprochen (erkannt) hat?**

Nein. Ein Schuß darf erst abgegeben werden, wenn man das Ziel genau angesprochen hat, da sonst ein Mensch verletzt oder Wild geschossen werden kann, das Schonzeit hat oder nach dem Gesetz nicht geschossen werden darf.

> Achte des Waidmanns heilig' Gebot:
> „Was du nicht kennst, das schieße nicht tot!"

Das Schießen auf geschützte Tiere oder auf Wild, das in der Schonzeit steht, wird als Vergehen bestraft. Der Jagdschein wird eingezogen oder auf Zeit einbehalten.

**Wie trägt der Jäger sein Gewehr?**

Nach dem Abblasen eines Treibens und bei Schießveranstaltungen immer mit geöffnetem Verschluß (abgekipptem Lauf) und ungeladen (s. Abb. und S. 79).
Jeder Beteiligte kann sofort erkennen, daß er entladen hat.
*Im Revier* ist auch folgendes Tragen zulässig:
Auf der linken Schulter:
Mündung vorn *in Augenhöhe,* Lauf nahezu senkrecht nach oben weisend, linke Hand diesen umfassend (bei Gesellschaftsjagden).
Auf der rechten Schulter (bestes Tragen!):
Lauf hinter der Schulter, senkrecht, Mündung nach oben, rechte Hand am Gewehrriemen (wenn er Hirschfänger, Waidblatt oder Jagdtasche links trägt oder einen Hund führt).
Riemen um den Hals gehängt:
Gewehr auf der Brust und auf dem Bauche ruhend (bei Glatteis oder schwierigem Gelände).
Auf dem Rücken:
Riemen über der Brust (beim Radfahren, beim Bergsteigen und in schwierigem Gelände und beim Besteigen eines Hochsitzes, um beide Hände frei zu haben!).

Richtiges Tragen des Gewehrs falsch!

**Wie ist das Gewehr außerhalb und während des Treibens zu tragen?**

*Außerhalb eines Treibens* ungeladen und stets mit geöffnetem Verschluß; *während des Treibens* ist die Mündung schräg zur Erde zu halten, jedoch *niemals in der Richtung auf die Nachbarschützen* oder Treiber. Wenn die Treiber nahen oder „Treiber rein" geblasen wird, nehmen erfahrene Jäger die Mündung senkrecht nach oben.
Wer gegen jagdliche Verbote sündigt, muß damit rechnen, daß er nicht wieder als Jagdgast eingeladen oder vor das abendliche „*Jagdgericht*" geschleppt wird (s. S. 296).

**Wie lassen sich Jagdunfälle verhüten?**

Durch Beachten der Jagdregeln für Schützen und Treiber. (Diese „Hauptregeln für das Verhalten der Jäger auf Treibjagden" wurden auf den Seiten 284/285) abgedruckt.)

**Darf man mit angeschlagenem Gewehr durch die Schützen- oder Treiberlinie durchziehen?**

Nein! Das Durchziehen mit angeschlagenem Gewehr durch die Schützen- oder Treiberlinie ist wegen der damit verbundenen Gefahr streng *verboten*. Der Jagdleiter entscheidet sonst: *„Herr X! Für Sie ist die Jagd beendet!“*

Niemals mit angeschlagenem Gewehr durch die Schützen- oder Treiberlinie ziehen!

**Wem sind Jagdunfälle zu melden?**

Dem Arzt, der Polizei und dem Jagdleiter sowie auf schnellstem Wege der Haftpflichtversicherung bzw. Berufsgenossenschaft. Der Jagdleiter sollte stets einen „Erste-Hilfe-Verbandskasten“ und eine Arterienbinde (u. U. Fahrrad-Gummischlauch) zur Blutstillung greifbar haben!

**Welcher Unterschied besteht zwischen Jagdhaftpflicht- und Jagdunfallversicherung?**

Für den Jagdscheininhaber ist die Jagd*haftpflicht*versicherung *Zwang*. Sie tritt in Schadensfällen ein, in denen der Jäger vom Beschädigten für den ihm zugefügten Schaden haftbar gemacht werden kann (s. S. 481). Haftpflichtansprüche von *Verwandten* sind manchmal (Schmerzensgeld immer) *ausgeschlossen. Vor* Versicherungsabschluß ist daher die Verwandtschaftsklausel zu überprüfen! Siehe auch Versicherung des Jagdhundehalters (S. 341) und Autozusammenstoß mit Wild (S. 464).
Die Teilnehmer am Ausbildungslehrgang für Jungjäger müssen für die Übungsstunden im Zimmer und für die Übungstage auf dem Schießstand eine besondere Haftpflicht- und Unfallversicherung abschließen (Gemeinschafts- oder Einzelversicherung).
Gegen Jagdunfälle schützt nur eine *Unfall*versicherung. Ihr Abschluß ist nur bis zum 70. Lebensjahr möglich und *freiwillig*.
Für Eigenjagdbesitzer, Pächter, deren Treiber und bestellte Helfer tritt bei Unfällen die Berufsgenossenschaft ein (s. S. 481).

## Das Gewehr nach der Jagd

**Wie ist das Gewehr nach Beendigung der Jagd zu behandeln?**

Es ist sorgfältig zu reinigen (nicht zu „putzen"!).

**Was ist zu beachten, wenn man kalt gewordene Schußwaffen in geheizte Räume bringt?**

Sie beschlagen und sind deshalb mit einem weichen Tuche zu trocknen. *Der Mündungsschoner ist sofort zu entfernen.* Die Läufe sind mit einem trockenen, saugfähigen Polster durchzuwischen.

**Wie erfolgt das Reinigen des Gewehres?**

Die Läufe des Gewehres werden zunächst mit einem Reinigungsstock, an dessen Ende ein Träger mit feinem Kunstseidenwerg oder Wattepolster aufgeschraubt wird, langsam ein- oder zweimal durchgezogen. Das Einführen des Reinigungsstockes in den Lauf erfolgt vom Patronenlager, *niemals von der Mündung aus!* (Ausnahme: Einige halbautomatische Gewehre, Pistolen sowie Revolver mit seitlich auskippbarer Trommel.) Das verwendete Polster soll trocken sein. Sofort danach zieht man ein- oder zweimal ein mit Waffenöl getränktes Polster, das die Schußrückstände des Zündsatzes und Pulvers unwirksam macht, durch den Lauf.
*Metallrückstände* (wie Blei, Nickel, Tombak) *in „verbleiten" Läufen* entfernt man durch salmiakhaltige Lösungen (z. B. das Neupurgitin). Drahtbürsten sind zu vermeiden. Wenn das Laufinnere sauber ist, wird nochmals mit trockenem Polster durchgefahren. Zuletzt wird das Laufinnere mit einer schwach getränkten Ölbürste mit einem dünnen Ölfilm versehen, der durch seine chemische Zusammensetzung das Ansetzen von Rost unterbindet.
Das Gewehr ist „die Braut des Jägers". Es muß dauernd in Ordnung gehalten werden, auch wenn nicht geschossen wurde. Zur Behandlung der Läufe verwendet man Gewehrlauföl (z. B. Ustanol oder Ballistol), für Schäfte Leinölpräparate und zum Verstreichen der Fuge des Schaftes am Lauf und System auch Wachs.

**Wie soll der Wischstock zur Waffenreinigung beschaffen sein?**

Er muß dem Kaliber der Waffe angepaßt sein. Für Flintenläufe nimmt man Wischstöcke aus Holz. Für Büchsenläufe sind polierte, mit Holz oder Kunststoff verkleidete, mit drehbarem Griff versehene Stöcke aus Silberstahl zweckmäßiger. Wischketten sind weniger geeignet. Alle Reinigungspolster sind nach *ungewünschtem Austreten* aus der Mündung abzuschrauben, *keinesfalls zurückzuziehen,* damit keine „Vorweite" des Büchsenlaufes eintritt.

**Was darf man nach dem Reinigen des Gewehres nicht vergessen?**

Das Entspannen des Gewehres (s. S. 57).

**Wie sind Waffen und Munition aufzubewahren?**

*Unter Verschluß* und stets entladen und entspannt. Zweckmäßig nimmt man Vorderschaft bzw. Kammerverschluß gesondert in Verwahrung (s. § 42 WaffVwV S. 533). Futterale und Mündungsschoner

aus *Leder* sind für die *ständige* Aufbewahrung *nicht* geeignet, da durch Spuren von *Gerbsäure* im Leder Rostansatz entsteht. Futterale und Mündungsschoner aus Leder sollten deshalb nur beim Transport von Waffen benutzt werden!
Durch Kinder, die Zugang zu Schußwaffen hatten, ist schon viel Unglück passiert. Die Eltern müssen für ihre Kinder haften und sollten immer eine Familien-Haftpflichtversicherung abschließen! (Der schießgerechte Jäger kann Kinder nicht ernst und energisch genug ermahnen, Spielgewehre und Cowboy-Colts keinesfalls auf Menschen zu richten. Eine Strafe auf frischer Tat erwirkt oft Wunder und später dankbare Anerkennung!)

## Förderung des jagdlichen Schießens und Schießvorschriften des Deutschen Jagdschutzverbandes (DJV)

**Wodurch wird das jagdliche Schießwesen gefördert?**

Durch regelmäßige Belehrungs-, Übungs- und Leistungsschießen innerhalb der Jägerschaften des DJV und der Hegeringe, durch Schießwettbewerbe und durch Meisterschaftsschießen.

**Wie ist die einheitliche Abwicklung der Schießen geregelt?**

Durch die *Schießvorschrift des DJV* vom 1. 1. 1970. Sie ist für die Durchführung der Bundesmeisterschaftsschießen und der Schießen für den Erwerb der Schießleistungsnadel bindend. Bei Belehrungs- und Übungsschießen sowie internen Schießwettbewerben kann hinsichtlich der Übungs- und Wertungsbedingungen abweichend verfahren werden. Bei allen Schießen sind besonders folgende Bestimmungen zu beachten:
Vor jedem Schießen sind die *Gewehrriemen abzunehmen.* Die Gewehre sind ungeladen *mit geöffnetem Verschluß* oder aufgekipptem Lauf zu tragen und in diesem Zustand in den Gewehrständern abzustellen. Alle Gewehre mit Läufen, die im Verschluß nicht aufkippen (Repetierer, halbautomatische Waffen o. ä.), sind so zu tragen, daß ihre *Laufmündungen aufwärts* über die Köpfe anwesender Personen gerichtet sind.
Das *Hinlegen von Gewehren* (z. B. auf Tische) ist verboten.
Das Anschlagen eines Gewehres zu Übungszwecken sowie das *Laden und Inanschlagbringen* des schußfertigen Gewehrs dürfen erst nach dem Antreten des Schützen auf seinem Stand vorgenommen werden. Hierbei ist die *Laufmündung in die Richtung des Zieles* zu halten.
*Flinten* mit Mehrladeeinrichtung dürfen nur mit zwei, *Büchsen* nur mit einer scharfen Patrone geladen werden.
Beim Büchsenschießen muß das Gewehr vor dem *Standwechsel* entladen werden und der Verschluß geöffnet bleiben. Beim Wurftaubenschießen muß der Verschluß des Gewehrs nach der Schußabgabe geöffnet werden. Vor dem Wechsel vom letzten auf den ersten Stand muß außerdem entladen und das Gewehr mit geöffnetem Verschluß getragen werden (Abb. S. 76).
Der Schütze muß sich vor Beginn jeder Serie ausreichend mit Patronen versorgen. Jeder Schütze darf erst nachrücken, wenn der nach ihm schießende Schütze abgeschossen hat. Nach der Be-

endigung des Beschusses einer Serie sind die Gewehre zu entladen. Der Hauptrichter fordert die Schützen zum Verlassen der Stände auf. Ein vorheriges Verlassen der Stände ist untersagt.
Das *Berühren fremder Gewehre* ist nur Schießleitern, Aufsichtspersonen und Schiedsrichtern zu Zwecken der Kontrolle gestattet. Berührt ein Schütze ohne Erlaubnis der Eigentümer fremde Gewehre, so kann er vom weiteren Schießen ausgeschlossen werden.

**Wie hat sich der Schütze beim Versagen der Waffe oder der Patrone zu verhalten (s. auch S. 74)?**
Er verbleibt auf seinem Stand, hält die Waffe, *ohne sie zu öffnen* und an ihr Handgriffe vorzunehmen, in die Richtung der Scheiben oder Wurfmaschinen und *ruft die zuständige Aufsichtsperson* zur Prüfung der Ursache des Versagens. Sonst wird ihm für den Schuß ein Fehler angeschrieben.

## Belehrungs- und Übungsschießen in Hegeringen u. Kreis- bzw. Bezirksgruppen

**Für welche Jäger sind Belehrungsschießen abzuhalten?**
Für Anfänger und für Jäger, die in ihren Leistungen unsicher sind. Diese Jäger haben meist eine Scheu, durch gute Schützen beobachtet zu werden und bringen deshalb meist nicht den Mut auf, an den allgemeinen Übungsschießen teilzunehmen. Sie sind deshalb getrennt von sonstigen Übungsschießen, zunächst in „Belehrungs- und Übungsschießen für Anfänger" zusammenzunehmen. Hierbei müssen sie auch lernen, „durch das Feuer zu sehen". Bei Verwendung von Leuchtspurmunition (Gevelot) beim Trapschießen (s. S. 83/84) kann der Jungjäger seine Fehler leicht erkennen.

**Welche Aufgabe hat der Schießleiter bei den Belehrungs- und Übungsschießen?**
Er hat die Jäger im Schießen mit der Flinte und Büchse *und in deren Handhabung* zu unterrichten und zu belehren. Erst wenn die Jäger erkennen, daß sie unter seiner Anleitung ihre Leistungen vervollkommnen, werden sie einen etwa vorhandenen *Minderwertigkeitskomplex überwinden.* Der angefachte gesunde Ehrgeiz wird ihre Leistungen steigern und sie zu ständigen Teilnehmern am jagdlichen Schießen werden lassen.

**Was ist beim Schießen vom Anschußtisch aus zu beachten?**
Der Schütze sitzt am Anschußtisch, legt das Gewehr etwa 15 cm vor dem Abzugsbügel auf den in richtiger Höhe vorhandenen Sandsack auf, lädt es *in Richtung des Kugelfanges* und macht es schußfertig (S. 55/57). Dann stützt er beide Ellbogen auf dem Anschußtisch auf, umspannt fest den Kolbenhals des Gewehrs und zieht den Kolben fest und voll in die Schulter ein. Der Schießfinger wird erst dann an den Abzug bzw. Stecher angelegt, wenn der Schütze mit der Zieleinrichtung auf der Scheibe ist. Wird ein Zielfernrohr benutzt, ist es zum Schutze des Zielauges vor dem Rückstoß mit einer Gummiblende zu versehen. Dann wird, um ruhig zielen zu können, tief eingeatmet und beim Erfassen des Zieles langsam und von vorn „abgekrümmt". Anschließend wird

das Schloß des Gewehres geöffnet und das Gewehr auf den Anschußtisch in Richtung Kugelfang hingelegt.
Bei Störungen ist das Gewehr in Richtung des Kugelfanges zu halten und dem Ausbilder Bescheid zu geben.

Schießen mit der Büchse vom Anschußtisch aus.
Den Gewehrriemen nimmt man ab!

**Womit müssen Schützen rechnen, die ihr Gewehr bedeutend mehr als 15 cm vor dem Abzugsbügel auflegen?**

Mit *Hochschüssen,* sowohl bei harter wie bei weicher Auflage (Näheres s. S. 62). Wer sein Gewehr weiter als 15 cm vor dem Abzugsbügel auflegt, muß einen Hochschuß einkalkulieren.

**Womit und auf welche Scheiben sollen Anfänger schießen?**

Für die Belehrung und Übung im Büchsenschießen mit billigsten Patronen ist die KK-Büchse (für die Patronen .22 l.f.B) zugelassen. Das Schießen soll damit auf die im Handel befindlichen DJV-Wildscheiben und zunächst nur auf 50 m Entfernung erfolgen. Zu Übungsschießen auf den *laufenden* Keiler oder Überläufer ist die Patrone .22 l.f.B. nicht geeignet, da ihr Geschoß infolge seiner geringen Anfangsgeschwindigkeit zu falschen Vorhaltemaßen gegenüber den Geschossen der Jagdbüchsenpatronen führt. Das Schießen auf diese Scheiben und das Beschießen der Wildscheiben auf 100 m Entfernung ist deshalb mit der Patrone .22 Hornet (s. S. 49) und mit stärkeren Patronen der Gebrauchswaffe zu üben. Der Schütze muß nach dem Schuß a n s a g e n, wie er abgekommen ist und wo sein Schuß sitzen wird (s. auch Beurteilung der Schüsse und Verhalten des Schützen nach dem Schuß S. 82 u. 167).

**.22 Hornet.** 5,6 × 35 R (nur für Läufe mit 5,51 mm Feld und 5,64 mm Zug): Geschoßgew.: 3 g,
$V_{50} = 645$ m/s, $E_{50} = 628$ J
$V_{100} = 560$ m/s, $E_{100} = 471$ J

Fragen nach dem Schuß:

Wie bin ich abgekommen?
Wie hat das Stück gezeichnet?
Wo wird der Schuß sitzen?
Wie nennt man diesen Schuß?
Was würde im Revier zu tun sein?

(Antworten s. S. 165—170)

Rehbock, stehend nach links, DJV-Scheibe Nr. 1 (neue Ringeinteilung)

Die Scheibe ist auf 100 m Entfernung „stehend ausgestrichen“ zu beschießen (s. Tafel 3 nach S. 64). DJV-Wildscheiben in natürlicher Größe sowie verkleinerte Scheiben liefert über den Fachhandel die Scheibenfabrik Wuttke-Druck 235 Neumünster.

Bei Meisterschaftsschießen wird auf ausgeschnittene Wildscheiben geschossen!

Für das *Flintenschießen* sollen zunächst Anschußscheiben (Papierscheiben oder Stahlblechscheiben, die mit weißer Kalkfarbe überstrichen werden) verwendet werden, damit der Anfänger die Treffpunktlage seiner Flinte kennenlernt (s. S. 38 u. 64). Erst dann geht man zum Schießen auf den Roll- und Kipphasen und zum *Wurftaubenschießen* über.

**Was bezwecken die Übungsschießen?**

Die Hebung der Schießfertigkeit und den praktischen Umgang mit dem Gewehr (zu Hause auch mit dem Luftgewehr!).
Der Jäger soll im Umgang mit Büchse und Flinte so vertraut werden, daß von ihm beschossenes Wild ohne Qualen im Schuß verendet. Die Beherrschung der Waffe läßt außerdem die Zahl der Unglücksfälle auf ein Mindestmaß herabsinken.
Nur ein guter Schütze kann ein waidgerechter Jäger sein!
Die regelmäßige Teilnahme an jagdlichen Übungsschießen ist daher ein Gebot der Waidgerechtigkeit.

**Welche Übungen sind zu empfehlen?**

Beim *Büchsenschießen* sind Übungen mit den Gebrauchswaffen auf stehende und laufende Wildscheiben, wie *Bock, Überläufer, Fuchs, Keiler, Gams* u. a., zweckmäßig. Außerdem wird zum Über-

Überläufer(-Keiler), stehend nach rechts, DJV-Scheibe Nr. 2

prüfen und Einschießen der Waffen das Schießen auf Ring- und Anschußscheiben empfohlen (Ringscheibe s. S. 38).
Beim *Flintenschießen* sind Übungen auf normale und querfliegende Wurftauben sowie auf Wurftauben, die mit einer Schleudervorrichtung über eine glatte Bodenfläche gerollt werden (Rabbit- oder Rollhasenanlage), auf den Kipphasen und auf die steigende Fasanenscheibe zu empfehlen.

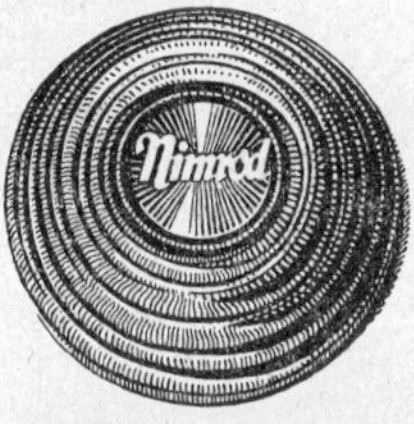


Wurf- oder Tontaube

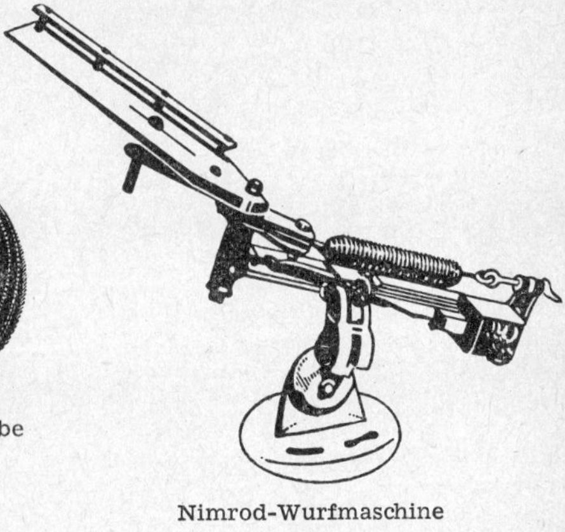

Nimrod-Wurfmaschine

**Was sind Wurftauben?**

Tellerartige Körper von 11 cm ∅ aus Asphaltmischung. Sie sind in der Regel von dunkler (schwarzer) Farbe und haben einen weißen oder gelben Rand. Sie werden *an Stelle lebender Tauben* bei Übungs- und Wettkampfschießen mit besonderen Wurfmaschinen („*Trap*"-Tauben aus Unterständen, „*Skeet*"-Tauben von Türmen aus) geschleudert und im Fluge beschossen.

(„Trap“ kommt vom englischen Wort „trap“, das Klappe bedeutet, aus der die lebenden Tauben aus Kästen vom Erdboden aufgelassen werden.) Die Verwendung lebender Tauben für Schießveranstaltungen ist in Deutschland seit langer Zeit verboten.

**Was versteht man unter dem Turm-Schießen (Skeet)?**

Eine aus Amerika übernommene besondere, als „Skeet“ bezeichnete Art des Wurftaubenschießens. Die Tauben werden hierbei nicht aus einer erdbodengleich eingebauten Deckung, sondern von *Türmen* (mit Wurflukenhöhen von 1 und 3 m) geworfen. Das bisher überwiegend für sportliche Zwecke gepflegte Turmschießen wurde, wegen seiner Vorteile für die jagdliche Praxis, in das jagdliche Meisterschaftsschießen aufgenommen. Die Bedingungen wurden hierbei der *jagdlichen Praxis angepaßt* (so fällt z. B. der Beschuß von Stand 8 beim jagdlichen Schießen aus).

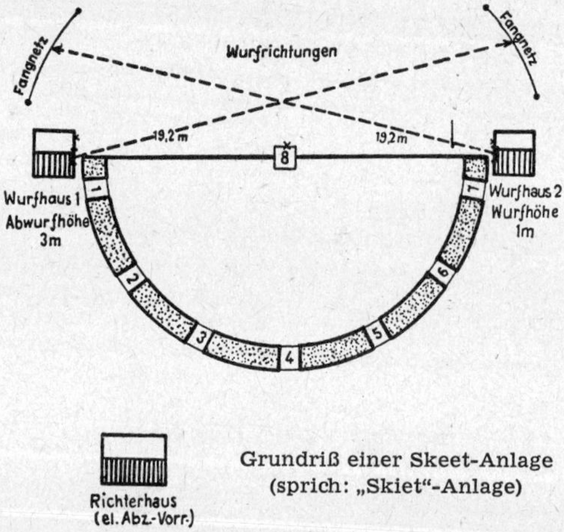


Grundriß einer Skeet-Anlage
(sprich: „Skiet“-Anlage)

Für den Jagdschützen bedeutet Skeet eine gute Übung zur Vervollkommnung und Vielseitigkeit, aber auch eine entsprechende Umstellung und Anpassung. Er muß schneller reagieren und lockerer schießen, wenn er zu einem gleichbleibenden Ergebnis kommen will. Das erfordert eine häufige und intensive Übung. Zweckmäßig verwendet man beim Turmschießen Läufe mit *Skeet- oder Zylinderbohrung* und Patronen mit 2 mm Schrot oder besondere Streupatronen (s. S. 34). Die Läufe können kürzer sein als bei Gebrauchswaffen (größere Streuung auf kürzere Entfernung!).

**Wann gilt eine Wurftaube als getroffen?**

Wenn von ihr infolge des Schusses ein deutlich sichtbares Stück abspringt. „Stäuber“ gelten als Fehler.

**Wie werden die Trefferergebnisse beim Büchsenschießen angezeigt?**

Durch Anzeigevorrichtungen oder unmittelbares Ablesen. Früher wurden meist von Hand bediente Anlagen benutzt.
Neuerdings verwendet man an Stelle von Anzeigevorrichtungen Scheiben, die nach jedem Schuß elektromechanisch vom Scheibenstand zum Schützenstand hereinkommen, so daß der Schütze sein Trefferergebnis selbst ablesen kann.

Elektromechanische Zugscheibe auf einem Schützenstand mit mehreren (hier nicht eingezeichneten) Blenden

## Meisterschaftsschießen

**Welche Wettbewerbe werden als Meisterschaften im jagdlichen Schießen ausgeschrieben?**

Die Kreis-, Bezirks-, Landes- und Bundesmeisterschaften im jagdlichen Schießen.
Die Nennungen zu den Bundesmeisterschaftsschießen sind jeweils zu den in der Jagdpresse veröffentlichten Terminen beim Bundesschießobmann des DJV in Bonn einzubringen.

**Welchen Zweck verfolgen die Meisterschaftsschießen?**

Sie sollen den *fortgeschrittenen* Schützen Gelegenheit geben, ihr Können im Wettkampf mit anderen zu messen und zu steigern, und helfen, weite Kreise an dem Schießen zu interessieren.

**Welche Bedingungen sind für die Waffen zu beachten?**

Zum Büchsenschießen sind Büchsen oder kombinierte Gewehre handelsüblicher, jagdlicher Bauart mit beliebiger optischer oder nichtoptischer Visierung zugelassen.
Das Gewicht von Büchsen bis Kaliber 6,5 mm darf ohne optische Visierung 3,6 kg nicht überschreiten. Für Büchsen und kombinierte Gewehre größerer Kaliber gilt das Gewicht der handelsüblichen Bauart. Zusätzliche, im allgemeinen Jagdgebrauch nicht übliche Schießhilfen sind untersagt. Matchbüchsen mit sportlicher Wettkampfausrüstung sind nicht zulässig. In allen Zweifelsfällen entscheidet die Schießleitung.
Die Patronen müssen eine Hülsenlänge von mindestens 35 mm haben; Patronen mit Vollmantelgeschossen (auch solche, die nachträglich angefeilt oder bearbeitet worden sind) dürfen nicht verwendet werden.
Zum Flintenschießen ist grundsätzlich nur eine ein- oder doppelläufige Flinte (ohne Wechselläufe) zugelassen. Zur Überwachung dieser Anordnung wird die Riemenbügelöse der Läufe vor Beginn des Wettbewerbs plombiert. Gewehre ohne Öse werden anderweitig gekennzeichnet.
Auf kombinierten Wurftauben- und Turmständen kann die Überwachung mit einfacheren Mitteln durchgeführt werden.
An einläufigen Flinten sind veränderliche Mündungsaufsätze (wie *Polychoke*) *verboten* (s. S. 29/30).
Es ist jedes Kaliber bis Kaliber 12 erlaubt. Die Schrotladung darf 32 g, die Schrotstärke 2,5 mm nicht überschreiten (s. S. 36).
Es dürfen nur fabrikgeladene Patronen verwendet werden.
(Bei Verwendung knallstarker Munition schützt ein gutes Hörschutzgerät gegen Gehörschäden, die irreparabel sein können!)

**Welche Anschlagarten sind bei Meisterschaftsschießen zugelassen?**

Nur die vorgeschriebenen, dem jagdlichen Brauch angepaßten *Anschlagarten* (s. auch S. 64).
Beim Anschlag „liegend freihändig" im *Büchsen*schießen darf der den Vorderschaft stützende Arm nur mit dem Ellbogengelenk aufliegen. Beim *Flinten*schießen (vor dem Erscheinen der Taube) und beim *Büchsenschießen auf den laufenden Keiler* (vor dem Los-Ruf oder der Betätigung der Auslösung) ist die Waffe so zu halten, daß die untere Spitze der Schaftkappe an der Hüfte anliegt.
Nach dem Erscheinen der Taube bzw. nach dem *„Los"-Ruf oder der Betätigung der Selbstauslösung der Scheibe kann das Gewehr angeschlagen werden.* (Für Sportschützen-Schießen ist sowohl der Jagd- als auch der Voranschlag zugelassen!)

**Welche Übungen werden beim Büchsenschießen ausgetragen?**

Es werden in beliebiger Reihenfolge, aber unter Zeitbegrenzung, abgegeben:

a) 5 Schüsse auf den nach links *stehenden Rehbock* (Abb. S. 82), Scheibe Nr. 1, auf 100 m; Anschlag stehend angestrichen.
b) 5 Schüsse auf den nach rechts *stehenden Überläufer* (Abb. S. 83), Scheibe Nr. 2, auf 100 m; jagdlicher Anschlag (s. S. 64).

Sitzender Fuchs (links), Scheibe Nr. 3 des DJV
(ausgeschnittene Wildscheibe)

c) 5 Schüsse auf den *sitzenden Fuchs,* Scheibe Nr. 3 auf 100 m; Anschlag liegend auf der Pritsche, sitzend oder kniend; nicht aufgelegt und nicht angestrichen.
d) 5 Schüsse auf den flüchtigen Überläufer, Scheibe Nr. 5 und 6, nach links über 6 m breite Schneise in etwa 2 Sek. laufend; Anschlag stehend freihändig. Die Scheibe Nr. 5 ist für 50-m-Stände, die Scheibe Nr. 6 für 60-m-Stände zu verwenden.

**Welche Übungen werden beim Flintenschießen ausgetragen?**

Es werden *30 Wurftauben in zwei Serien zu je 15 Tauben* beschossen, und zwar *beim Graben- oder Trapschießen* 15 Wurftauben bei 11 Meter Abstand der Schützen von den in einem Unterstand eingebauten Wurfmaschinen und *beim Turmschießen oder Skeet* weitere 15 Tauben auf einem Turmstand (Skeetstand).
Auf jede Taube dürfen zwei Schüsse abgegeben werden.
Die 15 Tauben der ersten Serie wechseln in Höhe und Seitenrichtung nach einem bestimmten Schema.
Von den nächsten 15 Tauben werden auf dem Turmstand, unter Fortfall des Standes 8, je zwei Tauben von den Ständen 1 bis 7 und am Schluß der Serie die 15. Taube vom Stand 4 beschossen (s. Abb. S. 84).
Von den Ständen 1, 3, 4, 5 und 7 wird zunächst die vom hohen Turm und dann die vom niedrigen Turm geworfene Taube be-

schossen. Von den Ständen 2 und 6 sind Dubletten zu schießen. Bei der Dublette (Doppelschuß ohne Absetzen des Gewehrs) von Stand 2 ist zuerst die Wurftaube vom hohen Turm, bei der Dublette vom Stand 6 zuerst die Taube vom niedrigen Turm zu beschießen. Wo die Turmstände noch nicht vorhanden sind, ist bis auf weiteres an Stelle des Turmschießens das Schießen auf eine Serie von 15 Wurftauben auf 13 m Abstand der Schützen von den in einem Unterstand eingebauten Wurfmaschinen zugelassen. Diese Bedingungen können in der Ausschreibung geändert werden.

**Welche höchste Punktzahl ist erreichbar?**

Es wird beim *Büchsen*schießen auf 10er Scheiben geschossen. Die höchsterreichbare Ring(Punkt)zahl beträgt daher:
$5 \times 10 \times 4 = 200$ Punkte.
Bei den *Flinten*schießen zählt jede getroffene Wurftaube 5 Punkte. Erreichbar sind demnach $30 \times 5 = 150$ Punkte.
Insgesamt erreichbar beim kombinierten Büchsen- und Flintenschießen sind also $200 + 150 = 350$ Punkte.
(Weitere Bestimmungen über die Wertung der Schüsse sind in der DJV-Schießvorschrift nachzulesen!)

**Welche Auszeichnungen werden für Leistungen im kombinierten Büchsen- und Flintenschießen verliehen?**

Es werden *Schießleistungsnadeln* in vier Stufen verliehen.
Es sind erforderlich (von 350 möglichen) mindestens:
220 Punkte für die Nadel in Bronze,
260 Punkte für die Nadel in Silber,
300 Punkte für die Nadel in Gold und
320 Punkte für die Nadel der Sonderstufe in Gold.
Die Schießleistungsnadel in Bronze kann auf Veranstaltungen der Kreisgruppe, die Nadeln in Silber und Gold nur auf Schießveranstaltungen der Landesjagdverbände oder des DJV, die Große Sondernadel in Gold nur auf Meisterschaftsschießen des DJV erworben werden. In Anlehnung hieran hat der DJV für seine Mitglieder, die vor Aufgang der Hauptjagd ihre Schießfertigkeit und Gebrauchssicherheit ihrer Waffen bewiesen haben, eine

*Jahresschießnadel mit deutlich sichtbarer Jahreszahl*

gestiftet, wenn beim Büchsenschießen auf *zwei* DJV-Scheiben (s. S. 87 a u. b) von 100 möglichen mindestens 60 Ringe und beim Schrotschießen von 15 möglichen mindestens 6 Treffer erzielt wurden. *Dieses* Schießen kann beliebig oft, auch am gleichen Tage, *unter Trennung von Büchsen- und Flintenschießen* wiederholt werden.
*Die vor der Jägerprüfung stehenden Jungjäger sollten diese Leistung anstreben (Leistungsnachweis!).*

### Jagdliches Kurzwaffen-Schießen

**Wird im Rahmen der Belehrungs-, Übungs- und Leistungsschießen auch mit Kurzwaffen (Pistolen oder Revolvern) geschossen?**

Ja. Der Jäger *soll die Möglichkeit erhalten,* sich für den Umgang mit seiner Kurzwaffe die notwendige Sicherheit und Fertigkeit anzueignen; das Recht zum Führen einer Faustfeuerwaffe verpflichtet ihn hierzu (Vorübung mit guter Luftpistole).

**Welche Kurzwaffen sind hierzu zugelassen?**

Selbstladepistolen und Revolver handelsüblicher Bauart mit einem Mindestkaliber für die Patrone .22 lang für Büchsen und einer Lauflänge ohne Patronenlager bis zu 152 mm (6 Zoll).
Die bekannteste Selbstladepistole ist die Walther-Polizeipistole (PP = Polizeipistole und PPK = Polizeipistole kurz).
Revolvermunition hat Blei-, Pistolenmunition Mantelgeschosse.

**Was sind PT-Patronen?**

Plastik-Trainings-Patronen (s. Abb. Tafel 3 nach S. 64).
Es sind Übungspatronen für die Pistolen 7,65 mm Browning und 9 mm Parabellum, die ein sehr leichtes Kunststoffgeschoß verfeuern. Ihre Treffgenauigkeit auf 8 m entspricht der Treffgenauigkeit der Originalmunition auf 25 m.
Mit der PT-Munition wird eine automatische Funktion der Selbstladepistole (infolge der niedrigen Pulverladung) nicht erreicht. Die abgeschossene Hülse muß durch Repetieren von Hand ausgeworfen werden (weitere Übungsmunition s. S. 47—49).

**Wie wird die Walther-Pistole gesichert?**

Der Sicherungshebel am Verschlußstück wird mit dem Daumen nach unten gedrückt, so daß der rote Punkt, der entsichert (Gefahr!) bedeutet, verdeckt wird (s. Abb. Tafel 3 nach S. 64).

**Wie wird das Magazin der Pistole entfernt?**

Es wird mit dem Daumen der rechten Hand auf den Magazinhalteknopf gedrückt. Das Magazin wird hierbei durch Federdruck herausgeschoben.

**Wie wird das Magazin gefüllt?**

Es wird in die linke Hand genommen. Dann werden die Patronen mit dem Zündboden zuerst durch Niederdrücken des Zubringers vorsichtig unter die Lippen des Magazins geschoben.

**Wie wird die erste Patrone in den Lauf eingeführt?**

Die Pistole wird *gesichert*. Das gefüllte Magazin wird in die Pistole eingeschoben. Dann wird die Pistole in die rechte Hand genommen, mit der linken Hand das *Verschlußstück* am geriffelten Ende gefaßt, bis zum Anschlag *zurückgezogen und dann losgelassen.* Damit befindet sich die erste Patrone im Lauf.
Solange gesichert ist, kann der Hahn weder gespannt noch durch Zurückdrücken des Abzugs gespannt werden.

**Woran erkennt man bei der Walther-Pistole, daß sich eine Patrone im Lauf befindet?**

Der Signalstift oberhalb des Hahnes ist herausgetreten (s. Pfeil in der Abb. Tafel 3 nach S. 64). Bei den Pistolen in Kal. .22 l.f.B. ist der Signalstift nicht vorhanden.

**Wann erst kann man mit der (Walther-)Pistole schießen?**

Erst nach dem *Entsichern* der Pistole. Nach dem Entsichern ist die Pistole trotz Entspannung durch Betätigung des Abzuges sofort feuerbereit (sie hat einen Revolver- oder Spannabzug).

Beim Übungsschießen und wenn es die Zeit erlaubt, ist vor der Abgabe des ersten Schusses zweckmäßig der Hahn mit dem rechten Daumen zu spannen (s. Abb. Tafel 3 neben S. 64). Der Abzugswiderstand ist dadurch wesentlich geringer.
Der Pistolenschütze und ganz besonders der Revolverschütze muß lernen, *nur mit dem Zeigefinger zu schießen.* Vor allem darf beim Spannabzugsschießen nie der Daumen mitarbeiten. Der Schuß muß sozusagen auf das Ziel *hingedrückt* werden.

**Was muß geschehen, wenn nach Abgabe einiger Schüsse das Schießen eingestellt werden soll?**

Dann ist die Pistole zu sichern *und zu entladen!* (Siehe S. 93 u. 94). Sie bleibt offen; die Trommel des Revolvers bleibt abgeklappt!

**Welche Stellung zeigt die Pistole bei leergeschossenem Magazin?**

Der Verschluß bleibt geöffnet stehen.
Sofern weitergeschossen werden soll, ist das Magazin herauszunehmen und ein gefülltes Magazin einzusetzen. Dann zieht man das Verschlußstück leicht nach hinten und läßt es anschließend nach vorn gleiten. Dadurch wird die erste Patrone wieder in den Lauf eingeführt. *Der Hahn bleibt in diesem Fall gespannt.*
Wird nicht weitergeschossen, ist der Sicherungshebel (s. Tafel 3 nach S. 64) nach unten zu drücken, wodurch der rote Punkt verdeckt wird, das Magazin herauszunehmen, das Verschlußstück leicht anzuziehen und nach vorn gleiten zu lassen. Der Hahn wird entspannt.

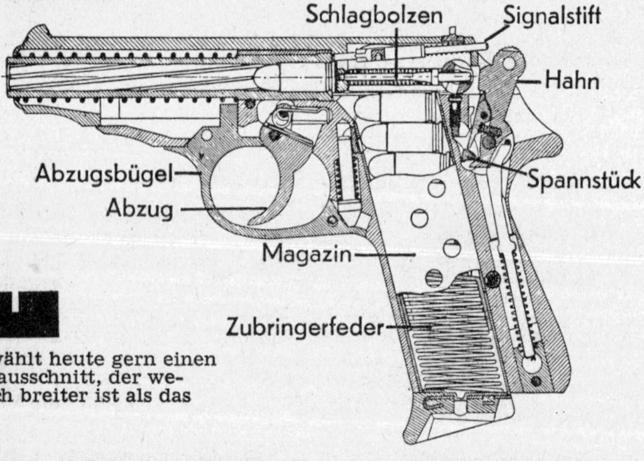


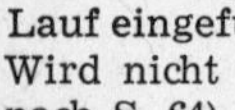

Man wählt heute gern einen Visierausschnitt, der wesentlich breiter ist als das Korn

**Walther-Selbstladepistole (Modell PP bzw. PPK) im Querschnitt für die Patronen .22 lang, 7,65 und 9 mm kurz**

Die Patrone .22 Magnum kann aus Pistolen nicht verfeuert werden!

Wenn man eine Patrone in den Lauf repetiert, wird der Signalstift oberhalb des Hahnes deutlich sichtbar. Jetzt sichert man die Pistole. Sie wird dadurch automatisch entspannt. Wird sie für den Gebrauch entsichert, ist sie trotz Entspannung durch Betätigung des Abzuges sofort feuerbereit (sie hat einen Revolver- oder Spannabzug).
Bei den Pistolen in Kal. .22 l.f.B. ist der Signalstift nicht vorhanden!

7,65 mm (.32)

| | |
|---|---|
| 7,65 mm | $E_0$ 219 J |
| 7,65 mm Para | $E_0$ 392 J |

9 mm kurz (.380)

| | |
|---|---|
| 9 mm kurz | $E_0$ 235 J |
| 9 × 18 Ultra | $E_0$ 332 J |
| 9 mm Para | $E_0$ 491 J |
| .45 Automatik | $E_0$ 549 J |

Pistolenmunition ohne Rand, mit Rille für den Fangschuß (S. 485)

Nr. 7
Jagdscheibe

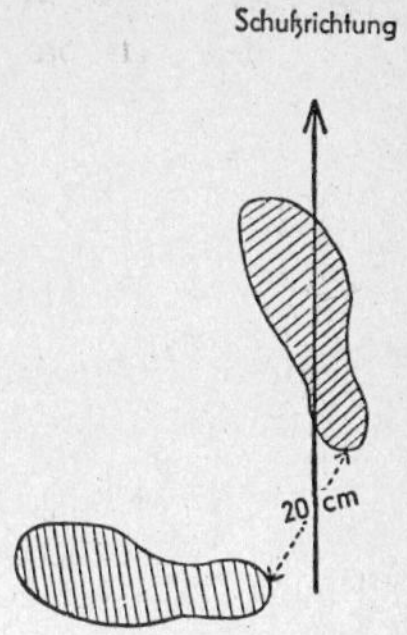


Fußstellung
beim Pistolenschießen

**Wie erfolgt das Zerlegen und das Zusammensetzen der Pistole?**

Die Pistole ist zu sichern und das Magazin herauszunehmen. Dann ist der Abzugsbügel herunterzuziehen, nach links zu drücken, mit der oberen Kante am Griffstück leicht aufzusetzen (s. Abb. Tafel 4 vor S. 65) und mit dem rechten Zeigefinger in dieser Stellung zu halten.

Beim *Zerlegen* ist das Verschlußstück zurückzuziehen, nach oben anzuheben und nach vorn abgleiten zu lassen.

Beim *Zusammensetzen* wird das Verschlußstück schräg auf den Lauf aufgesetzt (wie in der Abb. Tafel 4 vor S. 65), bis zum Anschlag zurückgezogen und nach unten gedrückt. Anschließend läßt man es nach vorn gleiten.

Zum Schluß ist der Abzugs*bügel* mit der linken Hand kurz nach unten zu ziehen und loszulassen. Dadurch tritt er in die Ausgangsposition zurück.

**Was ist beim Reinigen der Pistole zu beachten?**

Die Pistole ist zu *sichern*, das *Magazin herauszunehmen* und die *Patrone im Lauf (!) herauszurepetieren.*

**Welche Vorteile hat die Pistole gegenüber dem Revolver?**

Sie hat einen leichten Abzugswiderstand (s. S. 22) und einen kurzen Abzugsweg und somit eine große Treffsicherheit bei schneller Feuergeschwindigkeit. Durch die Möglichkeit des Magazinwechsels ist die Ladezeit geringer als beim Revolver.

**Wo befinden sich bei Kurzwaffen das amtliche Beschußzeichen und die Fabriknummer?**

Beschußzeichen auf Lauf und Trommel, die Fabriknummer am Rahmen.

**Was ist ein Revolver?**

Eine mehrschüssige Kurzwaffe mit einer drehbaren Trommel (Walze), die zur Aufnahme von fünf oder mehr Patronen dient. Revolvermunition hat einen Rand (s. Tafel 4 neben S. 65). Das Patronenlager und der Lauf sind getrennt (das ist ein Nachteil wegen des Gasverlustes). Die Trommel wird beim Spannen des Hahns von einer Patrone zur anderen um ihre Achse gedreht.

Der Schütze kann nach seiner Wahl den Hahn mit der Hand oder durch Betätigung (Durchziehen) des Abzugs spannen (Spannabzug). Beim Durchziehen des Abzugs schlägt der Hahn los und entzündet die Patrone. Im Falle eines Versagers kann man durch erneute Abzugsbetätigung, durch Spannen des Hahns oder durch Drehen der Trommel mit der Hand, eine neue Patrone vor das Schlagstück (den Hahn) und den Schlagbolzen bringen.

Bei Revolvern sind drei Arten von Lademöglichkeiten üblich:

a) mit seitlich *ausschwenkbarer Walze* Bauart Colt und Smith & Wesson (s. Abb. Tafel 4 vor S. 65),

b) mit festgelagerter Walze, wobei das Laden und Entladen nach Öffnen einer *Ladeklappe* geschieht,

c) mit *Kipplauf* nach Smith & Wesson.

Die Bauarten a) und c) besitzen Hülsenauswerfer.

**Wie wird der Kipplaufrevolver geladen und entladen?**

Beim Kipplaufrevolver werden zum Zwecke des Ladens Lauf und Walze nach unten gekippt. Hierbei werden gleichzeitig die abgeschossenen Hülsen ausgezogen. Als Vorteil sind die schnelle Lademöglichkeit und bessere Möglichkeit zum Reinigen und Blikken durch den Lauf zu nennen. Beim Mayer/Söhne-Kipplaufrevolver ist es möglich, Lauf samt Trommel auszuwechseln und auf diese Weise die beiden Kaliber .22 l.r. und .32 S & W long (bzw. auch 7,65 mm) abwechselnd zu verwenden. Es gibt auch Kipplauf-Selbstladepistolen (z. B. Fabrikat Steyr) mit Federverschluß, bei denen der Lauf mit dem Kasten durch ein Gelenk verbunden ist und beim Niederdrücken eines Hebelchens aufspringt.

**Welche Vorteile hat der Revolver gegenüber der Pistole?**

Durch bloße Betrachtung läßt sich feststellen, ob der Revolver geladen ist, der Revolver läßt sich mit *einer* Hand bedienen und liegt gut in der Hand,

der erste Schuß ist sofort bereit, ohne Zeitverlust für Entsichern und Schußfertigmachen,

die Aufhaltekraft von Revolverpatronen mit Bleigeschoß ist stärker als die von Mantelgeschossen der Pistolen,

bei ihm kann keine Schlitten- oder Magazinfeder schlapp werden, weil er keine hat.

Nach einem Versager kann sofort nachgeschossen werden (im Gegensatz zur Pistole!). Das bedeutet oft Lebensrettung.

**Auf welche Scheibe wird mit der Kurzwaffe geschossen?**

Auf die 10er Ringscheibe (Abb. S. 38) oder auf die DJV-Jagdscheibe Nr. 7 (Silhouetten-Figurenscheibe). Die Scheibe soll möglichst drehbar eingerichtet sein und erst nach Fertigmeldung zum Schießen für den Schützen voll sichtbar sein.

**Wann erst darf die Kurzwaffe bei Übungsschießen aus der Verwahrung entnommen und geladen werden?**

Erst auf den Schützenständen und nach Anweisung des Schießleiters. Hiernach nehmen die Schützen ihre Stellung ein (s. S. 91).

**Auf welches Kommando wird (nach Fertigmeldung) geschossen?**

Auf das Kommando „Feuer". Nach dem Kommando „Halt" darf nicht mehr geschossen werden, sonst wird der Treffer mit der höchsten Ringzahl als Fehler gewertet.

**Welche Übungen sind mit der Kurzwaffe zu erfüllen?**

Drei Übungen auf 25 Meter Entfernung:
1. *Zeitschießen:* Eine Patrone im Lauf, vier im Magazin (beim Revolver fünf Patronen in der Trommel). Die Scheibe erscheint fünfmal für drei Sekunden und ist jeweils mit einem Schuß zu beschießen. Die Zwischenzeit beträgt sieben Sekunden. Diese Übung erwartet der Schütze nach Fertigmeldung mit schußfertiger Waffe und ausgestrecktem Schießarm, mit der Mündung ein Meter vor dem Schützen zur Erde gerichtet. (Bei der Schußabgabe ist der Schießarm fast gestreckt, aber nicht krampfhaft durchgedrückt.)
2. *Fertigkeitsschießen:* Die Scheibe erscheint zehnmal (in zwei Serien zu fünf Schüssen) für je vier Sekunden.
Vor Beginn dieser Disziplin hat der Schütze zweimal fünf Patronen abgezählt und getrennt von der restlichen geschlossenen Packung vor sich auf die kniehohe Ablage für Waffen und Munition abzulegen.
Die Scheibe ist jeweils mit e i n e m Schuß zu beschießen. Der Schütze erwartet diese Übung nach Fertigmeldung mit lose herabhängenden Armen. Die Waffe steckt mit geschlossenem Verschluß in einer äußeren oder inneren Rock- oder Manteltasche oder in einem untergeschnallten Futteral (als Futterale sind sog. „Wettkampf-Holster" nicht zugelassen!). Die Waffe muß mindestens 10 cm vom Jacken- bzw. Mantelrand bedeckt und die Jacke bzw. der Mantel in Gürtelhöhe mindestens an einem Punkt geschlossen sein. Beim Tragen in einer Außentasche muß die Waffe vollständig verdeckt sein.
Bei Pistolen mit äußerem Hahn (wie bei der Walther) oder mit außen zu spannendem Schloßwerk darf sich die Patrone im Lauf befinden, jedoch muß das Schloß entspannt sein. Bei Pistolen anderer Schloßkonstruktion darf sich keine Patrone im Lauf befinden. Bei Revolvern muß der Hahn entspannt sein. Auf das Kommando „Feuer" ist die Waffe zu ziehen und dann *mit der Laufmündung in Richtung der Scheibe* (zu spannen oder einzurepetieren und) abzufeuern.
3. *Schnellfeuerschießen:* Laden und Armhaltung wie beim Zeitschießen. Die Scheibe erscheint nur e i n m a l für acht Sekunden und ist in dieser Zeit mit fünf Schüssen zu beschießen.

**Was ist nach Beendigung jeder Schießserie zu beachten?**

Die Waffe ist zu entladen bzw. sind die leeren Hülsen zu entfernen. Aus der Pistole ist das Magazin herauszunehmen und der

Verschluß, soweit möglich, festzustellen. Beim Revolver ist die Trommel herauszuschwenken bzw. abzukippen (s. Abb. Tafel 4 vor S. 65). In diesem Zustande ist die Waffe auf der Ablage mit der Mündung zur Scheibe abzulegen, auf Schießständen zu tragen, abzugeben und anzunehmen.

**Welche höchste Punktzahl ist beim Kurzwaffen-Schießen erreichbar?**

Es werden bei den drei Übungsschießen insgesamt 20 Schüsse auf die 10er Scheibe abgegeben, es sind daher höchstens 20 × 10 = 200 Punkte erreichbar.

Beim Kurzwaffen-Schießen werden verliehen bei

145 Punkten die Nadel in Bronze, bei
165 Punkten die Nadel in Silber, bei
175 Punkten die Nadel in Gold und bei
185 Punkten die Nadel der Sonderstufe in Gold.
(Erwerb und Verleihung der Leistungsnadeln wie S. 88.)

**Wie ist die Waffe außerhalb der Schützenstände zu tragen?**

Stets ungeladen und verwahrt. Der Jäger muß sich stets bewußt sein, daß die Faustfeuerwaffe durch ihre Kürze und Handlichkeit die gefährlichste Schußwaffe ist, die er besitzt.

**Welche Kurzwaffe führt man am besten bei Ausübung des Jagdschutzes (s. S. 180 und 500)?**

Eine Pistole, die mit geladenem Lauf ungespannt gefahrlos getragen werden kann (also eine Pistole mit *außen liegendem Hahn* wie die Walther-Pistole, Abb. Tafel 3 nach S. 64) oder einen Revolver (s. S. 485).
Beim Kauf eines Revolvers wähle man stets ein Jagdkorn, mit dem man nicht in der Tasche hängenbleibt (also *kein Scheibenkorn* wie in Abb. vor S. 65)! *Im Ernstfall zählt der erste Treffer!*
Das Kaliber sollte nicht unter 9 mm liegen und die Waffe als ständiger Jagdbegleiter mit Lauflängen von 2½ bis 4 Zoll nicht zu schwer sein!
Bei der Nachsuche auf Schwarzwild in dichten Beständen kann eine Kurzwaffe starken Kalibers der Lebensretter des Jägers sein! (s. S. 180).
Der oft lebensrettende *„Deutschuß“* (bei Notstand oder Notwehr), der viel Übung mit brauchbaren Patronen voraussetzt, wird (mit beiden Augen offen) als Schnappschuß *mit hindeutendem Lauf dem Ziele „aufgedrückt“*.

**Wie trägt man die Kurzwaffe bei der Ausübung des Jagdschutzes?**

Griffbereit in einer mit Wildleder ausgelegten schrägen Außentasche der Jagdjoppe, niemals in einer Gesäßtasche!

# JAGDTIERKUNDE

**Waidmannssprache, Erkennungsmerkmale und Ansprechen (Beurteilen der wichtigsten wildlebenden Tiere, deren Hege und Bejagung nach Auswahl**

## Allgemeines

**Welche Bedeutung hat das Prüfungsfach „Jagdtierkunde" für den Jungjäger?**

Es ist das umfangreichste Prüfungsfach. Der Jungjäger muß in der Prüfung in der Lage sein, das wichtigste Wild nach seinen Merkmalen sicher zu erkennen und zu beschreiben, da nur Wild bejagt werden darf, für das bestimmte Jagdzeiten (Schußzeiten) festgesetzt worden sind (s. S. 492/495).
Alle übrigen wildlebenden Tiere sind mit der Jagd ganzjährig zu verschonen (z. B. Wildkatze, Schwarzer Storch und Falken). Der Jäger muß sie ebenfalls gründlich kennen, da sie unter seinem besonderen Schutz stehen. Ihre Schonung erfolgt wegen ihrer Seltenheit, Nützlichkeit oder ihrer wirtschaftlichen Bedeutung, wegen ihres Schönheitswertes oder weil ihre Bejagung nicht im jagdlichen Interesse liegt.

## Das Wild

**Was verstehen wir unter Tierarten, die dem Jagdrecht unterliegen?**

Alle freilebenden, herrenlosen Tiere, die im § 2 des Bundesjagdgesetzes (BJG) und den hierzu erlassenen Ländergesetzen als Wild bezeichnet werden.
Die übrigen freilebenden Tiere sind nach der Naturschutzverordnung (vom 18. März 1936 in der Fassung vom 16. März 1940) geschützt (s. auch S. 366),
mit Ausnahme von Nebel-, Raben- und Saatkrähe, Eichelhäher, Elster, Feld- und Haussperling, die keinen Schutz genießen.
Zu den von Jagdgesetzen nicht erfaßten wildlebenden Tieren gehören Wolf, Eichhörnchen und Bisamratte (s. S. 180 und 182) sowie neuerdings Biber, Nerz und Zwergwiesel.

**Wie wird das Wild eingeteilt?**

In *Haarwild* und *Federwild.*
Auch die Einteilung in Nutzwild (eßbares Wild) und Raubwild ist noch üblich. Raubwild sind alle wildlebenden Tiere, die Nutzwild reißen oder schlagen.

**Welches Wild gehört zum Haarwild (§ 2 BJG)?**

*Wiederkäuendes Schalenwild:* Wisent; Elch-, Rot-, Dam-, Sika- und Rehwild; Gams-, Stein- und Muffelwild;
*nicht wiederkäuendes Schalenwild:* Schwarzwild;
*Hasenartige:* Feldhase, Schneehase, Wildkaninchen;

*Nagetiere:* Murmeltier;
*Katzen:* Wildkatze und Luchs;
*Fuchs;*
*Marder:* Stein- und Baummarder, Iltis, Hermelin, Mauswiesel, Dachs und Fischotter;
*Seehund.*

**Welches Wild gehört zum Schalenwild?**

Wisente, Elch-, Rot-, Dam-, Sika-, Reh-, Gams-, Stein-, Muffel- und Schwarzwild, also alles Wild, das auf Schalen zieht (Paarhufer).

**Welches Wild rechnet man zum Hochwild?**

Alles Wild, das zur Hohen Jagd gehört:
Alles Schalenwild außer Rehwild; Auerwild, Steinadler und Seeadler.
Alles übrige Wild gehört zum Niederwild.

**Welches Wild gehört zum Federwild?**

Alle im § 2 des Bundesjagdgesetzes aufgezählten Vögel (Näheres s. S. 465).

## Waidmannssprache

**Was verstehen wir unter der Waidmannssprache?**

Eine besondere Ausdrucksweise der Jäger oder Waidmänner, in der sich feinsinnige Naturbeobachtungen mit poetischer Wortmalerei verbinden. Sie hat sich in jahrhundertelanger Übung gebildet und umfaßt etwa 6000 Ausdrücke, deren wichtigste der Jäger beherrschen muß, um sich nicht zu „verbleffen".

**Welche waidmännischen Ausdrücke sind gebräuchlich, wenn vom Wild (Haarwild und Federwild) die Rede ist?**

Der Waidmann sagt statt:
After = Weidloch*)
Aufziehen der Jungen = aufbringen, führen (z. B. die Ricke führt)
Blut, das aus dem Wildkörper austritt = Schweiß oder Farbe
bluten = schweißen oder färben
dahinsiechen = kümmern
Darm = kleines Gescheide (auch „Geschlinge")
erblicken = eräugen oder wahrnehmen
fett werden = Feist ansetzen (das Wild ist dann gut bei Wildbret oder gut bei Leibe, beim Gegenteil kümmert es)

---

*) Schreibweise „ai" = für jagdlichen Gebrauch (Waidmannsheil, Waidmesser); „ei", wenn von weiden oder Eingeweide (Weiddarm, Weidkörner, Weidloch, Weidsack) die Rede ist.

Fußtapfe = Tritt oder Trittsiegel. Die Aneinanderreihung der Tritte ergibt beim Schalenwild und Auerhuhn die Fährte, beim übrigen Haarwild die Spur, beim Federwild das Geläuf.
Haarwechsel = verfärben, verhären, bei Schwarzwild versetzen
Hautabziehen = aus der Decke schlagen, bei Schw und Da abschwarten, bei Ha, Ka und Rbw streifen, abbalgen*)
hören = vernehmen
Krankheit = krank sein, abgekommen sein
Luftröhre mit Kehlkopf = Drossel mit Drosselknopf
mager = gering, abgekommen
Mastdarm = Weiddarm
riechen = winden, wittern, Wind bekommen, wahrnehmen
schlegeln = Schlagen des getroffenen Wildes mit den Läufen
sehen = äugen, wahrnehmen
sich erheben = aufstehen, hoch werden
sorglos sein = vertraut sein
Speiseröhre = Schlund
sterben durch tödliche Verletzung (Schuß oder Unfall) = verenden
sterben bei natürlichem Tod (Krankheit) = eingehen oder fallen
trinken = schöpfen, sich frischen (Federwild: sich tränken)
unruhig werden = rege werden
verärgert sein = vergrämt sein
vorsichtig sein = heimlich sein
zurückbleiben = sich abtun, kürzer werden

**Wie bezeichnet man die Körperteile des Haarwildes?**

Äußerlich (Abb. S. 119, 144, 174, 176, 185 und 192):
Augen = Lichter, bei Ha, Ka und Rbw*) Seher
Beine = Läufe, die Pfoten des Rbw Branten (oder Pranken)
Euter = Gesäuge (bei Hirscharten auch Spinne)
Flanken = Dünnung (Wk)
Haare = Haare, bei Schw Borsten und Federn, bei Ha und Ka Wolle
Hals = Hals, bei Geweihträgern Träger
Haut = Decke, bei Schw und Da Schwarte, bei Ha, Ka und Rbw Balg
Hoden = Brunftkugeln (mit Hodensack Kurzwildbret), bei Rbw und Ha Geschröte
Hornige Teile der Klauen = Schalen (mit Geäfter)
Kopf = Kopf, bei Geweihträgern Haupt
Männlicher Geschlechtsteil = Brunftrute (die Haarbüschel an deren Ausmündung Pinsel), bei Rbw Feuchtglied
Maul = Äser oder Geäse, bei Rbw Fang, bei Schw Gebrech
Nase = Windfang, bei Ha, Ka und Rbw Nase
Ohren = Lauscher, bei Ha und Ka Löffel, bei Schw Teller und bei Rbw Gehöre
Schlafstellen = bei Schalenwild Bett, bei Schw Lager oder Kessel, bei Ha Sasse oder Lager, das Wild lagert sich
Schulter = Blatt

---

*) Abkürzungen: Wk = wiederkäuendes Schalenwild, Da = Dachs, Fu = Fuchs, Ha = Hase, Ka = Kaninchen, Rbw = Raubwild, Schw = Schwarzwild.

Schwanz = Wedel, bei Fu Lunte oder Standarte, bei Schw und Da Pürzel, bei Marder, Iltis und Wiesel Rute, bei Ha und Ka Blume

Weibliche Geschlechtsteile = Feuchtblatt (Haarbüschel daran bei Rehwild Schürze), bei Rbw Schnalle oder Nuß

Zähne = Zähne, bei Rbw Fänge (Gebiß mit Fang- und Reißzähnen), beim Keiler Gewaff (= Gewehre und Haderer, Hauzähne)

Zunge = Lecker, bei Schw und Rbw Zunge

Innerlich:

Blut = Blut (z. B. Verenden an innerer Verblutung)

Brusthöhle = Kammer (z. B. Kammerschuß)

Herz, Lunge, Leber und Nieren = Geräusch

Eingeweide = Gescheide (Gedärme = kleines Gescheide)

Magen = Magen (bei Wk großes Gescheide, Pansen oder Weidsack)

Magen und Darm = großes und kleines Gescheide (zusammen mit dem Geräusch: Aufbruch), bei Ha und Ka Auswurf

Talg = Unschlitt oder Inselt, bei Schw Weißes

Fett = Feist, beim Schw Weißes, bei Ha, Ka und Rbw Fett, bei Da Weißes oder Schmalz, beim Seehund Speck

Fleisch = Wildbret (Wildpret s. S. 455), bei Rbw Kern

Gebärmutter = Tracht, Tragsack

**Welche waidmännischen Ausdrücke benutzt man, wenn von den Lebensäußerungen des Haarwildes die Rede ist?**

Man sagt statt:

Abgehen = flüchtig werden

Aufenthaltsort = Einstand (Hochwild hat seinen Einstand im Revier, d. h., es steht darin), Schw steckt in der Dickung, der Ha liegt im Lager oder in der Sasse, Rbw und Ka liegen im Bau (der Bau ist befahren)

aufstehen = aufstehen (bei allem Wild)

Begattungszeit = bei Wk Brunft, bei Rehwild Blattzeit, beim Schw Rauschzeit, bei Ha und Ka Rammelzeit, beim Rbw Ranzzeit oder Rollzeit

fressen = äsen, sich äsen (beim Da sich weiden, bei Schw u. Rbw fressen)

Geburtsakt = setzen, beim Schw frischen, bei Rbw Junge bringen oder wölfen

gehen =ziehen, beim Rbw schleichen oder schnüren

Harn lassen = nässen, feuchten

Hochnehmen des Hauptes (plötzliches) = bei Wk aufwerfen

Kot, ihn abscheiden = Losung, sich lösen

lahmen = schonen (z. B. Haarwild schont einen Lauf)

Nahrung = Äsung, bei Rbw und Schw Fraß

packen = reißen (Rbw)

prüfen, ob Gefahr droht = sichern, verhoffen

riechen = winden, wittern, Wind bekommen, wahrnehmen

Schmerzen äußern = klagen

sich legen = Wk tun sich nieder, Schw schiebt sich ein, Rbw, Ha, Ka, Fasan und Rebhuhn lagern sich

springen = überfallen (z. B. einen Graben), überfliehen, Rbw springt, wenn es aus dem Bau gesprengt wird
Sprung = Flucht, Fluchten, flüchtig werden
traben = trollen, beim Fu schnüren, bei Ha und Ka hoppeln
Trächtigkeit = beschlagen sein, Ha und Ka inne haben, Rbw dick gehen
verscheuchen = vergrämen

**Wieviel Junge bringt Haarwild zur Welt?**

Das *Rottier* (Alttier) setzt gewöhnlich nur 1 Kalb, die *Ricke* setzt 1 bis 2 Kitze, die *Bache* frischt 4 bis 12 Frischlinge, die *Dächsin* wirft 3 bis 5 Junge, die *Fuchsfähe* wölft ein Geheck von 3 bis 7 Jungen, *Marder, Iltis und Wiesel* bringen 3 bis 7 Junge, die *Häsin* setzt viermal im Jahr 2 bis 3 Junghasen, die *Kaninchenhäsin* setzt sechs- bis siebenmal im Jahr 4 bis 8 Junge.

**Wie bezeichnet man die Körperteile des Federwildes in der Waidmannssprache?**

Äußerlich (Abb. S. 207, 213, 236 und 243):
Augen = Augen (bei allem Federwild)
Beine und Füße = Ständer;
bei edlem Federwild (Waldhühnern, Trappe und Fasan) auch Füße; bei Schwan Ruder; bei Gans und Ente Latschen; bei Tauben Tritte; bei Geifvögeln Fänge, deren Krallen Waffen
Federn = Gefieder (sich fiedern, ausgefiedert oder beflogen sein)
Federwechsel = Frühlings- und Herbstmauser
Flügel = Schwingen, bei kleinen Vögeln Fittiche
Haut mit Federn = Balg
Schnabel = Schnabel, bei der Schnepfe Stecher
Schwanz = bei Birkwild und Fasan Spiel, bei großen Vögeln Stoß, bei Wasservögeln und kleinen Vögeln (Schnepfe, Bekassine) Steiß oder Stoß, beim Auerhahn Fächer
Innerlich:
Fett = Fett
Fleisch = Wildbret, bei Greifvögeln Fleisch
Magen und Darm = Gescheide

**Welche waidmännischen Ausdrücke benutzt man für die Lebensäußerungen des Federwildes?**

Begattungszeit = Balzzeit (Waldhühner, Trappen, Schwarzstorch, Kranich, Fasan, Wildtaube, Schnepfe), bei Enten Reihzeit, bei Rebhuhn, Greifvögeln und Raben Paarzeit
fortfliegen, sich erheben = aufstehen, abstreichen, bei Auerwild: abreiten, bei Gänsen und Enten in der Luft: ziehen
Geburtsakt = Ausfallen der Jungen
Kot, abscheiden = Gestüber, sich stüben (bei Auerwild Losung, sich lösen); bei Greifvögeln und Reihern Geschmeiß, schmeißen
Nahrung, fressen = Äsung, äsen, bei Greifvögeln Fraß, kröpfen, bei Fasan und Rebhuhn die Weide (sie fallen auf die Weide)
sich niederlassen = einfallen, sich einschwingen; bei Greifvögeln aufhaken, aufblocken
nisten = nisten. Es horsten Störche, Kraniche, Reiher, Tauben, Kolkraben, Krähen, Greifvögel und Eulen
packen = schlagen, greifen (Greifvögel).

## Bau und Verrichtungen des Wildkörpers

### Entstehung und Hauptteile des Wildkörpers

**Zu welcher Tierklasse gehören Haar- und Federwild?**

Haarwild gehört zur Klasse der Säugetiere, Federwild zur Klasse der Vögel.

**Wie entsteht der Körper des Wildes?**

Aus der Vereinigung der männlichen Samenzelle mit der weiblichen Eizelle. Aus der befruchteten Eizelle bilden sich durch wiederholte Teilung Zellen, aus denen der ganze Tierkörper (der Embryo) entsteht.

Diese Keimesentwicklung erfolgt bei allen Säugetieren in der Gebärmutter (dem Tragsack) und wird Tragzeit genannt.

Der Federwildkeimling entwickelt sich aus dem befruchteten Ei unter Mitwirkung der Körperwärme des brütenden Vogels.

**Aus welchen Hauptteilen besteht der Wildkörper?**

Aus dem *Knochengerüst* oder Skelett,

den *Muskeln* nebst Binde- und Fettgewebe, Faszien, Sehnen und Bändern,

den *Körperhöhlen* mit den *Eingeweiden* (Organen) und der *Haut*.

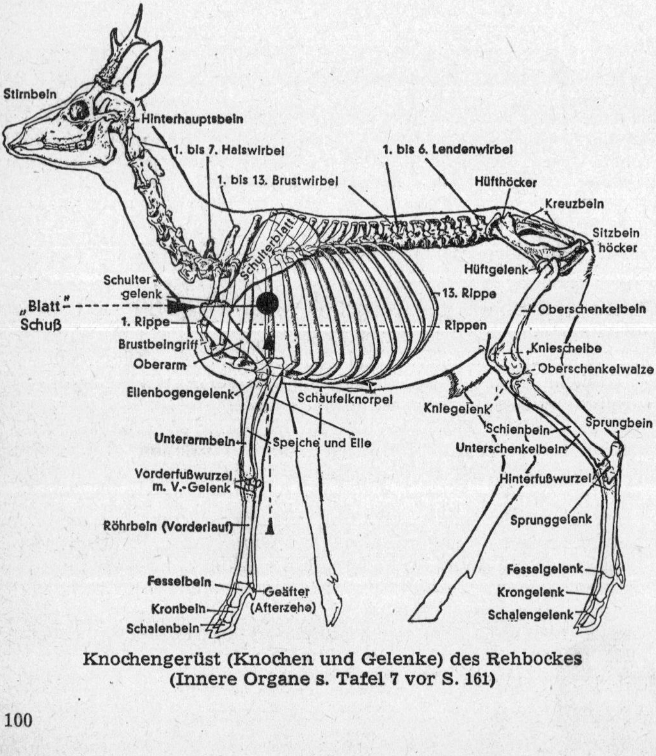


Knochengerüst (Knochen und Gelenke) des Rehbockes
(Innere Organe s. Tafel 7 vor S. 161)

**Welchen Zweck hat das Knochengerüst?**

Es gibt dem tierischen Körper die feste Grundlage. Es bestimmt die Körperform und trägt zur Bildung der Körperhöhlen bei.

**Welche Körperhöhlen werden unterschieden?**

Die Schädelhöhle (mit dem sich anschließenden Wirbelkanal), die Mund-Rachenhöhle, die Brusthöhle und die Bauch-Beckenhöhle.

**Welche Teile liegen in der Schädelhöhle und im Wirbelkanal?**

In der Schädelhöhle liegt das Gehirn (Groß- und Kleinhirn). Es steht mit dem im Wirbelkanal des Rückgrates liegenden Rückenmark und den sich von ihm abzweigenden Nerven in direkter Verbindung. Das Gehirn ist die Zentrale des Nervensystems (Bewegungs- und Sinneszentrum).

**Welche fünf Sinne werden unterschieden?**

Sehen, hören, riechen, schmecken und fühlen (Tast-, Schmerz- und Temperaturempfinden).
Die Sinnesorgane des Wildes sind gut entwickelt.
Mit feinem Gehör „vernimmt" Wild jedes Geräusch.
*Schalenwild* hat als Nasentier die Fähigkeit, mit dem Windfang (Schwarzwild mit dem Wurf) Wittrung (Gerüche) auf Hunderte von Metern aufzufangen. Will der Jäger unbemerkt an Schalenwild herankommen, so muß er es *gegen den Wind („unter Wind")* anpirschen. Die Lichter (Augen) sind dagegen astigmatisch, d. h., sie ermöglichen infolge abnormaler Krümmung der Hornhaut kein deutliches Sehen. Dafür nehmen sie aber jede Bewegung deutlich wahr. Zugvögel haben einen sechsten Sinn (den Orientierungssinn).
*Die Vögel* sind ausgesprochene Augentiere (s. auch „Tele"- oder Ferneinstellung des Auges S. 260), die Eulen sind Ohrtiere.

**Was bewirkt ein Schuß durch einen Wirbel des Rückgrates?**

Das sofortige Zusammenbrechen des beschossenen Stückes. Es bleibt im Feuer (s. Tafel 7 vor S. 161 u. S. 166 u. 169). Ein Schuß durch die Halswirbel bewirkt Totallähmung und ist sofort tödlich, während er durch die Lendenwirbel nur die Hinterläufe lähmt.

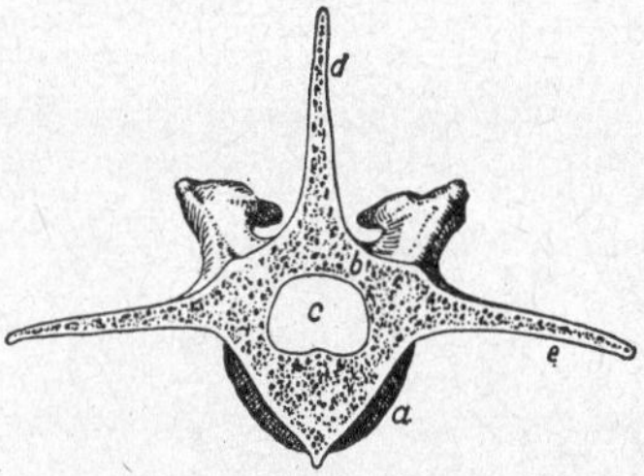


Rückenwirbel im Querschnitt
a = Wirbelkörper, b = Wirbelbogen,
c = Wirbelloch, d = Dornfortsatz,
e = Querfortsatz

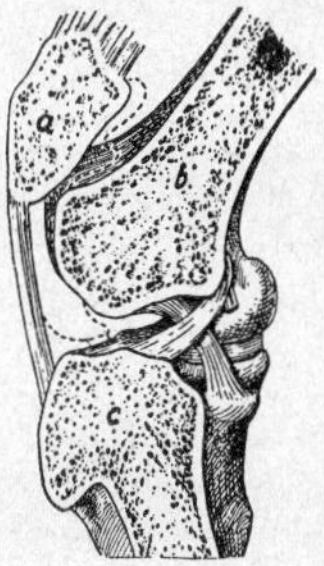


Schnitt durch ein Kniegelenk
a = Kniescheibe, b = Oberschenkelbein,
c = Unterschenkelbein

Die Brustwirbel sind beim Schalenwild mit hohen Dornfortsätzen ausgestattet (s. Abb. S. 100 u. Tafel 7 vor S. 161), die waidmännisch als „Federn" bezeichnet werden. Werden sie beim Schuß gestreift (gekrellt), so hat das durch Erschütterung des Rückenmarks eine vorübergehende Lähmung des Wildes zur Folge. *Gekrelltes Wild* (s. Abb. S. 166) *„schlegelt"* (schlägt) heftig mit den Läufen, erholt sich meist schnell wieder, so daß man sofort nachschießen muß, um das Stück nicht zu verlieren.

**Soll beim „Blattschuß" das (Schulter-)Blatt getroffen werden?**

Nein! Der „Blattschuß" muß vielmehr in dem vom Schulterblatt und Oberarm gebildeten, nach hinten offenen Winkel sitzen (Abb. S. 100), damit kein „Brand" entsteht. Hierunter versteht man die unerwünschten Blutergüsse, die sich zwischen den Muskelpartien der Schulterblätter bilden und das Wildbret unansehnlich und geringwertig machen (s. auch *Schußzeichen* S. 165/166 und Abb.).

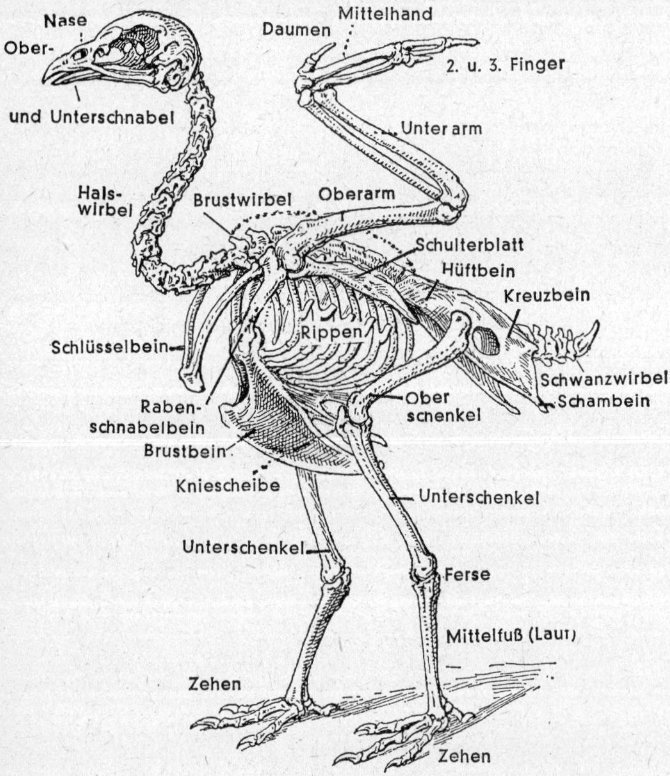


**Knochengerüst eines Vogels**

**Welche Besonderheiten zeigt das Knochengerüst des Federwildes?**

Ober- und Unterkiefer sind hornig und zahnlos; sie heißen *Schnabel*. Die Schultergliedmaßen sind zu *Flügeln* umgebildet. Die Knochen sind z. T. hohl und luftgefüllt und dadurch sehr leicht. Das Bein (Ständer) besteht aus Oberschenkel, Unterschenkel, Lauf und Zehen. Der Oberschenkel ist kurz und tritt aus dem Federkleid nicht hervor. Lauf und Zehen (meist vier) sind mit Hornschildern bedeckt. Die Ständer besitzen eine willkürliche *Muskelsperre*, durch die der Vogel ohne Anstrengung hocken und schlafen kann.

**Welche Arten von Muskeln werden unterschieden?**

Willkürliche und unwillkürliche Muskeln.

**Was sind unwillkürliche Muskeln?**

Muskeln, die vom Willen nicht beeinflußt werden können. Sie arbeiten also auch im Betäubungsschlaf. Hierher gehören die Herzmuskeln und die glatten Muskeln der Eingeweide (Magen, Darm, Blase, Blutgefäße) und die der Haut.

**Was wissen wir über Zahl und Verrichtung der Skelettmuskeln?**

Die Jagdtiere besitzen etwa 200 verschiedene Muskeln, die wir in ihrer Gesamtheit als „Wildbret“ bezeichnen. Sie sind der Bewegungsapparat des tierischen Körpers.

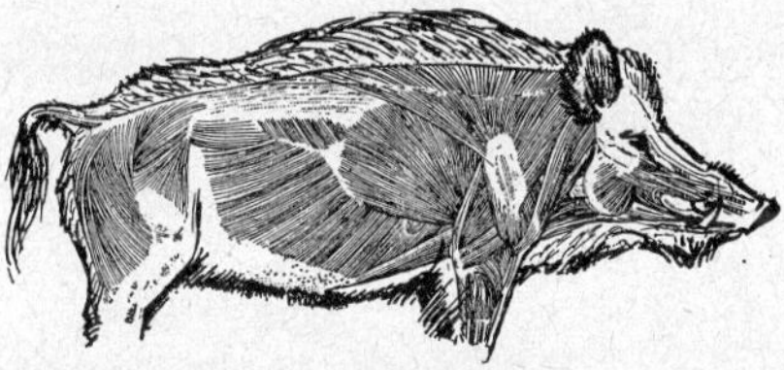

Oberflächliche Muskeln (Schwarzwild)
Schwarte und Weißes (Unterhautfettgewebe) sind entfernt

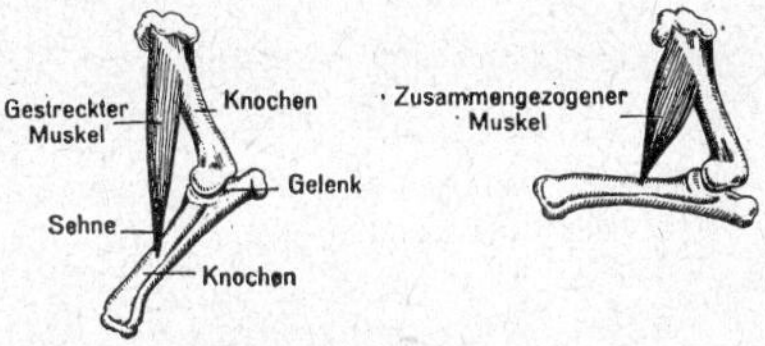


Muskelwirkung (Ellenbogengelenk)

**Aus welchen Teilen besteht das Blut?**

Aus dem Blutserum, dem Blutfaserstoff und den roten und weißen Blutkörperchen. Die roten Blutkörperchen tragen den in der

Lunge aufgenommenen Sauerstoff in den Körper, die weißen bekämpfen die Feindbakterien, die in das Blut eingedrungen sind. Sie sind die Schutzpolizei des Körpers. Sie wirken als Freßzellen und können Krankheitskeime oder Fremdkörper auffressen und unschädlich machen. Die aus weißen Blutkörperchen, Gewebszellen und Gewebsflüssigkeit bestehende rahmgelbe Flüssigkeit nennt man Eiter.
Aus Blutresten kann man serologisch und mikroskopisch leicht feststellen, von welcher Tierart das Blut stammt. Das ist zur Aufklärung von Morden oder Jagdvergehen sehr wichtig.

**Was wissen wir vom Bau und der Aufgabe des Herzens?**

Das Herz ist ein Hohlmuskel. Es ist durch eine Längsscheidewand in zwei Hälften geteilt:
in ein linkes (arterielles) und ein rechtes (venöses) Herz.
Beide Herzhälften haben je eine Vorkammer und Herzkammer, die durch die Herzklappen in Verbindung stehen.
Das Herz ist vom Herzbeutel eingeschlossen.
Es hat, wie eine *Pumpe*, den Umlauf des Blutes im Körper zu bewerkstelligen und dabei durch die Kreisläufe (Pfortader-, Lungen- und Körperkreislauf) allen Teilen des Körpers Nährstoffe und Sauerstoff zuzuführen und unbrauchbare Stoffe aus dem Körper fortzuschwemmen.
Kohlensäure wird aus dem Blut in den Lungen, Harnstoff und Wasser werden in den Nieren ausgeschieden (s. S. 108).

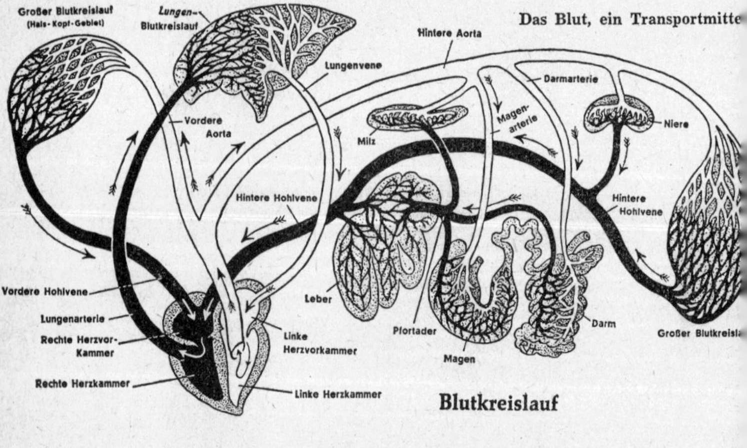


Blutkreislauf

**Welche Organe liegen in der Kammer (Brusthöhle)?**

Das *Herz* mit seinen großen Blutgefäßen und die *Lungen*.
Das Herz liegt in der unteren Hälfte, die großen Blutgefäßstämme (wie Aorta und Hohlvenen) liegen in der oberen Hälfte der Brusthöhle (s. Abb. Tafel 7 vor S. 161).

Die Lungen sind die Atemeinrichtungen des Körpers. Sie werden durch das sog. Mittelfell in eine rechte und eine linke Lunge geschieden. Sie liegen in völlig voneinander getrennten Kammern.

**Füllen diese Organe die Brusthöhle voll aus?**

Ja, denn in der Brusthöhle herrschen Unterdruckverhältnisse. Dadurch können zwischen den einzelnen Organen, auch bei der Ein- und Ausatmung, keinerlei Hohlräume entstehen, so daß beim Kammerschuß niemals ein sog. „Hohlschuß" möglich ist.

**Was geschieht bei einer Schußverletzung der Lungenflügel?**

Durch Einströmen von Luft in die Brusthöhle wird der Unterdruck aufgehoben. Die Lungenflügel fallen dadurch schlagartig zusammen und werden funktionsunfähig, so daß das Wild erstickt. Hierauf beruht, neben den Schußverletzungen, die tödliche Wirkung der Lungenschüsse. Wir finden deshalb nach Lungenschüssen die Lungen (z. B. beim Aufbrechen) stets zusammengefallen vor.

**Was verstehen wir unter dem Zwerchfell?**

Die sehnig-muskulöse Scheidewand, die die Brusthöhle völlig von der Bauchhöhle trennt und sich dabei kuppelförmig weit in den Brustraum vorwölbt. Das Zwerchfell ist der wichtigste Atmungsmuskel.
Federwild hat kein Zwerchfell. Die Lungen des Federwildes liegen in Zwischenräumen der Rippen und haben „Luftsäcke".

**Welche Teile des Wildkörpers gehören zum Verdauungsapparat?**

Zähne, Zunge (bei Wiederkäuern „Lecker" genannt), Schlund, Magen, Darmkanal und die Verdauungsdrüsen.
Den Magen-Darmkanal bezeichnet der Jäger als „Gescheide" (großes und kleines Gescheide).

**Wozu dienen die Zähne?**

Zum Zerkleinern der aufgenommenen Nahrung, beim Raubwild (als Fangzähne) auch zum Festhalten des Raubes. Das erste Gebiß nennt man Milchgebiß. Es wird während der Jugendentwicklung nach und nach durch bleibende Zähne ersetzt. Die mit fortschreitendem Alter erfolgende Abnutzung der Zähne benutzt man zur Altersbestimmung (s. S. 148).
Federwild hat keine Zähne („Falkenzahn" s. S. 244, 250, 258).
Wir unterscheiden: Schneide-, Fang- und Backenzähne.
*Wiederkäuendes Schalenwild* hat im Unterkiefer 8 Vorderzähne, von denen sechs Schneidezähne und zwei Eckzähne sind. Die beiden mittleren Schneidezähne heißen Zangen. Im *Oberkiefer* der Wiederkäuer gibt es keine Vorder- oder Schneidezähne (V). An ihrer Stelle sind harte elastische Schleimhautschwielen vorhanden. Nur beim männlichen und weiblichen Rotwild (selten auch bei Dam- und Rehwild) kommen im Oberkiefer Eckzähne (E) vor. Sie gelten als Trophäe und werden *Grandeln*, bei weiblichen Stücken *Haken* genannt. Außerdem besitzen die Wiederkäuer jederseits

oben und unten je 6 Backenzähne (3 Prämolaren und 3 Molaren), also 24 Backenzähne (B). V bedeutet Vorderzähne.
Rotwild hat insgesamt 34 Zähne (einschl. der beiden Grandeln):

*Zahnformel*: $V\frac{0}{4}\quad E\frac{1}{0}\quad B\frac{6}{6}\quad \frac{\text{oben: } 7}{\text{unten: } 10} = 17 \times 2 = 34$ Zähne

Beim Rotwild ist vom 31. Lebensmonat das Dauergebiß fertig.
*Dam- und Rehwild* (dem die Grandeln fehlen) *hat nur 32 Zähne.*
*Schwarzwild* hat oben und unten je 6 Schneidezähne (S I bis S III). Dahinter liegen die Eckzähne, die beim Keiler viel stärker sind als bei der Bache. Der obere Eckzahn oder „*Haderer*" ist kurz und dick und kreisförmig nach oben gewunden. Der untere Eckzahn oder das „*Gewehr*" ist viel länger, bogenförmig und im Querschnitt dreieckig (bei der Bache kleiner und oval bis rund). Im Anschluß an die Eckzähne sind auf jeder Kieferseite ein kleiner *Lückenzahn* ($P_1$), der nicht gewechselt wird, und hinter ihm drei dem Wechsel unterliegende ($P_2$ bis $P_4$) und drei Dauer-Backenzähne ($M_1$ bis $M_3$), insgesamt also im Alter über zwei Jahre 44 bleibende Zähne vorhanden (s. Abb.). Der *Frischling* bis zu einem Jahre hat nur 36 Zähne. Ihm fehlen noch die Backenzähne $M_2$ und $M_3$, die erst nach 12 bzw. 22 Monaten durchbrechen (s. auch S. 179). Die Hauzähne (Haderer und Gewehre) sind wurzellos und wachsen laufend nach. Sie sind deshalb beim alten Keiler am längsten. Die Gewehre sind bis zu zwei Drittel ihrer Länge im Unterkiefer verborgen. Sie können insgesamt bis 21 cm lang werden. Jedes Zentimeter ihrer Schleiffläche entspricht etwa dem Lebensalter in Jahren (z. B.: 5 cm Abschliff = etwa 5 Jahre alt).

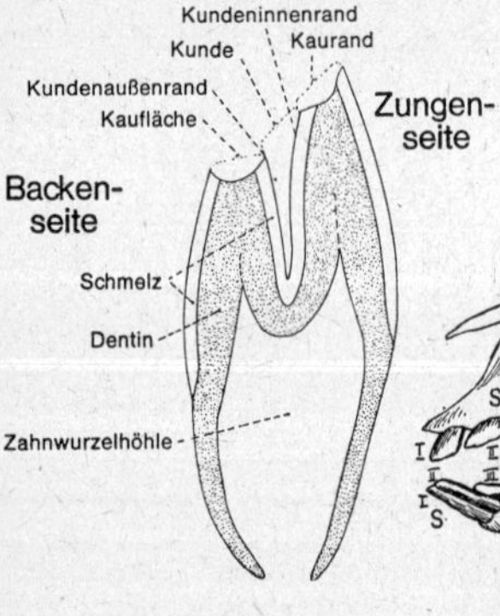


Schnitt durch die Mitte eines Backenzahns (Molar)

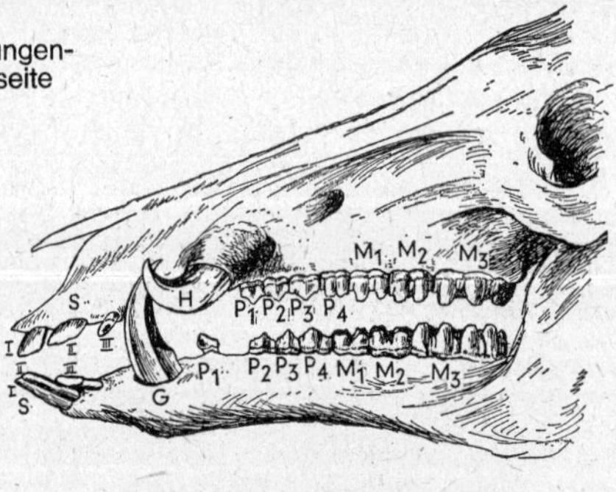


Gebiß eines alten Keilers
H = Haderer, G = Gewehre,
P = Prämolaren (vordere) und
M = Molaren (hintere) Backenzähne

Bei den *Hasenartigen* (Hase, Kaninchen) sind im Gegensatz zu den echten Nagetieren die Schneidezähne im Oberkiefer in zwei Reihen angelegt (= *Doppelzähner*). Sie sind, wie auch die unteren Schneidezähne, wurzellos und wachsen ständig nach. Ohne Gegenbiß und Zahnabschliff entstehen Mißbildungen („Keilerhasen").

Beim *Haarraubwild* bezeichnet man die verlängerten Eckzähne (wie beim Hund) als *Fangzähne. Reißzähne* sind die vier durch Größe und Spitzenbildung charakterisierten Backenzähne oder Molaren des Raubwildes und Hundes (s. S. 309).

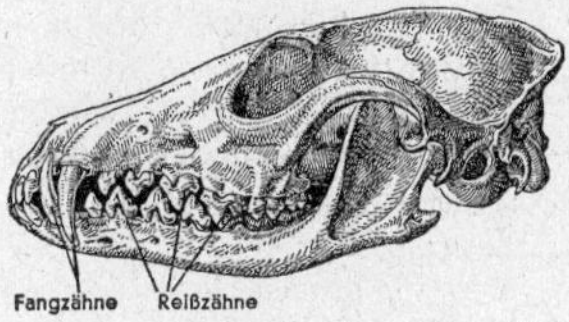


Schädelknochen des Fuchses von der Seite gesehen

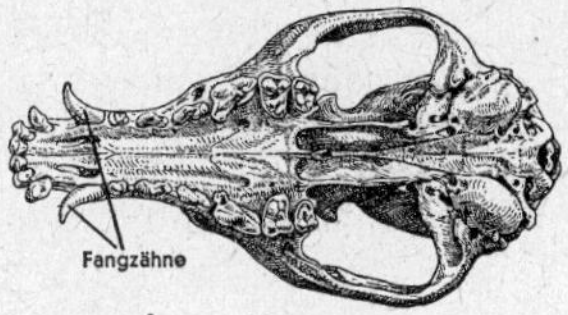


Oberkiefer von unten gesehen

**Welche Verdauungsdrüsen gibt es?**

Die Speicheldrüsen, die Drüsen im Magen und im Darm, die Leber und die Bauchspeicheldrüse. Sie sondern Verdauungsflüssigkeit ab.

**Wie heißt die von der Leber gebildete Verdauungsflüssigkeit?**

Galle. Sie wird als grünliche Flüssigkeit durch Gallengänge der Gallenblase zugeführt.

**Welche Tiere besitzen k e i n e Gallenblase?**

Pferdearten, Hirscharten (also auch das Rehwild), Taube und Perlhuhn. Bei ihnen fließt die von der Leber gebildete Galle durch den Gallengang dem Zwölffingerdarm direkt zu.

**Welche Bedeutung hat die Milz?**

Sie ist ein Blutspeicher (bei Jagd- und Fluchttieren), dient dem Abbau roter Blutzellen, der Krankheitsabwehr und als Blutfilter.

**Wie ist der Magen-Darmkanal (das Gescheide) beschaffen?**

Das Haarwild besitzt, mit Ausnahme der Wiederkäuer, einen einfachen sackartigen Magen. Der Hauptaufschließungsvorgang der Nahrung erfolgt im Dünndarm (seine Teile heißen Zwölffingerdarm, Leerdarm und Hüftdarm).
Im Dickdarm (bestehend aus Blinddarm, Grimmdarm und Mastdarm) wird unter Beteiligung von Darmbakterien die Rohfaser verdaut.
Bei den *Hasenartigen* (Hase und Kaninchen) ist der Blinddarm um ein Vielfaches größer als der Magen. Bei ihnen spielt die Blinddarmverdauung eine besondere Rolle (s. S. 188). Dünn- und Dickdarm bezeichnet man als „kleines Gescheide".

**Wie ist der Wiederkäuermagen (das große Gescheide) beschaffen?**

Bei den Wiederkäuern mündet der Schlund in d r e i sackartige V o r m ä g e n (Abb. S. 108), die der Reihe nach als
Pansen (Weidsack oder Wanst),
Haube (oder Netzmagen) und
Psalter (Blätter- oder Buchmagen) bezeichnet werden.

Der *Pansen* ist der größte der Vormägen. Er dient als Speicher- und Vergärungskammer. In ihn und die Haube (den Netzmagen) wird zunächst alle gerupfte Äsung grob zerkaut hinuntergeschluckt, dort erweicht und später bissenweise zum Geäse zurückbefördert, bei Ruhe wiedergekaut, in Breiform abgeschluckt und im Pansen bakteriell vergärt. Die *Haube* (der Netzmagen) hält das grobe Futter fest, das feine wird in den *Blättermagen* (oder Psalter) geleitet, wo ihm Wasser entzogen wird, ehe es in den *Labmagen* gelangt. Der Labmagen ist ein Drüsenmagen, in dem die Eiweißverdauung beginnt. Sein Ausgang leitet in den Dünndarm über.

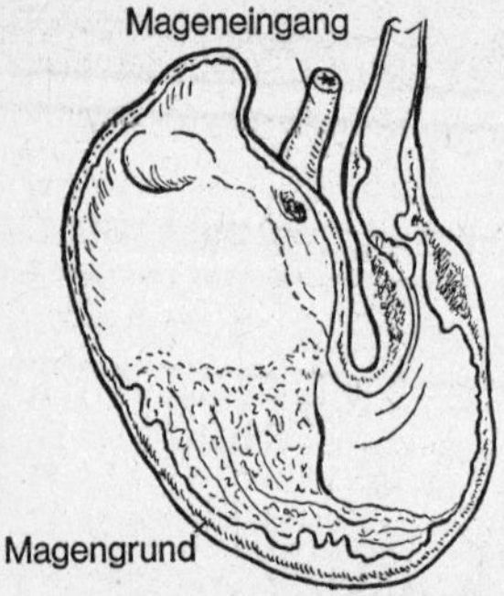

Einhöhliger sackartiger Magen (Schwarzwild) aufgeschnitten

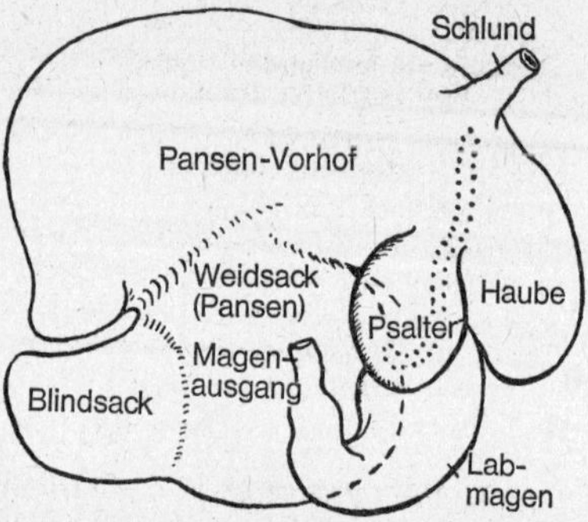

Mehrhöhliger Wiederkäuermagen (Reh) mit Magenrinne (punktiert)

**Was geschieht mit den in den Magen-Darmkanal aufgenommenen Stoffen?**

*Flüssigkeiten* und die verdaulich gemachten (gelösten) *Nährstoffe* werden von der Pansenschleimhaut (Pansenzotten) direkt und von der Darmschleimhaut z. T. über die Lymphgefäße ins *Blut* aufgenommen und zur Leber gebracht (Pfortader). Dort werden sie gespeichert oder auf dem Blutweg nach allen Teilen des Körpers (Körperzellen) transportiert (s. Abb. S. 104). Die *unbrauchbaren Schlackenstoffe* werden dagegen durch die Nieren mit Flüssigkeit

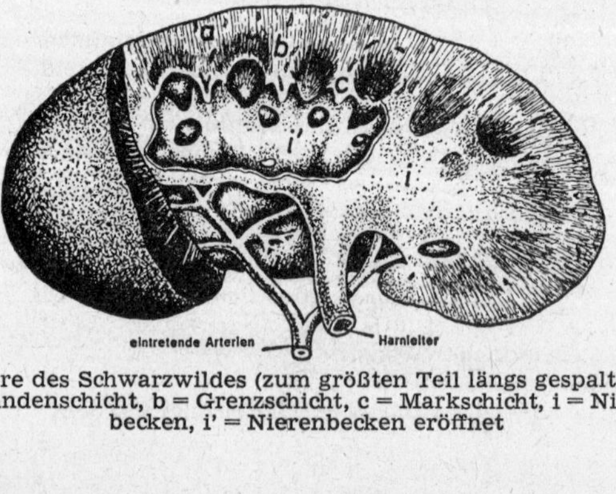

Niere des Schwarzwildes (zum größten Teil längs gespalten)
a = Rindenschicht, b = Grenzschicht, c = Markschicht, i = Nierenbecken, i' = Nierenbecken eröffnet

*verdünnt als Harn* ausgeschieden und gelangen durch das Nierenbecken und den Harnleiter zur Harnblase und von da durch die Harnröhre nach außen.

**Was geschieht mit den nicht verdaulichen festen Stoffen?**

Sie bleiben im Darmkanal zurück und gelangen durch wellenförmige Bewegungen des Darmrohres in den Enddarm (Weiddarm) und durch das Weidloch als Losung (Gestüber) nach außen.

**Welchen Unterschied in der Weite zeigen Dünn- und Dickdarm?**

Bei wiederkäuendem Schalenwild ist der Dickdarm, mit Ausnahme des Blinddarms, nur wenig weiter als der Dünndarm. Beim Schwarzwild ist der Dickdarm viel weiter als der Dünndarm.

**Wie ist der Verdauungskanal bei Federwild beschaffen?**

Federwild hat keine Zähne. Zur Nahrungsaufnahme dient der hornige *Schnabel.* Die aufgenommene Nahrung gelangt nur ungenügend zerkleinert über den Schlund in eine große sackartige Erweiterung des Schlundes, den *„Kropf"*. Er dient als Vorratskammer (und kann z. B. bei der Ringeltaube bis 30 Eicheln aufnehmen). In ihm wird die Nahrung vorgeweicht und angedaut. Im *Magen,* der kräftig bemuskelt ist, wird die Nahrung zermahlen. Eine wichtige Rolle hierbei spielen die *„Weidkörner"* (Sand, Kieselsteine), die immer im Muskelmagen zu finden sind. Sie übernehmen die Funktion der allen Vögeln fehlenden Zähne.
*Als Weidkörner aufgenommene „Schrote"* können durch ihren *Bleigehalt* tödlich wirken.
Der *Darmkanal* des Federwildes ist kurz. Die Verdauung geht sehr schnell vor sich (besonders bei den Greifvögeln).

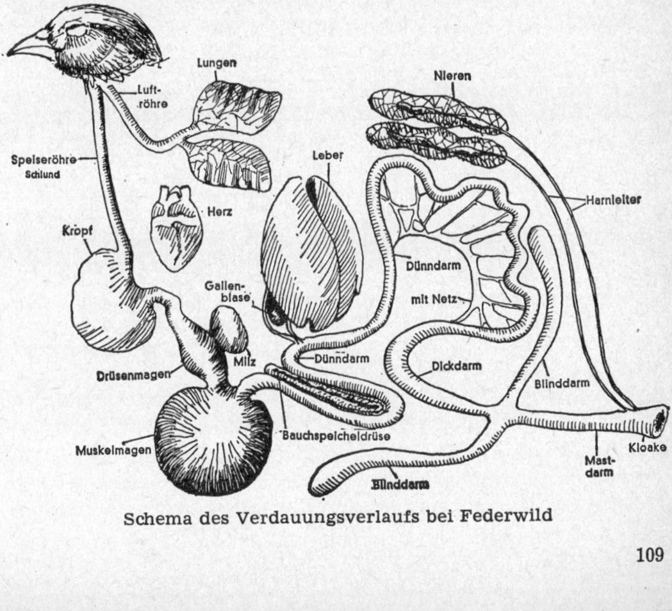


Schema des Verdauungsverlaufs bei Federwild

Mit dem *Dickdarm* stehen zwei gut entwickelte *Blinddärme* in Verbindung. Die Entleerung der *Blinddarmlosung* (s. S. 207) erfolgt gesondert und meist am Vormittag.

**Welche Teile gehören zu den Harnorganen?**
Die *Nieren* mit dem Nierenbecken (s. Abb. S. 108), die beiden Harnleiter, die *Harnblase* und die *Harnröhre.*
Die Harnröhre mündet bei männlichem Haarwild in den männlichen Geschlechtsteil oder die Rute (bei Schalenwild Brunftrute genannt), bei weiblichem Haarwild in die Scheide (Abb. S. 111).
*Federwild hat keine Harnblase.* Der Harn wird von den Nieren durch den Harnleiter abgeleitet und zusammen mit dem Kot durch die Kloake entleert. Diese Ausscheidungen werden genannt: *„Losung"* bei dem zur Hohen Jagd gehörenden Auergeflügel, *„Gestüber"* bei dem zur Niederjagd gehörenden Federwild und *„Geschmeiß"* bei den Greifvögeln und Reihern. Sie sind durch *Harnsäureablagerung weiß* überzogen (s. Abb. S. 214).

**Was verstehen wir unter der Kloake?**
Den gemeinsamen Endkanal des Darm-, Harn- und Geschlechtsweges bei Vögeln (den Weiddarm mit dem Weidloch).

**Welche Teile gehören zu den männlichen Geschlechtsorganen?**
Die paarig angelegten Hoden nebst Nebenhoden, die Hilfsdrüsen (Samenblasen, Vorsteherdrüse) und die Samenleiter. Sie münden gemeinsam in die Harnröhre.
Bei *Schalenwild* heißen die Hoden *„Brunftkugeln"*; Hoden und Hodensack zusammen heißen *„Kurzwildbret"*.
Beim *Haarraubwild* (und beim Hunde) heißen die Hoden *„Geschröte"*, weil sie beim kleinen Haarraubwild in der Größe starken Schroten ähneln.
*Hase und Kaninchen* haben keinen Hodensack. Bei ihnen liegen die Hoden außerhalb der „Rammelzeit" im Leistenkanal.
Das *Federwild* besitzt (wie alle Vögel) nur i n n e r e Geschlechtsorgane. Die Hoden des männlichen Federwildes sind paarig angelegt. Sie liegen in der Leibeshöhle unterhalb des vorderen Teiles der Nieren.

**Welche Teile gehören zu den weiblichen Geschlechtsorganen?**
Die beiden Eierstöcke, Eileiter, die zweigeteilte (zweihörnige) Gebärmutter, der Scheidenhals (mit dem Verschlußmechanismus), die Scheide und außen die Scham.

**Wie benennt der Jäger die weiblichen Geschlechtsorgane des Wildes?**
Bei *Schalenwild* heißt der Scheidenvorhof und die Scham *„Feuchtblatt"*, bei anderem Wild *„Nuß"*, *„Schnalle"* oder *„Tasche"*.
Die *Gebärmutter* heißt *„Tragsack"*, bei Trächtigkeit *„Tracht"*. Trächtiges Schalenwild bezeichnet man als *„beschlagen"* bzw. *„hochbeschlagen"* (s. Abb. S. 138).
*Niederwild „hat inne"* (Hase und Kaninchen),
*Raubwild „geht dick"*.
Weibliches Federwild hat nur e i n e n Eierstock und nur einen Eileiter, in dem die Eier auf ihrer Wanderung in den Weiddarm ihre Eiweißschicht und Kalkschale erhalten.

**Was versteht man unter einem Zwitter oder Hermaphrodit?**

Die Vermischung der Geschlechtsmerkmale beider Geschlechter bei einem Stück.

Wir unterscheiden:

*Echte Zwitter* mit gleichzeitig vorhandenen männlichen und weiblichen Keimdrüsen (Eierstock und Brunftkugel) und *Scheinzwitter*, mit Zwitterbildung nur der äußeren Geschlechtsteile.

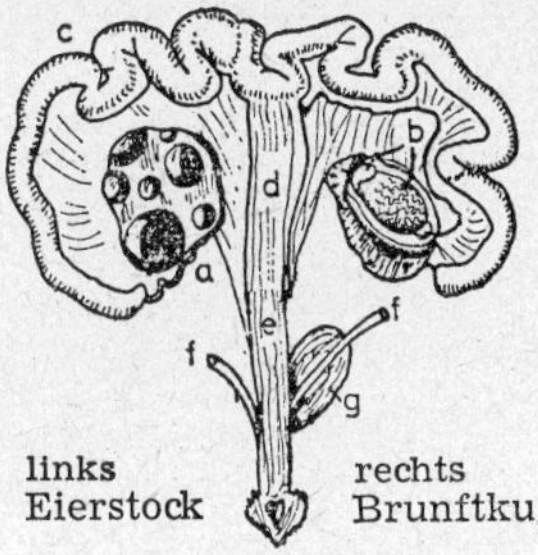


links Eierstock — rechts Brunftkugel

Echter Zwitter

Tragsack vom Wildschwein
a: Eierstock, b: Brunftkugel,
c: Horn des Tragsackes, d: Körper des Tragsackes, e: Scheidenhals,
f: Harnleiter, g: Harnblase

Eine *gehörnte Ricke* z. B. ist meist ein weibliches Stück, bei dem am Tragsack ein Eierstock und eine Brunftkugel vorhanden sind (Abb.). Sie kann beschlagen werden und setzen. Die Brunftkugel bewirkt, daß es zu einer Gehörnbildung kommt. Das Gehörn kann sogar (meist in der Setzzeit) abgeworfen, neu geschoben und gefegt werden.

Ein *Scheinzwitter mit Feuchtblatt* (ohne Tragsack) und verkümmerter Brunftrute im Schamspalt ist meist *ein männliches Stück*, bei dem die Brunftkugeln verkümmert sind oder (wie beim Kryptorchiden) in der Bauchhöhle oder dem Leistenkanal liegen. Ein derartiger Bock ist unfruchtbar, schiebt, fegt und wirft meist normal ab. Infolge der Verkümmerung der Brunftkugeln (bis auf Erbsengröße) kann es zu *Perückenbildung* kommen (s. S. 144/145).

**Wie verändert sich die Tracht während der Tragezeit?**

Sie erweitert und verlängert sich entsprechend dem zunehmenden Wachstum der Leibesfrucht. Im Anschluß an die Geburt des Jungtieres werden die Eihüllen als *Nachgeburt* ausgestoßen und bei einigen Wildarten vom Muttertier instinktmäßig verzehrt.

**Wie erfolgt die Ernährung des Neugeborenen?**

Beim Haarwild (wie bei allen *„Säuge"-Tieren*) *mit Muttermilch*. (*Künstliche Muttermilch* zur Aufzucht von Rehkitzen bereitet man aus $^1/_4$ Haferschleim, $^2/_4$ Kuhmilch und $^1/_4$ süßer Kondensmilch.) Das Gesäuge des Haarwildes ist in zwei Hälften angelegt. Bei pflanzenfressendem Schalenwild befindet es sich zwischen den Hinterschenkeln, bei Bachen, Raubwild und den Hasenartigen zieht es sich als langgestreckte Drüse zu beiden Seiten der Bauchmittellinie hin. Die Zahl der Zitzen ist artbedingt und hängt mit der Zahl der Neugeborenen zusammen (Muffelschaf zwei, Ricken und Tiere vier, Raubwild bis 10, Sau bis 14 Zitzen).

Die aus den Eiern ausgefallenen Jungvögel (Brut) sind entweder *Nestflüchter* (wie z. B. die Hühnervögel), die das Nest oder Muldennest sofort befiedert verlassen, oder *Nesthocker* (wie z. B. Singvögel und Greifvögel), die zuerst nackt sind und im Nest oder Horst von den Elterntieren geatzt werden. Eier und Aufzucht werden immer mehr durch *Pesticide* (Mittel gegen pflanzliche und tierische Schmarotzer) gefährdet.

**Welche Teile gehören zur äußeren Haut?**

Bei Haarwild die Haare, bei Federwild das Gefieder.

**Welche Bedeutung hat die äußere Haut?**

Sie ist eine Schutzdecke und ist bei der Regelung der Körperwärme wesentlich beteiligt.

Die äußere Haut des Haarwildes („Decke" des wiederkäuenden Schalenwildes, „Schwarte" des Schwarzwildes und Dachses, „Balg" des übrigen Haarwildes) ist mit Haaren ausgestattet. Das Haar wird jährlich zweimal (im Frühjahr und Herbst) gewechselt, und wir unterscheiden *Sommer- und Winterhaar.* Bei den Hirscharten nennen wir den Haarwechsel „*Verfärben*" und die jeweilige Jahreszeit „Färbezeit". Beim Schwarzwild nennen wir den Haarwechsel „*Versetzen*", beim Raubwild und beim Hunde „*Verhären*".

Zur behaarten Haut gehören Talg- und Schweißdrüsen. An tierartlich festgelegten Stellen können diese Hautdrüsen vermehrt als *Duftdrüsen*organe auftreten. Sie sind für die Verständigung des Wildes von großer Bedeutung (s. S. 156).

Beim Federwild wird die äußere Haut mit den Federn als „Balg" bezeichnet (Federwild wird z. B. „abgebalgt", wenn es präpariert werden soll). Dem Haarwechsel entspricht bei ihm der *Federwechsel* (die Frühjahrs- und Herbstmauser, das *Sommer- und Winterkleid*).

Wir unterscheiden das *Fluggefieder,* das den Flug ermöglicht, und das *Deckgefieder,* das den Körper schützend bedeckt.

Haarwechsel und Mauser stellen an den Stoffwechsel des Wildes hohe Ansprüche.

## HAARNUTZWILD

### SCHALENWILD (Paarhufer)

#### Einteilung

**Welches Wild gehört zum Schalenwild?**

Alles Wild, das mit den Läufen auf Schalen (Klauen) zieht (geht).

Wir unterscheiden:

Wiederkäuendes und nichtwiederkäuendes Schalenwild.

Das *wiederkäuende Schalenwild* wird eingeteilt

1. in *geweih*tragendes Schalenwild (Hirsche oder Cerviden); zu ihnen gehören
   die echten Hirsche (Cervinae): Rotwild, Damwild und Sikawild, und
   die Trughirsche (oder Odocoilinae): Elchwild und als kleinste Hirschart das Rehwild;
2. in *horn*tragendes Schalenwild (Horntiere oder Boviden); zu ihnen gehören Wisent, Gams-, Stein- und Muffelwild.

Zum *nichtwiederkäuenden Schalenwild* gehört das Schwarzwild.

**Welcher große Unterschied besteht zwischen der Kopfwaffe des geweihtragenden und des horntragenden Schalenwildes?**

Bei *Geweihträgern* ist die Kopfwaffe (Geweih, Schaufel oder Gehörn) ein Knochengebilde, das auf Stirnbeinfortsätzen, den *Rosenstöcken,* aufsitzt. Sie wird nur von männlichen Tieren getragen, zur Brunftzeit als Waffe gebraucht, alljährlich *abgeworfen* und jedes Jahr in einem Zeitraum von 130 Tagen wieder *neu gebildet.* Hierbei ist sie zuerst mit Bast umgeben (Bast- oder Kolbenzeit). Sie wird später gefegt und dadurch „blank".
Bei *Hornträgern* sind die Kopfwaffen (Hörner, Krucken und Schnecken) Hornschlauchgebilde. Sie sitzen tütenartig über langen Stirnzapfen und wachsen von unten her ständig weiter. Der älteste Teil eines Hornes ist also seine Spitze (s. Abb. S. 174). Die Hörner werden nicht abgeworfen und von männlichen und weiblichen Tieren getragen. Nur weibliches Muffelwild ist meist hornlos.

**Bei welcher Hirschart nordischer Länder tragen beide Geschlechter ein Geweih?**

Beim Ren oder Rentier (fälschlich oft Renntier!).

**Welche Besonderheiten zeigt das Schwarzwild?**

Die Eckzähne im Ober- und Unterkiefer sind stark entwickelt. Der Magen ist ein einfacher drüsenhaltiger Magen (s. S. 108).

## Ausmachen und Bestätigen des Schalenwildes

**Was versteht man unter „ausmachen" und „bestätigen"?**

*Ausmachen* heißt: Den Standort oder Wechsel von Wild suchen und finden (z. B. einen Brunftplatz ausmachen).
*Bestätigen* heißt: Ein Stück Wild an bestimmten Zeichen feststellen (z. B. einen starken Hirsch bestätigen).

**An welchen Zeichen läßt sich das Vorkommen von Schalenwild erkennen?**

An den Tritten bzw. Fährten, an der Losung, an Plätz-, Fege- und Schlagstellen und an Lautäußerungen.

**Was ist ein gerechtes und reines Trittsiegel?**

Ein Tritt, der *deutlich* abgedrückt ist und ein Stück Schalenwild *nach Art und Geschlecht* erkennen läßt.

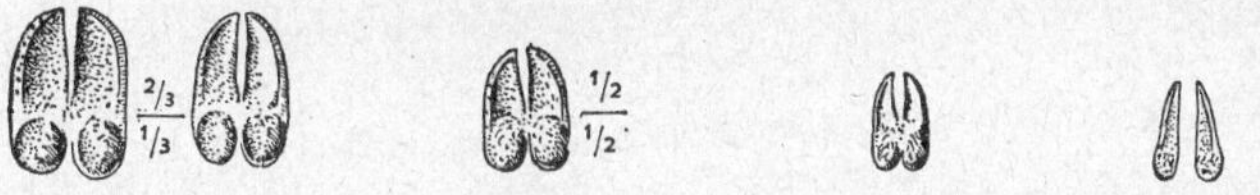


Rotwild Hirsch Tier — Damwild — Rehwild — Gamswild

**Wie unterscheiden sich die Trittsiegel des Rot-, Dam- und Schwarzwildes?**

Die *Ballen* nehmen beim Rotwild etwa $1/3$, beim Damwild aber etwa die Hälfte des Trittes ein. Der Tritt des Schwarzwildes ist durch den Abdruck des *Geäfters* gekennzeichnet (Abb. s. S. 177).

**Wie bezeichnet man fortlaufende Tritte beim Schalenwild?**

*Fährte.* (Beim übrigen Haarwild *Spur,* beim Federwild *Geläuf.)* Eine Fährte oder Spur, die mindestens zwei Stunden alt ist, nennt man *„kalt“*. Ist sie weniger alt, nennt man sie *„warm“* oder *„frisch“*.

**Wo findet man gerechte (klare) Trittsiegel?**

Im mäßig nassen Boden.
Im Schnee findet man selten klare Tritte, dafür aber deutliche Fährten- und Spuren*bilder.*

**Was ist charakteristisch für die Fluchtfährte und Fluchtspur?**

Beim flüchtenden Schalenwild stehen die Tritte der Hinterläufe immer v o r den Tritten der Vorderläufe. Schalenwild macht also bei der Flucht den sog. *Hasensprung* (s. Abb. S. 151). Hierbei werden die Schalen weit gespreizt und tief in den Boden eingedrückt. Dadurch prägt sich auch das *Geäfter* (= Afterklauen) deutlich ab, was beim vertraut ziehenden Schalenwild, mit Ausnahme des Schwarzwildes, nicht der Fall ist (Abb. S. 122).
Die Sprungweite flüchtigen Wildes beträgt beim Rotwild etwa sieben Meter, beim Rehwild etwa vier Meter.

**Was sind Wechsel, und was ist ein Paß?**

*Wechsel* sind die regelmäßig eingehaltenen Wege des Schalenwildes zwischen Tagesstand und Äsungsplatz. Regelmäßig benutzte Wechsel sind *„Hauptwechsel“*, gelegentlich benutzte „Nebenwechsel“. Auf dem sog. *„Rückwechsel“* geht das Wild durch die Treiberwehr zurück. Er spielt bei *Drückjagden* (s. S. 283) eine wichtige Rolle. Schwarzwild hält keinen Wechsel.
*Paß* ist der regelmäßige Weg des niederen Haarwildes (Dachs, Fuchs, Hase und Kaninchen).
Wir sprechen also z. B. vom Rehwechsel und vom Fuchspaß!
*„Fernwechsel“* sind Wege, die vom Wild immer wieder benutzt und mit rätselhafter Sicherheit gefunden werden (z. B. der uralte Wolfspaß bei Gartow/Elbe, den die seit 1948 vorstoßenden sechs Wolfsrüden annahmen).

**Was versteht man unter einem „Widergang“?**

Das Zurückwechseln eines Stückes auf der eigenen Fährte, durch das sich ein Verfolger leicht täuschen läßt (s. auch S. 184).

**Was bezeichnet man mit Losung?**

Die festen Ausscheidungen des Wildes. Aus *Größe, Form und Geruch* der Losung ist ein sicheres Ansprechen nach der Wildart in fast allen Fällen möglich (Abb. s. S. 124, 152, 177, 187, 194 und 198).

**Was versteht man unter „Plätzen“?**

Das *Wegschlagen von Erde,* Laub und Moos mit den Vorderläufen. Es erfolgt aus Übermut und Unruhe vor und in der Brunft-

**Plätzender und fegender Bock**

zeit. Außerdem pflegt Schalenwild zu plätzen, wenn es im Winter nach Äsung sucht. *Rehwild* plätzt, bevor es sich im „Bett" niedertut. *Rotwild* plätzt nur selten.

**Was sind „Suhlen"?**

Suhlen sind *Schlammbäder.* Sie gehören zu den Lebensnotwendigkeiten des Rot- und Schwarzwildes. Rehwild suhlt nie. Im Rotwild- und Schwarzwildrevier wird deshalb jeder zur Verfügung stehende Tümpel, auch auf den Waldwegen, zum Suhlen benutzt. In der Nähe von Suhlen kann man auch Kirrungen z. B. mit Mais oder Eicheln anlegen, um damit Wildschäden auf den Feldern zu vermindern. Suhlen dienen der Körperreinigung und dem Fernhalten von Fliegen, Hirschlausfliegen und Stechinsekten, weniger zur Abkühlung, denn klares Wasser wird nicht angenommen.

**Was sind „Malbäume"?**

Es sind rauhrindige Bäume, an denen sich *Schwarzwild, selten Rotwild,* nach dem Suhlen scheuert. In Kniehöhe mit Holzteer präpariert, werden sie bevorzugt angenommen. Als Kennzeichen oder „Mal" ist die Rinde des Malbaumes abgerieben, und die *Reibestellen* sind durch „Beschläge" (Schlammkrusten) schmutzig. Sie tragen oft auch Narben von Schlägen mit dem Gewaff.
An Tritten, Borsten und Haaren kann man feststellen, welches Wild Suhle oder Malbaum angenommen hat. (Die Borsten des Schwarzwildes sind etwas gespalten!)

**Durch welche Lautäußerungen verrät sich Wild dem Jäger?**

In der Brunftzeit (s. S. 116) der Rothirsch durch sein *„Röhren, Orgeln oder Schreien"*, der Damhirsch durch sein *„Rülpsen"*, der Sikahirsch durch seinen *„Brunftpfiff"*, der Gemsbock durch sein *„Blädern"*, der Rehbock durch sein *„Keuchen"* (s. S. 157), das weibliche Rot- und Damwild durch sein *„Mahnen"* (als Kontakt- und Locklaut), Ricken und Kitze durch ihr *„Fiepen"* (als Such- und Locklaut). Es *„pfeifen"* Gams- und Muffelwild sowie Murmeltiere (Warnlaut), es *„blasen"* die Sauen (als Warnlaut), und es *„keckert"* das Raubwild (beim Warn- oder Drohlaut).

Durch *Locklaute,*
wie das Mahnen des Alttieres (s. S. 130) und das Fiepen der Ricke und des Kitzes (s. S. 152);
durch *Warn- und Wutlaute,*
wie das Blasen der Sauen, das Pfeifen der Gemse, das oft nur einmalige bellende Schrecken (s. S. 153) des Rot- und Damwildes oder das oft anhaltende Schmälen des Rehbockes (bö, bö, bö) und der Ricke (bä, bä, bä).
Außerdem verrät sich Schalenwild bei der Fortbewegung durch das Knacken trockenen Holzes, durch Anstreichen des Geweihs an Zweige sowie durch Husten oder Schnarchen infolge Lungenwurm- bzw. Rachendasselbefalls.

## Brunftzeit, Brunftzustand

**Was verstehen wir unter der Brunftzeit?**

Die *Begattungszeit* des wiederkäuenden Schalenwildes. Sie setzt normalerweise nur einmal im Jahre ein: Ende Juli beim Rehwild, Ende September beim Rotwild und *einen Monat später* beim Damwild, *einen weiteren Monat später* (November) beim Gams-, Stein-, Muffel- und Schwarzwild; beim Rehwild heißt diese Zeit „Blattzeit“, beim Schwarzwild „Rauschzeit“.

Es brunften und setzen:

| | Brunftzeit | Setzzeit | Zahl des Jungwildes |
|---|---|---|---|
| Rehwild | *Blattzeit* Mitte Juli/ Mitte Aug. | Mai/Juni | 1 bis 2 Kitze (selten 3) |
| Rotwild | Ende Sept./ Anfang Okt. | Mai/Juni | 1 (bis 2) Kälber |
| Damwild | Mitte Okt./ Anfang Nov. | Juni | 1 (bis 2) Kälber |
| Muffelwild | Nov./Dez. | Ende April/ Anfang Mai | 1 (bis 2) Lämmer |
| Gamswild | Ende Nov./ Mitte Dez. | Mai | 1 (bis 2) Kitze |
| Schwarzwild | *Rauschzeit* Nov./Jan. | frischt im März/April, auch früher | 6 bis 12 Frischlinge |

**Wodurch ist der Brunftzustand weiblichen Schalenwildes gekennzeichnet?**

Durch das sichtbare *Anschwellen des Feuchtblattes* (des äußeren weiblichen Geschlechtsteiles) und durch die Brunftfalte. Sie ist eine Hautfalte, die in der Brunftzeit durch die etwa 2 cm hohe Anschwellung zweier Duftdrüsen an d e r Stelle des Hauptes entsteht, an der der Hirsch das Geweih trägt. Sie verschwindet nach Beendigung der Brunftzeit.

Außerdem sondern die in der Umgebung des Weidloches vorhandenen Duftdrüsen besondere *Duftstoffe* ab, die das Brunften des männlichen Stückes auslösen.

## Der Kopfschmuck des geweihtragenden Schalenwildes

**Wie heißt der Kopfschmuck beim Hirsch und wie beim Rehbock?**

Der Kopfschmuck des Hirsches heißt *Geweih*, der des Rehbockes *Gehörn* (auch Krone oder Gewicht'l genannt).

| Der Aufbau des Kopfschmuckes erfolgt beim: | | Das Fegen erfolgt: | Das Abwerfen erfolgt: |
|---|---|---|---|
| Rothirsch: | ab März | im Juli/August | im Februar/März |
| Damhirsch: | ab Mai | im August/Sept. | im April/Mai |
| Rehbock: | ab Dezember | im März bis Mai | im Nov./Dezember |

Fegen und Abwerfen im früheren Alter s. S. 142.

**Aus welchen Teilen bestehen Geweih und Gehörn?**

Aus zwei Stangen mit Rosen, die Sprossen oder Enden tragen. An den Stangen finden sich Perlen, Riefen und Leisten (Abb. S. 127 und 144). Die Stangen bestehen nur aus Knochen. Zu ihrem Aufbau ist eine beträchtliche Menge von phosphorsaurem sowie von kohlensaurem Kalk und Magnesium notwendig. Der Kalk wird mit der Äsung aufgenommen. Wird er teilweise zur Heilung eines Knochenbruches verbraucht, tritt sofort eine Schwächung oder Mißbildung des Kopfschmuckes ein.

**Woher kommt die Farbtönung des Kopfschmuckes?**

Vom *Kalkgehalt* der Stangen und von der *Art der Hölzer* und deren *Gerbstoffgehalt*, an denen der Kopfschmuck beim Fegen gerieben wurde. Auch der Blutfarbstoff spielt eine Rolle.
Kalkarme Stangen sind stumpfschwärzlich, kalkreiche Stangen glänzen und haben eine schöne, tiefbraune Tönung.
Der Saft von Birken, Buchen und Weiden verursacht beim Fegen eine helle, der von Eichen und Erlen eine dunkle Farbtönung. Die Stangen der Feldböcke sind hell (strohfarbig).

**Was versteht man unter Fegen?**

Das Schaben und Reiben des neugebildeten, mit einer behaarten Haut (dem *Bast*) umgebenen Geweihs oder Gehörns an Baumstämmchen (Fegebäumen). Hierbei wird die Rinde des bearbeiteten Stämmchens und der Bast abgerieben (Abb. S. 115; s. auch S. 141). Solche Stellen bezeichnet der Jäger als *„Fegestellen"*.
Junge Böcke fegen oft stärker als ältere.
Der Bast wird als *„Gefege"* oft aufgeäst.
Ein Bock, der aus irgendeinem Grunde eine oder beide Stangen nicht blankfegen konnte, trägt ein „Ledergehörn".
Je stärker der fegende und späterhin schlagende Hirsch oder Bock ist, desto stärkere Baumstämmchen werden von ihm gefegt und geschlagen und desto höher führen die Fege- und Schlagstellen.

Die Höhe dieser Stellen verrät dem Jäger die Stärke des schlagenden Hirsches (s. auch „Himmelsspur" S. 124).
Beim Rehbock kann man aus der Stärke der befegten Stämmchen keinen sicheren Schluß auf seine Stärke ziehen. Findet man jedoch die befegten Stämmchen und Zweige geknickt und gründlich zerfasert vor, dann spricht das für einen Bock mit gut geperltem Gehörn, denn glatte und wenig vereckte Gehörne vermögen das nicht. Fegestellen, die man vor der Blattzeit findet, sind Markierungen des Einstandsgebietes. Sie bedeuten: „Hier ist *mein Bereich*" (s. auch S. 156).

**Welchen Einfluß hat das Klima auf Wildbret- und Gehörn- bzw. Geweihgewicht?**

In kälteren Gegenden sind diese Gewichte erfahrungsgemäß größer. (Bessere positive Auslese durch strenge Winter!)

**Wann nennt man Geweihe und Gehörne „gut" oder „prächtig"?**

Wenn sie stark und schwer, reich geperlt, gut ausgelegt und gut vereckt sind. Der Jäger „verblefft sich", wenn er von einem „schönen" oder „netten" Gehörn spricht.

**Von welchen Umständen hängt eine gute oder schlechte Geweih- und Gehörnentwicklung ab?**

Von der *Erbanlage*, von den Umwelt-, *Witterungs*- und Äsungsverhältnissen und der allgemeinen Konstitution (Reaktionsfähigkeit auf Krankheiten und *Parasitenbefall*). Nach neueren Erkenntnissen hat das *Sonnenlicht* einen positiven Einfluß auf die Bildung des Kopfschmuckes. Eine besondere Rolle spielen auch die Güte des *Standortes* und das *Klima*. Auf Lehmböden wachsen bessere Gehörne als auf Sand- oder Moorböden.

## *Geweihtragendes Schalenwild*

Die echten Hirsche (Cervidae): Rotwild, Damwild und Sikawild

### Rotwild oder Edelwild (Cervus elaphus)

#### Alter, Geschlecht, Rudelbildung

**Wie wird Rotwild nach Alter und Geschlecht unterschieden?**

Man unterscheidet:
*Hirsche* (männliche Stücke), Gewicht je nach Standortgüte 100 bis 150 kg *aufgebrochen* (s. S. 345),
*Alttiere* (weibliche Stücke, die gesetzt haben), Gewicht 60—70 kg,
*Schmaltiere* (weibliche Stücke nach Ablauf des ersten Lebensjahres bis zum Setzen), Gewicht etwa 45—50 kg,
*Hirschkälber* (männliche Kälber im ersten Lebensjahr) und
*Wildkälber* (weibliche Kälber im ersten Lebensjahr), Gewicht etwa im August 20 kg, im Oktober 30 kg und im Dezember 40 kg.
(Für die Wildstandsmeldung und den Abschußplan endet das erste Lebensjahr der Kälber am 31. März!)
Tiere und Kälber beiderlei Geschlechts nennt man *Kahlwild*, weil sie im Gegensatz zum Hirsch auf dem Haupt kahl sind.

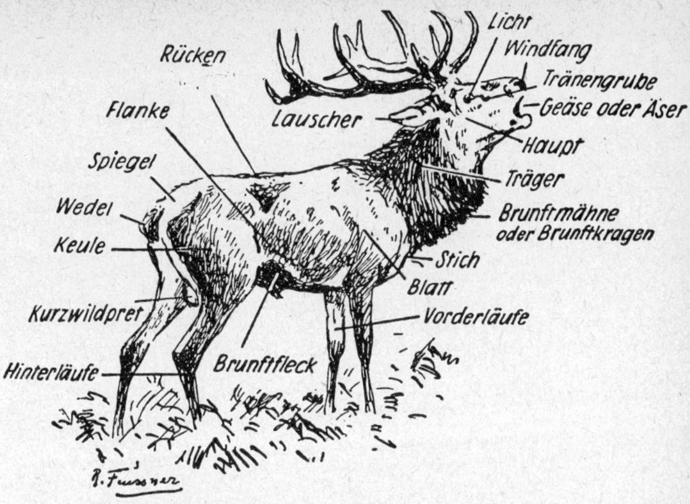


Der Hirsch in der Waidmannssprache
Röhrender Brunfthirsch (gerader Zwölfender)

**Was ist ein übergangenes Schmaltier (ein „Übergehendtier")?**

Ein Schmaltier, das in der Brunft nicht aufgenommen hat und an dessen unentwickeltem Gesäuge man erkennen kann, daß es noch kein Kalb führt.
*Gelt geht ein Tier,* das (vorübergehend) kein Kalb führt.

**Wie heißt die Vereinigung mehrerer Stücke Rotwild?**

*Rudel,* bei nur wenigen Stücken *Trupp.* Die Führung hat das *Leittier* (Kopftier). Ohne Kalb tritt es in das Rudel zurück.

**Lebt Rotwild in Rudeln zusammen?**

Ja. Es ist jedoch, mit Ausnahme der Brunftzeit, die völlige Trennung der Geschlechter üblich. *Hirsche und Tiere stehen,* oft kilometerweit entfernt, *getrennt* voneinander.
*Alte Hirsche* nehmen gern in *kleinen* Rudeln oder Trupps Einstand in der Einsamkeit. Sie lieben die Ruhe. Die Führung der *Feisthirschrudel* hat meist der jüngste Hirsch, bei Gefahr der älteste.
*Kahlwild* steht mit heranwachsenden Kälbern und geringen Hirschen zusammen, die noch die Führung des Leittiers brauchen *(es rudelt sich).* In der Brunftzeit schlagen die Alttiere ihre Kälber ab.
*Hochbeschlagene Tiere* werden etwa sechs Wochen vor dem Setzen unverträglich und verlassen das Rudel. Sie kehren erst etwa drei Wochen nach dem Setzen zum Rudel zurück.
Die Rudelbildung führt in kleinen Einständen oft zu intensiven Schäl- und Verbißschäden (Wildschäden).

**Wie kann man ein geringes Schmaltier von einem starken Kalb unterscheiden?**

Im Gegensatz zum Schmaltier hat das Kalb noch das typische Kindergesicht und einen kurzen und dicken Hals. *Es hält sich*

*immer näher bei der Mutter als das Schmaltier.* Kahlwild zieht meistens in der *Reihenfolge Alttier, Kalb, Schmaltier.*
Gegen Ende der Jagdzeit ist die Unterscheidung des geringen Schmaltiers vom starken Kalb schwer. Der frühe Beginn der Jagdzeit (s. S. 492) ist geeignet, geringe Schmaltiere rechtzeitig und sicher zu erkennen und die Überhege von weiblichem Rotwild abzubauen (Gewicht des Schmaltiers im August etwa 60 kg, des Wildkalbes dagegen erst etwa 20 kg).

## Biotopansprüche, Tagesrhythmus

**Was verstehen wir unter dem „Biotop"?**

Den durch bestimmte Lebewesen gekennzeichneten Lebensraum (griechisch bedeutet: Bios = Leben, *Biotop = Lebensraum*).
Auf einem bestimmten Lebensraum kann immer nur eine bestimmte Zahl von Einzelwesen leben. Jagdlich heißt das, daß man, auch bei künstlicher Fütterung, die Bestandsdichte einer Wildart nicht beliebig vermehren kann; sonst gehen infolge des *„Überhanges"* Körpergröße, Gewicht, Jungtierzahl und Widerstandskraft ständig zurück. Außerdem greifen dann die normalerweise in ausgeglichenem Verhältnis stehenden Feindfaktoren (Raubwild, Parasiten und *Krankheitserreger*) regulierend in die Bestandsdichte ein. Der Jäger und Heger hat deshalb die Pflicht, bei zu starker *Zunahme der Wilddichte,* an Stelle des von ihm ausgerotteten Großraubwildes (Bär, Wolf, Luchs, Adler und Uhu) *durch Erlegen kranker und schwacher Stücke regulierend einzugreifen (Hegemaßnahme).* Andernfalls würden viele Stücke wegen Äsungsmangel oder wegen Krankheiten über Winter eingehen. Die *Kapazität* des Biotops darf also *keinesfalls überschritten werden!*

*Moderne Hege muß deshalb zuvörderst*
*Erhaltung und Verbesserung der Biotope sein!*

Die Lebensgemeinschaften von Pflanzen und Tieren in einem Biotop bezeichnen wir als die Biozönose.

**Welche Ansprüche an den Biotop stellt Rotwild?**

Rotwild braucht infolge seines Herdentriebes mehr als anderes Schalenwild einen *großen Lebensraum.* Es ist außerdem ausgesprochen *störungsempfindlich* und heimlich. Es bevorzugt deshalb ruhige Einstände in großen Waldgebieten in der Ausdehnung von vielen tausend Hektar mit *zusammenhängenden Dickungen.* Merkwürdigerweise gewöhnt es sich auch an Dauerlärm (z. B. an den Treckerlärm und an Schüsse bei Sprengungen und auf Schießplätzen).
Nachts zieht es auf Schläge, Kulturen, Lichtungen und Felder („es zieht zu Felde"), frühmorgens wechselt es wieder in seine Tageseinstände ein („es zieht zu Holze").

**Was bezeichnet man mit „Hinfährte" und was mit „Rückfährte"?**

Als *Hinfährte* bezeichnet man die Fährte vom Einstand zum Äsungsplatz (zum Feld), als *Rückfährte* die Fährte vom Felde zum Einstand. Das morgendliche Einziehen des Hirsches vom Feld zu Holz heißt in der Waidmannssprache „Kirchgang".

**Was verstehen wir unter der Ökologie?**

Die Lehre vom Verhältnis der Tiere und Pflanzen zu ihrer Umwelt (Klima, Boden, Nahrung und anderer Lebensbedingungen). Die *Umwelteinflüsse* bestimmen u. a. das Wildbret- und Geweihgewicht unserer Hirsche. Es ist deshalb nur für kurze Zeit möglich, Wildbret- und Geweihgewichte durch Aussetzen von Wapiti- oder Ungarnhirschen zu verbessern (s. auch S. 392).

**Welche Ansprüche stellt Rotwild an die Äsung?**

Es ist gegenüber dem Rehwild (s. S. 153) weniger wählerisch (naschhaft), verlangt aber große Mengen einer „*Mischäsung*". *Als Grundäsung wird Gras (zu 70 %) vorgezogen.* Daneben sollen Weichholzarten mit hohem Gerbstoffgehalt zur Verfügung stehen. *Rotwild braucht* auch *viel zähe Äsung.* Der Verbiß von Trieben der Hölzer und Sträucher gehört also zu seiner normalen Äsung. Fehlen dem Rotwild diese Ernährungsgrundlagen, dann *schält und verbeißt es aus Hunger* die Wirtschaftsholzarten, besonders in Zeiten hohen Nährstoffbedarfs (wie z. B. in der Kolbenzeit). Diese Schäden (durch die *Winter-* und die noch schädlichere *Saftschäle im Sommer*) betragen im Nadelwald etwa 5 %, im Mischwald 2 % und im Laubwald 0,2 %. *Verbiß- und Schälschäden* lassen sich nur durch *Verbesserung der Biotope* und durch Erhalten einer biologisch tragbaren *Wildbestandsdichte* (s. S. 132 u. 163) vermindern. Daneben sind genügend große und störungsfreie Wildäcker und Wildwiesen etwa in der Größe von 2 % der Revierfläche und Winterfütterungen anzulegen (s. S. 377–381).

*Es ist also falsch, die Biotope mit einer zu hohen Wilddichte zu belasten!*

**Wie verläuft der Tagesrhythmus bei allem wiederkäuenden Schalenwild?**

Äsungssuche, *Äsungsaufnahme,* Wiederkäuen und Ruhen wechseln mehrmals während Tag und Nacht in bestimmtem Rhythmus ab. Das *Wiederkäuen* setzt erst dann ein, wenn das Wild zur Ruhe gekommen ist und sich in seinem Einstand befindet. Beim Wiederkäuen sind für jeden Bissen etwa 70 Kaubewegungen mit dem Unterkiefer erforderlich.

Zum *Ruhen,* das hauptsächlich aus Dösen und Schlummern besteht, tut sich wiederkäuendes Schalenwild in seinem „Bett" nieder. Im Halbschlaf hält es das Haupt erhoben, im Tiefschlaf, der täglich etwa zwei Stunden gehalten wird, legt es das Haupt auf den Boden oder bei gebogenem Träger an die Dünnung (Flanke). Die Sinnesorgane sind höchstens 20 Minuten völlig ausgeschaltet (Betäubungsschlaf), so daß wiederkäuendes Schalenwild nur in dieser Zeit bedroht ist.

**Wo sitzt Rotwild mit Vorliebe im Bett?**

Auf der Kuppe waldiger Höhen, wo es das Gelände übersehen kann. Hier darf es keinesfalls gestört werden!

## Hirschgerechte Zeichen

**An welchen „hirschgerechten Zeichen“ läßt sich Rotwild bestätigen?**

An Tritten bzw. Fährten, Fege- und Schlagstellen und an der Losung (die drei Bewegungsarten s. S. 151/152).

**Wie sieht das Trittbild beim vertraut ziehenden Rotwild aus?**

Beim *Ziehen* (der langsamen Fortbewegung) wird der Tritt des rechten Hinterlaufes genau in den Tritt des rechten Vorderlaufes, der des linken Hinterlaufes in den des linken Vorderlaufes gesetzt (der Hirsch „macht den Schluß“).
Der *Vorderlauftritt* ist etwas stärker (breiter) als der des Hinterlaufes.
Die *äußere Schale* des Vorderlaufes ist bei Hirsch und Tier in jedem Alter etwas länger als die innere (s. Abb. S. 123).

**Wie unterscheidet sich der Tritt des Hirsches von dem des Tieres?**

Durch die Stärke.
Die *Ballen* (s. Abb.) sind beim Hirsch zu jeder Jahreszeit, besonders aber in der Feistzeit, deutlich abgedrückt, beim Kahlwild jedoch nur beim hochbeschlagenen Tier.
Die Rundung der Schalenspitze, die sog. *„Stümpfe“*, ist beim Hirsch rundbogenförmig, beim Tier dagegen spitzbogenförmig. Mit zunehmendem Alter wird die Fährte des Hirsches vorn immer runder und breiter, weil der Hirsch die Schalenspitzen immer mehr *„abwechselt“*.
Beim Ziehen zwängt der *Hirsch* die Schalen fest zusammen (er macht den „Zwang“ oder das „Zwingen“), während das Tier die Schalen etwas spreizt. Dadurch ist das *„Näslein“* (der Streifen Erde oder Schnee, der vorn zwischen den beiden Schalenabdrücken entsteht) und seine Verlängerung, „das *Fädlein*“, beim Hirsch wegen des Zwanges dünn, beim Tier dagegen breiter.

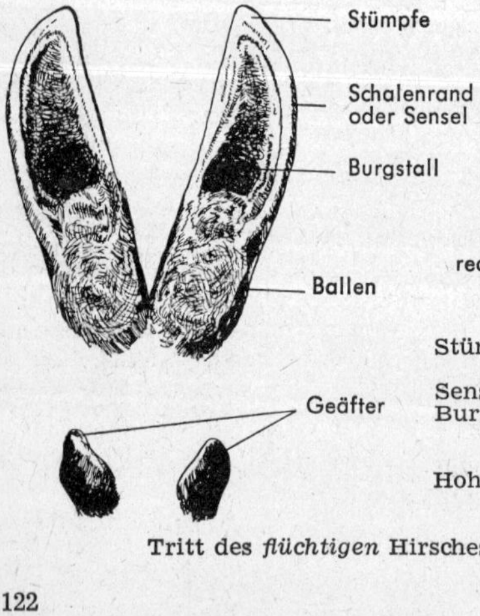


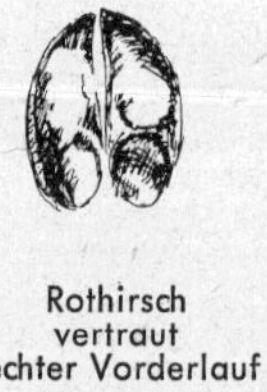
Rothirsch vertraut rechter Vorderlauf

Schwarzwild vertraut

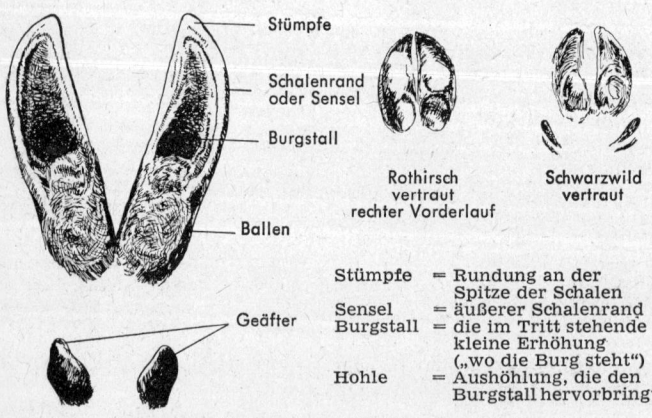

Stümpfe = Rundung an der Spitze der Schalen
Sensel = äußerer Schalenrand
Burgstall = die im Tritt stehende kleine Erhöhung („wo die Burg steht“)
Hohle = Aushöhlung, die den Burgstall hervorbringt

Tritt des *flüchtigen* Hirsches (Näheres s. S. 152)

**Was ist der „Burgstall" (oder das „Grimmen")?**

Die kleine Erhöhung in der Fährte des Hirsches zwischen Ballen- und Schalenabdruck, die durch eine Aushöhlung in der Unterseite der Schale, die „Hohle", verursacht wird.

**Was kann der Jäger aus dem Schränken und der Schrittlänge erkennen?**

Der *Schrank* oder das Schränken ist der Abstand der beiden Linien, die durch die Verbindung der Tritte der linken und der rechten Läufe entstehen (s. Abb.). Je stärker ein Stück ist, um so weiter schränkt es und um so weiter ist der Schritt.

Der hirschgerechte Jäger spricht eine Fährte sicher nach Wildart, Geschlecht und Alter an!

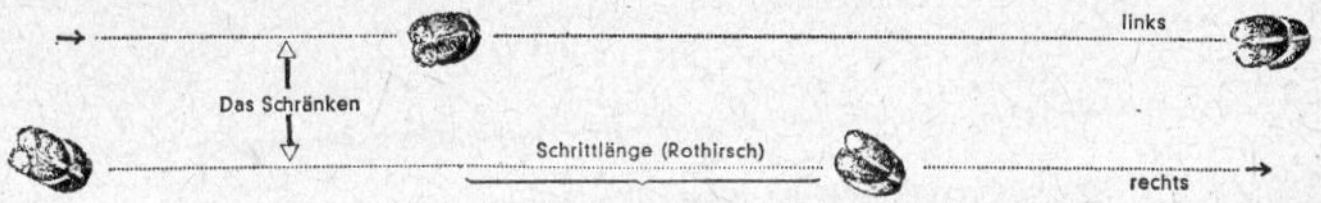


Der Schrank oder das Schränken und die Schrittlänge

*Schrank:* Beim jagdbaren Rothirsch etwa 16 cm, beim Alttier 6 cm, beim guten Bock 16 cm, beim Schmal- bzw. Altreh 6–10 cm.

*Schrittlänge:* Beim jagdbaren Rothirsch 60–85 cm, beim Alttier 50–55 cm, bei erwachsenem Schwarzwild 38–48 cm, beim guten Bock 45 cm und beim Schmal- u. Altreh 35–37 cm.

**Wie stehen die Tritte beim „Beitritt, Kreuztritt, Übereilen und Hinterlassen"?**

Beim *Beitritt* steht der Tritt des Hinterlaufes neben dem des Vorderlaufes. Beim *Kreuztritt* stehen diese Tritte halbseitlich aufeinander (s. Abb.). Beitritt und Kreuztritt kommen auch beim Kahlwild vor.

Beim *Übereilen* wird der Tritt des Hinterlaufes über den des Vorderlaufes hinweggesetzt. Das geschieht besonders beim schnellen Ziehen junger Hirsche. Stehen die vier Ballen hierbei gerade hintereinander, so entsteht das „Vierballenzeichen" (s. Abb.).

Man spricht vom *Ereilen,* wenn der Tritt des Hinterlaufes den des Vorderlaufes nur noch halb deckt.

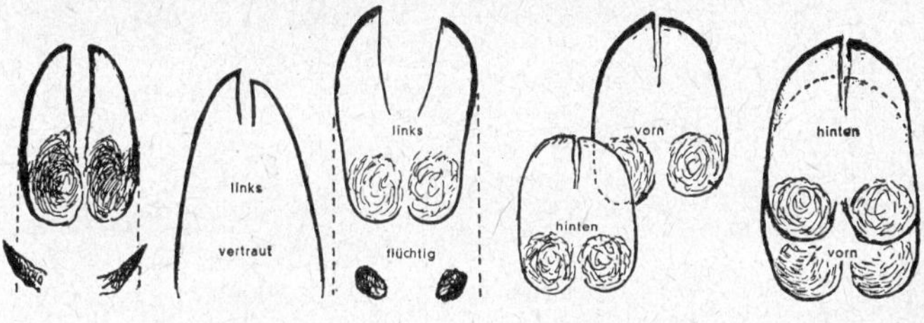


Schwarzwild — Rotwild: Tier, Hirsch — Kreuztritt — Vierballenzeichen

Beim *Hinterlassen* oder Zurückbleiben steht der Tritt des Hinterlaufs hinter dem des Vorderlaufes. Dieses Zeichen (*„Erfüllung"*) spricht für den feisten, *starken und alten Hirsch.* Bei ihm ist jeder Tritt etwa *drei Finger breit, und der Hinterlauftritt bleibt* gegenüber dem Vorderlauftritt etwa *drei Finger breit zurück.* Die Schrittlänge beträgt drei Schuhlängen.

**Was versteht man unter dem „Insiegel" und dem „Schloßtritt"?**

Es sind gerechte Fährtenzeichen.

Unter dem *„Insiegel"* versteht man die von den Schalen abgefallenen Ballen Schnee oder Erde mit dem deutlich abgedrückten Tritt des Hirsches.

Unter dem *„Schloßtritt"* versteht man den Tritt in der Mitte des Bettes oder in der Suhle, den der Hirsch nach dem Hochwerden hinterläßt. Der Hirsch setzt beim Hochwerden einen Lauf mitten unter dem Körper auf, während Kahlwild mehr seitlich ansetzt!

**Was sind Himmelszeichen und Himmelsspur?**

Hoch über der Erde erkennbare Zeichen, die der Hirsch beim Ziehen hinterläßt. Als „Himmelszeichen" (oder *„Gewende")* werden umgewendete oder geknickte Zweige und eingerissene Blätter angesprochen, die Hirsche beim Ziehen durch Dickungen oder im dichten Unterholz mit dem Geweih hinterlassen. Schlagen die Hirsche mit dem Geweih Büsche und Stämmchen zunichte, so entsteht die „Himmelsspur". Schlagen sie mit dem Geweih aus Übermut in Ameisenhaufen, spricht man vom *„Wimpelschlagen"*.

**Welche besonderen Merkmale zeigt Rotwildlosung?**

Die Losung des Hirsches ist eichelförmig und besitzt an einem Ende eine Delle, das *„Näpfchen"*, und am anderen Ende eine Spitze, das *„Zäpfchen"*. Die Losung des Kahlwildes ist gestreckter und von geringerem Durchmesser und ohne Näpfchen.

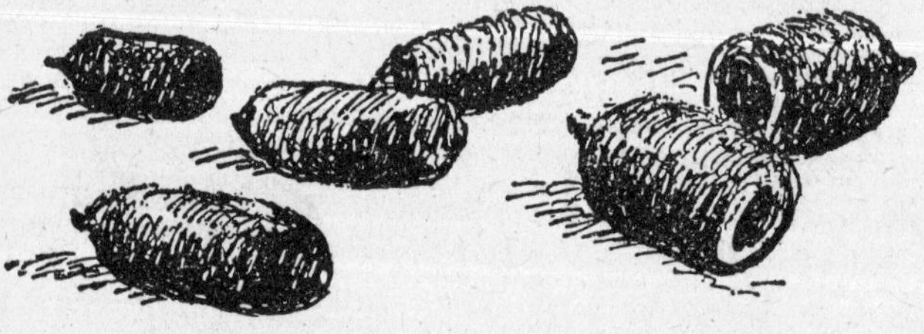

Tier Hirsch

Rotwildlosung oder „Lorbeeren" (natürliche Größe)

Die frisch abgesetzte Losung ist glänzend tiefschwarz bis grünschwarz, ältere Losung braunschwarz. Form und Farbe der Losung schwanken je nach Typ, Jahreszeit und Äsungsaufnahme.

## Entwicklung, Fegen und Bewerten des Rothirsch-Geweihs

**Wie entwickelt sich das Geweih (der Aufsatz) des Rothirsches?**

Im ersten Jahr schiebt das Hirschkalb *kein Geweih*, im Gegensatz zum Bockkitz, das schon im Herbst des ersten Lebensjahres ein *„Erstlingsgehörn“* aufweisen kann (s. S. 140). Beim Hirschkalb entwickelt sich lediglich um den allmählich wachsenden Rosenstock ein deutlich sichtbarer Haarkranz, manchmal auch am Träger die Andeutung einer Mähne.

Im zweiten Jahr wird das *erste*, und zwar *rosenlose* Geweih geschoben. Es ist spießförmig (mit etwas Schwung nach hinten) und soll mindestens lauscherhoch sein. Verdickungen am unteren Teil der Spieße sind keine Rosen. Der Hirsch heißt jetzt *„Rotspießer“* und ist ein Hirsch vom ersten Kopf. Dieses erste Geweih ist bei Aufgang der Rotwildjagd noch im Bast; es wird erst im September/Oktober gefegt und im Mai des dritten Lebensjahres abgeworfen. Anschließend werden sofort neue „Kolben“ geschoben. (Spießer mit nur bis 10 cm langen Spießen und „Mönche“ sind zu schießen!)

Im dritten Jahr wird immer ein Geweih *mit Rosen*, d. h. *mit verdicktem Perlenkranz an der Stangenbasis* geschoben, entweder wieder nur mit Spießen, meist aber schon als mehrendiges Geweih (Gabler-, Sechser- oder gar schon Achter- und Zehnergeweih). Der Hirsch trägt jetzt in seinem *dritten Lebensjahr* ein Geweih vom *zweiten Kopf*. Es wird von jetzt an in den Monaten Juli bis August gefegt *(Bast- und Fegezeit)*.

Der *Spießer* vom *zweiten Kopf* ist also bei Aufgang der Jagd oder kurze Zeit danach schon blank, wird daran leicht als älterer Spießer erkannt und, wenn er schlecht veranlagt ist, ohne Rücksicht auf die Stangenlänge als Abschußhirsch erlegt (Jagdzeit s. S. 492), und zwar *je früher desto besser*, denn im Oktober ist auch der Spießer vom ersten Kopf blank! Das gilt auch für Augsprossengabler (Spießer mit Augsprossen) aller Altersklassen.

In den Monaten August bis September tritt der Hirsch in die *Feistzeit* ein, um Kraft für die Brunftzeit zu sammeln. Es bildet sich die *Brunftmähne*, die sich im Frühjahr wieder verliert.

In der *Brunftzeit* (September/Oktober) wird das Geweih nicht mehr spielerisch (zum „Scherzen“), sondern als Waffe gebraucht.

*Abgeworfen* wird das Geweih im Februar und März des folgenden Jahres, um dann sofort wieder neu gebildet zu werden.

Von Jahr zu Jahr nimmt das Geweih an Stärke und Endenzahl zu. Im Alter tritt eine Verringerung der Endenzahl ein, der Hirsch beginnt zurückzusetzen. Im und ab dem elften Jahr (= 10. Kopf) ist der Hirsch *jagdbar*. Er soll dann ein Geweihgewicht von 3,5 kg oder mehr haben.

**Wie bezeichnet man abgeworfene Stangen?**

*Abwurfstangen*. Beide Abwürfe aus dem gleichen Jahre nennt man *„Paßstangen“*. Die Abwurffläche der Stange nennt man das *Petschaft oder Siegel*. Je flacher das Siegel ist, desto älter soll der Hirsch sein. Das stimmt aber oft nicht.

**Das Abwerfen der zweiten Stange folgt kurze Zeit nach dem der**

ersten. Abwurfstangen werden vom Jäger in den Monaten Februar und März meist an den festen Wechseln zu den Futterplätzen gesucht und gefunden.

**Wann also sind die Hirsche ohne Kopfschmuck?**

Im Februar und März. Dem Abwerfen folgt aber sofort der etwa 130 Tage dauernde Neuaufbau des nächsten Geweihes, die sog. *Kolben- und Fegezeit.*

**Wie werden Rothirsche nach der Entwicklung ihres Geweihes unterschieden?**

Man unterscheidet: Hirschkälber, Schmal- oder Rotspießer, geringe, angehende und jagdbare Hirsche, Kapital- und Haupthirsche.

**Wie sollen die Stangen der jungen Zukunftshirsche bei der Betrachtung von der Seite aus aussehen?**

Sie sollen im Aufbau ein R e c h t e c k bilden. Die Stangen schlecht entwickelter (bejagungsnotwendiger) Hirsche aller Altersklassen bilden dagegen meist ein D r e i e c k.

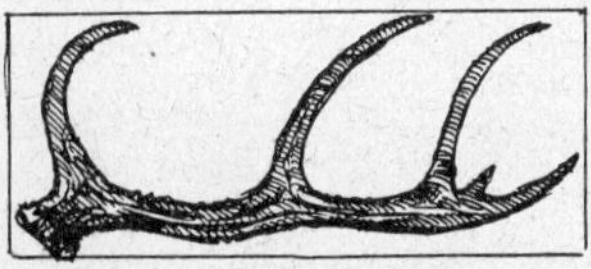

Rechteck:
Zukunftshirsch

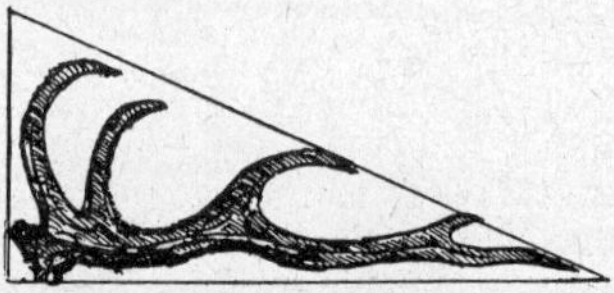

Dreieck:
Erlegungsnotwendiger Hirsch

**Welche Grundformen der Geweihe werden unterschieden?**

Die U-Form, die V-Form und die Herzform.

**Was ist ein Kolbenhirsch?**

Ein Hirsch mit noch nicht verecktem Bastgeweih. Sein Geweih ist noch „rauh". Er hat einen großen Äsungsbedarf und tritt deshalb lange und regelmäßig auf Äsungsflächen aus.

**Welche Hirsche fegen zuerst (schon im Juli)?**

*Die alten Hirsche.* Sie *werfen auch zuerst ab* (im Februar). Auch alte Böcke fegen früher und werfen früher ab als junge (s. auch S. 142).

**In welchem Alter trägt der Rothirsch sein bestes Geweih?**

Im Alter von 11 bis 15 Jahren (also vom 10. bis 14. Kopf). Als Faustregel gilt deshalb:

*Gut veranlagte Hirsche müssen alt werden!*

Der Heger freut sich zeitlebens über das kapitale Geweih. Nach diesem Alter beginnt das „Zurücksetzen" nach Endenzahl und Stangenstärke.

**Was verstehen wir unter einem „Ende“?**

Einen Ast oder Spieß am Geweih des Hirsches.
Die drei unteren Enden am Geweih werden Sprossen genannt. Man bezeichnet sie mit Aug-, Eis- und Mittelsproß (s. Abb). Dann folgen der Wolfssproß (falls vorhanden) und die Gabel- bzw. Kronenenden. Ein „Ende“ wird nur gezählt, wenn man daran eine Hornfessel (d. h. den Riemen, an dem das Jagdhorn getragen wird) aufhängen kann. Die Krone des Geweihs hat nur Enden.
„Leisten“, die sich am Geweih befinden, deuten oft auf ein kommendes Ende. Oft findet sich auch eine prachtvolle „Perlung“.

**Was verstehen wir unter dem „Wolfssproß“?**

Den beim Rothirsch selten, beim kanadischen Wapiti dagegen typisch vorkommenden Sproß unmittelbar über dem Mittelsproß (nicht abgebildet!). Er gehört zur Krone.

**Wie wird das Geweih nach der Zahl der Enden angesprochen?**

Die Endenzahl der Stange, die die meisten Enden trägt, wird verdoppelt.

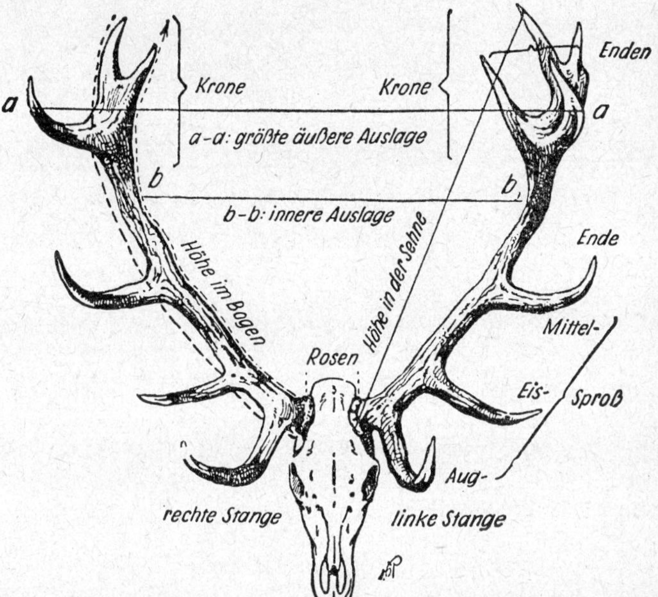


Geweih in der Waidmannssprache — Ungerader Vierzehnender (Kronenhirsch)

Der junge Hirsch hat die Masse oben, der alte unten

Von den Hauptstangenabzweigungen (Sprossen) werden, von unten an gezählt, unterschieden: Augsproß, Eissproß, Mittelsproß und Endsproß (Gabel- bzw. Kronenenden)
Schraffierte Linie außen: Stangenlänge

Hat z. B. die linke Stange sieben und die rechte Stange sechs Enden, so spricht man von einem *ungeraden* Vierzehnender (s. Abb. S. 127). Haben beide Stangen sieben Enden, so spricht man von einem *geraden* Vierzehnender.

**Welche Bedeutung hat die Augsprosse?**

Sie ist Kampfsprosse.

**Was ist ein Eissprossenzehner?**

Ein Hirsch, dessen Geweih Augsprosse, Eissprosse, Mittelsprosse und (statt einer Krone) Gabeln aufweist.

**Was ist ein Kronenhirsch?**

Ein Hirsch, an dessen oberstem Teil der Stange *mindestens drei Enden* vereinigt sind. Je nach der Form unterscheidet man eine einfache Krone, Hand-, Becher-, Schaufel- und Doppelkrone.

**Was ist ein Kahlhirsch, Plattkopf oder Mönch?**

Ein Hirsch, der abgeworfen hat oder geweihlos bleibt oder wegen einer Hormonstörung nur kurze Rosenstöcke trägt.

**Kann man das Alter eines Hirsches sicher nach der Endenzahl des Geweihes ansprechen?**

Nein! Die Endenzahl hat nichts mit dem Alter zu tun. Zum Ansprechen der Hirsche und zur Beurteilung, was sie erwarten lassen, gehören große Erfahrungen und eingehende Spezialkenntnisse. Für die *Altersschätzung* ist *zuerst das Benehmen* des Hirsches, dann die *Haarfarbe,* der *Körperbau,* die *Wildbretstärke* und *zuletzt* erst *das Geweih* zu berücksichtigen.
Auf Trophäenschauen wird meistens die Methode nach Oberforstmeister Harke bevorzugt, nach der das Alter nach dem Verhältnis von Rosenstockstärke und Rosenstocklänge beurteilt wird (Näheres s. Rotwildmerkblatt des Schalenwildausschusses des DJV).
Bei der Geweihbewertung nach Dr. Nadler in Budapest (mit „*Nadler-Punkten*") werden die Maße von Länge und Umfang der Stangen, Gewicht, Auslage, Endenzahl, Schönheit und etwaige Fehler zugrunde gelegt. Das Verfahren gestattet eine genaue zahlenmäßige Bewertung verschiedener Geweihe untereinander. Nur der sollte Geweihe bewerten, der das Rotwild der betreffenden Gegend genau kennt.

**Was ist ein Grashirsch?**

Ein Rothirsch im Vorsommer (bis zum Beginn der „*Milchreife des Hafers*"), weil er bis dahin nur Gras äst.

**Was bezeichnen wir als „Brunftmähne" oder „Brunftkragen"?**

Die stark verlängerten dunklen *Haare,* die dem Hirsch *vor der Brunft am Träger* (Halse) wachsen (s. Abb. und S. 119).

Alter und junger Hirsch

| | Alter Hirsch | Junger Hirsch |
|---|---|---|
| Benehmen: | vorsichtig | vertraut |
| Gesicht: | brummig, zornig | neugierig, kindlich |
| Haarfarbe: | graubraun | rotbraun |
| Haupt: | breit und kurz erscheinend; grauer als der Körper | lang und spitzwinkelig; Farbe wie Wildkörper |
| Geweih: | Ende Juli blank | fegt Anfang August |
| Träger: | dick und kurz erscheinend, wird waagerecht getragen; starke Brunftmähne | dünn und lang (Tierhals), wird aufrecht getragen; schwache Brunftmähne |
| Figur: | Vorderkörper massig *(er hat „alles vorn“)*, Rumpf abfallend, erscheint kurzläufig | schlank, elegant; Rumpf am Spiegel zugespitzt erscheint hochläufig |
| Widerrist: | stark hervortretend | nur angedeutet |
| Bauch: | oft Hängebauch | schlanke Bauchlinie |

## Feistzeit, Brunftzeit

**Was versteht man unter der Feistzeit?**

Die Zeit nach dem Fegen bis zur Brunft (Mitte Juli bis September). In dieser Zeit wird durch reichliche Äsung und Ruhe immer mehr Feist angesetzt. Der Vorrat ist notwendig, da in der Brunftzeit fast keine Zeit zum Äsen bleibt. In der Feistzeit sind die Hirsche, die jetzt noch ohne Tiere stehen (*„Hirschrudel“* oder *„Trupps“* s. S. 119) besonders faul und *heimlich* und daher *schwer bejagbar*. Sie verlassen erst im Schutze der Dunkelheit den Einstand und suchen ihn bereits beim Frühdämmern wieder auf.

„Der Feisthirsch ist ein Waldgespenst,
Das du nur ahnst und niemals kennst.“

In jedem Feisthirschrudel herrscht eine feste *Rangordnung*. Das Rudel führt nicht der erfahrene alte Hirsch, sondern der schwächste. Der stärkste Hirsch befindet sich beim Verlassen des Einstandes am Schluß des Rudels. Oft verhofft er noch einige Sekunden sichernd und abwartend am Rande der Dickung, bevor er der

Masse des Rudels folgt. Etwa zu Ägidi (1. 9.) beginnt der Hirsch zu suchen und zum Kahlwildrudel zu treten.

**Wie benehmen sich die Hirsche zur Brunftzeit?**

Sie werden von einer Unruhe und vom Trieb erfaßt, sich bei den Einständen des Kahlwildes einzufinden. Manche Hirsche beziehen zu Beginn der Brunft ganz pünktlich bestimmte, oft viele Kilometer weit entfernte *Brunftplätze.* Hier werden die vorher heimlichen Hirsche Draufgänger, die vergessen, mit scharfen Sinnen auf Gefahren zu achten. Der starke Hirsch tritt kampflüstern und eifersüchtig zum Rudel, um mit seinem Geweih seinen Platz und seine Tiere gegen Nebenbuhler zu verteidigen. Für die *Sicherheit und Führung des Brunftrudels sorgt ein erfahrenes Alttier;* beim Standortwechsel folgt der Platzhirsch dem Kahlwild.
In der Hauptbrunft (Ende September/Anfang Oktober) ertönt in frostigen Nächten der Kampf- und Liebesschrei des Hirsches oft vom Abend zum Morgen. In diesen „heiligen 10 Tagen“ wird mancher „Hirschvater“ (Betreuer eines Rotwildreviers) um die 10 Pfund leichter, weil ihm für sein Wild schlafen und essen Nebensache sind.

**Was ist ein Platzhirsch?**

Ein Hirsch, der sich ein Brunftrudel erkämpft hat und es allein mit dem Recht des Stärkeren beherrscht. In der Nähe des Brunftrudels stehende, vom Platzhirsch geduldete schwächere Hirsche heißen *Beihirsche.* Geringe Hirsche nennt man *Schneider.*

**Wie wird der Ruf des Hirsches in der Brunftzeit bezeichnet?**

Wenn er aus vollem Halse ertönt, bezeichnet man ihn als Röhren, Orgeln und Schreien. Ein weniger lautes Rufen wird als Knören, Trenzen oder Brummen bezeichnet. Die jungen Hirsche müssen sich erst „einschreien“. Am eifrigsten schreien die mittelalten Hirsche, ganz alte meist nur spärlich.
(Langspielplatte „Hirschbrunft“ nach Aufnahmen in freier Natur. Bezug durch Verlag J. Neumann-Neudamm, 3508 Melsungen.)

**Wann stößt der Hirsch den Sprengruf aus?**

Wenn er ein Tier treibt oder einen Beihirsch verjagen will.

**Was versteht man unter dem Mahnen der Tiere?**

Den kurzen näselnden Ton, den das Tier hören läßt, wenn es vom Hirsch getrieben wird oder das Kalb herbeilocken will.
*Der Jäger ahmt das Mahnen nach,* wenn er den ziehenden Hirsch zum Verhoffen oder zum Zustehen (Näherkommen) bringen will.

**Wann ahmt der Jäger den Hirschruf nach?**

Wenn er den Hirsch eifersüchtig machen, heranlocken oder ihn „angehen“ will.
Die gebräuchlichsten Instrumente hierzu sind das Ochsenhorn, die „Muschel“ der Tritonschnecke (auch „Schnecke“ genannt) und das Herakléumrohr (der hohle Stengel der Herakléumpflanze) und künstliche Hirschrufe.
(Des öfteren haben sich Forstleute hiermit gegenseitig angeschrien und angegangen. Sie begrüßten sich dann mit einem sehr erstaunten „Waidmannsheil!“)

**Wie werden Kämpfe und Plänkeleien nach dem Abwerfen des Geweihes und in der Kolbenzeit ausgefochten?**

Die Hirsche gehen jetzt „niedrig“ und bekämpfen sich in dieser Zeit durch Schlagen mit den Vorderläufen. Hierbei stellen sie sich hoch auf die Hinterläufe und betrommeln sich gegenseitig mit den Schalen der Vorderläufe. Dieselben Kämpfe finden unter den Tieren aus Futterneid statt.

**Hat das Wetter einen Einfluß auf das Schreien der Hirsche?**

Ja! Die Hirsche melden sich um so lauter und lebhafter, je *trocken-kälter* das Wetter ist. Bei warmem, sonnigen Wetter, bei Regen und bei Wind verschweigen sie oft ganz (stille Brunft).

*„Das, lieber Waidmann, merke gut und gib darauf wohl acht,*
*den Bock verwirrt der Sonne Glut, den Hirsch die kalte Nacht!“*

## Bejagungsplan für Rotwild (Abschußplan)*)

**Welches Schalenwild darf geschossen werden?**

Nur solches, das durch Genehmigung des *Bejagungs-*(Abschuß-)*planes* zum Erlegen freigegeben wurde. Für Schwarzwild gibt es leider nur in einigen Ländern eine Bejagungsregelung! (s. S. 179).

**Welche Hirsche und Böcke unterscheidet der Bejagungsplan?**

*Die Stärkeklassen* I, II und III (starke, mittlere und geringe Hirsche und Böcke) und hierzu die
*Güteklassen* a und b (fehlerfreie und fehlerhafte) Hirsche und Böcke. Rheinland-Pfalz z. B. unterscheidet
Ia = gute alte jagdbare Erntehirsche und -böcke,
IIa = junge fehlerfreie Zukunftshirsche und -böcke,
Ib = alte zu streckende (abschußnotwendige) und
IIb = junge zu streckende Hirsche und Böcke,
*die keine Masse oder fehlerhafte Endenbildung zeigen.*
Mehrere Länder unterscheiden außerdem noch in Güteklasse IIIb (Rheinl.-Pfalz in IIc) = Hirsche und Böcke mit grobfehlerhafter Entwicklung des Kopfschmuckes, die aus Gründen der Aufartung so früh wie möglich zur Strecke kommen müssen. Das hat sich als Fortschritt erwiesen.

**Welche Rotwilddichte ist anzustreben und tragbar?**

Für Rotwildgebiete eine Dichte von 1,5 Stück und für Rotwildrandgebiete eine Dichte von 0,75 Stück je 100 Hektar. Sie kann um so höher sein, je mehr das Rotwild eine ihm gemäße Äsung findet (Schaffung eines natürlichen Mischwaldes, Kalkung der Böden, Vermehrung der Kraut- und Strauchschichten, Anlegen von Wildäckern) und je weniger es dadurch Nutzholzbestände durch Verbiß und Schälen schädigt.

---

*) Die in amtlichen Vordrucken mit dem Wort „Abschuß“ gekoppelten Ausdrücke passen weder für Raubzeug, noch für jagdbare Tiere. Man sollte deshalb aus jagdethischen Gründen an Stelle von „abschießen“ sagen: Schießen, erlegen, strecken, auf die Decke legen; statt „Abschußplan“: Bejagungsplan; statt „Abschußliste“: Streckenliste und statt „Abschußmeldung“: Streckenmeldung.

**Welches Geschlechterverhältnis ist anzustreben?**

Ein *Geschlechterverhältnis von 1,5 : 1.* Nur dieses Verhältnis führt zu einem idealen Altersklassenaufbau im Hirschbestand und sichert dem Rotwildjäger (zu 30% vom Hirschabschuß) die erstrebenswerten alten, reifen Erntehirsche, deren Geweih seit etwa einem Jahrtausend eine ausgesprochen repräsentative Rolle spielt. Zur Erreichung dieses Zieles muß sich der *Bejagungsplan* (Abschußplan) jedes Einzelreviers der Gesamtplanung des jeweiligen Rotwildringes anpassen.

**Was ist vom Rotwild zu schießen?**

Es muß unbedingt stark in die Kahlwildbestände eingegriffen werden, um die gewünschte *geringe Rotwilddichte* und das *richtige Geschlechterverhältnis* zu erreichen. Hierbei ist die körperliche Qualität entscheidend. Es sind deshalb zu schießen:

schwache, kümmernde, spät setzende oder zwei Kälber führende Alttiere mit ihren Kälbern, nicht führende Alttiere und Gelttiere, schwache Schmaltiere und Kälber (Jagdzeit s. S. 492).

Beim *Strecken* der Schmaltiere ist zu beachten, daß sie nicht mit besonders gut entwickelten Kälbern verwechselt werden (s. S. 119).

*Gesunde Tiere, die ein starkes Kalb führen,*
*und L e i t t i e r e sind unbedingt zu schonen!*

**Was sind „Abschuß"-Hirsche?**

Die nach Wildbret und Geweih schlechtest veranlagten Hirsche ihres Jahrganges.

**Welche Hirsche sind nach „Zahl und Wahl" zu schießen?**

Vor der Brunft sind die zu streckenden *Hirsche so früh wie möglich zu schießen* (Ib, IIb und IIIb [bzw. IIc] des *Bejagungs*planes), damit sie sich nicht vererben. Das gilt für alle Jährlinge mit Spießen von weniger als 10 cm Länge und alle zwei- oder mehrjährigen Spießer, Augsprossengabler (Spießer mit Augsprosse) und Mönche. Die durch sie verursachten Verbiß- und Schälschäden sind nicht tragbar. Alte, gute (Ia) und fehlerfreie junge (IIa) Hirsche sind zur Verbesserung des Bestandes zu schonen.

Merke hierzu:

*Im „Hohllicht" der mondscheinhellen Nächte kann man selbst mit dem besten Jagdglas kein Geweih sicher ansprechen!*

Zum hirschgerechten Jagen gehört der Schweißhund!

**Welche Hirsche sind auf weite Sicht zu schonen?**

Die kapital veranlagten Hirsche. Merke nochmals:

*Gut veranlagte Hirsche muß man alt werden lassen!*

Es lohnt sich immer, auf deren bestes Alter zu warten, denn reife Hirsche mit Geweihen vom 10. bis 14. Kopf mit vielendigen, s t a r k e n und gut ausgelegten Stangen, beiderseitiger B e c h e r k r o n e und hohem W i l d b r e t g e w i c h t sind das *Hegeziel* und für den Heger die Ernte und höchste Waidmannsfreude.

Eine Bestandsverbesserung durch Einfuhr ausländischer Hirsche ist nicht zu erwarten. Die Qualität unseres bodenständigen Rotwildes wird allein durch die zielbewußte *Hege* gehoben.

### Damwild (Dama dama)

**Wie wird Damwild nach Alter und Geschlecht unterschieden?**
Man unterscheidet:
Damhirsche (männliche Stücke, starke 70 bis 100 kg),
Damtiere und Damschmaltiere (weibliche Stücke, 30 bis 38 kg) und
Damhirsch- und Damwildkälber (bis 20 kg).

**Lebt Damwild gesellig?**
Ja. Es besitzt einen ausgeprägten „Familiensinn" und lebt in Rudeln (im Winter bis an 100 Stück). Nur in der Setzzeit (Juni/Anfang Juli) trennt sich das Tier vom Rudel und bleibt in Hörnähe des ruhenden Kalbes. Es hält sein Kalb (seltener Zwillinge) etwa drei Wochen lang abgelegt und völlig verborgen. Das Hirschrudel führt, im Gegensatz zum Rotwild, der *stärkste* Hirsch. *In der Brunft* (sie ist Mitte Oktober bis Anfang November) *gesellt sich das Tier zum Schaufler* (wie die Birkhenne zum Birkhahn). Der Brunftschrei des Schauflers ist weniger melodisch als der des Rothirsches und ähnelt einem lang anhaltenden, rasselnden Rollen, das an- und abschwillt.

**Welche Biotopansprüche stellt das Damwild?**
Es braucht die parkähnliche Kulturlandschaft mit gleichem Anteil von Wald, Feld und Wiese, insbesondere einen Waldbestand mit Lichthölzern, Mischholz und reicher Strauchflora. In ökologischer Hinsicht (s. S. 121) ist es an das gemäßigte Klima in niedrigen Lagen gebunden. Im Gebirge und im harten Klima versagt es. Damwild ist ein ausgesprochener *Kulturfolger*. Es richtet im Walde weniger Schaden an als Rotwild (Ersatzwildart des Rotwildes) und kann mit fast ebensowenig Wald auskommen wie Rehwild. Es äugt ausgezeichnet.
Am besten gedeiht Damwild in Ländern mit feuchtem Niederungsklima *(Schleswig-H., Niedersachsen, Jütland, Dänemark).*

**Wann wird das Geweih aufgebaut, gefegt und abgeworfen?**
Das Damhirschkalb setzt in dem der Geburt folgenden Frühjahr nach unten verdickte Spieße *ohne Rosen* auf (Damspießer).
Im nächsten Jahre werden Rose, Aug- und Mittelsproß und meist auch eine Gabel am Stangenende geschoben *(Knieper).*
In den weiteren Jahren wird das Geweih *nicht nach seiner Endenzahl,* sondern nach der *Ausformung der Schaufel* in Löffler, Dreiköpfer, Halbschaufler, angehende Schaufler, gute oder brave Schaufler und Haupt- oder Kapitalschaufler unterschieden. Der *Schaufler* braucht, anders als der Rothirsch, bis zur Reife meist nur zehn Jahre und setzt dann schnell zurück.
Das Damhirschgeweih hat nur selten eine Eissprosse. Typisch ist für manchen Schaufler der „*Dorn*" oder „Schauflerhaken". Er ist ein zusätzliches Ende, das an einer Schaufel hinten unten durch eine Rille abgesetzt ist (s. Abb. S. 134). Aus der Schaufel*fläche* herauswachsende hakenartige Gebilde nennt man „*Winkelspros-*

Halbschaufler mit Tier

**Die Normalfarbe ist rostrot mit weißen Tupfen, Bauch und Innenseite der Läufe sind weiß. Im Winter verfärbt es dunkelbraun bis braungrau. Es kommen aber auch zahlreiche Farbvarianten vor. Der Hirsch ist dunkler als das Tier.**

se". Der Geweihaufbau liegt im Juni/Juli, also in einer Zeit überreichlicher Äsung. Das neugebildete Geweih wird im August/September gefegt. *Die geringsten Hirsche fegen zuerst!* Das ist *beim Damhirsch* also *anders als beim Rotspießer und Rehbock.* Alte Schaufler sind oft erst im September blank. Die Brunft fällt in die Monate Oktober/November. Das Geweih wird im April/Mai des nächsten Jahres abgeworfen.

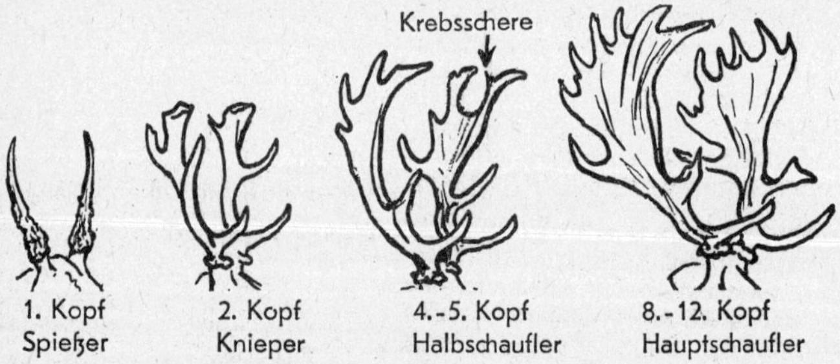


**Welche Besonderheiten sind für Damwild zu merken?**

Es hat keine Grandeln oder Haken wie das Rotwild, ist recht unempfindlich gegen Parasitenbefall und wird bis 33 Jahre alt. Die Zähne sind weicher als die des Rotwildes. Damwild ist zwei Jahre früher jagdbar als das Rotwild (Schaufelgewicht 2,5 kg in Klasse I). Es springt oft, ähnlich dem Muffelwild, mit allen vier Läufen hoch. Der verhältnismäßig lange schwarze, weiß berandete Wedel ist wie bei einer Ziege oft in Bewegung. Man sollte trotzdem nicht von *„Damzicken"* sprechen. Bevorzugt geschält werden Esche und Pappel, am liebsten verbissen werden Weiden,

Holunder, Brombeere, Hasel- und Laubholzaufwuchs. Eine Lieblingsäsung sind Pferdemöhren. Damwild suhlt nicht! Der Schaufler zeigt, wie der Rothirsch und Keiler, intensiven Brunftgeruch.

**Was ist eine Brunftgrube oder „Brunftkuhle"?**

Eine muldenförmige Vertiefung, die sich der *Damhirsch* bei Brunftbeginn in Dickungen mit den Vorderläufen „schlägt". Er näßt dann hinein und tut sich in ihr nieder. Die Mulde schlägt er täglich tiefer, so daß eine Grube entsteht, in der man den sitzenden Hirsch kaum noch sehen kann. Das ist für den kapitalen Schaufler typisch. Die Brunftkuhle „riecht schlecht", da der Hirsch vor und nach dem Niedertun in sie näßt. Um den Hirsch findet sich das Kahlwild ein (s. S. 133). Nach dem Ende der Brunft wird die Kuhle nicht mehr benutzt.

### Damwildhege und Bejagung

**Welches Geschlechterverhältnis ist bei Damwild anzustreben?**

Ein *Geschlechterverhältnis von 1:1.* Das Hegeziel ist der jagdbare Schaufler. Er soll bei guter Auslage Wucht und Stangenstärke, lange, breite, möglichst dicke, beiderseits volle Schaufeln, lange Augsprossen, kräftige Mittelsprossen und viele gut ausgebildete Enden am hinteren, oberen Schaufelrand haben (s. Abb.).
Die Bejagung der Hirsche ist auf körperlich schwächste Spießer sowie auf Knieper zu konzentrieren, die keine Stangenlänge und -stärke, keine Verbreiterung oben, zu geringe Aug- und Mittelsprossen und keine Auslage haben. Unerwünscht und Bejagungsgrund ist eine O-förmige Einkerbung der Schaufel, die sog. „Krebsschere" (Abb.), die gegenüber dem V-förmigen Schlitz in späteren Jahren nicht verschwindet. Halb- und angehende Schaufler sind als Zukunftshirsche bis zum neunten Kopf zu schonen.
Der Schaufler braucht eine gute Kugel (eine Handbreit hinter dem Blatt und nicht zu hoch!), denn er ist sehr hart.
Bei der Bejagung *von Kahlwild* ist das Hauptgewicht auf geringe Stücke und auf überalterte Tiere zu legen. Alte Tiere erkennt man am langen, trockenen Kopf, dem dünnen Träger und am Hängebauch. Muttertiere, die mehrmals gut veranlagte Hirschkälber gesetzt haben, sind zu schonen. Jagdzeit s. S. 492.
(Beste *Jagdart: Anfahren mit Jagdwagen.*
Damwild *„applaudiert"*, wenn es vorbeigeschossen wird; es klatscht dabei mit dem Wedel gegen die Keulen!)

### Sikawild (Cervus nippon)

**Wo ist Sikawild heimisch?**

In Ostasien *(Japan).* Es wird neuerdings auch in Deutschland an verschiedenen Standorten in freier Wildbahn gehegt (etwa 1000 Stück in Schleswig-Holstein, Westfalen und Baden).
Es ist winterhart, genügsam und verträgt sich gut mit Damwild und Rotwild. Es ist höher und schwerer als unser Rehwild. Das Geweih geht nur in seltenen Fällen über die Achterstufe hinaus. Die Decke ist mit Flecken besetzt. Es ist unstet und neugierig und rudelt sich bei Gefahr. Das Wildbret soll sehr schmackhaft sein. Jagdzeit s. S. 492.

## Die Trughirsche: Elchwild und Rehwild

### Elchwild (Alces alces)

**Wie wird das Elchwild nach Alter und Geschlecht unterschieden?**

Man unterscheidet: Elchhirsche (männliche Stücke, Gewicht 350 kg, in Kanada bis 500 kg), Elchtiere (weibliche Stücke) und Elchhirsch- und Elchwildkälber. Elche setzen meist Zwillingskälber. Jahresstrecke in Schweden etwa 30 000, Bestand in Ostpreußen vor 1945 etwa 1 200 Stück. Die Schußzeit ist in Schweden auf wenige Tage beschränkt. Man jagt dort mit Elchhunden.

Das Geweih nennt man *Schaufeln* (die in Kanada eine Auslage bis zu 180 cm haben und bis zu 50 kg wiegen können); die auf dem *Träger* (Hals) stehende kurze Mähne heißt *Schopf*, der behaarte Kehlbeutel heißt *Bart*. Für Elchwild wurde keine Jagdzeit festgesetzt.

### Rehwild (Capreolus capreolus)

Geschlechter: Kitz, Schmalreh, Ricke, Bock

**Welche Bedeutung hat das Rehwild für die deutschen Jäger?**

Es ist für die Mehrzahl der Jäger die wichtigste und interessanteste Wildart. Seine Jagd und Hege beschäftigt sie das ganze Jahr und bringt ihnen mannigfache Jagderlebnisse und Waidmannsfreuden. Das Ziel der Hege ist ein gesunder Rehwildbestand in einer dem *Lebensraum angepaßten Wilddichte* und einer natürlichen Bestandesgliederung *(Geschlechterverhältnis 1:1)*. Nur dadurch können starke Gehörne erbeutet werden. Der Ertrag aus Rehwild-, Hasen- und Fasanenstrecken (= 600 000 und je 1 030 000 Stück) beträgt etwa Zweidrittel der Gesamtjagdbeute (Wert: jährlich 117 Millionen DM).

Durch den Autoverkehr (die „*mordende Straße*“) wird Rehwild „gezehntet“ (10 % Verluste!). Dieser „*Straßentod*“ läßt sich nachts verhindern durch Umwickeln der Bäume mit Leuchtfolien (Warnreflektoren) und allgemein und sicher durch „Verkehrsschutzzäune“.

**Welches Rehwild wird nach Alter und Geschlecht unterschieden?**

*Rehböcke* (männliche Stücke, Gewicht aufgebrochen etwa 15 kg), *Ricken* oder Geißen (weibl. Stücke, Gewicht etwa 14 kg), *Schmalrehe* (weibliche Stücke vom Beginn des zweiten Lebensjahres bis zum Setzen), *Bockkitze* (nicht Kitzböcke!) und *Reh-, Ricken- oder Geißkitze* (Jungtiere im ersten Lebensjahr).

Für die Wildstandsmeldung und den Abschußplan endet das erste Lebensjahr der Kitze am 31. März!

**Wann werden die Kitze gesetzt?**

Im *Mai und Juni*. Wichtig ist, daß die Ricke nicht bei ihren Kitzen bleibt, sondern die Kitze an getrennten Plätzen ablegt. Da die Kitze noch ohne Wittrung sind, werden sie so vom Raubzeug und Raubwild meist nicht gefunden. Zum Säugen sucht die Ricke ihre Kitze auf und ruft sie durch einen leisen Fiepton herbei. Das Säugen erfolgt im Stehen. Die Kitze bleiben später bis zum erneuten Setzen bei der Mutter und werden erst kurz vorher von ihr „abgesprengt“ (weggejagt). Die in Wiesen abgelegten Kitze fallen oft der Mähmaschine zum Opfer.

**Wie können Rehkitze vor der Mähmaschine gerettet werden?**

Man erbittet Mitteilung der Mähtermine und stellt nachmittags vor dem Mähtage in Abstand von etwa 50 m einige zwei Meter lange Stangen über den gesamten Mähschlag auf, über die mit M 7 (s. S. 411) bestrichene Kunstdüngersäcke gestülpt werden (s. Abb.), die sich im Winde bewegen sollen. Die Ricke holt die in der Wiese abgelegten Kitze wie üblich ab, zieht aber wegen der „Gespenster“ am nächsten Morgen nicht wieder hinein. Gutgemeinte Methoden wie Anbringen von Leuchten, bunten Schreckballons, Aufstellen von Weckern in Blecheimern, Abklingeln oder Verstänkerung allein bringen meist nicht den erwünschten Erfolg. Die Stangen mit den Düngersäcken müssen vor dem Mähen entfernt werden.

Bewährt hat sich noch immer, vor dem Mähen mittels Streife mit je fünf Meter Abstand das Wiesenstück abzusuchen. Die Teilnehmer bringen zwei Meter lange Stangen mit, um überhängende Grasbüschel aufzudecken, unter denen die Kitze gern liegen. So wird auch die Wiese geschont. Ebensogut ist die Quersuche des Jägers gegen den Wind mit einem firmen Vorstehhund an der langen Feldleine. Gefundene Kitze werden markiert (s. S. 392) und in sichere Deckung gebracht. An den Mähmaschinen sollten „Wildretter“ (Abb. Tafel 30 vor S. 385) angebracht werden. Der Landwirt ist an der Rettung der Kitze selbst interessiert, da durch verwesende Körperteile einzusilierendes Gras (besonders beim Einsatz von Häcksel- und Kreiselmähern) verderben würde.

Rettet die Rehkitze durch die verstänkerte Sichtscheuche!
Sie erfüllt nur dann ihren Zweck, wenn sie am Abend vor dem Mähen plötzlich als „Schreckgespenst“ aufgestellt und nach dem Mähen sofort wieder entfernt wird (Plakat liefert Donau-Verlag in 887 Günzburg)
Verletzte Kitze ernährt man mit *künstlicher Muttermilch* (s. S. 111).

**Woran erkennt man ein Rehkitz?**

An der geringen Stärke, dem dicken, runden und kurzen Kopf mit den kurzen Lauschern, im Sommer an der *gefleckten* Decke, an der *Führung durch die Mutter* und am Gebiß (s. S. 147).

**Woran erkennt man Schmalreh und überalterte Ricke?**
Das *Schmalreh* erkennt man am schlanken Hals, Kopf und Rumpf, der jungfräulichen Grazie und Anmut, den schlanken Läufen und der glatten und glänzenden Decke.
Es tritt als erstes Stück aus, ist fast immer in Bewegung und sehr lebhaft und neugierig. Es ist bei gutem Gesundheitszustand Anfang *Juni bereits völlig verfärbt und rot.* Merke:

*Jung verfärbt zuerst!*

Die *Ricke* ist vollschlank und ausgeglichen rund. Der Kopf wirkt breiter als beim Schmalreh. Sie ist im Benehmen ruhig, aber doch mißtrauisch, jedoch nicht heimlich. Sie steht oft und lange draußen, sichert oft, hält Menschen und Fuhrwerke gut aus und läßt sich nicht durch jede Kleinigkeit vergrämen. Sie ist *Anfang Juni,* vor allem, wenn sie Kitze führt, *noch grau und ruppig.*
*Von hinten* (Abb.) erkennt man die Ricke als *„hochbeschlagen"* an ihrem durch die Schwere des Tragsackes bedingten *„Hängeleib"*, nach dem Setzen an der eingefallenen rechten Flanke und als *führend am prallen Gesäuge* (Abb.).

Schmalreh

Ricke

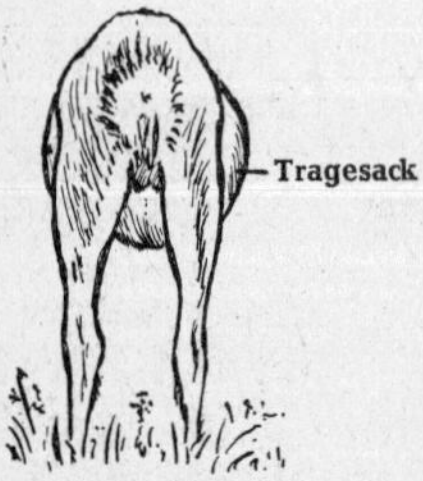


hochbeschlagen

Überalterte Ricke

Die *überalterte Ricke* wirkt mager und eckig. Das knochige, lange Haupt ähnelt mit den langen Lauschern dem des Rot-Alttieres. Der Hals ist lang und dünn, die Lichter treten übergroß heraus und haben einen stumpfen Ausdruck. Weiter erkennt man die überalterte Ricke am Hängebauch, an den lochartigen Vertiefungen in der Nierengegend, am hervortretenden Widerrist, an der Einschnürung am Brustbein und an der fahlen Decke. Gegen

Ende der Verfärbezeit im Oktober sind überalterte Ricken meist noch völlig rot. *Alt verfärbt zuletzt.*

Die überalterte Ricke brunftet spät und setzt meist erst Mitte Juni oder später (Einstandsgebiet für späteres Bejagen notieren!). Außerdem versiegt bei ihr die Muttermilch sehr schnell. Dem Verhalten nach ist sie *sehr vorsichtig* und mißtrauisch und läßt sich leicht vergrämen. Sie führt meist nur *schwache Kitze,* tritt spät aus, sichert lange vor dem Austreten, zieht wenig umher und führt ihre Kitze nicht an gute Äsungsplätze, wie das jüngere Ricken tun. Ihre Kitze bekommen dadurch nur das, was sie in der Nähe des mütterlichen Einstandes finden. Sie machen infolge des späten Gesetztwerdens und der ungenügenden Ernährung eine schwere Hemmung in der Jugendentwicklung durch, die erfahrungsgemäß im weiteren Leben nie wieder vollkommen aufgeholt werden kann. Ihre Bockkitze werden dem Haupte nach meist als weiblich angesprochen, da sie auch im September oft noch keine Rosenstöcke erkennen lassen, wie gesunde und kräftige Kitze (Abb. S. 140). Die Kitze sind anfällig für Wildkrankheiten, kommen stets untergewichtig und ohne jedes Feist in den Winter und haben dadurch keine Kraft, die für die Gehörnbildung notwendigen Aufbaustoffe frei zu machen. Sie sind als Jährlinge meist Knopfspießer.

Wirklich *gelte* (unfruchtbare) Ricken sind *sehr selten.* Man darf sie nicht mit nichtführenden Altrehen verwechseln, die ihre Kitze durch Unglücksfall oder Krankheit verloren haben. Alle Ricken sind vielmehr bis ins hohe Alter fortpflanzungsfähig. Merke:

*Hohe Rehwilddichte, schlechtes Geschlechterverhältnis und überalterte Ricken sind die Grundübel eines schlechten Rehwildbestandes!*

**Wie erkennt man das Alter des Bockes nach seinem Benehmen und seiner Figur?**

Der *junge Bock* ist vertraut und hat eine schlanke Figur. Der dünne und lange Hals wird hochgereckt getragen. Der „*Vorschlag*“ mit der Halsgrube (dem „*Stich*“) ist vorne an der Brust schmal, die Haarfarbe rot. Der Gesichtsausdruck ist kindlich neugierig.

Junger Bock

graziös, schmaler Vorschlag
der dünne Hals wird
hochgereckt getragen

Alter Bock

starker Hals, breiter Vorschlag,
Vorderläufe stehen breit
auseinander

Die Vordersprosse des Gehörns ist meistens stark ausgeprägt (Gabler).

*Zweijährige* wirken hochläufiger, ihr Hals ist etwas stärker.

Die *Böcke mittleren Alters* sind vorsichtig, haben einen mißtrauischen Gesichtsausdruck, einen gedrungenen Körperbau, breiten „Vorschlag“, starken Hals (der fast waagerecht getragen wird) und *braune* Haarfarbe. Am Gehörn ist die Vordersprosse oft nur angedeutet und die Hintersprosse kurz.

Beim *alten Bock* wirkt der kurze *Hals* noch dicker und gedrungener und wird fast waagerecht vorgestreckt getragen. Die Haarfarbe ist *gelblichbraun.* Der *Gesichtsausdruck* ist mißtrauisch-bösartig. Im Greisenalter bekommen alte Böcke fast wieder die Figur junger Böcke! Der wieder dünner werdende Hals wird aber weiterhin waagerecht getragen.

## Kopfschmuck des Bockes, Gehörnbildung

**Wie entwickelt sich das Gehörn des Bockes?**

Im August des *ersten* Lebensjahres entstehen beim Bockkitz die Rosenstöcke, auf denen sich als erstes Gehörn Knöpfchen oder kleine knöcherne Spieße bilden, die im Winter gefegt und im Januar bis Februar *abgeworfen* werden (s. Abb. unten). Im Frühjahr des *zweiten* Jahres schiebt der Bock als *zweites* Gehörn Spieße, die im Mai, häufig auch erst Anfang Juni, gefegt werden.

*Schwach entwickelte Bockkitze,* die eine Hemmung in der Jugendentwicklung durchgemacht haben (s. S. 139 u. 159), tragen das Erstlingsgehörn oft weiter, so daß es mit dem Knopfgehörn identisch wird. Dann findet sich zwischen Rosenstock und Stange *k e i n e R o s e* (Verdickung), die das zweite Gehörn im Leben des Bockes sicher kennzeichnet (s. Abb. S. 146 u. 160).

*Besonders gut veranlagte Jährige* tragen schon Gabel-, vereinzelt sogar schon Sechserstangen (Abb.). Von nun an wirft der Bock in

Das gute Bockkitz zeigt ab Aug./Sept. erkennbare Rosenstöcke

Die Erstlingsknöpfchen werden im Jan./Feb. abgeworfen

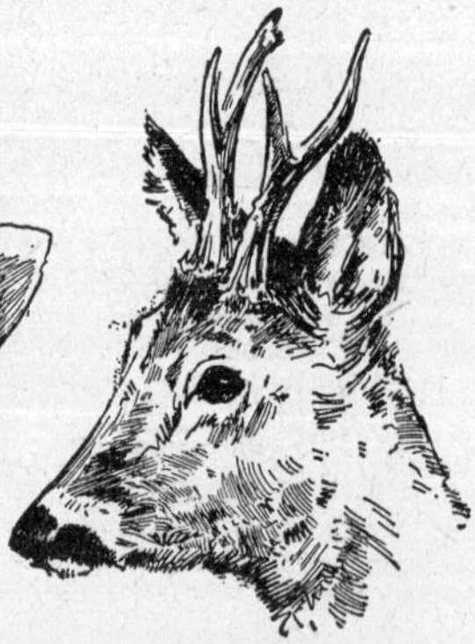

Gut veranlagter Jährling mit gut ausgebildeter Vordersprosse

jedem Herbst die Stangen ab und setzt bis zum Frühjahr neue Stangen auf, fegt sie, benutzt sie in der Blattzeit als Waffe und verliert sie wieder im Herbst.

Im *dritten* Jahr zeigt das *dritte* Gehörn die Gabelform oder die Sechserstufe.

**Welche Bedeutung hat der „Bast" für das Wachstum der Stangen?**

Der Bast ist eine gefäß- und nervenreiche, plüschähnlich behaarte Haut, die das Gehörn während des Wachstums überzieht. Im Bast verlaufen Blutgefäße, die dem Gehörn alle für den Aufbau notwendigen Nährstoffe zuführen.

Mit zunehmender Verknöcherung der Stangen verringert sich der Zustrom des Blutes. Nach Aufhören des Blutzuflusses werden die Stangen empfindungslos und zu einem toten Knochengebilde. Sie werden durch Fegen vom Bast befreit. Das Fegen erfolgt mit Zwischenpausen *meist innerhalb eines Tages.* Bastreste findet man nur selten, da sie vom Bock meist geäst werden. Die frisch gefegten Stangen sind weiß. (Gefegt wird am liebsten an Fichten, Kiefern, Lärchen und *Fremdgehölzen*!)

**Wie kommt die Gehörnfärbung zustande?**

Das Gehörn wird nach dem Fegen bis zur Blattzeit mehrmals täglich an Stämmchen und Sträuchern gerieben und geschlagen. Durch die hierbei aufgenommenen Pflanzensäfte wird die Färbung des Gehörns erreicht und erhalten (s. S. 117).

**Welche Böcke werden nach den Gehörnstufen unterschieden?**

Knopfböcke, Spießböcke, Gabelböcke und Sechserböcke.

*Knöpfe* und Knopfspießchen sind die schwächste Gehörnbildung.

*Spieße* werden in der Regel von jungen oder ganz alten Böcken gebildet, die bessere Bildungen noch nicht oder nicht mehr hervorbringen können. Im mittleren Alter sind Spieße ein Zeichen des Kümmerns (infolge Äsungsmangels oder Krankheit).

*Gabler* treten in zwei Formen auf, als Vordersprossen- und Hintersprossengabler. Der Vordersprossengabler ist meist ein junger Bock, der Hintersprossengabler meist ein alter Bock (der nicht mehr in der Lage war, einen Vordersproß zu schieben).

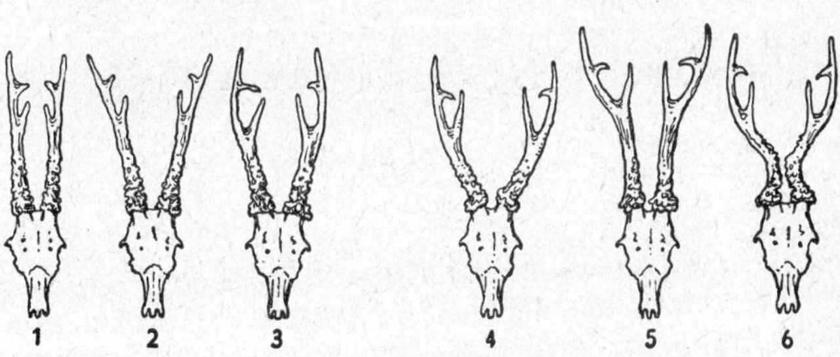


Gehörnformen

1. Gerade parallele Form, 2. Gerade ausgelegte Form, 3. Eiform, 4. Korbform, 5. Lyraform, 6. Geschnürte Form

Das *Sechsergehörn* wird vom Bock auf der Höhe seines Lebens getragen. Wir unterscheiden hierbei die Vorder-, Hinter- und Mittel- oder Obersprosse als Stangenende (Abb. S. 144).

**Welche Gehörnformen werden unterschieden?**

Gerade parallele Form, gerade ausgelegte Form, Eiform, Korbform, Lyraform und geschnürte Form (s. Abb. S. 141).

**Woran kann man im Frühjahr das Alter eines Bockes erkennen?**

Am Zeitpunkt des Verfärbens und Fegens sowie an seiner Lebensweise.

*Jung verfärbt zuerst, alt fegt zuerst!*

Die *Jährlinge* sind schon Anfang April rot, fegen jedoch meist erst im Juni. Sie stehen oft noch bei der Mutter oder bei ihren Geschwistern.
Die *Zweijährigen* verfärben Ende April und fegen Mitte Mai. Sie stehen schon allein, aber auch noch bei Gleichaltrigen.
Die *Dreijährigen* verfärben und fegen gleichzeitig Anfang Mai, sie sind ausgewachsen und stehen meistens allein (s. Tafel S. 160).
Die *vierjährigen und älteren Böcke* fegen v o r dem Verfärben (sie fegen schon Anfang April und verfärben erst Ende Mai). Sie halten keinen festen Wechsel mehr und ziehen für sich allein. Fegestellen, die man schon Mitte März vorfindet, stammen von Böcken, die meist *älter als fünf Jahre* sind. Den Einstand dieser Böcke muß man sich merken und sie überprüfen, ob sie zu bejagen oder als „gute Vererber“ zu schonen sind.

**Wann wirft der Bock die Stangen ab?**

Im *November und Dezember.* Das Abwerfen erfolgt, wie das Fegen, *bei den ältesten Böcken zuerst, bei den jüngsten zuletzt.* Das Abwerfen der Stangen wird durch *Hormone* schon ab Oktober eingeleitet. Es bilden sich an der Trennlinie zwischen Stange und Rosenstock lockere Knochenzellen (Abwurfrillen), so daß schließlich die Stange vom Rosenstock abbricht. Sofort nach dem Abwerfen beginnt die Entwicklung des neuen Gehörns.

**Wie unterscheiden sich Rehbock und Ricke Ende Dezember?**

Das Hauptunterscheidungsmerkmal ist Ende Dezember beim Bock der *Pinsel,* bei der Ricke die *Schürze* (Abb. S. 144 und 138).
Als Pinsel bezeichnet man die von der Scheide der Brunftrute des Bockes herabhängenden Haarbüschel.
Als Schürze bezeichnet man die Haarbüschel am Feuchtblatt (dem Geschlechtsteil) der Ricke.
Weiter kann man männliches und weibliches Rehwild leicht unterscheiden, *wenn es das volle Winterhaar trägt.* Dann erscheint der S p i e g e l der männlichen Stücke *bohnenförmig,* der der weiblichen Stücke (Rickenkitze, Schmalrehe und Ricken) dagegen *gestielt-kleeblattförmig,* weil die Schürze im Winterhaar deutlich hervortritt (s. Tafel 6 nach S. 160).

## Normale und regelwidrige Gehörne

Abschußbock, Knopfbock, Zukunftsbock, alter Bock, Kreuzbock, Widder, Perückenbock

**Was ist ein Kümmerer („Abschußbock")?**

Ein Bock mit grob fehlerhafter Entwicklung des Kopfschmuckes, der aus Gründen der Aufartung so früh wie möglich zur Strecke kommen muß. Zu ihm gehören alle Böcke der *Güteklasse* b (also Ib, IIb und IIIb- bzw. IIc-Böcke). Zur Klasse IIIb bzw. IIc (s. S. 131) gehört hauptsächlich der *Knopfbock*. Er ist fast immer *ein einjähriger Bock,* also ein Bock im zweiten Lebensjahr mit dem zweiten Gehörn, der infolge Unterernährung in der Notzeit, Parasitenbefall oder Hormonmangel keine regelrechten Stangen schieben konnte. Knopfböcke dürfen keinesfalls mit gut entwickelten Bockkitzen verwechselt werden (s. Abb. S. 140 u. 160).
Weiter rechnen hierzu
Spießer unter 6 cm Stangenlänge,
Spießer, die am 1. Juli noch nicht gefegt haben, und
dreijährige Spießer mit unter 12 cm Stangenlänge.

**Woran erkennt man den Zukunftsbock?**

Am *hohen* wuchsfreudigen *Hauptschmuck* auf langem, *dünnen Hals* (der zu diesem Gehörn nicht zu passen scheint). Außerdem wird das Haupt von ihm, ganz anders als vom alten Bock, stolz und aufrecht getragen (vgl. Abb. junger und alter Bock S. 139).

**Wie sieht das Gehörn eines „guten" oder „braven" Bockes aus?**

Es zeigt starke Rosenstöcke und gut geperlte Tellerrosen, kräftige und massige Stangen mit guter Perlung, gut entwickelte Vorder- und Hintersprossen und weißpolierte Enden. Dieses *„Reifegehörn"* wird je nach den Umweltsverhältnissen im Alter von 3 bis 4 (oder 4 bis 6) Jahren getragen.

**Wie sieht das Gehörn beim alten Bock aus?**

Die Stangen biegen sich meist nach innen und hinten (geschnürte Form des Gehörns). Es kommt trotz der starken Rosenstöcke zum Nachlassen der Stangenstärke und zum Verkürzen der Enden, insbesondere der Vordersprossen. Wir bezeichnen diesen Rückgang des Gehörns als *„Zurücksetzen"*.
Die Tellerrose wird zur *„Dachrose"*, d. h. zu einer dachförmigen, nach unten gezogenen Rose. (Dachrosen kommen aber auch bei Böcken mittleren Alters vor.)
Der *alte Bock* ist sehr *heimlich*. Seine Sinne sind besonders gut ausgeprägt und sein Wildbretgewicht beachtlich hoch.

**Was ist ein Kreuzbock?**

Ein Sechserbock, an dessen Stangen die Vorder- und Hintersprossen in ein und derselben Höhe abzweigen und dadurch mit der Stange ein Kreuz bilden (Abb. S. 144).

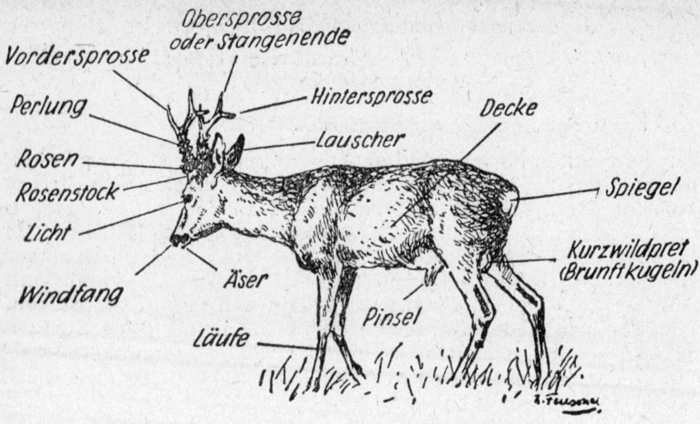


Der Rehbock in der Waidmannssprache
Sechserbock, etwa fünfjährig, mit dickem und dadurch kurz und gedrungen erscheinenden Hals

**Gibt es auch „schöne" Böcke?**

Nein! Es ist unwaidmännisch, einen Bock als schön zu bezeichnen. Man spricht von „guten, starken, braven oder prächtigen" Böcken.

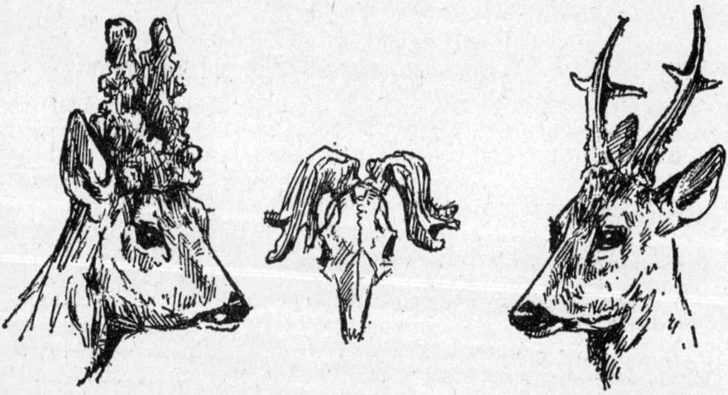

Perückenbock Widder Kreuzbock

**Was ist ein Perückenbock?**

Ein Bock, dessen Gehörn mit abnormen Wucherungen bedeckt ist, die oft bis an den Äser reichen (das Wildbretgewicht ist manchmal überdurchschnittlich hoch).

Perückengehörne entstehen durch *Ausfall des Sexualhormons,* als Folge von Verkümmerung, Schußverletzung oder krankhafter Zerstörung der Brunftkugeln.

Wird z. B. ein im Gatter gehaltener Rehbock wegen Bösartigkeit kastriert, beginnt das Bastgehörn krankhaft zu wuchern und unbegrenzt weiter zu wachsen, so daß es eine unförmige, perückenartige Masse bildet. Verabfolgt man dem Perückenbock das ihm fehlende Sexualhormon, so kommt es zum Fegen und Abwerfen der Perücke.

**Wann entstehen Rickengehörne?**
Bei Zwitterbildung (s. Abb. S. 111). Rickengehörne haben keine Rosen. Es gibt ausnahmsweise sogar gehörnte Ricken, die führen.

**Was sind „Frost- oder Hungergehörne"?**
Gehörne, bei denen in harten Wintern während der Bastzeit als Folge andauernden Hungerns (nicht durch Erfrieren!) und durch hochgradigen Kalkmangel (Erweichung und Entkalkung) der obere Stangenabschnitt nach Querbrüchen abgeworfen wurde.
Sie bestehen meist nur noch aus *Stangenstümpfen* und sind eine vorübergehende Erscheinung.

**Gibt es auch Frostgeweihe?**
Nein, denn der *Geweih*aufbau erfolgt ja erst in den Monaten März bis Juni, also nicht in äsungsarmer Zeit!

**Wie entstehen Korkenzieher- und Widdergehörne?**
Sie sind meist die Folge einer Störung des Kalkstoffwechsels während des Schiebens und von Krankheiten, insbesondere von *Parasitenbefall* (Haut- und Rachendasseln, Lungen-, Magen- und Darmwürmer, Leberegel). Diese Gehörnformen sind unerwünscht, aber *selten erblich.*

Korkenzieher-gehörn

Widdergehörn

„Frostgehörn"

Beim *Doppelkopf* (Doppelgeweih) haben sich als Abnormität auf nicht abgeworfenen Spießen neue Stangen gebildet.

**Kann man das Alter eines Rehbocks sicher nach dem Gehörn bestimmen?**
*Nein.* Die Ansicht, daß der Bock regelmäßig im ersten Jahre Spieße, im zweiten Gabeln und vom dritten an ein Sechsergehörn schiebe, ist nicht richtig, denn es kann z. B. auch schon ein zweijähriger Bock ein gutes Sechsergehörn verecken und ein alter Bock nur Spieße tragen. Im übrigen sind für die Beurteilung des Alters maßgebend: *Benehmen, Figur,* Stärke des *Halses, Gesichtsausdruck,* Vorschlag (Stich), *Haarfarbe, Wildbretgewicht* und beim erlegten Bock der *Gebißabschliff.*

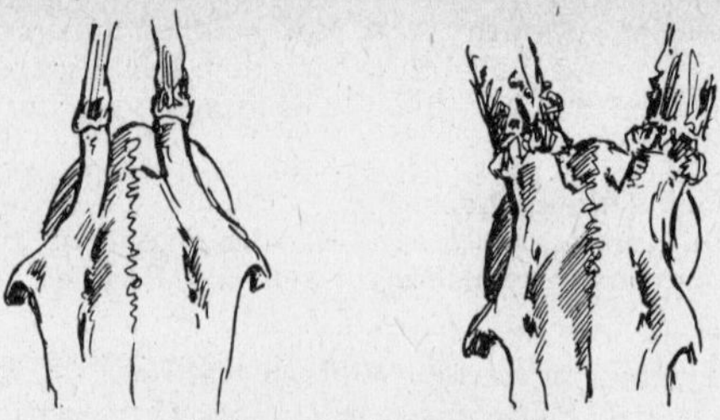

Stellung der Rosenstöcke
Junger Bock Alter Bock

**Wie ist die Haarfarbe beim jungen und beim alten Bock?**
Sie ist beim jungen Bock *knallrot,* beim mittelalten *rotbraun* und beim alten Bock *gelblichbraun.*

**Was versteht man unter der sogenannten „Muffel"?**
Das nackte schwarze Nasenfeld um den Windfang, das stets feucht gehalten wird (beim Elch besonders auffällig).

**Kann man das Alter eines Bockes auch nach der Sommerkopffärbung schätzen?**

Ja, an einem weißen Fleck oberhalb des Windfangs, dem sog. *„Muffelfleck"*, und an der Färbung der Sommerdecke des Hauptes (der sog. Gesichtsmaske, *Methode Vorberg*).

1jährig 2jährig

3—4jährig 5—7jährig über 7jährig
Altersbestimmung beim Rehbock
nach der Sommerfärbung des Gesichtes (Methode Vorberg)

Beim *Jährling* ist der Kopf einfarbig dunkel, die Stirnlocke ist klein, der weiße Muffelfleck fehlt noch. Bei gut entwickelten Jährlingen kann er als schmales weißes Band vorhanden sein.
Beim *zweijährigen* Bock beginnt das Gesicht bunt zu werden. Der strahlend weiße dreieckige Muffelfleck sticht von der brandroten Farbe der Backen und der Umgebung der Lichter ab. Die Stirnlocke ist groß und erscheint scharf abgesetzt und füllt den Raum zwischen Rosenstöcken und Lichtern aus.
Beim *drei- und vierjährigen* Bock wirkt der Kopf ausgesprochen bunt (rot, schwarz und weiß). Der Nasenfleck ist jedoch nicht mehr rein weiß und nicht mehr scharf gegen die Farbe der Backen abgesetzt.
Beim *fünf- bis siebenjährigen* Bock ist der Nasenfleck altersgrau und reicht bis zwischen die Lichter, wo er in die undeutlich gewordene Stirnlocke übergeht. Er wird zur sogenannten „Brille"! Der Kopf wird also mit zunehmendem Alter eisengrau und dabei wieder mehr und mehr einfarbig.

Merke: *Graues Gesicht – altes Gesicht!*

Die Vorbergsche Methode ist in manchen Revieren recht zuverlässig, in anderen dagegen nicht!

**Woran erkennt man das Alter bei gestrecktem Rehwild?**

An den *Zähnen des Unterkiefers.*
Der Unterkiefer besteht aus zwei Hälften, die zwischen den Zangen in einer Fuge miteinander verwachsen sind.
Das Reh hat (wie Rot-, Dam-, Sika- und Gamswild) nach Abschluß des ersten Lebensjahres im Unterkiefer acht Vorderzähne (sechs Schneidezähne und zwei zu Schneidezähnen umgebildete Eckzähne) und auf jeder Seite des Unter- und Oberkiefers je sechs Backenzähne, insgesamt also 32 Zähne (Rotwild hat im Oberkiefer zusätzlich noch zwei Eckzähne [Grandeln], also 34 Zähne).
Im ersten Lebensjahr kann man das Alter des Rehwildes an den *Vorderzähnen* im Unterkiefer bestimmen. Sie sind kleiner als die bleibenden Zähne und werden wie folgt gewechselt:
Die Zangen (Abb. S. 148 oben: I) mit 5 Monaten,
die inneren Mittelzähne (2 bzw. II) mit 10 Monaten,
die äußeren Mittelzähne (3 bzw. III) mit 12 Monaten und danach
die Eckzähne (4 bzw. IV) mit 14 Monaten.
Die *ersten drei Backenzähne* sind im Kitzalter ebenfalls Milchzähne. Sie werden als *Prämolaren* ($P_1$, $P_2$ und $P_3$) bezeichnet und mit 11 Monaten gewechselt. An ihre Stelle treten dann bleibende Zähne (P I, P II und P III). *Der dritte Prämolar* dient zur Unterscheidung *des Kitzes vom Jährling.* Er ist im Kitzalter als Milchbackenzahn ($P_3$) dreiteilig, im späteren Alter als bleibender Zahn (P III) aber nur zweiteilig (Abb. S. 148: a und b).
*(Beim Rotwild ist dieser Zahn bis zum 30. Monat dreiteilig, von da ab im Dauergebiß nur noch zweiteilig!)*
Die *drei hinteren Backenzähne oder Molaren* (M I, M II und M III) erscheinen mit 3, 5 und 11 Monaten als Dauerzähne.
Das Alter über 14 Monate hinaus läßt sich bei männlichen und weiblichen Stücken n u r aus der Verformung der Zähne durch den natürlichen *Abschliff* s c h ä t z e n.

6—9 Monate 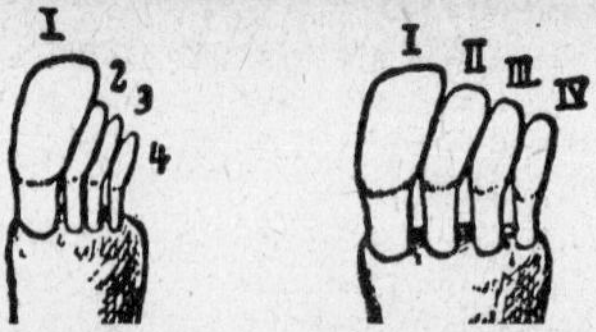 über 14 Monate


Zangen (I) gewechselt — Sämtl. Vorderzähne gewechselt

Altersbestimmung nach den Vorderzähnen

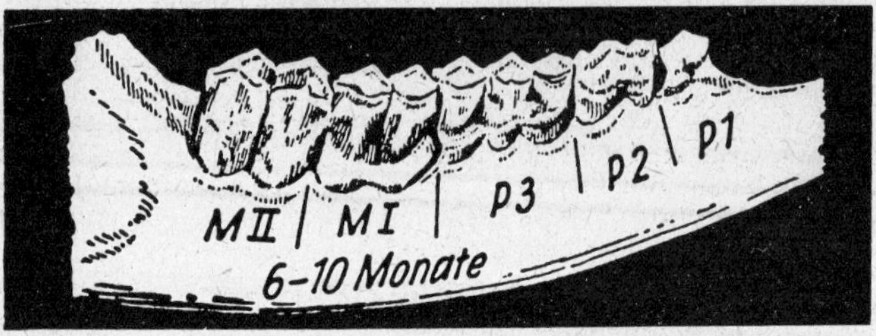


a) Kitzalter. Der dritte Michbackenzahn (der 3. Prämolar = $P_3$) ist dreiteilig. Der dritte Molar (= M III) fehlt noch

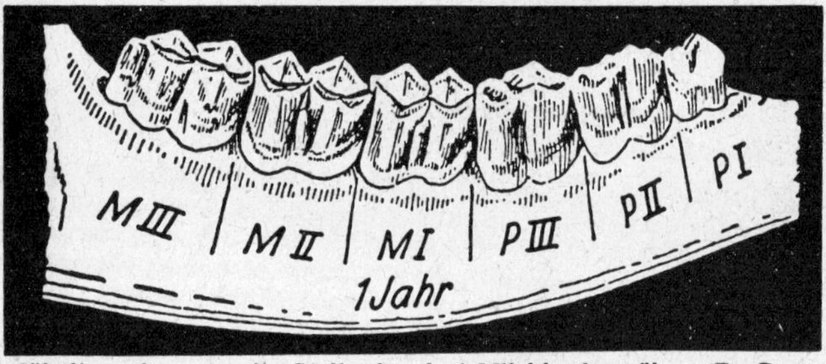


b) Jährlingsalter. An die Stelle der drei Milchbackenzähne ($P_1$, $P_2$ und $P_3$) sind bleibende Zähne (P I, P II und P III) getreten. Der 3. Prämolar (P III) ist als bleibender Zahn zweiteilig. Kaurand und Kaufläche stehen rechtwinklig zueinander

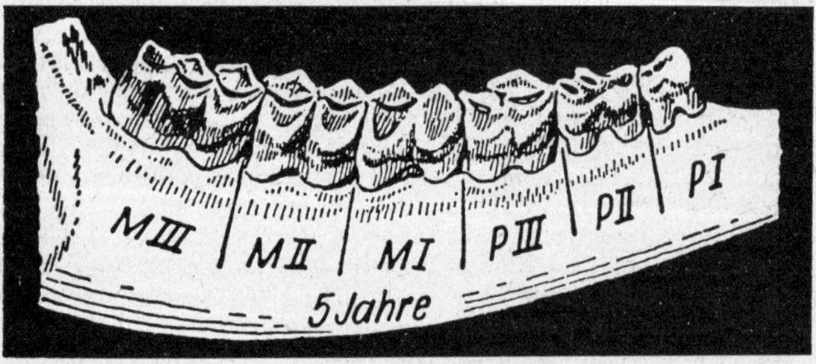


c) 4jährig, mit braunem Dentin aber 5jährig
Die Kunde ist in der vorderen Hälfte von M I verschwunden. Kaurandwinkel von M I stumpf bis flach.

**Altersbestimmung beim Rehwild**

Fühlt man beim Hineingreifen ins Geäse auf den Zähnen des Unterkiefers eine scharfe „Säge“, so ist das Stück jung!
Die Zweijährigen erkennt man daran, daß sich der neue zweiteilige dritte Prämolar noch nicht recht nach Farbe und Stellung in das Gebiß eingeordnet hat. Seine Krone ist angeschliffen, aber deutlich weniger als die der Molaren.
Beim Dreijährigen sind die Abschliffe der Zähne fast gleichmäßig. Der dritte Prämolar wirkt nach Farbe und Stellung nicht mehr fremd. Die beiden Säulen des ersten Molars weisen noch deutliche *Kunden* (taschenförmige, dunkelgefärbte Furchen zwischen Kaurand und Kaufläche) auf.
Die Furchen der Prämolaren bezeichnet man als *„Schlingen“*.
Als *Faustregel* gilt:
Beim Vierjährigen ist der erste Molar so weit abgeschliffen, daß die erste (vordere) Säule dieses Zahnes keine Kunde mehr aufweist (s. Abb.).
Infolge des weiteren Zahnabschliffs verschwindet eine *Kunde* nach der anderen, und zwar *von Säule zu Säule* (Zahnteil).
Mit 5 Jahren fehlt die Kunde an der hinteren Säule von M I,
mit 6 Jahren auch an der vorderen Säule von M II,
mit 7 Jahren auch an der hinteren Säule von M II,
mit 9–10 Jahren ist der ganze dritte Molar (M III) abgeschliffen,
mit 10–12 Jahren fehlt schon der ganze erste Molar, und auch die anderen Molaren fangen an, nur noch Bruchstücke zu sein.
Durch Versuche wurde festgestellt, daß gelbes Dentin verhältnismäßig weich, braunes härter und schwarzes am härtesten ist. Dadurch erklärt sich der etwas verschiedene Grad des Abschliffes bei gleichaltrigen Böcken und Rehen. Man wird deshalb bei der Altersschätzung bei braunem Dentin 1 Jahr, bei schwarzem Dentin 2 Jahre hinzurechnen müssen.

**Welche Bedeutung haben die Unterkiefer für die Gehörnschauen?**

Sie sind für die Altersbestimmung des Gehörnträgers wichtig und deshalb zusammen mit dem Kopfschmuck vorzuzeigen. Stets ist auch das Gewicht des aufgebrochenen Stückes anzugeben! (s. auch S. 161 u. 499).
(Beim Rotwild sollte immer der ganze Oberkiefer oder dessen abgesägter Zahnteil vorgelegt werden!)

**Kann man aus dem Unterkiefer auf das Geschlecht schließen?**

Ja. Der Winkelfortsatz des Unterkiefers ragt beim *Bock* nach hinten und unten über den Kieferrand hinweg und wird durch eine Furche abgegrenzt. Beim *weiblichen* Stück kommt der Winkelfortsatz nur schwach zur Geltung. Hier ragt er nur wenig über den hinteren Rand hinweg, und der Unterkieferrand verläuft bis zum Winkel fast gerade. Diese Erkennungsmethode ist erst von einem Alter ab *zwei Jahre* brauchbar. Bei sehr alten Ricken werden die Unterschiede zum Bock geringer.

**Hat Rehwild im Oberkiefer Eckzähne (Grandeln oder Haken)?**

Nein! Grandeln und Haken kommen nur beim Rotwild vor. Beim Rehwild und Damwild findet man sie nur ausnahmsweise.

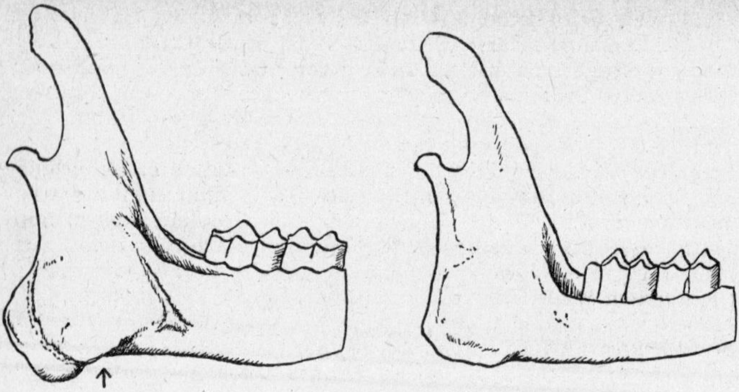


Bock Ricke

Form des Unterkiefer-Winkelfortsatzes bei Bock und Ricke

**Welches Institut nimmt Altersbestimmungen nach den Unterkieferbackenzähnen vor?**

Das Institut für Jagdkunde in 34 Göttingen-Weende, Büsgenweg 3 (Ruf: 0551/31011).

Farbe und Verfärben

**Welcher Unterschied besteht in der Färbung des Sommer- und Winterhaares?**

Rehwild ist im Sommer *brandrot*, im Winter *graubraun* gefärbt. Es gibt aber auch Rehwild mit abweichender Färbung, so z. B. schwarzes Rehwild (in Norddeutschland mit einem Kerngebiet in Haste/Grafschaft Schaumburg, westlich von Hannover) und weißes Rehwild (Albinos oder Weißlinge) sowie Schecken.

**Wann findet der Haarwechsel (das Verfärben) statt?**

Im April/Mai und Anfang Oktober.

Beim Verfärben im *Frühjahr* fällt das alte Winterhaar oft büschelweise aus. Das Rehwild sieht in dieser Zeit deshalb oft struppig aus. Der Haarwechsel im *Herbst* erfolgt unauffällig und schnell.

**Wie wird das Haar gepflegt?**

Es wird vom Halse bis zu den Keulen beleckt und dadurch geglättet; wird dabei öfter Haar geschluckt, kommt es zur Bildung von Bezoaren im Pansen (s. S. 171).

**Welches Rehwild verfärbt zuerst?**

*Zuerst* die jungen gesunden Stücke, die *Jährlinge*, dann die Zweijährigen.

Alte Böcke und kranke Stücke verfärben wesentlich später, *führende Ricken* im Frühjahr gewöhnlich *erst nach dem Setzen* (s. auch S. 138 und Tafel 5 nach S. 160).

**In welchem Alter verlieren die Kitze ihre Kitzflecke?**

Im Alter von etwa *6 Wochen.* Sie werden von da ab durch das nachwachsende rote Sommerhaar mehr und mehr verdeckt. Anfang Oktober erfolgt der erste Haarwechsel zur Winterdecke.

**Was verstehen wir unter dem Drossel- und Halsfleck?**

Einen im Winterhaar mancher Rehe in der Drosselgegend bzw. an der Unterseite des Halses vorkommenden weißen Fleck. Er kann auch geteilt sein und sich auch vom Drosselknopf bis zum Stich wie ein Latz hinziehen. Er ist erb- und damit familienbedingt und kommt nach Häufigkeit, Form und Größe recht unterschiedlich vor. Er ist *kein Alterskennzeichen.*

**Was verstehen wir unter dem „Spiegel"?**

Den im Sommerhaar hellen, im Winterhaar jedoch rein *weißen Fleck um das Weidloch* (s. Abb. S. 144). Er kann, durch Spreizen des langen spröden Haares nach auswärts, um das Doppelte vergrößert werden. Das geschieht bei drohender Gefahr und ist für Kitze und Artgenossen ein deutliches Warnzeichen (Form des Spiegels im Winterhaar s. Tafel 6 nach S. 160; s. auch „Spiegel" des Auerhahnes S. 206 und „Spiegel" der Enten S. 235/236).

**Hat Rehwild einen Wedel?**

Ja, er ist aber bei Rehwild infolge der Verkürzung der Schwanzwirbel *nicht sichtbar.* Er verschwindet in der Behaarung des Spiegels und wird nur sichtbar, wenn ihn das Stück beim Sichlösen anhebt.

## Bestätigen des Rehwildes

**Woran kann der Jäger erkennen, wo Rehwild im Revier steht?**

An den Trittsiegeln bzw. Fährten, an Fege- und Plätzstellen, an der Losung und an Lautäußerungen (s. auch S. 113, 115, 152).

**Wie nennt man die Bewegungsarten des Schalenwildes?**

Es *zieht,* wenn es sich vertraut vorwärts bewegt. Hierbei wird der Tritt des Hinterlaufes ziemlich genau in den Tritt des Vorderlaufes der gleichen Seite gesetzt.
Es *trollt,* wenn es trabt, und
es *flüchtet,* ist flüchtig oder *hochflüchtig* oder geht flüchtig ab, wenn es schnell läuft.

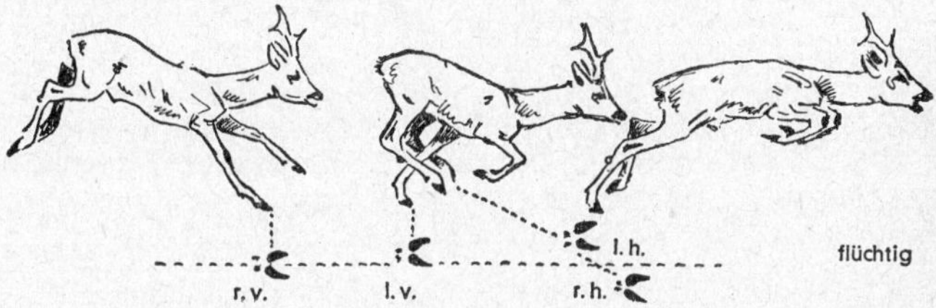


flüchtig

**Wie bewegt sich Rehwild in der Flucht?**

In hohen Fluchten. Hierbei stoßen die langen Hinterläufe den Körper kräftig vom Boden ab, und die Vorderläufe fangen ihn federnd auf. Die Tritte der Hinterläufe stehen hierbei stets vor den Tritten der Vorderläufe (*„Hasensprung“*).
In der Flucht werden die Schalen gespreizt. Das Geäfter kommt sichtbar zum Abdruck (Abb. S. 122).
Bei *Treibjagden* flüchtet Rehwild oft völlig kopflos und flieht dabei gegen Hindernisse, so daß es sich dabei häufig das Genick bricht. Man sagt dann, „es hat sich abgenickt“.

**Wie unterscheidet sich die Fährte des Bockes von der der Ricke?**

Der *Schrank* (s. S. 123) ist beim Bock erheblich weiter (bis 16 cm) als bei der stärksten Ricke (höchstens 12 cm). Beim Trollen ist der Schrank weniger breit.

**Welchen Unterschied zeigt Rehwildlosung im Sommer und im Winter?**

Bei *wasserreicher Äsung* im Frühjahr und Sommer hängen die Lorbeeren der Rehwildlosung zusammen und bilden eine Wurst (*Sommerlosung*).
Bei *trockener* Äsung (im Winter) fällt die Losung in einzelne Beeren auseinander.
Die einzelne „Lorbeere“ ist etwa 14 mm lang und 8 mm breit. Die Losung des Bockes ist bisweilen kürzer und dicker als die der Ricke und zeigt manchmal auch ein angedeutetes Näpfchen und Zäpfchen.

Winterlosung — Sommerlosung
Rehwildlosung (natürliche Größe)

**Wann löst sich und wann näßt Rehwild?**

Gewöhnlich im Anschluß an das Hochwerden aus dem Bett, mitunter erst während der Äsungssuche. Männliches Rehwild „näßt unter sich“, weibliches Rehwild „hinter sich“ (Abb. S. 160 und 165).

**Was versteht man unter Fiepen, Schrecken und Schmälen?**

Es sind *Lautäußerungen*, durch die sich Rehwild dem Jäger verrät. Sie werden vom Jäger als *„Locklaute“ gern* nachgeahmt.
Unter *Fiepen* versteht man den pfeifenden Laut der Ricke, die ihre Kitze lockt, und den der Kitze, wenn sie die Mutter suchen. Die brunftigen Ricken fiepen, um den Bock anzulocken. Wenn sie vom Bock getrieben werden und den Beschlag noch nicht dulden

wollen, lassen sie das sogenannte Angstgeschrei oder das Sprengfiepen („pijäh“) hören.
Das *Schrecken* ähnelt dem Bellen des Hundes. Es wird bei Ärger über eine Störung (durch Menschen, Schwarzwild, Dachs oder Fuchs) rauh und kurz wie bö - - bö - - bö oder gedehnter wie bäh - - bäh - - bäh ausgestoßen. Oft springt Rehwild, das erschreckt wird, flüchtig ab und zeigt seinen Unmut nach kurzem Schrecken durch lange andauerndes Schmälen in der geschützten Deckung.
Unter *Schmälen* versteht man auch das oft wiederholte zornige Schrecken eines Bockes, der damit seinen Einstand markiert und sich dadurch dem Jäger verrät.

## Biotopansprüche, Tagesrhythmus, Umwelteinflüsse und Lebensweise

**Welche Ansprüche an den Lebensraum stellt Rehwihd?**

Es bevorzugt den strauchreichen, mit Wiesen und Feldflächen durchsetzten *Mischwald* und beansprucht als *Äsung einen hohen Blatt-, Kräuter-, Blüten-, Trieb- und Fruchtanteil.* Es holt sich die Kräuter (s. S. 380) zwischen dem Gras heraus. Es beansprucht, gegenüber anderem Schalenwild, nur flächenmäßig kleine Einstände, die es aber gegen schwächere Artgenossen energisch verteidigt.

**Wie verhält sich Rehwild in seinem Lebensraum (Biotop)?**

*Am Tage* hält es sich meist in Walddickungen, Lichtungen und Schlägen und während des Sommers auch im hohen Getreide (dem Halmenwald) auf.
*Am Abend* tritt es auf Wiesen und Felder zur Äsung aus. Frühmorgens wechselt es wieder in die Tageseinstände ein.
Wintertags findet man es oft, besonders bei stillem und sonnigen Wetter, *mittags* zwischen 12 und 14 Uhr auf den Blößen.
Beim Äsen nimmt Rehwild, im Gegensatz zum Rotwild, immer nur einzelne Blätter, Kräuter, Knospen oder Früchte auf, so daß die Äsungssuche den Eindruck der Naschhaftigkeit macht, ohne es zu sein (sog. goldener Verbiß).

**In welchem Tagesrhythmus lebt Rehwild?**

Äsungssuche, Bummeln, Äsungsaufnahme und Wiederkäuen erfolgen wie bei allem wiederkäuenden Schalenwild während des Tages und in der Nacht in etwa 10 Äsungsperioden. Dazwischen werden entsprechende Pausen zum Ausruhen, Dösen und Schlafen eingelegt (Näheres s. S. 121).
Beim *Schlaf* unterscheiden wir den Schlaf des Leibes und der Glieder (den *Körperschlaf*) und den mit Erlöschen des Bewußtseins verbundenen *Hirnschlaf*. Schlafende Rehe trifft man *besonders in den Vormittagsstunden* an, nachdem sie ausgiebig geäst und wiedergekäut haben. Wenn sich Rehwild in dem nur wenige Minuten dauernden, sehr erholsamen Hirnschlaf („hypnotischen“ oder Betäubungsschlaf) befindet, sind alle Sinnesorgane völlig ausgeschaltet. Bei diesem Schlaf wird das Geäse fest zwischen Dünnung und Keule eingeschoben, so daß man glaubt, ein schwerkrankes oder verendetes Stück vor sich zu haben.

**Schöpft Rehwild?**

Durch Beobachtungen wurde festgestellt, daß Rehwild den Wasserbedarf weitgehend durch Aufnahme grüner Pflanzen und durch Aufnahme des Morgentaues deckt. Darüber hinaus schöpft es (durch minutenlanges Saugen von Wasser) oft dort, wo es Gelegenheit dazu hat (s. auch S. 388).
*Zur Winterszeit ist dem Rehwild saftreiche Äsung ein Bedürfnis.*

**Wie wird Rehwild durch seine Umwelt beeinflußt?**

Es ist in der Lage, sich *Umwelteinflüssen* weitgehend anzupassen. Es kann also sowohl in der offenen Landschaft wie im Gebirge, in rauhen und trockenen wie in feuchten und warmen Gebieten leben, sofern ihm genügend artgemäße Äsung zur Verfügung steht.
Der Zeitpunkt und die Güte der *Gehörnbildung* werden, neben dem Alter und Erbgut des Bockes, durch die winterlichen Umwelteinflüsse weitgehend bestimmt. Insbesondere hat auch die Intensität der *winterlichen Sonnenstrahlen* auf Masse und Endenbildung des Gehörns großen Einfluß.
Die Setzzeit liegt im kalten Klima etwas später als im milden.

**Was sind Feldrehe?**

Rehe, die, im Gegensatz zum Waldreh, Heimat und Einstand zu allen Zeiten des Jahres *im offenen Felde* haben. Sie betrachten die weite, übersichtliche Feldfläche als den größten Sicherheitsfaktor in ihrem Dasein. Die Stärke der Gehörne liegt gewöhnlich über dem Durchschnitt. Feldrehe zeigen hervorragende Veranlagung und Frühreife (reichliche, vielseitige und kalkhaltige Äsung!).
Sie nehmen Bewegungen noch besser wahr als Waldrehe.

**Welche Feinde hat Rehwild?**

Für Rehwild sind große oder zu mehreren *jagende Hunde* eine ernste Gefahr, da es schnell ermüdet und nicht über weite Entfernung flüchten kann. Es sucht deshalb bei jeder Störung schnell die schützende Deckung auf. Weitere Feindfaktoren, die sich negativ auf einen Rehwildbestand auswirken, sind:
*zu große Wilddichte* und dadurch bedingter Parasitenanstieg,
ständige Unruhe im Revier (Pilz- und Beerensucher usw.),
der gestiegene Personen-, Fahr- und *Autoverkehr,*
die Autowilddiebe und für die Kitze die *Mähmaschinen.*

**Zu welchen Jahres- und Tageszeiten ist Rehwild am besten anzutreffen und dadurch anzusprechen und zu bejagen?**

Rehwild ist im Monat *Mai,* also kurz vor und nach dem Aufgang der Bockjagd, besonders in den Morgenstunden (etwa von 6 bis 8 Uhr) und in den Abenstunden (18 bis 20 Uhr) rege und überall im Revier anzutreffen. Der Monat Mai muß deshalb unbedingt *zum Bestätigen und zum Bejagen der schlecht veranlagten Böcke* genutzt werden. *Ab Juni* sind die Reviere gewöhnlich wie ausgestorben. Die Zeit der Sommersonnenwende wirkt sich infolge der hochstehenden Sonne lähmend auf die Aktivität des Rehwildes und auf die Äsungssuche aus. Die Äsungsaufnahme wird haupt-

sächlich in die Nachtstunden verlegt. Am Tage wird meist wiedergekäut, gedöst und geschlafen. Außerdem befindet sich ein großer Teil der Böcke im *Getreide (im Halmenwald)*. Mit Beginn der beim Rehwild stürmisch verlaufenden *Blattzeit* steigt die Aktivität wieder an, so daß man nun wieder am frühen Vormittag, am Mittag und am späten Nachmittag Rehwild antreffen kann. In den Stunden der Morgendämmerung sieht man Rehwild nur beim Einwechseln in die Bestände.
Die Zeit vom *1. September* ab muß bevorzugt zum *Bejagen des weiblichen Rehwildes* und der *Kitze* genutzt werden, denn ab Ende Oktober bis zum Ende der Jagdzeit (31. Januar) sind Rehe und Kitze bei Büchsenlicht meist nur noch in den Mittagsstunden (von 10 bis 14 Uhr) anzutreffen (s. auch Wild und Wetter S. 399).

**Welches Rehwild erscheint zuerst auf den Äsungsplätzen?**

Immer die jungen Stücke; sie verlassen die Deckung vertraut. Ältere Stücke dagegen sind vorsichtig und treten deshalb später aus. Mißtrauisches, wiederholtes Aufwerfen beim Äsen bezeichnet man als „Scheinäsen".

**Lebt Rehwild, wie anderes Schalenwild, gesellig?**

Nein! Das erwachsene Reh, insbesondere der alte Bock, ist ein typischer *Einzelgänger*. Bock und Ricke leben nur in der Blattzeit kurze Zeit zusammen. Das Zusammenleben der Ricke mit den Kitzen dauert etwa 14 Monate. Es wird durch die Blatt- und Setzzeit unterbrochen. Ein lockeres Zusammenleben von vielen Stükken in *„Sprüngen"* erfolgt nur im Winter, also zur Zeit der Not und erhöhten Gefahr. Ein Sprung Rehwild besteht gewöhnlich aus einer Ricke mit ihren Kitzen der letzten *zwei* Jahre und einem Bock, *mindestens aus drei Stücken*. (Bei *Zahlenangaben spricht man* nicht von „Rehen", sondern *von „Stück Rehwild"*, z. B.: Es handelte sich um 12 „Stück Rehwild", nämlich um 5 Böcke usf.).

**Wann und wo kann man Rehwild in Sprüngen beobachten?**

Besonders im *März* in der warmen Mittagssonne. Rehwild steht dann in Sprüngen auf Saaten, an Waldrändern, Blößen, Lichtungen und im freien Feld. Der März ist also die günstigste Jahreszeit zur Vornahme von *Wildzählungen*. Es muß aber in benachbarten Revieren an denselben Tagen und zu den gleichen Stunden gezählt werden, um nicht zu falschen Zahlen zu kommen.

**Wann lösen sich die Sprünge auf?**

Etwa *Anfang April*. Die Böcke beziehen dann ihre Sommereinstände, grenzen sie durch Anbringen von *Duftmarken* ab und verteidigen sie energisch gegen ihre Rivalen.

## Duftdrüsen, Markieren der Einstände, Blattzeit, Tragzeit

**Welche Drüsen des Rehwildes sondern Duftstoffe ab?**

Die *zwischen den Schalen der Hinterläufe* liegenden Duftdrüsen. Durch sie entsteht in der Hauptsache der Fährtengeruch. Da Rehwild eine „süße Fährte" hinterläßt, ist es durch wildernde Hunde besonders gefährdet.

Weiter befindet sich an der Außenseite der Hinterläufe der Hirscharten *unterhalb des Sprunggelenkes (in Windfanghöhe der Kitze)* eine deutlich erkennbare Haarbürste, unter der Schweißdrüsen sitzen, deren Sekret an höherem Pflanzenwuchs abgestreift wird und eine typische Wittrung hinterläßt.

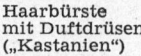

Duftdrüsen beim Rehwild

Der Bock hat außerdem noch Duftdrüsen *unter der Stirnlocke.* Mit den Duftstoffen dieser Drüsen bringt er, beim Reiben seiner Stirn und beim Schlagen des Gehörns an Stämmchen und Ästen, seine *Duftmarken* an; er kennzeichnet damit geruchlich und sichtbar sein Einstandsgebiet. Diese Markierungen erfolgen bis zur Blattzeit mehrmals täglich, werden dann seltener und hören dann schließlich im Herbst auf.

*Die alten Böcke markieren ihr Einstandsgebiet zuerst.* Sie setzen sich durch, *nicht die stärkeren.* Junge Böcke müssen weichen und mit den Einständen vorliebnehmen, die übrigbleiben, nur weibliches Rehwild, Kitze und einjährige Böcke werden im Einstandsgebiet geduldet.

**Wie verhalten sich etwa gleichstarke Böcke bei der Verteilung der Einstände?**

Vom dritten Lebensjahre an finden unter Böcken *Grenzkämpfe* statt. Zunächst zeigt jeder Bock dem anderen durch Schlagen mit dem Gehörn an Sträuchern, durch *Plätzen mit den Vorderläufen* (Abb. S. 115), durch drohende Körperhaltung und durch *Scheinangriffe* an, daß er sich im Einstand als Herr fühlt. Er zeigt also ein ausgeprägtes *Abgrenzungsbedürfnis* und duldet in seiner Nähe meist nur ein Schmalreh. Der Schwächere weicht dadurch dem Stärkeren. Fühlen sich die Gegner aber gleichstark, dann kommt es zu *Kämpfen,* bei denen jeder versucht, seinen Gegner mit dem Gehörn empfindlich zu treffen. (In der Brunftzeit können Gatterböcke sogar für den Pfleger gefährlich werden!)

Brunft*kämpfe*, wie bei Rothirschen, gibt es bei Rehböcken *nicht*, da der Bock immer nur mit *einer* gerade brunftigen Ricke zusammensteht und *kein* Brunft*rudel* führt!

**Welche Böcke können ihrem Gegner gefährlich werden?**

Die starken Böcke mit langen, endenlosen Spießen, die sog. *„Mörder“* (s. S. 162).

**Wie macht sich das brunftige Reh dem Bock bemerkbar?**

Akustisch durch einen *Lockruf, das Fiepen,* und olfaktorisch durch Absonderung besonderer *Brunftstoffe* (Duftstoffe).

**Wie verhält sich der Bock in der Blattzeit?**

Er ist stark erregt, schlägt mit dem Gehörn an Stäuchern, plätzt öfters und ist als Nasentier mit tiefem Windfang auf der Suche nach den Betten und Fährten brunftiger Rehe. Das *gefundene brunftige Stück treibt er,* dabei oft hörbar keuchend, bis es den Beschlag duldet. Nach dem Beschlag tut sich der Bock nieder. Nach seiner Erholung werden Treiben und Beschlag mehrfach wiederholt. Der Bock brunftet jeweils nur mit einem Stück. (Der Hirsch hat das ganze Kahlwildrudel um sich!) Erst dann wendet er sich anderen brunftigen Stücken zu. Bei mehreren Bewerbern um ein brunftiges Stück treibt und beschlägt immer der *ältere.* Der Bock steht (bleibt) beim Stück, solange es brunftig ist (etwa drei bis vier Tage). In Revieren *mit ungünstigem Geschlechterverhältnis* kann in dieser Zeit auch der schlecht veranlagte Bock bei anderen brunftigen Stücken zum Beschlag kommen. Deshalb sind *Kümmerer vor der Brunft* zu strecken!

**Was sind „Hexenringe“?**

Hexenringe oder Brunftringe sind die durch das fortgesetzte kreisförmige Treiben der Ricke durch den Rehbock entstandenen „Ringe“, die im niedergetretenen Erdboden, Gras (nicht verwechseln mit Pilzringen!) oder Getreide deutlich erkennbar sind.

**Wie lange dauert die Tragzeit bei Rehwild?**

Durchschnittlich 290 Tage oder 9½ Monate.

Wir unterscheiden eine *Vortragezeit* mit sog. „Eiruhe“ von 4½ Monaten (bis Mitte Dezember) und die *Austragezeit.* Sie dauert rund fünf Monate. Das Reh hat also wie die echten Marder, der Dachs und der Seehund eine verlängerte Tragezeit.

Eine geringe Zahl der Rehe, die im Sommer nicht befruchtet werden, wird im November/Dezember nochmals brunftig und wird bei dieser *Nachbrunft* erneut beschlagen. Bei diesen Rehen fällt die Vortragezeit aus.

**Was versteht man unter der Blattjagd?**

Die *Lockjagd* auf den Rehbock zur Brunft- oder Blattzeit. Der Bock folgt in dieser Zeit dem *Lockruf* in Erwartung der brunftigen Ricke oder um einen vermeintlichen Nebenbuhler zu vertreiben. Die Blattzeit hat ihren Namen von dem *Buchenblatt,* dessen sich der Jäger zum Nachahmen des Fieptons der brunftigen Ricke bedient. Statt des Buchenblattes nimmt man auch Instrumente, die man *Blatter* nennt. Durch *Nachahmen des Fiepens* und des lauteren *„Sprengfiepens“* (des *„Angstgeschreies“*) wird der Bock *„angeblattet“.*

Die Blattjagd hat mit dem Schuß „auf das Blatt“ nichts zu tun.

**Wann springen die Böcke aufs Blatten?**

Die Böcke springen schon ab 15. Juli. Die hohe Zeit der Brunft ist etwa vom 25. Juli bis 10. August. Zu Ende der Brunftzeit, wenn der größte Teil der Ricken und Schmalrehe abgebrunftet hat (etwa ab 9. August), springen meist nur noch alte oder überalterte Bökke. Am besten und zu jeder Tageszeit springen die Böcke in der *Knallhitze* und bei *schwülem Wetter.* Merke:

„Den Bock verwirrt der Sonne Glut,
den Hirsch die kalte Nacht!"

Die Art des Blatters (Buchenblatt, grüner Roggen- oder Grashalm, Blatter nach Buttolo oder Uhlenhuth) spielt keine Rolle.
Bei Tage blattet man am besten im Stangenholz, im Altholz oder in niedrigen Schonungen. Ist das Revier „verblattet", so nützt häufig ein nur leiser Fiepton.

**Wendet man auch bei anderen Jagdtieren Lockinstrumente an?**

Ja. Bei der Jagd auf den Brunfthirsch den Hirschruf. Den Birkhahn reizt man mit dem Kampfruf des Hahnes (Tschu-jch) oder lockt mit Khä, Khä des Hennenrufes, die Ringeltaube durch Nachahmen des Rucksens. Zum Reizen des Fuchses benutzt man das *Mauspfeifchen*, die Kaninchenklage, die *Hasenquäke* (Abb. S. 408) und die Nachahmung der Entenstimme.
Mancherlei künstliche Locken können durch Betätigung von Mund und Hand ersetzt und übertroffen werden.

**Ist die Lockjagd in Grenznähe ein Jagdvergehen?**

Nein, denn das Wild folgt bei der Lockjagd dem Naturtriebe, nicht einem Zwange. Die Lockjagd verstößt aber, übermäßig betrieben, gegen die Waidgerechtigkeit und Jägerehre.
Waidgerechte Jagdnachbarn machen miteinander aus, wer jeweils den Grenzbock strecken soll (s. auch S. 472 Hegegemeinschaften).

### *Bejagungsplan* (Abschußplan) *für Rehwild*

**Wie läßt sich ein guter Rehwildbestand heranhegen?**

Durch *Bejagung* (Abschuß) der *zur Nachzucht ungeeigneten,* schlecht veranlagten, kümmernden, kranken, spät verfärbenden und der ewig mittelmäßigen Böcke (Ib-, IIb- und IIIb- [= IIc-] Böcke [s. S. 131]). Jagdzeit s. S. 492.
Dabei soll unbedingt auch auf die *Wildbretstärke* geachtet werden.
Merke: *Bei gleichem Alter und gleicher Gehörnstärke*
*ist stets der körperlich Schwächere zu strecken!*

Vollkräftige Böcke mit normalem, gut geperlten Gehörn (Ia-Bökke) sind zu schonen! Besonders wertvoll sind solche Böcke, die formschöne, *massige Gehörne* mit bedeutender *Wildbretstärke* vereinen. Sie sollen ihr wertvolles Erbgut weitertragen.
Auch junge, gut aufhabende Sechserböcke und gut entwickelte Jährlingsböcke mit viel Gehörnmasse (IIa des Planes) müssen sorgsam geschont werden, denn sie sind Zukunftsböcke und Väter eines künftigen starken Geschlechts (Abb. S. 140 und 160).

**Wann soll die Bejagung der Böcke beginnen?**

Kümmerer und schlecht veranlagte Böcke, also die IIIb- (= IIc-) IIb- und Ib-Böcke, sind gleich zu Beginn der Jagdzeit zu schießen.

Es ist grundfalsch, mit der Bejagung der schlechten und ewig mittelmäßigen Böcke zu warten, bis sie verfärbt haben oder ob sie noch besser werden, denn jede Unentschlossenheit behindert die zielbewußte Aufartung. Außerdem bietet Anfang Juni das Korn (der Halmenwald) bereits so viel Deckung, daß es dann kaum noch möglich ist, die für die Vererbung ungeeigneten Böcke vor der Brunft zu strecken (s. S. 154).
Gute und starke Böcke (Ia-Böcke) dagegen sind bis zum Ende der Brunft zu schonen, damit sie sich noch einmal vererben können.
Wer also beim Aufgang der Bockjagd *bewußt* auf die Jagdtrophäe verzichtet und erst die kranken und bejagungsnotwendigen Böcke streckt, ist Heger und Waidmann! Wer dagegen einen Zukunftsbock in Grenznähe schießt („wer weiß, ob wir uns wiederseh'n"), ist ein verachtungswürdiger Schießer.

**Warum beginnt die Bejagung der Böcke bereits am 16. Mai?**

Weil die in der Wildbretstärke geringen Böcke (Kümmerer), Artverderber und besonders die Knopfböcke vor der Blattzeit herausgefunden und geschossen werden *müssen* (s. S. 160).

**Welche Jährlingsböcke sind zu schonen?**

Alle Jährlinge mit viel Gehörnmasse. Sie bilden die Grundlage zum Aufbau eines Rehwildbestandes. Die Gehörnform spielt besonders im ersten Jahr keine besondere Rolle.

**Ist es richtig, beim Aufgang der Bockjagd „rote Böcke" zu schießen?**

Nein! Die Ende Mai, Anfang Juni vollkommen verfärbten, also *roten Böcke sind meist gut veranlagte junge Böcke.* Es ist daher grundfalsch, zu Anfang der Bockjagd (ab 16. Mai) rote Böcke mit viel Gehörnmasse zu schießen, denn man vernichtet mit ihnen die bestveranlagte Jugend. Ältere Böcke haben zu dieser Zeit noch nicht vollständig verfärbt, mindestens ist der Hals noch grau. Der qualitative Aufbau der Rehwildbestände leidet enorm, wenn die für die Vererbung wertvollen Böcke vor der Brunft und besonders zu jung erlegt werden (s. auch Tafel 5 neben S. 160).

**Wer darf gute Böcke auch vor der Brunft schießen?**

In der Regel nur der, der seinen Bestand aufgeartet und auf ein Geschlechterverhältnis von 1:1 gebracht hat.

**Was besagt ein Knopfgehörn im zweiten Lebensjahr?**

Daß der Bock eine Hemmung in der Jugendentwicklung durchgemacht hat und mit der Gehörnbildung ein Jahr im Rückstand ist, was er im weiteren Leben kaum wieder aufholen kann (s. S. 140).
Sind in einem Revier mehr als ein Drittel der Jährlinge im zweiten Lebensjahr Knopfböcke, so ist das ein sicheres Zeichen für eine *zu hohe Wilddichte* und ein *falsches Geschlechterverhältnis.*

**Wann kann man Knopfbock und Schmalreh sicher unterscheiden?**

Beim Nässen (beim Wasserlassen). Männliches Schalenwild näßt *„unter sich"*, weibliches *„hinter sich"* (Abb. S. 160 und 165).

Knopfbock beim Nässen

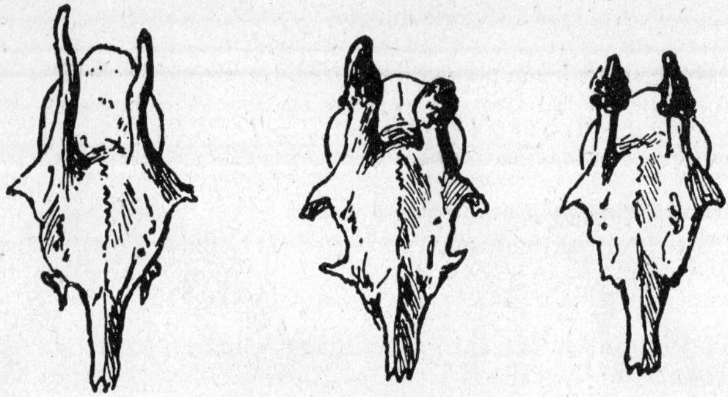

Wenig Gehörnmasse! Weg damit!

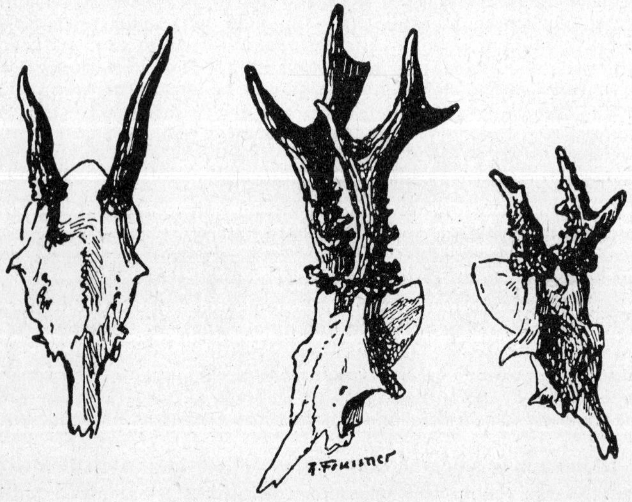

Viel Gehörnmasse! Schonen!

Schmalreh
Anfang Mai schon brandrot

Ricke und Kitz
Anfang Juni noch grau und ruppig

Junge und gesunde Stücke verfärben stets zuerst!

Jährlingsbock
verfärbt Ende April
und ist im Juni oft noch im Bast

Zweijähriger
schon Anfang Mai rot,
fegt aber erst Mitte Mai

Junge Böcke verfärben stets v o r dem Fegen!

Drei- bis Vierjähriger
Ende April blank gefegt, beginnt
Mitte Mai am Träger zu verfärben

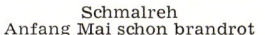

Alter Bock
fegt Ende März / Anfang April, ist
Ende Mai noch vollkommen grau

Alte Böcke verfärben erst n a c h dem Fegen!

**Verfärben im Frühjahr (Mitte Mai)**

Junge Ricke mit kräftigem Bock- und Rickenkitz im Winterhaar
Gesund und jung verfärbt zuerst! Unbedingt schonen!
Spiegel: weiblich = gestielt-kleeblattförmig; männlich = bohnenförmig

Die überalterte (vergreiste) Ricke verfärbt spät!
Das schwache Bockkitz zeigt oft keine erkennbaren Rosenstöcke
Kitz und (danach) Ricke schießen!

Der jüngere Bock verfärbt zuerst, wirft aber spät ab!

Der alte Bock verfärbt spät, wirft aber schon ab Mitte Oktober ab!

**Verfärben im Herbst (Mitte Oktober)**

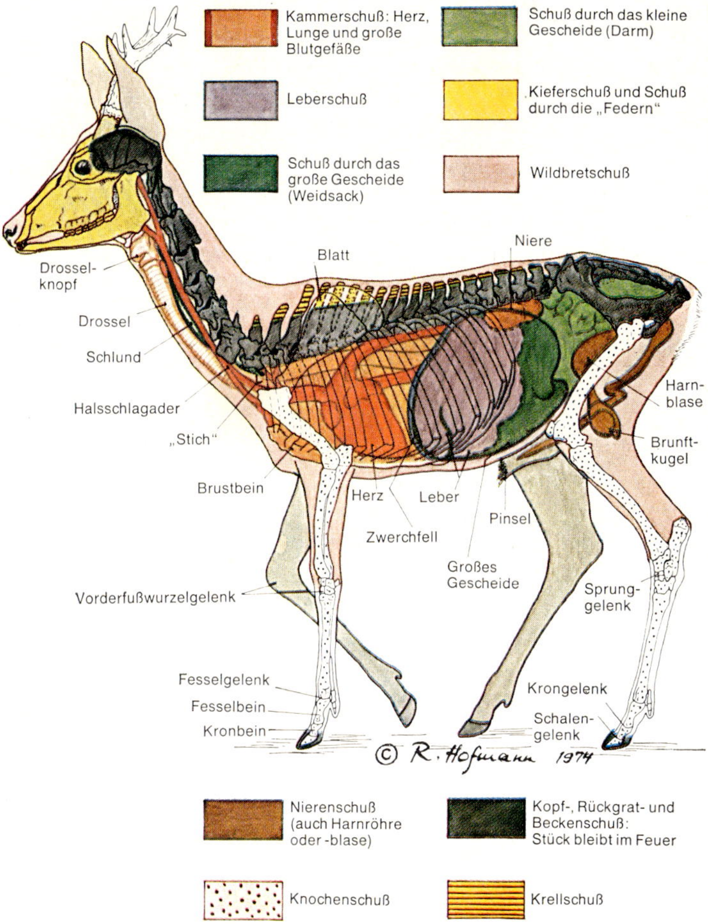


Die Leber liegt in der r e c h t e n Körperhälfte und dem Zwerchfell an. Sie wird auf der linken Körperhälfte vom Weidsack verdeckt.

**Körperbau und innere Organe des Rehbocks**
**Schußbezeichnungen**

Haar mit Deckenfetzen bei Streifschuß vom Rücken — vom Brustkern — Knochensplitter und Schnitthaar bei Laufschuß

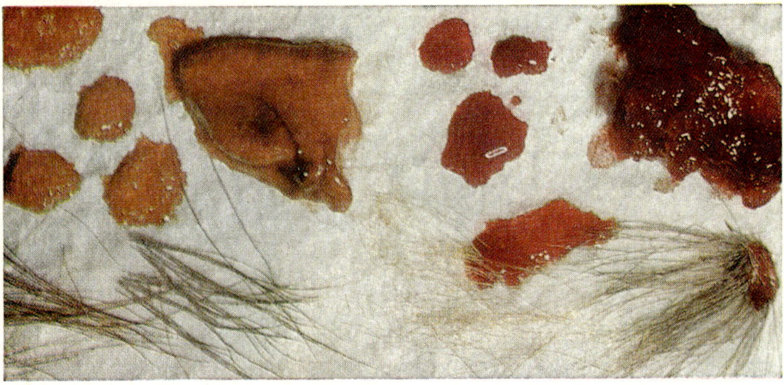

Lungenschweiß — Lungenstück — Herzschweiß — Herzstück

Leberschweiß — Leberstück — Weidwundschweiß

**Knochensplitter, Schweiß und Schnitthaar**

sind wertvolle Pürschzeichen (Schußzeichen), die erkennen lassen, welcher Körperteil des beschossenen Wildes getroffen wurde.

(Bei jeder Schweißart: links Sommerhaar rechts Winterhaar)

Die gefegten Knöpfe sind beim Knopfbock sehr schwer anzusprechen. Auch Pinsel und Kurzwildbret sind meist nicht zu erkennen.

**Welchen Zweck verfolgt die Trophäenschau?**

Sie soll in den einzelnen Jagdbezirken der Jägerschaft des DJV einen Überblick über die Güte und Gesundheit der Einzelstücke wie des gesamten Wildbestandes und seiner Entwicklung geben (s. auch S. 499). Außerdem soll durch Belehrung die waidgerechte Auslese und ein Fortschritt auf jagdlichem Gebiet erreicht werden. Zur objektiven und vergleichsfähigen Beurteilung der Trophäen dienen Bewertungsformeln.

**Wann erhalten Gehörne bei der formelmäßigen Bewertung auf Gehörnschauen die meisten Punkte?**

Wenn sie eine hohe Stangenlänge und ein hohes Gehörngewicht sowie eine gute Auslage aufweisen. Daneben werden „Schönheitspunkte" vergeben für Farbe, Perlung, Rosenbildung und die Spitzen der Enden.

Zur Feststellung des *Gehörngewichtes auf Gehörnschauen muß das Gehörn* einfach und leicht von der Holzplatte *zu lösen sein,* es darf also keinesfalls aufgeklebt, mit Gips ausgegossen oder unlösbar mit der *Holzplatte* verbunden sein (s. auch S. 360).

### Formelmäßige Bewertung eines Rehgehörns

(gemessen auf 1 mm Genauigkeit mit Meßband, Gewicht in g)

1. **Stangenlänge (St-L)**

   Messung von der seitlichen Mitte des unteren Rosenrandes an, mit fest angedrücktem Stahlmaßband entlang dem Außenrande bis zur Spitze. Das Mittel beider Stangenlängen in cm × 0,5 ergibt die Punktzahl nach folgender Formel:
   St-L rechts + St-L links : 2 = St-L; St-L × 0,5 = Punktzahl.

2. **Gehörngewicht und Volumen**

   Feststellung des Gehörngewichts mittels Waage auf 1 g genau. Die Wertziffer für Gehörngewicht und Volumen ergibt sich, in-

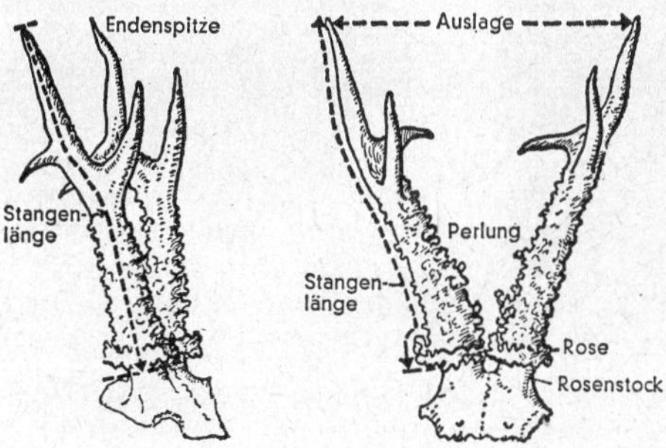

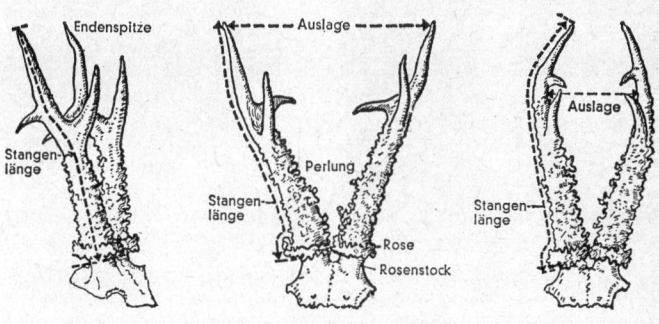

**Meßanleitung für Rehgehörne**

dem das Gehörngewicht mit dem Faktor 0,23 multipliziert wird (z. B. Gehörngewicht 400 g × 0,23 = 92 Punkte).

3. **Auslage (A)**
   Messung des maximalen Abstandes beider Stangen in cm. Diese Meßstelle pflegt bei geraden Stangen an den Stangenspitzen zu liegen, bei gewölbten Stangen in den extremsten Punkten (gegenüberliegend) der beiden Innenwölbungen. Die mit 100 multiplizierte Auslage dividiert durch die Stangenlänge ergibt den gesuchten Prozentsatz. Beträgt die A weniger als 30 % der St-L, so sind unter „A" 0 Punkte einzusetzen, für 30 bis 35 % = 1 Punkt, für 35 bis 40 % = 2 Punkte, für 40 bis 45 % = 3 Punkte, für 45 bis 75 % = 5 Punkte, für mehr als 75 % = 0 Punkte.

4. **Farbe (F)**
   hell = 0, hellgelb = 1, mittelbraun = 2, dunkelbraun = 3, fast schwarz = 4 Punkte.

5. **Perlung (P)**
   glatt = 0, schwach geperlt = 1, mittel = 2, gut = 3, sehr gut = 4 Punkte.

6. **Rosen (R)**
   angedeutet = 0, mittel = 1, befriedigend = 2, stark geperlt = 3, sehr stark geperlte, starke, breite und hohe Kranzrosen = 4 Punkte.

7. **Enden-Spitzen**
   stumpf, glanzlos = 0, spitz, mittelmäßig = 1, scharf, elfenbeinern = 2 Punkte.

Auf Jagdausstellungen erhalten Rehgehörne (Mindestgewicht 300 g) bei 95 bis 104,9 Punkten die Bronzemedaille, bei 105–114,9 die Silbermedaille und ab 115 Punkten die Goldmedaille.

**Welche älteren Böcke sind zu strecken?**

Vor allem Böcke mit geringem Wildbret g e w i c h t und mit wenig Gehörn m a s s e , schlechter Vereckung, geringer Perlung, unerwünschten Gehörnformen (s. S. 145) und die *Unverträglichen.*

**Welche Böcke können „Mörder" sein?**

Ältere Böcke mit langen, endenlosen Spießen, da ihr Gehörn eine gefährliche Waffe ist. Sie sind zu strecken!

**Welches Geschlechterverhältnis ist bei Rehwild natürlich?**

Das Geschlechterverhältnis von 1:1, denn es werden die Kitze annähernd in diesem Verhältnis gesetzt.

Wer auf dieses Geschlechterverhältnis durch Bejagung hinarbeitet, wird den „Überhang" der weiblichen Stücke allmählich verringern und als *Lohn* dafür *starke Gehörne* erbeuten. Das ist aber nur zu ereichen, wenn der Hegering (s. S. 472) das gleiche Ziel verfolgt.

**Warum besteht beim Rehwild die große Gefahr der Inzucht?**

Rehwild ist standorttreu, und die Ricken setzen jährlich meist zwei Kitze. Der Bock kann also als Jährling schon seine Mutter und Schwester und als Dreijähriger seine Töchter beschlagen.

**Welche Rehwilddichte und welche Bestandsgliederung ist biologisch-ökologisch tragbar und damit zulässig?**

Eine Rehwilddichte von 7 bis 10 (*in Hamburg 4 bis 8*) Stück Rehwild auf 100 ha, je nach Standortgüte (Biotop-Qualität).

Am 1. April sollen in einem *guten* Jagdbezirk *auf 100 ha* Jagdfläche etwa *10 Stück Rehwild* verschiedener Alters- und Güteklassen im Geschlechterverhältnis von 1:1 vorhanden sein. Von diesem *Grundbestand* kann *nach Abzug der natürlichen Abgänge* mit einem *Jahreszuwachs von einem Drittel* gerechnet werden.
*Die Bejagung muß zahlenmäßig dieses Drittel betragen, wenn* die Wilddichte von 10 Stücken Rehwild auf 100 ha Jagdbezirksfläche (10/100 ha) nicht verändert werden soll. Sie ist gleichmäßig auf beide Geschlechter und die Altersklassen zu verteilen.
In einem Jagdrevier von 1000 ha Fläche z. B. wären demnach von den 100 Stücken des *Grundbestandes* vom 1. April (s. S. 489) 17 männliche und 17 weibliche = 34 Stücke insgesamt zu schießen.
Diese Zahl muß dabei so auf die Altersklassen verteilt werden, daß bei der langsam abnehmenden Stückzahl in den höheren Altersklassen ein stetiger Altersklassenaufbau erhalten bleibt. Hierzu ist die Bejagung zu *50 %* in den *Bestand der Jugendklasse (Kitze und Jährlinge)* zu legen, und zwar so, daß beim männlichen Wild mehr Jährlinge als Bockkitze und beim weiblichen Wild mehr Rickenkitze als Schmalrehe geschossen werden.
In den mittleren Altersklassen soll sich die Bejagung ausschließlich auf auszumerzende Stücke beschränken (Hegemaßnahme). Die drei höchsten Altersklassen liefern die reifen Ernteböcke. *Für den starken Bock sollte ein Mindestalter von fünf Jahren verlangt werden.*

Es können also jährlich geschossen werden:

| | |
|---|---|
| 6 Ernteböcke | 8 Ricken |
| 9 auszumerzende Böcke | 3 Schmalrehe |
| 2 Bockkitze | 6 Rickenkitze |
| 17 männliche Stücke | 17 weibliche Stücke |

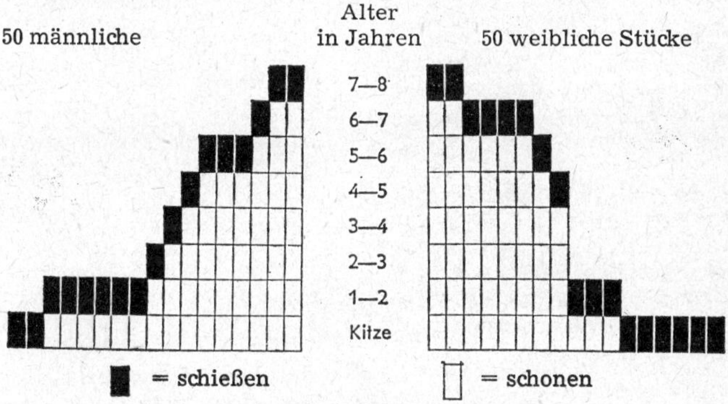


Jagdliche Behandlung eines Rehwildbestandes auf 1000 ha

**Wie ist in einem Revier zu verfahren, in dem das weibliche Rehwild überwiegt?**

Es ist unbedingt ein *Reduktionsabschuß des weiblichen Rehwildes* durchzuführen. Nur über die vermehrte Ricken- und Kitzbejagung lassen sich Wilddichte, Geschlechterverhältnis und Zuwachs regulieren und die Wildbretstärke heben.
Liegt das Geschlechterverhältnis z. B. bei 3:7, d. h., sind in einem Revier von 1000 ha Fläche von 100 Stücken des Frühjahrsgrundbestandes 30 Böcke und 70 weibliche Stücke vorhanden, dann ist mit einem Zuwachs von 70 Stücken zu rechnen, und es sind demnach 70 Stücke zu schießen.

**Welches weibliche Rehwild muß man bevorzugt schießen?**

Von weiblichem Rehwild soll man nach dem Ausleseprinzip alle kranken, schwachen, überalterten und *spät setzenden Stücke nebst ihren Kitzen* schießen. Die Kitze sind stets zuerst zu schießen.
*Verwaiste Kitze* kümmern, werden von anderen Ricken nicht angenommen und als Böcke meist Knopf- und Abschußböcke. Sie gehen in strengen Wintern ein.
Ricken, die bei mehrmaligen Beobachtungen immer wieder allein austreten, werden nichtführend sein. Sie werden „angefiept". Kümmern sie sich nicht um das Fiepen (s. S. 152), können sie geschossen werden. Jagdzeit s. S. 492.

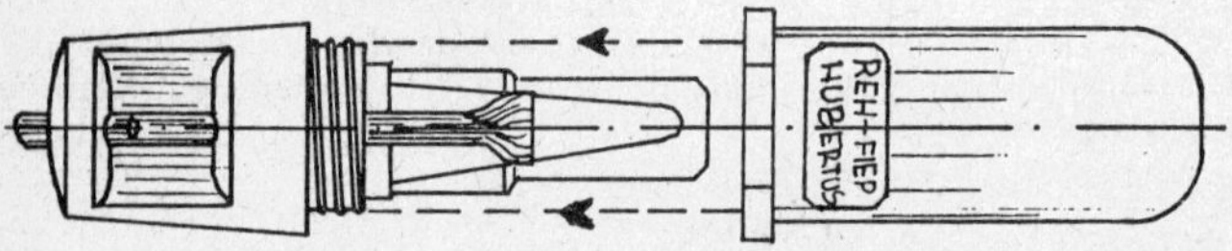


Fiepblatter aus Kunsthorn (in zwei Teile zerlegt), verstellbar von Kitzfiepen auf Brunftfiepen

**Sollen auch gesunde Kitze geschossen werden?**

Ja! In der richtig durchgeführten Bejagung liegt der Schwerpunkt bei einem Rehbestand. Von Kitzen sind möglichst früh zu erlegen:

1. alle einwandfrei mutterlosen Kitze,
2. von Drillingskitzen mindestens ein Kitz,
3. von verschiedengeschlechtlichen Zwillingskitzen (zur Verhütung der Inzucht) das schwächere Kitz.

Ein Bockkitz soll nur gestreckt werden, wenn es im Verhältnis zum *Rickenkitz* außergewöhnlich *schwach ist.*

**Wie soll man sich nach dem Schuß auf ein Kitz verhalten?**

Man soll *sofort nachladen* und sich dann *ruhig* verhalten und die in der Nähe stehenden Stücke nicht merken lassen, daß der Schuß mit dem Menschen zusammenhängt. Die auf den Schuß etwa abgesprungene *Ricke kommt meist bald zurück*, um ihr Kitz zu suchen, mit Sicherheit, *wenn der Jäger einige Male fiept.*
Dadurch ist es möglich, erneut zu Schuß zu kommen. In Revierteilen, in denen die Böcke durchweg schwach sind und schlecht aufhaben, sind die schwachen Kitze *mit ihren Müttern* zu strecken, da sie vermutlich das Blut der schlechten Vererber in sich tragen.

**Warum soll die Rehwild- und Kitzbejagung gleich zu Beginn der Schußzeit vorgenommen werden?**

Damit so früh wie möglich mit der Hege eingesetzt werden kann. Von Zwillingskitzen wird das schwächere geschossen. Das verbleibende Einzelkitz erhält dann die gesamte Muttermilch und kann sich kräftig und gesund entwickeln. *Die Säugezeit endet erst im November.* Starkes, gesundes Jungwild ist die Grundlage für den Aufbau des Bestandes!
Ab September wird das Ansprechen und Schießen von Rehwild von Woche zu Woche ungünstiger (s. S. 155), da die Stücke wegen der immer kürzer werdenden Tage meist erst bei schwindendem Büchsenlicht austreten. Wer also seine Rehwildbejagung waidgerecht (d. h. ohne Drückjagd auf Ricken und Kitze) erfüllen will, muß gleich bei Aufgang der Jagd handeln (s. Jagdzeit S. 492).

## Schußzeichen

Zeichnen, Schnitthaar, Schweiß, Blatt- und Weidwundschuß

**Womit und wie soll man Schalenwild schießen?**

Alles Schalenwild wird mit dem Büchsengeschoß geschossen, Flintenlaufgeschosse sind nur ein gesetzlich erlaubter Behelf (falls z. B. bei einer Waldtreibjagd Sauen vorkommen).

Es gilt die alte Regel:
„Allem Wilde, das auf Schalen geht, gehört die Kugel!"

Hierzu geht man zweckmäßig kurz hinter dem Vorderlauf mit der Zieleinrichtung senkrecht nach oben und „läßt fahren", wenn man „mitten drin" ist. Neuerdings gehen manche Jäger auch vom Schultergelenk, das sich als beulenförmige Verdickung deutlich abhebt, waagerecht mit der Zieleinrichtung nach hinten und „krümmen ab" (s. S. 100), sobald sie mitten auf der „Kammer" (Brustraum) sind. In beiden Fällen soll das Geschoß beide Lungenflügel, aber nicht die Leber durchschlagen (s. Tafel 7 vor S. 161).

Weibliches Rehwild *näßt „hinter sich"*
Der Bock *näßt „unter sich"*
(s. S. 159/160)

Niemals auf ein Stück schießen, das nicht breit oder zu weit steht und das Haupt nicht oben hat!

Typische Schußzeichen,
die aber bei Verwendung sehr schnell fliegender Geschosse mehr oder weniger stark abgewandelt werden

Beim Tiefblattschuß wird das Herz getroffen. Der sog. Blattschuß sitzt also z w i s c h e n dem unverletzten Schulterblatt und der unverletzten Leber (s. Abb. S. 100 und Tafel 7 vor S. 161).
Das Stück muß bei der Schußabgabe „schußgerecht" stehen. Es muß also *breit stehen* und das *Haupt oben haben*, damit sich die Decke des flüchtenden Stückes nicht über den Einschuß schiebt und dadurch das Schweißen verhindert. Außerdem kann das Stück auf diese Weise nicht durch Vorderlauf- oder gar Kieferschuß „zu Holze" geschossen werden.

**Wie verhält man sich v o r, im und nach dem Schuß?**
*Man sieht sich* stets erst *das Gelände an* (wie S. 71) und merkt sich an Bäumen, Sträuchern und Pflanzen genau, w o das Stück steht. Sehr oft wird das Stück noch etwas weiterziehen. Also merkt man sich bei der Schußabgabe: *„Wo steht jetzt das Stück" (Anschuß)?*
I m S c h u ß muß man sich genau merken, wie man abgekommen ist und wie das Stück gezeichnet hat (s. S. 82 oben). Es ist sofort n e u z u l a d e n , damit ggf. sofort der zweite Schuß (auf gekrelltes oder krankgeschossenes Wild) angebracht werden kann. Ist das Stück nicht im Feuer oder in Sichtweite von „den Läufen gegangen", dann ist in Ruhe festzuhalten, wie es gezeichnet hat und in welcher Richtung es im Gelände verschwunden ist. Man läßt sich hierzu Zeit, bis sich „die Natur beruhigt" hat. Hierbei prägt man sich nochmals genauestens die *Anschußstelle* nach Merkmalen im Gelände und die Schußzeichen ein und überlegt, ob man unbedenklich zur Anschußstelle gehen kann. Man muß also erneut „abwarten".
Würde sofort mit der Nachsuche begonnen, so würde ein nicht genügend krankes Stück vorzeitig hochgemacht („aufgemüdet"). Das könnte eine sehr schwierige Nachsuche ergeben! Nun wird, falls man nicht vom Hochsitz schoß, der S t a n d o r t des Schützen wund gemacht, angerissen oder durch einen Standortbruch (s. S. 272) gekennzeichnet.
Hat man sich den Anschußplatz jedoch nicht genau gemerkt und ist das beschossene Stück flüchtig abgegangen, darf man nicht suchend in der Gegend herumtrampeln, auch nicht dort, wo das Stück die Deckung annahm, sonst wird die Wundfährte vertreten und Schweiß an den Schuhsohlen verschleppt (also ein Gewirr von Verleitfährten gelegt) und der Schweißhund irritiert!

**Was ist vor jeder Nachsuche grundsätzlich zu beachten?**
Man beginnt sie, wenn man zu später Abendstunde geschossen hat, erst am nächsten Morgen, sonst nicht früher als nach z w e i Stunden. Die Anschußstelle wird durch einen *Anschußbruch* (in Wiese oder Feld mit einem Taschentuch oder Stock) gekennzeichnet (Abb. S. 273). Dann muß man sich wiederum Zeit lassen und den Anschußplatz cm für cm nach „Pirschzeichen" (Anschußzeichen) wie Eingriffe, Ausrisse, *Schnitthaar*, Decken-, Wildbret-, Feist-, Herz-, Lungen- und Leberteilchen, Pansen- und Gescheideinhalt, Knochensplitter, Knochenmark und auf *Schweiß* (der sich oft gar nicht oder erst später findet) untersuchen, um hiernach den Sitz des Geschosses und damit die Art der Nachsuche (Todsuche oder Hatz) bestimmen zu können. Der bis jetzt mit schlechtem Wind abgelegte Hund ist dann erst am Anschuß anzusetzen (s. S. 330).

Den Weg des Büchsengeschosses kann man oft am *„Kugelriß“* im Erdreich, an abgeschossenen Zweigen oder durchschossenen Stämmchen nachweisen.

**Was sind „Eingriffe“ und „Ausrisse“?**
*Eingriffe* sind tief in den Boden eingreifende Abdrücke der Schalen (auffallende *Bodenverwundungen*). Sie entstehen durch das heftige Zusammenfahren des Wildes in dem Augenblick, in dem das Geschoß traf. Werden Bodenüberzug, Gras oder Laub dabei ausgerissen und fortgeschleudert, so spricht man von „Ausrissen“.

**Was sind Schnitthaare?**
Haare, die beim Eindringen des Geschosses in die Decke abgeschnitten wurden und zu Boden gefallen sind. Unverletzte Haare (*Wurzelhaare*), die man manchmal büschelweise, auch mit Deckenfetzen daran als *Schlaghaare* auf dem Anschuß findet, legen den Verdacht auf einen Streifschuß nahe (s. Abb. Tafel 8 S. 161).

**Worauf weisen Knochensplitter am Anschuß hin?**
Auf Knochenschüsse (Lauf, Kieferknochen, Zähne, Blattschaufel, Becken, Dornfortsätze der Brustwirbel). Aus der *Art der Knochensplitter* läßt sich der vermutliche *Sitz des Geschosses* feststellen.

**In welchen Fällen ist möglichst bald mit dem Hund nachzusuchen?**
*Bei Lauf-, Äser- und Krellschüssen,* wenn ein firmer Hund zur Hand ist. Bei diesen Schüssen hört man oft harten Kugelschlag. Alle wichtigen Fluchtwechsel sind in weitem Umkreis zu verstellen! Nach gründlicher Riemenarbeit vom Anschuß aus wird man den firmen Schweißhund möglichst bald schnallen.
Auf einen hohen *Laufschuß* deutet, wenn am Anschuß viel Schweiß liegt, der aber plötzlich aufhört. Bei einem *Äserschuß* findet man fädigen Schleim, Zahn- und Knochensplitter. Knochenmark läßt sich im Gegensatz zu Feist zwischen den Fingern verreiben.

**Was verstehen wir unter dem „Kugelschlag“?**
Den *leisen Schall,* den man bei hinreichender Aufmerksamkeit *unmittelbar nach dem Büchsenknall* vernehmen kann.
Am besten hört man ihn, wenn man mit Kleinkaliber (z. B. auf eine Krähe) schießt. Bei schnellfliegenden Geschossen ist nur auf weite Entfernung der Kugelschlag zu hören, weil bei nahen Entfernungen Kugelschlag und Büchsenknall zusammenfallen.

**Was versteht man unter Zeichnen?**
Das Benehmen des Wildes bei und unmittelbar nach dem Schuß.

**Was versteht man unter Schweiß?**
Das Blut der Jagdtiere, sobald es aus dem Körper austritt.

**Wie „zeichnet“ Rehwild beim sog. „Blattschuß“?**
Es macht beim Auftreffen des Büchsengeschosses eine *hohe* (manchmal auch nur eine langgestreckte flache) *Flucht* und stürmt dann mit tiefem Haupt in schnellster Flucht vorwärts, bis es zusammenbricht, wobei es zuletzt auch Bäume und Sträucher anflieht (anrennt). Nach dem Zusammenbrechen hört man meist noch kurze Zeit ein heftiges Schlegeln (Schlagen mit den Läufen).

Je tiefer der „Blattschuß“ sitzt, um so steiler ist die Flucht beim Auftreffen des Geschosses. Trifft das Geschoß die hinteren Partien der Lunge, schlägt das Wild auch manchmal, wie beim Nierenschuß, mit den Hinterläufen aus.

**Wie benimmt sich Rehwild beim Weidwundschuß?**

Beim Weidwundschuß, bei dem das Geschoß das Gescheide durchschlagen hat, macht das Wild nur selten eine hohe Flucht. Gewöhnlich *ruckt es bei diesem Schusse zusammen*, schnellt mit den Hinterläufen nach hinten aus und strebt mit schwerfälligen Fluchten, immer kürzer (langsamer) werdend, der nächsten Deckung zu, oder es geht mit *krummem Rücken trollend ab*, wobei es öfter stehenbleibt und nach hinten äugt. Man sucht deshalb das Stück sofort durch einen zweiten Schuß zu erlösen (hier gehört auch der Schuß von hinten zum waidgerechten Handeln!). Ist auch der zweite Schuß erfolglos, muß man bei Rehwild rund zwei, bei Hochwild rund vier Stunden mit der Nachsuche warten
*(man läßt es erst „krank- und die Fährte kalt werden“).*

**Welcher Schuß liegt vor, wenn das beschossene Stück im Feuer zusammenbricht und bald darauf wieder hoch wird?**

Ein *Krell- oder Streifschuß* am Haupt (Kopf) oder am Rückgrat. Hierbei und beim *Krellschuß durch die Federn* tritt eine vorübergehende Lähmung des Rückenmarks ein. Diese Stücke stürzen zu Boden (Abb. S. 166), *„schlegeln“* heftig mit den Läufen, kommen bald wieder auf die Läufe, *werden zusehends „gesünder“* und kommen bei der Nachsuche mit dem Hunde fast nie zur Strecke. Diesen Stücken ist deshalb sofort die zweite Kugel anzutragen. Stürzt z. B. der Hirsch im Feuer und versucht er, wieder hochzuwerden, wird nachgeschossen, solange noch Leben in ihm ist! Liegt er, heißt es: „Ran an den Hirsch!“

**Wie zeichnet Wild beim Schuß auf das Kreuzbein oder Becken?**

Es stürzt zusammen, kann sich in den meisten Fällen nicht mehr erheben und versucht, mit Hilfe der wild schlagenden Vorderläufe wegzurutschen. Es ist, wenn möglich, durch Fangschuß auf das Blatt oder den Hals zu erlösen.

**Welche Arten Schweiß unterscheidet man?**

Man unterscheidet *Lungenschweiß, Herzschweiß, Leberschweiß, Weidwundschweiß und Wildbretschweiß.*
Lungenschweiß ist hellorangerot und meistens schaumig, Herzschweiß dunkelrot, Leberschweiß braunrot und grießig (riecht und schmeckt nach Leber), Weidwundschweiß ist mit grünlichen oder bräunlichen Teilen aus dem Gescheide vermischt (riecht leicht faulig), Wildbretschweiß ist hellrot, wenn eine Arterie und dunkelrot, wenn eine Vene getroffen wurde, und nicht blasig oder schaumig.

**Vor welchen Schüssen ist besonders zu warnen?**

Vor dem *Schuß auf das Haupt* (bei Schwarzwild auf den „Kopf“), weil häufig nur das Geäse (der Äser) oder das Gebrech getroffen wird. Auch der Schuß spitz von hinten (auf den Spiegel des gesunden Stückes) ist streng verpönt. Nur der Aasjäger „sucht das Herz im Weidloch“!

**Welche Wirkung hat der Schuß auf den „Stich"?**

Der Schuß auf den Stich („*spitz von vorn*" auf die Halsgrube oder den Trägeransatz) hat, wenn er sitzt, eine sofortige tödliche Wirkung, da dort zahlreiche Nerven und große Blutgefäße liegen und die „Kammer" eröffnet wird. Vor dem Antragen solcher Schüsse auf gesundes Wild ist aber im allgemeinen zu warnen, weil der zu treffende Bereich äußerst klein ist. Allzu leicht faßt dabei das Geschoß nur eine Seite der Kammer und gleitet dort an den Rippen oder am Schulterblatt nach außen ab.

*Horntragendes Schalenwild* (Bovidae)

Wisent, Steinwild, Muffelwild, Gamswild

W i s e n t (Bison bonasus)

**Kommt der Wisent heute noch vor?**

Ja. Er wird jedoch nur noch in einigen Gehegen gehalten und mit dem amerikanischen Bison aufgekreuzt (Odenwald, Springe und im Naturschutzgebiet Bialowieza; Gesamtbestand etwa 300 Stück).
In freier Wildbahn ist er seit dem 18. Jahrhundert ausgestorben, neuerdings jedoch wieder in Polen, etwa im Quellgebiet des SAN zu finden. Er ist dort scheu und verwildert und im angeschweißten Zustand sehr gefährlich. Er gehört zu den früher in Deutschland heimischen Wildrindarten. Die „Holme" wachsen, wie bei allen Hornträgern, vom Stirnzapfen aus.
Der Wisent ist ohne Jagdzeit.

S t e i n w i l d (Fahlwild, Capra ibex)

**Wie wird Steinwild nach Alter und Geschlecht unterschieden?**

Steinwild ist eine *Ziegenart*. Man unterscheidet:
Steinböcke (männliche Stücke, 100 kg Gewicht und darüber),
Steingeißen (weibliche Stücke) und
Steinbockkitze und Steingeißkitze.

**Tragen beide Geschlechter „Gehörne"?**

Ja. Die Gehörne sind bogig nach hinten gekrümmt. Sie sind beim Bock bis 100 cm lang, im Querschnitt dreieckig und haben vorn starke Hornwülste und an der Seite rinnenartige Vertiefungen, die als „Jahresringe" anzusprechen sind. Bei der Geiß ist das Gehörn nur bis 30 cm lang und im Querschnitt mehr rundlich.

**Welche Färbung hat Steinwild?**

Es ist im Sommer rötlichgrau, im Winter gelblichgrau (fahlgrau). Es wird deshalb auch als *Fahlwild* bezeichnet.

**Wo kommt Steinwild noch vor?**

Im Bundesgebiet nur noch in *Berchtesgaden* auf der „Röth" hinter dem Königssee. Ein Hegegebiet befindet sich im Massiv des *Gran Paradiso* im Süden des Aostatales in Norditalien, in dem vom Jägerkönig Viktor Emanuel II. gegründeten Nationalpark und im Vermehrungstierpark *St. Gallen (Schweiz)*.
Steinwild ist unglaublich gewandt und sicher im „*Steigen*". Es

lebt im allgemeinen über dem „Gemsengürtel“ und bevorzugt reines Felsgelände (deshalb „*Stein*“-Wild). Am Spätnachmittag steigt es bergab zu den Äsungsplätzen. Die Böcke leben vor der Brunft in Rudeln, nur ganz alte Böcke sind Einzelgänger.
Die Brunft ist Ende November bis Anfang Januar.

**Welche Teile des Steinwildes galten früher als Heilmittel?**

Das Herzkreuz (der Herzknorpel), der Schweiß (das „Schweißbluh“), die pulverisierten Hörner und die Bezoare. Durch diesen Aberglauben wurde das Steinwild fast ausgerottet. Steinwild ist ganzjährig geschont.

**Was sind Bezoare (arabisch basar = Heilmittel)?**

Es sind kugelige, rauhe oder glatte *Tierhaar*- oder Pflanzenhaar*bälle*, die sich ab und zu im Pansen (Wanst) des Wiederkäuermagens finden. Sie bestehen aus zusammengeballten Tierhaaren, die bei der Haarpflege (s. S. 150) abgeleckt oder aus Pflanzenhaaren, die mit der Äsung aufgenommen wurden.

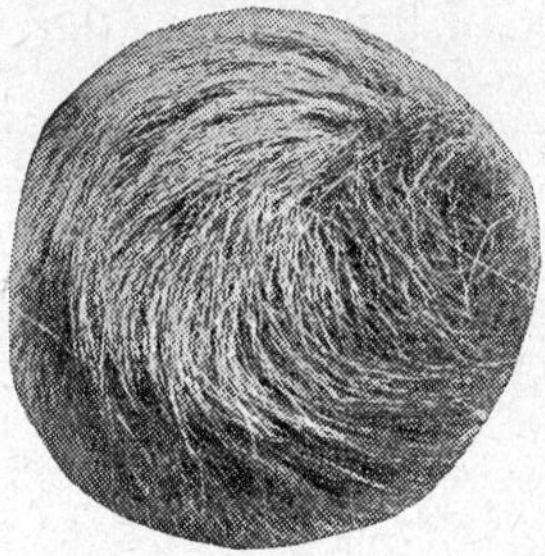

Tierhaarball

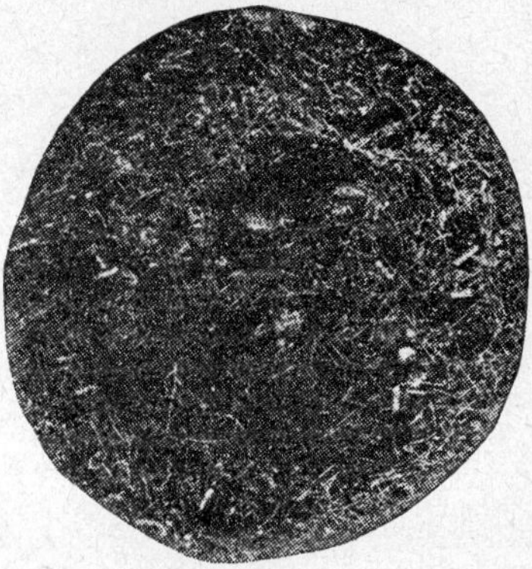

Tier- und Pflanzenhaarball

Bezoare (beim Gamswild „Gamskugeln“ genannt)

## Muffelwild (Ovis ammon musimon)

**Was ist Muffelwild?**

Eine *Schafart*, die als Wildschaf aus Sardinien und Korsika nach Deutschland eingeführt und hier eingebürgert worden ist. Es „weidet“ Gras intensiv ab. Der Widder (Gewicht 35–40 kg) trägt als

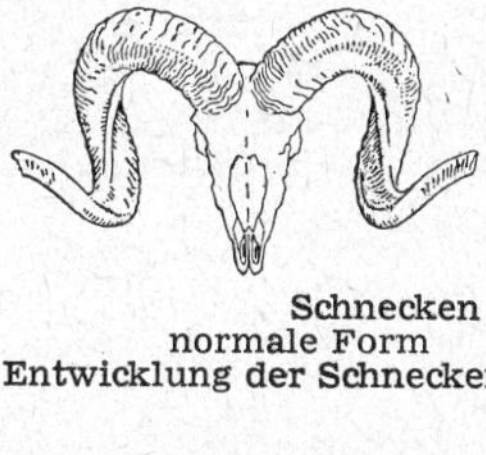

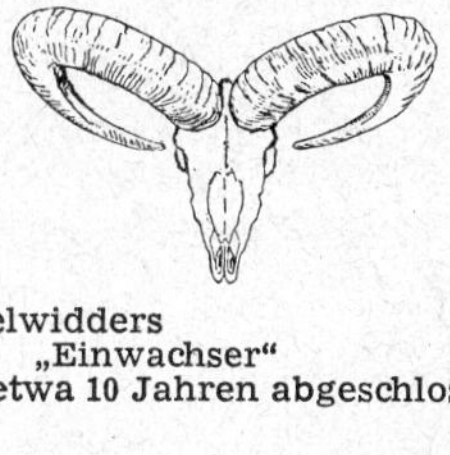

Schnecken des Muffelwidders
normale Form „Einwachser“
Die Entwicklung der Schnecken ist mit etwa 10 Jahren abgeschlossen

Kopfwaffe „*Schnecken*", das Muffelschaf trägt keine oder nur ganz kurze, gerade „*Stümpfe*" (s. S. 113). Die Jungtiere heißen Widder- oder Schaflamm.
Auch für Muffelwild gilt: *Jung verfärbt zuerst!*
Beim Muffelwild ist der „Gesichtssinn" scharf ausgeprägt.

**Was versteht man unter der „Schabracke"?**

Die beiden großen weißlichen Flecke auf den Flanken des Muffelwidders. Sie werden auch *Sattel* oder *Schneefleck* genannt.

**Lebt Muffelwild gesellig?**

Ja! Muffelwild lebt in Rudeln. Es ist *Tageswild.* Altwidder sind Einzelgänger oder leben in Trupps zusammen. Sie trennen sich mit Beginn der Brunft vom Rudel zur Suche nach brunftigen Schafen.
Bei Gefahr warnt sich Muffelwild gegenseitig (wie Gamswild und Murmeltier) durch „Pfeifen".

*Wildernde Hunde sind für Muffelwild eine besondere Gefahr!*

**In welchen Revieren läßt sich Muffelwild einbürgern?**

In Waldrevieren mit Strauchbeständen, Wiesenflächen und trokkenem, felsigem Gelände (sonst wird es „schalenkrank"). Es hat die Eigenschaft, seine Einstände und Äsungsplätze ständig zu wechseln. Hierbei werden über 2 m hohe Hindernisse spielend überwunden. Ob es sich mit Rot- und Rehwild verträgt, kommt auf das jeweilige Revier an. Es liebt Salzlecken.
Es beherbergt zahlreiche *Parasiten,* insbesondere Lungen-, Magen- und Darmwürmer, ohne dabei sichtbar krank zu sein.
Reinblütiges Muffelwild ist *hart und widerstandsfähig,* vermehrt sich stark, stellt geringe Ansprüche an Standort und Pflege, liefert ein wohlschmeckendes Wildbret und soll in forstlichen und landwirtschaftlichen Kulturen keinen nennenswerten Schaden anrichten.
Kreuzungen des Muffelwildes mit Schafrassen verlieren eine der wesentlichsten guten Eigenschaften des reinblütigen Muffelwildes, die forstliche Unschädlichkeit, denn das Bastardwild schält weit stärker als das Rotwild.

**Welche Geschlechterverhältnis ist bei Muffelwild anzustreben?**

Ein Verhältnis von annähernd 1:1 (Brunftzeit s. S. 116).
Starke Widder dulden beim Rudel nur geringe Widder.

**Welches Muffelwild ist zu schießen?**

Alle kümmernden und kranken Stücke sowie alle Widder und Schafe, die beim Schälen betroffen werden und erkennbare Zeichen der Hausschafkreuzung zeigen (wollige Decke, Farbabweichungen, blökende Widder). Weiter sind auszumerzen:
„*Scheuerer*", deren Schneckenspitzen den „Kragen" beschädigen, und „*Einwachser*", deren Schnecken am Haupt (in den Äser oder die Lichter) oder am Träger ins Wildbret einwachsen wollen.
Gut veranlagte Widder mit guter Wildbretentwicklung sind mindestens bis zum achten Lebensjahre zu schonen. Jagdzeit s. S. 492.

## Gamswild (Rupicapra rupicapra)

**Wie wird Gamswild nach Alter und Geschlecht unterschieden?**

„Das" Gams ist eine *Ziegenart*. Man unterscheidet:
Gamsböcke (männliche Stücke, Gewicht bis 25 kg),
Gamsgeißen (weibliche Stücke, die gebrunftet oder gesetzt haben),
Schmalgeißen (weibliche Stücke vom Beginn des zweiten Lebensjahres bis zur Brunft), sowie Bockkitze und Geißkitze..

Gamswild kommt bei uns in den Bayerischen Alpen und im Schwarzwald vor.

**Lebt Gamswild in Rudeln zusammen?**

Ja, *„es rudelt sich"* und ist ein Tagestier. Das *„Krickelwild"* wird von einer *Leitgeiß* geführt. Geißen, Kitze und schwächere Böcke bezeichnet man als *Scharwild* oder, wenn gering, als *„Geraffel"*. Die durchschnittliche *Wilddichte* beträgt etwa *sechs Gams auf 100 ha Äsungsfläche.*
Alte Böcke führen außer der Brunftzeit gern ein Einsiedlerleben oder bilden *kleine Bockrudel.* Das Warnsignal (durch den Windfang) heißt Pfeifen.
Gamswild „steigt" und macht beim Verhoffen ein „Haberl".
Die Schalen sind keilförmig und langgestreckt (Abb. s. S. 113).

**Welches sind die Trophäen des Gams?**

*Krucke* und *Bart* (s. auch S. 174 u. 362).
In der Brunft nennt man den starken Bock *„Bartgams"*, die besonders dunkle Farbvarietät „Kohlgams".
Die Krucken (Hörner) werden von beiden Geschlechtern (Bock und Geiß) getragen. Die Krucke des Bockes ist im Vergleich zur Geiß stärker, massiger und an den Enden schärfer eingebogen, „stärker gehakelt". Die Hakel des Bockes sind im Regelfall um etwa 180 Grad eingebogen, die der Geiß um etwa 135 Grad. Die Gamskrucken sind *Hohlhörner.* Ältester Teil ist die Spitze. *Sie werden nicht abgeworfen.* Das nach dem Abkochen vom Stirnzapfen leicht abziehbare Hohlhorn bezeichnet man als *„Schlauch"*.

**Wie bestimmt man das Alter beim Gamswild?**

Nach der *Gesamterscheinung* (Stärke des Stückes und Stärke der Krucken, Farbe des Zügels) und am gestreckten Stücke durch Abzählen der jährlichen *Zuwachsringe* (Jahresringe) an den Schläuchen der Krucke *vom Kruckenende aus.* Das Hauptwachstum der Krucke erfolgt in den ersten fünf Lebensjahren, dann werden nur noch schmale „Millimeterringe" angesetzt. Sie haben auf die Höhe der Krucke wenig Einfluß (s. Abb. S. 174).
Die Bestimmung des Alters nach dem Gebiß ist ungenau.
Der dunkle Zügel (Wangenstreif) ist nur bei jüngeren Gams scharf abgegrenzt. Er verwischt sich später vom Rande her.

**Was sind „Brunft- oder Gamsfeigen"?**

Es sind ein Paar *Duftdrüsen,* die beim Gamswild beiderlei Geschlechts am Nacken hinter den Krucken liegen. Sie schwellen zur Brunft, besonders beim Bock, stark an und sondern ein schmalzartiges, *nach Moschus riechendes Sekret* ab.
Das Wildbret schmeckt streng.

**Wann brunftet Gamswild?**

Ende Oktober bis Mitte Dezember. Der eigentliche Brunftbetrieb ist im ersten Drittel des November. Der sonst dünne Pinsel und die Brunftfeigen sind jetzt deutlich sichtbar. Die älteren Böcke suchen sich einzeln ein Geißrudel. Der Brunftbock äst kaum und magert stark ab. Die meckernden Brunftlaute des Gamsbockes bezeichnet man mit *„blädern"*.
Nach einer *Tragzeit von 25–26 Wochen* setzt die Geiß im Mai/Juni ein bis zwei Kitze.

**Welche gemeinsamen Merkmale haben Gamswild und Muffelwild?**

Sie sind vorwiegend *Tagestiere.* Sie verständigen sich durch Pfeiflaute. Ihre Oberlippe ist gespalten und ermöglicht dadurch die Aufnahme auch kurzer Pflanzen. Die Böcke sind in der Brunft sehr unverträglich.

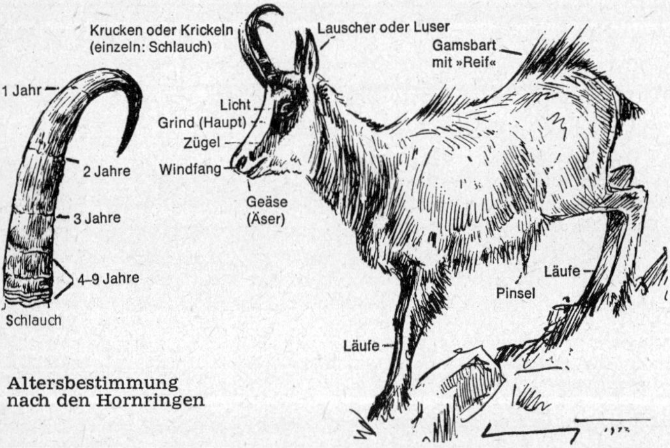


Gamswild in der Waidmannssprache

**Worunter leidet das Gamswild?**

Unter dem schwindenden Lebensraum, der Beunruhigung durch den Skibetrieb, den großen Verlust durch Naturgewalten, Krankheiten (wie Gamsräude, Innenschmarotzer, Gamsblindheit) und unter zu starker Bejagung.

**Welches Gamswild soll geschossen werden?**

Alles schwache und kranke. Das Ziel müssen *hochwertige* Gamsbestände im Geschlechterverhältnis von 1 : 1 sein, sonst kommen die abgebrunfteten Böcke zu geschwächt in den Winter. Jagdarten: Anstand und Pürsch (Jagdzeit S. 492).

*Hege geht vor Jagd!*

**Soll Gamswild gefüttert werden?**

Im allgemeinen füttert man Gamswild nicht. Wo es aber als notwendig erachtet wird, stellt man in *bewaldeten und lawinengeschützten* Hängen *„Heutristen“* (bestehend aus Heu, Kleeheu und Hafer) auf und errichtet *Salzlecken*, die Mineralstoffe, Entwurmungsmittel und „Neguvon“ gegen die Gamsräude enthalten (s. S. 382 u. 428). Die Todesursache geringen Gamswildes ist in 90 % aller Fälle *Parasitenbefall!*

Eine *Äsungsverbesserung* ist *durch Kunstdüngung* der Äsungsplätze mit Mineralstoffen und einem phosphathaltigen Vorratsdünger (wie Thomasmehl, 500 kg/ha) vorzunehmen (keinesfalls darf in Hochgebirgslagen mit „Blauspur“ gedüngt werden!). Man düngt in höheren Lagen im zeitigen Frühjahr und Spätherbst.

*Nichtwiederkäuendes Schalenwild*

## Schwarzwild (Sus scrofa)

**Wie wird Schwarzwild nach Alter und Geschlecht unterschieden?**

Man unterscheidet:
*Keiler* (männliche Wildschweine, bis 150 kg),
*Bachen* (weibliche Wildschweine, bis 70 kg),
*Überläufer* (Wildschweine im zweiten Lebensjahr) und
*Frischlinge* (Wildschweine im ersten Lebensjahr).

Der Keiler wird mit 4 Jahren angehendes Schwein, mit 5–6 Jahren hauendes oder gutes Schwein und vom 7. Jahre ab Haupt- oder grobes Schwein genannt.

(Der Ausdruck „Schwein“ wird in der Waidmannssprache stets mit einem typisch erklärenden Beiwort verbunden. Ein „Panzerschwein“ z. B. ist ein Hauptschwein mit einer bis zu 4 cm starken Verdickung der Schwarte [durch Harz und Lehm] auf den Blättern.)

Die Bache wird zweijährige, dreijährige usf. Bache genannt, vom 5. Jahre ab starke, alte oder grobe Bache.

**Wodurch unterscheidet sich der Keiler von der Bache?**

Durch die gedrungene *Kopfform*, seinen höheren *Widerrist*, die stärkere *Quaste am Pürzel*, den *Pinsel* und durch seine Eckzähne (sein *„Gewaff“*). Die Eckzähne im Oberkiefer nennt man *„Haderer“*, die im Unterkiefer *„Gewehre“* (Abb. S. 106).

Vom „Gewaff“ werden beim Keiler die Lefzen hochgeschoben!

**Wie nennt man die Vereinigung mehrerer Sauen?**

Eine *Rotte* (jedoch nicht gebräuchlich für eine „Bache mit Frischlingen!“).

Die Rotte liegt im *Kessel*, eine einzelne Sau liegt im *Lager*. Schwarzwild *„schiebt sich ein“*, wenn es sich niedertut.

*Alte Keiler* leben außerhalb der Rauschzeit als *Einzelgänger*.

**Welche besonderen waidmännischen Ausdrücke sind beim Schwarzwild zu beachten?**

Man versteht unter:
Federn = die langen Rückenborsten,

Schwarzwild in der Waidmannssprache
Keilermerkmale: gedrungene Kopfform, hoher Widerrist, Haderer im gewölbten Oberwurf, Gewehre im Unterwurf, Pürzelquaste und Pinsel

Gebrech (Ober- und Untergebrech) = das Maul,
Hamer (oder Ham), der = die Keule oder den Schlegel,
Kamm = den oberen Teil des Halses,
Kopf (nicht etwa Haupt!) = den Kopf,
Magen (nicht etwa Pansen) = den Magen,
Ohrpinsel = die langen Borsten an den Tellern oder Schüsseln,
Rauschzeit = die Begattungszeit,
Schwarte = die Haut (mit Borsten und Unterwolle),
Weißes = das Fett,
Wurf = den Wühlrüssel, mit dem Schwarzwild auch windet,
Zunge (nicht etwa Lecker) = die Zunge.
Das Wort „*Keiler*" ist hergeleitet von „keilen", d. h. heftig mit dem Gewaff schlagen. Es hat nichts mit einem Keil zu tun.
Die *Bache* hat im Ober- und Unterkiefer *H a k e n*, sie „beißt".
„*Sau*" ist die allgemeine Bezeichnung für das Wildschwein bzw. für Schwarzwild. Schwarzwild „äugt" schlecht, „vernimmt" gut, „windet" ausgezeichnet und hält keine Wechsel.

## Bestätigen des Schwarzwildes

**Wodurch verrät sich Schwarzwild dem Jäger?**

Durch Tritte bzw. Fährten, durch Losung, Gebräch, Suhlen (s. S. 115), Malbäume mit Beschlägen und durch Laute.
Mit dem Tritt wird stets auch das *Geäfter* abgedrückt; die Abdrücke des Geäfters überragen dabei seitlich die Schalen auf beiden Seiten (Abb.). Die Schalen alter Sauen sind „abgegriffen". Im Ziehen stehen die Schalenabdrücke des Vorder- und Hinterlaufs jeder Seite in einem Tritt (Abb.). Bei geringen Sauen ist der Abdruck der *äußeren Schalen länger als der der inneren.*

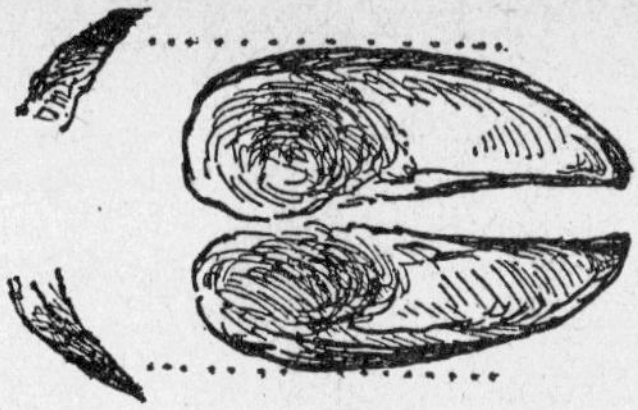

im Ziehen

Trittsiegel

Tritt eines Keilers (Trittweite 40—45 cm)
Der Abdruck des Geäfters (der Afterklauen) ist beim Schwarzwild länglich und überragt die Schalen auf beiden Seiten

**Wie sieht Schwarzwildlosung aus?**

Sie besteht aus mindestens 4 cm langen kugeligen Würsten von meist schwarzer Farbe. Die Losung enthält oft Getreidekörner (kein Wiederkäuer, der alles zermahlt!).

Schwarzwildlosung

**Wann steht die Sau im Gebräch (ä!)?**

Wenn sie mit ihrem *Gebrech* (e!) den Boden umwühlt, um im *Gebräch* Erd-, Brut- oder *Untermast* zu suchen. Diese Wühlstellen, die besonders die Wiesen verunstalten, sind weithin zu sehen.

**Welche Lautäußerungen werden bei Sauen unterschieden?**

Wir unterscheiden das „Grunzen“ und „Schmatzen“ der vertraut brechenden Sauen und das „Quieken“ der Frischlinge.
Der Keiler „wetzt“, wenn er aus Wut das Gewaff aufeinanderschlägt. Die Sauen *„blasen“*, wenn sie in Erregung sind. Beim Erschrecken werden sie, oft nach kurzem Halbkreis, mit einem deutlichen „uff“ *und winkendem Pürzel* flüchtig.

„Ein Hauptschwein läßt mit sich nicht spaßen,
hörst du es ‚wetzen‘ oder ‚blasen‘.
Und ‚angeschweißt‘ weiß es bestimmt,
wo deine Hosenbeine sind!“

Der wehrhafte Keiler hat schon manchen Treiber und Jäger auf die Bäume gebracht.
Sogar Überläuferkeiler betätigen sich schon als „Hosenflicker“.

**Wann zeichnet und klagt das Schwarzwild?**

Sauen sind *unglaublich hart.* Sie *zeichnen meist nicht* oder so wenig, daß man an einen Fehlschuß denken kann (deshalb ist *stets* eine Nachsuche mit dem Hund erforderlich!).
Sie *klagen* (mit lautem Schreien) nur selten nach schmerzhaften Knochenschüssen oder in höchster Not beim Packen durch Hunde.

## Biotop, Lebensweise, Rauschzeit

**Welche Ansprüche an den Biotop (s. S. 120) stellt Schwarzwild?**

Es bevorzugt feuchte Laubwälder verschiedener Altersklassen, die reichlich Eicheln und Bucheckern als *Fraß* spenden, sowie Nadelholzwälder, die Ruhe und Deckung bieten. Daneben braucht es Wasser als Tränke und schlammige *Tümpel zum Suhlen.*
Bei fehlender Laubholzmast (oder „Obermast") geht das Schwarzwild notgedrungen an den Ackerfrüchten zu Schaden. Bei guter Obermast und milden Wintern erfolgt eine starke Vermehrung des Schwarzwildes.

**Welche forstliche Bedeutung hat Schwarzwild?**

Es hält Mäuse aller Arten, Würmer und vor allem forstschädliche Insekten kurz. Bevorzugt aufgenommen werden Maikäfer-Engerlinge, Spanner- und Spinnerraupen und -puppen, Larven der Riesenschnaken und sogar die holzzerstörende Roßameise. Bei der Suche nach Fraß bringt Schwarzwild Sauerstoff in den Boden.

**Wie verhalten sich die Sauen in ihrem Lebensraum?**

Am Tage stecken sie am liebsten in Dickungen, in dichtem Gebüsch oder Röhricht. Hier sind sie bei feuchtem und vor allem bei regnerischem Wetter auch bei Tage rege. Nach Schwinden des Büchsenlichtes wechseln sie vom Tageseinstand durch Althölzer auf oft weite Entfernungen auf die Felder. Als Allesfresser nehmen sie auf dem Wege dorthin allen sich bietenden Fraß auf, auch Kitze, Junghasen und Gelege. Auf den Feldern bevorzugen sie Hafer, Mais und Gerste, besonders in der Milchreife, Klee, Luzerne, Kartoffeln und Hackfrüchte. Am frühen Morgen besuchen sie beim Einwechseln in windstille und ungestörte Einstände gern auch Tränken und Suhlen (s. S. 115).
Schwarzwild hält jedoch *keine festen Wechsel!*
Im Sommer bleibt es tagsüber auch in Getreidefeldern.

**In welche Monate fällt die Rauschzeit?**

In die Monate *November/Dezember.* Nach einer Tragzeit von knapp vier Monaten werden im März 4–12 Frischlinge „gefrischt". Bei verfrühter Rauschzeit werden schon Ende Januar Frischlinge angetroffen, die im Herbst schon rauschen können.
Nach Vollmastjahren wird oft eine zweimalige Rauschzeit beobachtet, besonders wenn der Vollmast ein milder Winter folgt. Die Zahl der Frischlinge ist beim nochmaligen Frischen meist gering. Frischende Bachen nehmen gern „Saubuchten" an. Sie werden in

geeigneten Dickungen aus Wänden von Preßstrohballen errichtet und mit Stangen festgemacht. Schweinemist aus dem Stall bietet gute Wittrung (Vorsicht jedoch mit Mist aus *Schweinepestbeständen!*). Auch der alte Keiler schiebt sich an solchen Stellen ein, will aber nur nach einer Seite Deckung haben.

### *Hege und Strecken von Schwarzwild*
### *(Hege mit der Büchse)*

**Was ist für die Schwarzwildbejagung zu beachten?**

Schwarzwild unterliegt keinem Bejagungsplan und ist im Interesse der Landeskultur *kurzzuhalten,* keinesfalls aber auszurotten. Es ist ein „ritterliches" und wehrhaftes Wild!
Die *Frischlinge* (Schwarzwild im ersten Lebensjahr) zeigen zunächst bräunlich-gelbe Längsstreifen, die später rotbraun bis schwarzgrau überwachsen werden. Sie haben eine Körperlänge bis etwa 75 cm und dürfen ganzjährig bejagt werden. *Das gilt (in Niedersachsen) auch für alle zu spät oder zur Unzeit gesetzte Stücke, die aufgebrochen ein Gewicht von 25 kg nicht überschreiten* (Zahnalter s. S. 106).
Für alles andere Schwarzwild wurde eine Jagdzeit vom 16. Juni bis 31. Januar festgesetzt, da einzelne Bachen schon Anfang Februar frischen (s. S. 492 bis 495).
Führende Bachen „versetzen" (s. S. 112) infolge des Säugens spät, oft erst im Juni. Zu dieser Zeit sind die Keiler schon blank.
Bevorzugt *zu strecken sind neben den Frischlingen alle schwachen Stücke.* Mittelalte Keiler sind zu schonen, bis sie wirklich stark sind. Auch für den Keiler gilt der Grundsatz:

*Alt werden lassen!*

Die *Nachtjagd,* die schon viele Jagdunfälle und verluderte Stücke zur Folge hatte, ist nur in besonderen Ausnahmefällen vertretbar.
In der *Notzeit* ist zu füttern, da Schwarzwild bei Frost mit hoher Schneelage sehr an Fraßmangel leidet.
Die Fütterungen werden am Rande von Dickungen angelegt. Als Fraß werden „geschüttet": Eicheln, Bucheckern, Kastanien, Luzerne- und Kleeheu, Rüben, Rübenschnitzel, Kartoffeln und Mais (vermengt mit Kaff, um das Zusammenfrieren zu vermeiden). Auch Küchenabfälle, Innereien von Schlachttieren, Aufbruch von Wild und Silage werden gern angenommen.
Das Bejagen von Schwarzwild an notgedrungen angelegten Kirrungen (an lediglich zum Heranlocken bestimmten Stellen) kann nicht als unwaidmännisch gelten (Schweinepest s. S. 422).

**Welche Jagdarten auf Schwarzwild sind üblich?**

Der Ansitz an Stellen, an denen Sauen noch bei genügendem Licht ein- bzw. auswechseln, an Suhlen und in der Nähe masttragender Bäume. Ferner die winterliche *Drückjagd,* falls durch das „Kreisen" nach einer „Neue" (Neuschnee) bestätigt war, daß Schwarzwild in den betreffenden Jagen steckt (s. auch S. 410). Im Treiben ist der erste Schuß nie auf anderes Wild abzugeben, da dadurch der alte Keiler gewarnt würde. Wendige Stöberhunde und *„Saufinder"* sind besonders die *Terrier.* Auf Rassereinheit kommt es bei den Saufindern nicht an. Dackel werden am leichtesten von

Schwarzwild geschlagen. Schwarzwild, das von „*Saupackern*" gedeckt (gestellt) ist, kann mit der Saufeder abgefangen werden. (Bei der Schweißarbeit mit dem Hannoverschen Schweißhund sorgen erfahrene Schweißhundführer dafür, daß möglichst ein scharfer Terrier als „Kampfhund" mitgeführt wird, um den sehr wertvollen Schweißhund nicht zu gefährden.)

**Wie kann sich der Jäger gegen krankgeschossene Sauen wehren, die ihn bei der Nachsuche in einer Dickung annehmen?**

Am besten mit dem Revolver .45 Colt Remington ($E_0$ 562 J) oder dem Revolver .357 Magnum ($E_0$ 970 J), aus dem auch die Patrone .38 Spezial ($E_0$ 363 J, s. Abb. neben S. 65) und .38 Spezial Hi Speed ($E_0$ 569 J) verfeuert werden können (s. auch S. 483 u. 485). Pistolenmunition s. S. 91.

## NAGETIERE

*Die Hörnchen* (Sciuridae)

### Murmeltier (Marmota marmota)

**Wo finden sich noch Murmeltiere?**

In den Alpen, neu ausgesetzt im Schwarzwald.
Das Murmeltier (das „Mankei") liebt die offenen sonnigen Hänge des Hochgebirges zwischen 1000 und 2700 m Höhe.
Seine Feinde sind Adler und Fuchs.

**Was wissen wir vom Murmeltier?**

Es ist ein *Tagtier* und sonnt sich gern. Es lebt in Kolonien und gräbt sich einen tiefen, verzweigten Bau mit großer Nestkammer (Kessel). Es ist sehr wachsam und sitzt beim Äugen mit den „Sehern" aufrecht auf den Hinterläufen (es macht Männchen). Der Balg heißt „Schwarte", die Ohren nennt man „Gehöre". Den Warnruf nennt man „Pfeifen". Er ist ein hoher pfeifender Schrei. Es hält den längsten *Winterschlaf* (Oktober bis April). Das Männchen heißt Bär, das Weib Katz, die Jungen Affen.

**Dürfen Murmeltiere geschossen werden?**

Nein, nicht mehr. Für sie wurde wegen ihres geringen Vorkommens keine Jagdzeit festgesetzt. (Dem Schützen wurde früher ein Bruch gereicht. Jagdtrophäe waren die rotbraunen Nagezähne, die Murmeltier-„Grandeln". Murmelfett oder Mankeischmalz waren ein bekanntes Heilmittel.)

### Eichhörnchen (Sciurus vulgaris)

**Darf der Jäger Eichhörnchen schießen?**

Ja! Er darf aber nur einzelne Stücke dieser possierlichen „Waldaffen" schießen, denn das Töten der *nicht geschützten* Tiere ohne vernünftigen Zweck ist nach § 23 der Naturschutzverordnung verboten. Nur in besonderen Fällen (z. B. Baumschulen, Nesterschutz) ist die Bekämpfung der Eichhörnchen in weiterem Umfang erlaubt (§ 26 Abs. 1 der NatSchVO).
Der *Kobel* (das Nest) wird oft vom Baummarder benutzt.
Eichhörnchen sind Hauptbeutetiere für den Baummarder.

*Biber und Nutria*

### B i b e r (Castor fiber)

**Was ist kennzeichnend für den Biber (Meister Bockert)?**
Er ist das größte europäische Nagetier, mit *Schwimmhäuten* zwischen den Zehen der Hinterläufe. Sein Schwanz ist breit, waagerecht abgeplattet und mit Schuppen bedeckt (*Biberkelle*). Er lebt in Familien und großenteils im Wasser. Er gräbt sich Baue ins Ufer, vielfach baut er sich auch *Burgen* aus schlammgedichteten Ästen und Zweigen mit einem Unterwasserfluchtgang. Er geht auf Äsung und schneidet Bäume und Sträucher ab, wenn er sie durch Abbeißen zum Umfallen bringt. Er brunftet, und das Weibchen bringt zwei bis vier Junge. Die Augen nennt man „Seher", die Haut Balg, die Ohren Lauscher.
Früher überall in Deutschland heimisch (Biberach, Bebra); heute besteht noch ein Bestand von je etwa 200 Stück bei Steckby (Elbe). Geglückte Neueinbürgerung: An der Donau (Günzberg, Neustadt) und der Elbe (Schalsee bei Ratzeburg). Ihm ähnlich, aber kleiner sind Nutria (Biberratte) und Bisamratte. Der Biber ist neuerdings ganzjährig geschützt. Sein größter Feind ist Hochwasser.

### N u t r i a (Myocastor coypus)

**Was wissen wir von der Nutria (Biberratte oder Sumpfbiber)?**
Sie hat, zoologisch gesehen, weder mit dem Biber noch mit Ratten etwas zu tun. Sie ist ein Nagetier und stammt aus *Südamerika* und gelangte aus Farmen in die freie Wildbahn.
Der Schwanz ist (gegenüber der breiten „Kelle" des Bibers) *drehrund,* beschuppt und nur wenig kürzer als der etwa 45 bis 50 cm lange Körper. Die Nutria wirft zweimal jährlich 4–6 behaarte, gut entwickelte Junge, die sofort nach der Geburt schwimmen können. Im Gegensatz zum Biber ist die Nutria ein schlechter Taucher. Die Milchdrüsen der Nutria stehen an den Körperseiten ziemlich hoch, fast auf dem Rücken.
Als Nahrung dienen Schilfwurzeln und Feldfrüchte, nicht jedoch Fische. Das Wildbret bietet einen sehr schmackhaften Braten. Es muß vor dem Verzehr auf Trichinen untersucht werden (s. S. 449). Die Nutria ist ganzjährig geschützt. Sie gehört in *Bayern* und *Hessen* zu den Tierarten ohne Schonzeit (s. S. 465).

Murmeltier
Körper 50 cm, Rute 12 cm,
Gewicht 4—5 kg,
ganzjährig geschont!

Biber
Körper bis 95 cm, Kelle 35 cm,
Gewicht etwa 25 kg,
ganzjährig geschont!

## Bisamratte (Ondatra zibethica)

**Was muß der Jäger von der Bisamratte wissen?**

Sie wurde Anfang 1900 wegen ihres Pelzes aus *Nordamerika* eingeführt. Sie gehört zu den wühlmausartigen Nagetieren, ist *Pflanzenfresser* und zerstört weitgehend die Wasserpflanzenbestände. Ihr Hauptaufenthalt ist das Wasser. Durch den Bau ihrer Röhren an *Dämmen und Böschungen richtet sie großen Schaden an.*
*Fische raubt sie nicht.* Sie vermehrt sich stark (jährlich 30 Nachkommen), kann täglich kilometerweit wandern und ist unempfindlich gegen Abwässer. Bei Gefahr greift sie Menschen an. Sie gilt als gemeiner Schädling. Ihr Feind ist der Iltis.
Sie ist von der Nutria (Biberratte) und den Ratten durch den *seitlich abgeplatteten Ruderschwanz* leicht zu unterscheiden. Ihre Hege ist verboten. Ihr Auftreten ist der Ortspolizeibehörde anzuzeigen. Die Nutzungsberechtigten von Grundstücken, auf denen sie auftritt, sind zu ihrer Bekämpfung verpflichtet. Jagdrechtlich gehört die Bisamratte (wie Haus-, Wander- und Wasserratte) zu den Tieren, die dem „freien Tierfang" unterliegen, also von jedermann erlegt werden dürfen, sofern die schriftliche Erlaubnis des Grundstückseigentümers oder des Jagdberechtigten vorliegt. Ihre Erlegung mit der Schußwaffe ist jedoch nur Jagdberechtigten gestattet. Bisambraten („*Wasserkaninchen*") gilt als Leckerbissen.
Erfolgt ihre Bekämpfung mit der „Roithschen" Bisamfalle durch amtlich bestellte Bisamjäger, so ist ihre Bekämpfung anderen Personen in diesem Gebiet für einen bestimmten Zeitraum untersagt (VO vom 1. 7. 1938, RGBl. I S. 847).

Nutria oder Sumpfbiber
(drehrunder Schwanz)
Körper 50 cm, Schwanz 40 cm
Gewicht: 6—9 kg

Bisamratte
(senkrecht-platter Ruderschwanz)
Körper 30 cm, Schwanz 20 cm
Gewicht: 0,6—1,7 kg

## Wanderratte (Rattus norvegicus)

**Welche Ratte ist Schädling der Niederjagd?**

Die *Wanderratte.* Sie ist aus Persien zu uns gekommen und hat die Hausratte verdrängt. Sie darf nicht mit der Scher- oder Wühlmaus verwechselt werden. Sie ist besonders im Entenrevier zu bekämpfen, da sie sowohl die Eier als auch die Jungenten nimmt (s. S. 239). *Iltis („Ratz") und Rohrweihe* sind als Feinde der Ratten zu *schonen!*
Bewährtes Rattenvertilgungsmittel: Racumin 57.

Wanderratte
(drehrunder Schwanz)
Länge: 24 + 18 cm
Gewicht bis 500 g

Trittbild
der Wanderratte
(1/2 der natürl. Größe)

**Was kann man aus Eischalresten erkennen?**

Die *Wanderratte* hinterläßt vom Ei eine flache Wanne;

*Krähen* und *Möwen* machen einen quer zur Längsachse des Eies verlaufenden Einschlag;

Die *Marder* (Edelmarder, Steinmarder, Iltis) nehmen das Ei stets quer in den Fang, bringen es in eine Deckung und beißen es stets an der Breitseite an, so daß ein unregelmäßig rechteckiges Loch entsteht.

*Wiesel* hinterlassen Löcher in der Nähe der Eipole, so daß die Eier aussehen, als seien sie von Menschen ausgetrunken.

Für zertretene Gelege ist außer Menschen oft auch Weidevieh verantwortlich.

Wanderratte | Krähe, Marder | Wiesel

*Hasenartige*

Schneehase, Hase, Wildkaninchen

Alpen- oder Schneehase (Lepus timidus)

**Wo kommen Schneehasen vor?**

Nur noch in den Bayrischen Alpen.

Sie sind etwas kleiner als der Feldhase. *Im Winter sind sie weiß,* im Sommer bräunlichgrau. Sie haben schwarze Löffelspitzen.

Blendlinge (Kreuzungsprodukte mit Hasen) kommen vor.

Das Wildbret ist minderwertig. Schneehasen sind ohne Jagdzeit und deshalb ganzjährig geschont.

## Feldhase (Lepus europaeus) und Wildkaninchen (Orycolagus cuniculus)

**Welche waidmännischen Ausdrücke benutzt man, wenn vom Hasen die Rede ist?**

Der Hase (auch „Mümmelmann" oder „der Krumme" genannt) heißt als Männchen Rammler, die Begattungszeit Rammelzeit.
Die Häsin heißt Häsin, Setz- oder Satzhase und setzt Junge.
Die Junghasen heißen
zu einem Viertel ausgewachsen (nach 1 Mon.) Quarthasen,
zur Hälfte ausgewachsen (nach 2 Mon.) halbwüchsig und
zu drei Viertel ausgewachsen (nach 3–4 Mon.) Dreiläufer.
Der Junghase ist mit sechs bis acht Monaten ausgewachsen.
Der Hase hoppelt, wenn er sich langsam fortbewegt,
er rutscht, wenn er sich beim Äsen langsam und mit Unterbrechungen fortbewegt;
er geht flüchtig, wenn er schnell abgeht;
er schlägt Haken, wenn er seine Fluchtrichtung plötzlich ändert;
er durchrinnt das Wasser, wenn er es durchschwimmt;
er macht oft einen Widergang und bis zwei Meter weiten Absprung, bevor er in seine Sasse (sein Lager) fährt oder eine neue Sasse scharrt und sich dann lagert;
er hält gut, wenn er den Jäger oder den Jagdhund nahe an seine Sasse herankommen läßt (andernfalls hält er schlecht);
wird er aus seiner Sasse aufgestoßen (aufgejagt), so fährt er aus der Sasse oder aus dem Lager;
verläßt er die Sasse freiwillig, so steht er auf;
er *drückt sich,* wenn er sich in der Sasse klein macht oder wenn er sich verbirgt; dabei läßt er sich leicht übergehen;
er *sitzt oder hockt,* wenn er derart auf den Sohlen (Ferse bis zu den Zehen) sitzt, daß Keulen und Vorderläufe den Boden berühren;
er macht einen *Kegel,* wenn er auf den Sohlen der Hinterläufe (oder „Sprünge") stehend, sich so hoch aufrichtet, daß die Vorderläufe den Boden nicht mehr berühren;
er macht oder baut ein *Männchen,* wenn er, noch mehr aufgerichtet, nur noch auf den Zehenspitzen steht (so wehrt er sich auch mit strampelnden Vorderläufen gegen angreifende Krähen oder den Habicht).

er drückt sich (in der Sasse)

er sitzt oder hockt

er macht einen Kegel

er baut ein Männchen

**Wie lange dauert die Rammelzeit?**

Von Januar bis August, im April/Mai ist Höhepunkt.

**Wie macht sich der Beginn der Rammelzeit bemerkbar?**

Mehrere Rammler folgen am hellen Tag einer Häsin. Im Kampf um die Gunst der Häsin ohrfeigen sich die Rammler, daß die Wolle stiebt. Den Beginn der Rammelzeit kann man auch an herumliegender „Rammelwolle“ erkennen.

**Wieviel Junge setzt die Häsin?**

Sie setzt drei- bis viermal jährlich ein bis drei, insgesamt bis 10 behaarte und sehende Junge, von denen aber nur um vier groß werden. Der erste Satz im März (in mildem Klima schon im Januar) besteht häufig nur aus einem Junghasen. Der letzte Satz fällt in den September. Zu Beginn der Jagdzeit (s. S. 492 u. 494) haben Häsinnen manchmal noch Milch im Gesäuge, ganz selten sogar noch inne. Bei Trächtigkeit in nur einem Horn des Tragsacks sind Häsinnen einige Tage vor dem Setzakt bereits wieder befruchtungsfähig (Superfetation).

Der Hase in der Waidmannssprache

Junghasen werden täglich dreimal und mindestens drei Wochen lang gesäugt. Dann fangen sie an, Grünäsung aufzunehmen. Die Annahme, daß im März gesetzte Junghasen im gleichen Jahre noch Junge setzen, ist nicht richtig. Etwaige wenige Ausnahmen haben für den Zuwachs des Besatzes keine Bedeutung.

**In welchen Monaten erfolgt der Hauptzuwachs des Hasenbesatzes?**

Vom *Mai bis Juli.*

Die Zahl der überlebenden Junghasen ist weitgehend von *Verlustursachen* abhängig, wie von landwirtschaftlichen Maßnahmen (Abbrennen von Dürrgras, Hecken und Brachland; Eggen, Walzen und Pflügen der Wiesen und Felder; der Klee- und Grasschnitt mit Mähmaschinen), *von nasser* und kalter *Witterung* und dadurch bedingter *Kokzidiose* (s. S. 432), von Streugiften, Raubwild und Raubzeug, ganz besonders aber auch vom Autoverkehr. Die *„mordende Straße“* bringt jährlich etwa 12 % oder mindestens 120 000 Hasen um.

Höchstfalls dürfen nur etwa 50 % des Herbstbesatzes an Hasen jagdlich genutzt werden!

*Trockene* Jahre sind *gute* Hasenjahre (s. auch S. 432)!
(In mäusereichen Jahren finden Raubwild, Greifvögel und Raubzeug so reichlichen Mäusefraß, daß die Junghasen weitgehend verschont bleiben. Auch der Rückgang des Fuchses in Tollwutgebieten wirkt sich günstig auf den Hasenbesatz aus!)

**Welche wirtschaftliche Bedeutung hat der Hase?**

Die *Jahresstrecke* liegt je nach der Jahreswitterung über oder unter einer *Million Hasen.* Der Hase ist deshalb neben dem Rehwild das wichtigste Wild unserer Kulturlandschaft. Er paßt sich als *Kulturfolger* weitgehend den Veränderungen der Natur durch die Wirtschaft des Menschen an. Durch Hege und sinnvolle Bejagung können gute Strecken erzielt werden (s. Hege S. 189).
Gleichhohe jährliche Strecken deuten auf einen *intakten Biotop* (s. S. 120) und auf eine *richtige Bejagung* hin. Abfallende Strecken sind alarmierend!

**Welche Hasen werden nach ihrem Standort unterschieden?**

Feldhasen und Waldhasen (Berg-, Busch- und Heidehasen).
Der *Feldhase* lebt immer im freien Feld.
Der *Waldhase* hält sich am Tage im Walde auf und „rückt" am Abend aus dem Walde zu Feld (Hasenauslauf) und am frühen Morgen vom Felde zu Holz (Haseneinlauf).
Unter der *„Hasenkammer"* versteht man *den* Teil des Reviers, in dem die meisten Hasen vorkommen.

**Ist der Hase standorttreu?**

Ja. Er ist sowohl am Meeresstrand wie im Hochgebirge zu Hause. Besonders liebt er *trockenen* Boden *und trockenes Klima* und das mit Sträuchern und Stauden inselartig bewachsene Gelände. Gegen starken Wind ist er ausgesprochen empfindlich. Er sucht deshalb *bei Wind gern geschützte Lagen* auf, wo er „unter Wind" liegen kann. Beim Laubfall rückt er ins Nadelholz, beim Schneeklumpenfall ins Feld. Der Hase hat deshalb in seinem Einstandsgebiet *mehrere Sassen,* die er je nach Wind und Wetter (mit Kopf gegen den Wind) benutzt. Vom Berghasen wird der Winteraufenthalt gern in tiefer gelegene Gebiete verlegt (s. auch S. 400).
Wenn auf ihn mit Bracken gejagt wird („Brackieren"), kommt er immer wieder in sein gewohntes Lebensgebiet zurück. Gegen fortwährende Beunruhigung ist er jedoch sehr empfindlich.
Merke: „Wenn man ihn nicht stört und hetzt,
bleibt er gern, wo er gesetzt!"

**Was verstehen wir unter der „Hasenkur"?**

Den Ansitz auf Waldhasen beim Aus- und Einlauf (französisch: cours = Lauf). Er kann in den ersten Tagen der Jagdzeit für manchen Jäger eine große jagdliche Freude sein (s. S. 190).
Der erste aus- und einlaufende Hase ist meist eine Häsin und deshalb zu schonen!

**Wie pflegt der Hase seinen Balg?**

Er entnimmt mit den Vorderläufen durch Abstreifen Duftstoffe aus dem Backenorgan und bürstet, glättet und säubert damit Balg, Löffel und Bart. Dabei trommelt er mit den Vorderläufen.

**Wodurch verrät sich der Hase dem Jäger?**

Durch Tritte, Spuren, Losung, Sassen, Verbißstellen und Pässe (Hasen- oder Hexensteige im Getreide sind Pässe, die der Hase „ausschneidet“, um bequem und möglichst trocken durch den Halmenwald zu kommen).

**Was ist charakteristisch für die Spur des „Krummen“?**

Die Tritte der langen Hinterläufe werden in jeder Gangart, auch beim Rutschen und beim Hoppeln, stets v o r den Tritten der Vorderläufe aufgesetzt (*sog. Hasensprung).*

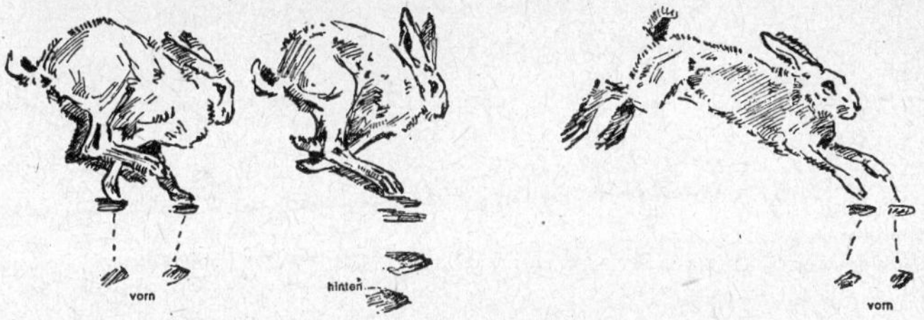


Wie die Hasenspur entsteht

Hase (und Kaninchen) treten in jeder Gangart immer zuerst mit den schwächeren Vorderläufen auf und überholen diese dann mit den längeren und stärkeren Hinterläufen (sog. „Hasensprung“)

vorn hinten vorn hinten
hoppelnd flüchtig

Beim *Rutschen und Hoppeln* zeigt die Spur die ganze Sohle der Hinterläufe, bei der Flucht werden nur die Ballen abgedrückt.

**Wie unterscheiden sich Hasen- und Kaninchenlosung?**

Die Losung der Hasenartigen ist von kugeliger Gestalt. Die der *Hasen* hat einen Durchmesser von über 12 mm und findet sich meist vereinzelt, die der *Kaninchen* ist von geringerem Durchmesser und findet sich an einem Platz in g r ö ß e r e r Anzahl vor. Sie ist schwarz bei Grün- und bräunlich bei Rindenäsung.

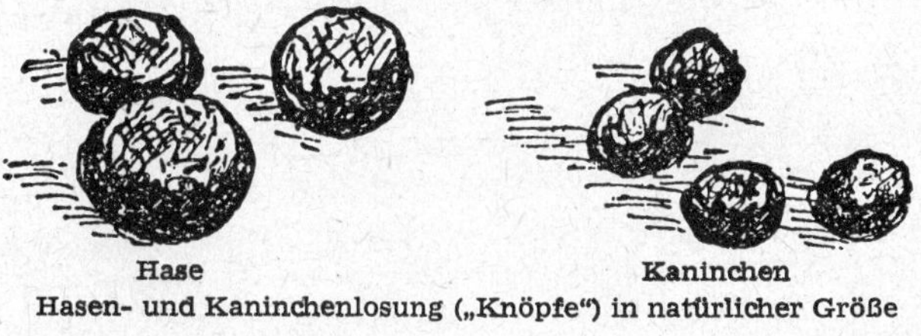

**Hase** **Kaninchen**

**Hasen- und Kaninchenlosung („Knöpfe“) in natürlicher Größe**

**Welche zweierlei Losung scheiden Hase und Kaninchen aus?**

Eine weiche, Vitamin-$B_1$-reiche und eine feste, vitaminarme Losung.
Das hängt mit bakteriellen Vergärungsvorgängen und der Bildung von Vitamin $B_1$ im Blinddarm zusammen. Während feste Losung zu allen Tageszeiten ausgeschieden wird, erfolgt die Entleerung der weichen, Vitamin-$B_1$-reichen Losung aus dem Blinddarm nur in den Vormittagsstunden. Hierbei wird ein Teil dieser Losung von Hase und Kaninchen direkt vom Weidloch abgenommen und ohne Kauvorgang verschluckt.

**Wie nennt man diese Art der Losungsaufnahme?**

Kotfressen (oder Koprophagie).
Sie ist nur bei Hase und Kaninchen bekannt. Offenbar handelt es sich dabei um eine besondere Auswertung der für den Stoffwechsel wichtigen Vitamine und Spurenelemente.
(Über den „wiederkäuenden Hasen" hat man also mit Unrecht gespottet!)

**Welche Unterschiede bestehen zwischen Hase und Kaninchen?**

Der *Hase* braucht zum Schutz gegen Witterungsunbilden keine Deckung, ihm genügt die *Sasse,* eine Erdmulde, die er mit den Läufen ausscharrt.
Das *Kaninchen* ist ein Grabtier. Es bewohnt selbstgefertigte *Erdbaue,* die in Kolonien dicht beieinanderliegen, bevorzugt sandige Böden (nicht über 500 m Meereshöhe). Der Hase lebt ungesellig (als Einzelgänger), das Kaninchen gesellig (in Kolonien). Der *Hase ist rötlichbraun* gefärbt, das Kaninchen ist *fahlgrau* (es kommen auch schwarze Kaninchen vor).
Die Unterwolle des Hasen ist weißlich, die des Kaninchens ist grau.
Die *Löffel* des Hasen sind (nach vorn umgelegt) so lang wie der Kopf und haben *schwarze* Spitzen, die der
*Kaninchen* sind kürzer als der Kopf und haben *graubraune* Spitzen.
Der Hase setzt behaarte und sehende Junge, die jungen Kaninchen kommen nackt und blind zur Welt. Das Kaninchen, der kleine *„Flitzer", „blitzt"* in der Bewegung mit der Blume und ist wesentlich kleiner und kürzer als der Hase. Das Wildbret des Hasen ist braunrot, das des Kaninchens weißrötlich.
Zwischen Hase und Kaninchen ist keine Bastardisierung möglich!

**Wie lange dauert die Tragzeit beim Hasen und beim Kaninchen?**

Beim Hasen sechs Wochen, beim Kaninchen vier Wochen.

**Wieviel Junge setzt das Kaninchen?**

Die Kaninchenhäsin setzt sechs- bis siebenmal jährlich vier bis acht Junge. Die Vermehrungsfähigkeit ist sprichwörtlich. Sie setzt die Jungen abseits von den Hauptbauen. Hierzu gräbt sie eine *Setzröhre* und polstert den Kessel mit Gras und ausgezupfter Brust- und Bauchwolle aus. Wenn sie die Röhre verläßt, schließt sie den Eingang zur Setzröhre mit einem Gras- oder Laubpfropfen und scharrt Erde darüber (Verbot des Aussetzens s. S. 392).

**Durch welches Signal warnen sich die Kaninchen gegenseitig vor einer drohenden Gefahr?**

Durch Klopfen mit den Hinterläufen auf den Boden. Bei diesem Signal flüchten sie in den Bau oder in eine schützende Deckung.

**Wie unterscheidet sich die Stimme des klagenden Hasen von der des Kaninchens?**

Beim *Hasen* ist die Stimme ein quäkendes Schreien,
beim *Kaninchen* ein heller, pfeifender Ton.

## *Hege und Bejagung der Hasen*

**Welche Maßnahmen sind zur Hebung eines Niederwildreviers erforderlich?**

Anlage von Fütterungen für Notzeiten, Pflege vorhandener Hekken und Büsche im Feld, Bekämpfung von Wildkrankheiten, Aufstellen eines Bejagungsplanes durch den Revierinhaber entsprechend dem Besatze, Aussparung einiger Gebiete des Reviers von der Bejagung, Aufstellen von Kasten- und Totschlagfallen für Raubwild und Raubzeug.

**Verursacht der Hase Wildschaden?**

Nur in geringem Umfange. Schäden durch Verbiß an jungen Apfelbäumen werden nicht ersetzt, weil der Besitzer selbst für Schutz sorgen muß. Der Hase ist deshalb unbedenklich zu schonen. Durch seine Hege kann der Jäger seine jaglichen Freuden erhöhen und die Wirtschaftlichkeit seines Reviers wesentlich heben.

**Worauf sind die unterschiedlichen Hasenstrecken zurückzuführen?**

Vor allem auf den *Witterungsablauf.* Lang anhaltendes feuchtes Wetter fördert die mörderische *Kokzidiose* (s. S. 432) und die Entwicklung von *Darmparasiten.* Die jährlichen Hasenstrecken differieren daher zwischen 1,2 Millionen und 600 000 Hasen.
Ein böser Feind des Hasen ist das *Wiesel,* das viel zuwenig bekämpft wird. Dem *Autoverkehr* fallen mindestens 12 % der Hasen zum Opfer. Daneben kommen viele Junghasen durch das streng verbotene Flämmen (Abbrennen von Dürrgras und Hecken), durch das Walzen der Wiesen und Saatäcker und durch die Messer der *Mähmaschine* um.

**Welches Geschlechterverhältnis besteht bei Hasen?**

Im Durchschnitt ein Geschlechterverhältnis von 1:1. Es ist durch Bejagung nicht zu beeinflussen, weil die Unterscheidung der Geschlechter im praktischen Jagdbetrieb nicht möglich ist.

**Worin liegt der Schwerpunkt der Hasenhege?**

In der sinnvollen Bejagung. Sie hat sich stets nach der Höhe des Besatzes zu richten. Bei geringem Besatze dürfen *keine Gesellschaftsjagden* (s. S. 278) gemacht werden! Ein Drittel des Reviers soll stets unbejagt bleiben. Bei normalem Besatz sollen nicht mehr als die Hälfte der vorhandenen Hasen geschossen werden. Bei schlechtem Besatz soll die Jagd ruhen, denn der Hase hat viele Feinde:

„Menschen, Hunde, Wölfe, Lüchse,
Katzen, Marder, Wiesel, Füchse,
Adler, Uhu, Raben, Krähen,
Jeder Habicht, den wir sehen,
Elstern auch nicht zu vergessen,
Alles, alles will ihn fressen.“ (von Wildungen)

**In welchen Monaten sollen Hasen bejagt werden?**

Im *November und Dezember*. Im Januar soll jede Jagd auf Hasen ruhen, da zu dieser Zeit oft schon das Rammeln beginnt. Jagdzeit S. 492.
Gegen das Erlegen einzelner Küchenhasen bei Beginn der Jagdzeit ist nichts einzuwenden (s. Hasenkur S. 186).

**Auf welche Entfernung darf ein Hase beschossen werden?**

Die beste Schußentfernung liegt zwischen 25 und 40 Meter. Bei Schüssen auf geringere Entfernung zerstört die geschlossene Schrotgarbe das Wildbret. Bei weiterer Entfernung als 40 Meter werden die Hasen wegen der starken Streuung der Schrotgarbe nur von wenigen Schrotkörnern getroffen und entkommen scheinbar gesund, verenden aber häufig später und gehen so der Strecke und dem Besatz verloren.
Der Jäger muß also unbedingt so viel *Selbstdisziplin* besitzen, den Schuß auf zu nahe oder zu weit entfernte Hasen zu unterlassen. (Deckung der Schrote ist wichtiger als Durchschlag. Das Entfernungsschätzen ist bei jeder Gelegenheit zu üben!)

**Welche Jagdarten auf Hasen sind üblich?**

Ansitz, Suche, Streife und Treibjagd (s. S. 277 bis 282).
Der Ansitz auf Hasen ist eine beschauliche Jagdart, die gleichzeitig der Beobachtung des Wildes dient. Er wird abends und morgens an Waldrandgebieten ausgeübt, wenn die Hasen zu Felde oder zu Holze rücken. Frühzeitig am Abend erscheinende Hasen, die sofort am Waldrande äsen, sind meist Häsinnen oder Junghasen, während alte Rammler meist spät erscheinen und nach vorsichtigem Sichern am Bestandesrande flüchtig zu Felde gehen. Diese erlege man bevorzugt (s. auch „Anpfiff“ S. 283). Der Reiz der Suche auf Hasen liegt in der Freude an der Arbeit des Hundes und in der Möglichkeit, die Hasenjagd allein auszuüben. Wiederholtes Suchen auf dem gleichen Gelände ist zu vermeiden. Es beunruhigt die Hasen und veranlaßt sie zum Abwandern. Der Hase will Ruhe haben!
Die Streife im Wald wird mit kurz suchenden Hunden ausgeübt. Die Schützen und Treiber rücken hierbei in sichtigem Holz in einer Linie vor, wobei sie sich immer wieder auszurichten haben.
Vorstehtreiben sind am schonendsten (s. S. 279).
Kesseljagden sind nur in guten Hasenrevieren oder in guten Hasenjahren angebracht, weil hierbei der größte Teil der vorkommenden Hasen erlegt, mancher leider auch krankgeschossen

wird, besonders dann, wenn eine große Zahl von Schützen beteiligt ist. (Erzieherisch wirkt, wenn nach jedem Treiben dem Jagdleiter die Zahl der erlegten Hasen und die Zahl der verwendeten Patronen gemeldet werden muß!)
Die gegen Ende der Schußzeit noch vorkommenden „Dreiläufer" sind zu schießen. Sie sind zart, schmecken gut und kommen meist nicht durch einen strengen oder nassen Winter (s. auch S. 418).

**Darf man Wild beschießen, das den Nachbarn anläuft?**

Nein! Das gilt als unwaidmännisch. Schußneid ist eine der übelsten menschlichen Eigenschaften. Vom Nachbarschützen angeschossene („kröpelnde") Hasen schießt man tot und sagt: „Herr Nachbar, Ihr Hase!"

**Darf man einen Hasen in der Sasse schießen?**

Nein! Das ist unwaidmännisch, weil es dem Hasen keine Chance gibt. Auch sind Hasen, die den Jäger gut aushalten, gewöhnlich Häsinnen.

**Welche Jagdarten auf Kaninchen werden angewendet?**

Ansitz, Suche, Frettieren und Treiben.
Bei der Treibjagd versprechen sonnige, windstille Tage die besten Erfolge. Die Kaninchen liegen dann nicht im Bau.
An Kaninchendickungen schießt man, stets mit dem Rücken zur Dickung, am besten *nur nach links* (s. Abb. S. 286). Angeschossene Kaninchen streben sofort dem Bau zu und sind ohne den zweiten Schuß verloren. „Pfeifende" Kaninchen verenden dagegen schnell.
Jagdzeit s. S. 492 Absatz (2).

*Hunde und Kleinbären*

## HAARRAUBWILD

### Wolf (Canis lupus), Fuchs (Vulpes vulpes)

**Darf man einen Wolf schießen, den man im Revier antrifft?**

Ja. Er gehört nicht zum Wild und ist völlig ungeschützt. Man denke an die Tollwutgefahr! Er ist ein starkes Raubwild (bis 1,40 m lang und 0,80 m hoch und bis 45 kg schwer).

**Welche waidmännischen Ausdrücke benutzt man, wenn vom Fuchs die Rede ist?**

Der männliche Fuchs heißt Rüde, der weibliche Fähe,
die Jungen heißen Welpen.
Der männliche Geschlechtsteil heißt Rute oder Fruchtglied, die Hoden sind das Geschröte.
Der weibliche Geschlechtsteil heißt Schnalle oder Nuß.
Der Fuchs hat „Fett", nicht „Feist" (Gewicht 6–10 kg);
wenn er sich langsam fortbewegt, so schleicht er; wenn er trabt, so „schnürt" er; in schnellerer Gangart ist er (geht er) „flüchtig".
Seine Nahrung raubt er, den Raub frißt er, lebende Tiere reißt er. Fängt er Mäuse, so „maust" er. Er kommt aufs „Reizen" mit der Hasenquäke oder dem Mauspfeifen (Abb. S. 408).

Er ist vorwiegend Fleischfresser und hat im Fang *spitze Fang- und ausgeprägte Reißzähne* (Abb. S. 107). Am unteren Teil des Laufes hat er Branten (Pranken) mit Klauen (Nägeln).
Der Fuchs keckert, wenn er in Wut oder Erregung ist; er bellt in der Ranz- oder Rollzeit (Februar). Im Schmerz klagt er.
Die Fähe läßt ein kurzes Bellen hören, wenn sie die Jungfüchse vor einer Gefahr warnt, und stiehlt sich dann davon.

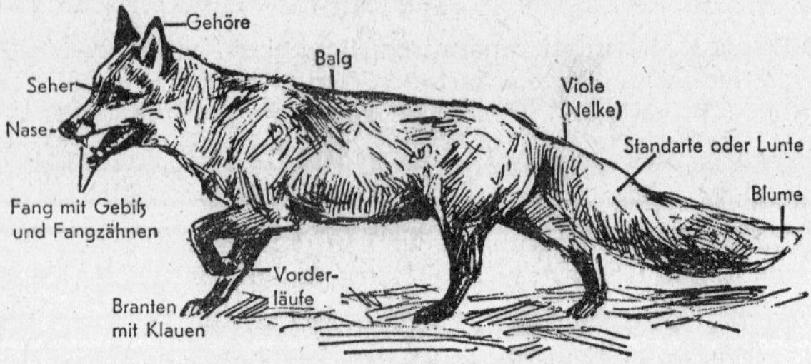


**Der Fuchs in der Waidmannssprache**

**Wie wird der Fuchs in der Fabel bezeichnet?**

Reineke Voss (sein Bau Malepartus), seine Frau Ermeline.

**In welchen Farbspielarten kommt der Fuchs bei uns vor?**

Als Birkfuchs und (seltener) als Brand- oder Kohlfuchs.

**Wie unterscheiden sich Birk- und Brandfuchs?**

Der *Birkfuchs* ist auf der Oberseite grellrot, am Bauch und an der Kehle grauweiß gefärbt.
Der *Brand- oder Kohlfuchs* ist oberseits braunrot, am Bauch und an der Kehle grauschwarz gefärbt.
Beim Birkfuchs hat die Standarte oder Lunte eine weiße, beim Brandfuchs dagegen eine schwarze Spitze, die „Blume".
Beim seltenen *Kreuzfuchs* kreuzt sich ein dunkler Rückenstreifen mit einem dunklen Schulterstreifen.
Die Gehöre und die Branten sind bei allen Füchsen schwarz.

**Was versteht man unter der „Viole" des Fuchses?**

Die Viole (von viola = Veilchen) ist eine nach Veilchen duftende Talgdrüse. Sie befindet sich auf dem Rücken der Fuchslunte, etwa drei Finger breit von deren Wurzel (Schwanzwurzel) entfernt. Einige schwarzgefärbte Haare in ihrer Nähe machen ihren Sitz kenntlich. Die Viole (oder Nelke) ist beiden Geschlechtern eigen und in der Ranzzeit der Hauptträger der Artwittrung.

**Was versteht man unter Ranz- oder Rollzeit?**

Die Begattungszeit des Haarraubwildes (ranzen oder ransen = ranzig stinken; rollen = sich ungestüm bewegen).
In der Ranzzeit sind die Füchse viel auf den Läufen und stecken häufiger zu mehreren im Bau. Sie können also am Bau und in mondhellen Nächten im Feld mit gutem Erfolg bejagt werden.

**Wann und wo erfolgt die Begattung?**

Die *Ranz- oder Rollzeit* beginnt im Januar. Die Begattung erfolgt im Freien und auch innerhalb des Baues. Hierbei „hängen" Rüde und Fähe etwa 20 Minuten nach Hundeart. Die Fähe *„geht dann 51–52 Tage dick" und wölft dann im März/April.*

Das „Hängen" von Fähe und Rüde (Dauer etwa 20—35 Min.)

**Wo werden die Jungen gewölft?**

In einem *Mutterbau* mit meist mehreren Röhren oder in einem *Not- oder Wurfbau.* Letzterer wird gern auch in Getreidefeldern angelegt und besteht dann aus einer kurzen Röhre mit nur einem Eingang und einem Kessel am Ende. Hier bleibt die Fähe bis zur restlosen Beschmutzung des Baues. Dann erfolgt der Umzug in den *Aufzuchtbau,* der meistens ein Feldbau ist. Vor den Röhren des Baues findet man (im Gegensatz zum Dachsbau) Beutereste, die „schlecht riechen" und von Schmeißfliegen umschwärmt sind.

**Aus wieviel Welpen besteht ein Wurf oder ein Geheck?**

Aus vier bis sieben, gewöhnlich aber aus *vier bis fünf Jungfüchsen.* Sie werden behaart geboren, sind 14–15 Tage blind, entwickeln sich sehr rasch und spielen bereits nach vier Wochen vor dem Bau. Im September sind sie selbständig.

**Lebt der Fuchs in Einehe (monogam)?**

Ja! Die oft vertretenen gegenteiligen Ansichten (im Vergleich mit Hunden) haben sich nach neuesten Forschungen als unrichtig erwiesen. Der *starke Rüde* wehrt in der Ranzzeit andere Rüden von seiner Fähe ab und bleibt den Frühling und Sommer über bei ihr und dem Geheck. Er erfüllt seine Vaterpflichten, indem er erst der Fähe und dann den Welpen ständig Fraß zuträgt.
Vom Herbst ab leben beide Geschlechter mehr getrennt voneinander. Im Dezember errichtet sich die Fähe ein Territorium, aus dem sie die Jungfüchse und fremde Fähen verjagt. In der Ranzzeit weist die hitzige Fähe fremde Rüden *nicht* ab, *wenn sie stark* genug sind, ihr „Sprödigkeitsverhalten" zu überwinden; ob es dabei dem alten oder einem anderen Rüden gelingt, sich mit ihr zu verpaaren, hängt entscheidend von der *Stärke des Rüden* und von der Populationsdichte ab. Begattungen einer Fähe durch verschiedene Rüden während der Hitzezeit sind selten (Näheres hierzu siehe DJZ 1966, Nr. 6 und 7 und 1973, Nr. 15).

**Wo ist der Fuchs anzutreffen?**

Im Wald steckt der Fuchs tagsüber in den Nadelholzdickungen, Laubholzjugenden und Brüchen, die er immer auf dem gleichen Wege, dem „Fuchspaß", aufsucht und verläßt. In den Mittagsstunden sonnt er sich gern (auf Baumstubben).
Im Feld dienen ihm Gehölze, Gesträuch, Korbweidenanpflanzungen und Hecken als Tagesunterschlupf.
Den Bau sucht der Fuchs bei Regen, an windigen Herbsttagen, in der Ranzzeit und nach dem ersten Schnee auf. Mit nassem Balg (z. B. nach nächtlichem Regen) fährt er nicht zu Bau. Jagdzeit: Ganzjährig mit Ausnahme der Setzzeit, wegen der Tollwutgefahr z. Zt. ganzjährig ungeschützt (s. S. 422 und 486 Baubegasung).

**Woran erkennt man die Fuchsspur?**

Die Spur des Fuchses ähnelt der eines kleinen Hundes. Beide *„nageln"* und spüren sich mit vier Zehen. Die Pfotenabdrücke sind aber beim Fuchs *länglich* (eiförmig), beim *Hund kreisförmig rund* (die Katze nagelt nicht, s. Abb. S. 198).
Beim Fuchs beginnen die Außenzehenballen dort, wo die Mittelzehenballen aufhören, beim Hund reichen sie dagegen etwa bis zum hinteren Drittel der Mittelzehenballen (Abb. S. 198).
Bei der gewöhnlichen Gangart, dem *Schnüren,* stehen die Tritte fast schnurgerade hintereinander. Ihr Abstand beträgt etwa 40 cm. Beim *Schleichen* schränkt der Fuchs, d. h., die Tritte stehen hier schräg gegeneinander. In der *Flucht* stehen die Tritte der Hinterläufe stets v o r den Tritten der Vorderläufe.

**Wie sieht die Fuchslosung aus?**

Der letzte Teil der Fuchslosung ist zu einer *feinen Spitze* ausgezogen und läßt an der Oberfläche und im Innern Haare und kleine Knochen erkennen. Man findet sie oft auf erhöhten Stellen (z. B. auf Grenzsteinen, Baumstubben und Stocksulzen).

Fuchslosung (fein auslaufende Spitze, Wildhaare, Knochen)

**Wovon ernährt sich der Fuchs?**

Der Fuchs ernährt sich fast zu 90 % *von Mäusen,* Maulwürfen, Kleinsäugern und Kleinvögeln. Weiter nimmt er Insekten, deren Larven, Regenwürmer sowie Beeren und Obst als Fraß. Daneben nimmt er, besonders die *geheckversorgende Fähe,* alles, was er an Hausgeflügel, Junghasen, brütenden Rebhühnern und Fasanenhennen und deren Jungen findet. Außerdem nimmt er alles kranke und schwache Wild und trägt damit zur Gesunderhaltung des Wildbestandes bei. Drei Tage nach Hartschnee steht der Fuchs gern *„aufs Reizen“* mit der Hasen- oder Kaninchenklage zu, weil er dann nicht an die Mäuse kann (Lockjagd s. S. 408) [Jagdzeit s. S. 492 Abs. (2)].

**Wie zeichnet der vorbei- oder krankgeschossene Fuchs?**

*Vorbeigeschossen* schwingt er die Lunte kreisförmig (er winkt *„Ade!“*); getroffen geht er mit starrer, hocherhobener Lunte ab. (Beim *erlegten Fuchs* zeigt sich beim Hochheben an der Lunte das *Weidloch* so weit *offen,* daß man einen Bleistift einführen kann. Im Zweifelsfall wendet man den Kehlschlag oder den Stockschlag auf die Nasenwurzel an, um ihn zu töten.)

## Enok oder japanischer Fuchs (Nyctereutus procyonoides)

**Was wissen wir vom Enok oder Marderhund?**

Er hat einen hundeartigen Kopf, kurze Läufe mit *Hundepfoten* und eine graubraune Grundfarbe. Er wird deshalb auch als Waschbär- oder *Marderhund* und wegen seiner asiatischen Heimat (Japan und China) *japanischer Fuchs* genannt. Man vermehrte ihn im Osten (Ukraine, Polen, Finnland) wegen seines wertvollen Balges. Er ist nicht standorttreu, sondern befindet sich (auch als Farmflüchtling) vom Osten her auf der Wanderung nach dem Westen, so daß er bald auch in unseren Wäldern zu Hause sein wird. Der erste Enok wurde 1963 bei einer Treibjagd im Hümling (Kreis Aschendorf/Emsland) erlegt. Er wog 12 kg. Inzwischen kam er auch in *Bayern, Hessen, Niedersachsen und Westfalen* in Anblick und konnte sicher angesprochen werden.

Er lebt in kleinen Rudeln und wohnt in Erdlöchern und Höhlen, in denen er den *Tag verschläft.* Das Geheck (6–8 Welpen) bleibt bis Ende Winter zusammen. *Nachts sucht er als* Allesfresser Beeren, Obst, Mäuse, kleine Nager und Vögel. Er richtet aber auch an Niederwild, Wasservögeln und in der Fischerei großen Schaden an. Da er gut zu tauchen versteht, wird er auch „Seefuchs“ genannt. Als einziger Hundeartiger hält er eine Winterruhe, jedoch keinen echten Winterschlaf.

Er genießt in vielen Ländern (Bayern, Hessen, Niedersachsen und Rheinl.-Pfalz) als Niederwildschädling keinen Schutz.

## Waschbär (Procyon lotor)

**Was muß der Jäger vom Waschbär wissen?**

Der amerikanische Waschbär (Gewicht etwa 10 kg) ist durch Entweichen aus Farmen in Hessen in die freie Wildbahn gelangt und verbreitet sich weiter. Er ist Sohlengänger mit fünf (Zehen-)Nägeln. Das Trittsiegel seiner etwa 10 cm langen Hinterbranten ähnelt der Fußspur eines Kleinkindes.

Die Paarungszeit liegt im Januar/Februar, der Winterruhe; nach 63 Tagen werden zwei bis sechs Junge geworfen, sie sind bei der Geburt blind, aber voll behaart.
Sein Besatz verdoppelt sich alle drei Jahre. Er ist ein *ausgesprochenes Waldtier,* das ausgezeichnet klettert und nur nachts auf Beute geht. Er ist *Allesfresser* und ein großer Liebhaber von Früchten (Erdbeere, Kirsche, Pflaume, Rosinen), Eiern und Jungvögeln. Er besucht auch Campingplätze und Müllkippen.
**Als Nesträuber ist er ein gefährlicher Feind allen Flugwildes.** Er genießt in vielen Ländern (Bayern, Hessen, Niedersachsen und Rheinl.-Palz) keinen Schutz und ist mit der *Flinte* (Ansitz) in der Nähe von Bäumen mit reifem Obst (Kirschen, Pflaumen) *und mit der Falle* (s. S. 405) *intensiv zu bejagen!*

**Enok oder Marderhund**
(Abb. aus „Niethammer, Die Einbürgerung von Säugetieren und Vögeln in Europa". Verlag Paul Parey, Hamburg und Berlin. Zeichnung: A. Diller.)
**Körperhöhe: 20—25 cm**
**Länge mit Rute: 60 + 15 = 75 cm**
Rute *nicht* gebändert

Waschbär

Körperhöhe: 35 cm,
auffallende Gesichtsmaske.
**Länge mit Rute: 60 + 25 = 85 cm**
Rute mehrfach *quergebändert*

*Katzen* (Felidae)

L u c h s (Lynx lynx), W i l d k a t z e (Felis silvestris)

**Was muß der Jäger vom Luchs wissen?**
Der Luchs unterliegt dem Jagdrecht, ist aber *ganzjährig geschont.* An der Spitze der Gehöre sitzen die schwarzen *Ohrpinsel,* die ihm ein eigenartiges Aussehen geben. Der männliche Luchs heißt Kuder, der weibliche Luchsin oder Kätzin. Der Luchs ranzt, die Luchsin bringt Junge. Er hat Fänge (nicht Zähne) und eine *Stummelrute.*

**An welchen Merkmalen erkennt man die Wildkatze?**
**Sie ist wesentlich stärker als jeder Hauskater, hat verlängerte *Haarspitzen an den Gehören,* einen *fleischfarbenen* Nasenspiegel, breiten Fang und eine gelbgraue Grundfärbung mit s c h w a c h e r *Querstreifung,* besonders *an den Flanken.* Blendlinge (Bastarde) haben meist eine starke Querbänderung.**
**Der *schwarze (Nehringsche) Sohlenfleck* hinter dem Ballen ist kleiner als bei der Hauskatze. Ihre *Spur* ist der der Hauskatze ähnlich, nur *stärker.* Die einzelnen Tritte sind fast rund. Die Wildkatze schnürt niemals wie der Fuchs, sondern *schränkt stark.***
**Sie schneidet den Kopf der Beute wie mit eincm Messer ab (ähnlich wie der Luchs). Die Ranzzeit ist Februar/März.**
**Die Wildkatze baumt mit ihrer Beute meist nicht auf (anders als der Blendling), sondern geht in Deckung oder in ihren Bau.**

Luchs und Wildkatze unterliegen dem Jagdrecht. Sie sind ganzjährig geschont.

Wildkatze
ganzj. geschont!
Länge: 75 + 35 = 110 cm;
Gewicht: 7—9 kg,
Kuder bis 10 kg.
Die buschige Rute zeigt am Ende drei geschlossene schwarze, bis zum Ende gleich stark behaarte Ringe.
Haarlänge an der Luntenspitze 3 cm.

*Marder* (Mustelidae)

Echte Marder: Dachs, Fischotter, Baummarder, Steinmarder

D a c h s (Meles meles)

**Welche besonderen waidmännischen Ausdrücke sind bei Grimbart, dem Dachs, gebräuchlich?**

Man sagt für die Augen = Seher,
den Schwanz = Pürzel,
die Zehen = Klauen, deren Krallen = Nägel,
die Haut = Schwarte, die abgeschärft werden muß,
die Fettschicht = Dachsweiß oder Schmalz (und für den Dachs deshalb auch „Schmalzmann"),
für die behaarte Drüsentasche oberhalb des Weidlochs = Stinkloch oder Schmalzröhre.

Der Dachs schleicht und trabt; er weidet sich, wenn er frißt; er sticht, wenn er mit den langen „Nägeln" der Vorderbranken spitze Löcher scharrt, um nach Untermast zu suchen; er wurzelt, wenn er auf der Suche nach Waldfrüchten, Wurzeln und Larven die Laubdecke mit der Nase, nach Art des Schwarzwildes, umbricht. Er „fährt ein", wenn er im Herbst dürres Gras, Waldstreu und Laub rückwärtsgehend in seinen Bau schiebt, um damit sein Winterlager im Kessel auszupolstern. Hieran und an dem rinnenförmig ausgetretenen Paß vor der Röhre, dem sog. „Geschleif", erkennt der Jäger, daß der Bau vom Dachs „befahren" (bewohnt) ist.

**Was wissen wir vom Dachs?**

Der spitze Kopf ist schwarz-weiß gestreift, die Körperunterseite ist dunkler als der Rücken (s. Abb. S. 202).

Er *gräbt* und bewohnt einen meist *mehrkesseligen und mehrstöckigen Erdbau (die „Dachsburg")* mit Ein- und Ausfahrt. Hiervon überläßt er manchmal dem Fuchs einen eigenen Bezirk der „oberen Etage" und haust mit ihm dort nebeneinander.

Der Dachs gehört zur Familie der *Marder* (Abb. S. 202) und erreicht im Herbst ein Lebendgewicht bis zu 20 kg. Sein „Kern" ist eßbar und geräuchert ein Leckerbissen; er muß auf Trichinen untersucht werden (s. S. 449). Die Schwarte ist sehr haltbar.

Am Tage steckt er in seinem Bau, den er bei Dunkelwerden verläßt. Bevor es hell wird, sucht er ihn wieder auf.

Er unterliegt dem Jagdrecht (Jagdzeit s. S. 492), ist *„hart"* gegen Schußverletzungen und sucht angeschossen stets noch den Bau zu erreichen (daher: Schuß mit groben Schroten auf Kopf, Hals und Blatt nur bis auf 30 m Entfernung!

Dachs Vorderlauf — Fuchs Eiform — Hund Kreisform — Katze Kreisform — Wiesel Handform

Dachs, Fuchs und Hund zeigen deutliche Abdrücke der (Zehen-) Nägel; sie „nageln“. Katze (und Luchs) nageln nicht!

Der Dachs hat an jeder Brante fünf Nägel, Fuchs und Hund haben nur vier. Die Nägel der Vorderbranten beim Dachs dienen zum Graben und sind besonders lang

Spuren (Trittsiegel) von *Sohlengängern*

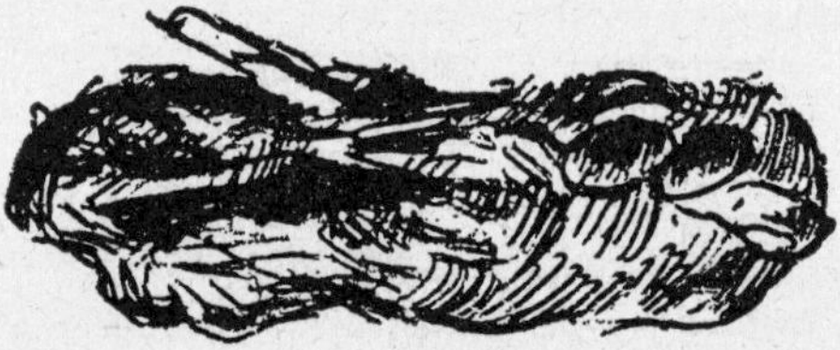

Dachslosung (keine Spitze, Insekten- und Pflanzenteile)

Stein- und Baummarderlosung (Veilchengeruch)

Iltislosung, spiralige Form (Moschusgeruch)

Wiesellosung

Losung des Haarraubwildes (natürliche Größe)

**Wann „ranzt" der Dachs?**

Seine Ranzzeit fällt zeitlich mit der Ranz der echten Marder und der Brunftzeit des Rehwildes *(Juli/August)* zusammen. Der Dachs ist dann schon in den Spätnachmittagsstunden auf den Läufen und, wie die Jungdachse, gern auch in der Feldmark anzutreffen. Die Dächsin geht einschließlich der sog. Eiruhe (s. S. 157) sieben bis acht Monate dick. Sie bringt bereits im Februar/März zwei bis vier Jungdachse; sie sind behaart, drei Wochen blind und kommen nicht vor Ende Mai aus dem Bau.

**Ist der Dachs ein Winterschläfer?**

Nein! Er bleibt aber während der Wintermonate wochenlang im Bau und hält dort eine Winterruhe. Diese Ruhe unterbricht „Grimbart" des öfteren, um einen Ausflug in die Umgebung seines Baues zu machen. Er ist also *kein echter Winterschläfer* wie die Murmeltiere, Igel, Ziesel, Fledermäuse und Bilche.

**Wovon lebt der Dachs?**

Er ist *Allesfresser* und hat ein kräftiges, aber verhältnismäßig stumpfes Gebiß. Hauptsächlich lebt er von Mäusen, Insekten und Pflanzen (Käfern, Engerlingen, Schnecken, Obst, Hafer). Beim Weidegang nach Fraß raubt er auch Wildhühnergelege und Junghasen. Er muß deshalb in Revieren mit Fasanen-, Auer- und Birkwild kurzgehalten werden.

**Wie sehen die Spur und die Losung des Dachses aus?**

*Seine Spur* erkennt man am deutlichen „Nageln", d. h. an den deutlich sichtbaren Abdrücken der langen (Zehen-)Nägel der Vorderläufe und den deutlichen Ballenzeichen (Abb. S. 198). Die *Dachslosung* ist wurstförmig und hat keine feine Spitze wie die Fuchslosung. Fast immer ist sie mit deutlich sichtbaren *Resten von Insekten und Pflanzen* durchsetzt; insbesondere findet man Flügeldecken von Käfern sowie Schalen und Kerne von Beeren und Obst (auch Pflaumenkerne). Die Losung wird meist in der Umgebung des Baues in trichterförmigen, faustgroßen Vertiefungen abgesetzt, die der Dachs mit den Vorderbranten „sticht". Mit diesen Gruben oder „*Dachsaborten*" schafft er eine gute Brutstätte für Mistkäfer, die ihm später zum Fraße dienen.

## Fischotter (Lutra lutra)

**Wie sieht der Otter aus?**

Der *Otter (weiblich die Otterin)* erreicht einschl. der etwa 40 cm langen Rute eine Länge von 140 cm und ein Gewicht bis 12 kg. Die fünf Zehen seiner kurzen Läufe sind durch *Schwimmhäute* verbunden. Durch den Abdruck der Schwimmhäute unterscheidet sich die Spur des Otters klar von anderen Spuren. Sein *Balg* ist dicht behaart und von erdbrauner Farbe, die Haarspitzen sind dunkel. An der Kehle und Körperunterseite sowie an den Gehören und dem Fang zeigt er eine hellere Färbung. Sein Pelzwerk ist das ganze Jahr verwendbar (Abb. S. 202).

**Wo wird der Otter noch angetroffen?**

Nur noch an wenigen Seen, Flüssen und Bächen unserer Heimat. Über Tag steckt er in Uferlöchern, hohlen Weidenstöcken und hinter Faschinen. Er hat die Gewohnheit, an den Ufern die gleichen Stellen beim Ein- und Aussteigen zu benutzen (*Einstieg* und *Ausstieg*). Man findet dort auch *Fischblasen und Gräten.*
Er unternimmt oft weite Wanderungen von einem Gewässer zum anderen, er „geht über Land".
In der Regel fischt er nur nachts. Er „schwimmt" dabei meist gegen den Strom. Seine *Nahrung* sind Fische, Enten, Bläßhühner, Eier, Nager und Pflanzen. Infolge seiner Verfolgung durch die Fischer und der zahlreich erfolgten Flußregulierungen ist er immer seltener geworden. Die *Losung* riecht nach Tran.
Er *ranzt* zu jeder Jahreszeit, meistens im Februar.
Nach neunwöchiger Tragzeit werden zwei bis fünf (etwa 30 Tage blinde) Junge geworfen. Der Fischotter ist das bedrohteste Säugetier unserer Heimat und deshalb *ganzjährig geschont.*

## Edel- oder Baummarder (Martes martes) und Steinmarder (Martes foina)

**Wie unterscheiden sich Baum- und Steinmarder?**

Durch Anordnung und Farbe des Kehlfleckes. Dieser ist beim Edel- oder Baummarder rund und meist goldgelb (*„Gelbkehlchen"*), beim Steinmarder ist er nach unten bis zur Mitte der Innenseite der Vorderläufe gabelförmig geteilt (Abb. S. 202) und rein weiß; er wirkt wie ein weißer Brustlatz (*„Weißkehlchen"*).
Die *Nase* ist beim *Baummarder schwarz,* beim *Steinmarder fleischfarben.* Der Balg des Baummarders ist kaffeebraun und hat gelbe Unterwolle, der des Steinmarders ist kakaofarben mit weißer Unterwolle und wegen seiner Grannen unverfälschbar. (Er muß als Pelzschmuck dunkel aufbewahrt werden, weil sich die Grannen durch helles Licht rötlich färben!)
Die Sohle des Baummarders ist zwischen Zehen und Ballen stark behaart, die des Steinmarders fast nackt. Die Tritte in der Spur des Steinmarders sind deshalb deutlicher abgedrückt.

**Wie und wo leben die Marder?**

Der Baummarder ist ein ausgesprochenes Waldtier. Er bevorzugt den Misch- und Nadelwald mit Dickungen. Ihm dienen hohle Bäume, Spechthöhlen, Eichhornkobel und verlassene Krähen- und Greifvogelhorste als Tagesunterschlupf. Er jagt oft *am hellen Tage.* Vor einem „Gespenst" (z. B. einem aufgehängten Mantel oder bunten Taschentuch), das jemand in Sichtweite vor ihm anbringt, bleibt er wie gebannt auf dem Baum sitzen, so daß er geschossen werden kann.
Der Steinmarder wird dagegen außer im Walde auch im Felde (in Steinhaufen, Strohdiemen) und in Gehöften (Scheunen) angetroffen. Er ist mehr *Nachttier* als der Baummarder. Beide Geschlechter der Marder leben getrennt, außer in der Ranzzeit.

**Welche Jagdarten werden auf Marder angewendet?**

Das „Ausneuen“ und das „Auspochen oder Austrommeln“ (s. S. 410). Erfolgreicher ist der Fang in Fallen (s. S. 403 bis 405). Eine auf drei Pfählen errichtete Prügelfalle ist der „Marderschlagbaum“. Die Marder unterliegen dem Jagdrecht. (Jagdzeit: s. S. 492–495.)

*Wo Auergeflügel vorkommt, sind Marder intensiv zu bejagen!*

**Wann ranzen die Marder, und wieviel Junge bringen sie?**

Die *Ranzzeit* der echten Marder fällt in die Zeit der Rehbrunft (Juli/August). Nach einer Tragzeit von etwa 9 Monaten bringt die Fähe im April/Mai ihr aus zwei bis vier Jungmardern bestehendes Geheck. Die Jungmarder sind behaart, aber 34–38 Tage blind. Das Geheck bleibt oft bis in den Januar hinein bei der Fähe. In der Ranzzeit klingt die Marderstimme wie Katzengechrei.

**Wovon leben die Marder?**

Die *Hauptnahrung* besteht aus Mäusen, Kleinvögeln, Beeren und Obst. Daneben werden aber auch junge Hasen und Kaninchen, Wildgeflügel und vom Baummarder auch Eichhörnchen gerissen. Der Marder raubt gern auch *Eier,* die er oft weit verschleppt. Wenn er in *Ställe* (Fasanerien) eindringen kann, würgt er Geflügel (Fasanen) bis aufs letzte Stück, da ihn dessen heftiges Geflatter reizt (der Iltis begnügt sich mit einem Stück).

**Wie unterscheiden sich Katzen- und Marderspur?**

Die Katzenspur ist krallenlos und zeigt runde Ballen (Abb. S. 198); bei der *Marderspur sind Krallen zu sehen* und die Ballen infolge der weiter nach vorn hinausragenden Mittelzehen länglich geformt. Zwei Tritte der Marder stehen immer in schräger Richtung nebeneinander. Die Tritte der Hinterläufe kommen fast immer in die Tritte der Vorderläufe.

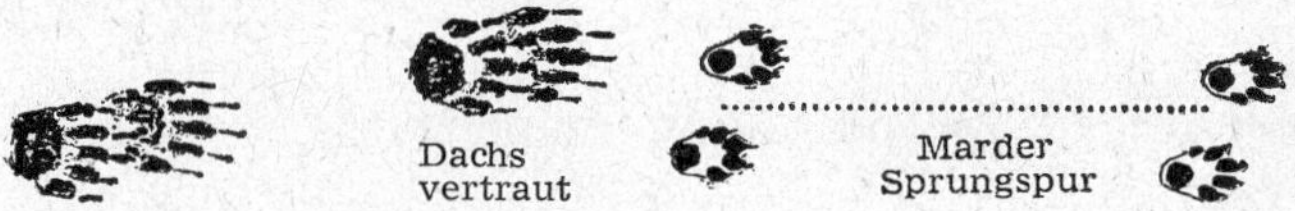


Die Trittpaare stehen bei der Marderspur etwa 60 cm weit auseinander. Der *Paartritt* wird bei Marderartigen bisweilen für kurze Strecken durch den Dreitritt unterbrochen, wobei einseitig ein Hinterlauftritt vor oder hinter einem Vorderlauftritt steht (Abb. s. Iltisspur S. 204). In voller Flucht greifen die Hinterläufe den Vorderläufen vor, so daß der „Hasentritt“ entsteht.

**Was ist charakteristisch für die Marderlosung?**

Die wurstartige Losung enthält meist Reste von Beeren, Vogelbeeren, Schlehen, Wildkirschen und Pflaumen und zeigt, im Gegensatz zu den Stinkmardern, einen ausgesprochenen *Veilchengeruch.* Dieser Geruch stammt von Duftdrüsen am Weidloch.
Findet man beim Ausgehen einer Baummarderspur nach einer „Neue“ (beim „Ausneuen“) frische Losung, so ist der *Schlafbaum* meistens nahe. Man achte dort auf einen Eichhörnchenkobel. Der Marder wird dann „ausgepocht“ (s. S. 410).

Die Marderartigen

## Die Stinkmarder: Nerz, Iltis, Hermelin, Mauswiesel

### Nerz oder Sumpfotter (Putorius lutreola)

**Was ist kennzeichnend für den Nerz?**

Er ist einheitlich tiefbraun gefärbt, nur das Kinn und meist auch die Oberlippe sind weiß. Zwischen den Zehen sind Schwimmhäute angedeutet. Er schwimmt und taucht gut und lebt an Gewässerrändern, Sümpfen und Brüchen in Ebene und Gebirge (Sumpfotter). Er kommt vereinzelt in Norddeutschland vor. Er wird in Nerzfarmen zur Pelzgewinnung vermehrt und mit Fischabfällen ernährt. Der Nerz unterliegt nicht mehr dem Jagdrecht. Die Gehöre des Nerzes sind schwarz. Er ist ganzjährig geschützt.

### Iltis (Mustela putorius)

**Wie unterscheidet sich der Iltis vom Marder?**

Die beiden Marder haben einen dunklen Rücken und helle Bauchseite. Beim *Iltis* ist das umgekehrt. Der Kopf des Iltis hat eine *weiße Gesichtsmaske.* Die Gehöre sind hell. Hals und Rücken sind an der Oberseite hell, *der Bauch ist dunkel,* Kehle und Branten sind nahezu schwarz. Das Unterhaar ist gelblich und schimmert an den Seiten durch.
Der Iltis (Ilk, Stänker) ist geringer (kleiner) als der Marder und hat eine kürzere Rute. Er zählt wie Nerz und Wiesel zu den *Stinkmardern,* da deren Drüsen am Weidloch in der Erregung ein für Menschen widerlich riechendes Sekret ausscheiden.
Er lebt zu 70 % von *Mäusen.* Weiter nimmt er gern Schlangen, Ratten („Ratz") und Frösche, Kleinvögel, Wildgeflügel und dessen Gelege, junge Hasen und Kaninchen. Den Fröschen zuliebe, die er durch einen Biß lähmt und als *Wintervorrat* in seinen Bau schleppt, hält er sich gern längs der *Bachläufe* auf. Im Winter zieht es ihn zu Gehöften. Hier bricht er auch in Hühnerställe ein, wo er aber nur ein Stück raubt. Jagdzeit s. S. 492 Absatz (2).

**Wann ranzt der Iltis, und wieviel Junge bringt die Fähe?**

Die *Ranzzeit* des Iltis fällt in den Monat März. Nach 42 Tagen bringt die Fähe ein Geheck mit vier bis sieben Jungiltissen. Das Geheck wird in einem *Kaninchenbau* oder in einem mit Dürrgras ausgepolsterten Versteck unter Stöcken, Reisighaufen oder in Scheunen untergebracht. Die Jungiltisse sind 26–34 Tage blind.

**Wie unterscheiden sich Iltis- und Marderspur?**

Die Sprünge des Iltis sind weniger weit als die des Marders, die Tritte sind kleiner. Die einzelnen Klauen zeichnen sich beim Iltis viel schärfer auf dem Erdboden ab als beim Marder (Bejagung ganzjährig mit Ausnahme der Setzzeit s. S. 490 u. 492, durch Fallen s. S. 403–405).

**Was ist ein Frettchen?**

Ein aus Nordafrika importierter, zum Haustier gewordener *Iltisalbino* (albus = Weißling) von gelblichweißer Färbung. Eine Kreuzung mit dem Iltis heißt *Iltisfrettchen.* Man benutzt es zum Frettieren, d. h. zum Sprengen der Kaninchen aus dem Bau. Der Jäger versieht sie dabei gern mit Maulkorb und Glöckchen.

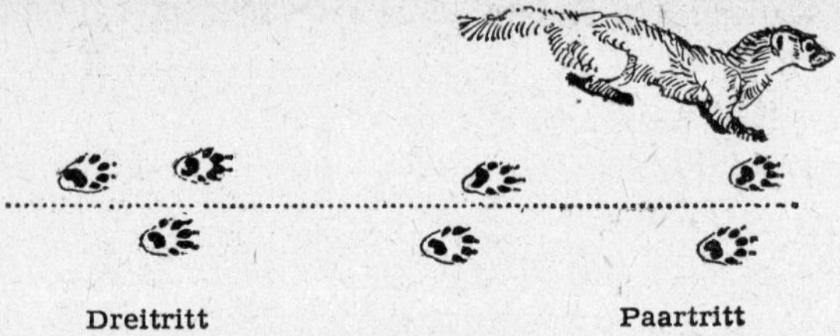


Spuren des Iltis

## Wiesel

### Hermelinwiesel (Mustela erminea) und Mauswiesel (Mustela nivalis)

**Welche Wiesel unterscheiden wir?**

Das Großwiesel oder Hermelin und das Klein- oder Mauswiesel. Tragzeit zwei (aber bei Eiruhe auch acht) Monate. Die Wiesel unterliegen dem Jagdrecht [Jagdzeit s. S. 492 Absatz (2)].

**Welche Merkmale unterscheiden diese Wiesel?**

Das *Hermelin*wiesel trägt im Sommer ein hell- bis schmutzigbraunes und im Winter dagegen ein reinweißes „Kleid". Die Rute ist etwa 10 cm lang und endet, auch im Winter, in eine buschige, behaarte, schwarze Quaste.
Das *Maus*wiesel hat nur eine etwa 5 cm lange *Rute,* die aber bis in die äußerste Spitze *einfarbig braun* und nicht buschig ist. Es ist *Sommer wie Winter* auf der Oberseite *fahlbraun,* auf der Unterseite hell gefärbt. Die Grenzlinie zwischen Ober- und Unterseitenfarbe ist meist unregelmäßig, die Branten sind braun. Das Vorkommen des *Zwergwiesels* als eine kleinere „Art" vom Mauswiesel ist umstritten. Bei ihm sollen die Rute kürzer, die Grenzlinie zwischen dem Braun des Rückens und dem Weiß des Bauches schärfer abgegrenzt und die Branten weiß sein.
Die Rüden der drei Wieselarten sind den Fähen gegenüber in der Überzahl. Sie sind erheblich stärker als die Fähen. Das macht die Unterscheidung der Wieselarten schwierig.

**Wovon leben die Wiesel?**

Hauptsächlich von Mäusen. Das blutgierige *Hermelin*wiesel nimmt neben Mäusen, Ratten, Hamstern und Kleinvögeln auch Jungwild aller Art, sogar auch ausgewachsene Hasen und Kaninchen. In deren Nacken auf der Unterseite des Balges findet man dann die nadelstichkleinen Löcher der Fangzähne.
In mäusearmen Jahren und vor allem dann, wenn sie häufig auftreten, werden Wiesel zu einem schlimmen Feind der Niederwildjagd. Hier müssen sie deshalb so kurz wie möglich gehalten werden (Verwenden von Wippbrettfallen, in denen Wiesel meistens schnell verenden, s. S. 406; Jagdzeit s. S. 492).

Das Wiesel ist sehr angriffslustig; es greift sogar Menschen an, wenn das Geheck gestört wird. Beim Sichern macht es einen „Pfahl". Die Wieselspur ist eine paarige Sprungspur (und kleiner als die des Iltis).

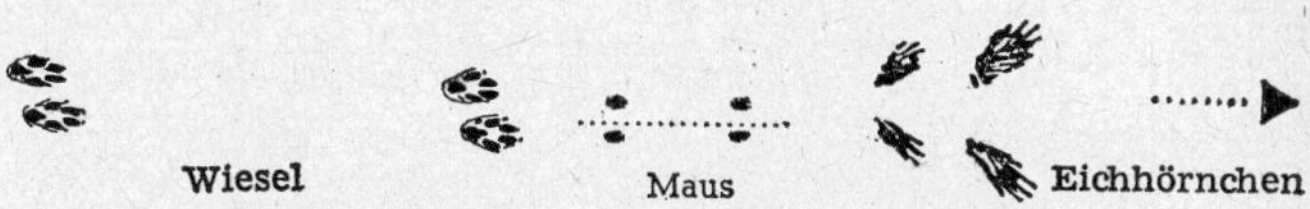


Spuren von Wiesel, Maus und Eichhörnchen

**Welche Jahreszeit ist für das Ausmachen (Feststellen) des Raubwildes besonders geeignet?**

Der Winter. Besonders günstig sind die Tage, vor denen es bis kurz vor Mitternacht geschneit hat. Das Ausmachen nach Neuschnee (einer „Neue" oder nach dem „weißen Leithund") ist besonders leicht.

## Flossenfüßer

Seehund (Phoca vitulina), Robben (Pinnipedia)

**Unterliegen Seehund und Robben dem Jagdrecht?**

Nur der Gemeine Seehund, nicht die Ringel- und Kegelrobbe. (Näheres über Erlaubnisscheine und Streckenmeldung s. S. 457/458.) Es dürfen z. Zt. nur noch kranke Seehunde oder Seehunde im Rahmen eines Forschungsauftrages bejagt werden.

**Was muß der Jäger vom Seehund wissen?**

Das männliche Stück heißt „Hund", das weibliche „Hündin". Der Seehund (unaufgebrochen 100 bis 115 kg) vernimmt und wittert gut, äugt aber schlecht. Er hat auf der Oberseite kleine dunkle Vollflecken auf hellem Grund. Sein Lebensraum sind das Meer (vor der Nordsee- und Ostseeküste) und die bei Ebbe hervortretenden Sandbänke. Er muß wegen seiner *Fischschädlichkeit* kurzgehalten werden. Seine Beute verschlingt er unzerkaut.
Die Seehunde und Robben bewegen sich spannerraupenartig fort (sog. „Robben"), denn sie haben nur Flossen als Gliedmaßen.
Der Seehund hat wie Reh, Dachs und Marder eine *verlängerte Tragzeit* von $9^{1}/_{2}$ Monaten (s. S. 157). Das Jungtier wird im Kielwassersog seiner Mutter „geführt" und hält mit ihr mit einem heulender Laut ständig Stimmfühlung. Längere Schwimmstrecken werden untergetaucht zurückgelegt.
*„Heuler"* sind abgelegte oder verlorengegangene zweite Jungtiere. Heuler-*Aufzuchtstationen* gibt es in Büsum und der Stadt Norden. Aufgezogene Heuler werden markiert und vom Wattengebiet aus der freien Wildbahn übergeben.

**Darf der Seehund bejagt werden?**

Nein! Er ist ganzjährig geschont. Seine Bejagung ist nur noch mit besonderem *Jagderlaubnisschein* (s. S. 457) und nur, wenn er Sand oder Schlick „unterm Bauch" hat, möglich. Der Büchsenschuß auf Kopf und Hals ist sofort tödlich. Alte (kapitale) Hunde können angepirscht, d. h. angerobbt werden.
Bei der Seehundjagd sind *verboten:*
**die Hetz- und Netzjagd, die Jagd ohne bestätigten Führer und die Jagd vom Boot aus, der Schuß auf das schwimmende Stück** und der Schrotschuß (s. § 19 Nr. 1 u. 2a BJG S. 483. *In Schleswig-*

*Holstein werden z. Zt. nur noch kranke Seehunde (im Rahmen eines Forschungsauftrages) erlegt.*

## FEDERWILD (s. S. 465)

*Die Rauhfußhühner oder Tetraonen*
als besondere Vierergruppe (tetra = vier)

Drei Waldhühner (Auer-, Birk- und Haselhuhn) und das Schneehuhn (Alpen- und Moorschneehuhn als besondere Arten).

### Allgemeines

**Was ist kennzeichnend für die Waldhühner?**

Sie gehören zu denjenigen Wildarten, die in der Wildbahn fast keinen Schaden verursachen, deren Balzverhalten aber dem Jäger Stunden höchster Waidmannsfreude vermittelt.
Es sind *hühnerartige Vögel* und in der Hauptsache plumpe Bodenvögel. Lauf und Zehen sind (außer beim Haselwild) „rauhfüßig" (befiedert). Männchen und Weibchen sind verschieden gefärbt. Die Waldhühner sind ausgesprochene *Kulturflüchter.*
Das *Auer- und Birkwild lebt polygam,* d. h., ein Hahn „tritt" stets mehrere Hennen.
*Haselwild und Schneehühner leben streng monogam.*
Alle Waldhühner sind grundsätzlich ganzjährig geschont. Die Bejagung eines Auer-, Birk- oder Rackelhahnes wird nur noch *ausnahmsweise* in der Zeit vom 10. bis 31. Mai genehmigt (Bejagungsplan). Jagdzeit s. S. 492–495.

### Auerwild (Tetrao urogallus)

**Was ist kennzeichnend für das Auerwild?**

Die auffallende Größe, die dunkle Färbung, die leuchtend roten Rosen (nackte Hautstellen) über den Augen und der fächerartige Stoß. *Der Auerhahn* (Urhahn oder *Großer Hahn*) erreicht eine Flügelspanne von 1,30 m und ein Gewicht von 5 kg,
die Hennen spannen etwa 1 m und sind bedeutend leichter.
Das Auerwild wird zum Hochwild gerechnet. Es macht eine „Fährte" und hinterläßt „Losung". Der Hahn wird „aufgebrochen". Bei mehreren Hähnen spricht man von „Hahnen".

**Was versteht man unter „Schild" und „Spiegel"?**

Schild nennt man den großen farbigen Flecken auf der Brust der Hühnervögel. Der Auerhahn hat ein *blaugrünes,* die Auerhenne ein braunes Schild.
Spiegel nennt man den weißen Fleck auf der Schwingenbeuge des Auerhahns und des Birkhahns.

**Welche Merkmale dienen zur Altersfeststellung?**

Die *Schaufeln* oder der Fächer und der *Oberschnabel.*
Die beim Junghahn noch vorhandene Spitze der Schaufel ist beim älteren Hahn wie abgeschnitten (s. Abb.). Der Oberschnabel ist beim älteren Hahn stärker gehakelt und bekommt oft eine ausgeprägte *Rille.* Die *Schnabelfarbe* wechselt von blaugrau (jung) bis horngelb (alt).

**Welchen Lebensraum (Biotop) braucht Auerwild?**

Es braucht ausgedehnte und ruhige Waldgebiete mit *sauren Böden,* die ihm reichlich Knospen, Kiefern- und Fichtennadeln, Beeren und Sämereien liefern. *Feinde sind* besonders *Marder,* Dachs (Gelege!), Fuchs, Waschbär und Habicht.
Auerwild übernachtet auf *Schlafbäumen* (es „tritt zu Baum" und „verstellt sich" oft).

**Woran erkennt man, ob Auerwild vorhanden ist?**

An der herumliegenden Losung und zur Balzzeit an der *Balzstrophe* des Hahnes (auch Vers, Spiel und Gesetz'l genannt).

**Der Auerhahn in der Waidmannssprache (s. auch S. 99)**
In der Drohhaltung gegen Rivalen zeigt er den sog. „Balz"-Kragen; beim Imponieren (dem Wetzen oder Schleifen) liegen die langen Halsfedern glatt an

**Wie sieht Federwildlosung aus?**

Sie ist oft mit einem *weißen Harnüberzug* versehen, da der Harn nicht flüssig ausgeschieden, sondern auf der Losung als dünne weiße Schicht abgelagert wird. Die Losung besteht beim Auerhahn aus etwa 5 cm langen und bis 1 cm dicken *Walzen,* die Reste der Äsung enthalten (Kiefernnadeln, Beerenkerne, Insektenpanzer). Bei der Henne sind die Walzen kürzer (s. Abb. S. 214).

**Was versteht man unter der Balzlosung oder dem „Falzpech"?**

Die dunkle, fladenförmige, zähflüssige *Blinddarmlosung* (s. S. 110), die von Hahn und Henne neben der normalen Losung (meist in den Morgenstunden) abgesetzt und das ganze Jahr unter den Schlaf- und Balzbäumen gefunden wird. Sie hat mit der Balz nichts zu tun.

**Was sind Zehenstifte (oder „Balzstifte")?**

Die verhornten Federn an beiden Seiten der Zehen unserer Waldhühner (s. Abb.). Sie sind *nur im Winterkleid* vorhanden und ermöglichen, wie „Schneereifen", ein besseres Fortkommen im Schnee. Sie stehen in keinem Zusammenhang mit der Balz und fallen bei der Frühjahrsmauser ab.

**In welche Monate fällt die Auerhahnbalz?**

In die Monate April und Mai. Sie findet auf traditionellen Balzplätzen statt. Unter der Balzgesellschaft der Hahnen wird durch Kämpfe eine Rangordnung ausgetragen. Der Tretakt findet erst gegen Ende der Balzzeit statt. Für die Auerhahnbalz gilt deshalb:

„Wenn's Birkenlaub ist groschenbreit,
Dann hat der Hahn sein' größte Freud!"

Die Jagdzeit ist zweckmäßig auf den 10.–31. Mai zu verkürzen!

**Aus welchen Teilen besteht die „Gesangsstrophe" (auch „Vers" oder „Gsetzl" genannt?**

Aus vier Teilen: dem Knappen (Schnalzen oder Zählen), dem Triller, dem Hauptschlag und dem Wetzen oder Schleifen.
Die Strophe beginnt mit einem rhythmischen hölzernen Knappen („telac-telac"), das immer rascher wird (Triller) und plötzlich mit dem Hauptschlag endet (der Hauptschlag klingt wie „titock" oder wie das Herausziehen eines Korkens aus der Flasche).
Dann folgt als letzter Teil der Balzstrophe das Schleifen oder Wetzen. Es klingt wie das Sensenwetzen. Während des Schleifens streckt der Hahn den Kopf und Stingel (Hals) bei weit geöffnetem Schnabel nach oben, fächert die Stoßfedern und senkt die Schwingen. Dabei ist er auf etwa drei Sekunden so gut wie taub (jedoch nicht blind). Diese Zeit benutzt der Jäger, um durch vorsichtiges Angehen in Schußnähe zu kommen (ihn *„anzuspringen"*).

**Wie wird die Jagd auf den Auerhahn ausgeübt?**

Der Hahn wird am Abend auf dem Balzplatze „verhört", da er die Balzstrophe oder knarrende Laute (das Worgen, Wörgen oder Kröpfen) hören läßt, sobald er sich auf seinen Schlafbaum „eingeschwungen" hat. Dort beginnt er in der Regel am nächsten Morgen, etwa 1½ Stunden vor Sonnenaufgang, zu balzen. Man unterscheidet eine *Baum-* und eine *Bodenbalz.* Der Hahn „tritt zu Boden". Er „reitet ab", wenn er wegfliegt. Jagdzeit s. S. 492.

**Welche Trophäe des Auerhahns bezeichnet man als „Grandln"?**

Die kleine Feder vor der ersten Handschwinge am Schwingenbug (die man bei der Schnepfe „Malerfeder" nennt).
Eine weitere Trophäe beim Auerhahn sind die glatt geschliffenen und oft schön gemusterten *Magensteine,* Magenkiesel oder *Weidkörner* (s. auch Wandschmuck S. 361).

**Wie lockt und warnt die Auerhenne den Hahn?**

Durch ihr *„Gocken"* (ein weiches „gok, gok"; sie *warnt,* indem sie das Gocken hart und heftig hintereinander ausstößt).

**Wieviel Eier legen Auer- und Birkhenne?**

Sie legen in ein kunstlos am Boden gescharrtes Muldennest 6–10 Eier (s. S. 496). Nach 28 Tagen fallen die Jungen aus. *Sie sind, wie alle Hühnervögel, Nestflüchter.* Das Gesperre bleibt bis zum Winter zusammen.

### Birkwild (Lyrurus tetrix)

**In welchen Revieren (Biotopen) kann man Birkwild antreffen?**

In Revieren, in denen dünnbestandene Moore und Heiden vorherrschen, aber auch im Gebirge (in der lichten Kampfwaldzone). Das Beweiden mit Schnucken bringt wertvollen Heidenachwuchs! Birkwild liebt das Vorkommen von Birke, Aspe und Weide, deren Knospen und Blätter es äst, sowie Gegenden mit Hafer- und Buchweizenanbau, Beeren, Wollgras und Seggen.
Es verschwindet, sobald der Mensch (z. B. durch Entwässerung der Moore) seinen Lebensraum zerstört. Birkwild ist *Kulturflüchter.* Es verträgt sich nicht mit dem Fasan. Zur Balzzeit hält es feste *„Balzplätze"*, auf denen es regelmäßig anzutreffen ist. (Vorkommen: Niedersachsen, Bayern, Schleswig-Holstein.)
Ein Birkwildschutzgebiet („Feuchtgebiet") von 130 ha Fläche wird vom LJV Schleswig-Holstein im Dellstedter Moor betreut.

**Was ist kennzeichnend für den Birkhahn?**

Die glänzend *blauschwarze Färbung,* das leierförmige Spiel (der Stoß), die weiße Binde auf den Schwingen, der *weiße Achselfleck („Spiegel")* und die *scharlachroten „Rosen"* über den Augen (Rosen am Geweih s. S. 125). Im Gegensatz zum Auerhahn heißt er *Kleiner Hahn* oder *Spielhahn.* Er ist knapp haushuhngroß. Er hat auf jeder Feder ein Auge, d. h., er äugt ausgezeichnet. Er übernachtet im dichten Waldbestand auf Schlafbäumen.
Der Stoß oder das *Spiel* besteht aus einem Großen und einem Kleinen Stoß. Der Große Stoß besteht aus den (je nach Alter) bis vier *tiefschwarzen Sicheln,* der Kleine Stoß aus *schneeweißem Gefieder,* dessen Mittelfedern den gefächerten Großen Stoß in der Mitte überragen (Wandschmuck s. S. 361).

**Wie unterscheidet sich der alte vom jungen Hahn?**

Beim alten Hahn ist das gesamte Gefieder blauschwarz und metallisch glänzend. Der junge Hahn hat einen bräunlichen Rücken.

**Rackelhahn und Birkhahn**

Die leuchtendroten *Rosen* zu beiden Seiten des Scheitels sind beim Junghahn nicht so dick und prachtvoll wie beim alten Hahn. Die gekrümmten tiefschwarzen Federn des Spieles, die *Sicheln,* werden mit zunehmendem Alter immer länger und breiter. Der Althahn hat vier, der junge Hahn bis je drei Sichelfedern im Spiel.

**Aus welchen Balzlauten besteht die Balzstrophe des Birkhahnes?**

Aus dem Kampfruf (dem *Blasen* oder Zischen) und dem *Kullern.* Der Kampfruf (Tschj-chsch, Tschj-chsch), bei dem er „die Flasche macht" (den Hals hochreckt), wird von meterhohen Balzsprüngen und von Flattern begleitet (nachgeahmter Tanz ist der bayerische Schuhplattler). Beim Kullern, Rodeln oder Grudeln (Rutturu-ruttu-rutuluh, urr-urr-urr, rutturu-ruttu-rutuluh) spreizt er die Schwingen, trippelt mit waagerecht vorgestrecktem Halse umher und fächert dabei den Stoß. Dann bleibt er plötzlich stehen und bläst wieder. Im Herbst ist oft noch eine „kalte" Balz.

**Zu welcher Tageszeit balzt der Birkhahn?**

Man unterscheidet eine *Morgen- und Abendbalz.* Zur Morgenbalz streicht der Hahn regelmäßig vom Nachtstand auf den Balzplatz, sichert erst kurze Zeit und beginnt die Balz kurz vor 4 Uhr früh, bald nach dem Lerchenschlag. Bei Sonnenaufgang wird die Morgenbalz durch ein längeres Verschweigen, das sogenannte *Morgengebet,* unterbrochen. Die sich an das Morgengebet anschließende Balz bezeichnet man als *Sonnenbalz.* Die Abendbalz beginnt mitunter schon am zeitigen Nachmittag. Die Jagdzeit (s. S. 492) ist zweckmäßig auf den 10.–31. Mai zu verkürzen!
Die Hennen kommen zum Balzplatz. Sie lassen sich nur von den ranghöchsten Hähnen treten. Darum:

*Laßt die alten Raufer leben!*

**Wie bezeichnet man die seltene Kreuzung zwischen Birkhahn und Auerhenne?**

Rackelwild. Diese Kreuzung ist unerwünscht. Die umgekehrte Kreuzung (Auerhahn mit Birkhenne) ist möglich, aber sehr selten. Ein Hahn tritt nur solche Hennen, die sich vor ihm bereitwillig niedertun und ihn dadurch zur Kopulation auffordern. Die von der Rackelhenne gelegten Eier sind häufig mißgestaltet oder „Zwergeier" und unfruchtbar. Die rauflustigen *Rackelhähne sind zu schießen.* Sie unterliegen, wie Auer- und Birkhahn, dem Bejagungs(Abschuß-)plan. Jagdzeit s. S. 492.

## Haselwild (Tetrastes bonasia)

**Was ist kennzeichnend für das Haselwild?**

Die kleine Kopfhaube oder *„Holle"* (Federn aufgerichtet) und der graue Stoß mit auffallend schwarzer Binde. Die untersten Teile der Ständer und die Zehen sind unbefiedert.
Der Hahn (der „Schwarzkehlige") trägt vom Spätherbst bis zum Frühjahr einen tiefschwarzen, weiß eingefaßten Flecken an Kinn und Kehle sowie auf der Brust ein hufeisenförmiges *Schild* mit rotem Rand.

Haselwild ist nur reichlich rebhuhngroß und im Süden von rotbrauner und im Norden von mehr grauer Färbung. Es liebt Hasel-, Birken-, Erlen- und Espenbestände (besonders die Buschwaldungen des Hügellandes) und die Beeren von Eberesche, Mehlbeere, Hirschholunder, Mistel und Tollkirsche sowie die Heidel- und Preiselbeere. Es ist ausgesprochener *Kulturflüchter* (Vorkommen: rheinische Mittelgebirge, bayerische Berge, Harz und Schwarzwald). Haselwild lebt *monogam* und *paart sich, wie die Stockente, schon im Herbst.* Die Balzzeit ist von Mitte März bis Ende April. Der Hahn spißt (ruft in der Balzzeit), Hahn und Henne bisten (locken sich). Die Henne legt in ein einfaches Bodennest bis zu 10 Eier (s. S. 496; Brutzeit 23 bis 25 Tage); die Jungen sind Nestflüchter; der Hahn bleibt beim Gesperre.

**Hat Haselwild Jagdzeit?**

Nein! Haselhahn und -henne sind wegen ihrer Seltenheit ohne Jagdzeit und deshalb ganzjährig geschont.
Früher wurde auf den Haselhahn im September/Oktober (der Paarzeit) die Lockjagd angewendet. Mit einem Pfeifchen, dem „Wusperl", spißte der Jäger wie ein Hahn und reizte ihn dadurch zum Zustreichen. Das Wildbret galt als Leckerbissen.

## Hege der Waldhühner

### *Bejagung* (Abschuß) *der Auer- und Birkhahnen*

**Worauf ist der Rückgang der Waldhühner zurückzuführen?**

Auf die fortschreitende *Kultivierung* (insbesondere die „Verfichtung" mit dem Verschwinden der Beerkräuter und der Heide),
auf die Verdrahtung der Landschaft (Telefon-, Elektroleitungen, Seilbahnen und Wildzäune, die Flugwild gefährden),
auf die Zunahme *feuchter Sommer* (verregnete Muldennester), die für die Kükenaufzucht *aller* Bodenbrüter sehr ungünstig sind, und
den zu frühzeitigen Beginn der Bejagung balzender Platzhahnen.

**Welche Hegemaßnahmen ergeben sich daraus?**

Bedrohte Bestände sind ganzjährig zu schonen. Die Lebensstätten der Waldhühner sind als Naturdenkmale großflächig zu erhalten. Daneben ist für Ruhe im Revier, vor allem auf den Balzplätzen, zu sorgen und die Rote Waldameise anzusiedeln (deren Puppen der Kükenaufzucht dienen).

*Wildernde Katzen und Hunde sind völlig auszuschalten.*

Beutegreifendes Wild (*Fuchs, Dachs, Marder* [s. S. 201]) und die *Nestplünderer* (Raben- und Nebelkrähe, Elster, Eichelhäher, Eichhörnchen und Schwarzwild) sind *kurzzuhalten. Zur Bejagung* ist höchstens ein Zehntel der balzend bestätigten Hahnen freizugeben. Die ranghöchsten Hahnen, insbesondere auch *die alten „Raufer", sind* bis zum Ende der Hochbalz unbedingt *zu schonen,* da sich die Hennen nur von ihnen treten lassen. Auf fünf Hennen sollen drei Hahnen entfallen.

**Was versteht man unter der Balzjagd?**

Die Jagd auf den balzenden Auer-, Birk- oder Rackelhahn.

Die Jagd auf den balzenden Birkhahn geschieht gewöhnlich von einem *Schirm* aus (s. S. 396), seltener durch „Reizen" (Nachahmen des Balzlautes). Merkt der Hahn die Täuschung, so reitet (streicht) er ab.

**Welche Waldhühner unterliegen einem Bejagungs-(Abschuß-)Plan?**

Auer-, Birk- und Rackelhähne (Jagdzeit s. S. 492). Die Hennen der Waldhühner sind ganzjährig geschont.

*Hege geht vor Jagd. Nötig sind Birkwild-Hegeringe!*

**Dürfen Auer- und Birkhahn mit Schrot geschossen werden?**

Ja, auch der zum Hochwild zählende Auerhahn. Der Schuß mit grobem Schrot ($3^1/_2$ bis 4 mm ∅) ist auf Entfernungen von 30 bis 35 Meter sogar sicherer als der Büchsenschuß (Schrotschuß über das Zielfernrohr s. S. 71). Für den Büchsenschuß verwendet man die Patronen .22 Hornet, .222 Remington und 5,6 × 50 R Magnum, nicht aber schwächere Patronen (s. Abb. S. 81 u. 42). Vollmantelgeschosse treffen oft nicht genügend tödlich und verursachen dann schwierige Nachsuchen! Nach dem Schuß horcht man, wo es den erhofften „Plumpser" tut.

Der Schütze erhält den *Schützenbruch*, der Hahn wird mit dem *„letzten Bissen"* geschmückt (s. S. 272).

### Alpenschneehuhn (Lagopus mutus)

**Was ist kennzeichnend für das Schneehuhn?**

Das Schneehuhn (Alpenschneehuhn und Moorschneehuhn) ist im Winter weiß, im Sommer dagegen braun gefärbt (mit weißen Schwingen). Der Stoß ist stets schwarz. Die Schneehühner leben monogam. Die Paarbildung dauert bis zur Auflösung der Gesperre im August, da sich der Hahn intensiv an der Aufzucht der Junghühner beteiligt. Schneehühner unterliegen dem Jagdrecht und sind ganzjährig geschont!

*Fasanenartige Hühner (Phasianiae)*

### Fasan (Phasianus colchicus = Ph. c.)
(Heimat: Transkaukasien, Fluß Phasis im Lande Kolchis)

**Was ist kennzeichnend für die Fasane?**

Sie haben ein langes, spitzes *Spiel.* Der farbenprächtige Hahn hat warzige scharlachrot gefärbte „Rosen" als Augenkranz und kurze Federohren oder „Hörner". Die Farbe des Federkleides ist bei den einzelnen Rassen und infolge von Rassenkreuzungen sehr verschieden. Es gibt Formen mit und ohne den sog. „Halsring" (s. Abb.).

Die Henne ist schlicht braun bis gelblichbraun gefärbt und schwarz gefleckt und hat ein kürzeres Spiel als der Hahn.

Der Hahn *„meldet"* beim abendlichen Aufbaumen und *„schreckt"* (mit „Gock-gock"), wenn er aufgejagt wird. Die Henne steht stumm auf.

Faustregel bei der Jagd:

*Hahn „schreckt", ist dunkel mit langem Stoß,*
*Henne steht stumm auf, ist hell mit kürzerem Stoß!*

Jahresstrecken: Fasane 1 Million, Rebhühner 250 000.

**Wann bezeichnet man einen Fasan als Infanteristen?**

Wenn er läuft (hierzu hat er „Füße" oder Ständer, s. S. 99).
Der Fasan *läuft lieber* in die Deckung, statt zu fliegen. Es gilt als unwaidmännisch, auf den *gesunden* Infanteristen zu schießen. Das Auffliegen des Hahnes erfolgt geräuschvoll („purrend") und führt selten weit und hoch.

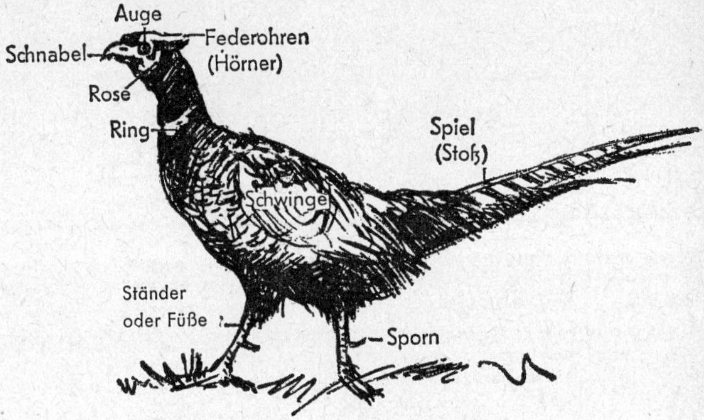


Federwild in der Waidmannssprache
Alter Fasanhahn, mit langem, spitzen Sporn

**Welche Ansprüche an den Biotop (Lebensraum) stellt der Fasan?**

Er liebt besonders *Auen und Bruchwälder* mit 1/3 Wald, Wiese und Feld, mit *Weizen-*, Mais- und Hackfrucht-(*Wurzel-*)*Anbau*. Weiter müssen unbedingt auch *genügend Deckung gegen Sicht* sowie *Wasser* (Wassergräben, beschilfte Gewässer), Grünäsung und *Schlafbäume* vorhanden sein.
Reine Feld- und Waldreviere sind für den Fasan ungeeignet.
„Fasane" (nicht Fasanen!) setzt man gern in Reviere bis 400 m Höhenlage aus, in denen die Rebhühner fehlen oder selten geworden sind. Man achte aber darauf, daß die *fünf „W"* vorhanden sind:

*Wald, Wasser, Weizen, Wiese und Wurzeln!*

**Welche Rassen kommen zum Aussetzen in Frage?**

Die für die meisten Reviere geeignete Rasse ist der *ringlose* böhmische Jagdfasan (Ph. c. colchicus). Seine typischen Merkmale sind schwarzgrüner Kopf und Hals und kupferrote Farbe. Er wird deshalb auch Kupferfasan genannt. Er ist sehr widerstandsfähig und liebt reiche Deckung und Gewässer.
Der japanische Buntfasan (Ph. versicolor) ist ebenfalls *ringlos*. Er eignet sich für das Mittelgebirge mit höherem Waldanteil. Er ist klein und auffallend dunkel gefärbt. Kopf, Kehle, Brust und Rücken sind metallisch grün, die Schwingendecken sind

Auerhenne

Auerhahn (Koniferennadeln)

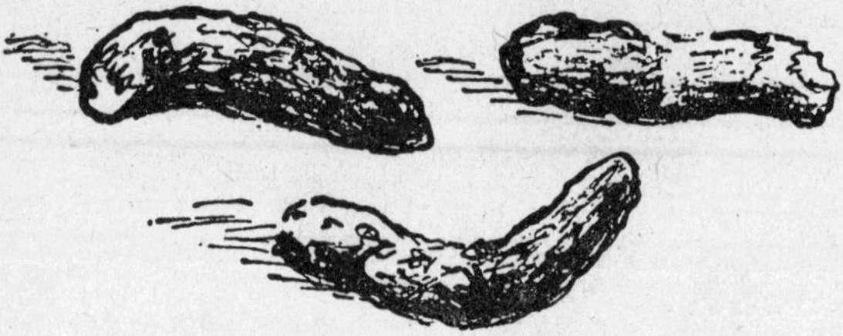

Birkwild (Walzenform, weißer Harnüberzug)

Fasan (unregelmäßig keulenförmig)

Haselwild

Rebhuhn (wurstartig)

Losung des Auerwildes und Gestüber des Federwildes
(natürliche Größe)

bläulich, der Stoß graugrün. Er ist hart, wendig und schnell im Flug und eignet sich zur Aufdunkelung der hellen Mischrassen.
Der chinesische Ringfasan (Ph. c. torquatus) hat, wie sein Name sagt, einen weißen Halsring (der an der Kehle unterbrochen ist). Er, „der Torquatus", eignet sich für Reviere in der Ebene mit wenig Wald und mit Zuckerrüben-, Mais- und Weizenanbau. In Revieren mit viel Raubwild und Raubzeug kann er sich jedoch nicht halten, da er nicht genügend wendig und achtsam ist. Wegen seiner hellen Farbe wird er leicht erspäht und besonders vom Habicht geschlagen.
Der mongolische Ringfasan (Ph. c. mongolicus) ist für hochgelegene Reviere und rauhe Gegenden geeignet. Er zeichnet sich aus durch leichte Aufzucht, geringe Wanderlust und große Klimafestigkeit. Er hat kaum sichtbare Federohren, einen vorn unterbrochenen Halsring, bronzegrünen Kopf und Hals, purpurbronzenen Nacken, dunkelgrüne Brustmitte und silbergraue Schwingen.
Der Dunkelfasan (Ph. tenebrosus) eignet sich besonders zur Aufdunkelung heller Fasaneschläge.
Mischrassen kommen teils mit, teils ohne Halsring vor.
Bei der Gründung neuer Fasanebestände muß auf *regelmäßige Schüttung* oder Dauerfütterung durch *Futtereimer* (Abb. S. 221) in der Nähe von *Wasserstellen* und auf die *richtige* Auswahl der für jedes Revier passenden Rasse *streng* geachtet werden. Nur der für das jeweilige Revier rassenmäßig passende Fasan ist standorttreu und bringt dem Heger und Jäger jagdliche Freuden und bunte Strecken.

**Welche Bedeutung hat der Fasan für die Landwirtschaft?**

Er ist überwiegend nützlich, da er zahlreiche landwirtschaftliche Schädlinge, insbesondere auch Kartoffelkäfer, vertilgt.

**Welche Feinde hat der Fasan?**

Der Fasan ist besonders durch wildernde Hauskatzen sowie durch Füchse und Habichte gefährdet. Gegen wildernde und streunende Hunde ist er außerordentlich (!) empfindlich.
Seine Gelege werden durch Dachs, Marder, Iltis, Wiesel und Igel, am meisten aber von Krähen und Elstern vernichtet. Merke:

> *Die Einbringung der Fasane ist leicht. Sie scheitert aber regelmäßig, wenn nicht das ganze Jahr hindurch wöchentlich geschüttet und durch Bejagen und viele Fallen das Raubwild und Raubzeug kurzgehalten wird!*

**Wie unterscheiden sich erlegte junge und alte Fasane?**

Beim jungen Fasan ist das Brustbein biegsam, beim alten nicht oder nur schwer.
Den jungen Fasanhahn erkennt man an seinem kurzen und noch stumpfen *Sporn* (Krönchen genannt).
Beim zweijährigen Fasanhahn wird der stumpfkegelige Sporn kräftiger und spitzer. Länge und Zuspitzung nehmen jedes Jahr zu, bis beim fünf- bis sechsjährigen Hahn ein langer, dünner, spitz ausgezogener und mehr oder weniger geschweifter „*Kampfsporn*" entsteht, der alle alten Hahnen kennzeichnet.

Das Alter kann auch nach der *Zahl der Hornringe* am Grunde des Sporns bestimmt werden (1 Ring = 2 Jahre, 2 Ringe = 3 Jahre usw.).

Altersbestimmung beim Fasanhahn nach der Länge des Sporns und der Zahl der Hornringe

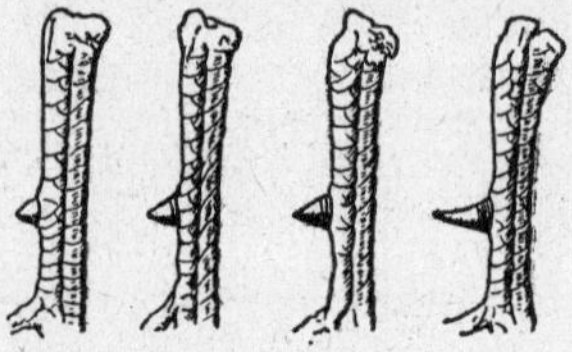

**In welchem Eheverhältnis lebt der Fasan?**

In Vielehe (Polygamie). Das beste Geschlechterverhältnis ist beim Aussetzen (Anfang Mai) 1 : 3, in Revieren mit geringem Besatz 1 : 4 und in gut besetzten Revieren 1 : 6, um eine volle Befruchtung der Eier zu garantieren.
Die Balz- oder Paarungszeit beginnt Ende März/Anfang April.

**Wann legt die Fasanhenne, und wie lange dauert die Brutzeit?**

Die Fasanhenne legt Ende April, Anfang Mai in ein gescharrtes Muldennest 8 bis 18 Eier (Abb. S. 496). Die Brutzeit dauert 24 Tage. (In der Voliere nimmt man den Hahn heraus, sobald die Henne auf dem Gelege [s. S. 496] sitzt. Ausgemähte Gelege s. S. 221).

**Wie lange bleibt ein Fasangesperre vereinigt?**

Die Gesperre bleiben – im Gegensatz zur Rebhuhnkette – nur *bis zur Herbstmauser* vereinigt. *Trockene Jahre* verhüten Jungtierverluste.

**Aus welchem Ruf besteht der Balzlaut des Fasans?**

Aus dem zweisilbigen Rufe „körk-kók", dem gewöhnlich ein schwirrender Flügelschlag folgt.

### *Hege und Bejagung der Fasane*

**Auf welches Geschlechterverhältnis soll der Fasanenbestand (durch „Enthahnen") gebracht werden?**

Vor der Balzzeit sollen auf einen Hahn (drei bis) sechs Hennen entfallen. Es sind deshalb zur Jagdzeit hauptsächlich *Hahnen zu schießen*. Die *Fasanhennen* sind zu *schonen*, wenn der Bestand zahlenmäßig gehoben werden soll.

**Welche Jahreszeit ist die beste für die Fasanenjagd?**

Für die Suchjagd im Feld der späte Oktober. Die Fasane liegen dann in niedriger Deckung. Jagdzeit s. S. 492–495.
Suchjagden im Walde sollten erst stattfinden, wenn das Laub gefallen und die Deckung niedergefroren ist.

**Auf welche Entfernung schießt man den Fasan?**

Auf eine Entfernung von 30 bis 40 Meter.

*„Der Fasan soll im Schuß nur drei Federn verlieren!"*

Fasane, die nach dem Schuß den Kopf noch hoch haben, sind geflügelt und laufen nach dem Aufschlag so weit wie möglich fort. Es muß deshalb noch während des Fallens oder beim Weglaufen der

Fangschuß erfolgen. Auf anstreichendes Federwild soll man den Nachbarschützen durch Zuruf „Tiro!“ aufmerksam machen.

**Welche Schüsse sind auf den Fasan verpönt?**

Der Schuß in ein *„Bukett“*, auf aufgebaumte Fasane und auf *„Infanteristen“* (Fasane zu Fuß). Geflügelte oder geständerte Fasane müssen natürlich auch auf dem Boden beschossen werden.
*Es darf immer nur e i n Fasan anvisiert und beschossen werden!*

*Wildtruthühner (Meleagridinae)*

W i l d t r u t h u h n (Meleagris gallopavo)

**Welche Wildtruthühner werden unterschieden?**

Das nordamerikanische oder Broncetruthuhn und das mexikanische Wildtruthuhn (Meleagris g. gallopavo und M. g. mexikana). Wildtruthühner wurden in einigen westdeutschen Revieren, z. B. in der Eifel und neuerdings in Niedersachsen und Nordhessen, durch Aussetzen eingebürgert. Sie leben polygam (Gelege S. 496, Jagdzeit S. 492).

*Feldhühner (Perdicinae)*

*Rebhuhn, Wachtel, Steinhuhn*

R e b h u h n (Perdix perdix)

**Welche besonderen waidmännischen Ausdrücke sind üblich, wenn vom Rebhuhn die Rede ist?**

Hahn und Henne heißen ein Paar; mit den Jungen zusammen spricht man von einer *Kette oder* einem *Volk* Hühner.
Die Hühner „liegen“ auf dem Felde, sie „stehen auf“, wenn sie sich in die Luft erheben. Sie „streichen ab“, wenn sie wegfliegen; sie „fallen ein“, wenn sie sich niederlassen.
Sie „weiden“ oder äsen, wenn sie Nahrung suchen und aufnehmen; sie „hudern oder stäuben sich“, wenn sie sich im Sand oder Staub baden; sie „locken (oder rufen) sich wieder zusammen“, wenn die Kette „gesprengt“ worden ist.
Als „Holzböcke“ bezeichnet man scherzhaft Rebhühner, die sich bevorzugt am Waldrande aufhalten. Sie baumen nicht auf!
„Gabelhühner“ nennt man diejenigen jungen Rebhühner, die erst die äußeren Stoßfedern herausgeschoben haben, so daß der Stoß gabelförmig aussieht.

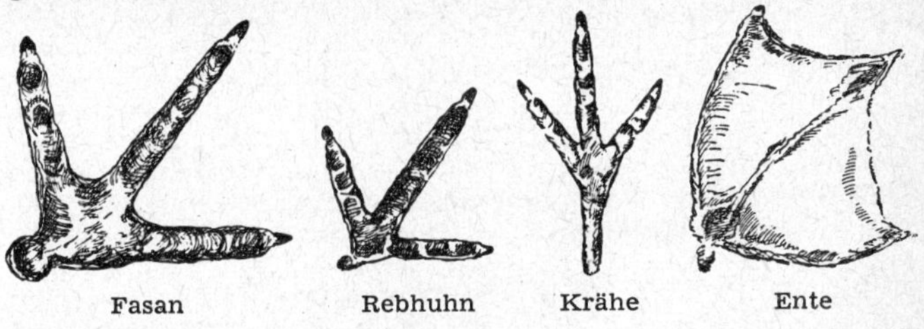

Fasan Rebhuhn Krähe Ente

Geläufe (Trittbilder)

Das Rebhuhn (Gewicht 300–400 g) „drückt sich" bei Gefahr. Es „schnippt" mit dem Stoß, wenn es aufgeregt ist, und „rennt" schnell mit hoch aufgerichtetem Kopf, ehe es „abstiebt" (auffliegt). Rebhühner scharren ein Muldennest (Abb. Tafel 44/6 neben S. 496). Die Spuren des Federwildes nennt man Geläuf.

**Wann ist die „Paarzeit" der Rebhühner?**

Im Februar/März. Die Rebhühner leben in Einehe *(monogam).*

**Wann und wieviel Eier legt die Rebhenne?**

Sie legt ab Ende April etwa 15 Eier, unter Hecken, in Wiesen, im Klee oder wachsenden Getreide, die nach 24–25 Tagen ausgebrütet sind. Wenn das erste Gelege verunglückt, macht die Henne ein zweites oder Nachgelege, das dann aber bloß aus 5 bis 10 Eiern besteht (Abb. S. 496). Die Küken fallen dann erst im August aus. Jedes Paar hat sein Revier, das energisch verteidigt wird.

**Wovon ernähren sich die Rebhühner?**

Von *Grünäsung* (Knospen, Blattspitzen, Gräsern, Kohl, Klee). *Samenäsung (Unkrautsamen)* und *animalischer Äsung* (Kerbtieren, Insekten, Schnecken und Würmern).
Leider werden durch Unkrautvernichtungs- und Spritzmittel auch viele Kerbtiere vergiftet. Hierdurch und durch Intensivierung der Landwirtschaft, die kaum noch Stoppelfelder liegen und Unkräuter aufkommen läßt, geht der Bestand an Rebhühnern immer mehr zurück. Zum Schutze der Gelege bringt man deshalb in der Nähe von Wegrändern gern alle 100 m „Dicksaat" ins Getreide, indem man nach der Bestellung eine Handvoll Korn mit der Hand nachsät. Die in solchen Dickstellen gemachten Gelege können nicht (wie in Wiese und Klee) ausgemäht werden. Merke:

*Rebhühner brauchen Schutz und Weide!*

**Aus wieviel Rebhühnern besteht ein Volk (eine Kette)?**

Aus den zwei alten und etwa 8 bis 18 jungen Rebhühnern.
Vom Oktober ab schlagen sich manchmal mehrere Ketten von Rebhühnern zusammen, so daß man 30 bis 50 Hühner zusammen antreffen kann. Die Vereinigung mehrerer Ketten heißt *„Schar"*.

**Wie kann man das Vorkommen der Rebhühner feststellen?**

Am Gestüber (Abb. S. 214), an Huderstellen (Stellen, an denen sie ein Sand- oder Staubbad genommen haben), an dem lauten Ruf „zirapp" des Hahnes und „kirrit" der Henne, durch Verhören der Hühner am Morgen und Abend und am Geläuf (s. auch S. 217).
Die Rebhuhnketten bleiben bis zur nächsten Paarzeit (Februar bis März) vereinigt. Bis dahin brauchen die Junghühner ihre Eltern.
Hahn und Henne sind im Fluge nicht zu unterscheiden. Auch das *„Schild"*, ein kastanienbraunes Abzeichen in der Form eines nach unten offenen Hufeisens auf der Unterbrust, ist nicht als untrügliches Kennzeichen des Hahnes anzusprechen, da auch „hahnenfedrige" Rebhennen mit stark ausgeprägtem Hufeisenfleck vorkommen. Das beste *Unterscheidungsmerkmal* sind die oberen *Flügeldeckenfedern.* Sie sind beim Hahn mit einem hellbraunen

alt

jung

Hahn
Schaftstrich
ohne Querbinden

Henne
Schaftstrich
mit Querbinden

Obere Flügeldeckenfedern vom Rebhuhn

Längsstrich entlang dem Kiel und einem rostbraunen und einem schwarzen Fleck versehen.
Bei der Henne weisen sie keine Fleckung auf und zeigen vom breiten hellen Schaftstrich ausgehende schmale Querbinden.

**Wie unterscheiden sich junge und alte Rebhühner?**

Junge Rebhühner haben *gelbe bis gelbgraue* Ständer (Füße), besonders an den Zehenballen, einen schwarzen Schnabel und *spitz zulaufende erste Handschwingen;* die Schädeldecke läßt sich leicht eindrücken; das Gefieder der unteren Halsfläche ist gelb, der Augenring ist glatt und bleigrau (ohne rote Rose).

Erste Handschwinge *spitz* zulaufend: jung

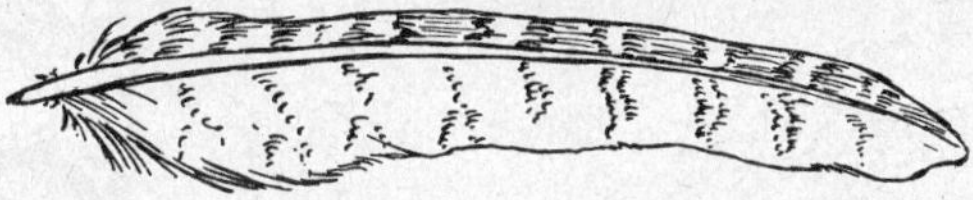

Erste Handschwinge *stumpf* (abgerundet): alt

*Ältere Hühner* haben blaugraue bis schiefergraue Ständer und einen harten grau gefärbten Schnabel; *die Spitze der ersten Handschwinge ist stumpf* (abgerundet); die Schädeldecke ist druckfest, das Halsgefieder aschgrau, und der hochrote Augenring ist als „*Rose*" bei der Henne klein, beim Hahn größer. Das Wildbret alter Hühner ist zäh und stark mit Sehnen und Faszien durchsetzt.

## *Hege und Bejagung der Rebhühner*

**Was ist bei der Bejagung der Rebhühner zu beachten?**

Die beste Jagdart ist die *Suche* mit dem Vorstehhunde (s. S. 324). Richtig ist es, wenn nur Gruppen von zwei Schützen und ein Hund auf die Hühnerjagd gehen und ein Gehilfe mitgenommen wird, der die abstreichenden Hühner beobachtet. Es darf immer nur ein Huhn anvisiert und beschossen werden (s. auch S. 277). Man schießt niemals auf das erste aufstehende Huhn einer Kette, denn das ist meistens die führende Henne. Die Bejagung soll sich in erster Linie auf die schußreifen Junghühner erstrecken.
Wer Rebhühner jagen will, muß genügend Schüttungen anlegen (s. S. 391) und Nistgelegenheiten schaffen (s. S. 380), denn das Rebhuhn wird mehr und mehr Kulturflüchter, weil ihm der Unkrautsamen als Hauptnahrung fehlt.
Die Hühner *„halten"* am besten an sonnigen, schwachwindigen Tagen. Regen ist denkbar ungünstig, da die Hühner nicht halten und auch die Hunde schlecht finden. Im Oktober haben sie „goldene Federn", d. h., sie streichen schon von weitem ab und sind nur schwer zu schießen (Jagdzeit s. S. 492–495).

**Wie zeichnet das Rebhuhn bei verschiedenen Schüssen?**

Bei der Zerschmetterung einer *Schwinge* fällt das Huhn seitlich zu Boden, mit der gesunden Schwinge noch nach oben rudernd, und läuft dann sofort weiter in Deckung. Es gewinnt dabei einen so großen Vorsprung, daß es schwer zu finden ist (Nachsuche geflügelter Hühner s. S. 325).
Bei Verletzung eines oder beider *Ständer* streicht das Huhn weiter, wobei der verletzte Ständer herabhängt (Abb.).
Nach dem Einfallen in Deckung drückt es sich fest und vermag nur schwer wieder aufzustehen.
Bei *Lungenschüssen* und Verletzungen des Rückens steigt das Huhn infolge von Atemnot in die Luft (es „himmelt") und stürzt dann verendet herab. Himmelnde Hühner sind deshalb mit dem Auge zu verfolgen und an der Absturzstelle mit dem Hunde nachzusuchen (ebenso auch geständerte Hühner). Werden solche Hüh-

Schußzeichen (Rebhuhn)

geständert gesund himmelnd

ner vom Hunde nicht sofort gefunden, dann ist die Nachsuche (besonders im Rübenacker) nach ein bis zwei Stunden zu wiederholen, weil sie dann meistens durch die aufsteigende Wittrung leichter zu finden sind.
Beim *Kopfschuß* schnellt das getroffene Huhn nach dem Herabstürzen oft mehrmals in die Höhe, ehe es verendet.

**Wie verhält man sich, wenn Gelege der Fasane und Rebhühner ausgemäht werden?**

Ausgemähte und verlassene Gelege sucht man durch Ausbrüten mit Brutmaschinen, mit dem „Brutkissen" (der Fa. Herbert Jäger, 648 Wächtersbach) oder mit Zwerg- bzw. Haushennen zu erhalten. Für ausgemähte Gelege sind Fundprämien angebracht. (Sammeln der Eier der Wildhühner s. S. 495/496.)

**Was ist für die Aufzucht von Küken wichtig?**

Das Einhalten einer vorschriftsmäßigen Fütterung. Für die Aufzucht der Küken haben sich fertige Aufzuchtfuttermittel in gepreßter Form (pellets) (der Kraftfutterwerke Brand-Purina, 415 Krefeld) bewährt. Vor Kälte erstarrte (verklamte) Küken lassen sich durch vorsichtiges Wärmen mit Heizkissen oder durch Bestrahlen mit Infrarotwärmelampen retten.

Automatischer Futtereimer für Pellets, Weizen und Mais
(s. auch S. 391) nach Revieroberjäger Albert Höhn, 4791 Atteln

## Wachtel (Coturnix coturnix)

**Wie sieht die Wachtel aus?**

Sie ist dem Rebhuhn ähnlich, aber wesentlich kleiner. Die Allgemeinfärbung ist sandbraun, die Oberseite ist stark weißlichgelb und schwarz gestreift. Sie ist der *einzige Zugvogel unter den Hühnervögeln.* Der Ruf des Hahnes „pick-di-wick" und der Doppelruf der Henne „quip-quip" ist bei Tag und Nacht zu hören. Wachteln unterliegen dem Jagdrecht und sind ganzjährig geschont.

### Steinhuhn (Alectoris graeca)

**Was ist kennzeichnend für das Steinhuhn?**

Es ist rebhuhnähnlich und hat unbefiederte rote Ständer, roten Schnabel und roten Augenring, einen rotbraunen Stoß, einen weißen Kehlfleck und einen scharf begrenzten schwarzen Halslatz. (Stimme: Kleiberähnlich „witt-witt-witt".) Henne und Hahn (einzigartig bei Hühnern) brüten oftmals je ein Gelege aus. Das Steinhuhn kommt vereinzelt noch in den deutschen Alpen vor und ist ganzjährig geschützt. Es lebt zwischen der Baum- und Schneegrenze in strenger *Einehe*, nur im Winter gesellig. Es liebt felsiges, sonniges Gelände.

*Kraniche (Gruidea)*

### Grauer Kranich (Grus grus)

**Was ist kennzeichnend für den Kranich?**

Er ist dem Stockmaß nach der „größte" Vogel in Deutschland. Er hat einen schwarz-weißen Halsstreifen, einen roten Scheitelfleck und über den Stoß (Schwanz) herabhängende schwärzliche Federn. Er kann im Gegensatz zu Störchen und Reihern nicht aufbaumen und fliegt mit ausgestreckten Ständern und ausgestrecktem Halse (Abb. S. 225). Ruf: Rurr, rürr, in der Erregung „Krüh". Beide Eltern bebrüten im April/Mai 28 Tage zwei graugrüne Eier.
Der Kranich ist ganzjährig geschützt.

Wandernde Scharen der Kraniche, Gänse und Schwäne fliegen in Keilformation mit ausgestrecktem Halse und nach rückwärts ragenden Ständern. Störche fliegen meist in ungeordneten Trupps.
Flughöhe 200 bis 600 m (Gefährdung des Flugverkehrs!). Flüge der Kraniche von Ost nach West werden an die Flugplätze gemeldet (Warnsystem).

*Rallen (Rallidae)*

Bläßhuhn, Teichhuhn, Wasserralle, Sumpfhuhn, Wachtelkönig

### Bläßhuhn (Fulica atra) und Teichhuhn (Gallinula chloropus)

**Wie unterscheiden sich Bläßhuhn und Teichhuhn?**

Beide haben einen dicken Körper, kleinen Kopf und sehr lange Zehen zum Laufen auf Wasserpflanzen.
Sie liegen beim Schwimmen hoch im Wasser, schwimmen oft *kopfnickend* und verlassen nur ungern das Wasser. Beim Auffliegen vom Wasser nehmen sie Anlauf und laufen dabei spritzend und patschend über das Wasser (Abb. S. 235). Beide sind von schwärzlicher Farbe.

Die *Bläßhühner* oder „Belchen“ (bekannt durch die „Belchenschlachten“ im Boden- und Starnberger See) sind schieferschwarz und kenntlich am *weißen* Schnabel und *Stirnschild.* Sie sind eßbar und haben wohlschmeckende Eier. Sie sind Wohnraumkonkurrenten unserer wertvollen Stockenten. Sie gelten deshalb als jagdschädlich [Abb. Tafel 10 vor S. 225; Jagdzeit s. S. 492 Absatz (2)]. Das *Teichhuhn* hat einen *roten Schnabel* mit gelber Spitze und ein *rotes Stirnschild,* einen weißen Flankenstreifen und *grüne Ständer* mit rotem „Strumpfband“. Es steht im Gegensatz zum Bläßhuhn *ganzjährig* unter Naturschutz.

### Wasserralle (Rallus aquaticus) Sumpfhuhn (Porzana)

**Wie unterscheiden sich Wasserralle und Sumpfhühner?**

Sie haben eine hühnchenähnliche Gestalt. Der Abflug erfolgt mit baumelnden Ständern.
Die *Wasserralle* hat einen langen, roten, schlanken Schnabel und gebänderte Flanken (Abb. Tafel 10 vor S. 225).
Das singdrosselgroße, gefleckte *Tüpfelsumpfhuhn* und das nur stargroße *Kleine Sumpfhuhn* haben einen kurzen, gelblichgrünen Schnabel mit roter Wurzel. Die Ständer sind grünlich.
Beide stehen unter Naturschutz.

### Wachtelkönig (Crex crex)

**Was ist kennzeichnend für den Wachtelkönig (die Wiesenralle)?**

Er gehört zu den Rallen, ist aber im Gegensatz zu diesen nicht an Wasser und Sumpf gebunden.
Der Wachtelkönig fliegt mit hängenden Ständern. Er wird nur auf trockenem Boden (in Wiesen) angetroffen und wird deshalb auch „*Wiesenralle*“ genannt. Er läuft schnell wie ein Wiesel davon, so daß man ihn kaum zum Aufstehen bringen kann.
In seiner Zeichnung und seinem Zugverhalten ähnelt er der Wachtel (unserem kleinsten Hühnervogel). Er ist aber größer als die Wachtel und wird deshalb Wachtel-„König“ genannt. Er ist außerordentlich heimlich, verrät sich aber durch seinen durchdringenden Ruf „rerrp-rerrp“, den er bei Nacht und Tag in den *Wiesen* erschallen läßt (s. Abb. Tafel 10 vor S. 225). Er steht unter Naturschutz.

## *Trappen (Otididae)*

### Der Großtrappe (Otis tarda) und Der Zwergtrappe (Tetrax tetrax)

**Was sind Trappen?**

Große und schwere, langbeinige Bodenvögel, die in weiten Grassteppen und großen Feldern leben (Vorkommen: Brandenburg). Wir unterscheiden den Großtrappen und den um die Hälfte kleineren Zwergtrappen. Sie sind *polygam* und leben in kleinen Trupps, in denen die Weibchen überwiegen. In der Brutzeit bleiben die Trapphähne truppweise zusammen. Die Großtrapphähne erreichen ein Gewicht bis 15 kg.
Großtrappen unterliegen dem Jagdrecht und sind ganzjährig geschont.

*Wildtauben* (Columbidae)

Ringeltaube und Hohltaube (Columba palumbus und oenas)
Turteltaube und Türkentaube (Streptopelia turtur und decaocto)

**Welche Wildtauben gibt es, und wie unterscheiden sie sich?**

Es gibt vier Arten ohne Unterschied der Geschlechter:

∞ Die Ringeltaube, 40,5 cm Gesamtlänge, ist die größte Wildtaube. Die alten (nicht jedoch die jungen) Tauben haben weiße Halsseitenflecke, die von weitem wie ein weißer Ring wirken (Name). Sonst sind sie in jedem Alter an dem im Fliegen gut sichtbaren breiten weißen Band auf der Schwingendecke und am dunklen Stoßende kenntlich. Sie sind Baumbrüter, bauen einen liederlichen Horst (Abb. S. 496 Tafel 44/8) und streichen mit lautem Flügelklatschen ab (Gewicht: 400–500 g).
× Die seltene Hohltaube, 33 cm, ist kleiner und dunkler als die Ringeltaube. Sie hat kurze schwarze Binden auf den Armschwingen und einen glänzend grünen Halsseitenfleck. Im Fluge ist der graublaue Bürzel sichtbar. Sie ist *Höhlenbrüter* und ruft „hú-ru", erste Silbe betont (Gewicht: 250 g).
∞ Die Türkentaube, 28 cm, ist aschgraubraun gefärbt und durch ein schwarzes Nackenband gekennzeichnet. Die Endhälfte ihres Stoßes ist unten weiß (Flugbild!). Sie hält sich gern in Ortschaften und Parks auf, ist auffallend zutraulich (also kein Waldvogel), bleibt im Winter bei uns und findet sich dann als Standvogel auf Hühnerhöfen ein. Sie bevorzugt Birnbäume als Horstplatz. Sie ruft „ku-kú-ku" (zweite Silbe betont) und wird durch ihr monotones Rufen oft lästig. Größe wie Turteltaube (Gewicht: 200 g).

Türkentaube

Turteltaube

× Die Turteltaube, 27 cm, hat einen bräunlichen, dunkel geschuppten Rücken und einen langen gerundeten, schwarzen Stoß mit weißen Endflecken (auffällig beim Abfliegen!) und einen schwarz-weiß geschuppten Halsseitenfleck. Sie ist die kleinste Wildtaube und wird gewöhnlich paarweise angetroffen. Sie ruft ein schnurrendes „turr, turr, turr" (Gewicht: 150 g).
Die Wildtauben sind *Zug- bzw. Strichvögel.* Ringel- und Hohltauben kehren im März zurück, die Turteltaube erst im Mai. Die Ringeltaube bleibt oft auch über Winter hier.

---

× ganzjährig geschont ∞ Jagdzeit S. 492—495 beachten!

Wildtauben

TAFEL 10

Sandregenpfeifer
Rohrdommel
Rotschenkel
Kiebitz
Grünfüßiges Teichhuhn
Triel
Zwergdommel
Bläßhuhn
Wasserralle
Großer Brachvogel
Wachtelkönig
Fischreiher

**Zu Tafel 10: Stelz- und Schreitvögel**

× **Rotschenkel,** 27 cm
lange, orangerote Ständer, rötlicher Schnabel mit schwarzer Spitze

× **Großer Brachvogel,** 56 cm
sehr langer, abwärts gebogener Schnabel, Gefieder gelblichbraun, keine Kopfstreifen

× **Sandregenpfeifer,** 19 cm
lebhafter kleiner Ufervogel mit weißem Halsband und schwarzen Fleck durchs Auge sowie mit breitem, schwarzen Band über der weißen Brust. Oberseite sandbraun, Ständer fleischfarben bis gelb
Der kleinere Flußregenpfeifer (15 cm), hat eine weiße Linie über dem schwarzen Stirnband und fleischfarbene Ständer

× **Kiebitz,** 30 cm
grünlich-schwarz-weißer Regenpfeifer mit langem, strähnigen Kopfstutz und reinweißer Unterseite sowie kastanienbrauner Unterstoßdecke

× **Triel,** 40 cm
geduckte Haltung, schwarze Schnabelspitze, große gelbe Augen, gelbe Beine, hellbraun und weiß gestreiftes Gefieder, im Fluge ist doppelte lichte Binde in der Schwinge zu sehen

∞ **Bläßhuhn,** 38 cm
schieferschwarzer Vogel mit pechschwarzem Kopf und weißen schnabel und Stirnschild (Blässe), kein Weiß an den Flanken!

× **Teichhuhn** (grünfüßiges), 33 cm
schwärzlicher Vogel mit rotem Stirnschild und roten Schnabel mit gelber Spitze, weißem Flankenstreifen und weißen Untersteißdecken, Ständer grün mit rotem „Strumpfband" über dem Gelenk

× **Wasserralle,** 28 cm
langer, roter Schnabel, Flanken auffallend schwarz und weiß gebändert, hellrote Augen

× **Wachtelkönig,** 26 cm
auffallende rostbraune Flügel (besonders im Fluge sichtbar!), gelblicher Schnabel, rahmgelbes Gefieder

× **Graureiher** (Fischreiher), 91 cm
hellgraue Oberseite, lange schwarze Haube, dolchförmiger Schnabel, Ständer graubraun. Flugbild: Kopf ruht auf den Schultern (S-Form), Ständer ausgestreckt

× **Rohrdommel,** 76 cm (eine dickhalsige Reiherart)
bräunlichgelb, gebändertes Gefieder, lange grüne Ständer. Bei Gefahr wird der Schnabel hochgerichtet: „Pfahlstellung". Dämmerungsvogel. Die Zwergdommel (36 cm) ist halb so groß und an dem großen rahmfarbenen Feld in der Schwinge erkennbar (s. auch S. 227)

---

× ganzjährig unter Naturschutz
∞ Jagdzeit S. 492 Absatz 2.
Die cm-Maße geben die Durchschnitts-Längenmaße des Vogels von der Schnabelspitze bis zur Spitze des Stoßes (Steißes) an, nicht die Flügelspannweite!

Kraniche, Störche, Schwäne und andere langbeinige Sumpfvögel fliegen mit lang vorgestrecktem Hals und weit nach rückwärts ragenden Ständern
Reiher (einschließlich Rohrdommeln) fliegen mit eingezogenem Hals

**Leben Tauben monogam?**

Ja. Bei ihnen besteht eine *Jahresehe*. Sie *„horsten"*. Ihr Gelege (s. S. 496) besteht immer aus *zwei* rein weißen langelliptischen *Eiern*. Die Eier werden von beiden Geschlechtern 15 bis 17 Tage bebrütet (vom Tauber von 10 bis 16 Uhr).
Es erfolgen in der Zeit von April bis Juli zwei bis drei Bruten.
Die Bruten sind oft ineinandergeschachtelt, d. h., während die Taube das nächste Gelege bebrütet, betreut der Tauber noch die Jungen der vorhergehenden Brut (Schachtelbrut!).
Die Jungvögel werden nicht gefüttert, sondern saugen vorverdaute Nahrung (die Kropfmilch) aus dem Kropf des Elterntieres.
Die Aufzuchtzeit beträgt fünf Wochen, wovon vier Wochen auf die Nestlings- und eine Woche auf die Ästlingszeit entfallen.
Außerhalb der Brutzeit leben die Tauben gesellig in Flügen.

**Welche Wildtauben dürfen bejagt werden?**

Nur die Ringel- und die Türkentauben (Jagdzeit s. S. 492/495). Die Hohltaube und Turteltaube sind ganzjährig geschont. Einige Länder haben die Jagdzeit schon ab 1. Juli festgesetzt, weil die Ringeltaube, wenn sie in großen Flügen vorkommt, an Feldfrüchten und Gemüsekulturen ernste Schäden verursacht. Es besteht deshalb die Gefahr, daß man noch in der Aufzucht befindliche Jungtauben elternlos macht. Man soll deshalb beim Aufgang der Jagd nur junge Ringeltauben schießen, die gern in Flügen beisammen sind und die man am *fehlenden Halsring* von alten sicher unterscheiden kann.
Die Eier der Ringel- und Türkentaube dürfen zur Regulierung überhöhter Bestände zerstört werden.

**An welchen Lautäußerungen erkennt man den Ringeltauber?**

Am *Rucksen*. Der Ringeltauber beginnt ab März die Balz mit einer viersilbigen Strophe: „Gruh-rúh, ru ru", und läßt dann noch etwa dreimal seine fünfsilbige Strophe „grug-rug-rúh, ru ru" folgen und beschließt sie mit einem kurzen „rug".

**Welche Bedeutung haben Ringel- und Türkentaube für den Jäger?**

Sie können unbedenklich bejagt werden, denn sie sind Kulturfolger und haben sich in den letzten Jahren stark vermehrt. *Sie sind mit jagdlichen Mitteln auf ein erträgliches Maß zu reduzieren.* Man *bejagt* sie im Sommer auf der Pirsch durch Anlocken mit dem Balzruf, im Herbst durch Anpirschen und beim Ansitz (an der Tränke, mittags und eine Stunde vor Sonnenuntergang, an Äsungsflächen mit *Weizen- oder Wickenanbau* und an Salzlecken), durch mit dem Kopf gegen den Wind aufgestellte *„Locktauben"*, an Schlafbäumen und in der Nähe von „Taubeneichen", die sie gern annehmen, wenn sie aufgejagt werden. (Anlage der Salzlecke: In Schußrichtung, 25 m von einem auch nach oben gut verblendeten Schirm [s. S. 396], wird eine gerade, etwa fünf Meter lange Rinne gehackt, in die man grobes Salz streut.) Flügge Jungtauben kann man in der Dämmerung bejagen, wenn sie sich auf die Außenzweige der Horstfichte begeben.
Tauben beschießt man mit Schrot von 3 mm Stärke.

*Schreitvögel (Ciconiiformes)*

Störche (Ciconiidae)

**Welche Störche werden unterschieden?**

Der Weiße und der Schwarze Storch. Beide haben einen langen, glänzend roten Schnabel und rote Ständer. Der Flug erfolgt mit ausgestrecktem, leicht abwärts geneigten Hals, langsam und bedächtig (Abb. S. 225). Sie sind ganzjährig geschützt.

Löffler und Ibisse (Plataleidae)

**Was sind Löffler und Ibisse?**

Es sind langbeinige Sumpfvögel, die in der Gestalt Störchen oder Reihern ähneln. Der dem afrikanischen Ibis verwandte Löffler hat einen löffelartig geformten Schnabel. Sie fliegen mit ausgestrecktem Halse (Abb. S. 225). Sie sind ganzjährig unter Naturschutz.

Reiher und Rohrdommeln (Ardeidae)

**Was sind Reiher und Rohrdommeln?**

*Watvögel* mit langen Ständern, langem Hals und mittellangen, spitzen Schnabel. Sie fliegen mit langsamem Flügelschlag und mit S-förmig *eingezogenem* Halse. Alle anderen langbeinigen Sumpfvögel (Kranich, Storch, Wildgans) fliegen mit ausgestrecktem Halse (Abb. S. 225).

Der Grau- oder Fischreiher steht als Anstandsjäger oft lange bewegungslos am oder im Wasser. Seine Nahrung sind Fische, Frösche, Reptilien, Mäuse und Insekten.

Zum Fernhalten des Graureihers von Fischteichen hat sich das Umspannen des Teiches mit zwei *„Stolperdrähten“* aus Nylonschnur hervorragend bewährt.

Schwingen und Oberseite sind hellgrau, Kopf und Unterseite weiß.

Den Kopf ziert eine lange strähnige *Haube* (Federn anliegend, Abb. Tafel 10 vor S. 225). Fischreiher leben in Jahresehe und horsten oft kolonienweise. Brutzeit: März/April. Die meist vier blaßblaugrünen Eier (60 : 42 mm groß) werden von beiden Eltern abwechselnd in 25–26 Tagen erbrütet. Den Jungen wird das Futter aus dem Kehlsack vorgewürgt. Sie sind nach neun Wochen gut beflogen. Graureiher unterliegen dem Jagdrecht, sind ohne Jagdzeit und deshalb ganzjährig geschont.

Andere Reiher und die Rohrdommeln sind ganzjährig geschützt.

Die Rohrdommel ist ein reiherähnlicher Schilfvogel, mit gelbbraunem, reich gefleckten und gebänderten Gefieder und langen grünen Ständern. Wegen des Paarungsrufes („bumb“ oder „ü-prumb“), der dem dumpfen Gebrüll eines Ochsen ähnelt, wird sie auch *„Moorochse“* genannt. Sie brüllt von März bis Juli. Bei Gefahr wird der Schnabel senkrecht hochgerichtet (*Pfahlstellung*).

Die Zwergdommel ist um die Hälfte kleiner. Sie hat auffallende rahmgelbe Schwingendecken. Scheitel und Rücken sind beim Männchen grünlichschwarz, beim Weibchen streifig dunkelbraun (Abb. und Beschreibung S. 225).

*Regenpfeifer und Triel*

Kiebitz (Vanellus vanellus), Flußregenpfeifer (Charadrius dubius) und Triel (Burhinus oedicnemus)

**Welche Regenpfeifer kommen bei uns vor?**

Kiebitz und Flußregenpfeifer (ohne Jagdzeit, unter Naturschutz). Der Kiebitz hat eine lange strähnige *Holle* (Kopfstutz), einen grünlichschwarz schillernden Rücken und ein von der weißen Unterseite abstechendes schwarzes Brustband. Typisch sind seine breiten und sehr runden Flügel und sein *wuchtelnder* Flug (Stimme: „*Kie-wit*"). Er kommt in Sumpfwiesen und Feldern des Tieflandes vor (Abb. neben S. 225). Kiebitzeier s. S. 497.
Der Flußregenpfeifer ist um zwei Drittel kleiner als der Kiebitz und in seinem Vorkommen ans Süßwasser gebunden.

**Wie sieht der Triel aus?**

Der Triel ist etwas größer als der Kiebitz und hat große gelbe Augen und zwei breite lichte Binden im Flügel (Tafel 10, S. 225). Der Triel steht unter Naturschutz.

*Wasserläufer*

Rotschenkel (Tringa totanus)

**Welche Wasserläufer kommen bei uns vor?**

Waldwasserläufer, Bruchwasserläufer und besonders der Rotschenkel. Der Rotschenkel ist durch lange orangerote Ständer und einen langen rötlichen Schnabel mit schwarzer Spitze gekennzeichnet (Tafel 10 vor S. 225). Sie sind ganzjährig unter Naturschutz.

*Schnepfenvögel (Scolopacidae)*

Echte Schnepfen: Waldschnepfe, Bekassine

Waldschnepfe (Scolopax rusticola)

**Zu welcher Jahreszeit kommt die Waldschnepfe zu uns?**

Die Waldschnepfe (von snipe = Schnabelspitze) ist *Zugvogel*.
Der *Frühjahrszug* ist von Anfang März bis Mitte April. Der Zeitpunkt ihrer Ankunft richtet sich nach dem Wetter, besonders nach dem Wind. Die Waldschnepfe erscheint kurz nach dem *Eintreffen der Weißen Bachstelze*. Der alte schöne Vers

„Okuli – da kommen sie,
Lätare – da ist das Wahre"

bezeichnet die tatsächliche Rückkehr der Schnepfe nicht ganz richtig, da diese Sonntage beweglich sind.
Auf dem Frühjahrszuge beginnt der Suchflug der Männchen nach den Weibchen. Hierbei streichen die Schnepfen (besonders bei Westwind, bedecktem Himmel und Regen) in der Abenddämmerung in wankendem Flug in der Nähe sumpfiger Revierteile an den Altholzrändern entlang. Diesen Suchflug zur Paarungszeit bezeichnen wir als „*Schnepfenstrich*".
Der *Herbstzug* beginnt im Oktober und endet im November.

**Welche Laute läßt das Männchen beim Balzfluge hören?**

Ein quorrendes „orrt-orrt“, das sog. „Quorren“ oder „Murksen“. Das Männchen wird deshalb auch „Murkerich“ genannt.
Das hohe, scharfe „tsiwick“ oder das „Puitzen“ ist Balzlaut beider Geschlechter. Die meisten Weibchen fliegen jedoch stumm.

**Bei welcher Gelegenheit bejagt man die Waldschnepfen?**

Bisher bejagte man sie besonders im Frühjahr beim Abendstrich. Da die Jagdzeit (s. S. 492–495) allgemein vom 16. Oktober auf den 15. Januar verkürzt wurde (wie in Nordrhein-W. s. S. 495), ist die Waldschnepfe im Frühjahr geschont. Im Frühjahr streicht sie erst, wenn das Abendsingen der Vögel (Amsel, Singdrossel, Rotkehlchen) verstummt ist und der Schnepfenstern (der sehr helle Abendstern Venus) am Himmel blinkt.
*Im Frühjahr sind Such- und Treibjagden auf Waldschnepfen verboten! Der zweite Strich im Juni fällt in die Schonzeit!* Im Herbst schießt man die Waldschnepfe bei der *Suche* und im *Treiben* (Jagdzeit s. S. 492). Ende Oktober ziehen die Schnepfen zum Überwintern nach Afrika und den Mittelmeerländern, im Frühjahr kehren sie zu uns zurück.

**Was versteht man unter dem Malerfederchen und dem Schnepfenbart?**

Das *Malerfederchen* (3 cm) ist die längere der zwei kleinen, steifen und spitzen Federchen vor der ersten Schwungfeder der Schnepfe. Sie gilt als Trophäe und wird von den Malern zur Herstellung besonders feiner Striche und für Schmuck benutzt (Abb. S. 362).

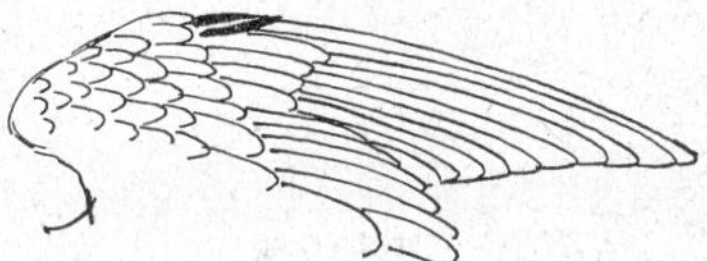

Oben: Sitz des Malerfederchens

Rechts: Sitz des Schnepfenbartes an der Bürzeldrüse

Der *Schnepfenbart* ist ein kleines, 1,5 cm langes, haarartiges Federbüschel, das sich auf der Fettdrüse (Bürzeldrüse) der Waldschnepfe befindet und wie ein winzig kleiner, gefaßter Gamsbart aussieht.

**Gibt es bei den Schnepfen ein zuverlässiges Unterscheidungsmerkmal zwischen Männchen und Weibchen?**

Nein. Eine Unterscheidung ist nur durch die Untersuchung der inneren Organe (Hoden, Eierstöcke) möglich.

**Was sind Stand- und Lagerschnepfen?**

Standschnepfen bleiben den Sommer über bei uns, die (wenigen) Lagerschnepfen auch über den Winter.

**Wo und wann brütet die Schnepfe?**

Sie brütet am Boden feuchter Wälder. Hierzu legt sie unter Busch, Astwerk oder an einem Stamm ein einfaches, mit Laub und Moos ausgelegtes Muldennest an. Die kurzovalen, 44×34 mm großen, rötlichgelben braungefleckten Eier (meist vier) werden 22 Tage bebrütet. Sie brütet zweimal im Jahre (April und Juli). Die erste Eiablage erfolgt zwischen dem 5. und 20. April. Die Jungen sind Nestflüchter. *Die Schnepfen sind „unehig"*. Das Männchen kümmert sich nicht um das Gelege und die Brut.

**Wie nennt man den Schnabel der Schnepfe?**

Stecher. Die Schnepfe *„sticht"*, wenn sie den Stecher in den Boden sticht und die Bodendecke umwendet; sie *„wurmt"*, wenn sie mit dem Stecher an feuchten Bruchstellen oder in Kuhfladen nach Würmern sucht. *Gutes Merkmal im Fliegen:*

*Der Stecher wird fast senkrecht nach unten gehalten!*

**Woran kann der Jäger die Anwesenheit von Schnepfen im Revier erkennen?**

An den Balzrufen, an „Stichstellen" und am „Kälken".
Unter dem „Kälken" versteht man das Absetzen der kalkweißen, dünnflüssigen Losung der Schnepfe („Kälken" der Greifvögel s. S. 243).

Bekassine oder Sumpfschnepfe (Gallinago gallinago)

**Wie unterscheiden sich Waldschnepfen und Bekassine?**

Die Waldschnepfe hat einen langen Stecher, runde Flügel und eine Färbung wie fallendes Laub. Scheitel und Nacken sind quergebändert. Sie fliegt mit klatschendem Geräusch, aber stumm, auf und läßt sich schnell wieder in Deckung fallen.
Die Bekassine dagegen hat spitze Schwingen, auf dem Kopf

Waldschnepfe
der Vogel mit dem „langen Gesicht"
mit *quer*verlaufenden
Kopfstreifen

Bekassine (Sumpfschnepfe)
(von beccus = Schnabel)
mit *längs*verlaufenden
Kopfstreifen

längs gerichtete helle Kopfstreifen und einen orangefarbenen Stoß. Charakteristisch für sie ist ihr *rätschender Ruf* beim Aufgehen und ihr Zickzackflug. Sie ist wesentlich kleiner als die Waldschnepfe. Sie wird wegen des *ziegenartig meckernden Lautes,* den das Männchen beim Balzflug hören läßt, im Volksmund auch „*Himmelsziege*" genannt.

Dieses „*Meckern*", das etwa wie das schnell gesprochene Wort „wähähähä" klingt, entsteht durch Vibration der weitgespreizten äußeren Steißfedern und der Leitflügel während des Balzfluges des Männchens beim schrägen Absturz (sog. Schwanzfedernmeckern!). Der Frühjahrsstrich beginnt Ende Februar. Die Bekassine bevorzugt im Gegensatz zur Waldschnepfe die weite offene und sumpfige Landschaft. Auf dem Erdboden meldet sie sich durch ihren typischen Ruf „tücke, tücke, tücke".

**Wann werden Bekassinen bejagt?**

Sie dürfen nicht mehr bejagt werden, da sie seit 1. 4. 1977 unter Naturschutz stehen.

Auch die große Zahl der übrigen Schnepfenarten vom Großen Brachvogel (Numenius arquata, Abb. S. 225) über die Mittel- oder Doppelschnepfe (Gallinago media), Zwerg- oder Haarschnepfe (Lymnocryptes minimus), den Kiebitz (Vanellus vanellus) und die Regenpfeifer (Charadriidae), bis zu den Wasser-, Strand- und Uferläufern und dem Triel (Burhinus oedicnemus) ist geschützt. Farbige Abbildungen s. Tafel 10 vor S. 225.

Mittel- oder Doppelschnepfe Zwerg- oder Haarschnepfe
stehen unter Naturschutz

Zwerg- oder Haarschnepfe (Lymnocryptes minimus)

**Wodurch unterscheidet sich die Zwergschnepfe von der Bekassine?**

Sie ist kleiner als die Bekassine und hat keinerlei Weiß am Stoß. Sie ist beim Auffliegen stumm und fliegt nicht im Zickzack. (Mittel- und Zwergschnepfe sind ganzjährig geschont!)

*Brachschnepfen*

Großer Brachvogel (Numenius arquata)

**Woran sind die Brachvögel leicht zu erkennen?**

An ihrem sehr langen, abwärts gebogenen Schnabel.

**Welches ist der bekannteste Brachvogel?**

Der Große Brachvogel (die Kronschnepfe oder „Vogel Tüt"). Er ist der größte europäische Schnepfenvogel (Tafel 10 vor S. 225). Das Gefieder ist gelblichbraun und dicht gestreift. Der Bürzel ist weiß. Gr. Brachvögel stehen unter Naturschutz und sind ganzjährig geschützt.

*Möwenartige Vögel (Lari)*
*Möwen (Laridae), Seeschwalben (Sternidae), Raubmöwen (Stercorariidae), Alken (Alcidae)*

**Was sind Möwen, und wo kommen sie vor?**
Es sind langflügelige Schwimmvögel (Jagdzeit s. S. 492). Sie kommen in zahlreichen Arten an der Meeresküste und an Binnengewässern vor, wo sie kolonienweise nisten. Ihr Schnabel ist schwach hakenförmig gebogen und wird waagerecht gehalten. Die meisten Möwen sind weiß und haben einen grauen oder schwarzen Rücken und ebenso gefärbte Schwingen.
Bei der *Lachmöwe* sind Schnabel und Ständer korallenrot.
Die *Silbermöwe* ist die gemeinste Möwe der Küste. Sie hat schwarz-weiße Flügelspitzen, einen gelben Schnabel und fleischfarbene Ständer.
Der Stoß der Möwen ist rund (der der *Seeschwalben* dagegen gegabelt). Sie leben gesellig.
*Raubmöwen* sind große greifvogelartige Seevögel mit dunklem Gefieder und schmalen, gewinkelten Flügeln. Die mittleren Stoßfedern sind bei Altvögeln verlängert.
*Die Eier* der Silber- und Lachmöwen dürfen zur Regulierung des Bestandes gesammelt und vom Jagdausübungsberechtigten *verwertet werden* (s. § 22 [4] BJG S. 490).
Möwen, die sich auf Müllkippen ernähren, sind häufig an *Salmonellose* (s. S. 417) erkrankt. Sie bilden mit ihren *Eiern* und Ausscheidungen eine Gefahr für Menschen.

*Alken (Alcides)*

**Was sind Alken?**
Alken sind schwarz-weiße, gesellig lebende entenähnliche Meeresvögel mit kurzem Hals, sehr kurzen, schmalen Flügeln und weit zurückgesetzten Beinen. Sie sind ganzjährig geschützt.

*Gänse- und Entenvögel oder Siebschnäbler (Anseriformes)*

Schwäne (Cygnidae), Wildgänse (Anseridae),
Wildenten (Anatidae) und Säger (Merginae)

**Welche Wildschwäne kommen in freier Wildbahn vor?**
Der zum Federwild gehörende Höckerschwan (Cygnus olor) und die unter Naturschutz stehenden Singschwan (Cygnus cygnus) und Zwergschwan (Cygnus bewickii). Sie sind Zugvögel.
Der *Höckerschwan* (schwarzer Höcker auf orangefarbigem Schnabel) wird gezähmt oft in Parken gehalten. Er klaftert 2,35 m. Er verteidigt seine Brut außerordentlich heftig. Die Jungtiere sind bis zu drei Jahren grau. Der Höckerschwan ist ohne Jagdzeit und deshalb ganzjährig geschont.
Dem *Singschwan* verhalf sein durchdringender Trompetenton zu seinem Namen. Er hat, wie der etwas kleinere *Zwergschwan*, einen schwarzen Schnabel. Das spitz nach vorn auslaufende Gelb an der Schnabelwurzel ist ausgedehnter als beim Zwergschwan (s. Abb.).

**Welche Wildgänse kommen freilebend vor?**
Wildgänse der Gattungen Anser und Branta. Wir unterscheiden: Feldgänse (Graugänse) (Abb. Tafel 11 nach S. 240): Graugans (Anser anser), Saatgans (Anser fabalis), Bläßgans (Anser

albifrons), Zwerggans (Anser erythropus) und die Kurzschnabelgans (Anser brachyrhynchus) sowie
Meergänse (Buntgänse): Schneegans (Anser cerulescens), Nonnengans (Anser leucopsis), Ringelgans (Branta bernicla) und Kanadagans (Branta canadensis).
Die *Feldgänse* haben am Ober- *und* Unterschnabel „Zähne“, die *Meergänse* nur am Unterschnabel.
Die Gänse sind *Zugvögel* und wandern vom Norden her als Durchzügler oder Wintergäste in wärmere, südliche Gegenden. An den Küsten sammeln sie sich oft (je nach der Art 3000 bis 20 000 Stück). Die Wildgänse unterliegen dem Jagdrecht, sind ohne Jagdzeit und deshalb ganzjährig geschont.

**Was verstehen wir unter der „Verlobungszeit“?**

Die Paarbildung bei allen Gänsen und Enten, die im Laufe des Winters erfolgt. Die Gatten eines Paares finden sich also bereits im Herbst vor der Begattungs- oder „Reihezeit“ zueinander.
Diese Ehezeit löst sich bei der *Stockente* mit Beginn der Brutzeit auf. Die Erpel schließen sich zu Gruppen zusammen.
Bei den *Wildgänsen* besteht (wie bei Adlern und Kranichen) nach einer „Verlobungszeit“ eine *eheliche Bindung für das ganze Leben* (einmalig in der Vogelwelt!). Fällt ein Ehepartner aus, bleibt der andere lange Zeit Einspänner. Alter bis zu 40 Jahren. Der Ganter beteiligt sich bei der Aufzucht der Jungen.

Wildgänse, Stock- und Pfeifenten in kleinen Trupps fliegen in schräg **gestaffelter Reihe**

**Was ist für den Flug der Gänse charakteristisch?**

Sie strecken Kopf und Hals geradeaus. In kleinen Trupps bilden sie eine schräge gestaffelte Reihe, in größeren Gesellschaften eine Keilformation (s. S. 222).

**Zu welcher Tageszeit war die Jagd auf Gänse am erfolgreichsten?**

In den frühen Morgenstunden (weniger ergiebig ist im allgemeinen der Abendstrich). Günstig ist *trübes, nebeliges Wetter und Schneetreiben.* Man schoß nicht auf die Vorhut und nahm gute Deckung beim Angehen, z. B. hinter einem Pferd oder einem „Schild" (gemalte Kuh).

*Gänse weiden am Tage und liegen nachts auf dem Wasser!*

**Wird die Jagd auf Gänse noch ausgeübt?**

Nein! Wildgänse sind ohne Jagdzeit und deshalb ganzjährig geschont.

**Welche Wildenten werden unterschieden?**

Schwimmenten und Tauchenten.
Die Schwimmenten (Gründelenten) tauchen fast nur bei Gefahr, sie *„gründeln"* bei der Nahrungssuche, d. h. Kopf im Wasser, Steiß nach oben. Sie sind nicht an Wasser gebunden und suchen ihre Nahrung nachts auch auf den Feldern. Beim Auffliegen lösen sie sich ohne Anlauf sofort vom Wasser. Die Mittelfedern auf den Schwingen sind meist prächtig bunt gefärbt. Sie nennt man *„Spiegel"*. Erpel und Ente haben verschiedene Färbung. Die Schwimmenten liegen höher auf dem Wasser als die Tauchenten.
Die bekanntesten Schwimmenten sind: Stock,- Krick-, Knäk-, Spieß-, Pfeif-, Schnatter- und Löffelente. (Merksatz: Der *Spieß pfeift* die *schnatternden* Rekruten zum *Löffel*gericht.)
Die Tauchenten sind an das Wasser gebunden. Sie tauchen nach Nahrung und laufen beim Auffliegen patschend auf der Wasseroberfläche entlang.
(Die bekanntesten Tauchenten sind: Tafel-, Moor-, Berg-, Reiher-, Schell-, Eis-, Samt- und Trauerente sowie Eider- und Kolbenente. Sie schmecken mit Ausnahme der Tafelente tranig und haben keine wirtschaftliche Bedeutung. Die Brandente gehört zu den Schwimmenten.)

**Welche ganzjährig geschonten Enten müssen vom Jäger auch im Fluge gekannt werden?**

Die gänseartige Brandente (auch Brandgans genannt), die Eiderente und die Kolbenente (Abb. Tafel 11, S. 240). Sie sind im Fluge gut zu unterscheiden:
*Brandente:* beide Geschlechter mit auffallend brandroter, breiter Binde um den Vorderkörper.
*Eiderente:* beide Geschlechter haben einen auffallend spitzen Kopf und fliegen, wie keine andere Ente, abwechselnd schwingenschlagend und gleitend, mit tiefgehaltenem Kopfe.
*Kolbenente:* Im Fluge fallen die schwarze Brust, der schwarze Bauchstreif und die leuchtend weißen Flanken auf (s. Abb. S. 240).

**Wie leben die Schwimm- oder Gründelenten?**

Sie sind besonders vor und nach Sonnenuntergang aktiv und verlassen das Wasser, um *während der Nacht auf Wiesen und Feldern,* Getreidelagerstellen, Getreide- und Erbsenstoppeln und unter Masteichen zu *„weiden"* (Futter zu suchen). Mit Sonnenaufgang kehren sie wieder auf das Wasser zurück, wo sie gründeln („sich stürzen") und schlafen.

*Schwimmenten weiden nachts und liegen tagsüber auf dem Wasser!*

**Welche ist die jagdlich interessanteste Wildente?**

Die Stock- oder Märzente (Anas platyrhynchos). Sie ist die größte heimische Gründelentenart (Erpel $^{5}/_{4}$ kg, Ente 1 kg).
Der Erpel trägt sein buntes Prachtkleid mit dunkelgrün schillerndem Kopf und weißen Halsring und mit den vier (als Trophäe geltenden) Erpelfedern vom Oktober bis zum Frühjahr. Im Mai mausert er das Kleingefieder und ähnelt dann im *„Schlichtkleid"* der Ente. Im Juni/Juli mausert er dann das Großgefieder (die Schwung- und Stoßfedern) und ist in dieser Zeit als *„Rauh-Erpel"* flugunfähig. Im September folgt die Kleingefieder-Mauser in das neue *„Prachtkleid", das ab Oktober getragen wird.* Auch die Jungerpel mausern sich im Herbst zum *Prachtkleid.*
Bei der Ente verläuft die Mauser später und unauffälliger. Die Ente befindet sich Ende Juli, Anfang August in der Vollmauser und ist in dieser Zeit flugbehindert (die Anfang August flugfähigen Enten sind Jungenten oder Erpel nach der Großgefiedermauser!). Im Vergleich zum Erpel im Prachtkleid ist sie unscheinbar gefärbt und trägt lediglich auf den Schwingen, wie der Erpel, dunkelblau schillernde schwarz und weiß eingefaßte Querbinden, den sogenannten Spiegel.

*Flugwild muß auf den Schwingen sein, wenn man es beschießt!*

Bläßhuhn und Tauchenten laufen beim Aufstehen patschend auf der Wasserfläche entlang

Schwimmente löst sich ohne Anlauf vom Wasser

Schwimmente: Steiß über dem Wasser; Tauchente: Steiß im Wasser

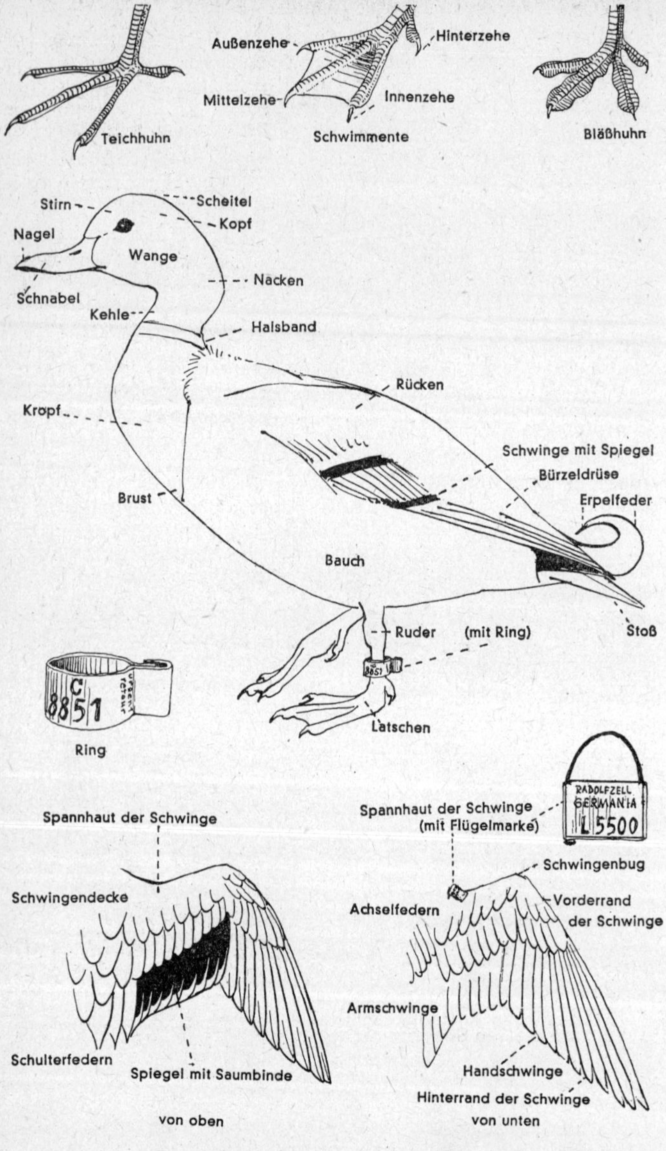


Wildente in der Waidmannssprache
Topographie und Kennzeichnung

**Wie unterscheidet sich der Erpel im Schlichtkleid von der Ente?**

Durch seinen fast *schwarzen Oberkopf*. Der Schnabel ist beim Erpel grünlichgelb mit schwarzem Nagel, bei der Ente dagegen graugrün (olivgrün). Die Stimme des Erpels ist ein leises „räb-räb", die der Ente ein lautes „quaak, quaak, quaak".

**Warum ist das Weibchen vieler Vögel unscheinbarer gefärbt?**

Weil es die Eier legen, ausbrüten und die Jungen führen muß. Durch die unscheinbare Färbung fällt es weniger auf. Dadurch ist es vor Feinden (Raubwild, Raubzeug) besser geschützt.

**Wie liegen Schwimm- und Tauchenten auf dem Wasser?**

Schwimmenten ähneln einem *schwimmenden Boot,* Tauchenten ähneln einem *umgestürzten Boot* (Abb. S. 235).

**Wann beginnt bei den Stockenten die Reihzeit (Paarzeit)?**

Im Februar. Das „Reihen" ist die Verfolgung der Ente durch mindestens zwei Erpel (die Erpel überwiegen zahlenmäßig!).
*Der Stockentenerpel verläßt die Ente zu Beginn der Brutzeit.*

**Aus wieviel Eiern besteht das Gelege?**

Aus 7 bis 12 Eiern (Abb. Tafel 45/4 vor S. 497). (Brutzeit 28 bis 32 Tage.)

**Wie nennt man ein ausgefallenes Entengelege?**

Ein *Geheck,* wenn man nur die Brut meint, sonst ein (das) *Schof* (auch Schoof). Enten sind Nestflüchter. Die Küken können sofort nach dem Schlüpfen schwimmen.
Schof ist der Sammelname für eine Gänse- oder Entenfamilie, solange Eltern und Junge zusammen sind. Mehrere Schofe schlagen sich zu *Flügen,* diese wiederum zu *Scharen* zusammen.
Die Schofe sind etwa Mitte Juli/Anfang August *„beflogen"* und damit *schußreif* (Jagdzeit s. S. 492 u. 494/495).

**Wie heißen die Füße der Gänse und Enten?**
Latschen. Mit ihnen machen sie (im „Gänsemarsch") das „Geläuf".

Das Geläuf der Ente; es zeigt geringe „Schränkung"

**Wie unterscheiden sich geschossene junge und alte Enten?**

Jungenten haben *dunkle* Latschen (Ruder) von graugrünlicher Farbe, die mit zunehmendem Alter in ein helles Gelb und vom zweiten Jahre ab in Orangerot übergeht (das ist beim Erpel markanter als bei der Ente). Junge Enten haben außerdem einen *rötlich* hornfarbenen Schnabel (alte Enten s. oben).

### Wildentenhege und Bejagung

**Welche Stockenten sollen geschossen werden?**

Grundsätzlich sind Jungenten und überzählige Erpel zu schießen. Man schieße nie die erste von mehreren streichenden Enten, denn das ist meist die weibliche. Insbesondere ist zu *Beginn der Jagd-*

*zeit nicht im Schilf zu stöbern* und dadurch die oft noch in der Vollmauser befindliche und daher *flugbehinderte Ente* sorgsam zu schonen, denn sie ist die Mutterente eines Schofes.

*Die Mutterente ist die Grundlage des Besatzes!*

**Welche Jagdarten sind auf Enten üblich?**

Die Suche und Pirsch, bei der mit dem Stöberhund Gräben, Tümpel, Wasserlöcher und kleine Gewässer vom Lande aus abgesucht werden,
der Anstand und Ansitz beim abendlichen *„Strich“* (z. B. beim „Enteneinfall“ auf Stoppelfeldern) und beim morgendlichen „Strich“ (beim Einfall auf dem Wasser), besonders günstig sind Nebel und Schneetreiben (aber nicht bei Wintersnot!),
die Lockjagd mit natürlichen und künstlichen Lockenten (sie ist *in Baden-Württemberg verboten!*) und die Treibjagd auf Seen unter Benutzung von Kähnen.
Als *Lockenten* werden gewöhnlich hölzerne oder aufblasbare Gummienten in natürlichen Farben benutzt. Zum Anlocken der Enten dient bei dieser Jagdart ein künstlich hergestelltes Lockinstrument, die Entenlocke, mit der man den Ruf oder das Schnattern der Enten bei der Futteraufnahme nachahmt.
Die *Treibjagd* auf Enten ist die *gefährlichste Jagd!* Schrote gellen leicht ab oder durchschlagen verdeckendes Schilf. Das Stehen von Schützen im Kahn bei Wasserjagden ist verboten, wenn nicht durch die Sicherung des Fahrzeuges ein Umschlagen des Kahnes oder Sturz des Schützen ausgeschlossen ist (Vorschrift der Berufsgenossenschaft). Der Schütze darf niemals seinen Hund im Kahn anleinen!
*Geflügelte Enten,* die vor dem Hunde wegtauchen, läßt man in Ruhe und sucht sie am Morgen des folgenden Tages *an Land nach.*
Erlegte Enten müssen sofort ausgezogen (s. S. 357) und luftig aufgehängt werden. Man läßt sie nicht „abhängen“, wie den Fasan (s. S. 344).

Bruthütte für Enten auf Pfählen im Wasser, mit Blechmanschetten zum Schutze gegen Wanderratten (s. S. 182). Sie wird zweckmäßig mit Schilf oder Reisig getarnt!

**Wie kann man Teiche mit Wildenten bevölkern?**

Durch Ausbrütenlassen von Wildenten- oder Hochbrutflugenteneiern durch Hühner oder Brutmaschinen.
Auch durch Aussetzen wildfarbener *Hochbrut-Flugenten* kann man einen Entenbesatz begründen. Es sind Hausenten, die der Stockente nahestehen und leicht verwildern.
*Sie bleiben dem Revier treu,* in dem sie ausgebrütet sind, und ziehen die Erpel nach.

*Enten sind für Hege und Fütterung sehr dankbar!*

**Wie übt man eine erfolgreiche Hege bei Wildenten aus?**

Die Hege der Enten hat sich auf die Schaffung natürlicher Nistgelegenheiten und Deckung (Röhricht, Weidendickicht, Kopfweiden, Hecken, Schilf), auf den Schutz der Gelege, die Schonung der weiblichen Enten, das Fernhalten von Störungen durch Menschen, die Bekämpfung der Schädlinge (Habicht, Krähe, Elster, Wanderratte und Hecht), das Anbringen von Bruthütten und eine vernünftige Bejagung zu erstrecken. Bläßhühner sind kurzzuhalten!

**Wie hat die Winterfütterung zu erfolgen?**

Man füttert in offenen Wasserstellen in einer Tiefe von 20 bis 30 cm. An Steilufern baut man auf vier Pfählen einen Futtertisch etwa 20 cm unter der Wasseroberfläche (wegen der Krähen). Man füttert mit Getreide, Erbsen, Eicheln, Mais und Kartoffeln. Enten wollen gründeln. Die Bejagung an Futterstellen ist nicht waidgerecht!

**Was ist charakteristisch für die Säger?**

Ihr schlanker, an den Rändern mit Hornzähnen besetzter Schnabel, der einer Säge ähnelt und sich gut zum Fischfang eignet. Die Säger liegen beim Schwimmen tief im Wasser, sind flink wie ein Otter, treiben sich die Fische systematisch zu und fliegen mit ganz waagerecht gehaltenem Schnabel, Kopf, Hals und Körper.
Für die Säger wurde keine Jagdzeit festgesetzt. Sie sind deshalb ganzjährig geschont.

Säger (Gänse-, Mittel- und Zwergsäger)

*Lappentaucher (Podicipedidae)*

Haubentaucher (Podiceps cristatus)

**Wie unterscheiden sich die Taucher von den Enten?**

Durch den zugespitzten Schnabel, ihre Spaltschwimmfüße und ihr „schwanzloses" Aussehen. Sie leben ausschließlich auf dem Wasser, sind schlechte Flieger, aber gute Taucher (Abb. S. 242).

**Zu Tafel 11: Ganzjährig geschonte Wildgänse und Wildenten**

1. *Meergänse* (Kanada-, Ringel- u. Nonnengans, Abb. S. 233)

2. *Feldgänse* (Graugans, Bläßgans, Saatgans):

× **Graugans,** ♂ 80 cm, ♀ 70 cm
Sie ist die größte Wildgans (von ihr stammt die Hausgans ab). Sie gehört zu den grauen Gänsen mit rötlichen Ständern und Rudern. Der Schnabel ist orangefarbig ohne Schwarz, der *„Nagel" weißlich*. Leicht an der Stimme zu erkennen („gagagag" wie Hausgans)

× **Bläßgans,** ♂ 70 cm, ♀ 65 cm, kleiner als Graugans
Sie hat gegenüber der Graugans unregelmäßige schwarze Querflecken am Bauche und ist gekennzeichnet durch einen auffallend *weißen Fleck* am Grunde des hell fleischfarbenen Schnabels mit *weißem „Nagel"*, durch orangefarbene Ständer und Ruder. Sie schnattert ähnlich, aber rascher und in höherer Tonlage als andere graue Gänse, gewöhnlich zweisilbig „klick-klick"

× **Saatgans,** ♂ 80 cm, ♀ 75 cm
Allgemein dunkler als die Graugans, besonders dunkel sind Kopf und Hals. Der Schnabel (oft mit etwas Weiß am Grunde) ist schwarz mit orangegelber Binde und mit stets schwarzem Nagel. Latschen orangegelb, in der Jugend hellgelblich.

3. *Ganzjährig geschonte Wildenten:*

× **Brandente,** ♂ 66 cm, ♀ 62 cm, größer als Stockente
Wegen gänseartiger Erscheinung auch Brandgans genannt. Beide Geschlechter mit auffallender rostbrauner breiter Binde um den Vorderkörper und mit rotem Schnabel. Kopf und Hals grünlichschwarz
*Im Fluge* ist von unten das fuchsrote Brustband und der dunkle Mittelstreif auf der weißen Unterseite auffallendes Merkmal. Große weiße Vorderschwingendecke, Handschwingen schwarz
♂ Schnabel mit sichtbarem Höcker (während der Brutzeit)
♀ Schnabel ohne Höcker mit hellem Band an der Basis
Vorkommen: Deutsche Bucht, Sylt, Borkum, brütet auch im Binnenland (in Bruthöhlen)

× **Eiderente,** ♂ 62 cm, ♀ 56 cm, weitaus massiger als die Stockente
Beide Geschlechter mit auffallendem spitzen Kopf (der grüne Schnabel und die Stirn sind nicht gegeneinander abgesetzt!).
*Flugbild:* Sie fliegen sehr niedrig und, wie keine andere Ente, abwechselnd schwingenschlagend und gleitend, mit tief gehaltenem Kopfe
♂ Kopf weiß mit schwarzem Scheitel und hell moosgrünem Nacken. Brust rahmgelb, Vorderschwinge weiß, einzige Ente mit schwarzem Bauchgefieder und weißem Rücken!
♀ braun, dicht und kräftig schwarz gebändert
Vorkommen: Als Meeresente in Island, Norwegen, Sylt und Amrum

× **Kolbenente,** ♂ 57 cm, ♀ 51 cm, stockentengroß
Plumpe, dickköpfige Tauchente, die hoch im Wasser liegt
♂ karminroter Schnabel, leuchtend rötlich-kastanienbrauner Kopf, Scheitelfedern können zur Holle aufgerichtet werden, helle Flanken, Hals, Brust, Bauch und Stoßdecken glänzend schwarz.
*Im Fluge* fallen die weißen Vorderkanten der Schwingen, die schwarze Brust, der schwarze Bauchstreif und die weißen Flanken auf.
♀ dunkelzimtbraune Kopfplatte mit hiervon abstechenden hellgrauen Wangen, Schnabel grauschwarz, an der Spitze und den Seiten blaß rötlich, Gefieder sonst graubraun, oberseits dunkler
Vorkommen: Bodenseegebiet, Mecklenburg, Ostholstein, Fehmarn; im Herbst gelegentlich auch im Binnenland

---

× ganzjährig geschont (s. S. 492 bis 495)

Die cm-Maße geben die Längenmaße des Vogels von der Schnabelspitze bis zur Spitze des Steißes an (nicht die Flügelspannweite)

♂ = Männchen (= Spieß des Kriegsgottes Mars)
♀ = Weibchen (= Spiegel der Liebesgöttin Venus)

**Ganzjährig geschonte Wildgänse und Wildenten**

## Zu Tafel 12: Schwimmenten

Jagdzeit: S. 492 bis 495    ♂ = Erpel    ♀ = Ente
Die cm-Maße sind Längenmaße von der Schnabel- bis zur Stoßspitze. Die Erpel tragen vom Herbst bis zum Frühjahr ein Prachtkleid; im Schlichtkleid ähneln sie weitgehend den Enten (s. auch S. 235).

**Stockente,** ♂ 57 cm, ♀ 49 cm, größte Gründelente, helles Fluggeräusch
Beide Geschlechter: Latschen orangerot, „Spiegel" stahlblau, vorn und hinten schwarz und weiß eingefaßt.
♂ *Kopf und Hals dunkelgrün, weißer Halsring,* Kropf und Brust kastanienbraun, Unterseite hellgrau, Rücken braungrau, *schwarzer Stoß weißgesäumt mit vier „Locken",* Schnabel grünlichgelb mit schwarzem Nagel. Ruf: leises „räb, räb"
Sommererpel im Schlichtkleid wie eine dunkle Ente (s. S. 237)
♀ braungefleckt, graugrüner Schnabel, an den Seiten oft orangefarben, mit schwarzem Nagel, weißlicher Stoß. Ruf: „quaak, quaak, quaak"

**Krickente,** ♂ 36 cm, ♀ 34 cm, kleinste Ente
Beide Geschlechter: leuchtend grünblaue „Spiegel" mit weißer Einfassung, Schnabel schwarz, Latschen bleigrau
♂ *kastanienbrauner Kopf* mit bogenförmigem grünem Augenstreifen. gelbliche Flecken an jeder Seite des schwarzen „Heckes", weißer Streifen über der Schwinge. Ruf: „kryck"
♀ braun und gelblich gefleckt. Ruf: schnelles „gägägägä"

**Knäkente,** ♂ 38 cm, ♀ 35 cm, nur wenig größer als die Krickente
♂ *weißer sichelförmiger Kopfstreif* über dem Auge nach hinten, lange schwarz-weiß-graue Schulterfedern, die über die Schwingen herabhängen, Spiegel mattgrün. Ruf: knarrend „rerr"
♀ heller Bogenstreifen über dem Auge, mattgrüner Spiegel. Ruf: „knäk"

**Spießente,** ohne Spieß, ♂ 55 cm, ♀ 48 cm, knapp stockentengroß
Beide Geschlechter: langhalsig, mit spießförmigem, langen Stoß
♂ *schokoladenbrauner Kopf und Hals,* weißer Streif längs des Halses zur weißen Brust, bis 18 cm langer, scharf zugespitzter Stoß, Oberseite und Flanken grau, Spiegel bronzegrün. Ruf: „hrüf"
♀ ähnlich der Stockente, jedoch mit schlankerem Hals, grauem Schnabel und spitz zulaufendem Stoß. Ruf: knurrendes Quaken

**Pfeifente,** ♂ 46 cm, ♀ 44 cm
Beide Geschlechter: gedrungener Körper, runder Kopf, kurzer Schnabel, blaugraue Latschen
♂ *rotbrauner Kopf* mit hellgelbem Scheitel („Blesse"), weinrötliche Brust, fein schwarz-weiß quergewellte Flanken und Oberseite, schiefergrauer Schnabel mit schwarzem Nagel. Pfeifender Ruf. Im Fluge weißer Bauch und dreieckiger weißer Flügelfleck gut sichtbar
♀ kurzer blaugrauer Schnabel, zierlicher Kopf, lichte Schulter, schwärzlichgrauer Spiegel. Ruf: schnarrendes „terr"

**Schnatterente,** ♂ 51 cm, ♀ 47 cm, etwas kleiner als Stockente
Beide Geschlechter: *weißer Spiegel,* davor rostbrauner Fleck
♂ *Kopf* und Körper *schlicht graubraun,* kastanienbraune Flügeldekken, Schnabel dunkelgrau, Latschen orangegelb, *schwarzes Heck* (bestes Kennzeichen). Ruf: einzelne tiefe Pfiffe
♀ von der Stock- und Spießente durch kürzeren Stoß, gelben Schnabel und weißen Spiegel unterschieden. Ruf: laut „rääck, rääck, rääck"

**Löffelente,** ♂ 51 cm, ♀ 47 cm
Beide Geschlechter: auffallend großer, löffelartig verbreiterter schwarzvioletter Schnabel; Latschen orangefarben
♂ *glänzend grüner Kopf,* weiße Brust, Oberflügel himmelblau, leuchtend grüner, weiß eingefaßter Spiegel, Flanken und Bauch rostbraun
♀ braun gefleckt, ähnlich der Stockente, aber mit blauen Schultern; schwärzlicher Spiegel mit grünglänzendem Fleck

Stockente
♂
♀
Krickente
♂
♀
Knäkente
♂
♀
Spießente
♂
♀
Pfeifente
♂
♀
Löffelente
♂
♀
Schnatterente
♂
♀
ZIEGLER

**TAFEL 13**

Tafelente
Moorente
Bergente
Reiherente
Schellente
Eisente
Trauerente
Samtente
ZIEGLER

## Zu Tafel 13: Tauchenten

Jagdzeit: S. 492 bis 495   ♂ = Erpel   ♀ = Ente
Die cm-Maße sind Längenmaße von der Schnabel- bis zur Stoßspitze.

**Tafelente,** ♂ 46 cm, ♀ 42 cm, eßbar; Spiegel hellgrau, Latschen blaugrau
♂ *rostbrauner Kopf und Hals,* der sich auffällig von der schwarzen Brust und dem hellgrauen Körper abhebt. Schnabel dunkelschieferblau mit hellblauem Band, rotes Auge (Regenbogenhaut)
♀ dunkelbrauner Kopf und Vorderkörper; Kopfseiten, Kinn und Kehle weißlichgrau

**Moorente,** ♂ 41 cm, ♀ 39 cm
Beide Geschlechter: *Kopf, Hals und Brust mahagonibraun,* Spiegel und Stoßunterseite weiß, kein Weiß am bläulichen Schnabel
♂ weißes Auge (Regenbogenhaut)
♀ braunes Auge; Färbung etwas matter als beim Erpel

**Bergente,** ♂ 46 cm, ♀ 42 cm (beide Geschlechter: gelbe Augen)
♂ *Kopf, Vorderteil und Heck schwarz,* Rücken grau (fein schwarz-weiß quergewellt), weißer Streifen am Hinterrande der Schwinge; Flanken und Unterseite weiß, Schnabel graublau
♀ um den Schnabelgrund scharf begrenzter weißer Ring, Rücken und Flanken fein braun-weiß quergewellt, schwarze, niedrige Ruder

**Reiherente,** ♂ 44 cm, ♀ 42 cm (beide Geschlechter: gelbe Augen)
♂ *schwarzer Kopf mit* deutlicher *Federhaube;* der schwarz wirkende Körper steht im Kontrast zu den weißen Flanken und dem weißen Bauch
♀ dunkelbraun, mit nur angedeuteter Federhaube, Bauch und Flanken weiß und mit braunen Federn durchsetzt. An der Basis des grünen Schnabels ein nur angedeuteter weißlicher Ring, dünne Ruder

**Schellente,** ♂ 46 cm, ♀ 42 cm (brütet in Baumhöhlen oder Nistkästen)
Beide Geschlechter: nach vorn verschmälerter schwarzgrüner Schnabel, weißer Spiegel, rötlichgelbe Latschen
♂ *tiefschwarzer Kopf, auffälliger weißer Backenfleck,* kurzer Hals; Hals und Unterseite weiß, Rücken und Stoß dagegen schwarz, weiße Schulterstreifen (*kontrastreiches Schwarz-Weiß!*)
♀ *schokoladenbrauner Kopf,* der von einem *weißen Halsring* deutlich abgegrenzt wird, grau marmorierte Oberseite, der weiße Spiegel wird durch einen dunklen Streif geteilt

**Eisente,** ♂ 53 cm, ♀ 42 cm, einschließlich Schwanzspieß
Beide Geschlechter: *Verlängerte Stoßfedern, dunkler Wangenfleck,* Schwingen dunkelgrau *ohne Spiegel,* Schnabel kurz und schwarzgrau
♂ *Kopf, Hals, Schultern und Bauch weiß,* im Kontrast dazu Brust, Rücken und Schwingen schwarzbraun. Schnabel orangerot und schwarz gebändert
♀ Kopf, Halsseiten, Flanken und Bauch weiß, sonst graubraun, Schnabel schiefergrau

**Samtente,** ♂ 56 cm, ♀ 50 cm, etwa stockentengroß
Beide Geschlechter: gedrungener Kopf, fast ohne Hals, auffallend weißer Spiegel, dunkelrote Latschen mit schwärzlichen Schwimmhäuten
♂ *unter dem Auge weißer Fleck,* schwarzer Schnabel mit gelben Seiten, schwarzes Gefieder
♀ am Kopf in der Ohrgegend und auf dem Zügel weißliche Flecke, dunkelbraunes Gefieder

**Trauerente,** ♂ 49 cm, ♀ 44 cm, kleiner als Samtente
♂ *einzige ganz schwarze Ente,* purpurviolett schillernd, am Grunde des Schnabels auffallender Höcker, schwarzer Schnabel mit orangerotem Fleck, Latschen schwarzbraun
♀ dunkelbraun, ohne Spiegel; Unterseite bräunlich-weiß gesprenkelt, Halsseiten weißlich-braun, Latschen olivbraun mit schwärzlichen Schwimmhäuten, ganz dünne Ruder

**Wie heißt der bekannteste Taucher?**
*Haubentaucher* (Podiceps cristatus). Er ist (mit etwa 48 cm Gesamtlänge) stockentengroß und leicht an den schwärzlichen Ohrbüscheln und zur Brutzeit an der auffallend rostbraun-schwarzen Krause an den Kopfseiten zu erkennen.
Er unterliegt dem Jagdrecht. Für ihr wurde keine Jagdzeit festgesetzt, er ist deshalb ganzjährig geschont.

**Welche Taucher sind ganzjährig geschützt?**
Alle anderen Taucher, insbesondere:
der *Rothalstaucher* (P. griseigena, 43 cm, rostroter Hals, weißes Kinn, hellgraue Wangen), der *Schwarzhals*taucher (P. nigricollis, 30 cm, schwarzer Hals, goldgelbe Ohrbüschel) und der *Zwerg*taucher (P. ruficollis, 27 cm, mit hellem Schnabelfleck).

Haubentaucher Kormoran (gänsegroß)

*Kormorane (Phalacrocoracidae)*

Kormoran (Phalacrocorax carbo)

**Was sind Kormorane?**
Gänsegroße langschnäbelige, schwärzliche Wasservögel der Küsten und Flußmündungen mit meergrünen Augen und weißen Kopfseiten. Eine Kormoransiedlung befindet sich auf Knechtsand/Elbe. Sie schwimmen tief im Wasser mit schwach aufwärts gerichtetem Kopf und Schnabel. Im Fluge fällt der für einen Schwimmvogel recht lange Steiß auf. Man nennt den Kormoran auch „fliegendes Kreuz“, weil seine Flügelspanne im Flug fast so breit ist wie der Körper lang. Wo Kormorane brüten, sterben innerhalb fünf Jahren die Bäume, da sie die Belastung mit ätzendem Kot und das Abrupfen der Zweige nicht überleben.
Kormorane haben Schwimmhäute zwischen allen vier Zehen, sind Nesthocker und ganzjährig unter Naturschutz.
(Asiatische Fischer legen ihnen Ringe um den Hals und benutzen sie als Fischfänger.)

*Greife (Accipitridae), Falken (Falconidae)*

Allgemeines

**Welche waidmännischen Ausdrücke werden gebraucht, wenn von Greifvögeln die Rede ist?**
Es bedeuten:
Atzung = die Nahrung der Greifvögel
aufblocken oder aufhaken = Fuß fassen oder aufbaumen
Augenstern s. Stern
Balzflug = Flugspiele der Greifvögel in der Paarzeit

behost = befiederte Fänge (bis unten behost = rauhfüßig)
Eier = Eier (Gelege)
einschwingen = sich (auf einen Baum) setzen
Fänge = Füße der Greifvögel, oder auch nur die Zehen mit den Waffen (Krallen)
Fittiche oder Schwingen = Flügel
Fraß = die Nahrung toter Tiere (s. auch Raub)
Gewaff oder Waffen = die Krallen der Greifvögel
Gewölle = die in Klumpen ausgespienen unverdauten Reste des gekröpften Raubes, wie Federn, Haare und Knochen
greifen, binden, schlagen = erfassen der Beute
Haken = krumme Spitze des Schnabels
Handschwingen = äußerste Flügelfedern
hocken = ausruhend oder wartend sitzen
Horst, horsten = das Nest der Greifvögel, Reiher, Kraniche, Störche, Rabenvögel und Tauben (anderes Federwild nistet)
Horstfeld = Brutrevier
Horstzeit = Brutzeit der horstenden Vögel
kälken = kalkweiße dünnflüssige Losung ausscheiden
klaftern, spannen = Spannweite der Schwingen in cm (s. S. 246)
Kleid = Gefieder des Federwildes

Greifvögel in der Waidmannssprache

Alter Hühnerhabicht aufgehakt
Unterseite quergestreift

*Langer Stoß mit vier sichtbaren breiten Querbinden*

Mäusebussard aufgeblockt
kröpfend

*Kurzer Stoß mit zwölf schmalen Querbinden*

kreisen = im Kreise fliegen, bei der Beutesuche und während der Balzzeit, auch zum Ausnützen von Aufwind
kröpfen = fressen, verzehren
lahnen = bettelnd schreien
Raub = die lebend gefangene Beute
rupfen (Rupfung) = das Ausreißen der Federn der Beutetiere
rütteln = das rasche Bewegen der Fittiche beim Stehen in der Luft
schlagen = ergreifen der Beute
schmelzen, schmeißen, kälken = sich lösen (Geschmeiß absetzen)
schreien = Lautäußerungen der Greifvögel
Stern = Augenstern oder Iris (der farbige Ring, der die Pupille des Auges umschließt)
stoßen = aus der Luft auf den Raub hinabsausen
streichen, abstreichen, zustreichen = fliegen
Zahn = scharfe Zacke im Oberschnabel der Falken (Falkenzahn)
Zügel = ein farbiger Streifen, der sich bei manchen Vögeln vom Schnabelwinkel als Backenstrich hinzieht.

**Welche Bedeutung haben die Greifvögel für ein Niederwildrevier?**

Sie greifen als *„Regulatoren"*, nicht als Vernichter, in die Niederwildbestände ein. So regulieren z. B. Turmfalke und Sperbermännchen die Mäuse- und Kleinvogelbestände (Sperlinge), Waldkauz und Waldohreule die Maus- und Mauswieselbestände.

*Ein intakter Biotop (s. S. 120) verträgt das Nebeneinander von Niederwild und Greifvögeln!* Die Greife (s. S. 465) unterliegen dem Jagdrecht. Für sie wurde keine Jagdzeit festgesetzt; sie sind also ganzjährig geschont!

**Wie hat sich der Jäger zu den Greifvögeln eingestellt?**

Er fördert ihren Bestand, da die Greifvögel (auch wegen der verwendeten „Pestizide") immer seltener werden, und schont sie nach Möglichkeit auch dann, wenn für sie noch eine Schußzeit bestehen sollte.

**Welche Beute wird von Greifvögeln bevorzugt geschlagen?**

Es werden bevorzugt die in ihrer Bewegung gehinderten Beutetiere geschlagen, also erkrankte, abgekommene und angeschossene Stücke. Die Greifvögel wirken als Gesundheitspolizei.

**Wie erkennt man, ob Rupfung oder Riß vorliegt?**

Die von einem Greifvogel gerupfte Feder eines Beutetieres wird vollständig *ausgerissen.*

Die von Fuchs, Marder, Iltis, Wiesel oder Katze beim Riß abgeschärfte Feder ist über den Wildbretteilen *abgeschnitten.*

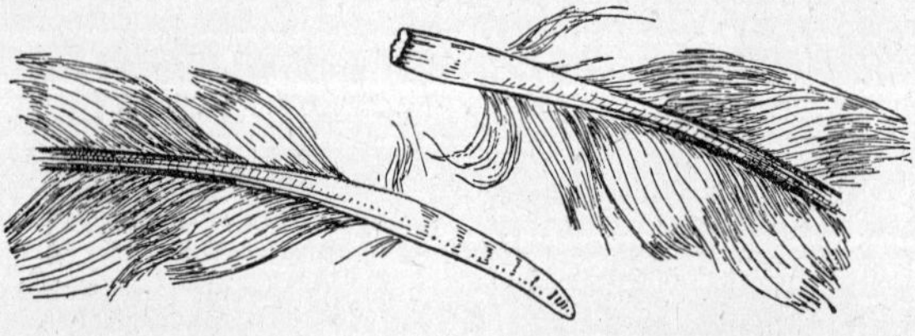

gerupfte Feder: Greifvogel

verbissene Feder: Fuchs, Katze, Marderarten

Hühnerhabicht (Accipiter gentilis) und
Sperber (Accipiter nisus)

**Wie erkennt man den Habicht und Sperber im Fluge?**

Beide haben kurze Fittiche (Schwingen) und einen auffallend langen Stoß. Im Flug wechseln mehrere rasche Flügelschläge mit Gleitfliegen ab. Der Habicht ist etwa hühnergroß, der Sperber nur taubengroß (der Wanderfalke etwa krähengroß).

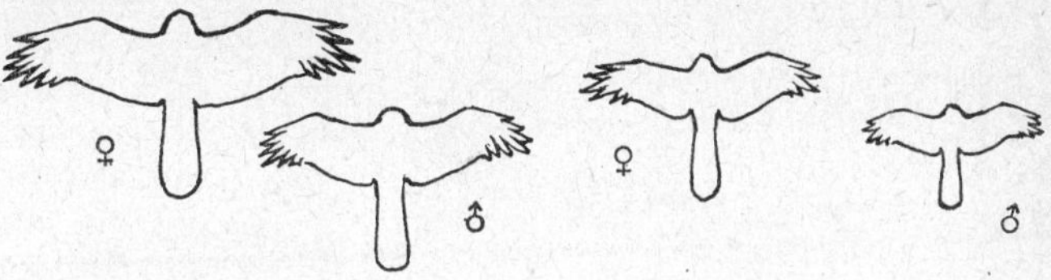


Habicht
Weib: spannt 112—116 cm
Terzel: spannt 90—95 cm

Sperber
Weib: spannt 65—70 cm
Sprinz: spannt 55—60 cm

Es bedeuten: ♂ = Männchen (Lanze des Mars)
♀ = Weibchen (Spiegel der Venus)

**Wie unterscheiden sich Sperber und Kuckuck im Fluge?**

Der *Sperber* macht drei bis vier energische Flügelschläge und gleitet dann über lange Strecken.

Der Kuckuck fliegt falkenähnlich mit dauernden Flügelschlägen.
Er hat spitze Fittiche und einen langen, weißgefleckten Stoß.

**Darf der Kuckuck geschossen werden?**

Nein! Er ist ganzjährig geschützt.
Ab April hört man seinen Balzruf „Kuck-Kuck". Die Weibchen leben in Vielmännerei und sind Brutschmarotzer, die ihre bis 22 Eier von 22 × 16 mm Größe einzeln in die Nester anderer Vögel legen. Die Altvögel wandern Ende Juli zur Überwinterung nach Afrika, die Jungvögel folgen erst im August/September.

**Welche Erkennungsmerkmale zeigt der Hühnerhabicht?**

Er hat einen langen Stoß mit vier dunklen Querbinden (Abb. s. S. 246 und 256). Beim Habicht im Alterskleid ist die Unterseite des Rumpfes auf weißlichem Grund dunkelbraun quergebändert (gesperbert), beim Habicht im Jugendkleid dagegen auf ockergelblichem Grund dunkelbraun längs getropft (Abb. S. 256).
Die Klauen der Vorderinnen- und der Hinterzehe sind stark entwickelt. Sie wirken wie eine Schmiedezange (= *grifftötender Fuß*).

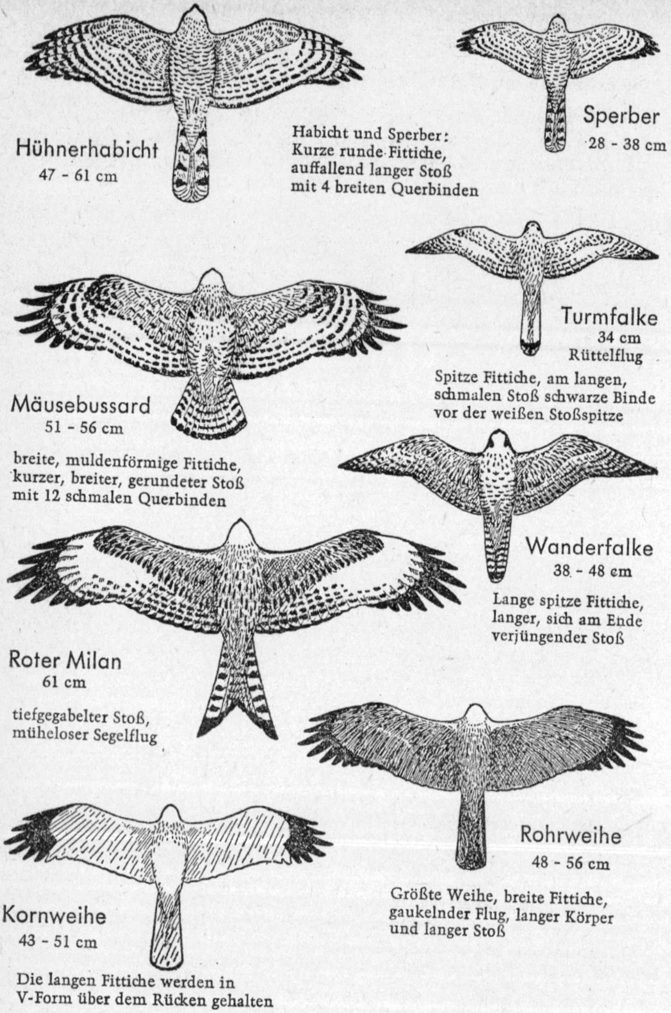


Die cm-Maße sind Längenmaße (Schnabelspitze bis Stoßende)

Die Spannweite des Weibchens beträgt:

| | | | |
|---|---|---|---|
| Roter Milan | 150 cm | Kornweihe | 100 cm |
| Mäusebussard | 130 cm | Wanderfalke | 100 cm |
| Rohrweihe | 120 cm | Turmfalke | 80 cm |
| Hühnerhabicht | 114 cm | Sperber | 70 cm |

Flugbilder und Spannweiten der wichtigsten Greifvögel

Der Schnabel zeigt neben der nach unten gebogenen Spitze des Oberschnabels jederseits eine Ausbuchtung von messerartiger Schärfe (Abb. S. 250). Er ist ein Reißhaken-Schneide-Schnabel. Das in der Jugend noch gelblichgraue, mit zunehmendem Alter hochgelb bis orange gefärbte Auge ist überdacht und gibt dem Vogel den „strengen Blick".
Der Habicht rüttelt nie! Er streicht meist niedrig über die Erde, stürzt sich auf seine Beute und kommt zur geschlagenen Beute zurück (Balzlaute: jiak, gjak, gjak, gjak).

**Welche Größenunterschiede bestehen zwischen Männchen und Weibchen bei Habicht und Sperber?**

Die Weibchen sind, wie auch bei anderen Greifvögeln, wesentlich stärker als die Männchen.

Es wiegen:

| | |
|---|---|
| der Habicht (das Weib) | 1000 bis 1250 Gramm, |
| der Habichtsterzel (das Männchen) | 500 bis 750 Gramm, |
| der Sperber (das Weib) | 210 bis 300 Gramm, |
| der Sprinz (das Sperbermännchen) | 125 bis 150 Gramm. |

Wegen ihrer annähernd gleichen Größe werden Habichtsterzel und Sperberweib leicht miteinander verwechselt.

**Wie unterscheiden sich beim Sperber der Sprinz und das Weib?**

Die Oberseite des Rumpfes ist beim Sprinz *blaugrau,* beim Weib *graubraun. Dem Sprinz fehlt der* beim Weib vorhandene *weißliche Streif über dem Auge. Das* auf weißlichem Grunde eng *braun quergebänderte Brustgefieder ist beim Sprinz rostrot überflogen* (s. Abb. neben S. 256). Der Sperber ähnelt sonst dem Hühnerhabicht, ist jedoch erheblich schwächer (Balzlaute: gigigigigig).

**Wie groß ist das Standrevier eines Habichtspaares?**

Etwa 3000 bis 5000 ha groß. Die Größe ist abhängig vom Beuteangebot. In diesem Standrevier duldet das Habichtspaar auf die Dauer keine Artgenossen. Passieren Junghabichte zur Strichzeit dieses Revier, so künden ihnen Erregungsrufe der Standhabichte, daß es bereits besetzt ist.
Zum Nutzen eines Niederwildreviers benötigen wir auf etwa 5000 ha ein Habichtspaar. In dieser Siedlungsdichte ist es, dem Waidmann gleich, Heger und keinesfalls Vernichter.

**Wo horsten die Habichte?**

Die mächtigen Horste der *Habichte* stehen im unteren Kronenabschnitt alter Waldbäume, zumeist Fichten oder Kiefern, aber auch Birken, Eichen und Buchen. Die Horstmulde wird „begrünt", d. h. mit grünen Nadelholzzweigen ausgelegt.
Auch der *Sperber* baut einen eigenen Horst in „*Sperberhorst-Höhe*" (6 m) im Stangenholz dicht am Stamm, begrünt ihn aber (bis auf seltene Ausnahmen) nicht.

**Welches Federwild bezieht gern verlassene Krähenhorste?**

Turm- und Baumfalke, Waldohreule, Ringeltaube und Stockente.

**Woran kann man feststellen, ob ein Habichts- oder Sperberhorst besetzt ist?**

An den am Horst hängenden Dunen und an den *Mauserfedern* in der Horstnähe.
Die Habichts- und Sperber*weibchen* befinden sich während der Brut und der Atzung der Jungen in einer stürmisch verlaufenden Mauser, also in einem Gefiederwechsel. Hierbei werden nach und nach auch die Handschwingen abgeworfen, so daß eine klaffende Lücke in den Fittichen entsteht, die den weiblichen Habicht und Sperber am Beuteflug hindern. Die abgeworfenen Federn der Handschwingen in Horstnähe zeigen uns, daß das Weib fest an den Horst gebunden ist und sich nicht mehr an Beuteflügen beteiligt. Während der Brut- und Fütterungsperiode herrscht deshalb Arbeitsteilung. Das Weib *brütet* allein und füttert die Jungen, *während der männliche Vogel die Beute schlägt* und die Atzung allein zum Horst trägt. Das gilt auch für Adler, Kolkraben, Krähen und Weihen. Bussarde und Falken lösen sich dagegen beim Brüten ab.
Habichtsnestlinge „schirken" (kirk, kirk), Bussardnestlinge dagegen „gicken" (i-i-i).

**Wie verläuft die Mauser beim Habichtsterzel und Sprinz?**

Die Männchen (der Habichtsterzel und der Sprinz) mausern langsam. Dieser langsame Ablauf hält ihre Fittiche geschlossen, so daß sie beuteflugfähig bleiben. Die Familie wird in der Mauserzeit ausschließlich vom männlichen Vogel mit Atzung versorgt. Würde das Männchen während der Fütterungsperiode verbotswidrig geschossen, müßten mindestens die Jungen verhungern, weil die Beute fehlt. Würde das Weibchen geschossen, müßten die Nestlinge inmitten verstinkender Beutemengen auch verhungern, da der Terzel die angebrachte Beute nicht zerteilt und zuteilt. Die Bundes- und Landesverordnungen über die Jagdzeiten (s. S. 492 bis 495) billigen also nicht umsonst dem Habicht (wie auch dem Sperber und Bussard) eine ganzjährige Schonzeit zu.

**Darf man Nestlinge der Habichte und Sperber aushorsten?**

Nur für Beizzwecke und nur mit Zustimmung der Jagdbehörde.

**Was verstehen wir unter dem „Horstfeld" der Greifvögel?**

Eine Zone am Horst, in deren näheren Umgebung von den Altvögeln während der Fortpflanzungszeit keinerlei Beute gemacht wird und in deren Nähe Beutetiere der Greifvögel ihre Jungen ungestört aufziehen. Das Horstfeld hat eine Längenausdehnung vom Horst von 150 m (Sperber) bis zu etwa 250 m (Habicht). Es ist nicht kreisförmig um den Horst herumgelegt, sondern umfaßt nur einen Ausschnitt eines solchen Kreises. In diesem Sektor liegen auch die An- und Abflugwege der die Beute zutragenden männlichen Vögel. Hier stehen auch die Ruhe- und Wachbäume, unter denen sich Schmelz (Geschmeiß) und Mauserfedern anhäufen. In dieser Zone fliegen die Jungvögel nach dem Verlassen des Horstes (vom 38. Lebenstage ab) dem mit Beute anstreichenden Habichtsterzel oder dem Habicht, der jetzt wieder mit zu jagen beginnt, lahnend (d. h. mit durchdringenden „hi-äh"-Rufen) entgegen, um ihm die Beute abzubetteln (Bettelflugperiode). Später begeben sich die Jungvögel mit den Althabichten in horstferne Einstände und verstreichen schließlich, wie alle jungen Greifvögel, auf dem „*Jugend- oder Hungerstrich*". Er dient dem Aufsuchen eines freien Reviers. Die Althabichte kehren zur Zeit der Tag- und Nachtgleiche (*zum Herbstanfang*, am 23. September) wieder in das Horstgebiet zurück und halten als Standvögel ihr Revier auf Lebenszeit.

**Welche Beute machen Habicht und Sperber?**

Der *Habicht* (das Weib) kann Taube, Rebhuhn, Fasan, Kaninchen und schwache Hasen, der Habichtsterzel Maus bis Kaninchen und Hänfling bis Fasan erbeuten.
Der *Sperber* (das Weib) kann nur bis zur Taube Beute machen (geringe jagdliche Bedeutung), der Sprinz kann mit seinem zarten Fang nur Vögel bis zur Drosselgröße erbeuten. Er hat keine „jagdliche" Bedeutung, ist ein wichtiger Regulator für Sperlinge, Amseln und Stare, raubt aber auch Sing- und Nutzvögel. Er ist ohne Jagdzeit und ganzjährig geschont, insbesondere auch, weil Kuckuck sowie Turm- und Baumfalke oft mit ihm verwechselt werden.

**Wie jagen Habicht und Sperber?**

Sie pirschen ihre Beute unbemerkt an und zeigen auch vom Ansitz aus eine vollendete Geschicklichkeit und Wendigkeit im Fluge. Sie sind ausgesprochene *Pirsch- und Startfluggreifer*.
(Schutz des Federwildes vor dem Habicht s. S. 391.)

**Wie wird die Beute getötet?**

*Habicht und Sperber* (wie auch Rohrweihe und Bussarde) töten ihre Beute mit dem Griff des Fußes und reißen und schneiden sie mit ihrem Reißhaken-Schneide-Schnabel an.

Sie sind also Grifftöter.

*Die Falken* dagegen „binden" mit ihrem griffhaltenden Fang die Beute und zerknacken ihr durch *Schnabelbiß* den Hinterkopf.

Sie sind also Bißtöter.

Greifvögel sind nicht in der Lage, ihren Schnabel als „Hiebschnabel" zu benutzen, wie etwa der Specht.

**Kann man am Rupfplatz aus waidgerechten Zeichen erkennen, ob die Rupfung vom Habicht oder Sperber stammt?**

Ja! Der *Habicht* trägt seine Beute an einen gedeckten Platz. Dort rupft er sie, bevor er sie kröpft. Seine Rupfung ist je nach Größe des Beutetieres oft über mehrere Plätze verteilt, da er bei jeder Störung mit seiner Beute abstreicht. Nach jedem Auffußen rupft er von neuem, so daß wir Gefieder eines Beutevogels oder Haare von Säugetieren, die in kleinen Büscheln ausgerissen werden, auf mehrere Plätze verteilt finden. Der Rupf- bzw. Kröpfplatz des Habichts ist durch lange „Schmelzstriche" (= Geschmeiß) deutlich gekennzeichnet. Er kommt zur Beute zurück.
Der *Sperber* bevorzugt für seine Rupfungen Baumstümpfe und Bodenerhebungen. Er hinterläßt von der Beute oft Füße, Schnäbel, Brustbein und Armknochen.

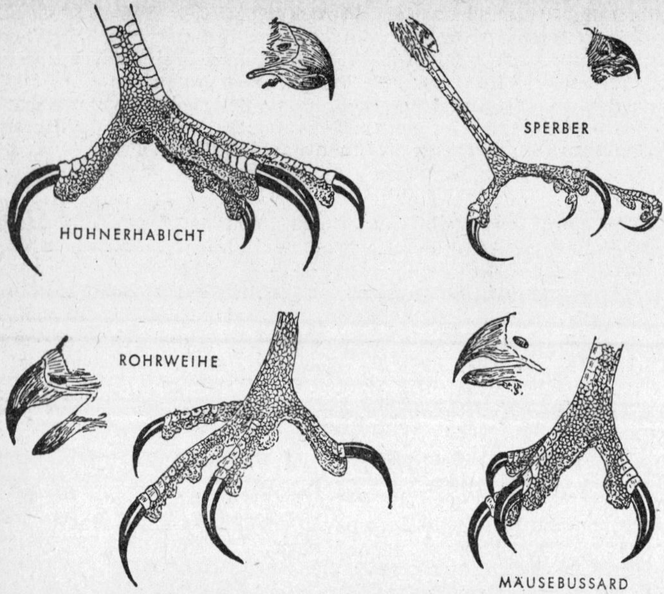


**Grifftötender Fuß und Reißhaken-Schneideschnabel bei Hühnerhabicht, Sperber, Rohrweihe und Mäusebussard**

Ein Vergleich der Fänge von Habicht und Bussard zeigt deutlich, daß der Bussard vorwiegend „Kleintiergreifer" sein muß.

## Grifftöter

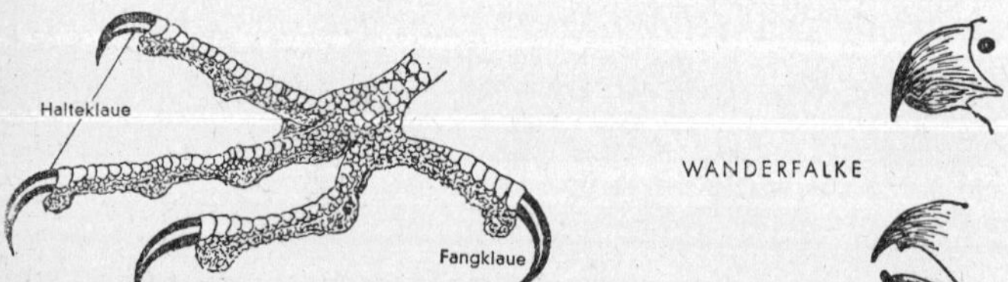


Falkenzahn

**Griffhaltender Fang („Hand") und Reißhaken-Beißschnabel mit Falkenzahn beim Wanderfalken**

## Bißtöter

**(Bild: Dr. phil. Heinz Brüll, Forschungsstation 2359 Hartenholm/Holstein)**

**Abb. oben und Abb. S. 244 nach Merkblätter des Niederwild-ausschusses des DJV Nr. 9**

## Die Bussarde:

## Mäusebussard (Buteo buteo), Rauhfußbussard (Buteo lagopus) und Wespenbussard (Pernis apivorus)

**Wie unterscheidet sich im Fluge der Bussard vom Habicht?**

Der *Bussard* hat *breite Fittiche* und einen *kurzen, breiten und gerundeten Stoß (mit 12 schmalen Querbinden).* Sein Flug ist langsam und schwerfällig.
Der *Hühnerhabicht* hat *kurze Fittiche,* einen *auffallend langen Stoß* (mit vier breiten Querbinden) und hohe Stoßgeschwindigkeit.

**Wie unterscheiden sich die Bussarde?**

Der Mäusebussard kreist im Segelflug oft stundenlang mit aufgebogenen Schwingenspitzen und weitgespreiztem Stoß. Dabei läßt er öfter einen dem Miauen der Katze ähnlichen Ruf (wjieä) ertönen (Katzenbussard). Der Kopf wird im Fluge eingezogen, so daß der Mäusebussard kurzhalsig wirkt. Er rüttelt nur gelegentlich. Beim Ansitz lauert er gern auf Bäumen und Zaun- bzw. Telegrafen-Pfählen. Die *Gefiederfärbung* zeigt gegenüber anderen Greifvögeln auffällige Schwankungen von dunkel bis hell. *Die Unterseite ist gelegentlich fast weiß und verschiedenartig gefleckt* (s. S. 256).
Der Rauhfußbussard ist Zugvogel und kommt *im Winter* aus seiner nordischen Heimat zu uns. Er unterscheidet sich vom Mäusebussard durch seinen auffallend weißlichen Stoß mit breiter, schwarzer Endbinde und durch seine bis zu den Zehen gefiederten Fänge. Im Spähflug rüttelt er häufig mit langsamen Schwingenschlägen. Beim Anstand liebt er Bodennähe (z. B. Maulwurfshaufen).
Der Wespenbussard ist *Zugvogel* und wird *im Winter nicht bei uns* angetroffen. Er hat schmalere Schwingen, einen längeren Stoß und einen kleineren Kopf am längeren Hals. Er wird deshalb leicht mit dem Habicht verwechselt. Der Stoß hat an der Wurzel und am Ende breite und, zwischen diesen, mehrere schmale, schwarze Binden. Er ist nur im Sommer bei uns.
Mäuse- und Rauhfußbussarde haben an der Schnabelwurzel Borstenfedern, der Wespenbussard hat Schuppenfedern.

**Wo und wie horsten die Bussarde?**

Der von beiden Geschlechtern ausgebaute Horst steht in 10 bis 20 Meter Höhe auf Seitenästen alter Waldbäume dicht am Stamm. Wie der Habicht (s. S. 247) *„begrünt“* auch der Mäusebussard seinen Horst mit Nadelholzzweigen, der Wespenbussard mit Laubholzzweigen. Der Wespenbussard baut gewöhnlich auf alten *Krähen- oder Kunsthorsten* (s. S. 252). Beide Geschlechter brüten.

**Welche Beute können Bussarde meistern?**

Der Mäusebussard ist ein Kleinsäuger- und Jungwildgreifer. Zum *Mäusefang* benutzt er gern eine für ihn vom Landwirt aufgestellte „Jule“ (einen krückenartigen Pfahl), auf der er aufblockt. Sein wesentlich langsamerer Flug benachteiligt ihn gegenüber Habicht und Sperber. Sein Fang ist nur auf Kleintierbeute zugeschnitten. Er kröpft auch *Luder* und ist deshalb an den Niederwildwechseln der Autobahn häufig auf Dauersitz anzutreffen. Man sollte darum dem Bussard nicht den starken Hasen, das Huhn oder den Fasan zuschreiben, wenn man ihn, besonders nach Jagdtagen, auf solcher Beute beobachtet. Wo es ihm gelingt, solche Beute zu machen, hat gewöhnlich der Heger seine Pflicht schlecht erfüllt (mangelhafte Nachsuche usw.). Es gibt aber auch *„Jungwild- und Fasanenspezialisten"* unter den Bussarden. Die Bussarde verstehen die Jagd aus dem Pirschflug, vom Ansitz (der Ansitzwarte) und auch aus dem Spähflug auszuüben. Der seltene Wespenbussard brütet (wie auch Eulen, Falken, Ringeltauben und Stockenten) gern auch in einfachen Kunsthorsten, die man auf (Laub-)Bäumen in 10–15 m Höhe aus flachen Körben anbringen kann. Auf dem Horstrand sieht man ständig Hummel- und Wespenwaben. Daneben nimmt er auch Insekten, Würmer, Frösche und als einziger Greifvogel auch Knospen und Beeren.

Die Weihen:

Rohrweihe (Circus aeruginosus), Kornweihe (Circus cyaneus) und Wiesenweihe (Circus pygargus)

**Was ist kennzeichnend für die Weihen?**

Alle Weihen (Rohrweihe, Kornweihe und Wiesenweihe) haben einen langen Körper, lange Schwingen und einen langen Stoß. Sie fliegen gewöhnlich niedrig über dem Boden und zeigen dabei einen schwebenden, schaukelnden Flug. Beim Gleiten werden die Schwingen stets über der Rückenlinie des Körpers gehalten und erscheinen (wie ein V) nach oben gebogen (s. Abb. S. 254).

Die Weihen fallen häufig mit hochgestellten Schwingen zu Boden (auf die Erde herab). *Sie jagen auch in der Dämmerung.*

Der kleine runde Kopf trägt einen an manche Eule erinnernden schwachen „Schleier". Er dient zum Auffangen von Lauten. Die Weihen horsten am Boden (die Rohrweihe im Rohrdikkicht, die Kornweihe im offenen Gelände und in Getreidefeldern, die Wiesenweihe meist in sumpfigen Wiesen oder im Moor, aber auch in der Heide). Die Weibchen sind während der Fortpflanzungsperiode beuteunfähig. Das Männchen läßt die Beute ungerupft über dem Horst herunterfallen.

Die Rohrweihe erkennt man im Fluge am Schaukelflug, an den verhältnismäßig langen, breiten Schwingen, den gespreizten Schwungfedern und an ihrer Größe (sie ist die größte der Weihen).

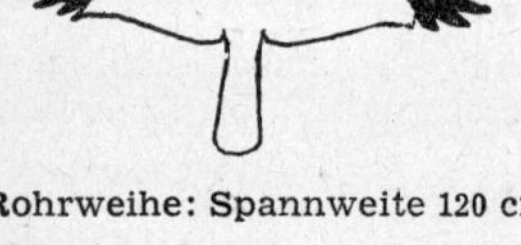

**Rohrweihe: Spannweite 120 cm**

**Kornweihe: Spannweite 100 cm**

**Wie jagt und was erbeutet die Rohrweihe?**

Sie ist ein ausgesprochener *„Pirschfluggreifer“*, der seine Beute aus dem Pirschflug heraus, häufig auf Grund von Lautmerkmalen, findet. Die Beute reicht von Maus und Ratte bis zum Kaninchen und Junghasen, von der Rohrammer bis zur Blässe. Für ihr *ausgezeichnetes Gehör* spricht, daß sie kurz vor dem Schlüpfen stehende Gelege der Bläßhühner findet und die in Eischalen piependen Jungen herausholt. Sie raubt keine Fische.

**Darf man die Rohrweihe bejagen und deren Gelege zerstören?**

Nein! Für die Rohrweihe wurde wegen ihrer Nützlichkeit, insbesondere in Gebieten mit viel Bläßhühnern und Wanderratten (s. S. 182), keine Jagdzeit festgesetzt. Sie ist, wie alle Greife, ganzjährig geschont.
Die *Gelege* dürfen *nicht zerstört* werden.

Die Milane:

Roter Milan (Milvus milvus) und

Schwarzbrauner Milan (Milvus migrans)

**Was ist kennzeichnend für die Milane?**

Sie sind in der Gestalt den Weihen ähnlich, haben aber einen gekerbten oder gegabelten Stoß, den sie bei ihrem leichten Gleiten und Segeln ausgiebig zum Lenken benutzen.
Der Rote Milan oder die *„Gabelweihe“* hat einen scharf und tief ausgeschnittenen Stoß,
beim Schwarzbraunen Milan ist die Gabelung nur angedeutet. Beide bieten ein wunderbares Flugbild..
Die Milane leben zum Teil als Nahrungsschmarotzer von der Beute anderer Greifvögel, die sie diesen abjagen, und von Aas. Der Schwarzbraune Milan nimmt gern auch tote Fische vom Wasser auf. Es gibt auch *Wildspezialisten.*
Die Milane sind (wie die *Wiesenweihe* und der *Baumfalke*) *nur im Sommer bei uns* anzutreffen, also ausgesprochene *Zugvögel.* Sie sind ganzjährig geschont.

**Welcher Greifvogel ist noch Nahrungsschmarotzer?**

Der *Mäusebussard.* Wenn er Gelegenheit hat, nimmt er dem Turmfalken, dem Habicht und sogar auch dem wehrhaften Wanderfalken die Beute ab.

Roter Milan (Gabelweihe)
Stoß tief gegabelt!
Spannweite 150 cm

Schwarzbrauner Milan
Stoß wenig gegabelt!
Spannweite 140 cm

Greifvögel im Fluge

**(Abb. und Abb. S. 261 verkleinert nach „Bäuerle, Raubvögel im Fluge", Verlag J. Neumann-Neudamm in 3508 Melsungen)**

Die Adler:

Steinadler (Aquila chrysaetos), Seeadler (Haliaetus albicilla), Fischadler (Pandion haliaetus)

**Welche Adler haben eine jagdliche Bedeutung?**

Steinadler, Seeadler und Fischadler.
Der *Steinadler* kommt als majestätisch gleitender Stand- und Strichvogel in den Alpen (und dort meist zusammen mit dem Murmeltier) vor. Er klaftert 200 cm und horstet in Felsennischen. Er schlägt Tiere bis zum Rotwildkalb, stürzt räudige und blinde Gemsen ab und nimmt Fallwild auf (Lawinentod).
Der *Seeadler* ist unser größter Adler. Er klaftert 240 cm; er kommt in Norddeutschland, im Winter vereinzelt auch im Binnenland vor und nährt sich meist von Fischen und Wasservögeln. Steinadler und Seeadler werden zum *Hochwild* gerechnet. Für Adler wurde keine Jagdzeit festgesetzt.

**Wodurch unterscheidet sich der Fischadler von allen anderen Greifvögeln?**

Den fliegenden Fischadler erkennt man leicht an der leuchtend *weißen Unterseite*. Außerdem ist er von weitem schon an den deutlich *gewinkelten Fittichen* zu erkennen.
Er *rüttelt* gern über dem Wasser und taucht nach Fischen mit den Fängen voran. Er ist *stoßtauchender Fischgreifer* (die vierte äußere Zehe ist „Wendezehe"). Er ist 65 cm lang und klaftert 160 cm. Durch starke Beute wird er manchmal in die Tiefe gerissen und ertrinkt dabei.
Sein Schaden auf Karpfenteichen ist beträchtlich. Einige Länder ersetzen diesen Schaden, um den Fischadler vor dem Aussterben zu bewahren. Knallapparate (s. S. 509) sind gegen ihn wirkungslos. Neben Fischen raubt er Bläßhühner, Enten, junge Möwen, Kaninchen, Ratten, Frösche und Käfer.

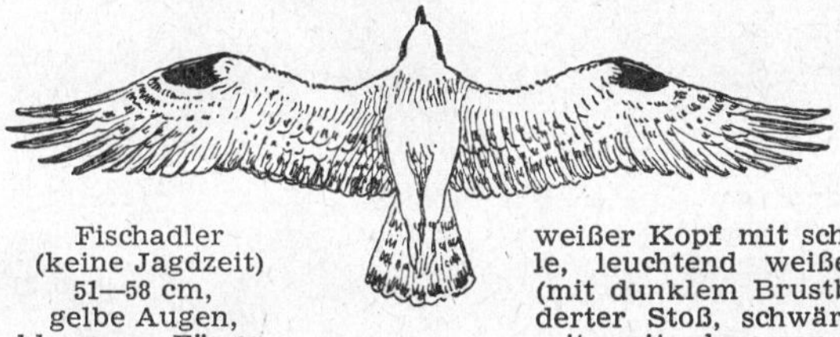

Fischadler (keine Jagdzeit) 51—58 cm, gelbe Augen, blaugraue Fänge, weißer Kopf mit schwacher Holle, leuchtend weiße Unterseite (mit dunklem Brustband) gebänderter Stoß, schwärzliche Oberseite mit schwarzen Handgelenkflächen

Die Falken:

Wanderfalke (Falco peregrinus), Baumfalke (Falco subbuteo), Turmfalke (Falco tinnunculus) und Rötelfalke (Falco naumanni)

**Was ist kennzeichnend für das Flugbild der Falken?**

Alle Falken zeigen *schmale*, spitz zulaufende, sensen- oder sichelförmige Fittiche (lateinisch: falx = die Sichel).

## Zu Tafel 14: Greifvögel

× **Habicht** (Accipiter gentilis), 48—60 cm (hühnergroß), Auge im Alter *gelbrötlich*
langer Stoß mit vier dunklen Querbinden, Oberseite dunkel *aschbraun*, mit *weißlichem Streif über* und hinter *dem Auge*, Unterseite weißlich und eng dunkelbraun quergebändert (*gesperbert*). Im *Jugendkleid* Oberseite heller, Unterseite gelblich und dunkelbraun *längsgetropft*

× **Sperber** (Accipiter nisus), 28—38 cm (taubengroß)
*lange*, gelbe, *dünne*, unbefiederte *Ständer* und *gelbe Fänge*, der lange Stoß hat vier dunkle Querbinden
♂ Oberseite *blaugrau* mit rostfarbenen Wangen und *weißlichem Fleck im Nacken*, Unterseite auf weißlichem Grunde *rostrot* quergebändert (*gesperbert*)
♀ Oberseite *grau*braun, mit *weißem Streif über und hinter dem Auge*, Unterseite eng weiß und *braun* quergebändert (*gesperbert*)

× **Mäusebussard** (Buteo buteo), 50—56 cm
Oberseite dunkelbraun, Unterseite und Unterschwingen weiß gefleckt, das Weiß in der Färbung ist nicht einheitlich, sondern stark schwankend, Stoß eng und grau gebändert mit zwölf Binden

× **Roter Milan** (Milvus milvus), 60 cm
leicht erkenntlich am *tief gegabelten* braunen Stoß (Gabelweihe), Oberseite rotbraun mit deutlich gemusterten Schwingen, Kopf weißlich gestreift, Unterseite dunkel gestreift

Der **Schwarze Milan** (Milvus migrans), 56 cm, hat *weniger tief gegabelten* Stoß und viel dunkleres Gefieder

× **Rohrweihe** (Circus aeruginosus), 48—56 cm
♂ Oberseite dunkel kastanienbraun, hellgrauer Stoß, konstrastreiche silbergraue Flächen in der Schwinge
♀ und Junge: ziemlich einfarbig, dunkelbraunes Gefieder, ohne Grau, heller rahmfarbener Kopf und rahmfarbene Schultern

× **Wanderfalke** (Falco peregrinus), 37—47 cm (krähengroß, dunkles Auge)
lange, spitze Schwingen, langer Stoß, der sich am Ende verjüngt, schwarzer lappenförmiger *Zügel (Backenstrich)*, Oberseite schiefergrau, Unterseite hellgrau und eng schwarz *quergebändert*
Im Jugendkleid Oberseite dunkelbraun, Unterseite hell *längs*gefleckt (nicht quergebändert), kräftiger Zügel (Backenstrich)

× **Baumfalke** (Falco subbuteo), 30—36 cm
kleiner als der Wanderfalke (Näheres s. S. 258)

× **Turmfalke** (Falco tinnunculus), 34 cm
♂ *Oberseite rotbraun und getropft*, Unterseite rahmgelb mit verstreuten dunklen Flecken. Kopf, Bürzel und Stoß grau, am Stoß schwarze Binde vor der weißen Spitze
♀ Oberseite rostbraun und gebändert (statt getropft), Stoß rostfarben gebändert

× **Rötelfalke** (Falco naumanni), 30 cm, ähnelt sehr dem Turmfalken
♂ *Oberseite leuchtend rotbraun*, jedoch *nicht getropft*, Kopf und Stoß blauer als beim Turmfalken
♀ und Jugendkleid ähnelt dem Turmfalken

× **Merlin** (Falco columbarius), 28 cm, kleinster Falke, Zug- oder Wintergast (s. S. 259)

---

× ganzjährig geschont.
Für alle Greife wurden keine Jagdzeiten festgesetzt!

Die Jungen schlüpfen sehend und mit Dunenfedern.

Die cm-Maße geben die Durchschnitts-Längenmaße des Vogels von der Schnabel- bis zur Stoßspitze an (nicht die Flügelspannweite!).

♂ = Männchen adultus = erwachsen
♀ = Weibchen juvenilis = jugendlich

juv.
♀
ad.
Habicht
♂
Sperber
Mäusebussard
Rohrweihe
♀
Roter
Milan
♂
♂
juv.
♀
Rötelfalke
ad.
♂
♂
Wanderfalke
Turmfalke

TAFEL 15

Schleiereule
Steinkauz
Sperlingskauz
Waldkauz
Waldohreule
Sumpfohreule
Uhu

## Zu Tafel 15: Eulen

Näheres s. S. 262 bis 264. Ihre Feinde sind die *Freileitungen* in der *Natur* (Drähte) und der *Baummarder*. Sie haben einen krummen Schnabel, befiederte Fänge und mächtige Krallen
Ihre Eier, meist 4—6, sind rein weiß und rund (kurzoval), nur bei der Schleiereule sind sie oval. Sie bauen keine Horste und benutzen Baumhöhlen oder verlassene Horste oder Nester oder legen die Eier auf dem nackten Boden ab.
Ihre Lebensweise ist überwiegend nächtlich
Die meist großen Augen sind nach vorn gerichtet und im Kopf unbeweglich
Der Hals kann bis zu 270° gewendet werden
Sie haben ein plattes Gesicht, in dem die kranzförmig angeordneten Federn einen „Schleier" bilden
Die beiden Geschlechter sind von gleicher Größe und Färbung

**Uhu** (Bubo bubo), 70 cm
größte Eule, etwa *gänsegroß*, doppelt so groß wie die Waldohreule mit *auffälligen Federohren*
Augen: groß und *orangerot*
Brust: gelbbraun, breit längstgestreift
Oberseite: gelbbraun und rostbraun gefleckt

**Waldohreule** (Asio otus), 35 cm
mit *langen Federohren*, Augen: groß und *orangegelb*
Oberseite: gelblichbraun und graubraun gesprenkelt und marmoriert
Unterseite: rostgelb mit kräftigen dunklen Schaftstreifen und feiner Querbänderung, Teilzieher; *typisch: Flügelklatschen und „Bellen"* (einige „kläffende" Rufe)

**Sumpfohreule** (Asio flammeus), 38 cm
*nistet auf dem Boden, Federohren kaum sichtbar, Augen gelb*
Oberseite: hell gelblichbraun, ohne jede Sprenkelung
Unterseite: kräftig längsgestreift ohne Querbänderung
mehr *Tagvogel* als die Waldohreule

**Schleiereule** (Tyto alba), 34 cm
*keine Federohren*, großer Kopf mit herzförmigem, weißen Gesicht, lange Fänge (x-beinig). Sie ist *Kulturfolger*
Augen: *schwarz*
Oberseite: hell goldgelb, fein gesprenkelt
Unterseite: weiß oder braun mit feinen Punkten

**Waldkauz** (Strix aluco), 38 cm
*keine Federohren*, der große, runde Kopf ist graubraun, gefleckt und gestreift
Augen: *schwarz*
Oberseite: rotbraun bis gelbbraun oder gräulich (variierend)
Unterseite: gelblichbraun mit deutlichen Streifen

**Rauhfußkauz** (Aegolius funercus), 25 cm
Etwas größer als Steinkauz, großköpfiger, breitere Augenbrauen, helleres Gesicht, kräftig begrenzter Schleier, nächtliche Lebensweise, verschläft den Tag im dichten Nadelholz

**Steinkauz** (Athene noctua), 21 cm
*keine Federohren*
Augen: *gelb*
Oberseite: dunkelbraun, dicht weiß gefleckt und gebändert
Unterseite: weißlich, breit dunkelbraun gestreift

**Sperlingskauz** (Glaucidium passerinum), 16 cm
*keine Federohren*, kleinste Eule, kleiner als ein Star, kleiner Kopf
Augen: *gelb* (darüber kurze, weiße „Augenbrauen")
Oberseite: dunkelbraun mit weiß-gelblicher Fleckung
Unterseite: grauweiß mit schwärzlicher Streifung

Bei den Falken sind die Schläge mit den schmalen Fittichen kräftig und schnell, aber flach.
Der Stoß ist lang und keilförmig zusammengezogen, nur der Stoß des Turmfalken ist gleich breit.

Wanderfalke
Weib: spannt 95—105 cm
Terzel: spannt 80—90 cm

Baumfalke
kleiner als Taube,
spannt 65—75 cm

Turmfalke
spannt 60—80 cm

*Sämtlichen Falken eigentümlich ist* der am Oberschnabel vorhandene sogenannte *Falkenzahn,* der genau in eine Einkerbung des Unterschnabels paßt, *und der schwarze Backenstrich oder Zügel* (Abb. S. 250 und 256).
Die Falken sind, mit Ausnahme des Rötelfalken, als frühere Felsenbrüter auf *fremde Horstplätze* angewiesen. Sie bauen also keine Horste, sondern legen ihre Eier in Felsnischen oder *verlassenen (Krähen-)Horsten oder Kunsthorsten* (s. S. 252) ab.
Im Gegensatz zu Habicht, Sperber und Weihen bleiben bei den Falken, beide Geschlechter während der Fortpflanzungsperiode *flugfähig* (schnell verlaufende Mauser). Sie brüten und füttern abwechselnd. Sie sind die *besten Flieger* unter den Greifvögeln.
Der Wanderfalke ist als Jäger im freien Luftraum bekannt. Er ist stark bedroht und etwa krähengroß. Der weibliche Falke hat ein Gewicht von 900 bis 1100 g, der Falkenterzel von 550 bis 700 g. (Terzel: von lat. tertius, etwa $1/3$ des Gewichtes weniger als das Weib.)
Er ist Späh- und Stoßfluggreifer, der seinen Angriffsflug auch von hoher Warte aus, also vom Ansitz, durchführen kann. Das Bemerken der Beute vollzieht sich bei ihm durch das Auge. Mit seiner „Fangklaue" bindet er die Beute im Fluge. Durch Biß zerknackt er ihr den Kopf. Er ist also ein „Bißtöter" (Abb. S. 250). *Kleine Vögel kröpft er im Fluge.* Die Beutetiere des Wanderfalken sind wegen seiner Eigenschaft als Stoßfluggreifer nur Vögel (Tauben, Krähen, Stare usw.).
Der Baumfalke oder *„Lerchenfalke"* ist der schnellste der Falken und der Schrecken der Feldlerchen. Er ist etwas kleiner als eine Haustaube und ähnelt, auch im Fluge, einem großen Mauersegler. Seine sichelförmigen Schwingen reichen bis an oder über die Spitze des kurzen Stoßes. Er hat eine kräftig längsgestreifte Unterseite und *rostrote „Hosen"*. Seine Beutetiere sind Segler, Schwalben, Feldlerchen, Kleinvögel und fliegende Insekten (Libellen, Schmetterlinge), die er *im Fluge schlägt* (Abb. S. 254). Wanderfalke und Baumfalke rütteln nie!
Der Turmfalke dagegen rüttelt häufig und wird deshalb auch

als *„Rüttelfalke“* bezeichnet (Abb.). Er ist außerordentlich nützlich und schlägt seine Beute am Boden. Mäuse verschlingt er ganz.
Der Rötelfalke sieht wie ein kleiner Turmfalke aus. Er hat einen schlicht braunen (nicht getropften) Rücken und hellbraune Waffen, während der Turmfalke einen braunen und getropften Rücken und schwarze Waffen hat (Abb. S. 256). Er kommt nur in den Mittelmeerländern vor.
Der Zwergfalke oder Merlin ist kleiner als der Baumfalke. Er hat keinen Zügel, eine schieferblaue Oberseite und eine kräftig rostfarben und schwärzlich gestreifte (nicht gebänderte) Unterseite. Sein Flug ist unregelmäßig mit gelegentlich kurzen Gleitstrecken. Er streicht vorwiegend niedrig über den Boden.
Falken unterliegen dem Jagdrecht (S. 465) und sind ganzjährig geschont.

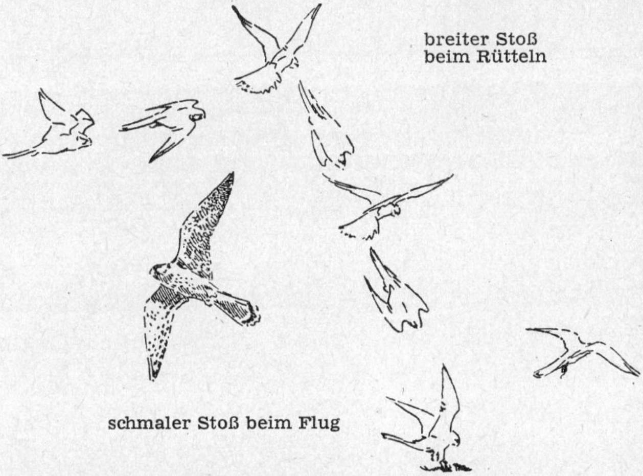


Turmfalke, wertvoller Mäusefänger
hält oft im Flug inne, um mit hastigen Flügelschlägen zu „rütteln“ und dann mit angezogenen Schwingen nach einer Maus herabzustoßen

**Welche Zeichen hinterlassen Falken am Rupfplatze?**

Der Wanderfalke rupft meist auf freiem Felde. Er rupft der Beute das Bauch- und Rückengefieder, die Stoßfedern und die Fittiche bis zu den Unterarmschwingen. Für seine Rupfung ist der Federring typisch. Er kommt dadurch zustande, daß sich der scharfäugige Falke ständig auf seiner Beute dreht, um seine Umgebung im Auge zu behalten. Als *typische Beutereste* lassen alle Falken die Schultergürtel mit den noch fest am Handskelett sitzenden Handschwingen zurück. Sie werfen ihr *Geschmeiß nicht* weit, *wie Habicht und Sperber,* sondern schmelzen unter sich, so daß ihr Zeichen an der Rupfung ein runder „Schmelzfleck“ ist. Wanderfalke und Habicht kommen zu der von ihnen geschlagenen Beute zurück, um sie völlig zu kröpfen.

## Falknerei (Beizjagd)

**Was versteht man unter der „Beizjagd"?**

Das *regelmäßige* Jagen mit abgetragenen (gezähmten und abgerichteten) Greifvögeln auf freilebendes Wild. Hierzu werden Falken, Habichte, Sperber und auch vereinzelt Adler benutzt. Diese Jagdart war in früheren Zeiten an den Fürstenhöfen sehr beliebt, ist heute noch die Lieblingsjagd orientalischer Fürsten und wird auch bei uns von den Liebhabern dieser Jagdart ausgeübt. Hierzu braucht man einen Falknerjagdschein (s. S. 480). *Der Bewerber muß die für die Beizjagd erforderlichen Kenntnisse erarbeiten und nachweisen.*

**Benutzt der Falkner eine Jagdwaffe?**

Nein! Sein Beizvogel ist ihm Waffe und Gehilfe zugleich.

„Wir jagen nicht der Beute wegen,
sondern um des Schönen willen bei der Jagd"

(Gelübde des Deutschen Falkenordens).

**Wo lassen sich Adler und Falken zur Beizjagd einsetzen?**

Nur im flachen, deckungsarmen und übersichtlichen Gelände. In Kanada und der Schweiz werden auf Flugplätzen Wanderfalken als „Jagdhunde des Himmels" zum Vertreiben ziehenden Federwildes gehalten, damit Düsenmaschinen nicht gefährdet werden.

**Was versteht man unter dem „Anjagen von der Faust"?**

Die Beizjagd, bei der die verwendeten Beizvögel von der Faust des Falkners aus die Beute anjagen. Die Falkner müssen hierbei, im Gegensatz zum Habichtler, motorisiert oder beritten sein, um den Jagdflügen folgen zu können.

**Apportiert der Beizvogel seine Beute?**

Nein. Er geht nach dem Schlagen der Beute zu Boden. Der Falkner muß also zu ihm hinlaufen oder hinreiten. Die Beute muß er selbst aufnehmen. Alle Beizvögel sollen nach einem Fehlflug zu ihrem Herrn zurückkommen (Hilfe: Das Federspiel). Das Jägerrecht der Beizvögel sind Kopf, Lunge und Leber der Beute.

**Welche Vorrichtungen erleichtern das Wiederauffinden des auf der Beute stehenden Falken oder Habichts?**

Die Bellen. Es sind kleine Schellen, die man dem Falken seinen „Händen", dem Habicht seinen „Füßen" anlegt.

**Welchen Zweck hat die Falkenhaube oder -kappe?**

Sie soll verhindern, daß der Falke sein Auge auf Ferne einstellt (Tele-Einstellung!) und eine weitentfernte Beute ins Auge faßt.

**Welche Beizvögel können überall zur Beize benutzt werden?**

Habicht und Sperber. Sie werden nicht „verkappt", da sie nur Jäger auf kurzer Strecke sind.

Habichte aus Lebendfängen sind dem „Deutschen Falkenhof",

Der Wanderfalke
greift im Stoßflug die Beute
und reißt sie mit sich fort

Die Rohrweihe
greift mit drahtigen Fängen
sicher die fliehende Beute

Der Sperber
holt den Sperling auch
aus dem Gebüsch

Das Habichtsweib
kann vereinzelt selbst Hasen erbeuten
Das Kaninchen zählt zur Lieblingsbeute
des weiblichen Habichts

Der Habicht ist Grifftöter

Greifvögel beim Greifen der Beute

Jagdschloß Kranichstein bei 61 Darmstadt, oder den Gaumeistern des Deutschen Falkenordens zuzuführen. Es sind dies für
*Baden-W.:* Hubert Breig, 71 Heilbronn, Dittmarstr. 81,
*Bayern:* Hans Hussong, 851 Fürth-Unterfürberg,
*Berlin:* Roman Magdorf, 1 Berlin 39, Dreilindenstraße 45,
*Hessen:* Dr. W. Hammer, 35 Kassel-Ha., Ahnatalstraße 103,
*Niedersachsen u. Bremen:* E. Schormair, 3091 Otersen,
*Nordrhein:* Dr. A. Beckers, 5 Köln-Weidenpesch,
*Rheinland-Pfalz/Saar:* Walter Jost, 5521 Bollendorf, Forsthaus,
*Schl.-Holstein:* Dr. Heinz Brüll, 2359 Hartenholm,
*Westfalen:* Wilhelm Bruns, 4402 Greven, Am Fiskediek 3a.
Vergütet werden bei Selbstabholung für den Habichtsterzel 15 DM, für den weiblichen Habicht 20 DM, sonst auch die Transportkosten.

**Was versteht man unter der Beize „aus dem Anwarten"?**

Der zum „Anwarten" abgetragene (abgerichtete) Falke stellt sich hoch in der Luft über seinen Herrn und wartet, bis von ihm Flugwild (Rebhühner, Fasane, Krähen) hochgemacht wird.
Dann stürzt er mit hörbarem Rauschen aus den Wolken, „bindet" mit seinen Fängen die Beute und geht mit ihr zu Boden.
Den Habicht kann man auch so abtragen, daß er dem „Habichtler" von Baum zu Baum folgt, bis er Kaninchen oder Hasen hochmacht. Er stürzt sich dann vom Baum herab, um die Beute zu „binden" (zu greifen). Ein solcher Habicht ist dann „in der freien Folge abgetragen".
Die reizvolle Beizjagd wird nur noch wenig ausgeübt, weil der Beizvogel fast täglich getragen (geflogen) werden will und das ganze Jahr hindurch seine Atzung und Pflege braucht.

*Eulen* (Strigiformes):

Uhu (Bubo bubo), Waldohreule (Asio otus), Sumpfohreule (Asio flammeus), Schleiereule (Tyto alba), Waldkauz (Strix aluco), Steinkauz (Athene noctua), Rauhfußkauz (Aegolius funereus und Sperlingskauz (Glaucidium passerinum)

**Welche wichtigsten Eulen werden unterschieden?**

Eulen mit Federohren: der Uhu und die Ohreulen (Waldohreule und Sumpfohreule), und
Eulen ohne Federohren: Schleiereule und die Käuze (Waldkauz, Steinkauz, Rauhfußkauz und Sperlingskauz).
Sie jagen ihre Beute *hauptsächlich nachts* und greifen sie mit ihren Fängen. Ihre Nahrung ist rein animalisch. Alle Eulen legen meist rundliche, weiße Eier. Sie bauen, wie die Falken, *keinen eigenen Horst* und benutzen verlassene Horste und Nester als Horstfundament. Vor allem die *Waldohreule* ist auf verlassene Horste, Höhlen oder Felsnischen angewiesen.
Die Eier der Sumpfohreule liegen in niedrigen Bodenvertiefungen der Moore und Heiden.
Im Winter bleiben Waldohr- und Schleiereule sowie Wald- und Steinkauz regelmäßig bei uns. Bei hohem Schnee besuchen Waldohr- und Schleiereule (s. S. 263) nachts gern Federwildschüttungen, um dort Mäuse zu jagen, die an die Oberfläche kommen.

**Wie sehen die Eulen aus?**

Sie haben einen großen Kopf mit krummem Schnabel, nach vorn gerichteten Augen und glattem Gesicht, in dem die kranzförmig angeordneten Federn einen *„Schleier“* bilden. Sie können den Augapfel nicht bewegen, drehen den Hals bis 270 Grad und wirken so als „Komiker“ unter den Vögeln. Sie *fliegen geräuschlos* („mottenartig“). Die Geschlechter sind von gleicher Farbe (Abb. S. 257). Eulen haben eine nach hinten wendbare „Wendezehe“.

**Wie unterscheiden sie sich?**

Der Uhu (waidmännisch auch „Auf“ genannt) ist die größte Eule. Er ist gänsegroß. Sein besonderes Merkmal sind die beiden bis zu 9 cm langen auffälligen Federohren, seine Augen sind rot.
Er ist selten geworden. Man versucht, ihn in *Baden-Württemberg, Bayern, der Eifel, im Harz und in Niedersachsen* wieder einzubürgern. Er schlägt Beute (Mäuse, Ratten, Igel, Krähen, Kaninchen) bis zum Hasen und Rehkitz (Stimme: „u-hu“).
Die Waldohreule ist dem Uhu äußerlich ähnlich, hat ebenfalls lange Federohren, ist aber wesentlich kleiner. Sie ist infolge rein nächtlicher Lebensweise schwer zu beobachten (Stimme: „u-u-u-u“). Sie liebt Dickungen, Nadelwaldungen und lebt von Kleinsäugern, Vögeln und Insekten.
Die Sumpfohreule jagt bei Tage im offenen Gelände und in der Abenddämmerung. Man trifft sie zur Zeit der Hühnersuche häufig im Felde an. Ihr Flug ist niedrig und schaukelnd, mit häufigem Gleiten. Die Federohren sind kaum sichtbar (Balzstimme: „bu-bu-bu“). Sie liebt offenes, sumpfiges Gelände und Moore.
Die Schleiereule (Kulturfolger) ist eine helle Eule mit langen Fängen. Sie ist durch einen großen, gelblichweißen, herzförmigen Schleier im Gesicht gekennzeichnet. Ihr Flug ist schwankend und in der Dämmerung geisterhaft. Sie haust mit Vorliebe in Gehöften, Kirchtürmen und Ruinen. Sie verhungert oft, wenn sie wegen hohen Schnees keine Mäuse greifen kann (Stimme: eigenartig schnarchend).
Der Waldkauz ist vornehmlich Waldvogel und hat keine Federohren. Er kommt gut durch den Winter, weil er Fallwild annimmt (Stimme: „kju-wik“, Balzstrophe „hu-hu-hu“, dem nach einer Pause ein langanhaltendes „u-u-u-u“ folgt).
Der Steinkauz ist durch seine geringe Größe, seine geduckte Haltung und sein flachköpfiges Aussehen gekennzeichnet (Stimme: schrilles „kuwitt“, „komm mit!“). Er wird häufig in Dörfern angetroffen, wo er in Gebäuden und hohlen Bäumen horstet.
Der Rauhfußkauz ähnelt dem Steinkauz, hat aber größeren Kopf, helleres Gesicht und schwärzer begrenzten Schleier.
Der Sperlingskauz ist die kleinste Eule. Er ist kleiner als ein Star, keck und lebhaft und auch bei Tage anzutreffen. Er jagt und schlägt kleine Vögel im Fluge. Er liebt einsame Wälder und horstet in hohlen Bäumen.

**Wird der Uhu (oder „Auf“) noch zur Hüttenjagd verwendet?**

Nein! Man benutzt heute zur Hüttenjagd nur noch *Uhu-Attrappen,* damit das Aushorsten der Junguhus zum Verkauf und damit die Ausrottung des so selten gewordenen Uhus (auch im Ausland) verhindert wird (*Uhu-Schutzaktion des Deutschen Naturschutzringes* in Zusammenarbeit mit dem DJV).

**Was versteht man unter dem Gewölle?**

Die zu wurstförmigen Klumpen zusammengeballten Rückstände (Haare, Federn, Knochen usf.) des Fraßes, die von den Greifvögeln von Zeit zu Zeit ausgewürgt werden. Aus Größe, Farbe und Zusammensetzung des Gewölles kann man Schlüsse auf die Art des Greifvogels ziehen. Gewölle mit guterhaltenen Knochen und ganzen Mäuseschädeln stammen von Eulen, denn sie haben wenig Salzsäure im Magen. Die Greifvögel dagegen produzieren Salzsäure und können dadurch die Knochen verdauen.
Gewölle aus Kleinfedern und Kropfinhalt der Beute stammen vom Wanderfalken; Gewölle aus Federn und Haaren nebst Resten von Eischalen von Weihen; Gewölle aus festgefilzten Federn stammen vom Habicht, Sperber oder Baumfalk, die aus dichtgefilzten Haaren vom Mäusebussard oder Turmfalk.
(Gewölle werden auch von Störchen, Reihern, Möwen und Rabenvögeln ausgestoßen!)

**Womit darf man Gewölle nicht verwechseln?**

Mit Fuchs- und Marderlosung (Abb. S. 194 und 198).

**Dürfen Eulen geschossen werden?**

Nein! Sie sind durch das Naturschutzgesetz *ganzjährig geschützt.* In *Bayern* gehören sie seit dem 1. 4. 1963 zu den jagdbaren, aber ganzjährig geschonten Tieren. Sie stehen damit unter dem wirksamen Schutz des Jägers. Der schußhitzige Jäger muß sich hüten, z. B. bei der Hühnersuche die aufstehende und auf dem Schnepfenstrich die vorbeifliegende Eule zu beschießen!

**Sind die Eulen nützliche Vögel?**

Ja. Sie sind hervorragende Mäusevertilger, besonders die Waldohreule und Schleiereule (Eulen nehmen den Menschen an, wenn er den Horst oder die Brut stört!).

*Rabenvögel* (Corvidae)

Rabenvögel:
Kolkrabe (Corvus corax), Rabenkrähe (Corvus corone), Nebelkrähe (Corvus cornix), Saatkrähe (Corvus frugilegus), Dohle (Coloeus monedula), Tannenhäher (Nucifraga caryocatactes), Eichelhäher (Garrulus glandarius) und Elster (Pica pica)

**Welche Vögel gehören zur Familie der Raben?**

Kolkrabe, Rabenkrähe, Nebelkrähe, Saatkrähe, Dohle, Tannen- und Eichelhäher, Elster. Sie machen nur eine Brut im Jahr (4–6 Eier). Beide Eltern füttern.
Ihre Horste werden oft von Falken oder Eulen besetzt (deshalb Vorsicht beim Ausschießen der Krähenhorste!). Die Elstern bauen Kugelhorste mit seitlichem Einschlupf.

**Wie unterscheiden sich diese Vögel?**

Der Kolkrabe (der „edle Rauk“ oder Wodansvogel) unterscheidet sich von den Krähen durch seine bedeutendere Größe (Gewicht 1 kg, klaftert 120 cm), seinen klobigen, schwarzen Schnabel und seine zottigen Kehlfedern. Er ist Aasfresser, atzt sich auch auf Müllkippen und ist für die Jagd wenig gefährlich. Er gehört zum Federwild (s. S. 465), ist ohne Jagdzeit und deshalb ganzjährig geschont.

Er steht, wie Fuchs und Waldkauz, oft auf den Schuß zu. Nach zeitweiliger Ausrottung ist er wieder nach Niedersachsen und Bayern vorgestoßen. Um seine Art zu erhalten, dürfen dort, wo er vorkommt, keine Gifteier ausgelegt werden.

Er gleitet und segelt oft im Fluge. Stimme beim wundervollen Balzflug: „Klong, klong“. Er hat die früheste Paarungszeit (Januar) und horstet schon im Februar/März. Er ist etwa bussardgroß. Sein Schnabel ist an der Spitze abwärts gebogen. Im Flugbild erkennt man ihn an dem keilförmig zugespitzten Stoße.

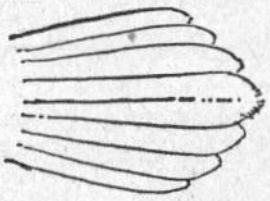

Abb.: keilförmig zugespitzter Stoß des Kolkraben

Die Rabenkrähe ist wesentlich kleiner als der Kolkrabe und ganz schwarz. Der Schnabel ist weniger gekrümmt als beim Kolkraben. Der *Horst steht vereinzelt im Wald.*

Die Nebelkrähe (die „geflügelte Ratte“) ist leicht von der Raben- und Saatkrähe durch den aschgrauen Rücken und die graue Unterseite zu unterscheiden. Sie ist Wintergast (Stimme der Krähen: Krah).

*Raben- und Nebelkrähen sind üble Fasanenfeinde!*

Die Saatkrähe unterscheidet sich von den anderen Krähen durch ihr *nacktes, weißliches Gesicht (den unbefiederten, hellen Fleck um die Schnabelwurzel,* s. Abb. S. 266), durch ihren schmaleren und spitzeren Schnabel und durch die im Laufen struppig wirkende Schenkelbefiederung (die Hosen). Sie *horstet kolonienweise.*

Die Dohle ist Höhlenbrüter (in Kolonien) und am aschgrauen Nacken und den hellgrauen Flecken an den Halsseiten kenntlich.

Der Tannenhäher ist schokoladenbraun und kräftig weiß getropft und hat einen auffallend weißen Unterstoß.

Der Eichelhäher hat ein graurötliches Gefieder und einen weißen, vom schwarzen Stoß abstechenden Bürzel, auf dem Kopfe zu einer Holle aufgerichtete schwarz-weiß gestreifte Scheitelfedern und auf den Flügeln je einen schwarz-blau-weißen Spiegel.

Die Elster ist durch ihr kontrastreiches schwarz-weißes Gefieder und den langen Stoß kenntlich (Stimme: „schack-schack“).

**Welche rabenartigen Vögel sind nicht geschützt?**

*Rabenkrähe, Nebelkrähe, Elster und Eichelhäher.* Sie sind Raubzeug *(Nestplünderer)* und im Interesse der Singvogelwelt und der Niederwildhege mit Flinte, Schonzeitbüchse und Falle, auch mit der „Norwegischen Krähenmassenfalle“ (s. Abb. S. 407) systematisch *kurzzuhalten* (s. S. 408).

Junge Krähen sind schmackhaft! Sie werden ungerupft abgebalgt. Eichelhäher und Elster sind böse Nesträuber. Der Eichelhäher pflanzt (als „planteur“) überall Eichen. Die Elster steht

Kolkrabe
Nebelkrähe
Rabenkrähe
Saatkrähe
Elster
Dohle
Eichelhäher
Tannenhäher

Rabenvögel

aufs Reizen zu, wenn man in guter Deckung ihre laute helle Rufreihe, das „Schackern“ (schackackack), nachahmt, indem man eine halbgefüllte Streichholzschachtel schüttelt.
Der gleichfalls schädliche Kolkrabe gehört zum Federwild. Er ist wegen seiner Seltenheit ganzjährig geschont (nur in *Bayern* darf er vom 1. 9. bis 31. 1. bejagt werden, s. S. 494).
Die Saatkrähe ist nur wenig jagdschädlich. Sie ist deshalb in Baden-Württemberg geschützt. Dohle, Alpendohle, Alpenkrähe und Tannenhäher stehen unter Naturschutz.

**Welche natürlichen Feinde haben die Rabenvögel?**

Habicht, Wanderfalke und Uhu; auf den Schlafbäumen sowie für Gelege und Nestlinge auch der Baummarder.

**Welche Vögel zeigen durch Schrecklaute dem Jäger das Anwechseln von Wild an?**

Besonders auffällig ist das „Rätsch“ des *Eichelhähers,* das schon manchem Jäger einen Fuchs angezeigt, aber auch den Rehbock zum Abspringen gebracht hat. Ähnlich ist es mit dem Warngeschrei des Kiebitzes (s. S. 225) und dem „Schackschack“ der *Elster,* dem „Tix-tix-tix“ der *Schwarzdrossel* und dem erregten „Zerr“ des *Zaunkönigs.*

**Welche Warnlaute lassen Eulen und Krähen hören?**

Eulen knacken mit dem Schnabel; die Waldohreule kann „bellen“ (s. S. 257). Krähen lassen beim Hassen auf Eulen und Greifvögel, besonders auf den Habicht, ein knarrendes „Gnarr“ hören.

*Drosseln* (Turdinae)

**Was sind Drosseln?**

Langbeinige, aufrechtstehende Singvögel mit spitzem, schlanken Schnabel. Zu ihnen gehören die bei uns vorkommende Schwarzdrossel oder Amsel, die Ringdrossel, Wacholderdrossel, Singdrossel und Misteldrossel. Die Drosseln sind ganzjährig geschützt.*)

**Was ist kennzeichnend für die Schwarzdrossel (Amsel)?**

Das *Männchen* ist ganz schwarz und hat einen leuchtend orangegelben Schnabel und Augenring. Das *Weibchen* ist dunkelbraun und hat ein weißliches Kinn und einen braunen Schnabel.
Ihre Stimme ist, wenn sie aufgejagt wird, ein schrilles Zetern („tix-tix-tix“). Dadurch zeigt sie häufig dem Jäger das Wild, aber auch dem Wild den Jäger an.
Ihre Singzeit beginnt schon an den ersten milden Februartagen und endet im allgemeinen Mitte Juli. Sie sitzt dabei gern auf höchsten Plätzen. Ihr Gesang zeichnet sich durch großen Melodienreichtum aus. Sie gehört neben der Singdrossel und Nachtigall zu unseren drei besten Sängern. *Nur die Männchen singen!*

---

*) Die Schwarzdrossel soll künftig ähnlich wie die in § 22 NaturSchVO genannten Vögel behandelt werden (Schadvogelbekämpfung zum Abwenden wesentlicher wirtschaftlicher Schäden).
In *Baden-W.* zählen ab 1. 4. 1976 nach der Naturschutz-VO Star und Amsel zu den ungeschützten Tierarten, ebenso Rabenkrähe, Elster, Eichelhäher und Sperling.

# JAGDLICHES BRAUCHTUM

## Grundregeln der jagdlichen Praxis, Jagdarten

### Entwicklung des Jagdrechtes, Jagdgeschichte

**Was war die Jagd in der Vorzeit, und wie entwickelte sich das Jagdrecht bis heute?**

In der Vorzeit lebte der Mensch ganz und gar von der Jagd. Nur durch die Jagd konnte er sich ernähren und gegen Raubtiere schützen. Der Waidmann von heute lebt dagegen für die Jagd. Als der Mensch begann, Ackerbau zu treiben, mußte er weiterhin jagen, um den durch das Wild entstehenden Schaden einzudämmen. Später (etwa um das Jahr 800) wurde der Bauer von der Jagdausübung verdrängt. Die zur Macht gekommenen Könige erklärten große Waldgebiete zu *„Bannforsten"*, in denen sie sich die Jagd vorbehielten.

Im Mittelalter erreichte die Jagdkultur einen gewissen Höhepunkt. An die Jäger wurden größte Anforderungen gestellt. Sie mußten Speer und Armbrust zu führen wissen, die Falknerei verstehen, das Einjagen der Meute beherrschen und Sicherheit in der Fährten- und Spurenkunde besitzen. Obenan stand die Hatz mit den Rüden. Die Jagd wurde damals ohne Rücksicht auf die Belange der Land- und Forstwirtschaft betrieben.

Vom 16. Jahrhundert ab wuchs dann die Macht der Landesfürsten. Sie nahmen das Jagdrecht des ganzen Landes für sich in Anspruch und schufen das *„Jagdregal"*. Die Jagd wurde zum Vorrecht des Adels. Aus dieser Zeit stammen noch die Bezeichnungen *„Hohe Jagd"* und *„Niederjagd"*. Die Hohe Jagd war dem Landesherrn und dem hohen Adel vorbehalten. Auf der Niederjagd konnte sich auch der niedere Adel betätigen. Durch die Revolution (1789 in Frankreich und 1848 in Deutschland) wurde dieses Jagdregal aufgehoben. Jeder Staatsbürger durfte jetzt auf seinem Grund und Boden jagen, ohne Rücksicht auf das Allgemeinwohl nehmen zu müssen. Das Wild war damit *„vogelfrei"*.

Die „öffentliche Meinung" forderte deshalb nachdrücklich, daß die Wildarten erhalten werden müßten *und nicht ausgerottet werden dürften.*

Da rettete der Forstmann das Wild (Riesenthal: „Das ist des Waidmanns Ehrenschild, daß er beschützt und hegt sein Wild"), und man bestimmte (1851), daß das Jagdrecht dem Grundeigentümer zustehe, der *Jagdbezirk aber eine Mindestgröße von 75 ha* haben müsse. Gleichzeitig war nunmehr ein Pächter verpflichtet, eine angemessene Pachtsumme zu zahlen und etwa entstandenen Jagd- und Wildschaden zu vergüten. Der Kreis der Jagenden erstreckt sich seitdem auf Eigenjagdbesitzer, Jagdpächter und Inhaber von Jagderlaubnisscheinen. Eine moderne Regelung des Jagdrechtes brachte 1935 das Reichsjagdgesetz (Scherping und Oberländer). Nach dem Zusammenbruch (1945) wurde es (1952) durch das *Bundesjagdgesetz,* 1961 und 1977 durch eine Novelle hierzu und durch die Verordnung über die Jagdzeiten ersetzt (s. S. 492).

Es ist also eine völlig falsche Auffassung, die Jagd wurzele auch

heute noch im 18. Jahrhundert und weise noch Relikte aus der Feudalzeit auf.
Mängel im Jagdwesen, die durch öffentliche Aufgaben berührt werden, sind heute mit den Bestimmungen des Bundesjagdgesetzes leicht abstellbar. Wo dennoch ein uneinsichtiger Jäger sein Revier zum Schaden der Allgemeinheit überhegt, sind in den §§ 21, 22 und 27 des Bundesjagdgesetzes alle nur denkbaren Mittel zur Abstellung gegeben (Näheres s. S. 488, 490 u. 509).

**Wer waren jagdgeschichtlich die Jäger Nimrod und Orion?**

Nimrod war nach dem Alten Testament ein mächtiger Herrscher Babylons und „ein gewaltiger Jäger vor dem Herrn" (1. Mos. 10, 9). Im übertragenen Sinne verstehen wir heute unter einem Nimrod einen leidenschaftlichen Jäger.
Orion war nach griechischer Sage ein schöner Jäger, der von der Göttin Eos geliebt und von der Artemis (römisch Diana) getötet wurde. Er wurde mit seinen Jagdhunden unter die Sterne versetzt (Sternbild des Orion mit dem „Hundsstern" Sirius, dem hellsten aller Fixsterne; siehe auch „*Hubertus*" S. 296).

## Brauchtum, Jagdethik

**Was verstehen wir unter jagdlichem Brauchtum?**

Jahrhundertealte erprobte und eingebürgerte Sitten und Gebräuche, die das Waidwerk mit dem stimmungsvollen Gehalt einer hohen Jagdkultur erfüllen.

**Welcher Art sind die jagdlichen Sitten und Gebräuche?**

Sie sind ethischer und praktischer Art.
Es liegt ihnen durchweg ein weiser Sinn zugrunde.

**Was soll die Jagd für den Jäger sein?**

Niemals Hobby, sondern verantwortungsvolles „Waidwerk".

**Woran erkennt man die jagdliche Kultur eines Jägers?**

An seiner Einstellung zum jagdlichen Brauchtum, also daran, wie er die alten Sitten und Gebräuche anwendet, pflegt und beherrscht.

**Was gehört zum jagdlichen Brauchtum?**

Die Jägersprache, die Jagdsignale, die Bruchzeichen, die Art des Aufbrechens und Zerwirkens von Wild, das Überreichen des Erlegerbruchs, der „letzte Bissen" für das erlegte Stück Schalenwild und die Andacht bei ihm, das Streckelegen, das Verblasen der Strecke, die Behandlung der Jagdtrophäe, die Waidgerechtigkeit und schließlich noch der letzte Bruch.

## Waidgerechtigkeit

**Was kennzeichnet den waidgerechten Jäger?**

Daß er nach den allgemein anerkannten *(juristisch nicht erfaßbaren)* Grundsätzen der Waidgerechtigkeit jagt, d. h., daß er *natur-*

*verbunden* das Wild hegt und für einen artenreichen, angemessenen, gesunden Wildbestand sorgt (s. S. 120, 373 u. 463),
bei Ausübung der Jagd dem Wilde Qualen erspart und
die altehrwürdigen Sitten und Gebräuche der Jägerzunft (das jagdliche Brauchtum) beachtet und hochhält,
nie ohne brauchbaren Hund jagt,
sich verpflichtet fühlt, stets eine gute Jagdzeitschrift zu halten, um praktisch und wissenschaftlich auf dem laufenden zu sein.

**Wann handelt ein Jäger unwaidmännisch?**

Wenn er die *ungeschriebenen* Gesetze über die Ausübung der Jagd, zum Schutze des Wildes und zur Erhaltung des Waidwerks nicht beachtet.
So ist es z. B. Waidmannspflicht, keinesfalls über die waidgerechte Entfernung hinaus auf Haar- oder Federwild zu schießen, Schalenwild nur mit dem Büchsengeschoß zu erlegen, nach jedem Büchsenschuß (auch bei einem vermeintlichen Fehlschuß) den Anschuß genau zu untersuchen, die Anschußstelle zu verbrechen und, falls das beschossene Stück nicht im Feuer blieb, eine gewissenhafte Nachsuche mit dem Hund durchzuführen und krank über die Grenze geflüchtetes Wild dem Jagdnachbarn sofort zu melden.
Weiter darf man keinesfalls unreifes Wild, z. B. schwache Rebhühner oder noch nicht beflogene Jungenten, erlegen oder den Hasenbestand unmittelbar nach Aufgang der Jagd übernutzen.
Wer es nicht gelernt hat oder nicht für nötig hält, das erlegte Wild sachgemäß zu versorgen, kann nicht als waidgerechter Jäger angesprochen werden.
Wer den Finger auf einen nicht freigegebenen starken und guten Hirsch oder Bock nicht gerade lassen kann und danach die Ausrede gebraucht, „sonst hätte ihn der Nachbar geschossen", handelt gewissenlos und ist kein Waidmann.
Einen Verstoß gegen die Waidgerechtigkeit stellt auch die oberflächliche Vorbereitung der Jungjäger auf die Jägerprüfung und die laxe Handhabung der Prüfung durch den Prüfungsausschuß dar. Wer die Jägerprüfung nur als Formsache ansieht, versündigt sich am jagdlichen Nachwuchs. Das Bestehen der Prüfung muß vom Vorhandensein einer echten inneren Veranlagung und einem wirklichen jagdlichen Wissen abhängig gemacht werden. Das gute Beispiel der alten erfahrenen Jäger muß Vorbild und Erziehungsmittel für den Nachwuchs bleiben.

*„Nur der soll die Büchse tragen,*
*der nach der Väter Art*
*erlernt, gerecht zu jagen,*
*und so zum Jäger ward."*

**Beim Erlegen welchen Wildes wird ein Schützenbruch überreicht?**

Bei *Schalenwild, Fuchs, (Murmeltier,) Auer-, Rackel- und Birkhahn.*
Ein schöner Brauch ist es auch, dem Jungjäger, der seinen ersten Hasen geschossen hat, die Blume als Trophäe an den Hut zu stecken und dem Erleger von Schwarzwild neben dem Bruche auch den Pürzel der geschossenen Sau zu überreichen.

## Schützenbruch, Bruchzeichen

**Was versteht man unter einem Bruch?**

Einen abgebrochenen, grünen Zweig, der dazu dient, den Anschuß, die Fährte oder den Schweiß des Wildes zu bezeichnen oder den Hut des Schützen als Zeichen eines erfolgreichen Schusses zu zieren.

**Welche Holzarten kommen für Brüche in Frage?**

Eiche, Erle, Fichte, Kiefer (Latschenkiefer) und Weißtanne.

**Wie wird der Schützenbruch überreicht?**

Er wird mit Schweiß des erlegten Stückes benetzt und dem Schützen mit „Waidmannsheil" auf dem Hirschfänger, dem Waidblatt oder auf dem abgenommenen Hute überreicht. Der Erleger ergreift den Bruch mit der linken Hand, bedankt sich mit „Waidmannsdank" und Händedruck und steckt den Bruch auf der linken oder rechten Seite seines Hutes auf (Abb. S. 362).

**Wer überreicht dem Schützen den Schützenbruch?**

Bei Treibjagden der Jagdherr, bei der Pirsch der Führende und bei der Nachsuche der Hundeführer, *der stets den Fangschuß gibt.* Kam das Stück durch Nachsuche mit dem Schweißhund zur Strecke, dann gibt der Erleger von seinem Bruche einen Zweig an den Hundeführer zurück, der hiervon seinem Hunde einen kleinen Bruch an die Halsung steckt. Durch diesen schönen Brauch wird anerkannt, daß Hundeführer und Hund Anteil an der Erlegung des Stückes haben.

Überreichen des mit Schweiß benetzten Schützenbruchs auf dem abgenommenen Hute

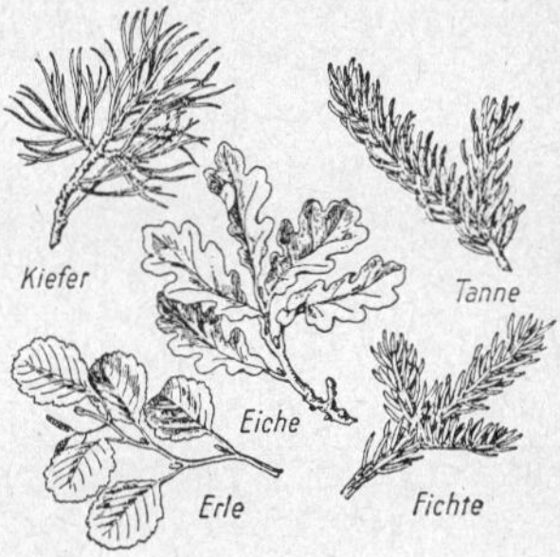


Zweige heimischer Holzarten für gerechte Brüche

**Durch welchen Bruch wird das erlegte Wild geschmückt?**

Durch den *Inbesitznahmebruch.* Er zeigt an, daß der Erleger Besitz von dem Stück ergriffen und damit Eigentum (für den Jagdausübungsberechtigten) begründet hat.

**Wie wird ein Stück Schalenwild gerecht verbrochen?**

Es wird auf die rechte Seite gestreckt. Dann legt man auf den Wildkörper einen Bruch. Bei *männlichen* Stücken (Hirsch, Schaufler, Keiler, Bock) muß das abgebrochene Ende des Bruches nach dem Haupte zeigen, bei weiblichen Stücken nach hinten (Abb. s. S. 291).
Der brauchtumgerechte Jäger hält dann dem gestreckten Stücke eine kurze „*Totenwacht*" und durchlebt dabei alle Enttäuschungen und Freuden, die ihm dieses Stück bereitet hat.
Männliche Stücke erhalten außerdem noch den „*letzten Bissen*", d. h. einen Bruch in den oder quer durch den Äser (beim Keiler in oder durch das Gebrech). Auer-, Rackel- und Birkhahn erhalten den „letzten Bissen" in den Schnabel.

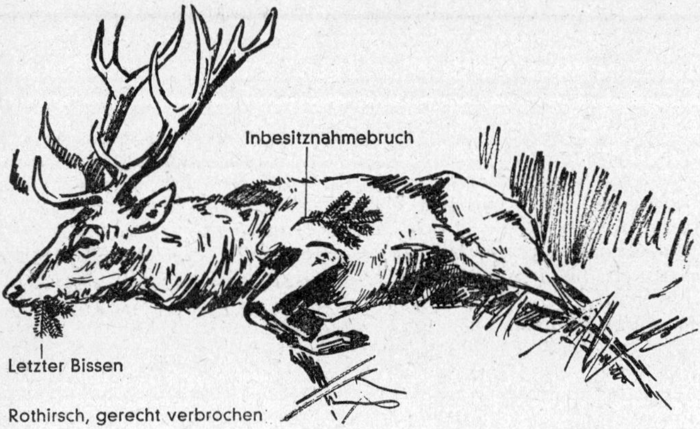


Rothirsch, gerecht verbrochen

**Was ist von der Führung eines Schußbuches zu halten?**

Es ist ein schöner Brauch und im Alter eine Fundgrube froher und ernster jagdlicher Erinnerungen, wenn man nicht nur Schußzahlen einträgt.

**Welche Bedeutung haben die Bruchzeichen?**

Sie haben teils *symbolische Bedeutung*, teils dienen sie zur *Nachrichtenübermittlung*.
Man unterscheidet:
Hauptbruch, Leitbruch, Anschußbruch, Fährtenbruch, Inbesitznahmebruch, letzter Bissen und Schützenbruch; ferner Standplatzbruch mit Folgebruch, Wartebruch und Warnbruch.

**Was ist ein Hauptbruch?**

Der Hauptbruch ist armlang. Er wird mit dem Waidmesser blankgefegt, d. h., es wird die *Rinde abgeschabt*, um ihn dadurch auffällig zu machen. *Er bedeutet „Achtung!"*. Stößt der Jäger auf einen solchen aufgehängten (Schneetreiben!) oder hingelegten Bruch, so muß er sich umsehen und suchen, wo etwas los ist.

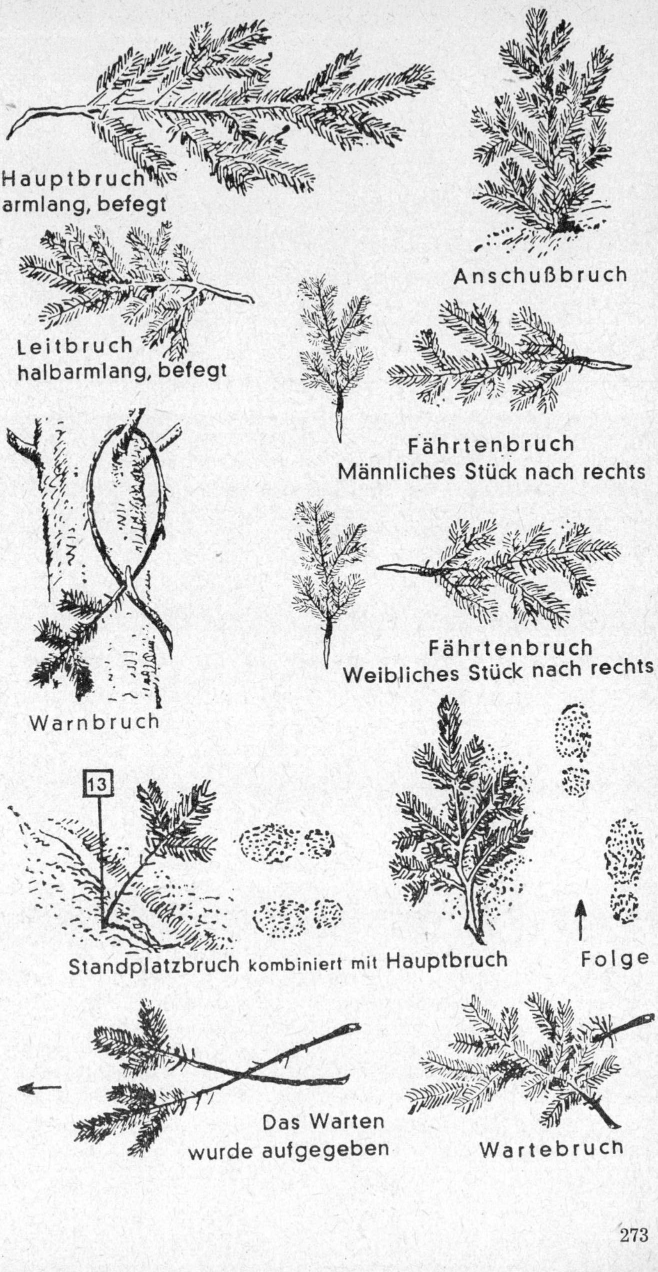
Hauptbruch
armlang, befegt
Anschußbruch
Leitbruch
halbarmlang, befegt
Fährtenbruch
Männliches Stück nach rechts
Fährtenbruch
Weibliches Stück nach rechts
Warnbruch
13
Standplatzbruch kombiniert mit Hauptbruch
Folge
Das Warten
wurde aufgegeben
Wartebruch

**Welche Bedeutung hat der befegte, halbarmlange Leitbruch?**

Er soll als blankgefegter Bruch *deutlich zu etwas hinleiten,* zum Anschuß oder zum gestreckten Wilde. Er fordert also stets zum Folgen (in *Richtung* der *gewachsenen Spitze*) auf.

**Wozu dient der nicht befegte Anschußbruch?**

Der Anschußbruch dient zur Bezeichnung des Anschusses, also der Geländestelle, an der das Wild das Büchsengeschoß erhalten hat. Er hat *große Bedeutung für die Nachsuche.* Der Anschußbruch muß mit dem abgebrochenen Ende aufrecht in den Boden gesteckt werden. Er wird n i c h t b e f e g t, damit Neugierige nicht aufmerksam gemacht werden!

**Wann wird der nicht befegte Fährtenbruch verwendet?**

Wenn am Anschuß die Eingriffe oder die Fährte und die Fluchtrichtung des beschossenen Stückes gezeigt werden sollen.
Bei einem *männlichen* Stück (Hirsch, Schaufler, Keiler, Bock) wird das mit dem Waidmesser *angespitzte Ende* des Fährtenbruches *in die Fluchtrichtung* gelegt; bei einem *weiblichen* Stück zeigt die *gewachsene Spitze* in die Fluchtrichtung. Zur Unterscheidung wird der Fährtenbruch „geäftert", d. h., es wird hinter ihn noch ein kleiner Querbruch gelegt. Zwei kleine Querbrüche zeigen an, daß die Fluchtrichtung unbekannt oder unsicher ist.

**Wozu dient der Standplatzbruch und Folgebruch?**

Er bezeichnet bei Waldjagden den Stand des Schützen.
Es wird ein *h a l b kahler* (s. Abb.) Standplatzbruch und ein armlanger, befegter Hauptbruch verwendet. Der Standplatzbruch wird aufrecht in die Erde gesteckt, nachdem die unteren Queräste entfernt wurden. Der *Hauptbruch* wird so gelegt, daß die *gewachsene Spitze in die Richtung der Folge zeigt.* Der Schütze steht zwischen beiden Brüchen. Er hat vor sich den Standplatzbruch, den man auch durch ein numeriertes Schild ersetzen kann, und hinter sich den Hauptbruch als Folgebruch.

**Welchem Zwecke dient der Wartebruch?**

Er dient der Verständigung der Jäger. Er wird verwendet, wenn man sich mit jemandem an einem bestimmten Platze zu bestimmter Zeit verabredet hat, aber den Platz vorzeitig verlassen mußte. Man legt dann zwei abgebrochene armlange und unbefegte Brüche gekreuzt an den Platz. Der später Eintreffende weiß dann, daß man hier war und daß gewartet werden soll. Gibt der Wartende das Warten auf, dann entfernt er die Seitenzweige der beiden Brüche und legt die halbkahlen Brüche so hin, daß die *Mitte der beiden Zweigspitzen* in die Richtung zeigt, in der er fortgegangen ist. Drei nebeneinandergelegte Wartebrüche bedeuten: *Sammelplatz.*

**Was bedeutet der Warnbruch?**

Er ist das Warnschild für den Jäger und besagt, daß vor etwas gewarnt wird (z. B. vor einem ausgelegten Schwanenhals oder beschädigtem Hochsitz). Er besteht aus einem *Kahlbruch*, bei dem Rinde und Zweige mit dem Waidmesser völlig abgeschabt sind, so daß das Holz leuchtet.

## Jagdsignale

**Wie kann der Jagdleiter bei Treibjagden seine Anordnungen an Schützen und Treiber übermitteln?**

Durch Lautzeichen (Jagdsignale). Das geschieht am besten durch das „Fürst Pleßsche Jagdhorn". (Bedeutend kleiner ist das Volkersdorfer oder Clewingsche Jagdhorn. Es gibt auch Jagdhörner mit Ventilen.)
Ein Jagdtag, an dem mit dem Jagdhorn richtig an- und abgeblasen wird, ist immer eine Waidmannsfreude, ganz gleich, wieviel Wild geschossen wird. In den Jagdsignalen wird die ganze Poesie der Jagd lebendig.
Das Signalgeben mit Hupen und Pfeifen ist unwaidmännisch.

**Welche Signale werden unterschieden?**

Wir unterscheiden:
K o m m a n d o signale (das sind alle Signale, die anordnen, was jagdlich geschehen soll. Hierzu gehören z. B. die Signale „Aufbruch zur Jagd", „Das Ganze", „Halt an", „Halt Richtung", „Langsam treiben", „Treiber in den Kessel", „Aufhören zu schießen", „Sammeln der Jäger", „Sammeln der Treiber", „Wagenruf", „Hunderuf" und „Signal zum Essen") und
d e k o r a t i v e Signale („Begrüßung", „Verblasen der Strecke", „Totsignale" [wie „Hirsch tot" usf.], „Halali" und „Jagd vorbei").

**Wie können Jungjäger die Jagdsignale leicht erlernen?**

Durch Anhören sowie durch Spielen der Noten auf dem Klavier oder auf der Blockflöte und durch Einprägen der Merksprüche (nach Redslob-Clewing)*).

**Mit welchem Signal kann man sich gegenseitig herbeirufen?**

Mit dem Hegeruf und der Antwort hierauf.

**Hegerruf**

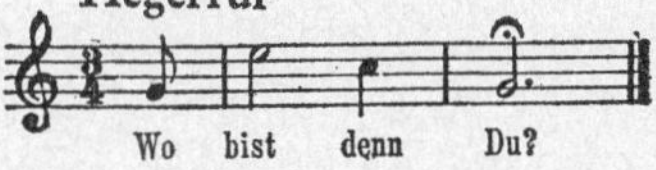


**Antwort**

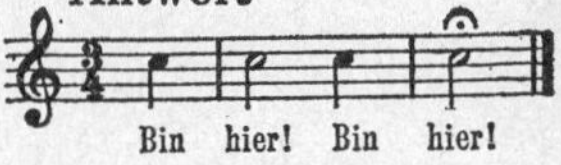


**Wie wird das Jagdhorn getragen?**

Auf der rechten Seite des Bläsers, an der Hornfessel hängend, zweckmäßig mit dem Mundstück nach vorne (s. Abb. S. 276).

---

*) Zum Erlernen der Jagdsignale eignet sich die Schallplatte: A. Eisenschink, „Der Jäger und sein Horn" (Buch und Schallplatte) oder die Stereo-Schallplatte „Die deutschen Jagdsignale" der EHA-Produktion, A. Voggenreiter, Bad Godesberg 10.
Zu beziehen vom Verlag J. Neumann-Neudamm, 3508 Melsungen.

**Aus welchem Signal besteht der für Jägerkreise eingeführte Jägernotruf?**

Er besteht in dem Signal –··–, *lang, kurz, kurz, lang.* Er bedeutet „Helft! Bin in Not!". Dieser Ruf kann mit dem Jagdhorn, durch eine Hupe, mit der Trillerpfeife, durch vier mehr oder weniger gedehnte Rufe „Hopp" oder durch Schüsse abgegeben werden. Dieser Notruf, von Haus zu Haus aus dem geöffneten Fenster mit der Trillerpfeife oder durch Hupen abgegeben, läßt jeden Einbrecher flüchten wie einen verstochenen (aufgestoßenen) Fuchs.

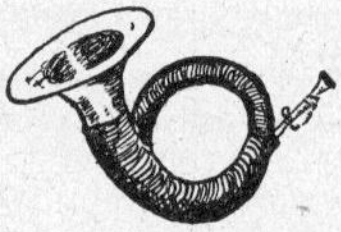

Fürst Pleßsches Jagdhorn

Tragen des Jagdhornes

**Wie wird der Jägernotruf durch Schüsse als solcher erkannt?**

Einem einzelnen Schuß folgt nach drei Sekunden ein Doppelschuß und nach wiederum drei Sekunden ein einzelner Schuß.
In Notfällen kann man auch 70 mm lange Leuchtpatronen (Kal. 16 oder 12) schießen. Sie sind amtlich zugelassen. Rot bedeutet: Verunglückt oder verirrt; grün: Folgen. In den Schachteln sind 6 Patronen (je zwei mit roter, grüner und weißer Sternentfaltung).

**Was ist beim Begräbnis eines waidgerechten Jägers Brauch?**

Die Teilnehmer an der Beerdigung tragen an der l i n k e n Seite des Hutes einen grünen Bruch mit der Nadel- bzw. Blattunterseite nach außen. Am Grabe wird der Hut mit der rechten Hand abgenommen und gehalten, während die linke, vom Herzen kommend, den „letzten Bruch" als letzten Gruß und mit Waidmannsdank ins Grab gibt. Am Schlusse der kirchlichen Feier werden zur Ehrung des Entschlafenen von einem entfernten Punkte aus die Signale „Das letzte Halali" (s. S. 277) und „Jagd vorbei" (s. S. 294) geblasen.

**Welche Farben werden bei Jägerprüfungen sowie bei feierlichen und festlichen Anlässen von den Jägern getragen?**

Die alten Jägerfarben Grün-Weiß-Schwarz (grüner Anzug, weißes Hemd, weißer Kragen, schwarzer Binder und schwarze Schuhe.

### Das letzte Halali*)

Dem Waid-werk war ich im - mer treu, im Win - ter - schnee im gold'- nen
Herbst und im grü - nen Mai. Und muß es einst ge - schie - den
sein, laßt schmet-tern „Ha - la - li“ ins Grab mir hin - ein. Im wald - um
rausch - ten küh - len Haus, da ruht der ge - rech - te Jä - ger aus.

*) altpreußische Fassung, für F-, Es- oder Ventilhörner

## Grundregeln der jagdlichen Praxis

## Waidgerechte Jagdarten

**Welche waidgerechte Jagdarten muß der Jäger kennen?**

Ohne Treiber: Anstand, Ansitz, Pirsche und Suche.
Mit Treibern: Streife, Böhmische Streife, Vorstehtreiben, Kesseljagd, Stöber-, Drück- und Riegeljagd. Außerdem
die Lockjagd (die auf Gehör, Auge oder Nase des Wildes wirkt):
Lockjagd mit dem Hirschruf,
Blattjagd mit dem Buchenblatt auf den Brunftbock,
Balzjagd durch Nachahmen der Balzlaute,
Reizjagd mit Hasenquäke und Mauspfeifchen,
Hüttenjagd mit der Uhu-Attrappe auf der Jule,
Fallenjagd mit und ohne Köder,
die Baujagd mit Erdhunden und Frettchen,
die Beizjagd mit Greifvögeln,
die Hetz- oder laute Jagd mit Bracken (s. S. 305) und
die Stille Jagd ohne Schuß, nur mit dem Gebrauchshund (s. S. 333).

## Suchjagden

**Was verstehen wir unter der Suchjagd?**

Eine Jagd ohne Treiber, bei welcher der Jäger allein oder mit einigen Waidgenossen mit dem vielseitigen Gebrauchshund (s. S. 304) nach dem Wilde sucht.
Der Hund muß hierbei planmäßig und schnell das Gelände absuchen und gefundenes Wild „*vorstehen*“ sowie beschossenes *auf Befehl* bringen („*apportieren*“). Wir unterscheiden die Suche
im Feld (Feldsuche) auf Rebhuhn (s. S. 324), Fasan und den Hasen,

im Schilfwasser auf Enten (s. S. 325) und
im Wald, als Buschieren und Stöbern auf Hase, Kaninchen, Fuchs, Fasan und Herbstschnepfe (s. S. 326).

## Treibjagden (Gesellschaftsjagden)

**Was sind Treibjagden?**

Alle Jagden, bei denen ein planmäßiges Zusammenwirken von Schützen und Treibern stattfindet (also Streifen, Vorstehtreiben und Kesseljagden). Bei Mondschein und zur Nachtzeit sind sie verboten.
An Sonn- und Feiertagen gelten für Treibjagden die Sonn- und Feiertagsgesetze der Länder.
*In Bremen sind Treibjagden nur bis 12 Uhr mittags, in Hessen und Rheinland-Pfalz nur dann verboten, wenn durch sie der Gottesdienst unmittelbar gestört wird.*

**Auf welches Wild werden Treibjagden „gemacht"?**

Besonders auf Hasen, Kaninchen, Fasane und Enten.

**Welche Treibjagden werden unterschieden?**

*Feldtreibjagden und Waldtreibjagden.*
Im *Felde* werden Vorsteh- oder Standtreiben, die „Böhmische Streife" und vor allem Kesseltreiben gemacht.
Im *Walde* sind hauptsächlich Vorstehtreiben üblich, bei denen die Schützen rings um das Treiben aufgestellt werden. Treibjagden auf Hochwild (Wildjagden) und solche auf Füchse werden (bei nur geringem Aufwand an Treibern und ohne Lärm) als *Drückjagden* (in Bayern als Riegeljagden) bezeichnet (s. S. 283).

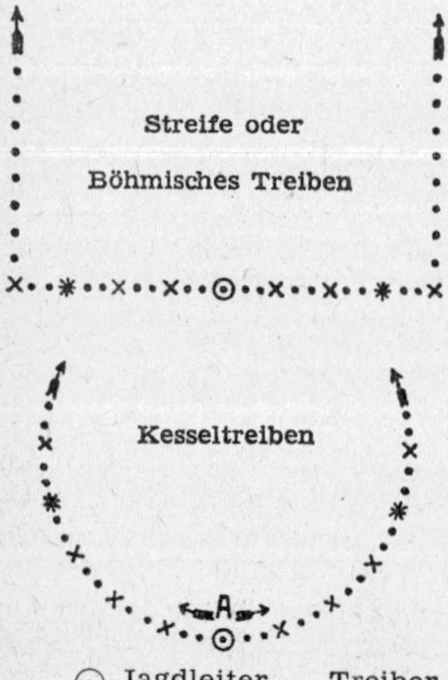


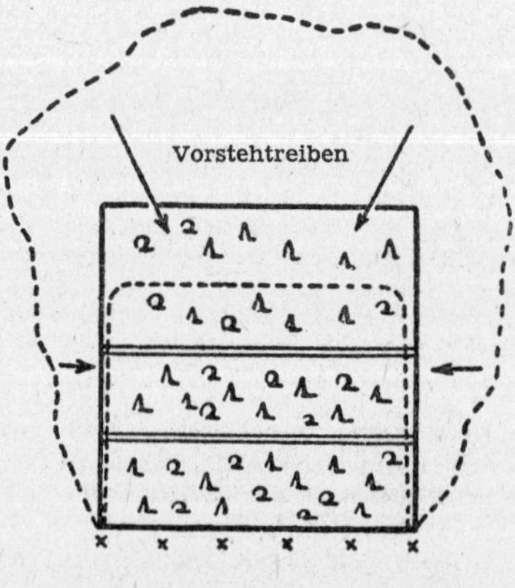


⊙ Jagdleiter . . . Treiber
× Schützen ⁎ Schützen m. Hunden

——— Treiberwehr
××× Schützenstände

Bei allen Treibjagden und Gesellschaftsjagden ist ein *Jagdleiter* zu bestimmen (§ 3 Abs. 1 des Abschnittes 30 der Unfall-Verhütungsvorschriften der Landwirtschaftlichen Berufsgenossenschaft Kassel).
Der Jagdleiter hat die erforderlichen Anordnungen für den gefahrlosen Ablauf der Jagd zu treffen. Seinen Anordnungen ist Folge zu leisten.
Jagdleiter ist i. d. R. der Revierinhaber. Er kann mit seiner Vertretung eine Vertrauensperson als Jagdleiter benennen.

**Wer ist für die Beachtung der Unfallverhütungsvorschriften verantwortlich?**

Der Jagdleiter oder der von ihm benannte Vertreter. An seine Sorgfaltspflicht bei der Auswahl und Einladung von Jagdgästen (ob z. B. zuverlässige Jagdscheininhaber oder gefährliche Schießer) werden hohe Anforderungen gestellt. Zur Entlastung der Haftung des Revierinhabers, der eine Gesellschaftsjagd veranstaltet, wird (wegen des gesellschaftlichen Charakters der unentgeltlichen Teilnahme an solchen Jagden) ein stillschweigender Haftungsausschluß zwischen Revierinhaber und Jagdgast angenommen, zumal jeder Jagdgast der obligatorischen Jagdhaftpflichtversicherung (vor Lösen des Jagdscheines) unterliegt (s. auch S. 77 u. 481).

**Welche Sorgfaltspflichten hat jeder Jagdgast zu erfüllen?**

Er muß einen gültigen Jagdschein bei sich tragen und sich vor Abgabe eines jeden Schusses vergewissern, ob er freigegebenes Wild vor sich hat und ob sich andere Schützen, Treiber oder Unbeteiligte in gefahrbringender Nähe seiner Schußrichtung befinden. Ist ihm das Revier unbekannt, muß er sich vor Abgabe eines Schusses doppelte Zurückhaltung auferlegen. Insbesondere muß jeder Jagdgast die für Jäger verbindlichen „Hauptregeln für das Verhalten der Jäger auf Treibjagden“ (s. S. 284) gewissenhaft beachten, die auf der Rückseite des Jagdscheins abgedruckt sind.

**Was verstehen wir unter dem „Besatz“ und „Bestand?“**

Der „Besatz“ ist die Gesamtzahl des im Revier vorhandenen Niederwildes, der „Bestand“ die Gesamtzahl des Hochwildes (s. S. 96) und des Rehwildes.

**Wie unterscheiden sich das „Vorstehtreiben“ und die „Streife“ oder das „Böhmische Treiben“?**

Beim *Vorstehtreiben* erwarten die Schützen das von den Treibern rege gemachte Wild auf ihren Ständen. Die Schützen werden meist rings um das Treiben oder nur an der Frontseite aufgestellt (s. Abb. S. 278).
Werden Dickungen getrieben, dann stehen die Schützen hart am Rande der getriebenen Dickung (Anstellen im „Haken“ s. S. 285). Bei engen Schneisen werden die Schützen angewiesen, nur nach einer Seite (am besten nur nach links) zu schießen.

Bei einer *Streife*, die praktisch eine abgeänderte Art der Suche ist, bewegen sich dagegen die Schützen und Treiber immer in einer bestimmten Ordnung geradeaus vorwärts. Das Gebiet der Streifjagd ist das Feld ohne Hindernisse (wie Weidezäune, Knicks) und das hügelige Ackergelände. Die Böhmische Streife hat besonders Sinn und Erfolg, wenn große Gebiete bejagt werden können (wie z. B. in Ungarn).
Die Anlage der Streifjagd erfolgt zweckmäßig nur in rechteckiger Form, indem Schützen und Treiber in der Front in gerader Linie aufgestellt werden, während auf jeder Seite rechtwinkelig die Flügel oder Wehren abzweigen (s. Abb. S. 278). Je länger die nur aus Treibern bestehenden Wehren sind, um so besser ist es. An jeder Ecke zwischen Front und Wehr muß ein etwa 30 Schritte breiter Zwischenraum frei gelassen werden, der den Eckschützen die Möglichkeit gibt, die dort gern durchbrechenden Hasen mit Schuß nach außen zu erlegen. Die Ecke ist immer der beste Posten. Bei Beendigung der Streife wird „Halt" geblasen, beide Wehren schließen sich zusammen, und alle Treiber drücken nun den Rest des Treibens auf die Schützen zu, die nun nur nach rückwärts schießen dürfen.
Die *Streifjagd im Walde* wird nach denselben Grundsätzen angelegt wie die Feldstreife. Sie wird mit kurz suchenden Hunden ausgeübt (s. auch Buschieren und Stöbern S. 326). Die Schützen und Treiber rücken dabei in sichtigem Stangenholze in einer Linie vor, wobei sie sich immer wieder ausrichten.

**Wie verläuft ein Kesseltreiben?**

Die Schilderung einer Kesseljagd auf Hasen bringt Hermann Löns (geboren 1866, gefallen 1914, begraben im Tietlinger Wacholderpark bei 3032 Fallingbostel) in seinem Buche „Mümmelmann":
Nach der Ansprache des Jagdherrn (s. auch S. 284) folgt das Signal „Aufbruch zur Jagd" (s. S. 286).
Bei dem nun folgenden Kesseltreiben soll das Wild *durch Treiber und Schützen* kreisförmig eingekesselt und auf die Mitte des Kessels zu getrieben werden, wobei sich der Kreis der Treiber und Schützen immer mehr verengt. Auf jeden Schützen gehören immer zwei bis drei Treiber. Der Jagdherr schießt am besten nicht mit. Er hat einen Bläser neben sich und leitet durch Signale das Kesseltreiben. Da er den Umfang des Kessels genau kennt, stellt er links und rechts des Auslaufplatzes „Punkter" auf, mit deren Hilfe er Schützen und Treiber in bestimmter Reihenfolge „ablaufen" läßt und dadurch gleichmäßige Abstände erzielt.
Die Spitzenmänner (ein Flügelmann muß Bläser sein) nehmen je einen Treiber mit. Der Jagdleiter entscheidet v o r dem Anblasen, ob beide Flügelmänner schon während des Auslaufens zum Kessel auf Wild oder Raubzeug schießen dürfen. Haben sich beide Flügelmänner getroffen, bläst einer von ihnen die Signale „Das Ganze" (Nun hört mal her) und „Halt". Der beim Jagdleiter verbliebene Bläser wiederholt diese Signale. Daraufhin bleibt alles stehen. Der Jagdleiter läßt dann das Signal „Halt Richtung" blasen, das, wie alle seine Signale, vom Flügelmann wiederholt wird. Daraufhin werden die Abstände unter Aufsicht der Treiberführer (s. Abb. S. 281) sorgfältig ausgeglichen.

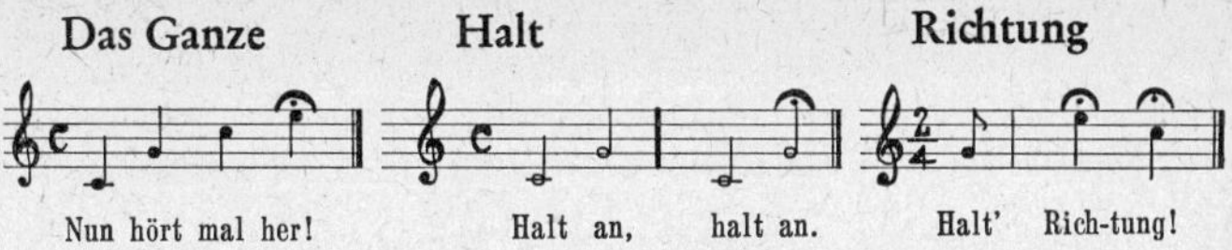


Sieht der Jagdleiter, daß alles in Ordnung ist, läßt er „Das Ganze“ und „*Langsam treiben!*“ (s. S. 288) blasen, das von allen Bläsern wiederholt wird.

*Jetzt erst darf geladen und geschossen werden!*

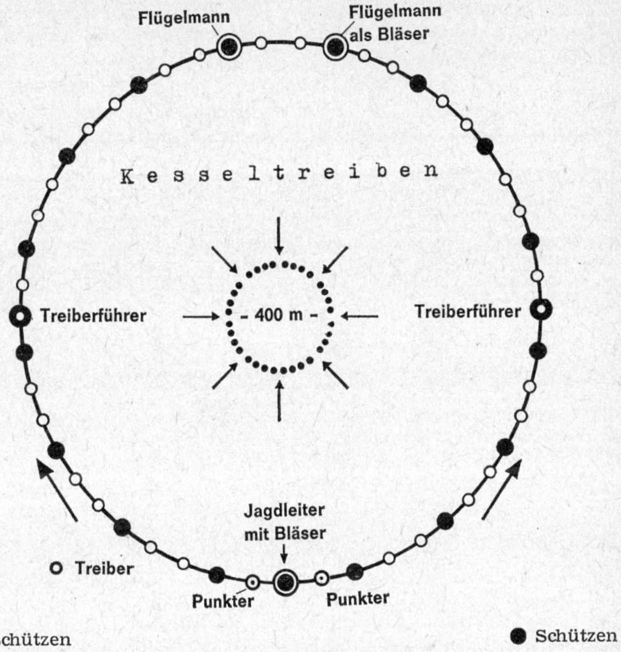


Schützen und Treiber gehen nun auf die Mitte des Kessels zu. Sie müssen dabei gleiche Abstände halten. Die Treiber dürfen beim anlaufenden Hasen nicht zusammenlaufen und den Knüppel schwingen. Sie machen am besten „auf und nieder“. Die Hunde bleiben angeleint. Auf aufgeregte Zurufe „Hunde los!“ reagiert der gute Hundeführer nicht. Er will seinen Hund nicht mit der Hetze auf den sichtigen Hasen verderben. Für die Schützen ist es unzulässig und unwaidmännisch, beim Kesseltreiben absichtlich zurückzubleiben und hierbei einen sogenannten „Sack“ zu bilden, in der Hoffnung, daß sich einige Hasen durch dieses Loch in der Treiberkette zu retten suchen. An diesen Stellen kommen die Hasen oft truppweise an, so daß meist keine Hasen erlegt, oft aber mehrere angeschossen werden.

*Kein Jäger darf mit seinem Gewehr*
*durch die Schützenlinie ziehen (s. Abb. S. 77)*

Hat sich das Kesseltreiben bis auf die „Gefahrenzone“ (400 m) verengt, wird „Das Ganze“ und „Treiber in den Kessel“ geblasen. Hierauf bleiben die Schützen nach dem Ausgleichen der Abstände (auf etwa 60 m) stehen und nehmen die Mündung ihres Gewehres senkrecht nach oben, damit sie gar nicht in die Gefahr kommen, durch die Schützenlinie zu ziehen. Die Treiber gehen den Kessel bis zur Mitte aus. Die jetzt noch aufstehenden Hasen müssen erst die *Schützenkette passiert* haben, bevor die Schützen das Gewehr in Anschlag bringen und schießen dürfen. Haben die Treiber die Mitte des Kessels erreicht, wird „Das Ganze“ und „Aufhören mit Schießen“ (Hahn in Ruh!) geblasen. Sämtliche Bläser wiederholen das Signal.

***„Hahn in Ruh“ bedeutet: Alle Schützen haben zu entladen!***

Keinesfalls darf jetzt noch auf Wild geschossen werden! Der Jagdleiter läßt sich zweckmäßig von jedem Schützen melden, wieviel Schüsse er abgegeben und wieviel Hasen er erlegt hat. Bis zum Anblasen des nächsten Treibens werden die Gewehre zweckmäßig mit *geöffnetem Verschluß* getragen (Abb. S. 76), damit jeder Jagdteilnehmer sehen kann, daß sie entladen sind.

**Treiber in den Kessel**
(Treiber 'rein!)

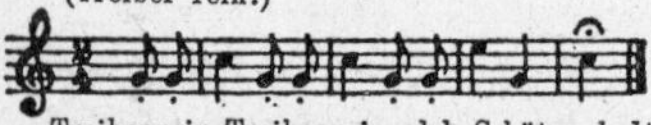
Treiber rein, Treiber rein, al-le Schützen halt!

**Aufhören zu schießen**
(Abblasen des Treibens)

Hahn in Ruh! Hahn in Ruh!

Kranke Hasen werden gemeldet und von den Rüdemännern mit ihren Hunden nachgesucht und geschossen. Auch am nächsten Tage folgt eine gründliche Nachsuche (Krüppelsuche).

**Welche Wald treibjagden werden gemacht?**

Vorstehtreiben (Standtreiben), Drückjagden und Streifen.
Beim Vorstehtreiben oder Standtreiben wird Niederwild den vorstehenden Schützen (möglichst mit dem Wind) *durch Treiber* zugetrieben.
Der wichtigste Mann eines Vorstehtreibens ist der *„Herr Obertreiber!“* Er hat darauf zu achten, daß kein Treiber zurückbleibt oder vorprescht. Dichte oder feuchte Stellen dürfen nicht umgangen werden! Die Treiber verständigen sich mit „hopp-hopp“, damit die Treiberkette nicht zerreißt. Je mehr in der Begeisterung Krach gemacht wird, desto mehr drückt sich das Wild und läßt sich übergehen! Es wird also *nur ab und zu geklappert (gerasselt)* und mit dem Treiberknüppel *an Bäume und Büsche geklopft.*

*Langsames (!) und gründliches (!) Zickzacktreiben*
*bringt den besten Erfolg!*

Jedesmal nach 30 bis 50 m läßt der Obertreiber haltmachen. Die Treiberkette richtet sich dabei aus. Dann wird ohne sonstigen Lärm kurz und gründlich *auf der Stelle getrampelt.* Dadurch steht auch das Wild auf, das sich drücken will.

*Bei Vorstehtreiben* im Wald (s. S. 279) *darf der Schütze,* falls es der Jagdleiter nicht anders bestimmt, auf seinem Stand

*laden und schießen, bevor das Treiben angeblasen wird,*

weil Keiler und Fuchs sich gern „abstehlen".
(Man denke auch an Hunde, die keinen Appell haben und sich bis in das nächste Treiben austoben!)
Bei der Drückjagd (oder Riegeljagd), die auf Rotwild (nur im Notfall!), Schwarzwild oder Füchse (im Gebirge auch auf Gamswild) gemacht wird, muß es *ganz leise* zugehen! Am besten wird gar nicht angeblasen. Man vergleicht die Uhrzeit und weiß dann, wann die Treiber angehen. Die Haupt- und Rückwechsel bzw. Pässe werden nur mit wenigen Schützen unter gutem Wind besetzt. Es ist die beste Jagdart auf Füchse (zur Tollwutbekämpfung!)

*Beim Drücken laufen die Treiber mit dem Wind.*

Einige revierkundige Treiber gehen still und *ohne* frei laufende *Hunde* durch das Treiben, wobei sie nur ab und zu husten oder einen Ast knicken. Das Wild kommt dadurch auf den bekannten Wechseln dem Jäger vertraut und nicht flüchtig (s. auch Stöbern S. 326).

**Sind Treib-, Drück- oder Riegeljagd auf Rehwild erlaubt?**

Nein! Sie verstoßen gegen die Grundsätze der Waidgerechtigkeit, da bei diesen Jagdarten ein Wahlabschuß mit Sicherheit nicht möglich ist (etwas anderes wäre es, wenn man sich *auf Einzeljagd* von einem wirklichen Könner einen Sprung Feldrehe zudrücken ließe, aus dem man in aller Ruhe das richtige Stück aussuchen kann!).

**Wie kann man in Bewegung befindliches Wild zum Verhoffen veranlassen?**

Durch einen kurzen, schrillen *Pfiff* (Anpfiff). Das gilt besonders für den Hasen beim Ein- und Auslauf, für Gams [Murmel] und ziehendes Rot- und Rehwild (Rehwild verhofft auch auf *„Anschrecken"*). Bei verhoffendem Wild ist ein Schuß leichter und sicherer anzubringen als bei Wild in der Bewegung. Es liefert auch mehr Schweiß.

## Brauchtum bei der Treibjagd

**Welche Angaben muß die Einladung zu einer Treibjagd enthalten?**

Zeitpunkt und Ort des Treffens, Art der Jagd und Angabe, auf welches Wild gejagt wird (wegen der Wahl des Gewehres und der Munition), sowie Zeitpunkt und Ort der Beendigung der Jagd.
Weiter sind Angaben notwendig, ob die Genehmigung zum Abschuß wildernder Hunde und Katzen erteilt wird, ob das Frühstück gereicht oder ob „aus dem Rucksack" gefrühstückt wird und wo das Schüsseltreiben stattfindet. Findet es im Hause des Jagdherrn statt, ist anzugeben, welcher Anzug erwünscht ist.

**Welche Pflicht hat der eingeladene Jagdgast?**

Er hat sich für die Einladung umgehend zu bedanken und anzugeben, ob er an der Jagd teilnimmt.

**Wie lautet der Jägergruß?**

Der Gruß der Jäger untereinander lautet „Waidmannsheil". Auf den Gruß als Glückwunsch am erlegten Stück antwortet man mit „Waidmannsdank".

**Wodurch begrüßt der Jagdherr die Gäste am Sammelplatz?**

Durch das Jagdsignal „Begrüßung" (ohne Abb.).

**Was bringt der Jagdherr oder Jagdleiter in seiner dann folgenden Ansprache zum Ausdruck?**

Er dankt den Gästen für ihr Kommen und gibt eindeutig an, welches Wild geschossen werden darf und w i e das vor sich gehen soll (das ist unbedingt notwendig!).
Er gibt nur solchen Jagdgästen die Erlaubnis zur Teilnahme an der Jagd, die einen gültigen Jagdschein (und für den Abschuß wildernder Hunde und Katzen seine schriftliche Erlaubnis) besitzen und mit sich führen. Weiter gibt er allen Teilnehmern die auf der Rückseite des Jagdscheins abgedruckten Verhaltens- und Vorsichtsmaßregeln bekannt und bittet, sie strengstens einzuhalten, denn auf einer Gesellschaftsjagd kann gar nicht genug getan werden, um Unfälle zu verhüten. Dann fordert er die Treiber auf, äußerste Disziplin zu wahren und bei den Treiben Abstand und Richtung zu halten.
Der „Herr Obertreiber", der unglaublich viel für eine erfolgreiche Jagd ausrichten kann, ist besonders anzusprechen.
Die Hundeführer weist er an, die Hunde nur zur Nachsuche zu schnallen. Dann wünscht er seinen Gästen Waidmannsheil und teilt sie (selbst oder durch seinen Jagdleiter) in zwei Gruppen ein, über deren Zugehörigkeit das Los mit Hilfe farbiger Nummern entscheidet. Dadurch weiß jeder, wohin er gehört („Rot" bitte folgen! „Weiß" bitte folgen!).

**Welche Hauptregeln für das Verhalten der Jäger auf Treibjagden und Gesellschaftsjagden müssen beachtet werden?**

1. Das Gewehr ist außerhalb eines Treibens stets mit der Mündung nach oben (oder wie auf S. 76 beschrieben) zu tragen.
2. Das Gewehr darf nur während der *tatsächlichen* Jagdausübung (der Suche, des Treibens usw.), nicht aber schon beim *„Angehen"* auf der Teibjagd geladen sein (Flügelmänner s. S. 280/281). Es ist nach Beendigung eines Treibens oder der Jagdausübung sofort zu entladen. Ist das Entladen nicht möglich, so ist das Gewehr zu sichern und dies dem Jagdleiter alsbald mitzuteilen.
3. Der Jäger hat seinen Stand den beiden Nachbarn genau zu bezeichnen (durch Zuwinken mit einem weißen Taschentuche) und darf ihn ohne vorherige Benachrichtigung nicht ändern.
4. Der Stand darf vor Beendigung des Treibens nicht verlassen werden, wenn es der Jagdleiter nicht anders bestimmt.
5. Wenn sich Jäger oder Treiber in gefahrbringender Nähe befinden, darf in Richtung dieser Personen weder geschossen noch angeschlagen werden. Das Durchziehen mit angeschlagenem Gewehr durch die Schützen- oder Treiberlinie ist streng verboten (s. Abb. S. 77).

6. Das Schießen mit der Kugel in das Treiben hinein ist nur mit ausdrücklicher Genehmigung des Jagdleiters erlaubt.
7. Bei Kesseltreiben darf auf das Signal „Treiber 'rein“ (s. S. 282) nicht mehr in den Kessel geschossen werden.
8. Nach Beendigung des Treibens und dem Signal „Hahn in Ruh“ (s. S. 282) und nach der Versammlung der Jäger oder Treiber darf nicht mehr geschossen werden.
9. Niemand darf einen Schuß abgeben, bevor er das betreffende Stück Wild genau angesprochen (erkannt) hat.
10. In allen besonderen Gefahrenfällen, z. B. vor dem Überschreiten von Geländehindernissen (Gräben, Weidezäunen), vor Besteigen und Verlassen von Hochsitzen sowie vor Rückkehr zum Sammelplatze und vor dem Besteigen eines Fahrzeuges (Autos) ist zu entladen oder, noch besser, durch die Läufe zu sehen und zu prüfen, ob das Gewehr wirklich entladen ist.

Verstöße gegen diese Regeln sind als unvorsichtige Führung der Schußwaffe anzusehen und rechtfertigen die Einziehung des Jagdscheines nach § 18 des Bundesjagdgesetzes (s. S. 483).

**Welche Überlegungen muß der waidgerechte Jagdherr bei W a l d treibjagden anstellen?**

Bei Waldtreibjagden kommt es nicht auf gleichmäßige Abstände beim Anstellen der Schützen, sondern auf das Abstellen bestimmter Fronten je nach Wild und Wind und auf das „Verstellen“ bestimmter Wechsel und Pässe an.

Auf Wegen oder Schneisen und bei Dickungen und dichten Beständen, die keinen Einblick erlauben, sind die Schützen s t e t s mit dem Rücken an der *dem Treiben zugewendeten Seite* anzustellen! Bei *engen Schneisen* wird zweckmäßig eng und mit der Weisung angestellt, daß *alle* Schützen (mit der rechten Schulter am Treibenrand) nur in eine Richtung der Schneise blicken und *nur nach links schießen* (Abb. S. 286 oben).

Wenn man Schützen im *H a k e n* (einem rechten Winkel des Waldtreibens) anstellen muß, ist es das beste, einen Schützen in den Scheitel des Winkels zu stellen. Er darf nur nach außen schießen, während sein Nachbar zur Rechten nur nach rechts und der zur Linken nur nach links hin schießen darf, solange niemand gefährdet wird.

Bei Althölzern und lichten Beständen erfolgt das Anstellen mit dem Gesicht zum Treiben.

Bei der Drückjagd auf Rotwild, die man auch Wildjagd nennt, und bei der Drückjagd auf Sauen sind die Schützen nicht am Dickungsrand anzustellen, wenn dahinter liegendes *Altholz* ein Abrücken auf eine Entfernung gestattet, auf der das Wild bereits wieder langsamer wird und sich dadurch leichter ansprechen und schießen läßt.

Auf Füchse werden die Pässe und Fernpässe abgestellt.

Bei Fasanentreiben sind die Schützen nur an der Front und evtl. noch je einer auf den Haken anzustellen.

Jeder Gast wird derartige fürsorgliche Überlegungen dankbar empfinden und dem Treiben mit Spannung entgegensehen.

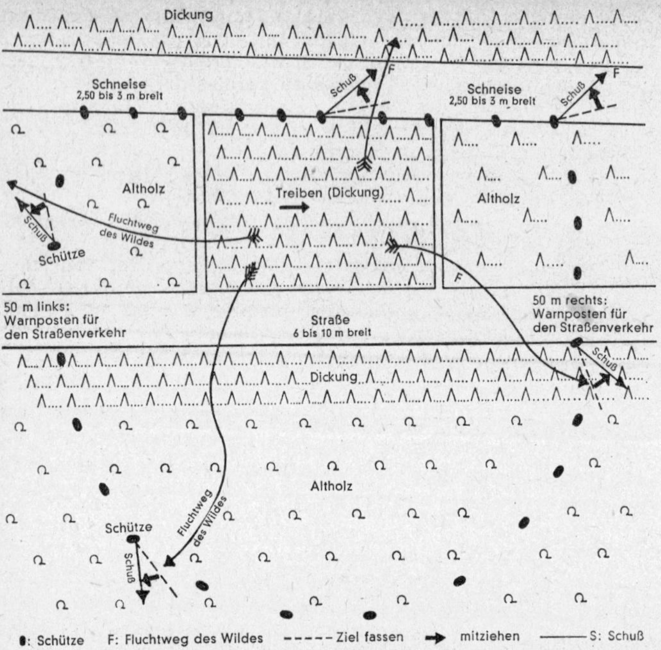


Anstellen der Schützen bei Waldtreiben
Die obere Schneise wurde zur Verdeutlichung der Stellung der Schützen und der Schußrichtung in größerem Maßstab gezeichnet!

**Auf welches Signal setzt sich die Jagdgesellschaft in Richtung des ersten Treibens in Bewegung?**

Auf das Signal „Aufbruch zur Jagd".

## Aufbruch zur Jagd

**Welche Aufgabe haben die anstellenden Jäger?**

Sie bringen jeden Jagdgast (der die ausgeloste Nummer am Hute trägt) auf seinen *Stand*, zeigen ihm, wo der nächste Schütze angestellt wird, und sagen ihm, woher das Treiben kommt und wie die Folge ist (s. auch Tragen und Laden des Gewehrs S. 76 und 55).

**Welche Verpflichtungen haben die Treiber?**

Sie müssen das erlegte Wild aufnehmen und waidgerecht zum Sammelplatz bringen. Hierzu müssen sie v o r h e r die notwendigen Unterweisungen erhalten. Insbesondere muß ihnen beigebracht werden, wie man z. B. Schalenwild zum Sammelplatz schleift oder wie man einen Hasen durch einen Schlag hinter die Löffel tötet, ihn ausdrückt (s. S. 352) und trägt. Auch hier geht nichts über einen guten Obertreiber, der seine Treiber richtig in der Hand hat, schult und zusammenhält! Schulkinder sind als Treiber nicht zu verwenden!

**Was versteht man unter dem Scherentreiben oder dem Durchkämmen oder Hobeln?**

Das Angehen des Treibens von zwei entgegengesetzten Seiten, mit Haltmachen beim Zusammentreffen.
Sollen die Treiber das Treiben nochmals durchgehen (weil sich Wild gedrückt hat), werden die Signale „Das Ganze“ und „Langsam treiben“ erneut geblasen.
Das Scherentreiben wird bei der Treibjagd auf Kaninchen und Fasane oder notfalls bei Hochwild-Drückjagden angewendet.

**Wann muß die Arbeit der Treiber durch Hunde ergänzt werden?**

Besonders bei Saujagden. Dabei kommt es nicht auf die Zahl, sondern auf die Güte der Hunde an. Zwei Teckel und ein Terrier genügen vollkommen. Die Treiber müssen so erzogen werden, daß der dem Standlaut gebenden Hunde am nächsten Befindliche sofort als „Meutegenosse“ auf den Hund zuzugehen und ihm zu helfen hat.

**Mit welchen Worten wünscht man sich gegenseitig waidmännische Erfolge?**

Mit „Waidmannsheil“ oder „Hals- und Beinbruch“. „Viel Glück“ zu wünschen ist verpönt.

**Welche Verpflichtung hat der Jagdgast?**

Er muß bemüht sein, durch waidmännisches Verhalten und Disziplin am Gelingen der Jagd mitzuwirken. In der Nähe des nächsten Treibens muß er *lautes Sprechen vermeiden.* Das gilt besonders für Drückjagden auf Hochwild und Fuchs. Besonders auf dem Stande soll man stillstehen und jedes Sprechen und Knattern mit dem Butterbrotpapier streng vermeiden. Der Jagdmantel darf nicht flattern. Mit seinen Standnachbarn macht man sich durch *Zuwinken* (mit einem weißen Taschentuch) bemerkbar.
Der Schütze darf seinen Stand keinesfalls vor dem Abblasen verlassen oder ohne vorherige Benachrichtigung ändern.

Weiter hat der Jagdgast dafür zu sorgen, daß das von ihm erlegte Wild versorgt und aufgenommen wird.
Das *Aufbrechen* kann bei Wildjagden dem Jagdpersonal überlassen werden, damit der Ablauf der Jagd nicht verzögert wird. Hat ein Jagdgast Schalenwild beschossen oder Wild *krankgeschossen,* muß er nach dem Abblasen *die Anschußstelle untersuchen* und den Anschuß verbrechen, dem Jagdherrn Meldung machen und sich für die Nachsuche zur Verfügung stellen. Gesellschaftsjagden geben reichlich Gelegenheit, das waidgerechte Verhalten jedes Teilnehmers zu überprüfen und allen Beteiligten Sinn und Zweck waidmännischen Verhaltens vor Augen zu führen.

**Welche Hunde sind auf Gesellschaftsjagden gern gesehen?**

Gehorsame und gut abgeführte Verlorenapporteure. Keinesfalls dürfen unfertige Hunde mitgebracht werden, die erst das Apportieren erlernen sollen.

*Die Gesellschaftsjagd ist kein Dressurplatz!*

**Welche Signale ertönen, wenn das Treiben umstellt ist?**

Die Signale „*Das Ganze*" und „*Langsam treiben*". Die Signale werden von allen, die ein Jagdhorn führen, wiederholt, mindestens von dem Bläser, der sich in der Nähe der Treiber befindet (s. auch Vorsichtsmaßregeln bei Treibjagden S. 71 bis 78).

**Das Ganze**

Nun hört mal her!

**Langsam treiben**

(Anblasen des Treibens)

Trei - ber geht lang - sam vor - an! Im - mer in Reih' Mann für Mann!
Trei - ber geht lang - sam vor - an! Lang - sam vor - an!

**Mit welchen Kommandosignalen kann der Verlauf des Treibens beeinflußt werden?**

Mit „*Halt Richtung*", wenn die Treiber nicht genügend Richtung und Abstand halten, mit „*Laut treiben*" und „*Aufmunterung im Treiben*", wenn die Treiber lauter bzw. schneller treiben sollen, mit „*Stumm (leise) treiben*", wenn leiser getrieben werden soll.

**Richtung**

Halt' Rich-tung!

**Laut treiben**

Trei-bet laut, macht doch Kra - keel!

### Aufmunterung im Treiben

Hal - li, Hal - lo, im Trei - ben vor - an. Hal -
li, Hal - lo im Trei - ben vor - an, Hal - li, Hal - lo, vor - an!

### Stumm (leise) treiben

Kein Wort mehr ge - sagt!

**Welche Signale erhalten die Treiber, wenn sie das Treiben noch einmal durchgehen sollen (z. B., weil sich beim ersten Durchgehen Wild drückte)?**

Die Signale „*Das Ganze*" und „*Langsam treiben*". Die Schützen wissen dann, daß sie auf ihren Ständen bleiben müssen.

**Mit welchem Signal wird das Treiben beendet und das Entladen befohlen?**

Mit dem Signal „*Hahn in Ruh, Hahn in Ruh*".

### Aufhören zu schießen

(Abblasen des Treibens)

Hahn in Ruh! Hahn in Ruh!

Jeder Schütze muß *sofort entladen* und darf keinesfalls mehr schießen, auch wenn ihm Wild noch besonders günstig kommt.
Nach jedem Treiben kommen die Schützen zusammen, und es wird Strecke gelegt. Der Jagdaufseher notiert das Ergebnis der Strecke, die Zahl der nachzusuchenden kranken Stücke, die Zahl der in jedem Treiben abgegebenen Schüsse und etwaige Vergehen gegen den jagdlichen Brauch (für das Jagdgericht).

**Durch welche Signale werden Jäger und Treiber zum Sammelplatz kommandiert?**

Durch „*Sammeln der Jäger*" und „*Sammeln der Treiber*", die Hundeführer durch den „*Hunderuf*".

### Sammeln der Jäger

Jä - ger kom - met all' her - bei, ich hab Euch' was zu sa - gen!

## Sammeln der Treiber

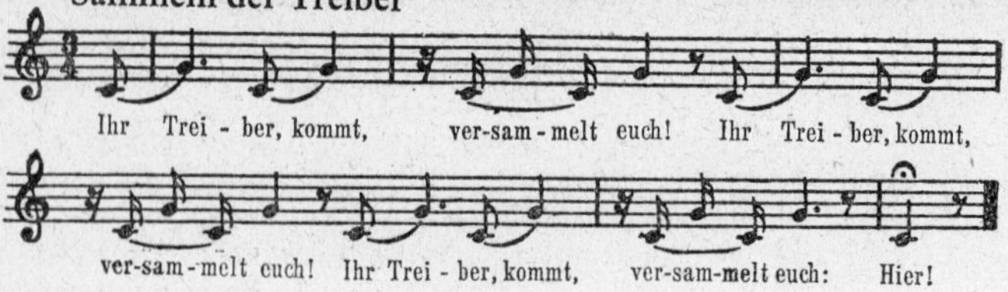
Ihr Trei - ber, kommt, ver-sam - melt euch! Ihr Trei - ber, kommt,
ver-sam-melt euch! Ihr Trei - ber, kommt, ver-sam-melt euch: Hier!

## Hunderuf

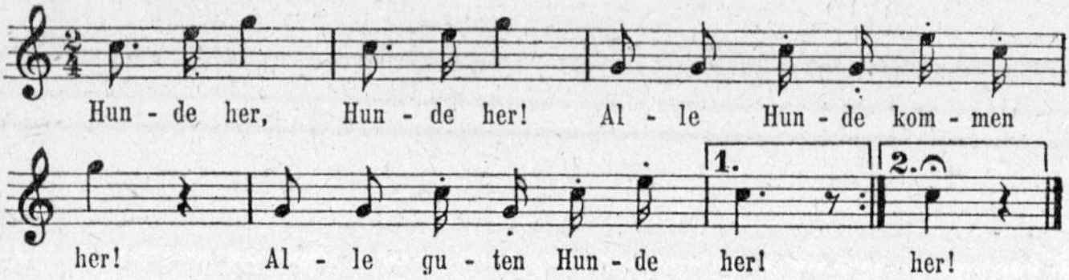
Hun - de her, Hun - de her! Al - le Hun - de kom - men
her! Al - le gu - ten Hun - de 1. her! 2. her!

**Mit welchem Signal wird zum Essen (Frühstück) gerufen?**

Mit dem Signal „Zum Essen" (s. S. 295).

**Was sind weiße Jagden (im Gegensatz zu grünen Jagden)?**

Jagden im Schnee.

**Wie kann der Jagdherr seine Gäste an kalten Treibjagdtagen während des Frühstücks wärmen?**

Durch ein rechtzeitig entzündetes offenes Holzfeuer. Das Feuer muß, wenn die Gäste kommen, zu einer kreisrunden Glut niedergebrannt sein, damit sie nicht durch Rauchschwaden belästigt werden.

**Welches Signal wird nach dem Abblasen des letzten Treibens gegeben?**

Das Signal „Wild ablegen".

## Wild ablegen

Al - les er - leg - te Wild, Sau-en und Füch-se und Ha-sen legt sau-ber zur Strek - ke!

**Nach welchen überlieferten Regeln wird Strecke gelegt?**

Am Ende der Jagd wird das geschossene Wild in Reihen ausgelegt. Alles Wild muß auf der rechten Seite liegen (also Herzseite nach oben), mit dem Haupt bzw. Kopf zum Jagdherrn.
Es wird in folgender Reihenfolge Strecke gelegt:
Bei Wildjagd: Rotwild, Damwild, Schwarzwild, Füchse, sonstiges Raubwild. Das stärkste Stück liegt stets am rechten Flügel. Schalenwild wird mit dem *Inbesitznahmebruch verbrochen.*

● Jagdherr ○ Schützen

Bläser | Treiber Hundeführer

Hochwildstrecke: Schalenwild gerecht verbrochen

Feuer oder Fackel

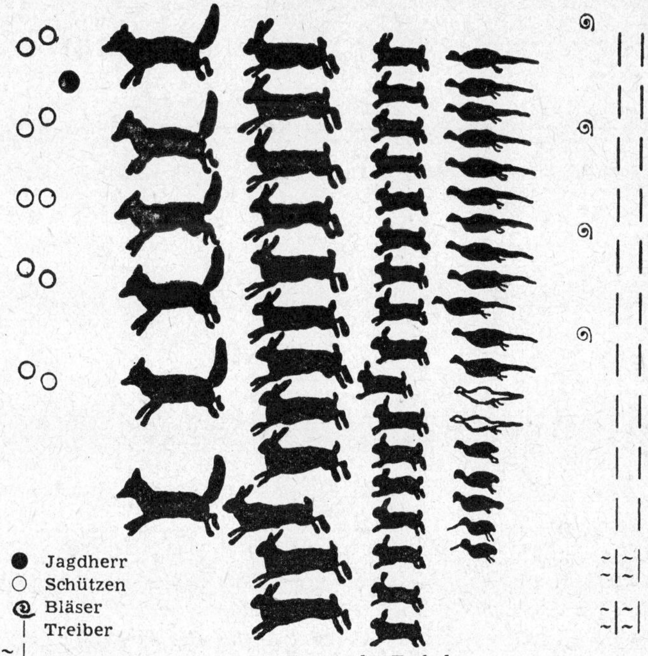

● Jagdherr
○ Schützen
Bläser
| Treiber
Hundeführer

Feuer oder Fackel

Niederwildstrecke: Strecke legen

männliche Stücke erhalten außerdem den *„letzten Bissen"* (s. Abb. S. 272); feierlich wirken Fackeln oder Feuer an den Seiten der Strecke.

Bei Niederwildjagd: Füchse, Hasen, Kaninchen, Fasane, anderes Flugwild. Die Lunten der Füchse werden nach oben gebogen.

Alles Raubwild und Raubzeug liegt stets in der Reihe der Füchse.

Werden von einer Wildart nur wenige Stücke erlegt, so schließt man in derselben Reihe die nächste Wildart an.

Der besseren Übersicht wegen wird *jedes zehnte Stück* eine halbe Wildlänge vorgezogen (die Strecke soll mehr breit als tief sein).

Bei gemischten Strecken: Das Wild der Hohen Jagd liegt vor dem Niederwild.

Der Jagdherr und die Schützen stehen vor der Strecke, die Jagdhornbläser hinter der Strecke am rechten Flügel. Hinter den Bläsern stehen die Treiber, angetreten in Linie zu zwei Gliedern, die Hundeführer mit Hunden am linken Flügel.

**Darf man über die Strecke treten?**

Nein. Das Über-die-Strecke-Treten ist streng verpönt. Man schiebt das Wild auch nicht mit dem Fuß zurecht. Solche Übeltaten wurden früher beim Jagdgericht durch drei Schläge mit dem Waidblatt (das *„Pfundegeben"*) oder durch eine andere „Strafe" gesühnt.

**Was geschieht, wenn die Strecke gelegt und alle Beteiligten den vorgeschriebenen Platz eingenommen haben?**

Dann gibt der Jagdherr das Gesamtergebnis der Jagd bekannt. War der Jagdherr nicht selbst Jagdleiter, dann meldet der Jagdleiter dem Jagdherrn die Strecke. Hierauf dankt der Jagdherr St. Huberto für den schönen Jagdtag und den Schützen und Treibern für den jagdlichen Erfolg. Dann verteilt er die Brüche (wobei alle Schützen den Hut abnehmen) und läßt das gestreckte Wild verblasen.

**In welcher Reihenfolge wird das Wild verblasen?**

In der Reihenfolge, wie die Strecke liegt
(bei der Wildjagd: „Hirsch tot", „Damhirsch tot", „Sau tot" und „Fuchs tot";
bei der Treibjagd auf Niederwild: „Fuchs tot", „Hasen tot", „Kaninchen tot", „Flugwild tot").

Hirsch tot!

Hört doch, wie das Horn schallt: Da liegt der Hirsch, ge-streckt mit
Pul-ver und Blei, der ed-le Hirsch! Ha-la - li! Ha - la - li!

**Sau tot!**

Seht, da liegt der schwar-ze, borst'-ge U - ri - an. Die - ser Bas - se
hat nun aus - ge - grimmt, nimmt nicht mehr die Hun-de und den Jä - ger an.
Sau tot! sei nun fröh-lich an - ge - stimmt: Ha - la - li! Ha - la - li!

**Reh tot!**

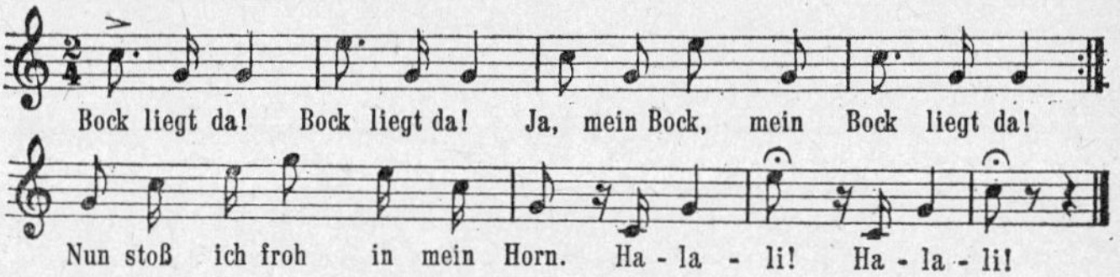
Bock liegt da! Bock liegt da! Ja, mein Bock, mein Bock liegt da!
Nun stoß ich froh in mein Horn. Ha - la - li! Ha - la - li!

**Fuchs tot!** (Annette von Droste-Hülshoff)

Hängt den Schelm, hängt den Schelm, hängt den Schelm, hängt ihn
an die Wei - de! Mir den Balg dir den Talg, dann
lach'n wir al - le bei-de. Der Schelm ist tot. Ha - la - li! Ha - la - li!

**Hasen tot!**

Der Has' fuhr aus der Sas - se raus, es kam das Schrot, da
war es aus. Nun ist vor - bei die Ram - me - lei!

**Karnickel tot!**

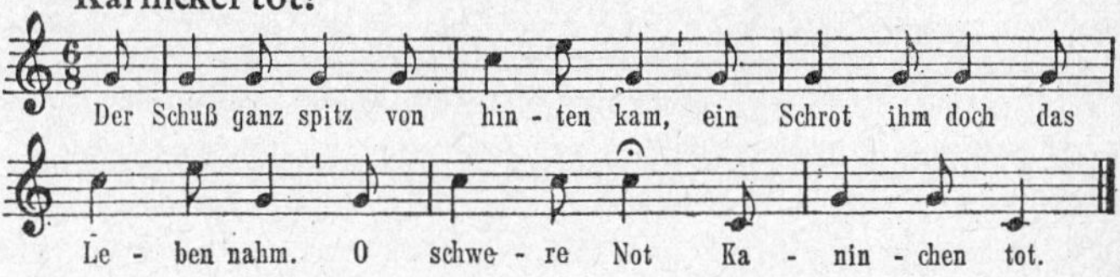
Der Schuß ganz spitz von hin - ten kam, ein Schrot ihm doch das
Le - ben nahm. O schwe - re Not Ka - nin - chen tot.

## Flugwild tot!

Schnepf', Ent' und Fa - san, die müs - sen dar - an; beim Reb - huhn, da
heißt es: „Ti - ro! Wenn Spiel-hahn balzt und Au - er-hahn, dann
ist der Jä - ger froh! Ha - la - li! Ha - la - li!

Nach dem letzten Totsignal folgen die Signale „Halali" (Betonung auf der *letzten* Silbe) und „Jagd vorbei".
(französisch: ha, la lit = hallo, da liegt er!, oder als Hetzruf: ha, la lui = hallo, ihm [dem Hirsch] nach!)
Dieser Brauch stellt die letzte Ehrung für das erlegte Wild dar. Die Feierlichkeit läßt sich noch erhöhen, wenn die Strecke bei Fackelbeleuchtung oder bei Kienfeuern verblasen wird.

## Halali

Hu - ber - tus, dem Schutz - herrn der Jä - ger! Hu -
ber - tus, dem Schutz-herrn der Jä - ger! Hu - ber - tus, dem Schutz-herrn der
Jä - ger, ihm gilt un - ser Dank!

## Jagd vorbei!

Hört! Laßt euch sa - gen ihr Jä-ger al - le: Aus ist's mit Ja - gen!

Dann werden mit dem Signal „Wagenruf" die Wagen herbeigeblasen, damit das Wild brauchtumsgerecht „gebracht" (verladen und abtransportiert) werden kann (s. S. 349 und 355).
Der Jagdherr beschließt die Zeremonie mit „Waidmannsheil, meine Herren". Die Gäste danken mit „Auch Waidmannsheil", oder mit „Waidmannsdank".
Anschließend wird „Zum Essen" geblasen, und alles begibt sich zum gemeinsamen Essen, dem „Schüsseltreiben" oder „Knödelbogen". Hierbei können sich die Jagdteilnehmer näher kennenlernen und ihre Erfahrungen austauschen. Die Tafel wird hierbei festlich mit grünen Brüchen (nicht mit Blumen!) und brennenden Kerzen geschmückt. Hier *gibt es keinerlei Standesunterschiede*, denn bei Jägern zählt die jagdliche Gesinnung und nicht der Stand.

### Zum Essen

Kommt al-le her, kommt al-le her: Jä-ger, Trei-ber! Kommt al-le her,
kommt al-le her; sonst gibt's nicht's ab! „Kohldampf, Kohldampf!" Erbssuppe und
Schwei-ne-speck! „Kohl-dampf, Kohl-dampf!" Für je-den ein'n Schlag!

**Wie wird ein Jagdgast beurteilt, der der Einladung des Jagdherrn zum Schüsseltreiben nicht Folge leistet?**

Er gilt nicht als richtiger Jäger. Ihm wird das *unentschuldigte* Fernbleiben vom gemeinsamen Schüsseltreiben übel vermerkt. Er muß damit rechnen, daß er nicht wieder zu einer Gesellschaftsjagd eingeladen wird.

**Was ist beim Schüsseltreiben Brauch?**

Es ist Brauch, daß der Jagdherr in einer Ansprache den Jagdkönig bekanntgibt, der besonderen Leistungen einzelner Schützen gedenkt und ein *Horrido* auf das Waidwerk ausbringt.

**Wer gilt als Jagdkönig?**

Der Jagdteilnehmer, der mit dem geringsten Patronenverbrauch die wertmäßig höchste Strecke erzielte.

**Wie wird das Horrido ausgebracht?**

Der Sprecher ruft dreimal horrido (alter Hetzruf „Ho-Rüd-ho!"), die übrigen antworten mit joho und jo:

Horrido – joho,
horrido – joho,
horrido – jo.

Zusätzliche Rufe sind unschön und unpassend.

**Welche Verpflichtung hat der Jagdkönig?**

Er hat im Namen aller Jagdteilnehmer dem Jagdherrn für die Jagdeinladung zu *danken* und hierbei auch der Leistungen des Jagdleiters, der Hundeführer, Bläser, des Obertreibers und der Treiber zu gedenken und dann auf den Jagdherrn ein Horrido auszubringen. Wenn das Schüsseltreiben im Hause des Jagdherrn stattfindet, ist auch der Hausfrau zu danken und sie in das Horrido einzuschließen.

**Wie werden Jäger bei einer Ansprache angeredet?**

Die Anrede muß lauten: Liebe *Waidgenossen* oder liebe Waidgesellen.

Die neuerdings aufgekommenen Ausdrücke „Waidkameraden, Waidkollegen, Waidfreunde oder Jagdkameraden" sind als unschöne Wortbildungen abzulehnen und gehören nicht zur Jägersprache. Der Begriff des „Waidgenossen" wurde schon gebraucht, als das Wort „Genosse" im politischen Leben noch unbekannt war.

**Woran erkennt man die Schützen, denen ein Schützenbruch überreicht wurde?**

Sie tragen beim Schüsseltreiben einen kleinen Teil des Schützenbruches *im linken Knopfloch* der Jagdjoppe.

**Welche guten Sitten tragen zur Erhöhung der Stimmung bei?**

Das Spielen und gemeinsame Singen von Jägerliedern, der Rundgesang und Umtrunk (aus einem Stiefel oder Pokal) und die Berufung eines Jagdgerichts. (Ein „Jägerliederheft" gehört dauernd in die Jagdjoppe bzw. in den Jagdanzug!)

**Was verstehen wir unter dem Jagdgericht, und was bezweckt es?**

Es besteht aus drei Jägern, dem Vorsitzenden, dem Ankläger und dem Büttel, die sich in humorvoller Weise kostümieren und die Sitzung durch Witz zu einem heiteren Erlebnis für alle gestalten. Es können auch Beisitzer, Verteidiger und Zeugen auftreten. Wer während des Jagdtages gegen Brauchtum und Waidgerechtigkeit verstoßen hat, wird vom Büttel als *„Delinquent"* vor den mit grünen Brüchen, Gewehr, Hirschfänger und Jagdhorn geschmückten Richtertisch „geschleppt". Es ist Sitte, daß er zuerst auf das Wohl des hohen Gerichts trinkt. Der Büttel hat stets mitzutrinken. Dann erfolgen die Anklage, die Rechtfertigung des Delinquenten und seine *Bestrafung.* Als Strafe wurden ihm früher die „Pfunde" erteilt. Heute muß er etwas für einen guten Zweck (Geld für „Fasaneneier" oder für die Winterfütterung) spenden. Diese „Strafen" sollen erheiternd und zugleich *erzieherisch* wirken.

## Hubertustag, Jägerschlag

**Wer ist der Schutzheilige der Jagd?**

Der heilige *Hubertus* (gestorben 3. November 728 in Lüttich).

**Was bedeutet der Hubertustag für den Jäger?**

Der Hubertustag (3. November) ist ihm ein Erinnerungstag an den heiligen Hubertus. Er war der Legende nach ein wilder und zügelloser Jäger, bis ihm eines Tages ein Hirsch erschien, der zwischen den Stangen seines Geweihs das Zeichen des heiligen Kreuzes trug. Durch diese Begegnung erkannte Hubertus, daß auch das Wild Gottes Schöpfung sei, und er entsagte fortan der Jagd. Auf diese *Begegnung mit dem kreuztragenden Hirsch* gründet sich die Forderung an die Jäger, die Jagd nie wild und zügellos, sondern immer „waidgerecht" auszuüben, denn:

„Das ist des Jägers Ehrenschild,
Daß er beschützt und hegt sein Wild,
Waidmännisch jagt, wie sich's gehört,
Den Schöpfer im Geschöpfe ehrt."

(Riesenthal, 1848)

Der Hubertustag soll aber auch allen Jägern ein Fest der Freude sein und mit Wilhelm Müllers Lied bekunden:

„Es lebe,
was auf Erden stolziert in grüner Tracht,
die Wälder und die Felder,
die Jäger und die Jagd."

**Was verstehen wir unter dem Jägerschlag?**

Den neuzeitlichen Brauch, die Jungjäger nach bestandener Jägerprüfung feierlich in die Reihen der Jäger aufzunehmen und sie z. B. anläßlich ihrer Teilnahme an der Hubertusfeier, einer Jagd- oder DJV-Hauptversammlung mit dem Hirschfänger zum Jäger zu schlagen. Das geschieht meist nach einer feierlichen Ansprache, bei der die Jungjäger auf ihre nunmehrige Verantwortung gegenüber Wild, Wald und ihren Mitmenschen sowie auf ihre Verpflichtung zur waidgerechten Jagdausübung hingewiesen werden.
Danach wird den Jungjägern der vom Deutschen Jagdschutz-Verband in 53 Bonn, Schillerstr. 26, als Schmuckblatt herausgegebene

Jägerbrief

feierlich überreicht, wobei der Jägerschlag (mit dem Hirschfänger oder Waidblatt auf die Schulter) etwa mit folgenden Worten erfolgt:

„Der erste Schlag soll dich zum Jäger weih'n!
Der zweite Schlag soll dir die Kraft verleih'n,
zu üben stets das Rechte!
Der dritte Schlag soll dich verpflichten,
nie auf die Jägerehre zu verzichten!"

Dieser Brauch lehnt sich an die frühere Wehrhaftmachung des Jägerburschen an. Wer früher die Jägerei erlernen wollte, mußte *drei Behänge (Lehrjahre)* aushalten, bevor er den Lehrabschied und Hirschfänger erhielt. Im ersten „Behäng" mußte er als Hundsjunge die Hunde betreuen. Dann wurde er jagdlich und forstlich ausgebildet und mußte das Schießen üben, um hund-, hirsch-, holz- und schießgerecht zu werden. Im dritten Behäng wurde er Jägerbursche genannt. Nach Beendigung der Lehrzeit lud sein Lehrprinz (Lehrherr) zu seiner Wehrhaftmachung Freunde und Nachbarn ein. Hierbei wurde er zum Jäger geschlagen und erhielt als freier, wehrhafter Mann den Hirschfänger. Als „reisender" Jäger suchte er sich dann eine ihm zusagende Stelle und war von nun ab selbst verantwortlich.

# GRUNDLEHREN DER JAGDHUNDHALTUNG UND JAGDHUNDFÜHRUNG

## Allgemeines

**In welchen Ländern werden in der Jägerprüfung Kenntnisse in der Jagdhundhaltung und Jagdhundführung verlangt?**
In *Bayern, Berlin, Hessen, Niedersachsen, Nordrhein-Westfalen, Rheinland-Pfalz und dem Saarland* (Bundesregelung s. S. 480).

**Kann den Jagdausübungsberechtigten die Verpflichtung zum Halten und Mitführen von Jagdhunden auferlegt werden?**
Ja. *Bayern, Baden-W., Berlin, Bremen, Hessen, Nordrhein-W., Niedersachsen, das Saarland und Schleswig-H.* fordern:
Bei der Such-, Drück-, Riegel- und Treibjagd, bei jeder Jagdart auf Schnepfen und Wasserwild sowie bei jeder Nachsuche sind brauchbare Jagdhunde zu verwenden! Weitere Länder streben die gleiche gesetzliche Regelung an (s. S. 341). In *Bayern und im Saarland* zählen zu den Jagdhunden: die Vorstehhunde, Schweißhunde, Stöberhunde, Bracken und Erdhunde. *Hunde, die aus Kreuzungen von Jagdhunden stammen, können in Bayern zur Jagdeignungsprüfung für Jagdhunde durch die Prüfergruppe zugelassen werden (§ 56 [2] LVBayJG, BayGVBl. Nr. 13/1975 S. 285).*
In *Hamburg* hat jeder Jagdausübungsberechtigte mindestens einen jagdlich brauchbaren Hund zu halten.
Im Lande *Bremen* kann für Jagdbezirke von mehr als 300 ha, in *Rheinland-Pfalz* von mehr als 250 ha, in *Baden-Württemberg* von mehr als 1000 ha, vom Jagdausübungsberechtigten die Jagdhundhaltung verlangt werden, wenn Jagdhunde anderer Hundehalter nicht regelmäßig zur Verfügung stehen.

## Der Hund in der Waidmannssprache

**Welche waidmännischen Ausdrücke benutzt man, wenn vom Hunde die Rede ist?**
Man sagt statt:
After = Weidloch,
Augen = Augen (nicht Lichter), „Fenster der Seele“,
Beine = Läufe,
Blut = Schweiß,
Eckzähne = Fänge,
Erhöhung des Rückens in der Schultergegend = Widerrist,
Haarbehang der Rute = Fahne (bei allen Langhaar),
Haut = Decke,
Hoden = Geschröte oder Kurzwildbret,
Kreuz = Kruppe,
Lippen = Lefzen,
Ohren = Behang, Behänge (beim Terrier „Ohren“),
Männliches Glied = Fruchtglied (auch Rute),
Maul = Fang,
Milchdrüsen = Gesäuge,
Nase (Geruchssinn) = Nase,
Schwanz = Rute,
Weibliche Geschlechtsteile = Schnalle,
Zähne = Gebiß.

Der Jagdhund hat Appell, wenn er gehorcht,
apportiert, wenn er seinem Führer verendetes Wild bringt,
bringt eine Fährte gut fort, wenn er sie sicher verfolgt,
buschiert, wenn er im lichten Bestand vor dem Jäger sucht,
faselt, wenn er planlos sucht,
ist firm oder ferm, wenn er Gesamtleistungen zeigt,
frischt sich, wenn er Wasser schöpft (trinkt),
hat ein gutes oder schlechtes Gangwerk (je nach der Harmonie in seinen Bewegungen),
wird geschnallt, wenn ihm die Halsung abgenommen wird,
gibt Hals oder Laut (schlägt an), wenn er bellt (er gibt z. B. gut Hals oder hat einen hellen oder tiefen, feinen oder groben Hals),
hat einen lockeren Hals, wenn er gern Laut gibt,
mehrere zusammen jagende Hunde sind eine Meute, ihr Halsgeben ist ein Geläute (s. auch S. 326),
ist hasenrein, wenn er aufstehenden Hasen nicht nachgeht,
hetzt, wenn er flüchtendes Wild verfolgt,
löst sich (mit krummem Rücken), wenn er Kot absetzt,
markiert, wenn er zeigt, daß er Wild vor sich hat,
hat gute (schlechte) Nase, wenn sein Geruchssinn gut (schlecht) ist,
näßt oder feuchtet, wenn er Harn läßt (pinkelt),
prellt nach, wenn er dem Wilde nachspringt,
rändelt, wenn er nur am Rande des Bestandes sucht,
reviert (abreviert), wenn er im Felde vor dem Jäger sucht,
hat Schärfe, wenn er Angriffslust zeigt,
stößt, sticht oder tut Wild auf, greift oder würgt es,
ist schußhitzig, wenn er dem Wilde auf den Schuß nachspringt,
springt ein, wenn er z. B. Hasen, Fasane oder Rebhühner aufjagt, ohne sie vorzustehen oder vorzuliegen (Setter),
stöbert, wenn er aus Dickungen dem Jäger Wild zutreibt,
hat flotte Suche, wenn er flink und rasch sucht,

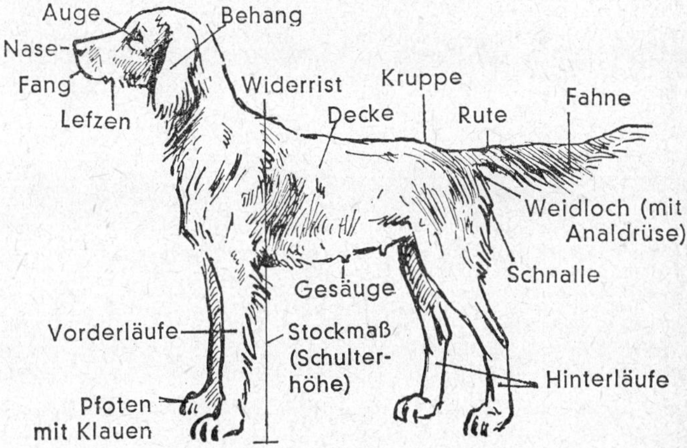

Der Jagdhund in der Waidmannssprache

streunt, wenn er auf eigene Faust jagt,
hat flotte Quersuche, wenn er Feldstücke gut quer absucht.
Die fortlaufenden Tritte des Hundes heißen Spur (er spürt sich).
Der männliche Hund heißt Rüde, der weibliche Hündin. Eine zur Begattung geneigte Hündin ist hitzig oder heiß (nicht läufig!), sie wird belegt, hat aufgenommen und ist tragend, hängen Rüde und Hündin bei der Begattung zusammen, so binden sie sich, gebiert die Hündin Junge, so wölft sie oder wirft Welpen, die Welpen (Jungen) bilden den Wurf. Nach 10 Wochen sind sie Junghunde und „abgesäugt". Der Hund hat ein gutes oder schlechtes *Gebäude* oder „Exterieur" und ist in guter oder schlechter *Kondition.*

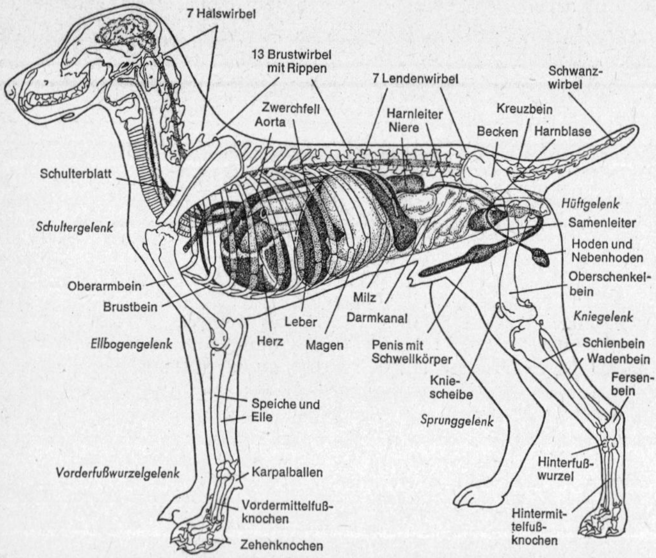


Schematische Darstellung des Knochengerüstes, der Gelenke und inneren Organe des Vorstehhundes (ohne Lunge)
(Orig.-Zeichnung: Dr. G. Geiger, 63 Gießen, Vet.-Anat. Institut)

**Auf welche Fehler im Körperbau ist zu achten?**
Auf „O- und X-Beine" (Faßbeinigkeit und Kuhhessigkeit), offene oder Hasenpfoten (statt kurzer, geschlossener Pfoten), die Kuhwamme am Hals, zu lange Rücken- und zu schwache Nierenpartie, *abfallende Kruppe* und zu hohen oder zu niedrigen Rutenansatz. Außerdem auf zu helles Auge, Augenlidfehler (s. S. 314), Gebißfehler (s. S. 310) und Hodenfehler wie Atrophie (Verkleinerung) eines oder beider Hoden und Kryptorchismus (Zurückbleiben eines oder beider Hoden in der Bauchhöhle oder im Leistenkanal).

**Welche Eigenschaften im Wesen des Hundes sind erwünscht?**
Er soll kräftig, gelehrig, gehorsam, anhänglich, ausdauernd, hart, furchtlos und in natürlicher Ruhe und Beharrlichkeit *wesensfest* sein; außerdem soll er Jagdpassion und Jagdverstand haben.

## Jagdhundschläge

**Welche Jagdgebrauchshunde gibt es für die Jagd?**

Drei Schläge: Kurzhaar, Langhaar und Rauhhaar (einschl. Stichel- und Drahthaar). Nach ihrer Verwendung werden 29 Gebrauchshunde und Spezialisten unterschieden, nämlich:
10 *Deutsche Vorstehhunde* (vielseitige Gebrauchshunde), davon
4 Rauhhaar,
2 Kurzhaar und
4 Langhaar;
4 *Englische Vorstehhunde* (Spezialisten im Vorstehen), davon
1 Kurzhaar und
3 Langhaar;
5 *Stöberhunde* (vielseitige „kleine Gebrauchshunde“);
3 *Bracken* (Spezialisten zum Brackieren);
2 *Schweißhunde* (Spezialisten für die Schweißarbeit) und
5 *Erdhunde* (Spezialisten für Bau-, Stöber- und Schweißarbeit).
Der Jungjäger muß diese Hunde mit ihren Schlägen und Rassen aufzählen können (s. S. 304/305).
Neuerdings wird gern auch der dunkelsemmelfarbene *Ungarische Vorstehund* (Magyar Viszla) als Gebrauchshund verwendet.
(Der DJV in Bonn, Schillerstr. 26 verleiht Farbdias über Aufzucht, Abrichten und Führen von Jagdgebrauchshunden.)

**Was versteht man unter einem „Vorsteh“-Hund?**

Einen Hund, der im Schilfwasser sowie im Feld und Wald durch festes Stehenbleiben vor dem Wild (Vorstehen, Vorliegen) Wild anzeigt, so daß der Jäger auf Schußnähe *„dem Wild ankommen“* kann. Aus Feinheiten (Nuancen) seiner Verhaltensweise kann der Jäger erkennen, ob der Hund Hühner, Fasane oder einen Hasen vorsteht. *Vom Gebrauchshund wird Vielseitigkeit verlangt:*

„Im Schilfwasser heute, und morgen im Feld,
Im Walde verwiesen oder verbellt.
Raubzeug gewürgt, das Verlor’ne gebracht,
Das ist es, was den Gebrauchshund macht!“

**Wozu werden die Englischen Vorstehhunde verwendet?**

Ihre Stärke liegt in der *Feldarbeit*. Sie sind *Spezialisten* im Suchen, Finden und *Vorstehen von Federwild* im freien Felde.
Deutsche Züchter bemühen sich mit Erfolg, diesen Hunden vielseitige Verwendbarkeit anzuzüchten.

**Was verlangt man von den Stöberhunden?**

Sie sollen Wild im dichtesten *Unterholz*, Dornendickicht und Schilf aufstöbern, spurlaut (bzw. fährtenlaut oder sichtlaut) jagen, verlorensuchen und geschossenes Kleinwild apportieren (s. S. 328). *Vorstehbarbeit wird nicht verlangt* (Buschieren s. S. 326).

**Wozu werden Bracken verwendet?**

Zum Brackieren (zum *Stöbern und Treiben* von Wild s. S. 327).

**Wozu dient der Hannoversche Schweißhund?**

Er dient der Hohen Jagd und soll am Schweißriemen die Fährte eines kranken Stückes Schalenwild (jedoch niemals Rehwild wegen der „*süßen*“ *Fährte*) unentwegt ausarbeiten und den Jäger an das kranke oder verendete Stück führen; „*geschnallt*“ soll er es stellen und verbellen, aber nicht niederziehen! (Arbeit auf kalter Fährte und Widergang s. S. 114 u. 311).

**Zu welchen Arbeiten sind die Erdhunde bestimmt?**

Zur *Bau-, Stöber- und Schweißarbeit* (s. S. 327 u. 329).

**Was sind Retriever (Apportierhunde)?**

Es sind führige, sehr apportierfreudige und wesensfeste Jagdhunde mit guten Leistungen auf Spur und Fährte, die neuerdings vom Ausland zu uns gekommen sind (wie z. B. der schwarze und goldene Labrador).

## Kauf und Verkauf von Jagdhunden

**Was ist ein guter Hund wert?**

Er stellt einen beträchtlichen volkswirtschaftlichen Wert dar. Wer Hunde abgeführt hat, weiß, welche Unsummen von Zeit, Mühe, Geduld und Nervenkraft hierfür aufgewendet werden müssen.
Der Jäger sollte deshalb gern bereit sein, einen entsprechenden Preis zu zahlen, damit sich Personen finden, die sich der Zucht und Abführung erstklassiger Gebrauchshunde widmen.

**Welcher Jagdhundschlag soll angeschafft werden?**

Die Auswahl soll sich *nach der Unterbringungsmöglichkeit, dem persönlichen Geschmack und besonders nach den Erfordernissen des Reviers* (Feld-, Wald oder Wasserjagd) richten, in dem der Hund arbeiten soll. Der Hund muß aus einer leistungserprobten Familie gesunder und robuster Arbeitsstämme stammen (s. S. 303). Das ist durch *Vorlage eines Stammbaumes* nachzuweisen und besonders beim Dackel, Terrier, Spaniel und roten Setter zu beachten, da diese Hunde häufig von Nichtjägern gezüchtet und gehalten werden (sog. *kalte Schläge*).
Wer Sachkenntnis besitzt und Zeit zum Abrichten hat, soll sich einen Welpen kaufen, ihn selbst erziehen und für seine Jagdzwecke fertig machen. Die Gebrauchshundvereine oder Kreisgruppen vermitteln in praktischen Übungen das notwendige Wissen zur richtigen Führung von Jagdhunden. Außerdem wird durch solche Kurse die Jagdkameradschaft gefördert, das jagdliche Wissen gefestigt und die Freude an der Jagd mit dem selbst gearbeiteten Hund sehr gesteigert.

*Zum Jäger und zum Jagen gehört der Hund,*
*zum freudvollen Jagen die Liebe zum Hund!*

Jeder Jagdgebrauchshund ist das Produkt seiner Veranlagung, Erziehung, Abrichtung und Führung!

**Welche Eigenschaften müssen dem Hunde „angewölft“ sein?**

Gute *Nase, Spurlaut,* Spurwille, Nervenstärke, Wesensfestigkeit, *Wasserfreude, Schärfe,* Jagdpassion und Jagdverstand.

*Diese Anlagen lassen sich nicht anerziehen!*

**Welche Zeichen sprechen für eine feine Nase des Hundes?**

*Bei der Suche:* Häufiges Finden und weites Anziehen und Vorstehen von Wild, kurzes Markieren von Wittrungsstellen des Wildes und gelegentliches Markieren von Vogelwittrung (Lerchen), *auf der Spur:* Bedächtiges Aufnehmen der Spurwittrung, gutes Zurechtfinden auf der Spur und Wiederfinden einer verlorenen Spur sowie gutes Zurückfinden zum versteckten Führer.

**Was ist vor Ankauf eines abgerichteten Hundes zu beachten?**

Man kaufe nur gesunde und nervenfeste Hunde aus leistungserprobten Familien mit *Abstammungsnachweis* (besonders die Mutter muß Schärfe haben!), die ihre Brauchbarkeit bewiesen haben und schließe stets einen Kaufvertrag ab, in dem für zugesagte Eigenschaften Gewähr geleistet wird. Weiter lasse man sich den Hund vorführen. Dabei mache man sich mit den Gewohnheiten des Hundes vertraut (Futterzeiten, Haltung im Zimmer oder Zwinger, Art der Führung, gewohnte Kommandos).

**Was verstehen wir unter „Wildschärfe“ und „Mannschärfe“?**

Ein Hund ist „scharf“, wenn er mutig auf Raubwild und Raubzeug losgeht, es würgt und krankes Rehwild an der Drossel niederzieht. Er ist „mannscharf“, wenn er in Notfällen *auf Kommando* gegen Menschen (z. B. Wilderer) scharf ist und seinen Herrn verteidigt. (Schärfe darf nicht mit Bissigkeit verwechselt werden!)

**Auf welche Mängel ist beim Kauf eines Jagdhundes zu achten?**

Auf Ungehorsam, Hand- und Schußscheue, Schußhitze, Schwärmen, Blinken, Knautschen, Bissigkeit, Nervenschwäche, gewohnheitsmäßiges Anschneiden und die Neigung zum Totengräber.
Ein Hund
ist *bissig,* wenn er ohne ersichtlichen Grund nach Menschen oder Tieren beißt (s. auch Tollwut S. 419),
ist *handscheu,* wenn er sich nicht zu seinem Herrn traut,
ist *schußscheu,* wenn er beim Schuß solche Furcht zeigt, daß er wegläuft oder zum Apportieren unbrauchbar ist (s. auch S. 335),
ist *schußempfindlich,* wenn er sich hinter den Führer verkriecht (das wird durch Mitnehmen zum Übungsschießen behoben!),
*schwärmt,* wenn er vor dem Jäger planlos sucht,
ist *Blender,* wenn er fest vorsteht, ohne daß Wild vorhanden ist,
ist *Blinker,* wenn er dem nachweisbar von ihm wahrgenommenen Wild ausweicht, ohne es anzuzeigen,
ist *Knautscher,* wenn er Wild so fest faßt, daß es entwertet wird,
ist *nervenschwach,* wenn er schon auf kleine Geräusche und schnelle Bewegungen ängstlich zusammenzuckt,
*schneidet an,* wenn er Wild anfrißt,
ist *Totengräber,* wenn er Wild versteckt oder in die Erde eingräbt und nicht zu bewegen ist, es zu apportieren (s. auch S. 333 u. 340).

**Welche Bedeutung haben Haut und Haar als Gesundheitszeichen?**

Sie sind der *„Spiegel der Gesundheit“*. Die Haut soll leicht verschiebbar und das Haar soll anliegend, glatt und glänzend sein. Stumpfes Haar zeigt an, daß der Körper krank ist oder an einem Mangel (Vitamine, Hormone, Spurenelemente) leidet.

## Deutsche vielseitige Vorstehhunde

*Gebrauchshunde für Feld, Wald und Wasser*

*a) Vier Rauhaar (kupiert):*

**Deutsch-Drahthaar (DD)**
Kompositionszucht aus DSt- und PP-Blut. Der DD ist unter den rauhhaarigen Vorstehhunden am verbreitetsten. Mittelgroß 56 (Hündin) bis 65 cm (Rüde) Widerristhöhe. Haar sehr hart, mittellang, drahtig, gut anliegend. Kräftiger, aber nicht zu langer „Bart".

**Pudel-Pointer (PP)**
Aus Pudel und Pointer gezüchtet. Hund des Waldjägers, einfarbig braun, schnittig, in drahtiger Jacke, klug und ruhig, gutes Vorstehen, Stöbern, Spurlaut, Bringfreude, Wasserfreude, Schärfe; 60—65 cm.

**Deutsch-Stichelhaar (DSt)**
Ausgeprägter „Bart", knappes Stichelhaar, Försterhund, Wilddiebsfänger, nur noch geringe Verbreitung.

**Griffon (Gr)**
Starke Augenbrauen, Büschel- oder Kokosmattenhaar, starker Bart mit den „Hobelspänen" auf dem Nasenrücken, wenig verbreitet.

*b) Zwei Kurzhaar (kupiert):*

**Deutsch-Kurzhaar (DK)**
Ältester und meistverbreiteter Schlag, vorzüglicher vielseitiger Jagdgebrauchshund. Schnittig, mit mittelgroßem Kopf, langen Fang und dunklen Augen, Behang mittellang, Behaarung derb und dicht, Farbe einfarbig braun, hell- oder dunkelbraun, getigert oder weiß mit großen braunen Platten. Widerristhöhe 55—64 cm.

**Weimaraner (W)**
Altsilberfarbe, reh- oder mausgrau (abgeblaßtes Braun), Auge bernsteingelb bis weißgelb, trockener und langer Fang, meist hinten angesetzte feine Behänge, kluger und vielseitiger Gebrauchshund. Alter deutscher Vorstehhund, jetzt sehr beliebt in Amerika.

*c) Vier Langhaar (mit Fahne): (nicht kupiert)*

**Weimaraner Langhaar (WL)**
Neuerdings auch langhaarig gezüchtet, da widerstandsfähiger.

**Deutsch-Langhaar (DL)**
Nach DK die älteste und reinste Rasse des Vorstehhundes, vielseitiger Gebrauchshund, sicherer Verlorenbringer, Schweißarbeiter, Stöber- und Wasserhund, Haar 3—5 cm lang und hart, leicht gewellt, aber nicht kraus. An der Außenfläche der Behänge Haar besonders lang. Braun bis Dunkelschimmel. Rute wird gerade getragen; 56—64 cm.

**Großer schwarzweißer Münsterländer Vorstehhund (GMV)**
Vorzüglicher Stöberhund, fährtensicherer Lautjager, Verlorenbringer, Farbe: Blauschimmel, Schwarzschimmel oder Schwarztiger (weiß mit schwarzen Platten), einziger deutscher Vorstehhund, bei dem die „*schwarz-weiße Jacke*" Rassekennzeichen ist, schöner und kluger Hund.

**Kleiner Münsterländer Vorstehhund (Heidewachtel) (KlMV)**
Schulterhöhe 48—56 cm, weiß mit braunen Platten oder Braunschimmel. Kleinster vielseitiger Jagdgebrauchshund mit besonderer Leistung in der Wasserarbeit, auf der Spur und im Stöbern.

## Englische Vorstehhunde (Spezialisten)

*a) Ein Kurzhaar (nicht kupiert):*

**Pointer**
Eleganter, sehniger, formvollendeter Vorstehhund, die feine Rute wird elegant getragen, reiner Federwildhund, weiß mit braunschwarzen oder rotgelben Platten, auch einfarbig rot, rotgelb und schwarz.

*b) Drei Langhaar (mit Fahne: Die Setter (nicht kupiert)*

**Englischer Setter (English-Setter) oder Laverack-Setter**
Der eleganteste und schönste Vorstehhund, weiße langseidenhaarige Jacke, mit schwarzen oder roten Platten und Tupfen (getigert).

**Irischer Setter (Irish-Setter)**
Der „blutrote" mahagonifarbene Setter, ohne jedes Weiß, bestechend schöner und edler Hund, der viel nur auf Schönheit gezüchtet wird. Schwer abführbar, reiner Federwildhund.

**Schottischer oder Gordonsetter**
Schwarzrot, der robusteste und härteste Setter.

**TAFEL 16**

Deutsch-
Drahthaar

Pudel-Pointer

Deutsch-
Stichelhaar

Griffon

Deutsch-
Kurzhaar

Weimaraner
(Kurzhaar)

Deutsch-Langhaar

Großer schwarz-weißer Münster-länder

Kleiner Münster-länder (Heide-wachtel)

Pointer

Englischer
(Laverack)
Setter

Irischer
(Irish)
Setter

TAFEL 20

Schottischer
oder
Gordonsetter

Deutscher
Wachtelhund

Springer-
Spaniel

Cocker-
Spaniel

Jagdterrier
(Drahthaar)

Foxterrier
(Drahthaar)

Hannoverscher Schweißhund

Westfälische (Olper) Bracke

Westfälische Dachsbracke

Rauhhaar-Teckel

Kurzhaar-Teckel (rot)

Langhaar-Teckel (schwarzrot)

Zwerg-Teckel (Rauhhaar)

## Stöberhunde (stehen *nicht* vor!)

**Deutscher Wachtel DW (Langhaar, $^1/_2$ kupiert)**
Guter Stöberer mit Spurwille, *Spurlaut* und Raubwildschärfe. Gut für Schweißarbeit und als Saufinder, ausgesprochener Waldgebrauchshund (Försterhund). Zwei Farbschläge: Braun mit wenig weißen Abzeichen an Brust und Zehen und Braunschimmel. Zwischenstufe zwischen jagendem und Vorstehhund, 40—45 cm Schulterhöhe.

**Die Spaniels (Langhaar, $^3/_4$ kupiert):** Der größere

**Springer-Spaniel,** 40—45 cm Schulterhöhe und der kleinere

**Cocker-Spaniel,** 35—42 cm mit auffallend langen Behängen.
Es sind die „kleinen Gebrauchshunde": Kurzjagende Stöberhunde mit gutem Spurlaut und führige Buschierhunde. Sie *apportieren* Federwild, Wasserwild, Hase und Kaninchen. Sie stammen aus Spanien.

**Deutscher Jagdterrier (DJT) und Foxterrier ($^1/_3$ kupiert)**
Er wird als Drahthaar, Rauhhaar und Glatthaar gezüchtet, ist unverwüstlich beim Fuchssprengen und Dachsgraben und sehr passioniert bei der Stöber-, Wasser- und Schweißarbeit.
Als *spurlauter* Hund hat er sich wegen seiner Schärfe und Hetzlust auch für die Jagd auf Schwarzwild bestens bewährt. Auch auf der Rotfährte steht er seinen Mann.

## Schweißhunde

werden nicht kupiert. Sie dienen der Arbeit nach dem Schuß.

**Hannoverscher Schweißhund (HSH)** *(„Hirschmann")*
50—60 cm Schulterhöhe, schwerer Hund von ruhigem Wesen, rot, hirschrot, auch rot und gelb, meist dunkle Maske, dichtes, glattes Haar. Der überlegene Hirschhund am Riemen, der nur auf Rot-, Dam- und Schwarzwild *(nie auf Rehwild)* gearbeitet wird. Am warmen Wundbett geschnallt, soll er dem Wilde folgen, es stellen und verbellen.

**Bayrischer Gebirgsschweißhund (BGSH)**
Gewandt im Steigen und Springen, ausdauernd, lockerer Hals, verwendbar auf Rot-, Gams- und Rehwild, 45—50 cm Schulterhöhe.

## Bracken (oder „Laufhunde")

werden nicht kupiert. Es sind feinnasige *„fährtenlaute"* Jagdhunde. Sie eignen sich besonders zum Brackieren auf den Hasen (und Fuchs).

**Die Deutsche Bracke (Westfälische oder Olper Bracke)**
Hochläufig, mit 45—50 cm Schulterhöhe; sie ist meist dreifarbig (rot bis gelb mit schwarzem Sattel und den typischen weißen Brackenabzeichen: weiße Schnippe, weißer Fang, Halsring und Bauch, weiße Brust — Vorhemdchen — und weiße Läufe und Rutenspitze). Nie kommt braune Farbe vor!

**Die Brandlbracke,** 46—58 cm, schwarz mit *brand*roten Abzeichen.
Von den Dachsbracken werden zwei Schläge unterschieden:

**Die dreifarbige Westfälische Dachsbracke** und die

**Rote Dachsbracke** der Alpenländer und des Erzgebirges.
Beide haben nur etwa 32—42 cm Schulterhöhe. Infolge ihrer niedrigeren Läufe jagen sie langsamer als die Olper Bracke.
Die Bracken haben dicht anliegendes „Stockhaar" und Bürstenrute.

## Erdhunde (Dachshunde)

Sie sind infolge ihrer kurzläufigen, langgestreckten und muskulösen Gestalt vorzüglich für die Bauarbeit beim Fuchssprengen und Dachsgraben. Daneben sind sie gute Stöberer und Schweißhunde.
Sie werden nicht kupiert und in drei Haararten gezüchtet, als:

**Rauhhaariger Dachshund (Teckel)**
mit anliegendem dichtem Rauhhaar, schönem Bart und buschigen Augenbrauen.

**Kurzhaariger Dachshund** *(spurlaut)* **und**
**langhaariger Dachshund.**
Durch Zuchtauslese schuf man den

**Zwergteckel** (35 cm Brustumfang) und den

**Kaninchenteckel** (30 cm Brustumfang).

# Jagdhundhaltung

## Unterbringung

**Wie und wo soll der Jagdhund gehalten werden?**

Am besten in einem abgeschlossenen größeren Zwinger, Garten oder Hofraum, in dem man eine Hütte aufstellt. Der Hund soll hier freien Auslauf und bei Sonne einen schattigen Platz haben (Grundfläche des Zwingers und Hundehaltung im Freien s. S. 365).

**Wie soll die Hütte aufgestellt und beschaffen sein?**

Sie soll an einem windgeschützten Ort aufgestellt und allseitig aus wärmedämmendem Material hergestellt sein und gegen Witterungseinflüsse Schutz bieten. Der Boden der Hütte muß mindestens 10 cm über dem Erdboden liegen, damit der Hund vor Erdfeuchtigkeit und Kälte geschützt ist.
Den Zugang zur Hütte schützt man bei Kälte durch derben Stoff, den der Hund mit dem Kopf zur Seite schieben kann, wenn er in die Hütte hinein oder aus ihr heraus will.

**Wie oft ist die Hütte zu reinigen?**

Wenigstens alle 14 Tage. Hierbei ist sie *in der kalten Jahreszeit* mit trockenem Farnkraut (wehrt Ungeziefer ab), Stroh oder Heu zu versehen. *Im Sommer will der Hund blank liegen.*

**Was ist Jägern zu raten, die ihren Hund in der Wohnung halten müssen?**

Den Hund an einen *bestimmten Platz im Zimmer* (z. B. eine zugfreie Zimmerecke, nicht am Ofen) zu gewöhnen, wo er niemandem zur Last fällt und wo er auch selbst nicht belästigt wird. Wie zur Ruhe, so gewöhne man den Hund auch zum Zwecke der Fütterung an einen bestimmten Platz, und zwar außerhalb des Zimmers. (Wer einen Hund in einer Mietwohnung halten will, braucht die schriftliche Genehmigung des Hauseigentümers!)
Man darf weiter nicht vergessen, daß der Hund *viel Bewegung* im Freien braucht, damit er nicht „verliegt" (Ausdauer und Eifer verliert) und Herz, Lungen und Läufe gesund und kräftig bleiben.

Größe f. Vorstehhunde in cm:

| | |
|---|---|
| außen lg/br/h | 150x100x98 |
| Vorraum innen | 45x90x75 |
| Schlafraum inn. | 93x90x75 |
| Einschlupf | 40x55 |

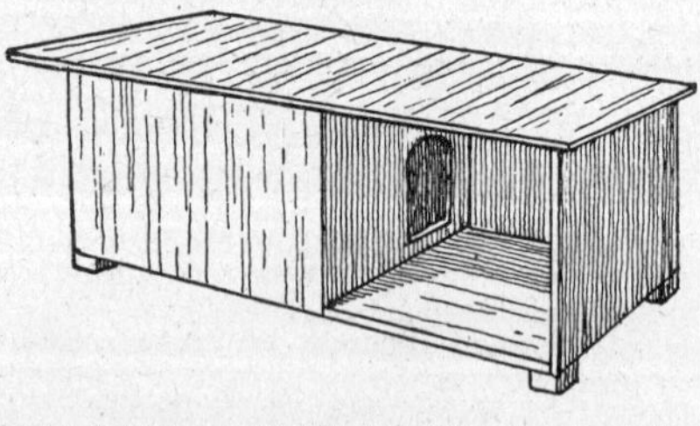

Zweckmäßige wetterfeste Hundehütte mit Übernachtungs- und Vorraum und aufklappbarem Pultdach, das gern als Liegeplatz benutzt wird und die Reinigung der Hütte erleichtert
Aufstellung: Windgeschützt, Eingang nach Süden

## Fütterung

**Wie oft am Tage soll ein Hund gefüttert werden?**

Welpen füttert man viermal, Hunde ab fünf Monaten dreimal, ab neun Monaten zweimal, über 18 Monate nur einmal (abends).

**Welche Futtermittel sind geeignet?**

Alle Schlachtabfälle, wie Fleisch, Knochenschrot, Innereien (möglichst roh), *Kalbsknochen* (keinesfalls Geflügel-Röhrenknochen!), *grob gereinigte Mägen, rohe Leber* und außerdem Trockenfleisch und Seefisch (roh oder gekocht) und als *Beifutter* gekochte Kartoffeln, Haferflocken, gekochter Reis, Teigwaren und als Vitaminspender getrocknete Bierhefe, Obst und Gemüse.
Man beachte, daß der *Hund Fleischfresser ist* und vermeide daher reine Kartoffelfütterung und suppiges Futter (Schweinefutter). Den *Welpen* wird in den ersten Wochen als erste Mahlzeit Milch mit Zwieback verabreicht, zu den anderen Mahlzeiten gibt man zwei Teile Hackfleisch und einen Teil pflanzliche Kost. Man gibt zwischen den Mahlzeiten keine „Häppchen"; sie erziehen zum Betteln. Die Fütterung soll zunächst wie beim Züchter erfolgen. Im Futternapf darf nichts stehenbleiben!
Bei Verdacht auf Knochenweiche (Rachitis) gibt man Kalk-Vigantol-Tabletten „Bayer" oder (Scotts-)Lebertran(-Emulsion).
Säugende Hündinnen brauchen zusätzlich Fett. Man gibt ihnen deshalb einen Teelöffel voll Olivenöl je Mahlzeit und ausnahmsweise auch Milch. Sonst stehlen sie, oder sie schneiden Wild an (s. S. 303), um die benötigten Fett- und Eiweißstoffe zu erhalten.
Frisches Wasser muß dem Hunde immer zur Verfügung stehen.
Es ist ratsam, den Hund auch an *Hundekuchen* (wie Frolic) zu gewöhnen, der überallhin mitgenommen werden kann (Jagdtag!). Neuerdings gibt es auch *Diätprodukte* für Hunde (Aufbau-, Abmagerungs-, Nieren- und Herz-Diät), die die Fa. Mérieux-Rentschler in 7958 Laupheim liefert.

**Wie verhält man sich beim Tode der Hündin?**

Man versucht, die Welpen einer Amme unterzuschieben oder gibt ihnen *künstliche Muttermilch.* Diese bereitet man aus drei Teilen fetter Kuhmilch oder Säuglingsnahrung (wie Eledon) und einem Teil gezuckerter Kondensmilch und gibt sie körperwarm erst stündlich, später 2- bis 3stündlich. (Man kann auch die „Welpi"-Trockennährmilch der Fa. Asid 8 München 13 verwenden!)
Die fehlende Mutterwärme ersetzt man durch ein Heizkissen oder einen *Infrarotstrahler.* Von der dritten Lebenswoche ab kann man dann auch gehacktes Kalbfleisch oder *Schabefleisch,* rohes oder gekochtes Eigelb und *Quark* zufüttern.

## Hundezucht

### Hitze der Hündin, Tragzeit, Welpen

**Wie oft tritt bei der Hündin die Hitze ein?**

Die Hitze der Hündin tritt gewöhnlich *zweimal im Jahre* (im Februar/März und August/September) ein. Sie dauert drei Wochen. Den Eintritt der Hitze erkennt man am „Färben".

Unter „*Färben*" versteht man den blutigen Ausfluß aus der geschwollenen Schnalle (Scheide). Die erste Hitze tritt im Alter von 7–9 Monaten ein, die Zuchtreife bei der dritten Hitze.
Die Hitze läßt sich durch jährlich dreimalige Injektionen von „Gestafortin-Kristallsuspension" (von 1–5 ml [ccm] je nach Größe des Hundes im Abstand von jeweils vier Monaten) risikolos verhindern. Es ist jedoch zu beachten, daß die erste Injektion einen Monat v o r der zu erwartenden Hitze (und nicht eher als drei Monate nach einer evtl. vorausgegangenen Hitze) erfolgt! Gestafortin wirkt auch gegen die Hypersexualität, Onanie, Bösartigkeit und Nervosität der Rüden.

**Wann ist die heiße Hündin bereit, den Rüden anzunehmen?**

Sie „*steht*" vom 9. Tage des Färbens an. Die beste Zeit zum Belegen ist *der 12. Tag des Färbens.* Nach dem 20. Tag nimmt die Hündin den Rüden nicht mehr an.

**Kann eine Hündin zur Zeit der Hitze von verschiedenen Rüden befruchtet werden (Superfekundation)?**

Ja! Das ist möglich, da die Eireife bei der Hündin schubweise erfolgt. Es können also Welpen verschiedener Väter gezeugt werden, wenn der Deckakt in Zeitabständen von verschiedenen Rüden vollzogen wird. Man muß deshalb eine Zuchthündin nach reinrassiger Belegung noch einige Tage vor unerwünschten Rüden schützen.

**Wie kann man die heiße Hündin vor Rüden schützen?**

Am sichersten ist das *Halten der Hündin unter Aufsicht* und am Riemen. Sollte es trotzdem „passiert" sein, so kann der Tierarzt durch (subkutane) Injektionen von Oestrogen (z. B. Cyren-B, Sexocretin) die *Trächtigkeit verhindern,* wenn ihm die Hündin am sechsten Tag nach dem „Hängen" gebracht wird.
Die Behauptung, daß Hündinnen, die fehlgedeckt wurden, später rasselose Welpen werfen, entbehrt jeder Begründung!

**Nach welcher Tragzeit erfolgt die Geburt der Welpen?**

Nach etwa 9 Wochen (63 Tagen). Die Welpen sind bereits mit 59 Tagen lebensfähig. Eine verlängerte Tragzeit bis zu 67 Tagen bedarf keiner Behandlung, solange die Mastdarmtemperatur 38,5° C nicht übersteigt. Zwischen dem Wölfen der einzelnen Welpen vergeht in der Regel eine Zeit von 15 bis 60 Minuten. *Die Welpen kommen behaart und blind zur Welt.* Sie werden erst im Verlaufe von 6–12 Tagen sehend.
Die Geburt ist beendet, wenn sich die Hündin völlig ruhig verhält und liegen bleibt.

**Wann kann man annehmen, daß sich die Welpen wohlbefinden?**

Wenn in der Wurfkiste *Ruhe herrscht.* Meldet sich ein Welpe durch „Piepen", dann ist zu prüfen, ob er den Anschluß an das Gesäuge der Mutter verloren hat. Besteht Verstopfung, führt man etwas Öl in den Mastdarm ein (Streichholz mit Watte umwickeln und in Öl tauchen). Außerdem gibt man ihm Fencheltee. Im Alter über drei Wochen kommen *Spulwürmer* als Ursache von Leibschmerzen in Frage (s. S. 315).

**Was bedeutet die Anzeige „2,3 DD-Welpen zu verkaufen"?**

Es sind zwei männliche und drei weibliche Deutsch-Drahthaar-Welpen zu verkaufen.

## Gebiß des Hundes und Altersbestimmung

**Wieviel Zähne hat der erwachsene Hund?**

42 Zähne; davon *20 im Oberkiefer und 22 im Unterkiefer.* Auf jeder Kopfhälfte sind oben und unten vorhanden: Drei Schneidezähne (Z = Zangen, M = Mittelzähne, E = Eckzähne), der Fangzahn (F), vier *vordere* Backenzähne oder Prämolaren (= P 1 bis P 4) und die *hinteren Backenzähne* oder Molaren (oben zwei = M 1 und M 2, unten d r e i = M 1 bis M 3).

Mit den Fang- oder Hakenzähnen wird die Beute gefaßt, mit den Backen- oder Reißzähne wird sie zerkleinert. Der größte *„Reißzahn"* ist der M 1 (erster Molar) im Unterkiefer (s. Abb.).

**Wonach bestimmt man das Alter eines Hundes?**

In der Jugend nach dem Wechsel der Schneidezähne, im Alter nach der A b n u t z u n g der bleibenden Schneidezähne.
Der Wechsel der M i l c h schneidezähne erfolgt mit 4–5 Monaten, der der Fangzähne mit 6 bis 7 Monaten.

*Mit 7 Monaten ist das Gebiß vollständig!*

Manchmal sind noch Milchfangzähne vorhanden, obgleich sich ihre bleibenden Nachfolger schon voll (vor oder hinter ihnen) ausgebildet haben (Bildung doppelter Fangzähne). Falls die Milchfangzähne nach 7 Monaten noch nicht abgestoßen sind, muß man sie durch Bewegen nach unten lockern (Abb. S. 310).
Vom 9. Monate ab hebt der Rüde beim Nässen den Hinterlauf.

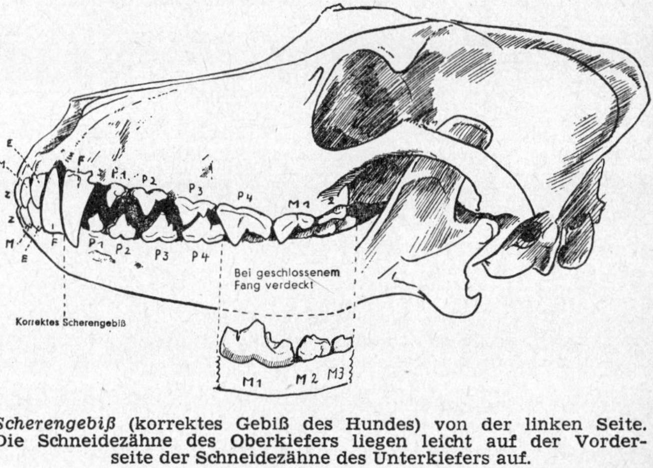


*Scherengebiß* (korrektes Gebiß des Hundes) von der linken Seite. Die Schneidezähne des Oberkiefers liegen leicht auf der Vorderseite der Schneidezähne des Unterkiefers auf.

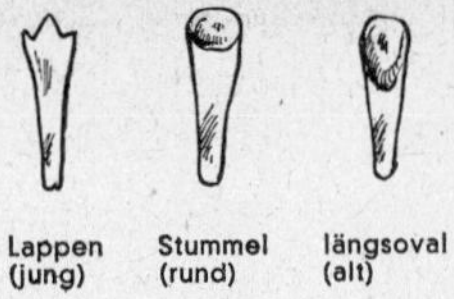


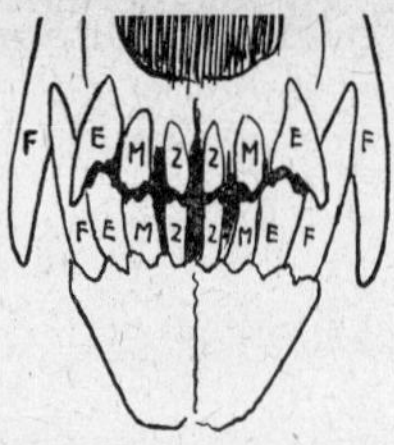


Abnutzung der Schneidezähne

„Doppelter Fangzahn“
Alter: 7 Monate

Die 6 Schneide- und 2 Fangzähne von vorn
Z = Zangen, M = Mittelzähne,
E = Eckzähne, F = Fangzähne.

Der Hauptlappen (die Spitze) der bleibenden Schneidezähne ist bei normalem Gebiß abgenutzt mit

1½ Jahren = an den Zangen im Unterkiefer,
2½ Jahren = an den Mittelzähnen im Unterkiefer,
3½ Jahren = an den Zangen im Oberkiefer,
4½ Jahren = an den Mittelzähnen im Oberkiefer,
5½ Jahren = an den Eckzähnen im Unterkiefer und mit
6 Jahren = an den Eckzähnen im Oberkiefer. Mit
7 Jahren wird die Reibefläche der Schneidezähne rund, mit
8 Jahren sind die Spitzen der Fangzähne abgenutzt, mit
10 Jahren fällt die Reibefläche der Schneidezähne nach vorn stark ab und ist längsoval, mit
12 Jahren fallen die Zangen im Ober- und Unterkiefer aus.

(Bei Hunden, die oft harte Gegenstände apportieren, und bei den Vor- und Rückbeißern ist diese Altersbestimmung nicht anwendbar.)

**Nach welchen anderen Merkmalen kann man das Alter eines Hundes bestimmen?**

Mit 6 Jahren erscheinen weiße Haare an Lefzen und Kinn,
mit 7 Jahren ist der Augapfel erweitert (weiße Haare nehmen zu),
mit 8 Jahren ist die Pupille erweitert und reagiert nicht mehr, weiße Haare erscheinen auch an der Stirn,
mit 10 Jahren wird die Linse des Auges trübe, weiße Haare finden sich auch an Augenlidern, Backe und Nase,
mit 12 Jahren wird die Linse deutlich trübe, und der Kopf wird immer grauer.

**Welche zwei Abweichungen in der Stellung der Schneidezähne im Unterkiefer kommen vor?**

Der Vorbeißer und der Rückbeißer.

Die Schneidezähne des Unterkiefers stehen beim *Vorbeißer* (dem Hechtgebiß) *vor* denen des Oberkiefers (das ist bei Hunden mit kurzen, rundlichen Schädeln normal, z. B. beim Boxer);

beim *Rückbeißer* (dem Barbengebiß) *hinter* denen des Oberkiefers (der Unterkiefer ist zu kurz; kommt häufig bei Teckeln vor).

Diese Gebißfehler sind vererblich. Sie machen Jagdhunde zuchtuntauglich, da sie nicht fest genug zufassen können.

Vererbt wird auch das Fehlen der Prämolaren 1 und 2 (s. S. 309).

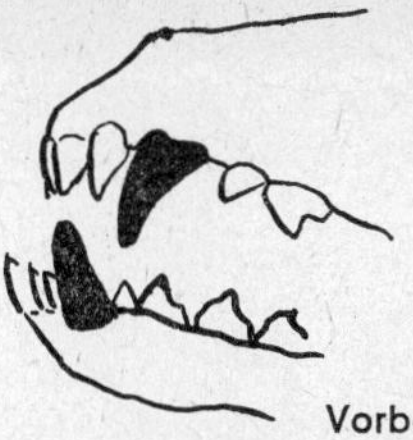

Vorbeißer

Unterkiefer zu lang

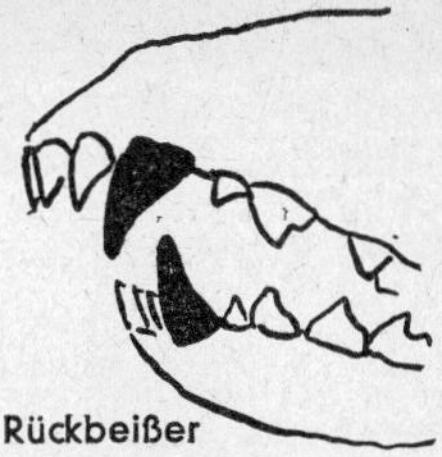

Rückbeißer

Unterkiefer zu kurz

**Wie benennt man das Alter der Jagdhunde?**

Nicht nach Jahren, sondern beim Vorstehhund nach „Feldern", d. h. nach der Zahl der Jahre, die er im Felde gearbeitet hat. *In seinem zweiten Lebensjahre steht er im ersten Feld.*

Beim Schweißhund zählt man das Alter nach „Behängen", d. h. nach der Zahl der Jahre, die er am Schweißriemen angehalst („behangen") auf gesunder oder kranker, *kalter Einzelfährte* und auf Widergang (s. S. 114) gearbeitet wird, um „riemenfest" zu werden. Im 7. Lebensjahre steht er im 6. Behang. Die Hauptbehängezeit ist die Feistzeit des Hirsches (Juli/August).

Ein Hund wird i. d. R. etwa 10 bis 14 Jahre alt. Im Vergleich zum Menschen bedeutet das erste Hundejahr soviel wie 15 Menschenjahre (Beginn der Lehrlingszeit), das zweite soviel wie sieben und jedes weitere soviel wie fünf Menschenjahre.

## Entfernen der Wolfskralle und Kupieren

**Was verstehen wir unter der „Wolfskralle oder Wolfsklaue"?**

Die an den Hinterläufen nur noch selten vorkommende fünfte Klaue (Abb. S. 313). Sie ist meist nur lose am Gelenk befestigt und ist nebst Knorpelstumpf kurz nach der Geburt der Welpen mit einer gebogenen Schere wegzuschneiden. Etwa auftretende kleine Blutungen werden durch einen Druckverband gestillt.

**Was versteht man unter dem „Kupieren"?**

Das Stutzen oder Kürzen der Rute.

Es ist ohne Betäubung nur bis zum Alter von unter acht Tagen erlaubt (§ 5 (2) Ziff. 4 Tierschutzgesetz vom 24. 7. 1972, BGBl. I S. 1277).

**Welche Junghunde werden kupiert und welche nicht?**

Kupiert *werden alle deutschen kurz- und rauhhaarigen Vorstehhunde,* da sie sich sonst beim Stöbern und Suchen im Holze die stets lebhaft bewegte Rute an der Spitze wundschlagen würden. Bei ihnen werden rund $^2/_3$ der Rute amputiert.

Bei der *Hündin* soll die Rute die Schnalle decken. Man läßt deshalb bei ihr die Rute gern um ein Glied länger.

Beim *Jagdterrier* amputiert man nur $^1/_3$, damit die Rute *„Handgriff"* bleibt, beim *Wachtel* $^1/_3$ bis $^1/_2$ der Rute, beim *Spaniel* dagegen $^3/_4$ der Rute (bei ihm muß das Weidloch bedeckt sein).

Nicht kupiert werden die englischen und alle langhaarigen Vorstehhunde, Schweißhunde, Bracken und Teckel.

## Pflege

**Wie ist die Decke des Hundes zu pflegen?**

Sie ist mit Kamm und scharfer Bürste öfters gründlich von Schmutz, Grannen, Unkrautsamen und Kletten zu reinigen. Hierbei ist auch auf Flöhe, Haarlinge, Läuse, Räudemilben und Zecken zu achten, die das Tier durch Juckreiz belästigen und zum Sichkratzen veranlassen. Als Kamm hat sich die Säge des Universaljagdmessers (s. Abb. S. 13) vorzüglich bewährt.
Gebadet wird nur ausnahmsweise bei Hauterkrankungen und zur medizinischen Wäsche (mit Criniton vet. Dr. Atzinger, Passau).

**Wie kann man Hautschmarotzer wirksam bekämpfen?**

Durch das *Verbot von DDT* (**D**ichlor-**D**iphenyl-**T**richloräthan) sind zur Bekämpfung von Hautschmarotzern DDT-freie Präparate wie Bolfo- oder Jacutin-Puder und -Spray getreten, die in Apotheken zu haben sind. Zum Einpudern richtet man das Haar durch Streichen gegen den Strich auf und verteilt den Puder bis auf den Haargrund, auch auf die Halsunterseite und die *Innenflächen* der Oberschenkel und der Schulter (nach acht Tagen wiederholen!). Dadurch bleiben Haut und Haar lange Zeit für alle Hautschmarotzer *„vergiftet"*, und man erzielt eine Dauerwirkung. *Jungtiere unter sechs Wochen läßt man unbehandelt,* da sie dagegen empfindlich sind. Gleichzeitig sind die Ritzen der Hütte mit Puder zu bestreuen oder mit flüssigen Desinfektionsmitteln wie Alugan- oder Bolfospray und Jacutin „flüssig" (1 ccm auf ein Liter Wasser) zu besprühen und dann gründlich zu reinigen.

**Wie sind die Gehörgänge zu pflegen?**

Sie sind *nach „nasser Arbeit"* und auch sonst ab und zu *trocken zu reinigen.* Hierzu benutzt man eine Pinzette oder Hakenpinzette, deren vorderer Teil mit einem Stück einer etwa 4 cm breiten Gazebinde (nicht mit Watte) umwickelt wird. Zum Entfernen von altem Ohrenschmalz gibt man etwas Paraffinöl in den Gehörgang, lockert durch knetende Bewegungen von außen die festsitzenden Beläge, wischt sie dann mit Gaze aus und träufelt mehrmals täglich 2–4 Tropfen „Otobacid"-Ohrentropfen ein. Das Trommelfell kann man hierbei nicht verletzen, da der äußere Gehörgang des Hundes im unteren Abschnitt fast rechtwinkelig zum Trommelfell abbiegt (s. Abb.).

**Gibt es bei Hunden einen „Ohrwurm"?**

Nein! Die mit Ohrwurm oder Ohrenzwang bezeichnete Krankheit des Hundes ist eine *Entzündung* des äußeren oder inneren *Gehörganges.* Sie entsteht hauptsächlich durch äußere Einwirkungen (Nässe, Schmutz, Fremdkörper, Kornspelzen, Ohrmilben und durch zersetztes Ohrenschmalz).

**Welche Krankheitserscheinungen zeigen Hunde bei der Entzündung des äußeren und inneren Gehörgangs?**

Sie *halten den Kopf schief,* schütteln den Kopf und *kratzen sich* mit den Klauen der Hinterläufe über dem betroffenen Ohr. Dabei brummen oder jaulen sie. Der Gehörgang ist gerötet und geschwollen.

**Was kann man dagegen tun?**

Man reinigt zunächst die Gehörgänge (wie beschrieben) und behandelt dann nach Anweisung des Tierarztes je nach der Form der Entzündung, z. B. mit
Voren-Ohrentropfen (Boehringer) oder mit Sanapredon-Lotio oder Volon-A-Tinktur (bei Juckreiz, Schmerzen und Rötungen),
mit Ichthyol- oder Lebertransalbe (bei Krusten),
mit dem antibiotisch wirkenden Furacin-Otalgikum (die eitrigen Formen),
mit 5–10prozentigem Tanninspiritus (bei viel Ohrenschmalz) und mit Triplexan (bei parasitären Formen).

**Woran ist zu denken, wenn der Hund bei der Arbeit plötzlich den Kopf schüttelt oder schief hält?**

Daß ihm ein Insekt oder ein Fremdkörper in den Gehörgang gekommen ist. Sehr häufig gelangen bei Jagdhunden Grannen wilder Kornarten (Kornspelzen und Grannen der „Mäusegerste") in den Gehörgang. Sie müssen sofort entfernt werden, da sie der

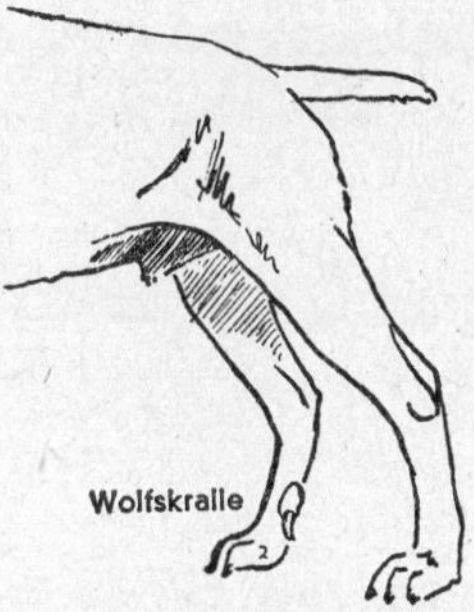


rechter Hinterlauf
mit „Wolfskralle"

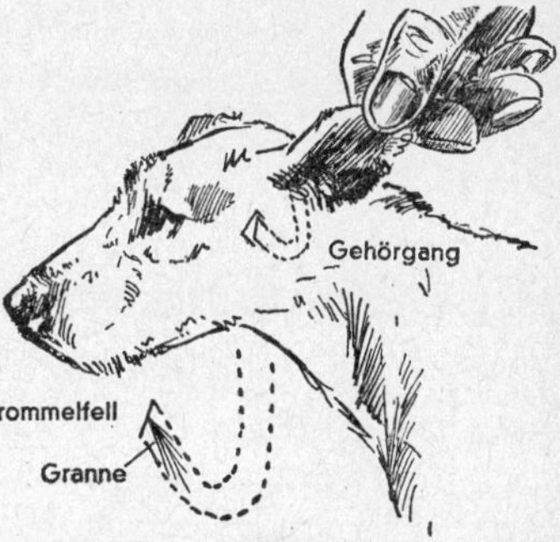


Verlauf des Gehörganges und
Fremdkörper im inneren Gehörgang

Hund nicht ausschütteln kann. Sie können sonst in den abgewinkelten Teil des äußeren Gehörganges gelangen, so daß dann der Fachtierarzt helfen muß.

**Wie sind die Augen zu pflegen?**

Schmutz und Schleim (besonders im inneren Augenwinkel) sind mit einem sauberen Leinentuch oder mit Zellstoff (z. B. mit einem Tempo-Taschentuch o h n e Mentholzusatz) trocken auszuwischen.
Bei bestehender Bindehautentzündung des Auges, die besonders bei Hunden mit herabhängenden unteren Augenlidern (Spaniel) vorkommt und sich durch Rötung der Bindehaut, Tränenfluß und Juckreiz kennzeichnet, sind mit der Fingerkuppe *Augensalben* (z. B. Hydrocerol- oder die „gelbe" Augensalbe) in das Auge einzustreichen. Dann schließt man die Augenlider des Hundes und verreibt die Salbe leicht auf dem Augapfel.

Sind als Ursache der Bindehautentzündung und des Tränenflusses die Tränenkanäle am Rande der Augenlider verstopft oder besteht eine knötchenförmige Entzündung der Innenflächen des dritten Augenlides („Nickhaut") oder handelt es sich um *Augenlidfehler* wie das *„offene Auge"* (das *Aus*wärtsstülpen des Lidrandes oder Ektropium, das beim Vorstehhund und Spaniel häufig ist) oder um das *„Rollauge"* (die *Ein*stülpung des Lidrandes oder das Entropium), so kann nur der Fachtierarzt helfen.

**Was verstehen wir unter den Analdrüsen des Hundes?**

Es sind zwei am Weidloch liegende Drüsensäckchen, deren Öffnungen links und rechts am Übergang der Decke in die Mastdarmschleimhaut liegen (s. Abb.). Sie sind die Duftdrüsen des Hundes und enthalten ein stark riechendes Sekret, das beim We-

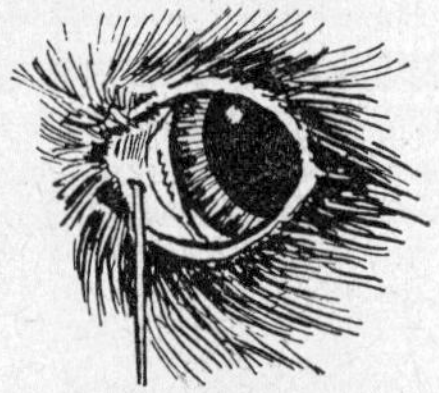

Unterer Tränenkanal

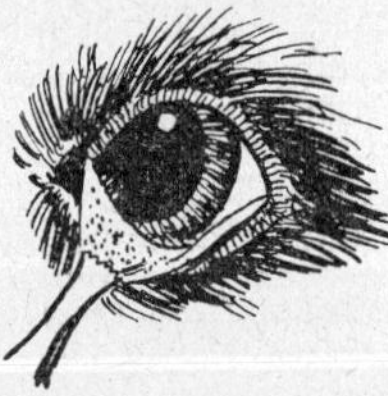

Knötchenförmige Entzündung der Nickhaut (drittes Augenlid)

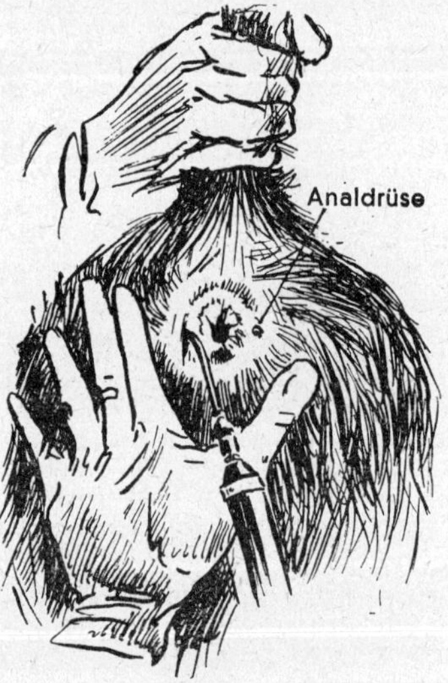


Sitz der „Analbeutel", Spülung und Handhaltung beim Ausdrücken

deln mit der Rute ausmassiert wird. Bei kurzkupierten Hunden (z. B. Spaniel) werden die Analbeutel nicht genügend entleert, so daß es oft zu einer Analbeutelentzündung kommt.

**Wie äußert sich die Analbeutelentzündung?**

Die Hunde versuchen die Analbeutel auszudrücken und rutschen deshalb mit ihrem Weidloch über den Boden (sog. *„Schlittenfahren")* oder drehen sich im Kreis, um an das Weidloch zu gelangen. Man muß deshalb mit einem Watte- oder Zellstoffbausch

„bei Bedarf“ das Weidloch umfassen und durch Druck die Analbeutel entleeren oder sie durchspülen lassen. Weitere Ursachen des „Schlittenfahrens“ sind Bandwurmglieder, Kotreste und verklebte Haare am Weidloch.

## Krankheiten

**Was ist bei der Behandlung von Krankheiten zu beachten?**

Man muß die Ursache der Krankheit ergründen und abstellen.

**Welche Darmschmarotzer kommen beim Hunde vor?**

*Spulwürmer* und *Bandwürmer.*

**Wie können sich junge Hunde mit Spulwürmern infizieren?**

Durch Aufnahme von Spulwurmeiern. *Spulwurmeier* werden von kranken Hunden massenhaft ausgeschieden und können sich durch ihre klebrige Hülle überall anheften (an das Gesäuge der Hündin, den Boden des Hundezwingers, an Futtergeräte, die Pfoten usf.). Auch Menschen (Kinder) können sich mit Spulwurmeiern infizieren.

**Welche Maßnahmen sind deshalb notwendig?**

*Zuchthündinnen* sind drei Wochen vor dem Werfen und alle *Welpen* in der dritten und sechsten Lebenswoche einer *Spulwurmkur* zu unterziehen. Als wirkungsvoll haben sich Piperazinpaste, Tasnon- und Uvilonpulver sowie gegen alle Darmparasiten des Hundes Diuredosan-Tabletten der Fa. Merieux in 7958 Laupheim bewährt. Zwinger und Liegeplätze müssen mehrmals mit heißem Sodawasser durchtränkt und gereinigt werden.

**Wann kann sich beim Hund ein Bandwurm entwickeln?**

Wenn der Hund Gelegenheit hat, die *Vorstufe* eines Hundebandwurmes (die „*Finne*“) mit dem Futter aufzunehmen (s. S. 436).

**Welcher Hundebandwurm ist für Menschen gefährlich?**

Nur der selten vorkommende dreigliedrige Hundebandwurm oder Echinococcenbandwurm (s. S. 439 und der Fuchsbandwurm S. 440).

**Woran erkennt man, ob der Hund Würmer hat?**

Am schlechten Ernährungszustand trotz guter Freßlust, am stumpfen *Haarkleid,* an Verdauungsbeschwerden mit Erbrechen und epileptischen Krämpfen. Der Nachweis ist durch die mikroskopische Kotuntersuchung und durch Feststellung von Spulwürmern oder Bandwurmgliedern im Kote möglich.

**Wie kann man den Hundebandwurm abtreiben?**

Durch Bandwurmmittel. Das z. Z. beste Mittel ohne schädliche Nebenwirkung ist das Yomesan (man gibt morgens *nüchtern zweimal* im Abstand von einer Stunde je nach Größe des Hundes $^1/_2$–2 Tabletten gut zerkleinert in Hackfleisch oder Wurstmasse ein. Diese Dosis kann ohne Nachteil beträchtlich überschritten werden! Hunden mit dem dreigliedrigen Bandwurm gibt man die vierfache Dosis (s. auch Scolaban-Tabletten S. 440). Die Bandwürmer werden abgetötet und verdaut.

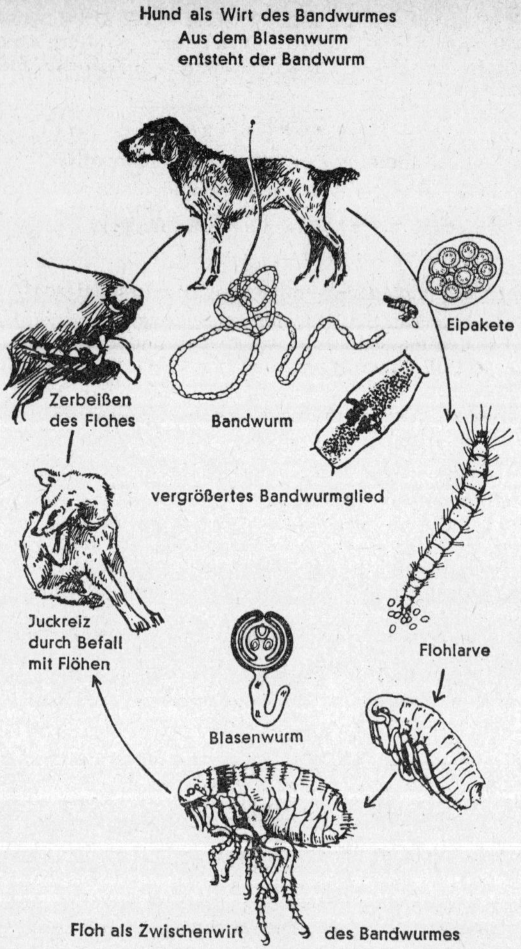


Entwicklungskreis des kürbiskernförmigen Hundebandwurmes (Dipylidium caninum)

Der häufigste Hundebandwurm. Die mit dem Kot abgehenden kürbiskernförmigen Bandwurmglieder enthalten Eipakete. Die Bandwurmeier werden von den Flohlarven gefressen. In der Leibeshöhle des sich entwickelnden Flohes bildet sich der mit einem Schwanz versehene Blasenwurm oder die „Finne". Durch Zerbeißen mit Finnen behafteter Flöhe und deren Aufnahme in den Darm entsteht bei Hunden der kürbiskernförmige Bandwurm.

Darum: *Hundeflöhe bekämpfen!*

(Kreislaufzeichnung: Nach Professor Dr. Dr. h. c. R. Wetzel, Veterinär-Parasitologisches Institut der Justus-Liebig-Universität, Gießen)

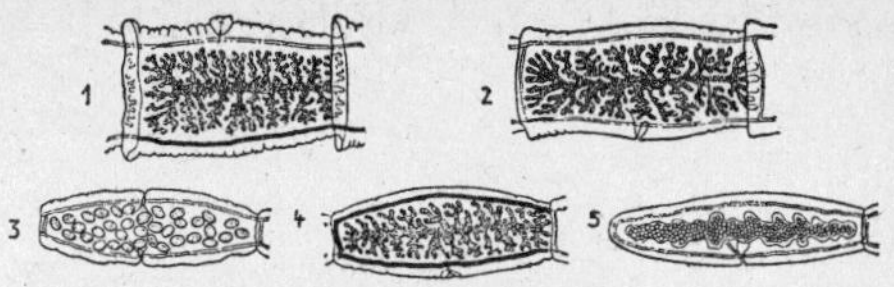


Spulwurm

Bandwurmglieder des Hundes (Artbestimmung)
Nr. 1–4 = 1½fach Nr. 5 = 7fach vergrößert

1. Gezähnter Bandwurm (S. 437); 2. Geränderter Bandwurm (S. 437); 3. Kürbiskernförmiger Bandwurm (S. 316); 4. Quesenbandwurm (S. 439) und 5. Dreigliedriger Bandwurm (S. 439).

**Worauf weist häufigeres Grasfressen hin?**

Auf eine ungenügende Produktion von Salzsäure im Magen. In derartigen Fällen empfiehlt es sich, das Futter leicht zu salzen oder Enzynorm (flüssig oder Pulver) einzugeben. Die Arzneimitteldosis für große Hunde ist die gleiche wie für Erwachsene, die für kleine Hunde wie für Kinder.

**Was ist bei Durchfall zu beachten?**

Es ist zunächst die Ursache (Erkältung, Futterschaden) abzustellen. Trotz des vermehrten Durstes ist die Flüssigkeitszufuhr einzuschränken. Von den Arzneimitteln haben sich wiederholte innerliche Gaben von ½ bis 2 Teelöffeln Tannalbin (mit Leberwurst verknetet) bewährt. Weiter ist Diät zu empfehlen (keine Milch, kein Fleisch, statt Wasser Tee, geriebene rohe Äpfel oder Karotten). Man denke daran, daß Durchfall auch das erste Zeichen von Darmstaupe sein kann (s. S. 318).

**Wie äußert sich die Verstopfung (Hartleibigkeit)?**

Durch Drängen und Pressen zum Kotabsatz.

**Wie kann man die Verstopfung beheben?**

Durch Eingeben von Paraffinöl (eßlöffelweise), durch Einführen von Abführzäpfchen in den Mastdarm (wie Laxoval oder Dulcolax) oder durch Mastdarmeinläufe (Seifenwasserklistier; besser mit Fertig-Klysma salinisch „Pfrimmer“).

**Wie erfolgt das Eingeben flüssiger Arzneien beim Hunde?**

Man bildet durch Abheben der Lefzen (Ober- und Unterlippe) eine Backentasche und schüttet in diese die Arznei ein (Abb. neben S. 320).

**Bei welchen Krankheiten ist ein Tierarzt zuzuziehen?**

Bei fieberhaften Krankheiten, insbesondere bei den unter dem Begriff „Staupe“ vorkommenden Hundeseuchen (Virusseuchen).

**Wie stellt man beim Hunde fest, ob Fieber besteht?**

Durch Messen der *Mastdarmtemperatur* mit einem Fieberthermometer, das angefeuchtet in den Mastdarm eingeführt (s. Abb.

neben S. 320) und nach etwa zwei Minuten abgelesen wird. Die normale Temperatur schwankt beim Hund zwischen 37,5° C (morgens) bis 38,7° C (abends).

**Welche Virusseuchen (s. S. 418) kommen beim Hunde vor?**

Die *Tollwut* (s. S. 419),
die (klassische oder Carré-)*Staupe* und deren bösartige Form, die Hartballenstaupe (Hart pad desease – H. p. d.) und
die *ansteckende Leberentzündung* (Hepatitis contagiosa = H. c.).

**Wie unterscheiden sich die Staupearten?**

Sie sind für den Laien schwer zu unterscheiden.
Bei der *Carré-Staupe* machen sich zunächst ein wäßriger Katarrh der Lidbindehäute und eine warme, trockene Nase bemerkbar. Dabei frißt der Hund „nicht richtig" und zeigt eine Mastdarmtemperatur von 40–41° C. Werden diese wichtigen ersten Anzeichen der Staupe nicht behandelt, so kommt es infolge Schwächung des Hundes nach zehn Tagen zu einer bakteriellen Infektion, mit eitrigem Augen- und Nasenausfluß, Bildung von Eiterpusteln an den Innenflächen der Schenkel, zu Husten, Erbrechen und Durchfall und erneutem Fieberanstieg (meist 40,5° C). Bleiben die Hunde auch in diesem Stadium ohne Behandlung, dann kommt es zu schweren Komplikationen in Form der Lungen-, Darm- oder Nierenentzündung und zur „nervösen Staupe".
Bei der Hartballenstaupe treten, wie der Name sagt, eigenartige Verhornungen der Klauenballen auf. Die Hunde nehmen fast keine Nahrung zu sich und zeigen wochenlang die gefürchtete Mastdarmtemperatur von 39,3° C. Hierauf folgen meist tödliche nervöse Störungen („Gehirnstaupe").

**Zu welchen Krankheitserscheinungen kommt es bei der ansteckenden Leberentzündung und der Leptospirose?**

Bei der *ansteckenden Leberentzündung* kommt es bei Fieber (bis 41° C) zu Kreislaufschwäche, Erbrechen und Durchfall.
Bei der durch Bakterien verursachten Leptospirose unterscheiden wir die mit aasartigem Geruch aus dem Fang, Erbrechen und Durchfall einhergehende *„Stuttgarter Hundeseuche"* und die mit Mattigkeit einhergehende infektiöse Gelbsucht oder *Weilsche* Krankheit. Die Leptospirose ist *auf den Menschen übertragbar* und verläuft bei ihm grippeähnlich.

**Wie kann man den Hund gegen diese Seuchen schützen?**

Es hat sich als zweckmäßig erwiesen, den gesunden Junghund im *Alter von 7–9 Wochen* mit SHL-Vaccine gegen **S**taupe, **H**epatitis und **L**eptospirose *schutzimpfen* zu lassen (Tollwut-I. s. S. 420).

**Was verstehen wir unter der (Dackel-)Lähme?**

Einen Bandscheibenvorfall in den Wirbelkanal. Im ersten Stadium, dem Schmerzstadium, können die betroffenen Hunde nur unter Beschwerden die Treppe hinauflaufen. Sie bleiben meist an der ersten Treppenstufe stehen. Wenn nicht sofort tierärztlich behandelt wird (mit Wärme, hochdosierten Vitamin-$B_{12}$-Injektionen, täglich zwei Dragées Ultra-Demoplas und BVK-Roche), geht das Schmerzstadium in das Lähmungsstadium (mit Lähmung des Hinterteils und Nachschleppen der Hinterläufe) über. Zu behandeln sind auch Verstopfung (S. 317) und die Harnverhaltung (diese evtl. durch Katheterisieren).

**Was ist bei Wunden zu beachten?**

Sie sind zu reinigen und mit Jodtinktur zu pinseln oder mit MP-Puder zu pudern. Bei Taschenwunden ist für Sekretabfluß zu sorgen und der Tierarzt zuzuziehen.

## Gerechte Jagdhundführung

### Erziehung und Abrichtung des Hundes

**Wann beginnt man beim Junghund mit erzieherischen Maßnahmen?**

Schon im *Welpenalter.* Insbesondere gewöhne man den Junghund an Stubenreinheit, Halsung und Leine, seinen Namen, an Ruf und Pfiff, an einen festen Liegeplatz, an Hausgeflügel und an den Verkehr. Bringfreude und Lautgeben sind zu fördern.

**Wie erreicht man sehr schnell Stubenreinheit?**

Wenn man dem Junghund die *letzte Mahlzeit vor 17 Uhr* reicht und ihn nach jeder Fütterung und wenn er sich durch Winseln meldet, immer wieder an denselben Ort ins Freie bringt (Zuspruch: Mach schön, mach! Hinterher loben!). Man kann ihn auch abends in eine hohe Kiste bringen, die er nicht verlassen kann. Er beschmutzt sein eigenes Lager nicht und erhält dann frühmorgens gleich seinen Auslauf.

**Woran erkennt man Seelenregungen des Hundes?**

An der Sprache der *Augen* („Fenster der Seele"), den Bewegungen der *Rute* und des Rückens sowie am *Lautgeben.*
Auch Eifersucht, Freude, Trauer und Neid gehören hierzu.

**Kann man beim Hunde menschliches Denken voraussetzen?**

Nein! Es ist grundfalsch, an das Tun und Lassen des Hundes menschliche Maßstäbe anzulegen. Der Hund betrachtet als *Meutetier* seinen Herrn als *„Kopfhund"* und ordnet sich ihm unter.
Der Jäger muß sich beim Abrichten und Abführen seines Hundes dessen natürliche Raubtiereigenschaften zunutze machen!

**Von welchem Alter ab übt man das Folgen auf der Führerfährte?**

Schon vom *vierten Monat* ab. Ein Gehilfe hält hierbei den Junghund fest und läßt ihn bei den ersten Übungen sehen, in welcher Richtung der Führer weggeht. Später geht der Führer in unübersichtliches Gelände und versteckt sich. Dann wird der Hund freigelassen und aufgefordert, seinem Führer zu folgen. *Er lernt* dabei, nach und nach *seine Nase zu gebrauchen.* Hat er seinen Führer gefunden, wird er von ihm sehr freudig begrüßt und abgeliebelt. Dieser *freudige Kontakt zwischen Führer und Hund* bildet die Grundlage für die spätere Abrichtung.

**Was verstehen wir unter dem „Abrichten" und „Abführen"?**

Die planmäßige und gründliche Ausbildung des Hundes. Hierbei erhält er *für erwünschte Leistungen Lob und Leckerbissen, bei unerwünschtem Verhalten Strafe!*

Gestraft wird mit dem hart gesprochenen Wort „Pfui!", mit dem Anrucken des „Riemens" (der kurzen oder langen Leine) ggf. unter Anwendung des Stachelhalsbandes und (so selten wie möglich) durch Gertenhieb (nie mit Riemen oder Hand).

Wir unterscheiden die Grund*abrichtung* und die jagdliche *Abführung* im Gelände. Merke:

*Der Hund wird abgerichtet und abgeführt,*
*Schweiß- und Erdhund werden gearbeitet!*

Zur Grundabrichtung gehören: Leinenführigkeit, Setzen, Herankommen auf Ruf und Pfiff, Folgen frei bei Fuß sowie Haltmachen (Down) auf Ruf, Handhochheben und Trillerpfiff. Erst wenn der Hund hierin sicher ist und absoluten Gehorsam zeigt, folgen die Apportierübungen und

die jagdliche Abführung: Die Arbeit vor dem Schuß, nach dem Schuß und ohne Schuß.

## Grundabrichtung

**Wann beginnt man mit der Grundabrichtung des Jagdhundes?**

Im Alter von sieben bis neun Monaten (je nach Intelligenz des Hundes). Im Anschluß hieran folgt die jagdliche Abführung.

**Soll die Grundabrichtung im Zimmer erfolgen (Stubendressur)?**

Nein! Die Abrichtung im Zimmer ist überholt. Sie erfolgt im Freien. Es empfiehlt sich, den Ort der Abrichtung recht oft zu wechseln, damit sich der Hund trotz der Umwelteinflüsse an das strikte Befolgen der

*Gehorsams- und Unterordnungsübungen*

gewöhnt. Er darf sich beim Abrichten erst dann frei bewegen, wenn er in der Grundabrichtung Fortschritte gemacht hat.

*Grundsatz: Nie um die Mittagszeit abrichten!*

**Mit welchen Reizen wird ein Hund abgerichtet und geführt?**

Mit Hautreizen sowie Hör- und Sichtreizen.

**Welche Hautreize werden bei der Abrichtung unterschieden?**

Hautreize als *Lob* (das Streicheln oder Abliebeln),
Hautreize als *Strafe* (Ruck am Stachelhalsband, Gertenhieb, Schleuderschuß, elektrische Impulse und Strafschuß s. S. 325) und Hautreize zur Ausführung einer Arbeitsleistung (z. B. Lefzendruck zum Öffnen des Fanges bei Aufnahme des Apportierbockes, Druck auf die Stacheln des Halsbandes bei „Down"-Übungen).

**Welche Hörreize oder Hörzeichen unterscheidet man?**

Man unterscheidet Hörzeichen als Lob und zur Ermunterung (wie „So ist's brav", „Bring schön [= apporte]", „Such verwundt", „Faß") und Hörzeichen zur Einschüchterung (wie „Pfui" oder „Halt!").
Sie werden als *Lob* und zur Ermunterung gedehnt und ruhig, zur *Einschüchterung* dagegen kurz und scharf gesprochen.

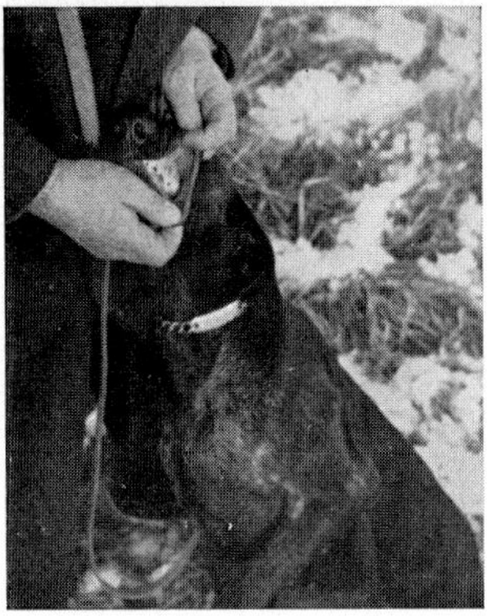

Bilden der „Backentasche“
zum Eingeben von Arzneien

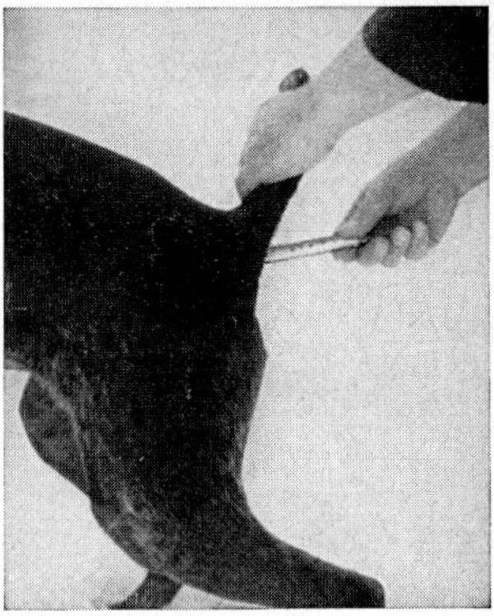

Messen der Mastdarmtemperatur
mit dem Fieberthermometer

Üben der Leinenführigkeit

Zusammenschieben zum Sitz

Vorziehen der Vorderläufe zur Haltlage

„Halt“ oder „down“ auf Armheben

Vor dem Abgeben:
Setzen auf Fingerzeig

Öffnen des Fanges
durch Lefzendruck

„Hasenrein“ und korrektes Verhalten auf Schuß

Vorstehen

Apportieren

Bringen aus tiefem Wasser

Korrekt gebracht

Pointer steht fest vor, Kurzhaar *„sekundiert“* auf Sicht (s. S. 324)
(Beim *„Mitstehen“* wittern beide)

Hannoverscher Schweißhund verweist Schweiß

Totverbeller gibt „Standlaut“, er „ruft“ zum Stück

Die mit der Pfeife gegebenen Hörzeichen bedeuten: Kurzer Pfiff „Achtung!“, Doppelpfiff „Hierher“, Trillerpfiff oder Doppeltonpfiff (Fußballpfeife) „Halt (down)“.

**Was versteht man unter Sichtzeichen?**

Alle Zeichen, die man dem Hunde zur Ausführung einer Arbeitsleistung gibt. So bedeutet z. B.: *Erheben des Zeigefingers „Sitz“;* Armhochheben, Stehenbleiben oder In-Anschlag-Gehen „Halt!“; Wink mit der Hand oder Wendung des Körpers in eine bestimmte Richtung bedeuten, daß der Hund in dieser Richtung suchen soll; *Rückwärtsgehen* in gebückter Haltung bei anziehender Bewegung beider Arme heißt *„Komm!“* Je auffälliger man sich hierbei durch „Gehen-in-die-Kniebeuge“ verkleinert und dabei rückwärts geht, um so schneller kommt der Hund heran. (Keinesfalls darf man ihm entgegengehen!)

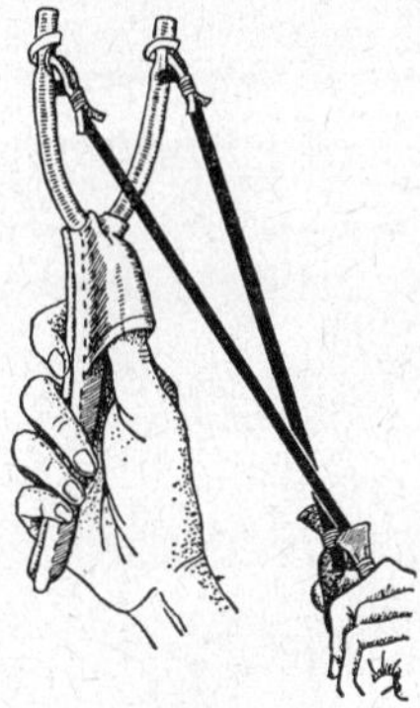

Schleuder oder Zwille
(für den Schleuderschuß)

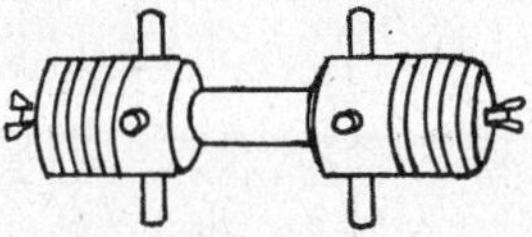

Apportierbock

Halt- oder Downpfeife aus Büffelhorn
für scharfen Pfiff und Triller

Stachel- oder Dressurhalsband
„Korallenhalsband“

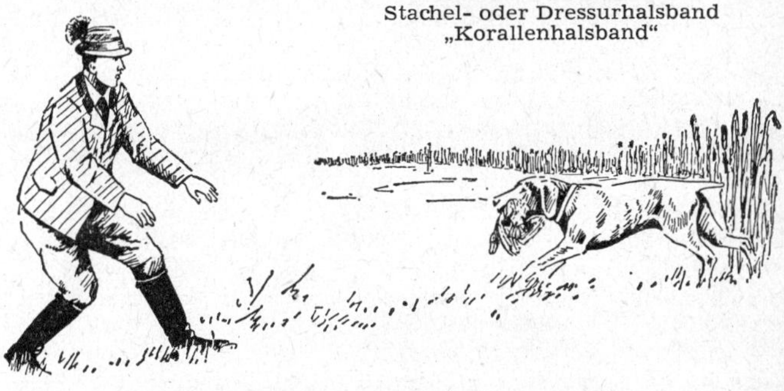

Durch anziehende Bewegung beider Arme und Rückwärtsgehen wird das Bringen des Hundes beschleunigt
(Bei Hundeprüfungen ist diese „Hilfe“ nicht erlaubt!)

**Was darf der Hund als Jagdgehilfe tun, und was muß er lassen?**

Er darf nur das tun, was dem Jäger angenehm und nützlich ist. Alles andere muß er lassen.
Das ist in vielen Fällen nur durch *Zwang* zu erreichen. Der Hund unterläßt durch Zwang ihm Angenehmes, wenn es ihm durch Unangenehmes verleidet wird; er führt für ihn Unangenehmes aus, wenn er dadurch Unangenehmerem entgehen kann.

**Was ist Grundbedingung bei Anwendung des Zwanges?**

Der dem Hunde unangenehme Zwang muß aufhören, sobald sich der Hund erwünscht verhält. Außerdem muß dem Aufhören des Unangenehmen sofort *Annehmlichkeit* folgen (z. B. durch das Lob „So ist's brav“ oder durch Geben eines Leckerbissens). Der Hund erfährt dadurch, daß es sein Vorteil ist, wenn er das Erwünschte tut.

**Wie wird auf den Hund eingewirkt, wenn er Unerwünschtes tut?**

Durch den schlagartigen Zuruf „Pfui!“, „Halt!“ oder durch Trillerpfiff und, falls der Hund angeleint ist, durch gleichzeitigen Gertenhieb, *nie mit der Hand oder dem Riemen!*

**Auf welches Hörzeichen hat der Hund sein Lager aufzusuchen?**

Auf „Platz!“ (z. B.: Geh auf deinen Platz!).

**Welche Gehorsamsübungen zwingen den Hund unter den Willen seines Herrn?**

Riemenführigkeit, Setzen, Heranrufen, Folgen frei bei Fuß, Halt- oder *Downmachen*, Apportieren und Ablegen.

**Was versteht man unter einem „leinenführigen“ Hunde?**

Einen Hund, der am kurzen Riemen an der linken Seite seines Herrn läuft, ohne vorzuprellen oder zurückzubleiben. Der Kopf des Hundes muß mit den Knien des Führers auf gleicher Höhe bleiben. Seinem durch Stangenholz oder Kulturen gehenden Herrn soll der angeleinte Hund so folgen, daß er sich mit der Führerleine nicht verfängt und seinen Herrn nicht am Vorwärtsgehen hindert. Zur Erreichung der Leinenführigkeit benutzt man das *Stachelhalsband*. Beim Vorprellen wird der Hund durch ruckartiges Anziehen des Stachelhalsbandes gestraft. Bleibt er aus Ängstlichkeit zurück, so ist er mit der linken Hand – bei sanft gesprochenem „Fuß“ – zu liebeln oder durch schnelles Vorwärtslaufen freudig zu erregen.

**Ist das Mitführen eines Jagdhundes neben dem Fahrrad eine Tierquälerei?**

Nein, wenn es sich um kurze Fahrtstrecken bei mäßigem Tempo handelt und der Hund gesund ist.

**An welche Seite des radfahrenden Jägers gehört der Hund?**

An die *rechte* Seite. Nur dann sind Hund und Fahrer vor überholenden Fahrzeugen geschützt.

**Wann hat sich der Hund zu setzen?**

Beim An- und Ableinen, beim Abhalsen, beim Abgeben apportierten Wildes, auf dem Stande und beim Beobachten von Wild bei der Pirsch. Der Hund muß lernen, sich auf das Hörzeichen *„Sitz!“* und die Sichtzeichen *„Erheben des Zeigefingers“* oder „Stehenbleiben“ sofort zu setzen und sitzen zu bleiben.

**Was hat der Hund auf „Halt!“ oder „Down!“ zu tun?**

Er hat sich auf die Hörzeichen (Halt, Doppelton- oder Trillerpfiff) oder auf die Sichtzeichen (Hand oder Gewehr hochheben, In-Anschlag-Gehen) *blitzartig niederzulegen* und so lange liegen zu bleiben, bis er vom Herrn abgerufen oder abgeholt wird.

*Das zuverlässige Haltmachen ist die Hauptsache bei der Dressur und Führung!*

**Was versteht man unter dem „Ablegen“?**

Das Niederlegen und Ausharren des Hundes an einer befohlenen Stelle, bis ihn der Jäger durch Pfiff verständigt, daß er folgen darf. Wird der Hund bei einem niedergelegten Gegenstand (Rucksack, Jagdstock usf.) *abgelegt, muß er immer abgeholt werden.* Anfangs wird er an einer Kette abgelegt, damit er sich nicht „abschneiden“ kann, später wird er „frei abgelegt“.

**Was muß der abgelegte Hund tun, wenn sein Herr schießt?**

Er hat auf der Stelle zu bleiben, bis er abgerufen wird, und darf weder winseln noch lautgeben. Der vom Meutetrieb beseelte Hund *fühlt sich „abgelegt“ vereinsamt.* Der Abruf bedeutet für ihn eine Erlösung. Er wird deshalb nach guter Arbeit gelobt.

**Wo ist der Hund während der Frühstückspause abzulegen?**

Abseits, bei Rucksack und entladenem Gewehr seines Herrn.

**Was kann man tun, wenn Hunde sich verbeißen?**

Die Raufer werden an den Hinterläufen „ausgehoben“, oder man gibt einen Schuß in die Luft ab (sie lassen dann aus Jagdneid voneinander ab).

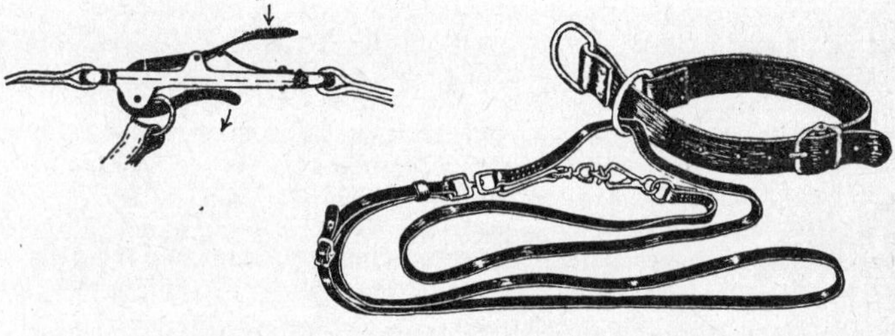

Umhängehundeleine mit Wirbelring und Scherenzangenhaken (oben links Patenthaken) zum schnellen Schnallen (Loslassen) des Hundes. Die Leine muß so lang sein, daß der Hund bequem abgelegt werden kann

**Wie verhalten wir uns, wenn der junge Hund freudig einen Fundgegenstand, z. B. einen Schuh, bringt?**

Wir müssen ihn empfinden lassen, daß wir seine Freude an seiner „Beute" teilen, die er uns, dem „Kopfhund" zuträgt, und müssen ihn abliebeln (streicheln und loben). Das ist Vorarbeit für das Bringen (Apportieren) und erhöht seine Arbeitsfreude.
Später soll er auch Abwurfstangen finden und apportieren.

**Wie lernt der Hund das Apportieren?**

Am sichersten durch Zwang, unter Verwendung des Apportierbockes (Abb. s. S. 321).

### Das jagdliche Abführen

**Welche Leistungen werden vom Gebrauchshund gefordert?**

Alle Arbeiten vor dem Schuß, ohne Schuß und nach dem Schuß im Feld, im Wald sowie am und im Wasser.

## Die Arbeit vor dem Schuß

**Welche Arbeiten hat der Hund vor dem Schuß zu leisten?**

Im Felde und am Wasser hat er das in Deckung befindliche Wild zu *suchen* und gefundenes durch *Vorstehen anzuzeigen.*
Im Walde hat er kleines Niederwild im Schußbereich der Flinte („unter der Flinte") zu suchen und vorzustehen (*Buschieren*) *oder* wie ein Treiber aufzutreiben und lautjagend dem Herrn vor die Flinte zu bringen (s. S. 326 *Stöbern*).

### Der Hund bei der Feldarbeit

**Welche Grundregeln gelten für die Hühnerjagd mit dem Hunde?**

Man übt vor Beginn der Hühnerjagd den Hund im Laufen;
am Tage der Hühnerjagd erhält der Hund morgens nur leichtes Futter, das gilt auch vor Antritt einer *Autofahrt,* um das *Erbrechen* zu verhüten (Mittel dagegen: $^1/_3$ bis 1 Tabl. Peremesin);
die Hauptmahlzeit mit Fleisch erhält er erst abends;
während der Jagd gibt man ihm so oft wie möglich Wasser (in wasserarme Reviere eine Flasche mit Wasser mitnehmen!);
man sucht stets mit gutem (gegen den) Wind, da der Hund nur mit *hoher Nase* Wild finden kann, und läßt ihn die Felder planvoll *absuchen;*
gefundene Hühner hat der Hund *fest vorzustehen,* während ein zweiter Hund evtl. *„mitsteht"* oder auf Sicht *„sekundiert"* (s. Abb. vor S. 321). Laufen sie, so hat er in entsprechendem Abstand in gespannter Haltung *nachzuziehen;* laufen sie ihm aus dem Winde, so muß er sich *„Wind holen"* (indem er ein Stück vorläuft, um gegen den Wind zurückzusuchen) und versuchen, sie wieder festzubekommen; die vorgestandenen Hühner sucht man zwischen sich und den Hund zu bringen und *„tritt"* die Hühner am besten selbst *„heraus";*
firme Hunde dürfen stehend die Schußwirkung abwarten, schußhitzige haben vor aufstehenden Hühnern „halt" zu machen;
springt der Hund in die Hühner ein, wozu ein jagdfreudiger

Hund gern bereit ist, oder will er Hasen hetzen, wirkt man auf ihn schlagartig mit „Halt!“, Doppelton- oder Trillerpfiff ein;
der Hund darf nur auf ausdrückliche Aufforderung apportieren;

*bei guter Arbeit zolle man dem Hunde Anerkennung;*

nach der Jagd besorge man dem Hund Futter und ein gutes Lager. Als Lager gibt man ihm, wenn man unterwegs ist, auch bei Prüfungen, zweckmäßig die gewohnte, mitgebrachte Decke.

**Wie verhält man sich bei der Nachsuche geflügelter Hühner?**

Man lasse dem Hunde Freiheit und zwinge ihn nicht in eine bestimmte Richtung. Seine Nase hat meist recht (s. S. 303).

**Wird der Hund, wenn er Hühner herausgestoßen oder einen Hasen gehetzt hat, beim Zurückkommen bestraft?**

Nein! Das würde der Hund nicht verstehen. Wir dürfen auf den Hund strafend immer nur in dem Augenblick einwirken, in dem er das ihm gegebene Hörzeichen nicht beachtet. Der Hund wird deshalb beim Zurückkommen in aller Ruhe empfangen und an den Riemen genommen. Will er bei nächster Gelegenheit wieder hetzen, dann wirken wir auf ihn mit Pfuirufen, Trillerpfiff, Stachelhalsband, Kriechenlassen und Gerte nachdrücklich ein. Nur dann kann der Hund verknüpfen, was er lassen soll.
Benimmt er sich bei dieser Arbeit dagegen einwandfrei, dann lassen wir es ihn durch Lob „So ist's brav“ wissen. Das Lob wird in diesem Falle halb ermunternd und halb drohend gesprochen.
(Vorsicht mit dem Strafschuß und mit der Anwendung elektronischer Apparate, wie Teletact, bei denen der Hund einen schmerzhaften elektrischen Schlag bekommt! Sonst verknüpft der Hund, daß der flüchtende Hase Schmerz bedeutet, und er kehrt künftig ohne Hasen zum Herrn zurück, wenn der Hase vor ihm aus der Wundsasse flüchtig wird.)

## Der Hund bei der Wasserarbeit

**Wie macht man den Hund mit der Wasserjagd vertraut?**

Bei der Wasserjagd nimmt man dem Hunde die Halsung ab. Das gilt grundsätzlich auch für jede Arbeit in unübersichtlichem Gelände und für die Bauarbeit. Der Hund wird dann an Sommertagen ans Wasser gewöhnt und auf Rauherpel sowie im August auf Jungenten geführt. Hierbei muß er beim Stöbern im Schilf die Ausnutzung des Windes und das Dranbleiben an Geläuf und Schwimmspur der Enten erlernen. Er darf dabei keinesfalls mit Gewalt ins Wasser gestoßen werden, denn:

*Die Passion für das Wasser muß angewölft sein!*

**Wie muß der Hund eine geschossene Ente apportieren?**

Er muß nach Verlassen des Wassers die Ente flott apportieren, *ohne sich zu schütteln oder sie am Ufer hinzulegen,* sonst würden geflügelte Enten sofort wieder das Wasser annehmen (s. auch S. 238). Das flotte Apportieren kann man erreichen, wenn man selber ein Stück rückwärts geht (s. Abb. S. 321).

## Der Hund bei der Waldarbeit

Waldjagd, Buschieren, Stöbern, Brackieren

**Wie muß sich der Hund bei der Waldjagd verhalten?**

Er muß links neben seinem Herrn sitzen oder liegen und darf weder durch den Treiberlärm noch durch Schüsse oder Wild unruhig werden. Junge Hunde werden zweckmäßig an einem Baum, in der Nähe des Herrn, angeleint (am besten mit Leder k e t t e).

**Darf der Jäger bei der Waldjagd seinen Hund schnallen?**

Nur, *wenn es der Jagdleiter wünscht.*

**Was versteht man unter Buschieren?**

Die Suchjagd mit dem Hunde im l i c h t e n Stangenholz, auf niedrigen Kulturen oder auf kurz bewachsenen Schlägen. Der Hund soll hierbei, wie bei der Suche im Felde, im *Schußbereich der Flinte* bei Ausnutzung von Wind und Deckung planvoll suchen und das sich drückende Wild (Hase, Kaninchen, Herbstschnepfe) *durch Vorstehen anzeigen.* Aufstehendes Wild darf er n i c h t hetzen. Herausstoßen des Wildes und Nachprellen sind schwere Fehler. Das Wild wird vom Herrn selbst herausgetreten. Der Hund muß feinen Appell haben und schon auf Zischlaut, Wink und Körperwendung sicher arbeiten.

**Was versteht man unter Stöbern?**

Die Verwendung des Hundes *als Treiber* in d u n k l e n Dickungen. Hier soll er n i c h t vorstehen, sondern gezügelt jagen und mit Passion und Verständnis die Spur oder das Geläuf des Wildes aufnehmen und das Wild *„laut hetzend" dem Jäger zutreiben.* Er darf dabei weder Dornen noch Nässe oder Kälte fürchten (s. Stöberhunde S. 305). Wenn das Wild das Treiben verlassen hat, muß er, zumindest auf Hör- oder Sichtzeichen, ins Treiben zurückkommen und weiter stöbern. Er darf dem Wilde nicht weit über die Grenze eines Treibens (den „Bogen") folgen, er muß also *„bogenrein"* sein. *Alles Schalenwild,* außer Schwarzwild, *ist für den Hund beim Stöbern tabu.* Zum Stöbern im Kaninchenrevier eignet sich am besten der Teckel. Kaninchen kommen vor ihm langsam und bedächtig, so daß man gut zu Schuß kommen kann. Andere spurlaute Hunde werden beim Stöbern auf Kaninchen leicht verdorben, weil sie sich leicht das *„Changieren"* angewöhnen.

**Wann ist ein Hund sichtlaut, spurlaut, waidlaut und baulaut?**

Er ist *sichtlaut,* wenn er hinter flüchtendem Wild nur so lange lautgibt, solange er es sieht.

Er ist *spurlaut (fährtenlaut),* wenn er der Spur (Fährte) des Wildes lautjagend folgt. Spur- und fährtenlaut sind ein Vorzug des Hundes, da der Jäger erkennen kann, wohin sich das Wild wendet. *Spurlaut* (auf der Hasenspur) müssen alle Stöber- und Dachshunde sein, *fährtenlaut alle Bracken* (s. S. 305). Das Lautgeben vereint jagender Hunde nennt man *„Geläute"*. Der Hund ist *waidlaut,* wenn er weiter „läutet", obwohl er die Spur oder Fährte verschossen (verfehlt) oder verloren hat.

Er ist *baulaut* („lügt"), wenn er im Bau, ohne zu finden, laut ist.

**Was versteht man unter Changieren?**

Das unerwünschte *Überwechseln* des Hundes von der gearbeiteten Spur (Fährte) auf eine andere, meist wärmere Spur (Fährte).

**Was ist von stummjagenden Hunden zu halten?**

*Sie sind dem Wilde unheimlich.* Wo ständig stumme Hunde jagen, verläßt das Wild die gewohnten Einstände. Außerdem weiß der Jäger nie, wo der Hund jagt, da das akustische Signal fehlt.

**Wie unterscheiden sich Stand- und Hetzlaut?**

Der Standlaut (das Lautgeben des Hundes vor dem gestellten Wild) klingt tief und voll, der Hetzlaut klingt hoch (jiff, jiff).

**Was versteht man unter dem „Brackieren"?**

Die Waldjagd mit der Bracke (s. S. 305), ohne Sichtverbindung mit dem Jäger. Das Brackieren beruht auf der Eigenschaft des Hasen, in seinem Einstandsgebiet feste Pässe zu halten. Diese Pässe werden von den Schützen besetzt. Die Bracken sollen *Hasen auftun* oder „stechen" und sie lautjagend („laute Jagd") so lange treiben (nicht „hetzen"), *bis sie im Bogen* zu den alten Einständen und dort auf den gewohnten Pässen *zurückkommen.* Hierbei können sie dann vom anstehenden Jäger erlegt werden.

*Das Brackieren ist „laute Jagd", nicht „Hetzjagd".*

Es ist in Revieren mit weniger als 1000 ha Fläche verboten (und nur im Sieger- und Sauerland und in Bayern üblich).

## Der Hund bei der Bauarbeit

**Was versteht man unter Bauarbeit?**

Die Erdarbeit oder Bodenjagd des *abgehalsten* (von der Halsung befreiten) Teckels oder Terriers im Fuchs- und Dachsbau. Sie ist *in Tollwutsperrgebieten* (s. S. 420) *verboten* (Schutz des Hundes vor Tollwut s. S. 420). Man versteht unter dem „Einschliefen" das Hineinkriechen des Erdhundes oder Frettchens in den Bau. Fuchs und Dachs dagegen „fahren zu Bau".

**Wann spricht man vom „Vorliegen"?**

Wenn der Erdhund im Bau vor Fuchs oder Dachs *Standlaut* gibt (nicht verwechseln mit „baulaut!" s. S. 326).

**Was tut der erfahrene Bauhund nach einer Zeit des Vorliegens?**

Er verläßt den gestellten Fuchs, schlieft in eine andere Röhre ein und bringt dadurch den Fuchs in Bewegung und zum Springen (zum Verlassen des Baues). Er *„sprengt"* ihn aus dem Bau.

**Wann wird „gegraben" (ein Bodeneinschlag gemacht)?**

Im Frühjahr *auf Jungfüchse.* Hierbei besteht die Möglichkeit, sie zu töten oder sie der Tollwutschutzimpfung zu unterziehen, wenn das veterinärpolizeilich organisiert wird. Den schutzgeimpften Jungfüchsen könnte zum Erkennen auf weite Sicht die Hälfte der Lunte amputiert werden.

Weiter wird im Herbst auf den Dachs „gegraben", wenn keine Aussicht besteht, daß er „springt". Man ermittelt durch Auflegen des Ohres auf die Erde die Stelle, unter welcher der Hund den Dachs gestellt hat und verbellt. Dort wird der „Einschlag gemacht", der auf die Röhre zwischen Dachs und Hund führt. Die Röhre wird nach dem Ausgang zu verstopft und nach dem Dachse zu erweitert, bis der Dachs mit der Dachszange gefaßt oder (mit Revolver oder Pistole) durch Kopfschuß (Fangschuß s. S. 485) erlegt werden kann.

**Wann spricht man vom „Überrollen"?**

Wenn Fuchs oder Dachs über den vorliegenden Erdhund hinweg aus dem Bau ins Freie gelangen, den Hund also „überrollen".

**Wann „verklüften" sich Fuchs oder Dachs?**

Wenn sie im Bau von einem Erdhund scharf bedrängt werden. Sie scharren dann die Röhre zwischen sich und dem Hunde schnell zu (sie „verklüften sich"). Der Hund will nach und verklüftet sich oft selbst. Dann muß zu seiner Rettung ein Einschlag gemacht werden. Am gefährlichsten sind Felsenbaue.

## Die Arbeit nach dem Schuß

**Welche Bedeutung hat die Arbeit des Hundes nach dem Schuß?**

*Sie ist die Hauptaufgabe und wichtigste Arbeit des Hundes.*
Bei dieser Arbeit hat er das erlegte Wild auf den Zuruf „apporte" korrekt zu bringen, d. h. ohne es zu knautschen (zu drücken) seinem Herrn zuzutragen und abzugeben.
Krankgeschossenes Wild *muß er finden* und, wenn notwendig, *zuverlässig abtun* (von Schmerzen erlösen!) und sauber bringen (*apportieren*).
Kommt der Hund heran, so hat er sich zu setzen und auf „Aus!" das Wild sofort herzugeben. Es darf nicht geduldet werden, daß der Hund seinen Herrn umkreist oder ihm das Wild vor die Füße wirft (Nachsuche auf Schalenwild s. S. 329).

**Wann erst darf der Hund Wild apportieren?**

*Erst wenn er dazu aufgefordert wird.* Bis zu dieser Aufforderung hat er sich ruhig zu verhalten und links vom Jäger zu sitzen oder zu laufen. Keinesfalls darf er beim Schuß auf Wild einspringen und davonstürmen. *Sonst wird er „schußhitzig"* und verknüpft, daß er schon apportieren darf, wenn es knallt.

**Wie kann man den schußhitzigen Hund zur Ruhe erziehen?**

Er wird angeleint, und man befiehlt ihm vor dem Schuß „Halt!". Das vor ihm geschossene Wild nimmt man selbst auf. Dann läßt man mit dem Wild, ohne daß es der Hund sieht, eine Schleppe machen und ihn suchen und apportieren. Er erfährt dadurch, daß er auf Schuß haltzumachen und nur auf Befehl zu bringen hat.

**Welche Hasen soll man vom Hunde apportieren lassen?**

Angeschossene Hasen, aber möglichst *nicht auf Sicht, sondern auf der Spur.* Im Feuer gebliebene können auch die Treiber holen.
Die kranke Hasenspur steht im Felde etwa 10 bis 15 Minuten, bei Frost und Sturm nur vier bis fünf Minuten, im Walde länger.

**Wann soll man mit der Nachsuche beginnen?**

Bei kleinem Niederwild sofort, bei Schalenwild je nach dem Zeichnen nach ein bis zwei Stunden, bei Weidewundschuß nach vier bis sechs Stunden, bei Dämmerung erst am nächsten Morgen.

*Schalenwild läßt man erst „krank werden“.*

Nach Lauf- oder Kieferschüssen sind alle vermutlichen Fluchtwechsel zu verstellen. So bald wie *möglich* soll mit dem *firmen* Hund nachgesucht werden (Ausnützen der ersten Unsicherheit des verletzten Stückes; s. S. 168).

Schweißarbeit („rote Arbeit“, Wundspur und Schweißfährte)

**Wie weckt man im Hunde die Passion für die Wundspur?**

Man läßt den jungen Hund einige Sichthetzen machen, damit er lernt, daß der Hase, im Gegensatz zum Flugwild, auf der Erde bleibt und daß er, wenn er außer Sicht kommt, mit der Nase auf der hinterlassenen Spur verfolgt werden kann. Später übt man die Riemenarbeit auf der gesunden Hasenspur nach zwei Minuten Stehzeit sowie die Riemenarbeit auf der Wundspur (nach einer Stehzeit von 5 Minuten). Nach 200 m Riemenarbeit wird der Hund geschnallt. Alle diese Übungen müssen immer wieder in anderen (!) Revierteilen abgehalten werden.

**Wie kann diese Übung zweckmäßig erfolgen?**

Man schießt hierzu beim Morgeneinlauf mit der .22 lang (z. B. über das Zielfernrohr des Drillings mit dem Einlegeläufchen) einen Hasen, der zu Holze rücken will, und merkt sich genau, woher er kam, den Anschuß und wo er schließlich umkippte. Dann holt man den abgelegten Hund und übt nun die Riemenarbeit auf der gesunden Spur und auf der Wundspur. Beim Anlegen der Schweißhalsung, beim Abdocken des Schweißriemens und dadurch, daß der Schweißriemen durch die Läufe geführt wird, verknüpft der Hund sehr bald, daß er jetzt *mit tiefer Nase arbeiten* muß. Er wird hierzu mit dem Zuspruch „Such vorhin“ und mit zu Boden weisender Handbewegung angeregt, mit tiefer Nase zu suchen. Hat er etwas zu zeigen, wie Wolle oder Schweiß, wird er zur Weitersuche durch „Laß sehn“, „So brav mein Hund“ aufgemuntert. Hat er dann den unberührten Hasen gefunden, wird ihm das ein unvergeßliches Erlebnis sein. *Der Hund lernt daraus, daß Schweiß und Krankwittrung zur ersehnten Beute führt.*

**Wo beginnt man immer mit der Schweißarbeit?**

Immer am Anschuß, nach Prüfung der Pirschzeichen (siehe Farbtafel neben S. 161).

**Was verstehen wir unter der „Schweißarbeit“ (Riemenarbeit)?**

Die Nachsuche des *Schalenwildes* auf der *Wund- oder Rotfährte mit dem Hund am Schweißriemen.* Für dieses *„Nachhängen“* gilt:

*Der Hund muß riemenfest und fährtentreu werden!*

Durch trockene Hitze wird die Schweißarbeit sehr erschwert!

**Wie wird der Schweißriemen getragen, wenn er nicht benutzt wird?**

Aufgedockt (von doccha = Puppe).

**Woraus besteht der Schweißriemen?**

Aus einem 6 bis 12 m langen Riemen (je nach Schweißhundart) und der daran befindlichen Halsung, dem Halsband. Sie ist aus geschmeidigem Leder und je nach Halsumfang 30 bis 55 cm lang und 3 bis 5 cm breit. Sie hat einen in einem Wirbel drehbaren

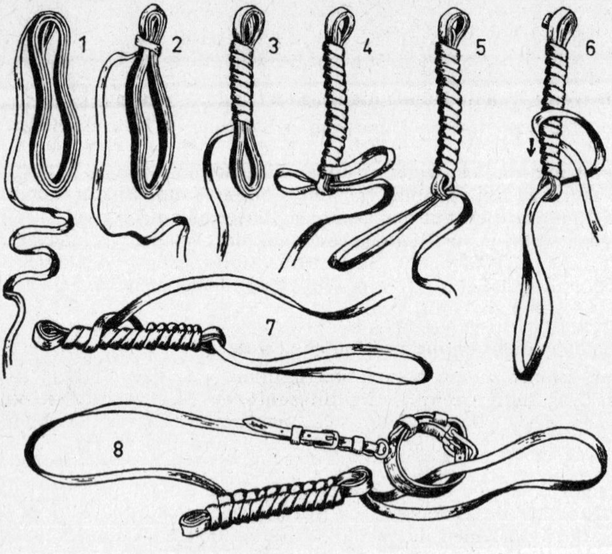


1—7: Reihenfolge des Aufdockens
8: Aufgedockter Schweißriemen mit Halsung

Ring, aber keinen Würgering, denn der Schweißriemen darf *nie an einem Würgering befestigt* werden. Bei der Arbeit wird der Schweißriemen zwischen den Vorderläufen des Hundes durchgezogen, damit der Hund die Nase herunternimmt (Abb. vor S. 321).

**Wie sucht man auf Schalenwild nach?**

Bei der Nachsuche müssen Jäger und Hund allein und ungestört sein (andere Jäger und Hunde halten sich weit zurück!).
Nach sorgfältiger Untersuchung der Anschußstelle (s. S. 167) und *nach Ablauf der notwendigen Wartezeit* (das Wild soll erst krank *und die Fährte kalt* werden) bringt der Schweißhundführer den (bis jetzt mit schlechtem Wind abgelegten) Hund zur Anschußstelle und läßt ihn mit dem Zuspruch *„Such verwundt"* vorsuchen. Hierbei achtet er darauf, ob er Pürschzeichen *verweist* (Abb. vor S. 161), die Wundfährte *„anfällt"* und sich auf ihr „festsaugt". Erst dann läßt er den Hund am Schweißriemen mit $^2/_3$ Länge arbeiten.

Interessiert sich der Hund dabei für andere Dinge, so verleidet er ihm das durch energisches „Pfui!“ und Riemenruck (der Schweißhund wird also von der Verleitfährte *„abgezogen“!*). Fällt er die Fährte wieder an, wird er gelobt (So ist’s brav!).
Hat der Führer Zweifel, ob der Hund die Fährte noch hält, und will er ihn wieder zur richtigen Fährte legen (oder soll die Nachsuche unterbrochen oder aufgegeben werden), so wird der Hund *„abgetragen“*. Kleine Hunde werden hierzu auf den Arm genommen, größere werden unter der Brust hochgehoben und einige Meter von der Fährte weggeführt (s. auch S. 167, Nachsuche).

**Was tut man, wenn krankes Wild vor dem Hunde fortbricht?**

Man läßt den Hund bis zum warmen (frisch verlassenen) Wundbett arbeiten. Alle Schweißhunde werden nun *„abgehalst“* (von der Halsung befreit), damit sie das Wild zu Stande hetzen oder an der Drossel niederziehen können. Der Hannoversche Schweißhund (Schweißhundeverein „Hirschmann“ 1894) muß rehwildrein sein und soll nur stellen *und Standlaut geben* (nie niederziehen!).

*Den Fangschuß gibt nur der Hundeführer!*

Schmaltiere und Kälber stellen sich schlecht. Für sie sind nur erfahrene Hunde zu verwenden!

**Was versteht man unter Totverbellen und Totverweisen?**

Totverbellen (oder „Standlaut“) ist das Lautgeben des Hundes, wenn er ein verendetes Stück Schalenwild gefunden hat (er „ruft“ zum Stück).
Beim Totverweisen kehrt der Hund vom gefundenen Stück zum Führer zurück, um ihn zum Wild frei zu führen (er „führt“ zum Stück).
Der *laute Verweiser* wird, nachdem er gefunden hat, alsbald laut, kehrt zum Führer zurück und zeigt durch erneutes Lautgeben den Fund des Stückes an. Dann führt er zum Stück.
Der *Bringselverweiser* nimmt am Stück oder auf dem Stück das in die Halsung gehängte „Bringsel“ (kurzes Lederstück) in den Fang und zeigt bei seiner Rückkehr damit, daß er gefunden hat. Dann führt er zum Stück.

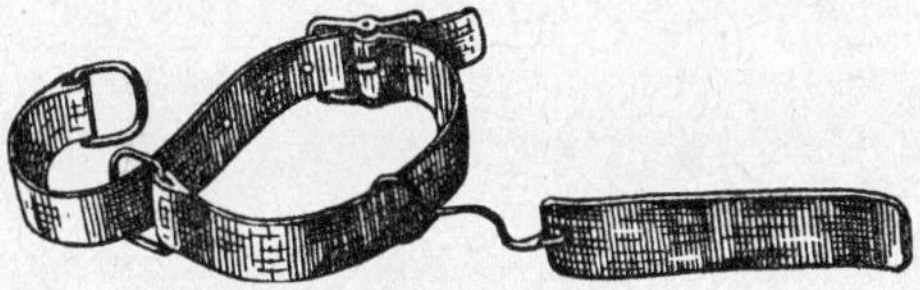

Falsche Lederhalsung mit Bringsel
Das Bringsel darf nie an einer festen Halsung mit oder ohne Würgering befestigt werden!
(Gut ist eine schwache Gummihalsung, die den Hund beim Hängenbleiben freigibt)

**Wie kann man den Hund zum Verlorenbringer und für die Schweißarbeit erziehen?**

Durch Arbeiten auf der Haarwild- und Federwildschleppe und durch *Arbeit auf der künstlichen Rotfährte.* In der Jagdpraxis darf man den Hund *nicht aufs Auge hetzen lassen,* sondern ihn erst schnallen, wenn er das Wild nicht mehr sieht, und nachdem man ihn zur Spur gelegt oder auf die Schweißfährte gesetzt hat.

*Also keinesfalls: Schuß raus – Hund los!*

**Mit welchem Wild werden Schleppen gelegt?**

Mit Fuchs, Hase oder Kaninchen, mindestens 300 m weit (s. S. 338), und mit Huhn oder Fasan, bis 200 m weit (mit Einlegung von zwei Haken). Tauben werden nicht verwendet, da deren Federn zu lose sitzen!

**Was ist beim Schleppen- und Fährtenlegen zu beachten?**

Man braucht vor allem Zeit und nochmals Zeit, um ganz systematisch arbeiten zu können.
Die ersten Schleppen sind leicht und kurz anzulegen, damit sie der Junghund ohne Mühe am Riemen ausarbeiten kann. Dann werden die Schleppen immer länger. Sie werden immer wieder in anderen Revierteilen angelegt. Schließlich geht es ohne Riemen.
Die Schweißfährten sind zunächst dick und kurz, später länger anzulegen. Hat der Hund diese Arbeiten bewältigt, beginnt dieselbe Arbeit nach zwei Stunden, später nach fünf Stunden. Ist der Hund darin firm geworden, fängt man das Ganze mit weniger Schweiß von vorn an.
Die *Wartezeiten* sind wichtig, damit der Hund immer weniger auf den „*Beigeruch*“ des Schleppen- oder Fährtenlegers arbeiten kann, den dieser an Stiefeln, Pflanzen und am Erdboden hinterläßt. Es werden deshalb Gummistiefel getragen.
Die *Schweißmenge* darf bei Prüfungen für 400 m Fährtenlänge nur bis ein Viertelliter Schweiß betragen.

**Wie läßt sich Wildschweiß für künstliche Rotfährten konservieren?**

Durch Eingefrieren in Plastikflaschen oder noch besser in Kunstdärmen für Würste (Abschneiden je nach Bedarf). Haltbarkeit für künstliche Rotfährten mehrere Monate.
Das Gerinnen des Schweißes läßt sich verhüten, indem man den aufgefangenen Schweiß in einem Weithalsgefäß unter Zugabe kleiner Kieselsteinchen schüttelt.

**Was kann man als Ersatz für Wildschweiß verwenden?**

Es kann auch frisches Haustierblut (Rind, Schaf, Schwein) auch in Mischung mit Wildschweiß verwendet werden. Das Gemisch muß für alle Fährten gleich sein!
Bei der Verbands-Schweißprüfung (s. S. 340) wie auch bei der VGP darf der Hund nicht öfter als zweimal von der Fährte abkommen, ohne daß er sich nach längstens 80 bis 100 Metern selbst verbessert oder der Führer aus eigenem Entschluß mit dem Hunde vor- oder zurückgreift.

**Wie kann man Pansen für die Tupfspur konservieren?**

Indem man Stücke vom grob gereinigten Pansen in einen Zellophan-Frischhaltebeutel steckt, die Luft gut ausstreicht und den Beutel zugebunden in den Gefrierschrank bringt. Nach dem Auftauen wird ein Pansenstück in der gespaltenen Spitze eines Stokkes befestigt, und man tupft damit – wie beim Gehen mit dem Spazierstock – auf den Boden. Die Tupfspur zwingt den Hund, die Nase bei der Arbeit tief zu nehmen und zu „zeigen“ (Schnitthaar, Schweiß, Knochensplitter und dgl.).

**Was versteht man unter „genossen machen“?**

Man macht einen Hund „genossen“, wenn man ihm als Belohnung für gute Arbeit aus der Hand etwas Schweiß, Milz oder Pansenstücke des erlegten Stückes gibt. Diese Belohnung soll ihm Ansporn für weitere gute Arbeit sein und seine Passion anregen. Keinesfalls darf der Hund geschossenes Wild anschneiden (anfressen).

**Wie wird der „Anschneider“ kuriert?**

Er wird im Moment des Anschneidens durch empfindliche Schmerzzufügung (Schleuderschuß, Gertenhieb) bestraft (s. S. 320).

**Woran erkennt man den Totengräber?**

Nase und Nasenrücken sind vom Einbuddeln verdreckt.

**Wie wird der Totengräber „kuriert“?**

Er wird, wenn er beim Buddeln ist, mit kräftigem „Pfui!“ und Schleuderschuß (Abb. S. 321) bestraft. Es ist aber oft schwer, den Hund beim Einbuddeln anzutreffen oder das „Grab“ zu finden. Man schleppt daher ein Kaninchen und befestigt am Hinterlauf einen etwa 50 cm langen, dauerhaften Bindfaden, der am Ende einen weißen Lappen trägt. Dann fordert man den Hund auf zu apportieren. Er wird dann wieder eingraben, ist aber nicht so schlau, auch den Lappen mit zu beerdigen. Jetzt wird der Hund angeleint und mit dem Zuruf „Such verloren, apporte“ an den Ort seiner Tat geführt. Hier wird er durch energisches „Apporte“ *zum Ausgraben des Wildes veranlaßt* und ihm hierzu mit der Scherenzange (s. S. 323) des Riemens so lange in den Behang gezwickt, bis er das Wild ausgegraben und gebracht hat.

**Was geschieht mit dem Hunde, wenn Wild aufgebrochen wird?**

Er wird abseits und über Wind vom Stück abgelegt.

## Die Arbeit ohne Schuß

Das *stille* Waidwerk mit dem Hunde

**Welche Arbeit muß der Hund ohne Schuß leisten?**

*Wenn man keinen Schuß oder Fangschuß anbringen kann,* muß der Hund Raubwild und Raubzeug rasch und ohne Furcht so fassen und würgen, daß es ohne Qual verendet (s. S. 524). (Schärfeprüfungen der Hunde sind nicht zugelassen!)

**Wie verhalten wir uns, wenn uns der Hund eine Fährte zeigt?**

Wir sehen sie uns an und loben ihn durch Streicheln und liebevoll geflüsterten Zuspruch „So brav, laß sehn“ und „Voran, mein

Hund!". Wir lassen ihn also wissen, daß uns als „Kopfhund" das Gezeigte interessiert.

**Wie hat sich der Hund bei der Pirsch zu verhalten?**

Er muß einwandfrei leinenführig sein und willig „bei Fuß gehen" und so leisen Appell haben, daß er auf Zischlaut oder Wink reagiert. Beim Beobachten von Wild muß er absolute Ruhe bewahren. In-Anschlag-Gehen und Schußabgabe bedeuten für ihn „Halt" (Pirschjagd s. S. 399).

## Jagdgebrauchshund-Verband

**Welcher „Verband" ist die Spitzenorganisation im Jagdhundwesen?**

Der im Jahre 1899 gegründete *Jagdgebrauchshund-Verband* (JGHV). Er führt das deutsche Gebrauchshundstammbuch (DGStB), in das nur Hunde eingetragen werden, die nach den Prüfungsbestimmungen des JGHV (oder e i g e n e n Prüfungsordnungen einzelner Zuchtverbände) geprüft und prämiiert worden sind.
Sein Sitz ist Bonn. Sitz der Geschäftsstelle ist in 2901 Kirchhatten/Oldbg. (Geschäfts- und Stammbuchführer: Clemens Nobis-Wicherding, Braamweg 6, 2901 Kirchhatten).
Der „Verband" besteht aus 214 Einzelvereinen (Prüfungs- und Zuchtvereinen) mit rund 152 000 Mitgliedern. In den Zuchtverbänden werden Zuchtbücher geführt, in denen die Abstammung der Jagdhunde nachgewiesen werden.
Neben dem Deutschen Jagdgebrauchshund-Verband besteht noch der Verband für das Deutsche Hundewesen (VDH). Er ist die Spitzenorganisation für das Hunde-Ausstellungswesen.
Beide Verbände erkennen sich auf ihrem Arbeitsgebiet als deutsche Spitzenorganisationen mit vollkommener Selbständigkeit in sachlicher, organisatorischer und vereinsrechtlicher Hinsicht g e g e n s e i t i g an.

**Wer forderte als erster die Pflichthaltung von Hunden zur Jagd?**

*Oberländer.* Seine Forderung fand erstmalig, wenn auch noch unvollkommen, Erfüllung im früheren Reichsjagdgesetz.
*Hegewald* (= Freiherr von Zedlitz und Neukirch) setzte sich als erster für die Leistungsprüfungen der Jagdhunde ein.

**Welche Gründe bestimmen die Pflicht zur Jagdhundhaltung?**

Moralische (jagdethische) und wirtschaftliche Gründe.
Nach dem ungeschriebenen moralischen Gesetz ist es Pflicht jedes Jägers, *krankgeschossenes Niederwild* durch den brauchbaren Hund schnellstens „abzutun", d. h. *von Schmerzen zu erlösen.*
Weiter ist es Pflicht des Jägers, krankgeschossenes Wild aus wirtschaftlichen Gründen *vor dem Verludern zu retten.* Jede Jagdausübung ohne brauchbaren Hund verstößt gegen die allgemein anerkannten Grundsätze der deutschen Waidgerechtigkeit.

**Was tun die Züchterorganisationen für die Zucht?**

Sie legen die „Rassenkennzeichen" fest und halten Anlage- und Leistungsprüfungen ab. Dabei werden auch die Wesensfestigkeit und die Schärfe bewertet. Sie stellen die Ergebnisse ihrer Zucht-

und Leistungsprüfungen alljährlich dem Jagdgebrauchshund-Verband für das „Deutsche Gebrauchshundstammbuch (DGStB)“ zur Verfügung und sorgen durch Sachverständige (Kynologen) für eine rücksichtslose Selektion (Auslese) zuchtuntauglicher Hunde.

**Jagdhundfachschaften**

Jagdhundprüfungen

**Welche Aufgaben haben die Jagdhundfachschaften?**

Sie haben den deutschen Jagdhund in seiner Veranlagung so zu züchten, daß der Durchschnittsjäger leicht mit ihm fertig wird. Als Hilfsmittel für den Züchter dienen die Jagdhundprüfungen und die Zucht- und *Leistungsstammbücher (die Sammelregister aller Prüfungsergebnisse).*

**Aus welchen Teilen besteht die Prüfung?**

Aus der *Verbands-Jugendprüfung* (VJP) im Frühjahr,
der *Verbands-Herbstzuchtprüfung* (HZP) und
der *Verbands-Gebrauchshundprüfung* (VGP).
Näheres hierzu bringen die Ordnungen für
1. Verbandszuchtprüfungen (VZPO), gültig bis 31. 3. 1980, und
2. Verbandsgebrauchsprüfungen (VGPO), gültig bis 1983 (Verlage: GG-Druck, 33 Braunschweig-Stöckheim; Neuer Tag, 848 Weiden und Reidel, Rheinallee 191, 65 Mainz).

Die Verbands-Jugendprüfung (VJP) und die Herbstzuchtprüfung (HZP) sind nur *Anlagenprüfungen.* Sie können vergleichsweise als die *Lehrlings- und Gesellenprüfung* bezeichnet werden. Die Verbands-Gebrauchshundprüfung (VGP) ist die *„Meisterprüfung* der Jagdhunde“, bei der die *Leistungen* zu prüfen sind. Die *VSwP* ist eine Verbands-*Schweißprüfung* (s. S. 340).

*Alle Hunde müssen gegen Tollwut schutzgeimpft sein!*
*Der gültige Impfpaß ist vorzulegen!*

**Wann findet die VJP statt?**

Die Verbands-Jugendprüfung (VJP) für Vorstehhunde (*bei Kurzhaar Derby* genannt) und die Anlagenprüfungen für Stöberhunde finden *im Frühjahr* statt. *Zugelassen werden nur solche Hunde, die im vorhergehenden Kalenderjahr gewölft oder bis drei Monate älter sind.*

Spurlautprüfungen für Erdhunde finden im Frühjahr und Herbst ohne Rücksicht auf das Alter statt.

Die VJP ist eine *Zucht*prüfung, zu der die ererbten jagdlichen *Anlagen* des Jagdhundes durch Erziehung so weit geweckt sein sollen, daß Spurwille, Spursicherheit, Nase (s. S. 303), Suche, Vorstehen bzw. Vorliegen, Führigkeit sowie Art des Jagens (spur- oder sichtlaut, waidlaut, stumm s. S. 326) und Schußscheue, Schußempfindlichkeit und sonstige Nervenschwäche (s. S. 303) beurteilt werden können. Die Bewertung erfolgt nach Arbeitspunkten.

**Sind Schußscheue und Schußempfindlichkeit dasselbe?**

Nein! Ausgesprochene Schußscheue ist eine Steigerung der Schußempfindlichkeit. Während der *schußscheue* Hund nach Abgabe des Schusses das Weite sucht (er läuft nach Hause, zum Auto oder zu seinem Herrn und ist nicht mehr zu bewegen, die Suche wieder aufzunehmen). Der *schußempfindliche* Hund sucht bei seinem Führer Schutz und wird erst nach und nach freier.

Alle Hunde sind durchzuprüfen. Schußscheue, bei der HZP stark schußempfindliche Hunde und ausgesprochen handscheue Hunde können die Prüfungen nicht bestehen.

**Was bedeuten die Prädikate (Arbeitspunkte)?**

Hervorragend = 12 Punkte, sehr gut = 9–11 Punkte, gut = 6–8 Punkte, genügend = 3–5 Punkte, mangelhaft = 1–2 Punkte und ungenügend = 0 Punkte.

Es werden keine Preise vergeben. Es gibt nur ein Bestehen der Prüfung mit xx Punkten oder ein Nichtbestehen. Bei der VJP werden die Arbeitspunkte für Spurlaut und Nase, bei der HZP die Arbeitspunkte in den Anlagefächern mit Fachwertziffern multipliziert.

Die Note „hervorragend“ darf nur ausnahmsweise und nur für wirklich hervorragende Leistungen erteilt werden. Sie ist zu begründen.

**Welche Mindestanforderungen werden bei der VJP zum Bestehen der Prüfung verlangt?**

Hunde können die VJP nur bestehen, wenn sie im Fach „Vorstehen“ 2 Punkte, in den Fächern „Spurarbeit, Nase, Suche und Führigkeit“ mindestens 3 Arbeitspunkte erreicht haben.

Auf der Zensurentafel müssen Zuchtmängel, wie Gebißfehler (s. S. 310), Hodenfehler (s. S. 300), Augenlidfehler (s. S. 314), wesentliche Mängel in Gebäude (s. S. 300) und Behaarung sowie mangelnde Nervenfestigkeit vermerkt werden.

**Was wird bei der HZP geprüft?**

Bei der Verbands-*Herbstzuchtprüfung* (HZP), der sogenannten *Hegewald*-Zuchtprüfung (für Deutsch-Drahthaar),
*Prinz-Solms*-Zuchtprüfung (für Kurzhaar) und
*Schorlemer*-Zuchtprüfung (für Langhaar),
werden, wie bei der Jugendprüfung, die *Anlagen* des Junghundes *als vielseitiger Gebrauchshund* geprüft, insbesondere:

1. *Spurarbeit* (Spurwille und Spursicherheit). Der Führer darf den Hund bis zu 30 Meter an der Leine arbeiten;
2. *Nase* (s. S. 303);
3. *Suche* (planmäßig, ausdauernd, mit dem Willen zum Finden);
4. *Vorstehen* oder Vorliegen und Festmachen festliegenden Wildes;
5. *Verlorenbringen* von Federwild (bei Schleppe 150 m; der Hund muß zeigen, daß er verlorenfinden und bringen will);
6. *Haarwildschleppe* (Kanin oder Hase) mindestens 300 Meter;
7. *Wasserarbeit* (Stöbern im Schilf hinter der Ente, Verlorenbringen aus tiefem Schilfwasser: der Hund muß finden!);
8. *Art des Bringens* (Griff und Abgabe an den Führer s. S. 325);
9. *Führigkeit* (Wille zur Zusammenarbeit mit dem Führer);
10. *Gehorsam* (williges Befolgen von Ruf, Pfiff und Wink);
11. *Arbeitsfreude* (Arbeitslust und Arbeitswille).

Daneben sind festzustellen: Art des Jagens (spurlaut, sichtlaut, waidlaut, stumm), Schußscheue und Zeichen von Nervenschwäche. Die Bewertung der Arbeiten erfolgt nach Arbeitsziffern.

Den Vereinen ist es freigestellt, ob sie die HZP mit dem Pflichtfach Hasenspur ausschreiben oder ob die Spurarbeit nicht geprüft wird.

Die Herbstzuchtprüfung (HZP) sieht folgende Prüfungsfächer vor:

| | Arbeits-Punkte | ×FwZ= | Wertungspunkte |
|---|---|---|---|
| *I. Anlagefächer* | | | |
| 1. Spurarbeit (Hase) | | 3 | |
| 2. Nase | | 3 | |
| 3. Suche | | 2 | |
| 4. Vorstehen | | 2 | |
| 5. Führigkeit | | 2 | |
| 6. Wasserarbeit | | | |
| a) Stöbern hinter der Ente | | 3 | |
| b) Verlorensuchen aus tiefem Schilfwasser | | 1 | |
| *II. Abrichtefächer* | | | |
| 7. Verlorenbringen von Federwild | | 1 | |
| 8. Haarwildschleppe (selbständiges Bringen) | | 1 | |
| 9. Art des Bringens | | 1 | |
| 10. Gehorsam | | 1 | |
| 11. Arbeitsfreude | | 1 | |
| | | Gesamtpunktzahl | |

Der Prüfungsleiter muß nach allen Prüfungen (VJP, HZP, VGP) die Prüfungsergebnisse mit der Zuchtbuchnummer des geprüften Hundes dem Stammbuchführer (s. S. 334) einreichen.

**Welche Mindestleistungen werden bei der VGP zur Erlangung des I., II. oder III. Preises verlangt?**

Bei der Verbands-Gebrauchsprüfung (VGP), der „Meisterprüfung", werden für die Leistungen Leistungsziffern (LZ) von 4 bis 0 erteilt. Sie werden jedoch noch mit einer Fachwertziffer (FwZ) multipliziert. Daraus ergibt sich die Urteilsziffer (UZ) oder die Punktzahl. Die Fachwertziffer entspricht in ihrer Höhe der Bedeutung und Schwierigkeit des betreffenden Prüfungsfaches. Die Prüfungsfächer sind zu fünf Fachgruppen zusammengesetzt:

*Waldarbeit, Wasserarbeit, Feldarbeit, Gehorsam und Bringen.*

**Wie soll der Hund bei der „Schweißarbeit am Riemen" arbeiten?**

Er soll die Schweißfährte ruhig, konzentriert und zügig, jedoch nicht in stürmischem Tempo arbeiten, dabei den Willen zeigen, die Fährte zu halten und fortzubringen, und bemüht sein, durch Bogenschlagen die Fährte wiederzufinden, wenn er abgekommen ist. Die Schweißfährte für die *Riemenarbeit* über 400 m Länge wird nach 100 und 300 m mit je einem Haken und nach 200 und 400 m mit einem Wundbett angelegt. (Für die *freie Arbeit des Verbellers und Verweisers* wird vom zweiten Wundbett aus eine weitere Fährte von 200 m Länge und am Ende ein drittes Wundbett angelegt.) Am Ende der Schweißfährte (bei 400 m bzw. 600 m) wird im Wundbett ein Stück Schalenwild (kein Kitz) niedergelegt.

*) Beim Solms, der HZP für Kurzhaar, ist die Spurarbeit auf der Hasenspur nicht Pflichtfach.

**Die Fachwertziffern für die Beurteilung des Gebrauchshundes**

nach der Ordnung für die VGP vom 21. März 1976 (gültig bis 1983)
Für die einzelnen Prüfungsfächer wurden Fachwertziffern festgesetzt.
Fachwertziffer multipliziert mit Leistungsziffer = Urteilsziffer

| Prüfungsfach | Fachwertziffer | | Mindestpunkte für Preis I. | II. | III. |
|---|---|---|---|---|---|
| **I. Waldarbeit** | | | | | |
| Schweißarbeit auf Schalenwild | | | | | |
| als Riemenarbeit, 400 m . . . . . . . . | 5 | | | | |
| zusätzlich 200 m mit Totverweisen . | (3) | | | | |
| oder mit Totverbellen . . . . . . . | (4) | | | | |
| Fuchsschleppe (nicht Katze), 300 m . . | 5 | | | | |
| Hasen- oder Kaninchenschleppe, 300 m | 4 | | | | |
| Stöbern, (laut, stumm, fraglich) . . . . | 4 | | | | |
| Buschieren (Suche unter der Flinte) . | 3 | | 68 | 54 | 36 |
| Mögliche Höchstpunktzahl: LZ 4 × 21 = | | 84 | | | |
| zusätzlich bei Totverweisen + 12 = | | (96) | | | |
| oder bei Totverbellen + 16 = | | (100) | | | |
| **II. Wasserarbeit** | | | | | |
| Stöbern im Schilf ohne Ente . . . . . | 3 | | | | |
| Stöbern im Schilf mit Ente . . . . . . | 3 | | | | |
| Verlorenbringen | | | | | |
| aus tiefem Schilfwasser . . . . . . . | 3 | | 30 | 24 | 18 |
| Mögliche Höchstpunktzahl: LZ 4 × 9 = | | 36 | | | |
| **III. Feldarbeit** | | | | | |
| Nase (Finden, Vorstehen, Nachziehen) | 6 | | | | |
| Suche (planmäßig, flott, ausdauernd) | 4 | | | | |
| Vorstehen (lange und ruhig) . . . . . | 4 | | | | |
| Manieren am Wild einschl. Nachziehen | 3 | | | | |
| Arbeit am geflügelten Huhn (Fasan) . | 4 | | | | |
| oder Bringen von Huhn (Fasan) . . . | (3) | | 70 | 60 | 40 |
| Mögliche Höchstpunktzahl: LZ 4 × 21 = | | 84 | | | |
| **IV. Gehorsam** | | | | | |
| Gehorsam im Walde (bei der Arbeit) . | 3 | | | | |
| Verhalten auf dem Stande . . . . . . | 2 | | | | |
| Folgen frei bei Fuß . . . . . . . . . | 2 | | | | |
| Ablegen . . . . . . . . . . . . . . . . | 2 | | | | |
| Leinenführigkeit . . . . . . . . . . . | 1 | | | | |
| Gehorsam bei der Wasserarbeit . . . | 3 | | | | |
| Gehorsam im Feld | | | | | |
| (ohne Wildberührung) . . . . . . . . | 3 | | | | |
| Schußruhe . . . . . . . . . . . . . . . | 2 | | | | |
| Benehmen vor eräugtem a) Federwild | | | | | |
| b) Haarnutzwild | 3 | | 67 | 60 | 58 |
| Mögliche Höchstpunktzahl: LZ 4 × 21 = | | 84 | | | |
| **V. Bringen** | | | | | |
| Bringen (Aufnehmen, Tragen, Abgeben von | | | | | |
| Fuchs (mindestens 7 Pfund) . . . . . | 2 | | | | |
| Hase oder Kaninchen . . . . . . . . | 2 | | | | |
| Federwild a) Ente . . . . . . . . . . | 1 | | | | |
| b) Huhn (Fasan) . . . . . | 1 | | | | |
| Fuchs über Hindernis | | | | | |
| (Graben, Hürde) . . . . . . . . . . . | 3 | | 28 | 24 | 18 |
| Mögliche Höchstpunktzahl: LZ 4 × 9 = | | 36 | | | |
| Insgesamt erforderliche Mindestpunktzahlen: | | | 263 | 222 | 170 |

In den fünf Prüfungsfächern sind höchstens 324 Punkte möglich,
bei Totverweisen (+ 12 Punkte) = 336 Punkte,
bei Totverbellen (+ 16 Punkte) = 340 Punkte.
(Die Zusatzpunkte für Totverweisen und Totverbellen zählen nicht zu den Mindestpunkten!)

**Wann wird Totverbellen bzw. Totverweisen gewertet?**

Nur dann, wenn der Führer des Hundes vor Beginn der Schweißarbeit verbindlich erklärte, welche Arbeit der Hund ausführen soll (Verbellen oder Verweisen). Für den Verweiser hat er anzugeben, woran er erkennt, daß der Hund gefunden hat, und wie er ihn zum Stück führen soll (s. a. Totverweisen S. 331).

**Was muß der Hund bei der Wasserarbeit zeigen?**

Er soll auf Befehl seines Führers *freudig ins Wasser gehen,* Finderwillen zeigen, sich beim Stöbern *durch Wink oder Zuruf gut lenken lassen,* die Schwimmspur der nicht sichtbaren Ente ausarbeiten und eine frisch geschossene Ente im tiefen Schilfwasser finden, seinem Führer zutragen und korrekt ausgeben.

**Woran erkennt man den Gehorsam eines abgerichteten Hundes?**

An seiner *Lenkbarkeit* bei der Arbeit und daran, ob er dem Befehl seines Führers (Zuruf, Pfiff, Wink) sofort und willig folgt. Bei der VGP werden deshalb zur Feststellung der jagdlichen Brauchbarkeit in allen Prüfungsfächern Gehorsam, Leinenführigkeit, Schußruhe, Benehmen vor Wild, Arbeitsfreude und Zusammenarbeit mit dem Führer geprüft, im Fach Waldarbeit außerdem auch Verhalten auf dem Stande, Folgen frei bei Fuß und Ablegen.

**Wann scheidet ein Hund als „Versager am Nutzwild" aus der Verbands-Gebrauchshundprüfung aus?**

Wenn er Nutzwild (Hase, Kaninchen, Huhn oder Fasan) beim erstmaligen Finden nicht bringt (s. a. „Blinker" S. 303).

*Der Gebrauchshund muß bringen!*

**Wie soll sich der Hund auf dem Stande verhalten?**

Ruhig. Er darf nicht winseln, jaulen oder halsgeben, an der Leine zerren oder ohne Befehl vom Führer weichen. Auf Befehl soll er krankgeschossenes Wild anhaltend hetzen und bringen. Nach erfolgloser Hetze soll er sofort zum Führer zurückkommen, ohne sich um gesundes Wild oder fallende Schüsse zu kümmern.

**Wie wird „Gehorsam beim Ablegen" geprüft?**

Der Führer legt den Hund *frei oder bei einem Gegenstand* (Rucksack, Sitzstock usw.) ab und entfernt sich pirschend und ohne sich nach dem Hunde umzusehen so weit (mindestens 30 m), daß er von ihm nicht mehr eräugt werden kann. Dann *schießt* er zweimal im Abstand von 10 Sekunden. Der Hund hat hierbei auf der Stelle zu bleiben und darf weder winseln noch lautgeben.

**Welchen Zweck haben die Verbands-Gebrauchshundprüfungen?**

Sie sind Leistungsprüfungen und bezwecken:

1. Die Feststellung nervenfester, arbeitsfreudiger, leichtführiger und gehorsamer Hunde mit ihren für den vielseitigen Jagdgebrauch (Feld-, Wald- und Wasserarbeit) notwendigen Leistungen und Eigenschaften auf öffentlichen Leistungsprüfungen,
2. den *Nachweis solcher Hunde für die Jägerschaft* durch die Ergebnisse dieser Prüfungen und
3. Weckung und Förderung des Verständnisses für die sachgemäße Führung des Gebrauchshundes in weiten Jägerkreisen.

**Welche Prüfungen kennt man noch?**

Die *Verlorenbringerprüfung* auf der natürlichen Wund*spur* des Hasen oder Fuchses *(„Vbr.“)*, die gelegentlich einer Jagd erfolgen muß, die „VSwP“ (*Verbandsschweißprüfung* auf künstlicher *Wundfährte* nach der Ordnung vom 21. 3. 1976, gültig bis 1983) sowie die Prüfung auf *Bringtreue („Btr.“)*. Bei der Bringtreueprüfung soll der Hund seine Zuverlässigkeit im Bringen dadurch beweisen, daß er auch kaltes Wild, welches er zufällig findet, aufnimmt und seinem Führer bringt. Beim Bestehen einer dieser Prüfungen wird das Leistungszeichen in der Ahnentafel des Hundes und im Zucht- bzw. Stammbuch eingetragen.

**Was wird bei der „VSwP“ (Verbands-Schweißprüfung) verlangt?**

*Wesentlich mehr als bei der VGP* (Verbands-Gebrauchs-Prüfung). Sie wird als *Sonderprüfung* mit Riemenarbeit *auf künstlicher Rotfährte* abgehalten (Schweißfährte getupft oder getropft im Walde, mit einem Viertelliter Schalenwildschweiß, *nicht unter 1000 Meter Länge*). Die Fährte muß *über Nacht gestanden* haben (Stehzeit nicht unter 20 Stunden). Zugelassen werden in der Zeit vom 16. 5. bis 15. 11. alle Jagdhunde, die am Prüfungstage mindestens 24 Monate alt und im Zuchtbuch eines vom JGHV anerkannten Zuchtvereins oder -verbandes eingetragen sind. Die Fährten werden mit je einem rechten Winkel nach etwa 200, 400 und 800 Meter gelegt. Auf der Fährte sind *zwei Wundbetten* mit verstärktem Schweiß und Rißhaarbüscheln anzulegen (s. S. 332).
Für die bestandene VSwP werden die *Leistungszeichen* Sw I (sehr gut), Sw II (gut) und Sw III (ausreichend) erteilt. Wurde die Leistung *auf über 40 Stunden alter Fährte erbracht,* wird nach dem Leistungszeichen ein *Schrägstrich* (/) angefügt (s. S. 341). Der Stammbuchführer trägt dieses Zeichen hinter dem Namen und der Zuchtbuchnummer des Hundes ins Gebrauchshundstammbuch ein (s. S. 335). Bei den Schweißprüfungen des Deutschen Teckelklubs und des Klubs für Bayr. Gebirgsschweißhunde werden ähnlich hohe Forderungen gestellt.

**Welche Hunde sind von den Prüfungen ausgeschlossen?**

Hochgradig hand- und schußscheue Hunde, Knautscher, Blinker, Blender, Rupfer, Anschneider und Totengräber (s. S. 303 u. 333).
Weiter müssen von den Prüfungen die *ungehorsamen Hetzer* ausgeschlossen werden, die a n h a l t e n d selbständig überjagen und erst nach längerer Zeit zurückkehren, sowie Hasenhetzer, die sich d a u e r n d weder durch Ruf noch Pfiff zurückrufen lassen.

**Was verstehen wir unter dem „Kleemann“ und der „Diana“?**

Die Dr.-Kleemann-Prüfung *(das Kleemann)* ist eine Reife-Ausleseprüfung für erfahrene Kurzhaar r ü d e n , die *Diana* die gleiche Prüfung für Kurzhaar-Hündinnen. Es werden hierbei Leistungen in großem Stil verlangt. Teilnahmeberechtigt sind nur Hunde, die im Zuchtbuch eingetragen und mindestens zwei Jahre alt sind. Sie müssen bereits bestanden haben:

a) mit I. Preisen ein Derby u n d ein Solms (s. S. 335 bis 337) sowie eine VGP mit mindestens einem II. Preis (s. S. 338) o d e r
b) mit dem I. Preis ein Derby o d e r ein Solms sowie eine VGP mit einem I. Preis mit Nase 4.

Außerdem müssen sie bei der Beurteilung vor der Suche im Formwert ein „v“ (vorzüglich) oder „sg“ (sehr gut) haben, **und** es muß der Nachweis des JGHV vorliegen, daß sie eine Verlorenbringerprüfung auf natürlicher Hasenwundspur bestanden haben. *Das „Kleemann“* geht im Frühjahr *(um den 1. Mai)* im Paarhühnerfelde vor sich, *die Diana* wird um *Mitte Oktober* im Felde als praktische Suchjagd durchgeführt.
Die Ausleseprüfung kann nur dann als bestanden angesehen werden, wenn der Hund in allen Hauptfächern hohen Ansprüchen genügte und sehr gute Leistungen zeigte. Die nicht bestandene Prüfung kann nicht wiederholt werden.
Bei diesen Elite-Ausleseprüfungen sollen herausgestellt werden **Zuchtrüden**, die für die Zucht Beachtung verdienen, und **Hündinnen**, die dem Ideal der Mutterhündin für die Leistungszucht entsprechen oder ihm nahekommen.

**Wozu dienen Zuchtbuch und Leistungszeichen?**

Das Zuchtbuch weist die *Abstammung* der Hunde nach.
Leistungszeichen, die vor dem Namen des Hundes eingetragen werden, zeigen die *Leistungen* des Hundes an. Es bedeuten:

\ = Lautstöberer — = Totverbeller
/ = Würger | = Totverweiser
A.-Sgr. = Ausstellungssieger P.-Sgr. = Prüfungssieger
SchwhK = Schweißhundprüfung auf künstl. Wundfährte bestanden
Sw = Schweißprüfung bestanden auf über 20-Std.-Rotfährte
Sw/ = Schweißprüfung bestanden auf über 40-Std.-Rotfährte

Die Zeichen werden zusammengestellt, wenn mehrere Leistungen vorliegen. Es bedeutet z. B.:

> = Lautjager und Würger,
—> = Lautjager, Würger und Totverbeller.

VJP (70 Punkte), HZP (160 Punkte) = VJP mit 70 bzw. HZP mit 160 Punkten bestanden;
I. Preis VGP (310 Punkte) = I. Preis VGP mit 310 Punkten bestanden; D I oder S II = I. Preis Derby bzw. II. Preis Solms.

**Was bedeuten die Codeworte „CACIB“ und „CACIT“?**

Sie sind die Abkürzung für „**C**ertificat d'**A**ptitude au **C**hampionat **I**nternational de **B**eauté“ *(Schönheit)* bzw. „de **T**ravail“ *(Arbeit)*, also die Bescheinigung der höchsten internationalen *Anerkennung von Schönheit bzw. Gebrauchswert* von Hunden.

## Jagdeignungsprüfungen*)

**Mit wieviel Jagdgebrauchshunden ist der Jagdscheininhaber haftpflichtversichert?**

Mit zwei *„brauchbaren“* Hunden. Die jagdliche Brauchbarkeit muß von einem Gebrauchshundeverein oder von der Unteren Jagdbehörde **anerkannt** sein. Versichert sind auch Junghunde, die sich in jagdlicher Ausbildung befinden. Der Beginn der Ausbildung ist dem Kreisjagd- bzw. Kreisjägermeister anzuzeigen. Der Versicherungsschutz endet mit dem Tode des Jagdhunde**halters**.

*) Es werden hier nur die wichtigsten Bestimmungen über die „Jagdeignungsprüfungen“ der Länder Bayern, Hessen, Niedersachsen, Nordrhein-W., Rheinl.-Pfalz, Saarland und Schleswig-Holstein behandelt.

**Wie wird für Jagdhunde der Nachweis der jagdlichen Eignung (Brauchbarkeit) erbracht?**

Durch das *Prüfungszeugnis eines Gebrauchshundevereins* (durch Bestehen einer Leistungsprüfung mit dem I. bis III. Preis, z. B. einer Verbands-Schweißprüfung (VSwP) oder Verbands-Gebrauchshundprüfung (VGP). Jagdhunde, für die kein Prüfungszeugnis vorliegt, müssen den Nachweis der Brauchbarkeit auf einer *Jagdeignungsprüfung* erbringen. Zu dieser Prüfung sind Jagdhunde jeden Alters und jeder Rasse zugelassen.

**Welche Leistungen werden bei der Jagdeignungsprüfung verlangt?**

Es werden nur *Gehorsam* und genügende Leistungen des Hundes nach dem Schuß verlangt, also Leistungen in der *Schweißarbeit* auf der Rot- oder künstlichen Schweißfährte von Schalenwild und im *Verlorenbringen* (Apportieren) sowie in der *Wasserarbeit.*
Für Spezialisten (Erdhunde, Schweißhunde und Saufinder) gelten besondere Bestimmungen.
Von der Weiterprüfung auszuschließen sind Hunde, die handscheu oder schußscheu sind (Probeschuß auf 30 bis 50 m Entfernung), sowie Anschneider und Totengräber (s. S. 303).

**Welches Mindestmaß an Gehorsam wird gefordert?**

Mindestens *einfacher Gehorsam,* so daß eine erfolgreiche Arbeit nach dem Schuß gewährleistet ist. Absolute Hasenreinheit ist nicht erforderlich. Wenn der Hund nicht am Wilde ist, muß er auf Pfiff hereinkommen.

**Wie wird selbständiges Bringen geprüft?**

Im Felde, auf Stoppel oder Wiese soll der Hund auf der Federwildschleppe (Rebhuhn, Fasan, Taube usf.) von 100 bis 150 m Länge ein möglichst frisch geschossenes Stück Federwild *suchen und bringen* (Taube, Krähe und Elster werden oftmals ungern angenommen!).
Zweck: Feststellung des selbständigen Bringens, des Bringwillens und der Bringfreude.
Im Walde oder unübersichtlichen Gelände soll der Hund eine Haarwildschleppe (Hase oder Kaninchen) arbeiten. Die Schleppe soll in *Hessen* 300 m lang sein (in *Niedersachsen* 200 m, in Bayern 150 m).
Sie ist mit Nackenwind unter Einlegen von zwei Haken zu legen. Gewünscht wird williges, schnelles und selbständiges Finden sowie schnelles Aufnehmen und freudiges Bringen des Stückes.
Genaues Halten der Schleppe wird nicht verlangt, aber

*der Hund muß bringen!*

Der Hund darf dreimal angesetzt werden.
Für *kleine Jagdhundrassen,* wie Teckel und Terrier, tritt an die Stelle des Bringens das Verbellen oder Verweisen *(Bayern, Niedersachsen).*
Im Wasser soll der Hund das frische Geläuf einer Ente (Wildente oder Hochbrutflugente) ausarbeiten und die Ente im Schilfe und Wasser verfolgen. Hierbei ist besonders seine Arbeit

auf der Schwimmspur der für ihn nicht sichtbaren Ente zu bewerten. Die gegriffene oder geschossene Ente soll der Hund aus tiefem Wasser, also schwimmend, bringen. Hat er hierzu keine Gelegenheit, so muß er eine mindestens 10 m weit ins tiefe Wasser geworfene tote Ente schwimmend bringen.
(In *Niedersachsen* und *Schleswig-Holstein* kann ein Hund, der nicht aus dem Wasser bringt, nur für wasserfreie Reviere als geeignet anerkannt werden.)

**Welche Bestimmungen gelten für die Schweißarbeit auf der künstlichen Wund- oder Rotfährte?**

Die künstlichen Rotfährten können gespritzt oder getupft werden. Der verwendete Schweiß soll frisch sein. Steht nicht genügend Wildschweiß zur Verfügung, kann frisches Hammel- oder Rinderblut verwendet werden. Die Schweißfährten müssen mindestens eine Stunde und dürfen höchstens fünf Stunden stehen. Die *Schweißmenge* darf in *Hessen* bei 400 m Fährtenlänge (in *Bayern* und *Niedersachsen* bei 300 m Länge) nicht mehr als ein Viertelliter betragen. Sie sind mit zwei Haken, möglichst mit *Nackenwind* und auf den ersten 50 m in annähernd gleicher Richtung zu legen. Nach etwa 200 m ist ein Wundbett anzulegen und durch einen Fährtenbruch zu markieren. An das Ende der künstlichen Rotfährte wird ein Stück Schalenwild oder die Decke bzw. Schwarte eines Stückes gelegt. Bei der Riemenarbeit muß der Schweißriemen mindestens 6 m Länge haben und in ganzer Länge abgedockt sein. Der Hund darf zweimal zurückgenommen und neu angelegt werden. Statt der reinen Riemenarbeit kann wahlweise Totver*weisen* oder Totver*bellen* gezeigt werden (*Bayern:* GVBl. 1975 S. 286 § 60a).

**Wie hat die durchführende Stelle die Prüfung vorzubereiten?**

Sie hat ein geeignetes Prüfungsrevier und die Prüfergruppen bereitzustellen, das benötigte Wild zu beschaffen und die Rotfährten und Schleppen zu legen.

**Darf die Jagdeignungsprüfung anläßlich einer Jagd erfolgen?**

Nein *(Hessen)*. Sie wird zu einem rechtzeitig vorher festgesetzten Prüfungstermin abgehalten.
In *Bayern* ist sie öffentlich und kann auch gelegentlich der praktischen Jagdausübung abgenommen werden.
in *Rheinland-Pfalz* sind alle Hunde von der Prüfung befreit, von deren Brauchbarkeit sich der Kreisjagdmeister oder die beauftragten Prüfer *bei der Jagdausübung* überzeugt haben.

**Wie lautet das Prüfungsergebnis bei den Eignungsprüfungen?**

*Brauchbar* oder *nichtbrauchbar* (die nicht bestandene Prüfung kann wiederholt werden).

**Wie steht der Tierschutzverband zu den Gebrauchshund-Prüfungen?**

Er erkennt die Notwendigkeit des brauchbaren Jagdhundes zur Jagd voll an und wird das im Tierschutzgesetz zum Ausdruck bringen (siehe „Kieler Entschließung“ S. 525).

## WILDVERWERTUNG

### Versorgen und Verwerten des erlegten Wildes

### Allgemeines

**Weshalb ist Wild sachgemäß zu versorgen und zu verwerten?**

Weil es einen hohen volkswirtschaftlichen Wert darstellt.
Am besten hält sich erlegtes Wild, wenn es *sofort* nach dem Erlegen *ausgeweidet und* durch frischen Luftzug schnell *ausgekühlt* wird (für den Versand eine Nacht über frei hängend)*).

**Welche Schäden kann unsachgemäß behandeltes Wild erleiden?**

Es kann *verhitzen* (Übergang in die stinkende, saure Gärung) oder in Fäulnis übergehen. Diese Schäden entstehen, wenn Wild nach dem Verenden nicht sofort aufgebrochen wird (oder werden kann) oder durch Hitze, Gewitterschwüle, dichte Verpackung (Rucksack, undurchlässiges Packmaterial) am schnellen Auskühlen verhindert wird. Die Folgen sind, daß sich die Haare mit Leichtigkeit herausziehen lassen. Die Unterhaut zeigt grüne Färbung, das Wildbret (die Muskulatur) ist kupferrot. Verhitztes Wildbret zeigt einen charakteristischen, widerlich süßlich-fauligen Geruch und einen süßlich-faden bis stechend-bitteren Geschmack.

**Wodurch wird das „Reifen" des Wildbrets erreicht?**

Durch etwa drei Wochen langes Aufbewahren (bei Kühlhaustemperatur von 0 bis + 2° C!). Das Reifen ist nötig, weil das Wildbret nicht mit Feist (Fett) durchwachsen ist und eine dichte und sehr fest gefügte Muskulatur hat, die erst durch das Reifen mürbe und leichter verdaulich wird. Hat die Reifung einen hohen Grad erreicht, so spricht man von „Hautgoût".
Wildbret mit „echtem *Hautgoût*" (sprich oh-guh) ist von dunkelbrauner bis schwarzroter Farbe, von spezifisch-pikantem, angenehm säuerlich-aromatischem Geruch und Geschmack und von weicher, mürber Beschaffenheit.
Wenn *Fäulnis* eingetreten ist, zeigt das Wildbret auf der Oberfläche und im Innern einen unangenehmen, faulen Geruch.

**Ist das „Reifenlassen" auch bei Federwild notwendig?**

Nein. Enten und Rebhühner kann man sofort nach dem Erlegen in der Küche verwenden, während man den Fasan gern acht bis zehn Tage *„abhängen"* läßt; sonst schmeckt er wie Haushuhn.

### Versorgen und Verwerten von Schalenwild

**Was gilt für das Versorgen erlegten Schalenwildes?**

Der Erleger muß es *selbst aufbrechen* (Ausnahme: s. S. 288).
Es gilt jedoch als selbstverständlich, daß der an Jahren jüngere Jäger einem alten Herrn das Aufbrechen abnimmt.

---

*) Den Farb-Tonfilm „Das Versorgen des Wildes" verleiht: DJV-Filmarchiv, 415 Krefeld, Kempener Allee 9, Ruf: (0 21 51) 2 48 41.

**Was bezweckt das Aufbrechen?**

Das möglichst schnelle *Auskühlen* des Stückes. Deshalb werden sofort das große Gescheide (Pansen oder Weidsack), das kleine Gescheide (der Darmkanal) und das Geräusch (Herz, Lunge und Leber) entfernt. Die zum Geräusch gehörenden Nieren läßt man gern im Stück!
Sollte zum Aufbrechen von Schalenwild nicht sofort Zeit sein, dann muß das Stück wenigstens sofort „gelüftet" werden (s. S. 349). Erfolgt das Aufbrechen später als eine Stunde, treten Fäulniserscheinungen in der Bauchhöhle und am Wildbret auf.
(Das Gewicht des Aufbruches beträgt etwa $^1/_5$ bis $^1/_4$ des Gesamtgewichtes. Als wirksamen Schutz gegen lästige Mücken verwendet man „Kita", „Autan" oder „Bonomol", nach Mückenstichen „Soventol" oder „Dynexan".)

**Wie beginnt man das Aufbrechen von Schalenwild?**

Das Stück wird hierzu auf den Rücken gestreckt. Dann tritt man vor das Haupt, faßt mit der linken Hand den Träger (beim Rehwild den Hals) und schärft (nicht: schneidet!) nun mit dem Waidmesser vom Drosselknopf (Kehlkopf) bis zum Brusteingang die Decke auf. Dann löst man die zutage tretende Drossel (Luftröhre) und den neben ihr liegenden Schlund aus dem Öffnungsschnitte heraus und schärft sie dicht unterhalb des Drosselknopfes ab. Hierauf werden Drossel und Schlund stumpf voneinander getrennt. Der Schlund wird *„verknüpft"* (verknotet), damit die Äsung nicht heraustreten kann. Hierzu s c h a b t man mit dem Waidmesser die *äußere* rote Schlundmuskulatur von dem zähen, inneren „weißen" Schlund los und verknüpft ihn (Abb. S. 346). Dann wird das Zurückgeschobene über den Knoten gezogen, damit der Knoten wegen der schlüpfrigen Beschaffenheit des Schlundes nicht aufgeht. Jetzt schiebt man die Drossel und den von ihr gelösten Schlund so weit wie möglich in den Brusteingang hinein. Beim Schwarzwild schärft man den Hals dagegen einfach quer durch, da es nicht „nachdrückt". Beim Rotwild darf man nicht vergessen, die Grandeln bzw. Haken als ersehnte Beute (durch zwei schräge Schnitte) auszulösen!

**Wie wird das Kurzwildbret entfernt?**

Man tritt *zwischen die beiden Hinterläufe* des auf den Rücken gestreckten Stückes, ohne es zu überschreiten. Dann sticht man das Waidmesser, mit dem Rücken nach unten, von hinten zwischen die beiden Brunftkugeln und trennt sie voneinander. Hiernach löst man die *Brunftkugeln aus der Decke* und zieht dabei die Samenstränge so lang heraus, bis sie abreißen. Dann schärft man die Decke über der Brunftrute auf, legt die Brunftrute frei, fährt mit der Hand unter sie, löst sie nach hinten vom Wildbret los und legt sie nach links. Sie wird erst nach Herausnahme der Harnblase entfernt, um ein Beschmutzen des Wildbrets mit Blaseninhalt sicher zu vermeiden (s. auch Abschärfen des „Brunftbrandes" und des „Brunftfleckes" S. 119 und 348).

Der *Pinsel* bleibt an der Decke. Bei weiblichem Schalenwild wird das *Feuchtblatt nebst Schürze* an der Decke belassen, so daß man beim Inverkehrbringen des Stückes jederzeit das Geschlecht erkennen kann.

**Wie wird die Bauchhöhle geöffnet?**

Zunächst wird mit dem Waidmesser dort, wo beim männlichen Stück die Brunftkugeln entfernt wurden (in der Abb. bei g), in die Bauchdecke eine kleine Öffnung geschärft. Sowie die Öffnung für zwei Finger passierbar ist, führt man Zeige- und Mittelfinger der linken Hand, mit dem Fingerrücken nach unten, in sie ein. Dann hebt man mit diesen Fingern die Bauchdecke kräftig an und schärft nun (damit das Gescheide nicht verletzt wird) mit dem von der rechten Hand geführten Messer (Schneide nach oben) Bauchdecke und Decke nach und nach bis zum Brustkern auf, indem man mit den beiden Fingern der linken Hand, der Schnittführung entsprechend, weiter vorwärts gleitet.

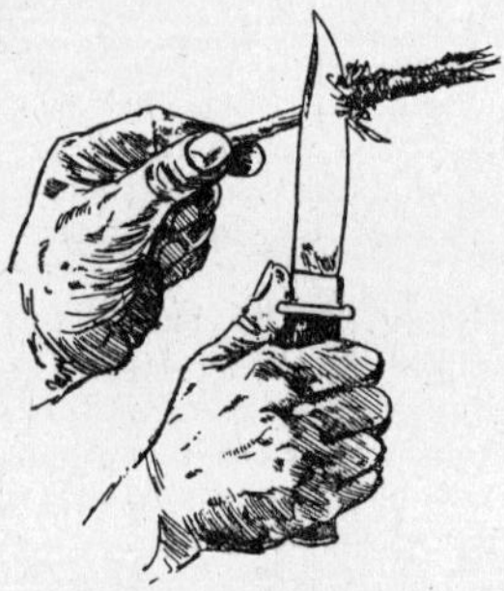

Abschaben der „roten“ Schlundmuskulatur

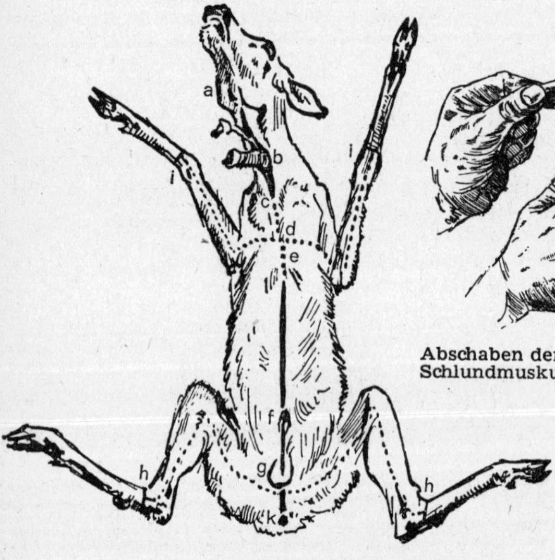


Aufbrechen von Schalenwild

━━━ Schnittführung beim Aufbrechen

········ Schnittführung beim Zerwirken

a Kinnwinkel, b Drosselgegend, c, d, e Brustbeingegend, f Pinsel, g Kurzwildbret, h und i Sprunggelenke, k Weidloch

**Wie wird das Gescheide entfernt?**

Man geht mit der rechten Hand zwischen Pansen und Leber in die Bauchhöhle hinein und sucht die Stelle auf, an der der Schlund durch das Zwerchfell in den Pansen tritt. Dann *löst man den*

*Schlund* an seiner Durchtrittsstelle stumpf vom Zwerchfell los und zieht ihn vorsichtig heraus. Er darf nicht abreißen, da es sonst zur Verunreinigung mit Panseninhalt kommt. Dann faßt man mit beiden Händen den Pansen und löst durch Ziehen und stumpfes Abtrennen das ganze *Gescheide aus der Bauchhöhle* heraus und legt es, von sich aus gesehen, *nach rechts*. Das Gescheide ist nunmehr nur noch durch den Weiddarm mit dem Wildkörper verbunden.

**Wie wird das Schloß aufgebrochen?**

Hierzu muß zunächst die Decke zwischen den beiden Keulen (von Buchstabe g der Abb. in Richtung Weidloch) aufgeschärft werden. Dann durchtrennt man vorsichtig, ohne die Keulen zu verletzen, die bläuliche Haut, die beide Keulen verbindet, bis zur *Schloßnaht*. Sie ist die Verbindung der beiden Beckenhälften. Sie ist bei jungen Stücken knorpelig und kann mit einem kräftigen Waidmesser durchtrennt werden. Bei älteren Stücken ist sie verknöchert und muß deshalb durchgesägt oder durch leichte Schläge mit dem Waidblatt „*aufgeschlagen*" werden. Nach diesem Durchtrennen des Schlosses faßt man mit den Händen in das Schloß hinein und „*sprengt*" es, indem man die Beckenhälften *an der Schloßnaht auseinander* drückt, bis es kracht und man bequem an die in der Beckenhöhle liegenden Teile (Weiddarm, Harnblase, Samenblasen bzw. Scheide und Tragsack) herankommt. Das Schloß darf nicht durch Druck auf die Keulen auseinandergebrochen werden, da hierdurch das Wildbret an der Schloßnaht einreißen und dies zur Entwertung der Keulen führen würde. Man faßt nun mit der linken Hand die in der geöffneten Beckenhöhle liegenden Teile und löst sie mit dem von der rechten Hand geführten Messer sauber heraus.

**Wie wird das Geräusch herausgenommen?**

Man öffnet zunächst die Brusthöhle, indem man mit dem Waidmesser das *Zwerchfell* in der Nähe des Brustkorbes *ringsum* durchschärft. Dann greift man mit der rechten Hand in die Brusthöhle hinein, *faßt die Drossel* und reißt mit kräftigem Ruck nach hinten Lunge, Herz und Leber heraus, während die linke Hand das Wild außen festhält. (Bei Schwarz-, Gams- und Muffelwild muß die *Gallenblase* von der Leber entfernt werden!) Dann löst man die beiden Nieren aus, oder läßt sie im Stück.
Der Jagdausübungsberechtigte, der das Stück selbst verwerten will, wird das Geräusch oft im Wildkörper belassen, da es dadurch beim Transport gut vor Verunreinigungen geschützt ist.
Zum Schluß werden die vom Rücken nach den Keulen führenden *Brandadern* (Schenkelvenen) der Länge nach aufgeschärft, damit sie gehörig *ausschweißen* können. Dann wird das Stück an den Vorderläufen hochgehoben, im Schatten an einem Ast zum Auskühlen aufgehängt oder (wenn es zu schwer ist) zu Boden gekehrt, damit der Schweiß ordentlich auslaufen kann. Das Geräusch wird auf Hülsenwurmblasen (Tafel 41) und das Gescheide auf dünnhalsige Finnen (Tafel 40 nach S. 448) untersucht, bevor Teile hiervon Hunden verabreicht, eingebuddelt oder auf den Luderplatz gebracht werden (s. auch S. 408).

**Muß der Jungjäger das Aufbrechen von Schalenwild beherrschen?**

Ja! Er muß den gesamten Vorgang (Lösen und Verknoten des Schlundes, Entfernen des Kurzwildbrets, Öffnen der Bauchhöhle, Herausnehmen des Gescheides, Aufbrechen des Schlosses, Herausnehmen des Geräusches und das Auskühlenlassen) flüssig schildern und ausführen können. Hierzu muß er sich das

*Aufbrechen praktisch zeigen lassen!*

**Wie kann man das Auskühlen aufgebrochenen Wildes beschleunigen?**

Durch Auseinanderspreizen des Schlosses und der Bauchdecke mit einem Holz, so daß *kühlende Luft* ungehindert zur Brust- und Bauchhöhle Zugang hat. Bei Schwarzwild, das sehr leicht verhitzt, läßt sich das Auskühlen weiter beschleunigen, wenn man beide Blätter vom Brustkorb trennt und mit Holzstücken aufsperrt, damit frische Luft auch das tiefer gelegene Wildbret erreicht.

**Was geschieht nach dem Aufbrechen?**

Alle Stücke, die erst später abtransportiert werden können, müssen gegen Raubwild „verblendet" oder „verwittert" werden (z. B. durch Befestigen von Papierfetzen oder durch Anbrennen einiger Haarbüschel in der Nähe der Aufbruchstellen.
Das Stück wird sofort (bei Veräußerung im Revier), sonst vor dem Abtransport aus dem Revier mit dem *Wild-Ursprungszeichen* gekennzeichnet (s. S. 456). Im Wildraum wird es auf einer Leiter *am Träger (Rehwild am Halse) aufgehängt,* damit es weiter auskühlt.

**Was ist bei den in der Rauschzeit erlegten Keilern zu beachten?**

Es muß der *„Brunftbrand"*, d. h. die Schwarte um den Pinsel herum abgeschärft und die dort befindliche gallertartige Masse entfernt werden. Der Geruch und Geschmack des Wildbrets ist häufig stark urinös, so daß das Wildbret dadurch ungenießbar wird.
(Auch beim Brunfthirsch wird der *„Brunftfleck"*, d. h. der metallisch schimmernde Fleck um den Pinsel herum, samt Pinsel sorgfältig abgeschärft; beim Gamsbock ist in der Brunftzeit die Brunftfeige hinter den Krucken zu entfernen.)

**Auf welche Veränderungen ist beim Aufbrechen zu achten?**

Auf *krankhafte* Veränderungen, die eine Verwendung des Wildbrets ganz oder teilweise ausschließen (s. auch S. 347 und 452).

**Wie verhält man sich, wenn die Bauchdecken, wie z. B. nach einem Weidwundschuß, stark verunreinigt sind?**

Man entfernt die Verunreinigungen durch Auswischen mit einem schweißgetränkten Moos- oder Graspolster oder sauberen Papier- oder Wischtüchern. Mit Wildschweiß bestrichene Flächen sind infolge der im Blutserum des Wildes vorhandenen bakterienfeindlichen Schutzkräfte weitgehend vor Fäulnis geschützt. *Keinesfalls* darf zum Reinigen *Wasser* verwendet werden, da hierdurch eine frühzeitige Zersetzung unvermeidbar wäre.

**Welche Teile des erlegten Schalenwildes stehen dem Schützen nach alter Waidmannssitte zu?**

Das sogenannte *„kleine Jägerrecht"*. Allerdings ist Vorbedingung, daß der Erleger das Stück selbst *aufbricht*. Andernfalls erhält der Aufbrechende das Jägerrecht (Naturalentlohnung).
Zum kleinen Jägerrecht gehören die eßbaren Teile des *Aufbruchs* (Herz, Lunge, Leber, Nieren samt Feist, soweit man es mit den Fingern abpflücken kann). Der Hund erhält Milz und Pansen.
Decken und Bälge gehören nicht zum Jägerrecht.
Nach altem Brauchtum überläßt der waidgerechte Jäger dem Schützen die Trophäe sowie Erinnerungsstücke.
Das frühere *„große Jägerrecht"* war ein Teil der *Naturalentlohnung* der Berufsjäger. Es bestand aus Kopf, Hals, den ersten drei Rippen („Vorschlag"), dem Mör-(Mürbe-)braten (Wildbret unter dem Rückgrat), dem Feist, der Decke und dem Aufbruch.

**Kann das Geschlecht bei ausgeweidetem Schalenwild festgestellt werden, wenn die Geschlechtsorgane entfernt wurden?**

Ja, am Becken. Das ist wichtig bei Jagdvergehen.
Das Becken *weiblicher Stücke* ist für den Vorgang des Setzens breiter und *geräumiger* als das schlanke Becken männlicher Stükke. Außerdem ist das Becken beim weiblichen Stück am Schloß (der Schambeinfuge) dünn, platt und vorn grubig vertieft, das des männlichen Stückes dagegen dick und beulenartig. Das läßt sich durch Auslösen einer Beckenhälfte leicht feststellen.

**Wie wird erlegtes Hochwild aus dem Revier gebracht?**

Auf einem Wagen oder Wildkarren.
Sollte das Stück noch nicht aufgebrochen worden sein, dann muß es wenigstens sofort *„gelüftet"* werden. Hierzu öffnet man die Bauchhöhle, indem man die Decke oder Schwarte samt Bauchwand an zwei Stellen durchschärft (wie S. 346) und einen Stock durch beide Öffnungen schiebt, ohne das Gescheide zu verletzen. Dadurch lassen sich Aufblähen und Fäulnis *„vorübergehend"* vermeiden. Kann der Wildwagen nicht an das Stück heranfahren, so muß es zum Verladeplatz (mit einem Pferd) geschleift werden. Dem Hirsch legt man hierzu ein Seil um das Geweih, den Sauen ums Gebrech, dem Kahlwild um den Träger.
Das Schleifen darf *nicht gegen den Haarstrich* erfolgen, da das Stück dadurch unansehnlich würde. Hochwild wird stets so auf den Wagen gezogen, daß das *Haupt nach vorn* zu liegen kommt. Es wird auf dem Wagen mit grünen Brüchen bedeckt.

**Was versteht man unter dem „Zerwirken"?**

Das Aus-der-Decke-Schlagen (das Abziehen der Decke) und das Zerlegen. Hierbei wird die Decke über die Mitte des Brustkorbs bis zum Äser, dann rings unter den „Knien" (Fußwurzelgelenken) und von hier aus an den Vorderläufen bis zum Brustbein und an den Hinterläufen bis zum Weidloch aufgeschärft (s. Abb. S. 346).

Beim Lösen der Decke wird mit den Händen, der Faust und mit dem Messer nachgeholfen. Am Haupt werden die Lauscher und Lefzen abgeschärft.
Das Stück bleibt auf der Decke und wird auch auf der Decke zerlegt. Schwarzwild wird mit dem Waidmesser „abgeschwartet".

**In welche Teile wird Schalenwild zerlegt?**

In die beiden Blätter,
die beiden Keulen (Schlegel),
den Rücken (Ziemer: Blatt- und Wedelziemer) und
das Kochwildbret (Kopf, Hals, Rippenstücke und Dünnungen).

Vom Gesamtgewicht des aufgebrochenen Stückes entfallen etwa zwei Sechstel auf die Keulen und je ein Sechstel auf die Blätter, den Rücken, das Kochwildbret und die Decke.

**Wie wird das Geweih oder Gehörn abgeschlagen?**

Vor dem Abschlagen (Absägen) des Geweihes oder Gehörns wird zweckmäßig die *Decke vom Haupte abgeschärft.* Hierzu führt man einen geraden Schnitt durch die Decke, vom Windfang beginnend, zwischen den Stangen hindurch und legt am Hinterhaupt, knapp vor den Lauschern, noch einen Querschnitt an (s. Abb.). Dann schärft man rund um die Rosenstöcke die Decke ab und schlägt sie nach beiden Seiten des Hauptes herunter. Hierbei werden die *Lichter* (Augen) entfernt. Dann wird das Schädelstück mit dem Geweih oder Gehörn abgesägt und nicht mehr, wie früher, mit dem Hirschfänger abgeschlagen. Hierzu wird die Knochensäge zwei Finger breit hinter den Rosenstöcken quer durch die Augenhöhlen geführt, genau auf der Schnittlinie, die man sich vorher mit dem Waidmesser eingeritzt hat. Ob man das Schädelstück mit dem Gehörn *herz*förmig beschneiden will oder es *„mit Nase"* läßt, ist Geschmacksache. Aus der Gehirnhöhle wird das *Gehirn,* das zubereitet vortrefflich schmeckt, herausgenommen.
Zweckmäßig werden noch die *Unterkiefer* ausgelöst, da sie für Altersbestimmung des Stückes wichtig sind. Dann schlägt man die losgelösten Deckenteile über dem verbliebenen Schädelteil zusammen und vernäht oder verbindet sie mit Faden (s. Abb. S. 352), was besonders für den Versand wichtig ist.

**Wie wird das abgeschlagene Geweih oder Gehörn behandelt?**

Es wird in ein Gefäß mit *kaltem Wasser* gestellt. Das Wasser wird oft erneuert, bis es klar bleibt. Dann wird es in kaltem Wasser aufs Feuer gesetzt. Die Rosen müssen hierbei über dem Wasser stehen.
Das läßt sich mit dem festklemm- und verstellbaren *Abkochstativ* der Fa. L. Walther in 7923 Königsbronn gewährleisten. Das Wasser wird langsam und so lange erhitzt (das Gehörn etwa 20 Minuten), daß sich alle (Decken- und) anhaftenden Wildbretteile lösen lassen, der Schädelteil aber nicht zerkocht. Sofort hiernach wird das Gehörn in einen Eimer mit kaltem Wasser gelegt, damit es gut auskühlt und das ausgekochte Fett nicht in die Knochenporen eindringen kann. Dann wird das Gehörn gesäubert und in die pralle Sonne gestellt, damit der Schädelknochen gehörig ausbleicht. Auch durch Auflegen von Wattebäuschen, die mit Was-

serstoffsuperoxyd getränkt sind, kann man die knöchernen Teile bleichen (aber ja nicht das Gehörn mit!). An Stelle dieser Behandlung ist auch das Abreiben des Schädelteiles mit Glaspapier und das Polieren mit Schlämmkreide und Spiritus üblich.

Ablösen der Decke
vor dem Abschlagen des Gehörns
(Schnittführung)

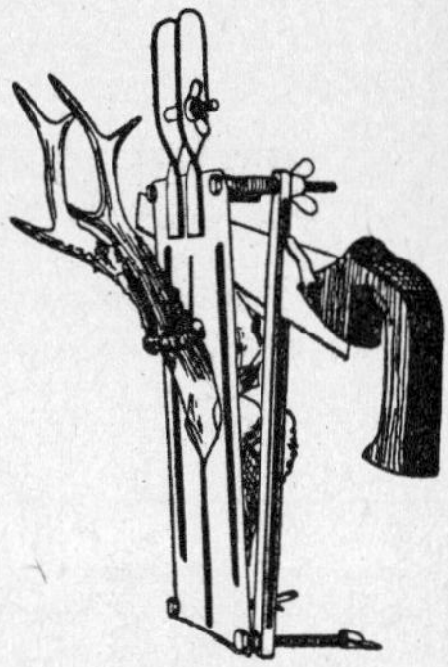

Gehörnsäge
Abschlagvorrichtung
(Waffen-Boese, 625 Limburg)

**Wie sind „Keilerwaffen" zu behandeln?**

Sie stecken normalerweise zu Dreiviertel im Kiefer. Man muß deshalb beim Absägen des Ober- und Unterkiefers den Schnitt hinter dem vierten Backenzahn führen. Beim Abkochen sind die Keilerwaffen in kaltem Wasser anzusetzen und nicht scharf zu kochen, da sie sonst springen. Keinesfalls darf Soda verwendet werden! Nach dem Entfernen aus dem Kiefer sind sie mit Wachs, Talg oder flüssigem Holz zu füllen.

**Was hat mit Decken, Schwarten und Bälgen zu geschehen?**

Sie sind frisch, getrocknet oder gesalzen an den Handel oder an Gerbereien abzugeben, da sie einen hohen volkswirtschaftlichen Wert darstellen. Rotwild- und Rehwilddecken sind im Sommer am wertvollsten, Sau- und Dachsschwarten im Winter.
(Zum Salzen sind etwa 30 % des Gewichtes der Decke oder Schwarte an Salz zu verwenden.)
Hasenwolle verwendet man für hochwertige Velourhüte. Der Bedarf ist stark zurückgegangen. Hasenbälge in Partien kauft noch die Hutstoffabrik Adam Böffinger, 6051 Ober-Roden/Hess.

## Versorgen von Hasen und Kaninchen

**Wie werden noch nicht verendete Hasen und Kaninchen getötet?**

Durch *Genickschlag.* Hierbei werden sie an den Hinterläufen hochgehalten und durch einen kräftigen Schlag mit der Handkante oder einem Stock hinter die Löffel *„genickt"* oder *„abgeschlagen"*.

**Was ist bei Hasen und Kaninchen nach dem Erlegen zu beachten?**

Sie sind sofort nach dem Erlegen mit der Hand an den Vorderläufen hochzuheben, vor die zusammengedrückten Knie zu nehmen und durch einen mehrfachen festen Druck mit dem Daumen der anderen Hand, handbreit über dem Schloß, *„auszudrükken“*, d. h., es ist durch Druck auf die Harnblase der Harn zu entleeren. Gelingt das nicht, so ist die Blase durchschossen. Solche Stücke werden am besten sofort „ausgeworfen“.

**Ist es notwendig, erlegte Hasen immer sofort auszuwerfen?**

Nein. Das kann bei Frostwetter und beim sofortigen Eingefrieren unterbleiben, bei „Küchenhasen“ und bei *warmem Wetter ist es dagegen zu empfehlen.* Hasen und Kaninchen, die unmittelbar nach der Jagd ausgeworfen und eingefroren werden, halten sich am besten. Bei Kühlraumtemperatur (+ 2° C) sollte die Abhängezeit drei Wochen nicht überschreiten.

**Wie geschieht das Ausziehen bzw. Ausschleudern?**

Nach Ausdrücken der Harnblase macht man etwa zwei Finger breit vor dem Weidloch einen Querschnitt von 10 cm Länge durch den Balg und trennt dann den Balg mit der Hand stumpf von der Bauchdecke (bis zum Brustbein) los. Dann wird die Bauchdecke, ohne den Balg und das Gescheide zu verletzen, aufgeschärft. Nunmehr kann man das Gescheide samt Magen und Leber mit den Fingern herausziehen. Man kann aber auch den Hasen fest mit beiden Händen um die Vorderläufe und die Brust fassen und ihn von oben mit starkem Ruck zu Boden schwingen.

*Dabei wird das Gescheide ausgeschleudert.*

Der Weiddarm, der noch am Gescheide hängt, wird abgerissen und nach Aufschärfen der Schloßnaht ausgelöst. Zum Schluß wird der aufgeschärfte Balg wieder gut verschlossen, um Schmeißfliegen fernzuhalten und das *Austrocknen* des Wildbrets zu *verhindern.* Hierzu wird, bei Anwendung des Querschnitts durch den Balg, vor dem Schnitt ein kleines Loch geschärft (siehe Abb. S. 354) und durch dieses die Blume gezogen. Der Verschluß kann auch durch Naht erfolgen.

Heftnadel (Fa. H. Hauptner, 565 Solingen)

Das Auswerfen soll *sofort nach dem Erlegen* erfolgen, da der Hase unansehnlich wird, wenn es erst nach Eintritt der Totenstarre erfolgt.

**Welchen Vorteil hat das Ausschleudern oder Auswerfen?**

Das Wildbret schmeckt nicht nach Gescheide. Außerdem ist die zusammen mit Apfelstücken gebratene, frische Hasenleber ein Leckerbissen (vorher Gallenblase entfernen!). *Es ist deshalb unverständlich, daß es immer noch Jäger gibt, die ihre Hasen und Kaninchen oft wochenlang unausgeworfen hängen lassen!*

Ausdrücken der Harnblase
Man läßt ihn „nässen"

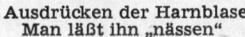

Ausschleudern des Gescheides
beim frisch erlegten Hasen

**Wie werden Hasen und Kaninchen vor ihrer Verwendung in der Küche behandelt?**

Sie werden abgebalgt (oder gestreift). Hierzu werden sie in der Nähe der Sprunggelenke „eingeheßt" und aufgehängt. Dann wird in Höhe des Sprunggelenks ein Ringschnitt gemacht und der Balg auf der Innenseite der Keulen bis zum Weidloch (wie beim Schalenwild Abb S. 346) aufgeschärft. Nun wird der Balg von den Keulen und der „Blume" stumpf mit Fingern und Faust abgelöst und mit kräftigem Zug bis zur Brust nach unten gezogen. Dort werden die Vorderläufe mit dem Mittelfinger durch Einhakeln vor dem Ellenbogengelenk herausgezogen und in ihrem unteren Teil abgetrennt. Der Balg wird dann weiter kräftig bis zum Kopf heruntergezogen. Dabei werden die Löffel vom Kopf abgeschärft und der Kopf mit dem Messer aus dem Balg gelöst. (Beim Kaninchen sind zusätzlich die rechts und links der Blumenwurzel sitzenden, erbsengroßen Duftdrüsen abzuschärfen.) Nunmehr können Bauchdecke und Brusthöhle aufgeschärft und Gescheide und Geräusch herausgenommen werden. Das nennt man „ausweiden". Dann folgt das Zerlegen.

**Wie unterscheiden sich erlegte junge und alte Hasen?**

Der äußere Rand der *Löffel* läßt sich bei jungen Hasen leichter einreißen als bei alten.
Außerdem weichen bei jungen Hasen beim Zusammendrücken der Unterkieferäste die beiden mittleren Schneidezähne fast fingerbreit auseinander. Beim Griff in die „Seher" lassen sich bei jungen Hasen die weit über die Augenhöhle vorspringenden Flügelfortsätze der Stirnbeine (die „Augendorne") leicht zusammendrücken, bei alten Hasen nicht.

Ein *Jugendmerkmal* ist das nicht immer zuverlässige „Strohsche Zeichen“. Es verschwindet oft schon im siebenten Lebensmonat. Es ist eine wulstartige Auftreibung am unteren Ende der Elle, etwa 1 cm oberhalb des Vorderfußwurzelgelenks, die als Knötchen durch den Balg hindurch deutlich fühlbar ist.

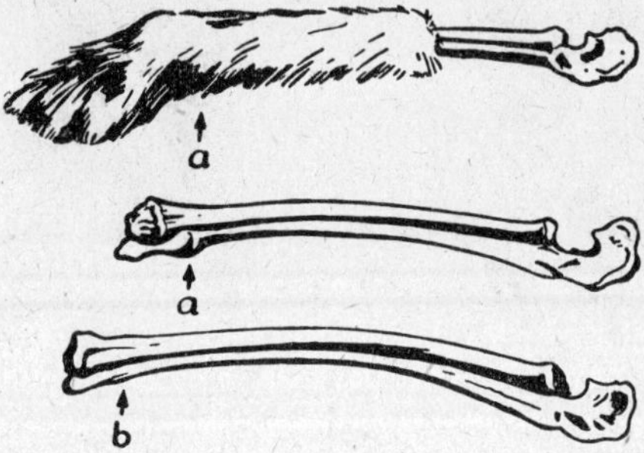


Altersbestimmung des Hasen durch Abtasten des Vorderlaufes
a = Junghasen zeigen am unteren Ende der Elle eine knötchenförmige Auftreibung
b = diese Auftreibung verschwindet bei Hasen, die älter als sieben Monate sind

**Wie unterscheiden sich erlegte Rammler und Häsinnen?**

Die Geschlechtsöffnung erscheint bei *frisch erlegten* Rammlern als runde Scheibe, aus der sich die schlauchförmige Rute herausdrükken läßt. Die Geschlechtsöffnung der Häsin, die *„Tasche“*, ist schlitzförmig (rinnenförmig). Beim Rammler sind die *Brunftkugeln* äußerlich oft *nicht sichtbar*, weil sie außerhalb der Rammelzeit im Leistenkanal liegen.
Das Gesäuge der Häsin mit nur zwei Zitzen ist oft durch die dicke Wolle verdeckt.

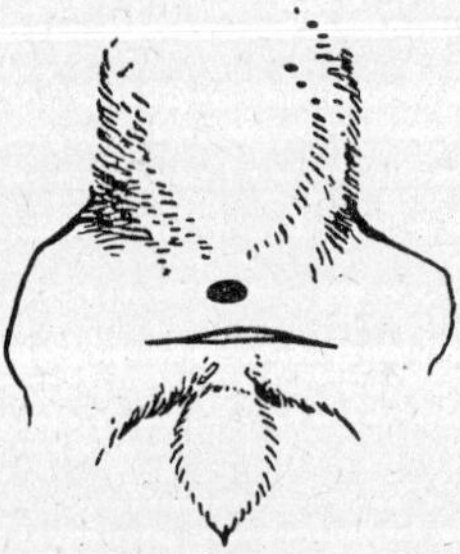

Schnittführung
zum Auswerfen des Gescheides
Querschnitt durch den Balg
Verschluß mit Hilfe der Blume

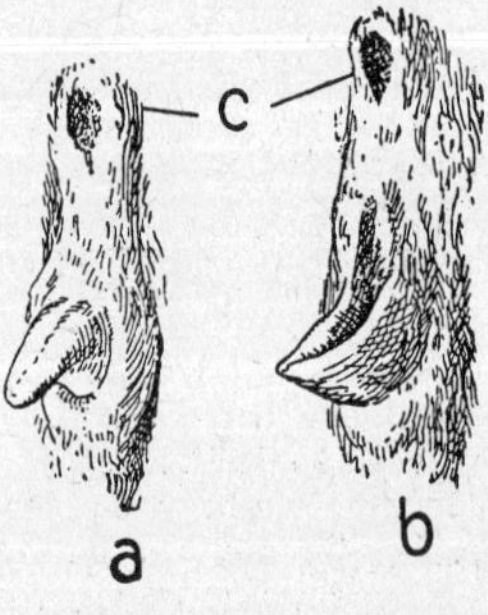


Geschlechtsteil
a = des Rammlers (Rute)
b = der Häsin (Tasche)
c = Weidloch

**Wie werden Hasen und Kaninchen getragen?**

Die Hinterläufe werden oberhalb des Sprunggelenks *zusammengebunden.* Das „Einhessen“ soll möglichst unterbleiben, da an den Schnittstellen das Wildbret eintrocknet. Die Hasen werden dann, mit dem Kopfe nach unten hängend, an einem Stock (über dem Rücken) getragen. Auf dem Wildwagen werden sie hängend auf Stangen geschoben, die quer auf die Leitern des Wildwagens gelegt werden. Wenn hierbei *abwechselnd ein Kopf nach vorn und hinten* kommt, können sie nicht zusammenrutschen. Sie hängen dann genügend locker und luftig und können nicht verderben.

Ein zünftiger Streckenwagen
Der Wildwagenfahrer hängt die Hasen mit zusammengebundenen Hinterläufen nicht zu dicht zum Auskühlen auf eine Stange, damit sie nicht „stickig“ werden und langgestreckt ansehnlicher und besser zu verkaufen sind.
Tragen des Hasen an einem Stock über dem Rücken

## Versorgen von Haarraubwild

**Wie wird ein erlegter Fuchs getragen?**

Er wird *nicht in den Rucksack gesteckt,* sondern geknebelt und an einer Stange hängend von zwei Männern auf der Schulter oder zusammengeschränkt außen auf dem Rucksack getragen, damit der Balg nicht unansehnlich wird.

**Wie wird erlegtes Haarraubwild behandelt?**

Erlegtem Raubwild wird der *Balg abgezogen:* es wird *abgebalgt* oder „gestreift“. Der Dachs wird *abgeschwartet.* Was übrigbleibt, ist der „Kern“. Beim Streifen müssen die Zehenknochen am ersten Gelenk durchtrennt werden, so daß Ballen und „Nägel“ am Balg verbleiben. Weiter ist darauf zu achten, daß die Lunte (Standarte), die Läufe sowie der Kopf mit den Gehören und der Nase unverletzt abgebalgt werden und später beim Trocknen des Balges nicht zu Klumpen zusammenschrumpfen.

Man legt deshalb den Fuchs zum Abbalgen (oder Streifen) auf den Rücken und schärft zunächst die Hinterläufe vom Ballen her längs deren Innenseite bis zum Weidloch und dann wieder vom Ballen her auch die Innenseite der Vorderläufe bis zur Achsel auf. Hierbei werden die Zehenknochen am ersten Gelenk durchtrennt, so daß Ballen und Nägel am Balg verbleiben. Nun wird die Lunte, vom Weidloch ab, unterseits aufgeschärft und von der Rübe losgelöst, so daß man den Luntenbalg sauber ausziehen kann. Dann heßt man den Fuchs in der Nähe der Sprunggelenke ein und hängt ihn in Gesichtshöhe an Haken auf und balgt ihn nun wie einen Hasen ab. Das Loslösen des Balges vom Kopf muß vorsichtig mit dem Waidmesser erfolgen, damit die Lidränder der Seher, die Lefzen um den Fang und die Nase nicht durchschärft werden. Der Balg muß frei von Wildbretteilen sein und wird nun auf ein Spannbrett aufgezogen.

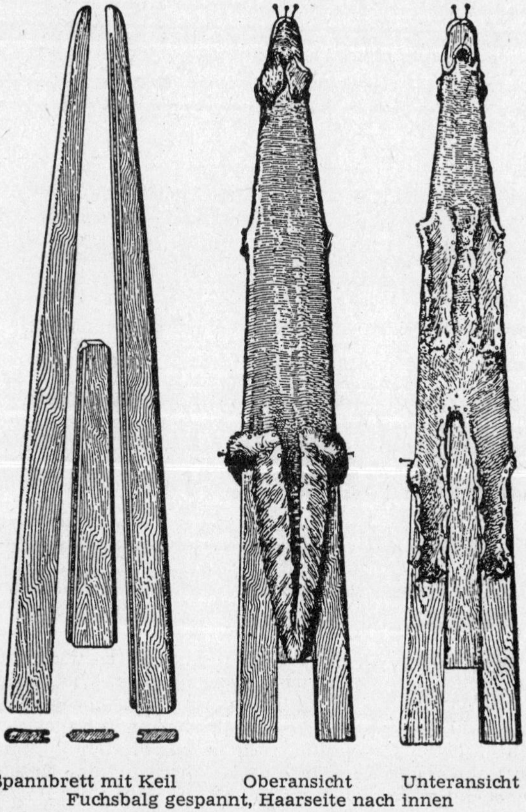

Spannbrett mit Keil — Oberansicht — Unteransicht

Fuchsbalg gespannt, Haarseite nach innen

Richtige Behandlung des rohen Balges auf dem Spannbrett

**Wie erfolgt das Trocknen der Bälge und Schwarten?**

Es sind für den Pelzhandel nur einwandfrei weißlederige (keinesfalls grünlederige) Bälge und Schwarten zu trocknen. Sie werden zum Trocknen mit dem Haar nach innen über ein Spannbrett mit Keil (wie Abb.) gezogen und dabei recht lang gestreckt, so daß die Nase über die obere Kante des Brettes greift. Lefzen und Nase werden durch Nägel breitflächig am Brett befestigt. Auch die Hinterläufe werden (bis an die Ballenteile) vollständig ausgebreitet mit Stiften festgehalten. Die Vorderläufe und die aufgeschärfte Lunte werden nicht angeheftet, sondern mit breiten Papierstreifen, die leicht ankleben, breit auseinandergehalten (Abb.). Nach etwa zwei Tagen, also bevor der Balg ganz trocken ist, wird er vom Spannbrett genommen, gewendet und nochmals aufs Spannbrett (Haarseite nach außen) gezogen und weiter getrocknet.

## Versorgen von Federwild

**Wie wird Federwild, das noch nicht verendet ist, getötet?**

Man umgreift von der Bauchseite her die Brust und drückt sie mit den Fingern *kräftig* zusammen, bis Federwild, durch die eintretende Atemnot betäubt, den Kopf sinken läßt. Auch das Eindrücken des Schädeldaches mit dem Daumen, das nur bei jungem Federwild möglich ist, oder ein kräftiger Schlag des Kopfes auf einen harten Gegenstand (Stein, Stiefelabsatz) wirken tödlich. Das frühere *Abfedern* wird abgelehnt. Hierunter verstand man *das Töten (Abtun)* von Federwild durch Einstoßen einer im Kiel harten Schwungfederspitze durch das Hinterhauptloch in das Gehirn.

**Wie ist gestrecktes Federwild zu behandeln?**

Es ist (mit Ausnahme der Schnepfen) alsbald *auszuziehen*. Hierzu wird es auf den Rücken gelegt. Dann wird die Bauchdecke vom Weidloch an so weit aufgeschärft, daß man mit den Fingern das Gescheide nach hinten herausziehen kann. Das herausgezogene Gescheide wird samt Weidloch abgeschärft. Herz, Lunge und Leber verbleiben im Wildkörper. Das gilt besonders bei schwülem Wetter für Enten. Kleines Federwild, wie das Rebhuhn, wird *ausgehakt*. Der Jäger fährt hierzu mit einem kleinen hölzernen oder Metallhaken (z. B. Schuhknöpfer) durch das Weidloch in das Innere der Leibeshöhle und zieht unter einigen Drehungen das Gescheide möglichst in einer Schnur mit dem Haken heraus. Am Weidloch wird es dann abgerissen.

Haken zum Ausziehen (Aushaken) von erlegtem Federwild

Der Darm reißt *beim Aushakeln* nicht, wenn man ihn immer wieder kurz faßt. Hygienischer ist es aber auch hier, mit einem kleinen beim Weidloch ansetzenden Schnitt die Leibeshöhle aufzuschärfen

und mit den Fingern das gesamte Gescheide sauber herauszuholen, das Weidloch abzuschärfen und die Leibeshöhle mit einem sauberen (Tempotaschen-)Tuche auszuwischen.
Weiter ist es zweckmäßig, dem Federwild die Halshaut aufzureißen und den Kropf (s. S. 109) zu entfernen, da es sonst durch den schnell säuernden Kropfinhalt im Geschmack leidet. Dann wird das Gefieder am Hals wieder geglättet.
Schnepfen und Tauben werden *nicht ausgezogen.* Der Taube muß jedoch mit den Fingern die Halshaut aufgerissen und der *Kropf* (s. S. 109) *ausgelöst* werden.

**Was verstehen wir unter dem „Schnepfendreck"?**

Die zubereiteten Eingeweide der Schnepfe. Sie gelten auf Toast serviert als Delikatesse. (Vorsicht: Die Schnepfen können mit Bandwürmern befallen sein!)

**Bei welchem Federwild wird das Ausziehen mit „Ausfahren" bezeichnet?**

Bei (Trappen und) Waldhühnern. Beim Auerhahn, der zur Hohen Jagd gehört, spricht man auch vom *„Aufbrechen"*, obwohl er, wie alles Federwild, kein „Schloß" hat.

**Hat Federwild eine Harnblase?**

Nein! Der Harn wird durch die Harnleiter direkt dem Enddarm (Weiddarm) zugeleitet (s. Abb. S. 109).

**Was hat nach dem Ausziehen des Federwildes zu geschehen?**

Alles Federwild muß *am Kopf hängend auskühlen* (Hängen an den Hühnergalgen oder Aufhängen an Stangen an einer durch die Nasenöffnung am Schnabel hindurchgezogenen Schnur.

*Keinesfalls im Rucksack unterbringen, da es sonst verdirbt!*

Das Gescheide wird gern als *Kirrung* (zum Heranlocken von Raubwild und Raubzeug an Fanggeräte s. S. 404) benutzt.
Federwild wird i. d. R. vor der Zubereitung gerupft; bei Fasan und Ente wird oft auch das gesamte Federkleid mit der Haut abgebalgt.

**Woraus besteht ein Hühnergalgen?**

Aus einem Bündel von Schlingen, in denen die geschossenen Rebhühner, am Halse aufgehängt, getragen werden. Zur Sicherheit kann auch noch ein Ständer mit in die Schlinge genommen werden. Zweckmäßig befestige man den Hühnergalgen *ganz oben am Trägerring des Rucksackes,* nicht an der Jagdtasche!

## Konservierung von Wildbret

**Wie kann man Wildbret für längere Zeit haltbar machen (konservieren)?**

Durch Einfrieren, Kühlen, Sterilisieren, Pökeln, Räuchern und durch Verarbeiten zu Dauerwurst.
*Die beste Art der Aufbewahrung von Wildbret ist das Einfrieren* (in Gefriertruhen oder Gefrierräumen). Vor dem Einfrieren läßt

man das Wildbret von Rot-, Dam- und Rehwild sowie von Hasen und Fasanen abhängen und reifen (s. S. 344).
In Gefrier*räumen* können auch ganze Wildkörper eingefroren werden. Wenn sie sich noch in der Decke bzw. im Balg befinden, dürfen sie nicht vor dem Auftauen zerkleinert werden; andernfalls können jederzeit Teile, die gerade in der Küche benötigt werden, abgesägt oder abgehackt werden.
Zum Einfrieren und Lagern in Gefrier*schränken* wird das Wildbret in Stücke zerlegt und Stück für Stück in Folien (Plastikbeutel) luftraumfrei und mit gut anliegender Folie verpackt, da sonst Gefrierbrand und Qualitätsabbau eintreten können. Die einzelnen Stücke werden mit Zetteln versehen, die über Wildart, Körperteil, Gewicht und Tag der Einlagerung Auskunft geben.
Vom Wildbret des Rotwildes muß jedes Stück Feist peinlich entfernt werden, da Feist beim Lagern widerlich ranzig wird.
Bei einer Lagertemperatur von -18 bis -20° C beträgt die Haltbarkeit des Gefrierwildbrets mindestens ein Jahr.

**Wie lange hält sich Wild in einem Kühlraum?**

Bei einer Temperatur von 0 bis + 2° C und einer relativen Luftfeuchtigkeit von 85% halten sich
Rehwild in der Decke bis zu 4 Wochen,
Rehwild ohne Decke bis zu 3 Wochen,
Hasen ausgeweidet im Balg etwa 4 Wochen und
Hasen nicht ausgeweidet oder ohne Balg etwa 3 Wochen.
Wildkörper in der Decke bzw. im Balg sind beim Kühlen weitgehend vor dem Eintrocknen und vor Verunreinigung geschützt. Sie werden jedoch meist nicht in Kühlhäusern angenommen.

**Wie werden in Folien (Plastikbeuteln) verpackte Teile von tiefgefrorenem Wildbret und Wildgeflügel behandelt?**

Sie sind vor der Zubereitung im Kühlschrank bei Temperaturen von + 2 bis + 6° C oder bei Zimmertemperatur an- oder aufzutauen. Eine vorhandene Kunststoffolie sollte dabei nicht entfernt werden. Folienverpacktes Gefrierwildbret kann unbedenklich auch unter fließendem Wasser aufgetaut werden.
Zum Dünsten, Schmoren, Grillen, Braten und Backen kann das Wildbret nach dem Antauen verwendet werden, auch wenn im Innern der Stücke noch ein kleiner fester Frostkern vorhanden ist. Gefrorenes Wildbret und Geflügel, das zum Kochen verwendet werden soll, kann auch ohne vorheriges Auftauen in das lebhaft kochende Wasser gegeben werden. Hierbei ist jedoch auf ein schnelles Nacherhitzen des Kochwassers auf Siedetemperatur zu achten.
Kochfertige Gefrierkost, wie Wildgulasch oder Geflügelragout, kann in gefrorenem Zustand in geschlossener Kasserolle aufgetaut und dann unmittelbar auf die Serviertemperatur gebracht werden.

**Welche Methoden eignen sich zum Konservieren durch Hitze?**

Das Einkochen des Wildbrets in Dosen oder Gläser (der Einschluß in luftdichte Gefäße, z. B. Kaninchenwurst in Dosen).

Diese Halbkonserven sind unter Kühlung zu lagern und sollten nicht unnötig lange bevorratet werden. Dem Kochen der Dosen und Büchsen bei 100° C ist eine Erhitzung im Überdruckautoklaven selbstverständlich vorzuziehen.

**Welches Wildbret wird gern gepökelt und geräuchert?**

Das Wildbret von Schwarzwild. Besonders die Keulen sind als *Wildschweinschinken* eine besondere Delikatesse. Da in diesem Falle das Wildbret roh gegessen wird, ist die Beachtung der vorgeschriebenen Trichinenschau besonders wichtig (s. S. 449).

**Wird Wildbret auch sonst noch in rohem Zustand gegessen?**

Das Verzehren von rohem Wildbret (z. B. als Hackfleisch) ist nicht üblich (nur in den Alpen und im Harz). Dagegen wird Wildbret von Rotwild (ohne Feist), besonders von Alttieren, gern zusammen mit fettem Schweinefleisch zu einer *Wildsalamiwurst* verarbeitet, die vorzüglich schmeckt und sich gut hält. Sie ähnelt weitgehend der „echten" italienischen Salamiwurst, die bekanntlich Eselfleisch enthält.

## Verwertung der Jagdtrophäen

**Welche Teile der Jagdtiere werden als Jagdtrophäen verwendet?**

Das Geweih des Rothirsches, die Hirschgrandeln und die Haken der Tiere, die Schaufeln des Damhirsches, das Gehörn des Rehbockes, die Krucken des Gams, die Gewehre des Keilers, die Fuchsfänge, die Federn vom Spiel des Birkhahnes, die Schnepfenfedern (Malerfedern und der Schnepfenbart), die Erpelfedern und die Magensteine des Auerhahnes.
„Erpelfedern" (s. Abb. S. 236) trägt nur der Stockentenerpel.

**Wie werden Geweihe, Gehörne und Keilerwaffen als Wandschmuck verwendet?**

Sie werden auf Holzplatten (z. B. aus Eiche oder Birke) aufgesetzt. Auf der Rückseite der Holzplatte werden Angaben über das Erlegen (Schußtag, Ort, Nummer der Abschußliste, Gewicht usf.) vermerkt und - außer bei Schwarzwild - in Aussparungen Teile der Unterkiefer für die Altersbestimmung untergebracht.
Im ausgetrockneten Unterkiefer werden die Zähne leicht lose. Sie sind dann mit farblosen Klebemitteln festzumachen.
Außerdem werden von manchen Jagdtieren, zusammen mit der Trophäe, gern auch Haupt und Träger präpariert und, auf Brettchen befestigt, als Wandschmuck benutzt.

**Wozu werden Jagdtrophäen noch verwendet?**

Als Raum- und Körperschmuck.
Als *Raumschmuck* werden besonders Geweihe, Schaufeln, Krucken und Gehörne zu Kronleuchtern, Tischlampen, Garderobe- und Gewehrhaltern verarbeitet. Weiter werden sie bei der Herstellung von Tabakspfeifen, Hirschfängern, Knöpfen und Jagdmessern gern

verwendet. (Geweihe und Gehörne an der Wand des Jägers oder Gastwirts behängt man nicht mit Hüten!)
Zu *Körperschmuck* werden Grandeln, Fuchsfänge, Auerhahn-Magensteine und Schnepfen- und Erpelfedern verarbeitet (Abb. S. 362).

**Welche Teile des Federwildes werden als Raum- und Wandschmuck verwendet?**

Der Fächer bzw. Stoß und Kopf mit Stingel (Hals) vom Auer-, Birk- und Rackelhahn. Gern wird auch der ganze Hahn präpariert und als Raum- bzw. Wandschmuck benutzt; das gilt auch für Federwild, z. B. für die Schnepfe.

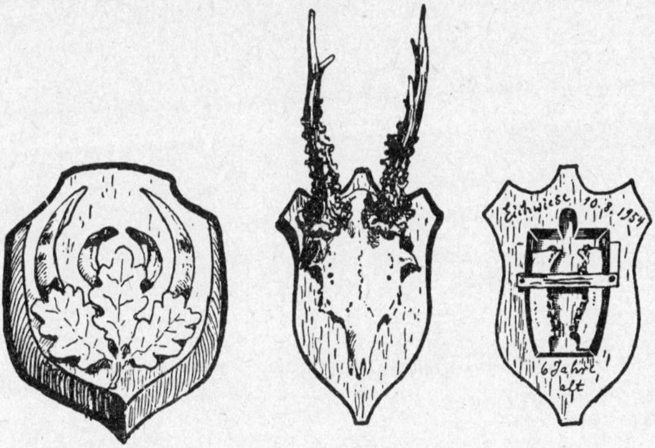


Jagdtrophäen als Wandschmuck

Keilerwaffen auf Holzplatte mit Eichenlaub aus Messingblech — Gehörn auf Holzplatte — Rückseite mit Fach für die Unterkiefer (Altersnachweis)

**Was versteht man unter Grandeln?**

Die Eckzähne im Oberkiefer des männlichen Rotwildes. Beim weiblichen Rotwild spricht man meistens von Haken. Grandeln und Haken kommen sehr selten auch bei Dam- und Rehwild vor (s. S. 149).

**Wann haben Grandeln oder Haken einen besonderen Wert?**

Wenn sie eine möglichst dunkelbraune Zeichnung aufweisen. Die Tier-Haken sind oft besser gefärbt als die Hirschgrandeln. Die Zeichnung verblaßt, wenn sie längere Zeit dem Tageslicht ausgesetzt sind. Grandelschmuck ist deshalb nur zu besonderen Anlässen zu tragen und sonst in einer Schmuckkassette zu verwahren.

**Was sind Auerhahn-Magensteine oder Magenkiesel?**

Kleine rundgeschliffene Quarzsteinchen, die sich im Magen aller Waldhühner befinden und zum Zermahlen der Äsung dienen. Sie werden auch als „Weidkörner" bezeichnet (s. S. 109 u. 208).

**Welche Jagdtrophäen benutzt man als Hutschmuck?**

Den Gams-, Sau-, Dachs- und Hasenbart, Erpelfedern, Schnepfenfedern, Fasanen- und Rebhuhnfedern und die blau-schwarz gebänderten Flügeldeckfedern des Eichelhähers.
Für größeren Hutschmuck werden der Unterstoß des Auerhahns, eine Sichel (eine „Krumme") oder mehrere Sicheln mit den weißen Federn des Unterstoßes vom Birkhahn benutzt.
Es entspricht jagdlichem Brauchtum, nur das als Jagdschmuck zu verwenden, was man selbst erbeutet hat. Der Jäger schmückt sich (hoffentlich) nicht mit „fremden Federn"!

Grandeln, Schnepfenfedern, Fuchsfänge zu Schmuck verarbeitet

**Was versteht man unter dem Gamsbart (oder Wachler)?**

Einen Busch aus den langen, schwarzen Winter-*Rückenhaaren*, die sich beim Gamsbock vom Widerrist bis zum Wedel hinziehen. Am längsten sind sie über der Kruppe (s. Abb. S. 174). Die besten „Bärte" haben meist die jungen und mittelalten Böcke. Wenn es ein prächtiger Bart sein soll, müssen die Spitzen weiß sein (er muß einen guten *„Reif"* haben).
Der echte Gamsbart ist eine beliebte Hutzier des Jägers, ebenso der echte *Sau- und Dachsbart*. Als Ersatz für den echten Gamsbart werden häufig aus den „Federn" (den Kamm- und Rückenborsten) des Keilers künstlich angereimelte (mit einem „Reif" versehene) und Bärte von der Mähne des Rothirsches, von Antilopen und Skunks als billige Fälschung getragen.
(Als „*Hasenbart*" bezeichnet man den Hutschmuck, der aus den längsten *Barthaaren* (Schnurrhaaren) des Hasen gebunden wird.)

Jägerhut mit Gamsbart
Der Gamsbart gehört stets auf die linke Seite des Hutes ebenso DJV-, Jagdschutz- und Jagdgebrauchshundeabzeichen.
Über das Aufstecken des Schützenbruchs (links oder rechts), sagt das Brauchtum nichts Verbindliches.

# NATUR- UND UMWELTSCHUTZ, WILDHEGE

**Natur- und Umweltschutz, Tierschutz, Landschaftspflege, Erhaltung der Wildbestände und deren Lebensräume, Wildfütterung, Aussetzen von Wild, Revierbeaufsichtigung, Hege mit der Falle, Hege mit der Flinte**

## Aufgaben des Jägers im Naturschutz

**Welche Aufgaben hat der Jäger im Naturschutz wahrzunehmen?**

Er hat sich *verantwortlich* und *aktiv* für die Erhaltung eines *angemessenen*, artenreichen und biologisch *gesunden Wildbestandes* und für Schaffung genügender *Deckung und Äsung* für sein Wild *einzusetzen*, damit ihm und allen Menschen *auf Grund der Sozialbindung des Eigentums* die Freude an der Natur mit seinen Geschöpfen gesichert und erhalten bleibt.

Ohne Wild wäre die Lebensgemeinschaft des Menschen mit Wald und Flur sehr arm. Es ist deshalb erfreulich, daß an vielen Stellen unseres Vaterlandes Naturschutzgebiete und Vogelfreistätten sowie Natur- und Tierparke erhalten werden und neu entstehen. Hier kann man erkennen, daß die Tiere die Natur beleben und verschönern und zur Verschönerung unseres Lebens beitragen.

Jeder, der mit der Waffe ins Revier geht, übernimmt also gegenüber Natur, Wild und Menschheit eine große Verantwortung. Für jeden Waidmann gilt daher durch Vermeidung der Überhege, gezielte Bejagung bestimmter Wildarten und durch freiwilligen Verzicht auf die Bejagung gefährdeten Wildes den Fortbestand einer großen Vielfalt von Tierarten in einem gesicherten und gesunden Lebensraum (Biotop) zu sichern. Merke:

*Erst Heger – dann Jäger!*

**Wann handelt der Jäger „umweltgerecht"?**

Wenn er die Natur, also Boden, Wasser, Luft, Pflanzen- und Tierleben vor den von Menschen verursachten, unerwünschten Eingriffen und deren Folgen schützen hilft.

Zu den Ursachen der Umweltschäden gehören hauptsächlich:

Schlecht gelagerter Müll, Verunreinigung der Luft (durch Müllverbrennung, Staub und Abgase), Lärmbelästigungen, Zusätze ungesunder Stoffe zu Lebens- und Futtermitteln, weltweite Verschmutzung und Verseuchung des Grundwassers, der Flüsse, Seen und des Bodens, sorglose Anwendung von Herbi-, Fungi- und Insektiziden, Radioaktivität und die Zersiedelung der Landschaft. Die Folgen dieser Umweltverschmutzung in gesundheitsschädlicher Hinsicht sind bekannt und bereits so augenscheinlich, daß endlich Einhalt geboten werden muß. Der Jäger hat deshalb als natur- und heimatverbundener Mensch die Aufgabe, selbst keine Umweltverschmutzung vorzunehmen (wie Wegwerfen von Plastikpatronenhülsen, Einbuddeln von Gescheide oder Vergraben von Fallwild in Wasserschutzgebieten), sondern sich als *aktiver Helfer im Umweltschutz* zu betätigen, dem Jägernachwuchs und den Menschen seines Wirkungskreises die große Bedeutung des Natur- und Umweltschutzes bewußt zu machen und bei ihnen die Einsicht zu wecken, daß unsere natürlichen Lebensgrundlagen heute bereits überbeansprucht sind und

*der Schutz der Umwelt zu einem Weltproblem* erster Ordnung geworden ist.

*Umweltplanung ist Planen für zukünftige Generationen!*

Ein Abfallbeseitigungsgesetz (AbfG) ist am 7. Juni 1972 und das Bundeswaldgesetz am 2. 5. 1975 (s. S. 375) in Kraft getreten (s. auch Gesetz über Naturschutz und Landschaftspflege S. 366).

**Wo kann sich der Jäger und Jungjäger über zweckmäßige Maßnahmen auf den Gebieten des Natur- und Umweltschutzes, der Wildhege und Reviergestaltung praktisch ausbilden lassen?**

In jedem der von den Landesjagdverbänden eingerichteten Lehrreviere (s. Fußnote S. 404). Hiervon sollte jeder Jungjäger vor der Jägerprüfung unbedingt Gebrauch machen. Hierbei kann er u. a. beim Begehen eines „*Lehrpfades*" die Anlage von Äsungs- und Deckungsremisen auf Brachflächen und minderwertigstem Land, die Ödlandaufforstung und die Anlage von Hecken, Feldgehölzen, „*Hegebüschen*" und Wildäckern sowie die *Raubwild- und Raubzeugbekämpfung* praktisch kennenlernen.

**Wird bei der Jägerprüfung auch ein „Lehrpfad" begangen?**

Ja, in einfacher Form bei der praktischen Prüfung im Revier. Hier sind die wichtigsten Waldbäume und Sträucher und mitgebrachte Zweige zu bestimmen (s. S. 376, 378 und Tafeln 28–31, vor S. 385). Im Prüfungsrevier werden auch Brüche gelegt (wie S. 273), deren Bedeutung der Jungjäger beschreiben muß. Beim Anschußbruch z. B. findet sich fast immer auch Schnitthaar und Schweiß oder ein Knochensplitter. Hierbei wird gefragt, welcher Schuß vorliegt (s. Tafel 8 vor S. 161) und ob „Eingriffe" und „Ausrisse" vorhanden sind (s. S. 168). Außerdem sind angebrachte „Fege- oder Plätzstellen" sowie Wühlstellen des Schwarzwildes (Gebräch) und ein Malbaum zu bestimmen. Weiter sind vorhandene Fährten, Spuren oder Geläufe sowie Losung, Gewölle (und zur Irreführung ein Preßfutter-Brocken) richtig zu deuten.
Weiter muß der Jungjäger damit rechnen, daß er bei einer angedeuteten Waldtreibjagd die Schützen anstellen und dabei schildern muß, worauf es beim Anstellen ankommt und in welche Richtung die Schützen schießen dürfen (s. S. 285/286).
Bei der Prüfung im Revier (bei Schlechtwetter im Prüfungsraum) werden gern auch vorgelegt:
Läufe von Rot-, Schwarz- und Rehwild, Stopfpräparate vom Marder, Iltis und Wiesel, ein Fuchsbalg (Sommer- oder Winterbalg?), der Schädel einer Bache, Geweihe und Gehörne mit dazugehörenden Unterkiefern zur Altersbestimmung.
Vom Federwild werden Stopfpräparate vom Habicht (im Jugend- oder Alterskleid), Bussard, Ringfasan, Rebhahn, Stockentenerpel, Schnepfe, Bekassine und vom Zwergtaucher sowie Federn vorgelegt. Weiter ist das „Ausdrücken" der Hasen und das „Aushakeln" von Federwild praktisch vorzunehmen (s. S. 353 u. 357).

*Das Erkennen der Jagdtiere* kann der Jungjäger aus farbigen Abbildungen (aus den Jagdzeitungen „Jäger", „Pirsch" und „Wild und Hund") und durch Besuch eines Museums, Zoos oder Wildparks an Hand der charakteristischen Merkmale sicher erlernen.

## Tierschutz*)

**Welches Gesetz wurde zum Schutze der Tiere erlassen?**

Das Tierschutzgesetz vom 24. 7. 1972 (BGBl. I S. 1277). Es gewährt allen Tieren, auch den freilebenden, Schutz vor Tierquälerei.

**Was bestimmt das Tierschutzgesetz zur Tierhaltung?**

Wer ein Tier hält, betreut oder zu betreuen hat, muß dem Tier angemessene artgemäße Nahrung und Pflege sowie eine verhaltensgerechte Unterbringung gewähren und
darf das artgemäße Bewegungsbedürfnis eines Tieres nicht dauernd und nicht so einschränken, daß dem Tier vermeidbare Schmerzen, Leiden oder Schäden zugefügt werden.

**Welche Ver- und Gebote dieses Gesetzes muß der Jäger kennen?**

Nach § 3 Ziff. 5, 6 ist es verboten, ein Tier an einem anderen lebenden Tier auf Schärfe abzurichten oder zu prüfen und ein Tier auf ein anderes Tier zu hetzen, soweit dies nicht die Grundsätze waidgerechter Jagdausübung erfordern.
Nach § 5 (3) Ziff. 5 ist das betäubungslose Kürzen der Rute von unter acht Tagen alten Welpen zulässig. Älteren Welpen darf die Rute (nach § 6) nur nach einer Betäubung durch einen Tierarzt gekürzt werden.
Nach § 13 (2) können zum Schutze des Wildes Maßnahmen angeordnet werden, die das Wild vor vermeidbaren Schmerzen oder Schäden durch land- oder forstwirtschaftliche Arbeiten schützen (wie das Anbringen technischer Vorrichtungen akustischer, mechanischer oder optischer Art an Mähmaschinen).

*Die neue Verordnung über das Halten von Hunden im Freien* vom 6. Juni 1974 (Bundesgesetzblatt I vom 12. 6. 1974, Seite 1265) bestimmt seit 1. 1. 1975, daß Hunde im Freien nur dann angebunden gehalten werden dürfen, wenn ihnen eine Hundehütte (wie S. 306) zur Verfügung steht. Das *Anbinden* darf nur mit einem breiten, nicht einschneidenden Halsband an einer mindestens 6 m langen Laufvorrichtung (Laufseil, Laufdraht, Laufstange) und nur so erfolgen, daß der Hund seinen Schutzraum ungehindert aufsuchen kann. Die Anbindung (Kette) muß mit zwei drehbaren Wirbeln versehen und von geringem Eigengewicht sein. *Bei Zwingerhaltung* (s. S. 306) muß die Grundfläche des Zwingers für einen mittelgroßen, über 20 kg schweren Hund mindestens 6 qm und für jeden weiteren in demselben Zwinger gehaltenen Hund (ausgenommen Welpen beim Muttertier) je 3 qm mehr betragen.
Kot ist regelmäßig zu entfernen!

---

*) Es werden hier nur die Bestimmungen aus dem Tierschutzrecht besprochen, die der Jäger kennen muß.

# Naturschutz

**Was gibt es Neues im Naturschutzrecht?**

Der Bundestag hat mit Zustimmung des Bundesrates am 20. Dezember 1976 (BGBl. I S. 3573) das Gesetz über Naturschutz und Landschaftspflege (Bundesnaturschutzgesetz – BNatSchG) beschlossen und in den §§ 1 und 4 bekanntgegeben:

(1) Natur und Landschaft sind im besiedelten und unbesiedelten Bereich so zu schützen, zu pflegen und zu entwickeln, daß
1. die Leistungsfähigkeit des Naturhaushalts,
2. die Nutzungsfähigkeit der Naturgüter,
3. die Pflanzen- und Tierwelt sowie
4. die Vielfalt, Eigenart und Schönheit von Natur und Landschaft als Lebensgrundlagen des Menschen und als Voraussetzung für seine Erholung in Natur und Landschaft nachhaltig gesichert sind.
Im § 4 des BNatSchG wird bestimmt, daß diese Vorschriften Rahmenvorschriften für die Landesgesetzgebung sind. Die Länder sollen *innerhalb von zwei Jahren* nach dem Inkrafttreten des Bundesnaturschutzgesetzes den Bestimmungen dieses Gesetzes entsprechende Vorschriften erlassen oder bestehende Vorschriften anpassen.
Bis dahin wird davon abgesehen, die noch geltenden Gesetze außer Kraft zu setzen, soweit sie dem neuen Recht nicht widersprechen.

**Welche Gesetze schützen z. Zt. noch die Natur vor Eingriffen des Menschen?**

Das **(Reichs-)Naturschutzgesetz (NatSchG)** vom 26. 6. 1935 (RGBl. I 821) i. d. F. der Gesetze v. 29. 9. 1935 (RGBl. I 1191), 1. 12. 1936 (RGBl. I 1001) u. 20. 1. 1938 (RGBl. I 36) mit der dazugehörenden

**Durchführungsverordnung (DVO)** i. d. F. der VO vom 16. 10. 1938 (RGBl. I 1184) u. 6. 8. 1943 (RGBl. I 481) und

**Naturschutzverordnung (NatSchVO),** Verordnung zum Schutze der wildwachsenden Pflanzen und der nichtjagdbaren wildlebenden Tiere vom 18. 3. 1936 (RGBl. I 181) i. d. F. der VO v. 21. 1. 1938 (RGBl. I 45) und 16. 3. 1940 (RGBl. I 567).

Das NatSchG (nebst DVO) wurde durch das Grundgesetz, das am 24. 5. 1949 in Kraft trat, nicht berührt. Es gilt nach einer Entscheidung des Bundesverfassungsgerichts vom 14. 10. 1958 (Band 8 S. 186) als Landesrecht weiter. *Die Länder* haben von der Möglichkeit Gebrauch gemacht, die *reichsrechtlichen Bestimmungen* für Naturschutz unterschiedlich zu ändern und zu ergänzen.

*Die NatSchVO ist heute Landesrecht.*

Die Bundesländer haben sie teilweise abgeändert und ergänzt. Wesentliche Abweichungen vom ursprünglichen Text brachten für *Baden-Württemberg die NatSchVO vom 6. Juni 1963 (GesBl. S. 83), für Bayern das Naturschutz-Ergänzungsgesetz (NatEG) vom 29. Juni 1962 (GVBl. S. 95) und für Hessen das NatEG vom 8. März 1968 (GVBl. S. 63).*

---

*) Es werden hier nur die Bestimmungen aus dem Naturschutzrecht besprochen, die der Jäger kennen muß. Texte aus dem NatSchG wurden in Kleinschrift (6 Punkt) gebracht.

**Wodurch haben sich die Umweltbedingungen für unser Wild in den letzten Jahrzehnten so nachteilig verändert?**

Durch die ungeheueren Ansprüche und *Fortschritte der Zivilisation und Technik* und die enorme *Entfaltung der Wirtschaft* (s. S. 374). Es ist deshalb dringend notwendig geworden, die ständig bedrohte Landschaft vor weiteren nachteiligen Einflüssen zu schützen und das *gestörte biologische Gleichgewicht* zwischen Natur, Tier und Mensch wiederherzustellen und damit uns Menschen die beglückende Begegnung mit der Natur und ihren Geschöpfen zu erhalten.

*Naturschutz ist auch Schutz der Menschen!*

*Die §§ 6 und 7 des Landespflegegesetzes von Rheinland-Pfalz (vom 14. Juni 1973, GVBl S. 147) sagen hierzu:*
*Jedermann darf Wälder unentgeltlich betreten;*
*das Betreten der Flur ist jedermann auf Privatwegen und Wirtschaftswegen gestattet;*
*der Zugang zu den Gewässern ist durch Uferwege offenzuhalten.*

## Das Naturschutzgesetz (NatSchG)

### Anwendungsbereich des Gesetzes §§ 1–5

**Worauf erstreckt sich der Naturschutz im Sinne des NatSchG?**

Auf die *Erhaltung seltener* oder in ihrem Bestande bedrohter *Pflanzenarten* (s. S. 369) und den Schutz nichtjagdbarer Tierarten (s. S. 371) und auf die Verhütung mißbräuchlicher Aneignung und Verwertung von Pflanzen und Pflanzenteilen oder Tieren sowie auf

Naturdenkmale und ihre Umgebung,
Naturschutzgebiete und
sonstige Landschaftsteile in der freien Natur,

deren Erhaltung wegen ihrer Seltenheit, Schönheit, Eigenart oder wegen ihrer wissenschaftlichen, heimatlichen, forst- oder *jagdlichen Bedeutung* im allgemeinen Interesse liegt.

**Was sind Naturdenkmale (§ 3)?**

Einzelschöpfungen der Natur, deren Erhaltung wegen ihrer Eigenart im öffentlichen Interesse liegt (z. B. Felsen, erdgeschichtliche Aufschlüsse, Wanderblöcke, Gletscherspuren, Quellen, Wasserläufe, alte oder seltene Bäume, Baumgruppen, Biotope).

**Was sind Naturschutzgebiete (§ 4)?**

Abgegrenzte Bezirke, in denen ein besonderer Schutz der Natur in ihrer Ganzheit oder in einzelnen ihrer Teile (Vogelfreistätten, Vogelschutzgehölze, Pflanzenschonbezirke u. dgl.) aus wissenschaftlichen, geschichtlichen, heimat- und volkskundlichen Gründen oder wegen ihrer landschaftlichen Schönheit oder Eigenart im öffentlichen Interesse liegt.

**Welche Landschafts t e i l e können dem Naturschutz unterstellt werden (§ 5)?**

Alle Landschaftsteile, die zur Zierde und zur Belebung des Landschaftsbildes beitragen oder *im Interesse der Tierwelt,* besonders der Singvögel und der Niederjagd, Erhaltung verdienen (z. B. Bäume, Baum- und Gebüschgruppen, Raine, Alleen, Landwehren, Wallhecken und sonstige Hecken sowie auch Parke und Friedhöfe). Der Schutz kann sich auch darauf erstrecken, das Landschaftsbild vor verunstaltenden Eingriffen zu bewahren (Landschaftsschutzgebiete).

**Was sind Naturparke und welche Aufgabe haben sie?**

Es sind durch Wald und andere Naturschönheiten ausgezeichnete Landschaftsteile, die in vielen Ländern (Amerika, Schweiz, England, Holland, Japan, Schweden) und jetzt auch bei uns entstanden sind und noch laufend entstehen.

Die Naturparke stehen *auf Grund der Sozialbindung des Eigentums allen* Bevölkerungsschichten mit Park- und Rastplätzen, Schutzhütten und markierten Wander- und Reitwegen, die meist zum Ausgangspunkt zurückführen, zur Verfügung.

### §§ 7–8 Naturschutzbehörden

**Welche Naturschutzbehörden werden nach ihrem mehrstufigen Aufbau unterschieden?**

Oberste, höhere und untere Naturschutzbehörden.

Untere Naturschutzbehörde ist die untere Verwaltungsbehörde (der Landrat), in kreisfreien Städten der Oberbürgermeister bzw. der Stadtrat).

Bei jeder Naturschutzbehörde ist eine Naturschutzstelle zur fachlichen Beratung eingerichtet.

### § 12 Naturdenkmale und Naturschutzgebiete

**Wodurch erhalten Naturdenkmale und Naturschutzgebiete den Schutz des Naturschutzgesetzes?**

Durch ihren Eintrag in die amtliche Liste (*Naturdenkmalbuch bzw. Naturschutzbuch*). Die Liste der Naturdenkmale wird bei der unteren, die der Naturschutzgebiete bei der obersten Naturschutzbehörde geführt.

### § 19 Pflege des Landschaftsbildes

**Welche Anordnungen können die Naturschutzbehörden zur Pflege des Landschaftsbildes treffen?**

Anordnungen, die sich auf die Landschaft beziehen, soweit es sich darum handelt, verunstaltende, die Natur schädigende oder den Naturgenuß beeinträchtigende Änderungen von ihr abzuhalten. Als solche können z. B. in Betracht kommen und *untersagt* werden: Zelten und Lagern an anderen als den zugelassenen Plätzen, Parken außerhalb der Wege, *Ablagern von Abfällen, Beseitigen* oder Beschädigen *geschützter Hecken, Bäume, Gehölze,* Teiche, Tümpel, Felsblöcke, Errichtungen von Betonmauern an Stelle von Naturzäunen und die *Zersiedelung der Landschaft* mit (Jagd- und) Wochenendhäusern (Splittersiedlungen).

## Die Naturschutzverordnung (NatSchVO)*

### I. Schutz der wildwachsenden Pflanzen

Mißbräuchliche Benutzung §1

**Was ist zum Schutze der wildwachsenden Pflanzen verboten?**

Es ist verboten, wildwachsende Pflanzen mißbräuchlich zu nutzen oder ihre Bestände zu verwüsten; hierzu gehören besonders die offensichtlich *übermäßige Entnahme* von Blumen und Farnkräutern, das böswillige und *zwecklose Niederschlagen* von Stauden und Uferpflanzen, das *unbefugte Abbrennen der Pflanzendecke (mit Nestern und Jungtieren)* auch dann, wenn dabei im einzelnen Fall ein wirtschaftlicher Schaden nicht entsteht.

*Das Sammeln wildwachsender Waldfrüchte, wie Beeren und Pilze, in ortsüblichem Umfang ist gestattet (Bayern, Hessen, Niedersachsen).*

*Im Saarland kann durch Rechtsverordnung das Sammeln von wildwachsenden Beeren, Pilzen, Haselnüssen, Kräutern und Blumen zeitlich und örtlich begrenzt und die Verwendung gewisser Sammelgeräte verboten werden.*

Vollkommen geschützte Pflanzen §4

**Welche wildwachsenden Pflanzen dürfen nicht beschädigt oder von ihrem Standort entfernt werden?**

Im § 4 der NatSchVO und *dem Naturschutz-Ergänzungsgesetz des Landes Hessen* vom 8. März 1968 (GVBl. I S. 63) und der VO zur Ausführung dieses Gesetzes vom 10. Juli 1968 (GVBl. I S. 199) wurden 25 (34) Arten dieser Pflanzen aufgeführt, u. a. auch Straußfarn, Hirschzunge, Königsfarn, Federgras, Lilien und die Orchideen oder Knabenkräuter (Frauenschuh, Waldvögelein, Kohlröschen und Kuckucksblume), der Diptam (die Waldstaude), Seidelbast, gelber Fingerhut, Weiße und Gelbe Seerosen, Enzian und Edelweiß.

Schmuckreisig (Entnahme und Handelsverkehr) § 10, 11

**Darf Schmuckreisig von Sträuchern in Wäldern, Gebüschen oder an Hecken unbefugt entnommen werden?**

Nein! Es ist dabei gleichgültig, ob im einzelnen Fall ein wirtschaftlicher Schaden entsteht oder nicht.

Das gilt nicht für die Entnahme eines Handstraußes.

Als Schmuckreisig, das nicht entnommen werden darf, gelten z. B. auch Weihnachtsbäume, Pfingstmaien und die *kätzchentragenden Weiden-*, Hasel-, Espen-, Erlen- und Birken*zweige* (Abb. S. 378).

Wer Schmuckreisig zu Handelszwecken mit sich führt, befördert oder anbietet, muß sich über den rechtmäßigen Erwerb ausweisen können.

---

*) Die vom ursprünglichen Text der NatSchVO abweichenden *Länderregelungen* wurden zur Unterscheidung in *Kursivschrift* gedruckt!

## II. Schutz der *nichtjagdbaren* wildlebenden Vögel

### §§ 12, 13 Geschützte Vogelarten, Verbote

**Was ist zum Schutze der einheimischen, nichtjagdbaren wildlebenden Vögel verboten?**

Es ist verboten, Vögeln dieser Arten nachzustellen oder sie mutwillig zu beunruhigen, insbesondere sie zu fangen oder zu töten, Eier, Nester oder andere (*besetzte*) Brutstätten geschützter Vögel zu beschädigen oder wegzunehmen, *mit dem Fleisch von Vögeln dieser Arten Handel zu treiben (Baden-Württemberg).*
In der Zeit vom 1. Oktober bis Ende Februar ist es erlaubt, Nester der Kleinvögel an Gebäuden zu entfernen, sofern sie keine Jungvögel enthalten.
Weiter ist u. a. verboten (§ 13)
1. Vogelleim, Leimruten, Schlingen zum Vogelfang oder andere Vogelfanggeräte, die den Vogel weder unversehrt fangen noch sofort töten, herzustellen, anzubieten oder zu erwerben.
2. Kinder beim Beseitigen von Nestern (s. § 12) oder beim Fangen von Vögeln zu beteiligen.

### § 14 Schutz der Lebensstätte

**Welche Bestimmungen wurden zum Schutz der Lebensstätten (Nist-, Brut- und Zufluchtsstätten) erlassen?**

Es wurde in der freien Natur für die Zeit vom 15. März bis zum 30. September verboten:
1. Hecken, Gebüsche und lebende Zäune zu roden, abzuschneiden oder abzubrennen („flämmen"),
2. die Bodendecke auf Wiesen, Feldrainen, ungenutztem Gelände, an Hängen und Hecken abzubrennen,
3. Rohr- und Schilfbestände zu beseitigen.

*Im Saarland beginnt das Verbot am 15. Februar; es kann in besonders kalten und feuchten Jahren bis 1. März angesetzt werden.*

*In Baden-Württemberg und in Bayern gilt das Verbot ganzjährig, in Hessen vom 16. 2. bis 31. 8. (für Schilf vom 1. 3. bis 30. 9.).*
Die kontrollierte und genehmigte *„Rodung durch Feuer"* gilt nach internationalen Untersuchungen als umweltfreundlich. Für die *Beseitigung von Stroh* durch Feuer sind die Vorschriften des Landesjagdverbandes Schleswig-Holstein und Niedersachsen (s. S. 560) zu beachten.

### § 15 Ungeschützte Arten

**Welche nichtjagdbaren wildlebenden Vögel sind nicht geschützt?**

Nebel-, Raben- und Saatkrähe, Eichelhäher, Elster sowie Feld- und Haussperling; *in Bayern und Hessen außerdem die Haustaube (Columba livia damestica L.) in verwildertem Zustand, in Baden-Württ.* ab 1. 4. 1976 auch Star und Amsel; Saatkrähe jedoch ganzjährig geschützt.

Es ist jedoch verboten, diesen Vögeln nachzustellen:

1. zur Nachtzeit (als Nachtzeit gilt hier (anders als im Jagdrecht s. S. 484) die Zeit von einer Stunde nach Sonnenuntergang bis zu einer Stunde vor Sonnenaufgang),
2. mit Leim, Schlingen, Tellereisen, Pfahleisen oder Selbstschüssen oder mit Vorrichtungen, die den Vogel weder unversehrt fangen noch sofort töten,
3. unter Benutzung geblendeter („blind gemachter") Lockvögel,
4. mit Schlag- oder Zugnetzen,
5. mit Hilfe künstlicher Lichtquellen,
6. unter Anwendung von Giftstoffen oder betäubenden Mitteln (Bekämpfung der Krähen s. S. 486, Maßnahmen gegen Katzen s. S. 506).

### III. Schutz der übrigen nichtjagdbaren wildlebenden Tiere

Massenfang und -tötung, Aufrufe § 23

**Was ist zum Schutze der wildlebenden Tiere verboten?**

Es ist verboten, sie ohne vernünftigen, berechtigten Zweck in Massen zu fangen oder in Massen zu töten (s. S. 180 Eichhörnchen).

Geschützte Tierarten*) § 24

**Welche Tierarten sind nach der NatSchVO ganzjährig geschützt?**

*I. Von den Säugetieren:*

1. Igel (sie bauen ihr Nest über der Erde, halten vom Oktober bis Februar Winterschlaf mit Spaziergängen zwischendurch [kein echter Winterschläfer], bringen zweimal im Jahre etwa sieben Junge zur Welt, fressen neben Insekten, Schnecken, Würmern und Mäusen auch Giftschlangen. Eine Million Igel stirbt jährlich bei Wanderschaften den Verkehrstod;
2. Spitzmäuse (außer Wasserspitzmäusen);
3. Fledermäuse. Sie sind die einzigen fliegenden Säugetiere und machen oft bis 750 km weite Wanderflüge von den Sommer- zu den Winterquartieren. Höchstalter 15 Jahre. Im Wege der „Echo-Lotung" werden Töne im Wellenbereich des Ultraschalls abgegeben und im Falle der Reflektion mit dem Ohr wieder wahrgenommen. Den Tag verschlafen sie, mit dem Kopf nach unten hängend; in der Dämmerung und nachts sind sie aktiv. Sie sind wichtige Insektenvertilger. Die Paarung erfolgt im Herbst. Nach der Geburt hält sich das (eine) Junge in den ersten zwei Wochen mit dem Milchgebiß an der Mutter während deren Flügen fest, verbleibt aber dann in einer „Wochenstube" und ist im Alter von acht Wochen erwachsen. Die Fluggeschwindigkeit beträgt 4,5 m in der Sekunde;

4.–7. Bilche (Siebenschläfer, Baumschläfer, Gartenschläfer und Haselschläfer oder Haselmaus). Es sind Winterschläfer.

*II. Von den Kriechtieren und Amphibien*

8. Sumpfschildkröte. Sie lebt von Pflanzen, Würmern und Fi-

*) Näheres und farbige Abbildungen hierzu siehe Buch: „Dr. Ecke: Die geschützten Tierarten", Brühlscher Verlag 63 Gießen; zu beziehen durch Verlag J. Neumann-Neudamm 3508 Melsungen.

schen. Wo sie vorkommt, erkennt man auf dem Wasser treibende Schwimmblasen von verzehrten Fischen.

9.–12. Eidechsen (Mauer-, Smaragd- und Zauneidechsen vermehren sich durch Eier, die Bergeidechsen sind lebendgebärend);

13. Blindschleiche (bis 50 cm lang, Winterschläfer, 8–10 Junge);

14. Ringelnatter, mit gelben oder weißen „Mond"-Flecken am Hinterkopf, 1–1½ m lang, ernährt sich von Fröschen, Unken, auch von kleinen Kreuzottern. Es gibt aber auch „Fischspezialisten". Die Beute wird auf dem Lande verschlungen. Die 25 bis 40 pergamentschaligen Eier brauchen zur Entwicklung Wärme und Feuchtigkeit (feuchtes Sägemehl, Komposthaufen, Strohmieten). Feinde sind Igel, Störche, Graureiher, Mäusebussard und Turmfalk;

15.–17. Würfel-, Schling- und Äskulapnatter;

18. Feuersalamander (er hat große gelbe Flecken auf der Oberseite); 15–24 cm lang, Winterruhe Oktober/April in Erdlöchern;

19. Alpensalamander (schwarze Gesamtfärbung);

20. Kröten und Unken. Laichzeit April/Mai. Weib größer als Mann;

21. Laubfrosch (Mann und Weib gleichgroß, 4–5 cm. Männchen an kehlständiger Schallblase kenntlich. Sie haben Haftscheiben an den Fingern und Zehen (zum Festhalten an glatten, senkrechten Flächen);

22. Frösche (mit Ausnahme des Wasser- und Grasfrosches), Männchen 7,5 cm, Weibchen 9–12 cm.

*III. Von den Kerbtieren und Insekten*

23.–24. Segel- und Apollofalter;

25. Hirschkäfer. Er lebt in alten Eichenbeständen, die Brutstubben liefern, und ernährt sich vom Saft blutender Eichen. Das „Geweih" des Männchens wird von den Oberkiefern gebildet (Länge des Männchens bis 11 cm, davon bis 3,5 cm Geweih). Das Weibchen ist geweihlos. Es legt in das vermulmende Wurzelholz der Eichenstubben bis 100 je 2,5 mm lange, rahmgelbe ovale Eier ab. Die Larven brauchen fünf Jahre bis zur Verpuppung. Die Zahl der Hirschkäfer ist stark zurückgegangen durch Stubbenroden und Sprühgifte;

26. Rote Waldameise (Große, Mittlere und Kleine). Der Jäger darf die Puppen (fälschlich „Ameiseneier" genannt) nicht an sich nehmen, um sie an Jungfasane zu verfüttern. Dagegen können Eier der Weg- und Rasenameise gesammelt werden! (Vermehrung durch „Ablegernester" ist im April möglich und ratsam; s. hierzu „Pirsch" 1972 Nr. 13, S. 317/318);

27. Wiener oder Großes Nachtpfauenauge, schönster europäischer Falter, Spannweite 12–14 cm;

28. Alpenbock, schwarzer, blaßblau behaarter Käfer, fliegt im Juni/August. Larve in alten Buchenstümpfen der Alpen;

29. Puppenräuber, Käfer mit dunkelgrünen Flügeldecken bis 3,5 cm lang und Larve erklettern Bäume und vertilgen Raupen, Kiefernspinner und Nonnen und sind deshalb sehr nützlich;

30. Pechschwarzer Wasserkäfer (mit olivgrünem Schimmer) bis 4,7 cm lang, kommt in Fischteichen vor, langsamer Schwimmer.

Das Aneignen einzelner Tiere der Nr. 11, 13, 14 und 18–22 zur eigenen Haltung ist gestattet.

**Welche Strafen sind in der NatSchVO vorgesehen?**

Haft (in schweren Fällen Freiheitsstrafe) und Geldstrafe bis 150,– DM oder eine dieser Strafen (§ 30/1 und 2).
Wer es unterläßt, Jugendliche unter 18 Jahren, die seiner Aufsicht unterstehen, von einer Zuwiderhandlung gegen die Vorschriften der NatSchVO abzuhalten, wird nach § 30 (1) bestraft.
Die ursprünglichen Strafbestimmungen der NatSchVO wurden in den Bundesländern häufig und unterschiedlich abgewandelt. Dabei wurde zwischen Straftaten und Ordnungswidrigkeiten (die mit Geldbuße belegt werden können) unterschieden.

## Wildhege

zur Aufartung und Erhaltung der Wildbestände

**Was versteht man unter Wildhege?**

Alle Maßnahmen, die der waidgerechte Jäger zur Pflege, zum Schutze und zur Hebung des Wildbestandes anwendet, damit ein angemessener, artenreicher, kräftiger und gesunder (d. h. dem Biotop angepaßter) Wildbestand entsteht und erhalten bleibt. Die Wildhege darf nur in einem solchen Umfange durchgeführt werden, daß Wildschaden in der Land- und Forstwirtschaft und in der Fischerei vermieden werden.

*Die Biotop-Hege ist zum wichtigsten Teil der Jagd geworden!*

**Durch welches Gesetz wird die Erhaltung und Aufartung des deutschen Wildbestandes gefordert und gesichert?**

Durch das Bundesjagdgesetz (nebst Verordnung über die Jagdzeiten) und die in seinem Rahmen ergangenen landesrechtlichen Vorschriften (s. S. 462 und 492–495).

**Wie läßt sich die Erhaltung des Schalenwildbestandes praktisch erreichen?**

Durch sachgemäße *Auslese mit der Büchse (Bejagung nach Wahl und Zahl)*, insbesondere
- durch Schonen gesunder und artstarker Vater- und Muttertiere nach „züchterischen" Gesichtspunkten;
- durch frühzeitiges Bejagen aller kranken, schwachen und zur Fortpflanzung ungeeigneten Stücke;
- durch gleichmäßige Verteilung des männlichen und weiblichen Wildes auf die einzelnen Altersklassen und
- durch Herstellung eines Geschlechterverhältnisses von 1 : 1.

Der Wildbestand ist dabei *zahlenmäßig niedrig zu halten*, denn Wald und Feld bieten heute infolge intensivster Bodenbewirtschaftung nur noch einer beschränkten Zahl von Wild *Lebensraum. Erstrebenswert sind Hegegemeinschaften* (s. S. 472, 559).
Jede Überhöhung der zulässigen *Wilddichte* bewirkt eine Störung des *biologischen Gleichgewichtes* und das Aufkommen von Wildschäden, Wildkrankheiten und Degeneration (s. S. 120 und 163).

**Wodurch wird der Erfolg dieser Maßnahmen gesichert?**

Durch Aufstellen richtiger (!) Bejagungspläne (s. S. 488), durch richtiges Ansprechen **vor** dem Schuß, also durch *Wahlabschuß* auf der Pirsch oder beim Ansitz, durch *Verzicht auf Treibjagden* auf Schalenwild, durch Überwachen der Streckenlisten (Abschußlisten) und durch den Vorlagezwang des Kopfschmuckes von Schalenwild *(Pflichttrophäenschau).*

**Was verstehen wir unter der „Wilddichte"?**
Die Anzahl von Wild, die im März auf einer Einstands- und Äsungsfläche von 100 ha oder 1 qkm durch Zählung ermittelt wurde.
Als normal gilt auf je 100 ha eine Wildbestandsdichte von 1–3 Stück Rotwild (oder Damwild) und von 4–8 Stück Rehwild (s. S. 163) je nach Biotopgüte.
Die Wilddichte muß immer den Biotop- und *Äsungsansprüchen* des Wildes angepaßt werden (s. S. 120).

Faustregel: *Weniger Wild, bessere Äsung und Ruhe!*

Früher wurde die Wilddichte vom Großraubwild (Bär, Wolf, Luchs, Adler und Uhu) reguliert. Heute muß der Waidmann diese *Regulation der Wilddichte* durch Bejagung auf einem ungestörten Biotop (s. S. 120) übernehmen. Ohne ihn würde es heute kein Wild mehr geben, weil es (wie 1848, s. S. 268) als „Schadwild" ausgerottet würde.

*Das freilebende Wild gehört unter die Obhut der Jagdgesetze!*

## Jagdrevierpflege

### Der Wald im Haushalt der Natur

**Was versteht man unter einem Jagdrevier?**
Einen bestimmten abgegrenzten Bezirk zum Zwecke des Jagens.
Man unterscheidet die *freie Wildbahn* und das *Gatterrevier.*

**Wieviel Jagdfläche (Wirtschaftsfläche) umfaßt das Bundesgebiet?**
Etwa 13,30 Millionen Hektar. Hiervon entfallen:
9,5 % der Fläche auf die Staatsjagden des Bundes und der Länder,
17 % der Fläche auf Eigenjagdbezirke und
73,5 % der Fläche auf gemeinschaftliche Jagdbezirke.
Von diesen Jagdflächen waren im Jahre 1975 etwa 307 800 ha nicht mehr bewirtschaftete Brachflächen.
Von der Wirtschaftsfläche waren Brachflächen:
8,2 % im Saarland, 4,9 % in Rheinland-Pfalz, 3,4 % in Hessen, 0,3 % in Schleswig-Holstein und 0,7 % in Niedersachsen.
*Brach- und Ödlandflächen* und ausgebeutete Kies- und Tongruben *sind anzupachten und zur Biotopverbesserung* (für Hegebüsche, Verbißgärten und die Einsaat von Wildkräutern *zu nutzen* (s. auch S. 379, 380).

**Wie ist das Flächenverhältnis von Wald zu Feld?**
28 % der gesamten Jagdfläche ist Wald.
Die Waldfläche wiederum besteht zu 68 % aus Nadelwald (42 % Fichten und 26 % Kiefern, Tannen und Lärchen) und 32 % aus Laubwald (8 % Eichen und 24 % Buchen usw.).
Durch die *Ansprüche der Zivilisation und Technik* gehen dem Bundesgebiet jährlich etwa 35 000 Hektar Kulturland verloren, **täglich** also eine Fläche von *120 ha* (= mehr als die Mindestgröße eines Eigenjagdbezirkes). Dazu kommt noch, daß durch ungenügende Klärung der *Abwässer* das Ober- und Grundwasser

verdorben wird, und daß in Industriegebieten nur noch wenige Baumarten gedeihen können, weil die immergrünen Nadelhölzer die Vergiftung mit *Ruß, Rauch und Staub* nicht ertragen.
Lebensraum und Lebensmöglichkeiten für unser Wild werden dadurch von Jahr zu Jahr immer mehr eingeengt und bedroht.

**Welche Wälder werden unterschieden?**
Wir unterscheiden:
Laubwälder (mit Eichen, Rotbuchen oder Hainbuchen),
Nadelwälder (mit Fichten, Tannen, Kiefern und Lärchen)
und gemischte Bestände.
In Gebieten, die naß oder der Überschwemmung ausgesetzt sind, überwiegen Erlen, Eschen und Pappeln mit Weiden.
Die aus mehreren Laubholzarten gemischten Wälder, die die Flüsse in der Ebene begleiten, nennt man *Auwälder*. In ihnen ist Wald mit reichem *Unterholz* noch in der ursprünglichsten Form erhalten geblieben. Leider ist dieser Idealzustand des Waldes, der das Gleichgewicht zwischen Wald und Wild sichert, durch den „Wirtschaftswald" immer mehr verlorengegangen.

**Wann bezeichnet man Wälder als Forste?**
Wenn sie bewirtschaftet werden.
Als Folge einer im vergangenen Jahrhundert praktizierten Technik setzen sich unsere Forste heute noch oft aus Monokulturen (gleichartige und gleichaltrige Baumbestände) zusammen. Sie sind anfällig für Schädlinge (Nonne, Foreule, Kiefernspanner, Buchdrucker, Waldgärtner) und fallen *Waldbränden und Stürmen* leichter zum Opfer. Aus dieser Erkenntnis werden heute weitestgehend Mischwälder oder *Fichtenwälder mit Laubholzbeimischung* gepflanzt.
Unter schwierigen Anbauverhältnissen (steile Hänge, trockene Lagen) bevorzugt man Dauerwaldwirtschaft, bei der nur schlagreife Bäume gefällt werden und sich der Bestand durch Naturverjüngung (Entwicklung neuer Jungbäume aus Samen und Stockaufschlag) regeneriert.

**Welche Bedeutung hat der Wald im Haushalte der Natur?**
Er liefert nicht nur Holz, sondern hat auch einen entscheidenden Einfluß auf das Kleinklima und eine große Bedeutung für den Wasserhaushalt der Natur.
Er schützt durch das „Waldgesetz" die landwirtschaftlichen Flächen *vor Austrocknung* und Versteppung, speichert *Wasser* und spendet Sauerstoff für die Lungen von Mensch und Tier. Außerdem gibt er dem Wilde, Vögeln und Kleintieren Unterschlupf und Nahrung. Die Erzieher haben deshalb die Aufgabe, schon die Jugend auf den *Wert des Waldes* hinzuweisen.
*Jeder Waldbesitzer soll seinen Wald nach den Grundsätzen einer ordentlichen Forstwirtschaft bewirtschaften und dabei der Bedeutung des Waldes für die Umwelt, insbesondere der Erhaltung seiner günstigen Wirkungen für das Klima, den Wasserhaushalt, das Landschaftsbild und die allgemeine Erholung Rechnung tragen. Für den Erholungsverkehr sind Wander- und Reitwege, Schutzhütten und Beobachtungsplätze kenntlich zu machen* (Näheres s. Bundeswaldgesetz vom 2. Mai 1975, BGBl. I S. 1037).

## Die wichtigsten Nadelhölzer

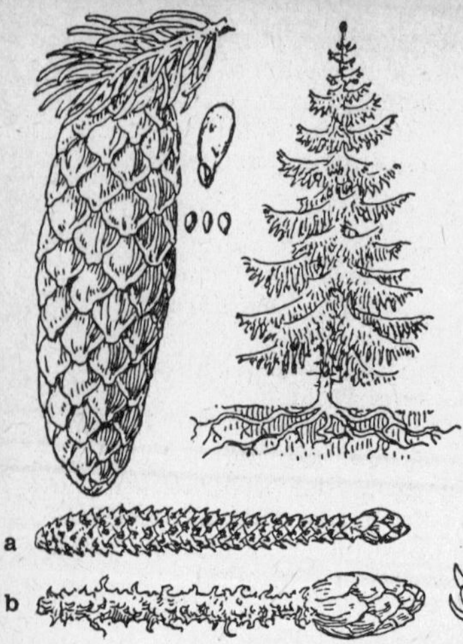

### Fichte

Krone pyramidenförmig mit spitzem Gipfel, Zapfen hängend, einjährig, fallen nach Ausfliegen des Samens als Ganzes ab, Nadeln einzelnstehend, Fruchtschuppen bei a bis auf die Spindel abgenagt — durch alte Eichhörnchen, bei b bis auf die obersten Kränze abgenagt — durch Mäuse.
Flache, tellerförmige Bewurzelung.

### Tanne

Kegelförmige, später abgeplattete Krone, scharf hervortretende Astquirle, Nadeln einzelstehend, flach. Zapfen groß und aufrecht, einjährig, zerfällt nach der Samenreife, Zapfenspindel bleibt stehen.
Anspruchsvoller Waldbaum, verlangt fruchtbaren und lockeren Boden.
Tiefe Bewurzelung, Pfahlwurzel.

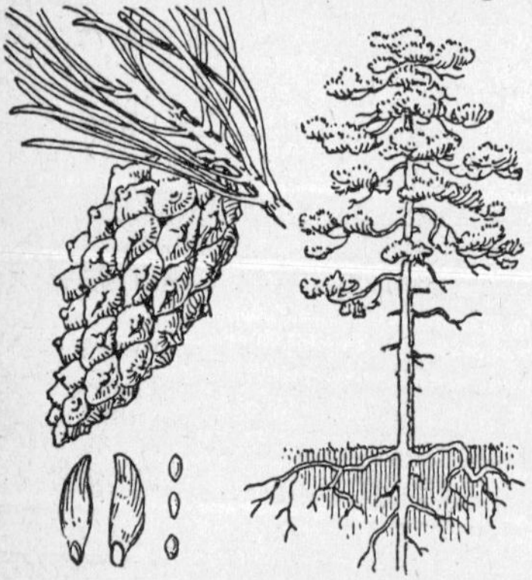

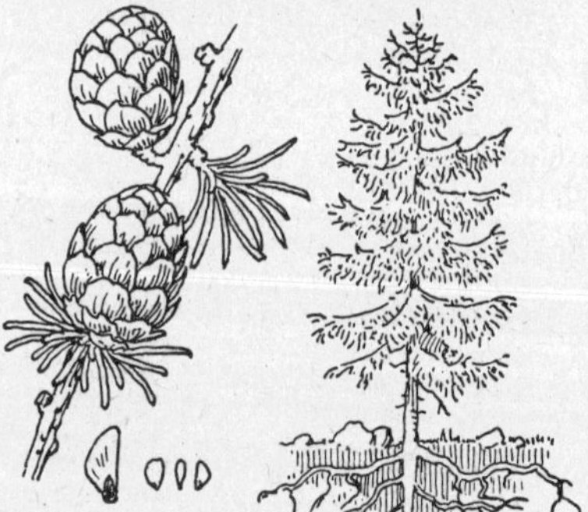

### Kiefer

Kegelförmige, später schirmförmige Krone. Lange Nadeln rings um den Zweig herum. Zapfen eikegelförmig mit vorgezogener Spitze an gekrümmtem Stiele, hängend, dreijährig, fallen als Ganzes ab.
Tiefgehende Pfahlwurzel mit Seitenwurzeln.

### Lärche

Stumpf-kegelförmige Krone. Weiche, hellgrüne Nadeln, an den Langtrieben einzelnstehend, auf Kurztrieben in Büscheln; Nadeln werden im Herbst goldgelb und fallen im Winter ab. Zapfen klein und eiförmig, bleiben nach Samenausfall noch jahrelang am Baum. Pfahlwurzel.

**Was ist ein Waldrevier?**

Ein Jagdbezirk, dessen größter Teil aus Wald besteht.
Im Walde findet man Nadelholz-, Laubholz- und gemischte Bestände. Heranwachsende Bestände nennt man *Kulturen.* Wenn sich die Kulturen geschlossen haben, heißen sie *Schonungen,* später *Dickungen* und schließlich *Stangenhölzer.*
„*Jagen*" sind, oft durch Jagensteine numerierte Waldabteilungen, die durch Schneisen oder Gestelle getrennt sind. Diese von Holz befreiten, gerade verlaufenden Wege sollten so breit sein, daß Feuerwehrwagen passieren können.
Baumfreie Stellen heißen *Hauungen, Lichtungen oder Blößen.*
Unmäßig und unregelmäßig gewachsene Bäumchen heißen Protzen (bei Kiefern) und Wölfe (bei Laubbäumen).

**Was ist ein Feldrevier?**

Ein Jagdbezirk, dessen größter Teil aus *Feld* besteht. Bei den oft unbestreitbar notwendigen Flurbereinigungen ist darauf zu sehen, daß die bereinigte Feldmark biologisch gesund und reich an *Hecke und Knick* bleibt (s. S. 379). Im Feldrevier sollte der Jagdpächter die Landwirte bitten, einen Teil der Gründüngung (gegen Entschädigung) über Winter stehen zu lassen und erst im Frühjahr einzuackern. Wenn z. B. Raps entsprechend hoch ist, hat alles Wild über Winter sichere Äsung.

## Verbesserung der Wildäsung

**Welche Äsung braucht das wiederkäuende Schalenwild?**

Zähe Äsung: Triebe und Zweige von *Weichhölzern* (s. S. 379) und von Sträuchern (Salweide, Ginster, Heidekraut, Himbeerstauden),
harte Äsung: Früchte von Waldbäumen (wie Eicheln, Bucheckern, Kastanien) und
weiche Äsung: (Gräser, Blätter, Kräuter) und
Wasser, also *trockene und nasse Äsung!*
Rehwild ist das ganze Jahr hindurch vorwiegend (zu etwa 70 %) auf *zähe Äsung,* d. h. auf Verbiß, angewiesen;
faserreiche Äsung, wie *Gras (Heu), ist für Rehwild ungeeignet;*
Rotwild braucht dagegen als pflanzlicher Allesfresser etwa 70 % Gras (Heu) als Grundäsung (s. auch S. 121).
Das ist unbedingt bei der Winterfütterung (s. S. 383) und vor dem Anlegen von Wildäckern zu beachten!

**Welche Äsung fehlt dem Schalenwild in Monokulturen?**

Hauptsächlich die *Weichholzäsung,* die „Verbißgehölze: Weidenarten und Aspe (Abb. S. 378); außerdem fehlen *Kräuter,* die in Monokulturen den Erdboden nicht begrünen können.

**Wodurch läßt sich der Lebensraum allen Wildes verbessern?**

Durch *Düngung* der Waldwiesen, Waldwege und Krautschichten (mit Thomasmehl und Kali) und durch Erhalten und Schaffen von Deckungen und von Wildschutz. Hierzu eignen sich die vorhandenen landwirtschaftlichen *Brachflächen* (s. S. 374).

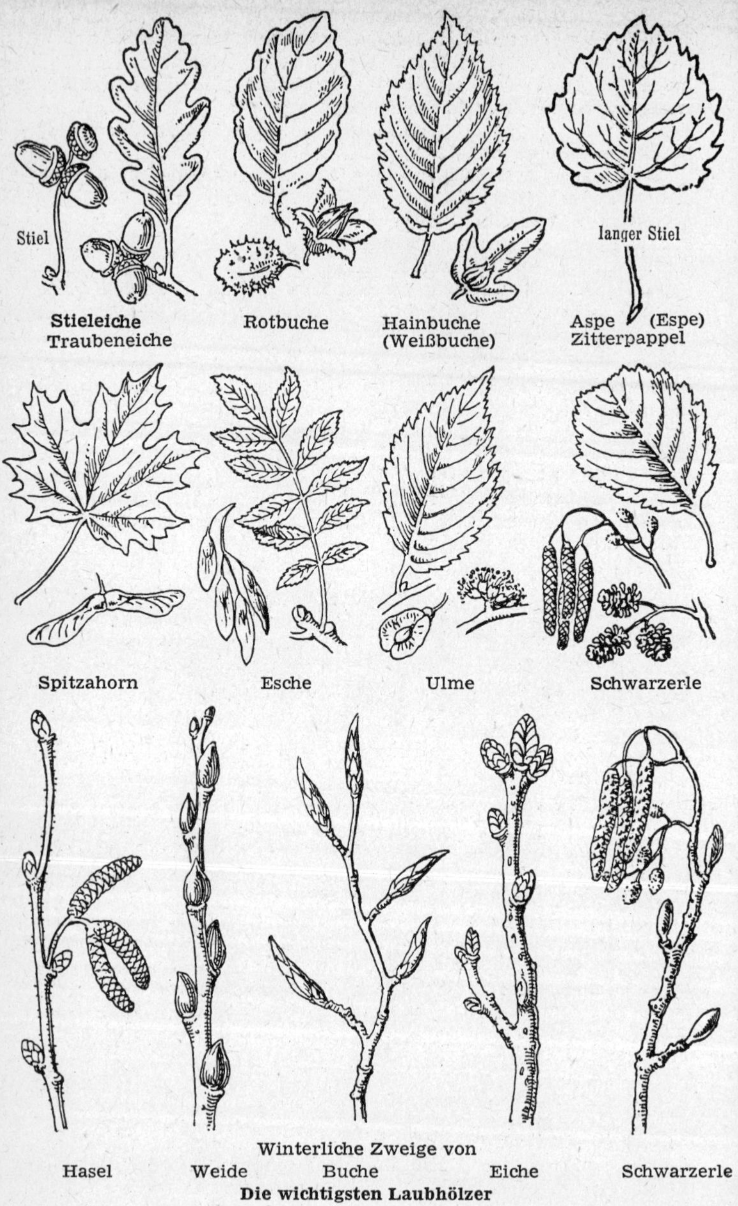


**Die wichtigsten Laubhölzer**

*Die Eiche ist der Vater, die Rotbuche die Mutter des Waldes*

**Womit sollen Wegränder in Feld und Wald bepflanzt werden?**

Die Feldwege mit *Fruchtbäumen* (Ebereschen, Eichen, Kastanien), die Waldwege und Waldblößen mit *Weichhölzern* (Salweide, Aspe, Wildapfel, Ginster, Schneebeere, wilder Jasmin, Akazie, Vogelbeere, Brombeere, Himbeere und roter Holunder). Stecklinge der wertvollen *Sandbrombeere* (Sorte „Theodor Reimers") liefert die Baumschule G. Lüdemann in 2083 Halstenbek.

**Womit können Tümpel- und Bachufer bepflanzt werden?**

Die Böschungsränder werden mit Weißklee, Gelbklee, Luzerne, und Esparsette besät und mit *Ginster* bepflanzt. Im Februar werden von *Weiden* (Knack-, Korb-, Purpur-, Silber- und Baumweide) bleistiftstarke Ruten geschnitten und in 30 cm langen Stücken als *„Stecklinge"* in die Böschungen (im Abstand von etwa 30 cm) gesteckt, wo sie rasch Wurzel fassen. Eine üppig wuchernde Strauchform ist die dänische Weidensorte Salix aquatica gigantea. Weiter werden in unregelmäßigen Gruppen Brombeere, Eberesche, Roterle, Graupappel, Esche, Ahorn und Stieleiche gepflanzt. Besonders die Stockausschläge sind wichtig!

**Welche Gewächse eignen sich für Ödland, Hecken und Remisen?**

Die sog. *„Pionierbaumarten"*, d. h. anspruchslose Gewächse, wie (Schwarz-)Kiefer, Eberesche, Weißerle, *Robinie,* Weide, Graupappel, Birke, Aspe und Ginster. Zur Verbesserung der *Wildäsung* wird wie bei Wildwiesen (S. 380/381) verfahren und außerdem noch rundum oder horstweise Fichte, Hainbuche, Salweide, Weißdorn, Sanddorn, Holunder, Hartriegel, Wildrose, Wildobst, Vogelbeere, Fasanenspiräe, *Besenginster* und einjährige bitterstoffarme *Lupine* (s. S. 381) angebaut.

Die neue *perennierende bitterstofffreie Lupine* („Süßlupine") wird samt Wurzelstock nach der Neuanlage meist derart stark vom Wild beäst, daß sie, wenn man sie zunächst nicht eingattert, oft eingeht.

*Das Wild braucht Äsung, Deckung, Ruhe und Windschutz!*

Musteranlagen *zur Biotop-Verbesserung* bestehen in den Lehrrevieren der Landesjagdverbände (s. S. 404) und im Landkreise Braunschweig (Braunschweiger Verfahren oder Braunschweiger Modell. Die wichtigste Hegemaßnahme ist die Anlage von *„Hegebüschen"* und Verbißgärten (S. 388).

Das *„Braunschweiger Modell"* umfaßt alle Maßnahmen der *Ödlandaufforstung zur Verbesserung des Lebensraumes* des Niederwildes, wie sie die Kreisgruppe Braunschweig-Land des DJV seit 1956 alljährlich betreibt. Sie haben zu einer enormen Steigerung der Niederwildstrecken geführt.

**Was sind natürliche und künstliche Remisen?**

Remisen sind *Zufluchtsorte für das Wild im Feldrevier.* Es sind dichte, niedrige Anpflanzungen (von *später geköpften* Fichten, Schimmelfichten, Robinien, Weißerlen, Dorngestrüpp und Weiden). Die Remisen sollen ungestört bleiben und dürfen nicht bejagt werden. Sie dienen dem Windschutz und vermindern die Austrocknungs- und Frostgefahr, steigern die Taubildung und beeinflussen damit das Kleinklima. In Remisen, Hecken und im „Knick" (einem

Erdwall mit lebender Hecke) können die Häsin setzen und die Fasanen- und Rebhenne brüten, ohne durch Sense und Mähmaschine gefährdet zu sein!
*Löns nannte die Hecken deshalb die „Schwestern des Waldes".*
Zum Schutze gegen Raubwild und Raubzeug soll jede Remise mit *Wippbrettfallen* und mit einer *Totschlagfalle* ausgestattet sein, die kein Friedwild durchläßt (s. S. 404).
In diesen *„Hegebüschen"* sind rechtzeitig Winterfütterung für Fasane und Vögel vorzusehen. Sie werden zweckmäßig mit Unterstützung der Schutzgemeinschaft deutscher Wald (53 Bonn, Meckenheimer Allee 79), der Lehrer, Behörden und Vogelschutzorganisationen angelegt und als „Vogelschutzgehölz" beschildert.

**Wie können saure Wiesen und Ödland genutzt werden?**
Sie müssen unbedingt *gekalkt* und *gedüngt* werden. Dann gedeihen dort nach Neueinsaat süße Gräser, nahrhafte Wildkräuter (s. u.) sowie Weiden, Pappeln, Eschen, Erlen, Weißdorn, Wildrose, Brombeere und Aspe, sowie (als große Mode) *Robinie.*

## Wildäsungspflanzen

**Wann und wo muß man Wildäsungsflächen anlegen?**
Wenn es dem Wild an Äsung mangelt und/oder es vom Feld abgehalten und Wildschaden verhütet werden soll. Die Anlagen (mehrere kleine sind besser als eine große) sollen an *bodentrockenen, windgeschützten, sonnigen und ungestörten Stellen* erfolgen (s. auch S. 385). Besonders im Winter ist das Wild sonnenhungrig.
Als Wildäsungsflächen gibt es:
W i l d ä c k e r, das sind Flächen, die alle ein bis zwei Jahre feldmäßig neu bestellt werden müssen. Sie sind ertragreicher, aber arbeitsaufwendiger als
W i l d w i e s e n, die aus süßen, langsam wachsenden Grasarten und -sorten bestehen, ausdauernd sind und besonders beim Einsatz wertvoller Neuzüchtungen ständig frische, junge, nährstoffreiche Äsung bringen und nur geringste Pflege erfordern.
Zur *Wiedereinbürgerung von Wildkräutern* sind u. a. Samen von Beifuß, Kümmel, Schafgarbe, Sauerampfer, Petersilie, Kamille und Anis (vom Samenhaus Mühling in 8560 Lauf) mit einzusäen.
Beim Anlegen von Wildäsungsflächen ist zu beachten, daß sie nach *Untersuchung einer Bodenprobe* gedüngt und wie ein landwirtschaftliches Feld zur Saat hergerichtet werden: *pflügen,* möglichst schon im Herbst; *eggen,* um das Saatbeet feinkrümelig herzurichten; *säen* mit Drillmaschine oder breithändig; mit leichter Egge Saatgut einarbeiten. Bei den Bestellungsarbeiten ist die Grunddüngung bestehend aus Phosphor (etwa 1200 kg/ha Thomasphosphat) und Kali (etwa 800 kg/ha 40%iges Kali) einzuarbeiten. Die Stickstoffgabe erfolgt mit oder nach der Saat mit 200 bis 400 kg/ha Kalkammonsalpeter je nach Pflanzenarten. Die beste Zeit zum Bestellen ist Ende April. Die Flächen sollten eingegattert sein und erst bei Äsungsreife der Pflanzen freigegeben werden.

**Welches Wild nimmt Äsungsflächen an?**
Sämtliches Schalenwild, Hasen, Kaninchen, Fasane, Rebhühner und Tauben. Besonders gemischte Äsungsflächen üben eine große Anziehungskraft für Wild aus.

**Welche Pflanzen eignen sich für Wildäcker?**

| Art: | Aussaat: | Äsungsreife: |
|---|---|---|
| Hafer | April | Juli/August |
| Rotklee (mit Hafer) | April | nach Hafer |
| Serradella | April | September/Oktober |
| Sommerraps | April | August |
| Rispen-/Kolbenhirse | April | September/Oktober |
| Buchweizen | April | September/Oktober |
| bitterstoffarme Lupinen* (Sulfa, Yellow III, Neuland) | April | September |
| Topinambur | April/Mai | Laub im Herbst, Knollen im Winter |
| Mais | Mai | September/Oktober |
| Marktstammkohl | Juni | Nov./Dez. |
| Futterraps (Akela, Emerald) | August | Nov./Dez. |
| Staudenroggen | September | April/Mai |

Fruchtfolge beachten und jährlich Fruchtarten wechseln!

**Welche Pflege verlangen Wildwiesen?**

Sobald sie nach der Schneeschmelze betretbar sind, sind sie jährlich mit etwa 200 kg/ha Blauspur zu düngen. Ende Mai wird eine Schnittnutzung als Reinigungsschnitt vorgenommen. Im Sommer wird evtl. noch einmal gemäht, da Rehwild nur junge Pflanzen aufnimmt.

Wildwiesen liefern *bei Einsatz wertvoller Neuzüchtungen* ständig frische, junge, nährstoffreiche Äsung und geheut oder siliert ein wichtiges Winterfutter. Sie erfordern nur geringe Pflege.

| Daueraussaaten für Wildwiesen | Arme Sandböden kg/ha | Humose Sandböden kg/ha | Mittlere Böden kg/ha | Schwere Böden kg/ha | Berglagen kg/ha | Feuchte Böden kg/ha | Moorböden kg/ha |
|---|---|---|---|---|---|---|---|
| Deutsches Weidelgras NFG*) | 12 | 12 | 12 | 12 | 8 | 8 | 5 |
| Rotschwingel ausläufertreibend | 4 | 2 | 3 | 2 | 3 | 2 | 1 |
| Wiesenrispe | 2 | 3 | 3 | 3 | 5 | 1 | 3 |
| Fruchtbare Rispe | 1 | 2 | — | — | — | 4 | 4 |
| Straußgras von Kameke | 2 | 2 | 2 | 2 | — | 1 | 2 |
| Wiesenschwingel | 5 | 6 | 6 | 6 | 7 | 8 | 10 |
| Glatthafer | — | — | — | — | 2 | — | — |
| Knaulgras | — | — | — | — | 1 | — | — |
| Lieschgras Landsberger | 6 | 4 | 4 | 6 | 4 | 6 | 4 |
| Rotklee Mekra | 2 | 3 | 4 | 4 | 3 | 3 | 2 |
| Weißklee | 4 | 2 | 1 | 1 | 2 | 3 | 2 |
| Luzerne | — | — | 1 | 2 | 3 | — | — |
| Sumpfschotenklee | — | — | — | — | — | — | 2 |
| insgesamt pro ha/kg | 38 | 36 | 36 | 38 | 38 | 36 | 37 |

*) Anmerkung: Sortennamen wurden dort genannt, wo es speziell auf die Verwendung dieser Züchtungen ankommt. Auskunft hierzu erteilt: H. J. Schade, 2086 Ellerau; Saatgutbezug durch Heine & Stolzenberg, 3 Hannover 27, Postfach 270 230.

## Salzlecken

**Welche Bedeutung hat das Kochsalz für das Wild?**

Kochsalz ist für Pflanzenfresser das wertvollste aller Gewürze. Kleine Gaben regen den Appetit an und bessern die Verdauung.

**In welchem Zustande reicht man dem Wilde Kochsalz?**

Als Salzlecken (Stangen-, Lehm-, Stock- und Barrensulzen).
Zur Anlage der Stangensulze werden Stangenhölzer von 10–15 cm Stärke in etwa zwei Meter Höhe waagerecht über dem Boden abgesägt und gut entrindet (wichtig!). Auf die Schnittfläche der Stange wird der Salzleckstein gestellt und durch drei oder vier angenagelte Leisten gehalten (Abb.). Mehr Mühe machen die Lehmsulzen. Hierzu füllt man in viereckige Holzkästen, die auf etwa 40 cm hohen Stangen befestigt sind (Abb. S. 389), eine Lehmsulze ein, die man sich durch Mischen von sandfreiem Lehm und Salz unter Zugabe von Wasser bereitet. Durch Anbringen einiger Löcher im Kasten sorgt man für den Abfluß des Regenwassers (Abb.).
Bei den Stocksulzen werden Salzlecksteine auf mit der Axt ausgehöhlte und noch gut erhaltene Baumstümpfe (Stöcke oder Stubben) ausgelegt. Zum Ankirren träufelt man etwas Anisöl auf den Leckstein. Die Stocksulzen haben leider den Nachteil, daß sie wegen ihrer bodennahen Lage durch (parasitenhaltige) Losung, oft auch durch Losung von Fuchs oder Marder verschmutzt werden.
Sehr gut bewährt haben sich die Barrensulzen, bei denen man je einen Mineral-Leckstein links und rechts direkt in die Futtertröge (Barren) legt. Alle Salzlecken werden stark beleckt.

**Welchen Vorteil haben die Mineral-Lecksteine?**

Sie enthalten neben Kochsalz, Kalk, Chlorkalzium und Natriumphosphat auch Vitamine und Spurenelemente. Infolge dieser Zusammensetzung eignen sich diese Lecken besonders für Reviere, in denen es gilt, das Wohlbefinden und die Widerstandsfähigkeit des Wildes gegen Krankheiten zu erhöhen und die Bildung des Kopfschmuckes zu verbessern. Sie werden in vielen Formen geliefert und können auch an Bäumen befestigt werden.
Salzlecken werden von allem Schalenwild, Hasen, Kaninchen und Tauben (Salz für Tauben s. S. 236) „nach Bedarf" angenommen.

## Winterfütterung

**In welchen Revieren muß Wild im Winter gefüttert werden?**

In Revieren mit *wenig Naturäsung* und in *schneereichen Wintern.*
Rotwild wird nach der Brunft mit Eicheln und Mais gefüttert (dicht am Einstand, denn der Hirsch ist jetzt faul und heimlich).
Für die Stärke des Rehwildes und den Gehörnaufbau ist die Güte der Äsung im *September bis Dezember* entscheidend.

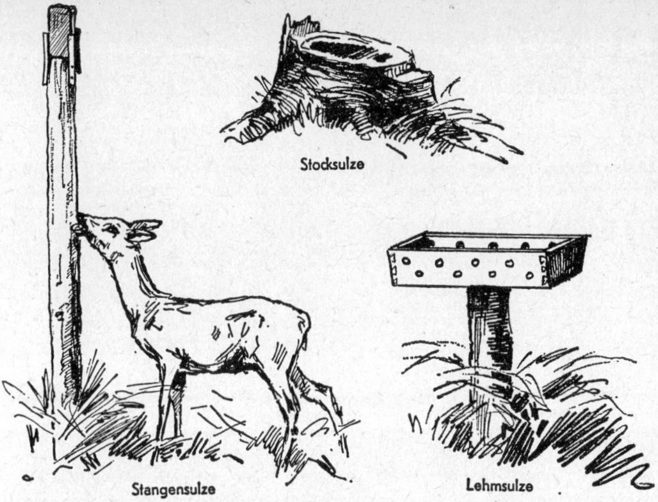


Arten von Salzlecken
Links: Stangensulze oder Stammlecke. Der Salzstein ist für Wild unerreichbar, nur der Stamm wird geleckt!

**Wann soll mit der Winterfütterung begonnen werden?**

Möglichst schon vor *Beginn des Winters.* Besonders zeitig (ab September) muß die Fütterung der Fasane beginnen. (Fütterungsverbot s. S. 510.)

**Wie schafft man im Winter natürliche Futterstellen?**

Durch *Einschlag von Weichhölzern* (Proßholz), durch Freimachen der Brombeerhecken vom Schnee und durch Freilegen des Heide- und Heidelbeerkrautes und dgl. mit Schaufel und *Schneepflug.* „Proßholz" dient zum „Abprossen", d. h. zum Abäsen von Knospen und der Rinde an lebenden Ästen (s. Verbißgarten S. 388).

**Welche Futtermittel eignen sich zur Winterfütterung des wiederkäuenden Schalenwildes?**

Alle Futtermittel, die durch ihren Stärke- Eiweiß-, Mineralien- und Vitamingehalt im Tierkörper Wärme erzeugen. Das Futter muß jedoch einwandfrei sein und darf keineswegs Schimmelpilzbefall zeigen. Das wiederkäuende Schalenwild braucht zähe Äsung, d. h. rohfaser- und holzreiche junge Zweige und Triebe von Weichhölzern und Sträuchern sowie Heide- und Heidelbeerkraut, vermischt mit gutem Klee-, Luzerne-, Topinambur- und Wiesenheu. Sehr gut angenommen werden Hafergarben und milchreifes Haferheu. Alles Futter wird zweckmäßig in *mehreren* Fütterungen (überdachten Raufen oder in Laubheuschobern) gereicht (Abb. S. 390), denn Hirsche schlagen die Tiere und die

Tiere die Kälber ab. Streng zu beachten ist, daß Rehwild Wiesenheu allein (besonders solches aus der Scheune) nicht annimmt. Als Kraftfutter reicht man in den Trögen Preßfutter (Kraftfutter in Brockenform mit phosphorsaurem Kalk und Vitaminen), Hafer, getrocknete Zuckerrübenschnitzel, Troblako (Trockenblattkonzentrat), Eicheln, Kastanien, Bucheckern und Vogelbeeren. In den Trögen dürfen Salzlecksteine nicht fehlen!

Neben Trocken- und Kraftfutter muß stets auch Saftfutter gereicht werden, wie Kohl, Topinamburknollen, Kartoffeln, Runkel- und Stoppelrüben und Möhren, Biertreber, Karottentrester und Rote-Bete-Trester. Karottentrester sind ein besonders hochwertiges Saftfutter (Polysack, 33 kg, zu 7,90 DM ab Bahnstation 826 Mühldorf), das vergleichsweise zu den Apfeltrestern, außer ihrem enorm hohen Gehalt an Vitaminen, über das Doppelte an Nährstoffen enthält.

Bei der Fütterung von Schalenwild sollen auf einen Teil Trockenfutter *mindestens zwei Teile Saftfutter* entfallen.

In Kaff oder gehäckseltem Stroh verborgen, wird dieses Saftfutter vor dem Zusammenfrieren geschützt und vom Wild herausgeschlagen.

Ein vorzügliches Saftfutter ist Fallobst und die *Silage* (s. S. 386).

Fütterung für Rehwild mit Raufe für Laubheu und großen Trögen für Hart- und Saftfutter. Die Fütterung steht auf Kufen und läßt sich leicht umstellen!

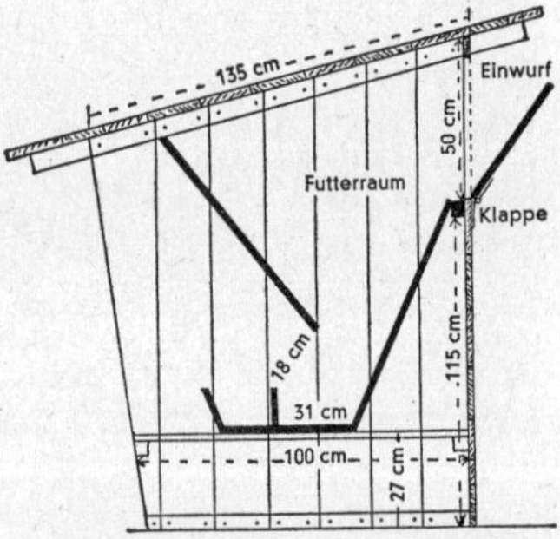


Rutschfütterung im Schnitt mit zwei Trögen (Barren) zur Fütterung gehäckselten süßen Klee- und Blattheus und von Saft- bzw. Kraftfutter

**Welche Monate eignen sich zur Laubheugewinnung?**

Juni und Juli (die „stillen" Monate s. S. 154).

Junge *Triebe von Weichhölzern*, Himbeeren und Topinambur werden in 40 bis 60 cm Länge abgeschnitten und im Halbschatten über Draht getrocknet, so daß es grün bleibt. Zweckmäßig werden sie dann gebündelt in Scheunen oder zusammen mit Luzerne-, Klee- oder blattreichem Heu in überdachten Heuschobern im Revier selbst untergebracht (s. S. 389 u. 390).

Topinamburknollen. Sie werden im April wie Kartoffeln gelegt

Nach dem Auflaufen des Topinambur wird im Juni einmal gehackt

Dauerwildacker mit dem eiweißreichen Topinambur.
Er bietet Unterschlupf und Saftäsung für alles Wild. Das obere Drittel des wertvollen Krautes wird Ende Juli geköpft und für die Winterfütterung über Draht in Bündeln getrocknet oder zur Reinsilage verwendet

Westfälischer Furchenkohl, mehrjährige Wildacker-Saftpflanze, verträgt größere Kältegrade als der Markstammkohl

Ringeltaube im Jugendkleid. Für überwinternde Ringeltauben sind Kohl-, Raps- und Gemüsekulturen eine willkommene Äsung. Da sie dort Millionenschäden verursachen können, wird ihre stärkere Bejagung in allen Revieren gefordert

Foto: K. Hildebrandt

„Wildretter" zur Rettung von Wild vor der Mähmaschine. Das Wild wird zur Flucht aufgeschreckt durch das grellrote Schleiftuch, durch Berührung mit den Taststäben und durch die Rüttelglocken

Foto: Waffen-Frankonia, Würzburg

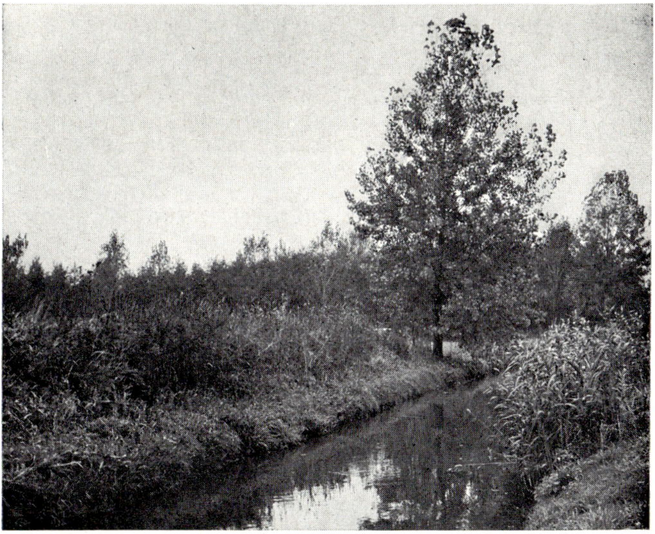

Das „Braunschweiger Modell" als Beispiel zur Ödlandnutzung für Aufforstung und Wildhege. Hier die Auwiesen bei Bortfeld. Sie wurden mit Pappeln, Erlen und Sträuchern bepflanzt, bringen dem Eigentümer Nutzholz und allem Wild Ruhe, Deckung und sicheren Schutz vor der Mähmaschine sowie Äsung

Foto: Willi Birker

Hülse
mit Samen

**Robinie**

Blatt mit
9 bis 12 Fiedern

Weiße Blüten-
traube

**Brombeere**
Blätter und Früchte

**Besenginster**
goldgelbe Blüten,
grüne Zweige

**Vogelbeere (Eberesche)**
reife Früchte, erbsen-
groß, korallenrot

**Roter Hirschholunder**
oben: grüngelbe Blüten
unten: korallenrote Beeren

**Äsungs- und Deckungssträucher für Remisen**

**Wie hat sich Preßfutter in Brockenform bewährt?**

Das Fertigfutter *Jorinda* besteht aus getrockneten Zuckerrübenblättern, Rübenschnitzeln, Kleie und Mineralstoffen. Es wird mit Hafer vermischt sehr gern von Rehwild angenommen.
Das Fertigfutter *Fuko und Korfu* enthält einen hohen Prozentsatz Sesamkuchen sowie Hafer, Kleie, Melasse und Luzerneheumehl. Es ist mit hohem Sesamanteil für Rotwild und mit geringerem Sesamanteil für Rehwild bestimmt. Man rechnet täglich für ein Stück Rotwild neben 2–3 kg Rauhfutter und 3–4 kg Saftfutter mit 0,5 bis 1 kg Kraft- oder Preßfutter, für Rehwild mit etwa einem Viertel hiervon.
Das Preßfutter muß bis zur Verwendung trocken gelagert werden, damit es hart bleibt und vom Wild zerkaut werden muß. Es ist zweckmäßig, es zusammen mit zähem, pansenfüllenden Futter und mit Saftfutter zu reichen (s. auch „pellets“ S. 221).

**Wann sind Waldfrüchte zu sammeln?**

Erst bei *Vollreife.* Eicheln und Kastanien sind zweckmäßig gleich in den Wildeinständen in einer etwa 10 cm hohen Schicht, mit etwa 25 cm Laub, Waldstreu oder Erde bedeckt (eingezäunt), zu lagern. Sie bleiben dadurch frisch und brauchen im Winter nicht transportiert zu werden. Getrocknet werden sie kaum angenommen. Sie sind nicht auszustreuen (wegen der Gefahr der Aufnahme von Parasiteneiern), sondern in einer Rutschfütterung oder in Futterkästen zu reichen (Abb. S. 384).

**Welches Futter reicht man noch in Rutschfütterungen?**

Gehäckseltes *Füllfutter* (Laub-, Klee-, Luzerne- und blattreiches Wiesenheu und Grummet). Es wird allein oder vermischt mit Hafer, Rübenschnitzeln, Troblako, Preßfutter und Waldfrüchten in die Rutsche getan. In einem zweiten Troge (Barren) wird Saftfutter oder Silage gereicht.

**Welche Plätze sind für Futterstände auszuwählen?**

Grundsätzlich sind Futterstände an Plätzen auszuwählen, die das Wild kennt und an denen es *nicht beunruhigt* wird. Sie sollen in der Nähe der Wechsel und so liegen, daß sie auch im Winter zum Heranschaffen der Futtermittel *gut erreicht werden können.* Die Fütterungen müssen so über das ganze Revier *verteilt* sein, daß die Zusammenziehung einer großen Zahl von Wild in einem Revierteil vermieden wird.
Massierungen an Fütterungen bringen die Gefahr der Übertragung von Darmschmarotzern, für die alles Schalenwild sehr empfänglich ist. Die Fütterungen für Schalenwild sind deshalb *zweckmäßig transportabel* einzurichten und von Zeit zu Zeit zu versetzen; die angehäufte Losung ist auf Haufen zu rechen und mit Kalk zu überstreuen (zu kompostieren).
Bei hoher Schneelage ist das *Anwechseln zu den Fütterungen* durch Trampelpfade, Skispuren oder durch Fahren mit dem *Schneepflug* zu erleichtern. Merke:

*Das Wild braucht im Winter Bewegung!*
*Es erfriert mehr, als daß es verhungert!*

**Was versteht man unter Gärfutter oder Silage?*)**

Sie ist ein Saftfutter, das in wasser- und luftdichten Behältern (Silos) durch Einsäuern (Milchsäurevergärung) haltbar gemacht wird. Sie soll aus Grünfutter (Gras, Topinambur, Sojabohne, Mais, Blattstammkohl, Stoppel- und anderen Rüben mit Blättern, Luzerne, Klee, Hafer-Wickengemenge, Kartoffeln, Raps, Obst, Biertrebern, Mineralstoffmischungen und Wasser) bestehen. Zweckmäßig sind ihr Eicheln und Kastanien zuzumischen. Das Futter wird zweckmäßig in einem landwirtschaftlichen Betrieb mit Gebläsehäckslern zerkleinert (oder zerrissen) und dann in einem Gärbehälter oder Plastiksack so gut festgetreten, daß die Luft aus dem Futter vollständig entfernt ist.
Silage wird vom Wild auch bei Kälte sehr gern angenommen.
Rehwild verdaut Silage besser als Rot- oder gar Muffelwild.

**Wie wird Silage dem Wilde gereicht?**

Sie wird dem Gärbehälter frisch entnommen und in der Nähe der Wildeinstände *in Trögen* gereicht. Sehr gern werden auch

*Apfel-, Karotten- und Rote-Bete-Trester,*

die bei der Saftbereitung anfallen, angenommen. Man kann die Trester oder die zubereitete Silage auch in einfache *Holzfässer,* die mit einem Plastiksack ausgekleidet sind, eintreten und die Fässer in die Nähe der Wildeinstände bringen und sie dort auf hölzernen Böcken aufstellen (s. Abb. S. 389).
Nach dem Aufschlagen eines Faßdeckels (bei Bedarf auch beider Deckel) wird der Plastiksack geöffnet und seine Endteile werden um den Rand des Fasses gestülpt. Damit ist der Miniatur-*Selbstfuttersilo* fertig (gebrauchte Fässer, in denen sich Fruchtkonzentrat befand, und Faßböcke liefert u. a. die Fa. Faß-Sauer in 62 Wiesbaden 6.
Man kann aber auch die vorbereitete Silage in die Nähe der Wildeinstände bringen und sie dort in einem Kunststoffsilo (Abb.) lagern oder in *Erdmieten* (60 cm hoch, 100 cm breit, beliebig lang) in 0,2 mm starke *Plastiksäcke* (wie Platafol oder Suprathen) eintreten, luftdicht abdecken und nach und nach freigeben. Die einzelnen Silos sind nicht zu groß zu wählen, da das Gärfutter nach dem Öffnen der Behälter infolge des Luftzutrittes leicht verdirbt (schimmelt), wenn nicht laufend davon entnommen wird.

**Wieviel Gärfutter braucht man für die Fütterungsperiode?**

Für jedes Stück Rotwild etwa 1 cbm, für Rehwild 0,2 cbm. Mit der Verfütterung wird erst in der Mitte des Winters begonnen.

---

*) Prospekte über das Einsilieren und über die Vermeidung von Fehlgärungen durch CERVIMIN COMBI, über das Wintersaftfutter „Karottentrester (Carosil)“ und „Rote-Bete-Trester (Betesil)“, Mineralsalzlecksteine und das Grünfutter PERKO PVH, das als Gründüngung eingeackert werden kann, versendet auf Antrag (gegen einen Unkostenbeitrag von 0,70 DM in Briefmarken) die Fa. A. Schäfer in 7333 Ebersbach-Bünzwangen.

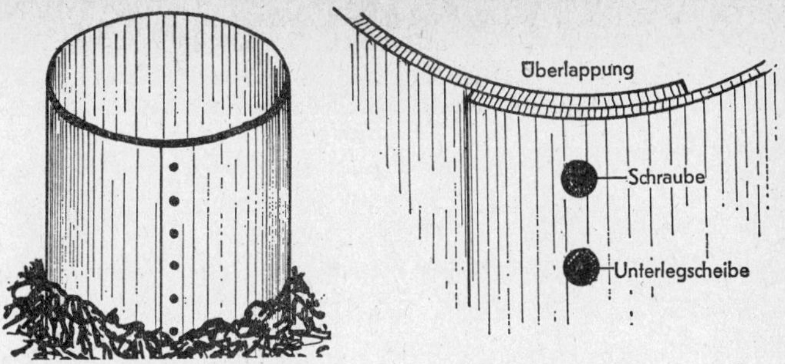


Preiswerter Silo (Gärfutterbehälter) aus Kunststoff
Material: Kunststoffplatte 5 mm stark, 1 m hoch, 4—5 m lang. Bauanleitung: Die Platte wird zum Kreis geschlagen. Die Enden läßt man 10 cm überlappen und bohrt auf der gesamten Höhe 6 Löcher und hält mit Schrauben und Unterlegscheiben die Überlappung zusammen. Der Silo wird etwa 10 cm in die Erde eingelassen und von außen mit Erde abgedichtet. Zur Abdeckung verwendet man eine geruchlose Plastikfolie.
(Bezug des Materials u. a. auch durch Jägerlehrrevier „Vorholz" des LJV Rheinland-Pfalz, 6531 Gensingen, Fasanerie.)

**Wie lange soll die Winterfütterung durchgeführt werden?**

*Bis zum April.* Das Bedürfnis nach Futter ist beim Wild im Frühjahr größer als im Winter. Außerdem bringt der Übergang von der Winter- zur Frühjahrsäsung (besonders für Rehwild!) in solchen Revieren eine Gefahr, in denen frische Saaten, aber nicht genügend zähe und harte Äsung zur Verfügung stehen. Durch den *schroffen Übergang* auf überwiegend weiche Grünäsung treten oft schwerste *Verdauungsstörungen* mit Durchfällen auf, die zu großen Verlusten führen können. Auch ist das durch den Winter körperlich geschwächte Wild im Frühjahr besonders anfällig für Krankheiten, insbesondere für parasitäre Infektionen.
Aus diesem Grunde m u ß bis zum April in den Fütterungen genügend zähe und harte Äsung gereicht werden (s. Notzeit S. 524).

**Was ist die beste Winteräsung für Hasen?**

Das Ausputzholz *(Proßholz) von Apfelbäumen.* Die Landwirte und Straßenwärter sind deshalb zu bitten, das Ausschneiden der Apfelbäume schon im Winter vorzunehmen und das Apfelreisig *bis April liegen zu lassen,* damit die Knospen und die saftige Schale von Hasen und Kaninchen abgeäst werden können.
Aus der Nähe verkehrsreicher Straßen wird das Proßholz an ruhige und windgeschützte Plätze verbracht. Nach einiger Zeit dreht man das Apfelreisig einmal um, damit eine vollkommene Schälung möglich wird.
Weiter eignet sich als Winterfutter für Hasen (und Kaninchen): Proßholz von Akazien, Espen und Weiden, Besenginster, Hafergarben, Luzerne- und Kleeheu, Kohl, Kohlstrünke, Rüben, Topinambur und als Leckerbissen Karotten und Petersilie. Das Futter für Hasen wird auf geschützte Stellen der Pässe gelegt. *Hafergarben* und Heu werden gebündelt an Sträucher oder Bäume angebunden und *regelmäßig* weiter *beschickt!*

# Kettenfütterung

ein neuer Weg der Winterfütterung des Schalenwildes
mit neuartigen Futtereinrichtungen
(nach Dr. A. B. Bubenik in Prag)

**Das Neuartige:**

Die verschiedenartigen Winterfuttermittel werden nicht mehr an einer, sondern an mehreren kettenartig zusammenhängenden Fütterungen angeboten. Die ganze Kette soll etwa 500 m lang sein und eine derartige Lockwirkung haben, daß sie von einem Sprung Rehwild (oder einem Rotwildrudel) ständig besucht wird. Das Wild soll durch die Suche nach Futter beschäftigt und in Bewegung gehalten werden. Dadurch werden Verbißschäden und Wildverluste infolge von Unterkühlung weitgehend vermieden. In jedem Revier sollen mehrere solcher Kettenfütterungen vorhanden sein. Sie sollen sich nicht berühren oder überschneiden.

**Salzlecke und Silage-Selbstfütterung** (s. S. 383 und 387)

sind möglichst auf einer kleinen Blöße inmitten der Einstände aufzubauen. Für Rehwild wird die Silage am besten in einfachen Holzfässern, die mit einem Plastiksack ausgekleidet sind, oder in stabilen Selbstfuttersilos mit freier Oberfläche angeboten.

**Wildäcker** (s. S. 380)

müssen mit winterharten Saftfutterpflanzen und regenerationsfähigen Weichhölzern angelegt und bis zur Notzeit eingezäunt sein. Sie werden zur Äsung nach und nach freigegeben.

**Kraftfutter** (s. S. 384 und 385)

ist in einer großen Rutschfütterung (Schnittzeichnung s. S. 384) zu reichen. Daneben sind verstreut noch kleine

**Futterkästen** (mit Lecksteinen s. S. 384)

aufzustellen, damit auch die Kälber bzw. Kitze zu ihrem Recht kommen. (Streuen von Waldfrüchten, s. S. 385.)

**Der große Laubheuschober mit bewegbarem Dach**

soll am Rande eines Altholzbestandes in der Nähe einer Dickung aufgestellt werden, so daß das Wild vom Dickungsrand aus die Lage mit Licht und Wind überprüfen kann. Das Gestell des Schobers besteht aus vier langen Rundholzsäulen, die mit Kanthölzern miteinander verbunden sind. Der Boden liegt etwa 110 cm über der Erde. Er besteht aus Rundhölzern, die derart festgenagelt sind, daß zwischen ihnen Lücken von etwa 12 cm, wie bei einer Futter-Raufe, entstehen. Neuartig ist, daß das Rehwild das Futter von unten her abäsen muß. Das Futter (60 % Laubheuanteil) wird durch das bewegbare Dach stark zusammengepreßt und dadurch vor Wind und Wasser geschützt. Das Futter muß vom Rehwild abgerupft werden, so daß es dadurch ausgiebig beschäftigt wird. Das Dach des Schobers wird beim Füllen durch Pflöcke ganz oben gehalten.

**Hafergarben und Bündel von Heidelbeerkraut** (s. S. 384)

werden an Bäume angebunden. Sie geben, ebenso wie mittels Schneepflug frei gemachte Heide- und Heidelbeerflächen eine willkommene Abwechslung bei der Äsung. An Hängen sollte das Regenwasser in an Ort und Stelle hergerichteten Zementmulden gesammelt werden. Außerdem sollte jede Quelle zu einer

**Schöpfstelle**

hergerichtet werden. Weiter ist durch Einschlag von Weichholz ein

**Verbißgarten**

zu schaffen, damit das Wild Weichholzzweige abprossen (abäsen) kann. Sehr zweckmäßig ist es, den Stamm älterer Weichhölzer durch einen Anhieb nach unten zu biegen (Abb. S. 389), so daß die Zweige saftig bleiben und im Frühjahr neue Triebe ausschlagen.

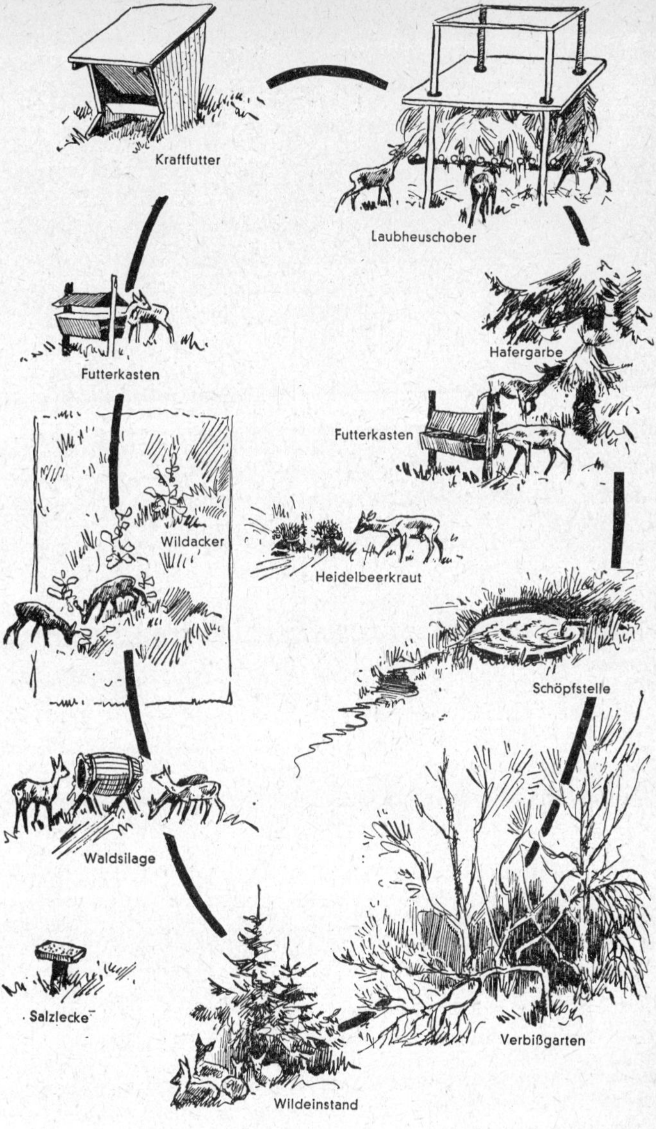


Kettenfütterung (auch für Rotwildgebiete)

Das Wild wird in Bewegung gehalten

Salzlecken werden auch von Hasen sehr gern angenommen und dürfen nicht fehlen. Die Futterstellen sind wegen der Gefahr der Kokzidiose ständig zu wechseln (s. S. 432).

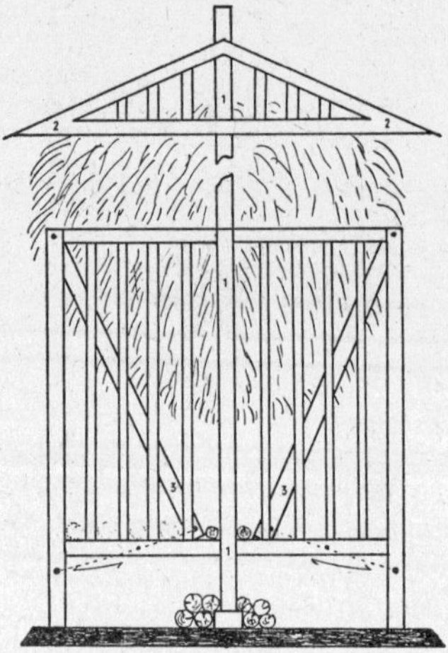


Heuschober für Rot- und Damwild für großen Futtervorrat
(Größe etwa 4 m lang, 3 m breit, 5 m hoch)

Das bewegliche Dach (2) gleitet nur auf zwei Kanthölzern (1), die in der Mitte der zwei stabilen Seitenwände angebracht sind. Der Boden besteht aus lose nebeneinander gelegten Rundhölzern, die durch Lücken der Seitenwände gesteckt sind. Beim Festtreten des mit 70% Heu und 30% Laubheu beschickten Schobers stehen alle vier Seitenwände senkrecht. Die zwei Längsseitenwände (3) werden, wenn der Futtervorrat zu Ende geht, unten gegeneinander eingeschwenkt, wie in der Abb. Beim Aneinanderbringen dieser Seitenteile werden die das Heu nicht mehr tragenden losen Rundhölzer herausgezogen und unter der Fütterung abgelegt, damit das Wild freien Zutritt zur Raufe erhält. Wegen der vier großen Futterflächen entsteht kein Futterneid, da rangniedrige Stücke jederzeit auf einer anderen Fläche des Schobers äsen können als ranghöhere.

**Welche Futtermittel eignen sich für das Federwild?**

Besonders Getreideabfälle (Druschabfälle), wie sie bei der Vorreinigung während der Getreideaufnahme bei Landhandel und Genossenschaften entstehen.

Dieser Abfall ist, mähdruschbedingt, meist sehr feucht und muß deshalb zum Trocknen ausgeschüttet und trocken aufbewahrt werden, damit er nicht schimmelt. Vor Eintritt des Winters wird dann dieser Abfall im Revier auf meterhohe Haufen gesetzt und mit Wasser begossen, damit die Samen auskeimen. Außerdem entwickelt sich dann im Innern der Haufen Eigenwärme, so daß sie nicht zusammenfrieren. Daneben gibt man

für Birkwild: Knospen, Buchweizen, Hafer und Vogelbeeren;
für Fasane: Eicheln, Weizen, Mais (auch in Kolben), Hirse, Hanf, Mohn, Bucheckern, Vogelbeeren, Rosinen, gekochte Kartoffeln, (Blattstamm-)Kohl, Rüben zum Auspicken und Salat;

für Rebhühner: Heu, Heublumen, Weizen, Hanf, Hirse und Mais(schrot). Außerdem ist allem Federwild die Aufnahme groben Sandes (der sog. „*Weidkörner*" s. S. 109) und eine gewisse Menge von *grünen Pflanzenteilen* (Wintersaat, Kohl, Silage) zum Wohlbefinden ein dringendes Bedürfnis.

**Wo sind Futterstellen für Federwild anzulegen?**

Die Schütten für Rebhühner gehören ohne Dach *ins freie Feld* in die Nähe *trockener* Lagerplätze. Gut für die Anlage sind windgeschützte sonnige Südseiten in der Nähe von Strauchgruppen oder Brombeerhecken oder aus Fichten- und Dornenreisig gefertigte lockere Haufen, die bei Gefahr Schutz gewähren. Keinesfalls dürfen sich in der Nähe der Fütterungen Bäume befinden, auf denen Greifvögel aufblocken können.

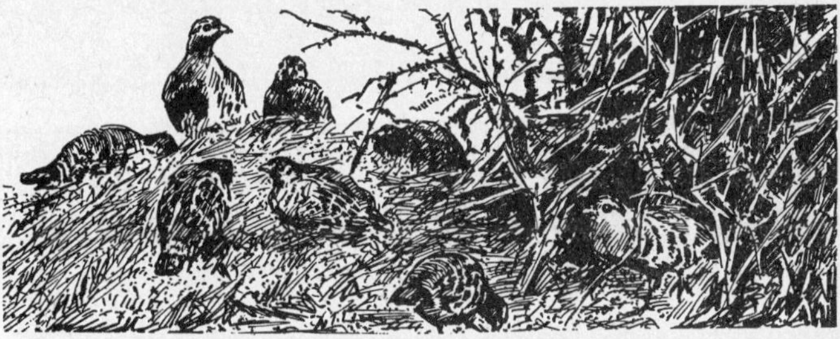

Schüttung für Rebhühner im freien Feld

Für Fasane baut man *in der Nähe von Wasserläufen* Schüttungen, d. h. man befestigt auf niedrigen Pfählen und Stangen Dächer aus Nadelholzreisig von 4–6 qm Fläche. Der Boden der Schüttungen wird gelockert und mit Druschabfall (Kaff oder Spreu) bedeckt, auf den man das Futter schüttet. Günstige Plätze sind Fichtenstangenhölzer, Feldgehölze, Remisen und breite Hecken. Die Seitenteile werden leicht mit Dornen- oder Fichtenreisig verblendet, das den Greifvögeln den Angriff erschwert, den Fasanen aber ohne Mühe das Eräugen anschleichender Feinde (Fuchs, Katze, Marder, Wiesel) und den Durchschlupf gestattet. Frontseite immer nach Süden (s. auch Futtereimer und „pellets" S. 221).

Fasanenschüttung (sie wird schneedicht mit Fichtenzweigen abgedeckt) etwa 2,50 m × 2,50 m, Dachhöhe vorne 80 cm, hinten 40 cm.

## Aussetzen und Kennzeichnen von Wild

**Welche Wildarten eignen sich zum Aussetzen?**

Damwild, Muffelwild, Hasen, Fasane, Enten und Rebhühner. Forschungsergebnisse haben aber ergeben, daß eine *Erhöhung der Population* (der Wilddichte) nicht durch ein Jagdverbot oder durch das Aussetzen von Wild, sondern nur durch *Verbesserung* der Lebensansprüche *(der Biotop-Qualität)* erreicht werden kann (s. S. 120 u. 379). Nicht ausgesetzt werden dürfen *Schwarzwild und Wildkaninchen* (§ 28 [2] BJG, s. S. 510).

**Welche Gefahr ist mit dem Aussetzen des Wildes verbunden?**

Daß die Fremdlinge *Seuchen einschleppen,* denn sie können, obwohl sie munter erscheinen, Träger von gefährlichen Seuchenkeimen sein und auch zu einem Wiederaufleben erloschener *Seuchen Veranlassung geben.*

Eine weitere Gefahr besteht darin, daß sich das fremde Wild den neuen Lebensbedingungen nicht genügend anpaßt, so daß es kümmert und seine guten Eigenschaften mangelhaft vererbt. Weiter ist zu bedenken, daß ein Teil des ausgesetzten Wildes in benachbarte Reviere hinüberwechselt, bevor es zur Vermehrung und Verbesserung des eigenen Bestandes beigetragen hat. Es ist deshalb zweckmäßig, das Aussetzen von Wild *mindestens hegeringweise* vorzunehmen o d e r durch Vereinbarung im Hegering *den Lebensraum des Wildes (den Biotop) zu verbessern!*

Beim *Ankauf von Wild zum Aussetzen* ist zu beachten: Es muß kerngesund und darf nicht Träger eines Seuchenkeimes sein und muß aus Gegenden bezogen werden, die klimatisch ungünstiger liegen als die neue Heimat. Weiter soll es aus der freien Wildbahn oder aus Tiergärten stammen, aber nicht gezähmt sein.

**Wie kann man H a a r wild vor dem Aussetzen oder beim Auffinden von Jungwild kennzeichnen?**

Durch numerierte *Wildmarken.* Sie dienen ähnlichen Zwecken wie die „Ohrmarken" bei Haustieren.

J a g d a u s ü b u n g s b e r e c h t i g t e können Wildmarken vom Institut für Jagdkunde in 34 Göttingen-Weende, Büsgenweg 3, nach Unterzeichnung der *Mitarbeiter-Verpflichtung* beziehen. Die Wildmarke ist mit etwas Spiel über den u n t e r s t e n Rand des Lauschers oder Löffels nahe am Kopf zu schieben und durch kräftiges Zusammendrücken zu schließen.

Bis vier Wochen alte Kitze drücken sich, wenn man heftig in die Hände klatscht. Durch „Waschen" mit Erde oder Gras kann man den Händen den menschlichen Geruch nehmen. (Ist keine Wildmarke zur Hand, kann man mit scharfem Waidmesser zur Kennzeichnung auch einen Lauscher stutzen.) Von der Kennzeichnung mit Wildmarken ist das *Institut für Jagdkunde* zu benachrichtigen (Mitteilungskarte benutzen!).

Es ist P f l i c h t des Jägers, mit Wildmarken gekennzeichnetes H a a r wild nach dem Erlegen diesem Institut zu melden (Rückmeldung), was leider aus Gleichgültigkeit oft versäumt wird. Für die Altersbestimmung ist das Haupt (Kopf) des Wildes unpräpariert einzusenden. Der Einsender erhält die Trophäen zurück, falls nicht eine Stiftung für die Institutssammlung beabsichtigt ist.

**Welchem Zweck dient die Wildmarkenforschung?**

Sie soll über Fragen aus dem Leben des Wildes Auskunft geben, die durch Beobachtungen in der freien Wildbahn oder im Gatter nicht gelöst werden können (Altersbestimmungen, Gehörnentwicklung, Standorttreue, Wandertrieb). Es kommt darauf an, nicht nur Hochwild und Rehwild zu kennzeichnen, auch die Kennzeichnung von Niederwild, insbesondere von Raubwild, ist für jagdwissenschaftliche Arbeiten dringend erwünscht.
Für notwendige *Forschungszwecke* wird zur Betäubung (und Kennzeichnung) der Tiere das „*Narkosegewehr*" (s. S. 415) gestattet.

Wildmarke richtig eingezogen
Sie muß mit etwas Spiel im unteren knorpeligen Teil des Lauschers sitzen, sonst reißt sie aus und geht verloren! Oben: Wildmarke geöffnet. Rechts: Ringe verschiedener Größe für Flugwild.
Man verwendet folgende Ringgrößen: A für Adler, Großtrappen und Uhu; B für Störche, Graureiher, Kormorane; C für Bussarde, Milane, Stockenten; D für Krähen, Bläßhühner, mittlere Enten; E für Möwen, Waldschnepfen, Kiebitze, Tauben.
Wildmarke und Ringe zum Kennzeichnen von Wild

**Wie kann man F l u g wild kennzeichnen?**

Durch *Beringen* oder (in besonderen Fällen) durch Anlegen von Flügelmarken (Abb. S. 236).
Ringe und Flügelmarken zum Kennzeichnen wildlebender Vögel liefern als *Beringungszentralen* an ihre Mitarbeiter die
*Vogelwarte Radolfzell* (vormals Vogelwarte Rossitten) 7761 Schloß Möggingen am Bodensee und die
*Vogelwarte Helgoland* mit Sitz in 294 Wilhelmshaven.

**Wie wird beringt?**

Der Ring wird mit einer Flachzange aufgebogen, oberhalb der Zehen um den Lauf gelegt und mit ihr wieder zugebogen.

**Was hat der Jäger zu tun, wenn er mit Ringen oder Flügelmarken gekennzeichnetes Federwild erlegt oder findet?**

Er hat es unter genauer Angabe von Erlegungs- oder Funddatum, Ort und anderer wissenswerter Umstände an die Vogelwarte Radolfzell oder Helgoland zu melden.
*Radolfzell* ist Beringungszentrale für Baden-Württemberg, Bayern, Berlin, Rheinland-Pfalz und das Saarland.
*Helgoland* ist Beringungszentrale für Bremen, Hamburg, Hessen, Niedersachsen, Nordrhein-Westfalen und Schleswig-Holstein.

**Werden auch Ringe für Fasane, Rebhühner und Hochbrutflugenten von den Beringungszentralen geliefert?**

Nein! Junge Rebhühner beringt man nicht, da sich deren Ständer leicht mit Lehmklumpen besetzen und das Huhn flugunfähig machen. Dem Fasanenjäger, der die von ihm ausgesetzten Fasane kennzeichnen will, wird geraten, hierfür die im Handel erhältlichen farbigen Zellhorn-*Geflügelringe* zu verwenden (Ringfarbe für jedes Revier mit den Jagdnachbarn vereinbaren).

**Welche Fasane setzt man zur Blutauffrischung aus?**

In vorhandenen Fasanenrevieren genügt es, wenn man *nur Hähne* einer geeigneten Rasse (s. S. 213) aussetzt und die einheimischen Hähne vorher abfängt oder schießt. (Vorsicht! Vor dem Aussetzen 14 Tage in Beobachtung nehmen oder gegen Hühnerpest schutzimpfen lassen (s. S. 425).

**Zu welcher Tageszeit setzt man Federwildküken aus?**

Rebhühner werden im Alter von drei bis vier Wochen ausgesetzt, solange sie noch den typischen Kükenruf haben. Man bringt sie in den frühen Morgenstunden an gewitterfreien Tagen an Stellen im Feld, wo Althühner locken. Sie werden von freilebenden Hühnerpaaren leicht „adoptiert" (Wildenten s. S. 239).
Fasanenküken werden dagegen im Alter von fünf bis sechs Wochen in den späten Abendstunden ausgesetzt, damit sie auf niedrigen Bäumen und Sträuchern aufbaumen. Die Schüttung ist täglich zu kontrollieren und sollte in der Nähe Wasser haben.

## Revierbeaufsichtigung

### Begang, Jagdglas, Ansitz, Pirschen

**Wozu dient der Begang und das Pirschen-„Stehen"?**

Zum Kennenlernen des Reviers und des Wildstandes, zum Schutze des Wildes vor Raubzeug und Wilddieben und zur Verhütung von Wildschäden. Hierzu schneidet man sich auch Beobachtungsplätze aus (s. auch Abb. S. 396).

*Grundsatz: viel sehen, ohne bemerkt zu werden!*

**Welche Ausrüstung gehört zum Begang?**

Die Jagdwaffe, Revolver oder Pistole, Nicker, Uhr, Rucksack, ein guter Hund, Fernglas und Taschenlampe (ggf. auch eine Revierkarte nebst Kompaß).

Zweckmäßig sollte jeder Jäger und Jagdaufseher vor dem Begang zu Hause hinterlassen, welchen Weg er im Revier gehen wird (Sturz, Zusammenstoß mit Wilderern, Kreislaufschaden).

**Was bezeichnen die für ein Prismenglas angegebenen Zahlen von beispielsweise 8 × 56?**

Die Zahl 8 stellt den Vergrößerungswert dar. Die Zahl 56 gibt den Objektivdurchmesser in Millimetern an (s. S. 69).

Die Wurzel aus Objektivdurchmesser mal Vergrößerung ergibt die *sehr wichtige Dämmerungszahl* ($56 \times 8 = 448$; $\sqrt{448} = 21$).

*Je größer diese Dämmerungszahl ist, um so mehr Einzelheiten kann der Jäger mit dem Fernglas in der Dämmerung erkennen!*

Das Quadrat aus Objektivdurchmesser geteilt durch die Vergrößerung ($(56:8)^2 = 7^2 = 49$) ergibt die *Lichtstärke* (49).

**Welche Ferngläser sind für jagdliche Zwecke zu wählen?**

Prismengläser in der „klassischen" *Porroform* oder in der schlanken *Dialytform* (mit 7-, 8-, 9- bis 22facher Vergrößerung), also z. B. die Ferngläser 7 × 50, 8 × 56, 10 × 40 und 11 × 80. Für weite Entfernungen und Tageslicht nimmt man *Spektive* (galileische Spektive und monokulare Prismenspektive).

Spektive sind ausziehbare Fernrohre mit nur einem Okular, mit denen man 15- bis 60fache Vergrößerungen, allerdings ohne plastisches Sehen, erzielen kann. Sie sind wegen der fehlenden Lichtstärke nur bei vollem Tageslicht verwendbar. Die notwendige Zitterfreiheit wird durch Anstreichen (am Zielstock), Auflegen oder durch Verwendung von Stativen oder Anschraubklammern erreicht.

Als monokulares *Nacht-Beobachtungsgerät* hat sich das ORION 80 B (Zeiß, Aalen) bewährt. Es ist mit einem dreistufigen Bildverstärker ausgerüstet und erlaubt das Anbringen einer Kamera und das Festhalten bewegter Vorgänge bei Nacht (über 14 000 DM).

**Worauf kommt es bei einem guten Prismenglas an?**

Es muß bei jeder Vergrößerung gute Lichtstärke und *Sehbreite* haben, und dadurch auch in der Morgen- und Abenddämmerung klare und plastische Bilder vom Wild vermitteln. Deshalb sollten die Objektivdurchmesser bei Prismengläsern mit 7- und 8facher Vergrößerung nicht unter 50 mm, bei solchen mit höherer Vergrößerung nicht unter 60 mm betragen (s. auch S. 69). Zu empfehlen sind Prismengläser *mit Mitteltrieb*.

Sehr praktisch sind „B-Gläser", die für normale Augen *und für Brillenträger* geeignet sind. Es gibt auch ein mit einer Kamera kombiniertes Prismenglas („CamBinox" von Fa. Möller in 2 Wedel) und ein schwimmfähiges Prismenglas für die Wasserjagd.

**Wie wird ein Fernglas scharf eingestellt?**

Es wird fest aufgelegt und jeder Tubus für sich (auf Maschendraht in 100 m Entfernung) eingestellt.

**Durch welche Jagdarten kann man am besten ein Bild über den Wildstand und die Vorgänge im Revier erhalten?**

Durch Ansitz, Anstand und Pirsch (besonders „Stehpirsch").

**Was versteht man unter dem „Ansitz" oder „Anstand"?**

Bei der Jagd auf dem Ansitz setzt sich (beim Anstand stellt sich) der Jäger (unter Beachtung des herrschenden Windes) in der Nähe von bekannten Wildwechseln und Äsungsplätzen an und wartet auf das Wild. Hierbei benutzt er zweckmäßig einen Jagdsitzstock, einen *Schirm,* einen *Hochsitz* oder *Holzstoßsitz. Im Saarland müssen Ansitze mindestens 100 m von der Reviergrenze entfernt sein.*

**Wie kann man das Einsinken des Sitzstockes verhindern?**

Indem man sich (mit dem Waidmesser oder der Löweschere) eine Fichtenzwille schneidet und sie als Unterlage für den Teller des Sitzstockes benutzt. Mit der Löweschere kann man sich auch schnell und geräuschlos einen Ansitzplatz ausschneiden.

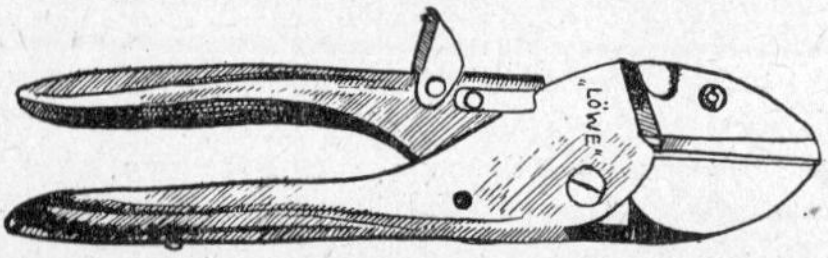

Löweschere

Fichtenzwille für Sitzstock

**Was versteht man unter einem Schirm?**

Eine aus Reisig, Zweigen, Schilf oder dem *Tarnnetz* der Fa. Ogus in 7238 Oberndorf gebaute *Blende,* die dem Gelände angepaßt ist und dem Schützen gute Deckung gibt.
Einen „Schirm" benutzt man bei der *Jagd auf den balzenden Birkhahn* (weil hier meist jede Deckung im Gelände fehlt); außerdem auch bei Anstandsjagden (mit Tarnnetz und Locktauben) auf Ringeltauben, auf Krähen und bei Drückjagden auf Rotwild, Schwarzwild und Fuchs.

Jagdstand mit Fichtenzweigen oder Tarn-Netz verblendet

Jagdschirm (hier nur z. T. verblendet!) Man sitzt auf der Erde und gräbt sich für die „Ständer" ein Erdloch von etwa 50 cm Tiefe

**Was sind Hochsitze und Kanzeln?**

Es sind feste, erhöht gebaute Ansitze zur Ausübung der Ansitzjagd, auf denen das Wild den Jäger nicht eräugen und wittern (durch das Auge und den Geruch wahrnehmen) kann.
(Maße für Kanzeln: Höhe je nach Verwendungszweck 4–8 m, Sprossenweite 25–30 cm, Sitzhöhe 45 cm, Auflagebrett für die Ellenbogen 85 cm hoch, Oberkante der Gewehrauflage (Brüstung) 98–100 cm. Sitz und Auflagebrett müssen verschiebbar sein, damit man nach allen Seiten sicher schießen kann.
Außerdem bringt man in *15–20 cm* Höhe *über der Gewehrauflage* als Schutz gegen Sicht einige schmale Stangen oder *„Kopfbretter"* an. Das Dach soll bei offenen Hochsitzen weit (!) überstehen. Gegen heftigen seitlichen Wind hilft ein dichtgewebter Sack als Vorhang. *Hochsitze sind der Landschaft anzupassen!*
Geschlossene Kanzeln schützen den Jäger gegen Witterungsunbilden und schlechten Wind. In ihnen kann man die ganze Nacht verbringen. Im Winter braucht man zum Schlafen auf der Schaumgummiunterlage einen Schlafsack. Vorteilhaft ist immer eine „Nachtvase"! Frühmorgens hat man oft prächtigen Anblick und Schußgelegenheit. Wer Ärger vermeiden will, bringt auch Fensterklappen an. Sprechfunk wird nur in Sonderfällen (Wilderer) nützlich sein.

*Der Jäger „bezieht" Hochsitze, wenn er sie benutzt!*

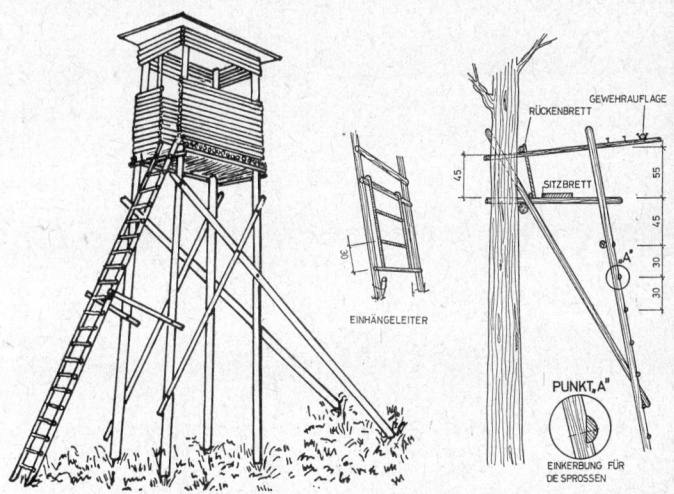

Gedeckter Hochstand
(offene Kanzel)

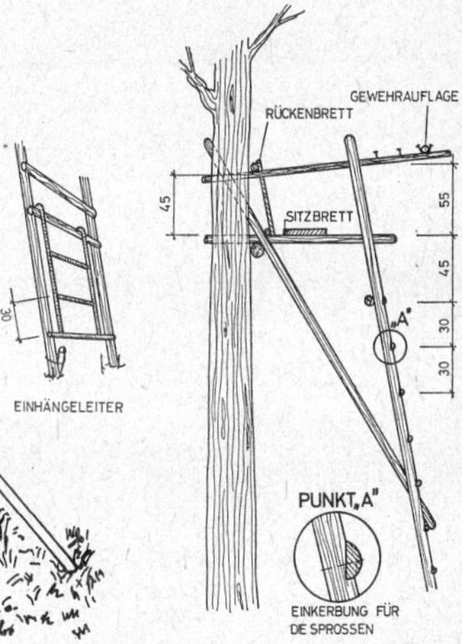


Hochsitzleiter mit Rückenbrett und Einhängeleiter

Das Besteigen von Hochsitzen durch Unbefugte läßt sich erschweren, wenn man beim Bau der Leiter die unteren Sprossen wegläßt und zum Beziehen des Hochsitzes eine kurze Anstell- oder Einhängeleiter benutzt, die man in Hochsitznähe versteckt hält oder mit sich führt.

Offene, niedrige Kanzeln (sowie Fütterungen) sind leicht verstellbar, wenn man sie von vornherein auf Kufen setzt.

Ansitzleitern, die an einem Baum festgemacht oder mit einem Querholz an zwei Bäume angelehnt werden, sind leicht und schnell umzustellen. Sie können auch durch Verstrebung (wie bei einer Kanzel) freistehend gebaut werden. Zur Erhöhung der Standfestigkeit sind Leiterholme und Streben in Erdnähe mit eingeschlagenen Pfählen und durch soliden Draht zu sichern. Die Berufsgenossenschaft fordert, daß für Holme und Sprossen gesundes entrindetes Material verwendet wird und aufgenagelte *Sprossen in Einkerbungen der Holme eingelassen* werden. (Abb. S. 397). Der Revierinhaber ist auch verpflichtet, Hochsitze und Leitern alljährlich im Frühjahr auf einwandfreien Zustand zu überprüfen. Auch bei Ansitzleitern müssen Auflagen für das Gewehr und die Ellenbogen angebracht werden, die die Abgabe eines sicheren Schusses ermöglichen.

*Man baumt stets mit den Füßen dicht an den Holmen auf.*

**Worauf ist beim Aufstellen von Hochsitzen und Kanzeln zu achten?**

Sie müssen weit von der Nachbargrenze (in *Nordrhein-W.* über 75 m) entfernt und so zu erreichen sein, daß man den Wechsel des Wildes nicht zu überqueren braucht, denn Rotwild, Schwarzwild, Dachs und Fuchs prallen meistens vor einer frischen menschlichen Spur zurück.
Zum Ansitz (Hochsitz) soll ein von Steinen und Ästen befreiter und glatt geharkter *Pirschweg* führen, auf dem man sich leise bewegen kann. Er soll von einem begangenen Wege aus erst nach einigen Metern beginnen, damit er nicht sichtbar ist.

**Wann sollen Hochsitze bezogen werden?**

Mindestens eine Stunde vor dem erwarteten Erscheinen des Wildes.

**Kann der Jagdpächter gegen unbefugte Benutzung seiner Jagdeinrichtungen einschreiten?**

Ja! Bei Jagdeinrichtungen (z. B. Hochsitzen), *die ihm gehören,* kann er auf Grund seines *Nutzungsrechtes* einschreiten.
Die Jagdberechtigten sollten deshalb (besonders auch wegen der Haftpflicht) an ihren Hochsitzen Plastik- oder Metallschilder mit folgender Aufschrift anbringen:

*„Beschädigen, unbefugtes Betreten oder Benutzen*
*wird strafrechtlich verfolgt!*
(§ xx des Gesetzes v. xxx)“

Die Jagdberechtigten des Landes Hessen stützen sich hierbei auf § 41 (1) Nr. 6 des Hessischen Ausführungsgesetzes zum BJG in der Fassung vom 6. November 1969 (GVBl. I S. 248), in dem es heißt:

„Ordnungswidrig handelt, wer vorsätzlich unbefugt Jagdeinrichtungen (Futterplätze, Ansitze, Jagdhütten) betritt oder benutzt.“
Das Anbringen eines Schildes an Jagdeinrichtungen bezweckt die Beweisführung vor Gericht, daß der Übeltäter nicht „ahnungslos“ war, sondern vorsätzlich handelte. Sachbeschädigungen können nach § 303 StGB verfolgt werden.

**Was versteht man unter Pirschwegen?**
In guter innerer Deckung angelegte *Schleichwege.* Sie müssen von dürren Ästen und Steinen frei gemacht werden.
Pirschwege werden längs der Waldbestände in erheblichem Abstand vom Waldrande angelegt und erhalten Abzweigungen zu guten *Beobachtungspunkten.* Sie tragen wesentlich dazu bei, eine Beunruhigung des Wildes zu vermeiden. Die Abgangsstellen zu den Pirschsteigen sind unauffällig zu gestalten und vor Unbefugten verborgen zu halten.

**Worin besteht die Pirschjagd?**
Im *Anschleichen und Strecken* des Wildes. Beim Pirschen darf man nicht mit der *Sohle* des Stiefels rollen. Man muß sie stets *ganz aufsetzen.* Der zurückbleibende Fuß bleibt so lange stehen, bis der vordere Fuß völlig Halt gewonnen hat (das Erlernen ist für den Jungjäger ziemlich anstrengend!).
Der Jäger muß sich stets *gegen den Wind* und so anpirschen, daß ihm das Wild schußgerecht steht. Der Pirschgang wird oft auch durch das Pirschenfahren und Pirschenreiten ersetzt. Merke aber:

*Wer zu oft pirscht, pirscht seine Jagd tot.*
*Kleine Reviere sind „Ansitz"-Reviere!*

**In welchen Ländern ist das Schießen auf „Wild" aus motorisierten Fahrzeugen (Auto, Trecker, Motorboot) verboten?**
In Bayern, Baden-Württemberg, Niedersachsen, Nordrhein-Westfalen und dem Saarland. Auch in anderen Ländern sollte man nicht vom motorisierten Fahrzeug aus schießen, sondern im Fahren in der Nähe von guter Deckung aussteigen und das Fahrzeug weiterfahren lassen. *Das Verbot gilt nicht für Körperbehinderte* (§ 19 Nr. 12 BJG, s. S. 484).

## Wild und Wetter

**Welchen Einfluß hat das Wetter auf die Äsungssuche des Wildes?**
*Feuchtes Wetter* (auch Nebel), Windruhe und bewölkter Himmel lösen bei Wild eine *besondere Aktivität bei der Äsungssuche* aus; Sturm, Hitze und lange Sonneneinstrahlung hemmen sie.
Nebel und Schneetreiben sind günstig für Ansitz und Pirsch auf Fuchs und Ente. Auch Rotwild fühlt sich bei Nebel so geborgen, daß es erst nach Sonnenaufgang ans Einziehen denkt.
Krähen halten bei Nebel den Jäger bis auf Schußentfernung aus.

**Wie verhält sich Wild bei Witterungswechsel und Wind?**
Wild wird von der Witterung stark beeinflußt. Jeder *Witterungswechsel* steckt ihm schon tagelang in den Knochen und läßt es besonders heimlich werden. Damwild wechselt schon zeitig *vor Schlechtwetterbeginn* in dichte Bestände und kommt nicht mehr in Anblick. Rehwild tritt früher als sonst aus, um hastig und nervös in Waldnähe zu äsen. Bei Wind und Sturm fühlt es sich (wie auch Rotwild) unbehaglich und unsicher, da Gehörsinn und Wittrungsvermögen stark beeinträchtigt werden. Man findet Wild daher bei stürmischem Wetter meist nur in windgeschützten Hängen und Mulden (also „unter Wind"). Das gilt besonders auch für den Hasen. Jeder Waidmann sollte deshalb die Regel beherzigen:

*„Wenn der Wind jagt, soll der Jäger nicht jagen!"*

Leichter und stetiger Wind wirkt sich dagegen bei der Jagd günstig aus, besonders bei der Hühnersuche, da dann der Hund unter Wind viel leichter findet als an windstillen Tagen.

**Wie verhält sich Wild bei Regen und Sturm?**

Regen und Sturm sind das *ungünstigste Wetter,* das man zur Jagdausübung haben kann. Das Wild sucht dann die größten und dichtesten Bestände und Stangenhölzer auf. Kaninchen stecken im Bau. Leichter Regen dagegen veranlaßt Reh- und Rotwild gern zum Austreten.
Der *Hase* verharrt auch bei anhaltendem Regen in der Sasse, wenn er „unter Wind" liegt. Bei Schneefall verläßt er dagegen das Feldrevier und sucht den Wald auf. *Bei geräuschvollem Laubfall rückt er ins Nadelholz.* Der Berghase rückt *mit Beginn des Winters gern in tiefer gelegene Reviere* (s. S. 186).
*Federwild* hingegen nimmt bei Regen und Sturm in Hecken und Büschen oder am Waldrand Zuflucht.

**Welchen Einfluß hat ein Gewitter auf Wild?**

Vor dem Gewitter zeigt sich Wild, besonders Rehwild, nervös und unruhig. Es nimmt die Äsung mit einer gewissen Gier auf. Dann zieht es in die schützende Deckung.
*Nach dem Gewitter erscheint das Wild wieder überall.*
Wer Wild antreffen oder mit Erfolg auf einen alten Bock waidwerken will, muß unmittelbar nach dem Gewitter im Revier sein. Sehr günstig für Ansitz und Pirsch ist auch *der auf ein Gewitter folgende* windstille und sonnenüberflutete *Morgen,* da dann das Wild mit Vorliebe umherbummelt.
Der Jäger soll bei Gewitter Hochsitze und Kanzeln verlassen und im freien Feld sein Gewehr ablegen.

**Wie wirken Hitze und Dürre auf das Wild (und die Nachsuche)?**

Bei Hitze und Dürre sind die *Reviere wie ausgestorben.* Das Wild tritt dann oft nur nachts zur Äsung aus (s. S. 155).
Hitze und Dürre sind sehr ungünstig für die Schweißarbeit!

### Ruhe im Revier

**Welchen Wert hat die Ruhe im Revier?**

Je größer die Ruhe im Revier ist, um so sicherer hält das Wild seinen Stand. Vor allem soll das Herz des Reviers nicht beunruhigt werden; das Wild stellt sich sonst in ein anderes Revier um. Die neuen Waldgesetze (s. S. 375) sollen verhüten, daß aus der

*„Erschließung des Erholungswaldes"*

allgemeine Waldfreiheit und Rummelplätze werden!

Unter dem Herzen des Reviers versteht man diejenige Stelle im Revier, an der das Wild seinen bevorzugten Tageseinstand hat. Das sind besonders die besten Dickungen. Das Herz des Reviers kann demnach in der Grenznähe als auch im Innern des Reviers liegen.
Die Beunruhigung der Grenze hat ebenso wie der Grenzansitz in Erdlöchern und die Begehung ähnlicher Grenzsünden als ver-

werflich zu gelten, da hierdurch die gutnachbarlichen Verhältnisse getrübt werden.

*Die Grenze soll neutrale Zone sein!*

**Wie soll sich der Jäger bei Jagdstörungen durch Naturfreunde, Spaziergänger oder Campinganhänger zweckmäßig verhalten?**
Er soll sein Temperament zügeln und versuchen, mit ausgesuchter *Höflichkeit* zum Ziel zu kommen. Mit Heftigkeit, Gereiztheit oder gar mit Handgreiflichkeiten erreicht man nichts, sondern setzt sich leicht ins Unrecht und schadet damit dem Ansehen der Jägerschaft. In gleicher Weise bewegt man die Spaziergänger, mitgeführte Hunde anzuleinen (ggf. durch Hinweis auf aufgestellte Fallen, ausgelegte Gifteier oder eine bestehende Tollwutgefahr!).

**Hat der Jagdpächter das Recht, das Betreten und Benutzen von Wegen, Schneisen, Lichtungen usf. zu verbieten?**
Nein! das kann nur der Waldeigentümer oder der Nutzungsberechtigte. Gegen den Mißbrauch des Waldes, aber auch für nötige Hegemaßnahmen, kann er sich nach den Waldgesetzen durch Verbotshinweise schützen, und zwar mit Genehmigung des Landkreises oder der kreisfreien Stadt. Fahrlässige Sachbeschädigung wird nach dem BGB, vorsätzliche nach dem StGB verfolgt.
Das bloße Betreten des Waldes und das Betreten der Flur auf Privat- und Wirtschaftswegen ist grundsätzlich erlaubt.
Wer unbefugt Forstkulturen (Schonungen) betritt oder beschädigt, begeht eine Ordnungswidrigkeit nach den Feld- und Forstordnungsgesetzen der Länder. Näheres hierzu siehe:
§ 14 Bundeswaldgesetz vom 2. 5. 1945 (BGBl. S. 1037);
*§§ 13, 14 des Niedersächs. Landeswaldgesetzes vom 12. 7. 1973 S. 233 und das Gesetz über die Ordnung in Feld und Flur vom 5. März 1975 (Nds. GVBl. S. 83); § 35 des Landschaftsgesetzes von Nordrhein-W. (GVBl. 1975 S. 190) und § 6 des Landespflegegesetzes von Rheinland-Pfalz vom 14. 6. 1973 (GVBl. S. 147) und Bundesgesetz über Naturschutz und Landschaftspflege (S. 366).*

## Kurzhalten des Raubzeuges und Raubwildes

**Welcher Unterschied besteht zwischen Raubzeug und Raubwild?**
Unter Raubzeug versteht man in der Waidmannssprache diejenigen *ungeschützten* Säugetiere und Vögel, die der Jagd durch Angriffe auf Nutzwild oder durch Eierraub Schaden zufügen wie wildernde Hunde, Katzen, Wander- und Bisamratten, Krähen, Elstern und Eichelhäher. Sie werden *kurzgehalten* oder sogar *„bekämpft"*.

*„Eine wildernde Katze ist schlimmer als fünf Hunde!"*

(Hunde und Katzen sind aber keine „Verbrecher". Wenn sie Schaden machen, hat nur der verantwortungslose und gleichgültige Besitzer schuld. Raubzeug folgt lediglich seinem Naturtrieb!)
Unter Raubwild versteht man die jagdbaren Räuber, wie Fuchs, Dachs, Baum- und Steinmarder, Marderhund, Waschbär, Iltis, Wiesel und die Greifvögel, die der Jagdzeiten-VO des Bundesjagdgesetzes oder der Landesjagdgesetze unterliegen. Sie werden „bejagt" (Jagdzeit s. S. 492 bis 495).

**Vor welchen Wildfeinden muß der Wildbestand geschützt werden?**

Vor Wilderern, Frettierern, streunenden Hunden, wildernden Katzen, dem Waschbär, Marderhund oder Enok und den Eierschleckern Dachs, Marder, Iltis, Wiesel, Ratte, Krähe, Elster und Eichelhäher.

**Wie ist dieser Schutz möglich?**

Nur dadurch, daß man das Revier ständig zu verschiedenen Zeiten und auf verschiedenen Anmarschwegen, insbesondere auch in der jagdlosen Zeit, unter strenger *Aufsicht* hält.

**Darf der Jäger Raubwild ausrotten?**

*Nein.* Er soll es nur *kurzhalten.* (In tollwutgefährdeten Jagdbezirken muß dagegen der *Fuchs* derart bejagt werden, als gälte es, ihn auszurotten, da er Hauptverbreiter der Tollwut ist (s. auch S. 422).

**Wodurch schadet das Raubwild der Jagd?**

Dadurch, daß es Nutzwild reißt oder schlägt.

**Welcher Nutzen steht diesem Schaden gegenüber?**

Der Nutzen, daß Raubwild Mäuse und Ratten kurzhält und für die Beseitigung von schwerkranken Stücken und von Fallwild Sorge trägt und dadurch zu einem wertvollen Gehilfen bei der Wildseuchenbekämpfung wird.

## Hege mit der Falle, Gebrauch der Fanggeräte

**Welche Bedeutung hat die Jagd mit der Falle für ein Niederwildrevier?**

Sie ist eine waidgerechte Hegemaßnahme zur Ausschaltung des Raubzeuges (besonders wildernder Katzen) und zur Einregulierung des Raubwildes (besonders der Wiesel). Merke deshalb:

*Der Jäger muß die Jagd mit der Falle erlernen!*
*Wer nur Friedwild jagt, treibt Raubbau!*

Der Fallenbau und Fallenfang läßt sich am besten in einem Lehrgang in einem *Lehrrevier* erlernen (s. S. 404).

**Welche Fanggeräte sind verboten?**

*Schlingen* jeder Art und alle Fanggeräte, die nicht unversehrt fangen oder nicht sofort töten (wie Pfahl- und *Tellereisen*) sowie Selbstschußgeräte.
Außerdem ist der Fang in Fang- und Fallgruben ohne Genehmigung der zuständigen Behörde verboten.

**Was sind Tellereisen und Pfahleisen?**

Es sind Eisen, bei denen das Zusammenschlagen der Bügel durch Betreten der Abzugvorrichtung ausgelöst wird. Auf die Spannweite des Bügels kommt es nicht an, so daß auch Tellereisen mit großer Bügelspannweite unter das Verbot fallen.

**Wie sind Teller- und Pfahleisen zu beurteilen?**

Es sind *barbarische Fangwerkzeuge,* die den sich darin fangenden jagdbaren und nicht jagdbaren Tierarten die Läufe, Ständer oder Fänge zerquetschen oder abschlagen und sie langsam und qualvoll zugrunde gehen lassen. Das gleiche gilt für Selbstschüsse. Solche Fangwerkzeuge sind mit dem Tierschutzgedanken unvereinbar und deshalb *verboten.*

**Welche Fanggeräte sind zulässig?**

Zulässig sind *Abzugeisen,* bei denen die Fangvorrichtung dadurch ausgelöst wird, daß Raubzeug oder Raubwild durch Abheben

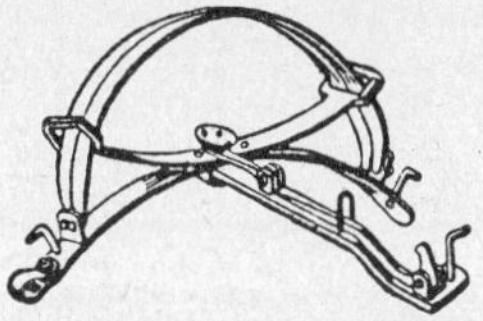

Erlaubte Fangeisen

Deutscher Schwanenhals (wird nur noch selten verwendet)

Selbstabzugeisen (Eiabzugeisen) für Marder und Iltis

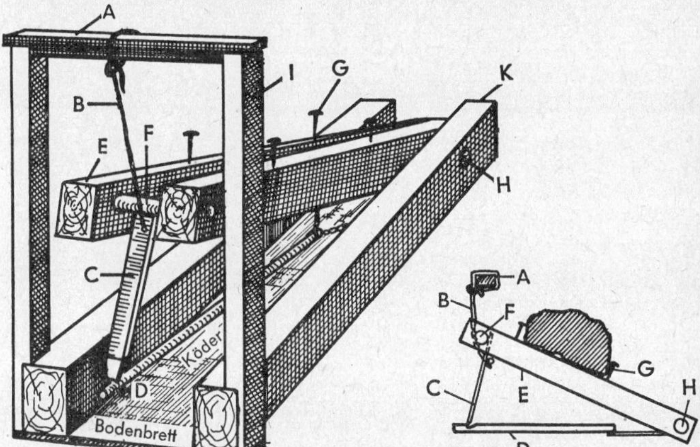


Scherenfalle fängisch gestellt (ohne Belastung)

Am Galgen (A) hängt an einem 15 cm langen Faden (B) die Stellzunge (C), im Tretholz (D) eingerastet. Wird das Tretholz betreten, schlägt die Falle zu. Die miteinander verbundenen Würgebalken (E) ruhen mit ihrer Verbindung (F) auf dem Bindfaden der Stellzunge. G sind große Nägel, die das Abrutschen der Belastung (großer Stein) verhindern. H ist der Bolzen, der die Grundhölzer (K) mit dem Würgebalken gut drehbar miteinander verbindet. Die Falle hat kein Bodenbrett, da unter ihr, in einem spatentiefen Loch, der Köder liegt. Sie wird im Wald mit Dürrholz, im Feld mit trockenem Material aus der Umgebung verblendet. Maße: Höhe von A 40 cm, Breite I 25 cm, Länge der Grundhölzer K 70 cm, Stärke 4 × 9 cm (oder Rundholz), Stellzunge 17 cm.

eines Brockens (Ei, Spatz, Gescheide usf.) das Eisen abzieht und dadurch *sofort getötet* wird (Schwanenhals, Eiabzugeisen). Auch der Fang in Prügelfallen, die sofort töten, oder in Kastenfallen, die unversehrt fangen, ist gestattet.
*Nichtjagdberechtigten* ist in Jagdbezirken der Fang von Raubwild und Raubzeug ohne Berechtigungs- und ohne Jagdschein verboten.

**Was ist bei der Verwendung von Totschlagfallen*) zu beachten?**

Sie dürfen *nicht zur Setzzeit* (1. März bis 15. Juni) bzw. nur zur Jagdzeit (s. S. 492) fängisch gestellt werden. Das Ankirren mit geeigneten Brocken kann jedoch schon monatelang vorher erfolgen. Alle Totschlagfallen, in denen sich *Marder* fangen können, dürfen nur zur Jagdzeit (s. S. 492–495) fängisch gestellt sein, da Marder außerhalb dieser Zeiten Schonzeit genießen. Der Einlaß zu *Totschlagfallen* muß deshalb außerhalb der Jagdzeiten so verengt werden, daß nur Iltis und Wiesel gefangen werden können.

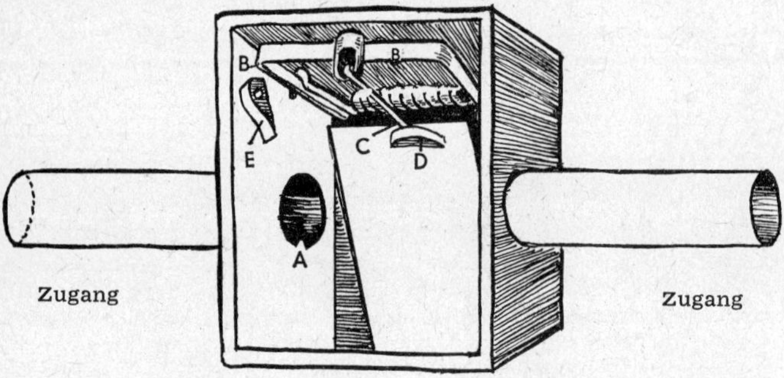


Totschlagfalle (nach dem Mausefallenprinzip)
Blick in den Fallenkasten. Deckel abgenommen!

Die Falle ist für wildernde Katzen, Marder, Iltis und Wiesel geeignet, je nach Größe des Einlasses. Der Zugang kann größer, muß jedoch so lang sein, daß Jagdhunde ihre Nase nicht in den Einlaß stecken können, sonst schlägt die Falle zu.

A = Einlaß zur Totschlagfalle (gegenüber genauso); B = Totschlagbügel; Drahtstift C (Stellstift) klemmt hinter dem Holzteller D und hält diesen in Schwebe. Wird der Holzteller berührt, wird Drahtstift C frei, und der Totschlagbügel B schlägt nach unten. E = drehbare Sicherung.

---

*) In den Lehrrevieren der Landesjagdverbände, z. B. im Lehrrevier 7951 Laupertshausen (LJV Baden-Württemberg), im Lehrrevier Buschletten bei 807 Ingolstadt (LJV Bayern) oder im Lehrrevier Vorholz in Oberwiesen bei 6508 Alzey (LJV Rheinland-Pfalz) und im Jägerlehrhof Jagdschloß 3257 Springe (LJV Niedersachsen) werden Lehrgänge im Selbstbau und Gebrauch von Fanggeräten abgehalten. *Anmeldungen* hierzu sind beim jeweiligen *LJV* (s. S. 560) vorzunehmen. Weiteres hierzu bringen auch die Filme „Hege mit der Flinte und Falle", „Hege mit dem Futterbeutel" und „Ohne Jäger kein Wild" (DJV-Filmarchiv — Filmverleih — Kempener Allee 9, 415 Krefeld).

Der Einlaß zur Totschlagfalle darf nur fünf Zentimeter im Durchmesser groß sein, wenn nur Iltis und Wiesel gefangen werden sollen (für Marder genügt ein Einlaß von 6 cm, für Katzen von 8 cm).

**Wo werden Fallen zweckmäßig aufgestellt?**

In der Feldflur, *keinesfalls am Waldrand* (denn am Waldrand ist alles Wild mißtrauisch, da er oft von Menschen belaufen wird).

**Wozu dient die Kastenfalle, und wo wird sie aufgestellt?**

Sie dient zum *Lebendfang* von Waschbär, Katze, Marder, Iltis und Wiesel. Sie hat zwei Einläufe und fängt mit oder ohne Köder.
Sie wird längs der Kulturzäune, in trockenen Gräben, auf glattgeharkten Zwangswechseln, vor Zaunlöchern oder auf einem schmalen Brett über einem Wasserlauf aufgestellt. Das Trittbrett wird nur dann fängisch gestellt, wenn die Falle fangen soll.
Für den Waschbär stellt man große Kastenfallen (etwa 50×50×150 cm) am Rande einer Müllkippe auf und beködert sie mit einem Ei oder mit Rosinen. Gut bewährt hat sich der Selbstbau der „*Harzer*" Kastenfalle mit Falltüren *senkrecht von oben*.

Kastenfalle, fängisch gestellt, Inneres sichtbar, auf einem Laufbrett über einem Wasserlauf

Das Stellbrett A wird beim Betreten bewegt. Dadurch gibt der Haltedorn B die Stellung C frei. Hierdurch fallen die aus einem Stück gearbeiteten Haltestücke D und damit die Fallbretter E nach unten. Gleichzeitig fallen auch die Fallbolzen F nach unten und schließen beide Fallbretter fest zu. In der Schonzeit gefangenes Wild läßt man frei.
G = Deckel der Falle geöffnet; von hier aus wird das Stellbrett fängisch gestellt. Abschlußdraht zur Kontrolle des Fangergebnisses.

**Wozu dient die Wippbrettfalle, und wo wird sie aufgestellt?**

Sie ist die ideale *Wieselfalle*. Der beste Platz ist und bleibt für sie die Feldflur und dort der *Feldrain*. Zu ihr wird ein langer glatter Einlaufwechsel gehackt. Die Falle wird gegen Sicht leicht

mit Erde verblendet und nicht beködert. Sie kann auch in Steinhaufen oder trockenen Gräben eingebaut werden.
(*Alter Fehler:* Hier und da im Revier eine Falle aufzustellen.
*Bester Erfolg:* Mindestens 6–8 Fallen, je 20–50 m entfernt, fängisch halten. Das spart Lauferei und damit Zeit. Nach einigen Wochen kommt ein anderer Revierteil dran. Das gilt für alle Fallen!)
Auch Wippbrettfallen sollten täglich revidiert werden, obwohl gefangene Wiesel innerhalb kurzer Zeit durch Herzschlag verenden. Lebend gefangene Wiesel werden aus der Falle in einen Sack geschüttelt und durch kräftiges Aufschlagen des Sackes auf den Boden rasch und sicher getötet. Um Mäusefänge zu vermeiden, beschwert man das Wippbrett der Falle unten und hinten mit einem 45 g schweren Bleistreifen. Vorn am Laufbrett kann man einen „Meldedraht“ anbringen, der einen Fang anzeigt (s. Abb.).
Es gibt auch witterungsunempfindliche Kunststoff-Fallen.

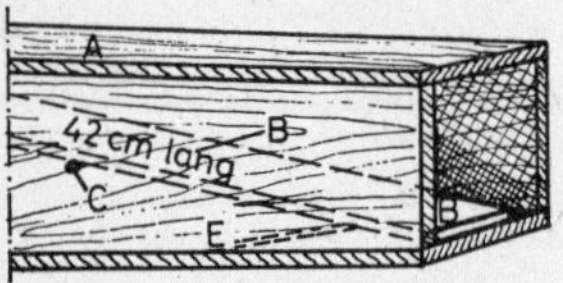


FALLE FÄNGISCH GESTELLT
DAS WIPPBRETT „B“ IST UNTEN

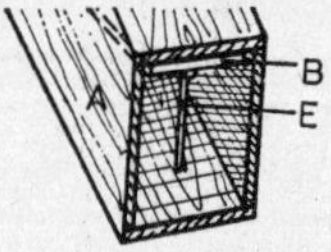


DIE FALLE IST GESCHLOSSEN
DER HALTEDORN „E“ HAT SICH AUFGESTELLT

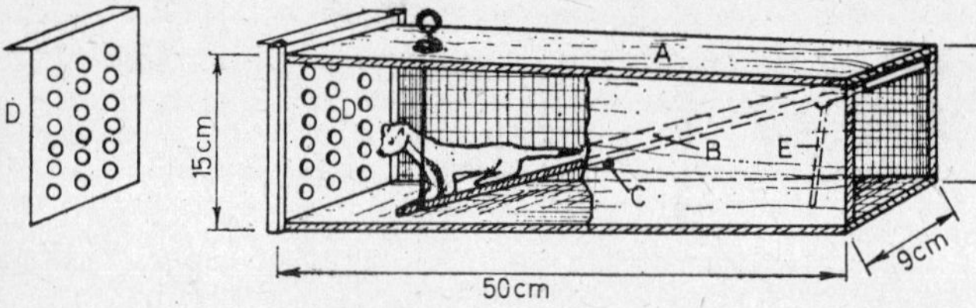


Inneres der Wippbrettfalle

A = Gehäuse (aus Holz, Eternit oder Asbestzement), B = Wippbrett, C = Wippachse, D = herausziehbarer, gelochter Blechschieber, E = Haltedorn (stellt sich aufrecht, wenn das Wippbrett durch Betreten hochwippt).

**Was ist bei der Verwendung gefährlicher Fangeisen (z. B. der Schwanenhälse) zu beachten?**

Vor dem Legen gefährlicher Eisen ist u. U. die Erlaubnis des Grundstückseigentümers einzuholen.
Beim Spannen der Schlageisen ist mit größter Vorsicht vorzugehen. Das *Freilegen der Sicherung* bei verlegten Schlageisen darf nur mit einem geeigneten Gegenstand erfolgen.
Die Eisen dürfen nicht an Orten aufgestellt werden, die Menschen begehen. Sie dürfen erst am Abend fängisch gestellt und müssen am frühen Morgen revidiert und wieder gesichert werden (Unfallverhütungsvorschrift!).
Der Platz zum Legen von Fangeisen muß schon im Herbst vorbereitet werden. Außerdem muß lange vorher angeködert werden.

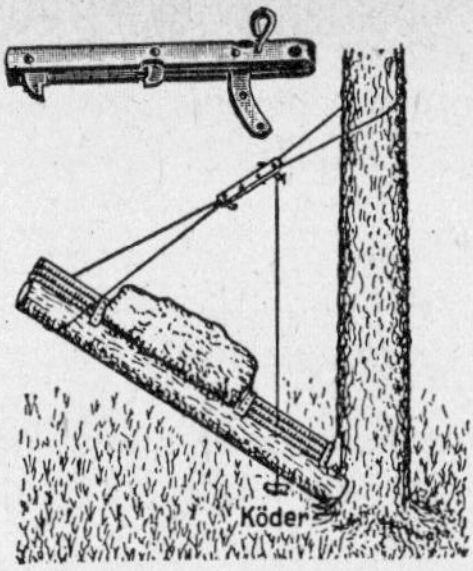


Selbstgebaute Prügelfalle
(Totschlagfalle) mit Fangschloß

Erlaubte Fanggeräte
(Abb.: E. Grell & Co, Stuttgart-Bad Cannstatt)

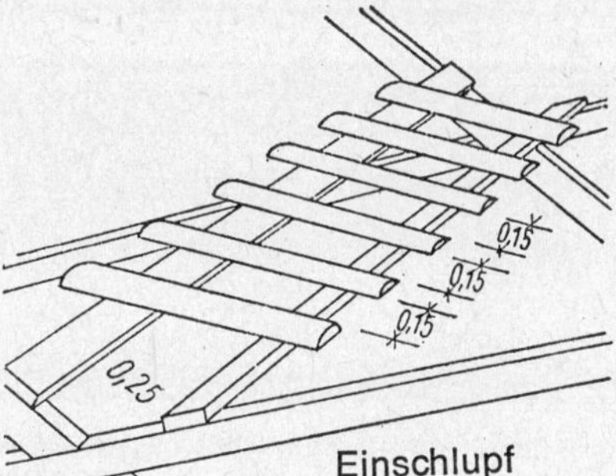


Einschlupf
waagerecht liegende Leiter

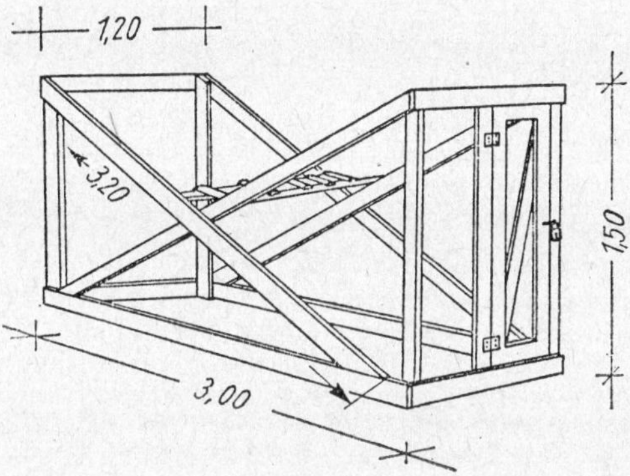


Norwegische Krähenmassenfalle
Die Zeichnung zeigt nur die Holzkonstruktion
Beschreibung S. 486
(Abb.: „Kroll: Der Fasan", Verlag J. Neumann-Neudamm, Melsungen)

## Hege mit der Flinte (durch Bejagen)

**Durch welche Jagdmethoden werden Raubwild und Raubzeug mit der Flinte kurzgehalten?**

Durch Ansitz am Luderplatz oder in der Krähenhütte, durch Einkreisen, Ausneuen, Auspochen und durch Sprengen (von Fuchs und Graben von Dachs) aus dem Bau. Merke:

*Wer den Bau kennt, hat den Dachs!*

**Mit Hilfe welchen Lockinstrumentes kann man wildernde Hunde und Katzen sicher vor die Flinte bringen?**

Mit der Hasen- oder Kaninchenklage. Beim Ansitz im Winter bedient man sich des tarnenden Schneehemdes.

*Beste Abfangplätze sind Brücken- und Wegeübergänge!*
*Die beste Zeit ist die Morgendämmerung!*
*Käufliche Lockinstrumente sind nur „Ersatz".*

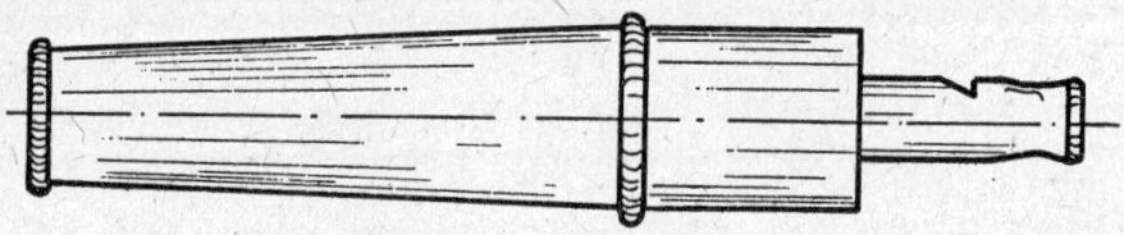

Hasenklage kombiniert mit Mausepfeifchen

Für Rehwild sind besonders die *stummjagenden Hunde* gefährlich, insbesondere dann, wenn zwei gemeinsam jagen. Wo sie ihr Unwesen treiben, verläßt das Wild die gewohnten Einstände.

**Darf man die Horste der Krähen und Elstern ausschießen?**

Ja. Krähen und Elstern gehören zu den ungeschützten wildlebenden Vogelarten (s. § 15 der Naturschutz-VO S. 370). Das Ausschießen der Horste erfolgt am besten ab Mitte April mit dem linken Schrotlauf und 4 mm großen Schroten in den Vormittagsstunden, in denen das Weibchen brütet. (Man muß sich jedoch vorher vergewissern, daß der Horst nicht von Eulen oder Falken besetzt ist!) Die Schrote gefährden das Hintergelände nur wenig, wenn damit fast senkrecht nach oben geschossen wird. Der Schütze muß wissen, daß abstreichende Krähen versuchen, sich durch Steilabsturz nach unten zu retten (im rechten Lauf hält man 2½ mm Schrot bereit!).

**Wie richtet man einen Luderplatz her?**

Wo sich Raubwild und Raubzeug regelmäßig spüren, gräbt man eine *Tonröhre* von etwa einem Meter Länge und 20 cm Durchmesser mit der Öffnung nach oben in die Erde ein. Die Röhre läßt man 10 cm über die Erde überstehen und verteilt die ausgehobene Erde zum Abspüren rund um den überragenden Teil. Vom Frühherbst ab werden in diese Röhre Aufbruch und Abfälle von Wild und *neben* das Luderrohr kleine Fleischbrocken, Fischabfälle und als Leckerbissen Honigkuchen geworfen. Wegen der Gefährdung des Schwarzwildes dürfen *keinesfalls Abfälle aus Schweinepestbeständen* verabreicht werden (s. S. 422). Der dem Rohr ent-

strömende *Aasgeruch* zieht Raubwild und Raubzeug an, so daß es dort von einer Ansitzhütte oder einem Hochsitz aus geschossen werden kann. Die beste Zeit zum Ansitz sind die Stunden von 19 bis 22 Uhr in mondhellen Winternächten, zwei bis drei Tage nach Hartschnee. Dann nehmen Füchse den Luderplatz gern an, besonders wenn man am Tage vor dem Ansitz mit Wildgescheide oder mit einem Netzsack aufgeschlitzter verendeter Fische sternförmig auf den Luderplatz zu Schleppen legt.
Außerdem kann man auf Luderplätzen dem *Bussard und Waldkauz* während der *Notzeit Fraß* reichen, damit sie Niederwild, insbesondere auch Rebhühner, weniger stark dezimieren.

**Wo legt man am besten einen Luderplatz an?**

In einer ungestörten Gegend, in der nicht mit fremden Hunden zu rechnen ist, und *nie* am *Waldrand.* Am besten wird er in der Nähe eines Bachlaufes *auf einem Hügel* errichtet. Zweckmäßig wird auf der anderen Seite des Baches und östlich des Luderplatzes eine *Erd-* oder transportable *Ansitzhütte* (s. S. 396) angelegt.

**Zu welcher Jagdart kann die Erdhütte noch verwendet werden?**

*Zur Hüttenjagd* mit der Uhu-Attrappe. Hierbei wird 25 Schritte vor der Hütte auf einem krückenartigen Pfahl, der *Jule,* ein täuschend nachgemachter Uhu mit oder ohne Bewegungsmechanismus aufgestellt. Durch den Anblick der Uhu-Attrappe werden Krähen und Elstern angereizt, ihn anzugreifen, mit Warnrufen zu umschwärmen oder auf dem in der Nähe stehenden *„Fallbaum"* oder Krakel aufzuhaken. Hierbei können sie geschossen werden. Die günstigsten Monate der *Hüttenjagd auf Krähen* sind März/April (Bekämpfung der Standkrähen, die im Revier balzen und horsten) und Oktober/November (also die *Zugzeit* im Frühjahr und Herbst). Besonders günstig sind Tage mit mäßigem Wind und nicht warmen Wetter.

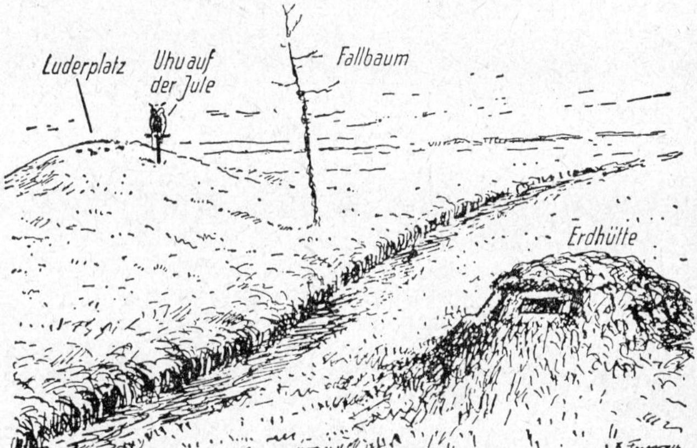


Zweckmäßige Anlage eines Luderplatzes in Verbindung mit einer Krähenhütte (Erdhütte)

**Welche Vögel hassen (stoßen) auf den Uhu?**

Habichte, Sperber, Bussarde, Falken, Milane (sowie auch Krähen, Möwen und Elstern). Greifvögel dürfen nicht bejagt werden.

**Was verstehen wir unter dem Einkreisen?**

Das planmäßige Umlaufen, Abfährten und Abspüren bestimmter Revierteile (Dickungen) nach frischem Schneefall (einer *Neue*) kurz nach Tagesanbruch.
Aus der Zahl der hinein- und herausstehenden Fährten und Spuren läßt sich genau feststellen, ob im Spürbezirk z. B. Schwarzwild oder Raubwild (Fuchs, Dachs, Marder, Iltis usf.) steckt. Bei der Bestätigung von Sauen werden gern *Drückjagden* abgehalten. Sie dürfen nicht erst eine bis zwei Stunden vor Einbruch der Dämmerung beginnen; sie wären sonst ergebnislos, weil Sauen kurz vor der Dunkelheit das Treiben nicht mehr verlassen; sie wären auch unwaidmännisch, weil keine Nachsuche mehr möglich sein würde.

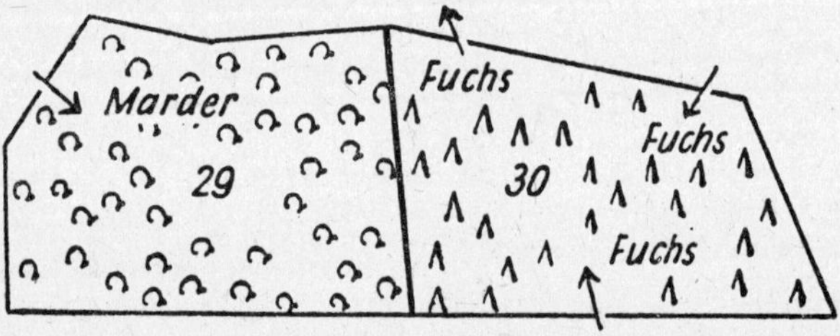


Ergebnis des Einkreisens
Im Spürbezirk 29 steckt ein Marder, im Spürbezirk 30 ein Fuchs

**Was versteht man unter „Ausneuen" und „Auspochen"?**

Das „*Ausneuen*" ist das Ausgehen einer Marderspur bei Neuschnee, die oft aber über mehrere Reviere führt.
Unter „*Auspochen*" oder „*Austrommeln*" versteht man das Herausjagen eines Marders oder Iltis durch heftigen Lärm aus seinem Versteck (Kobel, hohler Baum, Reisighaufen, Scheune). Beim Baummarder hat sich ein leichtes Kratzen am Stamm (mit einem Hölzchen) besser bewährt als starkes Klopfen.

**Auf welches Wild wird die Baujagd ausgeübt?**

Auf Fuchs, Dachs und Kaninchen.

**Wie wird der Fuchs aus dem befahrenen Bau gesprengt?**

Man bleibt gut 20 Schritte vom Bau entfernt in guter Deckung und bei gutem Wind (am besten hinter dem Bau), so daß man alle Röhren gut beschießen kann. Dann läßt man den Hund einschliefen. Zur Ranzzeit stecken oft mehrere Füchse im Bau. Will nichts springen, muß evtl. zum „Graben" geschritten werden (s. S. 327). Bei der Baujagd und bei Bauprüfungen müssen alle Hunde gegen Tollwut schutzgeimpft sein (s. S. 335). In Tollwutgebieten muß die Baujagd mit Hunden unterbleiben (s. S. 420).

**Was ist ein Kunstbau?**

Ein aus Zementplatten (s. Abb.) hergestellter künstlicher Bau, der nur *eine Ein- und Ausfahrt* und in der Mitte einen warmen, trokkenen, *nicht ausgepolsterten Kessel* hat. Er muß so hergestellt werden, daß er zugfrei ist. Kunstbaue werden gern in *Feldrevieren* angelegt. Man benutzt hierzu Feldgehölze, Hecken oder Sandgruben und legt die Ein- und Ausfahrt so an, daß sie freies *Schußfeld* bietet. Kunstbaue sind leicht und bequem zu bejagen. Außerdem kann der Jäger im Kunstbau seinen jungen Erdhund gut einarbeiten (s. jedoch „Tollwut" S. 420). Wer erkannt hat, welche Freude es macht, den Fuchs im Kunstbau zu bejagen, wird gern auf das Abzugseisen verzichten.

Auch „Fuchsnetze" sind brauchbar (Tollwutschutzimpfung gefangener Füchse außerhalb der Tollwutsperrbezirke). Wenn der Bauhund wegen Tollwutgefahr nicht verwendet werden darf, kann man den Fuchs im Kunstbau auch durch „Ausklingeln" zum Springen bringen. Hierzu macht man an zwei aneinanderliegenden Zementplatten über dem Kessel ein kreisrundes Loch von etwa 10 cm Ø und setzt eine etwa ein Meter lange Tonröhre darauf, die oberhalb des in etwa 70 cm Tiefe liegenden Kessels mit etwa 30 cm Länge ins Freie führt. Durch diese Röhre kann man, wenn der Bau befahren ist, eine an einer festen Schnur befestigte Klingel direkt in den Kessel herablassen. Sonst wird der ins Freie führende Teil der Tonröhre durch einen mit Heu festgestopften Plastikbeutel gut verschlossen, damit der Kessel zugfrei bleibt, mit einem weiteren Plastikbeutel gegen Regenwasser abgedeckt und mit Erde und Fichtenzweigen gut verblendet.

**Wie kann man das Einfahren der Füchse in Felsenbaue verhindern?**

Durch Einschieben eines mit Dieselöl, Rohkresol, Kornitol oder dem Präparat M 7 (der Fa. H. Berkel in 67 Ludwigshafen) getränkten Läppchens (Verstänkern).

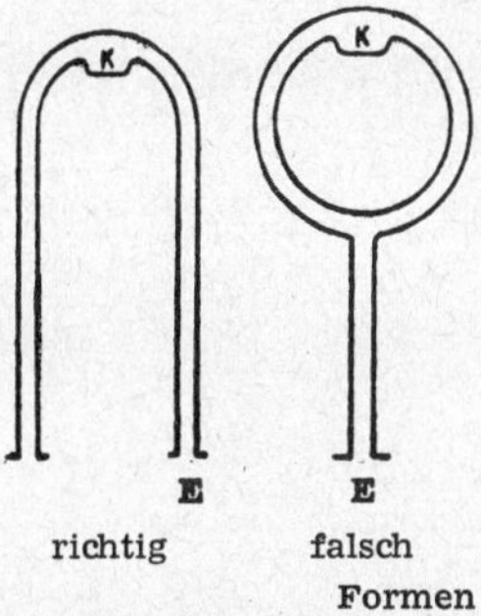


richtig falsch

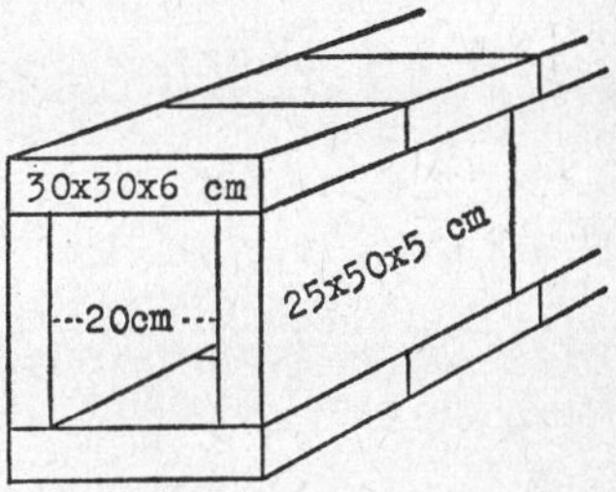


Anlage eines Kunstbaues aus Zementsteinen

**Formen künstlicher Fuchsbaue**

Links: U-förmiger Bau Mitte: unzweckmäßiger Karussellbau

K = Kessel, E = Ein- und Ausfahrt. Die Gesamtlänge muß über 10 m betragen, Röhre und Kessel fingerdick mit Sand oder Erde bestreuen! Der Bau muß von der Einfahrt bis zum Kessel etwas ansteigen, damit er trocken und zugfrei wird. Der Kessel muß 70 cm unter der Erde (frostsicher!) liegen. Anlage möglichst an Südhängen. Die herrschende Windrichtung ist im Herbst Nordwest, im Winter Nordost!

# WILDKRANKHEITEN*)
## ihre Erkennung, Bekämpfung und Beurteilung

### Einteilung der Wildkrankheiten

**Welche ansteckenden Krankheiten (Infektionskrankheiten) werden unterschieden?**

Bakterienkrankheiten, Viruskrankheiten und Pilzkrankheiten.
Die Bakterienkrankheiten werden durch einzellige pflanzliche Lebewesen, die sogenannten Bakterien, hervorgerufen, die wir im Mikroskop bei etwa 800facher Vergrößerung deutlich sehen können (s. Abb. Tafel 32 neben S. 416).
Viruskrankheiten entstehen durch ein Virus, d. h. durch einen im Mikroskop nicht sichtbaren Ansteckungsstoff. (Es heißt das Virus, in der Mehrzahl die Viren!)
Pilzkrankheiten werden durch Schimmel- und Hautpilze hervorgerufen.

**Welche Umstände sind für die Entstehung und Schwere einer ansteckenden Krankheit von Einfluß?**

Die Empfänglichkeit der Wildart für den Erreger,
die Zahl der aufgenommenen Krankheitserreger und
der Kräftezustand des Körpers zur Zeit der Ansteckung.

**Was verstehen wir unter der „Inkubationszeit"?**

Die Zeit, die vom Eindringen der Krankheitserreger in den Tierkörper bis zum Auftreten der ersten Krankheitserscheinungen verläuft. Sie ist bei den einzelnen Krankheiten sehr verschieden und beträgt z. B. beim Milzbrand nur wenige Stunden, bei der Tollwut mehrere Wochen.

### Wildseuchen und Anzeigepflicht

**Welche Pflichten hat der Jagdausübungsberechtigte beim Auftreten von Wildseuchen nach § 24 BJG?**

Er hat alle Wildseuchen (s. S. 500) und deren Verdacht unverzüglich (d. h. „ohne schuldhaftes Verzögern") der Jagdbehörde anzuzeigen. Welche Behörde als zuständig anzusehen ist, wird durch Landesrecht bestimmt (ob Ortspolizeibehörde, oder wie meist, die Untere Jagdbehörde). Die Jagdbehörde erläßt im Einvernehmen mit dem beamteten Tierarzt (Regierungsveterinärrat) die zur Seuchenbekämpfung erforderlichen Maßnahmen. Der Jagdausübungsberechtigte hat der Jagdbehörde auf Verlangen Fallwild oder seuchenverdächtiges erlegtes Wild zur Verfügung zu stellen (s. auch S. 500). Durch die Anzeige soll eine wirksame Ermittlung und Bekämpfung der Wildseuchen ermöglicht und die Allgemeinheit vor Gesundheitsschädigungen geschützt werden.

---

*) Dieser Abschnitt „Wildkrankheiten" ist in seiner Ausführlichkeit für Revierinhaber und „ältere" Jäger bestimmt. Für den Jungjäger genügt es, sich mit den Krankheiten zu befassen, die in seinem Heimatkreise erfahrungsgemäß gehäuft vorkommen (wie Tollwut, Magenwurmseuche oder Rachendasseln).

**An wen können sich die Anweisungen der Jagdbehörde zur Wildseuchenbekämpfung richten?**

An die Jagdausübungsberechtigten, die Gemeinde und an sonstige Personen. Hierbei kann z. B. die Beseitigung von Fallwild, die Bejagung seuchenverdächtigen Wildes unter Aufhebung der Schonzeit und das Verbot des Weideganges angeordnet werden.

**Wie wird die Unterlassung der Seuchenanzeige oder das Nichtbefolgen von Anweisungen zur Wildseuchenbekämpfung bestraft?**

Als Ordnungswidrigkeit mit einer Geldbuße (s. S. 519, § 39 Abs. 2 Nr. 4 BJG).

**Was versteht man unter „unschädlicher Beseitigung"?**

Eine Beseitigung *in Tierkörperbeseitigungsanstalten*, durch die die Erreger übertragbarer Krankheiten sicher abgetötet werden, so daß kein Schaden mehr entstehen kann.

**Wie darf die Beseitigung erfolgen, wenn Tierkörperbeseitigungsanstalten nicht vorhanden sind?**

Durch Vergraben (s. jedoch S. 423).
Die Gruben sind in diesem Falle so tief anzulegen, daß die Oberfläche des Wildes mit einer mindestens 50 cm starken Erdschicht bedeckt ist (Tierkörperbeseitigungsgesetz vom 2. 9. 1975 (BGBl. I S. 2313, § 5 Ziff. 2). Das Vergraben darf *nicht* in der Nähe öffentlicher Wege und Plätze und *nicht in Wasserschutzgebieten* erfolgen. *Vor dem Vergraben* ist der Tierkörper mit *Chlorkalk* zu bestreuen oder mit Rohkresol, Kornitol oder Karbolsäurelösung zu begießen (zu „verstänkern"), damit er nicht von Fleischfressern ausgegraben und angenommen wird.

**Ist Wild für Krankheiten in gleicher Weise empfänglich, wie seine Artgenossen unter den Haustieren?**

Nein! Der Aufenthalt in der freien Wildbahn und die natürlichen Äsungs- und Lebensverhältnisse machen Wild gegen Krankheiten weitgehend widerstandsfähig.

**Wie kann man das Vorliegen von Wildseuchen feststellen?**

Durch Untersuchung von Fallwild oder erlegten seuchenverdächtigen Wildes.

**Welche Institute und Veterinäruntersuchungsämter nehmen Untersuchungen von Wild und Fallwild vor?**

Das Institut für Jagdkunde der Forstlichen Fakultät in 34 Göttingen-Weende, Büsgenweg 3 (Ruf: 05 51 / 3 10 11),
aber nicht für Tollwutfälle!
Außerdem die Parasitologischen oder Pathologischen Institute der veterinärmedizinischen Fakultäten
Freie Universität Berlin-Dahlem, Auf dem Grat 24,
Justus-Liebig-Universität Gießen, Frankfurter Straße 94,
Georg-August-Universität Göttingen, Gronerlandstr. 2,

Tierärztliche Hochschule Hannover, Hans-Böckler-Allee 16, und Tierärztliche Fakultät der Universität München, Veterinärstr. 13 sowie als Fachinstitute (auch für Tollwutfälle) alle *Veterinäruntersuchungsämter.* Die Untersuchungen sind kostenlos, wenn sie durch den beamteten Tierarzt angeordnet werden ((s. S. 500).

**Wo befinden sich Staatliche Veterinäruntersuchungsämter?**

In: 1 Berlin-Zehlendorf; 2 Hamburg 6; 216 Stade; 219 Cuxhaven; 235 Neumünster; 28 Bremen; 285 Bremerhaven; 29 Oldenburg i. O.; 3 Hannover; 33 Braunschweig; 35 Kassel; 415 Krefeld; 44 Münster i. W.; 493 Detmold; 53 Bonn; 54 Koblenz; 577 Arnsberg; 6 Frankfurt/M.-Niederrad; 63 Gießen; 66 Saarbrücken; 69 Heidelberg; 7 Stuttgart; 78 Lehen, Post Freiburg i. Br.; 796 Aulendorf; 8042 Schleißheim und 85 Nürnberg.

**Was ist beim Versand von Fallwild zu beachten?**

Das Untersuchungsmaterial ist am besten *mit dem Kraftwagen* der Untersuchungsstelle zu überbringen.
Viel umständlicher ist die Versendung als *Bahnexpreßgut.*
Hierbei sind die Expreßgutkarten bei der Inhaltsangabe und die Expreßgutanhänger wie folgt zu beschriften:
„Tierische Körperteile für Untersuchungszwecke! Auf Güterböden und in den Wagen getrennt von Nahrungs- und Genußmitteln lagern!" Diese Angaben sind in roter Schrift zu machen oder r o t zu unterstreichen.
Jeder Sendung ist ein Begleitschreiben mit einem kurzen Vorbericht beizufügen, der Angaben über eigene Beobachtungen enthalten soll. Nach Möglichkeit sind ganze Stücke (Tierkörper) einzusenden. Sie geben der Untersuchungsstelle einen besseren Überblick als das Geräusch und Gescheide allein.
Alles Untersuchungsmaterial soll erst nach dem Abkühlen verpackt werden. Man umgibt es nach dem Verpacken in Papier noch mit aufsaugendem Material (wie Kleie, Sägemehl, Torfmull, Häcksel, Holzwolle) und verwendet solide Packungen. Luftdicht verschlossene Behälter sind wegen Begünstigung der Anaërobenfäulnis ungeeignet.

**Welche Umstände begünstigen die Ausbreitung von Wildseuchen?**

Zu hohe Wilddichte, ungenügende Bejagung der schwachen Stücke und ungenügende Schutz- und Äsungsverhältnisse besonders in der Notzeit. Die Wildseuchen werden bekämpft:
Durch weitgehende Bejagung (s. jedoch S. 423) der von der Seuche befallenen Wildart in einem möglichst weit umgrenzten Gebiete und durch Schaffung von Lebensbedingungen, die die natürliche Widerstandskraft steigern.
Tierärztliche Untersuchungen und Behandlungen, Schutzimpfungen (sowie das Anbringen von Kleinstsendern für Forschungszwecke) sind nach Anwendung des Betäubungsgewehrs möglich. Betäubungsgewehre und -pistolen liefert die Parker-Hale Ltd. GmbH in Hannover-Linden und die Fa. Peter Ott und Co. in CH 4106 Therwil/Schweiz, jedoch nur an Zoos, Gatterbesitzer, Forstverwaltungen oder Tierärzte, nicht aber an Jäger.

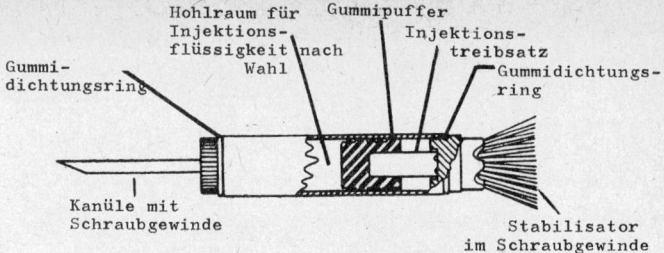

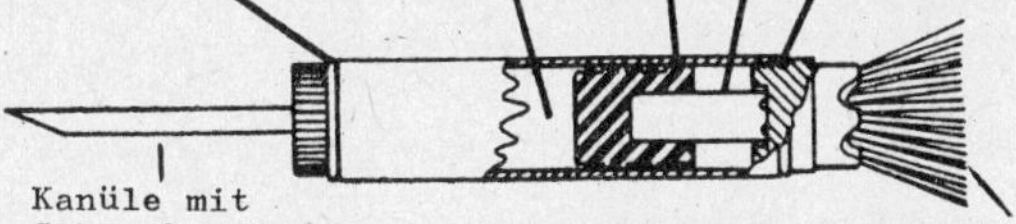


Injektionspfeil für das Narkosegewehr

Durch die Auftreffwucht wird der Injektionstreibsatz, eine hochempfindliche Spezialplatzpatrone, zur Entzündung gebracht, die dann den Gummipuffer nach vorne drückt und dadurch das Betäubungsmittel in den Wildkörper injiziert.

**Welche Haustierseuchen kommen auch beim Wild vor?**

Milzbrand, Rauschbrand, Tollwut, Maul- und Klauenseuche, Räude, Schweinepest, Schweinebrucellose, Geflügelcholera und Hühnerpest (§ 10 des Viehseuchengesetzes in der Fassung vom 19. 12. 1973 (s. S. 500 und Gesetz zur Änderung des Viehseuchengesetzes vom 2. Dezember 1976 (BGBl. I S. 3249).

## Infektionskrankheiten

### *Bakterienkrankheiten*

Milzbrand (Erreger: Bacillus anthracis)
Rauschbrand (Erreger: Bacillus sarkophysematos)

**Welche durch Bakterien verursachten Wildseuchen werden nach dem Viehseuchengesetz bekämpft?**

Milzbrand und Rauschbrand. Sie wirken tötlich.
Milzbrand ist auf den Menschen übertragbar und kommt besonders bei Rot- und Damwild vor. Bei dem erkrankten Wild ist die Milz stark geschwollen und weich. Beim Rauschbrand ist das Bindegewebe unter der Decke mit Gasblasen durchsetzt. Die erkrankten Stücke verenden nach kurzer Krankheitsdauer. Alle krank erscheinenden Stücke sind zur Abkürzung des Seuchenganges möglichst bald zu schießen und unschädlich zu beseitigen (§ 34 Viehseuchengesetz vom 27. 2. 1969, BGBl. I S. 158).

Tuberkulose (Erreger: Mycobacterium tuberculosis)

**Was verstehen wir unter der Tuberkulose?**

Eine bei Mensch und Tier verbreitete, übertragbare, chronisch verlaufende Infektionskrankheit, die durch die Tuberkelbakterien hervorgerufen wird. Wild kann durch Aufnahme der Tuberkelbakterien mit der Äsung erkranken. Es entstehen dann besonders in Leber und Lunge käsige oder verkalkte tuberkulöse Herde (s. Abb. Lebertuberkulose Tafel 32 nach S. 416).

In der freien Wildbahn sind die Infektionsmöglichkeiten des Wildes sehr gering.

**Bei welchem Wildgeflügel kommt Tuberkulose vor?**

Besonders bei Fasanen in Fasanerien.
Beim Zukauf von Fasanen ist deshalb Vorsicht notwendig.

## Die Nagerseuchen

Nagerseuche (Erreger: Bacterium pseudotuberculosis rodentium)
Nagerpest (Erreger: Pasteurella tularensis)

**Welche Nagerseuchen kommen vor?**

Die Nagerseuche, Pseudotuberkulose oder Rodentiose (von lat. rodere = nagen) und die Nagerpest oder Tularämie (zuerst 1911 im Bezirk Tulare in Kalifornien erforscht).
Beide Seuchen kommen bei Hasen, Wildkaninchen und anderen Nagetieren (Mäusen, Hamstern, Ratten) vor.

**Wie unterscheiden sich diese Seuchen?**

Bei der Nagerseuche werden in Lunge, Leber, Milz und den Nieren zahlreiche tuberkuloseähnliche, grieß- bis hanfkorngroße gelbweiße Knötchen gefunden. Diese Seuche spielt, im Gegensatz zur Tuberkulose, in der freien Wildbahn eine große Rolle. Sie wird bei 10–15 % der gefallenen Hasen festgestellt (s. S. 418), ist die *verbreitetste bakterielle Hasenseuche* und gehört während nasser Jahre zu den verlustreichsten Krankheiten der Hasen und Kaninchen (Abb. Tafel 33 nach S. 416).
Bei der Nagerpest sind die Lymphknoten geschwollen und verkäst (durch Abtasten feststellbar) und die Milz deutlich vergrößert und geschwollen. In der Leber und Lunge, mitunter auch in den Nieren, sind kleine gelbweiße Knötchen (nekrotische Herde) sichtbar (Abb. s. Tafel 32 neben S. 416).
Die Übertragung von Tier zu Tier erfolgt durch blutsaugende Insekten (Flöhe, Läuse, Holzböcke).

**Welche besondere Bedeutung hat die Nagerpest oder Tularämie?**

Sie ist von Nagetieren leicht auf den Menschen übertragbar und verläuft bei ihm mit Fieber, Milzschwellung und Schwellung der Lymphknoten, die zu 50 % vereitern.
Eine Übertragung von Mensch zu Mensch findet nicht statt. Bei Verdacht auf Tularämie sind Fallwilduntersuchungen in einem Veterinäruntersuchungsamt unbedingt notwendig.

## Die Hasen- und Kaninchenseuchen

**Welche Bakterienkrankheiten kommen bei Hasen und Wildkaninchen noch vor?**

Die Hasenseuche,
die Staphylomykose,
die Hasenbrucellose und
die Salmonellose.

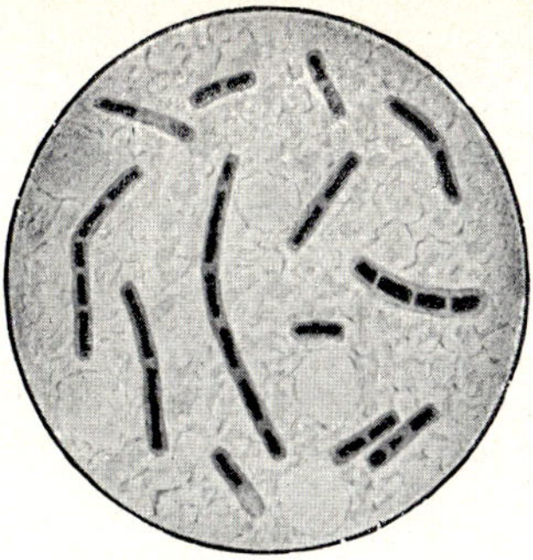

Milzbrandbakterien
Dicke, plumpe Stäbchen, in Ketten aneinander liegend
800fache Vergrößerung

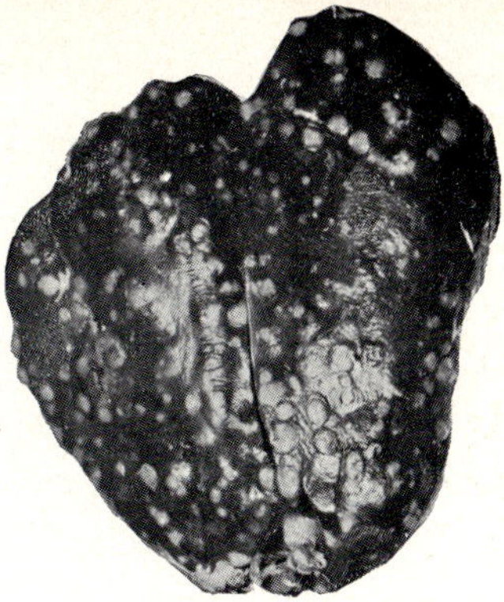

Lebertuberkulose (Fasan)

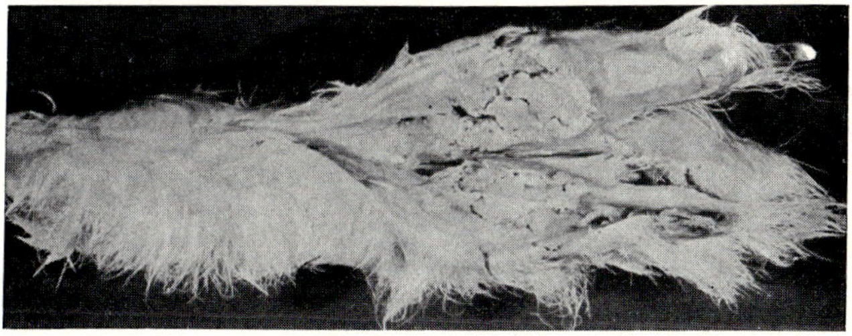

Staphylomykose
Hinterlauf eines Hasen mit trocken-käsigen Eiterherden
(Foto Mitte und oben rechts: Veterinär-Patholog. Institut der Universität Gießen, Direktor: Professor Dr. Pallaske)

Tularämie oder Nagerpest

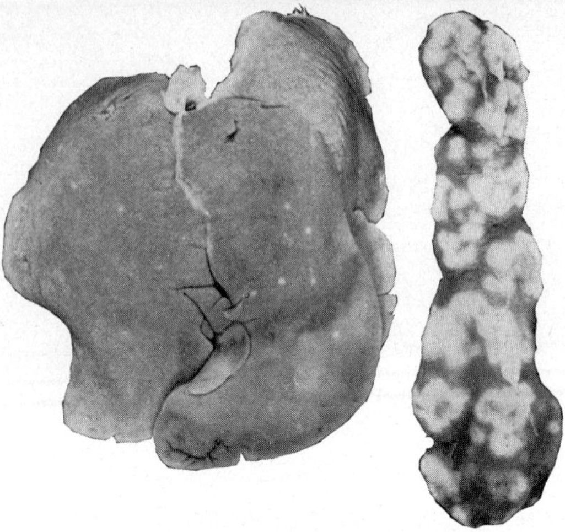

Pseudotuberkulose
oder Rodentiose (Nagerseuche)
Leber und Milz mit tuberkuloseähnlichen gelbweißen Knötchen.
verbreitetste bakterielle Hasenseuche

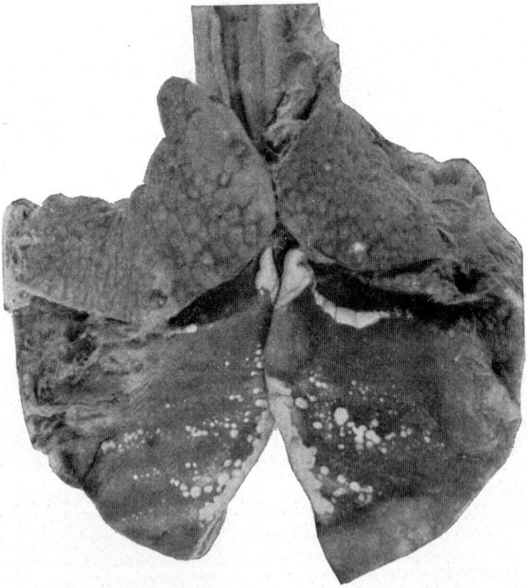

Hasenseuche
oder Hasenseptikämie (Hasenpasteurellose),
nekrotisierende Lungen-Brustfellentzündung

(2 Fotos: Institut für Tierpathologie der Universität München,
Vorstand Prof. Dr. Sedlmeier)

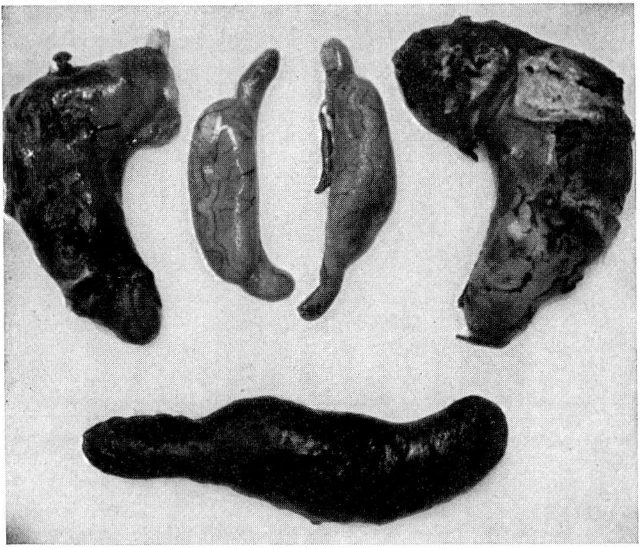

Hasenbrucellose
Oben: Vergrößerte und verkäste Hoden, zum Vergleich in der Mitte normale Hoden. Unten: vergrößerte (geschwollene) Milz
(Foto: Prof. Dr. Fritzsche, Vet.-Unters.-Amt, 54 Koblenz)

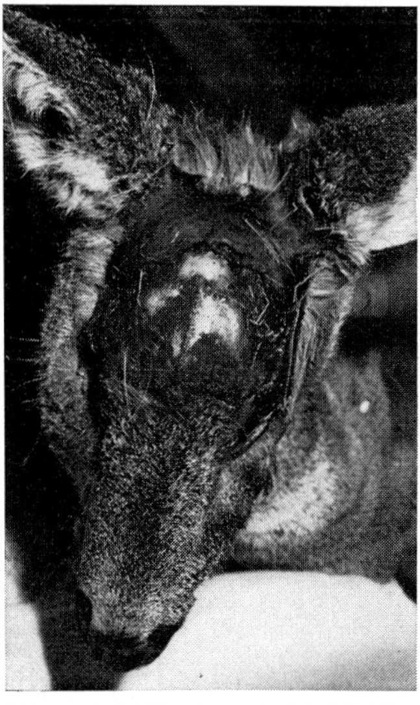

Eine für Tollwut typische Kopfverletzung beim Reh (zu S. 420)
(Foto: ORVR Dr. Bruno Müller, Tierärztl. Unters.-Amt, Aulendorf)

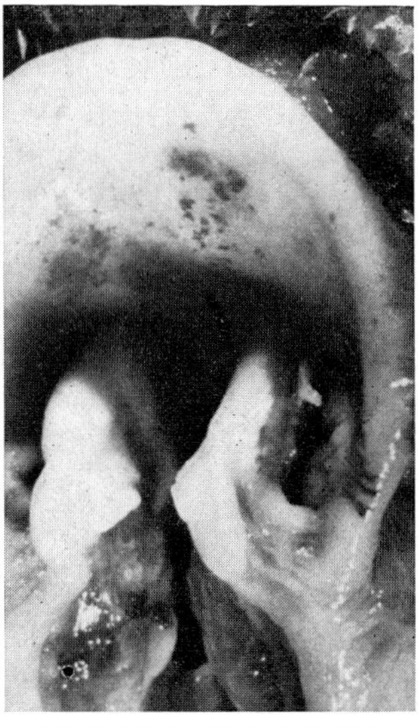

Für Schweinepest (s. S. 422) typische Blutungen am Kehldeckel
Foto: Prof. Dr. Weiss, Vet.-Path.-Inst., 63 Gießen

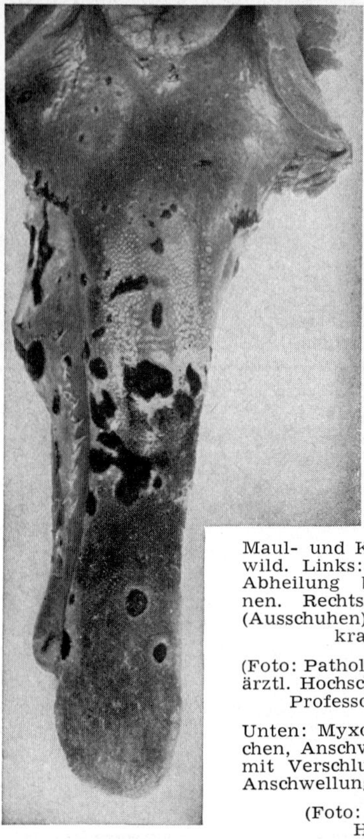

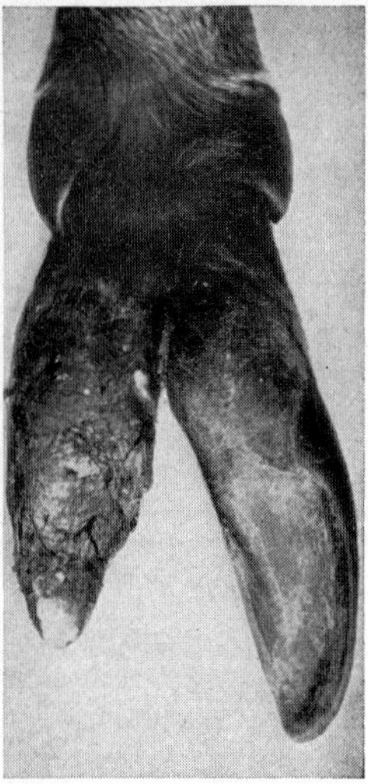

Maul- und Klauenseuche bei Schalenwild. Links: Lecker vom Reh mit in Abheilung begriffenen MKS-Erosionen. Rechts: Verlust einer Schale (Ausschuhen) als sekundäre MKS-Erkrankung (Rotwild)

(Foto: Pathologisches Institut der Tierärztl. Hochschule Hannover, Direktor: Professor Dr. Dr. h. c. Cohrs)

Unten: Myxomatose beim Wildkaninchen, Anschwellung der Lidbindehaut mit Verschluß der Seher, ödematöse Anschwellungen am Grund der Löffel

(Foto: Prof. Dr. W. Rieck, Hann.-Münden)

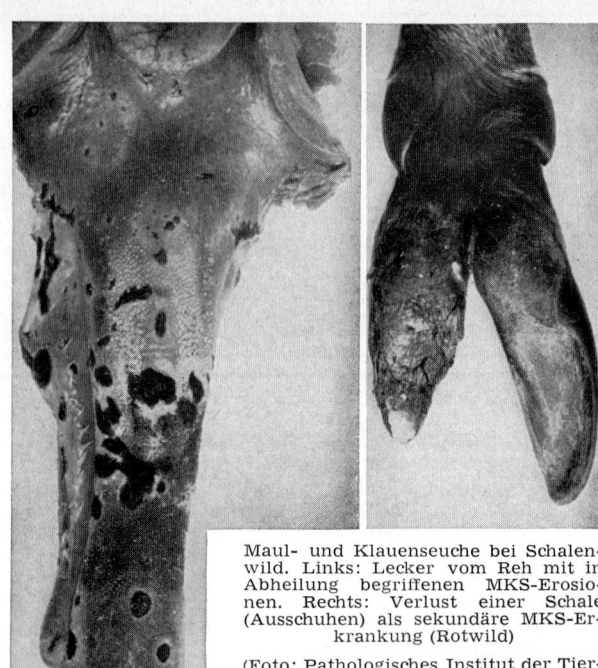

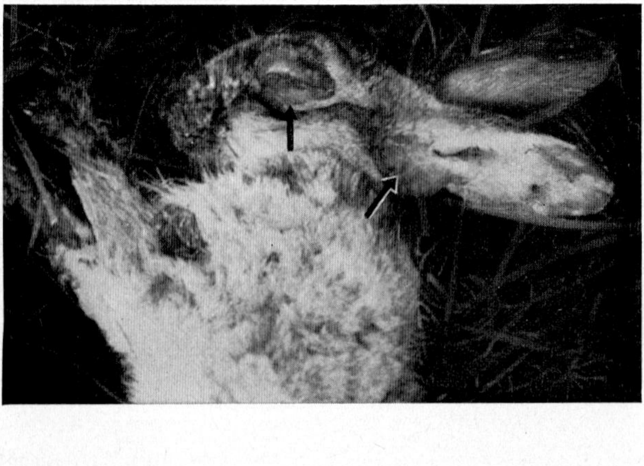

Bei der Hasenseuche ist stets eine blutige Entzündung der Drosselknopf- und Drosselschleimhaut vorhanden. Daneben ist meist die Milz vergrößert und geschwollen und beim Anschnitt zerfließlich. Beim langsamen Verlauf finden sich gelbliche Auflagerungen auf den Lungen und dem Brustfell (fibrinöse Lungen- und Brustfellentzündungen. Abb. Tafel 33 nach S. 416).
Wird die Krankheit bei mehreren gefallenen Hasen festgestellt, empfiehlt sich eine verstärkte Bejagung zur Herabsetzung der Ansteckungsgefahr. Erlegte Hasen, die Abmagerung oder Organveränderungen zeigen, sind genußuntauglich.
Die Staphylomykose oder *Eiterkrankheit der Hasen* wird durch Eitererreger (Staphylokokken) hervorgerufen, die mit der Äsung aufgenommen oder durch Bisse des Hasenflohs übertragen werden. An verschiedenen Stellen des Körpers (besonders an den Läufen, unter dem Balg und im Wildbret) können sich Eiterherde (Abb. Tafel 32 neben S. 416) finden. Die erkrankten Hasen sind matt und drücken sich. War der erlegte Hase noch kräftig und weist er nur einen vereinzelten Eiterherd auf, so ist er nach dessen Entfernung genußtauglich, sonst genußuntauglich. Wenn Staphylokokken in eine Wunde geraten, sind auch *Menschen gefährdet.* Hände- und Wunddesinfektion mit Desderman (s. S. 421) sind zu empfehlen.

**Was verstehen wir unter der Brucellose?**
Eine im Jahre 1887 vom Engländer Bruce entdeckte, durch Brucella-Bakterien (Abortus-Bang-Bakterien) hervorgerufene Krankheit der Rinder, Schweine, Schafe und Feldhasen, bei der Hoden- und Gebärmutterentzündungen und seuchenhafte Fehlgeburten (Aborte) auftreten. Die Infektion der Hasen erfolgt mit der Äsung und beim Rammeln. Durch direkte Berührung kranker Tiere kann auch der Mensch an Brucellose erkranken (zur Untersuchung Schutzhandschuhe verwenden!). Der Verdacht auf Brucellose ist anzuzeigen (s. S. 412). Erkrankte Hasen sind genuß*untauglich.*

**Welche Veränderung zeigen sich bei der Hasenbrucellose?**
Die Hasenbrucellose (früher als *Hasensyphilis oder Knotenseuche* bezeichnet) geht mit schweren Genitalerkrankungen einher. Bei Rammlern erkranken hauptsächlich die Hoden und Nebenhoden (das Geschröt), bei Häsinnen der Tragsack und das Gesäuge, bei beiden außerdem stets auch die Milz und daneben die Leber und Lunge. Die erkrankten Organe sind stark vergrößert und zeigen Abszesse mit käsigem oder zähflüssigem Inhalt (Abb. s. Tafel 34).

**Was sind Salmonellen oder Fleischvergifter?**
Es sind (nach dem amerikanischen Forscher Salmon benannte) krankheitserregende Bakterien der Typhus-, Paratyphus- und Enteritisgruppe, durch die bei Menschen typhusähnliche Erkrankungen mit Erbrechen, Magen-Darmentzündung, Milzschwellung, Durchfall, Augenmuskellähmung, Pupillenstarre und Schlundlähmung entstehen. Solche Erkrankungen wurden nach dem Genuß von argentinischen Hasen und Pampashasen beobachtet, die in gefrorenem Zustand eingeführt wurden. Auch der Verzehr von *rohen (Enten-)*Eiern, die häufig Salmonellen enthalten, bedeuten eine Gefahr für den Menschen.

**Woran ist das Herrschen von Hasenseuchen zu erkennen?**

Erkrankte Hasen sind meist stark geschwächt und bewegen sich auffallend langsam und mit gekrümmtem Rücken. Sie drücken sich gern und werden von Hunden leicht gegriffen.
Die Feststellung der jeweils vorliegenden Seuche ist nur durch die Untersuchung in einem *Staatlichen Veterinär-Untersuchungsamt* möglich. Seuchenkranke Hasen dürfen *nicht* zum Genuß für Menschen verwendet werden. Sie sind zu beseitigen (s. S. 413 und 414).
(Bekämpfung: Beim Absuchen gefährdeter Revierteile läßt man schwache Hasen schießen oder vom Hunde greifen!)

Geflügelcholera (Erreger: Pasteurella multocida)

**Bei welchem Federwild kann die Geflügelcholera vorkommen?**

Außer bei Tauben bei allem Federwild, besonders bei Fasanen und Wildenten. Die Geflügelcholera macht sich durch plötzlich auftretende Todesfälle bemerkbar. Die Sterblichkeit liegt bei 90 %. Verendetes Federwild ist dem Amtstierarzt anzuzeigen und einem Veterinäruntersuchungsamte zur Seuchenfeststellung einzusenden (s. S. 414).

*Viruskrankheiten*

**Wodurch entstehen Viruskrankheiten?**

Durch Krankheitserreger, die so klein sind, daß sie durch jeden Filter gehen und mit gewöhnlichen Mikroskopen nicht sichtbar gemacht werden können. *Zu den Viruskrankheiten gehören: Tollwut,* Hundestaupe, Maul- und Klauenseuche, *Schweinepest,* Kreuzlähme des Rotwildes, Papillomatose, *Myxomatose,* Pockendiphtherie und die *Geflügelpest.*

Tollwut (Lyssa oder Rabies)

**Welche Tiere können an Tollwut erkranken?**

Die Tollwut ist eine namentlich bei Wild (Fuchs, Dachs, Wiesel und Rehwild) vorkommende Viruskrankheit. *Hauptverbreiter der Tollwut ist der Fuchs* (Ranzzeit, Wanderung der Jungfüchse). Vom Wild wird die Tollwut auch auf Haustiere (Hunde, Katzen, Wiederkäuer und andere Wirbeltiere) übertragen. Auch Ratten, Vögel und Fledermäuse können an Tollwut erkranken.
Die Tollwut ist eine tödlich verlaufende Gehirn-Rückenmarksentzündung. Im langjährigen Durchschnitt entfielen 21,2 % der Tollwutfälle auf Haustiere (4,9 % Hunde, 2,9 % Katzen, 7,5 % Rinder und 1,8 % sonstige Haustiere). Auf das Wild entfielen 78,8 %. Den *Fuchs* betrafen 62,7 % aller Tollwutfälle oder *79,6 % der Wildtollwutfälle.*
Da der Fuchs die Infektionskette der Tollwut laufend unterhält, fordert das am 2. 12. 1976 geänderte Viehseuchengesetz (s. S. 421) aus *seuchenrechtlichen Gründen* die Wiederaufnahme der Fuchsbaubegasungen als das *nachweisbar wirksamste Verfahren* zur Verdünnung der Fuchspopulation. Beim Einsatz von Zyanwasserstoffgas (Blausäure) tritt schon nach einer Minute tiefe Bewußtlosigkeit der begasten Füchse ein, so daß dieses Gas den in § 4 des Tierschutzgesetzes festgelegten Forderungen entspricht.

Die orale Immunisierung der Füchse durch Verfüttern von präparierten Hähnchenköpfen (Schluckimpfung) ist leider noch nicht praxisreif. Auch die Schutzimpfung der am Mutterbau (in Kastenfallen oder beim „Graben") gefangenen Jungfüchse (mit Madivak-Hoechst) hat nur eine geringe regionale Bedeutung.

**Wodurch wird die Tollwut übertragen?**

Durch das *Tollwutvirus.* Es ist *besonders im Speichel,* im Gehirn, im Kot und in der Milch kranker Tiere zu finden.
Die *Infektion* erfolgt fast *ausschließlich durch den Biß* eines tollwutkranken Tieres (*mit dem Speichel*). Auch über Hautwunden und Schleimhautverletzungen, durch die das Virus (wie beim Biß) in die Blutbahn gelangen kann, ist die Infektion möglich. Infektionen durch die unverletzte Haut oder durch Aufnahme virushaltigen Speichels mit dem Futter (Weidetiere) oder mit der Äsung sind nicht mit Sicherheit nachgewiesen worden.
Die Tollwut kommt bei Tieren erst etwa zwei bis 23 Wochen n a c h der Infektion zum *Ausbruch.* Sie hat also eine sehr lange *Inkubationszeit* (s. S. 412). Verheilte Bißwunden werden wegen des Juckreizes beleckt (wichtiges Zeichen v o r Ausbruch der Tollwut!).

**Welche Krankheitsstadien zeigen sich bei der Tollwut des Hundes?**

Das melancholische, das Beiß- und das Lähmungsstadium.
Im *melancholischen Stadium* (Dauer ein bis drei Tage) tritt ein *verändertes Benehmen* auf. Die Hunde werden launenhaft und schreckhaft, schnappen oft zwecklos in die Luft (Fliegenschnappen) und zeigen schlechten Appetit. Im *Beißstadium* (Dauer drei bis vier Tage) nehmen Unruhe und Aufregung zu und steigern sich zur Raserei. Die Hunde suchen jede Möglichkeit zu *entweichen* und zeigen eine ausgesprochene *Neigung zum Beißen.* Besonders werden Tiere und Menschen gebissen, die dem wutkranken Tier Widerstand leisten.
*Im Lähmungsstadium* treten Lähmungserscheinungen auf (Unterkiefer-, Schlundkopf-, Kehlkopf- und Gehirnlähmungen). Der *Fang*

Charakteristischer schielender Blick mit Auswärtsstellung der Augen und eigentümlich lauernder und verstörter Gesichtsausdruck

Lähmung des Unterkiefers, Fang ständig geöffnet, Speichelfluß, Vorfall der Zunge

Tollwut beim Hund

ist dabei *geöffnet*. Es besteht Speichelfluß. Der *Gesichtsausdruck* ist lauernd und *verstört*. Nach wenigen Tagen erfolgt der Tod.

**Was muß mit Hunden geschehen, die tollwutverdächtig sind?**

Sie müssen *eingesperrt* und fest *angekettet* werden. Dann ist der Verdacht unverzüglich der Ortspolizeibehörde anzuzeigen, damit eine amtstierärztliche Untersuchung des Hundes veranlaßt werden kann. Das gilt besonders für Fälle, in denen ein Mensch von einem tollwutverdächtigen Hund gebissen wurde (wegen Seuchenfeststellung und der dadurch notwendig werdenden *Schutzimpfung gefährdeter Menschen* sowie wegen des Erlasses von Sperrmaßnahmen). Wurde der Hund v o r der amtstierärztlichen Untersuchung getötet, so ist sein Kopf einem Veterinäruntersuchungsamte zur Untersuchung einzusenden (s. S. 414 und 421).

**Wie kann man Jagdhunde vorbeugend vor Tollwut schützen?**

Indem man sie von tollwutverdächtigen Tieren fernhält. In Tollwutgebieten muß die Prüfung von Jagdhunden und die *Baujagd mit Hunden unterbleiben*. Das Würgen, Abbeuteln und Apportieren von tollwutkrankem Raubwild und wildernden Katzen führt leicht zur Infektion des Hundes mit Tollwut.

Die Impfung gesunder Hunde ab 12. Lebenswoche (z. B. mit der Vaccine „R a b i s i n“) ist in allen Bundesländern erlaubt. Etwa 21 Tage nach der Impfung ist ein belastungsfähiger Schutz ausgebildet. Zur Aufrechterhaltung des Schutzes ist die Impfung bis zum Ende des ersten Lebensjahres und dann jeweils jährlich zu wiederholen.

Hunde, die gegen Tollwut schutzgeimpft und noch geschützt sind, müssen bei Ansteckungsgefahr nicht mehr sofort getötet werden, wenn die Impfung *unverzüglich wiederholt* wird. Sie unterliegen nur einer verkürzten Beobachtungszeit (VO gegen die Tollwut vom 7. 11. 1975, BGBl. I vom 15. 11. 1975, S. 2851).

**Wie äußert sich die Tollwut beim Fuchs?**

Füchse verlieren ihre natürliche Scheu vor Menschen und dringen vertraut in Gehöfte, Stallungen und auch Hundehütten ein. Sie verschlingen oft unverdauliche Gegenstände (wie Steine), während die normale Fraßaufnahme unterbleibt.

Im *Beißstadium* greifen sie Tiere und Menschen an und *beißen sie*. Zu Beginn des Lähmungsstadiums taumeln sie wie betrunken umher. Hierbei lassen sie sich leicht töten.

**Wie kommt es, daß Rinder und Rehwild oft an Tollwut erkranken?**

Weil sie bei Auseinandersetzungen die Füchse attackieren und im Verenden befindliche Füchse gern bewinden und dabei gebissen werden. Besonders gefährdet sind Rehe, die ihre Kitze verteidigen. An Tollwut erkranktes Rehwild *speichelt*, hat stieren Blick, ist schreckhaft und verliert schnell an Wildbret. Die vernarbten Bißstellen werden gescheuert und beleckt. Rehwild zieht oft laut klagend durch die Bestände und nimmt gern Bäume an, die es mit dem Haupt bearbeitet. Dadurch wird die *Decke an der Stirn* abgescheuert und *schweißig* (Abb. Tafel 34 vor S. 417). Auf der Höhe der Erkrankung greift Rehwild auch Menschen an.

**Wie kann Tollwut mit Sicherheit festgestellt werden?**

Durch die Untersuchung des Gehirns (auf Negrische Körperchen) in einem Staatlichen *Veterinäruntersuchungsamt* (s. S. 414).
Bei tollwutverdächtigem Wild, das untersucht werden soll, darf daher das Gehirn nicht durch Schlag oder Schuß verletzt werden. Den Untersuchungsstellen ist stets das ganze Haupt (Kopf) auf schnellstem Wege, möglichst durch Boten, im Einvernehmen mit dem Veterinäramt, zu übersenden. Gehirne, die bereits in Fäulnis übergegangen sind, eignen sich nicht für die Untersuchung.
In Tollwutrevieren ist das Abtrennen des Kopfes zu Untersuchungszwecken nur mit *Plastikhandschuhen* vorzunehmen. Sie sollten nach Gebrauch verbrannt werden. Das Absetzen des Kopfes ist kein „Zerlegen“, das nur dem Amtstierarzt vorbehalten ist.

**Darf Wildbret von völlig gesund erscheinendem Wild aus Tollwutgebieten in erhitztem Zustand gegessen werden?**

Ja, ohne Bedenken! Das Wildbret wutkranken oder wutverdächtigen Wildes ist dagegen genußuntauglich (s. S. 451/452).

**Wie äußert sich die Tollwut beim Menschen?**

Ausführliches hierzu bringt das farbige AID-Merklatt Nr. 282 „Tollwutgefahr – für Mensch und Tier“, das gegen Erstattung der Unkosten (0,50 DM in Briefmarken) vom AID, Postfach 708 in 53 Bonn-Bad Godesberg bezogen werden kann.

**Wie kann man Tollwut bei Menschen nach Bißverletzungen oder Kontakt mit wutkranken Tieren verhindern?**

Durch Desinfektion der Wunde und Vornahme der hochwirksamen, gut verträglichen Tollwutschutzimpfung (mit einer Gewebskulturvakzine), mit der statt der bisher 14 nur noch 6 nebenwirkungsfreie Injektionen notwendig sind (Bericht: Prof. Dr. Kuwert vom Klinikum 43 Essen). Ein Verzeichnis der staatlichen Impfstellen enthält das *„Tollwutmerkblatt“* des Bundesgesundheitsamtes, das durch den Ärzteverlag in 5 Köln 40 – Lövenich (Ruf: 0 22 34 / 70 11–1) bezogen werden kann. Die Desinfektion der Hände, Nagelfalze und Arme kann mit dem unverdünnten, hautfreundlichen *Desderman* (der Fa. Schülke & Mayr, rezeptfrei in Apotheken erhältlich) durch Einreiben auch mehrmals am Tag, erfolgen. Es gehört (mit 100 bzw. 250 ml) in die Hausapotheke, um jederzeit sofort greifbar zu sein!

**Wie erfolgt die Bekämpfung der Wildtollwut?**

Durch das Viehseuchengesetz i. d. F. vom 19. 12. 1973 (BGBl. I 1974, S. 1) und durch das Gesetz zur Änderung dieses Gesetzes vom 2. Dezember 1976 (BGBl. I S. 3249), sowie seit 1. Juli 1970 durch die Bundes-VO zum Schutz gegen die Tollwut vom 13. 3. 1970 (BGBl. I S. 289) und die Änderungs-VO vom 7. 11. 1975 (BGBl. I S. 2851). Hiernach dürfen Hunde außerhalb geschlossener Ortschaften nur an der Leine geführt werden und müssen außerhalb befriedeter Bezirke an der Halsung eine numerierte Hunde-(Steuer-)Marke oder die Besitzeradresse tragen.

Bei Jagdhunden während der Arbeit (s. S. 331) ist die Abnahme der Halsung ausnahmsweise zugelassen.
Jagdausübungsberechtigte müssen tollwutkrankes und tollwutverdächtiges Wild sofort töten und unschädlich beseitigen (s. S. 413).
Ist Wildtollwut oder -Verdacht festgestellt worden, so hat die zuständige Behörde (i. d. R. das Landratsamt oder die kreisfreie Stadt) die Umgebung der Tötungs- oder Fundstelle im Umkreis bis zu 10 km zum „gefährdeten Bezirk" zu erklären, mit Schildern *„Wildtollwut! Gefährdeter Bezirk"* gut sichtbar zu kennzeichnen und das Bejagen von Füchsen (Dachsen sowie streunenden Hunden und Katzen) anzuordnen. Mit jagdlichen Mitteln (Drückjagd, S. 283, Ansitz [S. 409] und Baujagd [s. S. 327, 410/411]) sollte ein Fuchsbestand von 0,7 Füchsen je 100 ha dauerhaft unterschritten werden, damit die Infektionsketten der Tollwut abreißen.
Begasung der Baue und Abschußprämien s. S. 418 und 486.

### Maul- und Klauenseuche (MKS)
### (Aphtenseuche oder Stomatitis epidemica)

**Wie äußert sich die MKS bei Schalenwild?**

Das erkrankte Schalenwild zeigt Speicheln. Am Lecker, dem Geäse (bzw. Wurf) und in der Umgebung der Schalen, besonders am Kronsaum, bilden sich Blasen, die mit einer wasserhellen, gelblichen Flüssigkeit gefüllt sind, die das Virus enthält. Nach zwei bis drei Tagen platzen die Blasen und hinterlassen schmerzhafte, hochrote, von der Oberhaut entblößte Stellen (Erosionen), die nach und nach abheilen. Bei Erkrankung der Schalen kommt es häufig durch nachträgliche Wundinfektion zum „Ausschuhen", d. h. zum Verlust der Schalen (Abb. Tafel 35 vor S. 417). Dadurch tritt schweres Lahmen auf. *Schalenwild ist für MKS wenig empfänglich.*

### Schweinepest (Pestis suum)

**Welche Kennzeichen zeigt Schwarzwild bei der Schweinepest?**

Bei der *akuten* Form, der sehr leicht übertragbaren *Viruspest,* zeigt es auffällige Schwäche und ein Schwanken in der Nachhand. Die erkrankten Stücke trennen sich von den Rotten und suchen wegen bestehenden Fiebers Wasserstellen zum Kühlen und Schöpfen auf. Stellt man beim Aufbrechen am Deckel des aufgeschärften Drosselknopfes *punktförmige Blutungen* (wie in Abb. Tafel 34 vor S. 417) fest, besteht *begründeter Verdacht auf Virusschweinepest.* Solche Blutungen finden sich meist auch in der Schleimhaut der Drossel, des Magen-Darmkanals, der Harnblase und in den auffallend lehmfarbenen Nieren.
Bei *chronischer* Pest finden sich Husten, Durchfall und Kümmern und beim Aufbrechen geschwürige Veränderungen im Darmkanal, besonders am Übergang des Blinddarms in den Hüftdarm.
Der Jagdausübungsberechtigte *muß* jeden Verdacht auf Pest umgehend der Unteren Jagdbehörde anzeigen, damit sie hiervon dem beamteten Tierarzt Kenntnis geben und er entscheiden kann, ob und unter welchen Vorsichtsmaßnahmen erlegte Stücke noch im Haushalte des Erlegers verwertet werden dürfen oder ob (wie bei

gefallenen oder stark abgekommenen Stücken oder bei Gefährdung von [Haus-]Schweinen) eine Beseitigung (s. S. 413) erfolgen muß. Das *Vergraben* (s. S. 413) pestverdächtigen Schwarzwildes oder dessen Verbringen auf Luderplätze (s. S. 408) ist *streng verboten!* Zu bedenken ist, daß *das Virus der Schweinepest auf Hausschweine leicht,* auf Menschen jedoch nicht *übertragbar ist.* Das Virus bleibt in der Kälte monatelang ansteckungsfähig, wird aber durch Wärme (Kochen oder Braten des Wildbrets) und Sonnenbestrahlung sicher vernichtet.

**Welche Aufgabe hat der beamtete Tierarzt (Kreistierarzt)?**

Er hat festzustellen, ob Schweinepest vorliegt. Er führt hierzu die Untersuchung (Zerlegung) kostenlos durch und benachrichtigt vom Befund die Untere Jagdbehörde. Diese setzt den Anzeigenden und die Jagdausübungsberechtigten der Nachbarreviere in Kenntnis und erläßt Anweisungen zur Seuchenbekämpfung (Anordnung der Bejagung, jedoch Verbot von Treibjagden, da rege gemachtes Schwarzwild die Seuche verschleppen kann).

**Was wissen wir von der Kreuzlähme des Rotwildes?**

Sie befällt besonders Stücke im Alter von einem bis zu sechs Jahren (nie die Kälber) und vorwiegend Hirsche. Sie ist eine u. a. durch Rundwürmer (Nematoden) verursachte Erkrankung des Gehirns, verläuft chronisch (über 2–3 Jahre) und beginnt mit Schwanken in der Nachhand; dann folgen Nachhandlähmungen.
Zu ihrer Bekämpfung sind alle erkrankten Stücke möglichst frühzeitig zu schießen. Der Aufbruch und das Gehirn sind unschädlich zu beseitigen. Die Wildbretteile des Rückens und der Keulen, die Schwund oder Wäßrigkeit zeigen, sind als verdorben, die übrigen als noch genußfähig anzusehen (s. S. 451).

## Die Seuchen des Gamswildes: Papillomatose und Gamsblindheit

**Welche Körperteile des Gamswildes erkranken bei der Papillomatose und der Gamsblindheit?**

Bei der *Virusseuche* Papillomatose bilden sich am Windfang, am Geäse, dem Lecker, auf der Decke der Läufe und zwischen den Schalen *warzenförmige,* später blumenkohlartige *Wucherungen.* Sie treten vorwiegend im Spätherbst und Winter auf und behindern das Äsen und die Fortbewegung.
Bei der Gamsblindheit, einer *bakteriellen* Augenerkrankung, entsteht ein Bindehautkatarrh mit *starkem Tränenfluß,* der eine *Tränenrinne* vom Licht bis zum Geäse verursacht. Später kommt es zur Entzündung und Trübung der Hornhaut und zur Erblindung. Die Ansteckung erfolgt durch gegenseitige Berührung im Rudel oder bei der Brunft sowie durch Fliegen. Die Seuche erreicht im August und September ihren Höhepunkt. Die erkrankten Stücke bewegen sich unsicher tappend; gegen Ende der Krankheit bleiben die Stücke in ihrem Bett. Es kommen auch Selbstheilungen vor.
Beide Krankheiten werden durch Überhege begünstigt. Zur Bekämpfung sind sichtbar kranke Stücke mit dem Fernglas oder Spektiv (s. S. 395) zu ermitteln und auf der Einzeljagd zu schießen.

## Die Myxomatose der Kaninchen

**Was wissen wir von der Myxomatose?**

Sie ist eine sehr ansteckende und *verlustreiche Kaninchenkrankheit.* In Australien infizierte man die Wildkaninchen künstlich mit dem Virus dieser Krankheit, um der dort herrschenden Wildkaninchenplage Herr zu werden. Man erreichte damit ihre 90%ige Vernichtung. Diese Seuche wird nicht nur von Tier zu Tier, sondern auch durch den Kaninchenfloh und durch stechende Insekten (Fliegen und Mücken) übertragen. Auch Bussarde und Krähen können das Virus beim Kröpfen kranker Kaninchen in gesunde Bestände verschleppen. In der Erde der Kaninchenröhren kann sich das Virus drei Monate übertragungsfähig erhalten. Die Verbreitung erfolgt besonders in Flußtälern und in Lagen unter 350 m Höhe. Die Inkubationszeit (s. S. 412) beträgt 2–6 Tage.

**Welche Tiere erkranken an Myxomatose?**

*Wildkaninchen* und Stallkaninchen. Hasen werden nur ausnahmsweise von der Myxomatose (von myxa = Schleim) befallen.
Zuerst tritt eine sulzige Schwellung an den Augenlidern auf, verbunden mit einer Augenentzündung und einem Augenausfluß. Dann kommt es zu einer sulzigen Schwellung am Grund der Löffel, die unter Bildung derber Knoten den ganzen Löffel ergreift und auf das Geäse übergeht. Schließlich schwillt der ganze Kopf unförmig an (*Löwenkopf*) und es treten Schwellungen auch in der Umgebung des Weidlochs und der Geschlechtsteile auf. Die Kaninchen verenden etwa vier bis sieben Tage nach Auftreten der ersten Krankheitserscheinungen (Abb. Tafel 35 vor S. 417). Beim Auftreten der Myxomatose ist eine scharfe Bejagung der verdächtigen Bestände notwendig. Frettchen, die hierbei verwendet werden, dürfen nicht in gesunden Beständen arbeiten.

## Die Pockendiphtherie des Federwildes

**Bei welchem Federwild kommt die Pockendiphtherie vor?**

Bei Birkwild, Fasanen, Rebhühnern und Ringeltauben.

**In welchen drei Formen zeigt sich die Krankheit?**

In der Hautform, Schleimhautform und gemischten Form. Bei der Hautform *(den Pocken)* bilden sich bis erbsengroße, schorfbedeckte Herde an der unbefiederten Kopfhaut, an der Unterfläche der Schwingen und in der Umgebung des Weidlochs. Bei der Schleimhautform *(der Diphtherie)* entstehen in der Schnabelhöhle gelbkäsige, festsitzende Beläge, die Atemnot erzeugen.
Bei der gemischten Form erkranken Haut und Schleimhäute gleichzeitig mit Beteiligung der Augenlider.

## Hühnerpest
(Klassische Hühnerpest und Newcastle-Krankheit)

**Welche Tiere erkranken an Hühnerpest?**

Nur die Hühnervögel (Haushühner, Truthühner, Perlhühner, Pfauen) und von Wildhühnern besonders die Fasane.
Tauben sind nicht empfänglich, Wasservögel nur ausnahmsweise.

**Welche Krankheitserscheinungen zeigen sich bei der Hühnerpest?**

Die kranken Tiere zeigen Schlafsucht, *röchelndes Atmen* bei geöffnetem Schnabel, *grünlichen Durchfall*, Freßunlust und schlagartiges Aufhören des Eierlegens. Gegen Ende der Krankheit zeigen sie Lähmungserscheinungen. Im Drüsenmagen, im Dünndarm und den Eingängen zum Blinddarm finden sich in der Schleimhaut punktförmige Blutungen, die für die Hühnerpest charakteristisch sind. Die Hühnerpest ist *sehr ansteckend*. Es kommt deshalb zu *Massenerkrankungen*. Nur wenige der erkrankten Tiere genesen. Beim Zukauf von Fasanen ist deshalb größte Vorsicht geboten. Es sind zweckmäßig nur solche Tiere zu kaufen, die, wie Hausgeflügel (Geflügelpest-VO vom 19. 12. 1972, BGBl. I. S. 2500), *schutzgeimpft* worden sind. Bei einer Vorimmunisierung im Alter von drei bis vier Wochen mit Geflügelpest-*Trinkwasser-Vaccine* (Behringwerke) entsteht ein Impfschutz von drei bis vier Monaten. Andernfalls sind sie beim Zukauf der Schutzimpfung zu unterziehen und vor dem Freilassen für 14 Tage in Quarantäne (Beobachtung) zu nehmen, da der Impfschutz erst 14 Tage nach der Impfung eintritt. Die *Schutzimpfung* hat sich hervorragend bewährt. Zum Schutze vor Hühnerpest ist die Einfuhr von Wildgeflügel aus dem Auslande verboten (VO d. BMELuF v. 1. 11. 1974).

*Pilzkrankheiten*

Glatzflechte (Trichophytie, Herpes tonsurans)
Strahlenpilzkrankheit (Aktinomykose)

**Welche Krankheit wird durch pilzliche Schmarotzer hervorgerufen?**

Die Glatzflechte. Sie kommt bei Elch-, Rot- und Rehwild vor.
Der Erreger der Glatzflechte (Trichophyton tonsurans) lebt im Hornteil der Decke und verursacht kreisrunde kahle Stellen.

**Wodurch entsteht die Strahlenpilzkrankheit (Aktinomykose)?**

Sie wird nicht, wie man früher annahm, durch pilzliche Schmarotzer, sondern durch verschiedene Bakterien verursacht.
Der Erreger der *Knochen*aktinomykose ist das Corynebacterium israeli, der Erreger der *Haut- und Weichteil*aktinomykose ist der Aktinobazillus lignièresi. Daneben sind sekundär noch Eiterbakterien (besonders Mikrokokken) beteiligt.
Die *Knochenaktinomykose* wird hauptsächlich beim Rehwild, seltener beim Rot- und Schwarzwild sowie bei Hase und Dachs, festgestellt. Das Eindringen der Bakterien erfolgt i. d. R. nach Verletzungen des Zahnfleisches durch infizierte Getreidegrannen. Die Krankheit geht mit *Knotenbildung* einher. Nach einigen Monaten nimmt die Knotenbildung am Kiefer starken Umfang an und führt zu einer sichtbaren Auftreibung und Verdickung des schwammartig durchlöcherten Kieferknochens (s. Abb. Tafel 36 neben S. 432). Erkrankte Stücke sind zu schießen, um sie vor dem Kümmern zu bewahren. Bei der Strahlenpilzkrankheit des Schwarzwildes finden sich Knoten und kalte Abszesse am Gesäuge (Abb. Tafel 36). Die Strahlenpilzknoten entwickeln sich vorwiegend im Anschluß an Hautverletzungen (z. B. am Gesäuge nach Verletzungen durch Bisse der Frischlinge, durch die die Erreger eindringen).

## Schmarotzerkrankheiten

**Was sind tierische Schmarotzer (Parasiten)?**

Es sind auf einer niederen Entwicklungsstufe stehende Tiere, die vorübergehend oder dauernd auf oder in dem Körper höherer Tiere leben und sich dabei auf Kosten ihrer Wirte ernähren.
Ihrer Lebensweise nach werden sie eingeteilt in:
Außenschmarotzer oder Ektoparasiten und in Innenschmarotzer oder Endoparasiten.

### Die Außenschmarotzer

**Welche Ektoparasiten kommen beim Wild vor?**

Lausfliegen, Läuse, Haarlinge, Federlinge, Flöhe sowie Zecken und Räudemilben.

**Was wissen wir von der blutsaugenden Hirschlausfliege?**

Sie kommt auf Schalenwild oft in großer Zahl vor, ist etwa 7 mm lang, gelb- bis schwarzbraun gefärbt und hat während des Sommers Flügel, um von einem Wirtstier auf das andere gelangen zu können. Bei diesen Flügen verklettet sie sich auch im menschlichen Haar. Nach der Begattung verliert das Weibchen auf ihrem Wirt die Flügel, während das Männchen die Flügel länger behält. Die vom Weibchen lebend geborenen Larven verpuppen sich zwischen den Haaren. Jägerinnen sollten ihr Haar bedecken, wenn die Hirschlaus fliegt (Juli/September).
Oft suchen Meisen und Stare die Decke des Wildes nach diesen Parasiten ab. Das wird vom Wilde gern geduldet.

**Welche Bedeutung hat die rote Vogelmilbe?**

Sie befällt in Massen neben Hausgeflügel auch Wildgeflügel, besonders Fasane in Fasanerien. Sie geht vorwiegend nachts an die Tiere, saugt Blut und verursacht hochgradige Blutarmut, bei starkem Milbenbefall auch plötzliche Todesfälle. Tagsüber lebt sie in Nestern und Fugen des Stalles. (Milbenbekämpfung: Anpinseln der Aufbaumstangen mit Jacutin flüssig, Pudern des Federwildes mit Jacutin-Puder.)

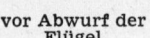

Hirschlausfliege
(Lipoptena cervi)
(fünffache Vergrößerung)

vor Abwurf der Flügel

auf der Decke des Rot- und Rehwildes

**Welche Außenschmarotzer übertragen Wildkrankheiten?**

Die rote Vogelmilbe spielt bei der Verbreitung der Geflügelcholera eine Rolle.

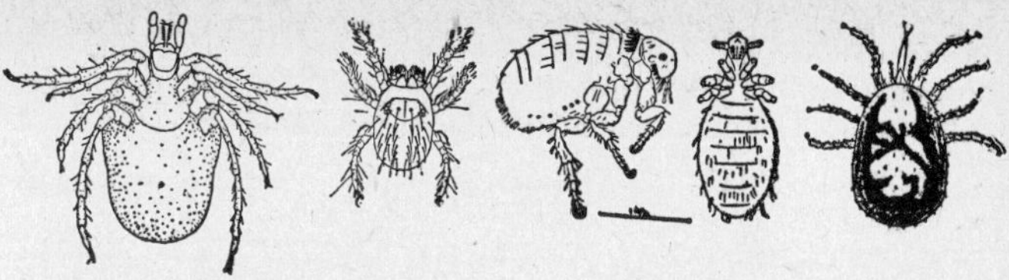

Ektoparasiten (etwa zehnfach vergrößert)

| Holzbock oder Zecke Ixodes ricinus | Larve der Herbstgrasmilbe Trombicula-Larve | Hasenfloh Spilopsillus cuniculi | Hasenlaus Haemodipsus lyriocephalus | Rote Vogelmilbe Dermanyssus gallinae |
|---|---|---|---|---|

Blutsaugende Insekten (Fliegen, Stechmücken und der Kaninchenfloh) übertragen die Myxomatose.
Flöhe, Läuse und Zecken verbreiten die Tularämie.
Der Hasenfloh überträgt die Staphylomykose. Er wird bei erlegten Hasen nur selten angetroffen, da er den toten Wirt verläßt.

**Was muß der Jäger vom Hundefloh wissen?**

Der Hundefloh ist Zwischenwirt des kürbiskernförmigen Hundebandwurms (Dipylidium caninum). Er ist der häufigste Hundebandwurm (Kreislauf und Näheres s. S. 316).

**Was wissen wir von den Zecken oder Holzböcken?**

Der gemeine Holzbock (Ixodes ricinus) ist ein *Blutsauger*. Das mit einem großen Rückenschild versehene Männchen ist dunkelbraun und nur 1,5 mm lang. Das Weibchen erscheint heller und ist nüchtern etwa 4 mm groß. Vollgesogen erreicht es eine Länge bis 12 mm. Sein *ovaler bleigrauer Körper* ähnelt dann einem Rizinuskern. Zu ihrer Verbreitung klettern die Holzböcke an Grashalmen, Blättern von Sträuchern usf. empor und lassen sich von hier auf die Körperoberfläche vorbeiziehender Wirtstiere fallen. Sie sitzen besonders am Kopf und Hals des Wirtes. Man findet sie bei Elch-, Rot- und Rehwild sowie bei Hasen, Kaninchen, Füchsen und Hunden. Auch Menschen werden befallen und können an Encephalitis (Gehirnhautentzündung) erkranken. Das Parasitologische Institut der Tierärztl. Hochschule in 3 Hannover erbittet Zecken in einem Glase für Forschungszwecke und berät die Einsender.

**Wie lassen sich festgesaugte Holzböcke entfernen?**

Durch Betupfen mit Öl, Fett, Benzin oder *Pitralon*. Sie lassen sich dann nach etwa 15 Minuten mühelos aus der Haut herausdrehen (Fingerkuppe auf den Holzbock setzen und *drehende* Bewegung ausführen!).
Bewährt hat sich auch, auf den Holzbock Heftpflaster undurchlässig zu kleben und am nächsten Tage das Pflaster mit dem angeklebten Holzbock abzuziehen.

**Was ist die Räude?**

Eine durch Milben hervorgerufene Hauterkrankung. Die Räudemilben sind nur im Mikroskop sichtbar. An den erkrankten Hautstellen, *hauptsächlich am Haupt (Kopf), den Lauschern (Tellern)* und an der Unterbrust, fallen die Haare aus, und es kommt zur Bildung von Falten und Borken. Beim Wild sind nur die Sarcoptesmilben von Bedeutung, beim Hund auch Demodexmilben.

**Bei welchem Wild kann die Räude seuchenartig auftreten?**

Bei Gams, Fuchs, Dachs und Wildschwein (Abb. Tafel 37 nach S. 432). Gelegentlich kann sie auch auf den Menschen übergehen. Die Gamsräude ist in *Bayern anzeigepflichtig* (s. S. 500) und dort die verheerendste „Gamsseuche". Durch sie sind in den letzten Jahren mehr als 1500 Stücke durch Kräfteverfall eingegangen. Die Übertragung erfolgt durch direkte Berührung kranker und gesunder Stücke im Rudel und während der Brunft.

**Wie wird sie bekämpft?**

Durch Bejagung der kranken und schwachen Stücke. Kranke Stücke sind mit guten Jagdgläsern und Spektiven zu erkennen.
Die gefallenen und erlegten Räudegamsen sind zu verbrennen oder unschädlich zu beseitigen (s. S. 413).
Die Abwehrkräfte des Körpers sind zu erhalten und zu stärken: Durch Vermeidung jeglicher Beunruhigung des Gamswildes (Skiläufer), durch Verbesserung der Äsungsverhältnisse und durch Gaben von Mineralsalzen mit Spurenelementen und des Räudemittels „Neguvon" in Salzleckkästen (s. S. 382).

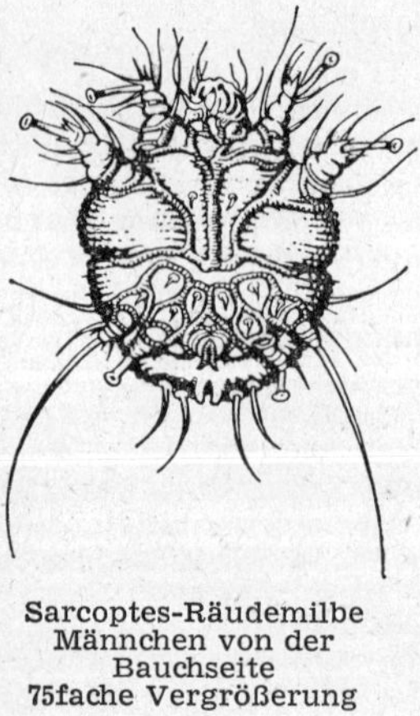

Sarcoptes-Räudemilbe
Männchen von der
Bauchseite
75fache Vergrößerung

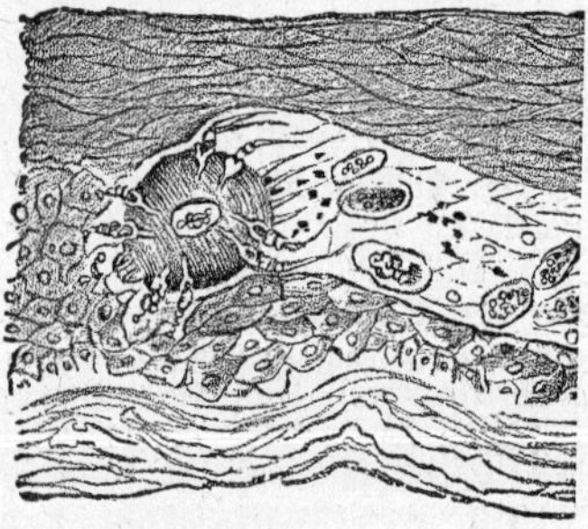

Sarcoptes-Räudemilbe,
sich Gänge grabend und Kot
und Eier hinterlassend
(Schnitt durch die Oberhaut,
vergrößert)

## Die Innenschmarotzer

### Die Hautdasseln

**Wodurch entstehen die Dasselbeulen unter der Decke des wiederkäuenden Schalenwildes?**

Durch die bis 2 cm langen, walzenförmigen *Larven der Dasselfliegen.* Von Dassellarven werden alle Cerviden (Elch-, Rot-, Dam- und Rehwild) sowie das Gamswild befallen.

**Was wissen wir über den Entwicklungsgang der Dasselfliegen?**

Die stubenfliegenähnlichen Dasselfliegen (s. Abb.) leben nur 4 bis 6 Tage. In den Monaten *Juni bis August schwärmen sie,* besonders an heißen Tagen, und kleben ihre Eier an die Haare der Hinterläufe, der Flanken und des Unterbauches des Wildes. Aus den etwa 1 mm großen *Eiern* schlüpfen nach 3–4 Tagen junge *Larven.* Sie bohren sich in die Decke ein und wandern auf einem monatelangen Wanderwege durch den Körper bis unter die Decke des Rückens. Dort bohren sie sich ein Loch durch die Decke, um Luft atmen zu können (Larvenzustand Ende Januar s. Abb. Tafel 38 vor S. 433). Ab Januar beginnen sie dann lebhaft zu wachsen. Die „reif" gewordenen Dassellarven bilden unter der Decke des Rükkens beulige Auftreibungen. In den Monaten April bis Juli schlüpfen sie aus den Beulen aus, fallen zu Boden und verpuppen sich. Nach einer Puppenruhe von 4 bis 5 Wochen schlüpfen die Dasselfliegen aus und beginnen den Kreislauf aufs neue.

**Wird das wiederkäuende Schalenwild von den gleichen Hautdassellarven befallen wie das Rind?**

Nein. Beim Wild handelt es sich um andere Arten der Dassellarven, so daß wechselseitige Ansteckungen nicht möglich sind.
(Beim Rehwild Gattung Hypoderma diana, beim Rotwild Hypoderma actacon. Die Larven sind wirtsspezifisch!)

**Von welchem Monat ab werden die Larven unter der Decke des Wildes sichtbar und vom Jäger angetroffen?**

Ab Dezember. Beim „Aus-der-Decke-Schlagen" (beim Abziehen der Decke) gestreckten Wildes wird das Unterhautbindegewebe der Rückengegend blutig-sulzig und mit zahlreichen kleinen Larven durchsetzt angetroffen. Bei einem Stück können bis 300 Larven vorkommen. Ihre endgültige Größe und „Reife" erreichen die Larven erst im April (also außerhalb der Schußzeit). Reife Dasseln ähneln Engerlingen (Larven des Maikäfers).

Hautdasselfliege

„reife" Dassellarve

Puppe

## Die Rachendasseln

**Was sind Rachendasseln?**

Sie sind der Larvenzustand der Rachendasselfliege (Cephenomyia stimulator beim Reh und C. picta beim Rotwild).
Sie finden sich in der Nasen- und Rachenhöhle sowie am und im Drosselknopf und Schlundkopf des Elch-, Rot- und Rehwildes und verursachen das oft hörbare schnarchende Husten der befallenen Stücke (Abb. Tafel 38 vor S. 433).

**Wie gelangen sie dorthin?**

Die *hummel*ähnliche, braunrot behaarte Rachendasselfliege schwärmt – je nach ihrer Art – von Ende Mai bis Anfang September (Hochzeitsflug). Nach der Begattung lebt das Weibchen noch zwei Wochen. Es ist lebendgebärend und spritzt im Fluge, trotz der Abwehrversuche des Wildes, die kleinen jungen Larven dem Wild in den Windfang. Die Larven setzen sich in der Schleimhaut fest und wandern in die *Nasen- und Rachenhöhle.* Im Frühjahr wachsen sie dann schnell und sind ab April bis Juni als vollentwickelte Larven, von gelblicher Farbe mit schwarzen Punkten, anzutreffen. Durch Borsten an der Oberfläche und einen Haftapparat an der Mundöffnung verankern sie sich derart fest, daß sie weder ausgehustet oder ausgeniest noch durch Schleuderbewegungen mit dem Kopf ausgeschleudert werden können.

Rachendasselfliege

Rachendassellarve

Wenn die Larven „reif" geworden sind, lassen sie sich aus dem Windfang zur Erde fallen und verpuppen sich in der Laub-, Moos- und Streuschicht. Nach einer Ruhezeit von 5 Wochen schlüpft aus der schwarzen Puppe die etwa 2 cm lange geschlechtsreife Fliege, so daß nun der Entwicklungsgang von vorn beginnen kann.

**Welche Krankheitserscheinungen rufen die entwickelten Rachendasseln hervor?**

Sie verursachen, je nach ihrem Sitz, Husten, Niesen oder erschwertes Atmen, das sogenannte „Schnarchen".
Am schwersten leidet Jungwild unter dem Schmarotzerbefall. Bei einem Stück werden häufig 10–20 Larven gefunden.
Die befallenen Stücke kümmern, verfärben spät, schieben schlecht und bleiben in der Wildbretstärke weit hinter gesunden zurück.

**Wie kann man die Dassel- und Rachendasselfliege bekämpfen?**

Mit Raniden (Theraponwerk,, 8 München 80), durch *Schutz der larven- und fliegenfressenden Vögel* (wie Stare, Fliegenschnäpper, Rotschwänze, Kohl-, Blau- und Tannenmeisen) und durch *Anbringen von Nistkästen* für sie. Sie fangen die Fliegen während der Schwarmzeit und nehmen, wie Schwarzwild, Dachs, Igel, Fasan, Pirol, Kuckuck und die Dohlen, die Larven und Puppen auf. Stare und Meisen werden häufig auf der Decke des mit Dassellarven (und Lausfliegen) befallenen Wildes beobachtet, deren Dekke sie nach diesen Parasiten absuchen, was vom Wilde gern geduldet wird.
Schwerkranke Stücke sind zu schießen. Vorgefundene Larven sind sorgsam zu sammeln und unschädlich zu beseitigen (zu verbrennen), damit sie sich nicht verpuppen und zu Fliegen entwickeln können.

**Nistkasten (Vollhöhle)**
**zweckmäßig aus Holzzement gefertigt**
**zur biologischen Kerbtierregulation**

Am besten hängt man die Nistkästen freischwebend (eichhorn- und mardersicher) und in Doppelmannshöhe auf, um eine negative Mitwirkung Sachunkundiger auszuschließen.
Für die Halbhöhlenbrüter (wie Fliegenschnäpper) sind neben den Vollhöhlen eine gewisse Zahl Halbhöhlen vorzusehen.
Nistkästen sind mindestens einmal im Jahr zu reinigen und auf Sperling-, Wespen- und Hornissenbruten zu kontrollieren. Hierzu sind sie zweckmäßig zu numerieren, damit man sie nicht vergißt.

### Der Luftröhren- oder Rotwurm (Syngamus trachea)

**Welche Bedeutung hat der Luftröhrenwurm (Rotwurm) des Federwildes, und wie wird er bekämpft?**

Die dunkelroten Luftröhrenwürmer werden besonders bei vier bis acht Wochen alten Fasanenküken (und bei Puten) angetroffen. Sie verursachen, besonders bei den in Fasanerien aufwachsenden Fasanenküken, Husten, Krächzen und Niesen. Die erkrankten Jungfasane stehen mit zurückgezogenem Kopf und geschlossenen Augen herum und zeigen Atemnot (Japsen), unnatürlich aufgesperrten Schnabel, Abmagerung und struppiges Gefieder.

Männchen und Weibchen leben dauernd in geschlechtlicher Verbindung (Kopulation). Die Wurmeier werden in den geschlängelten Teilen der Leibeshöhle (im Uterus) gebildet und im vorderen Drittel des Wurmes ausgeschieden, mit Schleim hochgehustet und nach dem Abschlucken mit dem Gestüber (Kot) verstreut.

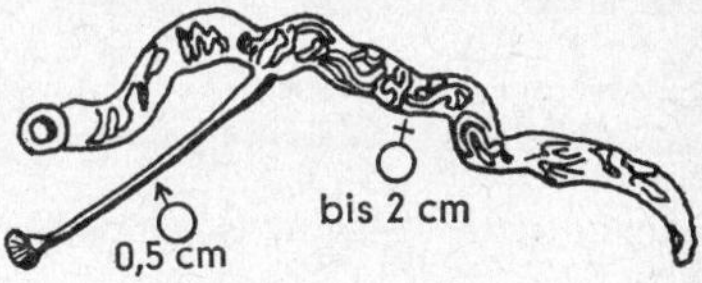


Luftröhrenwurm
(Syngamus trachea)

Zur Behandlung der „Rotwurmseuche“ der Fasane hat sich Thibenzole (s. S. 443) gut bewährt. Man mischt 4 g Thibenzole unter 1 kg angefeuchtetes Kükenalleinfutter und gibt dieses zwei Wochen lang. Zur Verminderung der Infektionsgefahr setzt man zweckmäßig Enten in die Aufzuchtvoliere ein, die die als Zwischenwirte dienenden Regenwürmer und Schnecken der vergangenen Nacht aufnehmen, bevor sich die Fasane von der Nachtruhe erheben.

**Wie schützt sich das Wild vor speicherndem, tödlichen Befall mit Innenschmarotzern?**

Bei einem Befall mit Schmarotzern bildet der Wildkörper Abwehrstoffe, die ihm helfen, einen wiederholten Befall zu überstehen. Bei einer massiven Erstinfektion kommt es zu schweren akuten Krankheitserscheinungen, da der Körper noch nicht über die notwendigen Schutzstoffe gegen die Parasiten verfügt, also noch nicht immunisiert ist. Das ist besonders bei Jungwild der Fall, das nicht so schnell und kräftig Antikörper zu bilden vermag wie erwachsene Tiere, und gilt besonders für die Kokzidiose und Magenwurmseuche.

### Befall mit Toxoplasmen (Toxoplasmose)

**Welche Bedeutung hat die Toxoplasmose für den Menschen?**

Die Toxoplasmose ist eine bei Hasen, Kaninchen und Federwild (Auerwild, Fasan und Rebhuhn) vorkommende, durch mikroskopisch kleine Erreger (Toxoplasma gondii) entstehende Infektionskrankheit. Es dürfen keinesfalls Milz, Leber und Gescheide an *Katzen* verfüttert werden, da diese für die Infektion empfänglich sind und durch ihren Kot zur Ansteckungsquelle für Menschen werden können. Bei erstmals mit Toxoplasmose infizierten schwangeren Frauen kommt es zu Tot-, Miß- oder Frühgeburten.

### Die Kokzidiose

**Wie erfolgt die Kokzidieninfektion bei Hase und Kaninchen?**

An Kokzidiose erkrankte Hasen und Kaninchen scheiden mit der Losung große Mengen der mikroskopisch kleinen Krankheitserreger (Oocysten) aus. Werden sie mit der Äsung von bisher gesunden Stücken aufgenommen, so erkranken diese an Kokzidiose. Besonders gefährdet sind Jungtiere. Es gibt zwei besondere Kokzidioseerreger, die für Hase und Kaninchen artspezifisch sind.

**Welche Krankheitserscheinungen verursachen die Kokzidien?**

Sie verursachen eine Gallengangs- und Darmentzündung mit Aufblähen und starkem *Durchfall.* Die Darmwand erscheint bei Betrachtung glasig und durchsichtig und zeigt zahlreiche, grauweißliche Knötchen (Abb. Tafel 39 vor S. 433). *Das Weidloch und die Hinterläufe sind mit dünnflüssiger Losung beschmutzt.* Der mit dem Durchfall verbundene Wasserentzug führt zu Abmagerung *und bei Junghasen mit massiver Erstinfektion* (s. S. 431) *zum Tode.* Wiederholte schwache Infektionen können zu Immunität führen.

Die „durchgeseuchten“ Hasen und Kaninchen verenden also nicht, werden aber *Parasitenausscheider* und sind die ständige Ansteckungsquelle für gesunde Tiere, insbesondere für Jungtiere. Anhaltende Niederschläge im April/Mai und Sept./Nov. begünstigen die Sporenentwicklung, so daß dann massive Infektionen und oft seuchenartig verlaufende Erkrankungen unter den Junghasen und Kaninchen auftreten. Das Vorliegen der Kokzidiose ist oft mit einem starken *Befall mit Magen- und Darmwürmern* (S. 441) vergesellschaftet und kann durch Gescheideuntersuchungen in einem Untersuchungsamt (s. S. 414) festgestellt werden. Es äußert sich dadurch, daß von den vielen Junghasen, die man im Sommer antrifft, im Herbst fast keine mehr leben. Zur Bekämpfung der Kokzidiose hat sich das flüssige *Theracanzan,* zu der der Magen-Darmwürmern das *Thibenzole*(pulver) des Therapogenwerkes in 8 München 80 bewährt. Man reicht den Hasen auf Futterplätzen (in der Mitte von Wiesen und Ackerflächen, die man mit Proßholz [S. 387] kennzeichnet) in kleinen Futternäpfen *Karottensilage,* der man ab und zu je 2 % Theracanzan und Thibenzole beimischt. Herr Dr. Brüll empfiehlt dieses Medikament in Äpfeln unterzubringen. Das Therapogenwerk gibt bebilderte Anweisungen hierzu, die gegen Rückporto angefordert werden können.

(Bezug der Karottensilage s. S. 386 unten!)

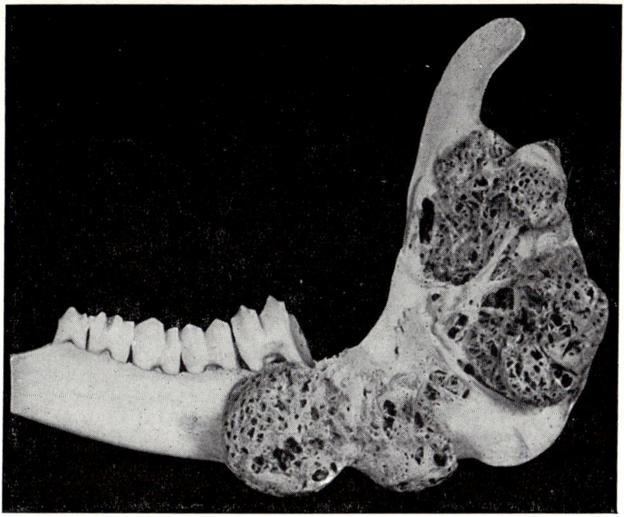

Strahlenpilzkrankheit (Aktinomykose)
Unterkiefer vom Reh mit geschwulstähnlichen Auftreibungen der Kieferknochen (nach dem Abkochen)

(Foto: Veterinär-Patholog. Institut der Universität Gießen; Direktor: Professor Dr. Pallaske)

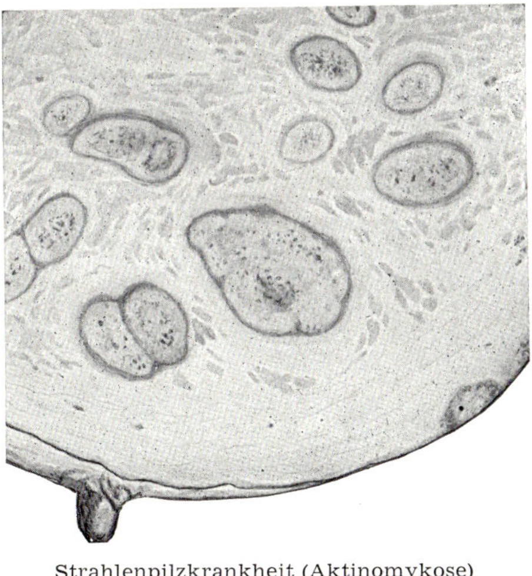

Strahlenpilzkrankheit (Aktinomykose)
Strahlenpilzherde im Gesäuge des Wildschweines
Starke geschwulstähnliche Verhärtung der Umgebung

(Aus: Blase, „Prüfungsfragen für Fleischbeschauer“, Verlag Schaper, Hannover)

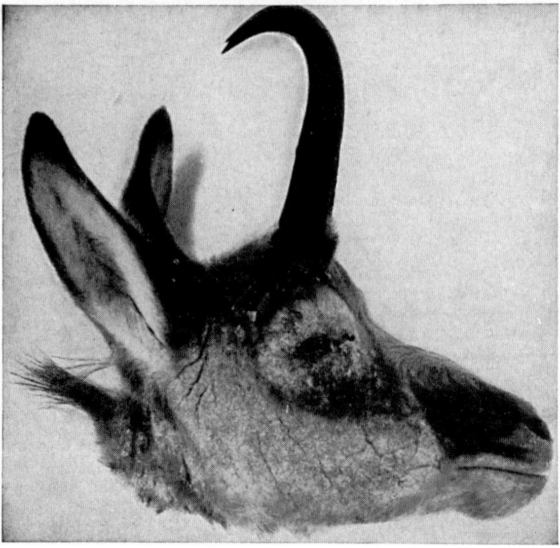

Gamsräude
Die Haare sind ausgefallen, die Decke ist faltig und borkig

(Foto: Institut für Tierpathologie der Universität München, Vorstand Professor Dr. Sedlmeier)

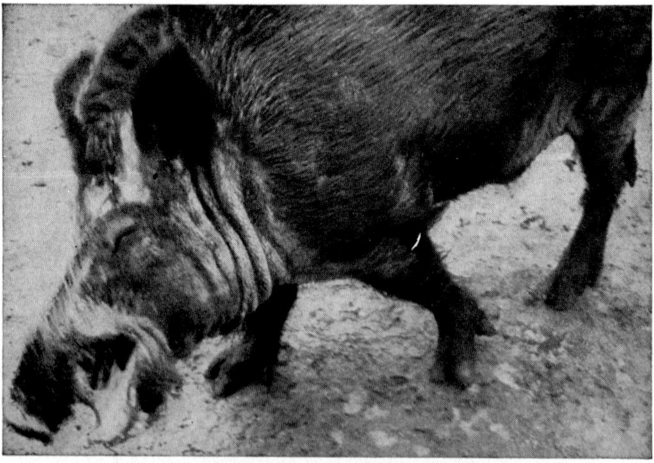

Sarcoptesräude beim Schwarzwild
Die Borsten sind ausgefallen, die Schwarte ist faltig und borkig

(Foto: Professor Dr. Dr. h. c. R. Wetzel, Direktor des Veterinär-parasitologischen Instituts der Justus-Liebig-Universität, Gießen)

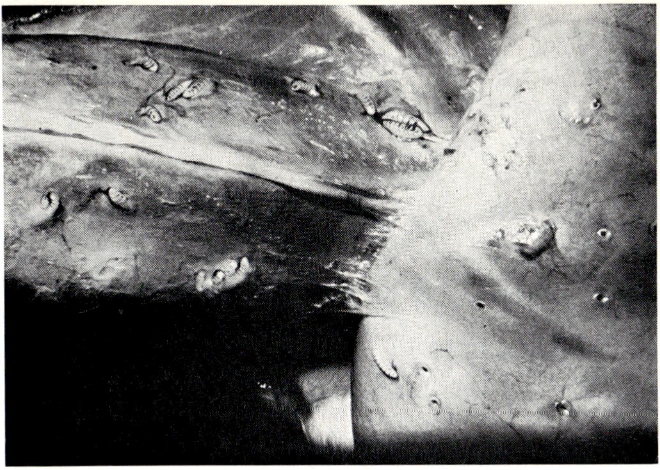

Hautdasseln beim Reh
Im blutig-sulzigen Unterhautbindegewebe zwischen Decke und Rücken sind gegen Ende der Schußzeit (im Dezember und Januar) zahlreiche junge Larven der Hautdasselfliege und in der gelösten Decke Bohrlöcher zu erkennen, durch die die Larven atmen

(Foto: Professor Dr. Dr. h. c. R. Wetzel, Direktor des Veterinärparasitologischen Instituts der Justus-Liebig-Universität, Gießen)

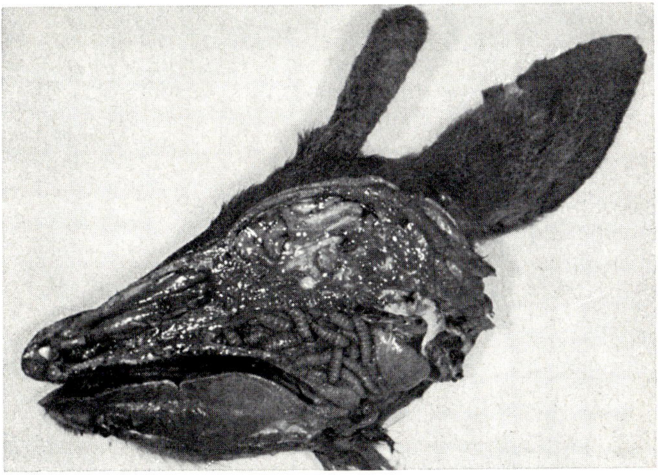

Rachendasseln beim Rehwild
Gespaltenes Haupt eines kümmernden Rehbockes im Bast, mit zahlreichen Larven der Rachendasselfliege im Rachenraum und in der Umgebung des Drosselknopfes

(Foto: Professor Dr. W. Rieck, Institut für Jagdkunde, Hann.-Münden)

Kaninchenleber
mit gelblich-weißen Kokzidioseherden

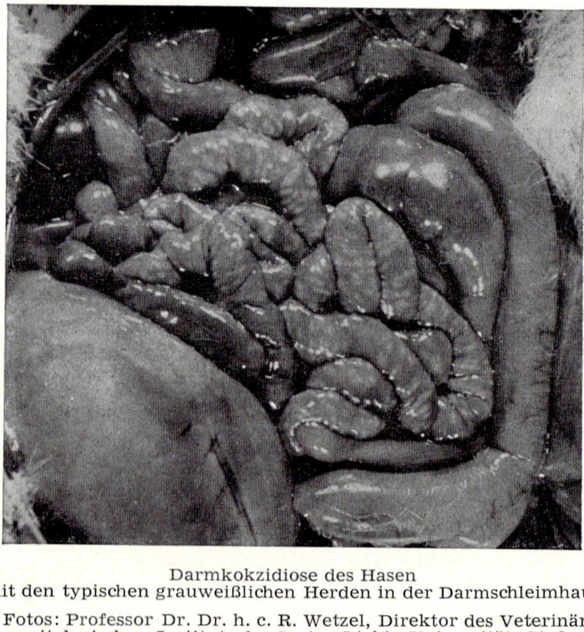

Darmkokzidiose des Hasen
mit den typischen grauweißlichen Herden in der Darmschleimhaut

2 Fotos: Professor Dr. Dr. h. c. R. Wetzel, Direktor des Veterinär-parasitologischen Instituts der Justus-Liebig-Universität, Gießen)

## Entwicklung des Kaninchenkokzids

### 1. Abschnitt: Entwicklung im Tierkörper

Die mit der Äsung aufgenommenen Sporen vermehren sich in den Epithelzellen der Gallengangs- und Darmschleimhaut zunächst ungeschlechtlich und bilden sichelförmige Keime, die neue Schleimhautzellen befallen (Merogonie).

Aus den sichelförmigen Keimen entwickeln sich männl. (♂) und weibl. (♀) Geschlechtszellen. Sie befruchten sich und bilden Oocysten. Diese lösen sich aus der zugrunde gegangenen Schleimhautzelle, mischen sich dem Darminhalt bei und werden mit der Losung ausgeschieden (Gametogonie).

### 2. Abschnitt: Entwicklung im Freien (Sporogonie)

Die Oocysten werden mit der Losung ausgeschieden und entwickeln sich im Freien in 4—10 Tagen bei *Feuchtigkeit und Wärme* zu reifen Sporen. Werden sie mit der Äsung aufgenommen, dringen sie als sichelförmige Keime in die Epithelzellen der Gallengangs- und Darmschleimhaut ein, und der Kreislauf beginnt aufs neue.

Durch Kälte und Frost wird die Sporenbildung stark gebremst. Die Hasenseuche tritt deshalb seuchenartig besonders vom August bis zum Frosteinbruch auf. Futterplätze für Hasen müssen also rechtzeitig angelegt werden, wenn man dem Futter Medikamente beifügen muß.

**Entwicklungskreis der Kokzidiose**

**Welches Federwild ist für Kokzidiose empfänglich?**

Alle Hühnervögel, besonders die in Fasanerien gehaltenen Jungfasane, sowie Gänse und Tauben.
Die Kokzidiose befällt hauptsächlich *Jungtiere* im Alter von 4 bis 8 Wochen und äußert sich durch *blutigen Durchfall.* Sie wird deshalb rote Ruhr genannt. Die Sterblichkeit liegt bei 50–100 %.
Die Behandlung der Roten Ruhr erfolgt mit Amprolvet-Super des Therapogen-Werkes 8 München 80. Man gibt auf 300 kg Körnerfutter zwei Liter Amprolvet-Super (mit fünf Liter Wasser verdünnt) und mischt damit das Futter gut durch (durchschaufeln!). Es empfiehlt sich eine Wiederholung nach 14 Tagen.

*Befall mit Saugwürmern*

**Die Leberegel**

(der Große Leberegel und der Kleine Leberegel)

**Was sind Leberegel?**

Blattförmige Würmer, die bei Hauswiederkäuern, Schalenwild, Hasen und Wildkaninchen *in den Gallengängen der Leber* schmarotzen. Das läßt sich durch Anschneiden und Ausdrücken der Gallengänge feststellen. Wechselseitige Übertragungen sind möglich. Sie verursachen oft schwere Lebererkrankungen und damit Verdauungsstörungen, Gelbsucht, Wassersucht, Blutarmut und Siechtum. Mit Lebergeln durchsetzte Lebern sind genußuntauglich.

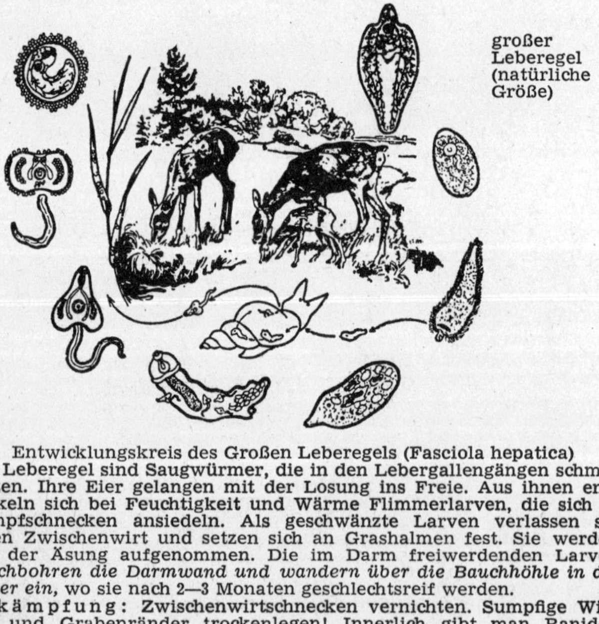


Entwicklungskreis des Großen Leberegels (Fasciola hepatica)

Die Leberegel sind Saugwürmer, die in den Lebergallengängen schmarotzen. Ihre Eier gelangen mit der Losung ins Freie. Aus ihnen entwickeln sich bei Feuchtigkeit und Wärme Flimmerlarven, die sich in Sumpfschnecken ansiedeln. Als geschwänzte Larven verlassen sie ihren Zwischenwirt und setzen sich an Grashalmen fest. Sie werden mit der Äsung aufgenommen. Die im Darm freiwerdenden Larven *durchbohren die Darmwand und wandern über die Bauchhöhle in die Leber ein,* wo sie nach 2—3 Monaten geschlechtsreif werden.
Bekämpfung: Zwischenwirtschnecken vernichten. Sumpfige Wiesen und Grabenränder trockenlegen! Innerlich gibt man Raniden (-Granulat) des Therapogenwerkes 8 München 80 mit dem Winterfutter.

**Bei welchem Wild wird der große Leberegel angetroffen?**

Bei Schalenwild und Hasen, die ihren Einstand in nassen, sumpfigen Gebieten haben und in denen der Zwischenwirt des Leberegels, die etwa 10 mm hohe Zwergschlammschnecke, günstige Lebensmöglichkeiten hat.
Infolge des Parasitenbefalls entstehen häufig unerwünschte Gehörnformen (Knopfböcke, Korkenzieher, Widder).
Der große Leberegel wird bekämpft:
Durch Bejagen allen sichtbar *kranken Wildes,*
durch Beseitigen der als *Zwischenwirt* dienenden Zwergschlammschnecken (Galba truncatula) und Einengen deren Lebensraumes. Das kann geschehen durch Trockenlegen feuchter Stellen, Reinigen feuchter Gräben und Ausstreuen von Chemikalien (wie Kupfersulfat, Hedrichkainit) in Gräben und Tümpel.

**Wie entwickelt sich der kleine Leberegel?**

Beim kleinen oder Lanzettegel geht die Entwicklung über Landschnecken und über Ameisen, die als zweite Zwischenwirte (Transportwirte) dienen. Die kleinen Leberegel kommen deshalb vorwiegend in Gegenden mit trockenen, kalkhaltigen Böden vor. Die Ansteckung von Schalenwild, Hase und Kaninchen erfolgt durch Aufnahme infizierter Ameisen mit der Äsung.
Die Bekämpfung des kleinen Leberegels erfolgt:
Durch Schonen von Wildarten (wie Fasan, Rebhuhn und Wachtel), die die als Zwischenwirte dienenden Landschnecken vertilgen.
Außerdem ist die Widerstandskraft des gefährdeten Wildes durch kräftige Fütterung im Winter zu steigern.

## Das Wild als Zwischenwirt von Innenschmarotzern

### Finnen

**Was sind Finnen oder Blasenwürmer?**

Es sind geschlechtslose Entwicklungsstufen (Jugendformen) von Bandwürmern.

**Was wissen wir von den Bandwürmern?**

Die Bandwürmer haben einen bandförmigen, gegliederten Körper von gelblichweißer Farbe. Er besteht aus einem kleinen, kaum stecknadelkopfgroßen Kopf und einer meist mehrere Meter langen Kette von Bandwurmgliedern. Am Hinterende des Kopfes werden fortwährend neue Glieder gebildet, so daß sich also die jüngsten und kleinsten Glieder hinter dem Kopf, die größten Glieder am Ende der Kette befinden.
Die Bandwürmer sind mund- und darmlos. Sie ernähren sich vom Speisebrei ihrer Wirte, aus dem sie die zum Leben notwendigen Stoffe durch ihre Körperoberfläche aufnehmen. Jedes Glied enthält je eine männliche und weibliche Geschlechtsanlage (Zwitter), die sich mit zunehmendem Wachstum der Glieder zur vollen Geschlechtsreife entwickelt. Die mit Eiern gefüllten *letzten Glieder lösen* sich von Zeit zu Zeit *von der Kette ab* und werden mit dem

Kote ausgeschieden. Die beweglichen Bandwurmglieder können *meterweit von der Losung (vom Kothaufen) fortwandern* und sich an Äsungspflanzen festsetzen. Durch Zerfall der Glieder werden die Eier frei und in der Umgebung verstreut.

**Was entsteht aus den Bandwurmeiern?**

Gelangen die Bandwurmeier mit der Äsung (Nahrung) in den Darm eines geeigneten Zwischenwirtes, dann schlüpfen die Hakenlarven aus der Eizelle. Sie dringen in die Darmwand ein und wandern im Körper zu bestimmten Organen, in denen sie sich in eine Finne umwandeln. Werden diese Finnen dann mit der Nahrung von einem geeigneten Wirt verzehrt, entsteht aus ihnen im Darm ein Bandwurm (s. auch Abb. S. 438).

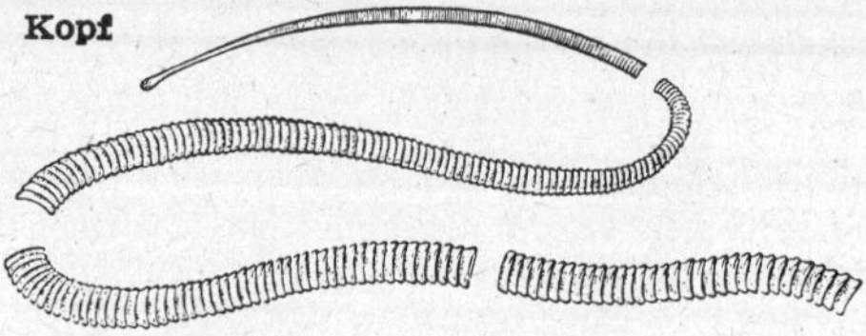


Teilstücke eines Bandwurmes

**Welche drei Entwicklungsstufen lassen sich also bei den Bandwürmern unterscheiden?**

Das *Bandwurmei,*
die *Finne* und
der *Bandwurm* (das Geschlechtstier).
Die Entwicklung ist dabei stets an zwei verschiedene Wirte gebunden,
den Wirt oder Bandwurmträger und
den Zwischenwirt oder Finnenträger.

**Wo wird die langhalsige Finne angetroffen?**

*Bei Schalenwild.*
Sie findet sich am Netz, Gekröse und am Überzug der Leber als schlaffe, *dünnwandige, haselnuß- bis faustgroße Blase* mit wässe-

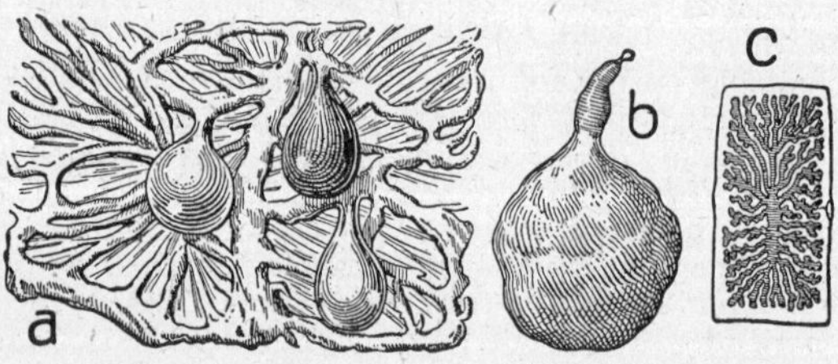


Langhalsige Finnen am Netz von Schalenwild
a in den drei Finnenblasen ist die Kopfanlage des zukünftigen Bandwurms als senfkorngroßes Gebilde deutlich zu erkennen.
b Kopfanlage ausgestülpt.
c reifes Glied des geränderten Hundebandwurms.

rigem Inhalt. Durch ihre Wand ist der *Kopf* des zukünftigen Bandwurmes als ein weißliches *senfkorngroßes Gebilde* deutlich zu erkennen (Abb. Tafel 40 nach S. 448). Diese Finnen dürfen keinesfalls an Hunde verfüttert werden, da sich aus ihnen der über zwei Meter lange geränderte Hundebandwurm (Taenia hydatigena) entwickelt.

**Wo schmarotzt die erbsenförmige oder Hasenfinne?**

Bei *Hase und Kaninchen.*
Sie wird als *eiförmige erbsengroße Finne* oft massenhaft am Magen, Netz und am Überzug der Leber angetroffen und kann in verseuchten Revieren auf Jahre hinaus den Hasen- und Kaninchenbesatz schwer schädigen (Abb. Tafel 40 nach S. 448).
Aus der erbsenförmigen Finne entwickelt sich der 60 bis 200 cm lange *gezähnte* Bandwurm (Taenia pisiformis), der im Hund und Fuchs schmarotzt (siehe Kreislaufbild S. 438).

**Kommen Finnen auch im Wildbret des Wildes vor?**

Ja, als etwa *erbsengroße Bläschen* mit durchscheinender Wandung und wäßrigem Inhalt, die im Innern ein senfkorngroßes Gebilde, die Kopfanlage des zukünftigen Bandwurms, enthalten (Abb. unten). Die bei *Rot- und Rehwild* vorkommende *Muskelfinne* (Cysticercus cervi) ist für Menschen unschädlich. Massenbefall mit diesen Finnen macht das Wildbret „verdorben und genußuntauglich“.
Die bei *Schwarzwild und Hausschwein vorkommende Schweinefinne* (Cysticercus cellulosae) ist die *Vorstufe des beim Menschen schmarotzenden Einsiedlerbandwurms* (Taenia solium). Sie findet sich im Muskelfleisch und gern auch in Zunge und Herz. Sie ist sehr selten geworden, da durch die vorgeschriebene *Finnenschau* der Schweine und Wildschweine (s. S. 449) praktisch keine Menschen mehr an diesem Bandwurm – und damit auch keine Schweine mehr an Schweinefinnen – erkranken.
Merke: Ohne Finne kann sich kein Bandwurm und ohne Bandwurm keine Finne entwickeln!

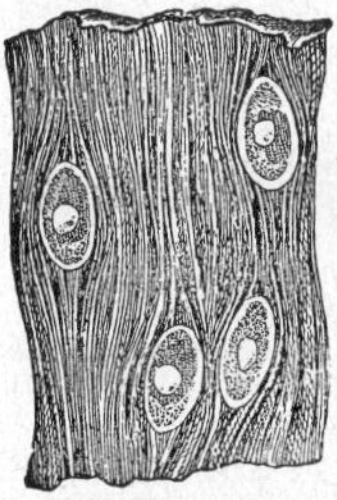

Muskelfinnen beim Reh (natürl. Größe) nicht gesundheitsschädlich

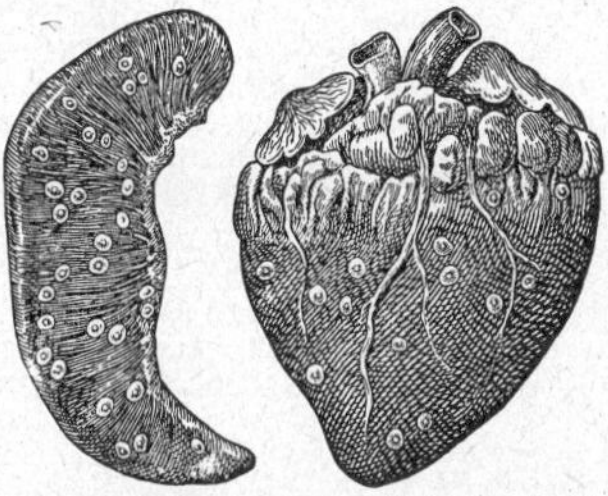

Schweinefinnen in der Zunge und im Herzen verkleinert gesundheitsschädlich

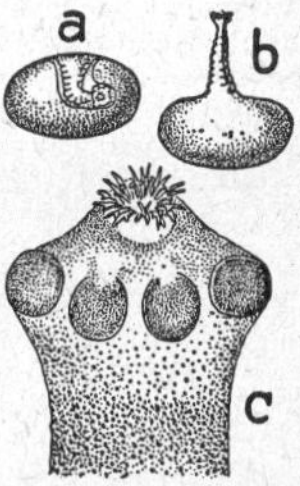


Schweinefinne
a Kopfanlage nicht ausgestülpt
b Kopfanlage ausgestülpt
c Kopfanlage vergrößert

**Entwicklungskreis Bandwurm–erbsenförmige Finne–Bandwurm**

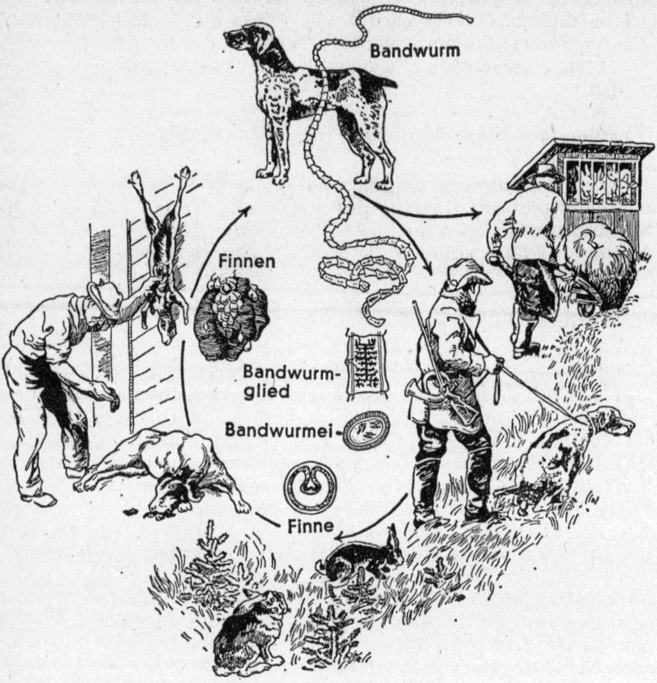


**Entwicklungskreis Bandwurm – erbsenförmige Finne – Bandwurm**
(Taenia pisiformis)

Bandwurmkranke Hunde scheiden mit ihrem Kot reife Bandwurmglieder aus, die mikroskopisch kleine Bandwurmeier enthalten. Werden diese Bandwurmeier von Hasen oder Kaninchen mit der Äsung aufgenommen, dann entwickeln sich daraus erbsengroße Finnen(blasen), die besonders am Überzug des Magens und der Leber und am Netz- und Gekrösefett gefunden werden. Sie enthalten im wäßrigen Blaseninhalt die Kopfanlage des zukünftigen Bandwurms und sind eine Entwicklungsstufe des Bandwurms.

Werden die mit Finnenblasen besetzen Teile beim Auswerfen der Hasen und Kaninchen an Hunde verfüttert, so entwickeln sich daraus im Darmkanal der Hunde Bandwürmer. In diesem Falle ist der Hund Wirt des Bandwurms. Hase, Stall- und Wildkaninchen sind Zwischenwirte!

Darum: Mit erbsengroßen Finnen (s. Abb. Tafel 40 nach S. 448) durchsetzte Organe oder Organteile keinesfalls achtlos wegwerfen oder Hunden geben, sondern sammeln und durch Verbrennen beseitigen! Bandwürmer bei Hunden abtreiben, damit sich Wild nicht mit Finnen anstecken kann!

(Kreislaufzeichnungen Seite 433, 434, 438, 441 und 448 nach: Prof. Dr. Dr. h. c. R. Wetzel, Veterinär-Parasitologisches Institut der Justus-Liebig-Universität, Gießen.)

**Was wissen wir von der Gehirnquese?**

Sie ist eine *walnuß- bis hühnereigroße,* schwappende, dünnwandige, kugelige oder eiförmige *Blase,* die im Innern zahlreiche hirsekorngroße Kopfanlagen des zukünftigen Bandwurms enthält. Sie schmarotzt in der Schädelhöhle und verursacht durch Druck auf das Gehirn die *Drehkrankheit.*
Sie ist die Vorstufe des beim *Hunde* schmarotzenden 40–60 cm langen Quesenbandwurmes (Polycephalus multiceps = Taenia coenurus).

**Was sind Echinokokken oder Hülsenwürmer?**

Es sind Zwischenstufen (Finnen) des nur beim Hunde schmarotzenden und nur 3–6 mm langen *dreigliedrigen Hundebandwurms.* Dieser Bandwurm ist der gefährlichste Hundebandwurm! Die Hunde können ihn zu Tausenden im Dünndarm beherbergen (s. Abb.). Sie scheiden in diesem Falle massenhaft Bandwurmeier aus. Der Mensch kann diese Bandwurmeier aufnehmen, wenn er durch innigen Umgang mit diesen Hunden Bandwurmeier (über seine Hände) in den Mund und Darmkanal bringt. Wildtiere nehmen die Eier mit der Äsung, Haustiere mit dem Futter auf. Aus den Bandwurmeiern entwickeln sich dann *beim Menschen, Schalenwild,* Rind, Schwein und Schaf *in Lunge und Leber einkammerige bis apfelgroße Hülsenwurmblasen,* die eine schwere Krankheit und Siechtum verursachen. Die Blasen enthalten im Innern zahlreiche weiße, mohnkorngroße Pünktchen, die Kopfanlagen der zukünftigen Bandwürmer (Abb. Tafel 41 nach S. 448). Merke:

*Laß dich nicht von (bandwurmkranken) Hunden lecken!*

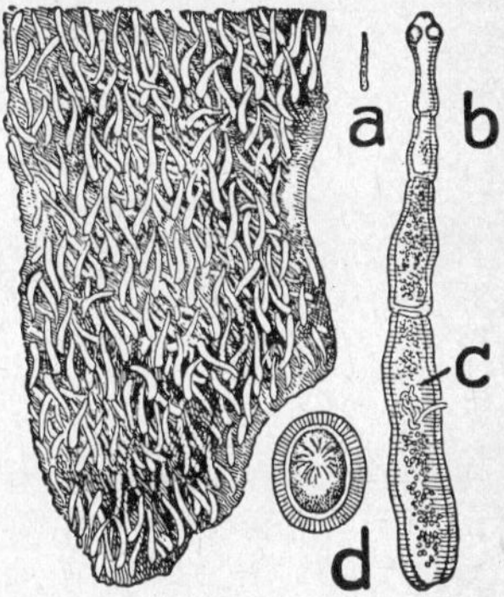


Zahlreiche dreigliedrige Hundebandwürmer im Darm des Hundes

a natürliche Größe
b Kopf vergrößert
c reifes Glied (vergrößert)
d larvenhaltiges Bandwurmei (vergrößert)

Der für Menschen gefährliche Hundebandwurm: Der Dreigliedrige

Hunde werden mit dreigliedrigen Hundebandwürmern angesteckt, wenn man ihnen mit Hülsenwürmern besetzte Lungen- oder Leberteile (von Schalenwild, Rind, Schwein oder Schaf) als Futter gibt. Der Jäger muß deshalb nach Herausnahme des Geräuschs (s. S. 347) Lunge und Leber auf Hülsenwurmblasen (s. Tafel 41 nach S. 448) gewissenhaft durchtasten und *veränderte Teile verbrennen. Er darf sie keinesfalls achtlos wegwerfen oder gar an Hunde verfüttern!* Am dreigliedrigen Hundebandwurm erkrankte

Hunde sind *(bis zur Wurmfreiheit)* einer Bandwurmkur mit *Scolaban-Tabl.* der Fa. Wellcome (Vertrieb: Impfstoffwerk Frisoythe 3006 Großburgwedel) oder mit der *vierfachen* Menge Yomesan (s. S. 315) zu unterziehen. Kotuntersuchungen auf Bandwurmeier machen die Veterinäruntersuchungsämter (s. S. 414).
Eine zweite *für den Menschen sehr gefährliche Echinococcenart ist* der Echinococcus multilocularis (E. m.), *der vielkammerige Hülsenwurm.* Er kommt bei Feldmäusen, aber auch bei Menschen (!) vor und verursacht *lebensgefährliche krebsartige Wucherungen in der Leber.* Werden Feldmäuse von Rotfüchsen gefressen, so entwickeln sich aus den in den Hülsenwurmblasen enthaltenen Bandwurmeiern *zahlreiche,* meist nur aus vier Gliedern bestehende und nur bis 3,7 mm lange

*wenigglieedrige Bandwürmer beim Rotfuchs.*

Das Vorkommen dieses Fuchsbandwurms ist auf gebirgige Gegenden Süddeutschlands (Oberbayern, Württemberg, Schwäbische Alb) und den Norden von Österreich und der Schweiz sowie Ostfrankreich (also auf Gebiete um den Bodensee) beschränkt. Im Staatl. Veterinär-Untersuchungsamt, 796 Aulendorf, wurden von 484 untersuchten Füchsen 60 (= 12,4 %) mit diesem Bandwurm behaftet gefunden. Einen Massenbefall mit Fuchsbandwürmern wiesen abgemagerte Jungfüchse auf. Aus Krankenberichten der Chirurgischen Universitätsklinik in Tübingen kann vermutet werden, daß allein in Württemberg jährlich 20 bis 30 Menschen lebensgefährlich an Hülsenwürmern in der Leber erkranken. Der Mensch, besonders der Jäger, nimmt Bandwurmeier beim Abbalgen kranker Füchse über seine Hände in den Mund und Darm auf, aus denen sich bei ihm die Hülsenwurmblasen entwickeln. (Vorbeuge: Kochbare Schutzkleidung, nach dem Streifen gewissenhaftes Waschen sowie Hände- und Gerätedesinfektion.)

## Das Wild als Wirt von Innenschmarotzern

### Bandwürmer

**Kann Wild auch Wirt eines Bandwurmes sein?**

Ja. Der häufigste Bandwurm des Wildes ist der bei Wiederkäuerschalenwild vorkommende *Wiederkäuerbandwurm* (Moniezia expansa). Er wird *bis 10 Meter lang.* Seine Zwischenwirte sind verschiedene Moosmilben (siehe Kreislaufbild).
Gegen die Bandwurmkrankheit der Wiederkäuer ist das Mansonil (Yomesan) der Fa. Bayer hochwirksam.
Im *Wildkaninchen* kommt häufig der etwa 80 cm lange und 10 mm breite Kaninchenbandwurm vor (Abb. Tafel 42 vor S. 449). Im *Hasen, Kaninchen und Federwild* gibt es mehrere Bandwurmarten.

### Spulwürmer

**Welche Bedeutung haben Spulwürmer für Wild (und Hund)?**

Die Spulwürmer schmarotzen im Dünndarm von Schwarzwild, Hund und Federwild (Fasan, Rebhuhn, Auerwild). Sie hemmen die Entwicklung der Jungtiere. Bei Massenbefall können sie besonders schwer schaden. Erkrankte Tiere zeigen blasse Schleimhäute. Abmagerung und Mattigkeit. Sie können an Durchfall und Entkräftung verenden (Behandlung s. S. 315).

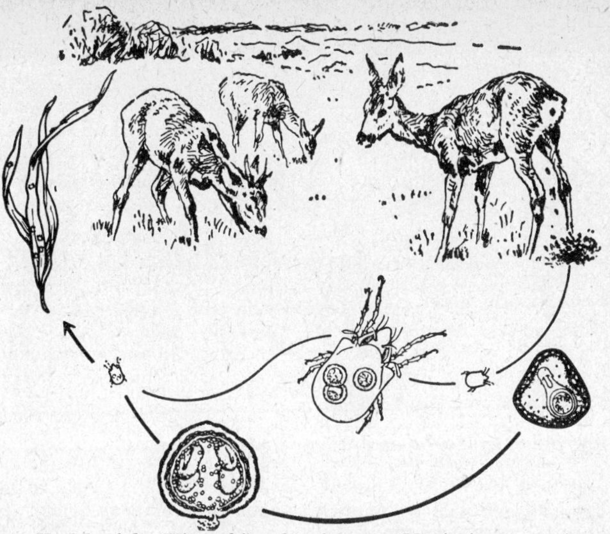

Kreislauf des Wiederkäuerbandwurms (Moniezia expansa)
Die in der Losung des Wiederkäuerschalenwildes enthaltenen Bandwurmeier werden von Moosmilben aufgenommen. Durch Aufnahme infizierter Moosmilben mit der Äsung steckt sich gesundes Wiederkäuerschalenwild (Rot-, Gams- und Rehwild) mit diesem Bandwurm an.

## Magen- und Darmwürmer des Wildes

**Wo schmarotzen die Magenwürmer?**

Bei wiederkäuendem Schalenwild im Labmagen und vorderen Dünndarm, beim Schwarzwild, Hase und Kaninchen im Magen.

Beim wiederkäuenden Schalenwild finden sich der bis 30 mm lange gedrehte oder große Magenwurm sowie mehrere 3,5 bis 6 mm lange Haarmagenwürmer, die teilweise auch den Anfangsteil des Dünndarmes besiedeln (s. S. 442–445). Ihnen nahe verwandt ist der *Magenwurm der Hasen* und Kaninchen (Graphidium strigosum). Er tritt häufig seuchenhaft auf und verursacht große Verluste (s. auch S. 432).

**Wo schmarotzen die Darmwürmer?**

Der *Hakenwurm* schmarotzt hauptsächlich bei Rehen im mittleren Dünndarm, wo er sich mit der Mundkapsel an der Schleimhaut festsaugt (Abb. S. 445).

Der *Palisadenwurm* kommt im oberen Grimmdarm von Reh-, Muffel-, Gams- und Rotwild vor. Er heftet sich ebenfalls mit seiner Mundkapsel an der Schleimhaut fest (s. Abb. S. 445).

Der *Peitschenwurm* findet sich im Blinddarm von Schalenwild, Hase und Kaninchen. Er ist durch ein langes fadenförmiges Vorderende gekennzeichnet (Abb. und Entwicklungskreis s. S. 442).

Der feine *Haarwurm* (Trichostrongylus retortaeformis) findet sich fast regelmäßig beim Feldhasen und Kaninchen im Dünndarm und verursacht oft starken Durchfall. (Magen-Darmwürmer und Kokzidiose s. S. 432/433).

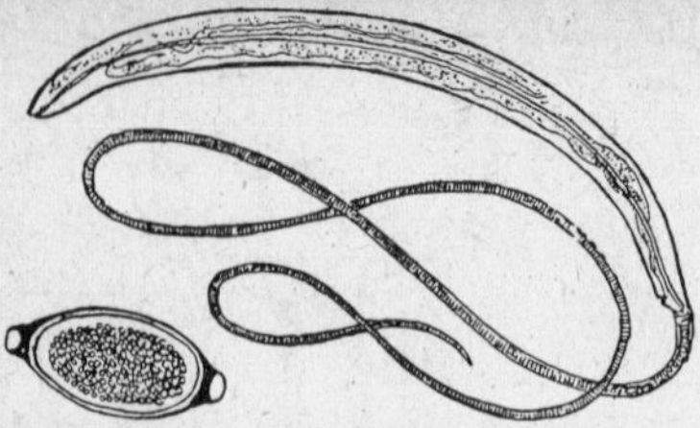

Peitschenwurm und Ei vergrößert
Natürliche Gesamtlänge 30—50 mm
Er schmarotzt im Blinddarm von Schalenwild, Hase und Kaninchen und verursacht die Peitschenwurmseuche

**Wie erfolgt die Ansteckung mit Magen- und Darmwürmern?**
Kranke Stücke scheiden mit der Losung Wurmeier aus. Aus ihnen entwickeln sich in wenigen Tagen ansteckungsfähige Larven. Sie klettern in der Dämmerung bei fallendem Tau an den Futterpflanzen empor und werden von äsendem Wild aufgenommen, in dessen Magen und Darm sie bald zu geschlechtsreifen Magen-Darmwürmern heranwachsen.
Feuchtigkeit und Nässe begünstigen die Ausbreitung der Wurmkrankheiten. In trockenen Jahren verlieren sie an Bedeutung.

### Lungenwürmer und Magenwürmer

**Bei welchen Wildarten kommen Lungen- und Magenwürmer vor?**
Bei Schalenwild, Hase und Kaninchen.
Das mit Lungen- und Lungenhaarwürmern befallene Wild *hustet* deren Larven in die Rachenhöhle hoch. Von hier werden sie *mit der Äsung abgeschluckt* und gelangen so *mit der Losung nach außen.*
Die Lungenwürmer des Schwarzwildes benötigen Regenwürmer, der Lungenhaarwurm und die Lungenwürmer von Hase und Kaninchen aber Landschnecken als Zwischenwirte.

Entwicklungskreis der Lungen- und Magenwürmer
Die Ansteckung gesunden Wildes erfolgt hauptsächlich beim Äsen durch Aufnahme der mit der Losung kranken Wildes ausgeschiedenen ansteckungstüchtigen Larven, die in der Dämmerung an den Futterpflanzen hochklettern.

Bei dem mit Magenwürmern (Abb. Tafel 42 vor S. 449) befallenen Wild werden mit der Losung dünnschalige Eier der Magenwürmer abgesetzt, aus denen sich in wenigen Tagen ansteckungsfähige Larven entwickeln. Die Ansteckung gesunder Stücke erfolgt durch Aufnahme der an Gräsern hochkletternden Larven.

**Wie lassen sich die Lungen- und Magenwurmseuchen bekämpfen?**

Durch Hegemaßnahmen. Hierher gehören:
Bejagen der kranken Stücke und der Stücke mit *besudeltem Spiegel*, gute und kräftige Ernährung durch Anlegen von Wildäckern in sonniger Lage, Dränage und mehrfaches Kalken des feuchten Geländes, Abmähen des dort wachsenden mit Wurmlarven verseuchten Grases bei trübem Wetter und während der Abendstunden, schnelles Wegschaffen des Grases und Verfüttern an Pferde, nicht an Wiederkäuer (Pferde sind nicht empfänglich!). Zur Förderung des Stoffwechsels sind *Salzlecken* anzulegen.
Weiter lassen sich durch Verabreichen des *Magenwurmmittels „Thibenzole"* der Fa. Therapogen-Werk in 8 München 80 oder der Baymix-Preßlinge (Bayer), alle Arten von Magen-, Darmwürmern sowie deren Larven sicher vernichten. Beide Mittel sind geruch- und geschmackfrei und auch bei Überdosierung unschädlich. Sie können über Apotheken oder Tierärzte bezogen werden (kleinste Handelsform Thibenzole: 300 g Pulver für 46 Stück Rehwild).

Entwicklungskreis des Lungenwurms beim Schwarzwild

Die mit der Losung ausgeschiedenen Eier der Lungenwürmer entwickeln sich in den als Zwischenwirt dienenden Regenwürmern zu ansteckungsfähigen Larven. Nach ihrer Aufnahme durch das Schwarzwild gelangen sie vom Darm über den Lymph- und Blutstrom nach den Lungen, wo sie sich in den Bronchien ansiedeln und dann zu geschlechtsreifen Würmern heranwachsen.

Die Dosis für ein Reh beträgt 7 g Pulver, für ein Stück Rotwild 26 g Pulver. Diese Menge ist unter das Futter zu mischen und soll innerhalb von zwei Tagen aufgenommen werden (man macht die Zweitagekur je einmal im November, im Februar und Ende März). Auch bei der *Rotwurmseuche der Fasane* (s. S. 431) hat sich Thibenzole gut bewährt.
Von den *Baymix-Preßlingen* gibt man an sechs aufeinanderfolgenden Tagen einmal täglich mit dem Kraftfutter (s. S. 384) je 10 g an Rehwild, 40 g an Rotwild, 30 g an Damwild und 15 g an Muffelwild. Der 25-kg-Sack kostet etwa 70,– DM + Fracht.
Zur Bekämpfung der *Lungenwürmer* bei freilebendem Rot- und Rehwild liefert das Impfstoffwerk Friesoythe GmbH in 3006 Großburgwedel durch Tierärzte das neuartige *Francocid*. Es ist eine wasserklare Flüssigkeit, die leicht nach Anis riecht. Man gibt hiervon 2 ccm mit Apfelsaft verdünnt für ein Stück Rehwild über die Futterration (je *einmal* im November, im Februar und Ende März/ Anfang April). Die Verdünnung mit Apfelsaft ist wichtig, da es sonst aus geruchlichen Gründen abgelehnt wird.
Eine ungezielte und *fortlaufende Verabreichung von Medikamenten an Wild ist abzulehnen.* Eine wirksame Verhinderung von Wildverlusten durch Krankheiten ist nur durch *Verbesserung der Biotopverhältnisse* (s. S. 120) erreichbar.

## Erkennen kranken Wildes

**Woran erkennt man krankes Wild?**

Es *hält sich abgesondert.* Kranke Hirsche und Rehböcke verfärben und wechseln den Kopfschmuck gewöhnlich *spät.* Rehböcke, die mit einer chronischen Krankheit behaftet sind, zeigen meist gekrümmte oder korkenzieherartig gedrehte Gehörne (s. S. 145).
Kränkelnde Hirsche oder Böcke „setzen zurück", d. h. „verecken" (wie im Greisenalter) weniger Enden und schwächere oder kürzere Stangen als im Vorjahre.
An *Wurmseuchen* erkranktes Wild *ist abgekommen,* und das *Haar ist glanzlos* und struppig. Die Gegend um das *Weidloch* ist infolge Durchfalls *mit breiiger Losung besudelt* (Untersuchung der Losung machen die Veterinäruntersuchungsämter, s. S. 414).

**Bei welchen Krankheiten des Rehwildes finden sich im Frühjahr ähnliche Krankheitserscheinungen?**

Beim *„Frühjahrsdurchfall".* Er tritt auf, wenn geschwächtes Rehwild *gierig frische Saatäsung* ohne Trockenbeifütterung aufnehmen kann oder wenn schimmelpilzbefallenes Futter aufgenommen wird. Die *Winterfütterung* ist deshalb unbedingt *bis zum April* durchzuführen (s. S. 387).
Beim Frühjahrsdurchfall sind die Stücke so geschwächt, daß sie nicht mehr zu Holze ziehen, sondern sich an Äsungsplätzen und Fütterungen niedertun und dort verenden. Ihr Spiegel ist dabei mit dünnflüssiger Losung besudelt.
Beim Beschicken von Fütterungen ist streng darauf zu achten, daß keinesfalls schimmelpilzbefallenes Futter (verschimmelte Kastanien oder Rübentrockenblätter) gereicht wird.

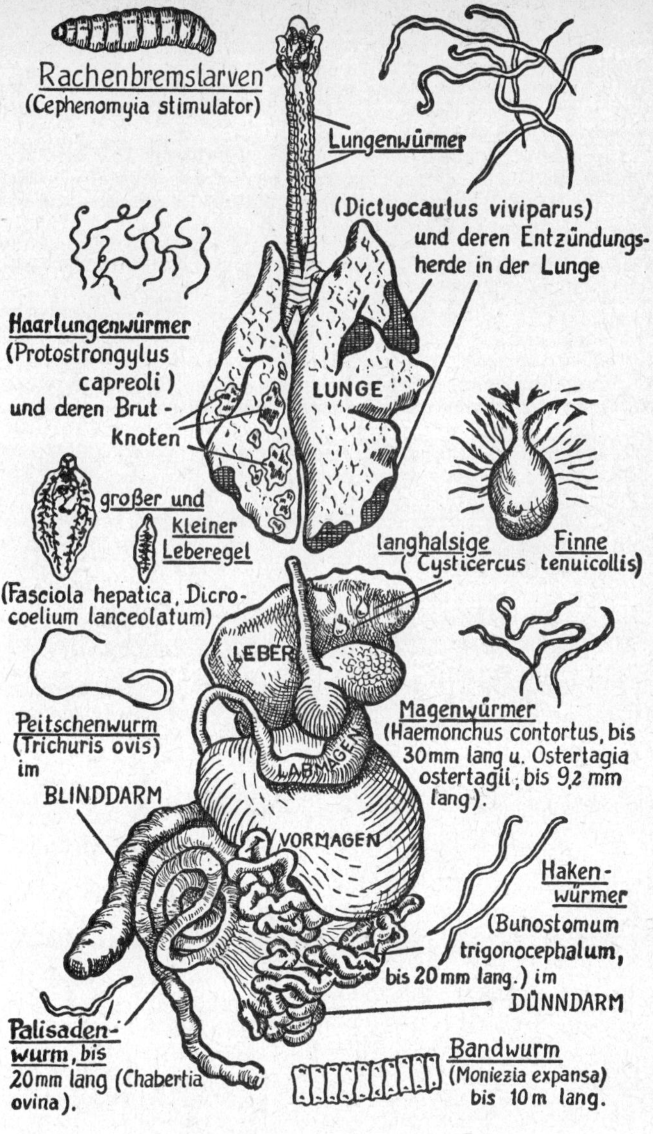


Die wichtigsten Schmarotzer des Rehwildes
(Schmarotzer in natürlicher Größe)

## Trichinen (Trichinellen)

**Bei welchen Lebewesen können Trichinen vorkommen?**

Bei *Menschen, Fleischfressern* (Hund, Katze, Fuchs, Dachs, Bär, Nerz usw.), Nagern (Ratte, Maus, Sumpfbiber) *und allesfressenden Tieren* (Schwein, Wildschwein).

Pflanzenfresser können sich nur durch Zufall mit Trichinen anstecken. Bei ihnen sterben die Trichinen in den Muskeln, sofern sie sich überhaupt entwickeln, sehr bald ab. Das gleiche gilt für die Muskeltrichinen bei Vögeln.

**Welcher Zusammenhang besteht zwischen den einzelnen Entwicklungsstufen der Trichine?**

Werden die geschlechtslosen Muskeltrichinen mit rohem Fleisch von Menschen oder Tieren verzehrt, so löst der Magensaft die Kapsel auf, ohne die Trichinen selbst anzugreifen.

Die freigewordenen Trichinen gelangen mit dem Speisebrei in den Dünndarm und bohren sich in die Schleimhaut ein. Hier wachsen sie in etwa 2 Tagen durch vier rasch aufeinanderfolgende Häutungen zu Geschlechtstieren, den männlichen und weiblichen *Darmtrichinen*, heran, die alsbald zur Begattung schreiten. Etwa 5–6 Tage nach der Aufnahme des trichinösen Fleisches gebiert das Weibchen die ersten *Larven*. Das Weibchen hat eine Lebensdauer von 6–8 Wochen und setzt während dieser Zeit schubweise insgesamt 1000–1200 Larven ab.

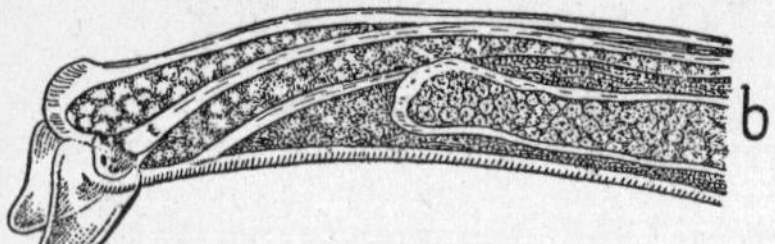


männliche Darmtrichine
a = 100fache Vergrößerung
b = stumpfes Hinterende mit den kegelförmigen Zapfen, 500fache Vergr.

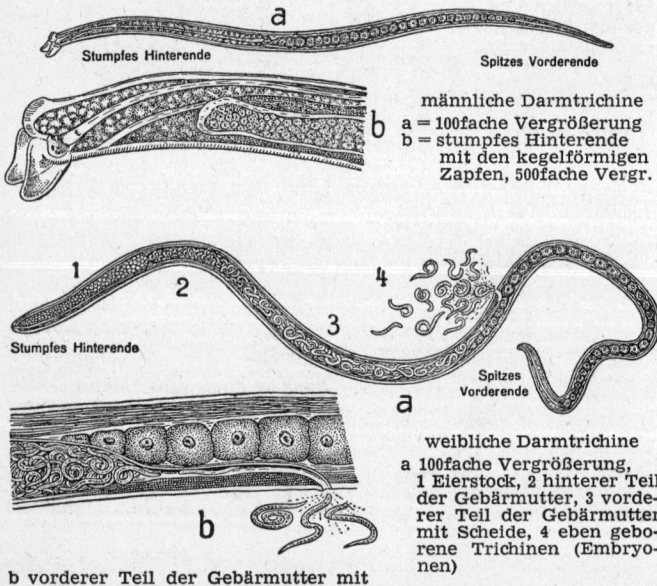

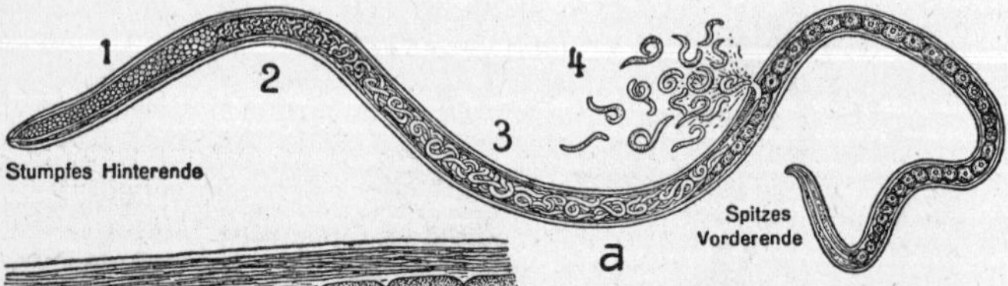


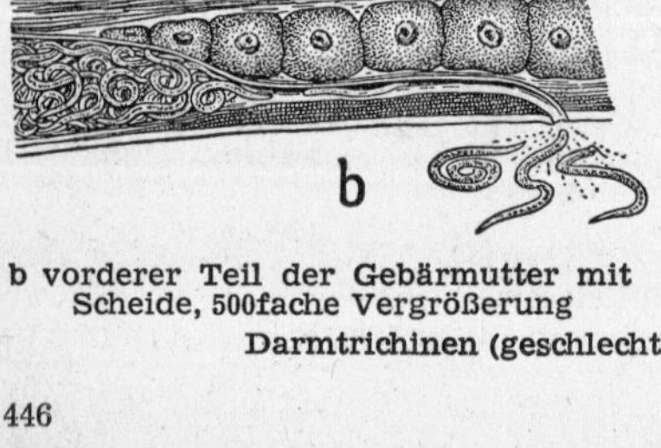


weibliche Darmtrichine
a 100fache Vergrößerung, 1 Eierstock, 2 hinterer Teil der Gebärmutter, 3 vorderer Teil der Gebärmutter mit Scheide, 4 eben geborene Trichinen (Embryonen)

b vorderer Teil der Gebärmutter mit Scheide, 500fache Vergrößerung

Darmtrichinen (geschlechtlicher Zustand)

Die etwa 1/10 mm großen Larven dringen in die Lymphgefäße des Darmes ein und gelangen dann über den Lymphstrom in den großen Blutkreislauf, der sie in alle Teile des Körpers verschleppt (passive Wanderung).
Eine Weiterentwicklung der Trichinenlarven ist nur in der quergestreiften Muskulatur möglich. Die mit dem Blut in die Muskulatur eingeschwemmten Parasiten dringen nach Durchbohrung der zarten Muskelhaut in die quergestreifte Muskelfaser ein (aktive Wanderung). Sie rollen sich dort spiralig ein und buchten dabei den Muskelschlauch spindelförmig aus (siehe Abb.). Etwa 5–6 Wochen nach Aufnahme des trichinösen Fleisches bildet sich um die aufgerollte Trichine eine zitronenförmige bindegewebige Kapsel (siehe Abb.).
Etwa ein halbes Jahr nach Einwanderung der Muskeltrichinen erfolgt deren Verkalkung, wobei die Trichinen absterben.
Gelangt mit Muskeltrichinen durchsetztes Fleisch nach dem Tod des Wirtes in den Magendarmkanal eines Menschen oder Tieres, so beginnt die eben geschilderte Entwicklung aufs neue.

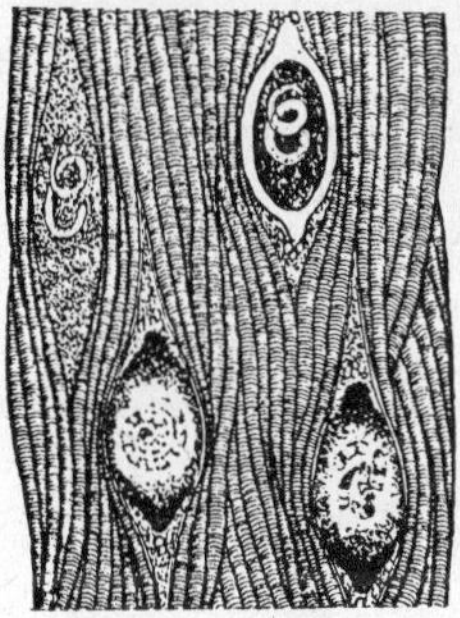

Vornahme der Trichinenschau (s. S. 449)
Oben links:
frisch eingewanderte Trichine
Oben rechts:
verkapselte Trichine
Unten:
verkalkte Trichinen
Muskeltrichinen in verschiedenen Altersstufen im Wildbret, 40fach vergrößert

**Bei welchen Tieren sind Trichinen am verbreitetsten?**

Bei Rotfuchs, Dachs, Schwarzwild, Schwein und Ratte.

**Wie kommt das?**

Die Fuchs- und Dachskerne (das Fleisch dieser Tiere) wurden bisher vom Jagdausübungsberechtigten gern auf Luderplätze (Futterplätze für Raubwild) gebracht oder durch Vergraben beseitigt. Weiter wurden beim Abbalgen abfallende Fleischstückchen nicht unschädlich beseitigt. Enthielten die Fuchs- und Dachskerne Trichinen, so war dadurch Füchsen, Dachsen, Wildschweinen, Ratten und anderen Fleischfressern Gelegenheit gegeben, sich mit Trichinen anzustecken (siehe Kreislaufbild).

**Was hat mit nichtuntersuchten Fuchs- und Dachskernen zu geschehen?**

Sie müssen in Tierkörperbeseitigungsanstalten unschädlich beseitigt werden (VA des RMdI vom 30. Juli 1941 zum Schutz gegen die Trichinose, Ministerialblatt S. 1425; s. auch S. 413).

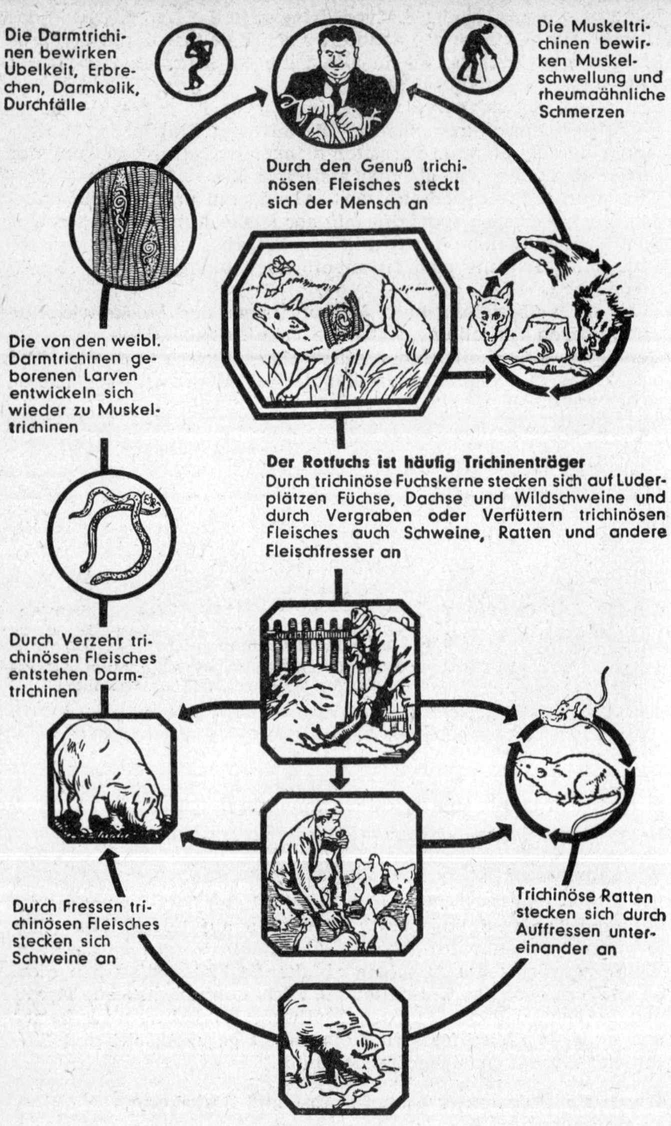

Die Darmtrichinen bewirken Übelkeit, Erbrechen, Darmkolik, Durchfälle
Die Muskeltrichinen bewirken Muskelschwellung und rheumaähnliche Schmerzen
Durch den Genuß trichinösen Fleisches steckt sich der Mensch an
Die von den weibl. Darmtrichinen geborenen Larven entwickeln sich wieder zu Muskeltrichinen
Der Rotfuchs ist häufig Trichinenträger
Durch trichinöse Fuchskerne stecken sich auf Luderplätzen Füchse, Dachse und Wildschweine und durch Vergraben oder Verfüttern trichinösen Fleisches auch Schweine, Ratten und andere Fleischfresser an
Durch Verzehr trichinösen Fleisches entstehen Darmtrichinen
Durch Fressen trichinösen Fleisches stecken sich Schweine an
Trichinöse Ratten stecken sich durch Auffressen untereinander an


Kreislauf und Entwicklung der Trichine

Langhalsige
Finnen
am Netz

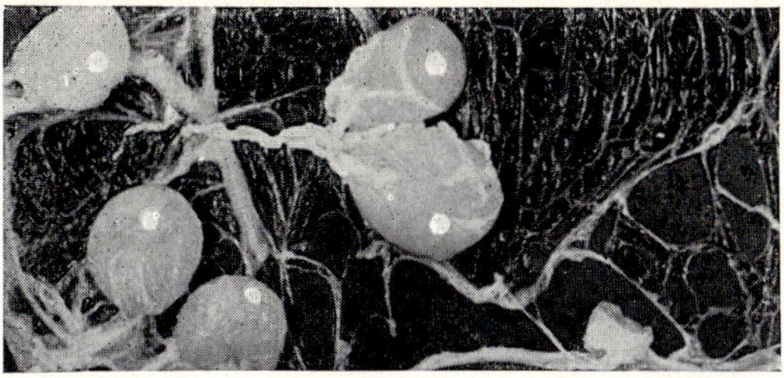

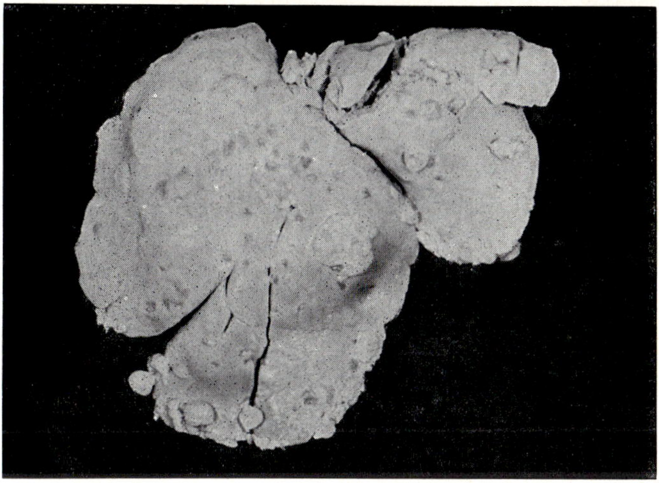

Erbsenförmige Finnen auf der Leber vom Hasen
(Foto: Veterinär-Pathologisches Institut der Justus-Liebig-Universität, Gießen. Direktor: Professor Dr. G. Pallaske)

Erbsenförmige oder Hasenfinnen am Netz
(Aus: Prof. Dr. Sprehn, „Kaninchenkrankheiten", Verlag Oertel und Spörer, Reutlingen)

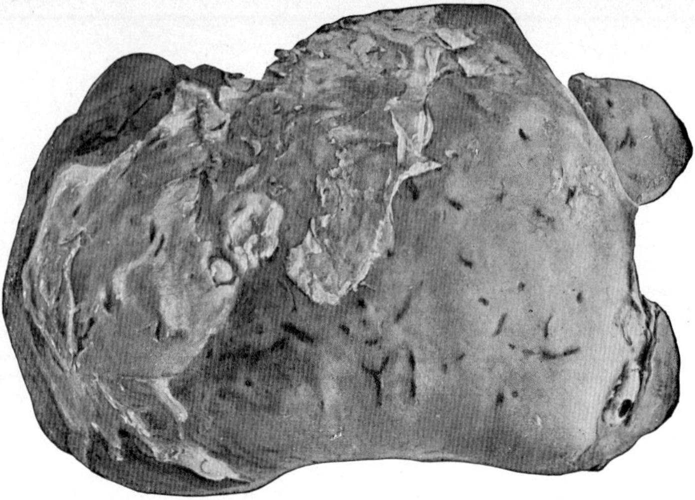

Leber vom Rehkitz mit blutigen Schmarotzerbohrgängen

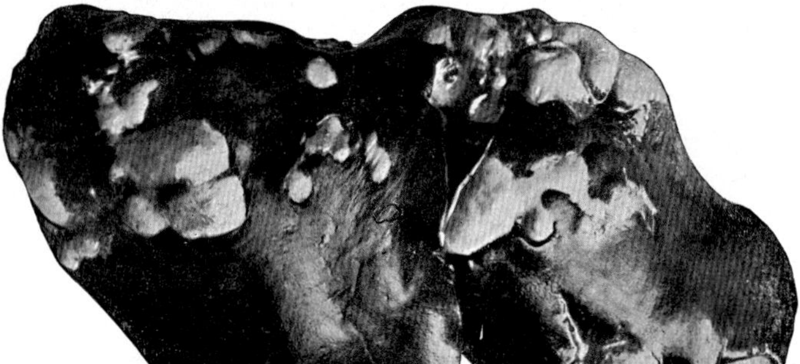

Leber (Zwerchfellfläche) mit Hülsenwürmern

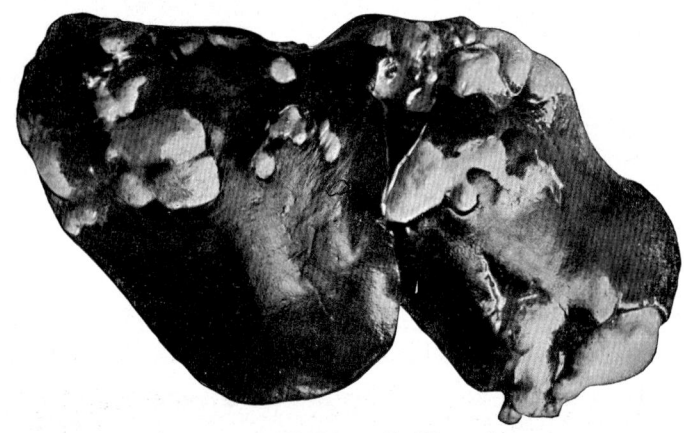

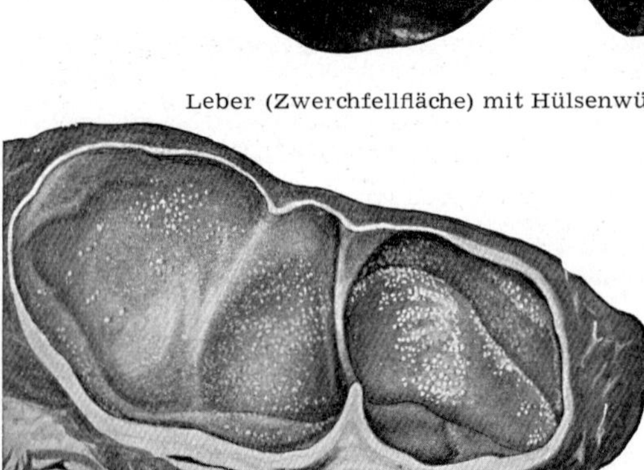

Durchschnittene Hülsenwurmblase

Die Kopfanlagen des zukünftigen dreigliedrigen Hundebandwurms sind in Form zahlreicher mohnkorngroßer Pünktchen (als feiner Sand) deutlich zu sehen

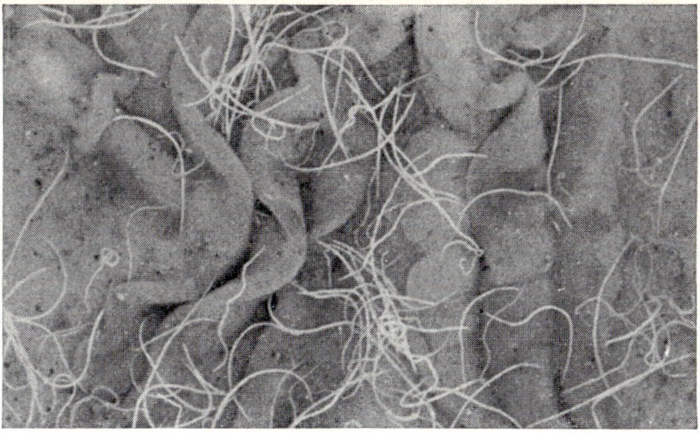

Große Magenwürmer im Labmagen von Rehwild
(Foto: Prof. Dr. Dr. h. c. R. Wetzel, 63 Gießen, Goethestraße 26)

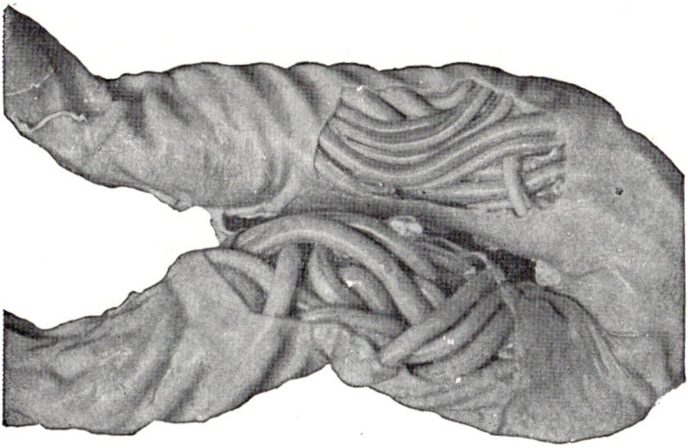

Dünndarm vom Schwarzwild mit zahlreichen Spulwürmern
(Aus: Blase, „Prüfungsfragen für Fleischbeschauer“, Verlag M. u. H. Schaper, Hannover)

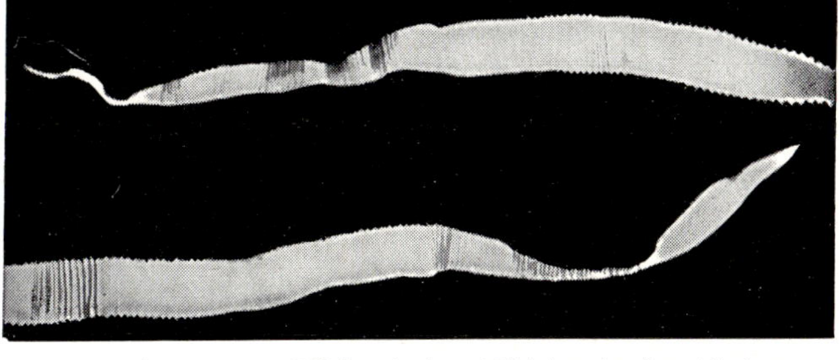

Bandwurm vom Wildkaninchen (Cittotaenia ctenoides)
(Aus: Prof. Dr. Sprehn, „Kaninchenkrankheiten“, Verlag Oertel und Spörer, Reutlingen)

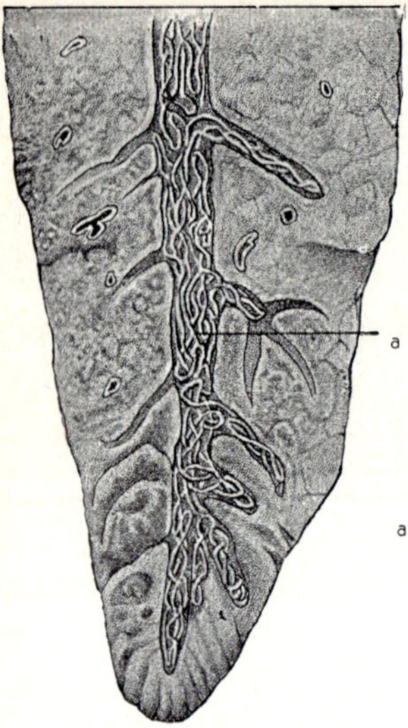


Luftröhrenast
vom Schwarzwild
mit a zahlreichen Lungenwürmern

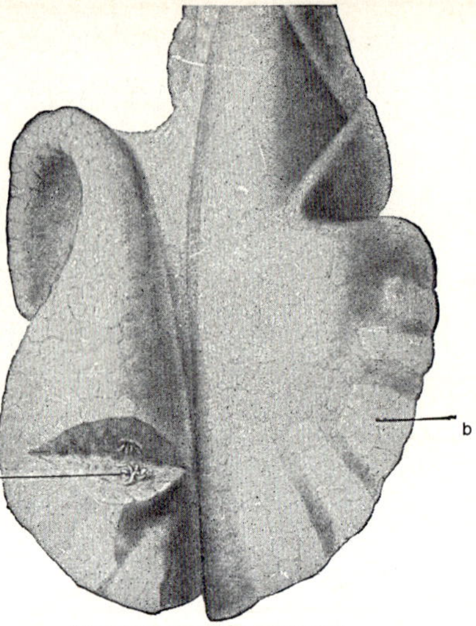


Lunge vom Schwarzwild
mit Lungenwürmern

a Schnitt durch einen Luftröhrenast mit hervortretenden Lungenwürmern

b perlmutterglänzende Verdichtung infolge Einwanderung von Lungenwürmern

(Aus: Blase, „Prüfungsfragen für Fleischbeschauer“, Verlag M. u. H. Schaper, Hannover)

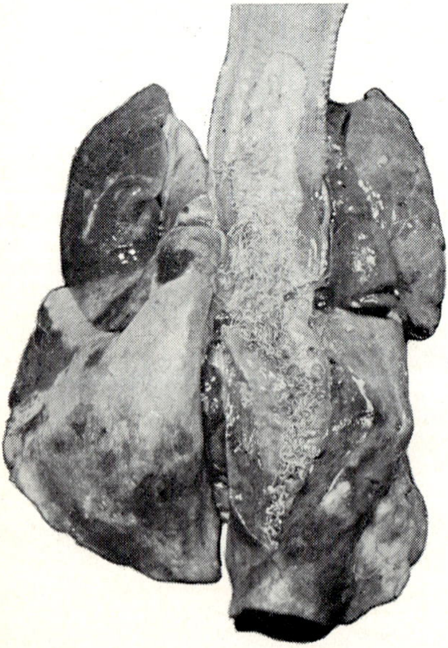

Lungenwürmer in der Luftröhre (Drossel) und den Luftröhrenästen des Rehwildes

(Foto: Professor Dr. Dr. h. c. R. Wetzel, Direktor des Veterinärparasitologischen Instituts der Justus-Liebig-Universität, Gießen)

# GRUNDZÜGE DER JAGDGESETZESKUNDE

**und wichtige Einzelbestimmungen des Jagdrechts und seiner Nebengebiete**

## DAS FLEISCHBESCHAUGESETZ (FG)

Die Trichinen- und Finnenschau

(Nach § 1 Abs. 3 des Fleischbeschaugesetzes in der Fassung vom 15. 3. 1960 [BGBl. I S. 186].)

**Welche Tiere unterliegen der Trichinenschau?**

Schweine, *Wildschweine* (auch Frischlinge), Hunde, Bären, Katzen, *Füchse, Sumpfbiber, Dachse* und andere fleischfressende Tiere und Allesfresser (siehe auch Seite 446), die Träger von Trichinen sein können, wenn deren Fleisch zum Genuß für Menschen verwendet werden soll (s. auch S. 446).
Zur Durchführung dieser Untersuchung ist vorgeschrieben, Muskelproben aus den Zwerchfellspfeilern zu entnehmen. Es ist daher unbedingt darauf zu achten, daß beim Aufbrechen und Ausweiden dieser Tiere der Teil des Zwerchfells im Bereich des Rückens am Tierkörper verbleibt.

**Bei wem ist Schwarzwild zur Trichinenschau anzumelden?**

Bei dem für den Erlegungsort amtlich bestellten Trichinenschauer (Fleischbeschauer oder Fleischbeschautierarzt). Soll das Stück *unzerlegt* in einen anderen Trichinenschaubezirk versandt werden, so kann die Untersuchung auch am Bestimmungsort nachgeholt werden. Sie muß dort jedoch *unverzüglich* nach dem Eintreffen des Stückes vorgenommen werden.
Als Bestimmungsort ist der Ort anzusehen, an dem das Schwarzwild zerlegt und dem Verbrauch zugeführt werden soll.

**Was macht der Trichinenschauer bei der Trichinenschau?**

Er entnimmt aus dem Wildkörper (möglichst aus den Zwerchfellpfeilern) Fleischproben und schneidet daraus 14 haferkorngroße Stückchen (Präparate) heraus, die er zwischen zwei starken Glasplatten, dem Kompressorium, quetscht und dann mit dem Mikroskop bei 40facher bzw. 100facher Vergrößerung auf Trichinen untersucht.

**Welche Untersuchungen hat der Trichinenschauer vor der Entnahme der Fleischproben bei Schwarzwild durchzuführen?**

Er hat alle zutage tretenden Wildbretteile (Fleischteile) auf gesundheitsschädliche Schweinefinnen zu untersuchen (s. S. 437).

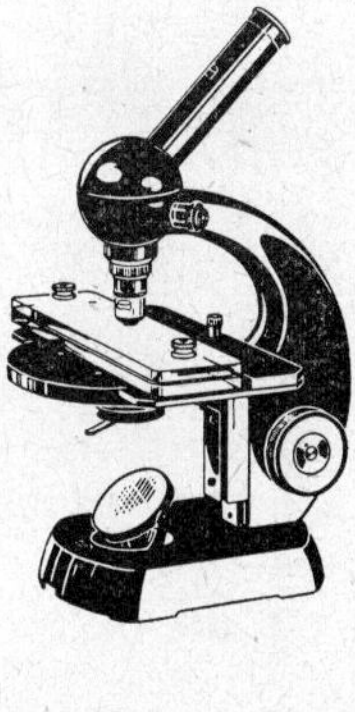

Trichinenmikroskop mit Kompressorium

**Wie hat der Trichinenschauer das trichinen- und finnenfrei befundene Wildbret zu kennzeichnen?**

Mit einem rechteckigen Stempel von mindestens 2 und 5 cm Seitenlänge, der die Aufschrift „Trichinenfrei" und den Namen oder das Zeichen des Trichinenschaubezirks trägt. Die Stempelabdrücke sind bei Wildschweinen in der Schwarte beiderseits des Schaufelknorpels, beiderseits auf dem Nierenfett und an der von der Schwarte befreiten Innenfläche der Hinterschenkel anzubringen (s. Abb.). Ein Inverkehrbringen von Schwarzwild ohne diese Trichinenschaustempel ist unzulässig. Als Stempelfarbe ist nicht gesundheitsschädliche, haltbare blaue Farbe zu verwenden.

Auf Verlangen des Jagdausübungsberechtigten hat der Trichinenschauer eine Bescheinigung über die erfolgte Untersuchung nach vorgeschriebenem Muster auszustellen.

Muster
zu § 53 Abs. 5 AB. A zum FG

**Bescheinigung**

Herr .................................................. in ..............................................

hat am ............ 19...... ............ Wildschwein ..............................................*)
(Stückzahl)

zur Trichinen- und Finnenschau angemeldet.
Die heute vorgenommene Untersuchung ergab, daß das Fleisch frei von Trichinen und Finnen war.

.................................................., den .............................................. 19.......

..................................................
Trichinenschauer — Fleischbeschauer

*) Andere Tiere sind zu bezeichnen

**Was liegt vor, wenn die Trichinenschau nicht bestimmungsgemäß vorgenommen wird?**

Eine Ordnungswidrigkeit nach § 27 (2) 2 des Fleischbeschaugesetzes. Sie wird, falls Menschen gefährdet wurden, nach § 51 des neuen Lebensmittelgesetzes (s. S. 454) mit Freiheitsstrafe oder Geldstrafe bestraft.

TRICHINENFREI
WESTERBURG

Zum Abstempeln trichinenfreien Schwarzwildes ist ein rechteckiger Stempel von mindestens 2 × 5 cm Seitenlänge und blaue Stempelfarbe zu verwenden.

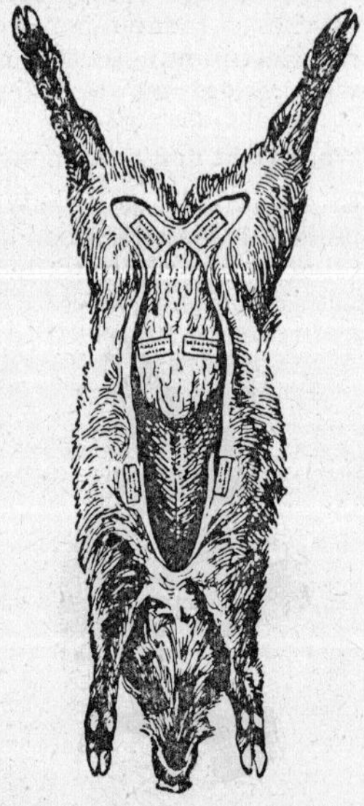

Stempelung des untersuchten Wildschweines „Trichinenfrei"

# DAS LEBENSMITTELGESETZ (LMG)

## Überwachen des Wildbrets nach dem LMG gemäß § 36 a BJG (s. S. 516)

### Allgemeines

**Was verstehen wir unter „Lebensmitteln"?**

Alle Stoffe, die dazu bestimmt sind, in unverändertem, zubereiteten oder verarbeiteten Zustand von Menschen verzehrt zu werden (§ 1 des neuen LMG).
Unter Wildbret verstehen wir alle Teile des dem Jagdrecht unterliegenden Wildes, sofern sie sich zum Genusse für Menschen eignen.

**Ist Wildbret, wie das Fleisch der Schlachttiere, beschaupflichtig?**

Nein. Eine Verpflichtung zu einer „Wildbretschau" besteht z. Zt. noch nicht. Wildbret unterliegt aber den Bestimmungen des Fleischbeschaugesetzes und Änderungsgesetzes vom 15. März 1960 (BGBl. I S. 186) und des Lebensmittelgesetzes in der Fassung des am 1. 1. 1975 in Kraft getretenen neuen Lebensmittelgesetzes (dem Gesetz zur Gesamtreform des Lebensmittelrechts vom 15. 8. 1974, BGBl. I S. 1945).

**Welchen hygienischen Bestimmungen unterliegt das Wildbret?**

Nach § 8 des neuen LMG ist es verboten:
1. Lebensmittel für andere derart herzustellen oder zu behandeln, daß ihr Verzehr geeignet ist, die Gesundheit zu schädigen;
2. Stoffe, deren Verzehr geeignet ist, die Gesundheit zu schädigen, als Lebensmittel in den Verkehr zu bringen.

Unter „Inverkehrbringen" versteht das LMG (in § 7) das Anbieten, Vorrätighalten zum Verkauf oder zu sonstiger Abgabe, Feilbieten und jedes Abgeben an andere.
Die §§ 9 und 10 des neuen LMG ermächtigen den Bundesminister, Rechtsverordnungen zum Schutze der Gesundheit und Hygienevorschriften zu erlassen.
Der § 17 LMG verbietet das Inverkehrbringen von
1. zum Verzehr ungeeigneten Lebensmitteln und
2. Lebensmitteln, die in ihrer Beschaffenheit von der Verkehrsauffassung abweichen (im Wert erheblich gemindert sind).

### Beurteilungsgrundsätze für Wildbret

**In welcher Beschaffenheit erwartet der Verbraucher das ihm angebotene Wildbret?**

Er erwartet in jeder Hinsicht einwandfreies, also genußtaugliches Wildbret, das seiner Herkunft nach richtig bezeichnet ist. Der Jagdausübungsberechtigte, der Wildhandel und Gaststätten dürfen daher nur richtig bezeichnetes und genußtaugliches Wildbret in den Verkehr bringen.

**Welche Richtlinien gelten für die Beurteilung von Wildbret?**

Es gelten die Richtlinien der VO über hygienische Mindestanforderungen vom 11. 11. 1974 (BGBl. I S. 3165).

Das Land *Baden-Württemberg* hat in einem *„Merkblatt über Wildbrethygiene"* für Jagdscheininhaber empfohlen:

a) Als tauglich zum Genuß für Menschen ist Wild anzusehen, das vor dem Erlegen *normales Verhalten* zeigte, im Rahmen der Jagdausübung erlegt wurde und beim Aufbrechen und Versorgen keinerlei auffällige Veränderungen aufweist. Geringgradige Organveränderungen, wie z. B. Lungenwurmbefall, die der Jäger selbst beurteilen kann, sind hierbei unerheblich, sofern sich das Wild in gutem Ernährungszustand befindet. Veränderte Teile sind stets als verdorben und genußuntauglich anzusehen und unschädlich zu beseitigen.

b) Wild, das sich *beim Ansprechen nicht normal verhält*, abgekommen ist, krankhafte Veränderungen an den inneren Organen aufweist oder bei dem sonstige Zweifel an der Verwertbarkeit bestehen, ist als nicht zum Genuß für den Menschen geeignet anzusehen. Von einer Verwertung muß daher wegen der Gefahr der Gesundheitsschädigung dringend abgeraten werden. In diesen Fällen wird empfohlen, einen Tierarzt für die Beurteilung des Wildes zu Rate zu ziehen.

c) Haarwild, das vor dem Erlegen *kein normales Verhalten* gezeigt hat, ist stets als tollwutverdächtig zu betrachten und muß in jedem Fall tierärztlich untersucht werden. Beim Aufbrechen dieses Wildes sind Gummi- oder Plastikhandschuhe zu benutzen (Näheres s. S. 418/422; Pflicht zur Vornahme der Trichinenschau s. S. 449.)

**Wie ist Wild zu beurteilen, das durch Unfall, An- oder Überfahren, Reißen oder in ähnlicher Weise zur Strecke gekommen ist?**

Es wird in der Regel nach Entfernen der durch Blutergüsse veränderten Wildbretteile („Brand") als genußtauglich beurteilt werden können, wenn es alsbald aufgebrochen und versorgt werden konnte. Andernfalls ist es *„nicht verkehrsfähig"*.

**Welches Wildbret darf nicht in den Verkehr gebracht werden?**

Wildbret, das „geeignet ist, die menschliche Gesundheit zu schädigen" (dadurch, daß Wildkrankheiten auf den Menschen übertragen werden können), sowie „nicht verkehrsfähiges" Wildbret (das für den menschlichen Genuß ungenießbar ist). Das gilt auch für Fallwild, d. h. für Wild, das *eingegangen*, also nicht unmittelbar, sondern natürlich gestorben ist, z. B. durch Alter, Hunger, Kälte, Wintersnot, nach Kümmern infolge von Krankheit, Erschöpfung, Folgen eines alten Schusses, Hinsiechen durch Aufnahme von Gift oder durch Ertrinken („verendetes Wild" s. S. 456).

**Was ist zu vermuten, wenn bei Wild Schußverletzungen fehlen?**

Daß es sich um Fallwild oder um in Schlingen gefangenes Wild handelt. Man erkennt es daran, daß es noch die ganze *Blutfülle im Wildbret* und in den Organen hat und auf der Seite, auf der es liegend aufgefunden wurde, auffällige Blutstauungen zeigt. Außerdem besteht meist Bauchfäulnis.

**Woran kann man in Schlingen gefangenes Wild erkennen?**

Es fehlen meist Kopf und Hals, da in Schlingen gefangenes Wild eine Schwellung des Kopfes und Halses und eine *Strangulationsfurche* zeigt. Das Wildbret ist außerdem stark bluthaltig, da das Stück nicht ausschweißen konnte. Wurden Schußverletzungen erst nachträglich beigebracht, sind die Ränder des Schußkanals *nicht blutig durchtränkt.* Außerdem sind Organe und Wildbret stark bluthaltig.
Bei Kopf- und Rückenschüssen schweißt Wild schlecht aus.

**Wie ist stark gehetztes Wild zu beurteilen?**

Bei stark gehetztem Wild tritt infolge Sauerstoffmangels eine $CO_2$-Erhöhung und ein hoher Glykogenverbrauch ein. Solches Wild *verhitzt sehr leicht* (s. S. 344), fault schnell und riecht und schmeckt widerlich bitter. Es ist genußuntauglich. Die Hetz- oder Parforcejagd auf Wild mit aufs Auge hetzenden Hunden ist deshalb nach § 19 Ziffer 13 des BJG verboten (s. S. 484).

**Welche Unterschiede bestehen im Wildbretwerte der beiden Geschlechter?**

Im allgemeinen wird bei Haar- und Federwild das Wildbret männlicher Tiere wegen des kräftigeren Wildgeschmacks vorgezogen. Dagegen besitzt das Wildbret der Keiler und der während der Brunft erlegten Rot- und Damhirsche und Gamsböcke meist einen widerlichen *Geschlechtsgeruch* und Geschmack.

Bei Brunfthirschen und Keilern sind deshalb das Kurzwildbret sowie Brunftbrand bzw. Brunftfleck (s. S. 348) möglichst schnell abzuschärfen und zu beseitigen. Dann sind die Stücke aufzubrechen und auszuweiden. Zur Minderung des Geschlechtsgeruches bei Wild hat es sich bewährt, es nach dem Aufbrechen im Hängen aus der riechenden Decke zu schlagen oder abzuschwarten und es, wie ein Hausschwein, in der Längsrichtung durchzuspalten und in Zugluft „ausstänkern“ und auskühlen zu lassen. Danach ist es in Stücke zu zerlegen und Brunfthirsche in eine 2- bis 5%ige (wein- bis himbeerrote) Lösung von übermangansaurem Kali (Kalium permanganicum) für 2—4 Tage oder Keiler in eine Pökellake (mit 25% Nitritpökelsalz) für drei Wochen einzulegen. Da die Geruchsstoffe in die Pökellake übergehen, sind die Wildbretteile allwöchentlich abzuwaschen und in eine neubereitete Lake einzulegen. Dann ist das Wildbret in Netzen lufttrocken zu machen und dann gründlich durchzufrieren (s. S. 358). Vor dem Gebrauch in der Küche legt man die benötigten Wildbretteile noch vier Tage in eine „Beize“ (in Buttermilch, die man zweimal wechselt oder in ein Gemisch von Rotwein und Olivenöl zu gleichen Teilen). Dann wird gebraten und gegessen. Es schmeckt vorzüglich. Restliche Stücke sind nicht wieder aufzubraten! Lufttrockene Stücke kann man auch räuchern!

**Was ist bei Stücken mit Weidewundschüssen und bei Stücken, die längere Zeit (über Nacht oder bei Gewitterschwüle) unaufgebrochen gelegen haben, zu beachten?**

Das Wildbret zeigt meist Bauchfäulnis mit Bildung giftiger Stoffwechselprodukte sowie Geruchs- und Geschmacksabweichungen, die durch das Zersetzen des Magen- und Darminhaltes (durch „Verhitzen“ oder „Aufblähen“) entstanden sind. Solches Wildbret ist als nicht mehr verkehrsfähig zu beurteilen, denn es kann nach seinem Genuß zu schweren gesundheitlichen Beschwerden kommen (s. auch Wildverwertung S. 344).

**Wann liegt z. B. eine „irreführende Aufmachung" vor?**

Wenn man z. B. bei einem weiblichen Stück durch Absägen der Schädeldecke das Abschlagen des Gehörns vortäuscht.

**Worauf kann sich die „irreführende Bezeichnung" erstrecken?**

Auf Alter und Geschlecht des Wildes und auf die Wildart.
Eine irreführende Bezeichnung liegt z. B. vor, wenn man
Wildbret vom Brunfthirsch als solches vom Schmaltier,
Wildbret vom Dachs als solches vom Wildschwein,
Wildbret einer Katze als Hase oder
alte Rebhühner als junge bezeichnet.

**Kann man an Wildbretteilen, auch nach ihrer küchenmäßigen Zubereitung, feststellen, von welcher Wildart sie stammen?**

Ja, das ist in den meisten Fällen möglich, besonders dann, wenn Knochen zur Verfügung stehen. Katze (Dachhase) und Feldhase sind, um nur ein Beispiel zu nennen, leicht an der verschiedenen Beschaffenheit der Vorarmknochen zu erkennen (Abbildung).
Aus rohem, zubereiteten und sogar eingedosten Wildbret kann mit biologischen Methoden (Eiweißdifferenzierung) die Wild a r t sicher bestimmt werden.

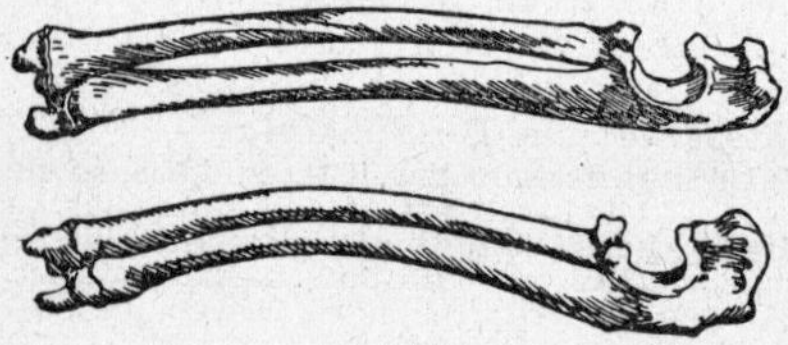

Rechter Vorarm
oben: der Katze
unten: des Hasen

Die Vorarmknochen Speiche und Elle (Radius und Ulna) sind bei der Katze vollkommen getrennt, beim Hasen dagegen verwachsen

## Straftaten

**Welche Strafen sieht das neue LMG im § 51 vor?**

(1) Mit Freiheitsstrafe bis zu zwei Jahren oder mit Geldstrafe wird bestraft, wer entgegen § 8 Nr. 1 Lebensmittel herstellt oder behandelt oder entgegen § 8 Nr. 2 (s. S. 451) Stoffe als Lebensmittel in den Verkehr bringt.
(2) Der Versuch ist strafbar.
(3) Wer fahrlässig eine dieser Handlungen begeht, wird mit Freiheitsstrafe bis zu einem Jahr oder mit Geldstrafe bestraft.
(4) In besonders schweren Fällen ist die Strafe Freiheitsstrafe von sechs Monaten bis zu fünf Jahren. Ein besonders schwerer Fall liegt i. d. R. vor, wenn der Täter durch eine seiner Handlungen die Gesundheit einer großen Zahl von Menschen gefährdet oder einen anderen in die Gefahr des Todes oder einer schweren Schädigung an Körper oder Gesundheit bringt (wie z. B. bei Unterlassung der Trichinenschau s. S. 450).
Wer entgegen § 17 Abs. 1 Nr. 2 Lebensmittel *ohne ausreichende Kenntlichmachung* in den Verkehr bringt, wird mit Freiheitsstrafe bis zu einem Jahr oder mit Geldstrafe bestraft.

# ÜBERWACHEN DES VERKEHRS MIT WILD

## Gesetzliche Grundlagen

**Welche Bestimmungen sind für die Veräußerung und den Versand von Wild und für den Wildhandel zu beachten?**

Die Bestimmungen der §§ 36 und 36a BJG (s. S. 515, 516).

Hiernach regeln die Länder durch Rechtsverordnung

1. die Anwendung von Ursprungszeichen bei der Verbringung von Schalenwild aus dem Erlegungsjagdbezirk und bei der Einfuhr von Schalenwild aus dem Ausland;
2. Verkehrsbeschränkungen für Wildbret (Wildpret)* in der Schonzeit und für Fallwild;
3. die behördliche Überwachung des gewerbsmäßigen Ankaufs, Verkaufs und Tausches sowie der gewerbsmäßigen Verarbeitung von Wildbret;
4. die Verpflichtung zur Führung von Wildhandelsbüchern und deren behördliche Überwachung;
5. den Ankauf, Verkauf, Tausch und Versand von lebendem Wild.

Die Länder können die Befugnisse auf Oberste Landesbehörden übertragen.

**Welchen Zwecken dienen diese Bestimmungen?**

Sie dienen der Kontrolle des Bejagungs-(Abschuß-)Planes und der Innehaltung der Schonzeiten,
der Bekämpfung von Wilderei und Wildhehlerei und
der Verhütung von Gesundheitsschäden.

**Wie können Verstöße gegen eine nach § 36 BJG ergangene Rechtsverordnung geahndet werden?**

Als Ordnungswidrigkeiten mit einer Geldbuße (Näheres s. S. 518).

### Die Wildverkehrsordnungen (WVO) der Länder**

**In welchen Ländern bestehen bereits Wildverkehrsordnungen (d. h. Vorschriften über den Verkehr mit Wildbret)?**

In *Baden-Württemberg, Bayern, Hessen* (Wildbret-VO v. 10. 11. 1969), *Nordrhein-Westfalen, Niedersachsen und Rheinland-Pfalz.* Für die Länder *Bremen, Hamburg, das Saarland und Schleswig-Holstein* wurden noch keine Wildverkehrsordnungen erlassen. Durch die Neufassung des § 36 BJG (s. S. 515) wurde jedoch die Grundlage für die Regelung des Wildverkehrs durch Rechtsverordnung auch in diesen Ländern geschaffen.

**Was versteht man unter Schalenwildbret im Sinne der WVO?**

Das zum menschlichen Genusse geeignete, erlegte Schalenwild in unzerwirktem oder zerwirkten Zustande.

---

*) Schreibweise nach Duden mit „b"; in Süddeutschland mit „p".

**) Hier werden die bereits erlassenen Bestimmungen einiger Länder besprochen.

Als *erlegt* gilt auch verendetes Wild, d. h. solches, das durch plötzliche, äußere und unmittelbare Einwirkungen umgekommen ist (z. B. durch frische Schußverletzung, Forkeln, Raubwild, Raubzeug, Genickbruch oder Steinschlag) oder in sonstiger gewaltsamer Weise (An- oder Überfahren) zur Strecke gekommen ist, nicht aber Fall- oder „eingegangenes" Wild (s. S. 452).
Als Wildbret gilt nicht das Kochwildbret (Kopf, Hals, Rippen, Bauchstücke und innere Organe).

**Was ist nach dem Erlegen von Schalenwild zu beachten?**

Am Halse des erlegten Wildes ist das vorgeschriebene *Wild-Ursprungszeichen (Metallband)* anzubringen. Ohne das Ursprungszeichen darf erlegtes Schalenwild nicht veräußert, aus dem Erlegungsjagdbezirk verbracht oder befördert werden.
Das gilt nicht in *Nordrhein-Westfalen.*
In *Rheinland-Pfalz* gelten diese Bestimmungen nicht für Schalenwild, das der Jagdausübungsberechtigte innerhalb seines Jagdbezirks oder bei der Rückkehr von der Jagd bei sich führt, um es selbst zu verwerten. Er muß sich jedoch als Jagdausübungsberechtigter ausweisen können.
In *Baden* und *Württemberg-Hohenzollern* ist Schalenwild beim Aufbrechen so zu behandeln, daß das Geschlecht auch dann noch mit Sicherheit festgestellt werden kann, wenn der Kopf (bzw. der Kopfschmuck) abgenommen ist (s. S. 346).

## Wild-Ursprungszeichen

**Woraus besteht das Ursprungszeichen für erlegtes Schalenwild?**

Aus einem 160 mm (in *Bayern* 200 mm) langen und 12 mm breiten Metallband mit Verschlußkappe. Das Metallband besteht für *Rot-, Dam-, Muffel- und Rehwild* aus weißem Material und für *Schwarzwild* aus gelbem Material. Auf dem Metallband ist der Name der Jagdbehörde und die laufende Nummer, auf den gelben Bändern außerdem noch „Schwarzwild" eingeprägt (*in Bayern* außerdem noch das Jagdjahr und der Name der ausgebenden Kreisverwaltungsbehörde oder der Oberforstdirektion).

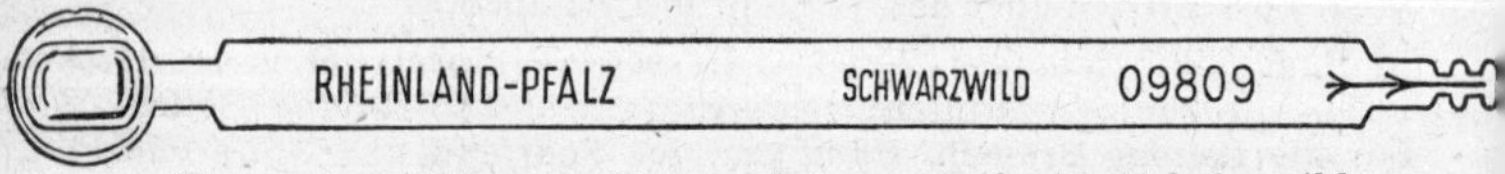


Ursprungszeichen zum Kennzeichnen von *erlegtem* Schalenwild
(Der verhältnismäßig scharfe Metallstreifen wird neuerdings mit einer Klarsicht-Schrumpfhülle aus Plastikmaterial überzogen)

**Woher bekommt man Ursprungszeichen und Formulare für die „Abschußmeldung"?**

Von der *Unteren Jagdbehörde.* Sie werden nach Maßgabe der bestätigten Bejagungspläne und des Bedarfs (bei Schwarzwild auf Antrag) an die Jagdausübungsberechtigten (Revierinhaber) ausgegeben. Für staatseigene Jagden sind für die Ausgabe und Verwendung der Ursprungszeichen die staatlichen Forstämter (in Bayern die Oberforstdirektionen) zuständig.

**Wie ist das Ursprungszeichen zu befestigen?**

Es ist mit dem freien Ende des Metallbandes an der *Unterseite des Wildhalses, unmittelbar vor dem Brustkern,* durch einen unversehrten breiten Hautstreifen zu ziehen und in die am anderen Ende des Bandes befindliche Verschlußkappe so tief hineinzuschieben, daß der Verschluß unlösbar wird.

*Wer Schalenwild zerwirkt, hat das Wildursprungszeichen aufzubewahren und den Polizeibeamten auf Verlangen vorzulegen.*

**Was ist beim Bahnversand von Schalenwild zu beachten?**

Vom Versender sind auf der Expreßgutkarte Beschriftung und Nummer des Ursprungszeichens zu vermerken.

**Für welches Wild, außer Schalenwild, werden noch Wild-Ursprungszeichen verwendet?**

Für Seehunde (in den Wattenjagdbezirken des Landes Niedersachsen). Sie bestehen aus einem weißen 160 mm langen und 12 mm breiten Metallband mit Verschlußkappe (wie Abb. S. 456) und den eingeprägten Worten *„Niedersachsen"*, *„Seehund"* und einer fortlaufenden Nummer. Dieses Wild-Ursprungszeichen ist wie bei Schalenwild zu befestigen. Es kann vor der Verarbeitung des Felles entfernt werden und ist vom Bearbeiter des Felles zwei Jahre aufzubewahren.

**Welche Bestimmungen gelten für die Jagd auf Seehunde der Landkreise Friesland, Norden, Wesermarsch und Wesermünde?**

Seehunde haben Jagdzeit vom 1. September bis 31. Oktober. *Erlaubnisscheine zur Jagd auf Seehunde* werden von den Landkreisen nur für Forschungszwecke, für kranke Seehunde und nur an Jahresjagdscheininhaber ausgegeben. Die Zahl der Scheine wird so bemessen, daß die Erhaltung des Wildbestandes nicht gefährdet wird. Die Erlaubnis berechtigt zum Erlegen nur *eines* Seehundes in Begleitung eines zugelassenen Seehundjägerführers.
Der *Schuß vom Boot oder auf schwimmende Tiere,* der *Netzfang* sowie der *Schrotschuß* und die Verwendung von Büchsenpatronen mit einer Auftreffwucht von weniger als 1000 Joule (s. S. 42 u. 49) auf 100 m *ist verboten* (s. BJG § 19/1 u. 2a, S. 483).
(Der Seehund wird zweckmäßig durch den sofort tödlichen Kopfschuß erlegt, da es eine Nachsuche im Wasser nicht gibt.)

**Wann sind Ursprungszeichen ungültig?**

Wenn sie den Vorschriften nicht entsprechen, unvorschriftsmäßig angebracht sind, eine Änderung in der Beschriftung aufweisen, der Verschluß beschädigt oder das Metallband geflickt ist.

**Was kann die Untere Jagdbehörde veranlassen, wenn unzerwirktes Schalenwild ohne gültiges Ursprungszeichen im Auto-Kofferraum verfrachtet oder irgendwie versandt wird?**

Sie kann das Wildbret bis zum Nachweis des rechtmäßigen Erwerbs sicherstellen (*und plombieren*).
Bei Gefahr der Wertminderung ist sichergestelltes Wildbret zu veräußern. Der Erlös tritt an die Stelle des Wildbrets.

Abschußmeldung*)

Muster

(Auf Rückseite eines Postkartenvordrucks, Größe DIN A 6)

**Abschußmeldung**

für Schalenwild (sowie Meldung für Fallwild)

In meinem Jagdrevier .................................... wurde am ....................

durch ..........................................................................................

ein ..........................................................................................

(Wildart, Geschlecht, Altersstufe, Stärkeklasse, Gewicht)

erlegt – gefunden –.*)

Ursprungszeichen Nr.: ......................................

Nr. in der Abschußliste: ......................................

Das Stück wurde dem Eigenverbrauch zugeführt*)

abgegeben an*)

..........................................................................

(genaue Anschrift)

Trichinenschau (bei Schwarzwild) hat – nicht – stattgefunden*)

..........................................................................

(Anschrift und Unterschrift
des Jagdausübungsberechtigten)

*) Nichtzutreffendes streichen!

Muster

**Abschußmeldung für Seehunde**

1. Tag und Stunde ..........................................................................
2. Ort (genaue Bezeichnung nach Angabe des Seehundjagdführers)

..........................................................................................

3. Schußentfernung (geschätzt) ..................................................
4. Gewicht (geschätzt, unaufgebrochen) .................................... kg
5. Name des Seehundjagdführers ................................................
6. Nr. des Jagderlaubnisscheines ....................................
7. Nr. des Wild-Ursprungszeichens des Seehundfelles ....................

Der Seehundjagdführer — Der Erleger

.................................................... ....................................................

Bemerkungen:

(z. B. besondere Feststellungen am Einzeltier, Ungeziefer, Ölflecke, Verletzungen, Wetter, andere Seehundarten gesichtet)

..........................................................................................

..........................................................................................

*) besser wäre „Streckenmeldung“ (s. Fußnote S. 131).

**Welche Meldung ist zu erstatten, wenn ein Stück Schalenwild oder Wild zur Strecke gebracht wird, dessen Bejagung (Abschuß) durch den Bejagungsplan (Abschußplan) begrenzt ist?**

Die Streckenmeldung (Abschußmeldung) s. auch S. 488/489.
In der Abschußmeldung ist die Bezeichnung des Stückes nach Wildart, Stärke, Geschlecht und Gewicht (z. B. ein Rehbock, zurückgesetzter Sechser, 16,5 kg), die Verwertung des Wildbrets (Eigenverbrauch oder Empfänger) sowie die Beschriftung und Nummer des verwendeten Ursprungszeichens anzugeben. Die Streckenmeldung (Abschußmeldung) ist in *Bayern* binnen fünf und in *Hessen* binnen drei Tagen, in *Niedersachsen* unverzüglich, in *Nordrhein-Westfalen* monatlich, bis zum 5. des folgenden Monats, und in *Rheinland-Pfalz* binnen einer Woche bei der Unteren Jagdbehörde schriftlich zu erstatten.

## *Wildhandelsbuch*

**Welche Personen müssen ein Wildhandelsbuch führen?**

Inhaber von Betrieben, die gewerbsmäßig Wildbret zerwirken, verarbeiten, veräußern oder verbrauchen, insbesondere Wildhandlungen, Metzgereien (Fleischereien), Gast-, Schank- und Speisewirtschaften, Kantinen, Hotels, Kaufhäuser und Krankenhäuser.

**Innerhalb welcher Frist ist der Eingang von Wildbret in das Wildhandelsbuch von den Betriebsinhabern einzutragen?**

Unverzüglich, spätestens aber vor dem Zerwirken oder der Weitergabe des Wildbrets.

**Wie muß das Wildhandelsbuch beschaffen sein?**

Es muß dauerhaft gebunden und mit fortlaufenden Seitenzahlen versehen sein. Die Anzahl der Seiten ist von der für den Gewerbebetrieb zuständigen Aufsichtsbehörde zu bescheinigen. Jede Lieferung ist unter einer fortlaufenden neuen Nummer mit Tinte, Tintenstift oder Kugelschreiber einzutragen.
Das Wildhandelsbuch ist bis zum 31. März eines jeden Jahres abzuschließen.

Muster

Wildhandelsbuch

| Lfd. Nr. | Tag des Einganges | Bezeichnung des erworbenen Wildbrets (Wildart) | Name und Anschrift d. Lieferanten oder Absenders, Vermerk über Frachtbeleg, Lieferschein usw. | Herkunftsbezeichnung, Land, Art u. Nr. des Ursprungszeichens. Bei Einfuhr aus dem Ausland Zollangaben |
|---|---|---|---|---|
| 1 | 2 | 3 | 4 | 5 |

## Beschränkung des Verkehrs mit Wildbret

### Allgemeine Beschränkung

**Wer darf Wildbret in den Verkehr bringen?**

Als *Lieferer* nur der Jagdausübungsberechtigte und Personen, die ein Wildhandelsbuch führen.
Wildbret darf nur an Selbstverbraucher oder an Personen veräußert werden, die ein Wildhandelsbuch führen.
Der *Erwerber* darf Wildbret nur vom Jagdausübungsberechtigten oder von Personen beziehen, die ein Wildhandelsbuch führen.

**Was ist vor dem Inverkehrbringen von Schwarzwild (einschl. der Frischlinge) besonders zu beachten?**

Es muß auf Trichinen und Finnen untersucht und vom Trichinenschauer als *„trichinenfrei" abgestempelt* sein (siehe Abschnitt Trichinenschau S. 450).

**Was haben die zur Führung eines Wildhandelsbuches verpflichteten Personen zu veranlassen, wenn ihnen Wildbret von offensichtlich gesetzwidrig erlegtem Wilde angeliefert wird?**

Sie haben unverzüglich der Unteren Verwaltungsbehörde Anzeige zu machen.

**Was ist zu beachten, wenn Teile von Schalenwild (Keulen, Blätter, Rücken) befördert oder versandt werden sollen?**

Werden Teile von Schalenwild durch den Jagdausübungsberechtigten versandt, so muß er der Sendung einen Begleitschein (Lieferschein) beifügen (siehe Muster).

Muster

(Größe DIN A 6)

**Begleitschein**
**für zerwirktes Schalenwild**
(Auszustellen vom Jagdausübungsberechtigten)

..............................................................................
(Anschrift des Jagdausübungsberechtigten)

.............................................................................................., den ............................ 19.......

Ich versichere, daß beiliegendes Wildbret ........................................................
(Keulen, Rücken, Blätter, Zahl)

Gewicht ................................................ von ........................................................

auf meinem Jagdbezirk ..............................................................................

Jagdkreis ..............................................................................................

am ............................ 19........ erlegten und unter Abschußliste Nr. ..............

eingetragenen ..............................................................................
(Wildart, Geschlecht, Altersstufe)
stammt.

..................................................................................
(Unterschrift des Jagdausübungsberechtigten)

Erfolgt die Beförderung oder der Versand von Teilen von Schalenwild von oder im Auftrage von Personen, die zur Führung eines Wildhandelsbuches verpflichtet sind, außerhalb des Gemeindebezirks ihrer Niederlassung, so muß ein Lieferschein beigefügt sein. Kochwildbret (Kopf, Hals, Läufe, Rippen, Bauchstücke und Geräusch) unterliegt diesen Bestimmungen nicht.

### Verkehrsbeschränkungen in der Schonzeit

**Was ist zu beachten, wenn in der Schonzeit erlegtes Schalenwild unzerwirkt in den Verkehr gebracht werden soll?**

Es muß das Ursprungszeichen mit einer von der Unteren Jagdbehörde ausgestellten Bejagungsgenehmigung (Abschußgenehmigung) unlösbar verbunden sein.
*In Bayern muß das Wild-Ursprungszeichen mit einem roten Begleitschein (s. Muster) durch eine Metallöse verbunden sein.*

*Muster Bayern*

*(Beschreibung: Wasserfester roter Karton, etwa Postkartenformat, mit Metallöse, die das Durchstecken der 12 mm breiten Wild-Ursprungszeichen gestattet)*

*Begleitschein Nr.: ..............................*

*gemäß § 88 Abs. 3 der Landesverordnung zur Ausführung des Bayerischen Jagdgesetzes vom 13. März 1963*

*für ein Stück ..............................*
*(Wildart)*

*Nr. des Wild-Ursprungszeichens .............................. Jagdjahr ..............................*

*Datum .............................. ..............................*
*(Behörde)*

*Siegel*

*..............................*
*(Unterschrift)*

### Einfuhr von Wildbret aus dem Ausland (z. B. aus Polen, Ungarn und Großbritannien)

**Welche hygienische Mindestanforderungen werden an Wildbret bei der Einfuhr aus dem Ausland gestellt?**

Das Wildbret muß der strengen *„Verordnung über hygienische Mindestanforderungen vom 11. November 1974“* (BGBl. I S. 3165) entsprechen, die ab 1. Januar 1975 in Kraft getreten ist. Hiernach werden *Wildexportbetriebe* vom Bundesminister für Gesundheit nur anerkannt, wenn sie gewisse hygienische Mindestanforderungen erfüllen: Bei der amtlichen Untersuchung sind Tierkörper und Innereien zu besichtigen, erforderlichenfalls anzuschneiden und zu durchtasten. Es darf nur volltaugliches Wildbret zur Einfuhr kommen.

Von der Einfuhr sind in jedem Falle auszuschließen: Wildbret von Ebern und Kryptorchiden (s. S. 111) und von Stücken, bei denen Tuberkulose in irgendeiner Form, auch bei der Tuberkulinprobe, festgestellt wurde.

# DAS BUNDESJAGDGESETZ (BJG)

vom 29. November 1952 (BGBl. I S. 780) in der Bekanntmachung vom 30. März 1961 (BGBl. I S. 304), geändert durch das Dritte Gesetz zur Reform des Strafrechts vom 20. Mai 1970 (BGBl. I S. 505) und das Einführungsgesetz zum Strafgesetzbuch (EGStGB) vom 2. März 1974 (BGBl. I S. 469),

in der Fassung des Zweiten Gesetzes zur Änderung des BJG vom 28. September 1976 (BGBl. I S. 2841)

**und Ausführungsbestimmungen der Länder*)**

## Allgemeines

**Durch welches Gesetz wird die Ausübung des Jagdrechts geregelt?**

Durch das Bundesjagdgesetz und durch die in dessen Rahmen ergangenen landesrechtlichen Vorschriften.

Das Bonner Grundgesetz vom 8. Mai 1949 gestattete leider keine einheitliche Zusammenfassung des Jagdrechts für das Bundesgebiet, wie es bei dem früheren Reichsjagdgesetz (1935) für das ganze Deutschland der Fall war. Der Bund hatte nach Artikel 75 des Grundgesetzes lediglich das Recht, das

Bundesjagdgesetz als Rahmengesetz

zu erlassen. Das BJG bildet daher nur einen Teil der jagdlichen Gesetzgebung. Es überläßt es den Ländern, innerhalb des gezogenen Rahmens weitere Bestimmungen zur Ausführung und Ergänzung des Bundesrechts zu erlassen.

**Welche Jagdgesetze muß der Jäger also kennen?**

Das Bundesjagdgesetz in der Neufassung, gültig ab 1. 4. 1977, die hierzu erlassene Verordnung über die Jagdzeiten (s. S. 492) und das Landesjagdgesetz nebst Ausführungsbestimmungen des Landes, in dem er jagen will.**)

Dazu kommen noch einzelne Vorschriften aus dem Strafgesetzbuch (s. S. 535 unten) und aus dem Waffengesetz (s. S. 525).

Sie dienen dem hohen Ziele, Jagd und Waidwerk so zu erhalten und zu fördern, wie es Bevölkerungsdichte und Landeskultur zulassen und geben der Jagdausübung und der Wildhege den notwendigen rechtlichen Rahmen.

Die im Einführungsgesetz zum Strafgesetzbuch zur Reform des Strafrechts vom 2. März 1974 (BGBl. I S. 469) im Artikel 230 erfolgten *Änderungen* wurden in *gesperrter Kursivschrift* gebracht (s. S. 518 u. 519).

---

*) Zur Unterscheidung wurden die Antworten auf Fragen
a) zum Bundesjagdgesetz in normaler Schrift
b) zum Gesetz zur Änderung des BJG in kleiner Schrift (6 Punkt) und
c) *zu den Ausführungsbestimmungen der Länder (und sonstigen das BJG ergänzenden Vorschriften) in Kursivschrift*
gedruckt.

**) Im Rahmen dieses Buches ist es unmöglich, sämtliche jagdrechtlichen Bestimmungen der Länder zu besprechen. Der Jungjäger muß sich deshalb die jagdrechtlichen Bestimmungen des Landes beschaffen, in dem er jagen will. Mindestens aber muß er die in diesem Abschnitt „Jagdgesetzeskunde“ für sein Land aufgeführten Bestimmungen kennen. Sie sind deshalb von ihm, wo sie aufgeführt werden, mit Rotstift besonders zu kennzeichnen (s. auch Vorwort S. 5 und besonders *Name des Landes im Sachwörterverzeichnis* (ab S. 561).

Die durch das Zweite Gesetz zur Änderung des Bundesjagdgesetzes vom 28. September 1976 (BGBl. I vom 1. Oktober 1976, Seite 2841) erfolgten Änderungen des BJG wurden in Kleinschrift (6 Punkt) abgedruckt, um sie dadurch besonders kenntlich zu machen.

## Das Jagdrecht

### Inhalt des Jagdrechts § 1 BJG

**Was verstehen wir unter „Jagdrecht" und „Jagdausübungsrecht"?**

Das Jagdrecht ist die ausschließliche *Befugnis*, auf einem bestimmten Gebiet *wildlebende Tiere*, die dem Jagdrecht unterliegen *(Wild), zu hegen*, auf sie die Jagd auszuüben und sie sich anzueignen.

*Mit dem Jagdrecht ist die Pflicht zur Hege verbunden.*

Das *Jagdrecht* ist eine besondere Form der landwirtschaftlichen Nutzung des Grundstücks durch den Eigentümer und ist untrennbar mit Grund und Boden verbunden. Der Eigentümer kann die Ausübung dieses Rechts einem anderen übertragen und sich dafür bezahlen lassen, wie es bei der Jagdpacht der Fall ist. Der Jagdpächter hat also nicht das Jagdrecht, sondern nur das *Jagdausübungsrecht*. Man nennt ihn deshalb auch den „Jagdausübungsberechtigten".

Alles Wild ist nach dem Bürgerlichen Gesetzbuch (BGB) herrenlos. Nur der Jagdausübungsberechtigte erwirbt durch Besitzergreifung das Aneignungsrecht daran (vgl. §§ 958 und 960 BGB). Jagdgäste, Jagdpersonal und Treiber sind nur seine „Besitzdiener" (§ 855 BGB).

**Welche Bedeutung hat der nach Jagdbrauch übliche „Inbesitznahmebruch" (S. 272)?**

Er soll einem etwa nachfolgenden Jäger die rechtmäßige Erlegung und Aneignung des Stückes (im Gegensatz zum gewilderten Stück) andeuten. Der Wilderer kann sich Wild nur *zueignen*, nicht *aneignen*.

**Welches Ziel verfolgt die Hege?**

Die Erhaltung eines den landschaftlichen und landeskulturellen Verhältnissen angepaßten, artenreichen und gesunden Wildbestandes, sowie die Pflege und Sicherung seiner Lebensgrundlagen; aufgrund anderer Vorschriften bestehende gleichartige Verpflichtungen bleiben unberührt. Die Hege muß so durchgeführt werden, daß Beeinträchtigungen einer ordnungsgemäßen land-, forst- und fischereiwirtschaftlichen Nutzung, insbesondere Wildschäden, möglichst vermieden werden.

*Insbesondere dürfen die Schalenwildbestände die Entwicklung standortgerechter Wälder nicht verhindern* (s. auch „Biotop-Hege" S. 120).

**Welche Grundsätze sind bei der Jagdausübung zu beachten?**

Die allgemein anerkannten Grundsätze der Waidgerechtigkeit (§ 1 Abs. 3 BJG). Sie sind *juristisch nicht faßbar!*

Personen, die schwer oder wiederholt gegen diese Grundsätze verstoßen haben, kann der Jagdschein entzogen werden (s. § 17 Abs. 2 Ziff. 4 BJG S. 482).

**Was versteht man nach dem Gesetz unter Jagdausübung?**

Das Aufsuchen, Nachstellen, Fangen, Erlegen und Nachsuchen von Wild.

**Welche Befugnis umfaßt das Recht zur Aneignung von Wild noch?**

Die ausschließliche Befugnis, krankes oder verendetes Wild, Fallwild und Abwurfstangen sowie die Eier von Federwild mit Jagdzeit (s. S. 492) sich anzueignen, um sie durch Ausbrütenlassen zu erhalten (Fallwild s. S. 452, verendetes Wild s. S. 456 und Sammeln der Eier s. S. 490 u. 495).

**Was ist zu beachten, wenn man lebendes oder verendetes Wild, Abwurfstangen oder Eier jagdbaren Federwildes an Orten findet, an denen man nicht jagdausübungsberechtigt ist?**

Man soll niemals lebendes oder verendetes Wild im Jagdrevier anfassen (Tollwutgefahr! Außerdem wird Jungwild, das von Menschen berührt wurde, meist nicht wieder von der Mutter angenommen!). Personen, die sich Fundsachen (wie ein „verwaistes" Rehkitz, einen überfahrenen Hasen, ein erfrorenes Reh oder Abwurfstangen) *zueignen* und nicht *unverzüglich* dem Jagdausübungsberechtigten abliefern, begehen Wilddieberei.

**Welche Verpflichtung trifft den Führer eines Fahrzeuges, der Schalenwild an- oder überfährt?**

*Er muß (in Baden-W., Hessen, Rheinl.-Pfalz und dem Saarland) das Wild unverzüglich dem Jagdausübungsberechtigten oder der nächsten Polizeidienststelle abliefern oder den Vorfall anzeigen, da das vor dem An- oder Überfahren herrenlose Wild jetzt dem Jagdausübungsberechtigten gehört. Wurde das Stück nur angefahren, so ist unverzüglich die zuständige Polizeidienststelle mündlich oder fernmündlich zu benachrichtigen (z. B. von der nächsten Gastwirtschaft aus). Dabei ist es zweckmäßig, den Kilometerstein anzugeben, damit nachgesucht werden kann! Das Mitnehmen überfahrenen Wildes zum Behalten ist Wilddieberei, die mit Freiheitsstrafe geahndet wird.*

**Was hat die Ortspolizeibehörde zu veranlassen?**

*Sie hat den am Fundort Jagdausübungsberechtigten von der Ablieferung oder Anzeige zu benachrichtigen. Besteht die Gefahr des Verderbs, so sind die Gegenstände im Interesse des Jagdausübungsberechtigten zu verwerten. Ist der Jagdausübungsberechtigte nicht festzustellen, so sind die Gegenstände oder der Erlös (nach Einbehaltung der Auslagen) wohltätigen Zwecken zuzuführen.*

**Hat der Jagdausübungsberechtigte bei Zusammenstößen von Kraftfahrzeugen mit Wild für den entstandenen Schaden zu haften?**

Nein! Bei Wild kommt eine Haftung des Jagdausübungsberechtigten aus § 823 bis § 833 BGB nicht in Betracht. Wild in freier Wildbahn zählt zu den herrenlosen wilden Tieren im Sinne des § 960 Abs. 1 BGB. Es gehört also unverletzt niemandem. (Diese Rechtsfrage ist in ständiger Rechtsprechung von allen Gerichten im obigen Sinne entschieden worden.)

Seit 1. 1. 1967 werden durch Zusammenstoß mit Haar*wild* (Schalenwild, Hasen) entstandene Kraftfahrzeugschäden von der Teilkaskoversicherung (mit einer Selbstbeteiligung von 250 DM) reguliert. Wurde der Unfall von der Versicherung als Wildschaden auf Grund polizeilicher Ermittlungen anerkannt, ersetzt der ADAC und AvD seinen Mitgliedern den Schaden bis zu 250 DM (Kameradschaftshilfe).

**Wann entstehen die meisten Verkehrsunfälle durch Wild?**

Wenn trotz des Warnzeichens „Wildwechsel" nicht langsam und vorsichtig gefahren wird (und besonders von 18 bis 22 Uhr). Alle Kraftfahrer sollten bei einer nächtlichen Begegnung mit Wild die Scheinwerfer abblenden (s. auch DJV-Warnschild S. 487).

**Darf sich der Jagdausübungsberechtigte während der Schonzeit Rehkitze aneignen, um sie aufzuziehen?**

Nein! Das wäre ein Schonzeitvergehen (nach § 38 Abs. 1 BJG). Eine Ausnahme hiervon ist jedoch gerechtfertigt, wenn es sich um nachweisbar verwaiste oder verletzte Kitze handelt (Verenden des Muttertieres durch Überfahren oder Verletzung des Kitzes durch die Mähmaschine).

**Darf jedermann von einem gefundenen Eichelhäher die Flügelfedern oder ein verendetes Eichhörnchen an sich nehmen?**

Ja, denn sie gehören nicht zu *Wild*, das dem Jagdrecht unterliegt.

Wild § 2 BJG

**Wie wird das Wild eingeteilt?**

In Haarwild (Aufzählung s. S. 95/96) und in Federwild.

**Welches Wild gehört zum Federwild (§ 2 BJG)?**

Auer-, Birk- und Rackelwild, Haselwild, Alpenschneehuhn; Fasan, Wildtruthuhn; Rebhuhn, Wachtel; Wildtauben; Höckerschwan, Wildgänse, Wildenten, Säger; Waldschnepfe; Bläßhuhn; Möwen; Haubentaucher; Großtrappe; Graureiher; von den Greifvögeln nur die *Accipitridae (Habicht, Sperber, Mäuse- und Rauhfußbussard, Schrei- und Steinadler)* und die *Falken (Falconidae): Turmfalke, Baumfalke, Wanderfalke und Merlin);* der Kolkrabe.
Die nicht zum Wild gehörenden Tierarten stehen unter Naturschutz.

**Können weitere Tierarten als Wild erklärt werden?**

*Ja. Die Länder können weitere Tierarten bestimmen, die dem Jagdrecht unterliegen. Diese Tiere werden dann damit wirksam den Bestimmungen der Jagdgesetze unterstellt (während sie in anderen Ländern unter dem Schutze des Naturschutzgesetzes verbleiben, dem vielfach der wirksame Vollzug in der Praxis fehlt!).*

§ 3 BJG Inhaber des Jagdrechts
Ausübung des Jagdrechts

**Wem steht das Jagdrecht zu?**

Dem Eigentümer des Grund und Bodens.
Das Jagdrecht ist (seit dem Jahre 1848) untrennbar mit dem Eigentum am Grund und Boden verbunden (s. auch S. 463). Als selbständiges dingliches Recht kann es nicht begründet werden.
Die *Ausübung* des Jagdrechtes ist dagegen an Jagdbezirke von einer bestimmten *Mindestgröße* gebunden, d. h. dem Grundstückseigentümer steht das Jagdausübungsrecht nur dann zu, wenn sein Grundeigentum mindestens die Größe eines Eigenjagdbezirks hat (s. § 7 BJG, S. 469). Alle Grundflächen einer Gemeinde, die nicht zu einem Eigenjagdbezirk gehören, werden zu einem gemeinschaftlichen Jagdbezirk zusammengelegt. In ihm steht die Ausübung des Jagdrechts der Jagdgenossenschaft zu (s. § 9 BJG, S. 471). Sie kann die Jagd durch Verpachtung nutzen.

**Wem steht das Jagdrecht auf Flächen zu, an denen kein persönliches Eigentum begründet ist (Hoheitsgebiete)?**

Den Ländern als Eigentümer, z. B. am Meeresstrand, in den Küstengewässern und in den Wattengebieten (Watt kommt von „waten").

## Jagdbezirke und Hegegemeinschaften

§ 4 BJG Jagdbezirke

**Wo darf das Jagdrecht ausgeübt werden?**

Nur in Jagdbezirken (Eigenjagdbezirken oder gemeinschaftlichen Jagdbezirken von einer bestimmten Mindestgröße).
Die Beschränkung des Jagdrechts auf Jagdbezirke (Reviere), das „Reviersystem", das auch von Tierschützern gefordert wird, ist die beste Form zur Erhaltung artenreicher Wildbestände.

*Das „Reviersystem" ist also bester Naturschutz!*

Unerwünscht dagegen ist das *„Lizenzsystem"*, d. h. die Jagdausübung am beliebigen Ort auf Grund allgemeiner Erlaubnis. Das „Reviersystem" sollte deshalb weltweit Anwendung finden.

**In welchem Ausnahmefalle können die Länder eine gewisse Lizenzjagd zulassen?**

*Bei der Jagd am Meeresstrand, im Wattenmeer und in den Küstengewässern (Ausübung der Wasser- und Pohljagd auf Entenvögel nach altem Herkommen durch die eingesessene Bevölkerung in Niedersachsen, die Jagd auf Wasservögel auf dem Untersee und dem Rhein bei Konstanz und auf der Insel Helgoland).*

**Wie teilt man die Jagdbezirke ein?**

In Eigenjagd- und gemeinschaftliche Jagdbezirke (s. S. 469/470).

## Gestaltung der Jagdbezirke § 5 BJG

**Wie können Jagdbezirke gestaltet werden, um sie mit den Erfordernissen der Jagdpflege in Einklang zu bringen?**

Sie können durch Abtrennung, Angliederung oder Austausch von Grundflächen abgerundet werden.
*Flächen, die an ihrer breitesten Stelle weniger als 200 Meter breit, aber mehr als 400 Meter lang sind, bilden in Hessen, Schleswig-Holstein und Niedersachsen keinen Jagdbezirk und stellen auch den Zusammenhang zur Bildung eines Jagdbezirks zwischen angrenzenden Flächen nicht her.*

**Was ist bei der Abrundung von Jagdbezirken zu beachten?**

*Die Gesamtgröße soll möglichst wenig verändert werden.*

**Wie wirkt sich die Abrundung auf den Pachtpreis aus?**

*Bei Angliederung einer Fläche an einen Eigenjagdbezirk ist dem Eigentümer dieser angegliederten Fläche vom Eigenjagdberechtigten eine angemessene Entschädigung zu zahlen. In gemeinschaftlichen Jagdbezirken erhöht oder verringert sich der Pachtpreis entsprechend der angegliederten oder abgetrennten Fläche.*

**Wer nimmt die Abrundung vor?**

*In Bayern, Hessen, dem Saarland und Schleswig-Holstein kann die Abrundung durch freiwillige Vereinbarung der Beteiligten oder auf Antrag der Beteiligten von Amts wegen (von der Unteren Jagdbehörde) vorgenommen werden.*
*In Baden-Württemberg dürfen die Jagdbezirke durch die Abrundung die Mindestgröße nicht verlieren und um nicht mehr als 30 ha vergrößert oder verkleinert werden.*
*In Hessen und Rheinland-Pfalz verlieren Jagdbezirke nur dann ihre Eigenschaft als selbständige Jagdbezirke, wenn sie sich durch die Abrundung um mehr als ein Fünftel der Mindestgröße verkleinern. In Niedersachsen und Rheinland-Pfalz darf die Jagdbehörde gegen den Willen der Beteiligten (in Baden-Württemberg gegen den Willen des Pächters) Abrundungen nur am Ende der Pachtperiode vornehmen.*

## Befriedete Bezirke, Ruhen der Jagd § 6 BJG

**Auf welchen Grundflächen ruht die Jagd?**

Auf Grundflächen, die zu keinem Jagdbezirk gehören, und in befriedeten Bezirken.
Eine beschränkte Ausübung der Jagd kann gestattet werden.

**Was versteht man unter befriedeten Bezirken?**

*Befriedete Bezirke sind in allen Ländern:*
1. *Gebäude, die zum Aufenthalt von Menschen dienen, und Gebäude, die mit solchen Gebäuden räumlich zusammenhängen;*

2. *Hofräume und Hausgärten, die unmittelbar an eine Behausung anstoßen und durch irgendeine Umfriedung (es genügt schon einfacher Draht, ein Bach, Graben oder schadhafter Zaun) begrenzt oder sonst vollständig abgeschlossen sind;*
3. *Friedhöfe.*
4. *Wildgehege für nichtjagdliche Zwecke (Nordrhein-W.).*
5. *In Niedersachsen auch Schau- und Sondergehege sowie Gebiete von Bebauungsplänen (hier ist die Verwaltungsbehörde zu befragen, ob sie bejagt werden dürfen). Zu den befriedeten Bezirken sind auch alle Flächen zu rechnen, für die ein Dauerverbot der Jagdausübung gilt, wie die Autobahn, die Betriebsanlagen der Bundesbahn (s. jedoch S. 487) und die Örtlichkeiten am Rande menschlicher Siedlungen, soweit deren Eigentümer der Jagdgenossenschaft nicht angehören und am Ertrage der Jagdnutzung nicht beteiligt sind.*

**Welche Grundflächen können von der Unteren Jagdbehörde auf Antrag ganz oder teilweise befriedet werden?**

*Öffentliche Anlagen und vollständig abgeschlossene Grundflächen. Als solche Flächen gelten alle Grundflächen, die gegen das Aus- und Einwechseln von Wild – mit Ausnahme von Federwild, Raubwild und Wildkaninchen – und gegen unbefugten Zutritt von Menschen dauernd abgeschlossen und deren Eingänge absperrbar sind und die keine Einsprünge besitzen.*
*In Hamburg sind auch die an Gebäude angrenzenden Flächen bis zu 20 Meter Breite und in Niedersachsen Gebäude jeder Art befriedet. In Hessen können auch geschlossene Gewässer, in Niedersachsen und Rheinland-Pfalz auch Natur-, Baum- und Wildschutzgebiete und Naturparke sowie künstliche Fischzuchtteiche und Fischzuchtanlagen befriedet werden.*

**Welche Rechte kann die Jagdbehörde den Eigentümern oder Nutzungsberechtigten von befriedeten Bezirken einräumen?**

*Sie kann ihnen eine beschränkte Jagderlaubnis erteilen (in Bayern, Bremen, Nordrhein-Westfalen, Rheinland-Pfalz, dem Saarland und Schleswig-Holstein).*
*In Baden-W., Hamburg, Hessen, Niedersachsen, Rheinl.-Pfalz und dem Saarland dürfen die Eigentümer und Nutzungsberechtigten von befriedeten Bezirken, auch ohne Besitz eines Jagdscheines, Raubwild und Kaninchen fangen (z. B. in Kastenfallen), töten und für sich behalten. Die Benutzung von Luftgewehren* (s. S. 486), *Tellereisen, Schlingen und Selbstschüssen ist dabei verboten.*
*Der Gebrauch einer Schußwaffe ist nur mit schriftlicher Erlaubnis der Unteren Jagdbehörde zulässig. Sie wird nur erteilt, wenn eine Störung der Ruhe, Ordnung oder Sicherheit, insbesondere eine Gefährdung von Menschen nicht zu befürchten und der Abschluß einer ausreichenden Jagdhaftpflicht-Versicherung nachgewiesen ist. Die Erlaubnis ist widerruflich. Die waffenrechtlichen Vorschriften bleiben unberührt.*
*Weiter kann die Jagdbehörde auf befriedeten Gewässern auf An-*

*trag auch das Fangen, Töten und Aneignen von Möwen und Bläßhühnern für bestimmte Zeit gestatten. Eines Jagdscheines bedarf es nicht, wohl aber eines Waffenscheines.*

**Wer wird Eigentümer eines Stück Wildes, das in einem Hausgarten oder Hofraum verendet?**

*Der Eigentümer oder Nutzungsberechtigte des Gartens oder Hofraumes. In Baden-Württemberg und Niedersachsen ist der Jagdberechtigte nach Verlangen befugt, sich in dem befriedeten Bezirk Wild (Jagdbeute) anzueignen, wenn es dorthin gelangt ist.*
*Flüchtet das krankgeschossene Stück Wild in einen Friedhof, so ist der Revierinhaber aneignungsberechtigt (§ 3 LVBayJG). Man läßt dort den angeschossenen Hasen oder Fasan vom Hunde greifen!*
*Im Saarland gehört es der politischen oder der Kirchengemeinde.*

## Eigenjagdbezirke § 7 BJG

**Was sind Eigenjagdbezirke?**

Eigenjagdbezirke
sind zusammenhängende Grundflächen, auf denen ein und dieselbe Person oder Personengemeinschaft Eigentümer oder Nutzungsberechtigter ist. Der land-, forst- oder fischereiwirtschaftlich nutzbare Raum muß 75 ha oder mehr umfassen.
*Die Mindestgröße für Eigenjagdbezirke beträgt in Bayern 81,755 ha (= 240 bayerische Tagwerke), im Hochgebirge mit seinen Vorbergen 300 ha, in Hessen 100 ha.*

**Werden zusammenhängende Grundflächen, die einen Eigenjagdbezirk bilden, durch Ländergrenzen unterbrochen?**

Nein! Jeder Teil eines über mehrere Länder sich erstreckenden Eigenjagdbezirkes unterliegt jedoch den gesetzlichen Bestimmungen des Landes, in dem er liegt.
Völlig eingefriedigte (Gatterreviere) sowie an der Bundesgrenze liegende, zusammenhängende Grundflächen unter 75 ha nutzbarem Raum können zu Eigenjagdbezirken erklärt werden. Es kann bestimmt werden, daß die Jagd in diesen Bezirken nur unter Beschränkungen ausgeübt werden darf.
*In Baden-W., Bremen, Niedersachsen, Nordrhein-W. und Rheinland-Pfalz können die Jagdbehörden eingefriedigte oder an der Bundesgrenze liegende Grundstücke unter 75 ha Größe durch Rechtsverordnung zu Eigenjagdbezirken erklären.*
*In Hessen kann in gleichen Fällen die Untere Jagdbehörde die vorgeschriebene Mindestgröße von 100 ha unterschreiten.*

**Welche Regelung ist für Staatsjagdreviere üblich?**

*Die Staatsjagdreviere sind Eigenjagdreviere des Staates. Der Staat übt das Jagdrecht durch Selbstverwaltung oder durch Verpachtung aus. In den nicht verpachteten Staatsjagdrevieren können Inhaber eines gültigen Jahresjagdscheines – Ausländer ausnahmsweise auch mit Tagesjagdschein – als Jagdgäste zum Bejagen des einer „Abschuß"-Regelung unterliegenden Wildes gegen Entgelt zugelassen werden.*

**Wer ist in einem Eigenjagdbezirk jagdausübungsberechtigt?**

Der Eigentümer. An seine Stelle tritt der Nutznießer, wenn ihm die Nutzung des ganzen Eigenjagdbezirkes zusteht.

*Ist er eine juristische Person des bürgerlichen Rechts (Aktiengesellschaft, GmbH, eingetragener Verein) oder eine solche des öffentlichen Rechts (wie eine Gemeinde oder der Staat) oder eine Personenmehrheit (z. B. Erbengemeinschaft) und wird die Jagd nicht durch Verpachtung und auch nicht durch angestellte Jäger ausgeübt, so ist der Jagdbehörde ein Jagdausübungsberechtigter zu benennen.*

**Wieviel Jagdausübungsberechtigte (Eigentümer, Stellvertreter oder Nutznießer) dürfen für einen Eigenjagdbezirk als jagdausübungsberechtigt höchstens benannt werden?**

*Es dürfen benannt werden:*

| *Im Lande:* | *zwei Personen* | *eine weitere Person je* | |
|---|---|---|---|
| *Bayern* | *bis zu 600 ha* | *weitere* | *400 ha* |
| *Bayern im Hochgebirge* | *bis zu 1500 ha* | *weitere* | *1000 ha* |
| *Hessen* | *bis zu 200 ha* | *weitere* | *100 ha* |
| *Niedersachsen* | *bis zu 250 ha* | *weitere* | *125 ha* |
| *Nordrhein-Westfalen* | *bis zu 300 ha* | *weitere* | *150 ha* |
| *Rheinland-Pfalz* | *bis zu 250 ha* | *weitere* | *125 ha* |
| *Schleswig-Holstein* | *bis zu 300 ha* | *weitere* | *150 ha* |
| *Baden-Württemberg* | *bis zu 300 ha* | *angefangene* | *150 ha* |
| *Saarland* | *bis zu 300 ha* | *angefangene* | *200 ha* |

## § 8 BJG Gemeinschaftliche Jagdbezirke

**Was sind gemeinschaftliche Jagdbezirke?**

Gemeinschaftliche Jagdbezirke sind alle Grundflächen einer Gemeinde oder abgesonderten Gemarkung, die nicht zu einem Eigenjagdbezirk gehören. Sie müssen im Zusammenhang wenigstens 150 ha umfassen.

In gemeinschaftlichen Jagdbezirken steht die Ausübung des Jagdrechts der Jagdgenossenschaft zu.

Die Länder können die Mindestgrößen allgemein oder für bestimmte Gebiete höher festsetzen.

*Die Mindestgröße für gemeinschaftliche Jagdbezirke beträgt:*

| | |
|---|---|
| *In Hamburg* | *300 ha,* |
| *in Bayern* | *250 ha (im Hochgebirge 500 ha),* |
| *in Hessen* | *250 ha,* |
| *im Saarland* | *250 ha,* |
| *in Schleswig-Holstein* | *250 ha (Ausnahmen sind möglich),* |
| *in Rheinland-Pfalz* | *250 ha (ausnahmsweise 225 ha),* |
| *in Niedersachsen* | *250 ha (ausnahmsweise 200 ha),* |
| *in Baden-Württemberg* | *150 ha,* |
| *in Bremen* | *150 ha (Erhöhung auf bis 300 ha möglich).* |

**Ist die Teilung gemeinschaftlicher Jagdbezirke in mehrere selbständige Jagdbezirke zugelassen?**

Nur dann, wenn jeder Teil eine Mindestgröße von 250 ha, *in Rheinland-Pfalz* und im *Saarland* von 500 ha, hat. Bei der Teilung eines gemeinschaftlichen Jagdbezirks in mehrere selbständige Jagdbezirke bilden die Jagdgenossen dieser Bezirke kraft Gesetzes eigene Jagdgenossenschaften (Mitpacht s. S. 473).

**Können zusammenhängende Grundflächen verschiedener Gemeinden auf Antrag zusammengelegt werden?**

Ja. Sie müssen jedoch den Erfordernissen eines gemeinschaftlichen Jagdbezirkes entsprechen. *Besitzen die zusammenhängenden Grundflächen einer Gemeinde nicht die für gemeinschaftliche Jagdbezirke vorgeschriebene Mindestgröße, so können sie auf Antrag anderen Jagdbezirken angegliedert werden.*

Jagdgenossenschaft § 9 BJG

**Was verstehen wir unter einer Jagdgenossenschaft?**

Den Zusammenschluß aller Eigentümer von Grundflächen, die *kraft Gesetztes* zu einem gemeinschaftlichen Jagd*bezirk gehören.*

*Die Jagdgenossenschaft ist eine Körperschaft des öffentlichen Rechts mit Zwangsmitgliedschaft. Sie untersteht der Aufsicht der Jagdbehörde. Sie muß (bzw. kann) sich eine Satzung geben (Mustersatzung in Hessen, Niedersachsen, Rh.-Pfalz und Schl.-Holstein).*

*Die Eigentümer von Grundflächen, die einem Eigenjagdbezirk angegliedert sind, bilden zur Vertretung ihrer Rechte eine sogenannte Angliederungsgenossenschaft (Hessen, Nordrhein-Westfalen, Rheinland-Pfalz und Saarland).*

**Wer vertritt die Jagdgenossenschaft?**

Der von ihr gewählte Jagdvorstand.

*Die Länder bestimmen, ob der Jagdvorstand eine Einzelperson oder ein Kollegium ist. In Baden-Württemberg und Rheinland-Pfalz kann durch Beschluß der Jagdgenossenschaft deren Verwaltung dem Gemeindevorstand (in Rheinland-Pfalz der Gemeinde) übertragen werden. In Niedersachsen ist der Gemeindevorstand der Gemeindedirektor. Oberstes Organ der Jagdgenossenschaft ist die Jagdgenossenschaftsversammlung.*

**Welcher Mehrheit bedürfen ihre Beschlüsse?**

Der Mehrheit der anwesenden oder schriftlich bevollmächtigten Jagdgenossen, die die Mehrheit der Grundfläche vertreten.

Jagdnutzung § 10 BJG

**Wie wird die Jagd einer Jagdgenossenschaft meist genutzt?**

Durch Verpachtung. Die Jagdgenossenschaft kann die Verpachtung auf den Kreis der Jagdgenossen beschränken oder die Jagd für eigene Rechnung durch angestellte Jäger ausüben lassen (Durchführung der Jagdverpachtungen s. S. 475). Die Jagdgenossenschaft beschließt über die Verwendung des Reinertrages der Jagdnutzung.

Ein Jagdgenosse kann die Auszahlung seines Anteils nicht verlangen, wenn die Jagdgenossenschaft den Reinertrag aus der Jagdnutzung der Gemeinde für solche Zwecke zur Verfügung stellt, für die diese von den Grundeigentümern Beiträge erheben kann.

### Bildung von Hegegemeinschaften

§ 10a BJG Hegegemeinschaften

**Können Hegegemeinschaften gebildet werden?**

Ja. Die Jagdausübungsberechtigten können für mehrere zusammenhängende Jagdbezirke eine Hegegemeinschaft als privatrechtlichen Zusammenschluß bilden (s. auch S. 373, 559, 560).
Falls eine an alle Jagdausübungsberechtigten gerichtete Aufforderung der zuständigen Behörde, eine erforderliche Hegegemeinschaft zu gründen, ohne Erfolg geblieben ist, können die Länder die Bildung einer Hegegemeinschaft bestimmen. Das Nähere regeln die Länder.

### Beteiligung Dritter an der Ausübung des Jagdrechts

§ 11 BJG Jagdpacht

**Kann die Ausübung des Jagdrechts an Dritte verpachtet werden?**

Ja! Die Ausübung des Jagdrechts kann jedoch nur in seiner Gesamtheit an Dritte verpachtet werden. Unter *Dritten* versteht man alle Personen über den Eigentümer und Nutznießer hinaus. Ein Teil des Jagdausübungsrechtes (nur für den Wald, nur für das Feld oder nur für das Wasser) kann nicht Gegenstand eines Jagdpachtvertrages sein; jedoch kann sich der Verpächter einen Teil der Jagdnutzung, der sich auf bestimmte Wildarten bezieht, vorbehalten.
*Die Erteilung von Jagderlaubnisscheinen regeln die Länder.*
Die Verpachtung eines Teiles eines Jagdbezirkes ist nur zulässig, wenn sowohl der verpachtete als auch der verbleibende Teil bei Eigenjagdbezirken die gesetzliche Mindestgröße, bei gemeinschaftlichen Jagdbezirken die Mindestgröße von 250 ha haben.
*Die Länder können die Verpachtung eines Teiles von geringerer Größe an den Jagdausübungsberechtigten eines angrenzenden Jagdbezirks zulassen, soweit dies einer besseren Reviergestaltung dient.*
Die Gesamtfläche, auf der einem Jagdpächter die Ausübung des Jagdrechts zusteht, darf nicht mehr als 1000 Hektar umfassen; hierauf sind Flächen anzurechnen, für die dem Pächter auf Grund einer entgeltlichen Jagderlaubnis die Jagdausübung zusteht.
Der Inhaber eines oder mehrerer Eigenjagdbezirke mit einer Gesamtfläche von mehr als 1000 Hektar darf nur zupachten, wenn er Flächen mindestens gleicher Größenordnung verpachtet; der Inhaber eines oder mehrerer Eigenjagdbezirke mit einer Gesamtfläche von weniger als 1000 Hektar darf nur zupachten, wenn die Gesamtfläche, auf der ihm das Jagdausübungsrecht zusteht, 1000 Hektar nicht übersteigt. Für Mitpächter, Unterpächter oder Inhaber einer entgeltlichen Jagderlaubnis gilt das entsprechend mit der Maßgabe, daß auf die Gesamtfläche nur die Fläche angerechnet wird, die auf den einzelnen Mitpächter, Unterpächter oder auf den Inhaber einer entgeltlichen Jagderlaubnis, ausgenommen die Erlaubnis zu Einzelabschüssen, nach dem Jagdpachtvertrag oder der Jagderlaubnis anteilig entfällt.
Für bestimmte Gebiete, insbesondere im Hochgebirge, können die Länder eine höhere Grenze als 1000 Hektar festsetzen. Sofern dies einer besseren Reviergestaltung dient, dürfen Bund, Länder und Gemeinden, die Inhaber eines oder mehrerer Eigenjagdbezirke sind, abweichend hiervon Pächter sein.
Die Fläche, auf der einem Jagdausübungsberechtigten oder Inhaber einer entgeltlichen Jagderlaubnis die Ausübung des Jagdrechts zusteht, ist von der zuständigen Behörde in den Jagdschein einzutragen; das Nähere regeln die Länder.
*(Diese neuen Bestimmungen greifen nicht in bestehende Jagdpachtverhältnisse ein und können nur bei Ablauf bestehender Verträge wirksam werden!)*

**Welche Mindestpachtzeit wurde festgelegt?**

Die Pachtzeit soll mindestens neun Jahre betragen. Die Länder können sie höher festsetzen.

*In Bayern, Hessen, Rheinland-Pfalz, dem Saarland und Schleswig-Holstein beträgt sie für Niederwildreviere neun Jahre, für Hochwildreviere 12 Jahre.*

Ein laufender Jagdpachtvertrag kann auch für kürzere Zeit verlängert werden. Beginn und Ende der Pachtzeit soll mit Beginn und Ende des Jagdjahres (1. April bis 31. März) zusammenfallen.

**Wann ist ein Jagdbezirk eine Hochwildjagd?**

Nur dann, wenn für ihn auf Grund eines bestätigten Abschußplanes regelmäßig die Bejagung von Hochwild vorgesehen ist. Jagdbezirke mit *vereinzeltem* Vorkommen von Hochwild als Wechselwild und Vorkommen von Schwarzwild (*in Bayern auch von Auerwild und Steinadler*) sind Niederwildjagden. Im Zweifelsfalle entscheidet die Jagdbehörde.

**Wer darf nur Jagdpächter sein (Jagdpachtfähigkeit)?**

Nur der, der einen Jahresjagdschein besitzt und schon vorher volle drei Jahre (= 36 Monate) in Deutschland besessen hat. Dies braucht nicht in drei aufeinanderfolgenden Jahren oder in den letzten Jahren vor der Pachtung gewesen zu sein. Das gilt auch für Mitpächter.

(Bis zum vierten Jahresjagdschein ist man „*Jungjäger*" und nicht pachtfähig; auf das Lebensalter kommt es dabei nicht an!)

*In Baden-Württemberg, Nordrhein-Westfalen, Rheinland-Pfalz, Schleswig-Holtein und dem Saarland kann die Obere Jagdbehörde Ausnahmen von diesen Voraussetzungen erteilen.*

**Wann ist ein Jagdpachtvertrag nichtig?**

Wenn er bei seinem Abschluß nicht den Jagdpachtvorschriften (§ 11 BJG) entspricht.

**Wieviel Personen dürfen in einem gemeinschaftlichen Jagdbezirk nebeneinander Pächter sein (Mitpacht)?**

Die Zahl ist im Interesse der Jagdpflege beschränkt. Ihre Festsetzung ist Sache der Länder. Es werden höchstens zugelassen:

| Im Lande: | zwei Pächter bis zu einer Fläche von: | ein weiterer Pächter für je: |
|---|---|---|
| Bayern | 600 ha | weitere 400 ha |
| Bayern im Hochgebirge | 1000 ha | weitere 1000 ha |
| Hessen | 500 ha | weitere 250 ha |
| Niedersachsen (s. jedoch S. 474) | 500 ha | weitere 250 ha |
| Rheinland-Pfalz | 500 ha | weitere 250 ha |
| Schleswig-Holstein | 500 ha | weitere 250 ha |
| Hamburg | 500 ha | weitere 150 ha |
| (ein Pächter bis | 300 ha) | |
| Bremen | 300 ha | weitere 150 ha |
| Nordrhein-Westfalen | 300 ha | weitere 150 ha |
| Baden-Württemberg | 300 ha | angefangene 150 ha |
| Saarland | 300 ha | angefangene 200 ha |

*In allen Ländern kann der Jagdausübungsberechtigte einem Dritten (Jagdgast) beim Besitz eines Jagdscheines einen Jagderlaubnisschein erteilen.*
*Die Erteilung der Jagderlaubnis und die Erlaubnis zum Schießen streunender Hunde und wildernder Katzen (s. S. 503) bedarf der Schriftform. Wenn mehrere Jagdausübungsberechtigte vorhanden sind, muß der Schein von jedem der Jagdausübungsberechtigten unterzeichnet sein. Die Jagdbehörde kann die Beteiligung Dritter aus Gründen der Jagdpflege beschränken oder untersagen.*
*Der Jagderlaubnisschein muß auf eine bestimmte Person lauten: sein Inhalt kann zeitlich (von ... bis ...), sachlich (auf Wildarten) und örtlich (Teil des Jagdgebietes) beschränkt sein.*
*In Baden-W., Bremen, Nordrhein-W., dem Saarland und Schleswig-H. gelten die Vorschriften über die zulässige Zahl der Pächter auch für die Besitzer von entgeltlichen Jagderlaubnisscheinen.*
*In Niedersachsen durften in einem gemeinschaftlichen Jagdbezirk bis 500 ha nur zwei Personen Pächter sein und außerdem nur zwei Personen „anzeigepflichtige" Jagderlaubnisscheine erhalten. Seit Änderung des Nds. Landesjagdgesetzes (in der Fassung vom 13. 4. 1973, Nds. GVBl. 14/1973) heißt es im Artikel 14 hierzu:*
*(1) Ein Jagdpachtvertrag oder eine Jagderlaubnis ist zu beanstanden, wenn in einem Jagdbezirk unter 500 Hektar außer einem bestätigten Jagdaufseher insgesamt mehr als vier Personen ständig die Jagd ausüben sollen. In größeren Jagdbezirken können für jede weiteren 250 Hektar zwei weitere Personen ständig die Jagd ausüben. Ein Jagderlaubnisschein ist „anzeigepflichtig", wenn mit ihm mehr als zwei Stücke Schalenwild erlegt werden dürfen.*
*Im Saarland können noch sog. „Hegescheine" erteilt werden, die nur zur Bejagung von Raubwild, Kaninchen und Wildtauben berechtigen. In Baden-Württemberg, Bayern, Hessen und im Saarland benötigen angestellte Jäger innerhalb ihres Dienstbereichs keinen Jagderlaubnisschein.*

**Welcher Unterschied besteht zwischen einem entgeltlichen und einem unentgeltlichen Jagderlaubnisschein?**

Die Erteilung einer Jagderlaubnis gegen Entgelt ist – mit Ausnahme der Vergebung von Einzelabschüssen – einer Verpachtung gleichzuachten, da pachtähnliche Bindungen entstehen. *Sie bedarf der Schriftform (Nordrhein-Westf.).*
Die unentgeltliche Erteilung einer Jagderlaubnis ist dagegen ein Gefälligkeitsvertrag, der jederzeit vom (bzw. von den) Jagdausübungsberechtigten widerrufen werden kann.

**Darf der Jagdpächter andere Jagdscheininhaber als Jagdgäste mit auf die Jagd (Pirsch, Suche, Anstand usw.) nehmen?**

Ja. Dazu bedarf es keiner besonderen Erlaubnis. Bei einer Mehrzahl von Pächtern müssen jedoch alle Pächter an einer solchen Jagd teilnehmen oder ihre schriftliche Zustimmung zur Einladung der Jagdgäste erteilen.

**Ist der Jagdgast jagdausübungsberechtigt im Sinne des BJG?**

Nein! Ein Jagdgast ohne Erlaubnisschein darf nur in Begleitung oder in Rufweite des Jagdausübungsberechtigten jagen!

**Welche Frage hat der Jagdgast an den Jagdausübungsberechtigten vor Ausübung der Jagd zu richten?**

Er hat zu fragen, welches Wild geschossen werden darf.

**Für wen übt der Jagdgast das Jagdrecht aus?**

Immer nur für den Jagdausübungsberechtigten. Ein vom Jagdgast geschossener Hase oder ein in der Falle gefangener Marder z. B. wird Eigentum des Jagdausübungsberechtigten.

**Darf der Jagdgast Jagdschutz ausüben?**

Nein. Die Ausübung des Jagdschutzes ist ausschließliches Recht des Jagdausübungsberechtigten und der *bestätigten* Jagdschutzaufseher und Polizeibeamten (siehe jedoch S. 503 Abschuß streunender Hunde und wildernder Katzen). Für alle Schäden, die der Jagdgast mit oder ohne Jagderlaubnis anrichtet, haftet der Jagdausübungsberechtigte! *Für Amtspflichtverletzungen der bestätigten Jagdaufseher muß die Untere Jagdbehörde aufkommen.*

**Wer übt beim Tod des Jagdpächters die Rechte und Pflichten aus dem Jagdpachtvertrag aus?**

Seine Erben (§ 1922 BGB), sofern für diesen Fall keine anderen Vereinbarungen getroffen wurden (s. auch Rechtsstellung der Mitpächter S. 477).
*Baden-W., Bayern, Bremen, Hamburg, Hessen, Niedersachsen, Nordrhein-W., Rheinl.-Pfalz und das Saarland haben hierzu übereinstimmend festgelegt, daß die Erben eine jagdpachtfähige Person als Jagdausübungsberechtigten zu benennen haben.*
(Tod des Jagdpächters und Hundehaftpflicht s. S. 341.)

### Durchführung der Jagdverpachtungen

**In welcher Weise können gemeinschaftliche Jagdbezirke verpachtet werden?**

*Im Wege der öffentlichen (mündlichen) Versteigerung, der öffentlichen Ausbietung (Einholung schriftlicher Angebote), der freihändigen Vergebung oder der Verlängerung laufender Pachtverträge. Eingehende Vorschriften für die Durchführung der Jagdverpachtungen haben die Länder Bayern, Bremen, Hessen, Rheinland-Pfalz und das Saarland erlassen.*

**In welchen Fällen darf der Jagdvorsteher beim Zuschlag und beim Pachtabschluß nicht mitwirken?**

*Wenn er sich selbst um die Pacht bewirbt oder mit dem Pachtbewerber verheiratet, in gerader Linie oder in der Seitenlinie bis zum zweiten Grad verwandt oder verschwägert ist.*

**In welcher Weise ist die Verpachtung bekanntzugeben?**

*Öffentlich. Sie ist mindestens zwei Wochen vor der Entgegennahme von Pachtgeboten, unter gleichzeitiger Auslegung der Pachtbedingungen, in einer am Ausbietungsort verbreiteten Tageszeitung oder in anderer ortsüblicher Weise bekanntzumachen;*

*hierbei sind anzugeben*
*Ort, Zeit und Art der Verpachtung,*
*Größe des Jagdbezirks,*
*Eigenschaft als Hoch- oder Niederwildjagd,*
*vorgesehene Pachtdauer,*
*zugelassener Bieterkreis und*
*etwaige Sonderbedingungen.*
*(Ausnahme: Bei freihändiger Vergebung und bei Verlängerung laufender Pachtverträge kann von der öffentlichen Bekanntmachung der Verpachtung abgesehen werden.)*

**Was hat der Jagdvorsteher bei öffentlichen Versteigerungen zu beachten?**

*Er hat bei Beginn der öffentlichen Versteigerung die Ordnungsmäßigkeit der Verpachtungsbekanntmachung und der Auslegung der Pachtbedingungen festzustellen. Er hat sich davon zu überzeugen, daß die Bieter jagdpachtfähig sind (s. S. 473). Danach hat er zur Abgabe von Geboten aufzufordern. Ein Gebot erlischt, wenn ein höheres Gebot abgegeben wird; jedoch bleiben die drei Bestbietenden an ihr Gebot bis zur Entscheidung über den Zuschlag gebunden. Die Versteigerung darf erst abgeschlossen werden, wenn nach Aufforderung zur Abgabe höherer Gebote niemand mehr bietet. Nach Schluß der Versteigerung darf kein Gebot mehr entgegengenommen werden.*

**Ist die Abtretung der Rechte aus einem Gebot möglich?**

*Nein! Die Abtretung der Rechte aus einem Gebot ist unwirksam.*

**Innerhalb welcher Frist hat der Jagdvorsteher den Zuschlag an einen der Bestbietenden zu erteilen?**

*Der Jagdvorsteher kann den Zuschlag an einen der Bestbietenden sofort erteilen oder sich die Erteilung binnen zwei Wochen vorbehalten. Wird innerhalb der Frist kein Zuschlag erteilt, so erlöschen alle Gebote.*
*Vom Zuschlag an einen der Bestbietenden soll in der Regel nur abgesehen werden, wenn dies im Interesse der Jagdgenossenschaft erforderlich ist.*

**Was hat der Jagdvorsteher bei Abgabe schriftlicher Pachtgebote zu beachten?**

*Er darf die eingereichten Pachtgebote erst nach Ablauf der Einreichungsfrist in Gegenwart eines Zeugen öffnen. Er hat ein Verzeichnis der Gebote anzufertigen und über die Annahme zu befinden. Wird innerhalb zweier Wochen nach Ablauf der Einreichungsfrist kein Gebot angenommen, so erlöschen alle Gebote.*

## § 12 BJG Anzeige von Jagdpachtverträgen

**Welcher Behörde ist der Jagdpachtvertrag anzuzeigen?**

*Der Unteren Jagdbehörde, bei Jagdbezirken im Gebiet einer kreisfreien Stadt der Oberen Jagdbehörde (s. S. 516), in Bremen und Hamburg der Landesjagdbehörde.*
*Die Anzeigepflicht erstreckt sich auch auf die Unter- und Weiterverpachtung sowie auf die Aufnahme eines Mitpächters.*

**Wann ist der abgeschlossene Jagdpachtvertrag nichtig?**

*Wenn er der Jagdbehörde nicht angezeigt worden ist.*

**Innerhalb welcher Frist und wann kann die Jagdbehörde den Jagdpachtvertrag beanstanden?**

Die Jagdbehörde kann den Vertrag binnen drei Wochen nach Eingang der Anzeige beanstanden, wenn Gründe hierzu vorliegen. Der Pächter darf deshalb vor Ablauf von 3 Wochen nach Anzeige des Vertrages die Jagd nicht ausüben, sofern nicht die zuständige Behörde die Jagdausübung zu einem früheren Zeitpunkt gestattet.

**Was ist beim Ausfüllen der Vordrucke für Jagdpachtverträge zu beachten?**

Die Vordrucke sind so auszufüllen, daß an dem Sinn des geschlossenen Vertrages keinerlei Zweifel bleiben. Insbesondere sind Druckworte, die im Vordruck für zwei Möglichkeiten vorgesehen sind, entsprechend zu streichen.

**Wird man mit Abschluß des Jagdpachtvertrages Jagdausübungsberechtigter?**

Nur dann, wenn der Vertrag schriftlich geschlossen ist, der zuständigen Behörde vorgelegen hat und von ihr nicht beanstandet worden ist.
Mit dem bei der Jagdverpachtung erteilten Zuschlage wird nur das Anrecht auf die Jagd, nicht aber das Recht zur Jagdausübung erworben.

## Erlöschen des Jagdpachtvertrages — § 13 BJG

**In welchem Falle erlischt der Jagdpachtvertrag?**

Er erlischt, wenn dem Pächter der Jagdschein unanfechtbar entzogen worden ist (*nicht durch dessen Tod!*). Er erlischt auch, wenn die Gültigkeit des Jagdscheines abgelaufen ist und die Behörde die Erteilung eines neuen Jagdscheines unanfechtbar abgelehnt hat oder der Pächter die Voraussetzungen für die Erteilung eines neuen Jagdscheines nicht fristgemäß erfüllt. Der Pächter hat dem Verpächter den aus der Beendigung des Pachtvertrages entstehenden Schaden zu ersetzen, wenn ihn ein Verschulden trifft.

## Rechtsstellung der Mitpächter — § 13a BJG

**Bleibt ein Jagdpachtvertrag, den mehrere Pächter abgeschlossen haben, bestehen, wenn er im Verhältnis zu einem Mitpächter gekündigt wird oder erlischt?**

Er bleibt bestehen. Ist aber einem der Beteiligten die Aufrechterhaltung des Vertrages infolge des Ausscheidens eines Pächters (z. B. durch Entziehung des Jagdscheines oder *Tod*) nicht zuzumuten, so kann er den Vertrag mit sofortiger Wirkung kündigen. Die Kündigung muß unverzüglich nach Erlangung der Kenntnis von dem Kündigungsgrund erfolgen.

§ 14 BJG **Wechsel des Grundeigentümers**

**Hat der Wechsel des Grundeigentümers Einfluß auf den Jagdpachtvertrag?**

Nein. Es gilt der Grundsatz: „Kauf bricht nicht Jagdpacht".
Wird ein zu einem gemeinschaftlichen Jagdbezirk gehöriges Grundstück veräußert, so hat dies auf den Pachtvertrag keinen Einfluß, denn es tritt dafür ein neuer Jagdgenosse ein.
Wird ein Eigenjagdbezirk ganz oder teilweise veräußert, so übernimmt der Erwerber die Rechte und Pflichten (es finden die Vorschriften der §§ 571 bis 579 des BGB, im Falle der Zwangsversteigerung die Vorschrift des § 57 des Zwangsversteigerungsgesetzes Anwendung).

## Jagdschein

§§ 15, 16 BJG **Allgemeines und Jagdschein**

**Wer darf die Jagd ausüben?**

Nur der, der einen auf seinen Namen lautenden, gültigen Jagdschein besitzt und mit sich führt. Der Jagdschein hat Gültigkeit im gesamten Bundesgebiet *und Berlin* (s. Berlin-Klausel im § 45 BJG).

**Wieviel Jagdscheinbesitzer gibt es im Bundesgebiet?**

Im Jagdjahr 1974/75 gab es 243 707 (1925/26 im gleichen Gebiet 143 815) Jahresjagdscheininhaber.
Dem Deutschen Jagdschutz-Verband (DJV) gehörten am 1. Januar 1975 202 830 (= 83 %) dieser Zahl) als Mitglieder an.

**Welche Behörde ist für die Erteilung des Jagdscheines zuständig?**

*Die für den Hauptwohnsitz des Bewerbers zuständige Untere Jagdbehörde.*
*Hat der Antragsteller im Geltungsbereich des Bundesjagdgesetzes keinen Wohnsitz, so ist die Jagdbehörde zuständig, in deren Amtsbezirk der Antragsteller die Jagd ausüben will.*

**Welche Unterlagen sind dem Antrage auf Ausstellung eines Jagdscheines beizufügen?**

1. *der zuletzt in Deutschland erteilte Jahres-Jagdschein oder vor Erteilung des ersten Jagdscheines das Zeugnis über die erfolgreich abgelegte jagdliche Prüfung (Jägerprüfung) im Gebiete der Bundesrepublik Deutschland.*
2. *ein neueres Lichtbild in vorgeschriebener Größe und Ausstattung und*
3. *der Nachweis der bei einem befugten Versicherungsunternehmen abgeschlossenen Jagdhaftpflichtversicherung (s. S. 481). Sie darf nicht unter einer Million DM für Personenschäden und 100 000 DM für Sachschäden abgeschlossen werden.*

**Welche Arten von Jagdscheinen werden erteilt?**

*Es werden nach einheitlichem Vordruck (s. S. 490) erteilt:*
Für Inländer: Jahres-, Tages-, Jugend- und Falknerjagdscheine.
Die Jagdscheine gelten im ganzen Gebiet der BRD, nicht nur im Bundesland, das ihn erteilt hat:

Der Jahresjagdschein wird für ein Jagdjahr (1. April bis 31. März), höchstens aber für drei Jagdjahre, und der Tagesjagdschein für 14 aufeinanderfolgende Tage ausgestellt.

*Der Jugendjagdschein darf Personen ausgestellt werden, die das 16. Lebensjahr vollendet haben, aber noch nicht 18 Jahre alt sind.*

*Der Falknerjagdschein wird nur als Jahresjagdschein ausgestellt (Näheres s. S. 480).*

Erteilung von Ausländerjagdscheinen s. S. 480.

*Sämtliche Jagdscheine sind einheitlich grün (s. S. 490).*

Eintragung der gepachteten Jagdfläche in den Jagdschein s. S. 472.

**Welche Sonderregelung besteht für Tagesjagdscheine in den Ländern Baden-Württemberg, Bremen, Hessen und dem Saarland?**

*Während eines Jagdjahres werden derselben Person nicht mehr als drei Tagesjagdscheine ausgestellt.*

*Der Jugend- und der Falknerjagdschein werden nur als Jahresjagdscheine ausgefertigt.*

**Zu welchen Hilfsdiensten bedarf es keines Jagdscheines?**

*Zu Treiber-, Träger- und ähnlichen bei der Jagdausübung zu leistenden Hilfsdiensten, ausgenommen jedoch zum Stellen von Fallen zum Fang von Raubwild.*

**Was ist bezüglich des Jugendjagdscheines zu beachten?**

Der Jugendjagdschein berechtigt Jugendliche (zwischen dem 16. und 18. Lebensjahr) nur zur Ausübung der Jagd in Begleitung des Erziehungsberechtigten *(Vater, Mutter, Vormund)* oder einer von dem Erziehungsberechtigten *schriftlich* beauftragten Aufsichtsperson. Die Begleitperson muß volljährig und jagdlich erfahren sein. Der Jugendjagdschein berechtigt nicht zur Ausübung des Jagdschutzes und zur Teilnahme an Gesellschaftsjagden.

**Welche Jagden sind als Gesellschaftsjagden anzusehen?**

*Alle Jagden, an denen außer dem Jugendlichen und der Aufsichtsperson mehr als zwei Personen als Jagdausübende teilnehmen (Hessen, Rheinland-Pfalz), in Baden-Württemberg und dem Saarland alle Jagden, an denen mehr als vier Personen und in Niedersachsen an der vier oder mehr Jäger teilnehmen.*

**Was ist zu beachten, wenn der Inhaber eines Jugendjagdscheines während dessen Laufzeit 18 Jahre alt wird?**

Der Jugendjagdschein bleibt bis zum Ende des Jagdjahres (31. 3.) gültig. Will der Jugendliche an Gesellschaftsjagden teilnehmen, muß er nach Erreichen des 18. Lebensjahres einen voll bezahlten Jahresjagdschein lösen.

**Welche Behörden erheben die Gebühren für die Jagdscheine?**

Die Unteren Jagdbehörden der einzelnen Länder (s. S. 516). Sie erheben die Jagdscheingebühren und bestimmen deren Höhe.

**Braucht man zum Sammeln von Möweneiern oder Abwurfstangen einen Jagdschein?**

Nein! Möweneier und Abwurfstangen dürfen auch von anderen Personen als dem Jagdausübungsberechtigten, jedoch nur in seiner Begleitung oder mit seiner schriftlichen *(in Hessen von der Unteren Jagdbehörde beglaubigten)* Erlaubnis, gesammelt werden (§ 19 Ziff. 18 BJG S. 484). Die Erlaubnis hat der Sammelnde bei sich zu führen.

**Welchen Personen ist der Jagdschein vorzuzeigen?**

Den Polizei-(Forstpolizei-)Beamten und den Jagdschutz-(Forstschutz-)Berechtigten (s. S. 500 bis 504).

**Wovon wird die erste Erteilung eines Jagdscheines abhängig gemacht?**

Vom *Bestehen einer Jägerprüfung.*

Bei der Erteilung von Ausländerjagdscheinen und bei der Erteilung von Jagdscheinen an die Mitglieder der Ständigen Vertretung der Deutschen Demokratischen Republik können Ausnahmen hiervon gemacht werden.

Die einmal bestandene Jägerprüfung (s. S. 535–558) behält grundsätzlich ohne zeitliche Beschränkung ihre Wirksamkeit für die spätere Erteilung eines Jagdscheines (Urteil des VGH Mannheim vom 17. Mai 1971, Archiv DJV).

**Wovon ist die erste Erteilung eines Jagdscheines abhängig?**

Davon, daß der Bewerber im Geltungsbereich des BJG eine Jägerprüfung bestanden hat, die aus einem schriftlichen und einem mündlich-praktischen Teil und einer Schießprüfung bestehen soll; er muß in der Jägerprüfung ausreichende Kenntnisse der Tierarten, der Wildhege, der Wildbiologie, des Jagdbetriebes, der Wildschadensverhütung, des Land- und Waldbaues, des Waffenrechts, der Waffentechnik, der Führung von Jagdwaffen (einschließlich Faustfeuerwaffen), der Führung von Jagdhunden, in der Behandlung des erlegten Wildes unter besonderer Berücksichtigung der hygienisch erforderlichen Maßnahmen, in der Beurteilung der gesundheitlich unbedenklichen Beschaffenheit des Wildbrets, insbesondere auch hinsichtlich seiner Verwendung als Lebensmittel (s. S. 452), und im Jagd-, Tierschutz- sowie Naturschutz- und Landschaftspflegerecht nachweisen; mangelhafte Leistungen in der Schießprüfung sind durch Leistungen in anderen Prüfungsteilen nicht ausgleichbar. Die Länder können die Zulassung zur Jägerprüfung insbesondere vom Nachweis einer theoretischen und praktischen Ausbildung abhängig machen. Für Bewerber, die vor dem 1. April 1953 einen Jahresjagdschein besessen haben, entfällt die Jägerprüfung.

**Wer darf die Jagd mit dem Falken (die Falkenbeize) ausüben?**

Jeder Inhaber eines Falknerjagdscheines, aber nur im erlaubten Revier.

Die erste Erteilung eines Falknerjagdscheines ist davon abhängig, daß der Bewerber im Geltungsbereich des BJG *zusätzlich zur Jägerprüfung eine Falknerprüfung* bestanden hat; er muß darin ausreichende Kenntnisse des Haltens, der Pflege und des Abtragens von Beizvögeln, des Greifvogelschutzes sowie der Beizjagd nachweisen. Für Bewerber, die vor dem 1. April 1977 mindestens fünf Falknerjagdscheine besessen haben, entfällt die Jägerprüfung, gleiches gilt für Bewerber, die vor diesem Zeitpunkt mindestens fünf Jahresjagdscheine besessen und während der Geltungsdauer die Beizjagd ausgeübt haben. Das Nähere hinsichtlich der Erteilung des Falknerjagdscheines regeln die Länder.

**Welche Personen sind von der Jagdscheingebühr befreit?**

*Die berufstätigen Forstbeamten und -angestellten (die sog. „grüne Farbe", d. h. die Gesamtheit aller Forstleute), bestätigte Jagdaufseher und Personen, die sich in der Ausbildung für diese Berufe befinden (in Baden-Württemberg, Hamburg, Nordrhein-Westfalen, Rheinland-Pfalz und Schleswig-Holstein).*
*In Bremen und Hessen sind diesen Personen Jagdscheine zu halber Gebühr auszustellen.*
*Das Land Niedersachsen erhebt von diesen Personen für den Jahresjagdschein eine Gebühr von 5,– DM und von sonstigen Polizei- und Verwaltungsbeamten, die amtlich mit der Jagd befaßt sind, sowie von den Kreisjägermeistern und bestätigten Jagdaufsehern eine Gebühr von 10,– DM.*

## Versagen des Jagdscheines § 17 BJG

**Wem muß der Jagdschein versagt werden (§ 17 [1])?**

Der Jagdschein ist zu versagen
1. Personen, die noch nicht sechzehn Jahre alt sind;
2. Personen, bei denen Tatsachen die Annahme rechtfertigen, daß sie die erforderliche Zuverlässigkeit oder körperliche Eignung nicht besitzen;
3. Personen, denen der Jagdschein entzogen ist, während der Dauer der Entziehung oder einer Sperre (§§ 18, 41 Abs. 2);
4. Personen, die keine ausreichende Haftpflichtversicherung (eine Million DM für Personenschäden und 100 000 DM für Sachschäden) nachweisen. Die Länder können den Abschluß einer Gemeinschaftsversicherung ohne Beteiligungszwang zulassen.

**Gegen welche Schäden schützt die Jagdhaftpflichtversicherung?**

Sie schützt nur bei Schäden, für die der Versicherte nach den Vorschriften des bürgerlichen Rechts (§§ 823 ff. BGB) verantwortlich gemacht werden kann. Das sind auch Schäden, die ohne sein Verschulden entstanden sind (z. B. Abgeller [s. S. 71]).

**Welche Bedeutung hat die obligatorische berufsgenossenschaftliche Unfallversicherung für den Revierinhaber?**

Jeder Revierinhaber (Eigenjagdbesitzer, Jagdpächter) ist kraft Gesetzes Mitglied der zuständigen landwirtschaftlichen Berufsgenossenschaft als der Trägerin der gesetzlichen Unfallversicherung. *Die Unfallversicherung erstreckt sich auf* den Revierinhaber und alle Personen, die z. Z. des Unfalls zu ihm in einem Arbeitsverhältnis stehen, oder die, wenn auch nur vorübergehend, für ihn wie ein *Arbeitnehmer* tätig werden (z. B. Jagdleiter, Treiber, Jagdschutzpersonal, Wildwagenfahrer usw.).
Jagdgäste (auch wenn sie einen entgeltlichen Jagderlaubnisschein besitzen) fallen grundsätzlich nicht unter diesen Versicherungsschutz, es sei denn, daß auch sie vorübergehend *als Arbeitnehmer* tätig werden (z. B. als Helfer beim Hochsitzbau oder beim Beschicken von Fütterungen usw.). Für Jagdgäste empfiehlt sich daher zusätzlich der Abschluß einer privaten Unfallversicherung (s. S. 77).
Der Revierinhaber ist für die erstmalige Anmeldung der Jagd zur Beitragsveranlagung und für die Meldung von Unfällen (binnen drei Tagen mit Anspruch auf Entschädigung) bei der zuständigen landwirtschaftlichen Berufsgenossenschaft verantwortlich. Die Hauptstelle befindet sich in 35 Kassel, Goethestraße 21 (Ruf: 1 78 72).

## Wem **kann** der Jagdschein versagt werden (§ 17 [2] bis [4])?

(2) 1. Personen, die noch nicht achtzehn Jahre alt sind;
2. Personen, die nicht Deutsche im Sinne des Artikels 116 des Grundgesetzes sind;
3. Personen, die nicht mindestens drei Jahre ihren Wohnsitz oder ihren gewöhnlichen Aufenthalt ununterbrochen im Bundesgebiet Deutschland haben;
4. Personen, die gegen die Grundsätze der Waidgerechtigkeit schwer oder wiederholt verstoßen haben;

(3) *Die erforderliche Zuverlässigkeit* besitzen Personen nicht, wenn Tatsachen die Annahme rechtfertigen, daß sie
1. Waffen oder Munition mißbräuchlich oder leichtfertig verwenden werden,
2. mit Waffen oder Munition nicht vorsichtig und sachgemäß umgehen und diese Gegenstände nicht vorsichtig verwahren werden,
3. Waffen oder Munition an Personen überlassen werden, die zur Ausübung der tatsächlichen Gewalt über diese Gegenstände nicht berechtigt sind.

*(Diese Tatsachen müssen beweisbar und so erheblich sein, daß sie den Schluß auf die Unzuverlässigkeit des Antragstellers zulassen!)*

(4) *Die erforderliche Zuverlässigkeit* besitzen Personen *in der Regel nicht*, die
1a) wegen Friedensverrats, Hochverrats, Gefährdung des demokratischen Rechtsstaats, Landesverrats oder Gefährdung der äußeren Sicherheit,
b) wegen vorsätzlichen Angriffs auf das Leben oder die Gesundheit, Vergewaltigung, Zuhälterei, Land- oder Hausfriedensbruchs, Widerstandes gegen die Staatsgewalt, einer gemeingefährlichen Straftat, Wilderei oder einer Straftat gegen das Eigentum oder das Vermögen,
c) mindestens zweimal wegen einer im Zustand der Trunkenheit begangenen Straftat,
d) wegen einer fahrlässigen Straftat im Zusammenhang mit dem Umgang mit Waffen, Munition oder Sprengstoff,
e) wegen einer Straftat gegen jagdrechtliche, tierschutzrechtliche oder naturschutzrechtliche Vorschriften, das Waffengesetz, das Bundeswaffengesetz, das Reichswaffengesetz, das Gesetz über die Kontrolle von Kriegswaffen, das Sprengstoffgesetz

rechtskräftig verurteilt worden sind, wenn seit dem Eintritt der Rechtskraft der letzten Verurteilung fünf Jahre noch nicht verstrichen sind. In die Frist wird die Zeit nicht eingerechnet, in welcher der Antragsteller auf behördliche Anordnung in einer Anstalt verwahrt worden ist,
2. wiederholt oder gröblich gegen eine in Nr. 1e genannte Vorschrift verstoßen haben,
3. geschäftsunfähig oder in der Geschäftsfähigkeit beschränkt sind,
4. trunksüchtig, rauschmittelsüchtig, geisteskrank oder geistesschwach sind.

Ist ein Verfahren noch nicht abgeschlossen, so kann die zuständige Behörde die Entscheidung über den Antrag auf Erteilung des Jagdscheines aussetzen.

Sind Tatsachen bekannt, die Bedenken gegen die Zuverlässigkeit oder körperliche Eignung begründen, so kann die zuständige Behörde verlangen, daß der Antragsteller ein amts- oder fachärztliches Zeugnis über seine geistige oder körperliche Eignung vorlegt.

## Was verstehen wir unter „waidgerecht" und „waidmännisch"?

„Waidgerecht" (Sammelbegriff für hirsch-, fährten-, hunde-, forst- und schießgerecht) ist, wer sich streng an Brauchtum und Wissen nebst den ungeschriebenen Gesetzen des Waidwerks hält und als Heger und Beschützer der Natur und ihrer Geschöpfe für Jäger und Nichtjäger ein Vorbild ist (§ 1 [3] und § 17 [2] Nr. 4 BJG, s. S. 463 und 482);
sich waidmännisch verhalten heißt, sich ritterlich und anständig *gegenüber anderen Waidmännern* zu benehmen (Näheres s. S. 269/270, 363, 463, 482).

**Welche Freiheitsstrafen unterscheidet man?**

*Bis zum 31. März 1970 unterschied man: Zuchthaus, Gefängnis und Haft. Seit 1. 4. 1970 gibt es nur noch e i n e einheitliche Freiheitsstrafe* (*Einführungsgesetz* zum StGB vom 2. 3. 1974, BGBl. I S. 469). *V e r b r e c h e n* sind rechtswidrige Taten, die im Mindestmaß mit Freiheitsstrafe von einem Jahr und darüber bedroht sind. *V e r g e h e n* sind alle übrigen Straftaten, die mit Freiheitsstrafe oder mit Geldstrafe bedroht sind (s. auch S. 518). Daneben gibt es *Ordnungswidrigkeiten*, die mit Geldbuße geahndet werden.

E i n z i e h u n g  d e s  J a g d s c h e i n e s — § 18 BJG

**Kann der erteilte Jagdschein zeitlich einbehalten, auch für ungültig erklärt und eingezogen werden?**

Ja, wenn Tatsachen erst nach Erteilung des Jagdscheines bekanntwerden, welche die Versagung des Jagdscheines begründen.

## Jagdbeschränkungen, Pflichten bei der Jagdausübung

S a c h l i c h e  V e r b o t e — § 19 BJG

**Welche sachlichen Verbote sind im § 19 BJG erlassen worden?**

Nach § 19 BJG ist verboten

1. mit Schrot, Posten (übergroße Schrote), gehacktem Blei, Bolzen oder Pfeilen, auch als Fangschuß, auf Schalenwild und Seehunde zu schießen. Merke:

   *„Allem Wilde, das auf Schalen geht, gehört die Kugel“;*

2. a) auf Rehwild und Seehunde mit Büchsenpatronen zu schießen, deren Auftreffenergie auf 100 m (E 100) weniger als 1 000 Joule *(in Nordrhein-W. von 1 250 Joule)* beträgt; *in Schleswig-H. sind auf Seehunde auch die Patronen 5,6 x 35 R (Vierling und Hornet [s. S. 81]) erlaubt.*

   b) auf alles übrige Schalenwild mit Büchsenpatronen unter einem Kaliber von 6,5 mm zu schießen; im Kaliber 6,5 mm und darüber müssen die Büchsenpatronen eine Auftreffenergie auf 100 m (E 100) von mindestens 2 000 Joule haben.
   Diese Energiewerte können unterschritten werden, wenn von einem staatlichen oder staatlich anerkannten Fachinstitut die Verwendbarkeit der Munition für bestimmte jagdliche Zwecke bestätigt wird. Auf der kleinsten Verpackungseinheit der Munition ist das Fachinstitut, das die Prüfung vorgenommen hat, sowie der Verwendungszweck anzugeben.

   c) auf Wild mit halbautomatischen oder automatischen Waffen, die (außer einer Patrone im Lauf) mehr als zwei Patronen in das Magazin aufnehmen können, zu schießen;

   d) auf Wild mit Pistolen oder Revolvern zu schießen, ausgenommen im Falle der Bau- und Fallenjagd sowie zur Abgabe von Fangschüssen, wenn die Mündungsenergie der Geschosse mindestens 200 Joule beträgt;

3. die Lappjagd innerhalb einer Zone von 300 Metern von der Bezirksgrenze, die Jagd durch Abklingeln der Felder und die Treibjagd bei Mondschein auszuüben; *in Bayern und im Saarland ist außerdem verboten, das Wild durch Lappen oder sonstige Mittel zu verhindern, in seine Einstände einzuwechseln;*

4. Schalenwild, ausgenommen Schwarzwild, sowie Federwild zur Nachtzeit zu erlegen. Als Nachtzeit gilt die Zeit von eineinhalb Stunden nach Sonnenuntergang bis eineinhalb Stunden vor Sonnenaufgang; das Verbot umfaßt nicht die Jagd auf Möwen, Waldschnepfen, Auer-, Birk- und Rackelwild;

5. a) künstliche Lichtquellen, Spiegel, Vorrichtungen zum Anstrahlen oder Beleuchten des Zieles oder der Zieleinrichtung, Nachtzielgeräte, die einen Bildwandler oder eine elektronische Verstärkung besitzen und für Schußwaffen bestimmt sind, beim Fang oder Erlegen von Wild aller Art zu verwenden oder zu nutzen sowie zur Nachtzeit an Leuchttürmen oder Leuchtfeuern Federwild zu fangen;

   b) Vogelleim, Fallen, Angelhaken, Netze, Reusen oder ähnliche Einrichtungen sowie geblendete Lockvögel beim Fang oder Erlegen von Federwild zu verwenden; ausgenommen ist die Verwendung von Entenkojen mit Erlaubnis der zuständigen Behörde und die Verwendung von Netzen beim Fang von Fasanen;

6. Belohnungen für den Abschuß oder den Fang von Federwild auszusetzen, zu geben oder zu empfangen;

7. Saufänge, Fang- oder Fallgruben ohne Genehmigung der zuständigen Behörde anzulegen;

8. Schlingen jeder Art, in denen sich Wild fangen kann, herzustellen, feilzubieten, zu erwerben oder aufzustellen;

9. Fanggeräte, die nicht unversehrt fangen oder nicht sofort töten, sowie Selbstschußgeräte zu verwenden (Näheres s. S. 402);

   *Im Saarland darf mit Fallen nur auf Raubwild, Raubzeug und Kaninchen gejagt werden.*

10. in Notzeiten (s. S. 524) Schalenwild in einem Umkreis von 200 Metern an Fütterungen zu erlegen.

    *Ein Wildacker ist keine „Fütterung"!;*

    *In Niedersachsen und im Saarland gilt als nicht waidgerecht und ist deshalb verboten, Schwarzwild im Umkreis von 100 m von einer beschickten Fütterung zu schießen.*

11. Wild aus Luftfahrzeugen, Kraftfahrzeugen oder maschinengetriebenen Wasserfahrzeugen zu erlegen; das Verbot umfaßt nicht das Erlegen von Wild aus Kraftfahrzeugen durch Körperbehinderte mit Erlaubnis der zuständigen Behörde;

12. die Netzjagd auf Seehunde auszuüben;

13. die Hetzjagd auf Wild auszuüben (z. B. mit Windhunden, Motorbooten, Kraftfahrzeugen oder Skiern);

14. die Such- und Treibjagd auf Waldschnepfen im Frühjahr auszuüben;

15. Wild zu vergiften oder vergiftete oder betäubende Köder zu verwenden (Begasung der Fuchsbaue s. S. 486);

16. die Brackenjagd auf einer Fläche von weniger als 1000 Hektar auszuüben (die Brackenjagd ist keine Hetz-, sondern eine Treibjagd, weil die Hunde das Wild dem Schützen zutreiben!);

17. Möweneier oder Abwurfstangen ohne schriftliche Erlaubnis des Jagdausübungsberechtigten zu sammeln;

18. eingefangenes oder aufgezogenes Wild später als vier Wochen vor Beginn der Jagdausübung auf dieses Wild auszusetzen. (Ausgesetzte Tierarten sollen zum Zeitpunkt der Jagdausübung in genügendem Maße Wildeigenschaft angenommen haben und mit ihrem Lebensraum vertraut sein.)

    *Die Länder können diese Vorschriften (mit Ausnahme der Ziffer 16) erweitern oder zeitweise aus besonderen Gründen einschränken.*

**Darf zum Fangschuß Kurzwaffenmunition verwendet werden?**

Ja, nach § 19/2d BJG (s. S. 483), aus Gründen der Waidgerechtigkeit und beim Vorliegen eines Notstandes. *Eine solche Situation besteht z. B., wenn einem auf einer Straße angefahrenen Reh mit dem Revolver oder der Pistole der Fangschuß aus erfolgssicherer Nähe gegeben werden muß.*

*Ein Notstand liegt vor, wenn einem Menschen von einem Tier eine Gefahr für Leben und Gesundheit droht (z. B. wenn einen Menschen ein angeschweißter Keiler im dichten Bestand oder ein tollwütiges Tier annimmt* (s. auch S. 508).

Auch das Erlegen von in Fallen gefangenem Wild und der Schuß auf den Dachs oder Fuchs im Einschlag (s. S. 327/328) ist erlaubt.

Für den Fangschuß bei der Bau- und Fallenjagd und zum Fangschuß auf Schalenwild muß die Mündungsenergie der Geschosse mindestens 200 Joule betragen (Näheres s. S. 483, § 19/2d BJG).

Hierfür kommen z. B. in Frage:

*für die Pistole* die Fangschußpatrone 9 mm Parabellum mit 5,8 g Kupfer-Vollgeschoß und *für den Revolver* besonders die .38 Spezial, die mit 7,5 g Vollbleigeschoß (verkupfert) als Fangschußpatrone bei der Dynamit Nobel AG bereits im Handel ist und auch aus dem Revolver .357 Magnum verfeuert werden kann (s. Abb. Tafel 4 neben S. 65). Der Bundesminister hat in der Verwaltungsvorschrift zum WaffG vom 26. Juli 1976 festgelegt, daß für Jahresjagdscheininhaber ein Bedürfnis für eine *dritte Kurzwaffe* anzunehmen ist, wenn er bereits zwei Kurzwaffen besitzt, die sich nicht für den Fangschuß eignen.

M. M. n. kommt für den Selbstschutz und Fangschuß als bester Revolver der S & W Bodyguard Stahl, Kal. .38 spez., 2 Zoll Lauflänge, Gewicht 580 g, (452,— DM), in Frage. Allzu gewichtige Kurzwaffen nimmt mancher bald nicht mehr zur Jagd mit.

**Dürfen Flintenlaufgeschosse verfeuert werden?**

Ja, als Behelf, möglichst nur bis auf 35 m (s. S. 39).

**Was verstehen wir unter der „Lappjagd"?**

Die Jagd unter Verwendung von an Schnüren angebrachten „Lappen" (Tuch- oder Papierfetzen), deren Anblick das Wild abhalten soll, aus der „Lappstatt" aus- und in seine Einstände einzuwechseln. Die Lappjagd ist innerhalb einer Zone von 300 Metern von der Grenze des Jagdbezirks verboten!

**Darf man wildernde Katzen im Scheinwerferlicht und aus Motorfahrzeugen schießen?**

Ja! Das Verbot der Anwendung künstlicher Lichtquellen und das Schießen aus Motorfahrzeugen erstreckt sich nur auf Wild (wie Wildkatzen), nicht aber auf wildernde Katzen, die als „Raubzeug" energisch bekämpft werden müssen.

*In Bayern, Baden-W., Niedersachsen, Nordrhein-W. und dem Saarland ist das Schießen auf Wild aus motorisierten Fahrzeugen (Auto, Trekker, Motorboot) verboten* (s. auch S. 399).

**Warum ist die Treibjagd bei Mondschein verboten?**

Weil dem Jäger weder ein sicheres Ansprechen des Stückes und des Hintergeländes noch eine Nachsuche möglich ist.

**In welchen Fällen ist das Töten von Wild, das sich unverletzt (in Netzen) gefangen hat, zulässig?**

Bei der Baujagd auf Füchse und Dachse, und mit dem Frettchen auf Kaninchen und mit der Krähenfalle auf Krähen (s. S. 486).

**Welche Jagdarten sind in Bayern und im Saarland verboten?**

*Wild mit Pfeil und Bogen zu bejagen;*

*Wild, insbesondere zur Abrichtung und Prüfung von Hunden, absichtlich krankzuschießen;*

*die Jagd auf Schalenwild, mit Ausnahme von Schwarzwild, als Drück-, Riegel- oder Treibjagd auszuüben. Die Jagdbehörde kann in Einzelfällen die Drück- oder Riegeljagd auf Rotwild zulassen; hierbei dürfen Hunde freijagend nicht verwendet werden und nicht mehr als vier Personen als Treiber und Abwehrer teilnehmen* (§ 40 BayJG v. 10. 12. 1968, BayGVBl. S. 349).

*In Bayern ist es verboten, auf Wild, das durch Überflutungen, Lawinen oder sonstige Naturkatastrophen in Not geraten oder zum Verlassen der Einstände gezwungen worden ist, die Jagd auszuüben (dies gilt nicht, soweit die Not nur durch Erlegung beendet werden kann);*

*die Jagd mit Sprengstoffen, Gasen oder Schußwaffen mit Schalldämpfern (in Niedersachsen mit Nachtzielgeräten) auszuüben.*

**Was gilt für Luftgewehre?**

Sie sind Schußwaffen im Sinne des § 1 des Waffengesetzes (s. S. 525) und unterliegen daher den gleichen Bestimmungen wie Schußwaffen, mit denen Patronenmunition verschossen werden kann. Sie können von Erwachsenen ohne Waffenerwerbsschein gekauft werden (s. S. 531). Ihr Führen außerhalb von Schießstätten ist nur im befriedeten Besitztum gestattet, wenn die Geschosse das Besitztum nicht verlassen können.

Eltern machen sich bei gröblicher Verletzung ihrer Fürsorgepflicht nach § 170 d StGB strafbar. Außerdem haften sie nach § 823 BGB für Schäden, die ihre Kinder Dritten zufügen (deshalb Haftpflichtversicherung abschließen!).

**Welche Stoffe sind als Gift anzusehen?**

Alle Stoffe, die auf Wild tödlich wirken.

**Dürfen in einem Tollwutbezirk die Fuchsbaue begast werden?**

Ja. Die Wiedereinführung der Baubegasung wurde von den Veterinärbehörden *aus viehseuchenrechtlichen Gründen* gesetzlich gefordert (s. § 24 des Gesetzes zur Änderung des Viehseuchengesetzes vom 2. Dezember 1976 (BGBl. I S. 3249). *In Nordrhein-Westfalen* sind in Jagdbezirken, die in einem durch Wildtollwut gefährdeten Bezirk liegen, Füchse durch Begasung der Baue zu töten. In diesen Bezirken sind die Füchse auch vermehrt zu bejagen. Für jeden dort erlegten Fuchs wird (gegen Ablieferung der Lunte in einem verschlossenen Plastikbeutel) eine Unkostenentschädigung von 50 DM durch die für den Erlegungsbezirk zuständige örtliche Ordnungsbehörde von der Kreiskasse als Regierungskasse gezahlt (RdErl. d. Min. f. ELF vom 12. 12. 1975, Min. Bl. NW 1976 S. 28). Andere Länder beabsichtigen dieser Regelung zu folgen!

**Womit ist die Verminderung des Krähenbestandes möglich?**

Mit der transportablen „Norwegischen Krähenmassenfalle" (s. Abb. S. 407). Ihre Benutzung ist in Niedersachsen der U. Jagdbehörde zu melden. Sie eignet sich nur *für regelmäßig beaufsichtigte Reviere.* Die Falle wird aus Kanthölzern und Maschendraht von 5 cm Weite gefertigt. Länge mindestens 3 m, Breite 1,20 m, Höhe 1,50 m. Die diagonalen Verstrebungen sind etwa 3,20 m lang.

Dort, wo sie sich schneiden, ist der leiterähnliche Einschlupf aufgelagert. Das Innere der Falle wird mit Schlacht- und Küchenabfällen sowie mit Wildgescheide beködert. Durch eine in der Mitte des (trichterförmig gestalteten) oberen Teiles eingelegte Leiter können die Krähen in den Innenraum der Falle gelangen, aber nicht wieder entweichen. Im Innern werden ständig zwei Lock-Krähen gehalten. Sie sind ausreichend mit Trink- und Badewasser zu versorgen. Außerdem sind für die gefangenen Krähen genügend Sitzstangen anzubringen. Sollten sich Greifvögel oder Saatkrähen fangen, sind diese anläßlich der täglichen Kontrollen freizulassen.

**Was versteht man unter einer Treibjagd?**

Eine Art der Gesellschaftsjagd (s. S. 479), bei der ein planmäßiges Zusammenwirken von Schützen und Treibern stattfindet (s. S. 278). Als Treibjagden sind also Kesseljagden, Streifen und Vorstehtreiben anzusehen, *nicht aber Suchjagden,* die gewöhnlich nur in kleinstem Kreise stattfinden.

Wegen des gesellschaftlichen Charakters der *unentgeltlichen* Teilnahme an Treibjagden ist ein stillschweigender *Haftungsausschluß* zwischen dem Jagdherrn und den Jagdgästen als vereinbart anzunehmen.

*In Baden-W. gilt als Treibjagd die Jagd, bei der mehr als vier Schützen oder mehr als vier Treiber teilnehmen.*

*Im Saarland gilt die Jagd auf Rotwild, an der höchstens 10 Schützen und nicht mehr als drei weitere Personen teilnehmen, die ohne stöbernde Hunde ruhig drücken, nicht als Treibjagd.*

### Beunruhigen von Wild — § 19a BJG

**Inwieweit ist das Beunruhigen von Wild verboten?**

Es ist verboten, Wild, insbesondere soweit es in seinem Bestand gefährdet oder bedroht ist (wie Auer- und Birkwild und Wanderfalke), unbefugt an seinen Zuflucht-, Nist-, Brut- oder Wohnstätten durch Aufsuchen, Fotografieren, Filmen oder ähnliche Handlungen zu stören, *weil beim überstürzten Verlassen der Gelege die Eier nicht sorgsam bedeckt und von Krähen und Elstern gefunden und zerstört würden.* (Diese Regelung wendet sich an jedermann, nicht nur an Jäger!)

### Örtliche Verbote — § 20 BJG

**An welchen Örtlichkeiten ist die Jagd verboten?**

An Orten, an denen die Jagd nach den Umständen des einzelnen Falles die öffentliche Ruhe, Ordnung oder Sicherheit stören oder das Leben von Menschen gefährden würde. Insbesondere darf nicht in Friedhöfen, öffentlichen Anlagen, bei Bahnanlagen, Autobahnen, Sportplätzen und eingefriedigten Grundstücken (sofern sie keinen Eigenjagdbezirk bilden) gejagt werden.

*Die Ausübung der Jagd in Naturschutz- und Wildschutzgebieten sowie in National- und Wildparken wird durch die Länder geregelt.*

*An öffentlichen Straßen* darf nur gejagt werden, wenn dadurch der Verkehr nicht gefährdet wird. Als Sicherheitsvorkehrungen sind deshalb Warnposten aufzustellen (s. S. 286) und auf der Spitze stehende *DJV-Warnschilder* „Langsam fahren! Treibjagd" zu verwenden.

Die *Bundesbahn* erteilt zur Jagdausübung Bahnbetretungskarten unter der Voraussetzung, daß weder Personen noch Sachen gefährdet werden und daß bei der Vorbeifahrt von Zügen der Eindruck vermieden wird, es werde in Richtung des Zuges geschossen.

**Darf der Jagdausübungsberechtigte überfahrenes Wild von der durch seinen Jagdbezirk führenden Autobahn entfernen?**

Ja, wenn dadurch eine Gefahrenquelle für den fließenden Kraftfahrzeugverkehr beseitigt wird. Die dadurch eintretende Verletzung des Betretungsverbotes der Autobahn (§ 37 Abs. 1 Satz 4 StVO) wird durch den übergesetzlichen Notstand gerechtfertigt, da zum Schutze von Menschenleben alle anderen Rechtsgüter zurücktreten müssen. Wenn sich der Jagdausübungsberechtigte das überfahrene Wild nicht aneignet, bleibt es für ihn eine herrenlose Sache. Es entstehen ihm dann auch keine Beseitigungskosten.

**In welcher Zeit ist das Rauchen in Wald und Heide verboten?**

Vom 1. März bis 31. Oktober (VO zum Schutz der Wälder, Moore und Heiden gegen Brände vom 25. 6. 1938 (RGBl. I S. 700 § 2). Eine Ausnahme hiervon besteht für den Jagdausübungsberechtigten. *Einige Länder haben die genannte VO aufgehoben, aber inhaltlich gleichlautende Vorschriften in den Feld- und Forstordnungsgesetzen aufgenommen (Bayern z. B. im Artikel 16 des Forststrafgesetzes, Niedersachsen im § 8 des Feld- und Forstordnungsgesetzes vom 5. 3. 1975).*

§ 21 BJG Bejagungs- (Abschuß-)regelung

**Wie ist die Bejagung (der Abschuß) des Wildes zu regeln?**

So, daß die Ansprüche der Land-, Fischerei- und Forstwirtschaft auf Schutz gegen Wildschaden voll gewahrt bleiben sowie die Belange von Naturschutz und Landschaftspflege berücksichtigt werden. Innerhalb der hierdurch gebotenen Grenzen soll die Bejagungsregelung dazu beitragen, daß ein gesunder Wildbestand aller heimischen Tierarten in angemessener Zahl erhalten bleibt und insbesondere der Schutz von Tierarten gesichert ist, deren Bestand bedroht erscheint.
Schalenwild (mit Ausnahme von Schwarzwild) sowie Auer-, Birk- und Rackelwild dürfen nur auf Grund und im Rahmen eines Abschußplanes erlegt werden.
Seehunde dürfen nur auf Grund und im Rahmen eines Auschußplanes bejagt werden, der jährlich nach näherer Bestimmung der Länder für das Küstenmeer oder Teile davon auf Grund von Bestandsermittelungen aufzustellen ist.
Die Bejagung von Wild, dessen Bestand bedroht erscheint, kann in bestimmten Bezirken oder in bestimmten Revieren dauernd oder zeitweise gänzlich verboten werden.
Innerhalb von Hegegemeinschaften sind die Abschußpläne im Einvernehmen mit den Jagdvorständen der Jagdgenossenschaften und den Inhabern der Eigenjagdbezirke aufzustellen, die der Hegegemeinschaft angehören; sie können den körperlichen Nachweis der Erfüllung des Abschußplanes verlangen.
*Die Bejagung in den Staatsforsten regeln die Länder.*

**Welches Wild darf nur im Rahmen eines genehmigten Bejagungs-(Abschuß-)planes erlegt werden?**

Alles Schalenwild (mit Ausnahme von Schwarzwild) sowie Auer-, Rackel- und Birkhähne, die neuerdings jedoch weitgehend geschont sind. Der Bejagungsplan für Schalenwild muß erfüllt werden. *Fallwild (s. S. 452) ist auf den Bejagungsplan anzurechnen.* Das wird durch ein Meldeverfahren überwacht (s. S. 459). *Zur Vorbereitung und Überprüfung des Bejagungsplanes findet im Frühjahr eines jeden Jahres durch die Revierinhaber eine Wildzählung für Rot-, Dam-, Reh-, Muffel- und Schwarzwild sowie*

*Auer- und Birkwild in allen Jagdbezirken statt, und zwar am besten an denselben Tagen und zu denselben Stunden.*
*In verpachteten Jagdbezirken stellt der Pächter im Einvernehmen mit dem Verpächter den Bejagungsplan für ein Jahr oder für mehrere Jahre auf und legt ihn der Unteren Jagdbehörde auf vorgeschriebenem Muster vor. Anzugeben sind:*
*Reviergröße in ha, Wilddichte, Geschlechterverhältnisse und Zuwachsprozente (s. S. 163/165).*
Für den Bejagungsplan verwendet man folgende Begriffe:
1. *Frühjahrsbestand:* Am 31. März vorhandener Wildbestand,
2. *Grundbestand (GB): Am 1. April* vorhandener Wildbestand, also *Frühjahrsbestand nach Übergang der einzelnen Stücke in die nächsthöhere Altersklasse* (s. auch S. 163),
3. *Sommerbestand:* Grundbestand + Zuwachs.

*Die Jagdbehörde setzt die Höhe der zulässigen Bejagung im Einvernehmen mit dem Jagdbeirat (s. S. 517) fest. Ist kein Einvernehmen zu erzielen, so entscheidet die nächsthöhere Jagdbehörde. Die Bejagung darf erst erfolgen, wenn der Plan bestätigt ist.*
*In Bayern ist beim Bejagungsplan für Rehwild zu beachten:*
1. *Der Zuwachs wird in Prozenten des vorhandenen weiblichen Rehwildes errechnet, und zwar im Flachland mit 80–100 %, im Mittelgebirge mit 60–80 % und im Hochgebirge mit 40–50 %.*
2. *Das Geschlechterverhältnis ist auf 1:1 zu bringen und zu halten. Bei normalen Verhältnissen sind mindestens 30 % der Kitze* für die Bejagung vorzusehen.

*Anzustreben ist ein nach den örtlichen Verhältnissen bestveranlagtes Rehwild mit hohem Wildbretgewicht und hohem, massigen, gut vereckten und edelgeformten Gehörn.*

**Was kann zur Vermeidung übermäßiger Wildschäden angeordnet werden?**
Die Schonzeiten können zeitweise aufgehoben und die Bejagung kann zwangsweise angeordnet werden. Kommt der Jagdausübungsberechtigte den Anordnungen nicht nach, so kann die Behörde für dessen Rechnung den Wildbestand vermindern lassen.

**Welche Meldung ist zu erstatten, wenn Wild zur Strecke gebracht wird, dessen Bejagung durch den Bejagungsplan begrenzt ist?**
*Die Abschuß- oder Streckenmeldung (Muster s. S. 458).*

**Welche Liste ist über die erfolgte Bejagung von Schalenwild (einschließlich Schwarzwild) zu führen?**
*Die Strecken- oder Abschußliste. Sie ist in Hessen, Niedersachsen, Rheinl.-Pfalz, dem Saarland und Schleswig-H. auf Verlangen mit dem Kopfschmuck des Schalenwildes, in Niedersachsen und Rheinland-Pfalz außerdem mit dem Unterkiefer, der Unteren Jagdbehörde vorzulegen. In Baden-Württemberg, Hessen und Niedersachsen hat der Jagdausübungsberechtigte in der Streckenliste auch Schwarzwild, Fallwild und durch Wilderei abgängige Stücke zu vermerken. In Rheinland-Pfalz ist Fallwild in der Liste in besonderer Farbe aufzunehmen.*
*(Erlegen kranken und kümmernden Wildes s. S. 523).*
*Die Streckenliste ist bis zum 5. April der Unteren Jagdbehörde vorzulegen.*

§ 22 BJG **Jagd- und Schonzeiten**

**Darf Wild zu jeder Jahreszeit bejagt werden?**

(1) Nein! Nach den in § 1 Abs. 2 BJG bestimmten Grundsätzen der Hege (s. S. 463) bestimmt der Bundesminister durch Rechtsverordnung mit Zustimmung des Bundesrates die Zeiten, in denen die Jagd auf Wild ausgeübt werden darf (Jagdzeiten). Außerhalb der Jagdzeiten ist Wild mit der Jagd zu verschonen (Schonzeiten). Merke:

Wild außerhalb der Jagdzeit ist *geschont*,
unter Naturschutz stehende Tiere sind *geschützt!*

Die *Länder* können die Jagdzeiten *abkürzen oder aufheben;* sie können die Schonzeiten für bestimmte Gebiete oder für einzelne Jagdbezirke aus besonderen Gründen, insbesondere aus Gründen der Wildseuchenbekämpfung und Landeskultur, zur Beseitigung kranken oder kümmernden Wildes, zur Vermeidung von übermäßigen Wildschäden, zu wissenschaftlichen Lehr- und Forschungszwecken, bei Störung des biologischen Gleichgewichts oder der Wildhege aufheben. Für den Lebendfang von Wild können die Länder in Einzelfällen Ausnahmen zulassen.

(2) Wild, für das eine Jagdzeit nicht festgesetzt ist, ist während des ganzen Jahres mit der Jagd zu verschonen. Die Länder können bei Störung des biologischen Gleichgewichts oder bei schwerer Schädigung der Landeskultur Jagdzeiten festsetzen oder in Einzelfällen zu wissenschaftlichen Lehr- und Forschungszwecken Ausnahmen zulassen.

(3) Aus Gründen der Landeskultur können Schonzeiten für Wild gänzlich versagt werden (Wild ohne Schonzeit).

(4) In den Setz- und Brutzeiten dürfen bis zum Selbständigwerden der Jungtiere die für die Aufzucht notwendigen Elterntiere, auch die von Wild ohne Schonzeit, nicht bejagt werden.

Die Länder können für Schwarzwild, Wildkaninchen, Fuchs, Ringeltaube, Türkentaube, Silber- und Lachmöwe sowie für nach Landesrecht dem Jagdrecht unterliegende Tierarten aus den in Absatz 2 Satz 2 und Absatz 3 genannten Gründen Ausnahmen bestimmen. Die nach Landesrecht zuständige Behörde kann im Einzelfall das Aushorsten von Nestlingen und Ästlingen der Habichte für Beizzwecke genehmigen.

Das Ausnehmen der Gelege von Federwild ist verboten. Die Länder können zulassen, daß Gelege in Einzelfällen zu wissenschaftlichen, Lehr- und Forschungszwecken oder für Zwecke der Aufzucht ausgenommen werden;

das Sammeln der Eier von Ringel- und Türkentauben sowie von Silber- und Lachmöwen ist gestattet; die Länder können das Sammeln aus besonderen Gründen einschränken.

**Wie sieht der gültige Jagdschein aus?**

Er ist einfarbig grün. In ihm sind die Bundesverordnung über die Jagdzeiten und die hiervon abweichenden Jagdzeiten des Landes abgedruckt, in dem der Jagdscheininhaber den Jagdschein löst. Seine Gültigkeit kann Jahr für Jahr fünfmal verlängert werden. Auf der ersten Seite des Jagdscheines wird von der Ausstellungsbehörde jeweils die Jagdscheinart eingetragen, wie Jahres-, Tages-, Jugend-, Falkner- oder Ausländerjagdschein. Auf der Rückseite sind die „Hauptregeln für das Verhalten der Jäger auf Treibjagden und Gesellschaftsjagden" abgedruckt (s. S. 284). Eintragung der Jagdfläche s. S. 472.

**Woraus kann man die festgesetzten Jagdzeiten ersehen?**

Aus der Jagdzeiten-Verordnung (s. S. 492), die auf den Seiten 8/9 des Jagdscheines abgedruckt ist. Diese für das ganze Bundesgebiet weitgefaßten Jagdzeiten können die Länder in besonderen Fällen *einengen* oder erweitern (s. z. B. S. 491). Der Jäger muß deshalb unbedingt auch die von der Bundes-VO abweichenden Jagdzeiten des Landes kennen, in dem er jeweils jagen will (s. S. 494/495).

**Für welches Wild hat z. B. Niedersachsen keine Jagdzeit festgesetzt?**

Für das Mauswiesel (s. S. 492/493 Ziff. 11 und S. 494). Die Wippbrettfallen müssen deshalb dort derart geändert werden, daß gefangene Mauswiesel durch eine Öffnung von 22 mm ∅ im Blech- oder Glasschieber (s. Abb. S. 406) leicht entweichen können.

**Auf welches Wild können die Länder die Bejagung ganzjährig erlauben?**

Auf Frischlinge, Überläufer, Wildkaninchen und Füchse (sowie auf Marderhund und Waschbär, s. S. 195/196). Jedoch dürfen in den Setz- und Brutzeiten die bis zum Selbständigwerden der Jungtiere notwendigen Elterntiere nicht bejagt werden (s. S. 498). Das gilt z. Z. aus seuchenpolizeilichen Gründen nicht für den Fuchs in Tollwutsperrbezirken (s. S. 422).

**Welche Zeiten galten bis zum 31. 3. 1968 als Setz- und Brutzeiten?**

Für Haarwild die Zeit vom 1. März bis 15. Juni und
für Federwild die Zeit vom 1. April bis 15. Juli.
Seit 1. April 1968 sind an Stelle der bis dahin fixierten die tatsächlichen Setz-, Brut- und Aufzuchtzeiten zu beachten!
*Die Länder können für Schwarzwild, Wildkaninchen und Füchse Ausnahmen bestimmen.*

Durch den Fortfall der fixierten Setz-, Brut- und Aufzuchtzeiten ist eine beträchtliche Rechtsunsicherheit eingetreten. Es darf sich heute niemand mehr auf die vor dem 1. 4. 1968 geltenden Setz-, Brut- und Aufzuchtzeiten berufen, es sei denn, daß diese Zeiten durch die Länder übernommen wurden, wie dies in *Hessen* (durch § 23 Abs. 5 AG BJG) geschehen ist.
In *Bayern und Bremen* dürfen Wildkaninchen auch in der Setzzeit, in *Bayern, Bremen, Niedersachsen und dem Saarland* (in Tollwutgebieten) auch Füchse in der Setzzeit bejagt werden.
*In Schleswig-Holstein gilt als Setz- und Brutzeit einheitlich die Zeit vom 1. März bis 15. Juni (Amtsblatt SH 1971 S. 200).*

## § 22a BJG — Verhinderung von vermeidbaren Schmerzen oder Leiden des Wildes

**Was hat mit krankgeschossenem Wild zu geschehen, um es vor vermeidbaren Schmerzen oder Leiden zu bewahren?**

Es ist unverzüglich zu erlegen; das gleiche gilt für schwerkrankes Wild, es sei denn, daß es genügt und möglich ist, es zu fangen und zu versorgen.
Krankgeschossenes oder schwerkrankes Wild, das in einen fremden Jagdbezirk wechselt, darf nur verfolgt werden (Wildfolge), wenn mit dem Jagdausübungsberechtigten dieses Jagdbezirks eine schriftliche Vereinbarung über die Wildfolge abgeschlossen worden ist (s. S. 522). Die Länder erlassen nähere Bestimmungen, insbesondere über die Verpflichtung der Jagdausübungsberechtigten benachbarter Jagdbezirke, Vereinbarungen über die Wildfolge zu treffen; sie können darüber hinaus die Vorschriften über die Wildfolge ergänzen oder erweitern.

**Verordnung über die Jagdzeiten vom 2. 4. 1977 (BGBl. I S. 531)**

§ 1 (1)

Die Jagd darf ausgeübt werden auf

| | |
|---|---|
| 1. Rotwild: Kälber | vom 1. August bis 28. Februar |
| Schmalspießer | vom 1. Juni bis 28. Februar |
| Schmaltiere | vom 1. Juni bis 31. Januar |
| Hirsche und Alttiere | vom 1. August bis 31. Januar |
| 2. Dam- und Sikawild | vom 1. September bis 28. Februar |
| Schmalspießer | vom 1. Juli bis 28. Februar |
| Schmaltiere | vom 1. Juli bis 31. Januar |
| Hirsche und Alttiere | vom 1. September bis 31. Januar |
| 3. Rehwild: Kitze | vom 1. September bis 28. Februar |
| Schmalrehe | vom 16. Mai bis 31. Januar |
| Ricken | vom 1. September bis 31. Januar |
| Böcke | vom 16. Mai bis 15. Oktober |
| 4. Gamswild | vom 1. August bis 15. Dezember |
| 5. Muffelwild | vom 1. August bis 31. Januar |
| 6. Schwarzwild | vom 16. Juni bis 31. Januar |
| 7. Feldhasen | vom 1. Oktober bis 15. Januar |
| 8. Stein- und Baummarder | vom 16. Oktober bis 28. Februar |
| 9. Iltisse | vom 1. August bis 28. Februar |
| 10. Hermeline | vom 1. August bis 28. Februar |
| 11. Mauswiesel | vom 1. August bis 28. Februar |
| 12. Dachse | vom 1. August bis 31. Oktober |
| 13. Seehunde | vom 1. September bis 31. Oktober |
| 14. Auer-, Birk- u. Rackelhähne | vom 1. Mai bis 31. Mai |
| 15. Rebhühner | vom 1. September bis 15. Dez. |
| 16. Fasanen | vom 1. Oktober bis 15. Januar |
| 17. Wildtruthähne | vom 15. März bis 15. Mai und vom 1. Oktober bis 15. Januar |
| 18. Wildtruthennen | vom 1. Oktober bis 15. Januar |
| 19. Ringel- und Türkentauben | vom 1. Juli bis 30. April |
| 20. Höckerschwäne | vom 1. September bis 15. Januar |
| 21. Graugänse | vom 1. August bis 31. August und vom 1. November bis 15. Januar |
| 22. Bläß-, Saat-, Ringel- und Kanadagänse | vom 1. November bis 15. Januar |
| 23. Stockenten | vom 1. September bis 15. Januar |
| 24. alle übrigen Wildenten außer Brand-, Eider-, Eis-, Kolben-, Löffel-, Moor-, Schell- und Schnatterenten | vom 1. Oktober bis 15. Januar |
| 25. Waldschnepfen | vom 16. Oktober bis 15. Januar |
| 26. Bläßhühner | vom 1. September bis 15. Januar |
| 27. Lachmöwen | vom 16. Juli bis 30. April |
| 28. Sturm-, Silber-, Mantel- und Heringsmöwen | vom 16. August bis 30. April |

(2) Mit Ausnahme der Setzzeiten darf die Jagd das ganze Jahr ausgeübt werden beim Schwarzwild auf Frischlinge und Überläufer, auf Wildkaninchen und Füchse.

**Bemerkungen zur Neufestsetzung der Jagdzeiten**

1–2 *Rot-, Dam- und Sikawild:*
Die Erweiterung der Jagdzeiten entspricht neuesten Erkenntnissen der Wildbiologie und soll ermöglichen, die zahlenmäßige Regulierung der Schalenwildbestände zum jeweils günstigsten Zeitpunkt durchführen zu können.

3 *Rehwild:*
Hier gilt ebenfalls, was zu Rot-, Dam- und Sikawild gesagt worden ist.

4–5 *Gams- und Muffelwild:*
Hier befriedigen die bisher geltenden Jagdzeiten.

6 S. § 1 (2) der VO S. 492 unten.

7 Vorverlegung der Jagdzeiten für Kokzidiose-Reviere s. S. 432.

8 Für Reviere mit Auer- und Birkwild.

9–11 Gleiche Jagdzeit zur Hege mit der Falle. (Mauswiesel in Niedersachsen ganzjährig geschont!).

12 Dachse in Hessen, Niedersachsen und im Saarland ganzjährig geschont!

13 Näheres s. S. 205; Jagdzeit für die Küstenländer s. S. 457.

14 Jagdzeit nur nach der Hauptbalz und nach Abschußplan.

19 Wegen der starken Zunahme beider Taubenarten.

20 Eier der Höckerschwäne s. Text zu Tafel 45 nach S. 496.

21–22 In Baden-W., Hessen, Niedersachsen und Rheinland-Pfalz sind alle Wildgänse geschont.

23–24 Von den Wildenten sind jetzt acht statt bisher drei Arten ganzjährig geschont! In Hessen und Nordrhein-W. darf nur die Stockente bejagt werden!

26 Bläßhühnergelege s. Tafel 45 nach S. 496.

27–28 Im Hinblick auf das Überhandnehmen der Möwen wird eine Jagdzeit für notwendig gehalten. Die Gelege der Lach- und Silbermöwen dürfen zerstört werden (s. S. 497).

---

Bitte berichtigen: „Absatz (2)“ streichen auf S. 203/30. Zeile; S. 204/7. Zeile nach Abb.; S. 223/6. Zeile; S. 225/4. Zeile über Abb.; S. 232/10. Zeile von unten ändern: Der Höckerschwan hat Jagdzeit vom 1. 9. bis 15. 1.; S. 233/11. Zeile nach „Jagdrecht“: Jagdzeit S. 492; S. 240/1. Zeile und Unterschrift zu Tafel 11 „Ganzjährig geschont“ streichen! Jagdzeit der Gänse s. S. 492; S. 241: Zu Tafel 13 vor Moor-, Schell- und Eisente und zu Tafel 12 vor Schnatter- und Löffelente ein „x“ machen, das ganzjährig geschont bedeuten soll.

**Welche Abweichungen von den für das Bundesgebiet festgesetzten Jagdzeiten bestehen zur Zeit in den Ländern?**

Die Länder haben von der Möglichkeit, die Jagdzeiten *abzukürzen* oder aufzuheben, wie folgt Gebrauch gemacht:

**Baden-Württemberg**

(VO v. 26. April 1977 [GBl. S. 142])
1. a) Feldhasen u. Fasanen dürfen nur bis 31. 12.,
b) Birkhähne sowie Sturm-, Silber-, Mantel- u. Heringsmöwen nicht,
c) Rebhühner erst ab 1. 10. und
d) Höckerschwäne nur bis 30. 11.,
2. Auerhähne u. Wildgänse dürfen bis 15. 1. 1981 nicht bejagt werden.
Die U. Jagdbehörde kann Ausnahmen zulassen.

**Bayern**

Bis zur Neufassung des § 48 LVBayJG gelten folgende Jagdzeiten:
*Rotwild:*

| | |
|---|---|
| Kälber | 1. 8.—15. 1. |
| Schmalt. u. nichtf. Alttiere | 1. 6.—15. 1. |
| führende Alttiere | 1. 8.—15. 1. |

Rothirsche (drei Klassen): Starke (I sowie II a mit Geweihgewicht von 3 kg, gebietsweise von 3,5 kg

| | |
|---|---|
| und mehr) | 1. 8.—15. 10. |
| Mittlere (II a u. II b) | 1. 8.—31. 12. |
| Geringe (III a) | 1. 8.—15. 1. |
| III b (Schmalspießer) | 1. 6.—15. 1. |
| *Dam- und Sikawild:* | |
| Kälber | 1. 9.—15. 1. |
| Schmaltiere | 1. 8.—15. 1. |
| Alttiere | 1. 9.—15. 1. |
| Hirsche | 1. 9.—31. 12. |
| *Rehwild:* | |
| Rehe u. Kitze | 1. 9.—31. 12. |
| Schmalrehe | 16. 5.—31. 12. |
| Rehböcke (Hochgebirge) | 1. 6.—15. 10. |
| Hasen | 16. 10.—31. 12. |
| Fasanenhähne | 16. 10.—31. 12. |
| Fasanenhennen | 16. 11.—31. 12. |
| Stockenten | 1. 9.—31. 12. |
| andere bejagbare Arten | 1. 10.—31. 12. |

Füchse (in Tollwutgebieten besondere Bestimmungen), Waschbären, Marderhunde mit Ausnahme der Setzzeit ganzjährig bejagbar, Wildkaninchen auch in der Setzzeit.

**Bremen**

(VO vom 23 9. 70 [GBl. S. 124])
Gr. Brachvögel u. alle Greifvögel ganzjährig geschont,

| | |
|---|---|
| Fasane | 16. 10.—15. 1. |
| Ringel- u. Türkentauben | 16. 7.—30. 4. |

Füchse und Kaninchen Bejagung auch in der Setzzeit,
Silbermöwen ohne Schonzeit.

**Hamburg**

Keine Abweichungen.

**Hessen**

(VO v. 13. 5. 1977)

| | |
|---|---|
| *Rotwild:* | |
| Kälber | 1. 8.—31. 1. |
| Schmalspießer und Schmaltiere | 1. 7.—31. 1. |
| *Dam- und Sikawild:* | |
| Kälber | 1. 9.—31. 1. |
| Schmalspießer und Schmaltiere | 1. 8.—31. 1. |
| *Rehwild:* | |
| Kitze | 1. 9.—31. 1. |

*Ganzjährig geschont sind:*
Dachs, Fasanenhennen, Auer-, Birk- und Rackelhähne, Wildtruthuhn, alle Wildgänse, *alle Wildenten außer der Stockente.*
*Dem Jagdrecht unterstellt* mit ganzjähriger Jagdzeit, sind *Waschbär, Marderhund und Nutria* (Sumpfbiber).

**Niedersachsen**

(VO vom 1. Juli 1977 [Nieders. GVBl. 1977/25 S. 259])

| | |
|---|---|
| *Rotwild:* | |
| Kälber | 1. 8.—31. 1. |
| Schmalspießer und Schmaltiere | 1. 6.—31. 1. |
| *Damwild:* | |
| Kälber | 1. 9.—31. 1. |
| Schmalspießer und Schmaltiere | 1. 7.—31. 1. |
| *Rehwild:* | |
| Kitze | 1. 9.—31. 1. |
| Schmalrehe | 1. 9.—31. 1. |
| Stein- und Baummarder | 1. 11.—31. 1. |
| Iltisse, Hermeline | 1. 9.—31. 1. |

Mauswiesel, Dachs, Seehund, Birkhahn, Graugans, Bläßgans, Saatgans, Ringelgans, Kanadagans, Reiher-, Tafel- u. Knäkente ganzjährig geschont.
Waschbär ganzjährig jagdbar.

| | |
|---|---|
| Rebhuhn | 1. 9.—30. 11. |
| Ringel- und Türkentaube | 16. 7.—30. 4. |

Der Fuchs darf auch in der Setzzeit bejagt werden.

**Nordrhein-Westfalen**

Es dürfen bejagt werden nach § 10 DVO-LJG-NW:

Weibl. Schwarzwild 1. 8.—31. 1.
(Frischlinge unter einem Jahr ohne Schonzeit)
Fasane 16. 10.—15. 1.
Stockenten 1. 9.—15. 1.
Waldschnepfen 16. 10.—15. 1.
Rebhühner 16. 9.—30. 11.
Wildkaninchen ganzjährig.

Ganzjährig zu schonen sind:
Auer-, Rackel- und Birkhähne, Wildgänse, Gr. Brachvogel, Graureiher, Mäuse- und Rauhfußbussard, Habicht und Sperber, Haubentaucher, Bekassinen, Säger u. Wildenten (außer Stockenten).

**Rheinland-Pfalz**

(VO vom 10. 5. 1977)
Schwarzwild 16. 6.—31. 1.
(nur Frischlinge frei)
Rebhühner 1. 9.—31. 10.
Fasanhennen 16. 10.—15. 1.

*Ganzjährig geschont sind:* Auer-, Birk- und Rackelhähne, Höckerschwan, alle Wildgänse.
*Dem Jagdrecht unterstellt,* mit ganzjähriger Jagdzeit, sind Bär, Wolf, Waschbär und Marderhund.

**Saarland**

(VO v. 6. 4. 1977)
Schwarzwild 1. 7.—31. 1.
(schwache, nichtf.
Überläufer 1. 4.—31. 1.
(Frischlinge ganzjährige Jagdzeit)
Feldhase 16. 10.—15. 1.
Dachs ganzjährig geschont
Fasanhennen ganzjährig geschont

**Schleswig-Holstein**

(LVO vom 22. 4. 1977 [GVoBl. Schl.-H. S. 94])

*Rotwild:*
Schmalspießer und Schmaltiere 1. 8.—31. 1.
*Dam- und Sikawild:*
Schmalspießer und Schmaltiere 1. 9.—31. 1.
*Rehwild:*
Schmalrehe 1. 9.—31. 1.
Schwarzwild 16. 7.—31. 1.
Frischlinge und Überläufer ganzjährig Jagdzeit
Feldhasen 16. 10.—15. 1.
Seehunde (n. Abschußplan) 1. 9.–31. 10.
Rebhühner 1. 9.—30. 11.
Fasan:
Hähne 16. 10.—15. 1.
Hennen (nur auf der Insel Föhr)
Höckerschwäne 1. 9.—30. 9.
Graugänse 1. 8.—20. 8.
Grau-, Bläß-, Ringel- u. Kanadagänse 1. 11.—31. 12.
(Jagd auf Gänse nur ½ Stunde vor Sonnenaufgang bis 10 Uhr)
Saatgans ganzjährig geschont
Stockenten 1. 9.—31. 12.
alle übrigen Enten mit Jagdzeiten 1. 10.—31. 12.
Wildkaninchen im Bereich der Schutzdeiche auch in der Setzzeit 1. 3.—15. 6.

**Sind Gelege und Nester (Horste) des Federwildes geschont?**

Ja! Das Ausnehmen der Gelege des Federwildes ist verboten. Nur der Jagdausübungsberechtigte hat (nach § 1 [5] BJG) das Recht, sich die Eier von Federwild anzueignen (um sie ausbrüten zu lassen). Das Sammeln der Eier von Ringel- und Türkentauben sowie von Silber- und Lachmöwen ist gestattet (§ 22 [4] BJG).
Soweit das Sammeln der Eier erlaubt ist, darf der Jagdausübungsberechtigte auch anderen Personen ohne Jagdschein das Sammeln in seiner Begleitung oder mit seiner schriftlichen *(in Hessen von der Unteren Jagdbehörde beglaubigten)* Erlaubnis genehmigen. Der Sammelnde muß diese Erlaubnis bei sich führen.
*In Bayern, Niedersachsen und dem Saarland ist es verboten, die Brutstätten des Federwildes (mutwillig) zu beunruhigen. In Niedersachsen darf das Gelege von Kranich, Graugans, Schwarzstorch und aller Greifvögel nur mit Erlaubnis der Jagdbehörde fotografiert werden.*

---

Bitte nach Seite 496 vom Text zur Tafel 45 in der 3. bis 5. Zeile streichen: Wildgänse, der Knäk- u. Krickente und Haubentauchers; nach „Brandgans" ist einzufügen: Eis-, Löffel-, Moor-, Schell- und Schnatterente); in der 10. Zeite ist nach Baden-W. „(s. S. 495)" zu streichen. In der 12. Zeile von unten ist „(2)" zu streichen.

## Zu Tafel 44: Gelege der Wildhühner und der Wildtauben

**I.** Das Ausnehmen der Gelege von Federwild ist verboten. Die Länder können zulassen, daß Gelege in Einzelfällen gesammelt werden (s. S. 490), um sie vor der Zerstörung (z. B. durch Ausmähen) zu bewahren und sie durch Ausbrütenlassen zu erhalten. Man erkennt die Gelege an folgenden Merkmalen:

1. **Auerhenne** auf dem Gelege, gut getarnt, Gelege am Fuß eines Baumes, am Waldhang unter dichten Zweigen, Büschen oder Beeren- und Heidekraut. Die Hennen liegen außerordentlich fest!

2. **Auerhuhn-Gelege,** gescharrtes Muldennest, ohne Nistmaterial auf dem Waldboden, 6—10 gelblichgraue Eier mit vielen rotbraunen Flecken bedeckt, 58 × 42 mm, eine Jahresbrut, Ende April/Juni, auch Nachgelege.

3. **Birkhuhn,** gescharrtes flaches Muldennest unter Heidegestrüpp, in moorigen mit Erlen- und Birkengebüsch durchsetzten Wiesen, 6—10 ockergelbe ovale Eier mit rotbraunen Punkten und Flecken, 50 × 36 mm, Mitte Mai/Juni.

4. **Wildtruthuhn,** primitives, grob zusammengescharrtes Muldennest im Walde und in Dickungen, unter Farnkraut und in feuchten Senken, 8—15 unterschiedlich große und gefärbte Eier (hellbraun, gelblichweiß, reinweiß), durchschnittlich 65 × 48 mm, mit groben braunen Flecken. Die Eier sind zu Beginn der Legezeit kleiner, bei späterer Legezeit erheblich größer, Mai/Juni.

5. **Fasan,** in unterholzreichen Feldgehölzen und Fichtendickungen, auf Wiesen, unter grasdurchwachsenen (auch Farn-)Büschen, unter Brombeergerank und an schilfbestandenen Teichrändern, 10—12 kurzspitzovale einfarbig olivbraune, glänzende Eier, 46 × 36 mm, eine Jahresbrut, Mai/Juni, auch Nachgelege.

6. **Rebhuhn,** einfaches Muldennest in Wiesen, Feldern, unter Brombeerhecken und altem Astwerk, 10—20 einfarbig olivbraune, spitzovale Eier, 36 × 27 mm, Mai/Juni, auch Nachgelege bis August.

7. **Wachtel,** sie und ihr Gelege ganzjährig geschont, Muldennest in Getreidefeldern, Klee, Wiesen und Ödland, 7—14 braungelbliche, spitzovale Eier mit charakteristischen schwarzbraunen Flecken, 30 × 23 mm, eine Jahresbrut, Mitte Mai/Juni.

**II. Das Sammeln der Eier der Ringel- und Türkentauben** (nicht aber der Hohl- und Turteltauben) unterliegt keiner zeitlichen Beschränkung, um aus Gründen der Landeskultur (der Schäden an Feldfrüchten und Gemüsekulturen) die Vermehrung dieser Tauben (durch Zerstörung deren Eier) einschränken zu können (s. S. 226).

8. **Ringeltaube,** Horste aus dürrem Reisig auf Außenzweigen von Nadelbäumen, höheren Büschen und in Hecken sowie in verlassenen Krähenhorsten und Eichhornkobeln, 2 reinweiße langelliptische Eier, 40 × 29 mm, 2—3 Jahresbruten, teilweise ineinandergeschachtelt (s. S. 226), April bis Juli (August).

   **Türkentaube,** Horst auf 8—16 m hohen Bäumen, mitunter auch in nur 4—5 m hohen Büschen; der flache Reisighorst ist kleiner als bei anderen Wildtauben, 2 reinweiße, langelliptische Eier, 32 × 24 mm, März/August (Schachtelbrut, s. S. 226). 2 (—5) Jahresbruten.

   **Hohltaube,** horstet in Baumhöhlen, Spechthöhlen und Nistkästen bis 25 m hoch, 2 weiße langelliptische Eier, 38 × 29 mm, zwei Jahresbruten, März/August (Schachtelbrut). Gelege geschont!

   **Turteltaube,** flacher Reisighorst auf Bäumen, in Dickichten oder im Gebüsch, 2 reinweiße, langelliptische Eier, 31 × 23 mm, 2 Jahresbruten, Mitte Mai/Juli. Gelege geschont!

**Die Ziffern 1—8 verweisen auf die farbigen Abbildungen, die mm-Angaben bei den Eiern sind Mittelwerte, die Monate sind die Brutzeiten. Namen der Foto-Mitarbeiter s. S. 497 unten.**

1. Auerhenne

2. Auerhuhn

3. Birkhuhn

4. Wildtruthuhn

5. Fasan

6. Rebhuhn

7. Wachtel

8. Ringeltaube

## Zu Tafel 45: Gelege der Entenvögel und anderer Wasservögel

I. Die Eier der *ganzjährig geschonten* Entenvögel (wie z. B. die der Wildgänse, Kolbenente, Eiderente, Brandgans, der Knäk- und Krickente) und die der *ganzjährig geschützten* Wasservögel (wie z. B. die des Teichhuhns und Haubentauchers) dürfen vom Jagdausübungsberechtigten *nicht gesammelt werden!*
Ausnahme: Nach § 22 Abs. 2 BJG können durch Rechtsverordnung Ausnahmen bei Störungen des biologischen Gleichgewichts, bei schwerer Schädigung der Landeskultur und zu wissenschaftlichen Zwecken zugelassen werden. Hiernach dürfen die Eier der **Wildschwäne** (s. S. 232) in *Baden-Württemberg* (s. S. 495) gesammelt und zerstört werden, da dies gegenüber der Bejagung der Elterntiere eine weniger einschneidende Maßnahme ist.

II. Das Sammeln der Eier anderer Entenvögel mit Jagdzeit (s. S. 492 bis 495) und das der jagdschädlichen Bläßhühner unterliegt keiner zeitlichen Beschränkung. Ihre Eier dürfen vom Jagdausübungsberechtigten gesammelt und ausgebrütet oder (wie die der Bläßhühner) zerstört werden.

Man erkennt die Gelege an folgenden Merkmalen:

1. **Kolbenente,** sorgfältig gebautes Bodennest, versteckt im Pflanzenbewuchs in Wassernähe (wird beim Verlassen gern zugedeckt), 6—12 hellgelblichbraune Eier, 58 × 42 mm, Mai/Juni.
2. **Brandente (Brandgans),** gescharrtes Muldennest in Sand- und Erdhöhlen (in Kaninchenröhren) am Strand, mit blaßgrauen Daunen gepolstert, 8—12 rahmweiße, ovale Eier, 66 × 48 mm, Mai/Juni.
3. **Eiderente,** streng ans Meer gebunden, nistet an der Küste in dichter Vegetation in Wassernähe, auch auf Inseln. Gescharrtes Muldennest mit graubraunen (Eider-)Daunen ausgelegt, nur 4—6 blaßgraugrüne Eier, 78 × 52 mm, Mai/Juni, brütet oft kolonienweise.
4. **Stockente,** Muldennest im dichten Pflanzenbewuchs, auch auf Kopfweiden und in Krähen- oder Greifvogelhorsten, mit graubraunen Daunen und dürren Pflanzenteilen ausgelegt, 7—12 einfarbig grünlichgraue, ovale Eier, 58 × 40 mm, Ende März/April.
5. **Knäkente,** gut verstecktes Bodennest in Wassernähe, mit trockenen Halmen und weißspitzigen Daunen ausgelegt, 7—12 rahmgelbe, ovale Eier, 45 × 33 mm, Mai/Juni.

   **Krickente,** gut gedecktes Bodennest, mit gefleckten Daunen ausgelegt, oft auch in Büschen und Gestrüpp weitab vom Wasser; 8—10 hellgelbliche, ovale Eier, im Gegensatz zur Knäkente mit leicht grünlichem Schimmer, 46 × 33 mm, Mai/Juni.
6. **Teichhuhn,** Nest im dichten Pflanzenbewuchs am Ufer der Gewässer, aus verflochtenen Schilfstengeln und -blättern, Nestmulde mit feinen Halmen ausgelegt, 6—10 rosagraue, ovale Eier mit rotbraunen Flecken, 42 × 30 mm, zwei Bruten: April und Juni.
7. **Bläßhuhn,** Gelege in lockeren Schilf- und Rohrbeständen der Teiche und Seen, 6—9 hellgraubraune, dicht rötlichbraun- bis -schwarzpunktierte Eier, 52 × 36 mm, stärker zugespitzt als beim Teichhuhn, April/Juni, beide Partner brüten.

   Das Sammeln der Eier der Bläßhühner (s. S. 492 [2]) unterliegt keiner zeitlichen Beschränkung. Diese Eier dürfen vom Jagdausübungsberechtigten verwertet oder zerstört werden, da Bläßhühner als jagdschädlich gelten (s. S. 223).
8. **Haubentaucher,** das Nest ist ein aus Schilf- oder Rohrhalmen mit Schlamm verklebter meist schwimmender Haufen mit grünen Rohrblättern darauf. Er ragt nur zu einem Drittel aus dem Wasser und wird auch im schlammigen Boden der Ufervegetation errichtet, 2—6, meist 4, bräunlichweiße, längliche (elliptische) Eier, 55 × 37 mm, meist nur eine Brut April/Juni. Wird das Gelege verlassen, wird es vorher mit Nistmaterial zugedeckt.

---

Weiteres siehe Fußnoten auf den Seiten 496 und 497.

1. Kolbenente

2. Brandente

3. Eiderente

4. Stockente

5. Knäkente

6. Teichhuhn

7. Bläßhuhn

8. Haubentaucher

1. Silbermöwe

2. Lachmöwe

3. Sturmmöwe

4. Austernfischer

5. Gr. Brachvogel

6. Kiebitz

7. Flußseeschwalbe

8. Säbelschnäbler

## Zu Tafel 46: Gelege der Möwen

I. Von den Möweneiern unterliegt das Sammeln der

*Eier der Silber- und Lachmöwen*

keiner zeitlichen Beschränkung. Der Jagdausübungsberechtigte oder sein Beauftragter (s. S. 495) darf diese Eier sammeln, um die *Vermehrung dieser Möwen einzuschränken* (s. auch S. 490).

1. **Silbermöwe,** nistet meist in großen Kolonien. Flaches Muldennest am Boden der mit Gras bewachsenen Sandküsten oder größeren Binnengewässer aus trockenem Pflanzenmaterial, mit (2—) 3 ovalen schwarzbraun gefleckten Eiern von sehr variabler Grundfarbe (olivgrün, bräunlich oder steingrau). Die Eier liegen ungeordnet in der Nestmulde, 71 × 49 mm, April/Juni.

2. **Lachmöwe,** nistet kolonienweise, Nester aus Pflanzenmaterial des Brutplatzes mit einigen Möwenfedern, (2—) 3 olivgrüne bis braune Eier mit dunkelbraunen Flecken, 55 × 38 mm, April/Juni.

II. Eier, die mit denen der Silber- und Lachmöwe verwechselt werden können, dürfen nicht gesammelt werden! Es werden deshalb nachstehend auch Gelege und Eier abgebildet, die immer wieder verbotswidrig als „Möweneier" gesammelt werden:

3. **Sturmmöwe,** nistet kolonienweise, Nest aus trockenem Pflanzenmaterial, 2—3 (selten 4) auf olivbräunlichem oder -grünlichem Grunde schwärzlich gefleckte Eier, 59 × 42 mm, Mai/Juni (Juli).

4. **Austernfischer,** flaches Muldennest mit Muschelstücken und Steinen ausgelegt, meist 3 lehm- bis sandfarbene Eier, 56 × 40 mm, mit braunschwarzen Punkten und Flecken, Mai/Juni, beide Partner beteiligen sich am Brutgeschäft.

5. **Großer Brachvogel,** flaches Muldennest in nicht zu nassen Wiesen, Mooren und Heiden mit wenig trockenem Pflanzenmaterial ausgelegt, meist 4 birnförmige, in der Nestmulde kreuzweise zur Nestmitte geordnete Eier, olivgrün bis olivbraun, mit dunklen Flecken, 67 × 47 mm, April/Mai.

6. **Kiebitz,** seine Eier galten als wohlschmeckend und wurden früher in Norddeutschland gern gesammelt (Kiebitzeier als Geschenk der Landbevölkerung an Fürst Otto von Bismarck zu dessen Geburtstage am 1. April). Heute ist das Sammeln verboten, da der Kiebitz ganzjährig ohne Jagdzeit ist (das An- oder Zueignen seiner Eier wäre Jagdwilderei). Muldennest am Boden, 4 kurzkreiselförmige, olivbraune Eier mit schwarzbraunen Flecken, die (wie beim Säbelschnäbler) kreuzweise mit den Spitzen zum Mittelpunkt der Nestmitte geordnet sind, jedoch nur 47 × 34 mm, April. Die Brutplätze werden heftig verteidigt!

7. **Flußseeschwalbe,** nistet kolonienweise am Sandstrand und auf Inseln, oft mit Lachmöwen zusammen, flaches Nest mit einigen Halmen ausgelegt, 3 ovale, olivbraune Eier mit vielen dunkelbraunen Flecken, jedoch nur 41 × 30 mm, Mai/Juni.

8. **Säbelschnäbler,** Nest und Nistplatz an der Küste und an salzhaltigen Gewässern (Neusiedlersee), 4 kreisförmige frisch grünliche, später lehmgelbe Eier mit schwarzbraunen Flecken (der spitze Pol zeigt zur Nestmitte), 51 × 35 mm, April/Juni.

Fotomitarbeiter: W. A. Bajohr, 8034 Germering: 45/8; F. Bretzendorfer, 714 Ludwigsburg: 44/5, 45/6; Dr. med. Eichholz, 5438 Westerburg: 44/4; Oberstudienrat J. P. Laub, 2 Hamburg 67, Heidloge 19: 46/1—6; Georg Quedens, 2279 Norddorf/Amrum: 44/3, 7 und 45/2, 3, 5; Forstdirektor Dr. Rodenwaldt, 773 Villingen: 44/1, 2; Christa Reinwarth, 806 Dachau, aus „Hoeher, Gelege der Vögel": 46/8; Heinz Schrempp, 7801 Oberrimsingen: 44/8, 45/7; K. Schwammberger, 714 Ludwigsburg: 44/6; Eberhard Thimm, 776 Radolfzell: 45/1, 46/7; Herbert Zettl, 6081 Erfelden: 45/4.

**Welches Wild darf auch in der Schonzeit erlegt werden?**

Krankes und kümmerndes Wild, wenn im Einzelfall das unverzügliche Erlegen unerläßlich erscheint, um das Wild vor vermeidbaren Schmerzen oder Leiden zu bewahren oder die Auswirkung von Seuchen zu verhindern (s. auch S. 523/524).

**Welche drei Gruppen von Wild werden bei der Bejagung unterschieden?**

1. Wild, für das eine *Jagdzeit* festgesetzt ist (s. S. 492),
2. Wild, das *ganzjährig geschont* ist und
3. Wild, das außer in den Setz- und Brutzeiten (s. S. 490) *ganzjährig bejagt* werden darf (Frischlinge, Überläufer, Wildkaninchen und Füchse, letztere auch in der Setzzeit.

**Welches Wild ist ganzjährig zu schonen?**

Alles Wild, für das keine Jagdzeiten festgesetzt sind, also vom Haarwild: Wisent, Elch- und Steinwild, Schneehase, Murmeltier, Wildkatze, Luchs und Fischotter; vom Federwild: Auer- und Birkhenne, Haselwild, Alpenschneehuhn, Wachtel, Hohl- und Turteltaube und von den Entenvögeln, die Wildschwäne (außer Höckerschwan), die Wildgänse (außer Grau-, Bläß-, Saat-, Ringel- und Kanadagans), die Säger und von den Wildenten die Brand-, Eider-, Eis-, Kolben-, Löffel-, Moor-, Schell- und Schnatterente; der Haubentaucher; Bekassinen, Große Brachvögel, Graureiher (Fischreiher), alle Greifvögel und der Kolkrabe. *Die Länder können Ausnahmen bei Störung des biologischen Gleichgewichts, bei schwerer Schädigung der Landeskultur und zu wissenschaftlichen Lehr- und Forschungszwecken zulassen.*

**Gilt die den Elterntieren während der Setz- und Brutzeiten gewährte Schonzeit auch für deren Jungtiere?**

Nein! Die Jungtiere der Tierarten ohne Schonzeit (aber nur diese!) dürfen ohne zeitliche Begrenzung getötet werden (z. B. Jungfüchse beim Graben). Nach Tötung aller Jungtiere sind dann die Elterntiere zur Aufzucht nicht mehr notwendig.

**Welche wildlebenden Vögel sind ganzjährig ungeschützt?**

Nebel-, Raben- und Saatkrähe, Eichelhäher, Elster sowie Feld- und Haussperling; in *Baden-Württemberg ist die Saatkrähe ganzjährig geschützt* (s. auch S. 370).

**Ist das Aushorsten von Nestlingen und Ästlingen der Greifvögel zulässig?**

Nur das der Habichte für Beizzwecke (s. S. 490) und nur im Einzelfalle mit Genehmigung der zuständigen Behörde (§ 22 [4] BJG).

**Welches Federwild darf man nach § 19 Nr. 4 BJG (s. S. 484) auch zur Nachtzeit schießen?**

Möwen (s. S. 232). Jagdzeit haben vom 16. 8. bis 30. 4. die Mantel-, Herings-, Silber- und Sturmmöwe und vom 16. 7. bis 30. 4. die Lachmöwe.

Die *Mantelmöwe* ist mit 74 cm die größte Möwe, Rücken und Flügel sind schwarz, Beine sind fleischfarben.
Die *Heringsmöwe* ist mit 53 cm die kleine Ausgabe der Mantelmöwe.
Die *Silbermöwe*, 56 cm, ist die bei uns häufigste Möwe, sie hat Rücken und Flügel blaugrau, schwarze Flügelspitzen, Beine fleischfarben, Schnabel gelb mit rotem Fleck.
Die *Sturmmöwe*, 40,5 cm, ist die kleine Ausgabe der Silbermöwe, Schnabel und Beine grünlichgelb.
Die *Lachmöwe* ist mit 37 cm kleiner als die Sturmmöwe. Im Brutkleid trägt sie eine schokoladenbraune Kopfmaske, hat einen langen weißen Keilfleck auf den Handschwingen, Schnabel und Füße sind korallenrot. (Weiteres s. S. 232.)

**Welche Sonderregelung besteht für Haus- und Brieftauben?**

Haustauben unterliegen während der „Taubensperre“ (der polizeilich festgesetzten Sperrzeit zum Schutze der Felder und

Gärten und *nach § 23 des Niedersächs. Gesetzes über die Ordnung in Feld und Flur vom 5. 3. 1975, GVBl. Nr. 7/1975* sowie nach der Preußischen VO vom 4. 3. 1933 i. d. Fassung vom 13. 12. 1934 GS. S. 464) der freien Aneignung oder der Tötung.
Für Brieftauben gilt das nicht (§ 8 des Brieftaubengesetzes vom 1. 10. 1938).
*Die Haustaube (Columba livia domestica) in verwildertem Zustand ist in Bayern und Hessen nicht geschützt!*

## Trophäenschau

**Kann die Jagdbehörde Trophäenschauen anordnen?**

*Ja. Hiervon haben Bayern, Baden-W., Hessen, Niedersachsen, Nordrhein-W., Schleswig-H. und das Saarland Gebrauch gemacht.*
*Dort kann die Untere Jagdbehörde Pflichttrophäenschauen zur Kontrolle der erfolgten Bejagung und zur allgemeinen Belehrung über Bejagungsfehler veranstalten und anordnen, daß ihr der Kopfschmuck (nebst Unterkiefer) des gesamten innerhalb ihres Gebietes im letzten Jagdjahr erlegten Schalenwildes (und der von Fallwild) mit Angabe des Wildbretgewichtes vorgelegt wird.*
Bei den Trophäenschauen erfolgt eine gleichmäßige Beurteilung der Trophäen (Geweihe, Gehörne, Krucken, Schnecken, Keilerwaffen, Schädel und Bälge) nach einheitlichen Bewertungsformeln, die seit 1936 von der CIC, der Conseil Internationale de la Chasse (dem internationalen Jagdrat) aufgestellt und bei der letzten Tagung in Brüssel 1976 endgültig bestätigt wurden. Durch diese internationalen Bewertungspunkte, die auch bei allen Jagdausstellungen zur Anwendung kommen, können die Jäger ihre Trophäen und damit die Leistungsfähigkeit ihres Reviers beurteilen lassen.
Die formelmäßige Bewertung der Gehörne erfolgt nach Stangenlänge + Gehörngewicht (Volumen) + Auslage und seit 1952 zusätzlich nach Schönheitspunkten (für Farbe, Perlung, Rosen und Endenspitzen [s. S. 162]). Bei Fehlern werden Abzüge gemacht.
*Im Saarland besteht für Eigenjagdbezirke der staatlichen Forstverwaltung keine Verpflichtung zur Teilnahme an der Trophäenschau. Nach der Trophäenschauverordnung vom 15. 3. 1971 (ABl. S. 146) sind die waidgerecht vorbereiteten Trophäen für Rot- und Rehwild mit nicht abgetrenntem Oberkiefer und ganzem Unterkiefer, und der Angabe des Erlegungstages und des Wildbretgewichtes vorzulegen. Der Kopfschmuck darf also noch nicht auf ein Brett aufgezogen werden, um die Übereinstimmung des Oberkiefers mit dem Unterkiefer feststellen zu können. Die ausgestellten Trophäen werden nach der Bewertung im Schädel dauerhaft gekennzeichnet. Die Trophäenschau wird jährlich von der Unteren Jagdbehörde angeordnet. Ihre Durchführung liegt in den Hnden der Vereinigung der Jäger des Saarlandes (VJS).*
Für das Einsenden der Trophäen ist der Revierinhaber verantwortlich. Er hat auch für die Einsendung der von seinen Jagdgästen erbeuteten Trophäen Sorge zu tragen.
(Weiteres zur Trophäenschau und zur formelmäßigen Bewertung der Trophäen s. S. 161.)

## Jagdschutz

### Inhalt des Jagdschutzes § 23 BJG

**Was versteht man unter Jagdschutz?**

Den Schutz des Wildes insbesondere vor Wilderern, Futternot, Wildseuchen, vor wildernden Hunden und Katzen (s. auch S. 401) sowie die Sorge für die Einhaltung der zum Schutz des Wildes und der Jagd erlassenen Vorschriften.
(Die Personen, die den Jagdschutz ausüben, nennt man Jagdschutzberechtigte.)

§ 24 BJG

## Wildseuchen

**Was hat der Jagdausübungsberechtigte zu veranlassen, wenn Wildseuchen auftreten?**

Er hat im Interesse der von ihm betreuten Wildbestände das Auftreten oder den Verdacht einer Wildseuche der Unteren Jagdbehörde *unverzüglich anzuzeigen*, damit sie im Einvernehmen mit ihm und dem beamteten Tierarzt (Regierungsveterinärrat, Kreisveterinärrat) die zur Bekämpfung der Seuche erforderlichen Anweisungen erlassen kann (siehe auch Wildkrankheiten Seite 412).
Der Revierinhaber sollte dabei bedenken, daß erst auf Grund seiner örtlichen Kenntnisse und durch die *fachliche Zusammenarbeit der Jagdverwaltung* mit dem zuständigen *Amtstierarzt* die Bekämpfung der hohe Verluste bringenden Wildseuchen (wie Tollwut und Schweinepest) wirksam ermöglicht wird.
*In Bayern und dem Saarland zählen zu den Wildseuchen: Milzbrand, Tollwut, Maul- und Klauenseuche, Schweinepest, Geflügelcholera, Hühnerpest, Sarcoptesräude des Gamswildes, seuchenhaftes Erblinden des Gamswildes, Kreuzlähme des Rotwildes, Myxomatose, Tularämie und andere Wildkrankheiten, sofern sie seuchenartigen Umfang angenommen haben.*

**Welche Bestimmungen wurden ergänzend zum § 24 BJG erlassen?**

Durch die Neufassung des § 1 des Viehseuchengesetzes (VG) vom 19. Dezember 1973 (BGBl. I 1974 S. 1) wurde das VG vom 26. Juni 1909 auch auf die Bekämpfung der Seuchen *bei anderen Tieren (Wild!)* ausgedehnt. Für die Wildseuchenbekämpfung wichtig ist seitdem der § 12 VG, der lautet:
Wenn über den Ausbruch einer Seuche nach dem Gutachten des beamteten Tierarztes nur mittels bestimmter an einem verdächtigen Tier durchzuführender Maßnahmen diagnostischer Art Gewißheit zu erlangen ist, so können diese [für den Revierinhaber kostenlosen] Maßnahmen von der *Polizeibehörde angeordnet* werden. Dies gilt auch, wenn die Gewißheit nur durch die Tötung und Zerlegung des verdächtigen Tieres zu erlangen ist.
Die Tollwutbekämpfung im Bundesgebiet wurde mit Wirkung vom 1. Juli 1970 einheitlich durch die Verordnung des Bundesministers für Ernährung, Landwirtschaft und Forsten (BGBl. I S. 289 und BGBl. 1974 S. 469) geregelt (s. auch S. 420–422).

§ 25 BJG

## Jagdschutzberechtigte

**Wem obliegt der Jagdschutz in einem Jagdbezirk?**

Dem *Jagdausübungsberechtigten* (dem Revierinhaber: Eigenjagdbesitzer, Jagdpächter oder Mitpächter), sofern er Inhaber eines gültigen Jagdscheines ist, *nicht aber dem Jagdgast,*
sowie den von der Unteren Jagdbehörde bestätigten oder vereidigten, mit Abzeichen oder Ausweis versehenen
*Jagdaufsehern* (nicht aber einfachen Jagdhütern)
*und den Beamten des Polizei- und Forstdienstes.*
Diese Beamten haben bei strafbaren und verfolgbaren Handlungen einzuschreiten; sie dürfen jedoch ohne Jagd- und Jagderlaubnisschein **nicht** jagen!

**Darf der Jagdausübungsberechtigte zum Schutze der Jagd Jagdaufseher anstellen?**

Ja! Es müssen volljährige und zuverlässige Personen sein. Mehrere Jagdausübungsberechtigte können für ihre aneinandergrenzenden Jagdbezirke einen gemeinsamen Jagdaufseher bestellen; seine Bestellung erfolgt durch einen privatrechtlichen Vertrag mit dem Jagdausübungsberechtigten (Revierinhaber). Wird dieser Vertrag von der Unteren Jagdbehörde „bestätigt", dann nennt man diese Personen „bestätigte Jagdaufseher".

**Wann haben Jagdaufseher Rechte und Pflichten wie Polizeibeamte (und ggf. als Hilfsbeamte der Staatsanwaltschaft)?**

*Wenn sie behördlich bestätigt sind.* Sie haben dann in ihrem Dienstbereich in Angelegenheiten des Jagdschutzes *das Recht des unmittelbaren Zwanges (um berechtigte Anordnungen durchzusetzen) und des erweiterten Waffengebrauchs* und damit weitergehende Befugnisse als der Jagdausübungsberechtigte (s. jedoch S. 506/507).
Wenn *bestätigte Jagdaufseher Berufsjäger* oder forstlich ausgebildet sind, erhalten sie innerhalb ihres Dienstbezirkes in Angelegenheiten des Jagdschutzes die Rechte und Pflichten der Polizeibeamten und werden damit Hilfsbeamte der Staatsanwaltschaft. Sie haben dann *außerdem* das Recht der körperlichen Durchsuchung, Haussuchung und vorläufigen Beschlagnahme (§§ 94—98 StPO). Hinter ihnen steht helfend der Staat. Ihre Ausbildung und Prüfung regeln die Länder (s. Landesgesetzgebung S. 503).

*Nicht bestätigte Jagdaufseher sowie Jagdgäste sind nach dem Gesetz Privatleute wie jedermann!*

*In Baden-Württemberg obliegt der Jagdschutz neben dem Jagdausübungsberechtigten auch den Polizei- und Forstbeamten.*
*In Bayern kann die Jagdbehörde die Anstellung eines oder mehrerer bestätigter Jagdaufseher verlangen, wenn es zumutbar und zum Jagdschutz notwendig ist. Für Hochwildreviere über 1000 ha kann die Anstellung eines Berufsjägers verlangt werden.*
„Berufsjäger" ist, wer nach vorgeschriebener Ausbildungszeit eine Prüfung abgelegt hat, die ihn zum Führen dieses Titels berechtigt. *Die Obersten Jagdbehörden verleihen je nach Verdienst und der Zahl der Dienstjahre die Titel: „Hilfsjäger", „Revierjäger", „Revieroberjäger" und „Wildmeister".*
(Näheres über die Ausbildung der Berufsjäger durch die Hauptabteilung Berufsjäger in 53 Bonn, Schillerstr. 26, und die Landesobmänner.)
*Im Saarland muß auf Verlangen der Jagdbehörde ein Jagdaufseher bestellt werden, wenn ohne die Bestellung ein Jagdbezirk ohne ausreichenden Schutz wäre. Bei Jagdbezirken über 1000 ha soll der Jagdaufseher Berufsjäger sein.*

**In welcher Weise haben sich die Jagdschutzberechtigten (Jagdaufseher) bei der Ausübung des Jagdschutzes auszuweisen?**

Durch Tragen von Jagdschutzabzeichen und durch Mitführen von Berechtigungsausweisen. *In den Ländern Baden-W., Bremen, Hessen, Nordrhein-W., Rheinl.-Pfalz und dem Saarland müs-*

*sen die Jagdschutzberechtigten bei Ausübung des Jagdschutzes Abzeichen sichtbar tragen. Das ist Voraussetzung für die Rechtmäßigkeit der Jagdschutzmaßnahmen.*
*In Niedersachsen müssen die Feld- und Forsthüter (nach § 14 des Feld- und Forstordnungsgesetzes, Nieders. GVBl. Nr. 25/1958) Dienstkleidung oder ein Dienstabzeichen tragen. Es ähnelt dem des Landes Hessen. Es ist bronzefarbig, etwa 38×53 mm groß und trägt den Text „Jagdschutz Niedersachsen", das Landeswappen und eine eingeschlagene Nummer (Rd.Erl. d. Nds. MfELuF v. 17. 12. 1969).*
*In den genannten Ländern sind bei der Ausübung des Jagdschutzes die von der Unteren Jagdbehörde ausgestellten A u s w e i s e mitzuführen und beim Einschreiten auf Verlangen vorzuzeigen, falls Sicherheitsgründe nicht dagegen sprechen.*

**Darf der Jagdausübungsberechtigte verdächtige Personen durchsuchen?**

*Nein. Er kann höchstens verlangen, daß sie ihre Taschen umkehren. Jede Gewaltanwendung ist unzulässig.*

**Welche höchste Auszeichnung kann Jagdschutzberechtigten verliehen werden?**

Der Ehrenhirschfänger des Deutschen Jagdschutzverbandes. Die Auszeichnung kann an Personen verliehen werden, die in Ausübung des Jagdschutzes im Kampfe mit Wilderern ihr Leben eingesetzt haben.

Jagdschutzabzeichen für Jagdausübungsberechtigte und Dienstabzeichen für bestätigte Jagdaufseher

in Rheinland-Pfalz

Landeswappen von Rheinland-Pfalz, von einem Hirschgeweih umgeben (in Altsilber). Jagdaufseher tragen dasselbe Abzeichen in Altgold. Die Forstbeamten tragen ein Dienstabzeichen an der Kopfbedeckung, bestehend aus dem Landeswappen, das von einem Eichenkranz umgeben ist

in Hessen

Rechteckiges Metallschild in Größe 4 × 5,2 cm oder 2 × 2,5 cm mit eingeprägter Kontrollzahl. Es wird an der linken Seite der Kopfbedeckung sichtbar getragen. Jagdaufseher tragen dasselbe Metallschild in der Größe 7 × 9 cm oder 2 × 2,5 cm bei Ausübung des Jagdschutzes auf der linken Brust

## Befugnisse des Jagdausübungsberechtigten
*nach der Landesgesetzgebung*)*

**Welche Befugnisse haben alle Jagdschutzberechtigten in fast allen Ländern?**

*Sie dürfen*

1. *Personen, die in einem Jagdbezirk unberechtigt jagen oder eine sonstige Zuwiderhandlung gegen jagdrechtliche Vorschriften begehen oder außerhalb der zum allgemeinen Gebrauch bestimmten Wege zur Jagd ausgerüstet betroffen werden, anhalten, ihnen gefangenes und erlegtes Wild, Schuß- und sonstige Waffen, Jagd- und Fanggeräte, Hunde und Frettchen abnehmen und ihre Person feststellen;*
2. *Hunde, die im Jagdbezirk außerhalb der Einwirkung ihres Herrn angetroffen werden, also durch Ruf oder Pfiff nicht mehr zurückzurufen sind* (Ausnahmen s. S. 504), *sowie Katzen, die in einer Entfernung von über 200 m (in Baden-Württemberg und Niedersachsen 300 m) vom nächsten Hause angetroffen werden, töten und beseitigen. Dieses Recht erstreckt sich auch auf solche Hunde und Katzen, die sich in Fallen gefangen haben.*

*In Hamburg beschränkt sich das Tötungsrecht grundsätzlich auf die im Augenblick der Tötung wildernden Hunde und Katzen.*

**Welches Recht hat jedermann, der einen Straftäter auf frischer Tat ertappt?**

*Das Recht, den Täter zu verfolgen, seinen Namen festzustellen und, falls er fluchtverdächtig ist, ihn auch ohne richterlichen Befehl vorläufig festzunehmen. Dieses Recht steht auch dem Jagdgast zu, wenn er einen Wilderer antrifft. Nach § 127 Abs. 1 StPO ist Gewaltanwendung gestattet, keinesfalls aber der Schußwaffengebrauch, sofern nicht Notwehr vorliegt* (s. S. 507). *Sehr gut zur Identifizierung ist ein Schnappschuß mit dem Fotoapparat, bester Schutz gegen Straftäter der mannfeste Hund, eine Sprühdose mit Tränengas und – falls behördlich erlaubt – die Faustfeuerwaffe (Recht aus §§ 32, 33 StGB bei Notwehr; s. auch S. 507 und 531).*

*Ist der Täter bekannt, so ist oft das beste, nicht einzugreifen und auf schnellstem Wege die Polizei zu benachrichtigen, damit der Betreffende vor dem Aufsuchen seiner Behausung abgefangen werden kann. Vielleicht ist es sogar möglich, eine Hausdurchsuchung durchzuführen, die meistens ergiebig ist, bevor (!) der Betreffende zurückkehrt.*

**Darf der Jagdausübungsberechtigte den „Abschuß" streunender Hunde und wildernder Katzen auch einem Jagdgast erlauben?**

*Ja, in allen Ländern, mit Ausnahme von Hamburg. Die Erlaubnis ist in Baden-W., Bayern, Hessen, Niedersachsen, Nordrhein-W., Rheinland-Pfalz und im Saarland schriftlich zu erteilen;*

---

*) Das BJG beschränkt sich auf wenige Grundsätze und überläßt Weiteres der Landesgesetzgebung. Landesgesetzliche und sonstige das BJG ergänzende Vorschriften wurden in *Kursivschrift* gedruckt!

*der Jagdgast muß sie bei der Ausübung der Jagd mit sich führen. Der Abschuß eines wildernden Hundes durch den Jagdgast ist ggf. auch o h n e Jagderlaubnis möglich, wenn der Hund z. B. ein Stück Rehwild gerade niederziehen will. In diesem Falle ist der höhere Wert zu schützen (Schutz der Rechtsgüter, übergesetzlicher Notstand).*

*Der Jagdausübungsberechtigte kann einem Jagdgast auch die Ausübung des Jagdschutzes durch Anweisung übertragen, soweit er den Schutz vor Raubzeug (Krähen und Elstern) und vor Raubwild, Futternot und Wildseuchen umfaßt. Der Jagdgast muß die auf dem Erlaubnisschein (s. S. 474) zu vermerkende Anweisung bei der Ausübung des Jagdschutzes mit sich führen. Die Verleihung weiterer Rechte des Revierinhabers an einen Jagdgast bedarf der Genehmigung durch die Untere Jagdbehörde. Für alle Schäden, die Jagdgäste anrichten, haftet der Jagdausübungsberechtigte!*

**Wie dürfen die Jagdschutzberechtigten ihren Kraftwagen kennzeichnen?**

Mit der Plakette des Deutschen Jagdschutz-Verbandes (falls sie Mitglied dieses eingetragenen Vereins sind).

*In Hessen, Niedersachsen und Rheinland-Pfalz erhalten sie auf Antrag durch ihre Kreisgruppe außerdem ein Schild mit der Aufschrift „Jagdschutz" zur Kennzeichnung ihres Kraftwagens.*

„Jagdschutz"-Schild, Größe 5,3 × 15 cm

Das Schild ist mit zwei Saugern versehen und wird an der Innenseite der Windschutzscheibe des Kraftfahrzeuges befestigt

**Was soll durch das „Jagdschutzschild" kenntlich gemacht werden?**

*Daß der Inhaber dieses Schildes in seinem Jagdrevier mit Jagdschutzaufgaben beauftragt ist und in Erfüllung dieser Aufgaben Feld- und Waldwege mit seinem Kraftfahrzeug benutzen m u ß.*

**An welchen Personenkreis wird das Schild ausgegeben?**

*An Jagdausübungs- und Jagdschutzberechtigte. Inhaber von Jagderlaubnisscheinen erhalten das Schild, wenn ihnen Jagdschutzaufgaben schriftlich übertragen worden sind.*

**Darf man jeden streunenden oder wildernden Hund töten?**

*Nein. Wertvolle Hunde, wie Jagd-, Hirten-, Polizei-, Blinden- und Meldehunde sind, soweit sie als solche kenntlich sind (Jagdhunde*

*ihrer Rasse nach, andere z. B. durch gelbe Kenndecke oder durch Geschirr), zu schonen, sofern sie vom Hundeführer zur Ausübung ihres Dienstes verwendet werden oder sich aus Anlaß des Dienstes vorübergehend seiner Einwirkung entzogen haben.*

Im Zweifelsfalle ist abzuwarten und die Herkunft des Hundes zu ermitteln. Eine Verletzung mit unzulänglichen Mitteln (z. B. durch Schrotschuß auf zu weite Entfernung) kann ggf. als Tierquälerei bestraft werden (s. jedoch S. 524, 525).

**Was heißt, der Hund hat sich „vorübergehend" der Einwirkung seines Herrn entzogen?**

Eine Zeitspanne hierfür läßt sich nicht angeben. Ein etwa einstündiger Aufenthalt eines wildernden Hundes im Revier kann nicht mehr als vorübergehende Entziehung aus der Einwirkung des Führers angesehen werden.
(Urteil AG Bigge v. 19. 11. 65 – C 130/65 –; Archiv DJV)

**Kann der Halter eines wildernden Hundes wegen Verletzung seiner Aufsichtspflicht bestraft werden?**

*Das richtet sich nach den landesrechtlichen Ausführungsvorschriften zum Bundesjagdgesetz. In der Regel wird die Verletzung der Aufsichtspflicht als Ordnungswidrigkeit geahndet. Ob der Halter des Hundes darüber hinaus nach §§ 292 ff. des Strafgesetzbuches strafrechtlich verfolgt werden kann, hängt davon ab, ob er seinen Hund absichtlich wildern läßt, um sich das gerissene Wild irgendwie nutzbar zu machen. Im Falle der Verurteilung kann der Hund nach § 295 StGB eingezogen werden. Zivilrechtliche Ansprüche gegen den Hundehalter sollten über § 823 und § 833 BGB immer geltend gemacht werden.*
*Wer seinen Hund unbeaufsichtigt in Jagdrevieren herumstreunen läßt, handelt ordnungswidrig (§ 42 BJG; s. auch S. 520 Ziff. 11). Er hat nicht das Recht, sich Tierfreund zu nennen. Andererseits sollte jeder Jäger, der die Tötungsbefugnis in schikanöser Weise mißbraucht, seinen Jagdschein verlieren.*

**Wem obliegt die Beseitigung eines vom Jagdschutzberechtigten getöteten wildernden Hundes?**

Dem Eigentümer des Hundes, nicht dem Jagdausübungsberechtigten. Das Vergraben des Hundes (mit mindestens 50 cm Erde bedeckt) darf nicht in Wasserschutzgebieten und nicht in der Nähe öffentlicher Wege und Plätze erfolgen (§ 5 [2] des Tierkörperbeseitigungsgesetzes vom 2. 9. 1975, BGBl. S. 2313).

**Kann der Eigentümer eines in einem Jagdrevier getöteten Hundes oder einer dort getöteten Katze wegen der Tötung und Beseitigung Schadenersatz verlangen?**

*Nur, wenn er nachweist, daß die Tötung (oder Verletzung) rechtswidrig war.*

**Welche Hunderasse ist für das Land als Wachhund empfehlenswert?**

Der Deutsche Spitz und der Wolfsspitz. Sie wildern nicht. Schäferhunde dagegen, besonders Schäferhundblendlinge, sind die Geißel unserer Jagd.

**Wie steht der Tierschutzbund zur streunenden Katze?**

Tierschutz- und Katzenschutzbund, Jagdgebrauchshund-Verband und Deutscher Jagdschutz-Verband sind in einer gemeinsamen Besprechung (in der Geschäftsstelle des DJV in Bonn) darüber übereingekommen, daß die weitestgehende Beseitigung herrenloser und streunender Katzen (s. S. 524, 525)
zur Verhinderung von Tierquälereien,
zum Schutze jagdbarer und nichtjagdbarer Tiere und
zur Verminderung der Tollwutgefahr unerläßlich ist.

In jedem Falle muß zur Tötung eines Wirbeltieres ein *vernünftiger Grund* im Sinne des § 17 Nr. 1 des Tierschutzgesetzes vorliegen (s. auch S. 365).

**Wer ist Wilderer?**

Wer unter Verletzung fremden Jagdrechts dem Wilde nachstellt, es fängt, erlegt oder eine Sache, die dem Jagdrecht unterliegt, z. B. Abwurfstangen, Gelege von Federwild, sich zueignet, beschädigt oder zerstört.
Unter den Gewohnheits- und Gelegenheitswilderern gibt es:
Gefährliche Wilderer, die mit Schußwaffen arbeiten (Wildschützen, Wildererabkömmlinge, Vater und Sohn und deren Freunde), wildernde Soldaten, Autowilderer, Förstermörder und Mörder im Affekt (in der Furcht, Ehre und Freiheit zu verlieren);
gemeine Wilderer, die Schlingen stellen, in denen sich das Wild elend zu Tode quält und
heimliche Wilderer, die durch den Besitz eines Erlaubnisscheines (zum Begehen der Fallen, zum Frettieren oder als Jagdgast) fast völlig getarnt (aus Habgier) der Wilderei nachgehen. Der Wilddieb weiß meist genau, wann der Jäger nicht im Revier ist.
Die Wildschützen pirschen meistens und benutzen die Nacht zum Anmarsch und den Morgen zur Pirsch. Sie wildern meist zu zweit! Die Autowilderer schießen vom Fahrzeug aus, meist unter Benutzung des Autoscheinwerfers, und verlassen dann schnellstens den Tatort mit dem erlegten Stück. Deshalb notiere man immer die Kennzeichen von Kraftfahrzeugen, die man im Revier antrifft und gebe sie bei Verdacht auf Autowilderei stets der Kriminalpolizei bekannt, damit sie Spuren sichern kann.

Merke: Wo Wild ist, sind auch Wilddiebe!

Man denke immer daran, daß meist zwei Personen gemeinsam wildern und sich (besonders auch beim Aufbrechen des Wildes) gegenseitig Feuerschutz geben.
Der Jäger sollte daher nie ohne Faustfeuerwaffe und Nachtjagdglas mit Breitbandvergütung ins Revier gehen!

**Wann darf der Jagdschutzberechtigte „unmittelbaren Zwang" anwenden?**

Wenn eine der Wilderei verdächtige Person den Anruf stehenzubleiben und Waffen, Fanggeräte usw. herauszugeben nicht befolgt und flüchtet. Der Berechtigte muß aber immer daran denken, daß jede Gewaltanwendung stets einen Schaden nach sich zieht und sie nie außer Verhältnis zum angestrebten Erfolg stehen darf. Der

Berechtigte darf also nur das gelindeste Mittel anwenden und muß dem Verdächtigen die Gewaltanwendung unmißverständlich vorher androhen. Das kann auch durch einen Warnschuß geschehen. Ein gutes Hilfsmittel der körperlichen Gewalt gegen Wilderer ist auch der abgerichtete Hund. Ein handlicher Fotoapparat ergibt beste Ermittlungen. Straftäter werden sehr artig, wenn man sie fotografiert hat.

**Darf man auf einen Wilderer schießen, um ihn angriffs- oder fluchtunfähig zu machen?**

*Nur, wenn man in offener Notwehr handelt. Eine durch Notwehr gebotene Handlung ist weder rechtswidrig noch strafbar!*
Der Schußwaffengebrauch gegen Menschen ist jedoch immer der

*schwerwiegendste Fall des unmittelbaren Zwanges!*

Er darf keinesfalls erfolgen, wenn
Unbeteiligte dadurch verletzt werden können,
der Wilderer sich noch im Jugendalter befindet, oder
das Schießen auf Menschen außer Verhältnis zu dem Wert der gewilderten Sache steht.
Hat sich jemand nur geringfügiger Zuwiderhandlungen schuldig gemacht (z. B. einen Hasen überfahren und will damit flüchten), so stünde der Schußwaffengebrauch außer jedem Verhältnis zur Tat.

**Was ist Notwehr (nach den §§ 32, 33 StGB)?**

*Notwehr ist diejenige Verteidigung, die erforderlich ist, um einen gegenwärtigen, rechtswidrigen menschlichen Angriff von sich oder einem anderen abzuwenden. In allen Fällen hat dem Schußwaffengebrauch ein den Umständen entsprechender Anruf – „Hände hoch, oder ich schieße!" – oder ein Warnungsschuß vorauszugehen, wenn dies ohne Gefährdung des Schutzberechtigten geschehen kann. Der Jagdausübungsberechtigte darf auch schießen, wenn der Wilderer mit dem Gewehr auf eine Deckung zu flüchtet, in deren Schutz er zurückschießen kann.*
Keinesfalls darf man einem Wilderer nachlaufen, weil man dabei stürzen, wehrlos werden und sich ein Schuß lösen kann.
Nach jedem Waffengebrauch ist *Meldung* an die Ortspolizeibehörde oder Polizeistation zu *machen*. Vorher sollte man sich sofort mit einem Rechtsanwalt in Verbindung setzen und das Für und Wider vor einem Protokoll der Polizei durchsprechen (Abwehr in Schreck, Furcht oder Verwirrung, irrtümliche [Putativ-]Notwehr; zivilrechtliche Ansprüche nach dem BGB (§§ 227, 823).
Oft gibt der Wilddieb an, Gewehr (und Beute) gefunden zu haben, um es dem Pächter abzuliefern. Man notiere deshalb alle Beobachtungen sofort nach: Wo, wann, wie, warum und wer?
Zur Identifizierung des unbekannten Wilddiebs achte man auf dessen besondere Kennzeichen an Händen, Haar, Augen, Ohren, Nase, Mund, Zähnen sowie auf Narben und seine Sprechweise.
Unbedingt nötig und leider oft vergessen ist die schriftliche Meldung über jeden derartigen Fall an die Kriminalpolizei, damit sie Unterlagen für ihre Arbeit erhält **(s. auch „Notstand" S. 485!).**

**Wann liegt ein Notstand vor?**

Wenn einem Menschen von einer Sache (z. B. von einem Tier) eine Gefahr für Leben oder Gesundheit droht (s. auch S. 485) oder anders als durch einen rechtswidrigen *menschlichen* Angriff die Gefahr einer Rechtsgutsverletzung entsteht oder entstanden ist oder beim Widerstreit verschiedener Pflichten die Entscheidung zugunsten des höherwertigen Rechtsgutes zu fällen ist.
Der Notstand entspricht als Gefahren*situation* der Situation des gegenwärtigen rechtswidrigen Angriffs als Voraussetzung zur Notwehr und *berechtigt* nach Maßgabe von Gesetz und Rechtsprechung *zu Abwehrhandlungen* oder er entschuldigt sie. Vorschriften zum Notstand bringen

*1. das Bürgerliche Gesetzbuch (BGB).* Es bestimmt im § 228: „Wer eine fremde Sache beschädigt oder zerstört, um eine durch sie drohende Gefahr von sich oder einem anderen abzuwenden, handelt nicht widerrechtlich, wenn die Beschädigung oder die Zerstörung zur Abwendung der Gefahr erforderlich ist und der Schaden nicht außer Verhältnis zu der Gefahr steht. Hat der Handelnde die Gefahr verschuldet, so ist er zum Schadenersatz verpflichtet" (s. hierzu auch § 904 BGB).

*2. das Strafgesetzbuch (StGB).* Es bestimmt im § 34 (gleichlautend wie der § 16 des Ordnungswidrigkeitengesetzes (OWiG): „Wer in einer gegenwärtigen, nicht anders abwendbaren Gefahr für Leben, Leib, Freiheit, Ehre, Eigentum oder ein anderes Rechtsgut eine Tat begeht, um die Gefahr von sich oder einem anderen abzuwenden, handelt nicht rechtswidrig, wenn bei Abwägung der widerstreitenden Interessen, namentlich der betroffenen Rechtsgüter und des Grades der ihnen drohenden Gefahr, das geschützte Interesse das beeinträchtigte wesentlich überwiegt. Das gilt jedoch nur, soweit die Tat ein angemessenes Mittel ist, die Gefahr abzuwenden."
(Der § 35 StGB behandelt den „entschuldigenden Notstand".)

Zum Notstand zwei Beispiele:

a) Ein Treiber wird von einem bissigen Hunde angefallen. Um sich dieses Hundes zu erwehren, reißt er eine Latte aus einem Zaun und schlägt damit auf den Hund ein.
Sowohl hinsichtlich des Hundes, der rechtlich eine Sache ist, wie durch Ausreißen der Latte begeht der Treiber eine Sachbeschädigung (nach § 303 StGB); als er die Gefahrenabwendung beging, befand er sich in einem Notstand (Defensivnotstand gegenüber dem Hund nach § 228 BGB und im aggressiven Notstand gegenüber dem Zaun nach § 904 BGB), so daß er sich nicht wegen Sachbeschädigung strafbar machte.

b) Ein Jäger gibt einem auf der Straße angefahrenen Reh *während der Schonzeit* den Fangschuß (s. auch S. 485). Hierbei mußte er gegen die Jagdzeiten-VO verstoßen, um die Grundsätze der Waidgerechtigkeit und des Tierschutzgesetzes zu wahren. Er mußte also abwägen, welches Rechtsgut höherwertig war, um zu dessen Gunsten das geringerwertige zu verletzen. Auch das ist ein Notstand. Jedermann wird klar sein, daß dessen Güterabwägung richtig war und er sich weder strafbar gemacht noch ordnungswidrig verhalten hat.

## Wild- und Jagdschaden

### Wildschadenverhütung

Fernhalten des Wildes § 26 BJG

**Was versteht man unter Wildschaden und Jagdschaden?**

Unter Wildschaden versteht man den von Wild an Grundstücken angerichteten Schaden, unter Jagdschaden den durch Jäger und Treiber verursachten Schaden.

**Wie kann man Wildschaden verhüten?**

Durch *Vermeiden der Überhege,* Anlage von *„Ablenkungs"-Fütterungen* mit besonders beliebter Äsung und von *Wildäsungsflächen im Walde* entlang der Feldgrenzen. Vorbeugende Maßnahmen sind billiger und richtiger als die Bezahlung entstandener Schäden. Hierzu gehört auch das *„Vergällen" des Saatgutes,* z. B. von Mais mit Mesurol, um Wild von der Aufnahme des Saatgutes abzuhalten.
Neben der Saatgutvergällung ist die Flächenbehandlung mit wildabweisenden Mitteln als Schutzmaßnahme zu nennen. Hierzu eignen sich bei Mais und Kartoffeln das Ausbringen von Kalkstickstoff (bis zu 6 dz/ha) und evtl. Brandkalk (10 bis 30 dz/ha) auf die bestellten Flächen (nicht anwendbar für flach auszusäende Kulturen wie Weizen, Gerste, Roggen usw.), da sonst große Schäden an den Keimpflanzen wurzeln auftreten. Auch die richtige Pflanztiefe (Kartoffeln 8—10 cm) ist wichtig, für die Verhinderung der Wildschäden. Auch über Gebühr langes Belassen der Früchte auf dem Felde provoziert oft die Schäden.

**Welche Rechte bestehen zur Verhütung von Wildschäden?**

Der Jagdausübungsberechtigte sowie der Nutzungsberechtigte eines Grundstückes sind berechtigt, zur Verhütung von Wildschäden das Wild von den Grundstücken abzuhalten oder zu verscheuchen (Elektrozaun, Verwittern, Knallapparate). Das neue Knallgerät „Razzo" wirkt optisch und durch Knall, der beliebig oft erzeugt werden kann (Fabrikation Dr. Reichle, 68 Mannheim 71, Postfach 31).

**Darf der Berechtigte Wild verscheuchen, wenn der Jagdausübungsberechtigte zum Abschuß zu Schaden gehenden Wildes im Jagdbezirk weilt?**

Nein! *In Bayern, Rheinland und dem Saarland darf Wild nicht absichtlich verscheucht werden, wenn der Jagdausübungsberechtigte sich zur Bejagung zu Schaden gehenden Wildes auf Ansitz befindet.*
*Bremen und Nordrhein-Westfalen bedrohen mit Bußgeld, wer den Jagdausübungsberechtigten beim Aufsuchen, Nachstellen, Erlegen und Fangen jagdbarer Tiere böswillig oder vorsätzlich behindert.*

Verhinderung übermäßigen Wildschadens § 27 BJG

**Was kann von der zuständigen Behörde zur Verhinderung übermäßigen Wildschadens angeordnet werden?**

Daß der Jagdausübungsberechtigte innerhalb einer bestimmten Frist, unabhängig von den Schonzeiten, den Wildbestand in bestimmtem Umfange zu verringern hat, wenn dies mit Rücksicht auf das allgemeine Wohl, insbesondere auf die Interessen der Land-, Forst- und Fischereiwirtschaft und die Belange des Naturschutzes und der Landschaftspflege notwendig ist. Andernfalls kann sie den Wildbestand auf seine Rechnung vermindern lassen. Das erlegte Wild ist dem Jagdausübungsberechtigten gegen angemessenes Schußgeld zu überlassen.

§ 28 BJG Sonstige Beschränkung der Hege

**Darf Schwarzwild gehegt werden?**

Nur in Gehegen, die ein Ausbrechen verhüten.

**Für welches Wild ist das Aussetzen in der Wildbahn verboten?**

Für Schwarzwild und Wildkaninchen.

*Die Länder können das Hegen oder das Aussetzen weiterer Tierarten beschränken oder verbieten.*

Das Aussetzen oder das Ansiedeln fremder Tiere in der freien Natur ist nur mit schriftlicher Genehmigung der zuständigen obersten Landesbehörde oder der von ihr bestimmten Stelle zulässig.

*Das Aussetzen von Muffelwild bedarf keiner Genehmigung (Nordrhein-Westf.). Unter fremden Wildarten verstehen Niedersachsen und Rheinland-Pfalz alle Wildarten, die am 1. April 1953 in der Bundesrepublik nicht in freier Wildbahn vorgekommen sind.*

**Können die Länder die Fütterung von Wild untersagen?**

Ja, sie können nach § 28/5 BJG die Fütterung von Wild untersagen *(in Nordrhein-W. z. B. vom 1. Juni bis 15. Oktober)* oder von einer Genehmigung abhängig machen (s. auch S. 524).

Wildschadenersatz

§ 29 BJG Schadensersatzpflicht

**Durch welches Wild angerichteter Schaden ist zu ersetzen?**

Der durch Schalenwild, Wildkaninchen und Fasane angerichtete Schaden an Grundstücken (auf den Feldern und im Wald), die zu einem gemeinschaftlichen Jagdbezirk gehören.

*Die Länder können bestimmen, daß die Wildschadenersatzpflicht auch auf anderes Wild ausgedehnt wird.*

Ein Wildschadenersatz ist an Obstkulturen, Tabakfeldern, Weinbergen *(Ausnahme: Baden-Württemberg),* Gärten, Freilandpflanzungen von Garten- und *hochwertigen* Handelsgewächsen (dicke Bohnen gehören nicht hierzu!) nur dann zu leisten, wenn er trotz Vornahme von Schutzvorrichtungen (s. S. 512) entstanden ist.

**Welcher Schaden ist dem Geschädigten zu ersetzen?**

Der Schaden, der durch Äsen, Verbiß, Lagern, Niedertun, Wildwechsel, Scharren, Aufwühlen des Bodens, Fegen und Schälen der Bäume und Sträucher verursacht wird.

Für den durch anderes Wild (z. B. Hasen, Dachse, Füchse, Enten) angerichteten Schaden besteht eine Ersatzpflicht nur dann, wenn dies im Jagdpachtvertrag ausdrücklich vereinbart ist.

Nicht zu ersetzen ist der Schaden, den Wild (z. B. ein Fuchs, Dachs, Marder, Iltis, Wiesel, Habicht) durch Töten von Hühnern oder Tauben und durch Eierraub anrichtet.

Die Regulierung von Wildschäden sollte grundsätzlich durch Naturalien erfolgen, da Mais, Weizen, Rüben und Kartoffeln zur Zeit der Ernte günstig einzukaufen sind.

**Wer hat den Wildschaden zu ersetzen?**

Im gemeinschaftlichen Jagdbezirk die Jagdgenossenschaft.

Hat der Jagdpächter den Ersatz des Wildschadens ganz oder teilweise übernommen, so trifft die Ersatzpflicht den Jagdpächter. Die Ersatzpflicht der Jagdgenossenschaft bleibt bestehen, soweit der Berechtigte Ersatz von dem Pächter nicht erlangen kann.

Ein Schutz gegen *Schälschäden* ist mit geeigneten Präparaten bis zu 100 % möglich. Die Namen der zugelassenen Präparate kann man bei der Biologischen Bundesanstalt für Land- und Forstwirtschaft in 33 Braunschweig erfahren.

**Wer trägt den Wildschaden an Grundstücken, die einem Eigenjagdbezirk angegliedert sind?**

Der Eigentümer oder der Nutzungsberechtigte des Eigenjagdbezirkes. Im Falle der Verpachtung haftet der Jagdpächter, wenn er sich im Pachtvertrag zum Ersatz des Wildschadens verpflichtet und den Schaden durch unzulängliche Bejagung verschuldet hat.
*In Bayern, Bremen, Hessen, Rheinland-Pfalz und dem Saarland ist Wildschaden an Grundstücken, auf denen die Jagd ruht oder nicht ausgeübt werden darf, nicht zu ersetzen. Die Grundflächen bleiben bei der Berechnung der anteiligen Ersatzleistung für den Wildschaden an anderen Grundstücken außer Ansatz.*

## Wildschaden durch Wild aus Gehegen — § 30 BJG

**Wer trägt den Wildschaden, der durch aus einem Gehege ausgetretenes Schalenwild angerichtet wurde?**

Der Jagdausübungsberechtigte, Eigentümer oder Nutzungsberechtigte, dem die Aufsicht über das Gehege obliegt.

## Umfang der Ersatzpflicht — § 31 BJG

**In welchem Umfange ist Wildschaden zu ersetzen?**

Der Wildschaden ist in dem Umfange zu ersetzen, wie er sich zur Zeit der Ernte darstellt. Bei der Feststellung der Schadenshöhe ist jedoch zu berücksichtigen, ob der Schaden nach den Grundsätzen einer ordentlichen Wirtschaft durch Wiederanbau im gleichen Wirtschaftsjahr ausgeglichen werden kann. Eine tabellarische Übersicht über Ernteerträge je dz/ha, Aussaatmenge kg/ha, Saatgutpreise für Getreide, Hülsenfrüchte, Ölfrüchte, Knollen und Wurzelfrüchte, Feldgemüse und Futterpflanzen in Grünmasse und Heu und deren Geldwert bringt das *„DJV-Handbuch 1977"* auf den Seiten 203/204, das jeder Jäger zum Preise von 11,60 DM einschl. MWSt. und Porto vom Verlag Dieter Hoffmann in 65 Mainz (Postsch.-Konto 29800-601 Ffm) beziehen sollte. Es bringt auch das Wesentlichste über „Jäger und Waffengesetz von Dr. Prützel" auf den Seiten 205—217 und gehört in die Hand jedes Jungjägers. Auch die neue „Schießvorschrift des DJV vom 1. 1. 1977" kann von dort bezogen werden!
Es ist auch der Wildschaden zu ersetzen, der an den getrennten, aber noch nicht eingeernteten Erzeugnissen eines Grundstückes eintritt (gerodete, aber noch nicht eingebrachte Kartoffeln). Gelten die Früchte dagegen als eingebracht (wie Runkelrüben in Mieten auf dem Felde), dann braucht kein Wildschaden bezahlt zu werden.

## Schutzvorrichtungen — § 32 BJG

**Wann ist ein Anspruch auf Ersatz von Wildschaden nicht gegeben?**

Wenn der Geschädigte die von dem Jagdausübungsberechtigten getroffenen Abwehrmaßnahmen unwirksam macht.
Der Wildschaden, der an Weinbergen, Gärten, Obstgärten, Baumschulen, Alleen, einzelstehenden Bäumen, Forstkulturen, die durch Einbringen anderer als der im Jagdbezirk vorkommenden Hauptholzarten einer erhöhten Gefährdung ausgesetzt sind, oder an Freilandpflanzungen von Garten- oder hochwertigen Handelsgewächsen entsteht, wird nicht ersetzt, wenn die Herstellung von üblichen Schutzvorrichtungen unterblieben ist und soweit die Länder nicht anders bestimmen.

*In Baden-Württemberg sind Wildschäden an Weinbergen zu ersetzen, auch wenn keine Schutzvorrichtungen errichtet sind.*

**Welche Schutzvorrichtungen werden zur Abwendung von Wildschäden als ausreichend angesehen?**

*In Hessen, Niedersachsen, Rheinland-Pfalz und dem Saarland genügen Drahtgeflechtzäune gegen*
*Rot- und Damwild in Höhe von wenigstens 1,80 m, gegen*
*Muffelwild in Höhe von 1,50 m (Hessen und Niedersachsen von 2,50 m),*
*gegen Reh- und Schwarzwild in Höhe von 1,50 m,*
*(im Saarland muß der Zaun so befestigt sein, daß Schwarzwild ihn nicht hochheben kann),*
*gegen wilde Kaninchen in Höhe von 1,30 m (in Niedersachsen 1,20 m) über der Erde und 0,30 m (im Saarland 0,20 m) in der Erde (bei in Hessen 25 mm und in Rheinland-Pfalz und Niedersachsen von höchstens 40 mm Maschenweite),*
*wenn sie laufend wilddicht gehalten werden.*
*Nordrhein-Westfalen verlangt*
*gegen Muffelwild wilddichte Zäune in Höhe von 1,80 m, gegen Schwarzwild, Hasen und Kaninchen von 1,20 m über und 30 cm unter der Erde. Beim Einbringen einzelner Holzarten sind anerkannte Bestäubungs- und Streichmittel und Manschetten als ausreichende Schutzvorrichtungen anzusehen.*
*In Baden-Württemberg werden wilddichte Zäune*
*gegen Rot- und Damwild in Höhe von 1,80 m,*
*gegen Reh- und Schwarzwild in Höhe von 1,30 m*
*und gegen Wildkaninchen von 1 m über und 0,30 m unter der Erde als ausreichende Schutzvorrichtungen angesehen.*
*In den Ländern Baden-Württemberg, Bayern, Niedersachsen, Nordrhein-Westfalen und Schleswig-Holstein sind die Ministerien für Ernährung, Landwirtschaft und Forsten ermächtigt, Bestimmungen zu erlassen, welche Schutzvorrichtungen als üblich im Sinne des BJG anzusehen sind.*

**Was kann man gegen Verbiß- und Schälschäden tun?**

Die wichtigste Maßnahme ist das Vermeiden der Überhege und die Verbesserung der Äsungsverhältnisse durch Kalkung der Böden. Die Kalkung führt zum Aufkommen einer nahrhaften Kraut- und Strauchschicht, die das Wild von den Nutzhölzern abziehen wird. Weiter kennt man noch chemische Maßnahmen (Verwitterungsmittel), mechanische Maßnahmen (Gatter, Elektrozaun, Metallschützer, Waldschutzfolien, Aluminiumfolien (an Autostraßen), Fasermittel, das Schälschutzmittel „Sanpack" und Knallapparate (s. S. 509).

**Wann wirkt der 12-Volt-Elektrozaun am besten?**

Wenn er 15 und 50 cm über dem von Gras und Kraut freigehaltenen Erdboden angebracht wird (zum Freihalten von Gras eignet sich das Grasbekämpfungsmittel Dowpon der Cela GmbH in Ingelheim). Der *Elektro-Wildsperrzaun* eignet sich ideal zum Abhalten des Schalenwildes von verkehrsreichen Straßen.
Am Beginn und Ende von Schutzzäunen sind die Gefahrzeichen „Wildwechsel" (§ 40 StVO Zeichen 142) aufzustellen.

**Wie kann man Fegeschäden vermeiden?**

Durch Anbringen von Stangen oder mechanisch-chemischen Schutzmitteln an wertvollen Bäumen, z. B. an den in Kulturen einzeln eingebrachten und selten vorkommenden Holzarten (wie Lärchen und Douglasien).

**Haben sich die chemischen Verbißmittel bewährt?**

Einzelne Verbißmittel haben sich vorzüglich bewährt (z. B. wird in Kiefern- und Fichtenkulturen entsäuerter Baumteer mit hundertprozentigem Erfolg angewendet). Mit der Prüfung und Anerkennung der Wildverbiß-Schutzmittel beschäftigen sich die Technische Zentralstelle der deutschen Forstwirtschaft, die Biologische Bundesanstalt für Land- und Forstwirtschaft und das Institut für Jagdkunde der Universität Göttingen.

**Was ist das beste Mittel zur Verhütung von Wildschäden?**

Das Kurzhalten des Rot- und Schwarzwildes und der Wildkaninchen sowie das Anlegen von Wildäckern *und Kettenfütterungen* (s. S. 389). Durch Eingattern der gefährdeten Flächen wird der Wildschaden nur verlagert.
**Auf kleinen Flächen läßt sich Rehwild durch Bespritzen der gefährdeten Pflanzen mit verdünnter Buttermilch sicher abhalten** (nach Wildmeister Hans Behnke, Wolmersdorf).

## Jagdschaden

### Schadensersatzpflicht § 33 BJG

**Was hat der Jagdausübende zur Vermeidung von Jagdschaden zu beachten?**

Er hat die berechtigten Interessen des Grundstückseigentümers oder Nutzungsberechtigten zu beachten, insbesondere besäte Felder und nicht abgemähte Wiesen zu schonen.
Die Ausübung der Treibjagd auf Feldern, die mit reifender Halm- oder Samenfrucht oder mit Tabak bestanden sind, ist verboten. Die Suchjagd ist nur insoweit zulässig, als sie ohne Schaden für die reifenden Früchte durchgeführt werden kann.

**Welcher Jagdschaden kann durch Militär entstehen?**

Der Schaden durch Anlage von Schützenlöchern, die nicht wieder zugeschüttet werden und Mensch, Hund und Wild gefährden. Ersatz für solche oder ähnliche Schäden sollte sofort nach Kenntnisnahme gemäß § 76 des Bundesleistungsgesetzes bei der Kreisverwaltung (Landratsamt) angemeldet werden.
Eine besondere Gefahr für Mensch und Tier sind zugewachsene Löcher in Wald und Heide, Torfstiche und steile Gräben!

**Für welchen Jagdschaden muß der Jagdausübungsberechtigte Ersatz leisten?**

Er hat für jeden aus mißbräuchlicher Jagdausübung entstandenen Schaden zu haften, auch wenn er durch einen von ihm bestellten Jagdaufseher oder durch einen Jagdgast angerichtet wird.

## Gemeinsame Vorschriften für Wild- und Jagdschaden

### § 34 BJG Geltendmachung des Schadens

**Innerhalb welcher Frist ist vom Berechtigten Wild- oder Jagdschaden geltend zu machen?**

Binnen einer Woche nach Kenntnis des Schadens.
Bei Schaden an forstwirtschaftlich genutzten Grundstücken genügt es, wenn er zweimal im Jahre, jeweils bis zum 1. Mai und 1. Oktober, bei der zuständigen Behörde angemeldet wird.

**Bei wem ist der Schaden anzumelden?**

Bei der für das beschädigte Grundstück zuständigen Behörde.
*Das ist der Gemeindevorstand, in Bremen die Untere Jagdbehörde (in Ortsamtsbereichen der Amtsvorsteher), in Schleswig-Holstein die örtliche Ordnungsbehörde; in Niedersachsen die Gemeinde; in Rheinland-Pfalz, in Gemeinden mit Amtsverfassung, sind es die Amtsbürgermeister.*
*Hessen und Schleswig-Holstein verlangen schriftliche Anmeldung des Schadens.*
*Im Saarland ist der Anspruch bei der zuständigen Gemeindebehörde (Bürgermeister, Amtsvorsteher) geltend zu machen. Die Anmeldefrist beträgt drei Tage.*
Beim Anmelden des Schadens ist von dem Geschädigten die als ersatzpflichtig in Anspruch genommene Person zu bezeichnen.

### § 35 BJG Verfahren in Wild- und Jagdschadenssachen

**Welche Stelle ist sachlich und örtlich für das gerichtliche Verfahren in Wildschadenssachen zuständig?**

Das Amtsgericht, in dessen Bezirk das geschädigte Grundstück liegt. Bei ihm ist die Klage unmittelbar zu erheben, falls nicht die Länder vorher ein Feststellungsverfahren vor einer Verwaltungsbehörde (Vorverfahren) fordern, in dem über den Anspruch eine vollstreckbare Verpflichtungserklärung (Anerkenntnis oder Vergleich) aufzunehmen oder eine vollstreckbare Entscheidung (Vorbescheid) zu erlassen ist.

**Welche Länder fordern nach der Schadensanmeldung ein Feststellungsverfahren („Vorverfahren")?**

*Hamburg, Niedersachsen und Schleswig-Holstein.*
*In Baden-Württemberg kann der Minister für Ernährung, Landwirtschaft und Forsten das Verfahren durch Rechtsverordnung regeln.*
*In Bayern, Bremen, Hessen, Nordrhein-Westfalen, Rheinland-Pfalz und im Saarland sind eingehende Vorschriften über das Feststellungsverfahren erlassen worden.*

**Was regeln die Vorschriften des „Vorverfahrens"?**

*Sie regeln die Anmeldung des Wildschadens,*
*die Bestellung und Verpflichtung der Schadenschätzer,*

*die Prüfung der Rechtzeitigkeit der Schadensmeldung und die Anberaumung eines Ortstermins zur Ermittlung des behaupteten Schadens. Ein Feldschaden muß binnen einer Woche, ein Waldschaden bis 1. 5. und bis 1. 10. gemeldet werden.*

**Worauf ist im „Vorverfahren" hinzuwirken?**
*Auf eine gütliche Einigung.*
*Jeder Beteiligte kann in dem Termin beantragen, daß der Schaden erst in einem späteren, kurz vor der Ernte abzuhaltenden Termin festgesetzt (und ggf. in natura ersetzt) werden soll.*
*Ist eine gütliche Vereinbarung nicht zustande gekommen, so kommt es zu einem Vorbescheid. Dann ist unverzüglich ein neuer Termin anzusetzen, zu dem auch der Schadenschätzer zu laden ist. Im Vorbescheid ist der Schaden vollstreckbar festgesetzt.*

**Wann kommt es zu einem „gerichtlichen Nachverfahren"?**
*Wenn die Beteiligten gegen den Vorbescheid binnen zwei Wochen bei dem Amtsgericht Klage erhoben haben. Das Amtsgericht entscheidet dann endgültig. Fehlt es an einem (ordnungsgemäßen) Vorbescheid, so ist die Klage unzulässig (LG Kassel, Urteil vom 12. Oktober 1972 - 1 S 153/72 - Archiv DJV).*

**In welchen Fällen darf ein Wildschadenschätzer bei einer Schätzung nicht mitwirken?**
*Wenn der Schaden an einem Grundstück entstanden ist,*
1. *das ihm selbst, seinem Ehegatten oder einer Person gehört oder zur Nutzung überlassen ist, die mit ihm in gerader Linie oder in der Seitenlinie bis zum zweiten Grad verwandt oder bis zum zweiten Grad verschwägert ist,*
2. *das zu einem Jagdbezirk gehört, auf dem er oder eine in Nr. 1 genannte Person zur Jagdausübung berechtigt ist.*

**Welche Behörde bestellt die Wildschadenschätzer?**
*Die Untere Jagdbehörde.*

## Überwachung des Verkehrs mit Wild

### Inverkehrbringen und Schutz von Wild § 36 BJG

**Welche Vorschriften kann der Bundesminister mit Zustimmung des Bundesrates für das Inverkehrbringen und den Schutz von Wild erlassen?**

(1) Er ist ermächtigt, durch Rechtsverordnung mit Zustimmung des Bundesrates, soweit dies aus Gründen der Hege, zur Bekämpfung von Wilderei und Wildhehlerei, aus wissenschaftlichen Gründen oder zur Verhütung von Gesundheitsschäden durch Fallwild erforderlich ist, Vorschriften zu erlassen über
1. die Anwendung von Ursprungszeichen bei der Verbringung von erlegtem Schalenwild aus dem Erlegungsbezirk und der Verbringung von erlegtem Schalenwild in den Geltungsbereich des Bundesjagdgesetzes,
2. den Besitz, den Erwerb, die Ausübung der tatsächlichen Gewalt oder das sonstige Verwenden, die Abgabe, das Feilhalten, die Zucht, den Transport, das Veräußern oder das sonstige Inverkehrbringen von Wild,
3. die Ein-, Durch- und Ausfuhr sowie das sonstige Verbringen von Wild in den, durch den und aus dem Geltungsbereich des Bundesjagdgesetzes,
4. die Verpflichtung zur Führung von Wildhandelsbüchern,
5. das Kennzeichnen von Wild.

(2) Die Länder erlassen insbesondere Vorschriften über
1. die behördliche Überwachung des gewerbsmäßigen Ankaufs, Verkaufs und Tausches sowie der gewerbsmäßigen Verarbeitung von Wildbret und die behördliche Überwachung der Wildhandelsbücher,
2. das Aufnehmen, die Pflege und die Aufzucht verletzten oder kranken Wildes und dessen Verbleib.

(3) Die Vorschriften nach Absatz 1 Nr. 2 und 3 und Absatz 2 Nr. 2 können sich auch auf Eier oder sonstige Entwicklungsformen des Wildes, auf totes Wild, auf Teile des Wildes sowie auf die Nester und die aus Wild gewonnenen Erzeugnisse erstrecken.

(4) Rechtsverordnungen nach Absatz 1 Nr. 1 bedürfen des Einvernehmens mit dem Bundesminister für Wirtschaft; Rechtsverordnungen nach Absatz 1 Nr. 3 bedürfen des Einvernehmens mit dem Bundesminister der Finanzen.

(5) Der Bundesminister der Finanzen und die von ihm bestimmten Zolldienststellen wirken bei der Ein-, Durch- und Ausfuhr sowie bei dem sonstigen Verbringen von Wild mit.

(Näheres über die von den Ländern getroffenen Regelungen s. S. 455.)

§ 36 a BJG

**Was fordert § 36 a BJG vom Jäger?**

Er fordert von jedem Jäger neben der Kenntnis des Bundesjagdgesetzes auch die Kenntnis der Vorschriften
des Gesetzes zur Gesamtreform des Lebensmittelrechts (s. S. 451),
des Viehseuchengesetzes (s. S. 421 u. 500),
des Tierkörperbeseitigungsgesetzes vom 2. 9. 1975 (BGBl. I S. 2313 [s. S. 505]),
des Fleischbeschaugesetzes (s. S. 449),
des Tierschutzgesetzes (s. S. 365) und
des Naturschutzgesetzes (s. S. 366),
soweit diese Vorschriften für ihn von Bedeutung sind.

## Jagdbeirat und Vereinigung der Jäger

§ 37 BJG — Jagdbeirat und Vereinigungen der Jäger

**Wem obliegt der Vollzug der Jagdgesetze?**

*Den Landesjagdbehörden. Zu ihrer Aufgabe gehören die Überwachung der Jagdausübung im Rahmen der Gesetze und der anerkannten Regeln der Waidgerechtigkeit.*

*In den Staatsforsten werden diese Aufgaben in bestimmtem Umfange von den zuständigen Forstbehörden wahrgenommen.*

**Welche drei Stufen von Jagdbehörden werden in den Ländern unterschieden?**

Die Untere, die Obere und die Oberste Jagdbehörde.

*Untere Jagdbehörde sind die Organe der Landkreise (Kreisverwaltung) bzw. der kreisfreien Städte, in Staatsjagdbezirken (Nordrhein-Westfalen) das staatliche Forstamt.*

*Obere Jagdbehörde (auch Mittlere oder Höhere genannt) sind die Regierungspräsidenten und in Nordrhein-Westfalen das bei dem Regierungspräsidenten in Köln eingerichtete Landesjagdamt (in Bremen, Schleswig-Holstein und dem Saarland besteht keine Mittelbehörde, in Hamburg nur eine Jagdbehörde);*

*Oberste Jagdbehörde ist der Minister (das Ministerium) für Ernährung, Landwirtschaft (Weinbau) und Forsten, im Saarland der Minister des Innern.*

**Welche beratenden Organe stehen den staatlichen Jagdbehörden zur Seite?**

Jagdbeiräte und Jagdberater.
*(Die Jagdberater werden in Bremen Stadtjägermeister, in Niedersachsen und Schleswig-Holstein Kreisjägermeister und in Rheinland-Pfalz Kreisjagdmeister genannt.)*

**Welche Aufgabe hat der Jagdbeirat?**

Er hat die Jagdbehörde in allen wichtigen Fragen zu beraten, die sich von Amts wegen oder auf Antrag ergeben.

In den Ländern sind Jagdbeiräte zu bilden, denen Vertreter der Landwirtschaft, der Forstwirtschaft, der Jagdgenossenschaften, der Jäger und des Naturschutzes angehören müssen.

*Sie haben bei der Unteren Jagdbehörde die Aufgabe, Interessengegensätze auszugleichen. Außerdem wirken sie bei der Festsetzung des Bejagungsplanes (Abschußplan) mit.*

**Welche ständigen Berater stehen der Unteren Jagdbehörde zur Seite?**

*In den Ländern (außer Baden-Württemberg, Hamburg und dem Saarland) stehen den Unteren Jagdbehörden unparteiische und sachverständige Jagdberater (Kreisjägermeister oder Kreisjagdmeister) zur Seite, die sie in jagdwirtschaftlichen und jagdtechnischen Fragen zum Wohle der Allgemeinheit ständig zu beraten haben.*

**Für welche Fälle können die Länder die Mitwirkung von Vereinigungen der Jäger vorsehen?**

*Für Fälle, in denen Jagdscheininhaber gegen die Grundsätze der Waidgerechtigkeit verstoßen haben (s. S. 270). Eine Vereinigung der Jäger wird als mitwirkungsberechtigt oder als Landesjägerschaft anerkannt, wenn sie nachgewiesen hat, daß ihr mehr als die Hälfte der Inhaber eines Jahresjagdscheines für Inländer angehören und*
*sie einen Ausschuß von drei Jägern (Jahresscheininhabern) gebildet hat, von denen einer die Befähigung zum Richteramt oder zum höheren Verwaltungsdienst haben muß.*

**In welchen Ländern stehen auch den Oberen Jagdbehörden Jagdberater zur Seite?**

*In Bremen (Landesjägermeister) und in Hessen (Bezirksjagdberater). In Bayern gibt es Jagdberater bei allen Jagdbehörden.*

## Straf- und Bußgeldvorschriften

Straftaten § 38 BJG

**Welche Strafen sind im Bundesjagdgesetz vorgesehen?**

(1) Freiheitsstrafe bis zu fünf Jahren oder Geldstrafe. Hiermit wird bestraft, wer Wild trotz Verbotes erlegt (z. B. einen Falken) oder den Vorschriften über die Schonzeiten zuwiderhandelt (z. B. Fang eines Marders Anfang Oktober).

*(2) Handelt der Täter fahrlässig, so ist die Strafe Freiheitsstrafe bis zu sechs Monaten oder Geldstrafe bis zu einhundertachtzig Tagessätzen. (Der Tatbestand wurde damit zu einem Vergehen* [s. S. 483] *aufgewertet, da auch fahrlässige Zuwiderhandlungen gegen die in § 38 Abs. 1 genannten Vorschriften als sozialethisch verwerflich anzusehen sind.* Die *Höhe eines Tagessatzes* bestimmt das Gericht unter Berücksichtigung der persönlichen und wirtschaftlichen Verhältnisse des Täters [§ 40/2 StGB]).

**Wie werden Straftaten Nichtjagdberechtigter geahndet?**

Nach dem Strafgesetzbuch (die Jagdvergehen nach den §§ 292 ff.; (Näheres s. Deutscher Taschenbuch Verlag [dtv]: StGB-Vergleich Nr. 5038, 9,80 DM).

§ 39 BJG — Ordnungswidrigkeiten (Zuwiderhandlungen)

**Wer handelt ordnungswidrig?**

Nach § 39 (1) BJG handelt ordnungswidrig, wer

1. in befriedeten Bezirken die Jagd ausübt oder einer Beschränkung der Jagderlaubnis (§ 6 BJG) zuwiderhandelt;
2. auf vollständig eingefriedigten Grundflächen die Jagd entgegen einer vorgeschriebenen Beschränkung ausübt;
3. auf Grund eines nichtigen Jagdpachtvertrages, einer nichtigen entgeltlichen Jagderlaubnis oder vor Genehmigung des Jagdpachtvertrages durch die untere Verwaltungsbehörde die Jagd ausübt;
4. als Inhaber eines Jugendjagdscheines ohne Begleitperson die Jagd ausübt;
5. sachlichen Verboten (§ 19 Abs. 1 Nr. 3 bis 9, 11 bis 14, 16 bis 18 und 19 a oder örtlichen Verboten (§ 20 Abs. 1) zuwiderhandelt (s. S. 483 und 487);
6. zum Verscheuchen des Wildes Mittel anwendet, durch die Wild verletzt oder gefährdet wird;
7. einer Vorschrift des § 28 Abs. 1 bis 3 BJG über das Hegen, Aussetzen und Ansiedeln von Wild zuwiderhandelt;
8. Jagdschaden anrichtet (indem er den Vorschriften des § 23 Abs. 1 zuwiderhandelt);
9. den Jagdschein auf Verlangen nicht vorzeigt.

Nach § 39 (2) BJG handelt ordnungswidrig, wer vorsätzlich oder fahrlässig

1. *die Jagd ausübt, obwohl er keinen gültigen Jagdschein mit sich führt oder obwohl ihm die Jagdausübung verboten ist (§ 41a);*
2. auf Schalenwild und Seehunde verbotswidrig (s. S. 205) schießt, in Notzeiten Schalenwild in einem Umkreis von 200 Metern an Fütterungen erlegt oder jagdbare Tiere vergiftet;
3. Schalenwild oder anderes Wild, das nur im Rahmen eines Bejagungsplanes bejagt werden darf, erlegt, bevor der Abschußplan bestätigt oder festgesetzt ist, oder wer den Abschußplan überschreitet;

4. als Jagdausübungsberechtigter das Auftreten einer Wildseuche nicht unverzüglich der zuständigen Behörde anzeigt oder deren Weisungen zur Seuchenbekämpfung nicht Folge leistet;
5. einer Rechtsverordnung nach § 36 Abs. 1 oder 5 oder einer landesrechtlichen Vorschrift nach § 36 Abs. 2 zuwiderhandelt, soweit sie für einen bestimmten Tatbestand auf diese Bußgeldvorschrift verweist;
6. *zur Jagd ausgerüstet unbefugt ein fremdes Jagdgebiet außerhalb der zum allgemeinen Gebrauch bestimmten Wege betritt (s. S. 521).*

**Wie kann die Ordnungswidrigkeit geahndet werden?**

Mit einer Geldbuße bis zu zehntausend Deutsche Mark (Artikel 121 des Einführungsgesetzes zum Gesetz über Ordungswidrigkeiten, BGBl. 1968 I Nr. 33 S. 536).

*Eine Ordnungswidrigkeit ist keine Straftat!*

Einziehung § 40 BJG

**In welchen Fällen ist als Nebenfolge einer Ordnungswidrigkeit die Einziehung von Gegenständen zulässig?**

Bei einer Straftat nach § 38 BJG (s. S. 517) oder bei einer Ordnungswidrigkeit nach § 39 BJG Abs. 1 Nr. 5 oder Abs. 2 Nr. 2, 3 oder 5 (s. S. 518/519).

In diesen Fällen können

1. Gegenstände, auf die sich die Straftat oder Ordnungswidrigkeit bezieht, und
2. Gegenstände, die zu ihrer Begehung oder Vorbereitung gebraucht worden oder bestimmt gewesen sind,

eingezogen werden.

*§ 74 a des Strafgesetzbuches und § 23 des Gesetzes über Ordnungswidrigkeiten sind anzuwenden (BGBl. 1968 I S. 536).*

Entziehung des Jagdscheines § 41 BJG

*Verbot der Jagdausübung § 41a BJG*

**Wann muß das Gericht die Entziehung des Jagdscheins (oder als milderes Mittel ein Verbot der Jagdausübung bis zu sechs Monaten) als Sicherheitsmaßnahme anordnen?**

Wenn jemand wegen eines Schonzeitvergehens oder wegen Verstoßes gegen Bestimmungen des Strafgesetzbuches oder wegen Jagd- oder Fischwilderei verurteilt wird, wenn sich aus der Tat ergibt, er werde bei weiterem Besitz des Jagdscheins erhebliche rechtswidrige Taten dieser Art begehen;

das gleiche gilt für einen nach Ablauf des Jagdjahres neu erteilten Jagdschein.

Landesrechtliche Straf- und Bußgeldbestimmungen § 42 BJG

**Wie können die Länder Ordnungswidrigkeiten entgegentreten?**

Durch landesrechtliche Bußgeldbestimmungen.

Sie können in den einzelnen Ländern unterschiedlich sein.

**Wer handelt gegen landesrechtliche Vorschriften ordnungswidrig?**

*Im allgemeinen handelt u. a. ordnungswidrig, wer*

1. *an Orten, an denen ihm die Ausübung des Jagdrechts nicht zusteht, Besitz an lebendem oder verendeten Wild oder an*

*Fallwild und Abwurfstangen sowie an Eiern jagdbaren Federwildes erlangt und diesen nicht binnen drei Tagen dem Jagdausübungsberechtigten (Revierinhaber) oder der nächst erreichbaren Polizeidienststelle abliefert oder den Sachverhalt anzeigt,*

2. *als Führer eines Fahrzeuges Schalenwild durch An- oder Überfahren schwer verletzt oder tötet und dies nicht unverzüglich anzeigt,*
3. *als Jagdgast ohne Begleitung des Jagdausübungsberechtigten (Revierinhabers) die Jagd ausübt, ohne den von diesem erteilten Erlaubnisschein bei sich zu führen,*
4. *als Jagdgast den Erlaubnisschein den Jagdschutzberechtigten auf Verlangen nicht vorzeigt,*
5. *als Jagdausübungsberechtigter (Revierinhaber) entgegen den Beschränkungen oder Verboten der Jagdbehörde Jagderlaubnisscheine erteilt oder andere Beteiligungen an der Jagdausübung einräumt,*
6. *einer zur Ausübung des Jagdschutzes berechtigten Person unrichtige Angaben über seine Person macht oder trotz Aufforderung die Angaben verweigert,*
7. *den sachlichen und örtlichen Verboten der Landesvorschriften zuwiderhandelt,*
8. *die Abschuß-(Strecken-)Meldung nicht, nicht vollständig, nicht rechtzeitig oder unrichtig erstattet, die Abschußliste nicht, nicht vollständig oder unrichtig führt oder sie der Jagdbehörde auf Verlangen nicht vorlegt (oder in Bayern, Hessen, Nordrhein-Westfalen und Niedersachsen trotz Aufforderung Trophäen auf einer Trophäenschau nicht vorlegt),*
9. *bei Benutzung eines Jägernotweges den hierfür gegebenen Vorschriften zuwiderhandelt,*
10. *das Überwechseln krankgeschossenen Schalenwildes nicht unverzüglich dem Inhaber des Nachbarreviers oder dessen Stellvertreters anzeigt,*
11. *Hunde in einem Jagdrevier unbefugt außerhalb seiner Einwirkung frei laufen läßt,*
12. *ohne Begleitung oder schriftliche Anweisung des Jagdausübungsberechtigten (Revierinhabers) Raubzeug mit der Schußwaffe nachstellt oder es erlegt,*
13. *in der Notzeit nicht für angemessene Wildfütterung sorgt und die dazu erforderlichen Fütterungsanlagen nicht unterhält,*
14. *innerhalb der von der Jagdbehörde gestellten Frist keinen Berufsjäger bestellt,*
15. *der Pflicht, brauchbare Jagdhunde zu führen und zu verwenden oder zu halten, nicht nachkommt (s. auch S. 298 und 341).*

**Wie kann die Ordnungswidrigkeit geahndet werden?**

*Mit Geldbuße. Außerdem kann die Entziehung des Jagdscheines für bestimmte Zeit angeordnet werden. Eine Entziehung des Jagdscheines ist keine Nebenstrafe, sondern eine Sicherungsmaßnahme.*

**Welche Behörde ist Verwaltungsbehörde im Sinne des Gesetzes über die Ordnungswidrigkeiten?**

*Die Untere Jagdbehörde.*

## Besondere Rechte und Pflichten bei der Jagdausübung*)

### Wegerecht, Jägernotweg

**Was ist ein Jägernotweg?**

*Ein nicht zum öffentlichen Verkehr bestimmter Privatweg (Rain, Pfad, Schneise, Deich, Brücke, Steg oder eine Wasserfläche in einem benachbarten Jagdrevier, der dem Jagdausübungsberechtigten einen unzumutbaren Umweg nach seinem Revier erspart.*
*Für die Benutzung des Jägernotweges ist die Zustimmung der beteiligten Grundstückseigentümer und Jagdausübungsberechtigten einzuholen. Nötigenfalls wird der Jägernotweg von der Unteren Jagdbehörde festgelegt.*

**Was ist bei Benutzung eines Jägernotweges zu beachten?**

*Schußwaffen dürfen nicht geladen sein. Sie werden am besten im Futteral oder mit verbundenem Schloß transportiert. Hunde sind an der Leine zu führen.*

### Jagdeinrichtungen

**Wessen Genehmigung ist einzuholen, wenn Futterplätze, Kunstbaue oder Ansitze errichtet werden sollen?**

*Die Genehmigung des Grundeigentümers (s. auch S. 398).*
*Der Eigentümer ist zur Genehmigung verpflichtet, wenn ihm die Duldung der Anlage zugemutet werden kann und er eine angemessene Entschädigung erhält. Ihre Höhe wird auf Antrag eines der Beteiligten von der Unteren Jagdbehörde festgesetzt.*
*Das Wegnahmerecht von Jagdeinrichtungen verjährt sechs Monate nach Pachtvertragsende (§§ 581 Abs. 2, 558 Abs. 1 BGB).*
*Die Einrichtungen sind dem neuen Pächter auf Verlangen gegen Entschädigung zu überlassen.*

### Krankgeschossenes Wild

**Was ist zu beachten, wenn krankgeschossenes Wild in einen benachbarten Jagdbezirk wechselt, ohne daß Wildfolge vereinbart ist?**

*Wechselt krankgeschossenes Wild (z. B. Fasan, Hase, Schalenwild) in einen benachbarten Jagdbezirk, so hat der Schütze den Anschuß und die Stelle des Überwechselns nach Möglichkeit zu verbrechen, d. h. durch einen Bruch (s. S. 273) kenntlich zu machen; außerdem hat er das Überwechseln dem Jagdausübungsberechtigten des Nachbarbezirks oder dessen Vertreter unverzüglich anzuzeigen. War der Schütze ein Jagdgast, so ist neben ihm auch der Jagdausübungsberechtigte, sofern er von dem Überwechseln des Wildes Kenntnis erlangt, zur Anzeige verpflichtet.*
*Handelte es sich um Schalenwild, so hat sich der Schütze selbst oder eine mit dem Vorgang vertraute Person für die Nach-*

---

*) Die früheren Vorschriften des Reichsjagdgesetzes über Wegerecht, Jagdeinrichtungen, krankgeschossenes Schalenwild, Wildfolge, Wildfütterung und Jagdhundhaltung haben im BJG keine Aufnahme gefunden. Die Länder haben deshalb besondere Rechte und Pflichten bei der Jagdausübung festgelegt, die annähernd gleich lauten.

*suche zur Verfügung zu stellen. Der Kopfschmuck gehört beim Fund des Stückes dem Erleger, das Wildbret dem am Fundort Jagdausübungsberechtigten. Wurde die Nachsuche vom Schützen aufgegeben, hat er kein Anrecht auf den Kopfschmuck. Schalenwild mit Kopfschmuck ist auf den Bejagungs-(Abschuß-)Plan des Jagdbezirks anzurechnen, dem der Kopfschmuck zufällt, Schalenwild ohne Kopfschmuck wird dem Jagdbezirk angerechnet, dem das Wildbret zufällt.*

**Was liegt vor, wenn der Jagdausübungsberechtigte Wild über die Grenze hinaus verfolgt, ohne daß Wildfolge vereinbart ist?**

*Jagdvergehen. Es ist dabei gleichgültig, ob er die Wildfolge persönlich ausübt oder seinen Hund über die Grenze schickt.*

## Wildfolge

**Was versteht man unter Wildfolge?**

*Die Verfolgung krankgeschossenen Wildes auf fremdem Jagdbezirke (Jagdreviere) und das Recht des Wildes auf ein schnelles und gnädiges Ende.*

*Wildfolge ist nur zulässig, wenn sie mit dem Jagdausübungsberechtigten des Nachbarjagdbezirks schriftlich vereinbart ist und gilt nur für die in der Vereinbarung genannten Personen, nicht für Jagdgäste.* (Näheres s. S. 491, § 22a BJG.)

**Welche Vorschriften gelten, wenn Wildfolge für Schalenwild vereinbart, aber nicht spezifiziert ist?**

*Wechselt krankgeschossenes Schalenwild über die Grenze und tut es sich in Sichtweite nieder, so ist der Schütze in Baden-W., Bayern und dem Saarland berechtigt, ohne vorher den dort Jagdausübungsberechtigten zu benachrichtigen, den Fangschuß anzubringen, das Stück an Ort und Stelle aufzubrechen, zu versorgen und wegzuschaffen. In anderen Ländern darf beim Überschreiten der Grenze die Schußwaffe nicht mitgeführt und das verendete Stück nach dem Versorgen und Verwittern nicht weggeschafft werden.*

*In jedem Falle ist der Revierinhaber oder dessen Vertreter unverzüglich zu benachrichtigen.*

*Wechselt ein krankgeschossenes Stück Schalenwild über die Grenze, ohne in Sichtweite zu verenden oder sich niederzutun, so ist der Anschuß und die Stelle des Überwechselns kenntlich zu machen. Der Schütze hat sich nach der unverzüglichen Benachrichtigung des Revierinhabers selbst oder durch einen Vertreter für die Nachsuche zur Verfügung zu stellen.*

**Wem gehören Kopfschmuck bzw. Erinnerungsstücke und Wildbret von Schalenwild, das im Nachbarrevier zur Strecke kam?**

*Falls Wildfolge vereinbart war:*

*Erinnerungsstücke und kleines Jägerrecht gehören dem Erleger, das Wildbret dem Jagdausübungsberechtigten des Fundortes.*

*Wird die Nachsuche nach einem krankgeschossenen Stück aufgegeben, hat der Schütze kein Anrecht mehr. Wird die Nachsuche wegen Dunkelheit abgebrochen, aber am nächsten Morgen unverzüglich wieder aufgenommen, so gilt sie nicht als abgebrochen.*

**Welche Anrechnung erfolgt auf den Bejagungsplan?**

*Kommt krankgeschossenes Schalenwild, für das ein Bejagungsplan vorgesehen ist, im Nachbarbezirk zur Strecke, so sind*
*Stücke mit Kopfschmuck auf den Bejagungsplan des Jagdbezirks anzurechnen, dem der Kopfschmuck zufällt,*
*Stücke ohne Kopfschmuck auf den Bejagungsplan des Jagdbezirks anzurechnen, dem das Wildbret zufällt, sofern es zum menschlichen Genuß verwertbar ist.*
*In Bayern ist übergewechseltes krankgeschossenes Schalenwild in jedem Falle auf den Bejagungsplan des Reviers anzurechnen, in dem es angeschossen wurde.*

**Gelten die Bestimmungen über die Wildfolge auch für Niederwild ohne Rehwild?**

*Nur dann, wenn Wildfolge schriftlich vereinbart ist. Der Schütze darf aber keinesfalls dem Wilde (z. B. dem kranken Hasen oder dem geflügelten Fasan) jenseits der Grenze folgen und es erst dort erlegen. Das gefundene Wild ist dem am Fundort Jagdausübungsberechtigten unverzüglich auszuhändigen oder bei Gefahr des Verderbs für ihn zu verwerten.*
*In Baden-W., Hessen, Rheinl.-Pfalz und im Saarland darf der Erleger anderes Wild als Schalenwild nur an sich nehmen, wenn es jenseits der Grenze in Sichtweite verendet.*
(„Wildfolgevereinbarungen" erleichtert ein Vordruck-Muster, das auf Seite 164 des DJV-Handbuches 1971/72 abgedruckt ist.)

**Ist Wildfolge ohne Vereinbarung in befriedeten Gebieten zulässig?**

Nein! Übertretungen können zu Strafverfahren wegen Hausfriedensbruchs führen (s. S. 468 Ziff. 1 u. 2 und S. 469).
*Im Saarland ist die Wildfolge in befriedeten Bezirken, mit Ausnahme der Hausgärten, zulässig.*

**Wer gilt in Jägerkreisen als Erleger?**

Bei Schüssen auf Schalenwild gilt derjenige als Erleger, der dem Stück die erste Kugel so wirksam angetragen hat, daß es mit einem guten Schweißhund zur Strecke gekommen wäre. Zu diesen Schüssen gehören auch Laufschüsse, sofern der Knochen verletzt war, und Kieferschüsse, nicht aber Krell- und leichte Streifschüsse.
„Beim Schrotschuß gilt der Totschuß", d. h., es gilt derjenige als Erleger, der auf ein noch fortbewegungsfähiges Stück den letzten tödlichen Schuß abgegeben hat. Der Fangschuß, der dem Wilde Leiden abkürzen soll, gehört nicht dazu.

### Erlegen von kümmerndem Wild

**Darf kümmerndes Wild während der Schonzeit oder über den Bejagungs-(Abschuß-)plan hinaus erlegt werden?**

Die zuständige Jagdbehörde kann im Einzelfalle genehmigen, daß außerhalb sowie innerhalb der Jagdzeiten über den Bejagungs-

(Abschuß-)Plan hinaus, kümmerndes Wild erlegt wird. Für die Jagdausübung auf *krankes* Wild gilt keine zeitliche Beschränkung, wenn im Einzelfall das sofortige Erlegen unerläßlich erscheint, um dem Wild Qualen zu ersparen oder die Ausbreitung von Seuchen zu verhindern (s. S. 498). Der Jagdausübungsberechtigte hat der zuständigen Jagdbehörde unverzüglich nach dem Erlegen Anzeige zu erstatten (s. auch S. 459).

*In Baden-W., Hessen, Rheinl.-Pfalz und im Saarland hat der Jagdausübungsberechtigte der Unteren Jagdbehörde das erlegte Wild auf Verlangen zur Untersuchung vorzulegen. Das erlegte Wild, für das ein Bejagungsplan (Abschußplan) vorgesehen ist, kann auf die Bejagung im laufenden oder nächsten Jahr angerechnet werden.*

**Worauf ist krankes oder kümmerndes Wild nach dem Erlegen zu überprüfen?**

*Es ist zu prüfen, ob das Wildbret noch zum Genusse für Menschen geeignet ist (s. S. 451 bis 453), ob es für Untersuchungszwecke (z. B. auf Tollwut oder andere Seuchen) benötigt wird oder ob es ohne weitere Untersuchung unschädlich zu beseitigen ist.*

## Wildfütterung

**Ist der Jagdausübungsberechtigte verpflichtet, in der Notzeit für angemessene Wildfütterung zu sorgen?**

*Ja! Kommt er der Verpflichtung trotz Aufforderung durch die Jagdbehörde nicht nach, so kann diese die Fütterung auf seine Kosten vornehmen lassen. Wird festgestellt, daß infolge Verschuldens des Jagdausübungsberechtigten Wild in Not gerät, so kann die Untere Jagdbehörde die Bejagung von Schalenwild herabsetzen und für bestimmte Zeit sperren. Die Länder können die Fütterung von Wild außerhalb der Notzeit untersagen (s. S. 510).*

**Welche Zeit rechnet zur „Notzeit"?**

*Die Zeit der hartgefrorenen Bodendecke und der hohen Schneelage, während der das Wild nur geringe oder fast keine Äsungsmöglichkeit hat, sowie die äsungsarme Übergangszeit vom Winter zum Frühjahr, die Zeit der Vegetationsruhe (s. S. 387 und 484 Nr. 10).*

## Jagdhundhaltung

**Kann den Jagdausübungsberechtigten die Verpflichtung zum Mitführen von brauchbaren Jagdhunden auferlegt werden?**

*Ja (s. S. 298). Bayern hat eine vorbildliche Hundeprüfungsordnung herausgebracht, auf die hingewiesen wird (BayGVBl. 1968 S. 352 u. 1975 S. 285).*

**Verstößt das Abwürgen eines Stückes Raubwild oder Raubzeug durch den Jagdgebrauchshund gegen das Tierschutzrecht?**

Nein! Grundsätzlich ist die Tötung von Raubwild und Raubzeug Aufgabe des Jagdausübungsberechtigten mit der Schußwaffe. Sofern jedoch der Jagdgebrauchshund das Stück bereits ergriffen hat und ein Schuß nicht mehr möglich ist, verstößt die Tötung durch den Jagdhund nicht gegen das geltende Tierschutzrecht und ist damit eine waidgerechte Jagdausübung (Kieler Entschließung). Das Tierschutzgesetz verbietet jedoch (in § 2 Nr. 6), Hunde an lebenden Katzen, Füchsen oder an anderen Tieren scharf zu machen, sie also auf Schärfe abzurichten oder zu prüfen!

**Was hat der Jäger zu beachten, wenn er in der Nähe von Verkehrsstraßen mit einem frei suchenden Hunde jagt?**
Er hat alles zu tun, daß der Hund nicht unangeleint auf die Straße gelangen kann.
Gerät der Hund trotz Rückrufs auf die Straße und verursacht dort einen Verkehrsunfall (z. B. Zusammenstoß mit einem Kraftfahrzeug), so ist der Führer des Hundes für die Folgen des Unfalls strafrechtlich verantwortlich (Urteil des OLG Oldenburg v. 5. 9. 1961). Der Jäger ist als Jagdhaftpflichtversicherter hinsichtlich der Schadenskosten durch seine Versicherung gedeckt (s. hierzu auch S. 77 und 481).

**Wann ist das Überjagen des Jagdhundes über die Reviergrenze rechtswidrig (Wilddieberei)?**
Wenn der Jagdhund von seinem Führer mit Absicht über die Reviergrenze geschickt wird, um Wild (ohne Wildfolgevereinbarung) nachzusuchen oder aufzustöbern. Das zufällige Überjagen, z. B. beim Stöbern oder Verlorenbringen, ist nicht rechtswidrig.

## WAFFENGESETZ (WaffG)

Vom 19. September 1972, BGBl. I S. 1797
mit Änderung vom 2. März 1974 (BGBl. I S. 469),
der Verwaltungsvorschrift hierzu (WaffVwV),
der Neufassung des Waffengesetzes (WaffG) vom 8. 3. 1976
(BGBl. I S. 433) und der 1. WaffVO vom 24. 5. 1976 (BGBl. vom 1. 6. 1976)
(Hier nur Auszug für Jagdscheininhaber)

### Waffenbegriffe — § 1 WaffG

**Was sind „Schußwaffen", die zur Jagd bestimmt sind?**
Geräte, bei denen Geschosse durch einen Lauf getrieben werden. Hand- und Faustfeuerwaffen sind Schußwaffen, bei denen zum Antrieb der Geschosse heiße Gase verwendet werden.
Selbstladewaffen sind *(mehrschüssige)* Schußwaffen, bei denen nach dem ersten Schuß lediglich durch Betätigen des Abzugs weitere Schüsse aus demselben Lauf abgegeben werden können.

**Was sind Hieb- und Stoßwaffen?**
Es sind Waffen, die ihrer Natur nach dazu bestimmt sind, unter unmittelbarer Ausnutzung der Muskelkraft durch Hieb, Stoß oder Stich (s. S. 13) Verletzungen beizubringen.

### Munition und Geschosse — § 2 WaffG

**Welche Munition wird im WaffG unterschieden?**
1. Patronenmunition (das sind Hülsen mit Ladungen, die das Geschoß enthalten; Geschosse sind feste Körper),
2. Kartuschenmunition (Platzpatronen) und
3. pyrotechnische Munition (Signalpatronen), bei der das Geschoß einen pyrotechnischen Satz enthält.

## § 3 WaffG Wesentliche Teile von Schußwaffen, Schalldämpfer

**Was sind „wesentliche Teile" von Schußwaffen?**

Lauf, Verschluß *(mit Schloß)* und Patronenlager (s. auch S. 14).
Als wesentliche Teile gelten auch vorgearbeitete wesentliche Teile von Schußwaffen, wenn sie mit allgemein gebräuchlichen Werkzeugen fertiggestellt werden können.
Schalldämpfer sind Vorrichtungen, die der Dämpfung des Mündungsknalls dienen und für Schußwaffen bestimmt sind. Sie sind in jedem Falle genehmigungspflichtig.
Der Schalldämpfer kann nur dann seine Aufgabe erfüllen, wenn die Geschwindigkeit des Geschosses unterhalb der Schallgeschwindigkeit liegt (wie z. B. beim Kal. .22 lfB). Für Jagdkaliber ist der Schalldämpfer uninteressant, denn der *Geschoß*knall läßt sich mit keinem Schalldämpfer mindern.
In geschlossenen Schießständen werden für Empfindliche Ohrenschutzkappen empfohlen, wie sie z. B. die Fa. Optac in 6051 Oberroden und die Fa. Dynamit Nobel AG in 5210 Troisdorf-Oberlar als TECH-MED-Gehörschutzkapsel liefern.

## § 4 WaffG Erwerben, Überlassen, Führen

**Wann „erwirbt" man eine Jagdwaffe?**

Wenn man die tatsächliche Gewalt über sie erlangt.

**Wer „überläßt" eine Jagdwaffe?**

Wer die tatsächliche Gewalt, d. h. die Möglichkeit über sie nach eigenem Willen zu verfügen, einem anderen einräumt.

**Wer „führt" eine Jagdwaffe?**

Wer die tatsächliche Gewalt über *sie außerhalb seiner Wohnung, Geschäftsräume oder seines befriedeten Besitztums ausübt.*

## § 5 WaffG Zuverlässigkeit

**Wann besitzen Personen (Jäger) nicht die erforderliche Zuverlässigkeit im Sinne des WaffG?**

Wenn Tatsachen die Annahme rechtfertigen, daß sie
1. Waffen oder Munition mißbräuchlich oder leichtfertig verwenden werden,
2. mit Waffen oder Munition nicht vorsichtig und sachgemäß umgehen und diese Gegenstände *nicht sorgfältig verwahren* werden (s. auch S. 78 u. 533),
3. Waffen oder Munition Personen überlassen werden, die zur Ausübung der tatsächlichen Gewalt über diese Gegenstände nicht berechtigt sind.

Ist die absolute Unzuverlässigkeit gegeben, ist solchen Personen die *Waffenbesitzkarte* gemäß § 30 Abs. 1 Nr. 2 *zu versagen bzw. zu entziehen.* (Näheres s. S. 482, § 17 BJG.)

## § 13 WaffG Kennzeichnungspflicht

**Wer muß Jagdwaffen und Munition sichtbar kennzeichnen?**

Wer gewerbsmäßig Schußwaffen herstellt, einführt oder sonst in den Geltungsbereich des WaffG verbringt, hat unverzüglich auf einem wesentlichen Teil der Waffe (s. S. 31) deutlich sichtbar und dauerhaft folgende Angaben anzubringen: Namen, Firma oder Warenzeichen des Waffenherstellers oder -händlers, Bezeichnung der Munition und eine fortlaufende Nummer.

Auf der kleinsten Verpackungseinheit von Munition sind Zeichen anzubringen, die den Hersteller, die Fertigungszeichen (Fz) und die Bezeichnung der Munition (s. S. 42 u. 46) erkennen lassen.

Beschußpflicht § 16 WaffG

**Wer muß Handfeuerwaffen durch Beschuß amtlich prüfen lassen?**

Die *Hersteller* von Hand- und Faustfeuerwaffen, von Einsteck- oder Austauschläufen sowie die Einführer von Waffen aus Ländern, die nicht dem Übereinkommen vom 1. 7. 1969 der CIP (commission international permanent) in Brüssel angehören.

Beschußprüfung § 18 WaffG

**Was ist beim amtlichen Beschuß zu prüfen?**

Ob die wesentlichen Teile der Handfeuerwaffen der Beanspruchung standhalten, der sie bei der Verwendung der zugelassenen Munition ausgesetzt werden *(Haltbarkeit),*
ob der Benutzer die Waffe ohne Gefahr laden, schließen und abfeuern kann *(Handhabungssicherheit)* und
ob die Abmessungen des Patronenlagers, der Verschlußabstand, die Maße des Übergangs, der Feld- und Zugdurchmesser oder des Laufquerschnittes bei gezogenen Läufen und der Laufinnendurchmesser bei glatten Läufen den Nenngrößen entsprechen *(Maßhaltigkeit)* und
ob die Kennzeichnung auf der Waffe angebracht ist.
Auf Antrag ist der Beschuß mit einem erhöhten Gasdruck vorzunehmen (verstärkter Beschuß, Beschußzeichen „V“ s. Abb. S. 30 u. 528).

**Welche Beschußzeichen sind nach der Beschußprüfung anzubringen?**

Nach § 7 (1) der 3. VO zum WaffG (3. WaffV) vom 22. Dezember 1975 (BGBl. I S. 3770) muß das Beschußzeichen enthalten:

1. den Bundesadler mit dem jeweiligen Kennbuchstaben (wie Abb. S. 30 u. 528),
2. für den Beschuß von Hand- und Faustfeuerwaffen, Böllern, Einsteckläufen oder Austauschläufen,
   a) die zum Verschießen von Munition mit Nitropulver mit normalem Gebrauchsgasdruck bestimmt sind, den Buchstaben „N“ (Abkürzung von „Normal“ oder „Nitro“),
   b) bei denen zum Antrieb ein entzündbares flüssiges oder gasförmiges Gemisch oder eine Treibladung verwendet wird, den Buchstaben „L“ (= Ladung),
   c) die wegen Austausches oder Instandsetzung von wesentlichen Teilen erneut zu prüfen sind, den Buchstaben „J“ (Instandsetzungsbeschuß),
   d) die zum Verschießen von Munition mit überhöhtem Gasdruck bestimmt sind, den Buchstaben „V“ (= verstärkt),
   e) die zum Verschießen von Schwarzpulver bestimmt sind, die Buchstaben „SP“,
3. das Orts- und Jahreszeichen der Beschußanstalt (s. S. 30/31).

## §§ 21–22 WaffG Zulassung von Hand- und Faustfeuerwaffen, Einsteckläufen, Schreckschuß-, Reizstoff- und Signalwaffen

**Welche Waffen dürfen nur hergestellt werden, wenn ihre Bauart von der Physikalisch-Technischen Bundesanstalt zugelassen ist?**

Hand- und Faustfeuerwaffen und Einsteckläufchen sowie Schußapparate nach § 21 WaffG und
Schußwaffen nach § 22 WaffG mit einem Patronen- oder Kartuschenlager bis zu 12 mm Durchmesser, die zum Abschießen von Kartuschenmunition (z. B. Platzpatronen) oder Verschießen von Reiz- oder anderen Wirkstoffen bestimmt sind.
Die Zulassung nach § 22 WaffG ist zu versagen, wenn
a) zugelassene scharfe Munition oder vorgeladene Geschosse, deren Bewegungsenergie mehr als 7,5 J (Joule, sprich: dschuh-l, 1 J = 0,1 kpm) beträgt, verschossen werden können;
b) mit der Waffe nach Umarbeitung mit allgemein gebräuchlichen Werkzeugen scharf geschossen werden kann.
Die von der **P**hysikalisch-**T**echnischen **B**undesanstalt in Braunschweig zugelassenen Waffen tragen ein besonderes Bauart-Zulassungszeichen (PTB) und eine Zulassungsnummer (s. Abb.).

Neue Beschußzeichen und Bauart-Zulassungszeichen

## § 27 Einfuhr von Schußwaffen und Munition

**Was hat mit Schußwaffen oder Munition bei der Einfuhr zu geschehen, deren Erwerb der Erlaubnis bedarf?**

Sie sind der zuständigen Überwachungsstelle (z. B. dem Zoll) anzumelden und auf Verlangen vorzuführen. Hierzu gilt für den Jagdscheininhaber:
Zur Einfuhr von im Ausland erworbenen Langwaffen und Munition, mit Ausnahme von Selbstladewaffen, deren Magazin mehr als zwei Patronen aufnehmen kann, berechtigen alle Jagdscheine (§§ 15, 16 BJG). Es sind keine weiteren Papiere oder Bescheinigungen erforderlich.
Zur Einfuhr von Selbstladewaffen, deren Magazin mehr als zwei Patronen aufnehmen kann, und ebenso für Kurzwaffen sowie der zugehörigen Munition muß auch der Jäger zuvor die Ausstellung einer Waffenbesitzkarte beantragen und mit sich führen. Nach erfolgter Einfuhr ist diese Waffenbesitzkarte der zuständigen Behörde innerhalb eines Monats zur Eintragung des Erwerbs vorzulegen, wohingegen dies bei solchen im Inland erworbenen Waffen binnen zwei Wochen zu erfolgen hat. Zur Wiedereinfuhr von ausgeführten, also nicht im Ausland erworbenen Schußwaffen und Munition aller Art ist nur die Waffenbesitzkarte erforderlich.

Zulassungszeichen für pyrotechn. Munition nach § 23 WaffG

Prüfzeichen für Schußapparate nach § 16/2 WaffG

Beschußzeichen Bundesamt für Wehrtechnik

**Welche ausländischen Jagderlaubnisse wurden den deutschen Jagdscheinen gleichgestellt?**

In der Ersten VO zum Waffengesetz (1. WaffG) vom 24. Mai 1976 (BGBl. I S. 1285) ist diese Gleichstellung für die bulgarischen, dänischen, finnischen, jugoslawischen, liechtensteinischen, luxemburgischen, österreichischen, polnischen, rumänischen, schweizerischen (teilweise), tschechoslowakischen und ungarischen Jagdscheine vorgesehen (§ 9 Abs. 1 WaffV), deren Ausstellung nicht länger als drei Jahre zurückliegt.

**Gelten die Jagderlaubnisse auch für Ausländer, die Inhaber eines deutschen Jagdscheines sind?**

Ja. Sie dürfen zwei Langwaffen und die dazugehörige Munition einführen. Es dürfen aber *keine Selbstladewaffen* sein, deren Magazin *mehr als zwei Patronen* aufnehmen kann (§ 9 [3] 1. WaffV).

Waffenbesitzkarte § 28 WaffG

**Wer benötigt eine Waffenbesitzkarte?**

Wer Schußwaffen erwerben und die tatsächliche Gewalt über sie ausüben will (Jäger, Waffensammler, Sportschützen). Die Erlaubnis zum Erwerb gilt für die Dauer eines Jahres. Die Erlaubnis zur Ausübung der tatsächlichen Gewalt wird unbefristet erteilt. Sie kann zur Abwehr von Gefahren mit Auflagen, insbesondere hinsichtlich der Aufbewahrung der Schußwaffen, verbunden werden (s. auch S. 526). *Einer Erlaubnis bedarf nicht,* wer eine Schußwaffe

1. von Todes wegen erwirbt (Erbschaft),
2. durch Fund erwirbt, ...
3. von einem Berechtigten vorübergehend zum Zwecke der sicheren Verwahrung oder der nicht gewerbsmäßigen Beförderung zu einem Berechtigten erwirbt, ...
7. als Inhaber eines Jahresjagdscheines, Tagesjagdscheines oder Jugendjagdscheines (§§ 15, 16 BJG) erwirbt, sofern es sich um eine Schußwaffe mit einer Länge von mehr als 60 cm handelt, *ausgenommen Selbstladewaffen, deren Magazin mehr als zwei Patronen aufnehmen können.*

In den Fällen der Nr. 1 und 7 hat der Erwerber binnen eines Monats die Ausstellung einer Waffenbesitzkarte oder die Eintragung der Waffe in eine bereits erteilte Waffenbesitzkarte zu beantragen. Solange diese Monatsfrist nicht abgelaufen ist, muß der Jäger bei der Jagdausübung mit der neuen Schußwaffe den datierten Nachweis über den Erwerb der Schußwaffe bei sich haben. (Näheres s. „Jäger und Waffengesetz" im DJV-Handbuch 1977 S. 205—217 und Hinweis S. 511.)

**Können Jagdscheinbewerber eine Erlaubnis zum Erwerb von Schußwaffen für ihre Ausbildung beantragen?**

Ja! Hierbei ist jedoch zu beachten:
1. Jagdscheinbewerber sollen grundsätzlich auf die Waffen der sie ausbildenden Stellen verwiesen werden.
2. In Ausnahmefällen kann das Bedürfnis eines Jagdscheinbewerbers für den Erwerb einer Jagdwaffe unter folgenden Voraussetzungen anerkannt werden:
a) Der Jagdscheininhaber hat durch eine Bescheinigung der auszubildenden Stelle nachzuweisen, daß er durch eine mindestens dreimonatige Teilnahme an einem Ausbildungslehrgang für Jagdscheinbewerber die erforderliche Sachkunde im Umgang mit Schußwaffen erworben hat und daß er
b) nicht über eine für ihn geeignete Jagdwaffe verfügt und daß er die Waffe zur Ausbildung im jagdlichen Schießen benötigt (DJV 6/1975).

Eine Waffenbesitzkarte über Schußwaffen, über die mehrere Personen die tatsächliche Gewalt ausüben, kann auf diese Personen ausgestellt werden (§ 28 [6] WaffG).

**Welche Doppelfunktion hat die Waffenbesitzkarte?**

Sie ist Erwerbspapier (zum Waffen- und Munitionserwerb) und Legitimationspapier zur Ausübung der tatsächlichen Gewalt über sie.

§ 29 WaffG

Munitionserwerb

**Wer braucht einen Munitionserwerbsschein?**

Grundsätzlich jeder, der Munition erwerben will. Eines Munitionserwerbsscheines bedarf nicht, wer Munition als Inhaber einer Waffenbesitzkarte oder eines Jagdscheines (§§ 15, 16 BJG) oder beim Schießen auf einer Schießstätte erwirbt.

**Genügt die Waffenbesitzkarte (WBK) zum Munitionserwerb für Kurzwaffen?**

Nur dann, wenn die Berechtigung zum Munitionserwerb von der zuständigen Behörde auf der WBK vermerkt ist.

**Ist der Erwerb der sogenannten 4-mm-Kurzwaffen erlaubnispflichtig?**

Ja. Es muß zuvor eine Waffenbesitzkarte gemäß § 28 Abs. 1 WaffG (BGBl. I S. 442) beantragt werden, für deren Erteilung allerdings kein Bedürfnis nachzuweisen ist.
Die Patrone 4 mm M 20 fällt wegen der geringen Energie nicht unter das Waffengesetz und ist frei verkäuflich. Die 4-mm-Langwaffen (für die Randzünderpatrone 4 mm) kann der Jäger wie jede andere Jagdwaffe frei kaufen, er muß sie jedoch nachträglich binnen 2 Wochen in seine Waffenbesitzkarte eintragen lassen.

**Unterliegen Reduzierhülsen der Waffenbesitzkartenpflicht?**

Nein! Reduzierhülsen (s. S. 48) sind Einsätze, die dazu bestimmt sind, Munition mit kleinerer Abmessung zu verschießen. Sie sind besonders im Kal. 5,6 mm gebräuchlich und werden den Einsteckläufen gleichgestellt (1. WaffV § 4/2).

**Welche Patronen dürfen zur Bekämpfung von nicht jagdbaren und ungeschützten Tieren (z. B. Sperlingen) in Hof, Garten und im befriedeten Besitztum verwendet werden?**

Randfeuerschrotpatronen mit einem Durchmesser bis 9 mm. Das ist für Landwirte für die Schädlingsbekämpfung wichtig!

**Was ist vor dem Erwerb von Selbstladewaffen zu beachten?**

Der Jäger kann auf seinen Jagdschein alle Langwaffen erwerben, *ausgenommen Selbstladewaffen, deren Magazin mehr als zwei Patronen aufnehmen kann.*
Der Erwerb vollautomatischer Selbstladebüchsen ist verboten (§ 37 1 d WaffG s. S. 530).
Vor dem Erwerb einer halbautomatischen Selbstladebüchse oder -flinte (s. S. 58 und Verbot nach § 19 2 c BJG S. 483), die *im Magazin mehr als zwei Patronen aufnehmen kann,* ist der Behörde ein

Bedürfnis nachzuweisen, hierzu ein *Gutachten des Landesjagdverbandes* beizubringen und die Ausstellung einer *Waffenbesitzkarte* zu beantragen.

Sachkunde (Nachweis) § 31 WaffG

**Wer hat den Nachweis der Sachkunde erbracht?**

Wer die Jägerprüfung bestanden hat oder seine Sachkunde durch eine Tätigkeit oder Ausbildung nachweist (§ 32 der 1. WaffV vom 24. Mai 1976, BGBl. S. 1285).

Bedürfnis § 32 (2) 2 WaffG

**Was ist vor dem Erwerb von Kurzwaffen zu beachten?**

Der Jagdscheininhaber erhält *ohne Bedürfnisprüfung* für zwei Kurzwaffen Waffenbesitzkarten, sofern er nicht schon zwei Kurzwaffen besitzt. Vor dem Erwerb jeder weiteren Kurzwaffe muß er der Behörde ein vorliegendes Bedürfnis nachweisen *und* eine Waffenbesitzkarte beantragen.

Ein Bedürfnis für eine dritte Kurzwaffe liegt z. B. vor, wenn zwei Kurzwaffen nicht für den Fangschuß geeignet sind. Das wäre der Fall nach § 19 2 d BJG, wenn die Geschosse nicht eine Mündungsenergie von mindestens 200 J erbringen.
Achtung! Teilmantelgeschosse mit Sollbruchstellen und Hohlspitzgeschossen sind für Revolver- und Pistolenmunition verboten (nach § 22 [2] im geänderten § 8 [2] der Dritten VO zum WaffG [3. WaffV], BGBl. I 1976 S. 3775).
(Bitte auf S. 12 in der letzten Zeile zur Antwort auf die dritte Frage nach „Teilmantelgeschosse" einfügen: „mit Sollbruchstellen".)

Erwerb erlaubnisfreier Waffen § 33 WaffG

**Wer darf frei verkäufliche Waffen und Munition erwerben?**

Nur Personen, die das 18. Lebensjahr vollendet haben und Jugendliche zwischen dem 16. und 18. Lebensjahre, die den Jugendjagdschein (s. S. 479) besitzen. Das gilt für Luftgewehre und -pistolen unter 7,5 Joule (s. jedoch S. 486), Schreckschuß-, Reizstoff- und Signalwaffen sowie Wühlmausapparate mit PTB-Zeichen (s. Abb. S. 528), Einsteckläufe, Viehbetäubungsgeräte, Bolzensetzgeräte, Armbrust, Bogen und für Hieb- und Stichwaffen.

Überlassen von Waffen § 34 WaffG

**Darf man Schußwaffen in Anzeigen zum Verkauf anbieten?**

Nur dann, wenn auf das Erfordernis der Erlaubnis zum Erwerb hingewiesen wird sowie Name und Anschrift des Anbieters angegeben werden.
Eine Anzeige unter Chiffre ist also nicht zulässig!

Führen von Waffen, Waffenschein § 35 (4) (5) WaffG

**Braucht der Jäger zur Jagdausübung einen Waffenschein?**

Nur dann nicht, wenn er eine Waffe „*zur befugten Jagdausübung*", zum Jagdschutz oder Forstschutz oder im Zusammenhang damit, z. B. auf dem Hin- und Rückweg führt, wobei es keine Rolle spielt, ob er in seine eigene Jagd geht oder in ein fremdes Revier eingeladen ist. Besteht jedoch kein eindeutiger Zusammenhang mit der Jagdausübung, ersetzt der Jagdschein den Waffenschein nicht! Wer als Jäger Schußwaffen führt, muß seinen Jagdschein, die Waffenbesitzkarte und den Personalausweis mit sich führen und Befugten (z. B. Polizei- und Forstbeamten, Jagdschutzberechtigten) auf Verlangen zur Einsichtnahme überlassen (Waffentransport zum Schießstand s. S. 533).

§ 37 WaffG Verbotene Gegenstände

**Für welche Waffen und Gegenstände besteht Herstellungs-, Bearbeitungs-, Erwerbs-, Vertriebs- und Einfuhrverbot?**

Verboten sind:

1. Schußwaffen, die
   a) über den für Jagd- und Sportzwecke allgemein üblichen Umfang hinaus zusammengeklappt, zusammengeschoben, verkürzt oder schnell zerlegt werden können *(Wilddiebsgewehre)*,
   b) eine Länge von mehr als 60 cm haben und zerlegbar sind, deren längster Waffenteil kürzer als 60 cm ist und die zum Verschießen von Patronen mit Randfeuerzündung (s. S. 36) bestimmt sind,
   c) ihrer Form nach geeignet sind, einen anderen Gegenstand vorzutäuschen oder die mit Gegenständen des täglichen Gebrauchs verkleidet sind,
   d) vollautomatische Selbstladewaffen (s. S. 58) sind,
   e) ihrer äußeren Form nach den Anschein einer vollautomatischen Selbstladewaffe hervorrufen, die Kriegswaffe im Sinne des Gesetzes über die Kontrolle von Kriegswaffen ist;
2. Vorrichtungen, die zum Anleuchten oder Anstrahlen des Zieles oder der Beleuchtung der Zieleinrichtung dienen und für Schußwaffen bestimmt sind;
3. Nachtzielgeräte, die einen Bildwandler oder eine elektronische Verstärkung besitzen und für Schußwaffen bestimmt sind;
4. Hieb- und Stoßwaffen, die ihrer Form nach geeignet sind, einen anderen Gegenstand vorzutäuschen oder die mit Gegenständen des täglichen Gebrauchs verkleidet sind;
5. Messer, deren Klingen auf Knopf- oder Hebeldruck hervorschnellen und hierdurch festgestellt werden können (Springmesser), ferner Messer, deren Klingen beim Lösen einer Sperrvorrichtung durch ihre Schwerkraft oder durch eine Schleuderbewegung aus dem Griff hervorschnellen und selbsttätig festgestellt werden (Fallmesser);
6. Stahlruten, Totschläger oder Schlagringe;
7. Geschosse, Wurfkörper oder sonstige Gegenstände, die Angriffs- oder Verteidigungszwecken dienen und dazu bestimmt sind, leicht entflammbare Stoffe so zu zu verteilen und zu entzünden, daß schlagartig ein Brand entstehen kann.
   *Es ist ferner verboten zur Herstellung dieser Gegenstände anzuleiten oder aufzufordern oder Bestandteile zu vertreiben, die zur Herstellung dieser Gegenstände bestimmt sind;*
8. Geschosse mit Betäubungsstoffen, die zu Angriffs- oder Verteidigungszwecken bestimmt sind *(nicht Geschosse für das Narkosegewehr (s. S. 415);*
9. Geschosse und sonstige Gegenstände mit Reizstoffen, die zu Angriffs- oder Verteidigungszwecken oder zur Jagd bestimmt sind, wenn sie bei bestimmungsgemäßer Verwendung den Anforderungen einer Rechtsverordnung nicht entsprechen;
10. Nachbildungen von Schußwaffen im Sinne der Nr. 1e;
11. unbrauchbar gemachte vollautomatische Selbstladewaffen, die Kriegswaffen waren, und unbrauchbar gemachte Schußwaffen, die den Anschein vollautomatischer Kriegswaffen hervorrufen.

Nummer 1b gilt nicht für Einsteckläufe und Austauschläufe, Nummer 5 nicht für Springmesser und Fallmesser, die nach Größe sowie Länge und Schärfe der Spitze als Taschenmesser anzusehen sind.

## Verbot des Führens von Waffen bei öffentlichen Veranstaltungen — § 39 WaffG

**Was ist bei öffentlichen Veranstaltungen zu beachten?**

Wer an öffentlichen Veranstaltungen, insbesondere an Volksfesten und öffentlichen Vergnügungen teilnimmt, darf keine Schußwaffen, Hieb- oder Stoßwaffen führen.

## Sicherung gegen Abhandenkommen — 42.4 WaffVwV

**Welche Maßnahmen hat der Jäger gegen das Abhandenkommen von Waffen und Munition (nach 42.4 WaffVwV) zu treffen?**

Er hat Waffen und Munition auch in der verschlossenen Wohnung noch besonders einzuschließen *(zweckmäßig nimmt man nach dem Entspannen von Kipplaufwaffen den Vorderschaft und von Repetierbüchsen den Kammerverschluß gesondert in Verwahrung).*
In nicht bewohnten Räumen (Wochenendhäusern und Jagdhütten) sind weitere Sicherheitsvorkehrungen erforderlich.
Während des Schüsseltreibens (s. S. 294) verwahrt man die Waffe im abgeschlossenen Autokofferraum oder einem abgeschlossenen Raume der Gastwirtschaft.

## Anzeigepflichten — § 43 WaffG

**Wo läßt man seine Waffen während eines längeren Urlaubs?**

Man kann sie jemandem zur sicheren Aufbewahrung geben. Der Aufbewahrer darf von den Waffen keinen Gebrauch machen und muß sicher verhindern, daß andere sie unbefugt an sich nehmen. Kommen sie trotzdem abhanden, muß er das binnen einer Woche, nachdem er davon Kenntnis erhalten hat, bei der zuständigen Behörde anzeigen (§ 43 Abs. 2 WaffG). Der Aufbewahrer braucht keine Waffenbesitzkarte. Zweckmäßig gibt man ihm einen schriftlichen Auftrag zur Aufbewahrung, damit er etwas in der Hand hat.

## Schießstätten, Schießen — §§ 44, 45 WaffG

**Was sind polizeilich zugelassene Schießstätten?**

Es sind ortsfeste Anlagen, die dem Schießsport oder sonstigen Schießübungen, der Erprobung von Schußwaffen oder dem Schießen zur Belustigung dienen und behördlich genehmigt sind.
*Beim Gang oder bei der Fahrt zum Schießstand dürfen die Waffen auch vom Jagdscheininhaber nur verpackt (im Futteral oder im verschlossenen Kofierraum des Autos) transportiert werden.*
Wer außerhalb von Schießstätten schießen will, bedarf der Erlaubnis (§ 45 [1] WaffG). *Das gilt nicht* (§ 45 [6] WaffG) *für das Schießen*

1. mit Schußapparaten,
2. mit Schußwaffen, wenn die Bewegungsenergie der Geschosse nicht mehr als 7,5 Joule (etwa 0,75 kpm) beträgt oder deren Bauart zugelassen ist (s. S. 528), im befriedeten Besitztum, wenn die Geschosse dieses nicht verlassen können,
3. in den Fällen des Notstandes und der Notwehr (s. S. 485, 507) und
4. bei der befugten Jagdausübung einschließlich des Anschießens (nicht des Einschießens) von Jagdwaffen im Revier.

**Darf man sich von einem Berechtigten auch Waffen „leihen"?**

Ja, alle Waffen, die man gegen Vorlage des Jagdscheins kaufen kann. Nach spätestens einem Monat muß man sie zurückgeben oder sich eine Waffenbesitzkarte ausstellen lassen. Das Leihen von Kurzwaffen ist nur auf dem Schießstand zulässig.

§§ 53 u. 55 Strafvorschriften, Ordnungswidrigkeiten

**Welche Straf- und Bußgeldvorschriften sieht das WaffG vor?**

(1) *Freiheitsstrafe* von sechs Monaten bis zu fünf Jahren (in minder schweren Fällen bis zu drei Jahren oder Geldstrafe).
Eine *Ordnungswidrigkeit* kann mit einer Geldbuße bis zu zehntausend Deutsche Mark geahndet werden.
Ist eine Straftat nach § 53 oder eine Ordnungswidrigkeit nach § 55 begangen worden, so können nach § 56 (WaffG) Gegenstände,

1. auf die sich die Straftat oder Ordnungswidrigkeit bezieht oder
2. die zu der Begehung oder Vorbereitung gebraucht worden oder bestimmt gewesen sind,

*eingezogen* werden.
(2) § 74 des Strafgesetzbuchs und § 23 des Gesetzes über Ordnungswidrigkeiten sind anzuwenden.

§ 59 WaffG Anmeldepflicht für Schußwaffen

**Was bestimmt das neue WaffG zur Anmeldepflicht für Schußwaffen?**

(1) Hat jemand am 1. 1. 1976 die tatsächliche Gewalt über Schußwaffen ausgeübt, für deren Erwerb es der Erlaubnis bedurfte oder jetzt bedarf, so hat er diese Schußwaffen letztmalig bis zum 30. 6. 1976 der zuständigen Behörde schriftlich anzumelden und dabei seine Personalien sowie Art und Anzahl der Schußwaffen, deren Kaliber, Hersteller- oder Warenzeichen und, wenn die Schußwaffen eine Herstellungsnummer haben, auch diese anzugeben.
*Zur Anmeldung ist* nicht verpflichtet, wer

1. die Schußwaffen der zuständigen Behörde nach dem 1. 1. 1973 mit den erforderlichen Angaben angemeldet hat,
2. die Schußwaffen vor dem Ablauf der Frist (vom 1. 3. 1976) einem anderen überlassen hat.

(2) Hat jemand eine Schußwaffe rechtzeitig angemeldet, so wird er nicht wegen unerlaubten Erwerbs oder unerlaubter Einfuhr bestraft (Amnestie).
(3) Zum Nachweis der Anmeldung stellt die Behörde eine *Waffenbesitzkarte* aus (s. S. 529).
(5) Nach Ablauf der Anmeldefrist darf die tatsächliche Gewalt über anmeldepflichtige, jedoch nicht angemeldete Waffen nicht mehr ausgeübt werden.

§ 62 WaffG Inkrafttreten des WaffG

**Wann ist das WaffG in Kraft getreten?**

Am 1. Januar 1973, mit Änderungen vom 4. März 1976 (BGBl. I vom 10. 3. 1976 S. 417).

Damit traten außer Kraft: Das Bundeswaffengesetz vom 14. Juni 1968 (BGBl. I S. 633), das Waffengesetz vom 18. März 1938 (RGBl. I S. 265), die DVO zum Waffengesetz vom 19. 3 1938 (RGBl. I S. 270) und sonstige Vorschriften des Landesrechts, deren Gegenstände in diesem Gesetz geregelt sind oder die ihm widersprechen.

*Das Waffenrecht wurde damit Bundesrecht!*

*(Auskunft und Beratung für Jäger, Schützen, Wiederlader bei „Verband für Waffenfreunde", Klever Str. 80, 4 Düsseldorf 30.)*

# JUNGJÄGERPRÜFUNG

Wer die Jagd in Deutschland ausüben will, muß nicht nur seine jagdlichen Rechte, sondern vor allem auch seine jagdlichen Pflichten kennen und beachten. Er hat in seinem Tun und Lassen Waidgerechtigkeit, Hege und Naturschutz und die Belange der Land-, Forst- und Volkswirtschaft zu wahren. An den jagdlichen Nachwuchs werden deshalb besondere Anforderungen gestellt.

*Er soll charakterfest und verantwortungsbewußt sein.*

Bei der Jägerprüfung, der eine gute Vorbereitung vorausgehen muß, soll ein strenger Maßstab angelegt werden.
Jeder Jungjäger, der vor der Jägerprüfung steht, muß sich mit den jagdrechtlichen Bestimmungen und der Prüfungsordnung des Landes vertraut machen, in dem er die Prüfung ablegen will (siehe *Baden-W.* S. 540, *Bayern* S. 542, *Berlin* S. 546, *Bremen* S. 547, *Hamburg* S. 549, *Hessen* S. 536, *Niedersachsen* S. 549, *Nordrhein-Westf.* S. 550, *Rheinland-Pfalz* S. 551*, *Saarland* S. 553, *Schleswig-Holstein* S. 556).

Koordinierung der Jägerprüfungsordnungen

Im Jahre 1967 wurde vom DJV (S. 559, Telefon ändern in [0 22 21] 21 41 44 und 21 41 72) eine Kommission zur Koordinierung der Jägerprüfungsordnungen im Bundesgebiet geschaffen. Sie hatte die Aufgabe, eine Vereinheitlichung der in den Bundesländern geltenden Jägerprüfungsordnungen zu erreichen.
Es bestand Einmütigkeit darin, daß die Ausbildung auf die Jägerprüfung mehr als bisher auf den

*Erwerb jagdlicher Kenntnisse in der Praxis*

abgestellt und *eine Zulassungsvoraussetzung* werden solle.
Der Prüfling soll also ein *praktisches Lehrjahr* bei einem Lehrherrn (Lehrprinzen) ableisten und regelmäßig an den Übungsschießen der für ihn zuständigen Kreisgruppe der Jäger teilnehmen. Die Prüfung soll aus drei Teilen bestehen (s. auch S. 480 u. 543):

a) dem schriftlichen Teil,
b) dem mündlichen und praktischen Teil und
c) dem jagdlichen Schießen einschl. der Handhabung der Jagd- und Kurzwaffen.

---

*) Der gesamte Text der neuen Jägerprüfungsordnung für *das Land Rheinland-Pfalz* (s. S. 551) kann gegen Rechnung zum Preise von 2,20 DM einschl. Porto vom Landeshauptarchiv, Karmeliterstraße 1, in 54 Koblenz bezogen werden.
Hierzu hat der LJV in seinem Mitteilungsblatt „Jagd + Jäger“ im November 1977 durch seinen Schießobmann, Herrn PÜTZ, erläuternd gesagt, daß er für die Ausbildung und Prüfung der Jungjäger im Kurzwaffenschießen die Pistole .22 lfB (Walther) oder den Revolver .38 spezial mit Wadcuttergeschossen für angebracht hält.

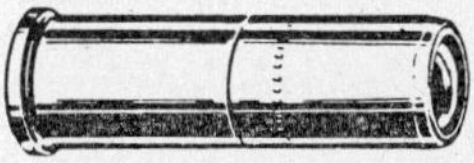

.38 spezial Wadcutter

Lauflänge 4 Zoll = 10,16 cm, 1 360 g Abzugsgewicht (Näheres hierzu s. S. 11, beide Abschnitte unten, Tafeln 3 und 4 nach S. 64 und S. 88 bis 94). Der Prüfling muß mit der Faustfeuerwaffe mit sechs Schüssen eine 10er Ringscheibe (wie S. 38) auf 25 m stehend freihändig innerhalb der Ringe zweimal treffen.

# JÄGERPRÜFUNGSORDNUNG FÜR DAS LAND HESSEN

*veröffentlicht im Staatsanzeiger für das Land Hessen Nr. 13/1971 S. 558 (Verlag Kultur und Wissen GmbH, 62 Wiesbaden), nebst Erlaß des Hess. Min. f. Landwirtschaft und Umwelt vom 18. 9. 1972 zu § 3 Abs. 3 und Änderung vom 13. 9. 1974 zu § 3 Abs. 2:*

### *§ 1 Allgemeines*

*(1) Die Erteilung des ersten Jahres- oder Tagesjagdscheins (einschließlich des Jugendjagdscheins) ist grundsätzlich davon abhängig, daß der Bewerber eine Jägerprüfung bestanden hat. Dies gilt nicht für die Erteilung des Falkner-Jahresjagdscheins (s. S. 480). Bei der Jägerprüfung ist ein strenger Maßstab anzulegen. Daher soll der Bewerber vorher eine sich mindestens über ein Jahr erstreckende Unterweisung erhalten und an einem von der Landesvereinigung der Jäger anerkannten Lehrgang teilnehmen.*

### *§ 2 Prüfungsausschuß, Schriftführer*

*(1) Die Jägerprüfung ist von einem Prüfungsausschuß durchzuführen.*

*(3) der Prüfungsausschuß setzt sich aus fünf jagdpachtfähigen Jägern zusammen, nämlich einem Vorsitzenden und vier Beisitzern. Für jedes Mitglied ist ein Stellvertreter zu berufen.*

*(5) Mitglieder eines Prüfungsausschusses dürfen sich als Ausbilder in Jungjäger-Lehrgängen nicht beteiligen.*

*(6) Der Prüfungsausschuß trifft seine Entscheidungen mit einfacher Stimmenmehrheit. Stimmenthaltung ist unzulässig.*

### *§ 3 Anmeldung der Bewerber, Prüfungstermine*

*(1) Teilnehmermeldungen sind schriftlich nach vorgeschriebenem Muster (s. S. 557, Anlage 1) bis spätestens zum 30. November j. Js. über den Jagdberater an die Untere Jagdbehörde zu richten, in deren Bezirk der Antragsteller seinen gewöhnlichen Aufenthalt hat. Ausnahmen bedürfen der Zustimmung der für den Wohnsitz zuständigen Unteren Jagdbehörde sowie derjenigen Jagdbehörde, bei der die Meldung abgegeben werden soll. Die beteiligten Jagdberater sind vorher zu hören. Beabsichtigt der Bewerber, die Prüfung in einem anderen Land des Bundesgebiets oder im Land Berlin abzulegen, so ist außerdem die Zustimmung der beiden Obersten Jagdbehörden erforderlich.*

*(2) Der Anmeldung sind beizufügen:*

*a) ein handgeschriebener Lebenslauf mit Angaben für jagdliche Vorbildung*

*b) eine Bestätigung, daß eine Jungjäger-Unfall- und eine Jagdhaftpflichtversicherung abgeschlossen ist,*

*c) ein polizeiliches Führungszeugnis,*

*d) bei Minderjährigen eine amtlich beglaubigte Einverständniserklärung des gesetzlichen Vertreters, die die genaue Anschrift desselben enthalten muß,*

*e) eine Quittung über die eingezahlte Prüfungsgebühr.*

*Die Prüfungsgebühr beträgt 100,– DM und ist an die für den Sitz der Oberen Jagdbehörde zuständige Staatskasse (Darmstadt und*

Kassel) zugunsten des Kap. 0955–11171 (Prüfungsgebühr für Jägerprüfungen) zu zahlen.

(3) Bewerber, die noch nicht 16 Jahre alt sind, sind nur zuzulassen, wenn sie bis zum 31. März des auf die Anmeldung folgenden Jahres das 16. Lebensjahr vollendet haben. Bewerber, bei denen eine Voraussetzung des § 17 Abs. 1 Nr. 2–5 BJG vorliegt, sind zurückzuweisen. Bewerber, bei denen eine der Voraussetzungen des § 17 Abs. 2 oder Abs. 4 BJG vorliegt (s. S. 481/482), können zurückgewiesen werden. Die Entscheidung über die Zulassung trifft die Untere Jagdbehörde nach Anhörung des Jagdberaters.

(4) Wird dem Antragsteller die Zulassung zur Prüfung versagt oder tritt er vor Prüfungsbeginn von der Prüfung zurück, so wird ihm die Hälfte der eingezahlten Prüfungsgebühr zurückerstattet.

(5) Die Unteren Jagdbehörden melden die zugelassenen Bewerber bis zum 31. Januar j. Js. an die zuständige Obere Jagdbehörde. Der Meldung sind die Anträge der Bewerber (Abs. 1) mit Unterlagen (Abs. 2) beizufügen. Die Obere Jagdbehörde verteilt die Bewerber, möglichst unter Berücksichtigung des Wohnsitzes, auf die Prüfungsausschüsse.

(6) Der Prüfungstermin für den schriftlichen Teil der Prüfung wird von der Obersten Jagdbehörde festgesetzt und den Oberen Jagdbehörden bekanntgegeben. Diese setzen die Prüfungstermine für das jagdliche Schießen, den mündlichen und praktischen Teil der Prüfung sowie den Ort der Prüfung in Übereinstimmung mit den Vorsitzenden der Prüfungsausschüsse fest und benachrichtigen die Oberste Jagdbehörde, die Landesvereinigung der Jäger (§ 5 Abs. 1 Satz 2) sowie die Bewerber.

(7) Werden dem Prüfungsausschuß vor Abschluß der Prüfung Umstände bekannt, die den dringenden Verdacht rechtfertigen, daß bei einem Bewerber Tatsachen vorliegen, die zur Zurückweisung hätten führen müssen (Abs. 3 Satz 1), so kann der Vorsitzende den Bewerber zwecks Überprüfung durch die zuständige Untere Jagdbehörde von der Prüfung zurückstellen.

### § 5 Durchführung und Gegenstand der Prüfung

(1) Die Prüfung ist nicht öffentlich. Die Oberste Jagdbehörde, die Oberen Jagdbehörden und die Landesvereinigung der Jäger sind berechtigt, durch Entsendung eines Vertreters der Prüfung beizuwohnen.

(2) Die Prüfung besteht aus
a) dem jagdlichen Schießen,
b) dem schriftlichen Teil,
c) dem mündlichen und praktischen Teil.

Den Ablauf der Prüfung im einzelnen bestimmt der Vorsitzende des Prüfungsausschusses.

(3) Die Durchsicht der schriftlichen Arbeit erfolgt durch zwei Mitglieder des Prüfungsausschusses, die die Bewertungen für die einzelnen Sachgebiete (§ 7 Abs. 1) vorschlagen. Der mündliche und praktische Teil der Prüfung ist in ständiger Gegenwart sämtlicher Mitglieder des Prüfungsausschusses abzuhalten. Die Bewertung der Leistungen der Prüflinge erfolgt durch den gesamten Ausschuß in geheimer Beratung.

(4) Die Prüfung erstreckt sich auf ausreichende Kenntnisse in folgenden Sachgebieten:

*a) Jagdbare Tiere (Jagdtierkunde, Ansprechen des Wildes, Wildkrankheiten, Jagdarten, Naturschutz),*
*b) Führung der Jagdwaffen (Systematik der Jagdwaffen, Handhabung, Gebrauch und Pflege der Jagdwaffen, Munition, Ballistik, Jagdoptik, Fanggeräte, Sicherheitsbestimmungen),*
*c) Behandlung des erlegten Wildes (Verhalten nach dem Schuß, Nachsuche, Jagdhunde, Versorgung und Verwertung des erlegten Wildes, jagdliches Brauchtum),*
*d) Jagdliche Gesetzgebung (Grundsätze und wichtige Einzelbestimmungen des Jagdrechts und seiner Nebengebiete).*

### *§ 6 Jagdliches Schießen*

*(1) Jeder Prüfling hat gemäß den nachstehenden Anforderungen seine Fähigkeit als Kugel- u. Schrotschütze unter Beweis zu stellen.*
*(2) Gefordert werden*
*a) 3 Kugelschüsse auf 10er Ringscheibe (50 cm Scheibendurchmesser, 10 = weiß s. S. 38), Entfernung 100 m, Anschlag sitzend aufgelegt hinter dem Anschußtisch (s. Abb. S. 81),*
*b) 3 Kugelschüsse auf stehenden Rehbock (nach links stehend, DJV-Scheibe Nr. 1, Abb. S. 82), Entfernung 100 m, Anschlag stehend angestrichen (wie Tafel 3 oben nach S. 64),*
*c) Beschießen von 6 laufenden Kipp- bzw. Rollhasen, Entfernung 35 m, wobei jeweils höchstens 2 Schrotpatronen geladen und verfeuert werden dürfen. Die Schneisenbreite muß 6 m betragen; der Hase muß zwei bis drei Sekunden sichtbar sein. Jeder Hase ist vom Schützen einzeln abzurufen. Voranschlag ist verboten. Es darf nur mit der Schrotstärke $2^1/_2$ mm geschossen werden.*
*(3) Als Treffer werden nur gewertet*
*a) auf der Ringscheibe der 5. bis 10. Ring (Abb. S. 38),*
*b) auf den Rehbock der 1. bis 10. Ring (Abb. S. 82),*
*der berührte Ring zählt bereits als getroffen.*
*(4) Das Ergebnis des jagdlichen Schießens ist in eine Schießliste einzutragen, die der Prüfungsniederschrift beizuheften ist. Es ist mit „ausreichend" zu beurteilen, wenn mindestens folgende Treffer erzielt wurden*
*a) auf Ringscheibe und Rehbock zusammen 3 Treffer, davon ein Treffer auf der anderen Scheibe; die Scheibe ist nur nach dem ersten Schuß einzuziehen,*
*b) auf Kipp- oder Rollhasen 3 Treffer.*
*(5) Werden diese Ergebnisse nicht erzielt, oder verstößt der Prüfling gegen die Sicherheitsbestimmungen oder zeigt er schwerwiegende Mängel bei der Handhabung der Waffe, so ist die Leistung mit „nicht ausreichend" zu beurteilen. Der Prüfling ist durch mündliche Erklärung des Vorsitzenden des Prüfungsausschusses von der Fortsetzung der Prüfung auszuschließen; die Prüfung gilt als nicht bestanden. Der Grund des Ausschlusses ist in der Prüfungsniederschrift zu vermerken.*
*(6) Zugelassen sind für den Schuß mit der Kugel die Kal. 6,5 und stärker, mit Schrot die Kal. 20 und stärker sowie die Verwendung von Zielfernrohren.*
*(7) Im übrigen sind die Bestimmungen der DJV-Schießvorschrift vom 1. 1. 1977 sinngemäß anzuwenden (vorherige Schießvorschrift s. S. 79).*

### *§ 7 Schriftlicher Teil*

*(1) Beim schriftlichen Teil der Prüfung sind je Sachgebiet 25 (insgesamt also 100) Fragen an Hand eines Fragebogens schriftlich zu beantworten. Er findet unter Aufsicht eines vom jeweiligen Vorsitzenden zu bestimmenden Mitglieds des Prüfungsausschusses statt und soll höchstens 4 Stunden dauern. Im Bedarfsfall können zwei Aufsichtführende bestimmt werden.*

*(2) Der Fragebogen wird für jede Prüfung landeseinheitlich von der Obersten Jagdbehörde abgefaßt. Die Oberste Jagdbehörde übersendet diese Fragebogen in ausreichender Anzahl nebst einer Musterlösung den Vorsitzenden der Prüfungsausschüsse. Diese dürfen den verschlossenen Umschlag erst bei Beginn des schriftlichen Teils der Prüfung in Gegenwart des Aufsichtsführenden und aller Prüflinge öffnen. Überzählige Fragebogen sind zu vernichten.*

*(3) Jede gegenseitige Fühlungnahme der Prüflinge oder jede Benutzung von Hilfsmitteln sind untersagt. Verstöße gegen diese Verbote schließen den Prüfling von der Fortsetzung der Prüfung aus; die Prüfung gilt als nicht bestanden. Die Prüflinge sind vor Beginn ausdrücklich darauf hinzuweisen.*

*(4) Die Leistungen in einem Sachgebiet sind mit „ausreichend" zu bewerten, wenn 15 Fragen richtig beantwortet wurden. Hierbei können teilweise richtige Ergebnisse zusammengezogen werden.*

*(5) Sofern die Leistung eines Prüflings in einem Sachgebiet mit „nicht ausreichend" beurteilt wird, benachrichtigt der Vorsitzende des Prüfungsausschusses unverzüglich schriftlich die Obere Jagdbehörde. Diese schließt den Prüfling unter Angabe des Grundes von der Fortsetzung der Prüfung aus.*

### *§ 8 Mündlicher und praktischer Teil*

*(1) Das theoretische Wissen und das praktische Können werden in einem kombinierten Prüfungsverfahren ermittelt, das alle Sachgebiete erfassen muß. Es soll teilweise in einem Jagdbezirk durchgeführt werden. Zur Prüfung im geschlossenen Raum ist durch die Mitglieder des Prüfungsausschusses für das Vorhandensein von reichlichem Anschauungsmaterial zu sorgen. Die Prüflinge können in Gruppen zusammengefaßt werden. Eine Gruppe soll nicht mehr als sechs Prüflinge umfassen.*

*(2) Auf die sichere Handhabung der Jagdwaffe, die Beherrschung der Sicherheitsbestimmungen im praktischen Jagdbetrieb sowie auf ausreichende jagdkynologische Kenntnisse, insbesondere bei der Nachsuche, ist besonderer Wert zu legen.*

*(3) Der im geschlossenen Raum stattfindende Teil der Prüfung soll je Sachgebiet und Gruppe eine Stunde nicht überschreiten; das ist je Prüfling etwa 10 Minuten.*

### *§ 9 Bewertung*

*(1) Die Leistungen der Prüflinge sind in jedem Fach wie folgt zu bewerten:*

| | |
|---|---|
| *„ausreichend"* | *für eine Leistung, die, abgesehen von einzelnen geringfügigen Mängeln, den Anforderungen entspricht oder besser ist,* |
| *„nicht ausreichend"* | *für eine an erheblichen Mängeln leidende oder völlig unbrauchbare Leistung.* |

*§ 10 Gesamturteil*

*(1) Über das Gesamturteil entscheidet der Prüfungsausschuß.*

*(2) Die Prüfung ist nicht bestanden, wenn die Leistungen in einem Sachgebiet, gleich ob im schriftlichen oder im mündlichen und praktischen Teil der Prüfung, mit „nicht ausreichend" bewertet wurden.*

*§ 12 Prüfungszeugnis*

*(1) Nach bestandener Prüfung erhält der Prüfling ein Zeugnis nach anliegendem Muster (Anlage 4, s. S. 558), das von allen Mitgliedern des Prüfungsausschusses zu unterzeichnen und mit dem Siegel der Oberen Jagdbehörde zu versehen ist.*

*(2) Hat der Prüfling seine Zulassung zur Prüfung durch unrichtige oder unvollständige Angaben erschlichen oder hat er bei der Prüfung Täuschungshandlungen begangen, so kann das Prüfungszeugnis von der Oberen Jagdbehörde nach Anhörung des Prüfungsausschusses für nichtig erklärt und eingezogen werden. Ein in diesem Fall bereits erteilter Jagdschein ist einzuziehen.*

*§ 14 Wiederholung der Prüfung*

*Wird die Prüfung in Hessen, in einem anderen Land des Bundesgebietes oder im Land Berlin nicht bestanden, so kann sie frühestens nach einem Jahr wiederholt werden. Jede weitere Wiederholung der Prüfung bedarf der Zustimmung der Oberen Jagdbehörde; sie kann ihre Zustimmung von Auflagen abhängig machen.*

## BADEN-WÜRTTEMBERG

*bestimmt in der neuen Jägerprüfungsordnung vom 2. November 1976 (GBl. BW Nr. 20 S. 594) unter anderem:*

*§ 3 Gegenstand der Prüfung*

*(1) Die Prüfung besteht aus folgenden Prüfungsabschnitten*
*1. dem jagdlichen Schießen,*
*2. dem schriftlichen Teil,*
*3. dem mündlich-praktischen Teil.*
*Sie ist in dieser Reihenfolge durchzuführen.*
*Im schriftlichen und im mündlich-praktischen Teil der Prüfung hat der Prüfling Kenntnisse in folgenden Prüfungsfächern nachzuweisen:*
*1. Tierarten, Wildbiologie, Wildhege, Jagdbetrieb, Wildschadensverhütung und Land- und Waldbau;*
*2. Waffenrecht, Waffentechnik und Führung von Jagdwaffen (einschließlich Faustfeuerwaffen);*
*3. Führung von Jagdhunden, Behandlung des erlegten Wildes unter besonderer Berücksichtigung der hygienisch erforderlichen Maßnahmen und Beurteilung der gesundheitlich unbedenklichen Beschaffenheit des Wildbrets, insbesondere auch hinsichtlich seiner Verwendung als Lebensmittel;*
*4. Jagd-, Tierschutz- sowie Naturschutz- und Landschaftspflegerecht.*

*§ 4 Abhaltung der Prüfung*

*(1) Die Prüfung findet einmal im Jahr im Zeitraum vom 1. März bis 31. Mai statt; sie ist nicht öffentlich.*

*§ 5 Zuständigkeit, Anmeldung*

*(1) Die Prüfung ist bei dem für die Wohnung (Hauptwohnung) zuständigen Kreisjagdamt abzulegen.*

*(3) Die Bewerber haben sich spätestens bis 20. Januar schriftlich beim zuständigen Kreisjagdamt anzumelden.*

*§ 8 Jagdliches Schießen*

*(2) Das jagdliche Schießen besteht aus der Kugel- und der Schrotdisziplin. Es sind folgende Mindestanforderungen zu erfüllen:*

*1. Bei 5 Schuß auf den stehenden Rehbock (wie S. 82) müssen aus 100 m Entfernung stehend angestrichen (wie Tafel 3 oben, nach S. 64) mit einem auf Schalenwild zugelassenen Kaliber (s. S. 42/43) und mit beliebiger Visierung und Optik mindestens drei Treffer im achten bis zehnten Ring erzielt werden; ein berührter Ring gilt als getroffen; dem Prüfling sind der Sitz des ersten Schusses durch Einziehen der Scheibe (s. Abb. S. 85) oder auf sonstige Weise und nach Abgabe aller Schüsse deren Sitz aufzuzeigen.*
*2. In der Schrotdisziplin müssen*
*a) auf 10 Kipphasen aus 35 m Entfernung mit Schrotstärke 2,5 oder 3 mm mindestens vier Treffer oder*
*b) auf 10 Wurftauben (Traptauben in gerader Richtung) mit 2,5 mm Schrotstärke mindestens drei Treffer erzielt werden.*
*Vor Abgabe des Schusses ist die Waffe so zu halten, daß die untere Spitze der Schaftkappe an der Hüfte anliegt (jagdliche Gewehrhaltung). Der Kipphase oder die Wurftaube dürfen erst ausgelöst werden, wenn der Prüfling jagdliche Gewehrhaltung eingenommen hat.*
*(3) Die Schußprüfung kann bei Nichterfüllung der Mindestanforderungen bis zum Beginn der schriftlichen Prüfung einmal im ganzen wiederholt werden.*
*(4) Wer die Mindestanforderungen nicht erfüllt oder gröblich gegen die Sicherheitsvorschriften verstößt, hat die Jägerprüfung nicht bestanden. Der Prüfling ist von der weiteren Prüfung ausgeschlossen.*
*(5) Die Prüfung erstreckt sich nicht auf die übrigen Gegenstände des zweiten Prüfungsfachs (§ 3 Abs. 2 Nr. 2). Diese werden im schriftlichen und mündlich-praktischen Teil geprüft.*

### *§ 9 Schriftlicher Teil*

*(1) Im schriftlichen Teil der Prüfung hat der Prüfling unter einer Kennziffer Fragen aus allen Prüfungsfächern (s. § 3) zu beantworten.*
*(2) Die Zeit zur Beantwortung der Fragen beträgt dreieinhalb Stunden. Zuerst sind die Fragebogen für das erste und zweite Prüfungsfach auszugeben und nach 105 Minuten mit den Antworten einzusammeln. Nach einer Pause von etwa 20 Minuten sind die Fragen aus dem dritten und vierten Prüfungsfach auszugeben und nach weiteren 105 Minuten einzusammeln.*

### *§ 10 Mündlich-praktischer Teil*

*(1) Im mündlich-praktischen Teil der Prüfung werden das theoretische Wissen und das praktische Können ermittelt.*
*(3) Die Prüfung soll je Prüfungsfach und Prüfling nicht länger als 15 Minuten dauern.*

### *§ 11 Bewertung*

*(1) Die Prüfungsleistungen sind wie folgt zu bewerten:*
*1 = eine fehlerfreie und vollständige Leistung,*
*2 = eine gute, erheblich über dem Durchschnitt liegende Leistung,*
*3 = eine befriedigende Leistung, die in jeder Hinsicht durchschnittlichen Anforderungen entspricht,*
*4 = eine ausreichende Leistung, die trotz einzelner Mängel durchschnittlichen Anforderungen entspricht,*
*5 = eine Leistung mit erheblichen Mängeln,*
*6 = eine völlig unbrauchbare Leistung.*
*Zwischennoten bis auf zwei Dezimalstellen sind zulässig.*

### *§ 13 Prüfungsergebnis, -zeugnis und -bescheid*

*(1) Die Prüfung hat nicht bestanden, wer in einem Prüfungsfach die Endnote 6 oder in zwei Fächern die Endnote 5 erhalten hat.*
*(4) Hat der Prüfling die Prüfung bestanden, so erhält er ein Zeugnis nach Muster der Anlage (wie Seite 558).*

### *§ 14 Wiederholung der Prüfung*

*Die nicht bestandene Prüfung kann wiederholt werden (im folgenden Jahre, jede weitere im jeweils dritten Jahr).*

## BAYERN

hat die Jägerprüfungsordnung novelliert und den Wortlaut in der Vierten und Fünften VO zur Änderung des Bayerischen Jagdgesetzes vom 20. August und 12. September 1975 (Bayerisches GuVBl. 1975 Seite 281 und 344) bekannt gemacht.

Diese Gesetzesblätter können vom Süddeutschen Verlag 8 München 2 bezogen werden. Hier nur auszugsweise Wiedergabe.

*§§ 29 und 30 Anmeldung und Prüfungsgebühr*

*(1) Die Bewerber haben sich bei der für ihre Hauptwohnung zuständigen Kreisverwaltungsbehörde (Untere Jagdbehörde) bis spätestens 20. November des der Prüfung vorhergehenden Jahres schriftlich anzumelden und beizufügen:*

*a) den Nachweis über die Einzahlung der Prüfungsgebühr (von 120,– DM) an die Kasse der zuständigen Kreisverwaltung,*

*b) die Bestätigung, daß der Bewerber mindestens 100 Stunden an einem Ausbildungslehrgang teilgenommen hat; der Nachweis der praktischen Ausbildung über 50 Stunden kann auch durch eine Bestätigung über die Ableistung einer einjährigen jagdlichen Lehre bei einem bestätigten Lehrherrn erbracht werden (Näheres bringt der neue § 32),*

*d) eine eidesstattliche Erklärung, wann und wie oft der Bewerber bereits an Jägerprüfungen ohne Erfolg teilgenommen hat,*

*f) ein Führungszeugnis, das nicht älter als sechs Monate sein darf.*

*§ 32 Jagdliche Ausbildung*

*(1) Der Bewerber hat eine einjährige jagdliche Ausbildung abzuleisten, die sich über die vier Jahreszeiten erstrecken und mindestens 100 Stunden umfassen muß. Dabei muß der Bewerber auch ausreichende praktische Kenntnisse des Jagdbetriebes und der in einem Jagdrevier vorkommenden Arbeiten und Maßnahmen erwerben. Auf den praktischen Teil der Ausbildung müssen mindestens 50 Stunden entfallen. Dauer und Art der jagdlichen Ausbildung hat der Bewerber durch eine schriftliche Bestätigung des Leiters des Ausbildungslehrgangs nachzuweisen. Der Bestätigung über die Teilnahme an der praktischen Ausbildung über 50 Stunden steht gleich der Nachweis einer einjährigen jagdlichen Lehre bei einem bestätigten Lehrherrn.*

*(3) Die Kreisverwaltungsbehörde (Untere Jagdbehörde) bestätigt die Leiter der Ausbildungslehrgänge und die Lehrherren im Benehmen mit dem Landesjagdverband Bayern e. V.*

*(4) Der Landesjagdverband Bayern e. V. führt die Ausbildungslehrgänge durch.*

*§ 33 Zeit, Ort und Gegenstand der Prüfung*

*(1) Die Prüfung wird einmal im Jahr durchgeführt.*

*(2) Die Prüfung erstreckt sich auf ausreichende Kenntnisse*

*a) in der Waffentechnik, der Führung von Jagdwaffen und Faustfeuerwaffen (Grundbegriffe der Jagdwaffenkunde und der Jagdmunition, Ballistik, Jagdoptik, scharfer Schuß mit Kugel und Schrot), Handhabung und Pflege von Jagdwaffen und Fanggeräten, Vorsichtsmaßnahmen im praktischen Jagdbetrieb,*

*b) der Tierarten, insbesondere derjenigen, die dem Jagdrecht unterliegen, und ihrer Biologie (Erkennungsmerkmale der wichtigsten heimischen Tiere, Ansprechen des Wildes),*
*c) des Jagdrechts, des Waffenrechts, des Tierschutzrechts, des Naturschutz- und Landschaftspflegerechts sowie der Vorschriften über Notwehr und Notstand,*
*d) des Jagdbetriebes und der jagdlichen Praxis (einschließlich Aufstellung des Abschußplanes), der Behandlung des erlegten Wildes unter besonderer Berücksichtigung der hygienisch erforderlichen Maßnahmen und der Beurteilung der gesundheitlich unbedenklichen Beschaffenheit des Wildbrets, insbesondere auch hinsichtlich seiner Verwendung als Lebensmittel,*
*e) der Jagdhundehaltung und -führung (Jagdhunderassen, ihre Verwendung bei der Jagd, Hundekrankheiten),*
*f) der Wildhege (Reviergestaltung, Fütterung, Erkennen und Bekämpfung von Wildseuchen und Wildkrankheiten), der Wildschadensverhütung, des Naturschutzes und der Landschaftspflege sowie des Tierschutzes.*

*(3) Die Prüfung besteht aus drei Teilen:*
*a) dem schriftlichen Teil,*
*b) dem mündlichen Teil und*
*c) dem jagdlichen Schießen einschließlich Handhabung der Waffe.*
*Sie wird in dieser Reihenfolge durchgeführt.*

*(4) Bei allen Prüfungsfächern sind die Beherrschung der Waidmannssprache und die Vertrautheit mit dem jagdlichen Brauchtum zu berücksichtigen.*

*(5) Der schriftliche Teil der Prüfung wird von der Obersten Jagdbehörde landeseinheitlich unter Angabe von Tag und Uhrzeit festgesetzt und den Regierungen (Mittlere Jagdbehörden) bekanntgegeben. Diese bestimmen die Prüfungsorte und die dafür zuständigen Jagdbehörden und beauftragen diese mit der Durchführung; sodann laden sie die Bewerber rechtzeitig zum schriftlichen Teil der Prüfung.*

*(6) Die Prüfungsorte und -termine für den mündlichen Teil der Prüfung setzt die Regierung (Mittlere Jagdbehörde) fest und verständigt hiervon rechtzeitig die Bewerber und die Oberste Jagdbehörde.*

*(7) Die Prüfungsorte und -termine für den Prüfungsteil „Jagdliches Schießen und Handhabung der Waffe“ setzt die Regierung (Mittlere Jagdbehörde) gemeinsam mit den Kreisverwaltungsbehörden (Untere Jagdbehörde) fest. Sodann lädt sie die Bewerber rechtzeitig ein. Sie hat die am jagdlichen Schießen Beteiligten gegen Unfall und Haftpflicht zu versichern.*

### *§ 34 Schriftliche Prüfung*

*(1) In der schriftlichen Prüfung sind 100 Fragen aus allen Prüfungsfächern durch Ausfüllung eines Fragebogens zu beantworten. Die schriftliche Prüfung findet unter Aufsicht eines oder mehrerer Vertreter der beauftragten Jagdbehörde (§ 33 Abs. 5) statt; ihre Dauer beträgt höchstens drei Stunden.*

*(2) Der Fragebogen wird für jede Prüfung landeseinheitlich durch die Oberste Jagdbehörde, getrennt nach Prüfungsfächern, erstellt. Hierzu kann die Oberste Jagdbehörde Vorschläge mit Muster-*

*lösungen beim Landesjagdverband Bayern e. V. und bei den Jagdberatern der Regierungen (Mittlere Jagdbehörden) einholen. Die Vorschläge und Musterlösungen sind vertraulich zu behandeln,*

*(3) Die Oberste Jagdbehörde übersendet Fragebogen in ausreichender Zahl in versiegelten Umschlägen an die mit der schriftlichen Prüfung beauftragten Jagdbehörden.*

*(4) Jede gegenseitige Fühlungnahme der Bewerber, der Besitz sowie die Benutzung von Hilfsmitteln während der Prüfung sind untersagt. Bei einem Verstoß gegen diese Verbote, der in der Prüfungsniederschrift zu vermerken ist, ist der Bewerber sofort von der Prüfung auszuschließen; der Fragebogen ist ihm abzunehmen. Die Bewerber sind vor Beginn der Prüfung auf die Verstoßfolgen hinzuweisen; der Hinweis ist in die Prüfungsniederschrift aufzunehmen. Der Ausschluß von der Prüfung ist dem Bewerber durch den Vorsitzenden des Prüfungsausschusses außerdem schriftlich mitzuteilen.*

*(5) Die von den Bewerbern bearbeiteten und mit Namen versehenen Fragebogen sind durch die beauftragte Jagdbehörde in versiegeltem Umschlag nach Beendigung der Prüfung unverzüglich an den Vorsitzenden des Prüfungsausschusses zu senden; nicht benutzte Fragebogen sind zu entwerten und ebenfalls an den Vorsitzenden des Prüfungsausschusses zu senden.*

*(6) Die Bewertung findet in Anlehnung an eine durch die Oberste Jagdbehörde dem Vorsitzenden des Prüfungsausschusses übersandte Musterlösung durch jeweils zwei Mitglieder des Prüfungsausschusses statt; in Zweifelsfällen entscheidet der Vorsitzende des Prüfungsausschusses.*

*(7) Die Leistung in der schriftlichen Prüfung gilt als nicht ausreichend, wenn mehr als ein Viertel aller Fragen oder mehr als die Hälfte der in einem der Prüfungsfächer gestellten Fragen nicht, nicht richtig oder nicht vollständig beantwortet sind. Der Bewerber scheidet damit von der weiteren Teilnahme an der Prüfung aus. Dies ist ihm unter Hinweis auf die Folgen vom Vorsitzenden des Prüfungsausschusses schriftlich mitzuteilen.*

*(8) Hat der Bewerber die schriftliche Prüfung bestanden, so wird er durch den Vorsitzenden des Prüfungsausschusses zur mündlichen Prüfung geladen.*

### *§ 35 Mündliche Prüfung*

*(1) Die mündliche Prüfung soll insbesondere die in der jagdlichen Ausbildung erworbenen praktischen Kenntnisse der Bewerber möglichst anhand von Anschauungsmaterial ermitteln. Sie erstreckt sich auf alle Prüfungsfächer nach § 33 Abs. (2). Die Bewerber sind in Prüfungsgruppen bis zu vier Teilnehmern jeweils durch einen, möglichst aber durch zwei Prüfer zu prüfen. Die Prüfungsdauer beträgt je Prüfungsfach und je Bewerber mindestens 10 Minuten und soll 15 Minuten nicht überschreiten.*

### *§ 36 Jagdliches Schießen und Handhabung der Waffe*

*(1) Der Bewerber hat ausreichende Kenntnisse in der Handhabung der gebräuchlichen Jagdwaffen (Langwaffen und Faustfeuerwaffen) nachzuweisen. Sie sind getrennt von den Anforderungen im scharfen Schuß zu prüfen. (Die nichtbestandene Schießprüfung*

*kann nach frühestens drei Monaten oder bei der nächstjährigen Prüfung wiederholt werden.)*

*Der Bewerber hat nachstehende Anforderungen im Kugel- und Schrotschuß zu erfüllen:*

*a) 4 Kugelschüsse auf Zehner-Ringscheibe (50 cm Scheibendurchmesser, Zehner = weiß, s. Abb. S. 38), Entfernung 100 m.*
*Anschlag: 2 Schuß sitzend aufgelegt,*
*2 Schuß stehend angestrichen oder stehend freihändig nach Wahl des Bewerbers;*
*ein Probeschuß ist auf Wunsch zu gestatten;*

*b) zweimaliges Beschießen mit Schrot von laufenden Kipphasen, Rollhasen, verschwindendem Fuchs oder Tontaube ohne Voranschlag.*

*(3) Treffer werden nur beim Kugelschuß gewertet. Als Treffer gelten auf der Ringscheibe der getroffene 6. bis 10. Ring; ein berührter Ring gilt als getroffen (s. Abb. S. 38). Die Leistung ist mit „ausreichend" zu bewerten, wenn auf der Ringscheibe drei Treffer erzielt werden.*

*(4) Für jeden Bewerber ist eine neue Scheibe zu verwenden. Das Treffergebnis des jagdlichen Schießens ist in eine Schießliste einzutragen, die der Prüfungsniederschrift beizuheften ist.*

*(5) Wurde eine ausreichende Leistung nach Absatz 3 nicht erzielt oder hat der Bewerber bei der Handhabung der gebräuchlichen Jagdwaffen einen schwerwiegenden Mangel gezeigt oder gegen die Sicherheitsbestimmungen verstoßen, so ist die Leistung im Prüfungsteil „Jagdliches Schießen und Handhabung der Waffe" als „nicht ausreichend" zu beurteilen.*

*(6) Zugelassen für den Schuß mit der Kugel sind alle für Schalenwild erlaubten Kaliber (§ 19 Abs. 1 Nr. 2a und b BJG S. 483), für den Schrotschuß Kaliber 20 und stärker. Ein Zielfernrohr kann auf Wunsch des Bewerbers benutzt werden. Waffen und Munition werden dem Bewerber zugeteilt.*

### *§ 37 Ergebnis der Prüfung, Verhinderung*

*(1) Nach bestandener Prüfung erhält der Bewerber ein Zeugnis (wie S. 558).*

*(2) Ein Bewerber hat die Jägerprüfung nicht bestanden, wenn die Leistungen in einem der drei Prüfungsteile mit „nicht ausreichend" bewertet wurden, oder wenn er von der Prüfung ausgeschlossen wurde. Die Prüfung hat ferner nicht bestanden, wer aus Gründen, die er zu vertreten hat, an einem der drei Prüfungsteile nicht teilgenommen hat und vor Beginn der schriftlichen Prüfung zurückgetreten ist.*

*(5) Hat ein Bewerber den dritten Prüfungsteil nicht bestanden, so kann er diesen frühestens nach drei Momaten einmal wiederholen. Der Antrag auf Zulassung zur Wiederholung des dritten Prüfungsteils ist bei der Regierung (Mittlere Jagdbehörde) zu stellen. Mit dem Antrag ist bei der Zahlstelle der Regierung die Prüfungsgebühr von 40,– DM einzuzahlen. Die Wiederholung des dritten Prüfungsteils gilt n i c h t als Wiederholungsprüfung im Sinne von § 38.*

*§ 38 Wiederholung der Prüfung*

*Die Prüfung kann wiederholt werden. Die erste Wiederholung ist frühestens bei einer Jägerprüfung des folgenden Jagdjahres, jede weitere Wiederholung frühestens im jeweils drittnächsten Jahr nach der Wiederholungsprüfung zulässig.*

## BERLIN

*hat durch VO vom 11. 11. 1969 und die Änderungs-VO vom 1. 12. 1970 eine neue Jägerprüfungsordnung erlassen (GVBl. für Berlin Nr. 110 vom 24. 11. 1969 und Nr. 104 vom 12. 12. 1970, Kulturbuch-Verlag, 1 Berlin 30). Sie wird nachstehend auszugsweise abgedruckt.*

*§ 2 Prüfungsausschuß*

***(1) für die Durchführung der Jägerprüfung wird bei dem für das Jagdwesen zuständigen Mitglied des Senats ein Prüfungsausschuß gebildet.***

*§ 3 Zulassung zur Prüfung*

*Der Antrag auf Zulassung ist schriftlich jeweils bis 15. Januar an das zuständige Mitglied des Senats zu richten (Muster s. S. 557).*

***(Die Prüfungsgebühr beträgt 60,– DM. Sie ist spätestens bis zum 15. Januar bei der Landeshauptkasse Berlin einzuzahlen.)***

*§ 6 Prüfungsfächer*

***Die Prüfung erstreckt sich auf folgende Prüfungsfächer:***

***1. Grundzüge des Jagdrechts,***

***2. Jagdwaffenkunde, Gebrauch und Pflege der Jagdwaffen und anderer Jagdgeräte, Verhalten im praktischen Jagdbetrieb,***

***3. Jagdtierkunde, Erkennungsmerkmale des Wildes,***

***4. Wildhege und Naturschutz,***

***5. Kenntnisse über Jagdgebrauchshunde und deren Verwendung bei der Jagd,***

***6. Verwertung des erlegten Wildes.***

***Die Kenntnis jagdlicher Gewohnheiten und Fachausdrücke wird in den Fächern zu Nummer 1 bis 6 mitgeprüft.***

*§ 7 Prüfungsabschnitte*

***Die Prüfung gliedert sich in eine schriftliche Prüfung, eine Jagdwaffenprüfung einschließlich jagdlichen Schießens und in eine mündliche Prüfung.***

*§ 8 Schriftliche Prüfung*

***Bei der schriftlichen Prüfung werden in den Fächern des § 6 Nr. 1 und 3 bis 6 je 5 Fragen gestellt, die vom Vorsitzenden im Einvernehmen mit dem Prüfungsausschuß ausgewählt werden. Die Prüflinge erhalten die Fragen auf vorbereiteten Bogen im verschlossenen Umschlag. Die Beantwortungszeit beträgt zwei Stunden.***

*§ 9 Jagdwaffenprüfung*

***Bei der Jagdwaffenprüfung werden ausreichende Kenntnisse über Waffen und Munition, ausreichende Sicherheit im Umgang mit Waffen und die Kenntnis der wichtigsten jagdlichen Sicherheitsbestimmungen gefordert. Beim jagdlichen Schießen werden neben ordnungsgemäßem Umgang mit der Waffe folgende Mindesttreffergebnisse gefordert:***

*25 Ringe bei 5 Schüssen auf die Rehbockscheibe (wie Abb. S. 82), 80 oder 100 m, angestrichen,*
*2 Treffer bei 5 Durchgängen auf die laufende Kipphasenscheibe, wobei je Einzeldurchgang der Scheibe 2 Schuß zugelassen sind, Entfernung 35 m, Schrotstärke mindestens 3 mm.*

*§ 10 Mündliche Prüfung*

*Die mündliche Prüfung erstreckt sich auf die Fächer des § 6 Nr. 1 und 3 bis 6. Sie darf je Fach höchstens fünfzehn Minuten dauern.*

*In*

## BREMEN

*sind Anträge auf Zulassung zur Jägerprüfung bis jeweils 30. 9. an den zuständigen Stadtjägermeister zu richten. Die neue Jägerprüfungsordnung vom 30. 9. 1969 (GBl. der Freien Hansestadt Bremen Nr. 23 S. 113) kann vom Verlag Schünemann in Bremen, Schlachthofpforte 7, bezogen werden. Sie gehört zu den Prüfungsordnungen, die der DJV als Muster empfiehlt. Sie wird hier nur auszugsweise wiedergegeben:*

*§ 4*

*(1) Die Prüfung besteht aus folgenden Prüfungsabschnitten:*
*1. dem jagdlichen Schießen*
*2. dem schriftlichen Teil*
*3. dem mündlichen und praktischen Teil.*

*(2) Die Prüfung erstreckt sich auf ausreichende Kenntnisse in folgenden Sachgebieten:*
*a) Jagdbare Tiere (Natur- und Tierschutz, Wildhege, Wildkrankheiten, Wildtierkunde, Ansprechen des Wildes, Jagdarten);*
*b) Führung der Jagdwaffen (Systematik der Jagdwaffen, Handhabung, Pflege und Gebrauch der Jagdwaffen, einschließlich der Fanggeräte, Munition, Ballistik, Optiken, Sicherheitsbestimmungen);*
*c) Behandlung des erlegten Wildes (Verhalten nach dem Schuß, Nachsuchen, Jagdhunde, Versorgung und Verwertung des erlegten Wildes);*
*d) Jagdliche Gesetzgebung (Grundsätze und wichtigste Einzelbestimmungen des Jagdrechts und seiner Nebengebiete).*

*(3) In allen Sachgebieten sind das jagdliche Brauchtum und die Waidmannssprache zu berücksichtigen.*

*§ 5*

*(1) Die Prüfung wird jährlich einmal abgehalten. Der Prüfungsausschuß legt die Prüfungstermine fest und benachrichtigt rechtzeitig die Bewerber sowie die Jagdbehörden des Landes.*

*§ 6*

*(1) Jeder Prüfling hat gemäß den nachstehenden Anforderungen seine Fähigkeit im sicheren Umgang mit Waffen und als Kugel- und Schrotschütze unter Beweis zu stellen.*

*(2) Gefordert werden*
*a) 5 Kugelschüsse auf DJV-Jagdscheibe (Wild), Entfernung 100 m, Anschlag sitzend aufgelegt (wie Abb. S. 81),*
*b) Beschießen von 10 Wurftauben (Trap), und zwar je 5 Tauben*

*vom 11-m-Stand aus, die der Schütze in jagdlicher Gewehrhaltung zu erwarten hat,*

*c) die einmalige Wiederholung der Bedingungen ist zulässig.*

*(3) Als Treffer werden nur gewertet*

*a) auf der DJV-Jagdscheibe (Wild) der 8. bis 10. Ring; der berührte Ring zählt als getroffen.*

*b) auf Wurftaube, wenn mindestens ein sichtbares Stück der Taube absplittert.*

*(4) Das Ergebnis des jagdlichen Schießens ist in eine Schießliste einzutragen, die der Prüfungsniederschrift beizuheften ist. Es ist mit „ausreichend" zu beurteilen, wenn mindestens folgende Ergebnisse erzielt wurden:*

*a) auf DJV-Jagdscheibe (Wild) 40 Ringe,*

*b) auf Wurftauben 3 Treffer.*

*(5) Wurde eine ausreichende Leistung nach Abs. 4 nicht erzielt, oder hat der Prüfling gegen die Sicherheitsbestimmungen verstoßen, oder hat er schwerwiegende Mängel bei der Handhabung der Waffe gezeigt, so ist die Leistung im jagdlichen Schießen mit „nicht ausreichend" zu beurteilen. Er scheidet damit von der weiteren Teilnahme an der Prüfung aus. Dies ist ihm vom Vorsitzenden des Prüfungsausschusses schriftlich mit einer Begründung mitzuteilen.*

### *§ 7*

*(1) In der schriftlichen Prüfung sind 100 Fragen aus allen Sachgebieten durch Ausfüllung eines Fragebogens zu beantworten. Die schriftliche Prüfung findet unter Aufsicht eines oder mehrerer Mitglieder des Prüfungsausschusses statt; ihre Dauer beträgt höchstens 4 Stunden.*

*(6) Die Leistung in der schriftlichen Prüfung gilt als ausreichend, wenn Dreiviertel aller Fragen oder jeweils mehr als die Hälfte der in einem der Prüfungsfächer gestellten Fragen richtig und vollständig beantwortet sind. Hat der Bewerber ausreichende Leistungen nicht gebracht, scheidet er damit von der weiteren Teilnahme an der Prüfung aus. Dies ist ihm durch den Vorsitzenden des Prüfungsausschusses mit Begründung schriftlich mitzuteilen.*

### *§ 8*

*(1) Der mündliche und praktische Teil der Prüfung umfaßt alle Sachgebiete. Für reichliches Anschauungsmaterial (Präparate, Muster, Waffen) ist zu sorgen. Die Prüflinge können in Gruppen zusammengefaßt werden. Sie sind jeweils durch mindestens 2 Prüfer zu prüfen. Die Prüfungsdauer soll je Sachgebiet und Prüfling 15 Minuten nicht überschreiten.*

*(2) Die Prüfung ist nicht bestanden, wenn der Prüfling in einem Sachgebiet nicht ausreichende Leistungen zeigt. Im Zweifelsfalle soll der Vorsitzende dem Prüfling Gelegenheit geben, seine Kenntnisse in diesem Sachgebiet vor dem gesamten Prüfungsausschuß zu beweisen.*

### *§ 10*

*Die Prüfung kann wiederholt werden. Die erste Wiederholung ist frühestens bei der Jägerprüfung des folgenden Jagdjahres, jede weitere Wiederholung frühestens jeweils nach 3 Jagdjahren zulässig.*

## HAMBURG

*hat in der novellierten VO über die Jägerprüfung vom 3. 10. 1967 (GVBl. I S. 292) und durch Verfahrensrichtlinien der Landesjägerschaft vom 4. 12. 1967 u. a. folgendes bestimmt:*

*Der Antrag auf Zulassung zur Jägerprüfung ist schriftlich an die Landesjägerschaft (s. S. 534) zu richten (Muster s. S. 557).*

*Der Prüfling hat Fragen schriftlich und mündlich zu beantworten und praktische Aufgaben zu lösen (s. Verfahrensrichtlinien!).*

*Die Leistungen der Prüflinge werden in jedem Prüfungsfach von dem dafür bestimmten Prüfer mit „ausreichend“ oder „nicht ausreichend“ bewertet. Die Prüfung ist nicht bestanden, wenn die Kenntnisse des Prüflings in einem der Prüfungsfächer (s. S. 480) nicht ausreichend sind oder wenn der Prüfling im jagdlichen Schießen nachstehende Mindestleistungen nicht erbringt:*

1. *bei 10 Schuß mit der Flinte auf bewegliche Ziele = 3 Treffer,*
2. *bei 10 Schuß mit der Büchse auf jagdl. Scheiben = 50 % der größtmöglichen Ringzahl.*

*Für die Jägerprüfung wird eine Verwaltungsgebühr von 100,– DM erhoben (Gebührenordnung für die Jägerprüfung vom 3. 10. 1967).*

## NIEDERSACHSEN

*(VO über Jägerprüfungen – Jägerprüfungsordnung – vom 8. 5. 1973 Nieders. GVBl. S. 139). Die Jägerprüfung besteht aus*

1. *dem jagdlichen Schießen,*
2. *der schriftlichen Prüfung,*
3. *der mündlichen Prüfung und*
4. *der Prüfung im Revier.*

*Gegenstand der Prüfung sind folgende Fächer:*

1. *Jagdbare Tiere (Jagdtierkunde, Ansprechen des Wildes, Wildkrankheiten, waidgerechte Jagdausübung, Fallenkunde, Hege),*
2. *Jagdwaffen (Jagdwaffenkunde, Umgang mit Jagdwaffen und ihre Pflege, Grundkenntnisse der Faustfeuerwaffen),*
3. *Behandlung des erlegten Wildes (Nachsuche oder sonstiges Verhalten nach dem Schuß, Jagdhundewesen, Versorgung und Verwertung, jagdliches Brauchtum),*
4. *Jagdrecht – nur Grundzüge und für die jagdliche Praxis bedeutsame Einzelvorschriften – (Bundesjagdgesetz, Landesjagdgesetz, Tierschutzrecht, Naturschutzrecht, Waffenrecht).*

*§ 7 (1) Das jagdliche Schießen wird vor den anderen Prüfungsteilen auf dem Schießstand geprüft. In der*

1. *Kugeldisziplin: fünf Schuß auf stehenden Rehbock (wie S. 82), Entfernung 100 m, Anschlag stehend angestrichen, Visierung und Optik beliebig (als Treffer werden der 3. und 8. bis 10. Ring gewertet.*
2. *Schrotdisziplin: Beschießen von 10 beweglichen Zielen (Kipp- oder Rollhasen oder Tontauben – Trap – nach Entscheidung des Vorsitzenden); Entfernung auf Kipp- oder Rollhasen 35 m beliebig von links oder rechts.*

*Es sind folgende Mindestleistungen zu erbringen:*
*1. Kugeldisziplin auf Bockscheibe drei Treffer,*
*2. Schrotdisziplin auf Hasen vier, auf Tontauben zwei Treffer.*
*Die Schießübungen können für dieselbe Prüfung innerhalb von vier Wochen einmal wiederholt werden.*

*§ 8 In der schriftlichen Prüfung erhalten die Prüflinge für jedes Prüfungsfach einen Fragebogen, den sie unter Aufsicht auszufüllen haben.*
*Die mündliche Prüfung soll im einzelnen Fach für den einzelnen Prüfling höchstens zehn Minuten dauern.*

*§ 9 Die Leistungen der Prüflinge sind wie folgt zu bewerten:*

| | |
|---|---|
| *1 sehr gut* | *für eine hervorragende, in jeder Hinsicht vollkommene Leistung,* |
| *2 gut* | *für eine die durchschnittlichen Anforderungen überragende Leistung,* |
| *3 befriedigend* | *für eine den durchschnittlichen Anforderungen voll entsprechende Leistung,* |
| *4 ausreichend* | *für eine Leistung, die abgesehen von einzelnen Mängeln den Anforderungen noch entspricht,* |
| *5 mangelhaft* | *für eine an erheblichen Mängeln leidende, im ganzen nicht mehr ausreichende Leistung,* |
| *6 ungenügend* | *für eine völlig unbrauchbare Leistung.* |

*§ 10 Die Prüfung ist nicht bestanden, wenn die Leistungen im Prüfungsfach Waffenkunde oder in der Prüfung im Revier mangelhaft oder ungenügend waren.*

*§ 11 Besteht ein Prüfling die Jägerprüfung nicht, so kann er sie frühestens im nächsten Jagdjahr wiederholen.*

*Der gesamte Wortlaut der Jägerprüfungsordnung und deren Wiederholung ist auf den Seiten 68 bis 74 des Buches „Forstmeister Friedrich Ritter: Handbuch für den niedersächsischen Jäger“ abgedruckt, Landbuch-Verlag GmbH in Hannover. Seine Anschaffung wird empfohlen.*

## NORDRHEIN-WESTFALEN

*fordert auf Grund der DVO-LJG-NW vom 12. März 1974, Gesetz- und Verordnungsblatt für NW 1974 S. 104 (es kann durch den August Bagel Verlag in 4 Düsseldorf 1 bezogen werden; hier nur auszugsweise Wiedergabe):*

*§ 1: Die Jägerprüfung ist bei der Unteren Jagdbehörde, in deren Bezirk der Bewerber seinen Wohnsitz hat, abzulegen.*

*§ 4: Die Prüfung besteht aus einem schriftlichen Teil, dem jagdlichen Schießen und einem mündlichen Teil. Der schriftliche Teil muß dem jagdlichen Schießen, das jagdliche Schießen dem mündlichen Teil vorausgehen.*

*§ 5: Ein Antrag auf Zulassung ist spätestens zwei Monate vor dem Termin für den schriftlichen Teil der Prüfung bei der Unteren Jagdbehörde einzureichen. Zu der Prüfung dürfen Bewerber nicht zugelassen werden, die das 15. Lebensjahr nicht vollendet haben.*

*§ 6: Die Prüfung umfaßt folgende Sachgebiete:*

1. *Kenntnis der jagdbaren Tiere (insbesondere Ökologie siehe S. 121) und Erkennungsmerkmale der wichtigsten heimischen jagdbaren Tiere, Ansprechen des Wildes unter besonderer Berücksichtigung der in ihrem Bestand gefährdeten Wildarten, Wildhege);*
2. *Jagdwaffenkunde und Sicherheitsbestimmungen (insbesondere Gebrauch und Pflege der Jagdwaffen einschließlich der Faustfeuerwaffen und der Fanggeräte, Jagdbetrieb, Jagdeinrichtungen);*
3. *Behandlung des erlegten Wildes einschließlich Nachsuche und Jagdhundewesen;*
4. *jagdliche Gesetzgebung und waidgerechte Jagdausübung (insbesondere Grundsätze und wichtige Einzelbestimmungen des Jagd-, Naturschutz- und Tierschutzrechts sowie des Waffengesetzes;*
5. *jagdliches Schießen.*
   *Das jagdliche Schießen besteht aus*
   *a) Büchsenschießen (fünf Schüsse stehend angestrichen auf die Rehbockscheibe, wie Abb. S. 82) auf 90–110 m.*
   *b) Flintenschießen (mit Flinten herkömmlicher Bauart) auf 10 bewegliche Ziele (Wurftauben oder Kipphasen). Doppelschüsse sind zugelassen.*

*§ 7: Die Prüfung im jagdlichen Schießen ist nicht bestanden, wenn beim Büchsenschießen weniger als 24 Ringe erzielt und beim Flintenschießen weniger als drei Wurftauben oder weniger als fünf Kipphasen getroffen werden. Hat der Bewerber die geforderten Leistungen nicht erbracht, ist ihm die einmalige Wiederholung des gesamten jagdlichen Schießens oder der nicht erfüllten Schießübung am gleichen Tage zu ermöglichen.*

## RHEINLAND-PFALZ

*bereitet eine neue Prüfungsordnung vor, die am 1. 4. 1977 in Kraft treten soll.*
*Der Bezug der neuen Prüfungsordnung ist beim LJV Rheinl.-Pfalz in 6531 Gensingen durch Postkarte mit Rückantwort zu erfragen.*
*Die Prüfung besteht aus drei Teilen, nämlich aus einer Schießprüfung, einer schriftlichen Prüfung und einer mündlich-praktischen Prüfung.*
*Beim Flintenschießen sind 15 Traptauben zu beschießen. Mindestens 5 Tauben müssen getroffen werden (s. S. 83). Beim Büchsenschießen sind abzugeben*
*3 Kugelschüsse auf den Rehbock (s. S. 82), stehend angestrichen,*
*2 Kugelschüsse auf den stehenden Überläufer (s. S. 83), sitzend aufgelegt, Entfernung 100 m (s. Abb. S. 81),*
*2 Kugelschüsse auf den sitzenden Fuchs, liegend oder sitzend freihändig, Entfernung 100 m (s. Abb. S. 87),*
*3 Kugelschüsse auf den flüchtenden Überläufer, stehend freihändig, Entfernung 50 m bzw. 60 m.*
*Eine Teildisziplin des Büchsenschießens muß mit einer Patrone geschossen werden, die für Schalenwild zugelassen ist (s. S. 42). Die*

*Bedingungen sind erfüllt, wenn von den 100 möglichen Ringen mindestens 60 Ringe erreicht sind.*
*Beim Schießen mit der Kurzwaffe sind 5 Schüsse auf eine 10er Ringscheibe (s. Abb. S. 38) stehend freihändig auf 25 m abzugeben. Die Scheibe muß innerhalb der Ringe mindestens dreimal getroffen werden.*
*Bei der schriftlichen Prüfung sind aus folgenden sechs Sachgebieten*

1. *Tierarten, Wildbiologie, Wildhege,*
2. *Jagdbetrieb, Führung von Jagdhunden, jagdliches Brauchtum,*
3. *Land- und Waldbau, insbesondere im Hinblick auf Verhütung und Abschätzung von Wildschäden,*
4. *Waffenrecht, Waffentechnik, Führung von Jagdwaffen (einschl. Kurzwaffen),*
5. *Behandlung des erlegten Wildes unter besonderer Berücksichtigung der hygienisch erforderlichen Maßnahmen, Beurteilung der gesundheitlich unbedenklichen Beschaffenheit des Wildbrets, insbesondere hinsichtlich seiner Verwendung als Lebensmittel,*
6. *Jagd-, Tier- sowie Naturschutz- und Landschaftspflegerecht, Satzung des LJV Rheinland-Pfalz*

*je 20 Fragen anhand eines Fragebogens zu beantworten.*
*Die mündlich-praktische Prüfung muß spätestens acht Wochen nach der schriftlichen Prüfung abgehalten werden. Dieser Prüfungsteil (geprüft wird in den vorerwähnten sechs Sachgebieten) soll die Erfordernisse des parktischen Jagdbetriebs berücksichtigen und unter Zuhilfenahme von Anschauungsmaterial und anhand praktischer Fälle in einem geeigneten Jagdbezirk, in dem Feld und Wald vorkommen, durchgeführt werden.*
*Neu in der Prüfungsordnung ist u. a., daß*

1. *die Ableistung eines praktischen Ausbildungsjahres bei einem anerkannten Lehrherrn zwingend vorgeschrieben ist,*
2. *ein Lehrherr nicht mehr als drei Prüflinge gleichzeitig ausbilden darf,*
3. *eine nicht bestandene Prüfung in dem auf die Prüfung folgenden Jahr wiederholt werden kann und jede weitere frühestens drei Jahre nach Zulassung zur Wiederholungsprüfung.*

*Die Prüfung gilt als nicht bestanden, wenn der Prüfling*
*a) im Prüfungsfach „Jagdwaffenkunde" nicht mindestens die Note genügend oder*
*b) in mehr als einem Prüfungsfach die Note mangelhaft oder*
*c) in einem Prüfungsfach die Note ungenügend erhält.*

*Das*

## SAARLAND

*hat durch Verordnung vom 29. Dezember 1969 (Amtsblatt des Saarlandes S. 870 Verlag 66 Saarbrücken 1, Am Ludwigsplatz 14) in seiner Jägerprüfungsordnung u. a. bestimmt:*

### *§ 4 Zulassung zur Prüfung*

*(1) Jeder Prüfungsteilnehmer hat vor der Prüfung eine theoretische und praktische Ausbildung nachzuweisen, und zwar:*
*a) durch Teilnahme an den von der Vereinigung der Jäger des*

*Saarlandes einzurichtenden Lehrgängen, die mindestens 100 Stunden umfassen sollten, oder*

*b) durch Bescheinigung über die ein Jahr dauernde Ausbildung durch einen von der Vereinigung der Jäger des Saarlandes vorgeschlagenen und von der Obersten Jagdbehörde bestätigten Lehrherrn. Der Beginn der Ausbildung ist dem Prüfungsleiter unverzüglich unter Vorlage einer Bestätigung über den Abschluß einer Unfall- und Haftpflichtversicherung anzuzeigen.*

*(5) Der Antrag auf Zulassung zur Prüfung ist innerhalb der Anmeldefrist bei der Vereinigung der Jäger einzureichen.*

*Dem Antrag sind beizufügen:*

*a) ein polizeiliches Führungszeugnis neueren Datums,*

*b) ein Nachweis über die Einzahlung der Prüfungsgebühr.*

### *§ 5 Gegenstand der Prüfung*

*(1) Die Prüfung besteht aus*

*a) dem Schießen mit Jagd- und Faustfeuerwaffen einschließlich der Handhabung der Waffen,*

*b) dem schriftlichen Teil,*

*c) dem mündlichen und praktischen Teil.*

*Den Ablauf der Prüfung bestimmt der Prüfungsleiter.*

*(2) Die Prüfung erstreckt sich auf ausreichende Kenntnisse in folgenden Sachgebieten:*

*a) Jagdrecht*

*b) Jagdtierkunde*

*c) praktischer Jagdbetrieb*

*d) Wildhege und Naturschutz*

*e) Waffen- und Schießwesen*

*f) Jagdhundwesen.*

### *§ 6 Durchführung der Prüfung*

*Die Prüfung soll für den einzelnen Prüfungsteilnehmer höchstens drei Tage dauern; sie soll teils im geschlossenen Raum unter Verwendung von Anschauungsmaterial, teils im Freien stattfinden.*

### *§ 7 Jagdliches Schießen*

*(1) Jeder Prüfling hat gemäß den nachstehenden Anforderungen seine Fähigkeiten im Kugel- und Schrotschuß unter Beweis zu stellen. Es ist Gelegenheit zu geben, die Schießdisziplin am gleichen Tag zu wiederholen.*

*(2) Nachstehende Anforderungen im Kugel- und Schrotschuß sind zu erfüllen:*

*Kugelschuß:*

*a) drei Schüsse auf stehenden Rehbock (nach links stehend, DJV-Scheibe Nr. 1 (s. Abb. S. 82), Entfernung 100 m, Anschlag stehend angestrichen (wie Abb. Tafel 3 neben S. 64), Visierung und Optik beliebig,*

*b) drei Schüsse auf 10er Ringscheibe (50 cm Scheibendurchmesser, 10-weiß), Entfernung 100 m, Anschlag sitzend, aufgelegt, Visierung und Optik beliebig (s. Abb. S. 38 und S. 81).*

*Schrotschuß:*

*Beschießen von fünf laufenden Kipp- bzw. Rollhasen, Entfernung 35 m, beliebig von links oder rechts, wobei jeweils zwei Schrotpatronen geladen und verfeuert werden dürfen. Jeder Hase ist* *vom Schützen einzeln abzurufen. Es darf nur mit Schrotstärke $2^1/_2$ mm geschossen werden.*

*(3) Als Mindestleistung werden gefordert:*

*a) Beim Kugelschuß insgesamt 4 Treffer. Als Treffer gilt der getroffene 1. bis 10. Ring; angeschossene Ringe zählen nach oben:*

*b) beim Schrotschuß auf Kipp- oder Rollhasen 2 Treffer;*

*c) beim Schießen mit Faustfeuerwaffen keine Treffer.*

*(4) Werden diese Ergebnisse nicht erzielt oder verstößt der Prüfling gegen die Sicherheitsbestimmungen oder zeigt er schwerwiegende Mängel bei der Handhabung der Waffe, so ist die Leistung mit „nicht ausreichend" zu beurteilen. Der Prüfling ist durch mündliche Erklärung des Prüfungsleiters von der Fortsetzung der Prüfung auszuschließen; die Prüfung gilt als nicht bestanden. Der Grund des Ausschlusses ist in der Prüfungsniederschrift zu vermerken.*

*(5) Zugelassen sind für den Kugelschuß alle für den Abschuß von Rehwild erlaubten Kaliber (s. S. 42), für den Schrotschuß die Kaliber 20 und stärker.*

*(6) Das Ergebnis des jagdlichen Schießens ist in einer Schußliste einzutragen, die der Prüfungsniederschrift beizuheften ist.*

### *§ 8 Schriftlicher Teil*

*(1) Beim schriftlichen Teil der Prüfung sind je Sachgebiet (§ 5 Nr. 2) 20 Fragen zu beantworten. Die schriftliche Prüfung findet unter Aufsicht statt und soll höchstens 4 Stunden dauern.*

*(2) Die Prüfungsfragen werden vom Prüfungsleiter erstellt.*

*(3) Jede gegenseitige Fühlungnahme der Prüflinge oder jede Benutzung von Hilfsmitteln ist untersagt; Verstöße gegen diese Verbote schließen den Prüfling von der Fortsetzung der Prüfung aus; die Prüfung gilt als nicht bestanden. Die Prüflinge sind vor Beginn ausdrücklich auf diese Bestimmungen hinzuweisen.*

*(4) Die Leistungen in einem Sachgebiet sind mit „ausreichend" zu bewerten, wenn 12 Fragen richtig beantwortet wurden. Hierbei können teilweise richtige Ergebnisse zusammengezogen werden.*

*(5) Sofern die Leistungen eines Prüflings in zwei Sachgebieten mit „nicht ausreichend" beurteilt werden, so wird er unter Angabe des Grundes von der Fortsetzung der Prüfung ausgeschlossen.*

### *§ 9 Mündlicher und praktischer Teil*

*(1) Das theoretische Wissen und das praktische Können werden in einem kombinierten Prüfungsverfahren ermittelt, das alle Sachgebiete erfassen muß. Es soll teilweise in einem geschlossenen Raum und teilweise im Freien durchgeführt werden. Bei der Prüfung ist durch die Mitglieder des Prüfungsausschusses für das Vorhandensein von reichlichem Anschauungsmaterial zu sorgen. Die Prüflinge können in Gruppen zusammengefaßt werden.*

*(2) Die Prüfung soll je Sachgebiet und Prüfling 10 Minuten nicht überschreiten.*

*(3) Die Leistungen der Prüflinge sind in jedem Sachgebiet wie folgt zu werten:*

| | |
|---|---|
| *„ausreichend"* | *für eine Leistung, die, abgesehen von einzelnen geringfügigen Mängeln, den Anforderungen entspricht oder besser ist,* |

*„nicht ausreichend"* *für eine an erheblichen Mängeln leidende oder völlig unbrauchbare Leistung.*

*(4) Das Ergebnis der Prüfung im mündlichen und praktischen Teil ist „ausreichend", wenn der Prüfling in mindestens fünf oder sechs Sachgebieten ausreichende Leistungen erbringt.*

*(5) Die Bewertungen sind in einer Bewertungstabelle einzutragen. Die Bewertungsliste ist der Prüfungsniederschrift beizuheften.*

### *§ 10 Gesamturteil*

*Das Ergebnis der Prüfung stellt der gesamte Prüfungsausschuß in geheimer Beratung fest. Die Prüfung ist bestanden, wenn der Prüfling in allen Teilgebieten (§ 5 Abs. 1 Satz 1) die geforderten Leistungen erbracht hat.*

### *§ 11 Prüfungsniederschrift*

*Über den wesentlichen Hergang der Prüfung ist eine Niederschrift anzufertigen und von allen Mitgliedern des Prüfungsausschusses zu unterzeichnen.*

### *§ 12 Prüfungszeugnis*

*(1) Nach Beratung des Prüfungsausschusses wird dem Prüfling das Ergebnis der Prüfung unverzüglich mündlich mitgeteilt.*

*(2) Darüber hinaus erhält der Prüfling ein Prüfungszeugnis.*

*(3) Erweist sich nachträglich, daß ein Bewerber seine Zulassung zur Prüfung durch unrichtige Angaben erreicht hat, so kann das Prüfungszeugnis vom Prüfungsleiter für nichtig erklärt und eingezogen werden. Ein bereits erteilter Jagdschein ist von der Jagdbehörde einzuziehen.*

### *§ 13 Wiederholung der Prüfung*

*Wird die Prüfung nicht bestanden, so kann sie höchstens zweimal wiederholt werden. Jede weitere Wiederholung der Prüfung bedarf der Zustimmung der Obersten Jagdbehörde; sie kann ihre Zustimmung von Auflagen abhängig machen.*

*In*

## SCHLESWIG-HOLSTEIN

*ist nach der Jägerprüfungsordnung vom 15. Juni 1970 (GVBl. S. 149), die durch die Kieler Druckerei, Bergstraße 11–13, bezogen werden kann, die Prüfung zur Erlangung des ersten Jagdscheines vor einem Ausschuß abzulegen, der bei jeder Jagdbehörde gebildet wird.*

*In der Prüfung sind theoretische und praktische Aufgaben aus folgenden Fächern zu lösen:*

1. *Kenntnis der jagdbaren Tiere,*
2. *Handhabung der Jagdwaffen,*
3. *Behandlung des erlegten Wildes,*
4. *jagdliche Gesetzgebung.*

*Durch Erlaß des MinfELuF vom 30. Aug. 1972 (Amtsblatt SH S. 677) wurde für die Durchführung der schriftlichen Jägerprüfung und des jagdlichen Schießens angeordnet:*

1. *Aus den vier Prüfungsfächern sind je 15 schriftliche Fragen zu stellen, die in einer Zeit von 2 Stunden beantwortet sein müssen. Dabei sind auch Fragen aus dem Naturschutzrecht und dem*

*Jagdhundewesen zu berücksichtigen. Die schriftlichen Antworten in den einzelnen Prüfungsfächern sind zu beurteilen und die in der Prüfungsordnung vorgeschriebenen Noten anzuwenden. Dadurch wird die mündliche Prüfung, auf die das Schwergewicht zu legen ist, erleichtert. Jagdbehörde und Kreisjägermeister erarbeiten gemeinsam für jede Prüfung die insgesamt 60 Fragen, die jeweils neu zu fassen sind, damit der Gefahr einer Wiederholung derselben Fragen in einem Zeitraum von etwa 3 bis 4 Jahren vorgebeugt wird.*

*Eine Befreiung von der mündlichen Prüfung wegen guter schriftlicher Leistungen ist nicht zulässig. Im Falle des Nichterscheinens zur schriftlichen Prüfung gilt die gesamte Prüfung als nicht bestanden.*

2. *Das jagdliche Schießen besteht aus:*
   1. *Fünf Schuß stehend angestrichen auf die DJV-Jagdscheibe Nr. 1 – links – (Rehbock, wie Abb. S. 82), 100 m. Es dürfen nur Büchsenpatronen, die für die Bejagung von Schalenwild zugelassen sind, verwendet werden. Die Benutzung von Zielfernrohren ist gestattet. Es müssen mindestens drei Treffer in den Ringen 3 bis 10 erzielt werden.*
   2. *Zehn Tontauben, 11 m, Trap, einfach geworfen. Jede geworfene Tontaube darf entsprechend der DJV-Schießvorschrift zweimal beschossen werden. Es müssen mindestens drei Treffer erzielt werden.*
   3. *Ein Prüfling, der die Mindesttrefferzahl nicht erreicht, wobei eine einmalige Wiederholung des Schießens an demselben Tage zulässig ist, ist von der Prüfung ausgeschlossen; die Prüfung gilt als nicht bestanden.*
   4. *Ein Prüfling kann ferner von der Prüfung ausgeschlossen werden, wenn er beim Schießen die Waffe unvorsichtig handhabt.*

*Der Prüfling muß die Gewähr bieten, daß er sicher mit Schußwaffen umgehen kann (Urteil des Verwaltungsgerichtes Schleswig vom 26. 10. 1971). Er kann von der Prüfung ausgeschlossen werden, wenn er beim Schießen die Waffe unvorsichtig handhabt. Die Prüfung gilt dann als nicht bestanden.*

*Die Wiederholung einer nicht bestandenen Prüfung ist frühestens nach Ablauf eines halben Jahres zulässig.*

*Die Prüfungsgebühr beträgt 100,– DM. Sie ist spätestens drei Tage vor Beginn der Prüfung an die Jagdbehörde zu zahlen.*

## EMPFEHLUNGEN DES DJV FÜR DIE AUSBILDUNG UND PRÜFUNG VON JUNGJÄGERN

### Ausbildungslehrgänge

Ausbildungslehrgänge werden für erforderlich und als eine wichtige Aufgabe angesehen. Auf jagdliche Literatur und auf die

*Notwendigkeit des Bezuges einer Jagdzeitschrift*

ist hinzuweisen.

Die *praktische* Ausbildung im Revier hat sich zu erstrecken auf:
das Verhalten mit der Waffe (beim Besteigen von Hochsitzen, beim Überwinden von Geländehindernissen und beim Übungsschießen);
das Schätzen von Entfernungen;
die Spuren- und Fährtenkunde;
das Verhalten bei Einzel- und Gesellschaftsjagden;
*die Reviereinrichtungen (Hochsitze, Pirschsteige, das Aufstellen von Fallen und Fanggeräten);*
*die Bruchzeichen, die Jagdsignale und das Streckelegen;*
*die Schußzeichen und die Folgen daraus für Wild und Jäger und das Versorgen und Verwerten des Wildes.*

### Versicherung

Da die Lehrgangsteilnehmer nicht im Besitz eines Jagdscheines und daher nicht gegen Haftpflicht versichert sind, darf nicht versäumt werden, für die Übungstage auf dem Schießstand (Büchse und Flinte) eine Unfall-, mindestens aber eine Haftpflicht-Versicherung abzuschließen.

**Muster Hessen** Anlage 1

### Antrag auf Zulassung zur Prüfung zwecks Erlangung des ersten Jagdscheines

*Durch den*
*Herrn Kreisjagdberater* ..................................................
*in* ..................................................
an den
*Herrn Landrat des Landkreises* ..................................................
*den Magistrat der Stadt* ..................................................
*— Untere Jagdbehörde —*
in ..................................................

*Ich beantrage hiermit die Zulassung zur Prüfung zwecks Erlangung meines ersten Jagdscheins.*

*1. Zur Person gebe ich an:*

*a) Zuname:* .................. *Vorname:* .................. *Beruf:* ..................
*geb. am* .................. *in:* .................. *Kreis:* ..................
*ständiger Wohnsitz:* ..................................................
*Straße, Nr.:* ..................................................

*b) Ich bin an meinem angegebenen Wohnsitz seit* ..................
*polizeilich gemeldet. Vorher wohnte ich in* ..................
.................................................. *Straße, Nr.:* ..................
*(Nur ausfüllen, wenn Antragsteller weniger als 1 Jahr am angegebenen Wohnsitz wohnt.)*
*Kreis:* .................................... *Land:* ....................................
*Ich habe keinen — einen — zweiten Wohnsitz in* ..................
*Kreis:* .................................... *Land:* ....................................

*c) Ich bin im Sinne des § 17 Abs. 2 Nr. 2, 3, 5 und 6 Bundesjagdgesetz nicht vorbestraft und füge ein polizeiliches Führungszeugnis des* .................. *in* .................. *vom* ..................
*bei. Ein Strafverfahren ist gegen mich nicht eingeleitet.*

*d) Da ich noch minderjährig bin, füge ich die polizeilich beglaubigte Einverständniserklärung meines gesetzlichen Vertreters bei.*)*

*e) Ich — habe noch an keiner Jägerprüfung — an der von dem Prüfungsausschuß des Kreises ........................................ Land ................................ am ........................................ abgehaltenen Jägerprüfung teilgenommen*) und auch an keiner anderen Stelle einen Antrag auf Zulassung zur Jägerprüfung gestellt.*

*2. Ich versichere, daß ich vorstehende Angaben nach bestem Wissen und Gewissen gemacht habe und daß die beigefügten Urkunden der Wahrheit entsprechen.*

*3. Es ist mir bekannt, daß ich im Falle unrichtiger oder unvollständiger Angaben oder im Falle der Vorlage unzutreffender Urkunden von der Teilnahme an der Prüfung ausgeschlossen werden kann und daß die von mir abgelegte Prüfung und ein mir darauf erteilter Jagdschein für ungültig erklärt sowie Prüfungszeugnis und Jagdschein eingezogen werden können.*

*Anlagen: 1 handgeschriebener Lebenslauf,*
*1 polizeiliches Führungszeugnis,*
*1 Bestätigung über den Abschluß der Unfall- und Jagdhaftpflichtversicherung,*
*1 Einverständniserklärung des gesetzlichen Vertreters*),*
*1 Quittung über die eingezahlte Prüfungsgebühr,*
*1 Bestätigung des Lehrherrn*
*oder*)*
*1 Bestätigung der jagdlichen Organisation, nämlich*

..........................................................................................................

.............................................................., *den* ..........................................................

..........................................................................
*(Unterschrift)*

**Muster Hessen**

*Landeswappen* — Anlage 4

**Prüfungszeugnis**

*zur Erlangung des ersten Jagdscheins*

............................................................ *wohnhaft in* ............................................................

*Kreis* ........................................................ *Straße* ........................................................

*geb. am* .......................... *in* ................................................ *Kreis* ..................................

*hat die Jägerprüfung gemäß § 15 Abs. 5 Bundesjagdgesetz in der Fassung vom 1. April 1977*

*am* ................................................................................ *19*........ *mit Erfolg abgelegt.*

.............................................................., *den* ................................................ *19*........

*(Prüfungsort)*
*(Siegel der Jagdbehörde)*

*Der Prüfungsausschuß*

..........................................................................

.................................... .................................... ....................................

.................................... .................................... ....................................

*Vorsitzender*

---

**) Nichtzutreffendes ist zu streichen.*

# JAGDLICHE ORGANISATIONEN

## DJV und Landesjagdverbände

**Darf sich die Jägerschaft zu eingetragenen Vereinen und Verbänden (e. V.) zusammenschließen?**

Ja! Der Zusammenschluß muß auf verfassungsmäßiger Grundlage, d. h. auf dem Prinzip der freiwilligen Mitgliedschaft, erfolgen. Die Organisation ist der DJV, der Deutsche Jagdschutz-Verband e. V. in 53 Bonn, Schillerstraße 26, Telefon 0 22 21 / 22 12 45, 22 12 72.
Er will nicht nur eine Organisation von Jagdscheininhabern, sondern eine Art Orden aller waidgerechten Jäger sein.
Der DJV sorgt für eine einheitliche Gestaltung des bundesdeutschen Jagdwesens und setzt sich in ihrem Rahmen besonders für eine Pflege und Förderung des Schutzes und der Erhaltung der frei lebenden Tierwelt ein. Er ist die jagdliche Spitzenorganisation der Jägerschaft und stellt als solche die „Vereinigung der deutschen Landesjagdverbände" dar. In jedem Bundesland kann nur jeweils eine jagdliche Organisation als Landesjagdverband und in dieser Eigenschaft als Mitglied des DJV anerkannt werden.

**Welche Hauptaufgaben haben die Landesjagdverbände (e. V.) und deren Jägerschaften oder Kreisgruppen (e. V.)?**

Sie sollen ihre Mitglieder zu waidgerechten Jägern erziehen und dafür sorgen, daß der Wildbestand in seinen Arten erhalten bleibt. Außerdem üben sie durch Ehrenräte eine Ehrengerichtsbarkeit aus, unbeschadet des Vorranges der staatlichen Gerichtsbarkeit.
Die Ehrengerichtsbarkeit erstreckt sich auf alle Verstöße gegen waidmännische Grundsätze und gegen die satzungsmäßigen Pflichten, deren Erfüllung der Landesjagdverband von seinen Mitgliedern fordert. Sie soll erziehend, sühnend und vorbeugend wirken.

**Was hat mit Jägern zu geschehen, die die jagdlichen Gebote und Verbote nicht beachten?**

Sie sind von den waidgerechten Jägern zu ermahnen, zur Rechenschaft zu ziehen oder in besonders schweren Fällen aus den Reihen der Jäger auszuschließen.
Man soll jeden jagdlichen Verkehr mit ihnen meiden und soll sie weder zu seinen Jagden einladen noch Jagdeinladungen von ihnen annehmen.

**Was sind Hegeringe, und welche Aufgaben haben sie?**

Hegeringe (nicht e. V.) sind die kleinste Einheit des Verbandes und private Zusammenschlüsse von Jägern, die sich in der Kreisgruppe für die Hebung der Jagd einsetzen. Im Hegering sollen die Wildzählungen vorgenommen und Bejagungszahlen ausgeglichen werden, gemeinsame Hegemaßnahmen (wie das Aussetzen von Wild und die freiwillige Beschränkung der Schußzeit für Niederwild) sowie die Wildfolge und die Abhaltung von Brauchbarkeitsprüfungen für Jagdhunde, Schießübungen und die Fortbildung der Jäger besprochen und vereinbart werden.
(Näheres s. § 10 a BJG S. 472.)

Die Hegegemeinschaft für Rehwild soll etwa 4000 ha umfassen. („Richtlinien für ein Hegeringstatut“ sind vom LJV erhältlich.)

**Hat die Jägerschaft einen Einfluß auf die Jagdverwaltung?**

Ja! Der Jägerschaft wurde eine weitgehende Beteiligung an der Staatlichen Jagdverwaltung eingeräumt. Die Interessen der Jäger werden durch den „Jagdbeirat“ (s. S. 517) vertreten. Er hat die Jagdbehörde in allen wichtigen Fragen zu beraten, insbesondere bei der Koordinierung der Bejagungspläne und ihrer Festsetzung. Außerdem können die Länder die Mitwirkung der Landesjagdverbände für Fälle vorsehen, in denen Jagdscheininhaber gegen die Grundsätze der Waidgerechtigkeit verstoßen haben (s. S. 463).

**Darf ein Jungjäger, der die Jägerprüfung bestanden hat, Mitglied des DJV werden, auch wenn er noch keinen Jagdschein löst?**

Ja. Das ist möglich und sogar erwünscht. Es wird ihm empfohlen, sich einen Aufnahmeantrag zur Ausfüllung sofort an Ort und Stelle nach bestandener Prüfung vorlegen zu lassen.

**Welche Landesjagdverbände gibt es?**

1. **LJV Baden-Württemberg e. V.**
   7 Stuttgart 1, Planckstr. 10 (Tel. 46 30 48);
2. **LJV Bayern (Bayerischer Jagdschutz- und Jägerverband) e. V.**
   8 München 2, Luisenstraße 25 (Tel. 55 13 70);
3. **LJV Berlin e. V.**
   1 Berlin 41, Selerweg 15 (Tel. 8 11 40 07);
4. **LJV Bremen (Bremer Jägervereinigung) e. V.**
   28 Bremen, Max-Reger-Str. 12 (Tel. 34 19 40);
5. **LJV (Landesjägerschaft) Freie und Hansestadt Hamburg e. V.**
   2 Hamburg 13, Hansastraße 5 (Tel. 45 89 55/56);
6. **LJV Hessen e. V. (Landesvereinigung der Jäger)**
   6 Frankfurt am Main 70, Städelstr. 21 (Tel. 61 08 13);
7. **Landesjägerschaft (LJSch) Niedersachsen e. V.**
   3 Hannover-Kleefeld, Schopenhauerstr. 21 (Tel. 55 50 07);
8. **LJV Nordrhein-Westfalen (Landesvereinigung der Jäger) e. V.**
   47 Hamm (Westf.), Weststraße 2–4 (Tel. 0 23 81/2 61 80);
   a) **Landesgruppe Nordrhein**
      5 Köln 51-Marienburg, Von-Groote-Str. 46 (Tel. 02 21/37 43 28),
   b) **Landesgruppe Westfalen**
      47 Hamm, Weststraße 2–4 (Tel. 0 23 81/2 61 80);
9. **LJV Rheinland-Pfalz e. V.**
   6531 Gensingen, Fasanerie (Tel. 0 67 27/12 85);
10. **LJV Saar (Vereinigung der Jäger des Saarlandes) e. V.**
    66 Saarbrücken 11, Jägerheim, Postfach 816 (Tel. 06 81/3 17 00);
11. **LJV Schleswig-Holstein e. V. Landesjägerschaft**
    2223 Meldorf, Postfach 1214 (Tel 0 48 32/71 50).

# SACHWÖRTERVERZEICHNIS

(Die Zahlen bezeichnen die Seitenzahlen)

## B

# C



# D



# E

## F

# G

# I



# J

## K

## L

# M

## N



## O



## P

## Q



## R

## S

## Sch

## St

## V

# W

## X



## Y



## Z

ORIGINAL SAUER & SOHN
SAUER-
Waffen weisen den Weg mit dem bestsortierten Jagdwaffen-Programm
Sicherheit, Qualität und Zuverlässigkeit durch Präzision und Erfahrung.
Das sind die Trümpfe der SAUER-Waffen.
FRAGEN SIE IHREN FACHHÄNDLER ODER SCHREIBEN SIE UNS
J.P. SAUER & SOHN
GMBH GEGRÜNDET 1751
233 Eckernförde · Sauerstraße · West Germany

# Treffsicher aus Prinzip – nicht als Extra.

(Ausgesuchte Schußleistung serienmäßig – ohne Aufpreis)

Sehen Sie sich Ihren nächsten Repetierer kritisch an. Verlangen Sie mehr Treffsicherheit als Sie je zuvor gekannt haben. Beharren Sie auf vollendeter Qualität von Material und Technik, auf Eleganz und traditionellem Design. Achten Sie auf Wertbeständigkeit und auch auf den Wiederverkaufswert, und vergleichen Sie dann mit anderen Waffen.

Dann wissen Sie: wer gewohnt ist stets das Beste zu kaufen, leistet sich auch den Luxus auf Preiswürdigkeit zu achten. So ist der große Schritt zu einer besseren Waffe viel kleiner als Sie denken. Über 30 Kaliber stehen zur Auswahl, und selbst an Linksschützen haben wir gedacht. Denn die Faszination liegt in der Einheit zwischen Jäger und Mannlicher.

Fragen Sie Ihren Büchsenmacher

Steyr-Mannlicher Mod. SL

**STEYR-DAIMLER-PUCH AG., A-4400 Steyr, Österreich**

MANNLICHER

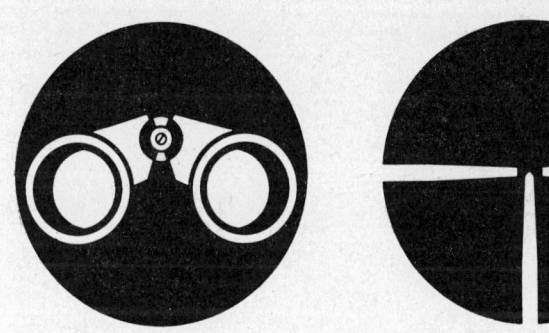

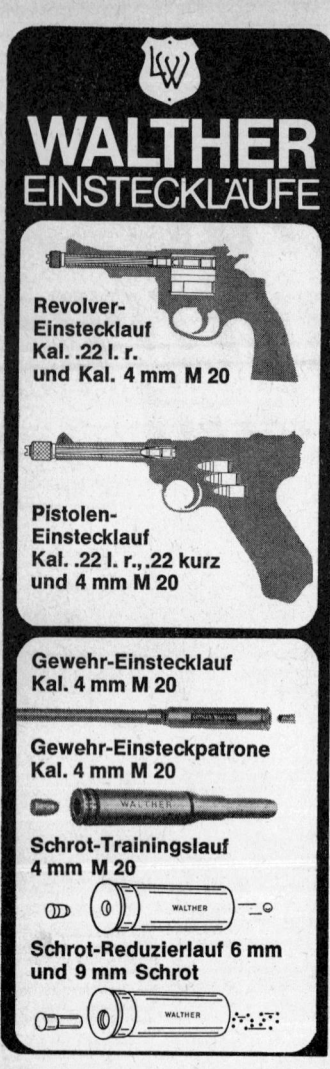